句容市建设志

句容市建设志编纂委员会

方志出版社
Publishing House of Local Records

图书在版编目(CIP)数据

句容市建设志 /《句容市建设志》编纂委员会编
. —北京:方志出版社,2015.12
ISBN 978-7-5144-1858-3

Ⅰ.①句… Ⅱ.①句… Ⅲ.①城乡建设－概况－句容
市 Ⅳ.①F299.275.34

中国版本图书馆 CIP 数据核字(2015)第 296862 号

句容市建设志

编　　者:《句容市建设志》编纂委员会
责任编辑:李　静
出 版 人:冀祥德
出 版 者:方 志 出 版 社
　　　地址　北京市朝阳区潘家园东里 9 号(国家方志馆 4 层)
　　　邮编　100021
　　　网址　http://www.fzph.org
发　　行:方志出版社发行中心
　　　电话(010)67110500
经　　销:各地新华书店
排　　版:镇江文苑制版印刷有限责任公司
印　　刷:丹阳市兴华印刷厂
开　　本:889×1194　　1/16
印　　张:44.5
彩　　插:38 页
字　　数:1526 千字
版　　次:2015 年 12 月第 1 版　2015 年 12 月第 1 次印刷
印　　数:0001～2000 册

ISBN 978-7-5144-1858-3　　　定价:288.00 元

《句容市建设志》编审定机构及采、编、审人员名单

句容市建设志编纂委员会

2013 年 10 月

主　　任	陈　刚							
常务副主任	包华根							
副 主 任	徐龙喜	曹青松	陈建业	彭长江	金　伟	耿　忠	丁　琼	余立超
顾　　问	徐善友	经圣淮	郭道贵	徐之宝	巫罗才	姚　华		
办公室主任	余立超							
副 主 任	吴凌华	印　峰	黄庆平	丁腊明	周雪松	刘思宏		

编纂人员

总 牵 头	丁海云		**协　助**	曾福生				
主　　编	朱延生							
编　　辑	丁海云	朱延生	刘义生	曾福生	孙　明	王相奎	唐良文	阎兴云
	江世亭	祁若信	涂长平	崔建刚	吴　苏	唐淑萍		
分　　纂	（以篇目先后为序，撰写两篇以上不重名）							
	朱延生	祁若信	唐良文	孙　明	王相奎	曾福生	江世亭	刘义生
资料采写	刘义生	曾福生	戴恒亮	丁海云	崔建刚	朱延生	孙　明	王相奎
	唐良文	阎兴云	江世亭	祁若信	吴　苏	涂长平	张　印	孔祥伟
	沈金花	刘　倩	陈　琴	张　超	李晓娇	史新磊	杨　阳	沈　玥
	杨世和	张红波	樊　虹	陈　炜	郭　旋	陈良燕	姬和平	刘思宏
	毛　霞	邹利东	王梦媛	梅达松	孙　晨	林建中	夏建玲	孙红军
	陈煜颖	周　谊	纪　敏	王建华	王　蟒	陈明凤	梅学伟	郜卓颖
	徐贝才	龚瑞婕	尤白罗	唐玉凤	周雪松	糜　芬	周荣荣	徐恭斌
	彭良言	严清华	唐学诚	鲁　平	杜　浩	赵林平	王　勇	李　俊
	夏晶颖	张玉丽	潘明松	许　猛	杨玉森	韦　君	王发诚	唐秋照
	张建中	阚明星	徐向平	周　群	徐家媛	孔　玲	程　宁	巫达贞
	刘惠颖	文廷月	张　丽	戴艳丽	冯　波	张红波	许文娟	唐思娴

张庆平　陈秀慧　吴　玮　唐淑萍

总　　校　朱延生

分　　校　朱延生　丁海云　祁若信　唐良文　阎兴云　王相奎　曾福生　江世亭　刘义生　崔建刚　唐淑萍

索　　引　朱延生

摄　　影　唐淑萍　王镇容　何宪政　李行华　刘学武　李延平　王义华　王　军　谢旭初　戴金梅　贺　凯　杨红斌　李建权　谭　健　胡　亮　郑晓虎　王志强　周常富　吕　乐　陈煜颖　孔德琴　王　芸　章　伟　顾　辉　张廷荣　徐　波　张长才　孙　明

住建局　创园办　城管局　开发区管委会　园林处　规划局　档案局　自来水总公司

文字录入　王　洁　孔　媛

编　　务　刘昌为

审　稿

一、各篇目审稿

彭长江　张远娥　刘方才　丁花萍　笪斐斐　姬和平　刘思宏　梅学伟　曹青松　王荣珍　耿　忠　丁腊明　郭永和　姚　辉　胡家人　郑玉兰　许文娟　文廷月

二、综合审稿

孙卫军　金昌来　郭道贵　徐之宝　徐善友　经圣淮　巫罗才　赵祚春　李网成　唐祖发　董明祥　陈　刚　包华根　余立超　陈建业　邵国一　徐龙喜　金　伟　凌　华

三、终审单位及审稿人员

终审单位　句容市史志办公室

终审人员　欧红卫　倪定胜　许朝斌

句容县城区图(1948年)

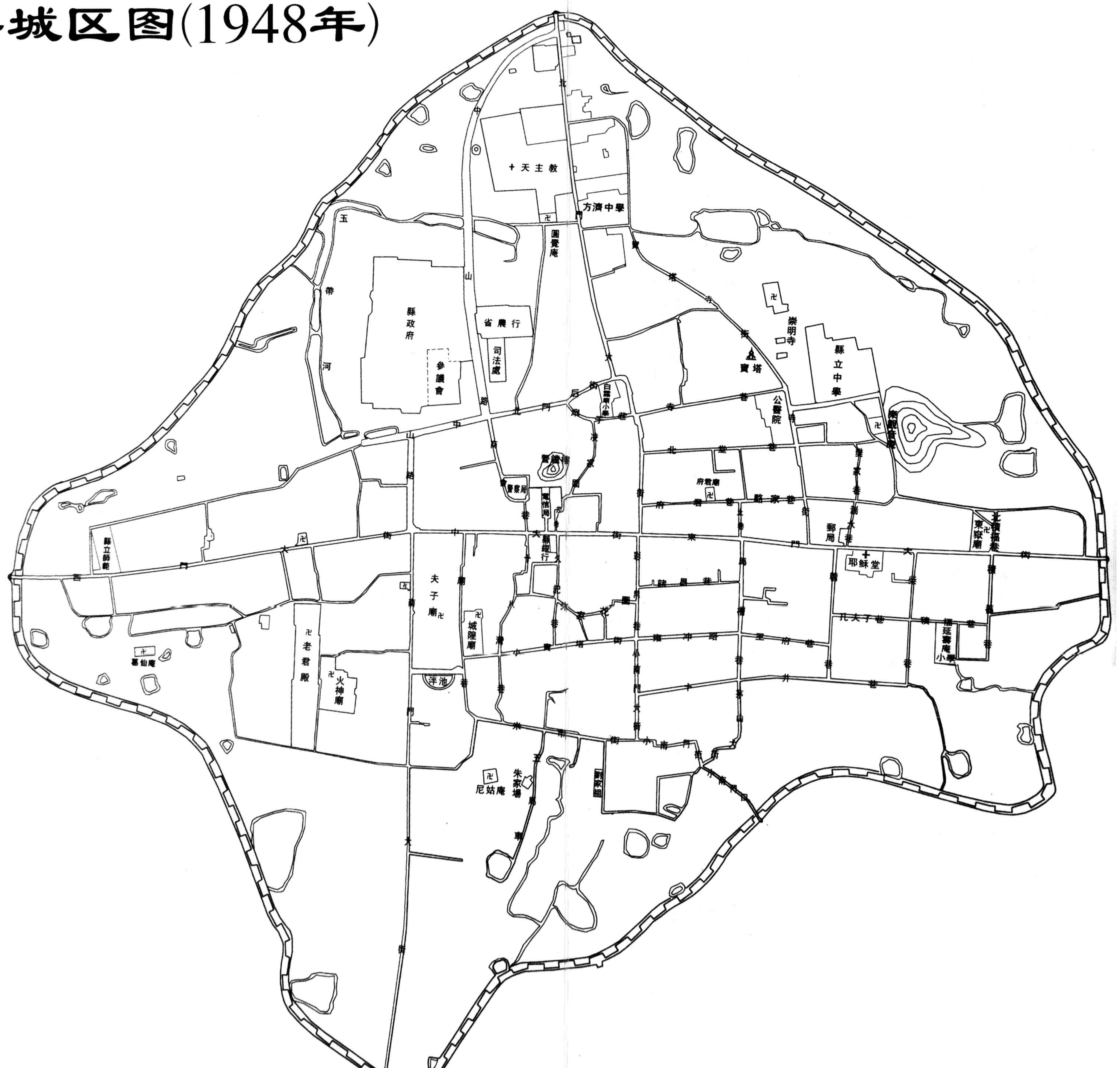

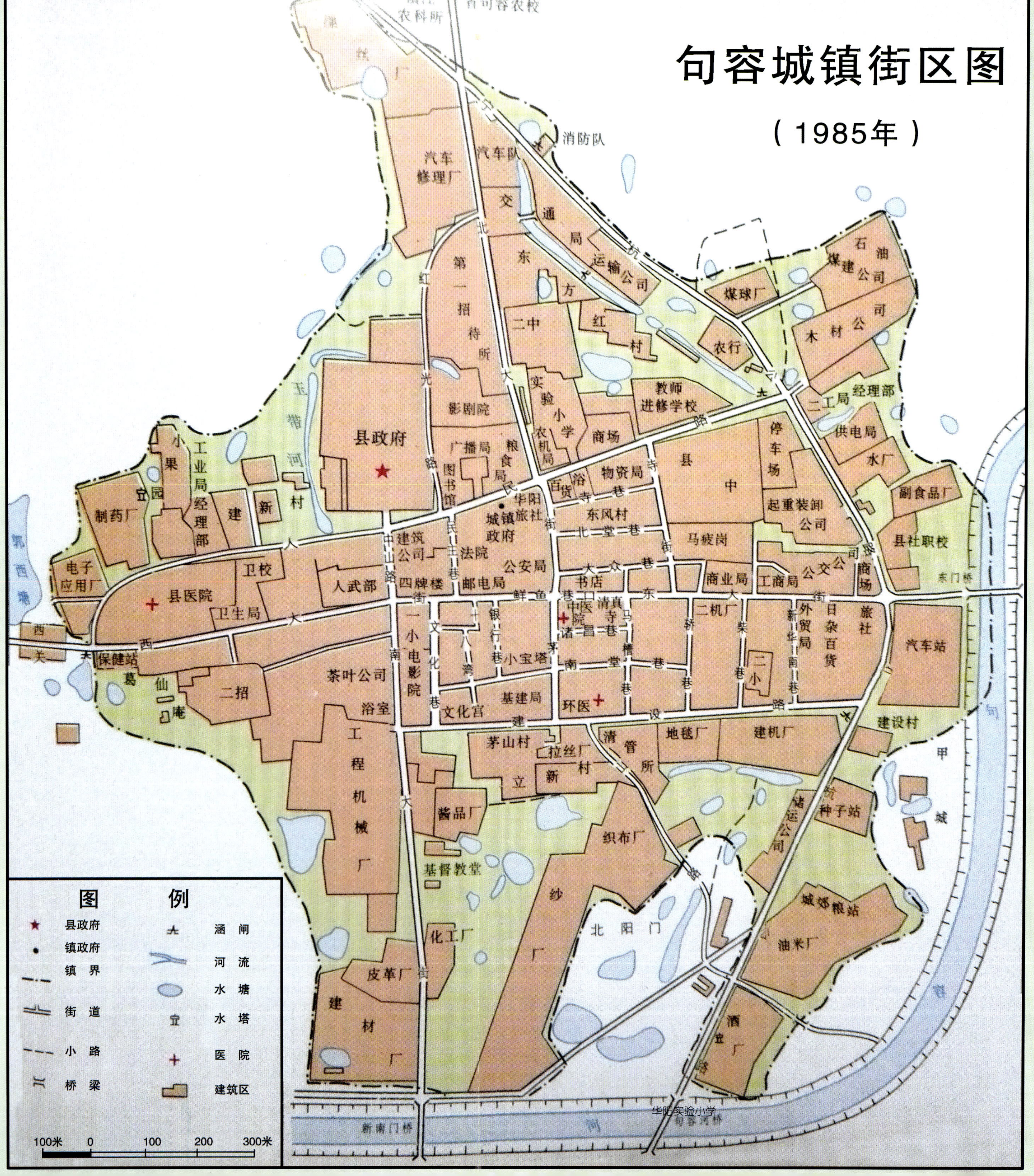
句容城镇街区图
（1985年）
图例
县政府
镇政府
镇界
街道
小路
桥梁
涵闸
河流
水塘
水塔
医院
建筑区
100米 0 100 200 300米
县政府
县医院
卫校
卫生局
人武部
制药厂
电子应用厂
工业局经理部
小果园
建新村
玉带河
郭西塘
西关
保健站
葛仙庵
二招
茶叶公司
浴室
工程机械厂
酱品厂
基督教堂
化工厂
皮革厂
建材厂
纱厂
北阳门
织布厂
城郊粮站
油米厂
酒厂
储运公司
种子站
建设村
汽车站
建机厂
地毯厂
清管所
拉丝厂
茅山村
新立村
环医
基建局
文化宫
小宝塔
一小电影院
四牌楼
邮电局
公安局
书店
中医院
清真寺
二机厂
二小
外贸局
日杂百货
旅社
商业局
工商局
公交公司
商场
马疫岗
东风村
物资局
百货
浴室
城镇政府
华阳旅社
法院
建筑公司
图书馆
粮食局
广播局
影剧院
县中
停车场
起重装卸公司
县社职校
副食品厂
水厂
供电局
二工局经理部
木材公司
石油煤建公司
煤球厂
农行
教师进修学校
商场
农机局
实验小学
二中
第一招待所
汽车修理厂
汽车队
交通局运输公司
东方红村
消防队
县农科所
省句容农校
新南门桥
华阳实验小学
句容河桥
东门桥
句容河
甲城
中山路
红旗路
北大街
南大街
华阳路
文化巷
银行巷
八字湾
鲜鱼巷
诸昌巷
马槽巷
东桥巷
大众巷
北堂巷
建设路
杭大路

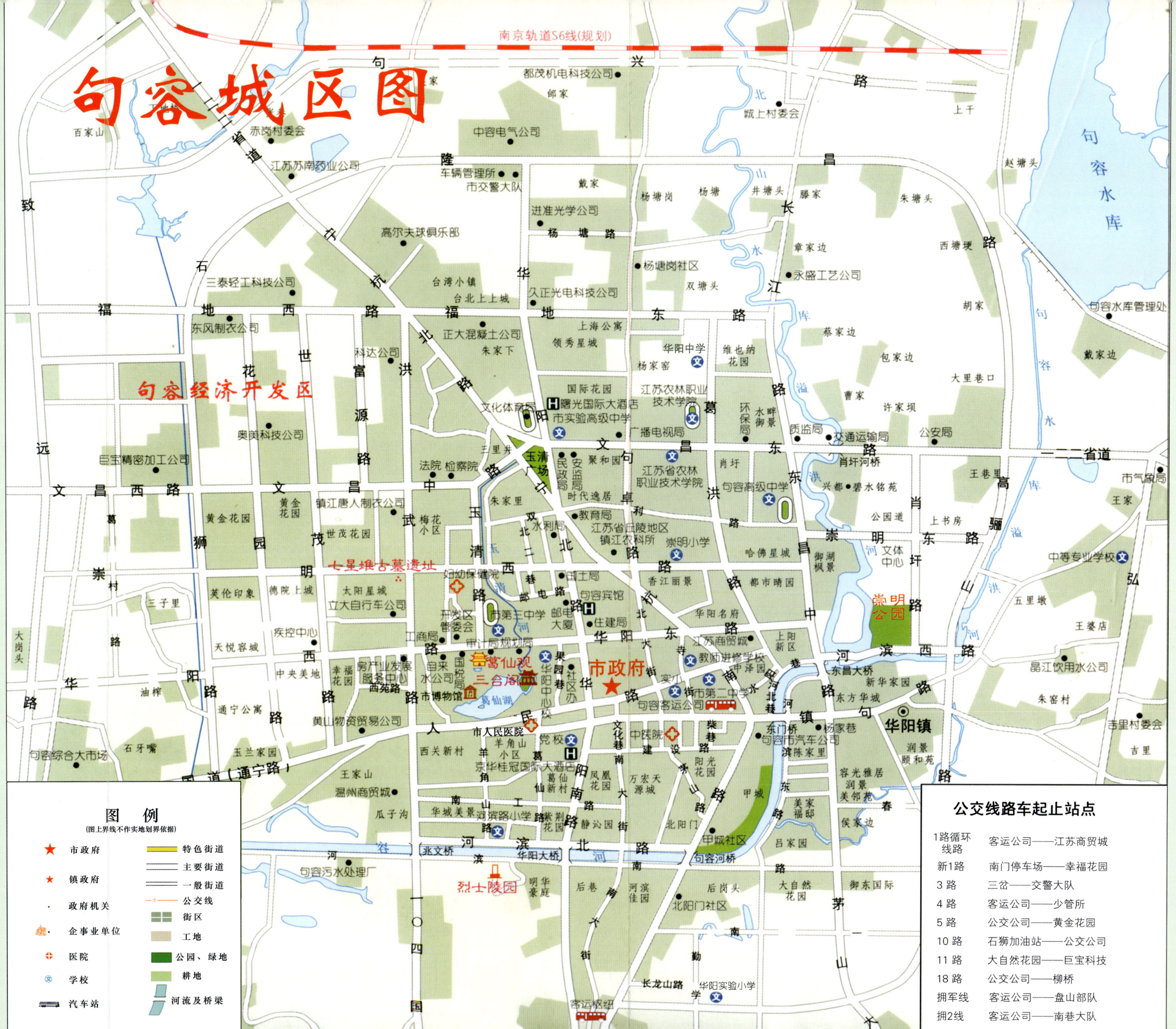
句容城区图
南京轨道S6线(规划)
句容经济开发区
句容水库
市政府
华阳镇
崇明公园
葛仙观
三台阁
葛仙湖
七星墩古墓遗址
烈士陵园
一二二省道
图例
(图上界线不作实地划界依据)
市政府
镇政府
政府机关
企事业单位
医院
学校
汽车站
特色街道
主要街道
一般街道
公交线
街区
工地
公园、绿地
耕地
河流及桥梁
公交线路车起止站点
1路循环线路 客运公司——江苏商贸城
新1路 南门停车场——幸福花园
3路 三岔——交警大队
4路 客运公司——少管所
5路 公交公司——黄金花园
10路 石狮加油站——公交公司
11路 大自然花园——巨宝科技
18路 公交公司——柳桥
拥军线 客运公司——盘山部队
拥2线 客运公司——南巷大队

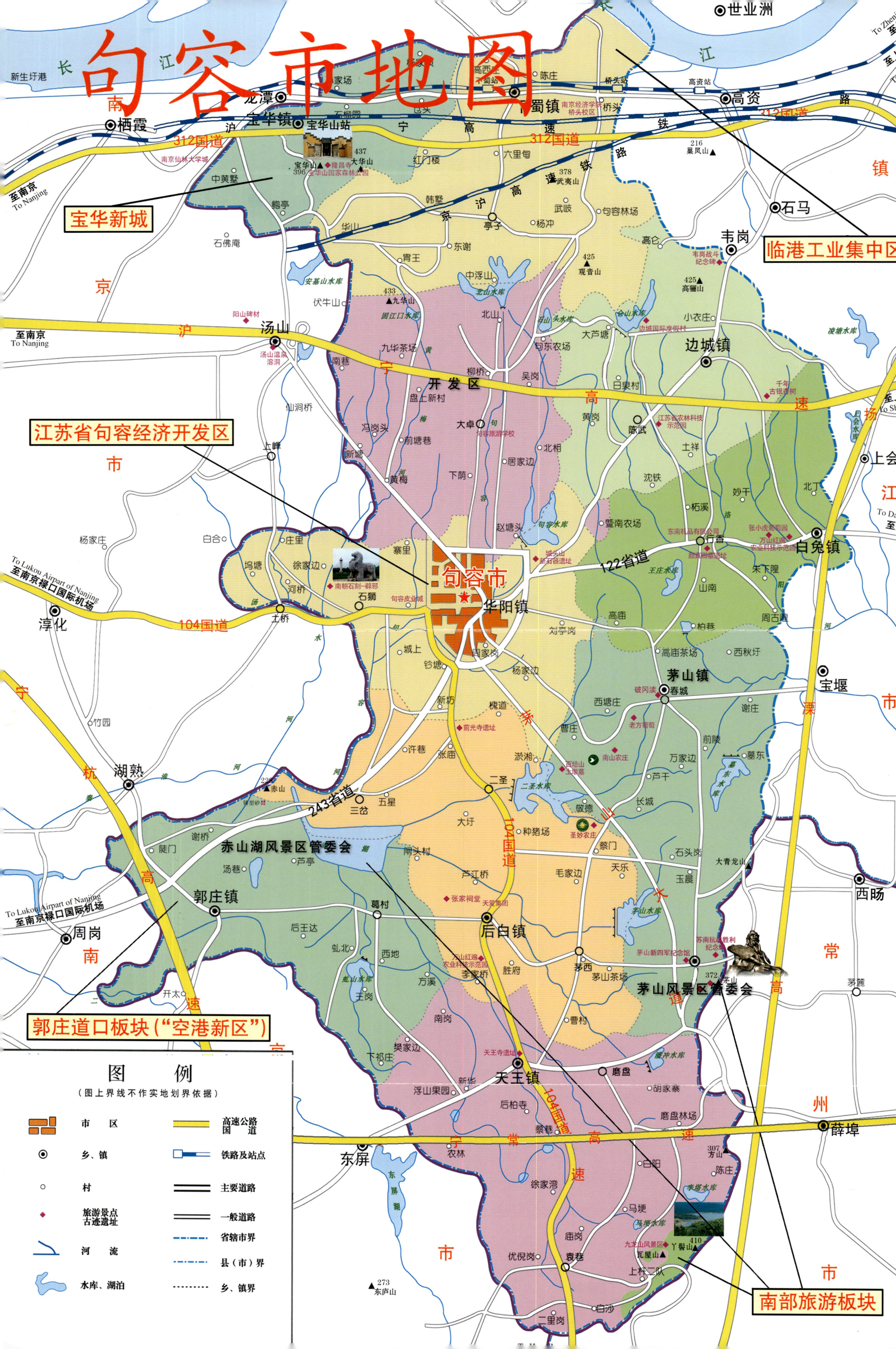
句容市地图
宝华新城
临港工业集中区
江苏省句容经济开发区
郭庄道口板块（“空港新区”）
南部旅游板块
句容市
华阳镇
宝华镇
下蜀镇
边城镇
白兔镇
茅山镇
后白镇
郭庄镇
天王镇
开发区
赤山湖风景区管委会
茅山风景区管委会
栖霞
龙潭
汤山
淳化
湖熟
周岗
东屏
薛埠
西旸
宝堰
上会
石马
韦岗
高资
世业洲
312国道
104国道
122省道
243省道
至南京 To Nanjing
至南京禄口国际机场 To Lukou Airport of Nanjing
图 例
（图上界线不作实地划界依据）
市 区
乡、镇
村
旅游景点 古迹遗址
河 流
水库、湖泊
高速公路 国 道
铁路及站点
主要道路
一般道路
省辖市界
县（市）界
乡、镇界

序

《句容市建设志》付梓问世，可喜可贺。喜在业逢盛世古往今来大可秉笔直书，贺于史无前例句容建设终成首部方志。

句容建设历史悠久，村庄城镇源远流长。7000年前丁沙地遗址农业氏族聚居，3000多年前商周时期城上村遗址环壕古城，西汉置县，东汉建安十三年（208年）始建句容城。千年古邑，繁华与兵燹更迭，六朝时代京畿大邑，1949年句容解放时，县城1.35平方公里，人口不足7000；现代新城，光荣与梦想共存，1995年撤县设市，2013年建城区24平方公里，常住人口20多万；今日句容城，道路框架48.9平方公里，36条城市主次干道总长158.8公里，文体中心建筑群庄重大气，世贸花园组团清新亮丽，百幢百米以上高楼洒落城间，南京副城造就憧憬梦想，古邑新容洋溢时代气息。

《句容市建设志》，书城乡建设历史，汇地方建设景象，纵贯古今，横陈全业，详尽记述改革开放以来城乡建设日新月异的变化，全面展示新的历史时期建设事业生机勃勃的发展，热情讴歌句容建设人营造美丽家园的时代风貌。志书分概述、大事记、分志（8篇）、附录、索引、编纂始末13个单元，共150万余字，是句容置县2000多年来第一部建设专业志。前无古人，后有来者，开句容建设专业志先河，将给后世续编凭借倚重，具有重大深远影响。《句容市建设志》史料翔实丰富，史料强弱决定价值高下，"存史、资政、教化"，史料是基础性第一位的，是资政的依据、教化的材料，它为人们了解句容建设历史，总结建设经验教训，激发热爱家乡、建设美丽家园热情，提供了一份底缊深厚、内涵丰富的教材。

忠实记录句容建设行政机构的起始变迁，用历史视角和大建设视野谋篇布局，设置规划、城市管理、环境保护、住房篇章，赋予《句容市建设志》鲜明的时代特征。它不仅维护了句容建设史的完整性和承续性，也为新的行业编志提供了脉络线索和历史踪迹。

在县级专业志中，《句容市建设志》可谓鸿篇巨制、工程浩大，一年半左右时间成就150万余字，体现了主政者的宏观掌控能力、负责人的敢作善为作风、编纂们的只争朝夕精神，难能可贵，令人敬佩。建筑是有形的传承，志书是无形的建筑，无形的往往比有形的流传更久远，影响更深大。功在当代，利在千秋，这是文化的力量，是志书的真谛所在。

余去职经年，有心闲散，无意作序，难辞住建局长陈刚之托，勉力而为，凑句成序。

2015年11月29日

凡　例

一、本志以马克思列宁主义、毛泽东思想、邓小平理论、“三个代表”重要思想、科学发展观为指导，坚持实事求是的思想路线和存真求实的原则，全面系统记载句容市（县）城乡建设的历史与现状，全面反映时代特色和市（县）情特色。

二、本志为通志，上限为事物起点，下限为2013年（彩图适当延长）。2014年以后大事以“限外资料辑存”入编本志附录。

三、本志记述范围，按现行政区划，记述全市（县）建设情况，凡在句容地域的省及镇江市管理单位，均在本志记述范围。

四、本志根据科学分类的一般原则，结合现代社会分工，合理划分门类，全志由序、凡例、概述、大事记、篇、附录、索引、编纂始末组成。共设8篇、37章、156节，分篇、章、节三个基本层次：节以下根据需要，可设目、子目；个别子目下内容太多，用分段前的黑体标题区分层次。节以下的目用“一、二、三、……”，子目用“1.2.3.……”。

五、本志体裁含述、记、志、表、图照、录、索引、注释。分志采用章节体，是本志的主体；述，包括概述和篇、章无题序；大事记以编年体为主，辅以纪事本末体。

六、本志力求图文并茂，图照安排在两大部分，图有政区图、城区图，照有风光照、城乡面貌照、工作照等。图照在志书前部，黑白图照随文而出；表格则根据需要随文安排。

七、本志采用语体文，全志除概述及各篇、章的无题序外，均采用记述文体，一般不做评论。行文中一律用第三人称，酌情使用“县内”“市区”“镇内”等。

八、本志文字记述以时为序，纵述历史，做到横不缺要项，竖不断主线，详略得当，突出重点。行文用字以国家语言文字工作委员会1986年公布的《简化字总表》为准，标点符号按最新版的GBR·IS834—2011《标点符号用法》执行。本志行文中的纪年，民国期间（1912年1月1日至1949年9月30日）采用民国纪年并括注公元纪年的写法；民国以前用历史纪年，并括注公元纪年的写法。

九、计量单位按1993年国务院公布的《关于我国统一实行法定计量单位的命令》的规定执行。考虑到使用习惯，市、镇区面积和城、集镇建成区面积用平方公里，其他局部面积一般用亩或平方米为单位。

十、数字用法以最新版GBITIS835—2011《出版物上数字用法》为准。本志统计数据，一般以统计部门的数据为准;统计部门没有的,以主管单位的统计数据为准。

十一、本志中的“县”“市”,均指句容县、句容市。跨年度记述或表格中涉及句容县、市的,统一表述为“句容市(县)”。解放后是指 1949 年 4 月 23 日句容解放后;年代,如 50 年代、60 年代、70 年代、80 年代、90 年代,均指 20 世纪的年代。

十二、本志资料取自文献、档案、报刊、正史、旧志、专著、口碑和实地调查,经鉴别核实后入志,必须注明出处。

十三、本志表序采用三段统计,即篇—章—表序;志文中插图图序采用二段统计法,即篇—图(照)序。

十四、小数一般保留两位;表格中日期的格式按年—月—日,如 1989 年 6 月 5 日,表中标为“1989 - 06 - 05”。

十五、第八篇《党、政、群团组织与先进表彰》中,入录志中领导人员名单,是正股级(含主持工作的副股级)以上人员;先进表彰,先进单位和先进个人收录标准是镇江市委、市政府,省机关部门以上表彰的单位和个人名单入志。

十六、本志的资料征集、整理和志稿采编审人员,以及图照制作、拍摄者,正文均不书写姓名,一律在卷首“《句容市建设志》编审定机构及采、编、审人员名单”中标明。

数字建设

建成区面积 1949年年底，句容县城为1.35平方公里；2013年底，句容城区建成区为24平方公里。

城区人口 1949年句容解放时，句容县城人口不足0.70万人；2013年底，句容市城区居住人口已超过22万人。

住宅面积 1958年，全县人均住宅建筑面积4.50平方米；2013年底，全市人均住房建筑面积37.60平方米。

建筑队伍 1958年，句容县建筑企业从业人员0.10万人；2013年，句容全市建筑从业人员3.18万人。

建筑业产值 1978年，句容全县建筑业总产值122万元；2013年，句容市建筑业总产值为70.43亿元。

住宅楼 1949年，全县住宅楼不超过3层；2013年，句容全市住宅楼最高已达35层。1985年前，全县住宅楼不超过6层；2013年，全市30至35层楼房已达123幢。

建筑荣誉 1998年2月10日，句容市第二建筑公司参建的北京侯机楼和国际电讯工程，获建设部的“鲁班奖”；2007年，句容市获省建设厅、省建工局颁发的“建筑之乡”称号；2014年12月，江苏同创建筑装饰有限责任公司承建的起力会所装饰工程，荣获“二〇一三~二〇一四年度全国建筑工程装饰奖”。

地面建筑高度 始于宋元祐八年(1093年)建设的大圣塔，七级飞筜，地面高度约50多米；2011年兴建的华电电厂烟囱，地面高度达240米。

城 市 荣 誉

（部 分）

中国县域经济基本实力百强县(市)(1995年:第97位;2009年:第94位;2010年:第90位;2013年:第63位)

全国优秀旅游城市(2000年12月)

国家级生态示范区(2005年)

国家卫生城市(2006年)

中国特色魅力城市200强(2005年、2007年)

全国休闲农业与乡村旅游示范县市(2011年)

国家环境保护模范城市(2012年)

美丽中国示范市(2013年)

中国旅游竞争力百强城市(县、区)(2013年)

世茂城市综合体

碧桂园城市综合体

碧桂园

华阳北路(1997 年摄)

华阳北路

华阳西路(1997 年摄)

华阳西路

洪武路

容城东部新貌

福地路

河滨南、北路

华阳东西南北路中心转盘(2007 年摄)

华阳东西南北路中心交叉路口(2010 年摄)

大圣塔夜景

远眺容城夜景

句容城一角

远眺世茂花园新景区

变化中的句容城

行政中心办公大楼

曙光国际大酒店

邮电大厦

20 世纪 50 年代县邮局

改造后的中街邮政

万宏天源城住宅小区
——市内最早的小高层住宅

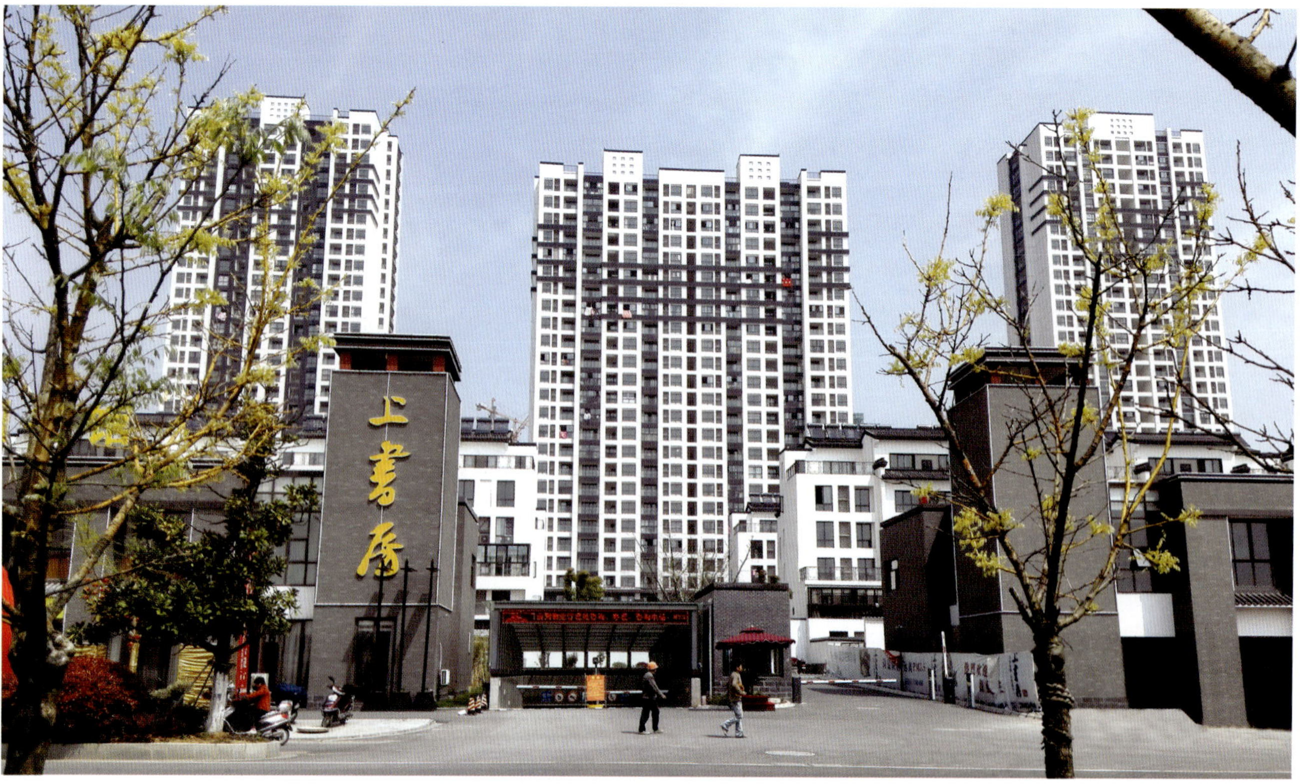

上书房住宅小区

维也纳花园住宅小区

领秀星城住宅小区

二水厂全貌

句容市第二自来水厂沉淀池

江苏华电句容发电有限公司

句容华润燃气有限公司

句容污水处理厂

城北垃圾填埋场库区封场后的绿化

句容客运总站

22 辆新出租车正式投入使用

沪蓉(沪宁)高速公路道口(句容)

长深(宁杭)高速公路(句容西)

宁杭高铁句容西站

沪宁城际铁路宝华山站

新世纪广场

玉清广场

葛仙湖公园一角

贾纪山公园俯瞰

崇明公园

句容太平门(东门 1937 年摄)

东门牌坊(原址在句容太平门)

拆迁改造前的建新村

重建的建新村原址

宝华开发区一角

宝华新城

宝华开发区一角

宝华新城

下蜀镇长江花园

下蜀老街

下蜀老街新貌

下蜀镇市民广场

拆迁改造前的建新村

重建的建新村原址

宝华安置小区

宝华恒大雅苑

后白镇福源社区

后白镇工业集中区

后白“白驹”绿化休闲广场

后白镇曹村

天王镇戴庄白沙村

天王镇新商住小区——兰草天地

改造一新的二茅街

茅山集镇

经戴阳巷村被评为省三星级康居示范村

郭庄新貌

开发区建设工地剪影

黄梅新村

黄金花园

黄金花园安置小区建设现场

2010 年 4 月 23 日，市委书记童国祥（左一）陪同镇江市委书记许津荣（前左二）等有关部门负责人督查沪宁城际铁路句容段绿化和环境整治工作

2012 年 8 月 9 日，市长尹卫东（左一）陪同镇江市市长朱晓明（中）到住建局文化艺术中心建设现场，指导抗台风工作

2012 年 5 月 3 日，市长尹卫东（前右二）带领相关部门负责人对句容市生态市创建进行模拟检查

2013 年 3 月 26 日，市长许文（右二）陪同镇江市委常委、市委秘书长李雪峰（左二），副市长曹当凌（右一）到句容市观摩城市综合体建设

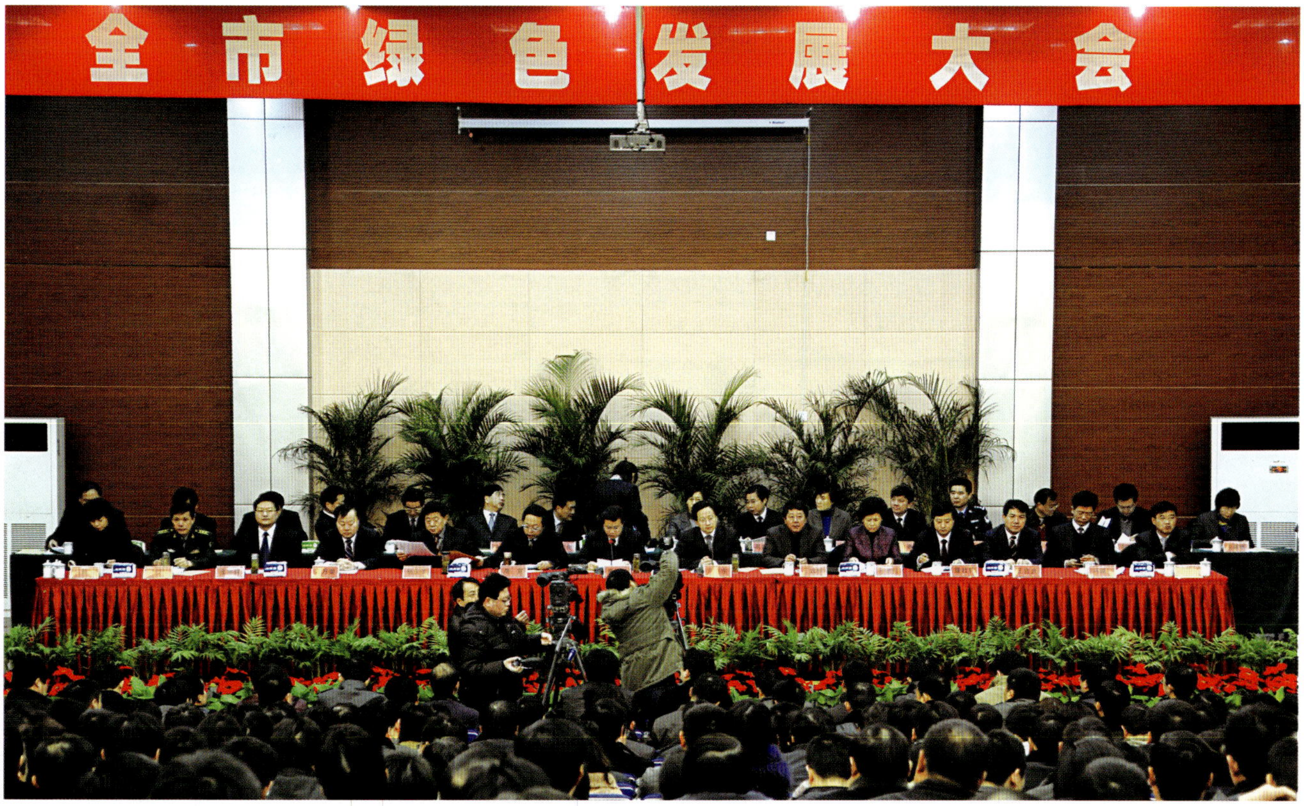

2011 年 10 月 22 日，全市绿色发展大会召开

市住建局党风廉政建设工作会议

2013 年 4 月 19 日，城市管理工作会议

2013 年 5 月 22 日，江苏省住建厅专家组对句容市数字化城管系统实施方案进行评审

数字化城管验收推进会

句容市规划局 2013 年度工作总结表彰大会

规划执法人员依法拆除违建

城市建设规划展示

2006 年 12 月 14 日,“创模”验收通报会

2012 年 5 月 5 日,句容市国家生态市建设考核验收通报会

2007 年 4 月 27 日，全市环境保护工作会议

2010 年 10 月 14 日，市环保局、市妇联联合举行"环保杯""低碳家庭　时尚生活"大型广场宣传活动

茅山顶宫

茅山元符万宁宫

茅山睹星门

宝华山铜殿

宝华山无梁殿

张家祠堂

南朝·梁代萧绩墓道辟邪和华表

句容土墩墓考古现场

城上村古城遗址

句容城郊风光

方山风光

九龙山春光

清晨北山湖

赤山乡村

句容市建设志编审人员合影。前排左起：陈刚、巫罗才、郭道贵、金昌来、徐善友、徐之宝、经圣淮、赵祚春；中排左起：吴迎春、张远娥、祁若信、董明祥、金伟、徐龙喜、包华根、李网成、唐祖发、丁海云、曹青松、朱延生、刘义生、崔建刚、唐淑萍；后排左起：赵军、许朝斌、欧红卫、周法祥、倪定胜、阎兴云、孙明、曾福生、唐良文、王相奎、江世亭、涂长平、余立超

句容市（县）大建设系统历届局长合影。前排：金昌来（左二）、郭道贵（左一）、徐之宝（左七）、徐善友（左五）、经圣淮（左六）、赵祚春（左四）、李网成（左三）；后排：巫罗才（左四）、唐祖发（左六）、陈刚（左七）、包华根（左五）、董明祥（左一）、金伟（左二）、徐龙喜（左三）

句容市建设志编纂人员合影。前排左起：阎兴云、唐良文、刘义生、朱延生、丁海云、孙明、曾福生；后排左起：祁若信、崔建刚、王相奎、涂长平、江世亭、王洁、唐淑萍

目 录

概述

句容地处江苏省西南部，长江南岸，南京东郊。宁镇山脉与茅山丘陵环抱句容的北、东、南境，西部有小片平原。2013年，全市土地面积1387平方公里，低山、丘陵、岗地占全市总面积的88.46%。句容西汉置县，1995年撤县设市。历史上，句容从建县起，汉、晋、隋为大县，唐为望(旺)县，元、明、清为上等县，太平天国战争后，战争创伤使句容降为三等县。抗日战争中，句容是茅山抗日根据地的核心区块之一。中华人民共和国成立后，中共句容市(县)委带领全市(县)人民，进行社会主义革命和建设，改革开放，埋头苦干，奋力赶超，句容1995年跨入全国百强县(市)，2000年被评为全国优秀旅游城市，2006年获国家卫生城市，2008年达省定全面小康市，2010年获"最具影响力中国十大休闲城市"，2012年获国家环境保护模范城市，2013年，句容入围全国生态文明建设试点地区。

一

纵看句容建设，7000年的建设史，可分为古代、近现代、改革开放新时期三个阶段。

句容是古人类活动地区之一，南京汤山发现古代人类头骨(10万—12万年)，而1999年春城镇放牛山发掘古人类用的石器，证明古人类在句容土地生活的历史。1988年在宝华乡丁沙地发掘考古证实，丁沙地在距今7000年至6500年左右，已出现原始农业，饲养猪、牛等家畜，并辅以渔猎业，丁沙地是一个早期定居的农业氏族聚落，即原始农庄。公元前1600年，即商周时期，句容先人就在城上建造古城，筑土城墙，挖环壕(护城河)；据考古专家考证，城上村古遗址极有可能为吴国古城；城上村古遗址于2013年列为全国重点文物保护单位。公元前1046—公元前771年的周代，句容的墓葬建筑很有特色，尤其是原春城等地的江南土墩墓，被列为全国重点文物保护单位，2005年被列为全国十大考古新发现。梁南康简王萧绩墓石刻，名"辟邪"(神兽)，当地人称为"石狮"，位于市开发区石狮沟村东，体长3.70米，宽1.50米，高3.48米，连埋入土中基座共高4.45米，每只重约25吨，是国内现存南朝陵墓石刻中最宏伟的一处，为全国重点文物保护单位，该石刻是用整石雕刻，重数十吨的石料怎么运输至今成谜。唐、宋、明、清时期的宗教建筑，尤以茅山道院和宝华山隆昌寺为盛。唐、宋时期，茅山道院宫、观、殿、院遍于峰麓，多达257处，房屋5000余间，道士数千人。明万历三十三年(1605年)，宝华山隆昌寺得明神宗生母慈圣皇太后资助，于庵内造铜殿1座，无梁殿2座(文殊、普贤)。明崇祯年间(1628—1644年)，隆昌寺兴建的殿、楼、堂、台、庵、院不下千间(俗称九百九十九间半)。清代皇帝重视佛教，康熙皇帝赐御书"慧居寺"额，清雍正十二年(1734年)，隆昌寺高僧福聚(文海)在北京开皇坛传戒，乾隆皇帝六上宝华山，隆昌寺再次大兴土木，建大雄宝殿、韦陀殿等，开道场传戒。2013年，隆昌寺的古建筑被国务院批准为全国重点文物保护单位。

鸦片战争之后，句容境内经历了长达11年的太平天国战争，句容四乡皆战场，太平军两占句容县城，清军多次争夺句容城，太平天国战争不仅使句容人口大减，而且城乡建设毁坏严重，经过几十年的休养生息，句容刚恢复元气不久，民国26年(1937年)又爆发抗日战争，日军占领句容期间，对一些村庄实行烧光、杀光、抢光的"三光"政策，对城乡建设破坏之严重难以用文字来表述。抗日战争胜利后，蒋介石又发动反革命的内战，邻近南京的句容人民，又饱受内战之苦。1949年，句容人民迎来了解放，迎来了中华人民共和国的诞生。句容县委带领全县人民，在社会主义革命和建设的道路上探索，有成绩，也有失误。20世纪50年代，县委计划为县城扩容，但未找到扩容的正确方法；1951年11月9日，已有1700多年的县城城墙经镇江专署批准，开始拆除(1982年全部拆除完毕)，后人为这古城墙的消失而惋惜。1958年"大跃进"，县城新建人民路、建设路，仿照南京市中山东路体育馆，在县城文化活动中心地区(今建设路南华阳小商品市场)，兴建1座约2000平方米的竹结构(上盖石棉瓦)体育馆，馆内可容纳3000名观众，其规模在原镇江地区最大。1959年，县人民政府首设建设局；1961年3月因经济困难，机构精减被撤销。"文化大革命"时期，句容城乡建设进展不大，毁坏的事不少。如明代砖砌大圣塔、行香乡朱甲村的宋代"百席厅"、民国重建的三台阁等古代和民国建筑先后被拆除，康有为母亲的墓也被红卫兵炸毁。

1978年12月召开的中共十一届三中全会，标志着中国改革开放新时期的开始。到2013年，这一时期只有35年,从建设角度讲,这一时期可分两个阶段:以1995年撤县设市为界,撤县设市以前,句容建设仍以农村为中心;1995年撤县设市以后,句容建设是以城市和中心镇建设为中心。特别是进入21世纪的13年里,城市建设面貌日新月异,句容城路多了、宽了,房子多了、高了,城区面积大多了、人多了。1985年,县城建成区面积2.55平方公里,常住人口2.60万人;2013年,省批准城区华阳、崇明、黄梅3个街道行政区划面积为250平方公里,其中建成区面积为24平方公里,省批准城区行政区划户籍总人口为23.56万人,建成区户籍城市总人口13.24万人,建成区实际居住人口,据2010年人口普查统计为224361人。1985年,全县房屋最高层为6层;2013年全市已建成和正在建设的10层以上楼房已达314幢,其中10~19层167幢,20~29层24幢,30~35层123幢;在314幢10层以上建筑中,1993—2008年共22幢,2009—2013年为292幢。

二

横看句容建设,第一个层次可分为规划、住房和城乡建设、环境保护和城镇管理。

建设规划是建设的灵魂。规划机构最早是20世纪80年代,但规划意识自古就有。早在公元前1600年前城上吴国古城,四周的环壕(护城河),既是为了城内的排水系统设计,更是为了军事上抵御外敌入侵而建造。就规划组织而言,从20世纪80年代的规划办公室,到90年代增加规划设计院,21世纪成立规划局,规划意识日益增强,规划组织发展壮大,规划作为建设的"龙头"地位日益显现。1983年,第一轮《句容县城市总体规划》编制工作基本完成。到2013年,30年间,先后完成《句容县城总体规划》、四轮《句容市(县)城市总体规划》,二轮《句容市(县)村镇总体规划》;区域规划有:五大板块(开发区、临港工业集中区、空港新区、宝华新城、南部旅游板块)规划、宝华山风景区规划、南京城郊四个片区(仙林—宝华;汤山—黄梅;龙潭—下蜀;湖熟—郭庄)联动规划;专项规划重点有:给水与排水规划,供电规划,燃气规划,城市交通规划,对外交通规划,土地利用规划等,以及多项详规。测绘工作起步虽晚,但发展很快。土地测量、控制测量、摄影测量、地形测量、工程测量,门类齐全,新技术、新设备在测绘工作广泛运用。规划审批更加规范、公开、公正,规划执法的力度日益加强,规划编制实施的效果日益显现,规划档案的作用越来越明显,人们的规划法治意识逐步增强,规划对建设的引导与规范作用日益凸显。

住房是人类生产生活的必备条件之一。从7000年前的丁沙地农业氏族聚落开始,句容住房经历了从木草房、石垒房、土草房、砖草房、砖瓦房、砖混(凝土)房的演变,从平房到楼房、一层到多层、低层到高层的发展过程。古代句容经济条件相对较好,住房相对有保障。近代至民国,战争对民众住房损坏严重,政府也无住房保障措施,流离失所是民众住房状况的真实写照。中华人民共和国成立后,通过土地改革运动,把地主、富农多余的房产分给贫下中农居住,通过发展经济逐步改善住房条件。1958年,全县住宅面积163万平方米,人均4.50平方米。1975年,城镇人均住房5.80平方米。改革开放后,特别是实行农业生产责任制后,解决了温饱的农村居民,掀起"翻房造楼"热,一幢幢2~3层的农民住宅楼拔地而起,成了农村亮丽的风景线。企业职工住房随着企业经济效益的提高也有所改善。但受计划经济体制束缚,城镇职工居民住房条件改善有限。1984年试行"有限产权房"政策,开启了住房市场化的大门,特别是20世纪90年代推行的住房制度改革。截至2013年,共出售公房10322套、76.06万平方米,并把4056套、31.51万平方米的房改房推向市场。从1995年开始,城市建造经济适用(廉租)房,农村实施草(危)房改造,解决群众住房困难户。据统计,2003—2013年,全市农村草(危)房改造投入资金1850.60万元、3338户受益;在实行住房市场化后,发给职工住房公积金补贴,1994—2013年,住房公积金归缴额12.72亿元,公积金贷款购房6480户、10.24亿元。2013年,全市居民人均住房建筑面积37.60平方米。人们在住房面积扩大之后,从20世纪90年代开始,室内外装潢日益受到重视,从地面、墙面、家具、厨具,从卧室、客厅、厨房到卫生间,日益趋向宾馆化。

句容城是个古城,始于东汉建安十三年(208年),为丹阳郡十六城之一。历经三国、唐、明、清代多次改扩建,由汉代的土城墙到明弘治年间的砖城墙,城内面积由唐代的195亩到清代的2025亩;城有五门,城内有东西大街、南门大街和北门大街,最长的东西大街近1500米,街路多以条石铺砌。句容解放后,县委实施撤城墙扩容工作，县城建设向四周扩展。1957 年首设清管所，1961 年始建供水站。直到 1985 年，城市主干道新增了人民路、建设路、宁杭路，城区面积由 1949 年的 1.35 平方公里扩展至 2.55 平方公里，自来水厂日供水达 1 万立方米，街道路灯达 412 盏。1995 年的撤县设市，是句容城市建设的转折点。以华阳东、西、南、北路为城市主轴路的形成为标志，在房地产和各种创建活动的推动下，开发区以崇明路的商业街为先导，工业园区扩容，城西南商住区迅速建成，世茂、凤凰城两大城市综合体建设初具规模；华阳镇以政府办公楼搬出老城区为突破口，已基本完成东部新城建设，南部新城建设取得重大进展，北部新城建设大幕已拉开。至 2013 年年底，市区已建主干道 23 条、97.28 千米；次主干道 23 条、26.88 千米；支路（巷道）16 条、3.87 千米；城区道路总面积 308 万平方米。市城区有高校 1 所，中学 5 所，小学 7 所，共有教师 2300 多人，学生3.50万人；供水已完成与南京区域联网，市自来水二厂供水能力为日处理能力 12.50 万立方米，2013 年自来水管网总长 384.42 千米，年供水量为 2301 万立方米，其中售水量为 1438 万立方米；排水管网逐步完善，雨污管分流，2013 年年底，建成排水管道共 244 条，总长 429.05 千米；市区已建成葛仙湖、崇明、贾纪山 3 座公园，总占地面积 59.70 公顷；新世纪、玉清两座广场，总面积达 7.50 万平方米。90 年代初始有瓶装液化石油气，2008 年开通管道燃气，至 2013 年，燃气中，低压管道总长 455 千米、3.45 万用户，6.91 万人受益，2013 年供气总量 919 万立方米；液化石油气供气总量为 7130 吨。供电、邮电发展迅速，设施日趋完善。1990 年程控电话开通，1994 年开通有线电视，2002 年竣工体育中心，2006 年新游泳馆对外开放；2008 年，总建筑面积为 16535 平方米的市体育馆建成投用。2013 年，总建筑面积 6.70 万平方米的市文化艺术中心项目基本建成。1997 年，市内公共交通首次开通 1 路、2 路两条线路，结束句容城区无公交车的历史。至 2013 年，共有 13 条线路、92 辆公交车；小汽车出租汽车公司 3 家，共有出租小汽车 289 辆。城区路灯始于清末民初，城内中街和主要道口，设玻璃方罩煤油路灯；民国 22 年（1933 年）始有少数电力路灯，中间因缺电力发电又改用方罩煤油路灯；1957 年后，主要街道装设高杆白炽路灯，后白炽灯改建为高压汞灯、高压钠灯。句容撤县设市后，随着城市道路的快速发展，路灯数量也快速增加，由原一杆独灯发展为一杆多灯，路灯不仅起照明作用，也起到美化作用，每到夜幕降临，一盏盏路灯成了美丽句容亮丽的风景线。

据现有资料考证，句容最早的村庄是宝华镇的丁沙地农业氏族聚落；最早的城是公元前 1600 年的城上城。句容建县后，因交通便利逐步形成集镇，例如下蜀、桥头等；因宗教活动而形成集镇，例如茅山的南镇街、北镇街；因驿站、收税点而形成集镇，例如白兔。明弘治《句容县志》载：全县有大市（县城）、仓头市、柴沟市（今宝华镇石榴园）、白土市（今白兔镇）、靖安市（今属江宁区靖安河村）、湖熟市（今江宁区湖熟镇）6 个市和常宁镇（今茅山风景区南镇街）、北镇（茅山北镇街）、下蜀镇、土桥镇（今属江宁区）、东阳镇（今属江宁区）5 个镇，另有 16 乡、29 都、193 里、426 个自然村。明代弘治年间，句容市、镇达 11 个。清代，大市改称县城，另有 7 镇、435 个自然村。清末民初，全县约有 50 个集镇。中华人民共和国成立后，16 个集镇成为乡（镇）政府所在地，一部分则为单纯的商业网点，有的因商业网点被撤销而成为普通村庄，有 4 个因行政区划变更划出。自然村因农业合作化、人民公社的行政组织，组成农业生产合作社，后改编为生产队或生产大队，有的新建林业队、农科队、猪场等。改革开放后，集镇和村庄建设有了快速发展，乡村工业的兴起，商贸的发展，教育、卫生、文化等社会事业快速推进，都是村镇建设的有力推手。80 年代中期开始的撤乡建镇、农民的造楼热，是又一波村镇建设高潮。90 年代末期开始的乡镇合并，加快了中心镇建设的步伐。21 世纪后开始的乡村公路建设、改水改厕、村庄整理、“双清双美”活动等，都对村镇建设有推动作用。至 2013 年，除句容市城区外的集镇建成区已达 48.32 平方公里，集镇建成区共有 39701 户、122889 人。1986—2013 年，全市（县）共有 215 个自然村因经济开发或农户自行搬迁而消失。至 2013 年年底，全市共建安置小区 29 个，安置房建筑面积共 559.84 万平方米，共安置 46551 户拆迁户，其中规模最大的安置小区——黄梅新村，其建筑面积达 102 万平方米，共安置 7776 户拆迁户、2.70 万人。

建筑业是句容建设的骨干力量。古代和近代的句容建筑，主要靠瓦木工匠。民国 35 年（1946 年），县城成立瓦、木业工会。同年县城张兴记营造厂成立，雇 10 余名工匠，从事修建。中华人民共和国成立后，建筑业不断发展壮大。“大跃进”时期，成立国营句容县建筑工程公司，各公社建筑站相继成立。1978 年，县成立建筑民兵团，各公社改称建筑民兵连。1981 年 5 月，撤销建筑民兵团和民兵连，组建句容县第二建筑公司，负责管理各公社建筑站。继后，建筑企业陆续增多。90 年代，建筑企业相继改制。至 2013 年，全市共有建筑装潢企业 74 家，建筑队伍 3.18 万人。建筑设备从旧时的瓦刀、灰桶、铁锤、水平尺、锯、斧、凿、刨等传统工具，逐步发展到机械化、电气化设备。2013 年年底，全市建筑企业共拥有塔式起重机 392 台，汽车吊起重机 32 台，施工电梯 69 台，混凝土泵车 10 台，挖掘机 148 台，大、中、小运输车 489 辆，指挥小车 130 辆，混凝土运输车 44 辆，混凝土搅拌运输车 10 台。建筑企业的技术能力，从 20 世纪 50 年代的承建简单基础建筑物，到 21 世纪初能承建 30 多层的高层建筑。1998 年 2 月 10 日，市第二建筑公司参建的北京候机楼、国际电讯工程，获建设部颁发的“鲁班奖”。江苏同创建筑装饰有限责任公司承建的丹阳市超力会所装饰工程，荣获 2013—2014 年度全国建筑工程装饰奖。市（县）建筑企业总产值由 1978 年的 122 万元，发展到 2013 年的 70.43 亿元，市建筑业 2013 年增加值达 17.29 亿元，占全市地区生产总值的 4.48%。

中华人民共和国成立前，句容虽有房产、地产买卖，但并未形成产业。中华人民共和国成立后至中共十一届三中全会前，基本实行的计划经济，土地是国有和集体的，房产虽有买卖，但数量极少。改革开放后，1984 年试行有限产权房政策，1989 年试行国有土地有偿使用，1990 年试行农村宅基地有偿使用，1993 年启动土地二级市场，1999 年启动土地一级市场。随着住房制度改革的实施和银行实施房贷政策以后，房地产业迅速扩张。2000 年，全市只有 5 家房产企业，2013 年已达 116 家。1995 年，全市房地产开发实际投资 2510 万元，2013 年已达 196 亿元，是 1995 年的 780.90 倍。2001—2013 年，全市合计销售商品房 71341 套、768.93 万平方米，销售金额共 359.35 亿元；每平方米房屋均价，从 2001 年的 998.04 元，上升到 2013 年的 6765.71 元。

环境保护工作是随着城乡建设事业的发展和工业活动的增多而被提到议事日程。1979 年 3 月，县政府成立环保领导小组，对污染环境的废水、废气、废渣进行调查，研究治理措施。1981 年成立环境保护局；1982 年成立环境监测站；1984 年，环保局与基建局合并，成立城乡建设环境保护局；1988 年，环保局单设。30 多年来，环境保护工作日益得到民众的认同和各级领导的重视。70 年代至 90 年代中期，环保工作重点是污染后的治理。1995 年以后，实行建设项目管理，坚持“预防为主，防治结合”的方针，并建立各级领导的环境保护第一责任人制度，在评奖评先中实行环保“一票否决权”。21 世纪后，环境保护与生态建设同步进行，垃圾填埋场，污水处理厂，排水管雨污分流等环保硬件建设逐步到位，重污染企业被责令关停。句容河城区段的水质有明显改善，由 90 年代初的劣五类上升到四类，已有人在河边垂钓，并有白鹭栖息。2005 年 10 月，句容市被国家环保总局正式命名为“国家级生态示范区”。后白村、戴庄村、倪塘村先后被命名省生态示范村，金星村、李塔村被命名为省级农村环境综合整治示范村，茅山镇被授予“江苏省环境与经济协调发展示范镇”。市委、市政府还开展国家环保模范城市、国家生态市创建工作。2006 年 12 月，句容市通过国家环境保护模范市考核验收。生态建设取得重大进展。市区大气环境质量保持在国家二级标准，茅山、宝华山和九龙山风景区达到国家一级标准。2012 年 2 月，句容市被国家环保部授牌命名为“国家环保模范城市”。2013 年，全年建成省级森林村庄 26 个，创成国家生态村 1 个，省级生态村 5 个，启动北山水库水源地保护系列工程，高标准建设京沪、宁杭高铁生态廊道景观；严格环保执法，全年关停污染企业 21 家。

句容城最早的环卫管理机构是清管所，设立于 1957 年 11 月。同年 12 月 8 日，县人委批复同意《城镇清洁管理暂行办法》先行使用。重点是主街道卫生清扫和厕所卫生保洁。1958 年始建公共厕所 15 座，粪便由城郊菜农运作肥料，1965 年增建公共厕所 23 座，砖砌垃圾箱 51 个。1985 年，县城有清洁垃圾车 3 辆，洒水车 1 辆，吸送粪便车 3 辆，县城共有砖砌垃圾箱 91 个，公共厕所 43 座，大型化粪池 3 座。1997 年创建省级卫生城市和 2004 年创建国家卫生城市，对句容环卫事业发展起巨大推动作用。始建垃圾中转站，新建城北垃圾填埋场，大量增添果壳箱、门面房垃圾桶以及装载机、推土机、多功能洒水车、垃圾运输车等一大批环卫专用作业车辆，公共厕所翻新改造，由旱厕全部改为水冲式厕所，道路清扫由 80 年代每日 2 次改为对城区重点路段和商业繁华地区实行16小时保洁制，清扫人员由1985年的28人发展到2008年专职清扫人员521人。至2013年，市环卫处共有人员520人，环卫专用车58辆，垃圾中转站9座，垃圾填埋场2座。全年处理垃圾108375吨，日处理垃圾297吨，生活垃圾无害化处理率达100%，32座水冲式厕所全部免费开放。

1991年前，句容城无专门园林管理机构；1992年成立园林管理处，有职工17人，承担城区绿化管理、广场管理和公园管理。20多年来，组织实施了城区主、次干道绿化和管理，新世纪广场、玉清广场的绿化和管理，葛仙湖公园的绿化和管理。1985年年底，句容县城有各类树木近10万株，人均占有绿地面积1.50平方米。县城绿化覆盖率为7%。2013年，城市建成区绿化覆盖面积9.71平方公里，占建成区总面积24平方公里的40.46%；绿地面积9.91平方公里，公共绿地面积1.86平方公里。

市容执法管理始于1985年，原县城镇成立市政管理办公室，下属市容检查中队，有队员5人。1989年，县建委成立城建监察中队，兼管市容，有5名队员；1992年，城建监察中队人员扩充至14人。句容撤县设市后，城监中队改称城建执法大队。2003年8月，成立句容市城市管理局后，执法大队更名为句容市城市管理执法大队。市容执法，1986—1995年重点是整治“马路市场”“马路菜场”等占道经营，以治“乱”为突破口，采取集中整治与巡查相结合；1996年后推行长效管理，落实岗位责任，重点抓占道经营，推行疏导点管理和人性化管理，规定执法人员实行首次违章不罚制，并文明执法、公正执法，实行巡查、立案、办案三权分离，强化执法流程的监督。2013年5月22日，市数字化城管系统通过省住建厅专家评审，已初步建设完成；成立户外广告传媒公司，对市区115个户外广告进行规范管理。2013年11月28日，市城市管理行政执法局正式挂牌成立，统一句容城区行政执法工作。

三

句容建设的特点从宏观上看有如下三个方面：

地理位置特点。句容地处长江南岸，南京近郊。从古至今，句容先后有湖熟、土桥、龙潭、东阳等乡镇划给南京；发生在南京的战事常殃及句容，给句容的城乡建设带来毁坏；经济发展和人流、物流、资金流，其主要流向是南京；句容又是秦淮河的主源头，水利与环境保护与南京密不可分。地理位置决定句容的城乡建设必须融入南京、对接南京，从规划、建设、环保、管理等方面，都必须融入南京，接受南京的辐射，成为南京的一部分。全国知名的房地产企业——碧桂园集团之所以主动落户句容，主要考虑的是句容的地理位置。地理位置这个特色，在今后句容城乡建设中，会更加突出。

地形特点。句容1387平方公里的土地面积，圩区、平原只占全市总面积的11.54%，其余88.46%的土地是低山、丘陵、岗地。句容除长江外，市内没有内河航运。地形的特点，是道教、佛教人士在句容山上建观立寺，使句容能保留一些古寺观；地形和地理位置特点相结合，又使句容成为军事要地，易发战争之地。从古至今都是这样，句容是古战场之一，近代有太平天国战争；民国时期的龙潭战役，双方伤亡数万人；抗日战争中，句容又是茅山抗日根据地的核心区域之一。中华人民共和国成立后，句容是全省少数几个驻军最多的县（市）之一，坑道、国防工事建设与管理，成为句容建设的重要内容之一。

历史特点。首先是古文明历史悠久。宝华镇丁沙地遗址的发掘，把句容村庄的形成，推到7000年前；华阳镇城上村遗址历史，又把句容城市建筑推到3600年前。其次是古县新市。从西汉建县到1995年撤县设市。句容建县时间长达2200年，而撤县设市至2013年还不到20年。县与市的最大区别是，市以城市为中心，县是以农村为中心。这个特色决定句容对城市建设与管理都是新课题。再次，句容是茅山老区。革命老区的概念有两个含义：一方面战争造成的破坏大，建设的任务重；另一方面，老区意味着经济欠发达，建设需要资金，这就是一对矛盾，建设任务重，但老区又缺钱。改革开放后，句容经济发展很快，但在苏南10多个县（市、区）中，从人均多个数值指标，句容仍落在后面，建设资金压力一直很大。

四

回顾句容7000年的建设史，有什么规律性的东西可寻呢？

第一，城乡建设与经济兴衰密不可分。句容自西汉建县至清朝中期，一直被称为大县、望（旺）县、次畿县、上等县，经济较繁荣，进贡朝廷的钱和物也多。在建设领域，成就也较突出。明清时期，句容经济是上等县，明弘治三年（1490 年），以石砌县城 5 城楼；明嘉靖三十三年（1554 年），全部把土城墙改建为砖城墙；清康熙十三年（1674 年）重修城墙。从集镇看，明弘治年间，全县有 6 市 5 镇；自然村由唐代的 70 多个发展至 427 个。近代至民国，句容从上等县降为三等县，经济的不景气对城乡建设影响很大，城乡都没有什么大的建设项目。中华人民共和国成立后，特别是改革开放后，随着经济的快速发展，经济实力不断地壮大，句容在 1995 年进入全国百强县，名列第 97 位，2013 年进入全国百强县第 63 位。经济的发展推动了城乡建设，例如乡镇工业的发展及后来工业集中区的设立，推动了集镇建设的发展。句容经济开发区的设立和发展，推动了句容城区的建设与发展，成为句容新市区主要组成部分之一。华阳镇跳出老城区，进行东扩、南进、北拓，成为新市区建设的主要推手之一。房地产、旅游等第三产业的发展，直接推动了城乡建设大扩容、上台阶。

第二，城乡建设与战争及和平角色转变密不可分。战争把政治放在第一位，战争对城乡建设来说，某种意义上讲就是毁坏。在冷兵器时代，城墙、护城河就是为战争而建造。一些建筑，战争把建筑破坏了，战争结束后又重修。从这个意义上讲，战争是建设的破坏力，和平又是建设的动力。据史料记载，太平天国时期，连续 11 年战火，对句容城乡建设，如房屋、桥梁、寺院、道观、庙宇、行署等破坏严重，光绪《续纂句容县志》载：仓头镇的万善桥是金陵（南京）通往京口（镇江）之通道，重建于康熙二十一年（1682 年），毁于咸丰年间（1851—1861）的战火，光绪二十一年（1895 年）又重建；句容城内崇明寺、庙宇甚多，“咸丰中尽毁”，“同治（1862—1874）初经寺僧净明募建，现大雄宝殿廊房客房已渐次整齐矣”。

第三，城乡建设与时代特色密不可分。每个时代的生产力水平不同，意识形态的差异，对城乡建设的设计、建筑的式样影响很大。古代建筑基本是平房，这与生产力水平有很大关系。句容崇明寺大圣塔，“七级飞耸”，2013 年的句容建筑，已达 35 层，100 多米高，这在古代也没有这个技术和工具。城乡建设还与各个时代的信仰即意识形态有关，例如唐、宋时期，皇帝信奉道教，茅山道院大兴土木，宫、观、庵、院发展到 250 多处；明、清时期皇帝信奉佛教，宝华山隆昌寺建有铜殿、无梁殿、大雄宝殿等著名建筑，至清末，全县共有大小寺、庙、庵、院 450 座，僧尼 1000 余人。境内凡知名山、村都建有佛教寺庙。从商业建筑看，从古代至民国时期，基本是前店后厂或前店后房（生活用房）模式；中华人民共和国成立后至 20 世纪 80 年代，商业建筑基本上属小、散、多的特色；90 年代末，超市兴起，经营面积越来越大，商场设施越来越好，上海大润发超市进驻句容后，使句容的商业建筑面目一新。南京雨润集团已在华阳东路打造“句容的新街口”，走一站式商业服务模式。这些建筑，无不打上时代的烙印。

第四，城乡建设与处理规划、建设、环保、管理的相互关系密不可分。规划是建设的蓝图和“龙头”，规划如经常改动是建设最大的浪费。因此，规划必须是科学的、前瞻的、透明的，必须走专家与群众相结合的路子，规划一旦获得上级审批，必须依据规划来建设，不能因地区领导人的变动而变动。城乡建设必须依据科学的规划，量力而行。在建设的项目、过程必须符合环境保护的要求，建生态良好城市。在建与管的关系上，须克服只建不管或重建轻管的问题；既重视管物，更重视管人，使古县新市的句容成为具有悠久历史文化底蕴、生态良好、环境优美、充满活力的南京副城。

大事记

古　代

距今 7000 年

在现宝华镇丁沙地，经南京博物院考古专家考证，出现原始农业氏族聚落。为句容境内最早的原始村庄。

商周时期（前 1600 年—前 256 年）

在现华阳镇城上村，有古代筑城的夯土层和环壕（护城河）设施，经考古专家考证，此处可能是一处重要的吴国城址。

周代（前 1046 年—前 256 年）

句容县境内，特别是句容南部，有众多土墩墓建筑。有一墩一墓建筑，也有一墩多墓建筑。特别是一墩多墓的向心墓建筑。包括墓基槽、两面坡的棚子、石床等部分组成。截至 2008 年。句容尚存周代土墩墓 25 处、640 座。2013 年，原春城（现茅山镇）土墩墓被列为全国重点文物保护单位。

周敬王时（前 519 年—前 474 年）

吴王夫差筑梧园宫于句曲山（茅山）

东汉永平二年（59 年）

明帝诏敕郡县修灵山大泽，对有益百姓者建庙祭祀，句曲山建茅真人庙，称“白鹤庙”。初为石屋。齐梁年间（479—557 年）易为殿宇。元延祐三年（1316 年）建圣祐观。明万历二十六年（1598 年）建殿宇。赐名“九霄万福宫”。后经多次战乱破坏严重。抗日战争后尚存 20 余间。1982 年开始修复。至 2008 年年底，有殿堂、室、馆、舍 200 余间，总面积 5500 平方米。

三国吴赤乌三年（240 年）

句容筑城郭砌谯楼，开挖护城河，曾筑子城周长 390 丈。

西晋咸宁年间（275—280 年）

句容人司徒督舍宅为寺，初名义寺。唐会昌年间（841—846 年）全毁。天祐二年（905 年）重建。宋太平兴国五年（980 年）改为“崇明寺”。民国 15 年（1926 年）因遭火焚，庙宇被毁。

梁天监元年（502 年）

在宝华山建志公庵。宝志圆寂后，山庵逐渐冷落，明清后兴起。

梁天监十五年（516 年）

帝悯商旅渴乏，作亭及井 15 口，于句容通衢。

梁中大通元年（529 年）

梁武帝萧衍第四子萧绩病死，葬于句容城西姜石山下（今句容经济开发区），墓道上有辟邪、石柱各一对，体积为国内同类石刻之首。1996 年为全国重点文物保护单位。

唐贞观二年（628 年）

颜真卿死后葬于句容（现白兔行香虎耳山有颜真卿墓）。

唐贞观（627—649 年）年间

唐太宗为茅山道士在茅山建“太平观”。宋改为“崇禧祠”。元延祐元年（1314 年）赐名“崇禧万寿宫”。1966 年建东进水库时，宫址全部被水淹没。2009 年，茅山道院投资上亿元，移址重建崇禧万寿宫。

唐中和二年（882 年）

在距句容县城 50 余里的南乡（今天王集镇）建寺，初名礼东寺，后改名天王寺。中华人民共和国成立后，天王寺尚存，后改为粮库，“文化大革命”期间（1966—1976 年）被拆除。

唐天祐元年（904 年）

县令邵全迈移建县署于城正北。清末遭战火毁坏，后县署在县城中街（鲜鱼巷口）有公房若干间。民国

23 年(1934 年),县府由中街迁返旧县署。

唐天祐四年(907 年)

句容城修筑东、西、南、北、白羊、上羊六门,城内面积 195 亩,护城河宽约 2 丈。

宋治平元年(1064 年)

县城首次用砖砌街道,宋淳祐七年(1247 年)改建,中铺条石,两边砌砖,长 242 丈。

宋元丰三年(1079 年)

知县叶表以县南驿改建学宫。

宋元祐八年(1093 年)

创建崇明寺大圣塔,七级飞耸,八面玲珑。民国 15 年(1926 年)11 月 14 日夜遭火焚,塔内木结构遭毁。1970 年 5 月,砖塔残骸被拆除。

宋大观元年(1107 年)

宋徽宗诏修句容茅山元符观句曲真人祠—元符万宁宫。

宋绍兴十一年(1141 年)

景纶祖师在赤山建圆寂寺。清同治七年(1868 年)又建般若寺、绛岩寺。现赤山般若寺残存,余均毁。

宋绍兴二十四年(1154 年)

知县龚涛重修学宫,建大观圣作之碑。

北宋晚期

现白兔镇朱甲村朱雁公建延堂,其儿子又建造式谷堂。因能容 100 桌酒席,故名“百席厅”。1969 年被拆除。

南宋宝庆二年(1226 年)

知县王通重修学宫,易民地,砌筑墙垣左右疏池。

宋绍定二年(1229 年)

知县张榘筑城门建楼。

元延祐年间(1314—1320 年)

建茅山道院德祐观、仁祐观,分别位于二茅峰、三茅峰顶,后渐废。清雍正、乾隆年间(1723—1795 年)重建,抗战期间被日军烧毁。

元至正九年(1349 年)

县城到土桥铺石板路面。

明永乐七年至弘治三年(1409—1490 年)

全县为进士、举人建造的牌坊有 46 座。其中县城 8 座,最为著名的是状元坊 1 座,为大学士李春芳立。中华人民共和国成立后,这些牌坊先后被拆除。

明正统二年(1437 年)

巡抚工部侍郎周忱建句曲书院,在县治西。

明景泰四年(1453 年)

县城东西大街重建,中间铺横石,两边纵铺条石,长 396 丈,宽丈余。北门大街建成条石路面,全长 250 丈。

明成化十四年(1478 年)

知县徐广在县城重建大成殿,两厢戟门,规模宏大,超过以往。

明弘治年间(1488—1505 年)

据明弘治《句容县志》载:句容有市镇 11 个,自然村 426 个。6 市是:大市(县城)、仓头市、柴沟市、白土市、靖安市、湖熟市,5 个镇是:常宁镇、北镇、下蜀镇、土桥镇、东阳镇。

明嘉靖年间(1522—1566 年)

茅山元符万宁宫前建石牌坊。清乾隆十七年(1752 年)重修。

明嘉靖十七年(1538 年)

建三友书院。在察院西。明万历四年(1576 年)知县丁宝增修西关三友书院,为宫厅 2 所、21 间。

明嘉靖二十五年(1546 年)

知县徐九思于县衙前建石屏画菜辅官箴,上书:“为民父母不可不知此味,为吾赤子不可令有此色。”

明嘉靖三十三年(1554 年)

知县樊垣筑城,周长 7.80 里,高 2.60 丈,仍设 5 门,城上筑雉堞 2000 余,警舍 14 间,四城外浚池蓄水。

明万历三年(1575 年)

御史应天巡抚宋仪望移镇开府句容建察院署于县治东北。

明万历四年(1576 年)

巡抚宋仪望建华阳书院。清乾隆六年(1741 年),将督学院之阅卷所改建为华阳书院。同治二年(1863 年)毁于战火。清同治四年(1865 年),绅士富户捐款,购县治西民房 1 所、5 进、30 间,改作书院,仍沿华阳书院名。2003 年句容市政府将华阳书院整体搬迁至葛仙湖公园内。

明万历二十二年(1594 年)

提学御史陈子贞移考棚于句容,立学院题名碑。

明万历三十三年(1605 年)

妙峰禅师得明神宗生母慈圣皇太后资助,于宝华山隆昌寺内造铜殿 1 座,无梁殿 2 座(文殊、普贤)。

明万历四十二年(1614 年)

句容民众为明代德及句容的两位县令(贵溪徐九思、嘉善丁宾),在茅山建遗爱祠,缅怀功绩,以示纪念。

明崇祯十二年(1639 年)

督学金兰创建三台阁。位于县城西郊鸣鹤山(今瓜子沟村),清康熙五十五年(1716 年),阁倾圮遂废。清雍正十二年(1734 年),绅士集资在原址重建,清嘉庆初年移至西关虎桥重新建阁,咸丰年间(1851—1861 年)毁于战争。民国 18 年(1929 年),邑人黄执礼等集资重建,“文化大革命”期间被拆除。2003 年,句容市政府在葛仙湖公园内重建三台阁。

明代(1368—1644 年)

现后白镇芦江村建张家祠堂,原有 5 进,现存中间 1 进,面阔 5 间,通长 24 米,深 11 米,梁柱均为楠木。1995 年获江苏省文物保护单位。

清顺治六年(1649 年)

在县城建造营房。有把总汛署 8 间,兵房 46 间

清康熙十年(1671 年)

宝华山隆昌寺建大雄宝殿,长 5 间,23 米,宽 17.50 米,高约 12.50 米。

清康熙十五年(1676 年)

宝华山隆昌寺建韦陀殿,长 5 间、23 米,宽 18.40 米,高约 11.50 米。

清咸丰年间(1851—1861 年)

清军与太平天国军队在句容作战,县城、茅山,以及集镇及村庄,因战火使许多建筑(包括房屋、桥、庙、观、亭阁等)被毁,战后,县城及道观、庙宇的房屋等建筑又恢建。

清光绪四年(1878 年)

现天王镇建映月石拱桥。2008 年被评为县级文物保护单位。

光绪八年(1882 年)

左宗棠拨营勇 5000 人,整修赤山湖,开筑道士坝,建陈家边闸。

光绪二十九年(1903年)

在原华阳书院内创办官立高等小学堂,是县内第一所小学堂。民国元年(1912年)改名县立第一高等小学。后曾改名城中小学、夫子庙小学、城镇人民小学,1976年恢复城镇第一小学校名,1992年更名华阳镇第一小学,2010年9月迁址于崇明路新建并更名为崇明小学。

光绪三十四年(1908年)

京沪铁路南京至句容桥头通车。句容境内建有龙潭、下蜀两车站,民国14年(1925年)增建桥头车站,2002年10月,桥头火车站停运。

清代(1616—1911年)

现位于天王镇孙岗陈巷村内,建有更楼。更楼呈正方形,每边长4米,高约13米,专供警员打更之用。2008年为县级文物保护单位。

清末民初

句容城内和主要街道口,设有方罩煤油路灯。正常情况下有20余盏。

中华民国

民国初年

境内回民集资先后在县城南门大街、银行巷、北门分别建立了3座清真寺,在今边城镇芦塘村建1座清真寺。

民国8年(1919年)

美国基督教"美以美会"在白兔镇建教堂钟楼。

民国9年(1920年)

康有为自广东运母灵柩移葬于茅山二茅峰西麓五里亭。"文化大革命"期间被毁。

民国11年(1922年)

县内第一条公路——镇句线开始测量、修筑,境内共22.60公里,民国20年(1931年)10月建成通车。

民国12年(1923年)

县境最大的工业企业——龙潭中国水泥股份有限公司建成投产,为当时中国五大水泥厂之一。

民国15年(1926年)

是年,张守书、丁宣孝、纪祥麟在葛仙庵创办县立初级中学。抗战胜利后,句容县中移寺街。1956年增设高中班,1988成为纯高中。2003年8月整体搬迁至文昌东路南侧原肖圩村。

△ 创办句容县白露庙小学。后经名称几次变更,现为句容市实验小学。至2008年,校园占地45亩,建筑面积15101平方米,绿化面积5000平方米。

民国16年(1927年)

县城后沿山中山公园建有中山堂、望耕亭等景点,四周栽植观赏树,建有一条垂柳大道。

民国17年(1928年)

县成立建设局(三等局)。

民国21年(1932年)

在句容城北(今省农林技术学院)建造飞机场,民国23年(1934年)建成,约1平方公里。民国26年(1937年)12月5日,日军占领句容后,飞机场逐渐沦为荒地。民国37年(1948年)8月,国民政府空军将其改为飞机投弹射击训练靶场。中华人民共和国成立后,句容飞机场已作他用。

民国22年(1933年)

是年,南京"首都电厂"设句容分厂,始有少数电力路灯。日军侵占句容后一度中断。民国27年(1938年)秋,日军发电,仅设少数路灯。

△ 句容设长途电话交换所。

民国 23 年(1934 年)

1 月,县立医院成立,并对外开诊就医。

是年,在原黄梅镇新塘村与江宁交界处,建造两个炮团营房。

△ 为纪念孙中山,在县城南门桥荒山坡上植树 1 万余株,占地 17 亩。

民国 24 年(1935 年)

县城重修东西大街东门口至四牌楼街道,以条石、块石相间,铺成拱形路面,宽 3.50 米,两侧以条石铺成人行道。全宽 7 米。

是年,在今盘山营房处,军政部句容种马牧场成立。中华人民共和国成立后,此处改建成中国人民解放军营房。

△ 县署内建大礼堂,同时在县城兴建一些教育、医疗设施。

民国 26 年(1937 年)

12 月 4 日,日军沿丹句公路入侵句容,一路烧杀抢夺,强奸妇女。在公路边的白兔镇的倪塘村,86 户人家有 85 户房屋被烧毁。抗日战争胜利后,据句容县政府统计,县内被日军杀害的群众 3000 余人,被烧毁房屋 23.35 万间。

民国 27 年(1938 年)

下半年起,日军为加强对茅山抗日根据地的"扫荡",控制交通要道,先后在行香、谢巷、北塘庄、陈武庄、东昌街、白兔、春城、墓东、牌头、茅山林场、下泊宫、顶宫、王庄、唐陵、袁巷、青龙山、红土山、龙王庙、天王寺、东湾、西地、下山地、张古墩、后白墅、二圣桥、阴桥头、黄梅桥、新塘、杜榨、亭子、西谢、桥头、高家庄、下蜀、油榨、宝华山、仓头、山口村和县城的城隍庙、宝塔寺、五城门、西关以及现市政府大院、市医院等地,建碉堡等军事工事。

民国 32 年(1943 年)

3 月,日、伪军在茅山、丹北、太滆地区筑建竹篱笆封锁线 300 余公里;7—8 月间,由中共茅山地委和新四军茅山保安司令部统一部署,在三茅峰举火为号,全面行动,一举将几百里竹篱笆焚烧殆尽。

是年,句容至南京有一条话传电报电路。1958 年开放人工专用电报电路。

民国 33 年(1944 年)

茅山新四军在大生产运动中,帮助句容修筑"抗日坝"、"胜利坝"、茅山湖等水利工程。

民国 34 年(1945 年)

是年 9 月,抗战胜利后的国民党县政府首设建设科,为县政府 10 科(室)之一。

民国 35 年(1946 年)

是年,国民党军队为加强对茅山革命根据地"围剿",抓民夫 12750 人,在县境修筑碉堡 71 座,控制交通要道,搞堡垒"围剿"。据句容一区统计,修筑 5 座碉堡,需支出法币 58.60 万元,平均每座碉堡需 11.70 万元。

△ 县城成立瓦、木业工会,有会员各 30 人。

△ 县城张兴记营造厂成立,雇 10 余名工匠,从事修建。

民国 38 年(1949 年)

4 月 23 日,句容解放。在随后成立的句容县人民政府,内设建设科。为县人民政府首设的 10 个科、局(处)之一。县人民政府利用旧县署办公。县城房屋仅存 4300 间。

中华人民共和国

1949 年

是年,县人民政府接管了旧政权机关办公设施及各类公房后,由公房管理部门管理。乡村集镇公房,由所在乡政府及行政村兼管，农会代管。

△ 下半年，私营协兴布厂建成投产。

1950 年

是年，县城由 10 余名瓦木工组成瓦木工工会小组，1956 年加入手工业联社，吸收一批瓦木工匠，到 1958 年改称地方国营句容县建筑公司。1960 年更名句容县建筑站，1961 年又更名为句容县修建公司。

△ 县机关公房由机关行政部门直接管理，其余所有公房由公产组管理，并对租用公房户发放使用证。

1951 年

9 月，电信、邮政两局合并，成立句容县邮电局。

是年，在县城府君巷创办句容城镇幼儿园，1957 年迁至人民路民主巷，1990 年更名为华阳镇幼儿园，2002 年更名为句容市实验幼儿园。

1953 年

是年，县政府建设科与农林科合并，称农林建设科。

△ 以原夫子庙大成殿为基础，修建县人民剧场。

1954 年

7 月，大雨，全县倒圩 28 个，冲毁木桥 15 座，倒塌房屋 11265 间。灾后，县委政府组织抗灾自救。

是年，句容县人民政府有计划地大量拆除城墙，扩展县城范围。到 1982 年，城墙被全部拆除。被拆城墙砖大都用于境内营房建造等。

1955 年

9 月，县行政机关工作人员，凡住机关公房者，一律按房屋结构等级交纳房租。

是年，在县政府院内，建造 1 幢县委办公楼，2 层，建筑面积为 553 平方米。

1957 年

7 月 1 日，地方国营句容电厂建成发电，县城居民结束了中断近 20 年电照明历史；主要街道装设高杆白炽路灯。

9 月 3 日，县人民委员会（以下简称“县人委”）作出《关于当前国家机关使用房屋的几点规定》。

11 月 14 日，县人委同意城镇人委设立城镇清洁管理所。

12 月 8 日，县人委批复同意《城镇清洁管理暂行办法》先行试用

是年，县政府院内建造 1 幢县人委办公楼，2 层，建筑面积共 555 平方米。

1958 年

县城新建人民路，东接宁杭公路，西至县人民政府大门前，全长 800 米。建设路在原十井巷基础上拓宽延长，首先在西段动工，后因经济困难停工 10 多年。

是年，因水库建设，全县拆迁村庄 43 个，其中 33 个村庄全部拆迁。

△ 曾仿照南京市中山东路体育馆，在县城文化活动中心地区（今建设路南华阳小商品市场），兴建一座约 2000 平方米的竹结构（上盖石棉瓦）体育馆，馆内可容纳 3000 名观众，其规模在原镇江地区最大。1967 年，又改建成砖木结构，馆内设水泥看台，可容纳观众 1300 名。

△ 县城新建公共厕所 15 座，粪便由城郊菜农做肥料。

1959 年

2 月 20 日，县人委批复城镇人委，同意城镇所有机关、学校企事业单位的厕所粪便，统一由城镇清管所管理出售。

是年，县人民政府成立建设局。1961 年 3 月撤销。

△ 县人民政府首次安排财政经费用于建设投资，至 1961 年，共安排城建投资 56.67 万元。

△ 县粮食局在人民路建办公楼，2 层，建筑面积 830 平方米。

△ 是年,因水库建设需要,全县再次拆迁村庄5个。

1960年

1月,北山水库大坝合龙蓄水,总库容8156万立方米,不仅为农业灌溉提供水源,也为句容县城生产和生活用水提供可靠保障。

3月,梁栋才任县经济计划委员会第一副主任兼建设局局长,为句容县建设局首任局长。

是年,县供水厂建成,1974年更名为县自来水厂。

1961年

7月,县政府集资8.18万元,在东门桥头河边建自来水供应站。日供水500立方米。输水主管道直径150毫米,总长5000米,在城内设点供水。1973年改为句容县自来水厂。

8月16日,县成立7615部队202工地筹建办公室,副县长王健为筹建办主任。是年12月,经省人民委员会批准,同意句容县行香公社钱家边大队406.68亩土地,筹建某试验场。

是年,人民路向西延长至西关,延长段500米。至此,人民路全长为1300米。

1962年

5月,句容水库建成蓄水。总库容2985万立方米,成为句容城饮用水的直接水源。

是年,县城人民路建成碎石路面。

△ 是年至1969年,县城内维修旧房1465间,翻建804平方米。

1963年

是年,县人委在下蜀公社涧东大队进行农村建设规划试点工作。对4个自然村进行统一规划,有30户84间平房统一建房,同时修机耕路,挖排水沟,进行绿化。后因“文化大革命”未能在全县推开。

1964年

11月4日,县人委批复同意县人民医院建造手术室。手术室用房面积为120平方米,设计和施工由县建筑站负责,所需9800元经费由文卫局报卫生厅批拨。

1965年

11月,县成立“私房改造办公室”,对县城私有出租房屋进行社会主义改造。是年县城共改造107户、690间、20020平方米。1966年10月起,因“文化大革命”而停发定租。

是年,县城增建公共厕所23座,砖砌垃圾箱51个,生活垃圾由清扫人员负责,按地段集中清运。

1966年

是年,县城在文化巷建人民电影院,2层,建筑面积1500平方米。

1968年

是年,县城人民路东段800米铺沥青路面,1981年全程铺沥青。

1973年

是年,县城在人民路建华阳旅社、饭店,3层,建筑面积1145平方米。

1975年

是年,句容县城路灯归县供电局管理,此后路灯逐步增多。白炽灯也多数改建为高压汞灯、高压钠灯。至1985年,街巷有路灯412盏,灯距50米,灯杆高8~12米。

1976年

是年,糖烟酒公司在县城东大街建1幢3层楼,建筑面积800平方米。

△ 在文化巷建工人文化宫,3层,建筑面积1860平方米。

△ 县对自来水厂更新改造投资35万元,迁址上阳村,水源以房家坝水为主,补充水源由句容水库或北山水库。1978年1月供水,日供水5000立方米。主管道直径100~300毫米,总长7802米。

1977 年

秋，县城东西大街拓宽至 10 米，并向西延伸至西关，总长 1450 米。铺成宽 6 米、厚 15 厘米混凝土路面，两侧为人行道，各宽 2 米。

是年，建设路建成竣工，东接宁杭路，西至工程机械厂大门，长 835 米，碎石路面，宽 22 米。

1978 年

3 月，县革委会增设基本建设局。

5 月，徐善友任县基建局局长。

9 月，县成立建筑民兵团，各公社建筑站相继改称建筑民兵连。

是年，县城北门大街路面由沙石改铺成宽 7 米的沥青路面。

△ 新华书店在县城东大街建 3 层营业办公楼，建筑面积 1000 平方米。

△ 南北货商店在县城东大街建了 3 层营业办公楼，建筑面积 744 平方米。

△ 县对街道绿化始作统一规划，行道树以悬铃木为主，机关、学校、企事业单位逐渐开展庭院绿化。

1979 年

是年，县第二招待所在西大街建 3 层客房楼，建筑面积 1048 平方米。

△ 句容影剧院在北大街建成。总建筑面积为 3100 平方米。

△ 县在城南兆文山革命烈士陵园栽植松、柏、女贞等树木 1.50 万株。

△ 县、公社、大队三级开始建立农房管理机构。

1980 年

是年，南门大街四牌楼至句容工程机械厂大门段铺水泥路面，长 350 米，宽 7 米，两侧人行道各 2 米；同时四牌楼至人民路段也建成混凝土路面。

△ 句容县图书馆楼在县城人民路落成，3 层，建筑面积 868 平方米。

△ 县城北大街南段鲜鱼巷口至人民路段 120 米改建为宽 11 ~ 15 米的混凝土路面。

△ 在县城西大街建卫校教学楼 1 幢，3 层，建筑面积 990 平方米。

1981 年

5 月 8 日，经省政府批准，设立句容宝华山自然保护区。

5 月，撤销建筑民兵团和建筑民兵连，组建句容县第二建筑公司，各公社建筑民兵连改称公社建筑站；县第二建筑公司负责管理各公社建筑站。

10 月，增设环境保护局。

是年，县成立“私房落实政策办公室”。清退“文化大革命”期间挤占、低价收购和无起点改造的私房。其中，退还原房 99 户、240 间、5182 平方米；原房拆除的 177 户、377.50 间，经济补偿 12.5 万元；私房出租改造 107 户，经查其中应落实政策的 50 户，发还产权、退还原房 14 户、43 间、1026 平方米，发还产权改变租赁关系 10 户、20 间、500 平方米；经济补偿 26 户、192.50 间、3387 平方米，作价 14 万元。同时补发应给而未发的 5 年定租 3 万元。1981—1985 年，总共 326 户落实了私房政策，补偿金额 38.50 万元。

△ 县制定公房分配住房的标准，每对夫妻 13 ~ 17 平方米，最多不超过 20 平方米；10 岁以上女性每人 4 ~ 6平方米，男性每人 3 ~ 5 平方米；年老单身 8 ~ 10 平方米。

△ 县检察院办公楼在人民路县政府大院外西南侧建成，3 层，建筑面积 748 平方米。

△ 省句容农校教学楼在县城宁杭路建成，3 层，建筑面积 1600 平方米。

△ 句容县中在人民路南侧建 2 幢 3 层教学楼，总建筑面积 2474 平方米。

1982 年

3 月，滕有富任县环保局首任局长。

是年，在县城文化巷建文化剧场，3 层，建筑面积 1200 平方米。

△ 县政府大院内建计经委办公楼,3层,建筑面积1158平方米;外贸局办公楼在县城东大街建成,4层,建筑面积697平方米;同年在东大街还落成商业局办公楼,3层,建筑面积900平方米;卫生局办公楼在西大街建成,3层,建筑面积800平方米。

△ 防疫站检验楼在西大街建成,3层,建筑面积1232平方米;县农机公司综合楼在北大街与人民路交叉口建成,6层,1200平方米,时为句容城最高建筑。

△ 县城北大街北段800米拓宽为12米的沥青路面,两侧设人行道;人民路东段拓宽成12米,两侧加人行道各2米,西段逐步改建,至1985年,路宽8~10米;建设路铺沥青路面,宽14米,两侧人行道各宽4米;南门大街县工程机械厂至新南门桥铺沥青路面,长670米,宽9米,两侧人行道各宽3米。

△ 由黄梅乡建筑站建筑的南京市建筑——南京军校军职楼,获江苏省样板工程。

1983年

是年,县政府大院内建县政府办公楼,4层,建筑面积1811平方米;基建局办公楼在建设路落成,5层,建筑面积1350平方米;县二机厂办公楼在建设路落成,3层、1290平方米。

△ 县公交公司汽车站在宁杭路建成,3层,建筑面积1800平方米;在宁杭路落成的还有县供销社综合楼,4层,1560平方米。

△ 县城文教建筑:如二中教学楼在北大街,3层,建筑面积1397平方米;一小教学楼在文化巷,3层,建筑面积1344平方米;供销干校教学楼在宁杭路,4层,建筑面积1643平方米;广播局电视楼在人民路,5层,建筑面积1350平方米等,建成使用,县体育馆迁县城西郊兴建,占地55亩。

1984年

3月,基本建设局与环境保护局合并为城乡建设环境保护局。徐善友为县城乡建设环境保护局局长。

是月,县房屋建设开发公司成立,1989年更名为县房地产开发公司,2001年4月又更名为市银鹏房地产开发总公司。

8月,县档案馆新库房建成,3层,建筑面积1037.80平方米,设有防火、防潮、防霉、保温设备;县建筑公司办公楼在人民路南侧落成,4层,建筑面积1806平方米。

是月,胡文凯任县城乡建设环境保护局局长。

△ 句容县城总体规划由县人大八届五次常委会议讨论通过。

9月,县自来水厂设备更新后正式运行,日供水量1万立方米,主管直径100毫米~500毫米,总长30.22千米。

是年,县城建成一批商业、服务建筑,主要有:位于西大街的县医院病房楼,3层,建筑面积1003平方米;县医院的手术楼,3层,建筑面积1555平方米;位于东大街的中百三店、兴隆商店营业楼、果品公司综合楼,分别是3层、4层、4层,总建筑面积4100平方米;位于西大街的县医药公司综合楼,4层,建筑面积1164平方米。

△ 是年又建成一批文教建筑:位于人民路南侧的县中实验楼,3层,建筑面积2036平方米;位于人民路北侧的实验小学教学楼,3层,建筑面积1660平方米;位于葛仙庵的粮校教育楼,3层,建筑面积1200平方米;位于北大街西侧的影剧院试片楼,4层,建筑面积1641平方米。

是年,句容县房屋建设开发公司成立,进行有限产权商品房的开发。以5幢68套住宅楼(房管所2幢、县机关2幢、县工会1幢)作为出售试点,购房者付房价1/3,所在单位支付2/3,首批68户有24户一次交房款,44户分期付款,房管所签发使用证,至1985年,开发公司共建商品楼20幢、338套、建筑面积2.44万平方米,售价678.72万元,定向代建20幢、面积2.82万平方米,造价476.70万元。

1985年

1月,句容县城建档案室成立,隶属于县城乡建设环境保护局,1988年隶属于县建委,2000年经市编制委员会批准,更名为城建档案馆,2003年划归市规划局管理。

是年，县城建成的办公楼有：位于北大街的5层交通局办公楼，建筑面积1369平方米；位于宁杭路4层供电局办公楼，建筑面积2392平方米；位于西大街4层邮电局办公营业楼，建筑面积1540平方米；位于南大街4层工程机械厂办公楼，建筑面积1968平方米；位于宁杭路东侧的长途汽车站办公楼，5层，建筑面积1019平方米。

12月，下蜀、茅山、白兔、天王4乡撤乡建镇，至此，全县共有5镇18乡，347个行政村，17个居委会。全县除乡、镇政府所在地集镇初具规模外，还有其他新老集镇：桥头、仓头、和平、新塘、盘山新村、石山头、城上、小衣庄、太平庄、张庙、何庄、蔡门、王庄、唐陵、蔡巷、甸岗、高阳、谢桥共18个。

△ 县城建成3幢商业、服务建筑，它们是：位于东门口的5层白云商场，建筑面积2270平方米；位于人民路4层的人民商场，建筑面积1841平方米；位于北大街西侧县第一招待所餐厅，2层，建筑面积1905平方米。此外，句容县城镇第二小学教学楼在柴巷落成，3层，建筑面积1279平方米。

△ 城镇面积2.55平方公里，有房屋85万平方米。常住人口2.60万人；下蜀镇1.62平方公里的集镇区内，共新建房屋13.47万平方米；白兔镇沿街建成22幢2～4层楼房，共1.40万平方米；茅山镇南镇街建有10余幢2～3层楼房，共4万平方米。

△ 全县共有县属建筑公司5个，乡办建筑安装公司1个，乡镇建筑站22个，村、队办建筑组132个，共有技术工人1.64万人；获省建筑样板工程2个（人民商场、句容车站办公楼）。

1986年

4月，日本津市建设部部长加藤光雄为首的大理石贸易考察组，到下蜀大理石厂考察。

5月9～10日，省政府在句容召开茅山风景区开发会议，讨论风景区规划、文物鉴定、溶洞勘察报告论证等问题。

7月，成立句容县建筑工程总公司。

是月，成立县建筑工程质量监督站，与县建筑工程标准定额站合署办公，属全民事业单位。

8月，经圣淮任县城乡建设环境保护局局长。

11月19日，经省政府批准，茅山列为省级风景名胜区。

12月30日，1座SBS-6型卫星地面接收站在县城建成开通。从此，县电视转播台可以直接接收中央电视台通过国际通信卫星播出的节目。

12月，县第六建筑安装公司（黄梅乡办）被评为"江苏省建工系统先进集体企业"。

是月，句容县茅山园林管理处成立，负责茅山风景区的管理。

是年，县在城东周家岗村设简易填埋场。1990年年底结束。

1987年

1月，县节水办公室成立。

6月，在城东上阳村征地12.50亩，投资115万元，建自来水一厂新二泵房。1988年8月28日建成投入运行，自来水一厂新泵房日供水量达2万立方米。

9月3日，新四军茅山抗日斗争历史陈列馆在茅山镇建成并举行揭幕仪式，主展厅面积860平方米。

11月，《句容县房屋产权、土地使用权登记发（换）证实施办法》执行。

12月，县物资局办公营业综合楼建成，主楼6层，局部7层，并安装了电梯，为县内人乘电梯第一家。

是年，县规划部门组织设计人员在东昌乡集中编制全县23个乡镇第一轮集镇总体规划，于1993年完成。

△ 县体委在体育场建标准游泳池1座。2002年拆除。

1988年

3月7日，句容县5名建筑工人参与镇江市建筑公司施工队赴日本山口县承建工程。

4月6日，经县政府批准，在华阳公园东北角，新建城镇第三小学，时有12间平房。1990年更名为华阳镇第三小学,1999 年 2 月更名为华阳中心小学,经多次扩建,至 2008 年,校园占地 42.50 亩,建筑面积 16591 平方米,绿化面积 11300 平方米。

5 月 1 日,县城建筑面积为 1.20 万平方米的综合商场——华阳市场建成开业。

9 月 9 日,二圣乡水北小学一教室梁断屋塌,砸死学生 1 人,压伤 9 人。

9 月 19 日,石狮乡土地管理所成立,为全县 23 个乡镇中首个,接着,乡镇土管所陆续成立,对居民建房用地进行管理和审批。

9~11 月,南京博物院在宝华乡和平村丁沙地考古发掘,确认丁沙地为 7000—6500 年前农业氏族聚落。并命名为"丁沙地文化"。

12 月,中国建筑企业联合会集体建筑企业协会授予句容县第六建安工程公司经理夏明华"新时期集体建筑企业家"称号。

是月,县政府撤销城乡建设环境保护局,分别成立建设委员会和环境保护局。经圣淮任县建委主任,金昌来任县环保局局长。

是年,县劳动局在现华阳东路南侧建造 1 幢 5 层、建筑面积 1900 平方米的办公楼,2012 年被拆除。

△ 华阳东路(中心转盘至加油站)开工建设,总长 730 米,路宽 66 米。

1989 年

6 月,成立句容县房地产登记发证办公室,开始房屋所有权登记发证工作。

8 月 2 日,城镇更名为华阳镇。

10 月,句容县建筑业进入北京施工队伍近 2000 人,劳务收入 380 万元。

12 月,华阳公园(后改名葛仙湖公园)建设奠基。以城西郭西塘为中心,一期工程征地 42 亩,先期栽种水杉等各种树木,沿郭西塘修建 5 座亭台、4 座桥、闸和环塘沙石路面。

是年底,县城西环路(后改为洪武路)开始修筑。

是年,华阳镇联盟村一期改造工程动工。

△ 县建委成立城建监察中队,有 5 名队员,职责以城建规划监察为主,兼管市容。

△ 对全县的"空关房"(即承租房者本人实际未住的房),尤其是对高价转租的公房进行清查。

1990 年

1 月,赵祚春任县环保局局长。

6 月,县政府颁发《句容县居民宅基地管理暂行规定》,进一步明确镇村居民建房报批程序和内容。

12 月,创办句容县聋哑学校,校址在华阳镇北阳门小学内,1992 年 10 月迁至教育局校舍维修站,1994 年 6 月又迁至华阳镇戴家桥村,1996 年教育局在第三中学西北征地 10 亩作为新校址。新建 1100 平方米教学楼 1 幢,2003 年又新建综合楼 870 平方米。1997 年学校更名为句容市特殊教育学校。

是年,县城华阳北路中心转盘至水利局防汛楼段动工修建,拉开城区主轴线道路建设的序幕。该路段全长 830 米,宽 64 米。

△ 县工商银行在华阳中心转盘西北侧建造办公营业综合楼,1992 年建成投入使用,建筑面积 2000 平方米。

△ 华阳镇下属各居委会分别自筹资金,建立自己的临时保洁队伍,负责偏僻街巷和居民的卫生保洁。

△ 句容县委托江苏省城乡规划设计研究院对县城总体规划开始修编。

1991 年

3 月,大卓乡杨塘岗村划归华阳镇管辖。

6、7 月间,句容发生特大洪涝灾害,全县 34.50 万亩农田受淹,65 个村庄被洪水围困,1548 座水利设施冲毁,到年底,全县新建灾民住房 4562 户、9427 间,其中新建 4 个自然村,107 户、323 间,总造价 1833、58 万元。

10月,天王镇建液化石油气站,储存量100立方米,有职工6人;宝华乡在集镇建液化石油气站,储存量120立方米,有职工4人。

12月,句容县城市管理委员会办公室成立。开始由县政府办公室主任兼任主任,1992年2月后由县建委副主任任办公室主任。

是年,县在华阳镇柿树村建垃圾填埋场,占地9000平方米。该垃圾填埋场于1997年填埋结束。

△ 环城乡并入华阳镇。

△ 华阳镇提出"东移集镇"的报告,县委、县人大常委会、县政府研究后给予华阳镇特殊优惠开发政策,即在东门2.50平方公里新区范围内,自费开发,滚动发展。

1992年

2月,句容县工业区成立。位于华阳镇上路村附近,区域面积1200亩。6月,句容县工业区更名为句容县工业开发区。

7月,县委、县政府在深入学习邓小平视察南方重要谈话精神的基础上,提出"两沿一外"发展战略,即沿江经济技术开发区和沿宁杭公路句容经济小区,"一外"是猛攻外向型经济。渐次形成以县城为中心,以沿江经济技术开发区、宁杭公路沿途经济小区为两翼,具有句容区域特点的经济格局。

是月,县工业开发区展开基础建设月,铃塘小区中心大道第一批基础设施工程展开,总投入9500万元。

△ 县第三中学开工建设,原地址在玉清河东侧,有32间平房。1994年再次征地扩建,至2008年,市第三中学占地150亩,建筑面积4万多平方米,绿化面积2万多平方米,拥有班级155个,学生8380余名,教职工590余名。

8月8日,位于华阳东路南侧的农行综合楼建成投入使用。该楼2013年被拆除。

9月,句容县工业开发区更名为苏南沿江句容经济技术开发区,由三个区块(华阳开发块、宝华开发块和桥头台商投资开发块)组成。

12月,县成立园林管理处,有职工17人,至2008年,有职工140余人,其中事业编66人,企业编40人,临时工30余人。

是年,河滨北路(现洪武路至宁杭路)开工建设。路长1850米,路宽38米。

△ 公安局办公楼在华阳中心转盘东南角动工兴建。1993年交付使用,框架结构,整体7层、局部9层,设自动升降电梯1部。该工程总建筑面积5100平方米,造价186.80万元。2013年被拆除。

△ 华阳镇清管所更名为县环境卫生管理所,改隶为县建设委员会。

△ 县建委成立燃气办公室,制定全县燃气事业发展规划,加强对全县液化气贮配站点的管理。

△ 句容县建筑业总产值突破亿元大关,达1.27亿元。

△ 完成城区南堂巷18号住宅楼共1200平方米和第一百货商店营业楼的抗震加固工程。

1993年

4月,成立句容县拆迁安置办公室,负责城区拆迁安置工作。

△ 华阳镇的三里井村、西庙村、三台阁村、杨塘岗村、上路村,黄梅乡的赤岗村共6个村民委员会,华阳镇铃塘东经济合作社,石狮乡华家边五、六、九3个经济合作社划归开发区管委会管辖。

△ 日供水2万立方米的供水工程动工兴建,是年10月建成。至此,自来水厂形成4万立方米的供水能力。

5月,位于华阳北路西侧的水利局防汛抗旱指挥中心动工兴建,1994年9月建成。框架结构6层,建筑面积2800平方米,造价450万元。

△ 钱国顺任县环保局局长。

6月,为崇明路建设,开发区藤家巷村开始拆迁,共拆迁208户,拆迁面积32000平方米。

10月21日,句容县撤县设市筹备委员会成立。开展"撤县设市"筹备活动。

12 月,句容经济开发区被列为省级开发区,包括华阳和宝华两区块组成,总规划开发面积 19800 亩,其中华阳区块规划面积 10800 亩,起步区 1800 亩。

是年,崇明路(洪武路至华阳北路)开始建设,全长 1100 米,路宽 44 米,经济开发区开始了商业街区块的开发建设。

△ 华阳西路(中心转盘至洪武路)动工兴建,全长 1100 米,路宽 66 米;洪武路(福地西路至铃塘转盘)也开工兴建,全长 6200 米,路宽 66 米。在城区主干道兴建的同时,城区次干道崇明路(洪武路至华阳北路)葛仙路(人民路至河滨北路)、中山路(人民路至四牌楼)同时新建或改建,总长 2170 米。

△ 全县建筑业增加值突破亿元大关,达 1.08 亿元。

△ 县选择东昌乡衣庄村、茅西乡后河村、郭庄乡百丈村,宝华乡鲍亭村、开发区西庙村作农村改厕试点,按无害化要求进行改造和处理。

△ 县政府公布《句容县住房制度改革方案》,机关工作人员住房保障开始向商品化方向发展。

1994 年

2 月 24 日,县委、县政府在影剧院召开城市建设、管理动员大会。县委书记罗荣根、县长朱金贵分别在大会上讲话,号召全民动员,集中力量,组织会战,用半年时间改变县城面貌。

7 月,全县持续高温少雨,使句容出现中华人民共和国成立后少有的旱情,城乡组织抗旱斗争。为保城区自来水供应,县采取应对措施。

△ 成立句容县白蚁防治所,人员由 1992 年白蚁防治组的 7 人增至 20 人。

10 月 3 ~4 日,句容金秋招商会在县城举行。

12 月,县建筑劳务基地管理处成立。

是年,城区主干道北环路(后改为文昌路)洪武路至五里墩段动工兴建,全长 5100 米,宽 66 米;同时,城区次干道句卓路(宁杭路至文昌路)、玉清路(文昌路至华阳西路)动工兴建,两路总长 3075 米。

△ 县建委、卫生局联合发文,要求凡新建房屋都要建造卫生厕所(间)。

△ 位于华阳西路南侧、华阳南路西侧的万事达工贸大厦竣工,12 层,建筑面积 12443 平方米,工程造价 620 万元。

1995 年

3 月 1 日,磨盘乡李塔村获"全国造林绿化千佳村"称号。

是月 18 日,县第二建筑公司被评为全国同行 500 强,名列第 171 位。

4 月 6 日,经国务院批准,句容设市撤县。

5 月 8 日,省政府批准建立宝华山森林公园。次年 8 月 12 日,林业部发文批准宝华山森林公园为国家级森林公园。

5 月 28 日,宝华乡政府驻地由武圣庵迁至和平村丁沙地东侧、312 国道旁。

5 月 31 日,句容市博物馆成立。

6 月 12 日,市委、市政府召开"创卫生城市,做文明市民"动员大会。

△ 句容石材公司开发的大理石、花岗岩双曲板系列产品获 95 中国高新技术、新产品博览会金奖。

7 月 8 日,省石化总公司干部培训中心暨句容石化宾馆隆重开业,石化宾馆共 10 层,建筑面积 3881 平方米,工程造价 280 万元。

7 月,郭道贵任市建委主任。

8 月,经江苏省农林厅发文批准,句容东进林场被批准为省级森林公园。

9 月 1 日,苏南抗战胜利纪念碑在茅山揭幕,省委书记陈焕友、南京军区副政委兰保景为纪念碑剪彩。张爱萍将军题写碑名并发来贺电。

9 月 26 日,句容撤县设市庆典及 95 金秋招商会开幕。

10月1日,“句容市大发小汽车出租公司”挂牌运营,年内共投放大发面的40辆。

10月11日,句容市获“第三届中国综合实力百强县(市)”称号,名列第97位。

10月14日,被列为国家“八五”重点工程配套工程的句容220千伏华阳变电所建成投运,结束句容无供电主电源的历史。

10月,市政府召开小城镇环境综合整治工作大会,确定下蜀等7个乡镇为综合整治试点乡镇。

△ 位于华阳东路北侧的市财政局办公楼建成交付使用。该楼框架7层,建筑面积6071平方米,工程造价450万元。

12月8日,市召开加快小城镇建设报告会。

是年,在撤县投市的推动下,市拓宽镇句路、洪武路,新建双利路(玉清路至华阳北路)。

△ 城区供水管网向郊区延伸,总长度达68.44千米,线路东至吉里村,西至石狮集镇,南至新坊,北至莲塘村。

△ 新建赤岗、东昌、三岔3个液化石油气站,总储存量达190立方米。

△ 城区有494家单位维修新装灯光亮化设备。

△ 市政府与全市各乡镇和14个工业主管部门签订环境保护责任书。

△ 市政府印发《句容市深化住房制度改革实施方案》。市建委成立房产物业管理公司。

1996年

4月,李网成任市环保局局长。

6月,建成行香液化石油气站。年底,市开发区楊塘岗液化石油气站建成并供气。

7月11日,市政府印发《句容市老城区改造房屋拆迁管理实施办法》。

8月11日,市政府印发《句容市商品房预售管理暂行实施办法》《句容市房屋租赁管理暂行实施办法》《句容市房屋物业管理暂行实施办法》。

9月,句容市在镇江市提出环境保护“三个一”制度,即党政一把手对所在乡镇、部门和企业环保工作负总责;在项目审批上实行环保第一审批权;在评先进时推行环保“一票否决”制度。

12月4日,市政府印发《句容市城市生活垃圾管理暂行办法》。

12月5日,市政府印发《句容市城市建设、管理监察实施办法》。

12月14日,市政府印发《句容市城市市政设施管理暂行办法》。

是年,有3幢10层以上建筑竣工投用,即:建委综合楼,位于华阳东路北侧,12层,建筑面积6400平方米,工程造价600多万元;句容宾馆,位于华阳北路东侧,12层,建筑面积10397平方米,工程造价3000万元;建行综合楼,位于华阳东路南侧,12层,建筑面积7335.86平方米,工程总造价2200万元。

△ 旧城改造一期工程启动,即在文化新村开发建设,共拆迁原居民23户,拆迁公私房屋4000平方米。

△ 是年统计,全市建有农房1758.35万平方米,其中楼房1278.35万平方米,占72.70%。

△ 市建委印发〔1996〕23号《公布全市建筑企业资质等级的公告》。

△ 市规划部门完成全市22个乡镇第二轮集镇总体规划的编制工作。

1997年

2月24日,市政府印发《句容市城市公共厕所管理暂行办法》。

3月15日,全市村镇房屋产权等级发证工作全面展开。

3月29日,市政府印发《句容市城市供水用水管理实施办法》。

6月13日,市政府印发《句容市环境噪声管理办法》。

6月26日,郭庄镇建成大型雕塑《拥抱明天》。省委副书记顾浩题名“拥抱明天”。

6月28日,市客运公司投资56万元,购置8辆中巴车,开通城市公交车。首次开通1路、2路两条线路,结束句容城无公交车历史。

是月,《句容市加快发展房地产市场的意见》颁布实施。

8月30日,茅山仙人洞开发竣工,并对外开放。

10月15日,时为句容房屋最高建筑——21层邮电大厦建成营业,邮电大厦建筑面积16700平方米,工程造价4500万元。

11月26日,句容市获“江苏省卫生城市”称号。

12月28日,句容引进的最大台资项目,投资2.70亿美元,具有世界先进水平的京阳水泥有限公司首期工程投入试生产。该项目是国内水泥行业最大的台商独资企业。

是年,位于开发区赤岗行政村的城北垃圾填埋场建成投入使用。该垃圾填埋场占地10万平方米,总库容90万立方米。

△ 市规划部门完成60个中心村规划编制工作。

1998年

1月,徐之宝任市建委主任。

2月10日,市第二建筑公司北京分公司参建的北京候机楼、国际电讯工程,获建设部颁发的“鲁班奖”;承建的国企大厦被北京市评为华北地区“文明安全工地”第一名;句容市被北京市建委正式定为“建筑劳务基地县(市)”。

2月26日,东南环路(后改为弘景路)正式开工,全长7.40公里,次年1月8日竣工通车;2003年,该路段再次扩宽改造,并加强绿化,拓宽后的路基近50米。

3月12日,利民农贸市场奠基,次年2月1日建成投用。该市场占地16.20亩,总建筑面积13191平方米。

6月1日,市青少年宫举行开工典礼,次年6月竣工。青少年宫位于华阳北路西侧,占地8.20亩,工程建筑面积3876平方米,总投资420万元。

6月17日,市政府印发《句容市建设工程非招标项目承发包管理规定》。

7~8月,长江流域发生特大洪水,全市积极做好抗洪防汛工作。年底,开展江堤加固达标工程。

9月1日,市政府印发《句容市市区生活垃圾袋装管理暂行规定》。

12月2日,市建筑装潢材料市场破土动工,一期工程占地21100平方米,总投资1800万元。

12月,句容市建筑工程交易中心成立。

是年,华阳南路拆迁改造工程竣工。共拆迁580户,华阳南路(中心转盘至河滨路)1335米,宽66米大道建成。至此,城区道路中轴线基本形成。

△ 华阳镇街道办事处成立,负责管理城区14个居委会。

△ 市政府在城区进行交通秩序整治,取缔用于载客的正三轮摩托。

△ 天王镇被省政府命名为“新型示范小城镇”。

△ 市建筑系统拥有大中小机械设备总计4676套、2965千瓦,人均技术装备3237元。

△ 在华阳东路、华阳南路等地开发商品房6.80万平方米。浙江省东阳市房地产开发企业进入句容搞房地产开发。

△ 市住房公积金首次进行放贷业务。到年底。住房公积金贷款共92户、贷款金额121.60万元。

1999年

1月21日,市政府印发《进一步深化住房改革实施方案》,规定从1998年12月1日起停止住房实物分配,逐步实行住房分配货币化。

1月29日,市委、市政府召开环境保护工作会议,提出实施可持续发展战略,强化为人民造福观念。

3月28日,茅山新四军纪念馆新馆落成开馆,新馆在旧馆原址建造,占地1.60万平方米,展厅建筑面积3700平方米。

5月,市小城镇考察团赴江苏阜宁、辽宁大连参观考察。

8月16日,市城区“四路”(华阳东路延伸段,西至宁杭路,东至房家坝;华阳南路延伸段,北至西大街,南至河滨北路;华阳北路延伸段,南至宁杭路,北至文昌路;宁杭路城区段,南至河滨北路,北至文昌路)两片(老城区二期及文化巷工程;西关二期整治工程)拆迁改造工程启动,拆迁总占地面积67.87万平方米,需拆迁房屋20万平方米,拆迁户1500户、4500人。

9月1日,市政府决定成立句容市城管综合执法监察大队。

9月,郭庄镇金星村获江苏省首批“百佳生态村”称号。

10月20日,江苏省“九五”地震重点项目——中国地震流体台网“句容数字化检测站”正式开工建设。

10月,位于华阳北路西侧的国土资源局办公楼建成使用。该楼框架结构、10层、建筑面积8000平方米,造价650万元。

11月18日,句容市双语实验学校举行奠基仪式,次年8月竣工。

12月8日,新世纪广场建成。该广场占地4万平方米,总投资1800多万元。

是年,市政府制定《句容市房改房上市交易办法》。

△ 为庆祝中华人民共和国成立50周年和句容解放50周年,市区主要街道临街单位实施亮化工程。

△ 郭庄镇、天王镇、茅山镇、下蜀镇被列入江苏省222个重点中心镇名单。

2000年

1月9日,市中行营业楼在华阳东路北侧建成投入使用。该楼14层,建筑面积8484平方米,工程总造价1260万元。

1月28日,市政府印发《句容市建设用地管理暂行规定》。

2月,韦寿强任市环保局局长。

4月18日,市新殡仪馆竣工。新殡仪馆占地30亩,建筑面积4047平方米,总投资1400万元。

5月17日,句容建成电话市,列全省第16家。

6月,市制定《句容市住房制度改革调整方案》《句容市出售公有平房实施细则》,进一步调整住房政策,扩大售房范围和对象。

8月10～14日,市委、市政府举办城市建设和“两轮驱动”研讨班。其间,学习考察团赴昆山、常熟、张家港、江阴4市学习考察。

9月4日,江苏省女子劳教所扩建工程开工,占地60亩,总投资2500万元。

9月13日,市政府印发《句容市城市建设档案管理办法》。

12月28日,句容获第二批“中国优秀旅游城市”称号。

12月,位于文昌路北侧的市检察院办公楼建成交付使用,该楼主楼7层,建筑面积5604平方米,土建造价1500万元。

是年,华阳北路延伸段(文昌路至北三环)建成,全长1964米,宽66米。

是年,因道路建设、老城区改造等,共拆迁614户、7万平方米。

△ 是年,全市建筑行业各类持证上岗人员3147人,年平均施工人员是2.20万人。

△ 市法院在文昌西路北侧动工兴建综合楼,2001年竣工投入使用,建筑面积9000平方米,总造价1280万元。

2001年

4月,市人民医院病房楼一期工程竣工交付使用,该楼10层,建筑面积11000平方米,工程造价2500万元。

8月18日,市党政干部学习考察团赴昆山、吴江、萧山考察学习,重点是经济发展和城市规划、建设、管理。

8月，江苏正大置业有限公司成立。开发资质为二级，注质资本为6100万元。

10月，市第二水厂一期工程竣工，该项目占地104亩，总投资8700万元，日供水5万立方米。

11月，句容市建设委员会改称句容市建设局，徐之宝任市建设局局长。

是年，全市完成社区组织体制改革，城区居委会重新划分，成立13个社区居委会。

△ 市政府制定《句容市市区住宅共用部位设施、设备维修基金管理暂行办法》。丹桂公寓是句容市第一个实施物业管理的小区。

△ 白蚁防治所对全市范围内的中小学教室、校舍、广场等地进行白蚁危害普查，普查面积10万平方米。全年，共防治单位76个，防治楼110幢，防治面积55万平方米。

△ 全市建筑业总产值突破10亿元，达11.46亿元，施工面积达99.44万平方米。

△ 全市普遍开展“清洁环境，美化家园，增进健康”活动，村庄普遍开展环境整理工作。

△ 茅山风景区被国家旅游局评为国家级AAAA旅游区。

△ 城区主干道及巷道开始更换、改造路灯。至2005年，共更换、改造，新增路灯7013盏。

△ 石狮镇并入华阳镇，亭子乡并入下蜀镇，茅西镇并入后白镇，磨盘乡并入天王镇，三岔乡并入二圣镇。

2002年

1月8日，句容市兴荣新型建材有限公司竣工投产。

1月，句容市体育中心工程竣工投入使用。该工程位于文昌路北侧，占地51亩，总投资500万元，内设万人看台，标准400米塑胶跑道。2013年，句容市体育中心被拍卖拆除。

3月7日，华阳公园更名为葛仙湖公园，并实施公园二期工程建设。至2005年，葛仙湖公园二期工程基本结束。公园共分8个区块，园内建有大圣塔、华阳书院（文博馆）三台阁、葛仙观等景点。

4月28日，大圣塔重建工程奠基。2005年12月26日竣工。该工程总投资2800万元，占地面积910平方米，建筑面积3600平方米，高81.80米；9层塔体为混凝土结构，内设电梯和步行梯，塔周围建有4800平方米的广场和石雕牌坊1座。

5月16日，市政府发出公告：城区华阳西路、华阳南路、华阳东路、华阳北路及宁杭路两侧出新改造；5月底开始，9月30日完成。

7月19日，市社会福利中心暨老年公寓竣工。该工程总投资2000余万元，占地30亩，建筑面积12500平方米。

8月，句容市管道燃气通气。气质为空混气，是年用气为民用40户。

10月18日，句容举行宝华山北坡公路、隆昌寺观景楼、戒公池、塔院楼、素餐馆五大工程建成典礼。

10月，江苏建华管桩有限公司成立。为港商独资企业，拥有10条生产线；2008年年底，总投资达2620万美元，年销售收入18.30亿元，利税2.74亿元。

是年，市教育局办公楼在宁杭路东侧建成投入使用。该工程分主楼、附楼2幢，建筑总面积7058平方米，总造价970万元。

是年，老城区改造重点是华阳东路延伸段、中医院、西关二期、粮食局片区等，共拆迁642户、7.38万平方米。

△ 位于华阳北路，文昌路、宁杭路交叉三角地带的玉清广场建成。广场占地3.50万平方米，总投资700万元。

△ 句容市与金坛市合编《茅山风景名胜区总体规划》。

△ 句容市建设局被省建设厅评为“江苏省村镇建设先进单位”。

2003年

1月2日，建筑面积2万平方米的华阳名街项目，由金坛市房屋建设开发有限公司投资亿元资金开发建设。2004年5月1日正式营业。

1月，巫罗才任市建设局局长。

6月，句容市城建档案馆新馆在玉清路西侧落成，建筑面积1400平方米。

是月，陈武镇与东昌镇合并，成立边城镇。

7月15日，农村改水工程启动实施。

8月，撤销市城管办公室，成立市城管局，隶属于市政府。原环卫处、园林处、市执法大队由市建设局划归市城管局管理。张远玉任市城管局局长。

9月1日，省句中整体搬迁工程顺利完成。

10月8日，市博物管暨华阳书院搬迁工程竣工，建筑总面积2300平方米。

10月，位于华阳南路西侧的党校综合楼建成投入使用。该工程建筑面积16000平方米，具备会议、培训、接待三大功能。

11月22日，市人民医院整体改造一期工程竣工，包括病房楼和门诊楼，建筑总面积19600平方米。

12月，原句容市规划管理局从市建设局分离，成立市规划局，隶属于市政府。彭良豪任市规划局局长。

是年，老城区拆迁改造重点在寺街片区、影剧院片区、东进路片区等，共拆迁709户、8.30万平方米。

△ 城市道路建设又迎来高峰年，隆昌路及延伸段1440米、东昌中路2222米、东南环路二期工程等5条道路新建或改建。

△ 成立市规划局规划监察大队，有人员24人。

△ 宝华山森林公园被国家旅游局评为国家AAAA级旅游区。

△ 华阳镇完成东昌中路2222米道路工程和华阳东路延伸段（加油站至东昌中路）850米工程施工任务；并在华阳东路延伸段与东昌北路两侧开发造城，先后开发建设都市晴园、哈佛新城、碧水铭苑、东方华城等住宅小区。

△ 江苏正大置业集团混凝土公司成立，开始使用车载泵、混凝土搅拌输送车和成套混凝土制品机械。

2004年

4月1日，市委、市政府把城市下水道疏浚改造工程列为2004年为民办实事1号工程，投资600万元，疏浚改造城区6万米下水道，新建下水道2000米，设置雨水井3000多座。是年7月结束。

4月9日，镇江市"双清双美"座谈会在句容召开，与会人员参观了二圣镇后村、后白镇古村、天王镇普溪河、茅山风景区的"双清双美"工作。

4月17日，市委、市政府召开全市环保暨创建国家环保模范城市动员大会。

5月18日，市博物馆开馆。

6月17日，市政府在南门新建基督教堂，2007年4月竣工，市基督教堂建筑面积为2100平方米，局部4层，总造价500万元。

7月1日，全市举行句茅路、东进路、华阳东路延伸段、北二环、西三环、仑山湖二级公路等6条道路通车典礼。

7月29日，句容公开拍卖道路清扫保洁权。此次公开拍卖14条城区道路清扫保洁权，面积达63.71万平方米，总标的43.80万元。

7月，位于华阳南路西侧的市食品药品管理局综合楼建成投入使用。该楼占地2588平方米，建筑面积6743平方米，工程造价809万元。

8月6日，市长李亚平等率建设、环保等单位负责人赴溧阳、金坛两市考察创卫、创模工作。

9月28日，市卫生大厦落成并投入使用。卫生大厦位于华阳北路西侧，占地面积6000平方米，主楼12层，地下1层，总高度55米，建筑面积12000平方米，工程造价2500万元。

10月22日，葛仙湖泄洪工程竣工，总投资750万元，其中泄洪明渠700米，设计流量每秒40立方米。

10月26日，葛仙观在葛仙湖公园内建成竣工庆典，葛仙观占地面积9966平方米，建筑面积1588平方米。

11月3日,全市大力实施农村改水工作,新建12座5000立方米/日供3池,新增受益人口25.50万人。

11月10日,新清真寺在句容经济开发区破土动工。新清真寺占地2666平方米,建筑面积1650平方米,总造价为500万元,为阿拉伯风格建筑体。

12月1日,市委、市政府重点规划建设的新南门菜场举行开工典礼。该工程总投资1.80亿元,建筑面积1.30万平方米,2005年11月建成并投入使用,是全市规模最大的农贸市场。

12月,市广播电视大楼竣工,为框架10层,建筑面积11280平方米,土建造价1200万元。2008年10月动工兴建附楼,3层,建筑面积2700平方米。

是年,老城拆迁改造共完成新华书店、句容宾馆、清真寺、玉清广场、曙光国际大酒店、丝绸厂6个项目,共拆迁306户、3.22万平方米。

2005年

1月27日,市委市政府召开城市总体规划方案汇报会,规划时间为2004~2020年。城市规模为33平方公里,人口28万人。

2月26日,市委、市政府召开争创国家卫生城市动员大会。

5月,市正式启动镇村布局规划的编制工程。

6月8日,茅山镇和后白镇古村获镇江市首批"绿色村镇"称号。

6—9月,共埋设各类管道1万余米,总投资940万元,有效缓解老城区供水矛盾。

7月15日,句容市贯彻执行省人大常委会《关于限制开山采石的决定》,关闭全市境内312国道两侧禁采区范围内采石企业和宕口。

7月,瓦屋山更名为九龙山,11月被批准为省级风景名胜区。

9月27日,投资6902万元,日处理污水2.50万吨的市污水处理厂正式投入运行。

9月,市城建档案馆通过省特级档案馆的晋级验收,成为全省建设系统第三家获此称号的档案馆。

是月,笪宏斌任市城管局局长。

10月17日,句容市获2005中国特色魅力城市200强称号

10月,句容市被国家环保总局正式命名为"国家级生态示范区"。

12月,位于文昌路北侧的市交通局综合楼建成。主楼框架15层,附楼框架7层,总建筑面积8348平方米,工程造价2726万元。

是年,结合创建国家卫生城市,投资1.50亿元,对市区人民路、宁杭路、建设路等10条城市主干道进行出新改造;西二环(石狮路)开工建设;句容经济开发区、华阳镇、崇明街道出资对城中村和社区道路改造出新。

△ 市环卫将下属6座垃圾中转站合并成立4个环境卫生服务站,实行主要道路及区域"早五晚九"16小时保洁制,次要道路13小时保洁制。

△ 2005年,句容市建筑业增加值首次突破10亿元大关,达13.72亿元。

△ 市建设局制定《句容市物业管理招标投标实施细则》,市物价局、建设局制定《句容市物业服务收费管理暂行办法》。

△ 落实省定农村草危房改造工程,全市共完成草危房改造757户。

△ 乡镇区划调整,袁巷镇并入天王镇,春城镇并入茅山镇,葛村镇并入郭庄镇,二圣镇并入后白镇,行香镇并入白兔镇,大卓镇并入黄梅镇。

2006年

2月28日,句容市委、市政府下发《关于社会主义新农村建设的实施意见》。

3月14日,副省长何权到句容市视察城建和环保工作。

4月15日，市委、市政府召开社会主义新农村建设现场推进会。

6月25日，句容河城区段5000米清淤工程开工建设，共投资600万元，完成河道清淤清障和两岸整治。

7月17日，以云南省爱卫办主任李玉勤为组长的国家技术考核组到句容进行为期4天的技术考核。

7月，市游泳馆新馆在华阳北路西侧建成并投入使用。该馆占地面积20亩，建筑面积6600平方米，工程造价1800万元。

8月7日，全市召开环境保护工作会议。市政府与相关责任单位签订集中饮用水源保护责任状和2006年度环保目标责任状。

9月27～29日，句容创建国家卫生城市通过国家考核鉴定组的考核。是年11月1日，句容市获"国家卫生城市"称号。

9月，市第二人民医院综合楼建成投入使用。该工程建筑面积14300平方米，总投资1062万元。

12月4日，句容市被省确定首批12家省级节水型社会建设试点地区之一。

12月13～14日，国家创建环保模范城市考核组到句容，分组对句容"创模"工作进行检查，并顺利通过国家创建环保模范城市考核验收。

是年，句容市制定建筑施工现场大型设备及管理程序。全年各类房屋建筑施工面积186.15万平方米，竣工115.18万平方米。

△ 全市房地产实际投资首破10亿元大关，房屋竣工4368套，创句容历史纪录。

△ 全市的夏利出租车全部更换为桑塔纳出租车。

△ 市委、市政府下发《句容市城市困难家庭廉租住房管理办法》。

△ 投资400万元，完成城北垃圾填埋场渗沥液预处理工程；投资78万元，完成3座中转站的压缩式设备改造；投资448.70万元，新建粪便处理场1座。

2007年

3月23日，市委、市政府召开全市农村工作暨农村环境综合整治行动大会，表彰新农村建设先进镇。

4月4日，市崇明中路建设工程开工，10月1日竣工。该道路全长530米，宽30米，总投资772.99万元，是连接学府路和东昌路的重要道路。

6月，江苏广兴公司获建设部颁发的建筑总承包一级企业资质，填补镇江辖市的空白。

7月，句容市被建设部、监察部公布为第一批全国城乡规划效能监察工作联系点。

8月14日，句容获2007年"中国特色魅力城市200强"称号。

8月，赤山湖地区概念规划委托南京市规划院编制，是年12月完成。

9月6日，华阳南路跨河大桥桥面顺利合龙。12月28日竣工。该桥长96.80米，宽49米，总投资1644万元。

10月19日，副省长张九汉到句容调研考察，对句容经济开发区村庄拆迁工作给予好评。

10月30日，市委、市政府专题讨论研究临港工业集中区建设工作。

△ 河滨南路道路建设竣工，道路总长670米，宽34米，中标价510.85万元。

11月，临港工业集中区建设控制规划委托省规划院编制，次年3月完成。规划范围为79.85平方公里，规划建设用地32.62平方公里。

△ 唐祖发任市环保局局长。

是年，市委、市政府提出并实施"五大板块"（江苏省句容经济开发区板块、临港工业区板块、宝华新城板块、郭庄道口板块、南部旅游板块）发展战略。

△ 句容市被省建设厅、省建工局授予"建筑之乡"称号。

△ 句容市创成省级重点中心镇2个（下蜀镇、茅山镇）、省级新型示范小城镇2个（茅山镇、后白镇）、省级卫生镇1个（茅山镇）。

△ 全市共受理建设领域农民工工资拖欠投诉65起，完成农民工工资清理2120万元。

△ 建设局大力发展污水收集和处理设施，到年底，截污管道总长达67千米，城区生活污水处理率达78%。

△ 是年全市共有房地产开发企业61家，新批房地产开发企业10家。

△ 是年全市共受理房屋产权登记9459宗，登记面积144.38万平方米，他项权利登记3402宗，累计发放房屋所有权证5663本，房屋他项权证3402本。

△ 总投入1500万元的句容湖（水库）引水工程开工建设。整个引水管线长4.50公里，日供水能力5万立方米。该工程于2008年12月竣工。

2008年

1月6日，市行政中心办公楼在原址落成启用。该办公楼占地50720平方米，建筑面积3.20万平方米，总高度49.50米，地上12层，地下1层。

1月26～30日，全市普降大雪，全市军民积极投入抗雪灾斗争。

1月，陈刚任市规划局局长。

2月13日，全市召开"脱贫攻坚，决战小康"动员大会。

3月7日，市委、市政府召开全市重点工程建设动员大会。2008年全市重点工程有10大类73个项目，总投资45亿元。

5月16日，省第六届农民运动会在新落成的市体育馆举行。该馆总建筑面积16535平方米，工程总造价3100万元。

5月28日，农村危房帮扶改造工程启动。至年底，共投入306.50万元，改造草危房200户。

6月3日，宝华镇被国家发改委批准为第二批全国发展改革试点小城镇，是江苏省10个试点镇之一。

6月5日，市政府印发《关于加强住房公积金归集扩面工作的意见》。

6月，董明祥任市城管局局长。

8月28日，全市经济适用房建设工程开工。共31幢，8.98万平方米，解决889户困难职工的住房问题。

9月18日，市经济开发区110千伏福地变电所开工建设。

9月26日，位于华阳北路东侧、文昌路北侧的曙光国际大酒店开业。该酒店是句容市唯一的按四星级标准建造的酒店，酒店占地3.07万平方米，建筑面积4.20万平方米，主楼高21层，总投资2.50亿元。

12月22日，天然气工程正式建成开通。至年底，管道燃气通气主管道长21139米，用户5010户。

12月30日，243省道句容段建成通车，全长46.60公里，按一级公路标准建设，总投资4.55亿元。

是年，城区主干道福地西路（致远路至洪武路）、世茂路（通宁路至文昌路）、致远路（宁杭路至通宁路），次干道向阳路等建成，道路总长9054米。年底，城区道路总面积约220万平方米，道路总长超过6万米。

△ 总投资3.64亿元的区域供水工程全面展开。至年底，句容城区供水管道总长达336.63公里。

△ 投入资金32万元，全市收回对外租赁的16个收费公厕；投资43万元对32座公厕维修出新。32座公厕已全部免费开放。

△ 开发区黄金花园小区基本建成，小区位于原汪家、华家边、王家边3个自然村旧址，共147幢6层住宅楼，总建筑面积53.80万平方米，总投资6.70亿元，可安置1.50万人。

2009年

1月10日，市委、市政府举行2008年度市级机关作风评议大会。规划局、建设局位于前两名。

2月20日，市委、市政府召开全市重点工程建设动员大会。开发区、建设局等五单位作了发言。

3月12日，市委、市政府召开生态市创建推进大会。

3月29日，全市重点工程——老城区马槽巷片区危旧房改造工程启动，改造面积超1万平方米。

4月中旬，为建设房家坝公园（后改名为崇明公园）而实施的肖圩等自然村拆迁工程启动。8月底完成，共拆迁农户123家、3.48万平方米。

4月30日，华阳南路延伸段开工建设。该工程为2009年市政府城建重点工作，道路北起华阳大桥，南与钤塘机场大道相连，全长2300米，宽48米，总投资5000万元。

5月8日，投资1400万元的市国防动员指挥中心办公楼建成。该工程占地21亩，建筑面积5400平方米。

5月12日，市政府印发《句容市经济适用房管理办法》《句容市廉租房保障办法》。

6月28日，污水处理厂改、扩建工程完工。

7月25日，句卓路一期（西起宁杭北路，北至北环路）改造工程竣工。

7月27日，总投资6亿美元的巨宝精密加工（江苏）有限公司竣工投产庆典仪式在城区举行，副省长张卫国等领导出席。

7月29日，句容市成立房产管理局，为市政府直属事业单位。包华根为市房产局局长。

7月，姚华任市建设局局长；邵国一任市环保局局长。

8月4日，玉清河、杜家山水系活水工程试运行。该工程投资300万元，通过调运肖圩河内清水至玉清河、杜家山水系，从根本上改善城区居民生活环境。

8月29日，副省长徐鸣视察指导句容太湖流域水污染治理工作。

9月5日，省统计局、省发改委、省研究室发布《2008年江苏省县级全面建设小康社会进程监测统计报告》评审认定，句容市2008年25项全面小康指标均达到或超过省定小康目标值，达到省定全面小康标准。

9月26日，华阳北路、北二环道路改造工程竣工。

10月10日，句容市市政公用事业管理局正式挂牌，隶属于句容市建设局。

10月16日，句容市房地产协会成立。

10月25日，句容市装饰建材商会成立。

11月，总投100万元的市体育馆绿化工程完工。

12月20日，商业街（崇明路）人行道板改造工程完工。

是年，首次运用BT（建设—转让）模式融资5130万元，用于城区道路建设。

△ 全年完成房屋拆迁面积55.83万平方米。

△ 共受理和解决农民工工资拖欠事件82起，清欠农民工工资1615万元。

△ 句容建筑企业承建的市行政中心大楼、镇江市实验学校两项工程，获省建筑领域最高奖——“扬子杯”优质工程奖。

△ 开发区句容世茂城市综合体项目开工建设。

2010年

1月23日，总投资400亿元的碧桂园（江苏·句容）建设项目签约仪式举行。8月8日，碧桂园凤凰城在开发区开工建设。

1月24日，市房改办被省住建厅授予“住房保障工作先进集体”称号。

2月，市政府发文，将路灯管理所由市供电公司移交给市建设局。

3月1日，黄梅镇村庄整理工作启动。此次拆迁面积12平方公里，房屋拆迁面积60万平方米。

△ 句容市老街——东西大街的改造工程开工。9月30日完成路面改造。改造后的东西大街路面采用花岗岩板砖铺设，保留两侧的树木，增设路灯，完成供电、燃气、通信、自来水等管线集中下地改造，制作完成4座牌坊。

△ 城区东门桥改造工程开工，8月25日完工。

3月，崇明东路（东昌路至高骊山路）、高骊山路（122省道至镇句路）、河滨西路（房家坝至镇句路）、肖圩路（文昌东路至河滨西路）4条道路新建，东西大街、西门转盘改造工程开工。

4月7日，市拆迁安置事务所被省住建厅授予“平安拆迁先进单位”称号。这是该单位连续5年获此殊荣。

5月8日，市委、市政府召开后白镇万顷良田和新社区建设动员暨培训会议。

5月28日，市政府新一轮机构改革方案实施，原市建设局、原市房产管理局、原人民防空办公室合并组建市住房和城乡建设局。姚华为市住建局局长。

6月29日，市政府印发《关于将原黄梅镇区域委托开发区管委会管理的决定》。

7月1日，沪宁城际高速铁路宝华山站正式开通运营。

7月4日，5万吨池组扩容改造8000立方米清水池工程完工。

7月14日，市委、市政府召开全市违法建设整治专项行动动员会议。

7月20日，市委、市政府召开2010年全市创环保模范城市、生态市建设暨环境保护工作会议。

7月23日，句容市被授予"2010年度最具影响力中国十大休闲城市"称号。

8月16日，句容市获"第十届全国百强县(市)"称号，位列第90位。

8月，市住建局对全市85家砖瓦窑厂进行普查，并关闭6家不合格砖瓦窑厂。

9月16日，新档案楼在市政大院旧档案楼旧址上新建。2012年6月竣工使用，总建筑面积14409平方米。

9月30日，文昌东路改造工程(西起东昌路、东至五里墩，全长2370米，宽48米)完工。

10月，句容市污水管网工程开工建设。该工程涉及10个镇，建设污水管网190公里，计划投资1.40亿元。

12月3日，市黄梅新村新社区开工建设。该社区位于122省道黄梅村，总建筑面积125万平方米，共214幢，可入住7776户，人口2.70万人，是句容占地面积最大、入住人口最多的安置小区。2012年下半年建成回迁。

12月30日，市客运枢纽站开工建设。该工程位于市区南部、华阳南路延伸段与二圣路交汇处。该工程占地120亩，总投资1.80亿元，2013年年底基本建成。

12月，句容市商品房均价达5543元/平方米。

是年，市测绘部门完成城乡各类地形图测量42项，测绘面积8138.50亩，工业项目和房地产项目定位放线1613.50件，市政管线、道路工程测绘68.50公里。

△ 句容市建成区新增绿化面积1463.70亩。年底，绿化面积达779.26公顷。

△ 城乡拆迁房屋201万平方米，同比增长318%，其中城区2.19万平方米，乡镇198.81万平方米。

△ 全市共完成建筑工程竣工验收项目253项，建筑面积74.69万平方米。

2011年

2月15日至3月10日，市对华阳东路延伸段绿化进行改造，总长800米，绿化总面积3500平方米。

2月23日至3月15日，市对华阳北路延伸段绿化进行改造，南起文昌东路，北至隆昌路，绿化总面积1万平方米。

3月16日，市委、市政府召开创环保模范城市、生态市建设暨环境保护工作会议。

3月19日，总投资164万元的镇江市第一家气象科普馆在句容市气象局落成。

3月，宁杭北路改造工程启动，道路全长2827米，总投资3700万元。是月，句容市获省住房和城乡建设厅颁发的"江苏省2010年度住房改革与发展工作先进单位"称号。

7月，市领导听取市规划局有关新一轮城市总体规划方案汇报。

8月，完成下蜀、郭庄、后白、茅山、边城、白兔等镇污水支管网建设，共计68.86千米；完成7个污水处理厂自控及安防系统建设。

9月，句容市水务集团有限公司成立。

10月22日，市第二水厂反应沉淀池、滤池土建主体工程封顶，工程建设规模5万立方米/日，最大供水能力7.50万立方米/日。

11月底，位于五里墩的自来水增压泵站建成，总投资500万元。

12月17日，房家坝公园建设正式开工建设。该公园位于市城东，南起句容河，北至文体中心，东至肖圩路，西邻肖圩河，规划总用地28.63公顷，其中陆地17.05公顷、水面11.58公顷。

12月底，始于2008年的区域性供水工程基本结束，共完成主管网建设186千米，到村支管网建设1282千米，完成入户11万户，句容城乡实现全部用上长江水。

12月，城北垃圾填埋场二期（Ⅲ）库区工程建设完工，总投资1247万元。

是年，市住建局城投公司继续加强与银行的合作，新增银行融资2.70亿元。

△ 市政府印发《句容市城区保障性住房资金管理暂行办法》《句容市公共租赁住房管理办法》。

△ 全市天然气管道建设共投资2562.43万元，新铺设管道62.26千米。截至年底，全市天然气用量达800万立方米，用户达17019户。

△ 华阳南路达到省级市容管理示范考核的5个刚性标准和7项考核要求，顺利通过镇江市和省住建厅的考核验收，华阳南路创成省级市容管理示范路。

2012年

1月30日，市委、市政府召开绿色发展大会。

2月1日，环保部通过句容市国家环境保护模范城市复核，并授予句容市“国家环境保护模范城市”称号。

2月10日，句容市被省政府授予“省级节水型社会建设示范县（市）”称号。

2月，陈刚任市住建局局长；陈建业任市规划局局长。

4月14日，黄梅5万吨自来水增压泵站工程开工建设，总工期95天。

4月25日，国家发改委发文正式批复《江苏省沿江城市群城际轨道交通网规划（2012—2020）》，同意规划建设江苏省沿江城市群城际轨道网络，宁句轨道交通S6线名列其中，句容至马群直达，不需换乘。

4月28日，总投资1.60亿元的华阳实验小学在华阳镇南部新城开工建设，学校占地170亩，总建筑面积5.70万平方米。

5月7日，句容第一条快速化公路改造工程122省道（句容城区——南京交界）正式建成通车。该路线在南京交界处至外五环，长5.12公里，采用双向10车道、快慢集散标准设计；外五环至外三环1.50公里，采用双向6车道、城市主干道一级公路标准建设。

6月15日，句容市第一家五星级酒店——余坤开元大酒店试营业。

8月14日，后白镇西冯村获“2012年江苏最具魅力休闲乡村”称号。

10月29日，碧桂园IB国际学校在开发区动工建设。该学校是广东碧桂园学校连锁分校，总投资达6亿元。2013年3月向全国招生。

是年，市赤山湖管委会完成《赤山湖国家湿地公园规划》编制，湿地公园规划总面积13.50平方公里，共划定生态保育区、恢复重建区等5个功能分区，开始创建赤山湖国家湿地公园工作。

△ 全市共创建三星级康居乡村16个，省级试点村8个，改造危旧房500户。

△ 黄梅2万吨/日污水处理厂建设工程开工建设。工程占地90亩，总投资8600万元，位于黄梅安置小区南侧。2013年年底基本完成基础设施建设。

2013年

1月18日，华阳、茅山、天王3镇被环保部授予“国家级生态乡镇”。华阳镇贾纪山公园项目正式启动，该公园占地132亩，总投资5000万元。是日，句容市公安指挥中心及公安干警培训基地项目建成投入使用。该项目位于句蜀路东侧，占地面积113亩，建筑面积21000平方米。

1月31日，总投资5915万元的市首座智能化变电站——110千伏句北变项目投入运行。

2月，徐龙喜任市城管局局长。

3月15日，华阳镇大东岗安置小区开工建设。该小区位于华阳镇南部新城，占地70亩，总投资1.80亿元，总建筑面积10万平方米。

4月1日，华阳镇将姚徐、河桥、石狮、后荸、杜家山5个村委会委托开发区管委会管理，原华阳镇委托开发区管理的云塘、西岗、吴岗、北相、赵塘、城上6个村委会和上路社区居委会收回委托，由华阳镇管理。

4月11日，市委、市政府召开全市城乡建设工作会议。

4月28日，茅山风景区德祐观、仁祐观工程竣工并对外开放，总投资2000万元。

5月17日，华阳镇城上村遗址入选国务院公布第七批全国重点文物保护单位。该遗址面积70650平方米，被国家文物局评为“2008年全国重要发现”。

5月，金伟任市环保局局长。

6月18日，南京雨润控股集团有限公司与句容市政府正式签约，投资建设欢乐城项目。该建设项目总投资280亿元，总建筑面积830万平方米，位于句容城北部新城核心区域。

6月27日，市住建局工程质量监督站被省住建厅授予“2012年全省建筑行业管理先进单位”称号。

7月1日，宁杭高铁句容西站正式运行，市城乡公交公司开通2条至句容西站的城乡公交线路。

7月8日，市白蚁防治所通过全国白蚁三级单位等级评定。

8月5日，句容仁义医院建设项目获省发改委批准，该项目总投资11.58亿元，占地300亩，总建筑面积21.20万平方米。

9月4日，戴庄村获全国“一村一品示范村镇”称号。

9月30日，江苏正阳汽配商城项目在开发区工业园区开工建设。该项目总投资20亿元，一期规划用地500亩，建筑面积48万平方米。

10月10日，市崇明东路东延段、通湖路正式开工建设。崇明东路东延段起点高骊山路，终点为243省道，全长1043米，宽40米；通湖路起点河滨西路东延段，北靠近文昌路，全长1358米，宽15米。

10月14日，句容市入围全国生态文明建设试点地区。

10月16日，副省长许津荣到句容调研太湖流域环保工作。

11月，句容市获“美丽中国示范市”称号。

12月3日，市委书记尹卫东等市领导调研城建重点工程建设。

12月23日，天王镇戴庄村获“2013年度江苏最具魅力休闲乡村银牌村”称号。

是年年底，全市有天然气用户3.45万户，用气量919万立方米，共铺设燃气管道455千米。

是年，市投入资金10亿元，实施8大项城建重点工程建设。

△ 位于华阳东路与华阳南路交汇处的雨润国际广场城市综合体项目开工建设。

△ 全市新开工建设公共租赁住房286套（间），经济适用房108套，限价商品房300套；分配经济适用房512套、廉租房58套、公共租赁房37套；发放廉租房补贴470户、233.43万元；发放经济适用房货币化补贴28户、306万元。

△ 全市共完成村庄环境整治1673个，道路新建、改造577.10公里；区域供水、改水率100%，自来水入户率100%；铺设污水管网192公里，建成污水处理设施63套；新建、改建公厕130座；驳岸、清淤河、塘363个；墙面出新120.60万平方米；新增绿化65.95万平方米，添置垃圾桶6208个、垃圾清运设施2361套；拆除危旧房7.88万平方米；新建村民健身广场133处，停车场171处。

△ 城市建成区面积24平方公里；建成区新增绿地面积36.85公顷，城区绿地总面积991公顷。

△ 全市共处理生活垃圾108375吨，日均处理297吨。

△ 全市商品房累计成交16744套，同比上升59.54%，销售面积168.37万平方米，成交均价6765.71元/平方米；累计登记房产20373件，登记面积239.80万平方米。

△ 全市共有各类房地产开发企业116家。

第一篇 规划

句容古代建城就有规划意识。古代建城，既是商贸居住集中之地，更是防止他国入侵之城堡。早在商周时期（前1600—前771年），境内建有城上城，有夯土层和环壕（护城河）。东汉建安十三年（208年），句容始建县城，为丹阳郡16城之一。明代所绘《句容县境图》，清晰地勾勒出句容四面境内范围和各乡方位。清光绪三十一年（1904年），句容就绘制出一份较为完整的《句容县城图》。民国37年（1948年）句容县政府建设科绘有《句容县城图》。

虽然古人筑城修路有了规划意识，但至20世纪70年代末，句容还没有规划专业机构。1981年，句容县规划办公室成立，规划编制管理才正式起步。1984年，《中华人民共和国城市规划法》颁布，使规划有了法律支撑和保障。围绕规划编制和管理，规划设计院、规划勘探测绘院、城建档案馆、规划监察大队等部门相继成立，规划各项工作逐步走上正轨。2003年，市规划局独立后，无论是规划编制质量、勘探测绘的技术手段、城建档案的收集保管数量、规划监察的力量和力度都明显得到增强。2008年《中华人民共和国城乡规划法》的实施，使城乡规划管理实现一体化，规划的"龙头"作用更加显现。截至2013年，共完成了城市总体规划，县（市）域规划，镇村布局规划，茅山、宝华山等风景区规划，"五大经济板块"发展布局规划，"宁镇扬"都市圈、郭庄——湖熟片区等四个区块联动规划，以及各专项规划的编制。各项规划的编制对指导城市建设，镇村建设以及各经济区块建设起到了明显引领作用，城乡建设、城市面貌发生了翻天覆地的变化。规划越来越得到社会的认同和理解。在全市千人评议机关活动中，规划局多年一直名列前茅。

第一章　城乡规划的编制与实施

1981年至2013年，市（县）镇（乡）两级政府投入人力物力财力，编制完成市（县）域总体规划、城市（县城）总体规划、集镇总体规划、镇村布局规划、村庄建设规划、集镇总体规划、新市镇规划。并对城市总体规划进行了多次修编，使规划更加适应社会经济发展需要。同时，市（县）政府加大资金投入，对规划成果加以实施落实。

第一节　市（县）域规划的编制

1989年年初，由中国科学院南京地理与湖泊研究所和句容县建设委员会联合调查、收集资料，于1989年12月编制完成《江苏省句容县县域规划（1988—2010年）》。1992年7月开始，对原《江苏省句容县域规划》（1988—2010年）进行全面的修编工作。

这次修编工作指导思想是：落实中共十四大所提出的战略目标和任务，坚持科学性，体现超前性，突出综合性，强化实践性。在县政府的大力支持下，由县建设委员会具体主持实施，在1989年县域规划基础上，重新大量调查和深层研究，进行全面修改和充实提高。

在编制过程中，得到县委、县政府、县人大、县政协主要领导的重视并听取了工作汇报，提出了修改意见，镇江市建设委员会也给予关心和支持。在各有关单位与部门的大力支持与配合下，1992年11月底，重新编制完成《江苏省句容县县域规划（1990—2010年）》。

为使该县域规划早日在句容县经济建设和社会发展过程中发挥积极作用，句容县人民政府于1992年12月18日，以句政发〔1992〕第129号文，报请镇江市人民政府鉴定审批。

1993年10月28—29日，根据《中华人民共和国城市规划法》的有关规定，镇江市县城总体规划、县域规划技术鉴定小组对《江苏省句容县县域规划》进行技术鉴定，参加鉴定的有关方面专家和工程技术人员21人，提出综合意见。经过技术鉴定，专家组认为：句容县县域规划各项规划指标基本可靠，规划内容基本符合建设部、全国农业区划委员会、国家科委和民政部《关于开展县域规划工作的意见》的有关规定，能够结合句容县的县情，因地制宜，量力而行，合理处理需要与可行的关系，基本满足句容县规划期内经济社会发展的需要。鉴定认为句容县县域规划结合并协调了各有关部门及产业专项规划，在全局上作了统一布置，具有一定的可行性。原则通过了鉴定。同时，专家组还就县域内经济结构详细分析、水资源分析、高速公路及港口建设对经济社会、城镇化发展的影响分析、茅山和宝华山旅游开发等方面提出需进一步修改、完善的建议；就交通、供电、邮电、水利等基础设施及环境、农业方面提出需补充专项规划。修编工作组按照鉴定小组的鉴定意见作出相应的修改、补充、编制，于1993年11月30日，句容县第十一届人民代表大会常务委员会第七次会议原则通过《句容县城总体规划和县域规划修编方案》。镇江市政府以镇政复〔1994〕13号文批复同意，认为：该县域规划的各项指标和规划内容基本符合国家关于县域规划的编制要求，能基本满足规划期限内发展的需要。

该县域规划文本分设：(1) 句容县县情的综合动态分析，句容县经济社会发展战略、主要产业的发展与布局、句容县城镇化与城镇体系的发展与布局规划、经济技术开发区的建设与布局、基础设施与土地利用、县域综合经济分区、实施规划的有关措施以及各项专项规划。(2) 专项规划包括：句容县农村电气化滚动规划(1990—2010年)、邮电“八五”“九五”发展规划、环境保护规划、句容县水资源规划、句容县土地利用总体规划、句容县“八五”“九五”农业规划、句容县交通规划。

句容县县域规划的主要战略目标是：积极发挥区位与资源优势，充分利用和提高现有经济基础，科技兴县；建立与发展社会主义市场经济和外向型经济，加快改革开放和现代化建设的步伐，把句容县建设成为江苏省重要的商品粮、油、禽、林基地以及机电、轻纺、建材等工业专业化产品基地和旅游胜地，并尽早成为全国新型的现代化城市。在生产力布局的总体战略上，以城镇及其体系建设为主导；以经济开发区、埠际市场、港口建设为支点；以长江、高等级公路和拟建中的宁杭铁路为轴线；沿江开发，沿线发展；与浦东大开发区和南京国际性大都市的建设，长江产业带，苏州、无锡、常州、镇江、扬州高新技术火炬带的建设相呼应，合力推动整个长江流域和苏南经济的发展。

在规划期内，要在不断提高效益的前提下，前10年完成从温饱型向小康型转化，后10年要从小康型向富裕型(上中等收入)过渡打下坚实基础。全县下辖22个乡镇，规划县域城镇人口规模至2000年达33.50万人，至2010年达47.70万人，城市化水平达68.14%。

1994年之后，历次修编《句容市城市总体规划》时，将各项专项规划纳入城乡编制的重要组成部分，组织专业人员进行这项工作。之后，市(县)域总体规划与市(县)城市总体规划合并为一本规划，称为城市总体规划。

第二节　城市规划编制

一、《句容县城总体规划(1983—2000年)》编制

1981年，句容县政府成立城镇规划领导小组，在县基建局内设规划办公室，开始着手县城总体规划编制工作。

1982年3月，县城总体规划提出讨论稿。1983年10月报送省、市人民政府审查。1984年8月，经过调整和修改，镇江市规划小组进行技术鉴定后，经句容县人大八届五次常委会讨论通过，正式报镇江市人民政府审批。1985年10月17日，镇江市人民政府镇政复〔1985〕33号文，正式批复“经市县城总体规划审批会

审议,原则同意县城总体规划”,并指出“城镇性质是以机械工业为重点的综合发展的县城”“对污染严重的化肥厂、化工厂、制革厂等,限制发展,限期治理,有计划有步骤地转产和搬迁”。

该规划总体布局为:县城今后用地发展方向应朝西、西北、西南及句容河两侧发展。

规划城镇人口规模为:1990 年年末 3 万人左右,2000 年年末 5 万人左右。

规划城镇用地规模为:1990 年控制在 3 平方公里以内,2000 年为 5 平方公里。

县城总体规划人口规模按 1990 年的 3 万人为基点,用地 3 平方公里,以老城区为主体,向西、西北、西南及句容河两岸发展,建 5 个住宅区,工业区分别在油米厂以南、句容河西北侧;城区西北过境的公路干线改道成小环城线和大环线,在县城西北方向新建建新东路、建新北路等。积极开发句容河,使其早日通航。新建贸易市场,增加服务网点。新建华阳公园、体育馆场,扩大县人民医院、城郊蔬菜地面积等。

1985 年 10 月,由县城乡建设规划管理办公室负责编写完成《句容县城总体规划说明书》;该说明书分两大部分:句容县总体规划说明、句容县城区近期建设规划。

二、《句容县县城总体规划(1993—2010 年)》编制

第一轮县城总体规划实施后,在实施过程中出现了许多新情况。至 1990 年年底,县城发展人口规模已突破 3 万人,用地规模也突破 3 平方公里。加上环城乡行政区划调整等因素,原县城总体规划所确定的功能、结构以及规模等有关方面内容已不能相适应,迫切需要对原来的县城总体规划进行修改、调整和完善。基于上述原因,句容县人民政府研究决定,于 1991 年 3 月委托江苏省城乡设计研究院对句容县城总体规划进行修编,1992 年 10 月完成初审稿,镇江市、句容县各有关部门进行讨论并提出了意见;1993 年 10 月 28 日至 29 日,县政府邀请省、镇江市有关部门的领导、专家进行了技术鉴定。规划处根据鉴定意见进行修编,并于 1993 年 11 月 5 日,第 10 次县长常务会议讨论确定此方案,随后县第十一届人民代表大会常务委员会第七次会议,对句容县城总体规划方案进行了审查,予以通过。

是年 12 月,规划方案上报镇江市政府。1994 年 3 月 12 日,镇江市人民政府以镇政复[1994]15 号文批准了《句容县城总体规划(1993—2010 年)》。修编后的城区总体规划增加了城镇体系规划内容,通过宏观控制、微观管理,把句容县纳入科学管理的轨道,标志着句容县的经济建设和城区建设进入了一个新的发展时期。其中,供电、邮电、环保专项规划由县规划处同县有关专业部门负责编制。该总体规划从句容的历史和现状特点出发,确定城市性质为:轻工业为主的工贸城市,华阳镇为全县的行政、经济、文化中心。

城市规模:人口规模:城市人口 2000 年为 15 万人左右,2010 年,城市人口为 24 万左右。用地规模:2000 年县城人均用地为 100 平方米;县城用地规模控制在 15 平方公里;2010 年县城人均用地 115 平方米,县城用地规模控制在 27 平方公里左右。

县城发展方向:宜向西、向北发展。城市用地布局规划以老城区为中心的团块状的布局形式。由于当时还没有撤县建市,按照小城镇的指标进行规划布局。

县城总体布局:老城区作为句容县城核心;城东作为蔬菜和副食品生产基地;城南作为城市远景发展用地加以控制;城西沿华阳西路以南作为生活居住用地进行安排,对现有污染工业要限期治理或作必要的调整;大力发展城西北的句容县经济技术开发区,并作为县城整体的一个部分,与老城区建设相适应;县城道路应以华阳东西南北路岛为中心,沿华阳东路、华阳南路、华阳西路、华阳北路为轴线向四面发展;华阳南路宜跨过句容河向南与 104 国道相连接;完善绿地系统规划;合理调整和完善县城供水系统和排水系统。

1993 年编制的句容县城总体规划,对句容县的城市建设,特别是城市的发展方向、道路框架、基础设施建设及各项建设的综合布局等方面起到积极指导作用。

1995 年 6 月,经省政府批准同意,以修编后的《句容县城总体规划》作为《句容市城市总体规划》,继续组织实施。1996 年 3 月 20 日,省政府以苏政复〔1996〕35 号文批准《句容市城市总体规划》。

三、《句容市城市总体规划(2005—2020年)》编制

1. 规划修编的原因

句容市的城市性质有所改变。1995年撤县建市后,句容市大力挖掘旅游资源,提倡发展旅游业,市境内有著名道教、佛教圣地,有省级茅山风景区,宝华山国家森林公园,旅游景点不断增加,市政府加大游览区及外部的基础设施投资,为游客创造更好的旅游环境,吸引了大批游客来句容旅游。2000年8月向国家申报,句容成为中国优秀旅游城市,旅游业越来越成为句容的一大支柱产业。这一性质的变化与1993年规划性质确定“以轻工业为主的工贸城市”不相符,同时给城市的各项建设都提出了更高的要求,必须在新的规划中加以明确。

城市中心有所转移,用地格局也有所变化。1993年编制的城市框架已基本形成,华阳西路、华阳南、北路相继打通,随着城市建设步伐的加快,华阳路已成为了城市的发展轴,依托华阳转盘和新世纪广场,城市中心亦在潜移默化地发生变化。随着经济建设的高速发展,人们生活水平的提高,城市居住用地规模已有所突破,要求新一轮规划加以指导。

城市道路框架与基础设施建设需重新调整规划。当时正实施的东南环路已突破远期用地规模,沪宁高速公路的建成,至南京禄口机场高等级公路的兴建必将使城市内道路骨架进行调整,第二水厂、污水处理厂、西气东输等一大批大型基础设施的建设,也迫切需要新的规划选址、定位。

2. 规划修编的实施

2000年12月21日,句容市建设委员会发句政建字〔2000〕174号《关于要求修编句容市城市总体规划的请示》,正式提出修编句容市总体规划。

2004年4月,句容市人民政府按照高起点规划、高标准建设、高水平管理城市的要求,委托江苏省规划研究院重新编制句容市总体规划。

江苏省规划研究院组成的项目组,从2004年4月中旬至5月初,对句容现状进行了详细调查和踏勘。2004年8月初向句容市主要领导汇报方案。其后,又与句容市规划局及有关部门主要领导进行多轮方案内容的交流、汇报。2005年7月1日,规划纲要通过了由省建设厅组织的专家论证。于2006年2月28日通过了由省建设厅组织的规划成果专家论证。论证后,综合各方面的意见对规划内容进行修改完善,完成并提交《句容市城市总体规划(2005—2020年)》成果。成果包括文本、图纸、附件、专题四个部分。

3. 规划的主要内容

《句容市城市总体规划(2005—2020年)》,规划句容市2020年市域人口为73万人,其中市域城镇人口49万人,城市化水平预测67%;建设用地35.90平方公里。

附:《句容市城市总体规划(2005—2020年)》

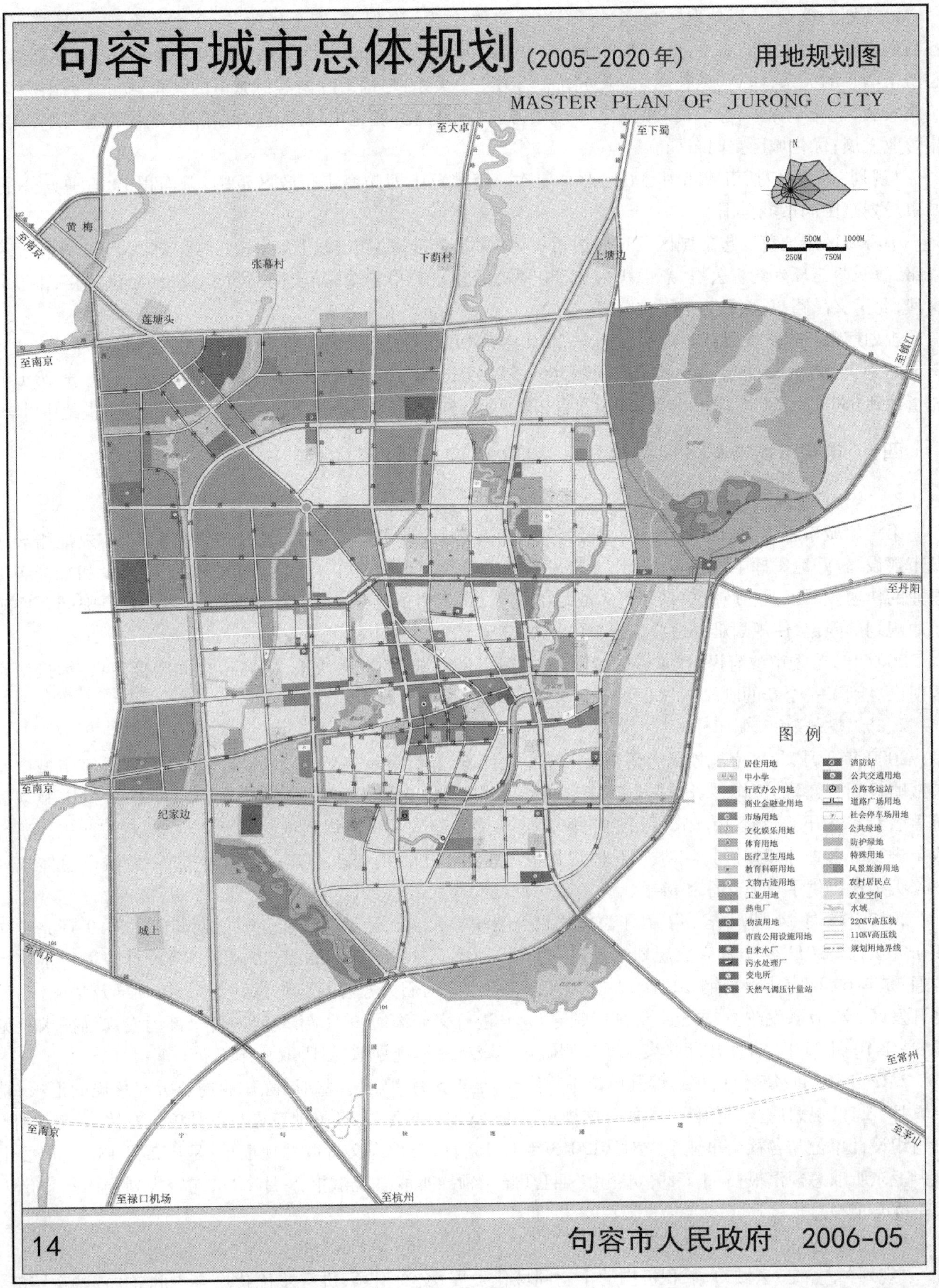

图 1-1 句容市城市总体规划

该规划的重点是:以处理好"一个关系"为基础,做好"一个保护、四个优化"。一个关系:着重处理好句容与南京都市圈之间的关系,进一步明确句容城市区域功能定位和发展战略。包括两个层次,即句容与核心城市南京的关系,做到"依托南京、服务南京";另一个关系:与都市圈内其他城市的关系,做到"突出优势、协调发展"。一个保护:保护良好的生态环境资源。四个优化:优化市域产业空间布局;优化交通组织;优化旅游业发展;优化城区空间布局。

"规划"范围:包括市域和中心城区两个层次。市域范围即句容市行政区范围,总面积1387平方公里。城市规划范围同市域范围。

中心城区用地范围包括城区及其周边相关区域,北至黄梅巫市、城上城,东至句容湖(水库),东南至弘景路,西至西三环外约1公里,总面积为92.80平方公里。其中老城区范围东至东昌路,西至洪武路,南至句容河,北至文昌路,总面积为7平方公里。

规划期限与分阶段目标。近期(2005—2010年)GDP年均增长15%,至2010年总量达到220亿元,人均GDP达到34000元,三次产业结构预期调整为5∶55∶40;远期(2011—2020年)GDP年均增长12%,至2020年总量达到680亿元,人均GDP达到93000元,三次产业结构预期调整为4∶52∶44;远景:展望到本世纪中叶。

四、《句容市城市总体规划(2013—2030年)》(论证稿)编制

1. "规划"调整修编的原因

第三轮城市总体规划自2004年委托江苏省城市规划设计研究院编制,经过6年的实施,有效地指导了城市建设,较好地发挥了对句容市经济社会发展的引导和宏观调控作用。随着句容市经济建设和社会各项事业的快速发展以及省政府一系列重大战略的调整,句容市的性质和规模、功能布局等重大原则问题突破了原规划的限定,使规划难以适应新形势的需要,甚至限制了城市的进一步发展。

2007年,市委市政府提出"推进同城同建,打造南京副城"的战略决策,句容市全面对接南京、承接南京辐射已经到了一个新的阶段。

2. 新"规划"的编制工作

2009年9月,句容市规划局邀请南京市规划设计研究院、南京市交通规划设计院开展了《句容市城市发展战略规划研究》的工作。研究报告经修改完善后,句容市规划局邀请南京大学、东南大学、南京市规划局等著名专家召开了《句容市城市发展战略规划研究》专家咨询及总体规划编制意见征询会,对前期规划研究成果进行了审查,同时对句容市城市总体规划修编提出了更高的要求和建议,为做好新一轮城市总体规划的修编工作提供了有力支撑和指导。

2010年5月24日,句容市召开了总体规划修编动员大会。是年7月前完成前期调研工作,9月完成初步研究工作。2011年1月完成规划纲要初步方案;是年3月,专家们与句容市规划局及设计院进行了初步沟通;是年6月,完成规划纲要成果;7月21日,句容市政府召开总体规划修编讨论会,市领导及华阳镇、经济开发区、交通局、发改委、国土局等部门领导与会,进行交流沟通;9月,市政府向各个部门发规划征求意见稿;是年10月31日,省住建厅张泉副厅长调研句容城市总体规划情况,听取总体规划的汇报。

2012年年初收集意见,规划编制单位进行修改;是年5月12日,规划局陈建业局长听取总规的汇报;是年6月16日,规划局全局各科室参加总体规划讨论会;是年6月21日整理意见与设计单位对接;是年7月9日组织设计单位与各社会事业单位对接;2013年1月6日,市长许文听取总规汇报;是年2月18日,市委书记尹卫东听取总规汇报;3月7日,句容市"四套班子"领导听取总规汇报;8月2日,句容规划局向句容市人大常委会汇报总规。

3. 新"规划"的主要内容

"规划"重点是:区域协调,积极推动宁句同城化发展;交通引领,进一步优化城乡空间布局;城乡统筹,全面提升城乡综合发展水平;品质提升,彰显城市生态人文特色。

城市性质定位为:长三角文化生态休闲基地,江苏沿江先进制造业基地,南京都市圈宜居宜业的现代化生态城市。

规划期限:近期至2015年,中期至2020年,远期至2030年。远景展望至本世纪中叶。

规划范围:句容市行政辖区范围,总面积1386.40平方公里;中心城区:东、南至243省道和104国道,西至规划汤句路和市界,北至规划122省道,总面积86.20平方公里。

发展规模:规划市域人口规模:2015年70万人,2020年75万人,2030年83万人;城镇人口:2015年市域城镇人口43万人,城市化水平61.40%,其中中心城区25万人;2020年市域城镇人口52万人,城市化水平69.30%,其中中心城区30万人;2030年市域城镇人口65万人,城市化水平78.30%,其中中心城区36万人。

城乡居民点建设用地规模:严格控制城乡居民建设用地规模,2030年市域城乡居民建设总用地规模控制在97.70平方公里。有序推进城乡居民点用地整治,提高土地利用效率,整治用地除满足城乡居民点建设外,用于旅游发展项目建设。

城市建设用地规模:2030年中心城区建设用地39.50平方公里,人均建设用地控制在110平方米以内。

镇建设用地规模:2030年建设用地34.80平方公里,人均镇建设用地控制在120平方米以内。

村庄建设用地规模:2030年村庄建设用地控制在23.40平方公里以内,人均村庄建设用地控制在130平方米以内。

市域空间组织:市域构建"三轴两楔两带"的总体空间布局。"三轴"指沿江城镇发展轴、沪宁城镇发展轴、宁杭城镇发展轴。"两楔"指宝华山生态绿楔和赤山湖生态水楔。"两带"指西部城镇发展带和东部生态保育带。

城乡统筹规划:构建"中心城区—新市镇—农村居民点"三级城乡体系。

中心城区规划:发展方向为"北扩、西进、南延、东优"。公共设施规划:规划形成"城市中心——片区中心——社区中心——基层社区中心"四级中心体系。

绿地系统规划:构建以"一环三片十园"为重点,沿河、沿街绿化环网串联的绿地系统。规划公共绿地5428.50亩,占建设用地总面积的9.16%,人均公共绿地10.05平方米。

旅游规划:将旅游业发展成为句容市国民经济支柱产业。以面向长三角、服务南京都市圈为目标,积极融入南京环城休闲游憩带,发展沪宁、宁杭、宁镇三条区域交通走廊对区域旅游服务的支撑作用,依托市域城乡公路系统,构建"一心四点,一环五区十三片"的旅游发展空间布局。

图1-2　句容市总体规划专家讨论会(2011年)

综合交通规划目标:构筑宁句一体,以轨道交通、高等级公路为骨架、各类交通方式协调发展的综合交通体系,实现"区域一体、系统衔接、生态持续"的总体发展目标。

第三节　镇村总体规划的编制

一、集镇总体规划

1987年,县规划部门组织设计人员,在东昌乡集中编制全县23个乡镇第一轮集镇总体规划,于1993年完成全部规划编制工作。集镇总体规划以天王镇为上报重点,规划成果形式采用"三图一书"形式(《集镇现状分析图》《集镇建设规划图》《集镇基础设施规划图》和《建设规划编制说明书》),切实指导全县集镇建设。在之后的几年内,市(县)规划部门陆续对第一轮集镇规划进行修编,于1996年完成全市22个乡镇第二轮集镇总体规划的编制工作。

1997年,依据集镇总体规划,市规划部门组织设计人员完善全市村镇规划体系,制定近期发展规划及各专项规划,先后编制近60个中心村规划。

2005年年底,在全市乡镇合并为10个建制镇后,市规划部门开始对各镇的集镇总体规划进行修编,于2008年年底完成。

二、镇村布局规划

1996年,根据省统一要求,市规划部门协同土地管理部门启动全市市域基本农田和镇村建设区"两区划定"布局规划。此次规划明确划定基本农田保护范围及镇村建设用地范围,初步确定市域城镇体系结构,明确产业发展的空间布局,协调区域用地及其他空间资源的利用,统筹安排区域性基础设施和社会服务设施。

随着江苏省小城镇建设步伐的加快,镇村发展面临着一系列新的问题。2005年5月,句容市正式启动镇村布局规划的编制工作,在全市10个镇规划619个村庄居民点,这项工作对于引导农民集中居住,布局农业生产空间和生态空间等方面具有重要的意义。

三、村庄建设规划

2006年年初,开展了村庄建设规划整治试点工作。依据句容市镇村布局规划,结合句容丘陵山区特色和农村产业特点,在10个镇中每镇选取1个规划保留点作为新农村建设示范点。示范点主要分三种类型,第一类是独立保留的点;第二类是合并周边自然村的保留点;第三类是异地新建的点,规划部门加强宣传,有针对性的挑选示范点。至2008年年底,全市完成619个规划点村庄建设规划,做到市域范围内村庄建设规划的全覆盖。

四、新市镇规划

2010年,中共镇江市委以镇发〔2010〕18号文件下发《关于加快推进新市镇建设的意见》,根据《意见》要求结合自身实际,各镇(管委会),分别委托江苏省村镇建设服务中心、句容市规划设计院等单位,对新市镇规划进行编制。在规划编制中,郭庄、宝华、茅山等镇(管委会)从自身实际和区域特色出发,从镇域经济发展现状和集镇建设规模入手,把集镇和中心镇作为转移农村人口为重要载体,以高效农业、新型工业和现代服务业为支撑,在以往编制的集镇总体规划的基础上,对镇域经济发展、集镇建设规模、空间布局,产业结构调整以及居民点布局进行重新定位,确定产业调整方向、经济发展模式、镇村等级规模以及农村转移人口安置等相关内容。此项规划的编制,对推进各镇(管委会)新市镇建设起到了很好的引领作用。

第四节 规划选介

一、天王镇总体规划

1. 规划范围

包括镇域和镇区两个层次,即天王行政区范围,面积192.90平方公里;集镇区范围,面积4.20平方公里。

2. 镇域发展战略和空间布局

沿工业发展带 利用天王工业大镇的基础优势,重点发展以自行车、电子为主导产业的工业产业链;结合宁太高速道口建设,发展道口经济,建立蔡巷物流产业基地;利用九龙山的旅游资源,在袁巷发展旅游品加工业和有机农业产品的深加工等相关产业。

沿袁唐公路有机农业产业带　以江苏省茅山丘陵腹地有机农业圈为载体，着重建设有机农业示范区，充分发挥戴庄有机农业起步区的带动效应，积极向周边拓展；以环山库区水土为载体，着重建设立体种养、优质果品等10多种经营示范基地。

沿旅游产业带　以茅山旅游为依托，结合有机农业产业带建设，做好九龙山风景区规划，带动九龙山生态游，加快九龙山旅游开发。

3. 镇域村镇等级规模结构

近期保留现有四级体制，即中心镇——小集镇——中心村——基层村。其中，中心镇即天王镇人口规模为3.50万人，用地规模4.20平方公里；小集镇人口规模2000—2500人，村庄一般300～800人。远期结合天王镇镇村布局原有的235个自然村拆并为96个居民点，形成天王镇——社区——居民点三级体制。

4. 镇域交通规划

规划将104国道天王镇区段和袁巷段进行改线：天王镇区段从镇区东侧绕行。

新增马埂和朱巷2个节点作为交通枢纽，在104国道与常溧公路交叉口附近新建汽车客运站1座。

5. 旅游发展规划

将九龙山风景区的功能定位为：以自然风光、原始生态、休闲度假、宗教旅游为主。从李塔水库到白沙水库约20平方公里作为风景区的核心区，适度进行高档别墅的开发建设，满足旅游服务需要；利用唐陵骨科的知名度，开发新的旅游项目，如药材采摘及中药疗养度假等；恢复天王寺，适度增加宗教文化氛围。

6. 镇区总体布局

镇区用地主要向东北方向紧凑发展，适当向西发展，限制向南发展。以现状道路骨架为基础，形成"两横三纵"的主体道路框架，以自然地形和现状布局为依托，形成"东郊新区、中部老区、西部工业区"的布局形态。"两横"是指天鹅路和老常溧路；"三纵"是指金戴西路，老宁杭路、府东路。

"东郊新区"：以东西向的天鑫路向东延伸至外环，与规划的府东路形成新区"十"字形道路骨架，利用蒲溪河自然风光，形成新型居住片区和行政办公职能用地。

"中部老区"：老集镇现状为基础，以商贸和文化、卫生为主要职能。

"西部工业区"：依托现有工业基础，向北腹地发展工业集中用地。

7. 居住规划

规划以老宁杭路、天鑫路、天鹅路、浦溪河为界，将居住用地划分为四个片区，即映月片区，天鹅桥片区、浦溪河片区和前进村片区。

公共设施规划：将天鑫路东延，将位于老镇区的零散办公用地集聚，形成新区办公中心，带动新区建设，加快老镇改造；整治现状市场，扩大天鹅副食品市场规模，在老常溧路和改线后104国道交叉口处新建1个建材市场；按照实施"七个一"文化工程建设要求，在东部新区、浦溪河风光带以南，建设1个占地2万平方米的综合文体活动中心，包括文体活动中心、文化广场、农村儿童文化园。在镇政府东侧建设1个占地1.27万平方米的多功能综合性文化站，包括影剧院、歌舞厅、图书室等。

9. 工业规划

西部工业园区布局于金戴河以西、常溧路以北，主要发展一、二类工业，控制三类工业的进驻，同时，逐步搬迁老镇区内各类工业企业，向西部工业片区集中。

10. 综合交通体系规划

规划104国道从镇区东侧绕行，沿镇区西北片区和浦溪河修建1条主干道，以分流西部工业区和东部居住区的交通流。

11. 绿化系统规划

沿金戴河、天王河、浦溪河两岸规划不低于20米的溪河绿地。结合映月桥保护方案，改造周边环境，建设映月桥公园和天鹅桥公园，沿河两侧绿化带，开辟步行通道。

附：句容市天王镇总体规划图

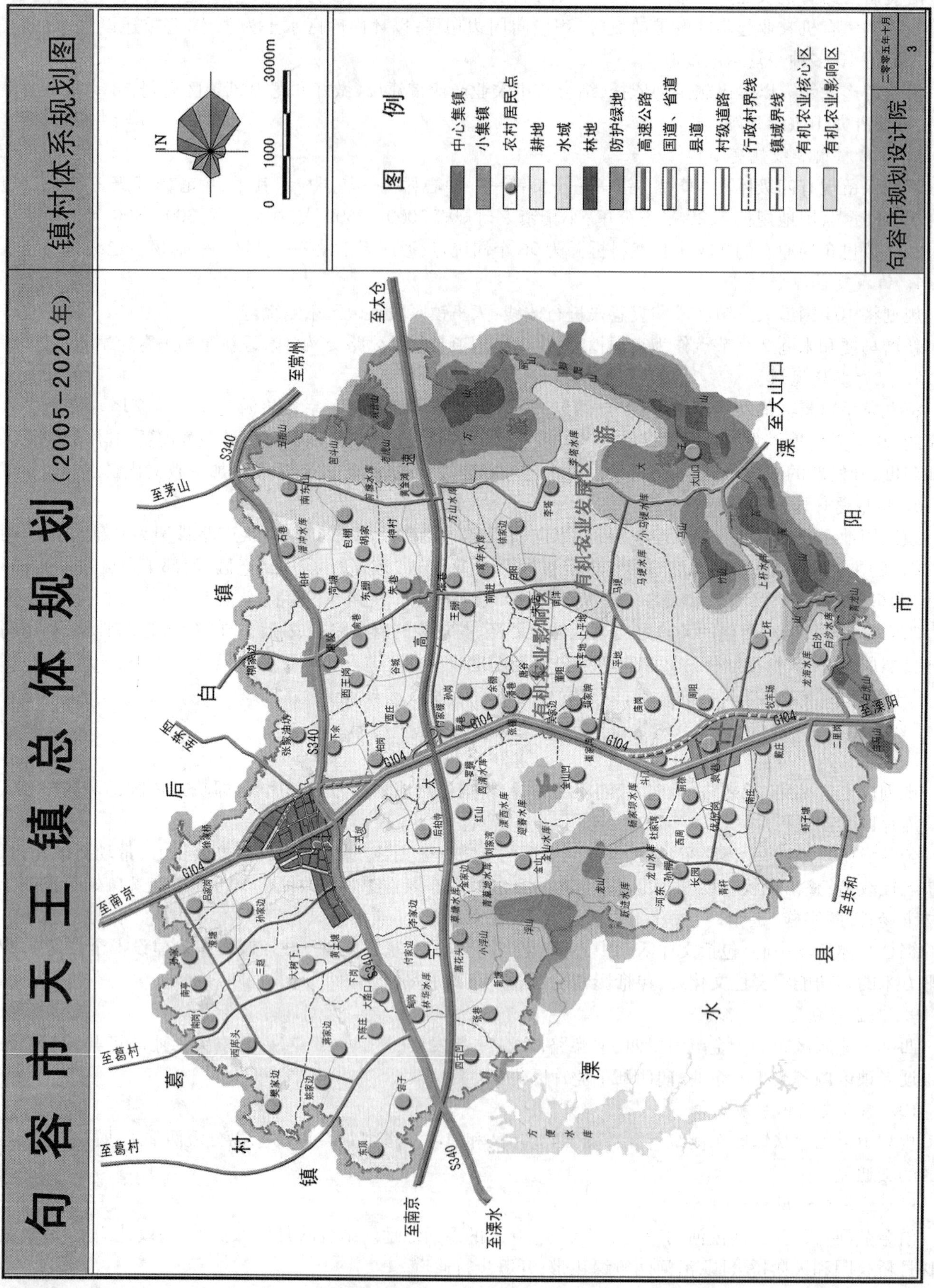

图 1-3 句容市天王镇总体规划

二、后白镇总体规划

由于行政区划调整，原后白、二圣、茅西、三岔四个乡镇合并为后白镇。原来各乡镇的规划已不适应调整合并后的建设需要，重新规划布局显得较为迫切。为此，后白镇镇政府于2006年委托句容市规划设计院对后白镇总体规划进行重新修编。句容市规划设计院成立编研组，深入原4个乡镇实地勘探，调查摸底。在反复论证、沟通的基础上，完成规划修编。规划包括：指导思想、规划依据、原则、规划范围、期限、经济社会发展战略与目标、镇区总体布局、镇域体系规划及交通体系和基础设施规划等几个方面，并就镇域规划和镇区规划分别进行论述。

1. 镇域规划

规划范围和期限　规划范围为全镇168.50平方公里，期限为2006—2020年。

产业发展与空间布局　提出第一产业以104国道两侧，重点发展兼具经济价值和观赏价值的特色农业，以东部丘陵地区西冯村花草苗木村为中心，沿春天路带动周边特色产业经济发展并积极向周边拓展。以容升花木公司、宏大苗木公司为依托，沿后茅路向周边村庄辐射，充分发挥其带动效应，形成特色产业带；第二产业主要向后白镇区集聚，培育和壮大"龙头"企业，逐步提高产品加工层次，二圣集镇利用现有工业基础，加强园区建设；第三产业以赤山风景区、二圣湖休闲度假区、赤山湖观光区为载体，发展以生态观光、休闲度假、商务旅游为一体的综合性旅游业。

城镇体系结构　近期保留现有四级体制。即：中心镇——小集镇——中心村——基层村。远期形成后白镇区——社区——居民点三级体制。

空间布局　以后白镇区为中心、二圣社区、三岔社区、张庙社区、茅西社区为次中心，带动全镇经济全面发展；以二圣湖（水库）、赤山湖、张庙生态茶园作为点，104国道、后茅路、春天路的特色产业带作为线，形成特色产业园。

镇村布局　将原有的284个自然村拆并为65个居民点，具体为：300人以下13个，301～800人为41个，800人以上为11个。

镇域道路交通　形成"两横""四纵"的交通主骨架。"两横"为二茅公路（二级），宁茅公路（二级）；"四纵"为：春天公路（二级），104国道（一级），葛甸公路（二级），机场路（一级）。

2. 镇区规划

镇区性质定位　定位为句容市域南部的经济中心，是全镇政治、经济、文化中心，以民营产业为特色的工业型重镇。

人口规模和用地规模　现有人口8000人，至2020年达28000人；现有用地规模1.60平方公里，至2020年为3.36平方公里。

镇区发展方向　提出向南紧凑发展，适当向东发展，限制向西、北发展。

规划布局　向东打通宁茅公路并与后茅路、淮源路形成三条横向道路；以老104国道、后中路为主要纵向道路，形成新的三横两纵道路网系统，以现状布局为依托，形成："新东区"、"中老区"、南工业区的布局形态。

建设用地规划布局　规划以老宁杭路、后茅路、小水库河为界，将居住用地划分为3个片区，即：老镇片区、前白墅片区、淮源片区。同时起步搬迁，拆除老镇区内的各类工业企业，用地实施"退二进三"，搬迁企业向工业园区集中。此外：结合水系、道路绿化，在宁茅路南侧的工业园区新建1处绿化广场，沿小水库河旁建设1座公园。从而满足居民各种活动需求。

三、边城镇总体规划

2010年4月下旬，边城镇人民政府委托江苏省村镇建设服务中心对《句容市边城镇总体规划（2011—

2030年)》进行编制。2010年5月初,项目编制组进行资料收集,通过现场踏勘、表格调查和座谈等形式对边城镇的现状条件和发展目标进行了充分的了解。2010年8月中旬,项目组与句容市规划局、边城镇主要领导及相关部门召开了初步成果的交流会议,会议对规划思路、发展目标、总体布局等方面进行了充分的肯定,并提出了产业发展、近期建设、政策措施等方面的修改意见。2011年3月上旬、5月上旬、11月上旬项目组3次与句容市规划局、边城镇政府及相关部门进行深入交流探讨,并根据会议意见经过多次修改之后形成规划成果。

规划内容分为镇域规划和镇区规划两个部分。

1. 镇域规划

规划范围 109平方公里的全镇域管辖范围。

人口规模与城市化水平 人口规模现状(2010年):3.60万人,远期(2030年):4万人。城市化水平现状:36%,远期:70%。

城镇性质 以休闲度假、高新技术产业为主的精致生态小镇。

镇村布局 在镇域范围内形成1个镇区、1个集镇、14个农村居民点的城乡空间格局。

镇域产业发展规划 第一产业:在镇域范围内形成"五大农业片区",分别为新叶苗木培养区、景观作物展示区、应时鲜果发展区、生态农业发展区和农业科技示范区。第二产业:以宁武新材料产业园为依托,在镇域南部打造先进制造业基地,在243省道西侧戴村附近形成独立产业发展组团。第三产业:结合镇域农业资源和北部山水资源优势,大力发展大地景观艺术区、应时鲜果采摘区、农业科技游览区、蓄能电站景观区、仑山湖国际旅游度假区、高骊山溶洞探险区、东山拓展训练区。

2. 镇区规划

人口规模 现状:0.65万人,远期:2.30万人。

镇区发展方向 以现状建成区为基础,镇区以向西发展,适度向南发展。

布局结构 镇区用地总体为"两心、三轴、五片区"。"两心"分别为新镇区综合服务中心和老镇区综合服务中心。新镇区综合服务中心位于纬七路与经一路交叉口区域,以镇政府为主的行政办公用地和新建的商业、市场、文化、娱乐设施以及公园绿地形成。老镇区综合服务中心位于东昌西路和东昌北路交叉口区域,结合现状商业、市场和部分改造用地形成。"三轴"为三条城镇发展轴,依托纬八路、老243省道、经一路和东昌南北路形成。三条轴线分别串联起边城镇新老镇区主要商业设施,通过纬八路、老243省道带动城镇向西发展,形成主要发展轴,经一路将新镇区商业往北延伸,东昌南北路延续老镇区商业南北发展格局。"五区"为由道路、河流分割成的3个居住区、1个工业区以及1个研发区。居住区分别是纬一路——243省道——纬八路——边城大道围合区域。纬一路——经十一路——纬六路——纵三河——老243省道——243省道围合区域,243省道——纵三河——纬十一路——纵二河围合区域;研发区域位于镇区南部,结合现状金钛软件园形成;工业区位于镇西南部,结合现状港峰科技园形成。

附:句容市边城镇总体规划图

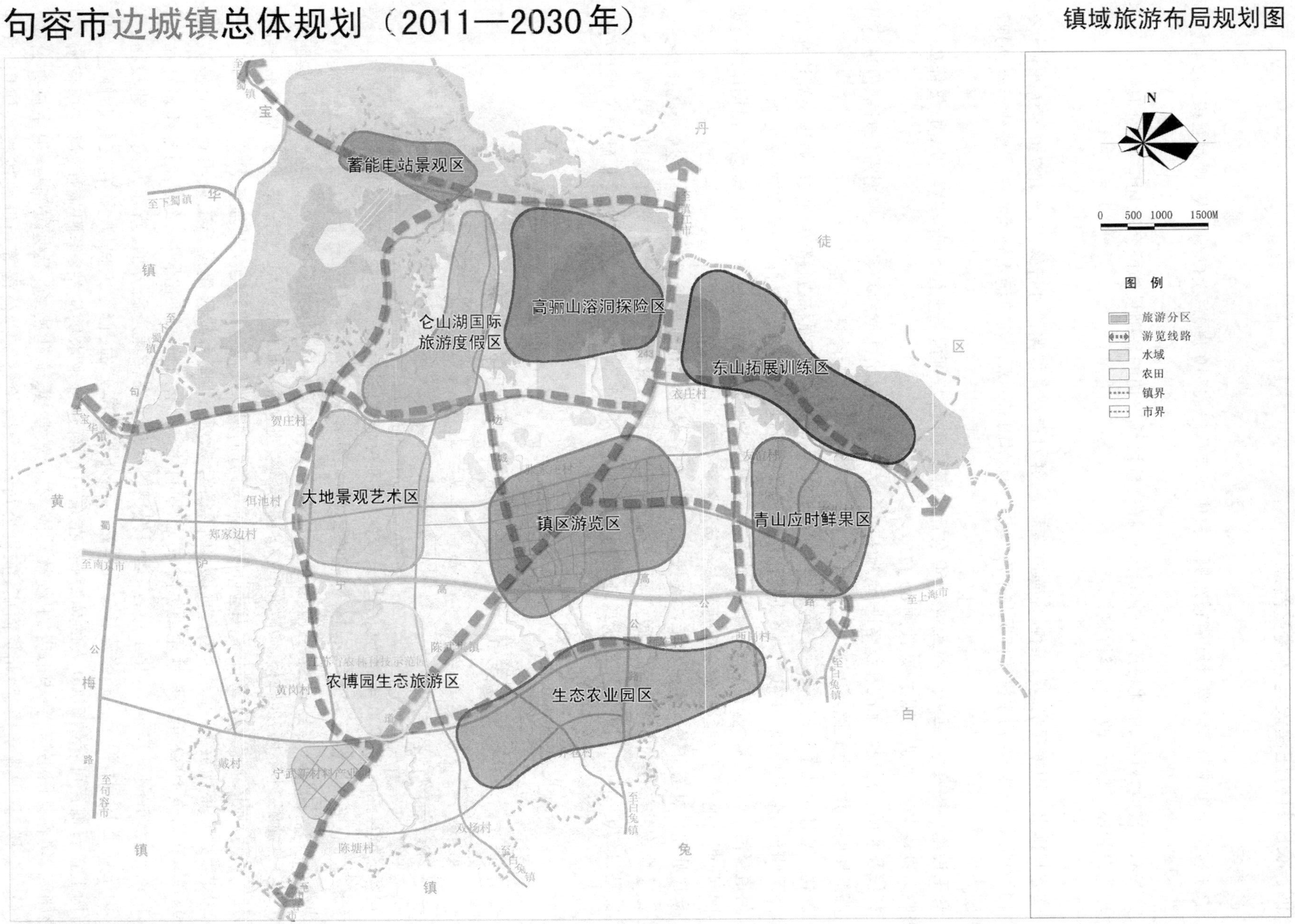

图 1-4 句容市边城镇总体规划

四、衣庄村村庄建设与环境整治规划

1. 概况

衣庄村位于边城镇东北部,243省道东侧。村庄现有总户数310户,总人口617人,规划面积312亩。

2. 规划总体思路

立足衣庄村情、村需,强化村庄规划引导,从解决村民最迫切的基础设施配套和环境卫生问题入手,实施村庄建设和环境整治,改善村容村貌。

3. 规划整治内容

道路与排水 根据现状运行条件,完善道路系统,并对存在破损路段进行修复,新建750平方米的停车场;根据现状水系、雨水、污水排放情况与条件,新建排水沟1373米。新建污水管436米。新建污水处理设施1座。

环卫设施 按照每户每天产生垃圾2.50公斤计算,每个垃圾桶服务半径50米布置,设立垃圾桶26个,垃圾收运设备4套,改造公厕1座,改厕80户。

杆线及照明 对现状标准和线路进行整治,在最大化保留现状杆位的基础上,根据需求对杆位进行补拆。路灯照明采用独臂式路灯方式。按照照明半径25米计算,安装路灯51盏。

绿化 总体上注重见缝插绿,选择乡土树种及适生经济树种。加强村边、路边、宅边、塘边及庭边绿化。沿道路两侧布置块状绿地,并布置一些供村民活动的座椅及健身设施,新建村口绿地2000平方米。

河道整治 打造"春天有花,秋天有果"的滨河风貌。增强滨河绿化的层次感与色彩感。根据岸线类型的不同,强调对现有河道驳岸,对2座污塘进行清淤处理,保持水面清洁。

房屋处理 对部分平顶房进行平改坡改造,以提高房屋保温隔热效果及保证村庄建筑风貌的统一;为防止建筑物基部受到雨水及外力碰撞导致的墙面损坏,将建筑物基部从1.20米高度以下改为室外墙面砖铺贴,1.20米以上用外墙漆粉刷或外墙面砖铺贴。房屋在不改变大的居住原貌基础上产生良好的视觉效果。

第五节　城市总体规划的实施

一、规划前的句容县城

句容县城虽然有近2000年的历史,但历代城区范围仅限在城墙之内。至解放前夕,城区有太平门、华阳门、登瀛门、致远门、广运门5座城门与外界相连,只有一条4米宽的东西大街贯串全城,另有北大街、南大街、柴巷、轿巷、马槽巷、寺巷、北堂巷、南堂巷、诸昌巷等几条小弄巷存立其中,比较大型的建筑只有崇明寺、华阳书院、葛仙庵、小宝塔、四牌楼、城隍庙、文庙、青元观、炎帝庙、贞孝节烈祠、义台等,且大都属于寺庙之类的建筑,整个城区无一工业项目,只有小作坊和临街商铺,城区规模一直没有突破城墙。

20世纪50年代至70年代:这一时期,虽然没有规划,但整个城区建设及工业项目已突破城墙。从1951年开始至1982年老城墙全部拆除,工业项目上,在东门桥东建化肥厂,致远门外建畜产品厂,华阳门附近建纺织厂、皮革厂、化工厂,广运门外建缫丝厂。在交通道路方面:新建人民路、建设路,东西大街拓宽至10米,沿宁杭路修建长途汽车站。在公共设施方面:修建人民剧场,在文化巷修建一座竹结构上盖石棉瓦可容纳3000人的体育馆,在东门桥新建自来水供应站;华阳旅社、第二招待所、句容影剧院、句容县图书馆、新华书店、卫校教学楼、农校教学楼、文化剧场、卫生防疫站、卫生局办公楼、外贸局办公楼、县中教学楼、南北货商店、农机公司综合楼、检察院办公楼等相继建成投入使用,这些

建设使得城市规模初具雏形。

二、第一轮句容县城总体规划(1983—2000年)的实施

规划范围。突破原城区范围,东至县农科所、岗下、朱窑;南至县农资公司、下路村;西至谢家下村、西庙小学;北至省句容农校、朱家下村、曹家村。规划建成区面积1990年3平方公里,人口3万人,2000年约5平方公里,人口5万人。发展方向:以老城为中心向西北、西、西南、句容河两侧发展。总体布局功能分区是:老城区原则上不再建新工厂,对难以治理的污染工厂按照"关、停、并、转、迁"原则处理,逐步形成三大工业区,一是油米厂向东延伸为食品工业区;二是以布厂开始,沿句容河北堤向西至洪武路,分别为轻纺、机械、制革、化工工业区;三是郭西塘的西北角为电子、手工业工业区。道路功能为过境道路、综合性交通干道、生活区干道三类。其中过境道路为宁杭路,从畜产品厂西侧新建1条8公里长的大环城路(西环路)连接宁杭路,减少过境车辆经过市区;综合性干道为人民路、建设路,新建华阳北路(建新路至宁杭公路),华阳东路(北大街至体育馆)两条道路,新建河滨北路,拓宽茅山路,疏通鲜鱼巷口至华阳路口的道路,县城区道路形成方格式路网结构。另外对句容河通航、码头、仓库堆场、居民住宅、公共建筑、园林绿化、公用事业、环境保护、城郊建设等方面作了总体规划。

该"规划"实施至1993年,城区面积由1982年的1.50平方公里,突破了3平方公里;在道路交通方面:建新路至宁杭公路段(华阳北路)开工修建,大环城路西北段动工修建。在环境整治方面:柿树垃圾填埋场投入使用;在公用事业方面:1.20万平方米的华阳市场建成开业,华阳公园奠基开工建设,县体育馆动迁新建,人民路广播电视楼、转播塔建成使用。在公共建筑方面:供电局办公楼、邮电局办公营业楼、工商银行办公营业综合楼、第一招待所、劳动局办公楼、供销社教学楼、长途汽车站综合楼等相继建成,使总体规划有效地得到实施。

三、第二轮句容县城总体规划(1993—2010年)的实施

2000年用地规模15平方公里,人口15万左右,2010年27平方公里左右,人口24万左右。县城发展方向:宜向西,向北发展。县城总体布局:老城区作为县城核心,城东作为蔬菜和副食品生产基地,城南作为城市远景发展用地加以控制,城西沿华阳西路以南作为生活居住用地进行安排。大力发展城西北的句容县经济技术开发区,对现有污染工业要限期治理或调整搬迁,县城道路应以华阳东西南北路(中心转盘)为中心,沿华阳东西南北路为轴线向四面发展,完善绿地系统规划,合理调整县城供水系统和排水系统。

该"规划"自1993年实施至2004年,城市建设投入大量资金,城市发展步入快车道,带来一个建设高峰期,城市面貌发生巨大变化。在道路交通方面:华阳东西南北路相继建成,镇句路、洪武路、崇明路、葛仙路、中山路、文昌路、玉清路、双利路、东南环路、隆昌路、东昌中路等主次干道建成贯通,基本形成了以轴线向四周发展的方格路网格局,城市的大框架基本成形;在民生改善方面:南门、北门、西门、东门四大菜场同时建成投入使用,方便了市民日常生活。

而梅花小区、紫荆花园、文化新村等安置小区建成安置,使华阳南路拆迁户和老城区改造拆迁户得到妥善安置。金桂、银桂、丹桂、都市晴园、哈佛新城、碧水铭苑、东方华城等具有异域风情的商住小区相继建成,改善了市民的居住条件。在公共事业方面:新世纪广场、玉清广场2个市民休闲广场向市民开放,第二水厂动工兴建、市区首条燃气管道开通供气、大圣塔重建工程奠基动工、国家"八五"重点工程配套的句容220千伏华阳变电所建成投入运行,从而结束句容无主供电源历史。市社会福利中心暨老年公寓建成竣工、市人民医院病房大楼二期工程竣工交付使用,极大地改善了老年人安居晚年及病人的住院条件,市博物馆、市城建档案馆建成竣工。苏南商贸城、皮业城、装饰城3个贸易集散中心先后开业。在环境保护方面:排除各种阻力,完成化工厂整体搬迁及殡仪馆搬迁新建。在公共建筑方面:1997年时为句容地标建筑21层的句容邮电大厦落成,万事达工贸大厦、石化宾馆、句容宾馆、防洪抗旱指挥中心、建设综合楼等相继建成。至此,整

个城市面貌焕然一新。

四、第三轮城市总体规划(2005—2020年)的实施

城市定位。随着茅山、宝华山森林公园和赤山湖湿地公园的开发建设,旅游城市成为句容的基本发展定位;对接南京,依托南京,服务南京,打造南京副城则成为城市发展战略。

规划范围。北至黄梅巫墅、城上城;东至句容湖(水库)、东南至弘景路、西至西三环外约1公里,总面积92.80平方公里,2020年,建设用地面积35.90平方公里,人口49万。

该“规划”实施后至2013年,城市建设继续保持了快速发展的势头。在道路交通建设方面:第一条直通南京的双向10车道的快速化公路建成,崇明中路、福地西路、世茂路、致远路、向阳路、河滨南路、文昌东路、崇明东路、高骊山路、肖圩路、河滨西路、华阳南路延伸段、通湖路等多条交通干道贯通通车,新的交通枢纽工程建成。在市政建设方面:日处理2.50万吨的市区污水处理厂及占地90亩的黄梅污水处理厂相继建成;投资1.40亿元,涉及10个镇,管网长度达190千米的污水管网工程开工建设,改造市区下水道6万米,设置雨水井3000余座。这些设施的完善,极大增强了城市排污排水能力;同时天然气管道工程全面开工建设,铺设中、低压管道455千米,用户达3.45万户。在改善民生方面:合计8.98万平方米的南风苑、河滨雅苑2个经济适用房小区建成落户,解决了889户困难职工的住房问题;黄金花园、幸福花园、福地花园、黄梅安置小区等拆迁安置小区相继建成,共安置拆迁户近万户。在旅游接待方面:四星级曙光国际大酒店、五星级余坤开元大酒店、碧桂园凤凰城五星大酒店,海柏大酒店等星级酒店相继建成,提高了旅游接待能力。在公共事业方面:市游泳新馆、市体育馆、市大剧院、市文化馆等一系列的文化基础设施高质量、高标准建成开放,崇明公园、贾纪山公园先后开工建设,城市综合体项目雨润国际广场正式奠基动工,总投资400亿元的江苏句容碧桂园项目以及投资30亿元的正阳汽配城项目工程正在快速建设当中。承载多功能、积聚多项目的南、北部新城全面启动建设,与中心城区相互呼应。在城市品位上:市政府出台优惠政策,鼓励建筑向空中发展,增加城市立体效果。此后,高层建筑如雨后春笋般地涌现,城区10层以上建筑已达300多座。截至2013年年底,城区框架面积达28.23平方公里,建成区面积达24平方公里。城区常住人口近23万。

第二章　区域规划的编制

改革开放后，句容市(县)社会经济得到了快速发展。特别进入21世纪，随着宝华与南京仙林的对接，台湾京阳水泥、建华管桩等大型企业落户下蜀，禄口国际机场的开通以及赤山湖退渔还湖的启动。句容市委、市政府及时把握机遇，2007年提出"五大板块"经济园区发展战略，即：郭庄空港新区、下蜀临港工业园区、宝华新城区、赤山湖湿地生态区以及经济技术开发区。根据园区发展战略，2008年，句容市规划局委托江苏省规划设计研究院和南京市规划设计院等设计单位，对"五大板块"经济园区的布局规划进行编制。同时，由于20世纪80年代茅山旅游的开发带动了全市旅游发展，特别是撤县建市后，第三轮城市总体规划将旅游城市定位为城市发展目标，茅山、宝华山等风景区急需进行规划调整。因此，句容市规划局委托南京林业大学、南京大学、清华风景旅游数字技术研究所、新加坡DPC国际规划与设计事务所、美国朗润投资集团(香港)有限公司等多家设计单位编制茅山、宝华山、九龙山风景区以及赤山湖湿地公园旅游规划，规划有效地指导了各景区建设。2009年，句容市委市政府提出"对接南京，打造南京副城"及"同城同建"战略。2010年国家发布《长江三角洲地区区域规划》，提出南京都市圈发展战略。根据该规划：南京市规划局、南京市发展和改革委员会、栖霞区人民政府以及镇江市规划局、镇江市发展和改革委员会、句容市人民政府合作牵头编制了《南京镇江相邻地区区域规划》，"规划"明确提出了龙潭与下蜀、仙林与宝华、汤山与黄梅、湖熟与郭庄四个重点片区协调发展，统筹规划新要求。2013年国家发展改革委员会印发关于《苏南现代化建设示范规划区》通知：明确强调发挥南京和镇江(句容)山水相连、文化同根、联系密切的优势。加强南京与镇江重大基础设施对接、产业合作和公共事务协作管理。2013年8月3日，南京都市圈第一届党政联席会议上，参加会议的八个城市市长会签了《上报"南京都市圈区域规划"请示》，"请示"更加具体地提出了南京龙潭与句容下蜀、仙林与宝华、汤山与黄梅、湖熟与郭庄，8个地块4个片区"统一规划，资源共享，要素集聚，互动发展"的16字建设方针。由此，宁句(容)两地规划部门联手编制了4个片区的总体协调联动规划。

第一节　园区规划(五大经济板块)

一、句容经济开发区与城市综合体规划

1. 句容经济开发区规划

经济开发园区的建立与变化　随着经济的快速发展，为适应新形势的要求，1992年创建了句容经济开发区，该园区的前身为工业园区。位于华阳镇上路村，工业区面积约0.80平方公里，后被称为"铃塘小区"。1992年9月，苏南沿江句容经济技术开发区有3个区块组成：华阳开发块(原县工业开发区)、宝华综合开发块和下蜀镇桥头招商投资开发块，总规划开发面积14.40平方公里。1993年4月，江苏省句容经济技术开发区由华阳区块和宝华区块组成。总规划开发面积13.20平方公里，启动区0.34平方公里。是年12月，省政府批准句容经济开发区为省级经济开发区，规划面积为4.80平方公里。2002年10月，句容市政府又将原隶属于华阳镇的寨里村整建制划归开发区管委会。至2005年12月，句容市经济开发区(不含宝华区块)区域面积22平方公里。2010年6月29日，句容市委、市政府将原黄梅镇区域委托开发区管理，行政管辖面

积143平方公里。2013年4月1日起,句容市委、市政府将华阳镇姚徐、河桥、石狮、后莘、杜家山5个村委会委托开发区管委会管理,原华阳镇委托开发区管理的云塘、西岗、吴岗、北相、赵塘、城上6个村委会和上路社区居委会收回委托,由华阳镇管理。至此,开发区行政管辖面积120.80平方公里,下辖6个居委会、13个村委会,总人口约7万。

句容经济开发区分区规划 开发区成立之初委托江苏省城乡规划设计研究院编制《句容经济开发区分区规划》。该规划分别对华阳开发区、宝华综合开发区块和下蜀桥头招商投资开发区块进行功能定位,明确了各区块内的产业布局、产业结构、发展方向和政策措施,对各项用地、基础设施、环境保护以及"三通一平"等进行总体安排。规划实施后,各区块发展得到较快提升,为此后发展成为下蜀临港工业园区和宝华新城区打下良好基础,华阳区块成为独立的句容经济开发区提供了载体。

句容经济开发区工业园区控制性详细规划 随着华阳区块的规模不断扩大,光电子、生物制药、轻纺服装、汽车及零配件4大产业的落户发展,同时《句容市城市总体规划(2005—2020年)》,又确定了华阳区块在全市未来产业层次提升和结构调整中的重要地位。在此背景下,2006年句容市规划局委托江苏省城市规划设计研究院编制了《句容经济开发区工业园区控制性详细规划》,从而确定了该区块作为句容经济技术开发区的主体地位。

该规划编制工作从2006年5月份开始,项目组经过现场踏勘、基础资料的调查与分析,分别于2006年6月、7月向句容市主要领导和相关部门进行了初步方案汇报,于2006年11月进行了深化方案的汇报。2006年12月,规划范围进行了调整,规划面积扩大至16.50平方公里。其后,项目组对规划方案作了进一步的调整、完善。

规划范围:规划范围北至北五环路以北400米、西至西五环路以西400米、南至文昌路、东至句卓路,总面积约16.50平方公里。

规划原则:坚持科学发展观,促进资源的集约利用和产业结构的升级;坚持整体发展观,积极贯彻总体规划的相关要求,实现园区与城市的整体协调和相互促进;坚持效益优先观,实现园区的规模扩张和效益提升的双赢;坚持城乡和谐观,积极改造城中村,实现在园区地域内城市化进程中的和谐进步。

发展目标:有效整合既有资源,增强投资吸引力,创造一个资源节约、环境友好、配套齐全的投资环境。

功能定位:以光电子、汽车零配件、生物医药制品及休闲运动器材制造为主体的多功能、综合性工业园区。

人口规模:就业岗位:8万个;居住人口:3万人。

土地使用规划:工业用地规划:规划工业用地13059.90亩,占建设用地的53.93%。以一类工业为主,控制二、三类工业发展。加强对现状企业的改造和污染治理,新增用地主要满足园区工业用地整合及重点企业扩展需求。东部产业区:保留现状的益进光电、久正光电等企业,新增光电子企业建议集中布置在华阳北路以东用地内,基本开发单元面积控制在75~90亩。北部产业区:新增汽车及零部件企业布置在宁杭路以东、隆昌路以北用地内,基本开发单元面积控制在30~45亩。西部产业区:西三环路与西六环路之间作为大规模工业项目的选址用地,规划以主次干道划分基本单元,基本开发单元面积控制在75~90亩。中部产业区:西三环路以东、华阳北路以西用地作为规模较小的项目或乡镇企业用地,基本开发单元面积约在15~30亩。

居住用地规划:规划居住用地面积约2147亩,占建设用地的8.87%。保留台湾小镇和领秀星城等商品小区;规划一处拆迁安置居民点,位于隆昌路与宁杭路交会处,占地101亩,以满足部分拆迁农民的居住需求。原职业中学调整为普通中学,位于文昌东路北侧,占地135.75亩。台湾小镇内再增设1所小学,占地43.05亩。规划4所幼儿园。

公共设施用地规划:规划公共设施用地面积1088亩,占建设用地的4.49%。园区公共设施包括句容市级中心的部分功能、一个完整园区中心、一个创业园和4处综合便利中心。

市级中心的部分功能：园区内的城市中心功能包括一个市级体育中心和市公安局、法院、广电中心等行政办公单位用地。规划保留法院、市广电中心和即将建设的国际大酒店；市公安局交警大队用地从宁杭路路北搬迁至路南，与公安局车辆管理所用地合并，占地22.20亩；体育中心进行扩建，位于华阳北路以西、北一东路以南、宁杭路以东、文昌中路以北处，占地167.55亩。国际大酒店位于华阳北路与中学之间，占地46.35亩。

园区中心规划位于宁杭路与黄金坝水库之间，占地140.55亩，为商办混合用地，可提供园区管理、招商洽谈、投资咨询、邮电服务及员工俱乐部等综合功能，并可设置小型零售及餐饮功能。

创业园：布置在园区中心以北，占地160.95亩，旨在吸引海外人才进园创业，为园区发展提供一个较高的技术平台。

综合便利中心：布置在赤岗路与隆昌路交叉口东北角、洪武路与福地西路交叉口西南角、台湾小镇南入口处、福地西路与寨里路交叉口东北角，占地面积分别为14.70亩、11.10亩、15.45亩和72.75亩。便利中心可提供职工食堂、零售店、银行储蓄所、邮政网点、门诊室等设施。

仓储和物流设施用地：规划仓储用地296.70亩，仓储用地包括2处普通仓库用地。保留宁杭路南的一处仓库用地，占地14.40亩。新规划一处较大规模的仓库，位于西五环路与文昌路交会处，占地286.35亩。规划物流设施用地一处，占地103.80亩，物流设施用地位于宁杭路与百家山路交会处，占地103.80亩。可与市场用地结合建设，满足工业生产的原材料及成品的储存与集散任务。

至2013年年底，工业园区面积达43050亩。通水、通电、通气等基础设施基本到位。巨宝科技、纳赛诺、仁宝电脑、巨腾国际、台达电子、三鑫科技、智达高压电器、金陵石化、大亚木业等一批知名企业落户园区，初步形成了光电子、自行车及运动器材和输变电三大主导产业和激光显像、新能源、新材料、智能电网等新兴产业为一体的产业结构。碧桂园凤凰城、世茂城市综合体、国际花园、台湾小镇等高档住宅小区，生活、教育、医疗、娱乐和休闲配套一应俱全，将产业与现代服务业和城市发展有效地融合，着力打造现代新城区。

2. 城市综合体

碧桂园凤凰城规划　句容碧桂园凤凰城作为高品质综合住宅区，位于句容与南京接壤之处，是句容城镇发展带与沪宁城镇发展轴的交汇点，同时处于句容西北侧市域生态走廊上。对于句容市整体形象的塑造具有重要的战略意义。

规划范围：东至黄梅河，西至双拥路，南至122省道，北至汤山路，约6.04平方公里。

规划期限：分为近期至2015年，远期为2020年，远景2030年。

该项目落户句容后，于2010年开始建设。项目计划投资400亿元，占地面积约8600亩，建成后可容纳人口20万人。2013年年底开工建设约2000亩。项目除住宅外现已建成了五星级碧桂园酒店、希乐城、碧桂园国际学校、总部大楼等系列综合项目，其中：

碧桂园酒店：总建筑面积约61176平方米，南京东首个社区五星级标准酒店，集会议、度假、餐饮、娱乐、休闲于一体。

碧桂园欢乐城：占地16万平方米，以儿童体验为驱动，融合餐饮、休闲娱乐、购物等多种服务功能。其中最大的碧桂园·希乐城，面积4.60万平方米，是碧桂园集团和希乐城集团倾力合作打造的世界第一座360°全景式亲子文化主题公园，消费群体覆盖了整个0—15岁儿童，以儿童驱动全家消费，开业以来取得了良好的效益，特别是周末人群。

碧桂园国际学校：学校占地201亩，总建筑面积16万平方米。从幼儿园至大学预科15年一贯的全日制寄宿制国际学校，设计容纳约3600名学生。幼儿园24个班，小学50个班，中学50个班，大学预科20个班。2013年年底有学生500多人，包括幼儿园小中大班、小学至高中。

总部大楼：总占地148亩，总建筑面积约40万平方米。一期在建15.40万平方米，是碧桂园江苏区域各项目、营销、物业、江苏区域各职能部门及设计院等办公场所。后期还将吸纳国内外500强企业等，打造成为高新技术产业和现代服务企业的总部机构群体。

雨润城市综合体 句容雨润国际广场项目位于句容市华阳南路与华阳东路交汇处东南侧，项目开发商为全国民营企业前五强雨润集团旗下的雨润地产，成功开发了南京星雨华府、雨润国际广场等品牌项目。

2013年5月10日，雨润控股集团在句容注册成立了句容雨润中央置业有限公司和句容雨润中央购物广场有限公司，并由这两家公司共同出资，取得了句容市华阳东路南侧、华阳南路东侧的国有建设用地使用权（总面积为28663平方米）。该地块将开发建设成一个集商业、住宅、办公于一体的综合体项目，项目名为句容雨润国际广场（句容雨润中央商场），总建设面积约22万平方米，总高度98.30米，为地下2层，地上28层建筑，其中综合商业体为6层，局部7层；住宅为22层（3栋），总投资约16亿元，建设周期为3年。该项目为镇江市、句容市重点项目，集百货、餐饮、休闲娱乐、高端住宅及配套设施于一体的综合体项目，通过一站式服务，有效缓解现代都市生活中的时间与交通成本的压力，建成后将成为句容市新城市形象的代表。

句容世茂城市综合体 2009年，句容经济开发区句容世茂城市综合体项目开工建设。项目占地800亩，集五星级大酒店、商务中心、高端城市住宅、一站式购物中心、超大会展中心、文化中心、学校及市民广场等于一体，打造大规模综合性、现代化、高品质的标志性商业建筑群和都市生活圈。

余坤开元五星级大酒店，建筑面积约11万平方米，占地面积58.40亩，双楼主体均为27层，主楼高度128米，投资10亿元。酒店的主楼为椭圆形的塔式高层，商务中心的主楼为弧形的板式高层，两者形成错落的风帆外形相互呼应。酒店拥有368套五星级客房，513个车位，1500平方米宴会厅、健身中心、娱乐餐饮、会议中心，2011年6月竣工后成为句容市标志性建筑。

二、临港工业集中区建设控制规划

临港工业集中区建设控制规划委托省城市规划研究设计院编制，编制工作于2007年11月启动，于2008年3月完成。临港工业集中区规划范围为79.85平方公里，规划建设用地32.62平方公里。其中起步区规划范围12.43平方公里，起步区规划建设用地12平方公里。

临港工业集中区建设控制规划是依据北部片区发展规划对下蜀镇的功能定位，针对下一步建设中基础设施的配套，进行重点的深化。规划功能定位为句容市五大经济板块之一、以临江产业为主、辅助改善生活配套的综合新城。规划主要在建设时序、地块建设强度和基础设施配套标准上进行明确。结合临江区位优势及长江岸线对产业的引进进行空间的引导、优化产业布局。结合沿江地区的防洪要求，做好道路系统、绿地系统及基础配套设施规划，切实指导起步区建设规划。

附：句容市临港工业集中区建设控制规划图

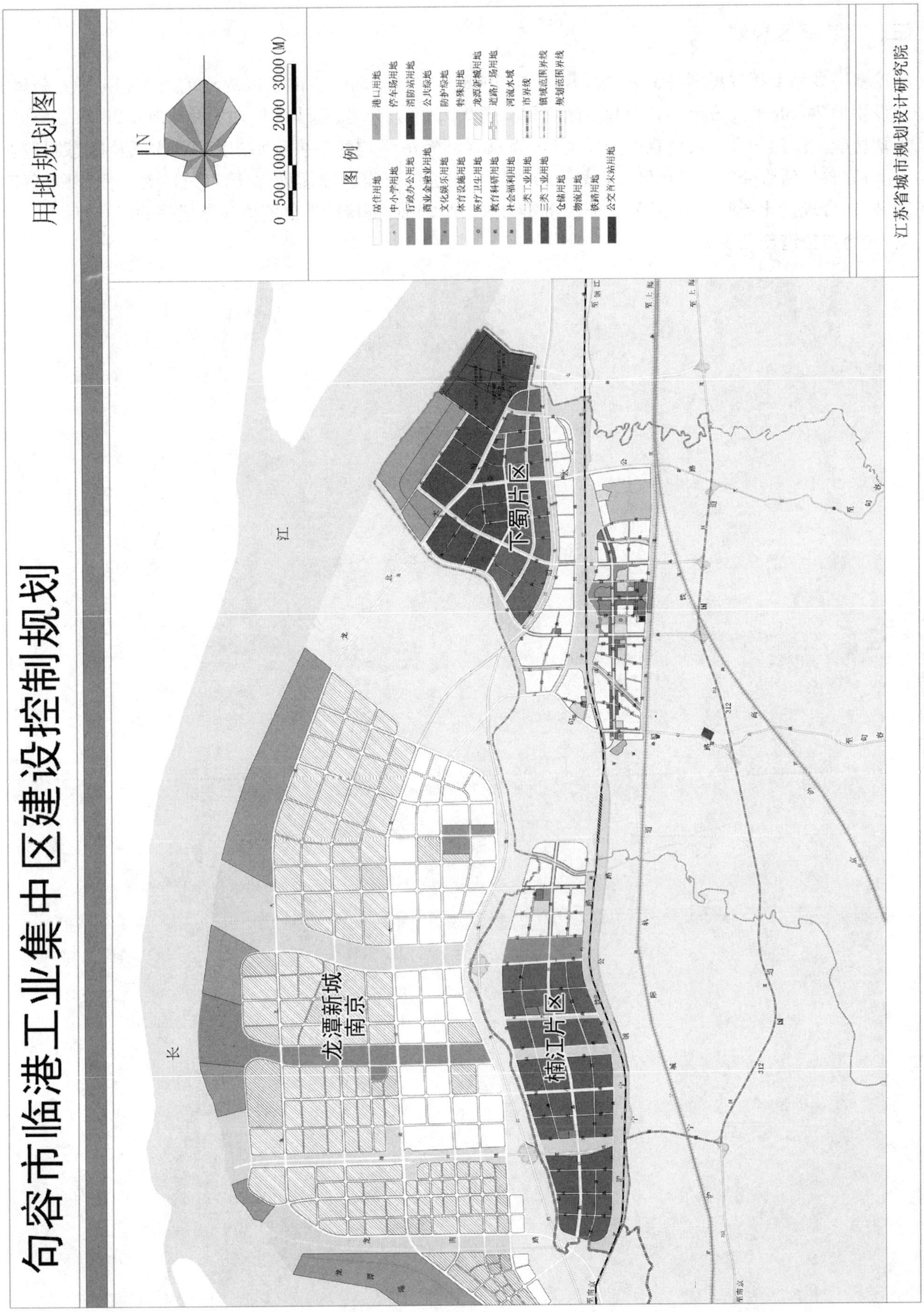

图 1-5　句容市临港工业集中区建设控制规划

三、空港新区规划

空港新区规划委托省规划院编制，编制工作于2008年5月启动。空港新区规划范围36.14平方公里，规划建设用地24.38平方公里。其中起步区规划范围0.32平方公里，起步区规划建设用地0.30平方公里。

规划功能定位为句容对接南京的先发地区、南京空港经济影响的重要区域、以商贸物流及生态制造业为主、配备完善生活服务的产业新区。规划充分利用郭庄道口交通区位优势，明确以道口为依托、以特色产品为突破口，合理优化产业布局，达到工业经济实力进一步加强，可持续发展能力显著增强的综合目标。

附：句容市空港新区规划图

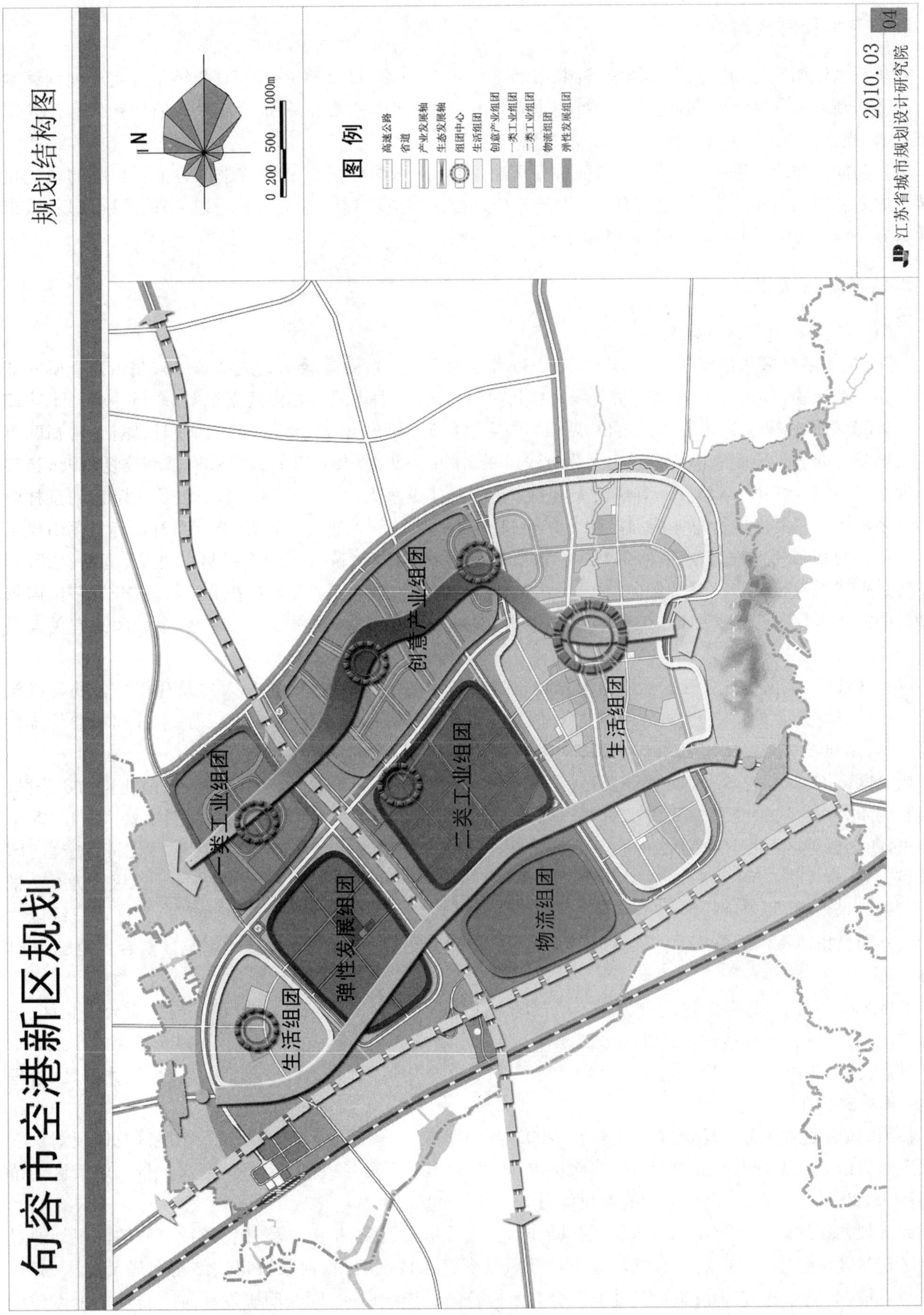

图1-6　句容市空港新区规划

四、宝华新城控制性规划

宝华新城控制性规划委托省规划院编制，编制工作于2007年11月开展，于2008年3月完成规划编制工作。宝华新城东与宝华山森林公园交界，南至规划沪宁高速铁路，西、北分别与南京市仙林新市区及龙潭新城为邻，规划范围19.70平方公里。

规划功能定位为南京都市区东部、与仙林新区密不可分、以居住配套及旅游服务为主要功能的现代化新城。规划明确了宝华的布局，编制内容涉及土地使用控制、建设控制、道路交通规划、绿地系统规划、城市设计引导、市政公用设施规划、环保规划等方面。

五、旅游板块规划

1. 茅山风景名胜区总体规划

《茅山风景名胜区总体规划》(1985年)　1985年9月29日，江苏省政协组成调查组来茅山调查研究开发项目和经费问题。10月10日，句容、金坛两县共同讨论通过《茅山地区建设规划纪要》。11月21日至12月7日，江苏省政协牵头在句容、金坛召开茅山风景名胜区资源调查评价会议。12月16日，镇江、常州两市人民政府联合向省人民政府申请将茅山列为省级风景名胜区。1986年江苏省人民政府以苏政复〔1986〕127号文批准。1987年1月8日，江苏省建设委员会主持召开建设茅山风景名胜区会议。会议决定请南京林业大学对茅山风景名胜区进行总体规划设计。同年11月29日，江苏省建委在句容、金坛召开江苏省茅山风景名胜区总体规划会议，通过了南京林业大学专家所拟定的规划报告，确定风景名胜区的性质、范围、景区划分和各景点建设特征，以及“坚持保护第一，突出主体，弘扬特色，远期着眼，近期着手”，修复、开发茅山风景名胜区的指导思想。江苏省副省长凌启鸿及镇江市、常州市分管领导到会并讲话，句容、金坛两县有关人员出席会议。

风景区性质：茅山风景名胜区是以低山丘陵自然景观为主，革命斗争史迹与人文景观相结合的省级旅游风景区。具有光荣革命历史、悠久道教文化、秀丽自然景观这三大主体特征。集旅游、宗教和革命传统教育于一体，是建设社会主义物质文明和精神文明的重要窗口。

风景区范围：江苏省政府确定风景区范围为南起石墩头、金牛洞，北至乾元观、北镇街；南北长约8公里，东西宽约4公里。风景区面积32平方公里，保护区面积28平方公里。1987年，实际规划风景区面积25平方公里，四周保护区面积56平方公里。风景区分3个等级。一级区为九霄万福宫(顶宫)、元符万宁宫(印宫)、乾元观、金牛洞、华阳洞和大龙背，面积共4平方公里，这是茅山风景名胜区的精华区。二级区为6个景区和1条风景走廊，共25平方公里(含一级区4平方公里)，这是茅山风景名胜区的重要保护区。三级区为风景区外两公里范围内的外围保护区，面积为56平方公里，这是茅山风景名胜区的影响区。合计范围为81平方公里。

景区划分：茅山风景名胜区划分为6个景区和1条风景走廊。6个景区是乾元观景区、雷公山景区、三茅峰景区、海底景区、金牛洞景区、桃花源景区。风景走廊是指从印宫上积金峰、经二茅峰至三茅峰一线。

景区功能：茅山风景名胜区共分为游览观赏区、抗日斗争史迹瞻仰区、青少年活动区、度假休养区、管理区、服务区、经济生产区七大块。

《茅山风景名胜区总体规划》(2002年)　2002年，句容市与金坛市合编《茅山风景名胜区总体规划》，在风景区东界以东约1公里范围内为茅山东保护带，西界以西约1.50～2公里为茅山西保护带。风景区的范围为约35.20平方公里，两侧保护带的面积各约18平方公里。

此次规划在加强景观建设，提升景区质量的同时，注重生态建设，扩大环境效益和社会效益。规划通过对景区现状区位条件、交通条件、自然环境条件及风景资源条件的分析，对景区空间结构布局及分区、游客规模与容量、典型景观、旅游设施及基础设施等方面内容做了详细说明，同时明确发展时序与近期重点建设项目，提出合理实施规划的建设，切实对景区建设起到了引导作用。

《江苏省句容市茅山风景区总体规划(2007—2020年)》　2007年，句容市聘请南京林业大学编制《江苏省句容市茅山风景区总体规划(2007—2020年)》，对新辖区旅游资源开发、利用进行总体控制。在总体规划的基础上，先后编制《二茅西景区详细规划》《华阳洞景区可行性研究报告》《二茅西景区可行性研究报告》《三茅峰景区可行性研究报告》等，划定核心景区(东到句容与金坛市界，北至华山、墓东水库，西至茅山潘冲水库，南以常溧公路、宁太高速公路与九龙山风景区保护地带接壤为界)。

2. 九龙山风景区规划

2006年10月，九龙山风景区管委会委托北京清华城市规划设计研究风景旅游数字技术研究所，编制《江苏省句容市九龙山风景名胜区总体规划初稿(2006—2020年)》通过论证，并报江苏省建设厅评审。内容包括：总则、现状分析、风景资源评价、范围与性质、目标与战略、结构、布局与分区、游客规模与容量、保护培育规划、风景游赏规划、典型景观规划、游览设施规划、基础工程规划、居民社会调控规划、经济发展调整规划、土地利用协调规划，发展时序与近期重点建设项目，实施规划的建设项目，实施规划的建议，附则等18章72条。同时完成《江苏省句容市九龙山风景区总体规划初稿(2006—2020年说明书)》18章75条，以及《区位图》、《总体规划图》、《区域发展结构图》、《核心景区规划图》、《分级保护规划图》等图纸34幅；《江苏省句容市九龙山风景名胜区总体规划初稿(2006—2020年)基础资料汇编》，内容包括区域背景、历史沿革、资源、环境、旅游业，社区社会经济、土地利用与建设规划、道路交通与基础设施、其他建设情况等9章41条；《江苏省句容市九龙山风景名胜区总体规划初稿(2006—2020年)专题研究》，内容包括：区域研究、客源市场分析两大类，区位与交通分析，旅游发展环境分析，区域资源与产品分析，对于九龙山旅游发展的建议，句容市旅游客源市场现状，茅山相关规划对于其发展设想与规划预测，九龙山现状客源市场特点分析，茅山旅游客源市场现状，九龙山潜在客源市场细分等14项。

3. 宝华山风景区发展规划

2002年8月，南京林业大学、新加坡DPC国际规划与设计事务所编制《宝华山国家森林公园总体规划》《宝华山国家森林公园文化生态休闲旅游区规划》，用地面积42.70平方公里，按照"严格保护，统一管理，合理开发，永续利用"的方针，加强森林公园资源保护和利用。

2004年5月，江苏省建筑园林设计院编制完成《江苏宝华山国家森林公园规划设计方案》，并通过省建设厅评审。规划设计方案包括：规划依据、地区开发优势、规划原则、规划思路，规划用地功能区及规划内容、发展策略与实施建议、概念规划范围、规划结构概念、旅游交通概念等17项内容。宝华山风景区总体规划，在布局上安排森林生态核心区、森林生态缓冲区、森林生态服务区，规划面积43平方公里，营造浓厚生态文化景观氛围，打造生态休闲区和旅游城镇。

2008年2月，宝华山风景区建设控制规划委托江苏省规划院编制。规划范围约30平方公里，规划编制工作于是年7月完成。此项规划合理规定宝华山风景区建设与控制范围，明确景区核心区保护范围、开发强度及项目引导，倡导宝华山风景区合理与可持续发展。

4. 赤山湖湿地公园规划

赤山湖地区概念规划　赤山湖地区概念规划委托南京市规划院编制，编制工作于2007年8月开展，同年12月完成。规划利用原有的道路，形成自赤山、沿河、沿路穿越赤山湖的休闲活动带，将山、湖相连。并以赤山湖为主题，在原有基础上，退渔还湖，大力建设核心湿地。堆土成岛，既加强蓄水能力，又可丰富景观内容。同时对赤山湖周边圩进行改造，因地制宜，植树、种花，养鱼、放鸟等，形成若干各具特色的绿洲，丰富赤山湖景观与旅游活动体系。利用周边的现有村庄，形成功能各异的旅游服务点，并将赤山湖与区域旅游线路相联系。

赤山湖旅游区规划　2008年3月，赤山湖管委会委托北京京师天成和南京师范大学对赤山湖地区策划，并由专家对策划成果论证。同年8月，美国朗润投资集团(香港)有限公司编制总体规划；12月，《赤山湖地区概念规划》通过评审论证。规划面积21.80平方公里。同时编制《赤山湖湿地公园规划》《赤山湖景区建设详规》。规划将赤山湖地区建设成南京周边档次最高、规模最大、生态最好的湿地公园。解除内湖5800亩鱼池承包合同，将鱼池填筑堆土区，对赤山湖10.70公里环河内侧堤防进行加固，设计防洪标准50年一遇，有效恢复赤山湖的湖泊及湿地功能，变被动灌溉为主动调控。为片区农田灌溉、居民饮用提供优质水源，对句容乃至整个秦淮河流域的水利、旅游、经济发展、生态建设和防洪保安将产生深远影响。

《赤山湖国家级湿地公园规划》 2012年，赤山湖管委会在获得省级湿地公园荣誉的基础上，外出考察了溱湖、西溪湿地，聘请南京大学完成《赤山湖国家级湿地公园规划》的编制。赤山湖国家级湿地公园规划面积13.50平方公里，共划定生态保育区、恢复重建区、宣教展示区、合理利用区、管理服务区5个功能区。

第二节　南京都市圈四个片区联动规划

一、郭庄—湖熟片区总体规划

1. 区域位置

地处宁句交界处南部，含湖熟镇区、郭庄镇区、赤山湖管委会。宁杭城际铁路、宁杭高速公路、南京市城市三环路、汤铜公路等多条重要铁路、道路均从片区中穿越，区域距南京主城约15公里，距句容城区约10公里。

2. 规划范围

包括湖熟中心城区、郭庄新市镇中心区、赤山湖管委会。四至边界：北至南京三环路—南京市域边界—赤容线，西至陵园路—汤铜路—龙眠大道—宁杭高速铁路，南至句容市域边界—S358省道，东至湖熟街域边界—西郭干线。

3. 规划用地面积

规划用地为143.55平方公里。其中郭庄85平方公里，湖熟58.55平方公里。

4. 发展现状与协作空间

湖熟建设规模高于郭庄，总建设用地10050亩，其中湖熟占比超70%。湖熟区内资源丰实，“湖熟文化”内涵丰实，有1处省级、6处市级文保单位，但资源尚未得到合理开发。郭庄区内资源相对贫乏，但赤山湖湿地公园已启动开发。

5. 规划拼合与整合思路

片区职能与规模，郭庄镇区规划定位，句容市对接南京的先开发地区，南京空港经济影响的重要区域，以商贸物流、生态型制造业为主，配备完善生活服务的产业新区。规划目标：经济发达的枢纽之城、配套完善的现代之城、交通便捷的枢纽之域。湖熟镇的规划定位：跨界联动的门户新城，城乡统筹的示范新城，生态与文化融合的宜居新城；规划目标：金陵古镇、湖熟新城。

6. 产业协作与空间分布

郭庄镇区：二产：物流仓储、航空产业、加工制造业等；三产：商贸文化产业、旅游业。湖熟镇区：二产：高新企业孵化区、科技研发和中小型高新技术企业的培育、传统制造业、摩托车及其配件制造、电子信息、食品加工、先进制造业；三产：现代服务业、房地产业、旅游业。

7. 区域交通

建议南北向增加连接通道，湖熟规划经四路—郭庄机场大道、湖熟规划二号路—郭庄规划三号路。

8. 旅游景点

开辟青龙山人居森林、史前文化遗址、赤山、赤山湖、滨湖度假。打通青龙山与赤山湖风景区的旅游通道，沿途串联湖熟主要特色的村落，新增一个旅游服务组团。

二、句容黄梅—汤山片区协调规划

1. 规划范围

南京江宁区汤山街道、淳化街道土桥、周郎以及句容市区、黄梅等地区。北至沪宁高速，东至S243省道，南至G104国道—S243省道，西至三环路。规划面积293.24平方公里。其中，汤山地区98.69平方公里，句容地区194.55平方公里。

2. 现状资源

15处历史人文资源点，其中2处国家级、2处省级、6处市级文物保护单位、13处生态资源点，主要为山体和水库。

3. 当地发展特征

汤山——温泉休闲旅游业突出，食品业、家具制造业、塑料制品业、房地产业二产比重下降，三产比重上升，制造业企业规模小，产值效率低，旅游业逐年攀升。句容：光电产业、汽车及零部件产业、建材、化工新材料、钢铁产业、自行车及运动器械产业、机械装备产业、输变电及配套产业、软件产业、电力产业二产占绝对地位，产业集聚度不高，种类繁多，无龙头产业。乡村旅游强势推进，特征是旅游业一枝独秀，农业特色明显，工业基础较好，休闲旅游和乡村旅游发展势头明显，融合提升优势明显。依托旅游，农业有较为明朗的发展空间，工业门类多，竞争性不明显，在产业链上有整合、规模化的空间。

4. 规划拼合及整合思路

构架四横三纵区域生态格局 唐家河水脉廊道，汤水河生态水脉廊道、黄梅河生态水脉廊道、句容河生态水脉廊道、北部山体生态绿脉、城市生态绿廊、句容湖生态水绿廊道。汤山新城城市拓展空间方向为向南、向东。句容中心区域拓展空间方向为向北、向西。

产业结构 汤山产业结构以第三产业旅游服务业为主，并结合政策优势发展相关新兴制造业。句容产业重点关注制造业和综合服务业。产业发展战略为依托南京，承接产业转移，以及自身产业转型提升，依托汤山旅游业，促进农业产业化，着力生产绿色食品，为南京及周边区域提供新鲜安全农产品。

区域交通 完成轨道交通S6线①的换乘站点的设置，实现汤山与句容汤山路的对接，汤山与句容北部居住组团区的连接，形成环路，汤山与句容开发区的交通对接，汤山与黄梅镇的交通衔接，增加汤山与句容的旅游通道。

说明：① 轨道交通S6线为宁句线（南京马群至句容），正线全长31.90公里，设站12座（高架10座，地下站2座），支线站由汤山站引出，终点至汤山城际站，支线长5.80公里。

三、宝华—仙林科学城总体协调发展规划

1. 规划范围

东至宝华山西麓，南至龙王山、庙山、窑山，西至七乡河，北至312国道北部山体，面积约47.75平方公里。其中南京市白象片区21.97平方公里，句容市宝华新城片区25.78平方公里。

2. 产业发展现状

白象片区以科教（12所高等院校）高新产业为主，发展集中、平台高；宝华以房地产为主，卧城特征明显。产业布局相对零散，层级低。

3. 生态保护及旅游现状

南京市有栖霞山和佛教圣地栖霞寺，宝华有宝华山、隆昌寺、鹿山庵。南侧龙王山——青龙山山脉，七乡河贯穿，西湖位于其中，生态和旅游资源良好。

4. 定位与布局

宝华以融入南京仙林发展为目标，在功能布局上，依托仙林大道轴向发展的一体化格局，要求对灵山—龙王山—宝华山生态廊道进行有序控制，发挥区域科技优势，大力发展科创产业。

5. 协调发展目标和策略

推进产业联动，打造南京东郊都市型科创产业基地，发挥仙林科技资源优势，充分利用宝华地区良好的生态环境和空间资源，实现产学研跨区联动发展，引导宝华地区产业更新，将宝华打造为句容市科创产业先导区；实现生活互动，打造南京都市圈生态宜居示范区，进一步推动城市空间的无缝对接和城市公共设施的一体化布局；实现自来水、供电、供气、排污设施资源共享，提高设施的利用效率，加强城市道路系统衔接，尤其是大运量公共交通衔接，打造跨界的同城生活区；保障生态环境，共同推进维护区域内的龙王山—庙山—窑山东西走向生态廊道以及七乡河西侧南北走向生态廊道贯通，以打造南京城郊生态休闲旅游区为目标，以绿色生态游，宗教旅游为重点，协调整合两地旅游资源；协调城市建设标准，统一建设风格，提升建设品位，打造都市圈最具个性特色的现代化城区，实现供气、供水、供电、通信、污水排放一体化。

附：宝华—仙林科学城总体协调发展规划结构图

图 1-7　宝华—仙林一体化规划

四、下蜀—龙潭海港新城总体协调发展规划

1. 规划范围

东至句容与镇江市区界线，南至312国道，西至七乡河，北至长江，总面积192.34平方公里，其中龙潭112.47平方公里，下蜀79.87平方公里。

2. 居住人口

规划范围内总人口约11万，其中龙潭地区7.96万人，下蜀地区3.56万人。

3. 土地利用现状

龙潭地区建设用地以物流、工业用地为主，下蜀地区以工业用地为主。

4. 产业及政策

龙潭地区：港口吞吐矿石，原油等资源，配套专业性生产服务业基础，南京经济开发区东扩，建立国家级综合保税区；下蜀地区，建设临港工业集中区6平方公里，形成8个重量级集群企业，临港工业集中区内循环经济涉及16家企业，推进"3+1"重大项目落实。

5. 协调发展目标

建设现代化海港新城宁镇产业航运协作示范区。围绕南京长江国际航运中心建设，以龙潭综合交通枢纽为核心，整合宁镇港口资源，优化港口功能分区，强化通江达海的运输、中转、贸易功能，建设服务长江流域的国际性、多功能、综合型江海转运主枢纽港，提升港口服务功能，继续做大做强航运物流业，大力发展大运量、大用水量产业，完善居住服务配合，打造高度一体现代化海港新城。

6. 规划调整措施及布局

以港为核心，协调产业发展，优化空间布局，打造"十"字形公共轴线，强化山水关系，加强宝华山与长江的空间联系，构筑"工"字型山水格局；调整大鹏河路西，靖安大道北居住用地为产业用地；调整靖东路东营房路北研发用地为工业用地，营房路南居住用地为研发用地；强化商业商务服务的一体化建设，公共服务空间的区域共享；以靖安大道，龙北大道强化产业东西向联系，优化物流园区服务；以龙潭过江通道，上坝路优化产业南北衔接，强化产——港联系；原宝华行政区划内规划的南侧工业用地向东调整，结合龙潭新城的布局用于发展大型制造业及配套产业；考虑中国水泥厂对周边环境影响，兴隆路北，河道东居住用地调整为工业用地；将句容水泥厂调整为物流及产业用地；构建下蜀、龙潭片区公共服务中心，龙潭南延，下蜀北接；打通旅游通道，构架临港路—大鹏路—312国道—环山路—滨河路环形服务系统与宝华山景区服务系统相连，打造道路景观，构造慢行系统；构建"井"字形疏港系统和五横十三纵主干体系；供水、供电、供气、通信、污水排放实行一体化，做到资源共享。

附：《南京镇江相邻地区区域规划》纲要

2010年国家发布《长江三角洲地区区域规划》，将南京定位为"两基地两中心一门户"（先进制造业基地、现代服务业基地和长江航运物流中心、科技创新中心、长三角辐射带动中西部地区发展的重要门户），明确提出加快南京都市圈建设发展。为此，宁镇扬三市积极谋划区域同城化建设，其中南京提出大东部发展战略和句容提出打造"南京副城"的设想相得益彰，成为推进宁镇同城的前奏曲。推动宁镇相邻地区合作，有利于提升南京城市首位度，促进句容实现跨越发展。2011年11月，由南京市规划局、发展和改革委员会、栖霞区人民政府以及镇江市规划局、发展和改革委员会、句容市人民政府牵头合作，聘请中国科学院南京地理与湖泊研究所、南京市城市规划设计院、江苏伟信工程咨询有限公司，编制《南京镇江相邻地区区域规划》。

相邻地区的规划范围 南京都市区东部次区域和句容市域。包括南京市栖霞区的栖霞街道、龙潭街道、靖安街道、西岗街道、仙林街道，江宁区的麒麟街道、汤山街道、淳化街道和湖熟街道，以及句容市的9个乡镇，总面积约2100平方公里，规划期为2011—2020年，近期为2015年。

规划的总体要求 以提升相邻地区整体竞争力为出发点，抢抓长三角一体化和宁镇扬创新合作示范区

建设契机，优化整合相邻地区人口、产业、环境和城镇空间布局，全方位拓展与南京都市圈、长三角地区的交流合作，为区域发展提供具有高度适应性和开放性的空间载体，实现宁镇相邻地区的跨越式发展。

在战略定位上 明确打造“四区”，即：宁镇扬同城化发展先行实验区、长江流域国际航运中心核心区、创新型经济率先合作示范区、长三角休闲旅游与品质宜居首善区。

在发展目标上提出 一、都市东部板块实力增强：到2015年相邻地区地均GDP比2010年翻一番，年均增长15%以上，人口密度增加至1000.人/平方公里，相邻地区内南京部分人均GDP超过南京全市平均水平，句容人均GDP超过镇江全市平均水平，年产值超过千亿的产业集群达到3个以上。二、创新型经济合作初显成效：科技进步对经济增长贡献率达到65%，每年新增认定高新技术企业10家以上，高新技术产业产值占规模以上工业总产值比重达到60%左右。三、基础设施实现同城通达：交通线路实现无缝对接、公共交通一体化运营、区内各种公共交通方式实现一卡通用，各主要城镇与主城之间全部实现快速路互连互通。四、航运中心服务能力显著增强。五、公共服务实现基本均衡：基本实现义务教育学校和社区医院15分钟步行全覆盖，实现文化体育等领域资源和设施的开放共享，实现借书卡，体育馆年票互认，建立一体化的就业人才、社会保障、行政事务等领域的信息管理系统，基本实现城市管理、社会治安、人口管理、食品药品安全等公共事务管理和服务的同城化。六、空间开放格局健康协调：到2020年，宁镇相邻地区全部实现同城化，地区生产总值突破5000亿，城镇化水平达70%以上，建成以枢纽型、功能性、网络化的重大基础设施为纽带的半小时城市圈。

在重点协调发展区域方面 按照发挥各自比较优势，以实现资源整合，功能互补，协调发展，共同提升为出发点。在相邻地区选择龙潭下蜀、仙林宝华、汤山黄梅、湖熟郭庄四个重点片区板块，通过统筹开发培育成为重要的集聚空间和统筹建设的示范区，推动同城发展的先行先试。

在重点任务及落实措施上 一、构筑科教为基础的创新链，引领区域创新合作。二、共建共享自主创新平台，集聚和提升科教研发能力。三、强化产学研政跨地域合作，推进创新成果产业化。四、共同完善创新服务能力，提升创新产品市场化能力。五、推动人才无障碍流动，建立共享人才资源体系。六、积极推进交通先行，打造便利快捷的同城设施网络。七、打造功能完善，协作紧密的港口运输体系。八、完善和提升五大交通通道内部干线，构筑区间联系的快速通道。共同推进312国道、122省道、104国道、358省道、002省道、243省道、266省道的建设与升级改造工程。优化城市主次干路的对接，统一标准，消除断头路。九、打造无缝对接。换乘便捷的轨道网络和客运枢纽体系，发挥轨道交通的引导功能。统筹规划宁常沪、淮扬镇一马巢城际轨道在区内的线路走向和站点布局，规划完善句容、郭庄、仙林、宝华、汤山五个客运站。由南京和句容双方协商投资比例，共同出资修建15号线和S6线，统一运营管理。十、构建区域内高效便捷的一体化公交系统，提供低廉优质的运输服务，尽快开通下蜀—龙潭—宝华—2号线经天路站、句容市区—句容开发区—汤山—2号线马群站、句容市区—汤山—高铁南站、茅山—郭庄—湖熟—1号线药科大学站四条公交线路，加快推行公交IC卡“一卡通”工作。十一、统筹供水和排水设施建设，积极推进区域供水一体化，尽快实现南京与句容供水管网的对接，共享污水处理设施资源，改扩建和新建龙潭、汤山、仙林、句容市区、郭庄污水处理厂，形成分工明确，布局合理的发展格局。十二、统筹供电和燃气设施建设和服务：统筹电厂电网规划选址，扩大南京在句容的供电供气经营范围。十三、统筹水利设施建设，统一协调堤围防洪、防潮、排涝标准、工程建设和管理标准、联合开展跨界水资源监测。十四、实现环境卫生设施共享，统筹规划固体废物处置设施建设和生活垃圾收运和处理体系建设，整体布局垃圾转运站，焚烧厂和填埋场、建立建筑施工与生产粉尘、噪声污染联合巡查制度，统一处罚标准。十五、加快推进电信服务同城化。十六、整合旅游资源，加强旅游规划衔接，汤山黄梅高起点引进温泉度假，预留土地，共同打造大规模主题乐园，龙潭下蜀依托长江岸线开展大江风貌游和港口工业游，重视提升栖霞山、宝华山、茅山等自然生态和历史文化资源。重点发展绿色生态游、宗教游和红色旅游，鼓励南京国旅、中旅、青旅在句容开设分社，将茅山列入华东五日游线路，成为南京市旅游重点接待点。十七、成立宁镇相邻地区发展领导小组，建立发展协调会，协调会由栖霞江宁和句容主要负责人组成，两区一市轮流担任执行主席，协调会主要承担相邻地区建设的组织与协调工作。

第三章　专项规划的编制

专项规划是总体规划的组成部分。1983 年编制句容县总体规划时，编制的专项规划有城区工业布局规划、城区道路规划、城区给水规划、城区排水规划、城区防震抗震规划、城区环境保护规划、城区广播电视规划、城郊规划，共 12 个。

1990 年编制的县域规划中编制了农村电气化滚动规划，邮电“八五”“九五”发展规划，环境保护规划，水资源规划，土地利用总体规划，“八五”“九五”农业规划，交通规划 7 个专项规划。1993 年和 2004 年编制的 2 个城市总体规划，将各专项规划纳入城市规划编制的重要组成部分，使各个专项规划与城市总体规划配套，使规划内容较为具体和完善；编制的专项规划有城市用地布局规划、城市居住用地规划、教育布局规划、医疗卫生用地规划、行政办公用地规划、金融布局规划、科研基地布局规划、园林布局规划、燃气规划等。本章重点选介供水排水、供电供气、道路交通几个专项规划。

第一节　城市供水与排水规划

一、城市供水规划的编制（2007 年 9 月）

1. 水源

以长江和北山水库作为句容市的主要供水水源。现有句容水库、仑山水库、茅山水库作为城市应急备用水源。

2. 水厂

保留现状句容二水厂。

市域北部片区的宝华镇由南京龙潭水厂供水，市域北部片区的下蜀镇由镇江金西水厂供水，市域中部片区的中心城区、黄梅镇、边城镇主要由句容二水厂与南京滨江水厂联合供水，市域中部片区的白兔镇及周边农村由镇江区域供水管道供水。市域南部片区（郭庄镇、后白镇、天王镇、茅山镇）由南京滨江水厂供水。将现状边城水厂、茅山水厂进行改造作为应急水厂，规模分别为 1 万立方米/日、0.50 万立方米/日。

3. 用水量

中心城区人均综合用水指标：500 升/人·日；新市镇人均综合用水指标：300 升/人·日；新社区人均综合用水指标：150 升/人·日；自来水普及率 100%。

全市总用水量约 40 万立方米/日，其中中心城区用水量 23 万立方米/日，新市镇用水量约 14.70 万立方米/日，新社区用水量约 2.30 万立方米/日。

4. 供水方式

实施区域联网供水，以城市水厂替代乡镇、企业自备水厂向城区及周边镇村供水，各镇视水压情况进行增压供水。

供水增压站：市域规划新建增压站 7 座，其中北部片区 2 座，中部片区 1 座，南部片区 4 座。

5. 给水管网

规划结合城区主干路敷设城区供水主干管及区域输水管,满足区域供水要求。

北部片区　自南京龙潭水厂沿铁路东侧布置 DN500 的区域供水干管至宝华镇西部片区,沿沪宁铁路南侧布置 DN300 毫米的区域供水管至宝华镇北部片区。自镇江金西水厂沿沿江快速通道布置 DN500 毫米和 DN800 毫米的区域供水干管至下蜀镇。

中部片区　自南京江宁区沿 104 国道布置 2 根直径 1000 毫米的区域供水干管至中心城区。自中心城区向周边乡镇延伸供水,沿宁杭路和致远路布置直径 600 毫米和直径 500 毫米的区域供水干管至黄梅镇,沿省道 243 向北布置直径 300 毫米的区域供水干管经五里墩增压站增压后至边城镇,沿省道 243 向南布置直径 300 毫米的区域供水干管至郭庄镇,沿句丹公路向东布置直径 300 毫米的区域供水干管至白兔镇与镇江区域供水管道相接,沿 104 国道向南布置直径 400 毫米区域供水干管至后白镇,沿句茅线向南布置直径 400 毫米区域供水干管至茅山镇。

南部片区　自南京滨江水厂沿宁杭高速布置直径 600 毫米和直径 800 毫米的区域供水干管经郭庄增压站增压后至郭庄镇,再沿 S358 省道布置直径 600 毫米和直径 800 毫米的区域供水干管经后白增压站增压后至后白镇,直径 800 毫米的区域供水干管继续向东经茅西增压站增压后至茅山镇,自后白镇沿 104 国道向南布置直径 300 毫米的区域供水干管至天王镇。

二、城市排水规划的编制(2007 年 11 月)

1. 排水体制

按雨污分流制规划和建设排水系统,既有合流制地区应逐步按分流制改造。

2. 污水处理率

中心城区的污水处理率不低于 95%,新市镇的污水处理率不低于 90%,新社区的污水处理率不低于 80%,村庄的污水处理率不低于 70%。对工业污水实行点源处理,达标排放。

3. 中水回用率及污泥规范化处理率

市域城镇污水处理厂中水回用率达到 20% 以上,污泥规范化处理率达到 100%。

4. 设计降雨重现期

适度提高雨水管道规划标准,中心城区设计降雨重现期一般采用 1 ~3 年,重要地区或短期积水即能引起较严重后果的地区采用 3 ~5 年;新市镇、新社区设计降雨重现期采用 1 年。

5. 污水量预测

全市污水量约为 36 万吨/日,其中中心城区约 22 万吨/日,新市镇约 12.50 万吨/日,新社区约 1.50 万吨/日。

6. 污水处理厂

扩建现状句容污水处理厂,集中处理中心城区和黄梅镇的综合污水,规模 25 万吨/日。宝华镇污水由宝华污水处理厂集中处理,规模 3 万吨/日。下蜀镇污水由下蜀污水处理厂集中处理,规模 2.50 万吨/日。边城镇、白兔镇污水由设在白兔镇东部白兔污水处理厂集中处理,规模 1.5 万吨/日。天王镇、茅山镇和后白镇污水由设在后白镇的后白污水处理厂集中处理,规模 2 万吨/日。郭庄镇污水由郭庄污水处理厂集中处理,规模 2 万吨/日。新社区污水可根据新社区分布与地理条件,就近纳入城镇污水处理厂处理或者采用沼气化粪池、有动力处理装置、氧化塘、植物处理等灵活多样的方式集中或相对集中收集处理污水。

7. 污水泵站

规划新建区域污水泵站 3 座,分别为边城污水泵站、黄梅污水泵站和天王污水泵站。

8. 污水再生利用

结合中心城区、下蜀镇、郭庄镇污水处理厂实施再生水回用工程，回用规模分别为5.50万立方米/日、0.50万立方米/日、0.50万立方米/日，回用总规模达到6.50万立方米/日，再生水可根据水质要求回用于农田灌溉、园林绿化用水、工业企业循环用水等。新社区可结合小型污水处理设施实施再生水回用系统，农村生活污水处理积极开展沼气、沼液、沼渣利用。

第二节　供电与供气规划

一、供电规划的编制(2011年9月)

1. 负荷预测

采用人均用电量法预测，预测全市最大用电负荷为145.27万千瓦。其中，中心城区最大用电负荷为52万千瓦。

2. 电厂电源

新建1座华电句容电厂，位于下蜀镇桥头农场，规划容量为4×1000兆瓦超临界燃煤发电机组。该电厂是重大节能环保型项目，为整个苏南地区的用电需求提供保障。

3. 变电站规划

500千伏　在句容东部地区，新建1座500千伏句容变，作为句容电厂上网的配套建设工程，向西与南京地区的回峰山变、向东与镇江地区金坛变相联。

220千伏　共设7座220千伏变电站。其中中心城区共设2座220千伏变电站，即保留并扩容华阳变，作为中心城区东部的电源点；新建句北变，为中心城区北部及黄梅镇提供电源支撑。下蜀、宝华地区新建2座220千伏变电站，分别为容中变、容北变，与南京龙潭地区220千伏电网相连。其他地区适时扩容3座220千伏变电站，分别为下蜀变、容东变、天王变。

110千伏　共设26座110千伏变电站。其中，保留现状2座，扩容现状8座，新建(含异地升压)8座，就地升压原35千伏变为110千伏变8座。至规划期末，中心城区共设8座110千伏变，分别为110千伏京容变、福地变、石狮变、句容变、崇明变、隆昌变、东门变、城南变。黄梅镇共设3座110千伏变，分别为黄梅变、碧桂变、大卓变；宝华镇共设3座110千伏变，分别为和平变、宝华变、宝西变；下蜀镇共设3座110千伏变，分别为桥头变、亭子变、临港变；郭庄镇共设2座110千伏变，分别为郭庄变、葛村变；茅山镇共设2座110千伏变，分别为春城变、茅山变；天王镇不设110千伏变；白兔镇设1座110千伏变，为白兔变；边城镇共设2座110千伏变，分别为东昌变、陈武变；后白镇共设2座110千伏变，分别为后白变、二圣变。

35千伏　中心城区35千伏电压等级逐步取消；其他地区对现有35千伏变电站适时进行升压改造或扩容。35千伏及以上高压走廊：保留现状2条过境500千伏电力线路，预留南京大唐马渡电厂远期500千伏上网线路、句容华能电厂远期500千伏上网线路廊道。

220千伏电网向东与镇江电网相连，向西、向北与南京电网相连，形成双回路供电；110千伏电网以220千伏电网为支撑，局部形成两端有电源的环网结构；35千伏电网结合远期发展目标网架进行优化调整。中心城区110千伏及以上电压等级线路，在工业组团或一般地区可采用架空敷设；在居住区、人流密集区或对景观要求高的地段宜采用电缆敷设。其他地区一般采用架空敷设，积极推广高压线同杆双回或多回架空方式。

高压架空线路走廊应得到有效地控制。高压架空线路走廊宽度要求为500千伏为60~75米，220千伏为35~40米，110千伏为15~25米，35千伏为12~20米。

二、供气规划的编制(2001 年 9 月)

1. 气源

天然气成为中心城区与黄梅、宝华、下蜀、郭庄、边城等镇的主要气源,中压管网逐步向周边新市镇延伸,液化气为补充气源;其他地区以液化气为主要气源,积极采用沼气、太阳能利用、秸秆制气等再生型、清洁型能源,确保城乡供气安全。天然气气源主要来自西气东输、川气东送。

2. 用气指标

预测全市天然气用气量需求约为 4.02 亿标立方米/年。

中心城区气化率 100%,管道率 100%,预测中心城区天然气用气量为 1.27 亿标立方米/年。

3. 天然气长输管线

句容境内共有 2 条长输管线过境,向西至南京江宁地区,向东至镇江地区。其中,西气东输长输管线在句容北部下蜀地区横穿过境;川气东送长输管线,1 条支线在句容北部的下蜀地区横穿过境,1 条支线沿沪宁高速公路,在句容中部、中心城区北部横穿过境。

4. 天然气设施

中心城区保留现状文昌东路天然气高中压调压站。气源接自镇江地区西气东输上党分输站;同时,设置 3 座压缩天然气加气站,满足清洁能源使用要求。

黄梅镇设置 1 座高中压调压站;同时结合高中调压站,新建 1 座液化天然气储配站作为中心城区和黄梅镇的应急调峰气源。

边城镇保留现状边城天然气高中压调压站。

下蜀、宝华镇利用长输管线预留的下蜀分输阀室,建设 1 座接收门站;同时设置 1 座天然气高中压调压站,向其周边供气,并建设中压管网与镇江地区现有管网连接。

郭庄镇采用压缩天然气供应,设置 1 座压缩天然气储配站,配套建设天然气中压管网。

5. 输配管网

保留接至文昌东路、边城高中压调压站的现状已铺设的天然气高压管道。

中心城区北部新建 1 条天然气高压管道,由上党分输站接至黄梅高中压调压站,向黄梅镇和中心城区北部供气。

下蜀地区新建 1 条天然气高压管道,由下蜀西气二线门站接入下蜀高中压调压站。

第三节　交通规划

一、城市交通规划的编制(2011 年 9 月)

1. 规划目标

构建与句容市“两心两轴、一环四片”空间结构相适应,功能清晰、级配合理、布局完善的城市道路网络。城市干路网密度不低于 2.50 公里/平方公里,支路网密度 3 ~4 公里/平方公里,道路面积率不低于 16%。

2. 主干路

规划形成“六横九纵”的主干路网,路网密度 1.15 公里/平方公里。其中六横分别为:宝华山路、隆昌路、福地路、文昌路、华阳东路—华阳西路、二圣路。九纵分别为:汤句路、建业路、致远路、石狮路、亭子路、宁杭路—洪武路、华阳南路—华阳北路、东昌南路—东昌北路及高骊山路。主干路红线宽度基本为 40 ~65 米。道路断面基本采用三块板及四块板形式。

3. 次干路及支路

形成完善的次干路网络,路网密度1.40公里/平方公里。次干路红线宽度基本为30～34米。道路断面基本采用一块板或两块板形式。支路系统结合地块划分进行布局,新建集中成片地区不低于4公里/平方公里,其中工业片区不低于3公里/平方公里。支路红线宽度基本为12～24米,断面采用一块板形式。

4. 道路交叉口控制总体要求

干路相交时,宜采取平面交叉口形式,并按信号灯管制及优先通行规则进行交通组织控制。平面交叉口处道路缘石和红线转弯半径,主干路分别按25米、20米控制;次干路分别按20米、15米控制,不同等级的道路相交叉按等级低的道路控制。交叉口用地范围按红线转弯半径和停车视距三角形双控制,主干路停车视距为60米,次干路为40米,支路为30米。平面交叉口应采取渠化措施,红线根据需要相应进行拓宽。

道路与铁路交叉均采用立交形式,规划中心城区道路建议均下穿宁常沪城际铁路和扬马城际铁路。

5. 道路横断面规划总体要求

道路断面充分尊重既有现状,同时结合道路功能进行合理划分。建议主干路采用三块板或四块板型式,次干路采用一块板或两块板断面型式。对老城内道路两侧受到建筑等限制条件的道路,横断面设计要结合实际、因地制宜、合理安排。

二、公共交通

1. 规划目标

以轨道交通为基础,通过多层次公共交通的有机衔接,积极构建以"轨道交通为骨架、城市常规公交为主体、城乡公交为延伸"的层级清晰、城乡一体、协调发展的公交网络。

2. 城市轨道交通

发挥轨道交通在公共客运交通体系中的骨干作用。规划轨道线路2条,分别为:轨道交通S6号线和轨道交通15号线。市域范围内线网总里程约19.90公里,共设轨道交通站点6座。

轨道交通S6线沿宁杭北路—隆昌路—东昌北路—东昌南路布置,句容境内设碧桂园、黄金坝、华阳北路、福地路、华阳东路和句容城际站5站。

轨道交通15号线沿国道312布置,句容境内设宝华1站。

3. 路面公交

结合轨道交通与综合客运枢纽建设,优化路面公交线网,形成快线、干线、支线、城镇公交、镇村公交等多层次的公交网络,加快推进农村客运班车通达工程。路面公交与轨道站点相衔接,开设接驳公交线路,加强与轨道交通系统的换乘衔接。中心城区沿宁杭北路—华阳路开辟公交快线,补充轨道交通服务。

中心城区公交线网密度达3.50公里/平方公里,300米半径公交服务覆盖率达70%。中心城区范围内万人公交车拥有量达到10～12标台,外围地区达到4～6标台。

中心城区规划公交停保场用地约97.50亩,公交枢纽站、首末站用地总规模105～135亩。规划布局公交停保场2处,公交枢纽站13处。公交首末站结合大型居住区等用地进行布置。

4. 停车场

句容市公交停车场规划一览

表1-3-1

单位:亩

序号	编号	名称	位置	规划用地规模
1	JRTB01	城南停保场	二圣路与袁巷路交叉口西南侧	45
2	JRTB02	城北停保场	宝华山路与亭子路交叉口西北侧	52.5
合　计				97.5

5. 公交枢纽站

句容市公交枢纽站规划一览

表 1-3-2　　单位：平方米

序号	编号	场站名称	位置	类型	规划用地规模
1	JRSN01	黄金坝公交枢纽	宁杭北路与广运路交叉口东南侧	客流集散枢纽	6500
2	JRSN02	隆昌路公交枢纽	隆昌路与亭子路交叉口东北侧	一般对外综合客运枢纽	4000
3	JRSN03	华阳北路公交枢纽	隆昌路与华阳北路交叉口西北侧	重要城市综合客运枢纽	3000
4	JRSN04	肖杆路公交枢纽	肖杆路与杨塘路交叉口东南侧	一般对外综合客运枢纽	4000
5	JRSN05	福地路公交枢纽	福地路与石狮路交叉口西北侧	客流集散枢纽	4500
6	JRSN06	东昌北路公交枢纽	东昌北路与福地路交叉口西南侧	客流集散枢纽	5500
7	JRSN07	葛洪路公交枢纽	葛洪路与东昌北路交叉口西南侧	客流集散枢纽	4000
8	JRSN08	华阳西路公交枢纽	华阳西路与石狮路交叉口东南侧	客流集散枢纽	4000
9	JRSN09	华阳南路公交枢纽	华阳南路与人民路交叉口西南侧	重要城市综合客运枢纽	3500
10	JRSN10	华阳东路公交枢纽	华阳东路与东昌中路交叉口东南侧	重要城市综合客运枢纽	3000
11	JRSN11	高骊山路公交枢纽	高骊山路与镇句路交叉口西南侧	客流集散枢纽	4000
12	JRSN12	河滨南路公交枢纽	河滨南路与袁巷路交叉口西南侧	客流集散枢纽	4000
13	JRSN13	城际站公交枢纽	句容城际站旁	重要对外综合客运枢纽	24000
合　计					74000

6. 出租车

规划中心城区出租车总规模控制在 1200～1440 辆，规范出租车停靠，加强与南京城市出租车的经营、管理衔接。

7. 慢行交通

为自行车、步行交通创造安全、顺畅的交通环境。倡导慢行交通加公共交通的出行方式，建立分区域的慢行系统。

结合城市中心区、滨河地区及城市风景旅游区，发展各类特色步行街（区）；城市商业区结合商业建筑空间构建立体步行交通设施；加强慢行交通与城市公共交通的衔接；加强人行过街安全设施建设。

8. 停车设施

规划中心城区停车泊位总数达到 1.10 万～1.40 万个。配建泊位、路外公共泊位、路内停车泊位分别占总泊位数的 80%、15%、5% 左右。老城适度增加路外公共泊位，控制路内停车泊位规模，提高各类停车泊位的利用率。

三、对外交通规划的编制（2011 年 9 月）

1. 发展目标

以区域交通设施构架为基础，加快铁路、港口、综合客货运输枢纽体系及集疏运系统建设，提升公路及内河航道等级，强化多方式联运和集约化运输模式，形成运输方式多样、功能完善、运行高效的对外综合运输枢纽。

2. 铁路

加快城际铁路和铁路客运站建设，形成“四横两纵、客货分离”的铁路枢纽格局。保留现状京沪铁路，续建京沪高速铁路、宁杭城际铁路及郭庄城际站，预留宁杭铁路货线通道于郭庄货运站。规划扬马城际铁路、宁常沪城际铁路、句容城际站，预留沪宁城际铁路下蜀站和宁常沪城际铁路茅山站。

句容市铁路枢纽布局规划一览

表 1－3－3

布局内容		具体布局
客运站场	城际站	句容城际站
		宝华城际站
		郭庄城际站
		下蜀城际站(预留)
		茅山城际站(预留)
货运站场	货运站	下蜀站
		郭庄货运站(预留)
铁路线路	五条客运专线	京沪高速铁路
		宁杭城际铁路
		扬马城际铁路
		沪宁城际铁路
		宁常沪城际铁路
	一条普速铁路	京沪铁路

3. 公路

完善高速公路及国省干线公路网络，规划形成“四横两纵”高速公路网，其中“四横”分别为国道 312、沪宁高速公路、宁常沪高速公路、常马高速公路；“两纵”分别为宁杭高速公路、省道 243。规划“五横四纵”的干线公路骨架，其中“五横”分别为沿江高等级公路、省道 122、赤荣线、省道 358、省道 340；“四纵”分别句容西部干线、国道 104、疏港大道—句茅线、句容东部干线。所有新市镇由二级以上公路连通，乡村公路达到三级以上标准。

结合句容城际站建设 1 处公路客运站。现状句容客运站逐步转换为城市公交场站功能。

句容市高速公路网规划一览

表 1－3－4　　单位：米

序号	布局	名称	起讫点	通道宽度
1	四横	国道 312	南京—镇江	60
2		沪宁高速公路	上海—南京	60
3		宁常沪高速公路	上海—南京	60
4		常马高速公路	常州—马鞍山	60
3	两纵	宁杭高速公路	南京—杭州	60
4		省道 243	禄口—镇江	60

句容市一级公路网规划一览

表 1－3－5　　单位：米

序号	布局	名称	起讫点	路基宽度
1	五横	沿江高等级公路	龙潭—镇江	35
2		省道 122	汤山—常州	35
3		赤荣线	赤山湖—镇江	35
4		省道 358	郭庄—茅山	35
5		省道 340	马鞍山—常州	35
6	四纵	西部干线	天王—宝华	35
7		国道 104	南京—福州	35
8		疏港大道—句茅线	下蜀—茅山	35
9		东部干线	茅山—镇江	35

4. 水运

规划 3 条五级内河航道，分别为：大道河、便民河和句容河—秦太运河，在句容河城区段设置码头作业区 1 处。

鼓励大道河与便民河在入江口设置挖入式港池，提高长江港区利用效率；完善港口码头集疏运系统，发挥公、水联运运输优势。

句容市航道网规划一览

表 1－3－6　　单位：公里

航道名称	航道等级	航道起讫点	里程
句容河—秦太运河	五级	赤山友谊桥—句容市界	34.30
大道河	五级	句容市界—长江口	17.70
便民河	五级	京阳水泥桥—长江口	5.20
		合　计	57.20

第四节　土地利用规划

一、县域土地利用规划(1990—2000 年)

句容县政府以《中华人民共和国土地管理法》、江苏省人民政府〔1990〕128 号文件、国家土地管理局〔1989〕国土规字第 140 号文件为依据，结合全县国民经济和社会发展第八个五年计划和十年规划要求，组织相关部门对全县土地利用规划进行编制。规划对全县地形地貌、气候条件、土壤结构、工农林牧渔的用地现状进行了分析，对规划期内的各类用地进行调整。其中：(1) 耕地：现有耕地 105.13 万亩，到 2000 年规划调整为 94.95 万亩。(2) 园地：现有园地 4.39 万亩，到 2000 年增加至 14.98 万亩。(3) 林地：现有林地 30.2 万亩，2000 年增加至 32.90 亩。(4) 居民点及工矿用地：现有用地 20.15 万亩，到 2000 年增加为 22.95万亩，主要用于城镇扩大规模、工业开发区建设、居民点建设及乡镇企业建设。(5) 交通用地：现有 3.10 万亩，到 2000 年增加到 3.53 万亩，主要用于对现有道路的扩大和改线工程。(6) 水域：现有 29.83

万亩,到2000年规划调整为27.30万亩。(7)未利用地:现有7.50万亩,到2000年规划调整为4.09万亩,主要用于发展园地、林地。

同时根据全县土地资源特点、土地利用现状及社会经济发展水平的地区差异,对土地利用进行分区,将全县划分为中西部宁镇建设区、东南部茅山农业综合区、西南部赤山圩粮食生产区及北部亭子林业区等四大产业区。其中中西部宁镇建设区:包括华阳、黄梅、大卓、陈武、行香、东昌、宝华、下蜀8个乡镇及环城、石狮两个乡镇大部,计137个村,土地总面积为79.67万亩。东南部茅山农业综合区:包括春城、白兔、茅西、磨盘、袁巷、天王7个乡镇以及后白、二圣、三岔、郭庄、葛村5个镇的大部,计41个行政村,土地总面积为85万亩。西南部赤山圩粮食生产区:包括郭庄、葛村、三岔、石狮、环城、二圣、后白等7个乡镇的58个行政村,土地总面积为25.50万亩。北部亭子林业区:包括亭子乡全部,宝华乡的森林村及东昌乡的高仑村,计12个行政村,土地总面积为16万亩。

二、城市建设用地利用规划(2004—2020年)

1. 现状用地布局结构

句容市城市现状用地布局为团块状的“单核结构”。以“田”字形道路为基本骨架,商业中心围绕东南北大街布置,生活用地以华阳东西南北路为主轴,沿街布置公共设施,内部建设住宅,生产工业用地相对集中地布置在城市的西北部。

2. 现状用地规模

句容市现状建设用地21465亩,人均建设用地104.50平方米/人。

句容市城市建设用地平衡情况一览

表1-3-7

序号	类别代号	类别名称		面积(公顷)		占城市建设用比例(%)		人均占地(平方米)	
				2003年	2020年	2003年	2020年	2003年	2020年
1	R	居住用地		638.40	1021.60	44.60	30.60	46.60	36.50
2	C	公共设施用地		155.80	514.40	10.90	15.40	11.40	18.40
		其中	行政办公用地	38.40	85.10	2.70	2.50	2.80	3.00
			商业金融业用地	79.10	217.50	5.50	6.50	5.80	7.80
			文化娱乐用地	3.90	34.20	0.30	1.00	0.30	1.20
			体育用地	12.20	41.80	0.90	1.30	0.90	1.50
			医疗卫生用地	8.60	36.10	0.60	1.10	0.60	1.30
			教育科研设计用地	13.10	99.70	0.90	3.00	1.00	3.60
			文物古迹用地	0.50	0.80	0.00	0.00	0.00	0.00
3	M	工业用地		268.50	697.70	18.80	20.90	19.60	24.90
4	W	仓储用地		24.40	72.90	1.70	2.20	1.80	2.60
5	T	对外交通用地		6.20	58.10	0.40	1.70	0.50	2.10
6	S	道路广场用地		211.50	474.50	14.80	14.20	15.40	16.90
7	U	市政公用设施用地		26.60	85.60	1.90	2.60	1.90	3.10
8	D	特殊用地		1.90	3.70	0.10	0.10	0.10	0.10

句容市城市建设用地平衡情况一览

续表 1－3－7

序号	类别代号	类别名称		面积(公顷)		占城市建设用比例(%)		人均占地(平方米)	
				2003 年	2020 年	2003 年	2020 年	2003 年	2020 年
9	G	绿地		100.00	411.90	7.00	12.30	7.30	14.70
		其中	公共绿地	63.30	284.40	4.40	8.50	4.60	10.20
			防护绿地	36.70	127.50	2.60	3.80	2.70	4.60
10	城市建设用地			1431.40	3340.40	100.00	100.00	104.50	119.10

3. 居住用地规划

用地指标　句容 2003 年现状居住面积 9576 亩，占现状城市建设用地的 44.60%，人均居住用地 46.60 平方米。规划近期居住用地 15324 亩，占建设用地的 30.60%，人均 36.50 平方米。

居住片区分布规模　规划以北环路、西环路、句容河为界，将居住用地划分为 5 个综合居住片区：

句容市城区综合片区规划一览

表 1－3－8

片区号	片区名称	面积(平方公里)	人口毛密度(万人/平方公里)	规划居住人口(万人)
1	城中片区	3.41	3.20	10.90
2	城东片区	1.33	2.50	3.30
3	城西片区	1.26	2.80	3.50
4	城南片区	1.07	2.80	3.00
5	城北片区	3.14	2.50	7.90
	合　计	10.21	2.80	28.60

4. 教育配套设施用地规划

根据现状学生数与现状人口比例，得出句容市小学生入学比例为每百人 6.78 人，初中生入学比例为每百人 3.25 人，高中生入学比例为每百人 3.25 人。市区内大部分学校的生均占地面积偏小，未达到国家建设标准。句容市现状中小学规模均趋于饱和，随着人口的增加，急需扩大规模或增设新校。

5. 公共设施用地规划

用地现状及规划指标　句容市现状公共设施用地 2337 亩，占城市建设用地 10.90%，人均 11.40 平方米，占城市建设用地的 15.40%，2020 年人均建设用地 18.40 平方米。

公共设施布局　行政办公用地：利用原市政府办公用地，即新世纪广场东侧空地，新建市级行政中心。北环路以北、东进路两侧继续建设部分部局办公设施，新建行政办公用地应尽量集中。商业金融业用地：在现状旧城区商业服务设施的基础上，以东大街为中心，结合旧城区改造，建设以商业、金融、服务等功能于一体的高效的城市商业中心。整治现状市场，包括新时代装饰城、温州商贸城、庆丰市场等，在西三环以西、104 国道南侧以及华阳南路以东、东南环以北规划生产要素市场，发挥经营城市的能力，增强中心城市的辐射力。文化娱乐用地：位于北一路以南、东进路以东，建设文化艺术中心、剧院等大型文化设施，形成功能齐备的市级艺术活动区。加强居住区级中心的文化娱乐设施的建设，丰富群众生活。体育用地：进一步扩大现状体育中心，完善功能，提高服务水平。结合居住区级中心的建设，增加体育设施，为居民提供日常健身活动场所；医院卫生用地：合理调整全市的医疗卫生机构布局，优化资源配置，形成以现代化大型综合医院为核心的分级医疗卫生网络。扩大现状市级医疗卫生机构规模。规划新建 4 所区级医院，分别结合居住区级中心布置。在城市边缘规划新建一所传染病医院。社区医疗设施建设：0.70 万人～1.50 万人建设一个医疗站,服务半径1～2公里。教育科研用地:规划布局采取集中与分散相结合的原则。在人民路以南、西二环两侧布置集中的高等院校区和科研园区。现状大专科研用地基本保留,提高办学质量,鼓励新建扩建的院校向规划大专院校区集中。对散布在城区各处的科研设计单位,原则上予以保留和完善,对用地发展受限制的单位可在教育科研区集中建设。文物古迹用地:规划保留城区现有文物古迹,并根据文物保护法划定保护等级及保护范围。其他公共设施用地:保留清真寺和基督教堂,扩建烈士陵园。

6. 工业用地规划

用地现状和规划指标　句容市城区工业现状用地4027.50亩,占城市建设用地的18.80%,人均19.60平方米。其中,一类工业用地1492.50亩,二类工业用地247.50亩,三类工业用地787.50亩。规划工业用地10465.50亩,占城市建设用地的20.90%,人均工业用地24.90平方米。

用地布局　搬迁、拆除老城区内各类工业,用地实施"退二进三"搬迁企业向西北工业片区集中。规划将城区工业用地分为两个片区:西北和西南片区。西北片区结合现状工业布局及其发展趋势,将其控制在北环路以北,句卓路以西,老宁杭公路两侧范围,工业类型以一、二类工业为主。西南片区布局于长龙山东北侧,句容河以南,华阳南路以西的位置。

2000—2013年句容市经营用地挂牌出让面积统计一览

表1-3-9

年份	成交数量(件)	面积(亩)	年份	成交数量(件)	面积(亩)
2000	5	32	2007	41	1084
2001	20	105.20	2008	63	2685.60
2002	24	354.80	2009	39	1430.10
2003	46	1876	2010	84	3087
2004	52	300.40	2011	93	414
2005	38	1866	2012	91	3895
2006	52	1448	2013	106	3681

三、2011—2030年句容市城市建设用地平衡规划

2011—2030年句容市城市建设用地平衡规划一览

表1-3-10

序号	类别名称	用地名称		用地面积(公顷)	占城市建设用地比例(%)	人均用地面积(平方米/人)
1	R	居住用地		1217.41	30.82	33.82
		R1	一类居住用地	71.22	1.80	1.98
		R2	二类居住用地	1146.19	29.02	31.84
2	A	公共管理与公共服务设施用地		476.10	12.05	13.23
		A1	行政办公用地	45.36	1.15	1.26
		A2	文化设施用地	35.51	0.90	0.99
		A3	教育科研用地	317.54	8.04	8.82
		A4	体育用地	25.57	0.65	0.71
		A5	医疗卫生用地	44.95	1.14	1.25
		A6	社会福利用地	7.17	0.18	0.20

2011—2030 年句容市城市建设用地平衡规划一览

续表 1－3－10

序号	类别名称	用地名称		用地面积(公顷)	占城市建设用地比例(%)	人均用地面积(平方米/人)
3	B	商业服务业设施用地		404.59	10.24	11.24
		B1	商业用地	317.40	8.04	8.82
		B2	商务用地	75.61	1.91	2.10
		B3	娱乐康体用地	11.58	0.29	0.32
4	M	工业用地		784.17	19.85	21.78
		M1	一类工业用地	784.17	19.85	21.78
5	S	道路与交通设施用地		595.11	15.07	16.53
		S1	城市道路用地	709.30	17.96	19.70
		S3	交通枢纽用地	11.19	0.28	0.31
		S4	交通场站用地	15.39	0.39	0.43
6		公用设施用地		68.17	1.73	1.89
7	G	绿地与广场用地		405.13	10.26	11.25
		G1	公共绿地	361.90	9.16	10.05
		G2	防护绿地	28.60	0.72	0.79
		G3	广场用地	14.63	0.37	0.41
8	H	H11	城市建设用地	3950.68	100.00	109.74
		H2	区域交通设施用地	43.10	—	—
		H4	特殊用地	2.40	—	—
9	E	非建设用地		1440.91	—	—
		E1	水域	483.58	—	—
		E2	农林用地	957.33	—	—
10		备用地		1974.43	—	—
		规划范围总面积		8617.60	—	—

第四章 规划管理

中华人民共和国成立以前，句容无规划管理机构。20 世纪 50 年代至 70 年代，句容城区的建设管理则由县人民政府下设的建设科行使职能。80 年代初期，成立规划办公室，规划管理开始起步。随着 1983 年《中华人民共和国城市规划法》和 2008 年《中华人民共和国城乡规划法》的颁布实施，规划管理才有法可依。而规划编制和管理由原来的“二元结构”变为“一元结构”，管理内容也由原来的私房审批、建设审批的单一审批逐步转变为城乡规划的编制、土地利用规划的编制、专项规划编制、规划测量、“一书两证”（工程项目选址意见书、建设工程规划许可证、建设用地规划许可证）的发放、城建档案管理、规划监察等综合服务功能，城乡规划管理步入了有序健康发展的轨道。

第一节 机构

一、机构沿革

1981 年，句容县政府成立城镇规划小组。是年起，句容县基本建设局及 1984 年成立的是城乡建设环境保护局，都设有规划股，行使规划设计和管理职能。1988 年，县城乡建设环境保护局分设建设委员会和环境保护局，县建设委员会下设规划办公室。1995 年句容撤县建市，规划办公室改称句容市规划处，2002 年规划处升格为句容市规划管理局（二级局，隶属于市建设局领导）。2003 年 12 月，成立句容市规划管理局，为正科级全民事业单位。2004 年，经市编委审核，市政府批准，句容市规划管理局更名为句容市规划局，为市政府直属行政机构，正科级建制。2010 年 11 月，句政发〔2010〕96 号文，进一步明确市规划局为市政府组成部门。

二、内设机构

2003 年 12 月，句容市规划管理局成立时，内设 7 个科室、下设 4 个正股级事业单位。7 个科室：办公室、政策法规科、行政服务科、规划技术科、村镇规划管理科、城市规划管理科、市政规划管理科。4 个正股级事业单位为：规划监察大队、城建档案馆、规划设计院、规划勘探测绘院。截至 2013 年，7 个内设机构和下设 4 个事业单位未变，全局共有干部职工 153 人。

三、直属事业单位

1．规划监察大队

1988 年，为了加强规划管理，经县编制委员会批准，成立城建监察中队，隶属于县城乡建设委员会，编制 5 人，主要负责对城区内的违章建设进行查处。由于城市建设步伐加快，市区范围扩大，1992 年监察中队扩编至 14 人。随着城市管理要求越来越高，管理内容的多样性，1996 年在监察中队的基础上成立综合执法大队，肩负规划和市容执法两大任务。2003 年，随着规划局的成立，规划监察大队也同时成立，为股级事业编制，配备队员 24 名，隶属于规划局。大队内设 2 个私房执法中队，1 个公房执法中队及内勤室。主要职责是对城区的各类违法建设以及乡镇公共建设项目的违法行为进行查处。为了加强领导，2009 年大队成立了党支部,共有党员9名。1996年之后,各乡镇(管委会)也相继成立规划市容监察中队,业务上接受规划监察大队指导。2013年12月,规划监察大队整建制划归句容市城市管理行政执法局。

2. 句容市规划设计院

句容市规划设计院的前身是1995年成立的规划设计室,2004年更名为句容市规划设计院,隶属于市规划局。拥有城乡规划编制、控制性详细规划和村镇总体规划的初审及建筑物和市政管线规划丙级资质。2013年,在职职工18人,其中注册规划师1人,研究生2人,本科学历95%以上,平均年龄28岁,设计人员专业有城市规划、建筑、园林、装潢设计、艺术设计等,内设设计一室、设计二室、办公室等。

本着"科学规划,至诚服务"的理念,市规划设计院与省规划设计院、南京市规划设计院等多家单位合作,为句容市的城乡区域规划、城市总体规划、生态村建设规划、"五大板块"经济园区规划、风景旅游区规划、南京都市圈区域联动规划等规划编制做了大量具体工作,较好地完成了各项编制任务,多次受到上级部门的表彰。

3. 句容市规划勘探测绘院

句容市规划勘探测绘院的前身为1989年成立的勘探测绘队,2004年更名为句容市规划勘探测绘院,隶属于句容市规划局,为正股级全民事业单位,具有测绘丙级资质,是镇江市测绘协会常务理事单位。2013年,全院有职工13名。其中高级职称专业技术人员2名,中级职称人员5人。

市规划测绘院主要从事地形数字测量、工程测量、房产测量、数字化成图的综合性测绘。全院拥有尼康、拓普康等全站仪3台,手持式测距仪5台、水准仪4台,经纬仪1台,接收机6台以及CASS示例数字化成图软件3套,计算机工作台面13个。由于硬件设施较齐全,专业技术人员所占比例较高,所以真正实现了数字测绘内外业一体化,具备承担一般常规测绘工程的能力。

4. 城建档案馆

句容市城建档案馆的前身是句容县城建档案室,成立于1985年1月,最初隶属于句容县城乡建设环境保护局。1995年6月,句容撤县建市,句容县城建档案室更名为句容市城建档案室,业务上接受县档案局和镇江市城建档案管理部门指导。人员定编4人,经费在城镇建设维护费中解决。2002年经句容市编委批准,句容市城建档案室更名为句容市城建档案馆,为正股级全民事业编制单位。2003年,句容市城建档案馆划归句容市规划局领导。是年9月,市政府句政办发〔2003〕66号文,批准核定城建档案馆增挂句容市城建档案管理处牌子,核定事业编制5人,经费由财政全额拨款。2013年,城建档案馆共有人员10人,内设业务指导科、档案管理科、声像编研科、财务科、办公室5个职能科室。

2003年前,档案馆馆库简陋,场所狭小;2003年新馆库建成后馆库面积近1400平方米。围绕档案保管和利用,购置了手摇式档案密集架52列、电脑9台、复印机、触摸屏、摄像机3台、传真机、高速扫描仪、非线型编辑系统、工程一体机等一系列现代办公设备,基本实现办公现代化。至2013年年底,档案馆共保管有18个大类、98个属类的城建档案资料近5万卷。

第二节 规划审批

1986年,句容县建设项目的审批基本形成完备的报批制度,各企事业单位的新建和较大规模的扩、改建项目报县城乡建设环境保护局审批;居民、村民建房由各乡镇建设办公室审批,但涉及规划控制范围内的仍须报县规划部门审核。1990年,县城规划区严格控制区内的建设项目实行"会批"制度,即规划、国土、开发区、华阳镇、社区、村社联合现场踏看、讨论确定。1995年后,市区规划严格控制区范围扩大,北至北环路、东至五里墩、南至东南环路铃塘转盘、西至西二环路范围内。在审批过程中,市规划局实行"阳光规划""廉洁规划",将市规划局以及下属部门的工作职责、收费依据、规章制度以及执行的法律法规,以规划政务公示的

图 1-8　规划论证汇报会(2012 年)

要求统一进行归整。利用市规划局的规划网站、电子显示屏,对外窗口部门等公开行政许可情况,公开办事程序、办事人员、办事时限、受理条件、公开举报和投诉渠道,方便群众办事,接受群众监督。2010 年,句容市政府颁发《句容市民房建房管理规定》,对私人建房制定了建房标准和报批条件及程序,实行四邻签字和公示制度,审批程序更加透明、公开,同时将全市的私人建房由规划局统一发证,避免各乡镇发证过泛过乱现象。是年,对全市较大建设项目建立"规委会"审批制度,聘请东南大学李建国等资深专家以及市政府相关联的分管副市长、市长及相关部门负责人组成的规划审批委员会,进行集体讨论、论证、审批,杜绝一言堂,避免决策失误。对审批项目,坚持批前、批中、批后和建前、建中、建后跟踪管理,建立公示制度,并实行"一书两证"正、副本制度,副本用于建设过程中备查,正本用于建设项目验收合格后使用。

第三节　规划监察

1988 年前,全县城乡规划管理尚无专职执法队伍。1988 年,成立城建监察中队,隶属于县城乡建设委员会,编制 5 人,规划执法逐步走上正轨。1991 年,杨塘岗村一户村民在句卓路西侧控制红线内违法违建私人住宅,无审批手续。县建委对其作出处罚决定,当事人不服,顶风施工,建委申请县人民法院强制执行,是为句容城市建设史上第一次"强拆"。由于城市建设步伐加快,市区范围扩大,1992 年监察中队扩编至 14 人。随着城市管理要求越来越高,管理内容的多样性,1996 年在监察中队的基础上成立综合执法大队,管理的职能由单纯的规划执法扩大为城市市容执法和规划执法并举。规划执法由一个中队具体负责,遇到较大的违章则由大队统一综合执法。与此同时,各乡镇管委会也相继成立了规划市容监察中队,负责对本辖区内的违章建设进行查处。2003 年,随着规划局的成立规划监察大队也同时组建,配备队员 24 名。依据《中华人民共和国城市规划法》《中华人民共和国城乡规划法》赋予的职能,负责对规划区范围内的违法建设进行查处,并对各乡镇的规划执法工作给予督促和指导。对规模较大户数较多的违法建设,由大队集中统一调配各中队执法力量,集中人力集中时间对违法建设进行"强制执行"。2007 年 3 ~ 4 月,规划监察大队联合开发区中队、华阳中队、城管、公安等多家部门对开发区后华、蒋家庄、杨塘等村的 94 处私房违建进行了强制拆除。2010 年,为配合村庄整理,监察大队集中赤山湖管委会中队、宝华中队、茅山管委会中队、开发区中队、华阳镇中队对经济技术开发区的黄梅村,茅山管委会的东、西太阳村,宝华的和平村、华阳镇的杨家巷村的多处违章建筑进行强制拆除。2013 年 12 月,规划监察大队整建制划归句容市城市管理行政执法局。

第四节　规划宣传

由于规划局成立较晚,人们对规划缺乏了解,规划的职能和作用还不为市民熟知。为了增强市民的规划意识,普及规划知识,规划局为此加强宣传力度。结合《中华人民共和国城市规划法》《中华人民共和国城乡规划法》的颁布，每年在颁布日开展广场咨询活动，现场负责对市民的疑惑解答；开展规划进社区、进企业活动。采取“请进来、走出去”的方法，组成规划小分队走进社区、走进企业，一方面征求意见，一方面宣传相关法律法规和规划知识。同时，每个科室、部门都要邀请企业负责人和社区负责人及部分代表、委员走进规划局，召开征求意见会；利用广播、电视、报纸和网络平台进行宣传。坚持每年在句容电视台和《句容快报》上发表报道不少于30篇，从2003年到2013年，在《新华日报》、《镇江日报》上共发稿近百篇；开展网友进规划、看巨变系列活动，让网友们走进乡镇，走进开发项目，走进重点工程，真正看到句容的变化，加深对规划工作的理解和了解；利用展示馆展示规划。2003年规划局投资近50万元建立规划展示馆，利用声光电以及模型，对城市建设以及未来发展方向进行全方位展示，建成后，共接待外市和本市参观人员近5000人次。

第五章　测绘

古代句容没有测绘，私人建房或搞大型建筑一般请风水先生，用罗盘测方位，不能确定标高，从宋代《句容县志图》，明代《弘治句容县志图》清代《光绪续纂句容县志》山水图就可以看出。民国时期，句容境内的地形测量、控制测量多由国家和省属有关测绘单位实施。中华人民共和国成立后，50 年代至 70 年代，县内的地形测量和工程测量，多服务于河道、闸站等建设。1989 年，句容县城乡规划测量队成立。规划测量队成立之后，由于测量设备落后，测绘只能靠简单的平板仪和手工描图，测绘精准度得不到保证，复杂的测绘项目必须请省、镇江市测绘部门帮助才能完成。自 2000 年添置了全站仪、经纬仪、水准仪等设备后，测绘质量有了质的飞跃，测绘的精度有了可靠的保证。2003 年后，规划测量队更名为句容市规划勘探测绘院，测绘的力量得到更进一步加强，设备的更新速度得到明显提升，制图从手工描图到电脑制图，管理由纸制管理到数据库管理，测绘的技术手段发生了根本性变化，无论是茅山、宝华山风景区，还是“五大板块”经济园区，或是南、北部新城建设，测绘都提供了第一手翔实资料。

第一节　控制测量

民国 18 年（1929 年）至民国 23 年（1934 年），江苏省土地局测量总队沿沪宁铁路和长江，向西推进，途经句容地区施测。1952—1953 年，长江水利委员会在长江下游布设二等三角点 74 点、三等三角点 430 点，该范围覆盖句容全域。此后几年，因城市基本建设，原有三角点、高程点受损。1990 年普查，现存三角点 94 点，水准点 74 点。

1983 年，江苏省测绘局在句容范围内施测二等水准控制点，共计 71 点。2001 年为满足句容市规划建设需要，句容市规划测量队对句容城区 20 平方公里范围内布设 125 个一级导线点，131 个四等水准点。一级导线平差严密，布置合理，成果资料齐全，并广泛应用到工程建设当中。

第二节　GPS 同步观测数据

2000 年，江苏省测绘工程院施测的 C 级 GPS 控制点 1 个。2001 年，句容市规划测量队委托江苏省地质测绘院在句容市北环线布设 F 级 GPS 点 8 个。2005 年江苏省测绘局物资器材供应站施测的 E 级 GPS 控制点 8 个。

2007 年，为满足句容市城规划建设以及建立“数字句容”的需要，根据句容市规划局的要求，由句容市勘探测绘院承担布设句容市华阳镇和句容市开发区约 60 平方公里规划区范围内的 GPS（一级）控制网，作为句容市区首级控制网。其控制网测区位置：西起石狮皮业城，东至五里墩收费站，南起铃塘转盘，北至赤岗北三环，共布设 205 个一级 GPS 控制点。是年 5 月，在镇江市勘探测绘院的帮助下，句容市规划勘探测绘院完成了对全市域内 209 个点的 GPS 同步观测。2008 年，句容市规划勘探测绘院进入“江苏省全球导航卫星连续运行参考站综合服务系统”。2013 年，句容市勘探测绘院建立镇江市首个 GPS 基准参考站，覆盖句容市全市域。

第三节　摄影测量

1958 年,省水利厅测量总队采用 1954 年北京坐标系、1956 年黄海高程系对苏南地区,包括句容全域在内,采用航测综合法测绘 1:10000 比例尺地形图。1971 年,省地质局测绘队开始施测第二代全省 1:10000 比例尺地形图,句容全域在其测量范围内。

1998 年,为了满足句容市规划建设的需要,江苏省地质测绘院受句容市城乡建设规划管理处委托,采用航空摄影测量方法,施测 1:1000 比例尺地形图约 23 平方公里。其范围为:东至房家坝水库向东 300 米,西至西环路向西 200 米,南至河滨南路,北至北环路向北 300 米;利用原有 1:10000 比例尺地形图和航摄相片,绘制 1:5000 比例尺地形图约 30 平方公里:东至北环路与东南环路交界,西至西环路向西 500 米,南至东南环路与西环路交界,北至赤岗村。2003 年江苏省地质测绘院受句容市城乡建设规划管理处委托,采用数字摄影测量的方法施测城东地区 1:1000 比例尺地形图 7.50 平方公里。2005 年,句容市测绘院制作完成宝华全境 1:1000 比例尺和 1:2000 比例尺的数字地形图和正射影像图。2006 年,句容市勘探测绘院完成 605 个村庄的新农村建设 1:2000 比例尺地形图测绘。2007 年 5 月,句容市勘探测绘院委托江苏省金威遥感数据工程有限公司,承担完成了句容全市域1：6000 比例尺比例尺和句容市区 1:4000 比例尺的数字航空摄影任务,此次航空摄影范围为:北纬 31°35′—32°15′,东经 118°55′—119°25′,实际摄影面积 1700 平方公里。地面分辨率为 7.20 厘米和 4.80 厘米,能满足 1:1000 比例尺和 1:500 比例尺地形图、DEM、DOM 制作的精度要求。本测区采用 DMC 全数字航空摄影仪,镜头焦距为 120 毫米,像幅尺寸为 92.16×165.88 毫米。以常州奔牛机场为基地,使用运-5 飞机,东西向飞行,于 2007 年 5 月至 12 月共飞行了 8 个架次,共计获取有效相片 12057 张。2008 年,句容市规划局委托镇江市勘察测绘研究院合作完成赤山湖片区(三岔)29 平方公里、下蜀镇临港工业园区 20 平方公里 1:1000 比例尺数字化地形图测绘。是年,为满足村镇规划建设的需要,句容市勘探测绘院完成白兔镇、边城镇、下蜀镇、茅山镇、后白镇、天王镇、郭庄镇、宝华镇集镇区域合计 50 平方公里 1:1000 比例尺数字化地形图及正射影像图。2009 年句容市测绘院完成句容市规划区北部片区及郭庄镇 1:1000 比例尺正射影像图约 10.40 平方公里、后白镇 1:1000 比例尺正射影像图约 1.80 平方公里、1:2000 比例尺正射影像图约 6.80 平方公里、宝华镇 1:200 比例尺正射影像图约 38 平方公里等。2010 年,为满足句容市开发区建设需要,句容市勘探测绘院完成开发区西部片区 6.60 平方公里 1:1000 比例尺地形图测绘。是年,又对句容水库周边 15 平方公里、边城东昌集镇 15.40 平方公里、茅山湖(二圣水库)区块采用全数字摄影测量法进行测绘,并绘制 1:1000 比例尺地形图。同年又委托镇江市勘探测绘研究院对句容城市规划区北部片区及郭庄部分区域约 100 平方公里进行测绘。

2013 年,因行政区划调整、原石狮集镇区域并入开发区,句容市勘探测绘院完成石狮区域 30 平方公里 1:1000比例尺数字化地形图测绘。是年又完成下蜀镇采石宕口区域约 7 平方公里 1:1000 比例尺地形图测绘。为宕口整治及恢复植被种植提供第一手资料。

第四节　地形测量与工程测量

2008 年,根据句容市自来水管网和污水管网建设的需要,句容市勘探测绘院对郭庄镇至后白镇 14.50 公里、城区至行香 8 公里、城区至陈武 8.82 公里、城区至春城 10.30 公里,城区至石狮 5.10 公里带状地形进行测绘。

2009 年,因江苏农林技术学院发展需要,句容市勘探测绘院完成句容市茅山镇原高庙职业中学地块及周边约2600亩的测区进行1:1000比例尺数字化地形图的测绘工作。是年,因电力输送需要,句容市勘探测绘院对大唐南京发电厂送输工程句容段30千米线路进行1:1000比例尺数字化地形图测绘。2012年,为满足江苏联通通讯基站建设的需要,句容市勘探测绘院对句容市市域范围内约88个移动基站建设用地进行1:1000比例尺数字化地形图的测绘工作。

2013年,为改造句容市北山水库至城区浑水管网,句容市勘探测绘院完成句容市自来水公司浑水管线7公里带状地形测绘。

2005—2013年句容市大型工程测绘情况一览

表1-5-1

年份	测绘工程(单位)名称	面积
2005	边城北方军演用地测量	800亩
2005	建华管桩工业厂区现状地形图测量	750亩
2006	全市新农村改造地形图测量	40平方公里
2006	北三环延伸段带状图测量	150亩
2007	黄金花园安置小区、黄梅安置小区	1.50平方公里
2007	开发区工业用地测量	5平方公里
2008	空港新区地形图测量	15平方公里
2009	茅山、九龙山风景区地形测量	32平方公里
2009	赤山湖湿地公园测量	20平方公里
2010	郭庄自来水带状图测量	122平方公里
2010	黄梅镇工业、开发用地地形图测量	22平方公里
2010	后白福源安置小区、下蜀安置小区	1平方公里
2010	宝华山风景区测量	89平方公里
2010	临港工业园区测量	35平方公里
2012	宝华、郭庄、天王安置小区测量	1.50平方公里
2012	南、北部新城地形图测量	78平方公里
2013	下蜀大南山地形图测量	300亩
2013	碧桂园住宅小区测量	2000亩

第五节　地籍与土地测量

清代,句容地政由税课局掌管。民国前期,地政由县政府一科掌管,财政部门负责土地清丈工作。民国22年(1933年),县设立土地局,次年实施土地清丈。民国26年(1937年),完成土地归属调查登记。经过清丈登记,全县共有田、地、荡774860亩。民国35年(1946年)2月,省政府训令各县成立土地局,清理日军侵占时期(1937—1945年)土地产权、官田租赁、办理契约等问题。民国37年(1948年),省土地局又组织清丈队到县测量,县设立地籍整理办事处,处理抗战中的契约损失、界址不明、公私房地产、群众之间争议土地。

中华人民共和国成立后,由县财政部门负责清丈土地工作。1951 年在土地改革后期,对耕地、山林、宅基等丈量登记造册,对宅基地勾画方位图。全县给 84764 户合计颁发土地证 193557 张,土地面积 1109194.18 亩,房基地 22703.12 亩。另给 738 户宅民、集体单位颁发土地使用证 749 张,土地 1949.03 亩。

1982 年 4 月至 1986 年 10 月,通过详查,绘制句容县 1:50000 土地利用现状图 1 幅,绘制各乡镇 1:10000 土地调查现状图 24 幅,其中句容县林场和东进林场各 1 幅。这次土地详查结果:全县土地总面积(不含长江句容部分)为 1379.19 平方公里(206.88 万亩)。其中耕地 72.52 万亩。与此同时,查清了全县耕地质量状况,根据土壤评级,全县低产田为 28.38 万亩。这次土地详查,经省和镇江市验收合格,获省二等奖。

1989 年,句容列为江苏省土地详查补充调查试点县。同年 12 月,县政府成立土地详查补充调查领导小组,下设办公室。各乡镇也分别成立领导小组,组建 3 ~4 人的土地详查工作班子,对 22 个乡镇、348 个行政村以及单位的土地详查进行补充调查。这次土地补充调查是在 1986 年土地资源调查和 1988 年土地动态监测的基础上,根据全国《土地利用现状调查技术规程》和《江苏省土地详查补充调查细则(试行草案)》的要求,以乡镇为单位,重点调查农村集体、居民点以外的独立工矿区企业单位,国营农、林、牧、副、渔单位和国有公路、水系等土地权属,达到国有土地使用权、乡镇集体土地所有权、村集体土地所有权"三权"分离的目的,为农村土地登记、统计、建立健全农村日常地籍管理提供基础资料。调查工作于 1989 年 12 月开始至 1992 年 8 月完成。经江苏省土地管理局和镇江市土地管理局验收合格,1993 年 2 月获国家土地管理局土地利用现状调查优秀成果二等奖及省土地管理局土地利用现状调查优秀成果二等奖。

补充调查查清全县土地(含长江句容部分)总面积 1387.37 平方公里(208.11 万亩),其中耕地 72.90 万亩,占 35.02%;园地 3.03 万亩,占 1.46%;林地 45.70 万亩,占 21.96%;牧草地 5.78 万亩,占 2.78%;居民点及工矿用地 39.96 万亩,占 19.20%;交通用地 3.14 万亩,占 1.50%;水域 30.38 万亩,占 14.60%;未利用土地 7.22 万亩,占 3.47%。签订土地权属界线协议书 1680 份、土地权属争议原由书 48 份、清查居民点以外独立的国有土地建设用地单位、乡镇集体建设用地单位,编制填写地籍调查 198 份,填写县、乡各权属单位土地面积及其分类面积初始表 1.24 万份、编绘土地权限界限图 569 幅(其中乡镇、村级土地权属界线图 372 幅,独立工矿土地权属界线图 197 幅)。

1992 年 4 月 18 日,江苏省土地管理局在句容召开土地详查补充调查工作会议,推广句容补充调查工作经验。

从 1995 年起,市国土管理局制定"年度土地使用变更调查实施方案",重点做好新增建设用地变更表审查核实、本年度耕地的增加来源和减少的去向、新增建设用地的审批情况,新增园地的认定及实施生态退耕设计的地类变化进行调查并作出分析。

2004 年的土地利用基础图件及数据更新调查,句容市被确定为国家级试点项目,通过更新基础图件和建立土地利用数据库实现权属清楚、地类明确。数据准确,可靠的城乡一体化的土地利用信息,编绘全市及各个镇全数字 1:10000 标准分幅土地利用现状图 78 幅、土地权属调查协议书 35 册、权属调查及宗地草图 32 册,以及市、各镇、各权属单位土地利用台账、统计簿等,构筑了城市——集镇——农村完整的地权体系。创造对内以图管地,对外以证管地的条件、并为规范农村集体土地所有权、使用权登记发证工作奠定了基础。2006 年 3 月 1 日,中国土地勘测设计院、省国土厅专家对句容市土地利用更新调查项目验收合格。

图 1-9　测绘队员正在实地测绘(2013 年)

2008 年 6 月 9 日,句容市第二次土地调查启动。是年年底,1386.40 平方公里 1:5000 比例尺的农村土地调查外业调查全部结束,开始进行内业处理和数据库建设。试点镇宝华镇的数据库建设已完成;集镇约 49 平方公里。1:5000 比例尺全野外数字采集,土地调查工作全面展开。截至 2010 年 5 月,句容市农村土地调查数据库已通过省级检查并报国土资源部。句容市第二次土地调查的最新统计,句容市第二次土地调查工作总面积为 1377.87 平方公里,辖 10 个镇和 3 个管委会(开发区、茅山风景区、赤山湖保护区),共有 163 个行政村,3247 个村民小组。句容市辖区内农村居民点(村庄)的总面积为 115.27 平方公里;建制镇集镇总面积为 32.30 平方公里。

第六章 城建档案

1984年年底前,句容没有专门的城建档案管理机构。1985年成立城建档案室,城建档案管理才开始起步。但由于保管条件限制,加上人们档案意识淡薄,直到2000年年底,句容城建档案库存量都不到5000卷。2003年,随着新馆库的落成,保管条件得到极大改善,加上积极争创省特级档案馆,加大了档案的收集力度,使得库存档案量有了突飞猛进的增长。到2005年特级馆创建验收时,库存档案就达3万余卷。近几年来,音像档案、电子档案正逐步取代纸质档案,使档案更具科学化、现代化。至2013年年底,全馆共保管有18大类、98个属类的城建档案近5万卷。城建档案馆已成为全市城建档案的存储基地和利用中心。近30年来,城建档案在解决建设纠纷、房产发证、用地普查、市政维修、修史编志以及查处案件中发挥了应有的作用,取得了良好的社会效益和经济效益,受到了社会各界的好评。2004—2006年,连续3年被江苏省建设厅评为先进集体;2005年创建成江苏省特级城建档案馆;2010年被江苏省建设厅授予江苏省城建档案示范馆。

第一节 基础设施

一、库房

1985年城建档案室成立前,没有专门的库房,工作人员与城建环保局秘书人员合在一起办公。是年,城建档案馆成立,办公地点设在建设路94号城乡建设环境保护局办公大楼三楼。当时仅有1间房,面积为22平方米,办公、整理兼库房。1989年,随着档案数量的增加,经城乡建设环境保护局办公室调剂,又增加了1间库房存放档案,面积达44平方米,实现办公、库房两分开。1998年3月30日,句容市城建档案室随市建设委员会搬迁到市华阳东路2号建委新大楼第12层楼内办公。内设库房、办公室、复印电脑室3间房,馆库、办公面积为130平方米。

随着城市建设的快速发展,城建档案收集量加大,原有馆库已不能满足需求,需建立永久性城建档案储存基地。2002年1月2日,经多方努力,位于市玉清路的新馆库正式动工,2003年5月建成投入使用。新馆库建筑面积为1400平方米,主体4层,为框架结构。其中,第一、二层为办公、档案整理室、电脑房、会议室、阅档室、食堂,面积为740平方米;三楼库房面积为330平方米,四楼规划展示厅面积为330平方米,馆库房设计标准规范,设备配置已列入省级标准化档案馆库建设先进行列,可满足20年库容需要。

二、档案装具

城建档案室成立初期,只有5节铁制档案柜6套,木制底图柜1套;以后陆续添置复印机、四通打字机等设备。1998年,搬入句容市建委大楼后,又一次性添置5节档案柜18套,添置电脑1台、复印机1台、空调机3台、灭火器若干只等,基本满足日常工作的需要。

2003年迁至新馆后,加大对管理设备的投入,一次性安装手摇式档案密集架52列,其中密集架三联25列,四联26列,底图柜三联1列,购置声像档案柜2组。同时,馆里添置了办公复印机、电脑、传真机、触摸屏、电视机、照相机、摄相机等设备。2005年上半年,又购置了电脑6台,并建立馆内局域网,初步实现了馆内的办公现代化。

2004,由档案馆提供房屋和资料,规划局筹集资金,共同筹建规划展示厅。经过4个月的努力,一个集声、光、电为一体的层次较高的规划展示厅展现在广大市民面前。通过规划展示厅,令广大市民直观地了解句容的过去、现在和未来。

2010—2013 年,又添置了防磁柜 1 列、电脑 2 台、笔记本电脑 1 台、数码相机 1 台、摄相机 1 台、工程一体机 1 台、高速扫描仪 1 台、非线型编辑系统 1 台、库房自动监控系统 1 套等硬件设施。

三、安全设施

城建档案有专用库房保存。库房内安装了立式空调 2 台,配置去湿机 2 台,灭火器若干只等,以确保库房温湿度保持在正常范围内,保证档案的安全保管。库房内除保持适当的温度、湿度外,还配置防火、防光、防潮、防尘、防磁、防污染、防有害气体和有害生物的防护设施,并具有相应的抗震和抵御其他自然灾害的能力,为防止档案资料被盗,安装了监控探头,以及防盗门、防盗窗等,提高了安全等级。

四、检索利用设施

档案检索工具主要以簿册式、计算机式检索为主。内容有:《句容市城建档案馆指南》《句容市城建档案馆总目录》《句容市城建档案馆分类目录》计算机检索系统等。资料主要检索工具有《句容市城建档案馆图书总目录》《句容市城建档案馆分类目录》。

第二节 馆藏档案

一、馆藏总量

城建档案馆最早的档案为民国 37 年(1948 年),最晚的至 2013 年年底,共保存各类城建档案近 5 万卷。

二、馆藏分类

档案的种类:城建档案馆馆藏档案由纸质档案、底图档案、航片档案、录像档案、录音档案、照片档案、电子档案构成。编制有《句容市城建档案分类大纲、归档范围、保管期限、密级》,共分 18 个大类,98 个属类。采用分类介绍的方法,按大类或属类逐一进行介绍。

档案的分类与编目:城建档案的分类,采用分类号(大类 + 属类 + 小类)+ 案卷号组成档号,相同载体档案采用大流小号的方式排列。案卷的存放采用不同载体分别存放、相同载体档案采用大流水排架的排列方式。

三、馆藏档案主要来源

档案的进馆方式有:保证金档案接收(该制度于 1998 年年底由于国务院发文停收);移交:如建设局、规划局、招标办、质监站、建管处等单位都定期向城建档案馆移交城建档案;收集;征集;捐赠。

第三节　档案利用

一、档案查阅

市城建档案馆制定了《档案查阅制度》和《图书资料管理制度》，对档案资料的查阅作了明确规定；查阅档案须持有单位介绍信；个人查阅凭本人身份证、工作证，经档案馆工作人员根据利用者的目的和要求，调出相关档案；档案资料一律不外借；有密级的档案须经馆领导批准后，方可提供利用。查档人员查阅档案时要加以爱护；凡从城建档案馆摘录、复制的档案材料，要严格登记，加盖档案利用章；查阅档案须按省、市物价部门核定的文件，收取城建档案资料服务费。

二、利用途径

1. 档案的咨询服务

根据形势的发展和需要，城建档案馆不定期地布置一些档案展牌，并设立咨询点，向社会宣传城建档案馆的馆藏档案，资料的有关内容，解答城市规划建设方面的疑难问题。

2. 提供电话查档服务

有利用者对于馆藏内容不太了解，对自己所需查找内容没有把握；还有些利用者由于路途较远就直接通过电话与城建档案馆联系，工作人员就负责地查找有关资料，给相关人员满意的答复。

3. 主动上门服务

有些部门由于利用档案的数量较大，面较宽，时间上又较急，城建馆利用档案，将相关内容复印、摘抄，主动送上门，解决他们的依据材料问题。

4. 开展来信（函）查档服务

有利用者由于种种原因，不能到馆查阅档案，将要查阅的内容、目的、时间写信给城建档案馆，档案馆根据他们提供的情况，将档案查好复印寄给单位或个人，并和对方单位或个人联系查收。

5. 积极编写参与资料和文件汇编

20 世纪 90 年代以后，城建档案馆根据社会需求，利用馆藏档案和资料，编写了一些参考资料和文件汇编，并参加与市政协文史委编辑的《句容文史资料》第十八辑、第十九辑，还积极参与地方志的编写工作。

图 1-10　查阅档案（2013 年）

第四节　档案管理

一、建立城建档案管理网络

句容撤县设市以后，尤其是进入 21 世纪后，句容城乡建设事业突飞猛进，各镇及相关驻句单位建设规模呈跨越式发展，给城建档案的接受、保管、利用提出了新课题。为有效地对各乡镇城建档案实行管理和指导，城建档案馆利用互联网技术，逐步建立城建档案网络管理体系。

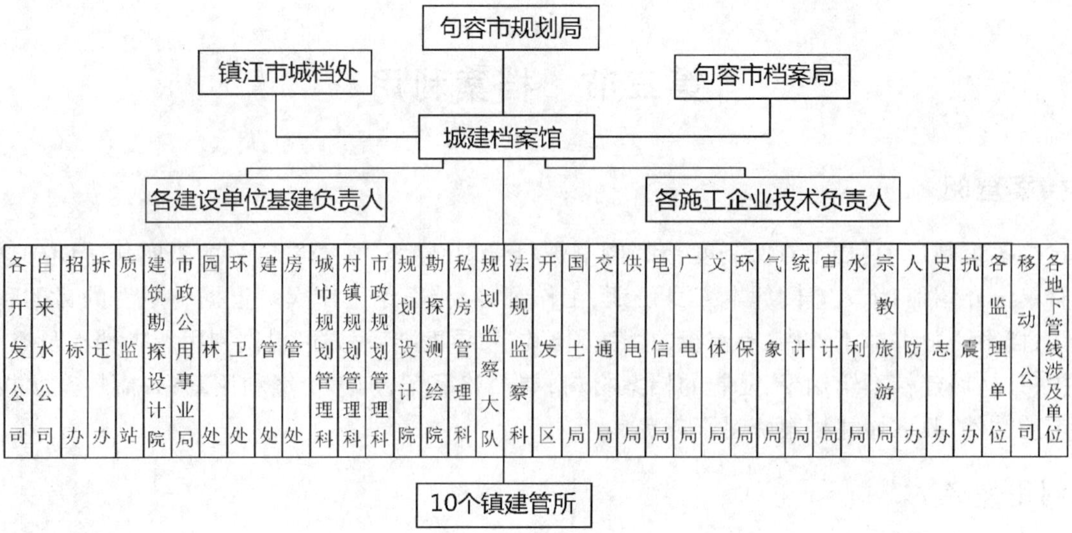

图 1-11　句容市城建档案馆管理网络图

二、建设工程档案收集工作流程图

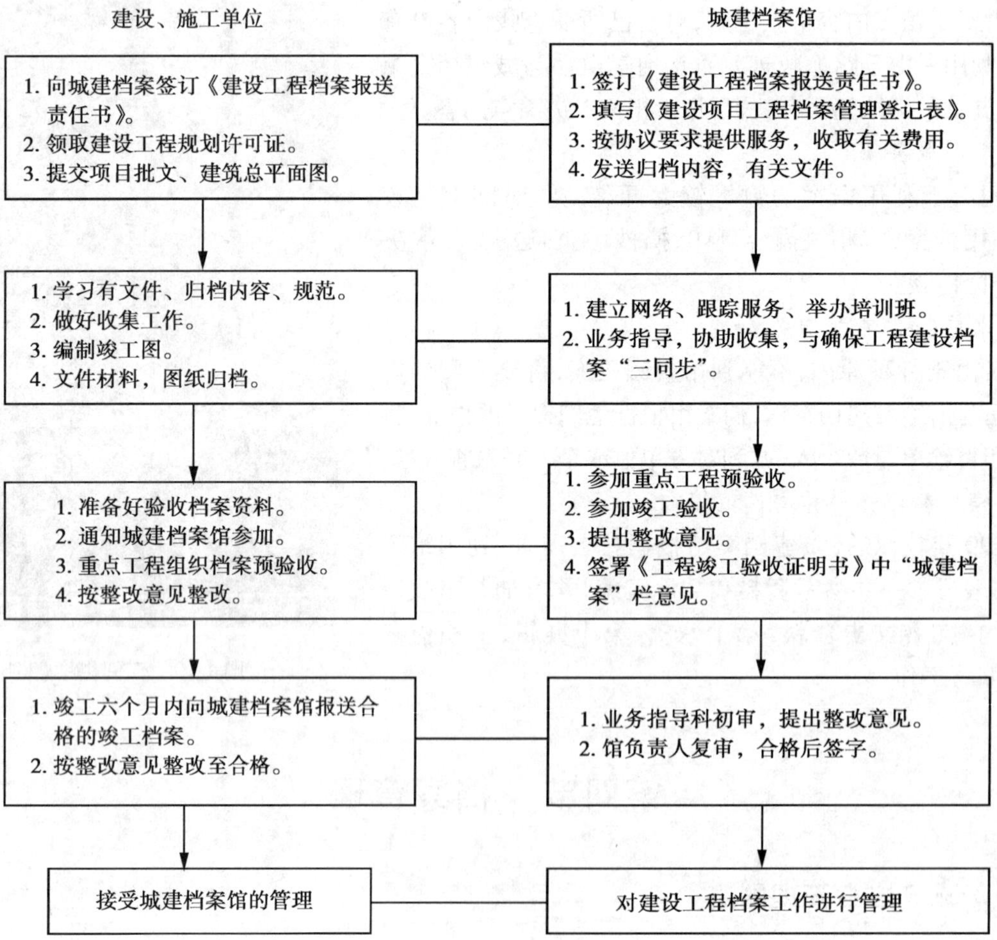

图 1-12　句容市建设工程档案工作流程图

三、安全管理

城建档案的保管期限大多属于长期或永久，确保档案安全是城建档案的重中之重。为使档案既要防火、防潮、防盗、防丢，达到“九防”要求，馆库内配置了灭火器、除湿器、空调以及空气净化器等设备，安装了防盗门、防盗窗，以防被盗。在加大硬件投入的前提下，制定出台了档案查阅制度、交接制度、借阅制度、档案保管制度、库房安全制度、劳动纪律制度等一系列相关管理制度，对全馆人员进行责任分工，确保安全责任到位到人，安全措施落到实处。多年来，全馆没有发生一起人为安全事故。

四、档案馆达标升级

2003 年，位于市玉清路上的新的城建档案馆落成后，馆库面积、档案装具等设施有了根本性变化，发生了质的飞跃。创建省特级档案馆的硬件条件已基本符合。虽然，档案馆藏数量不足，但通过加大收集力度，可以达到要求。因此，达标升级创建特级馆提上了工作议程。通过 3 年的努力，到 2005 年，档案数量由以往的几千卷，达到了 3 万余卷。科类也由原来的几类发展到 18 大类 98 个属类。各项档案编研成果居全省同级城建档案馆中前列。声像档案、电子档案也逐步纳入到档案收集中来。由于硬件设施和软件管理都达到创建要求，2005 年一举创成省特级城建档案馆，在全省同级档案馆中位列前茅。与此同时，各乡镇（管委会）档案室也开展了达标升级活动，华阳、宝华、下蜀、后白、天王、白兔、茅山 7 个乡镇城建档案室 2013 年一举通过省、镇江市验收，创成一级档案室；郭庄、边城、经济技术开发区等也积极开展达标升级活动。

第二篇 城市建设

句容城始建于东汉建安十三年(208 年),是一座历史悠久的古城。

古城句容位于县境中部偏西,是历代县署、民国县政府、市(县)人民政府所在地,是全市(县)政治、经济、文化和交通中心。三国吴赤乌三年(240 年)建子城,周长 390 丈。唐代城内面积为 195 亩,历代均有建设,至清代,城内面积达 2025 亩。自晋代至清末城内还陆续建造了一些较为壮观的县署、学宫、宝塔、寺院、教堂等建筑。

太平天国建都南京期间(1853—1864 年),清军与太平军多次争夺句容县城,县城破坏严重。民国 18 年(1929 年),县城以东西大街为界,街南为华阳镇,街北为崇明镇。日军侵占 8 年(1937—1945 年),对县城破坏更甚,原有房屋 7926 间,全毁 2475 间,局部被毁 1147 间。1949 年句容解放后崇明镇和华阳镇合并名为城镇,80 年代末改为华阳镇。

中华人民共和国成立后,县城建设逐步展开,1954 年开始有计划地拆除城墙,扩展县城范围。到 1982 年,城墙被全部拆除,护城河也因建设而逐步填塞。市政建设逐步配套,公共设施逐渐完善,公共建筑日益增多,住宅小区建设开始兴起,县城建设规模扩大。句容城区建设自 20 世纪 90 年代开始加快发展,特别是句容经济开发区的设立与建设,华阳镇东移治所,致力打造东部新城及南部新城和北部新城。句容撤县设市(1995 年),旅游、卫生、环保、文明城市等创建活动,因住房制度改革而兴起的商品房开发,像一波又一波巨大推力,加快句容城市建设的发展速度。以大手笔、大跨步实施大规模旧城改造和新区开发两大战略,先后新建、改建主、次干道 46 条,建成了内成“十”字、外成环的道路骨架网络。住宅小区越建越多,一幢幢高楼大厦拔地而起。句容城市建设和发展速度突飞猛进,城市面貌日新月异,城市建设取得令人瞩目的成就。截至 2013 年年底,华阳镇与江苏省句容经济开发区连为一体,句容城市建成区面积达 24 平方公里,常住人口近 23 万人。

1996—2013 年,句容市先后获得“全国优秀旅游城市”“国家卫生城市”“国家环境保护模范城市”“中国特色魅力城市 200 强”“江苏省卫生城市”“江苏省文明城市”等称号。

第一章　城区扩展

古城句容的建设发展较早,代有兴衰。古时县境内有六城,东汉建县城。清咸丰年间(1851—1861 年),屡遭兵祸灾害,许多建筑毁于战乱,成为瓦砾之场。民国初年,国民政府曾做过县城修建规划,但成效甚微。民国 26 年(1937 年)日军侵占,又遭严重破坏,城区到处断墙残壁,满目疮痍。直到中华人民共和国成立,城区仅有房屋 4000 余间,人口约 7000 人,城区面积 1.35 平方公里。

中华人民共和国成立后,城乡建设与经济发展同步进行,特别是中共十一届三中全会后,城乡建设出现新热潮,规模之大,品位之高,设施之全,皆前所未有。至 1985 年年底,城区建成面积扩至 2.55 平方公里,有房屋 85 万平方米,常住人口 2.60 万。

1986—2013 年,在市场化、城市化政策指引下,句容城区建设自 90 年代开始提速。在句容城市建设规划的指导下,句容撤县设市后近 20 年,城市建设与发展尤为显著。句容城区扩展以道路为框架,以工业和房地产业为重点,生活、学习、娱乐等服务设施为配套,句容经济开发区、华阳镇为主力,围绕市委、市政府提出的加快推进宁镇扬一体化,实现宁句同城化发展战略目标,全市人民努力拼搏,奋起直追,把句容建设成为一个风景秀美、现代化、最具发展魅力的新型城市。

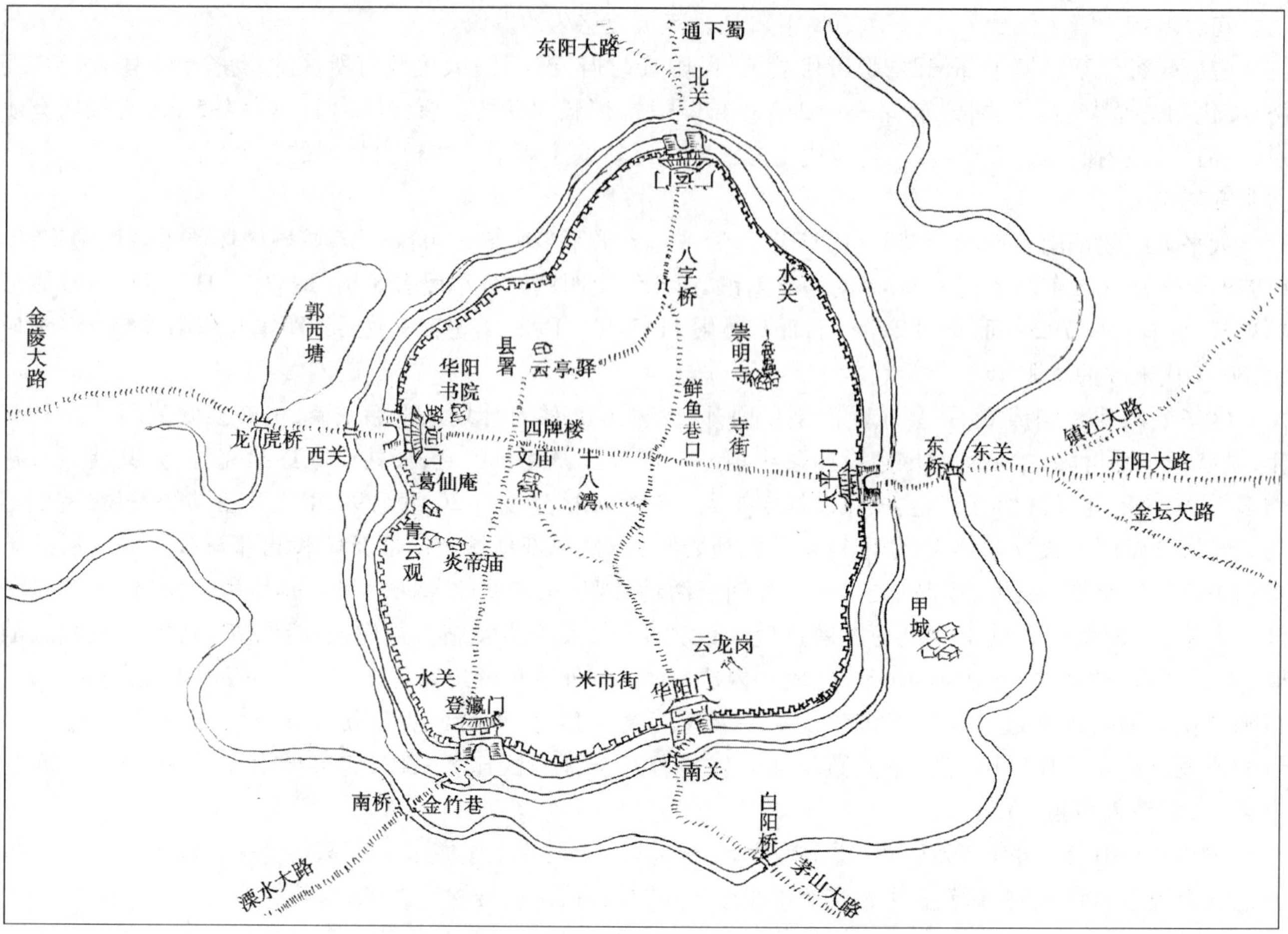

图 2-1　清光绪年间(1875—1908 年)句容城区图

第一节　句容经济开发区区块

1992 年,句容经济开发区成立之初,华阳镇南边和西边城郊结合部村庄和黄梅少数行政村划归经济开发区管理。1993 年,句容县政府决定打造第一块商住区,在老城西北修建一条长 1100 米、宽 24 米的崇明路,与华阳北路相接,打造崇明商业街。为此,制定优惠政策,吸引单位和个人到商业街建楼经商和居住。是年,华阳西路建成,经济开发区、文体局、审计局、盐务局、工商银行、信用联社、国税局、地税局、工商局等几家办公楼先后落户华阳西路南北两侧地段。市第三中学、职教中心也落户华阳西路北侧。早前落户华阳西路南侧的华阳第三小学,后加大投资,扩建校园,成为华阳镇中心小学。华阳北路建成后,石油公司、烟草公司、邮电局、国土局、团市委、卫生局先后在华阳北路东西两侧建造办公楼、宾馆、青少年活动中心,特别是邮电局建造象征 21 世纪的 21 层邮电大厦,时为句容最高建筑。玉清路、北环路(后改为文昌路)修建后,市政府为拆迁户建造梅花小区,一些乡镇、机关单位先后在商业街地块购地建房,玉清医院、妇幼保健院先后落户玉清路、崇明路,双语学校落户崇明路,商业街人气渐旺,加上日趋完善的配套服务设施,崇明路商业街新城区渐成气候。

华阳南路打通后,原以种菜、种粮为主的西庙、三台阁和上路行政村,成为新城区向西及西南扩展的主要地块。华阳南路两侧,先后建成新世纪广场、京华桂冠国际大酒店、苏果超市、便民超市等商贸服务设施;在人民路以南,华阳南路以西,洪武路以东,河滨路以北这个区块里,数十幢住宅楼拔地而起,新建成多个住宅小区;河滨路小学落户羊角山路以东,龙门菜场、西门菜场先后建成;南工西路、葛仙路商贸气氛日渐浓厚,整个区块只用几年时间已开发成新城区。

句容经济开发区的工业园区,主要集中在华阳北路延伸段(文昌路至北五环)两侧,洪武路至宁杭北路以西,文昌路以北这几个区块。截至2008年,共吸引外资91家,总投资9.50亿美元,内资工业企业236家,从业人员8360人。

文昌路开发区段建成后,先后有民政局、文体局(从华阳西路迁入)、法院、检察院、广电局、林业局在文昌路两侧建造或购买办公楼,市职教中心从华阳南路迁入文昌路重建校园。曙光国际大酒店落户文昌路。玉清广场、句容体育馆等文体设施先后建成。江苏农林职业技术学院在文昌路扩建校区。聚和园等多个住宅小区先后建成。句容经济开发区通过吸引台资,在福地路以北、宁杭路以东、隆昌路以南、华阳北路以西地块,开发建设高档住宅区——台湾小镇。通过村庄整理,开发区建设可入住1.50万人的大型住宅区———黄金花园小区。

自1993年起,开发区投资6亿元的园区道路建设工程逐步展开。1993年开发区建设华阳东路、商业街(崇明路);1999年建设华阳北路延伸段和机场路;2005年建设福地路;2007年1月建设春城路,3月建设淮源路、崇明西路,6月建设文昌西路、铃塘大道支路,8月建设南工路,12月建设致远路中段和隆昌路。2008年3月建设花园路,是年10月建设华阳西路西延段。2009年5月建设巨宝路。2010年5月建设改造洪武路。2011年4月建设葛村路。至2013年年底,工业园区28.70平方公里的道路框架已经拉开,供水、供电、天然气等“七通一平”基础设施基本配套到位。

已进驻开发园区的各类项目600多个,仁宝电脑、巨腾国际、台达电子、三鑫科技、智达高压电器、金陵石化等一批国内外知名企业先后落户园区。园区初步形成了光电子、自行车等及运动器材和输变电三大主导产业和激光显像、新能源、新材料、智能电网等新兴产业为一体的产业结构。

2007年,总投资2亿元的句容曙光大酒店是一家按国际标准建造的涉外饭店,总建筑面积4.20万平方米,酒店主楼高21层,裙楼为4层,拥有不同规格的各类客房。拥有功能齐全的大型宴会厅、中小型餐厅和一些别具风格的雅间,并配有游泳池、网球场,是集餐饮、住宿、娱乐、休闲、商务会议为一体的现代化商务旅游酒店。

图2-2　句容世茂城市综合体

开发区以发展现代服务业为契机,将产业升级与城市发展有机融合。2009年,第一个句容世茂城市综合体项目开工建设,项目占地800亩,集五星级大酒店、商务中心、高端城市住宅、一站式购物中心,超大会展中心、文化中心、学校及市民广场等于一体,打造大规模、综合性、现代化、高品质的标志性商业建筑群和都市生活圈。在句容已投资10亿元,开发了占地面积380亩,总建筑面积60万平方米的五星级酒店和住宅世茂项目。五星级酒店与商务中心综合项目占地58.40亩,建筑面积11万平方米,双楼主体均为27层。该酒店(句容余坤开元大酒店)坐落于崇明西路818号,酒店主楼为椭圆形的塔式高层,商务中心的主楼为弧形板式高层,两者形成错落的风帆外形相互呼应。2011年6月竣工投入使用的五星级大酒店已成为句容市新的标志建筑。

开发区内又一大型城市综合体项目——碧桂园凤凰城于2010年8月开工兴建,该项目位于句容市区北,紧邻温泉度假名镇汤山。凤凰城由广东碧桂园集团投资,项目总投资400亿元,总建筑面积1400万平方米，占地4157亩，已开发竣工716亩，在建725亩，待建136亩，已摘牌待开发2680亩。至2013年年末已完成投资97.82亿元，完成建筑面积340万平方米。已竣工验收并交付使用的地块有一期凤仪、凤雅、凤曦苑、二期凤鸣苑、四五期翡翠岛，总占地面积约47万平方米，总建筑面积为155.74万平方米。近50幢超高层（30～33层）住宅楼耸立其间，已销售141.50万平方米，总套数12147套。为项目配套的IB国际学校已于2013年9月开学。

图2-3　碧桂园凤凰城

开发区工业园区招商引资硕果累累，工商贸易企业不断进驻。2011年2月总投资1.50亿美元的三斯达（江苏）环保科技有限公司进驻。2013年5月总投资6.30亿元的江苏伟建工具科技有限公司进驻；是年总投资25亿元的江苏正阳汽配商城有限公司和总投资1亿美元的句容金源汽配有限公司进驻；7月总投资10亿元的江苏颐高家具有限公司进驻；12月总投资20亿元的中容科技产业园进驻。

至2013年年底，开发区规划建成区块18平方公里，已建成区块12.36平方公里，户籍人口1.92万，开发区工业企业从业人员达4.13万人。

第二节　华阳镇新城区区块

一、东门新区建设

1991年，华阳镇和环城乡合并后，针对城郊结合型乡镇的特点，华阳镇向县政府提出“东移集镇”的方案，县委、县人大常委会、县政府认真研究华阳镇的报告，并给予华阳镇特殊优惠的开发政策，即在东门2.50平方公里的新区范围内，自费开发，滚动发展。县政府简化东门新区建设审批手续，免收配套设施费。1993—1994年，华阳镇投资7000万元，在东门新区（杨家巷）新建镇政府办公楼，实现治所东移计划；投资300万元，新建35千伏变电所及路灯杆线改造更新。1995年投入150万元，完成商贸街路（后改为东昌路）与弘景路对接路段中期工程。截至1998年年底，华阳镇共投入5000万元用于基础设施建设，在东门新区实施“造城运动”。

图2-4　东部新城——公园道

2003年，华阳镇完成东昌中路2222米道路工程和华阳东路延伸段（加油站至东昌中路）850米工程施工任务，展开华阳东路延伸段与东昌北路西侧开发造城，先后开发建设都市晴园、哈佛星城、碧水铭苑、东方华城等特色住宅小区，建筑面积达60多万平方米，可居住2万人。大型超市——苏果平价店落户都市晴园小区，省句中从人民路搬迁至东昌北路与文昌路交汇处，交通局、环保局先后从北大街、华阳西路迁至文昌东路建造新办公楼，句容市人武部在文昌路建造国防指挥中心，科技局、质量技术监督局、市行政服务中心联合在文昌东路北侧建造新办公楼，公安局办公大楼在东昌北路东侧、文昌路北侧新建。华阳东路延伸段两侧商住楼开发连片，销售快捷。在不到5年的时间里，华阳东路延伸段两侧已形成商贸气候，是市民争相购置的优质居住区。2009年华阳镇城乡投资超过2亿元，完成河滨南路东延伸段、致远路、通宁路、崇明路以及华阳南路南延伸段等重点建设工程拆迁工作，涉及500多户农户、拆迁10万平方米。河滨南路、学府路（后改名为葛洪路）二期、崇明东路建成通车。2.30万平方米的北阳门安置房全部封顶，3.60万平方米的樊家安置小区开工建设。

2010年，全镇拆迁16个自然村、934户，投入资金近3.30亿元。北阳门安置房（朝阳嘉园）交付使用。

2011年，重点安置小区——樊家安置小区竣工，小区占地6667平方米，总投资1.50亿元，可安置200余户拆迁居民。

2012年，葛洪路农贸综合市场主体楼房封顶，该项目位于文昌路北侧，葛洪路东侧，占地面积2万多平方米，建筑面积近3.60万平方米。

至2013年年底，华阳镇发挥东门新区的优势，抓住城区扩建的机遇，先后开发河滨小区、润景美邻苑、东方华城、新华小区、哈佛星城、都市晴园、碧水茗苑等住宅小区。华阳镇东门新区已形成以东昌路、镇句路为主干，辅之以河滨西路、葛洪路、河滨南路、春城路等，新城区框架已经形成。辖区内有商场7家、旅馆49家、宾馆4家、个体经营户3323家，还有其他商业网点2824家。

二、南部新城建设

“集全镇之力，打造南部新城”是华阳镇提出的城市建设新构想，南部新城规划面积7平方公里，政府组织人员按时完成拆迁任务。另外，还抽调专业技术人员参加南部新城的规划管理工作。同时，积极调配人员参加安置房建设的管理工作。

2010年，启动南部新城建设，计划投入43亿元。是年，高骊山路南段与二圣路工程开工建设。房地产开发商也纷纷加入到南部新城建设中来，房地产开发商争相购地建造住宅小区，一排排多层、小高层和高层住宅楼拔地而起。位于东昌南路与河滨南路交汇处的御东国际住宅小区一期工程，占地面积4.50万平方米，总建筑面积45.48万平方米，有16幢住宅楼（可容纳4889户）、2幢商业楼。大自然花园住宅小区位于东昌南路与河滨南路交汇处，占地面积6.48万平方米，总建筑面积6.80万平方米，其中住宅面积6.70万平方米，住宅总户数554户，共建31幢楼房，其中4幢联排别墅和24幢住宅楼。还有朝阳嘉园、状元新村、新城雅居等住宅小区，建筑面积约34万平方米，先后建成销售。

图2-5　华阳镇南部新城住宅楼

2012年4月，华阳实验小学开工建设，学校位于南部新城二圣路北侧，袁巷路西侧。项目占地180亩，总建筑面积5.70万平方米，总投资约1.60亿元。华阳镇全力推进总投资近8亿元的周家岗、王家庄、东西王格及通宁公寓四大安置小区建设。安置小区规划用地总面积360亩，总建筑面积85万平方米。安置房85幢，共计3202套。是年年底，四大安置小区主体完工。

2013年1月，贾纪山公园开工建设。该公园占地132亩，建筑面积2200平方米，项目总投资约5000万元，是集休闲、娱乐、健身为一体的综合性开放式公园。是年，宁杭南路及宁杭南路句容河桥实施改造工程，改造路段是连接城区与新建客运枢纽中心（客运总站）的主要交通干道，长1237米，宽40米，不仅有效服务于市客运枢纽中心，同时也进一步完善了南部新城片区的路网结构。

2013年年底，历时2年的市客运枢纽中心主体工程竣工。该项目是按照国家一级客运站标准建设，有5个组成部分，分别为客运中心、公交中心、主体停车场、商业楼和配套商务酒店，总占地120亩，总建筑面积62600平方米（不含酒店部分），总预算4.30亿元，以此带动客运中心周边的商业发展，打造成为市城区南部商业中心。

三、北部新城建设

2013年4月进行区划调整后，5月份北部新城的建设正式启动，华阳镇召开北部新城疏港公路房屋拆迁动员大会。北部新城拆迁范围涉及城上、赵塘、西岗、吴岗4个行政村的13个自然村。华阳镇专门成立指挥部，确保沪宁高速句容北互通及266省道（沪宁高速至城区段）改扩建工程的顺利进行。根据北部新城规划，对北部新城未来发展方向、功能定位作出详细规划。全面启动疏港公路沿线及城区征地、拆迁工作，涉及4个行政村1540户，建筑面积36万平方米。整合资源，根据产业功能定位引荐项目，对外招商，逐步提升各区块承载能力，提高项目落户成功率和项目规模质量。以道路建设、安置房建设、景观提升、基础设施建设“四大工程”为抓手，重点加大新城路网、安置房、学校、公园等民生基础设施项目的建设工作。

2013年6月，句容·雨润欢乐城项目正式签约，又一省内知名企业落户句容。该项目总投资280亿元，总建筑面积830万平方米，位于北部新城核心区域（可通过双向10车道以及碧桂园大道与汤山新城相接，通过华阳南、北路与主城中心相连，通过S266南连茅山，北至龙潭新城），主要发展奥特莱斯、冷链物流以及其他商业居住等。

至2013年年底，华阳镇规划建成区块9.86平方公里，已建成区块7.92平方公里，建成区户籍人口8130人，华阳镇工业企业从业人员1.84万人。

第二章　市政建设

民国时期，句容县城由于日军入侵时的破坏，以及战争的影响，至中华人民共和国成立时，县城道路狭窄、房屋破旧，公用设施简陋。20 世纪 50 至 60 年代，市政建设以维护和整修为主，主要道路由条石路逐步改建为弹石路。1977 年后，始建混凝土和沥青路面，取代了弹石路和砂石路，并始建休闲广场和公园。至 2013 年，城区共建主干道 23 条，次干道 23 条，巷道 16 条，总长达 128.03 千米，道路面积 308 万平方米。尤其城内主轴线华阳东、西路和华阳南、北路的“十”字形交汇贯通，提升了城区通行能力。城区内河道 2 条，建有桥梁 47 座。

第一节　道路

宋代至清代期间，城区主要街道有东西大街、南大街和北大街。东西大街长近 1500 米，南门大街总长约 750 米，北大街长 833 米。古街宽 3～4 米，多以条石铺砌。

中华人民共和国成立后，县城建设逐步展开。1954 年开始拆除城墙，填塞护城河，扩展县城范围。市政实施逐渐配套，道路建设速度加快，道路规格也不断提升。尤其进入 20 世纪 90 年代，城区发展日新月异，城市道路建设进入快速期，老城区道路的新建和改建，经济开发区和华阳镇区块的道路新建均以三块板型为主，快车道和慢车道以水泥混凝土或沥青浇筑，人行道铺以水泥混凝土预制块，整个市区路况得到全面改善，路网逐步形成体系。现拥有城市主干道 23 条，总长 97281 米；次主干道 23 条，总长 26884.33 米；支路（街巷）16 条，总长 3865 米；形成外环内网、节点相同的现代化城市格局。

一、主干道

1. 宁杭路

1986 年，宁杭公路城区段（城区段命名为宁杭路）结合拓宽改造，完成混凝土路面施工。南起钤塘大转盘，北至赤岗，全长 7600 米。

2005 年，对宁杭路中段（华阳北路至河滨北路）进行拓宽改造，增加了慢车道和人行道，该路段长 2900 米，其中两侧慢车道各宽 5.50 米的沥青路面，两侧人行道各为 5.50 米的人行道板。

2011 年 3 月，对宁杭路北段（即华阳北路至赤岗路）进行拓宽改造，该路段长 2800 米，宽 40 米，快车道为宽 16 米沥青路面，两侧慢车道各为 5 米的沥青路面，两侧人行道各 3 米的人行道板，路中两侧设有各 4 米的侧分带，于当年 12 月底竣工投入使用。

2. 华阳北路

1990 年，华阳北路（句容城市道路规划主轴线之一）破土动工，南接华阳南路（原中心转盘），北至宁杭路段，长 830 米，宽 44 米，其中快车道为宽 22 米的混凝土路面，两侧慢车道各为宽 6 米，人行道原来铺设的 25×25（单位厘米，以下省略）彩色道板砖，后于 2002 年改铺设 60×60 的大理石。

2000 年，华阳北路继续向北延伸至文昌路北，长 1964 米，宽 38 米，其中快车道为宽 18 米的沥青路面，两侧慢车道各为宽 5 米的沥青路面，两侧人行道各为 5 米，原来铺设 25×25 的彩色板砖后于 2002 年改铺 60×60 的大理石。

2007 年 4 月，华阳北路延伸段改造工程开工，向北延至福地路，长 920 米，宽 38 米，其中快车道为宽 18 米的沥青路面，两侧慢车道为宽 5 米的沥青路面，人行道铺设大理石面板。

2008 年 6 月，华阳北路又向北延伸，位于福地路与隆昌路之间，长 1055 米，宽 38 米，其中快车道为宽 18 米的沥青路面，两侧慢车道各为宽 5 米的沥青路面，两侧人行道各 5 米大理石面板。当年 9 月中旬竣工。至此，华阳北路几次延伸后，全长 4769 米。

3. 华阳西路

1993 年，城市道路建设加速，城市主轴线之一华阳西路（于华阳南北路交接处至洪武路）开始建设，道路长度为 1100 米，路宽为 44 米，其中快车道 22 米的混凝土路面，两侧慢车道各为 6 米的沥青路面，两侧人行道各 5 米的彩色道板砖，后于 2002 年改为铺设大理石。华阳东路与华阳西路对接，构成句容城区东西大通道。

图 2-6　华阳东路拆迁段

2008 年，华阳西路向西延伸工程开工，至 2013 年，华阳西路延伸工程跨过世茂路，越过石狮路，直通致远路，全长 3700 米。

4. 华阳东路

1988 年，句容城区主轴线之一的华阳东路动工兴建，东至北大街，西至华阳南北路交汇处，全长 480 米，宽 44 米。其中快车道 22 米的混凝土路面，两侧慢车道各宽 6 米的沥青路面，两侧人行道各宽 5 米，原来铺设的是 25 × 25 的彩色道板砖，后于 2002 年改铺 60 × 60 的大理石。

1993 年，西自北大街东至宁杭路段动工延伸，长 300 米，宽 44 米。其中快车道为 22 米的混凝土路面，两侧慢车道各为宽 6 米的沥青路面，两侧人行道各为宽 5 米，原来铺设的是 25 × 25 的彩色道板砖，后于 2002 年改铺 60 × 60 的大理石。

2003 年，华阳东路继续向东延伸，即宁杭路至东昌中路，长 800 米，宽 44 米。其中快车道为宽 22 米的沥青路面，两侧慢车道各为宽 6 米的沥青路面，两侧人行道各为宽 5 米，铺设 60 × 60 的大理石。至此，华阳东路全长 1580 米。

5. 华阳南路

1998 年，市委市政府下决心打通华阳南路“卡脖子”路段（建新村路段），结合老城区改造，共拆迁 580 户。华阳南路北与华阳北路对接（原华阳大转盘），南至河滨北路，长 1500 米。华阳南路的一期和二期工程道路建设及配套工程于当年年底结束，完成城市主轴线“十”字形框架。该段路面宽 44 米，其中快车道为宽 22 米的混凝土路面，两侧慢车道各为宽 6 米的沥青路面，两侧人行道各为 5 米，铺设 25 × 25 的彩色道板砖。

华阳南路延伸三期工程于 2009 年 4 月动工，从河滨南路至铃塘转盘（华阳大桥工程同期施工），长 2200 米，宽 48 米，其中快车道为 18 米的沥青路面，两侧慢车道各为 5 米的沥青路面，两侧人

图 2-7　华阳南路二期延伸段

行道各为6.50米的大理石面板，路中两侧绿化带各为3.50米，于2010年11月竣工，投资达6800万元。至此，华阳南路经过几次不断延伸和改造，道路全长达3700米，贯穿句容城区南北大通道已建成。2011年，华阳南路创成省级市容管理示范路。

6. 文昌路

文昌路（原称北环路）东起五里墩，西至致远路，全长7600米，是东西向的主干道之一。

该路五里墩至洪武路段建于1994年，长5100米，快车道宽14米，铺设沥青路面，两侧人行道各宽5米，原为铺设彩色道板砖，2005年，结合创建"国家卫生城市"，对东昌路至洪武路段的人行道板进行改造，长2707米，宽10米，全部铺设大理石方砖。2010年，又对东昌路至五里墩段进行改造，此段道路长2370米，主要是更改双向4车道为双向6车道，快车道拓宽为22米，铺设沥青路面，慢车道改为6米宽，铺设沥青路面，增设人行道4米，铺设彩色道板砖。

文昌路西延至致远路建设于2006年，长2500米，快车道宽16米，铺设沥青路面，两侧慢车道各为5米，铺设沥青路面。

7. 东昌路

东昌路（原称东进路）北起文昌路，南至弘景路（东南环路），长4722米，是市区南北向主干道。

文昌路至镇句路段建设于2003年，长2222米，快车道宽16米，铺设沥青路面，两侧慢车道各为5米，铺设沥青路面。两侧人行道各为5米，铺设大理石面砖。

镇句路至弘景路段全面建设于2006年，长2500米，快车道宽16米，铺设沥青路面，两侧慢车道各宽5米，铺设沥青路面，两侧人行道各为5米，铺设大理石面砖。

8. 崇明路

西起致远路，东至弘景路，全长7500米。其中洪武路至华阳北路段原名商业街，建于1993年，长1110米；2009年，对此路段进行了改造，现快车道宽16米，铺设混凝土路面，两侧人行道各宽7米，铺设彩色道板砖。

华阳北路至北大街段建于2007年，道路长530米，快车道宽15米，铺设沥青路面，两侧人行道各宽4.50米，铺设广场砖。

北大街至东昌路段建于2010年，长1280米，快车道宽16米，铺设沥青路面，两侧慢车道各宽5米，铺设沥青路面，两侧人行道各为4米，铺设彩色道板砖。

至2013年，崇明路东伸至弘景路，西延至致远路。

图2-8　2010年建成的崇明东路

9. 河滨北路（句容河北侧）

河滨北路东起宁杭路，西至洪武路，全长1850米，是市区东西向主干道之一。

该路建设于1992年，初建时路宽38米，快车道22米，两侧人行道各4米。1994年，河滨北路铺设沥青路面。2001年完成河滨北路绿化带建设，铺设健身步道，安装健身器材，为人们提供一个强身健体、休闲娱乐的场所。

2009年6月又对河滨北路西段700米长的路面进行改造，2010年5月结束，重新摊铺沥青路面。

10. 洪武路

洪武路（原称西环路）是由原西环路和104国道城区段相连接而组成，西环路北起宁杭北路南至人民路西端，路长3430米，于1993年7月兴建，铺设水泥路面，1994年6月竣工。1995年，在撤县设市的推动下，拓宽西环路(洪武路段),路宽44米,快车道宽双向各11米,慢车道宽双向各6米,人行道宽双向各5米。2001年,又对该路段进行整修,将水泥混凝土路面改铺沥青路面。2010年对原104国道城区段进行拓宽改造,路面拓宽44米,快车道宽双向各11米,慢车道宽双向各6米,人行道宽双向各5米。至此,洪武路(福地西路至铃塘转盘)全长6200米。

11. 福地路

福地路(原称北二环路)于2008年6月兴建,2009年4月竣工,总投资2664.84万元。东起洪武路,西至致远路,路长1045米,拓宽46米,快车道宽双向各13米,慢车道宽双向各5米,人行道宽双向各5米。

2013年,福地路向东延伸,西起洪武路,东至长江路,路长3955米。路宽48米,快车道宽双向各14米,慢车道宽双向各5米,人行道宽双向各5米。至此,福地路全长达5000米。

12. 高骊山路

2010年7月开工建设,2012年5月竣工。起点是镇句路,终点是东昌南路,路长2800米,总投资4810万元。路宽54米,中分带宽4米,快车道宽双向各8.50米,机非隔离带宽双向各5米。

2013年,高骊山路向北延伸至文昌路,路长1400米,路宽42米,快车道宽双向各12米,慢车道宽双向各4米,人行道宽双向各5米。至此,高骊山路全长4200米。

13. 弘景路

弘景路原名东南环路,即243省道城区段,北起五里墩,南至铃塘转盘,于1998年2月26日正式开工,全长7300米,次年1月8日竣工通车。路宽32米,快车道宽双向各11米,慢车道宽双向各5米。

2003年,城市道路又迎来建设高峰,东南环路(弘景路)二期拓宽改造工程进行,拓宽后路基达50米,对道路中分带和两侧进行绿化,快车道宽双向各11米,慢车道宽双各5米。

14. 致远路

致远路(原称西五环路)南起通宁路,北至宁杭路,全长5800米。2007年12月至2008年12月完成2658米,至2010年10月陆续向北延伸至宁杭路,长3142米,路宽65米,快车道宽双向各12.50米,慢车道宽双向各6米,人行道宽双向各5米。

2013年年底句容市城区主干道建设情况一览

表2-2-1

序号	路号	建设年份	长度(米)	宽度		
				快车道(米)	慢车道(米)	人行道(米)
1	宁杭路(赤岗至客运中心)	1986—2011	7600	12	7	11
2	洪武路(福地西路至铃塘转盘)	1993—2010	6200	22	12	10
3	崇明路(弘景路至致远路)	1993—2013	7500	16	—	10
4	文昌路(致远路至五里墩)	1994—2006	7600	22	12	10
5	隆昌路(宁杭北路至文昌路)	2003	6500	16	10	10
6	弘景路(五里墩至铃塘转盘)	1998—2003	7300	22	10	—
7	华阳东路(中心转盘至东昌路)	1993—2003	1580	22	12	10
8	石狮路(宁杭北路至通宁路)	2005	4300	16	10	—
9	东昌路(文昌东路—弘景路)	2003—2006	4722	16	10	10
10	华阳北路(中心转盘至隆昌路)	1990—2008	4769	22	12	10
11	长江路(文昌路至福地路)	2008	895	24	8	10
12	河滨南路(洪武路至弘景路)	2008	4500	16	—	5

2013年年底句容市城区主干道建设情况一览

续表2-2-1

序号	路号	建设年份	长度(米)	宽度		
				快车道(米)	慢车道(米)	人行道(米)
13	通宁路(西转盘至杜家山)	2008	1365	24	8	10
14	世茂路(通宁路至福地路)	2008	3000	24	8	10
15	致远路(宁杭路至通宁路)	2007—2010	5800	25	12	10
16	福地路(致远路至长江路)	2008—2013	5000	28	10	10
17	华阳西路(中心转盘至致远路)	1993—2013	3700	22	12	10
18	华阳南路(中心转盘至铃塘转盘)	1998—2013	3700	22	12	10
19	河滨北路(洪武路至宁杭南路)	1992—2013	1850	22	—	8
20	二圣路(华阳南路至东昌南路)	2013	1800	24	8	10
21	高骊山路(镇句路至东昌南路)	2010—2013	4200	24	8	10
22	袁巷路(河滨南路至弘景路)	2010—2013	1900	24	8	10
23	中兴路(致远路至宁杭北路)	2013	1500	24	8	10

备注：慢车道，人行道均为双向

二、次干道

1. 东西大街

东西大街北宋治平年间(1064—1067年)募民财创建。当时是砖砌，已有路拱，至南宋淳祐六年(1246年)改建，中铺条石，两边砌砖，是年年底竣工，长242丈，明景泰四年(1453年)，又拓宽至一丈余(明制每丈3.11米，合3.20米)，东西街长396丈(合1232米)，宽丈余，当年九月竣工。两边长条石，中间横以条石。自此五百年后，清乾隆年间(1765年)有以王以楠等四人募财修理。民国24年(1935年)前后，在宁杭线通车后，曾进一步对东西大街改建为两条条石，各宽30厘米，中间夹以宽1.20米弹石，两侧各80厘米也铺以弹石，总宽3.50米，外砌石阶式块石，街宽7米，可供汽车行驶。中华人民共和国成立后，路面块石严重缺损，凹凸不平，1952年进行大修，并疏通下水道。1977年秋，东西大街拓宽至10米，并向西延伸至西关500米，总长1800米，铺成宽6米，厚15厘米水泥混凝土路面，两侧为人行道，各宽2米。

2010年3月，对东西大街原有道路与人行道统一改造，2010年9月竣工。由句容市政公用事业服务中心负责建设，江苏中森建筑设计有限公司设计。这次改造范围包括道路、给水、排水、电力、路灯、信息等改造工程。道路改造成为上铺花岗岩道板砖步行街，横断面形式为人行道+0.50米砖砌排水沟+6米车行道+0.50米砖砌排水沟+人行道。道路厚度为0.55米(8公分花岗岩岩板+5公分水泥砂浆+22公分混凝土+20公分碎石)，路床全部采用石屑回填。树池采用装饰条石块拼接，内铺设一层6公分鹅卵石透水砼。完成供电、燃气、通信、供水、排水等管线集中下地改造，制作完成4座石牌坊。

2. 人民路

东起东昌路，西至洪武路，全长2800米，是市区东西向的主要道路之一。

1958年新建，东接宁杭路，西至县人民政府大门前，长800米。1961年句淳公路改造，人民路又向西延伸500米至西关。1962年铺成7米宽碎石路面，1968年东段800米铺沥青路面，1981年全程铺沥青。1982年，东段又拓宽成12米，两侧加人行道2米。西段逐步改建延伸，至1982年，道路长1970米，路宽8~10米。由于道路建成时间较长，路面破损、开裂情况严重，且大部分人行道板残缺破损，2005年，结合创建国家卫生

图 2-9　人民路一瞥

城市，市委、市政府对人民路进行了改造，对宁杭路至葛仙湖公园南大门西侧长 1710 米的车行道加铺沥青面层，同时对华阳路至华阳南路段的人行道进行了改造，其中华阳路至中山路段长为 285 米，快车道宽 12 米，绿化带宽 2 米，慢车道宽 4 米，人行道宽 4～8 米，中山路至华阳南路段长为 190 米，快车道宽 7 米，绿化带宽 1.60 米，慢车道宽 8 米，人行道宽 4 米。

2009 年，人民路向东延伸至葛洪路，长 320 米，车行道宽 8 米，铺设沥青路面。

3. 建设路

在原十井巷基础上拓宽延长，1958 年西段动工，后因经济困难东段停工 10 多年，1977 年全部竣工。东接宁杭路，西至工程机械厂大门，长 843 米，碎石路面宽 22 米，1982 年铺沥青路面宽 14 米，两侧人行道各宽 4 米。2004 年年底，因开发需要，拆除工程机械厂，将建设路向西延伸至华阳南路，铺设混凝土路面长 233 米，宽 22 米。2005 年，根据市政府关于建设路道路改造的原则，利用原有路面结构，对宁杭路至南大街段车行道进行沥青面层加铺，维修出新，共计 11802 平方米。同时，对人行道板及路牙进行更换改造，共铺设广场砖 6744 平方米。南大街至华阳南路段由于路面破损、开裂较严重，路况较差，2008 年，对本段道路挖除重做路面结构，铺设沥青路面 3262 平方米，同时，对人行道板及路牙进行更换改造，铺设广场砖 1854 平方米。至此，建设路（宁杭路至华阳南路）全长 1076 米。

4. 北大街

明景泰年间（1450—1457 年）建成的条石路面，长 750 米。后经逐步扩建，向南、向北延伸。现在的北大街，南自人民路，北至宁杭南路，全长 833.33 米。1978 年前为砂石路面，1978 年改铺成宽 7 米的沥青路面。1982 年拓宽为 14 米的沥青路面，两侧设宽各为 4 米的人行道。2005 年，根据市政府关于北大街道路改造的原则，利用原有路面结构，对车行道进行沥青面层加铺，维修出新，共计 9940 平方米。同时，对人行道板及路牙进行更换改造，共铺设广场砖 5680 平方米。

5. 南大街

北起西大街（四牌楼），南到河滨北路，全长 1020 米。1980 年西大街至建设路铺设水泥路面，长 350 米，宽 7 米，两侧人行道各 2 米。1982 年，建设路至河滨路段铺设沥青路面长 670 米，宽 9 米，两侧人行道各宽 3 米。2005 年，根据市政府关于南大街道路改造的原则，利用原有路面结构，对车行道进行沥青面层加铺，维修出新，共计 9180 平方米。同时，对人行道板及路牙进行更换改造，共铺设广场砖 6120 平方米。

6. 南工路

南工路东起南大街，西至洪武路，全长 1543 米，其中南大街至羊角山路段建于 2002 年，长 1050 米，车行道宽 14 米，铺设混凝土路面，面积 14700 平方米，人行道宽 10 米，铺设彩色道板砖，面积 10500 平方米，羊角山路至洪武路段长 493 米，车行道宽 14 米，铺设混凝土路面，两侧人行道各宽 5 米，铺设人行道板。

7. 玉清路

玉清路南起华阳西路，北至文昌路，全长 1075 米，建于 1994 年，车行道宽 14 米，铺设混凝土路面，两侧慢车道各为 5 米，铺设沥青路面，两侧人行道各宽 3 米，铺设彩色道板砖。

8. 双利路

双利路东起句卓路，西至玉清路，全长 900 米，其中玉清路至华阳北路段建于 1995 年，长 500 米，宽 20 米，铺设混凝土路面，华阳北路至句卓路段建于 1997 年，长 400 米，宽 20 米。铺设沥青路面。

9. 羊角山路

羊角山路北起人民路，南至河滨北路，全长 800 米，建于 1988 年，2005 年，结合创卫，对车行道和人行道进行了改造，快车道宽 12 米，铺设沥青路面，两侧人行道各宽 3.50 米，铺设广场砖。

2013 年年底句容市城区次干道建设情况一览

表 2－2－2

序号	路号	建设年份	长度（米）	车道宽度（米）	人行道（米）
1	北大街（人民路至北门岗亭）	1450—2005	833.33	14	4
2	华阳路（人民路至中大街）	1970	118	18	6
3	建设路（宁杭南路至华阳南路）	1958—2004	1076	14～22	6
4	南大街（四牌楼至河滨北路）	1980—2005	1020	9	6
5	人民路（洪武路至葛洪路）	1958—2010	2800	18	6
6	东西大街（宁杭南路至羊角山路）	1064—2010	1800	18	6
7	茅山路（中大街至河滨北路）	1980	1110	18	6
8	中山路（人民路至四牌楼）	1993	130	10	11
9	葛仙路（人民路至河滨北路）	1993	940	12	6
10	句卓路（宁杭路至文昌路）	1994	1800	14	–
11	玉清路（华阳西路至文昌路）	1994	1075	24	3
12	双利路（玉清路至句卓路）	1995—1997	900	20	–
13	羊角山路（人民路至河滨北路）	1988	800	12	7
14	杨塘岗路（句卓路至宁杭南路）	2004	1937	22	8
15	南工路（南大街至洪武路）	2002—2007	1543	14	10
16	兴源路（福地路至文昌路）	2007	1234	24	8
17	葛洪路（隆昌路至河滨西路）	2007	2100	16	10
18	春城路（福地路至文昌路）	2007	1213	24	8
19	行香路（句卓路至华阳北路）	2007	645	18	6
20	向阳路（老南门桥至宁杭路）	2008	500	10	6
21	铃塘大道（洪武路至华阳南路）	1992—2008	1400	24	8
22	柿树路（弘景路至高骊山路）	2013	560	18	6
23	肖杆路（河滨西路至文昌路）	2013	1350	18	6

三、支路（巷道）

市（县）城区主次干道之间有支道（巷道）沟通。过去，主要巷道多为砖石砌成，少数为泥土路面。1980 年后，逐渐改为混凝土路面。

城内主要巷道有：柴巷，长 177 米，宽 8 米；文化巷（原庙巷），长 213 米，宽 16 米；寺街，长 195 米，宽 18 米；大众巷（原名骆家巷、府君巷），长 360 米，宽 4～6 米；北堂巷，长 200 米，宽 4 米；建新路，长 320 米，宽 9 米；新华南巷（原积福巷），长 151 米，宽 4 米；轿巷、马槽巷、南堂巷均为 163 米长，宽 3.60 米；民主巷（原商会巷），长 149 米，宽 5.80 米；小宝塔巷，长 206 米，宽 4 米。还有寺巷、友谊巷（原北积福巷）、朝阳巷（原玉兰巷)、樊家巷、十八弯、土巷、井巷、诸昌巷等。市区巷道总长约5000米。原孔夫子巷、朱家花园、扇子巷和五马车巷等均已不通。

至2013年,在旧城改造中,一批老街巷和老居民区被拆除,地名和巷名也不复存在。消失的老街巷有南堂巷(2001—2003年中医院扩建时拆除),诸昌巷(2001—2003年因兴建华阳名街项目拆除),樊家巷(2001—2003年寺街片区项目改造拆除),建新路(华阳南路兴建时消失),北堂巷、寺巷、骆家巷、府君巷(2003年老城区帕提亚广场项目拆除)。

2013年句容市区支路(巷道)情况一览

表2-2-3

序号	路名	起讫点	走向	路长(米)	快车道		竣工年份
					路宽(米)	面积(平方米)	
1	银行巷	中大街至建设路	南北	215	3.50	522	2001
2	文化巷	中大街至建设路	南北	213	16	3408	2001
3	新华南巷	东大街至柴巷	南北	151	4	604	2000
4	轿巷	东大街至建设路	南北	163	3.60	587	1980
5	柴巷	东大街至建设路	南北	177	8	1416	1980
6	红旗村一路	老干部局至政府宿舍	南北	277	5	1385	1980
7	寺街巷	物资局至中大街	南北	195	18	3570	1980
8	民主巷	幼儿园至邮电局	南北	148	5.80	858	1980
9	商业街北一路	—	南北	353	5	1765	1994
10	商业街北二路	—	南北	336	7	2352	1994
11	商业街南一路	—	南北	200	5	1000	1997
12	商业街南二路	—	南北	200	5	1000	1997
13	商业街南三路	—	南北	200	5	1000	1997
14	商业街南四路	—	南北	172	2.80	482	1997
15	振兴路	财政局至振兴村	南北	370	5	1850	1980
16	西岗北路	宁杭路至西岗村	东西	320	7	2240	2003
合计				3865	—	24821	—

第二节　广　　场

一、新世纪广场

新世纪广场位于市中心地段,东邻市人民政府,西靠华阳南路,南至人民路,占地面积63亩,总投资1877万元,由上海同济大学规划设计院规划设计,句容市建设委员会负责组织实施,1998年开工建设,1999年12月落成。是集休闲,娱乐、景点、健身为一体的市内广场。

广场呈长方形,在总体布局上,通过一河、一路、三桥将广场分割成不同的空间组成。一河,指整个广场的主轴线玉带河,以水体、喷泉为主;一路,指贯穿整个广场的S型道路,采用不同色彩的广场砖铺砌而成;三桥,指跨玉带河上的三座仿古拱桥。绿地面积2万平方米,水体面积5000平方米,由曲径临水长廊、露天音乐广场等5个部分组成,以满足广场集会、庆典、表演、等空间的要求。

休闲广场位于广场南部,有一个曲径临水长廊,一个小型儿童活动场所和广场主题雕塑,设石桌、石椅,可满足不同年龄层次的需求,形成供休息、观景、交谈、活动的逗留区。广场雕塑名为“升华”,寓意着句容市有一个质的飞跃。

中心广场:位于广场的中心,呈圆弧形,以红色的花岗岩铺砌地面,能满足市民小型集会的需求。

临水广场:紧贴玉带河面,让人充分享受水的恬静,欣赏姿态万千的喷泉壮观。

音乐广场:音乐广场的舞台建造在玉带河中,别具一格。连接四周围圆弧面台阶式音乐看台,可举办大型音乐会和演唱会。广场近60%的面积为绿色草坪,还专门设置了供残疾人通行的坡道,方便轮椅行驶。

2008年,新世纪广场实施改造工程,被列为市政府重点工程之一。工程于当年4月开工,9月竣工。改造后的新世纪广场更新了草坪,修缮了喷泉和草坪喷灌设施,更换大理石广场砖,新增环保节能的太阳能灯。

二、玉清广场

玉清广场位于华阳北路、文昌路、宁杭路交叉的三角地带,即原商业局五交化公司仓库原址,占地面积3.50万平方米,总投资700万元,由苏州园林规划设计院设计,2002年建成。玉清广场以绿化为主,乔木,灌木、花草合理搭配,多处绿化以“八卦”造型,体现道教文化,广场北部塑像葛洪像1座,并砌有道教文化墙两面。同时,广场设置椰树灯、水晶灯等亮化设施,为市民提供优雅的娱乐休闲活动场所。

第三节　公　　园

民国16年(1927年),在后沿山建中山公园,建有中山堂、望耕亭等景点。

一、葛仙湖公园

葛仙湖公园,原名华阳公园,位于句容城西部,1989年12月奠基。一期工程征地42亩,先期以绿化为主,栽种水杉、杨柳等各种树木,沿郭西塘(后改称葛仙湖)修建5座亭台楼阁,4座桥、闸,沿环湖路铺以砂石路面。2002年3月,华阳公园更名为葛仙湖公园,并对葛仙湖公园建设进行总体规划。2002—2005年,葛仙湖公园二期建设工程基本结束。主要内容为两大部分,一部分是复古建筑,包括81米高的大圣塔、建筑面积1800平方米的华阳书院、建筑面积500平方米的三台阁、建筑面积1588平方米的道观——葛仙观;另一部分是基础设施建设,主要包括地形的垒砌、管线的铺设、湖面的整治、园内绿化、景点建设、小桥的整修和围墙的修砌,以及环湖路面水泥混凝土浇灌等,基础设施总造价1400万元。葛仙湖公园二期工程结束后,总投资达5000万元,园内总面积334亩,其中葛仙湖水面102亩,公园以水体为框架,因地制宜,道法自然,在挖掘历史文化内涵的同时,以绿建园、保护生态,利用水体和扩建山地建成生态自然区。整个公园建成八大景区,即北入口广场景区、山地风景区、大圣塔景区、华阳书院景区、道教文化景区、南入口景区、环湖风景区、湖面水上游憩活动区。

在景观建设上,以植物造景为主,结合自然山水的造景手法,实现公园绿地与自然水体、山地、亭、榭、塔等景观的完美结合,做到步移景异。葛仙湖公园是市民休闲、晨练、晚间散步与跳舞娱乐活动人员最多的场所,夏季晚间多达数千人。

二、崇明公园

崇明公园(又称房家坝公园,肖杆河风光带景观)位于句容市城东,房家坝水库东侧,交通便捷、环境优美。占地面积430亩,其中水面面积174亩,投资约2800万元。该工程于2011年8月完成立项、选址、用地预审、环境评估，并进行项目建设可行性研究，初步设计，施工图设计等项工作。公园建设采用BT模式建设，是年12月17日正式开工建设，主要包括园林绿化、景观小品、亲水平台、驳岸及附属配套工程等。以“运动休闲、绿色阳光”为主体定位。运动休闲，有建身步道和健身广场，“我运动、我健康”，提倡全民健身的健康生活；绿色阳光，充分利用地形造景，展示生态自然，体现城市绿肺。

图 2-10　崇明公园

利用原有肖杆河道水系以及地形地貌，将公园分为三大功能区，各功能区相互交叉，以此满足人们不同年龄层次、不同观赏层次的需求。北部地块比较狭长，设置小型的市民广场，北部东侧建造一个径亭，让人们可以驻足观赏美丽的沿河景观；中部以大体简约、西部强化的形式，配套停车场和运动场，新建一些自然绿地，让人们放松紧张的工作压力，享受景观带来的亲和、怡人的感觉；南部采用两边重点、中间过渡的方法处理，设置矩形树阵和城市标志雕塑，临水设置一木平台，中间以道路连接，通过自然的园路连接各个景观节点和景观小品。在植物配置上，充分利用乡土树种，运用植物的多样性营造景观的千姿百态。以群落设计、复层栽植为主，彩叶树种与绿叶树种相结合，突出树木的季节变化。主要植物品种有银杏、榉树、栾树、白玉兰、香樟、枇杷、桂花、梅花、紫薇等。

公园建设分别是江苏山水建设集团有限公司和河南豫建市政园林工程有限公司承建。

三、贾纪山公园

贾纪山公园位于句容市南部新城，河滨南路南侧，高骊山路东侧，柿树路以北。该公园占地132亩，其中水面面积12亩，建筑面积2200平方米，总投资5000万元，于2013年1月开工兴建。

图 2-11　贾纪山公园

贾纪山公园定位为综合性城市公园，结合句容市现状及其发展方向，以绚丽的人文景观、浓厚的文化底蕴，来满足人们日益增长的物质需要和精神享受，是集休闲、娱乐、健身为一体的开放式公园。

该公园分为滨水休闲区、自然生态区、城市风尚区和康体活动四大功能区。

1．滨水休闲区

该区整体形成湖水环绕南侧山体格局，塑造了理想的湖水景观，水体中部形成敞开大湖面，东西两侧则收束成蜿蜒的小水面，增加空间层次。植物空间主要是营造秋色树叶的缤纷色彩的特色。

北侧作为城市与公园的过渡空间，引入休闲商业设施，设计水岸邻里，林中设有两处休闲商业设施，面湖的滨水广场，是该区主要的开放空间，能观赏对岸山水交融的景色，台阶式入水，增加了亲水性，设置音乐喷泉，可举办夏季水上音乐会。植物配置以落叶树种，如银杏、枫香、无患子等。

南侧顺应山林，形成自然的岸线，疏林草坡和水生植物景观空间，乔木以水杉、池杉，墨西哥落羽杉等湿地树种为主干树种。

2. 自然生态区

该区以地方树种作为基调，对现有场地进行生态修复，作为今后公园的自然生态核心，并增加春季观花、秋季看叶植物，形成季相变化的自然山林景象。乔木以玉兰、樱花、海棠为主要树种。营造春季繁花盛开的特色；在山顶建造望湖阁成为全园的制高点，并利用林带生态效应和林下空间的游步道，形成森林氧吧活动空间。

3. 城市风尚区

该区通过历史人文和现代新风相结合，表现句容悠久的历史人文底蕴和今后新城朝气蓬勃发展的景象。

历史人文线索有历史文化广场、林荫大道、雕塑墙形成景观系列，作为新城文化中心的延伸，并通过特色景观雕塑作品，叙述句容的传统文化、道教文化、革命文化、旅游文化，形成丰富的人文景观。

现代新风线索主要由绿色生态广场、展示馆、台地花园构成。生态广场分为广场活动段和戏水活动段。广场活动段通过抽象化的生态绿岛组合而成，运用雾喷、特色景观灯带等高技术手段体现当代城市文化风采。

戏水活动段可供市民安全进入，浅水池展示馆采用抽象树形的建筑，具有展示、休闲服务功能，同时利用浅水池的反射，增加空间效果。花卉观赏园利用地形高差形成，是该区的景观形象背景。

该区植物空间主要是营造都市简约大气的特色。以色叶树阵和色彩艳丽的花景为主，表现句容丰厚的文化内涵。乔木以黄山栾树、乌桕、杂交鹅掌楸、鸡爪槭为主要树种。

4. 康体活动区

该区根据不同人群的活动特征分为动态和静态活动空间，为市民提供丰富多样的活动空间。

动态活动空间在公园外侧作为与城市的过渡空间，主要由运动广场、健身场地、儿童游戏场组成。运动广场结合公园出入口设计，设置体育运动雕塑、轮滑场地，以及休息座椅，体现健康运动的城市生活理念；健身场地包括篮球场、网球场、小型体育运动器械场地组成；儿童游戏场设置多种游戏器械和适合大人小孩一起进行的亲了活动项目。

静态活动空间设在公园内部，由大草坪、休闲建筑组成。大草坪除具有日常游戏观赏活动外，还可以举办草坪音乐会等大型节日庆典活动；休闲建筑结合溪涧绿化形成宜人的环境，为老年人下棋、唱歌、锻炼等活动提供场地。

该区植物空间主要是营造丘陵地带树林草地特色，以具有保健功能的芳香类植物为主，营造舒适的活动环境，并用植物造景的手法，打造适应户外活动的空间。乔木以香樟、桂花、深山含笑为主干树种。

第四节　河　　道

古时，句容城内有玉带河，城外有护城河。句容河沿着城外东面向南再向西面绕城而过。直到20世纪80年代以后，城区不断扩展，将句容河和玉清河包夹其中。

一、句容河

句容河由原三岔河、黄埝河、东桥河三段连成。自三岔起至县城房家坝止为主干河，由房家坝向东北至句容水库为一支河；向北至北山水库为二支河（又称肖圩河）。上承仑山、武岐、空青、大华等山区计286.50平方公里来水，下泄秦淮河，俗称秦淮之源。

南宋庆元年间（1195—1200年），县民许椿捐资建筑黄埝土坝，潴积水利，灌溉民田。元至正七年（1347

年）到明洪武十年（1377年），自黄埝河至县城南桥能通舟楫。明万历二十九年（1601年），句容知县茅一桂曾议开句容河自铺头（今北山水库）至三岔之间，建闸三四重，蓄水灌溉通舟楫，明万历四十三年（1615年）南京工部尚书丁宾准开秦淮河道，上抵句容县城南门。民国24年（1935年）江苏省建设厅遴员疏浚秦淮河句容段长6.90公里，后因山洪暴发，冲毁拦河坝而停工。

1955年冬，对句容河初步拓浚，先从黄埝坝至县城东门桥开始，长7公里，河底标高6.50～8米，底宽5米，民工10150人，完成土方49.60万立方米。

1974年发大洪水，句容河道排泄不畅，县城三面被洪水包围，一片汪洋。是年秋，进行全面规划，决定将句容河上段改道，由老南门桥直线经长龙山与兆文山之间开挖新河到周戴村接老河，裁弯取直，长度减少三分之一，减少挖废土地。当年冬，抽调石狮、城东公社1万劳动力施工，半机械化配合。由于事先未经地质勘探，施工中发现兆文山、长龙山是砂土层，不易开通而停止开挖。

图2-12　数万民工整治句容河（1978年）

1977年秋，县政府修改治理句容河方案，经过实地勘察，从县城东南郊直插兆文山、杜家山之间，经方便村大弯向南，至石人头向南接周戴老河，分两期施工。第一期工程，周戴至南门桥，长7.81公里，于1978年春节开工，动员18个公社及县城机关、厂矿等8.50万人大战句容河，完成土方314.29万立方米。是年冬，进行二期工程施工，从南门桥至房家坝，长2.39公里，发动5个公社17840人，完成土方145.94万立方米，并完成桥涵等配套工程。国家投资299.30万元，为县城和沿河两岸环城、石狮、三岔3个乡的排洪、引灌及今后发展航运打下基础。

1982年3月在句容河6公里长两边堤坡上（房家坝至兆文山），栽植垂柳、湿地松、火炬松、香樟等1.50万株。

在句容河城区段两侧，即河滨北路南侧和河滨南路北侧，建设句容河绿化风光带，栽植香樟、银杏、榉树、红枫、桂花、红叶石楠等高档次乔灌木，配置了喷泉、花架、特色矮墙、石椅石凳等园林小品，铺设景观道路和亲水平台。铺设健身步道，架设各种健身器材，供居民健身锻炼、娱乐、休闲。“绿色”景观线路，可供游人和骑车者徜徉其间，形成与自然生态环境密切结合的带状景观斑块走廊。

二、玉清河

玉清河北部源头在文昌路与宁杭北路交汇处的三里井村，为乡间小沟溪汇集而成，遇大雨成河，无雨断流。中间有朱家里坝、下塘坝、桥头坝、弯坝，全长约3公里，是句容河的一条小支流。水流从北面进入葛仙湖，又从葛仙湖西南角溢洪道排入句容河。下游溢洪道长约1公里。

1992年开发区成立后，句容县城西片区为首先开发的区块，将此河道命名为玉清河。后来进行人工疏浚和拓宽，河岸护砌，河道拓宽为15～20米。由于河道落差较大，中间筑有3道水泥坝，分段拦截河水，以保持河中有一定的水位高度，起到景观效果。玉清河上也分别架设双利桥、崇明桥、勤学桥、玉清桥等大小桥梁。

玉清河现已成为主城区的重要河流，河两岸民居、公园、学校机关单位密集，时有污水进入，水质差，雨水少时水体发臭。为此，管理部门与自来水公司商定在河上游安装直径200毫米的自来水阀门，需要时使用自来水数千立方米对河水进行冲换稀释河水中的污水。

2009年7月，市政府有关部门筹集300万元，在122省道杨塘岗肖杆河边建造一提水泵房，铺设管道，将东水西调翻越郃家村制高点，水流进入玉清河，使其河水活起来，从根本上改变高温季节玉清河水变臭的难题，改善和美化周边居民的生活环境。

第五节　桥　　梁

历史上的句容古城一直是沿句容河西、北一侧建城，县城内没有河流通过。20世纪80年代后因城区建设需要，城市建成区越过句容河和玉清河向外扩展。至2013年，城区主、次干道共有桥梁47座。

一、东门桥

东门桥（原名太平桥），在句容城东门外，原为3孔石拱桥，横跨句容河，为镇句公路桥。在抗日战争中被炸毁，后改建为一孔钢筋混凝土板桥梁。因原桥低矮，面窄，1974年发大水，上游山洪暴发，洪水淹没桥面。1978年疏浚句容河，截弯取直，将老桥拆除，由县水利工程队承建新桥，1979年7月竣工。造型为桁架拱，最大泄洪量为585立方米/秒。桥梁长度105.60米，桥面宽12米（行车道宽9米，人行道1.50米×2）。随着东门广场的扩建、拓宽，大桥坐落其间，显得更加壮观。

2010年3月，东门桥桥面扩宽改造工程开工，当年8月竣工，桥面由原来的12米扩宽为15米，分设快、慢车道，进一步改善交通环境。

图2-13　句容河上两座桥（1992年）

二、南门桥、句容河桥

南门桥坐落在句容城南，由于句容河拓浚改道，在新开河上建新桥，为双曲拱型，全长105.60米，最大泄洪量为585立方米/秒，桥面宽9米，另加两边人行道，由于路桥之间弯度大，计划在桥北端设圆形弧道。1979年南门桥竣工之后，省交通厅验收时，认为在桥头处90度转弯不符合等级公路（宁杭路）最低标准，有碍行车安全，提出宁杭线在句容城东南改道。

改道后的宁杭线裁弯取直，经南山岗岭钤塘冲接老公路，在宁杭公路46千米+100米处再建一座横跨句容河的大桥句容河桥。改道与建桥同时动工，桥梁由县水利局设计，县水利局工程队负责承建施工。桥型为桁架式，全长105.60米，净跨3孔，桥面宽12米，行车道宽9米+人行道2×1.50米。最大行洪量为585立方米/秒，1980年建成。两桥国家共投资经费61万元（南门桥38万元，句容河桥23万元）。

为了适应句容客运枢纽中心（客运总站）即将投入运营的需要，2013年开始，对宁杭南路及宁杭南路句容河桥实施改造工程。对原宁杭南路句容河桥进行拆除，新建大桥桥面跨度100米，宽36米，设快慢车道、人行道及绿化隔离带。项目总投资4000万元，于2014年7月建成通车，建成后的大桥，交通顺畅将有效地服务于市客运枢纽中心。

三、华阳大桥

华阳大桥，即为华阳南路延伸工程，横跨句容河，河滨北路与河滨南路相接，桥长96.80米，宽48米，快车道宽18米，两侧机、非分隔带各宽3.50米，两侧慢车道各宽5米，两侧人行道净各宽6.50米。上部构造为预应力混凝土宽幅空芯板梁，简支桥面连续结构；下部构造为桩柱式桥墩，桥墩由34根直径1.50米的钢

图 2-14　华阳大桥

筋混凝土灌注桩组成,造价 1644 万元。于 2007 年 5 月 30 日开工,是年 12 月 28 日竣工。桥面分设快、慢车道和人行道,十分宽敞,利于通行。

四、兆文桥(双桥)

兆文桥,即为洪武路(原名西环路)横跨句容河的桥,北端为河滨北路、南端为河滨南路,桥长 92 米,宽 16 米,于 1991 年 6 月改造修建竣工。结构为 T 形梁,桩(柱)式墩台,跨径总长 72 米,最大跨径 20 米。随着经济发展,桥面通行受阻,又紧靠老桥西侧新建同样结构与式样,桥长 90.80 米,宽 14 米的新桥,人称双桥,2000 年 12 月竣工。从此,道路通行能力增大,畅通无阻。

五、六朝渡桥

六朝渡桥位于崇明东路上,长 280 米,宽 41.10 米,于 2010 年 9 月开工新建,投资 3367 万元,为 T 型梁桩柱式墩台。

六、高骊山路书香桥

高骊山路书香桥位于高骊山路上,长 48 米,宽 24 米,于 2010 年 11 月开工兴建,投资 883 万元,2011 年建成。

七、双利桥

双利桥跨玉清河桥,位于梅花小区东大门东侧,跨玉清河连接双利路,桥长 30 米,宽 18.75 米,为单跨简支梁板桥,桥墩由 6 根直径 1.20 米的钢筋混凝土灌注桩组成,造价 152.18 万元。工程于 2007 年 5 月开工,当年 12 月底竣工。

八、勤学桥

勤学桥,位于句容市第三中学围墙北侧,南北朝向。横跨玉清河。桥长 16 米,宽 10.60 米,于 2009 年 6 月进行改造,2009 年 9 月竣工,投资 90 万元。

九、向阳桥

向阳桥(老南门桥),民国时期为三孔石拱桥,横跨老句容河。抗日战争时期,桥梁部分被炸毁,抗战胜利后抢修通车。1969 年 7 月 14 日,南门桥遭洪水冲塌,正值南京军区司令员许世友(时任江苏省革委会主任)路过视察,立即通知镇江地区革委会组织抢修,县城各行各业配合镇江派出的桥梁施工队,苦战三昼夜恢复宁杭线通

图 2-15　向阳桥改造工程竣工(2009 年)

车。1969 年重建一孔双曲拱桥，桥长 55.20 米，桥宽 7 米，净跨 40 米，并改名向阳桥。

2009 年 4 月 19 日对向阳桥进行改造，结构为钢筋混凝土 T 形梁，桩(柱)式墩台，改造后的桥长 48 米，宽 16 米，总投资 306.93 万元，2009 年 12 月竣工使用。

2013 年句容市城市桥梁一览

表 2-2-4

序号	桥梁名称	地点	长度（米）	宽度（米）	建造年份	承载量（吨）	等级	养护标准	完好状态等级	产权单位	建造单位
1	华阳大桥	华阳南路	96.80	49	2007	—	大	Ⅲ 类养护	A	城投公司	—
2	东昌大桥	东昌路	120	50	2004	—	大	Ⅲ 类养护	A	城投公司	—
3	老南门桥	南大街	105.60	15	1978	40	中	Ⅳ 类养护	B	水利局	—
4	句容河桥	宁杭路	100	36	2013	城市 - A	中	Ⅳ 类养护	A	市政中心	—
5	向阳桥	向阳路	48	16	2009	—	中	Ⅳ 类养护	E	城投公司	—
6	崇明桥	崇明路	29	30	1993	—	小	Ⅲ 类养护	B	住建局	—
7	双利桥	双利路	30	18.75	2007	—	小	Ⅳ 类养护	A	城投公司	城投公司
8	玉清河桥	华阳西路三中门口	21	50	1993	—	小	Ⅲ 类养护	B	建设局	—
9	溢洪道桥	苏南商贸城北门	13	120	2004	10	小	Ⅴ 类养护	B	市政中心	句容三建公司
10	溢洪道桥	西关加油站北侧	12	8	2004	10	小	Ⅴ 类养护	A	市政中心	句容三建公司
11	溢洪道桥	苏南商贸城西门	10	25	2004	10	小	Ⅴ 类养护	B	市政中心	句容三建公司
12	溢洪道桥	西关综合楼对面	10	5	2004	10	小	Ⅴ 类养护	B	市政中心	句容三建公司
13	溢洪道桥	人民路西关加油站	7	15	2004	10	小	Ⅴ 类养护	A	市政中心	句容三建公司
14	溢洪道桥	丁许路至西环路	6	6	2004	10	小	Ⅴ 类养护	A	市政中心	句容三建公司
15	溢洪道桥	森宝兰制衣门口	6	7	2004	10	小	Ⅴ 类养护	A	市政中心	句容三建公司
16	溢洪道桥	南工路至洪武路	6	10	2004	20	小	Ⅴ 类养护	A	市政中心	句容三建公司
17	溢洪道桥	镇江瑞德制衣	6	5	2004	10	小	Ⅴ 类养护	A	市政中心	句容三建公司
18	溢洪道桥	天力变压器南侧	6	5	2004	10	小	Ⅴ 类养护	A	市政中心	句容三建公司
19	溢洪道桥	天力变压器厂门口	6	15	2004	10	小	Ⅴ 类养护	A	市政中心	句容三建公司
20	溢洪道桥	耐磨材料门口	6	5	2004	10	小	Ⅴ 类养护	A	市政中心	—
21	溢洪道桥	春盛鱼府门口	6	10	2004	10	小	Ⅴ 类养护	A	市政中心	句容三建公司
22	溢洪道桥	阳光公寓西侧	6	10	2004	10	小	Ⅴ 类养护	A	市政中心	句容三建公司
23	东门桥	东门	90	15	2010	—	中	Ⅲ 类养护	D	城投公司	城投公司
24	勤学桥	三中围墙北	16	10.60	2009	城市二级	小	Ⅳ 类养护	A	城投公司	城投公司
25	兴容桥	华阳南路	54	49	2010	城 - A	中	Ⅲ 类养护	A	城投公司	城投公司
26	六朝度桥	崇明东路	280	41.40	2010	—	大	Ⅲ 类养护	—	城投公司	城投公司
27	书香桥	高骊山(南北向)	48	24	2011	—	大	Ⅲ 类养护	A	城投公司	城投公司
28	兴东桥	高骊山路与河滨西路	42	26	2010	—	—	—	—	—	—
29	崇明东路桥	崇明东路延伸段	20	40	2013	城 - A	小	Ⅳ 类养护	A	市政中心	—
30	寨里桥	石狮路与华阳西路交汇处	22	48	2009	55	公路—1	正常检查	完好	开发区	南京润盛建设集团有限公司
31	春城桥	石狮路与崇明西路交汇处	20	32	2010	55	公路—1	正常检查	完好	开发区	江苏友达建筑工程有限公司
32	文昌桥	石狮路与文昌路交汇处	20	44	2010	55	公路—2	正常检查	完好	开发区	江苏龙海建筑有限公司

2013年句容市城市桥梁一览

续表2-2-4

序号	桥梁名称	地点	长度（米）	宽度（米）	建造年份	承载量（吨）	等级	养护标准	完好状态等级	产权单位	建造单位
33	巨宝桥	石狮路与巨宝路交汇处	16	26	2009	55	公路一1	正常检查	完好	开发区	南京第二道路排水工程有限公司
34	福地桥	石狮路与福地路交汇处	20	46	2010	55	公路一1	正常检查	完好	开发区	阜宁市政公司
35	黄金闸桥	致远路	20	46	2008	城-A	小	Ⅲ类养护	A	开发区	开发区
36	新塘小桥	（新S122碧桂园北）	19	40	2012	公路-Ⅰ级	小桥	公路养护	一类桥	镇江公路处	句容市交通局
37	孔家桥	（新S122碧桂园）	454	26	2012	公路-Ⅰ级	大桥	公路养护	一类桥	镇江公路处	句容市交通局
38	塔子桥	（新S122碧桂园南）	66	40	2012	公路-Ⅰ级	中桥	公路养护	一类桥	镇江公路处	句容市交通局
39	黄梅桥	（新S122碧桂园南）	126.08	40	2012	公路-Ⅰ级	大桥	公路养护	一类桥	镇江公路处	句容市交通局
40	新庄桥（黄梅立交桥）	黄梅	348	30	2012	公路-Ⅱ级	大桥	公路养护	二类桥	镇江公路处	句容市交通局
41	黄梅桥	黄梅（老S122）	110	17	2008	公路-Ⅱ级	大桥	公路养护	一类桥	句容市政府	镇江市公路处
42	肖杆河桥	隆昌路（新S122）	70.94	40	2009	公路-Ⅰ级	中桥	公路养护	一类桥	镇江公路处	句容市交通局
43	行洪桥	文昌路（老S122）	10	40	1996	汽-20级	小桥	公路养护	二类桥	镇江市公路处	句容市交通局
44	盛邦桥（原杜家山桥）	通宁路（原老104国道）	22	15	2004	汽-20级	中桥	公路养护	二类桥	句容市政府	老桥：镇江公路处加宽：句容住建局
45	新兆文桥	老104国道	90.80	14	2000	汽-20级	中桥	公路养护	二类桥	句容市政府	镇江市公路处
46	老兆文桥	老104国道	92	16	1991	汽-20级	中桥	公路养护	二类桥	句容市政府	镇江市公路处
47	钤塘桥	老104国道	7	60	1991	汽-20级	小桥	公路养护	二类桥	句容市政府	镇江市公路处

第三章　公共设施

民国时期，句容城区公共设施简陋，仅有光线暗淡的玻璃方罩煤油路灯，排水不畅的阴、阳沟，少量的黄包车和以独轮车为主要交通工具的公共设施。

中华人民共和国成立后，于20世纪50年代始建排水管道，60年代初始建自来水厂，70至80年代更新路灯照明，90年代开通城市公共交通线路、开始发展民用燃气。至此，给水、排水、照明、燃气和公共交通等公用设施与城市的发展相配套，城市功能也不断完善。2013年城市自来水日供水能力达12.50万立方米，管网总长度384.42千米（直径100毫米以上），用水普及率100%；建成大小排水管道共244条，总长429.05千米；安装路灯线路总长415.55千米，照明总容量2932千瓦，设施完好率、亮灯率分别达98%和95%；铺设燃气中压管道115千米，低压管道340千米，年供气919万立方米，建成液化气供应站15家，城乡用户达16万户；公共交通线路13条，站点136个，营运车辆92辆。小汽车出租公司3家，营运车辆289辆。

第一节　供　　水

一、供水能力和管网建设

句容县地处宁镇山脉之间，属丘陵地带，县城内基本为平地，局部地区有高差。全县范围水网密布，县城外只有一条自东向西的句容河绕城而过。

民国时期县城内居民饮用水以井水为主，城边居民以塘水和东门桥句容河水为主。城中有浅水井221口，其中部分水井旱年不涸，水质清澈，部分井水味苦且咸，不宜饮用。因此，城内出现过卖水业，卖水者用水桶装东门桥句容河水，用独轮车推运出售，用户以水缸储存，主供炊饮。洗涤则以井水为主，直至20世纪60年代初。

1960年10月，县政府筹集资金8.18万元，在东门桥句容河边建造自来水供应站；翌年7月建成，日供水量500立方米，输水管道直径150毫米，总长5000米，在城内设点供水。1973年年底更名为句容县自来水厂。1976年年底更新改造投资35万元，迁址上阳村，水源以房家坝水为主，枯竭时由北山水库或句容水库补给。1978年，日供水量5000立方米，主管直径100～300毫米，总长7802米。1983年9月，水厂设备更新；次年9月正式运行，日供水量1万立方米，主管直径100～500毫米，总长30.22千米。供水范围：东至环城铝材厂，西达郭西塘，南至农资公司（老南门桥），北至县看守所。

图2-16　西门转盘的区域供水工程管道吊装现场（2008年）

随着城市的发展和夏季供水矛盾突出，1987年6月，句容县自来水公司在杨家巷大队上阳村副业队北另征地12.50亩，投资115万元，建自来水一厂新二泵房;1988 年 8 月 28 日建成并投入运行。至此,自来水厂新、老二泵房供水量达 2 万立方米/日。城市供水管网建设速度加快,已形成 34.56 千米的城市管网框架,用水总表户 3573 户。

进入 90 年代,随着城区面积不断扩张,句容县政府把扩建 2 万立方米/日供水工程列入为民办实事之一。1993 年 4 月动工,是年 10 月 1 日建成。至此,自来水一厂新、老泵房形成 4 万立方米/日供水能力。城区各种供水管道 47.60 千米,其中 300 毫米以上管道 6.74 千米,最大管径为 600 毫米,水厂出厂水压 3 公斤/平方厘米,水厂水质综合合格率为 98.63%。

图 2-17　二水厂源水管道施工(2000 年)

随着句容撤县设市、改革开放的推进,城市建设进入快速发展期,原来的供水能力已不能适应。2000 年 2 月 13 日,句容市第二水厂一期工程在杨塘岗开工建设。第二水厂设计规模日供水 10 万立方米,其中一期工程日供水 5 万立方米,该工程占地 104 亩,总投资 8700 万元,2001 年 10 月 6 日竣工。第二水厂是一座园林式水厂,环境优美。该厂取水部、厂区建筑物等设施均按日供水 10 万立方米规模一次性建成,第二水厂建成后,缓解了城区夏季用水高峰水压低的矛盾。

2002 年,完成老句卓路、202 工地、益进光电、老句中、丹阳房产、新句中等处供水工程。2003—2004 年,投入 1000 余万元,完成华阳镇政府、弘景路、句石路沿线改水工程,宁杭南路干线下地工程、帕提亚广场主管道等工程。2006 年,改造羊角山小区、上阳小区、联盟村、西庙小区的自来水管网,接通石狮路的供水,完成了东门水岸、锦绣句容、聚和园等一批新建小区的给水安装工程,发展老石狮镇东给水用户。2007 年,总投入 1500 万元的句容湖引水工程开工建设;投入 157 万元进行茅山村、振兴村、甲城 3 个小区给水管网改造,参加崇明中路、崇明西路、学府路、文昌路等道路新建、改造工程,跟进了给水管网建设。

2008 年,总投资 3.64 亿元的区域供水工程全面展开,句容湖(水库)引水工程 5 万立方米/日源水管道给水工程开工建设,石狮路至隆昌路管道铺设基本完成。完成弘景路给水改造工程、东方华城小区、时代逸居小区、静沁园小区、碧水铭苑、新华家园等 6 项供水工程,继续对部分老城区的自来水管道进行改造,城区供水管道总长达 336.63 千米。

2008 年 12 月 31 日,完成第二备用水源——江宁来水工程。根据江苏省城市饮用水安全保障工作会议精神,建设完善备用水源,以及“原水互备、清水联通”的原则,句容市自来水水源增加江宁来水。该水源经直径一米球墨铸铁管道由江宁土桥至石狮路 3.20 千米,再经 800 毫米直径球墨铸铁管由石狮路至二水厂 6.80 千米。管道于 2008 年 12 月 31 日铺设完成通水。

2009 年,自来水总公司完成 1500 万元的供水厂改造项目和 3000 万元的供水厂扩建项目,完成 3863 万元的管网改造建设项目和 110 万元的水质监测设施项目。

2010 年 3 月 1 日,自来水总公司开工建设二水厂清水池二期扩建工程,投资 597.50 万元,供水能力 5 万立方米,蓄水能力达到 1.50 万立方米;6 月竣工,并投入运行。

2011 年 3 月第二水厂二期反应沉淀池、滤池扩建工程开工,工程设计日供水量 5 万立方米,最大日供水能力 7.50 万立方米,工程投资 2280 万元。

截至 2013 年 12 月 31 日,日供水能力已提升到 12.50 万立方米,年供水量 2301 万立方米,其中江宁净水补充 142 万立方米,年售水量为 1438 万立方米,用户达 9.30 万户,用水普及率 100%。

1961—2013 年句容市(县)自来水供水和管网情况一览

表 2-3-1

年份	平均日供水量(万立方米)	年供水量(万立方米)	管网长度(Φ100 以上)(千米)	用水人口(万人)	普及率(%)
1961	0.05	18.25	5.01(石棉管)	0.20	20
1964	0.07	26.80	5.80	0.50	25
1970	0.15	54.75	6.31	0.80	33.10
1985	0.80	292	14.61	2.30	70
1988	1.10	401.50	26.11	3.50	81
1990	1.26	460	34.56	5.50	85
1991	1.75	488.96	37.42	5.50	90
1992	2.12	772.70	40.83	6.10	93
1993	2.55	930.80	46.98	7.40	96
1994	2.60	940	55.70	9.50	98
1995	2.68	977	68.44	11.30	98.80
1996	3.01	1100	80.84	11.90	99
1997	3.37	1230	96.95	12.40	100
1998	3.36	1226	112.25	12.70	100
1999	3.01	1100	122.52	12.70	100
2000	3.01	1100	146.49	13.10	100
2001	3.01	1100	169.43	13.60	100
2002	3.93	1436	193.78	14.10	100
2003	4.34	1585	210.88	16.90	100
2004	4.16	1519	225.80	18.10	100
2005	4.89	1638	244.93	19.20	100
2006	4.05	1481	260.16	20.50	100
2007	4.17	1503	273.33	20.90	100
2009	4.64	1696	346.48	22.80	100
2010	5.16	1885	359.51	24	100
2011	5.19	1893	367.42	27	100
2012	5.67	2079	376.33	29	100
2013	6.30	2301	384.42	30.10	100

二、水源与水源保护

1961 年建供水站时,供水站第一水源是句容河东门桥河水,其水质优良,清澈见底。河上游与房家坝水库相连,在水库东南建有水闸调节水量,常年水流不息,是较为理想的饮用水水源。第二水源为房家坝水库西北角句容河支流,20 世纪 60 年代末,由于县化肥厂向东门句容河排放工业废水和生活污水,造成河水污染。1968年供水站水源取水口迁址房家坝水库。

1974年建自来水一厂，仍以房家坝水库水作为水源。水库正常年份库容量达到133万立方米，干旱年份可由句容水库或北山水库经句容河两个支流进行补充，水源充足。两个水库上游河岸上除了少数自然村落外，没有化工、造纸等工业企业，无污染源，符合国家规定的生活饮用水标准。

2000年新建自来水二厂，其水源为北山水库。北山水库位于句容市北部，距市区14公里。水库工程于1958年4月始建，多年加固续建至1982年达到设计标准。设计水位海拔54.42米，校核水位56.46米，总库容4979万立方米，汛控水位52米，兴利库容2133万立方米。正常年份平均降雨量963毫米，产水量1433.86万立方米。经1998年平、丰、枯水期，南京医科大学3次对水库5个采样点共40个水样，1200个项目水质分析结果，达到Ⅰ类水标准项目的项次是865个，达标率为72.08%；达到Ⅱ类水质标准项目的项次是977个，达标率81.42%；达到Ⅲ类水质标准项目的项次是1023个，达标率为85.25%。超过Ⅲ类水质标准项目的项次是177个，超标率为14.75%。评价该水域水质基本属Ⅲ类水质，基本上达到国家生活饮用水卫生标准。长江取水口的长江、大道河、便民河水的水质属Ⅱ、Ⅲ、Ⅲ类，基本达到国家生活饮用水卫生标准。

北山水库于1999年确定为自来水二厂供水水源后，句容市人民政府加强对该水库管理面积污染源的管理，2000年3月21日发布了《句容市北山水库供水资源管理办法》，对保护区范围划分、达标排放、入水口清淤、生态环境保护、监督监测职责划分、违规处罚均作出详细规定，并加强对湾山煤矿、矿山各采矿单位污水达标排放的管理力度，以确保源水达标。

饮用水水源保护区包括一级保护区、二级保护区。饮用水水源一级保护区、二级保护区和准保护区不得小于下列范围：取水口上游500米至下游500米、向对岸500米至本岸背水坡堤脚外100米范围内的水域和陆域为一级保护区；一级保护区以外上溯1500米、下延500米范围内的水域和陆域为二级保护区；二级保护区以外上溯2000米、下延1000米范围内的水域和陆域为准保护区。在饮用水水源保护区、准保护区设立明确的地理界标和明显的警示标志，明确保护范围和要求。

自来水二厂现有三个水源地，即北山水库、句容湖（水库）和南京江宁来水。正常年份，北山水库兴利库容2133万立方米，句容湖（水库）1200万立方米。考虑到农业灌溉及其他因素的影响，自来水二厂每天10万立方米的取水量能基本满足。北山水库每小时3000立方米，句容湖（水库）一台机组每小时1000立方米。合计每小时4000立方米。

主要水源地——北山水库为直接取水的方法，经直径一米管道10.60千米，利用地势水平落差27米，采用虹吸自流方式，重力引流至自来水二厂进行工艺处理。

三、制水工艺流程

自来水一厂地面水源取水口（又称一级泵站），位于房家坝水库西南角，滚水坝西侧，建于1968年，现占地面积1800平方米，建筑占地面积1400平方米，初建时设计日提水量0.50万立方米，1988年、1993年扩建，提水量不断提高。2001年，实际日提水量达4.80万立方米。

取水口的取水头部为岸边沉井式，4台机组。吸水管采用口径为DN500钢管3条，DN400钢管1条。DN500口径输水管道3条，分别通往自来水一厂新、老二泵房。

自来水一厂老二泵房，位于华阳镇杨家巷上阳村，于1978年建成投产，占地面积4833.60平方米，建筑占地面积3756.42平方米。初建时日供水量为0.50万立方米，投资35万元。1983年扩能，投资45万元，将日供水量提高到1万立方米。1990年11月DN300口径出厂水管道安装插入式涡轮流量计2台。

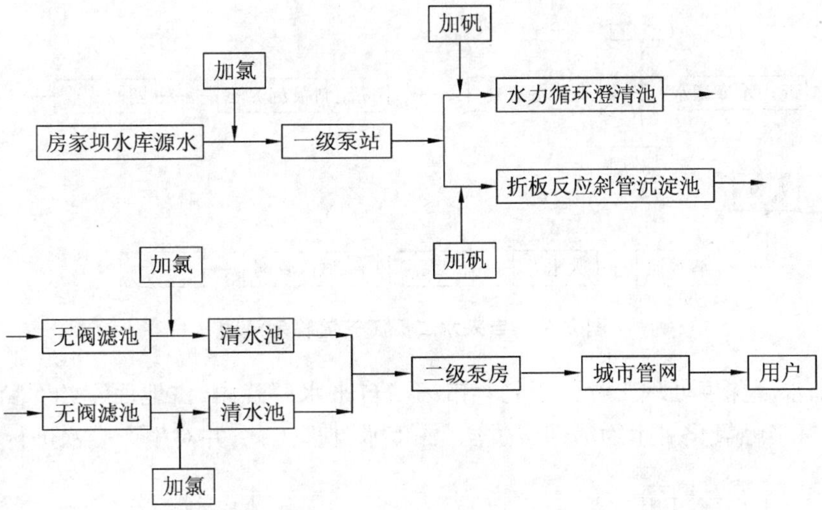

图 2-18　**自来水一厂老二泵工艺流程示意图**

自来水一厂新二泵房,位于华阳镇杨家巷上阳村,占地面积 8333.70 平方米,建筑占地面积 4532.50 平方米,1987 年开工新建,1988 年建成投产,初建时日供水量为 1 万立方米,投资 115 万元。1993 年 5 月扩能投资 236 万元,将日供水量提高到 3 万立方米。1990 年 11 月 DN500 出厂水管道安装插入式涡轮流量计 2 台。为增加调节余量,1997 年扩建 1340 立方米清水池 1 座。

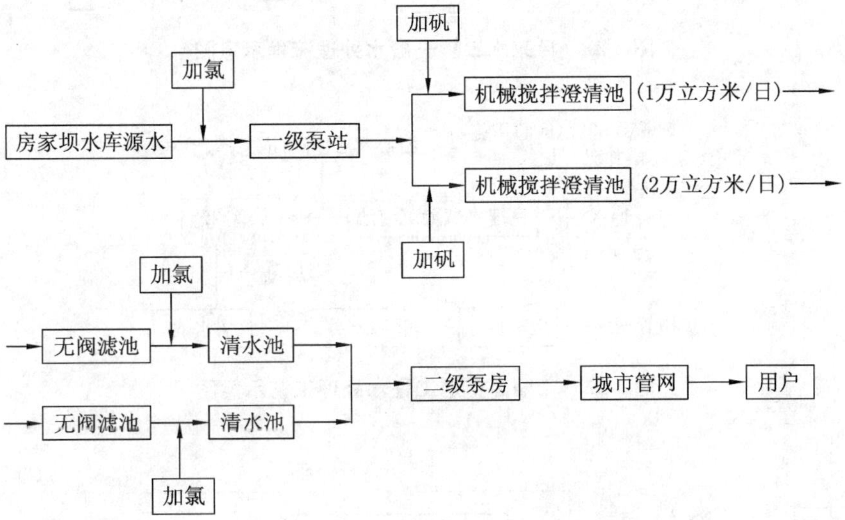

图 2-19　**自来水一厂新二泵工艺流程示意图**

自来水二厂位于城区老句卓路杨塘岗行政村北,距市中心 4 公里。厂区东贴老句卓路,西为部家村,南贴隆昌路,北邻大卓锅炉厂,占地 104.31 亩。该项目由中南市政设计研究院上海浦东分院设计,总投资1.20 亿元。

自来水二厂工艺设计先进,混合反应部分采用哈尔滨多相水处理技术研究中心王绍文教授发明的“涡旋混凝低脉动沉淀给水处理”新技术。絮凝沉淀池为小网格絮凝,小间距斜板混合反应,滤前水浑浊度确保在 3 度以下。滤池为四阀滤池即普通快滤池。

自来水二厂自动化程度高,机组、输配电、加药、进出水量、阀门、水质、计量、仪器仪表、通讯等均由 3 个 PLC 终端控制运行信息。各 PLC 终端可通过 CRT 触摸画面,对本系统中各设备运行进行测控操作。经理、厂长室终端通过网络数据传输,实现对全厂工艺流程、产品质量管理全过程监控跟踪。

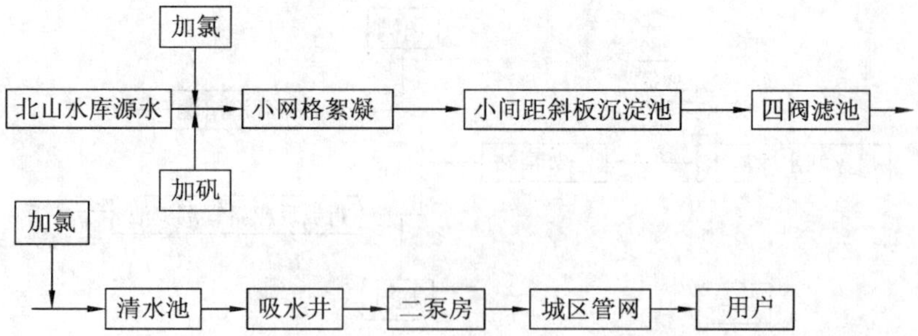

图 2-20 自来水二厂工艺流程示意图

句容市第二自来水厂深度处理工程位于句容市第二自来水厂院内，占地面积约 5 亩。工程建设规模为 10 万 m^3/d 采用“臭氧接触氧化 + 生物活性炭过滤”深度水处理工艺，并对生产废水进行处置。

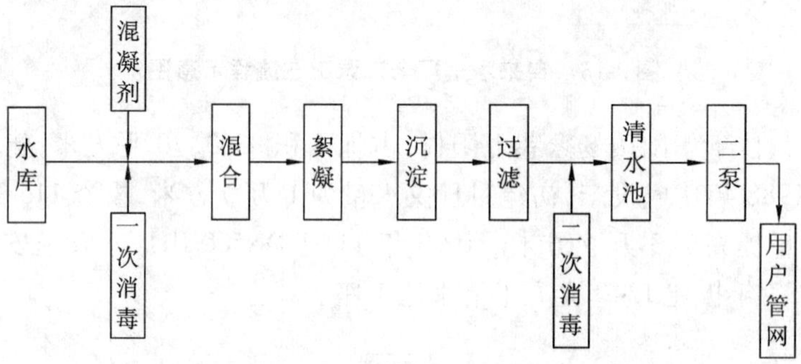

图 2-21 自来水二厂一般水处理流程示意图

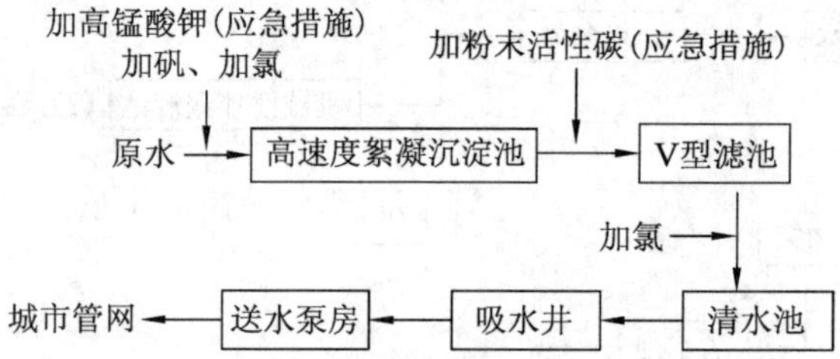

图 2-22 二期高密池工程水处理工艺示意图

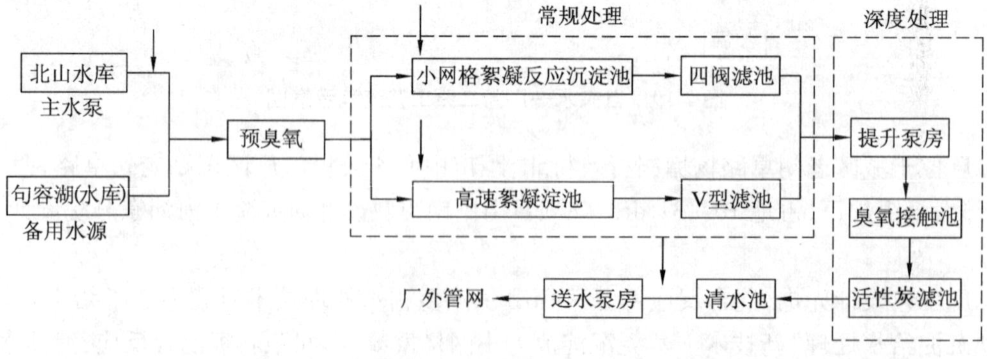

图 2-23 自来水二厂深度处理工艺流程示意图

四、水质与水压

1. 水质

自来水总公司不仅注重源水水质的保护，还要定期和不定期地对一、二厂供水水源加强检测。在房家坝、北山水库设置水质检测点有4个，每年平、丰、枯水期各采样一次，每次采集水样3个，并按地面水环境质量标准规定的项目进行检测。

自来水总公司一、二水厂水源均为湖泊型，浊度低，常年浊度在10NUT以下，浑水季节在40NUT左右。句容湖（水库）水氨氮超标，北山水库每年4到5月份藻类上升，7到8月份重金属超标并存在突发现象，备有活性炭和高锰酸钾加应急水处理措施和深度水处理设施。

出厂水质的检测主要是定点在自来水管网末梢取水样。管网末梢共有3个取水样点，分别是：消防大队，一马先服装厂，天宁科技园（少管所对面）；管网点有7个取样点，分别是：黄金花园、梅花小区、市政处、公交公司、华正电器（东南环路）、保安公司（西岗）、建设银行（华阳东路）。以上10个管网点每月检测至少2次（色度、浑浊度、嗅和味、肉眼可见物、细菌总数、总大肠杆菌群数、游离余氯的检测）。3个管网末梢点每月检测。

自来水总公司中心化验室是以国家、行业、地方法律法规和标准为依据，实施城市供水水质检测的机构。有化验人员17名，化验工程师1名，技师2名，助理工程师7名，化验员7名。句容市自来水总公司中心化验室位于句容市杨塘岗二水厂内，市自来水总公司历来重视中心化验室的建设，先后投入大量资金用于中心化验室内仪器设备的更新。先后购入气相色谱仪、原子吸收分光光度计、原子荧光光度计、红外分光测油仪和α、β测定仪等国内外先进的检测设备，使中心化验室的检测能力得到全面提高，能较为全面地掌握源水、出厂水、管网水水质状况，2013年检测能力已达71项。2013年4月，公司水质科被省住建厅授予“城市供水工作先进集体”。

为进一步提升自来水水质，打造“优质饮用水安全工程”，自来水总公司于2013年9月着手建设二水厂深度处理工程。

1988—2013年句容市（县）城区自来水水质情况一览

表2-3-2

年份	水质综合合格率（%）	年份	水质综合合格率（%）
1988	99.43	2001	98.40
1989	99.75	2002	98.00
1990	99.68	2003	97.20
1991	99.50	2004	97.40
1992	99.93	2005	96.80
1993	99.79	2006	97.60
1994	98.95	2007	95.70
1995	99.00	2008	95.40
1996	99.00	2009	98.80
1997	98.00	2010	98.50
1998	98.00	2011	99.50
1999	97.00	2012	100.00
2000	98.00	2013	100.00

2．水压

自供水站建成供水后，管网压力以满足用户需要为准。1987 年前，出厂水压为 0.35 兆帕，管网末梢压力为 0.06 兆帕。1988 年后，随着城市高层建筑物越来越多，为保证 6 层以上建筑物的正常供水，出厂水压力提高到 0.40 兆帕，管网末梢平均压力在 0.18 兆帕以上。1994—2001 年，管网压力合格率 98%，最高压力值 0.30 兆帕，最低压力值 0.14 兆帕，平均压力值 0.24 兆帕。

1994 年 11 月，自来水一厂生产管理实现"二遥"微机调度供水系统，设置出厂水、市报社、崇明西路、吉里村、张庙村、五里墩、南门菜场、莲塘村等 8 个水压测压点，管网压力数据为自动记录传递。

2002 年以后，用水量大的用户，改用电子水表并传递管网压力，8 个自动水压测压点取消。

1994—2001 句容市(县)自来水公司白天供水管网压力情况一览

表 2－3－3 单位：兆帕

测压点	1994 年	1995 年	1996 年	1997 年	1998 年	1999 年	2000 年	2001 年
出厂水	0.31	0.32	0.34	0.36	0.36	0.37	0.37	0.38
市报社	0.14	0.14	0.15	0.16	0.16	0.18	0.20	0.26
崇明西路	0.16	0.16	0.17	0.18	0.17	0.21	0.24	0.30
吉里村	—	—	0.10	0.11	0.11	0.11	0.11	0.24
张庙村	—	—	0.04	0.06	0.06	0.06	0.06	0.14
五里墩	—	—	0.12	0.13	0.18	0.18	0.19	0.26
南门菜场	0.21	0.22	0.22	0.23	0.23	0.25	0.27	0.29
莲塘村	—	—	0.09	0.10	0.10	0.10	0.10	0.18

2013 年句容市自来水总公司测压点

表 2－3－4 单位：兆帕

编号	单位	地址	水压
1	宁武化工	镇句路	0.37
2	少管所	镇句路	0.28
3	句容市高级中学	文昌东路	0.29
4	人民医院	人民路	0.28
5	久正光电	福地路	0.24
6	三中	玉清路	0.30
7	二中	人民路	0.29
8	实验高级中学	文昌中路	0.23
9	崇明托幼	崇明中路	0.28
10	石狮友泉	石狮路	0.39
11	京华电气	隆昌路	0.31
12	农校	文昌中路	0.24
13	益柯赛	宁杭路	0.17
14	黄梅泵站	宁杭路	0.24
15	碧桂园大酒店	S122 省道	0.27

2013 年句容市自来水总公司测压点

续表 2－3－4　　　　单位：兆帕

编号	单位	地址	水压
16	纳赛诺	崇明西路	0.33
17	兴文包装厂	致远路	0.45
18	正阳汽配	石狮路	0.23
19	贾纪山公园	河滨南路	0.25
20	润华置业	肖杆路	0.30
21	南门汽车站	华阳南路	0.27
22	句茅路	句茅路	0.18
23	机场路	铃塘转盘	0.27
24	万宏天源城	南大街	0.28

五、供水管理

1961 年 7 月，供水站建成供水时只有 3 人，日供水能力 500 立方米，属镇办企业。1973 年更名为句容县自来水厂，属县办大集体企业。1995 年自来水厂由大集体企业性质改为国营企业性质，日供水能力提升为 0.50 万立方米。1985 年成立句容县自来水公司，1988 年 8 月，日供水能力已提升到 1 万立方米。2003 年 10 月，自来水公司更名为句容市自来水总公司，日供水能力达到 5 万立方米。至 2013 年人员已增加到 245 人，日供能力达到 12.50 万立方米。

图 2-24　**市自来水总公司办公楼**

1. 管理机构设置与人员分布

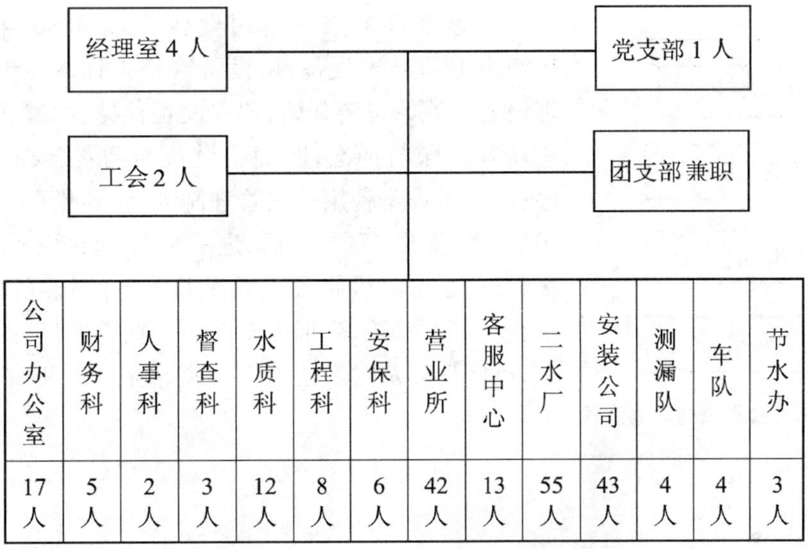

图 2-25　2013 年句容市自来水总公司机构设置与人员分布图

说明：在编人员 202 人，临时工 38 人，合计 240 人，其中水务集团借用 16 人

2．生产管理

自来水总公司1993年成立总调度室，负责生产管理，对自来水一厂新、老泵房及取水口机泵设备统一调度，实行全日制值班，有线电话作联络工具，按时纪录新、老二泵房出厂水压、清水池水位、产水量、电耗等主要指标，根据管网水压、出厂水压合理调度机组。

1994年年底，公司总调度建立了微机“四遥”系统，1995年3月完成一期工程即遥信和遥测。对取水口、供水新、老二泵房的电压、电流、机温、水位、出厂水压、余氯、浊度等主要技术数据进行信号采集，无线数传、电脑存储及显示，城区设立的3个测压点通过远程压力变送器将数据传递至总控制室并实施合理调度。至2001年年底，城区测压点发展到8个。2001年10月，自来水二厂投产运行后，实现全自动控制，对生产中的信息自动采集、输送、调节。

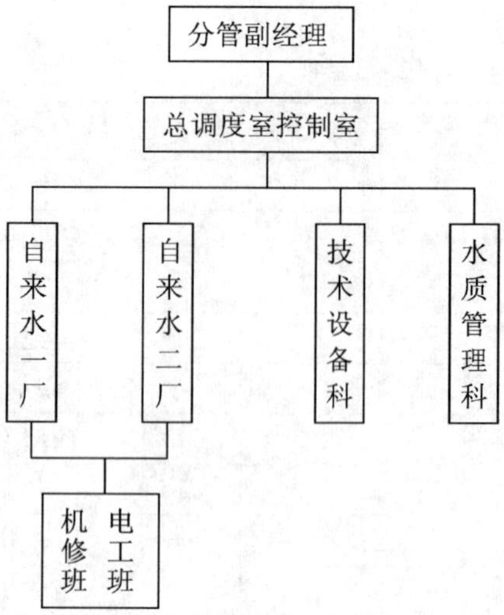

图2-26　句容市自来水总公司生产管理网络

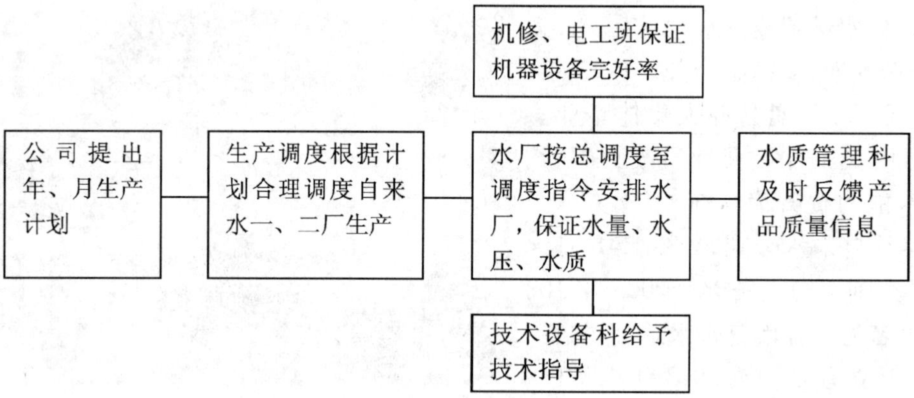

图2-27　句容市自来水总公司生产管理流程

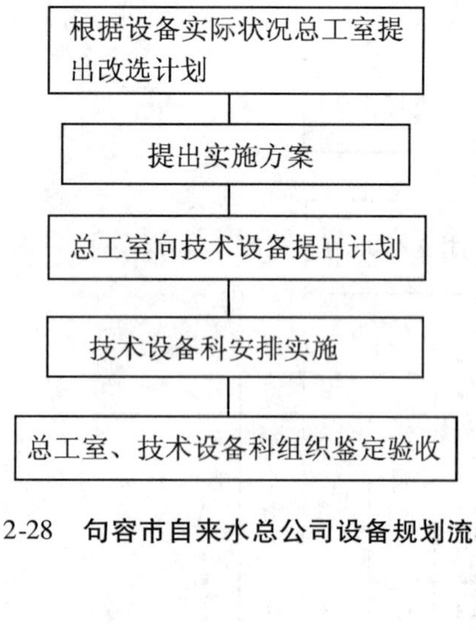

图2-28　句容市自来水总公司设备规划流程

3．设备管理

句容市自来水总公司设备管理，1995年前归口制水车间。1995年建立技术设备科，设备管理工作逐步走上正轨。从收集整理设备的原始资料开始；建立设备检修、故障排除、维护保养、设备更新等台账与档案；明确了设备与购置、安装调试、修理、报废程序；制定了设备备用件的管理制度，做到账、卡、物三相符。2001年10月，自来水二厂投产后，进一步完善和实行了公司、车间、班组三级管理，泵房与机修班二级保养等新的管理制度。同时建立了设备新增、调拨、转移、报废制度。一直以来，设备完好率均在98%以上，维修保养及时率达100%，确保生产的正常进行。

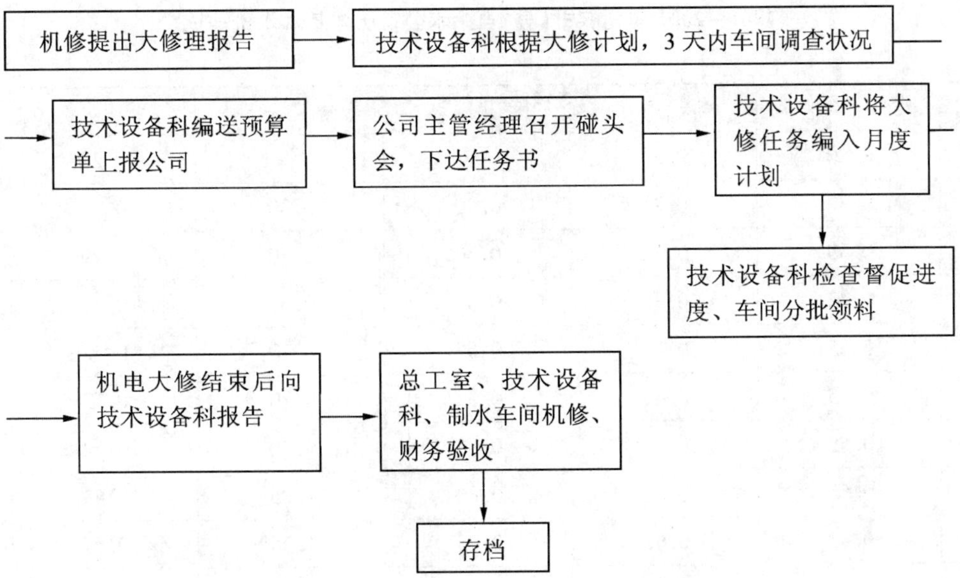

图2-29　句容市自来水总公司设备大修理流程

4. 管网管理

严格管理，定期巡查和维修保养自来水公司所属供水管线及设施，确保安全供水，2013年客服中心巡检2952次，供水设施完好率达99%。

发现或接到报漏，安装公司抢修人员立即赶到现场，主干管90分钟内止水，小修8小时内、大修48小时内修复。2013年发现或接到报漏205次；小修2952次，大修1163次。

建立健全原设计纪录和各种台账，管线及设施的有关资料、档案、图纸及时存档。

加强供水管网的维护和改造，不断降低供水管网漏损率，是自来水公司长期努力的目标，不断完善和配套先进的检漏设备、完善管网检漏制度，培养高素质的测漏人员，强化仪表的检查和更新，切实降低供水管网漏损率。

5. 水价与收费

句容市自来水总公司自来水水价从建厂至2013年一直由政府控制。本着居民生活用水保本、工商业用水微利的原则，物价部门基本上每年为该公司核算上年生产销售成本，逐年微调自来水价格。

1987年前，该公司抄表收费归口公司业务组；1989年3月设立业务科，1992年改为营业所，全面负责公司抄表工作。2013年水表总数85966个，其中单位总表7786个。配备抄表收费员26名，实行分片抄表收费。

1996年5月，收费开票实行微机化；2001年10月抄表使用"掌中宝"计算机抄表器，彻底结束抄表收费采用"手工"的历史。

未实行"一户一表"的单位住宅楼，公司只抄收总表，实行"一户一表"的居民户由抄表员直接抄收，用户按规定时间到公司设立的水费营业厅缴纳水费。

1961—2001年句容市(县)自来水公司历年基本水价一览

表2－3－5　　　　单位：元/立方米

年份	工业用水	生活用水	商业用水	建筑用水	平均水价	单位成本
1961	0.40	0.40	—	—	0.40	—
1969	0.50	0.50	—	—	0.50	—
1974	0.22	0.22	—	—	0.22	—

1961—2001 年句容市(县)自来水公司历年基本水价一览

续表 2-3-5

单位：元/立方米

年份	工业用水	生活用水	商业用水	建筑用水	平均水价	单位成本
1979	0.20	0.20	—	—	0.20	—
1990	0.30	0.25	0.30	0.30	0.30	0.21
1992	0.30	0.28	0.30	0.30	0.29	0.15
1993	0.42	0.38	0.42	0.60	0.31	0.19
1994	0.55	0.43	0.55	0.70	0.52	0.44
1995	0.55	0.43	0.55	0.70	0.52	0.35
1996	0.55	0.43	0.55	0.70	0.52	0.35
1997	0.65	0.53	0.80	1.05	0.63	0.54
1998	0.80	0.68	0.95	1.25	0.67	0.58
1999	0.93	0.82	1.13	1.32	0.94	0.48
2000	0.98	0.88	1.18	1.37	1.00	0.48
2001	0.98	0.88	1.18	1.37	1.00	0.53

2003 年句容市自来水价格和污水处理费调整

表 2-3-6

单位：元/立方米

项目	生活用水	工业用水	商业服务用水	餐饮、浴室、建筑业用水
一、基本水价	1.13	1.43	1.63	1.82
二、价外收费	0.67	0.80	0.94	0.97
1. 省专项基金	0.02	0.02	0.02	0.02
2. 公用事业附加	—	0.07	0.09	0.10
3. 水资源费	0.03	0.03	0.03	0.03
4. 污水处理费	0.62	0.68	0.80	0.82
三、到户价合计	1.80	2.23	2.57	2.79

说明：（句政价〔2003〕10 号）

句容市城区自来水价格汇总

表 2-3-7

单位：元/立方米

项目	生活用水	工业用水	商业服务用水	餐饮、浴室、建筑业用水
一、基本水价	1.43	1.73	1.93	2.32
二、价外收费	1.17	1.30	1.44	1.47
1. 省专项基金	0.02	0.02	0.02	0.02
2. 公用事业附加	—	0.07	0.09	0.10
3. 水资源费	0.13	0.13	0.13	0.13
4. 污水处理费	1.02	1.08	1.20	1.22
三、到户价合计	2.60	3.03	3.37	3.79

说明：（句政价〔2005〕68 号）

句容市城区各类用水价格一览

表 2-3-8　　　　单位：元/立方米

项目＼类别	居民生活用水	机关团体	工商服务业	特种用水
一、基本水价	1.68	1.80	2.06	2.65
二、价外收费	1.30	1.47	1.54	1.80
1. 污水处理费	1.10	1.20	1.25	1.50
2. 水资源费	0.20	0.20	0.20	0.20
3. 公用事业附加	—	0.07	0.09	0.10
三、到户价	2.98	3.27	3.60	4.45

说明：(句政价〔2012〕32 号)

第二节　节　　水

1987 年 1 月 14 日，句容县节水办公室成立，隶属于句容县建设委员会。

根据建设部《城市节约用水管理规定》，1993 年 12 月 25 日经县政府批准实施《句容县城镇供水资源暂行管理办法》。

1998 年，市政府公布《句容市城市节约用水管理办法》。2008 年，市政府又对该办法重新修订。2009 年 5 月，市政府又重新公布《句容市节约用水管理办法》《句容市水功能区管理办法》等。

《句容市节约用水管理办法》规定，按照省定额标准，制定用水计划指标，对用水单位下达用水计划，按月考核，超过用水定量的加价收取用水费。使用自来水厂的 50 多家用水大户按月向节水办报送用水报表。

通过多种形式、多种渠道宣传教育，增强公众的节水意识，牢固树立节水就是节约资源的观念，节约用水取得一定的成效。全市单位地区生产总值用水量由 2006 年的 327 立方米/万元下降到 2010 年的 137.6 立方米/万元，下降 58.3%，年均下降 14.58%；单位增加用水量由 2006 年的 37 立方米/万元下降到 2010 年的 19.06 立方米/万元，下降 14.3%，年均下降 3.58%；工业用水重复利用率由 2006 年的 60% 提高到 2010 年的 70%。渠系水利用系数达到 0.56，城市供水管网漏失率控制在 15%，城市污水集中处理率达 95%。2010 年全市总用水量控制在 33440 万立方米(计划目标 36184 万立方米)，节约用水 2744 万立方米，占年计划 7.5%。

到 2013 年年底，已建设一批节水型试点项目，创建节水型企业(单位)5 家，节水型社区 1 家，节水型学校 1 家、节水型家庭 100 户，省级节水型企业 4 家。

1998—2013 年句容市节水情况一览

表 2-3-9

年份	计划用水户数(户)	核定计划用水量(万立方米)	实际用水量(万立方米)	节约用水量(万立方米)	工业用水重复利用率(%)
1998	108	301	240	61	55
1999	97	250	225	25	40
2000	90	205	154	51	50
2001	88	168	101	67	60

1998—2013 年句容市节水情况一览

续表 2 - 3 - 9

年份	计划用水户数（户）	核定计划用水量（万立方米）	实际用水量（万立方米）	节约用水量（万立方米）	工业用水重复利用率（%）
2002	79	147	74	73	65
2003	—	—	—	—	—
2004	34	107	86	21	63
2005	32	199	129	70	60
2006	21	119	65	54	60
2007	—	—	—	—	—
2008	52	307	230	77	70
2009	52	340	272	68	70
2010	21	284	256	28	70
2011	56	482	313	169	75
2012	55	443	332	111	75
2013	55	487	390	97	75

1993—2001 年句容市（县）节水效益情况一览

表 2 - 3 - 10

名称	1993 年	1994 年	1995 年	1996 年	1997 年	1998 年	1999 年	2000 年	2001 年
节水量（万立方米）	15	24.60	35	32.50	37.50	61	25	51	67
效益（万元）	8.25	13.53	19.25	17.83	52.50	65.88	37	75.48	99.16

第三节　排　　水

一、概　况

句容城北高南低，东高西低，排水从不同方向最终排入句容河。城内排水依靠阳沟和溪沟排入护城河，城周护城河兼有排水功能。清末和民国时期，排水改以砖砌阴沟。县城内有多条溪流，通往 20 多个水塘，流入句容河。

中华人民共和国成立时，护城河部分已被填实，部分阴沟年久失修，城内原有排水系统已经毁坏，排水不畅，每到雨季，城内多处积水影响通行。1954 年暴雨成灾，城内低凹处积水 30 ~ 50 厘米。20 世纪 70 年代以后逐步整修，排水系统逐步配套。1977 年东西大街拓建水泥混凝土路面，两侧砌 50 × 80 厘米阴沟，分段设窨井和雨水井。1978—1982 年，南门、北门大街和人民路改建时，两侧砌暗沟排水。1982 年，城内排水沟 5.49 千米，其中：阳沟 1.18 千米，矩形或管形暗沟 4.31 千米。1985 年年底，县城雨污合流排水主沟有 16 条，总长有 14.72 千米，有 4 个出水口，分别向东、南、西三面入句容河，由于部分地段管径小，排水系统不完善，每逢暴雨，城内仍有多处积水。1990 年句容城区污水排放量为 1.71 万吨/日，其中生活污水排放量为 0.19万吨/日，年排水总量为 624.15 万吨；在工业污水中，达到排放标准的约占 15.6%。

1979 年句容河疏浚拓宽后，河两岸的化肥、制革、油米、化工、酿酒等工厂，其工业污水和县城生活污水汇入句容河，对水体造成严重污染，导致鱼虾绝迹，严重影响周围地区的生态环境。后来上述重污染企业关、停或搬迁，句容河水质有所好转。自句容河修建后，没有发生过内涝水淹情况。1991年在百年未遇的水灾面前，句容县城也只是因排水系统不畅而造成局部地区内涝。

90年代初期排水体制是雨污合流制，已有排水管道总长度31.04千米，主要集中在老城区，最大管径600毫米，排水面积普及率约80%。由于排水设施不全，排水管道埋藏深度不够，管道坡度不合理，使有些地势低洼的地区，雨水不能及时排出，局部地区有积水现象。撤县建市后，随着加大城市基础设施建设的步伐，城区主轴线华阳东、西、南、北路的修建，排水管径、水渠增大，城区排水功能有所改善。随着城区快速扩张，葛仙湖（郭西塘）承受城北、城中、城西地区的排水，排水设施在城市建设中的地位和作用逐步得到重视和落实。

2004年后，市政部门对原有的排水管网分批分期进行改造，句容河北岸截污工程和句容河南岸截污工程，以及句容河截污管道工程先后兴建。

老城区（洪武路东、文昌路南、宁杭路西，河滨南路以北）排水采用雨污合流制，开发区、华阳镇新建区域采用雨污分流。老城区北侧流向句容河北岸污水截流总管。南侧污水进入句容河南岸截流管道，都进入句容污水处理厂处理。雨污合流管道长度为45961米。雨水管道长89325米，污水管道长85386米。

二、采用雨污合流管道

1. 进入句容河北岸截流总管的污水管道

截流总管长4000米，管径D400毫米－D100毫米，进入总管的污水干线管道共30条，总长51568米；支线54条，总长58687米。

玉清河截流干管　全长4150米，管径D700毫米－D1000毫米，起点北环路，终点为句容河，接入此干管的支管有20条，总长27.50千米。

2013年玉清河雨污合流管道一览

表2－3－11

序号	路名	地址	雨污河流管道	
			管径（毫米）	长度（米）
1	洪武路	通宁路—河滨北路	500～1000	510
2	文昌路	句卓路—华阳北路	400～600	1340
3	华阳北路延伸段	隆昌路—文昌路	400～500	3940
4	文昌路	华阳北路—洪武路	400～700	1603
5	福地路	洪武路—句卓路	400	3080
6	崇明路	洪武路—华阳北路	600	1120
7	玉清路	文昌路—华阳西路	600	1100
8	华阳东路	北大街—华阳南路	400	870
9	华阳北路	宁杭路—华阳西路	400～500	2780
10	华阳南路	人民路—华阳西路	400	920
11	人民北侧	果园巷—华阳南路	400	280
12	华阳西路	洪武路—华阳南路	4000	2340
13	北一路	—	600	353
14	北二路	—	600	336

2013年玉清河雨污合流管道一览

续表2-3-11

序号	路名	地址	雨污河流管道	
			管径(毫米)	长度(米)
15	南一路	—	600	200
16	南二路	—	600	200
17	南三路	—	600	200
18	南四路	—	600	172
19	振兴路	—	600	370
20	洪武路	—	500	5786

明渠(葛仙湖泄洪道)东侧雨污合流管道　全长1080米,管径D500。接入此干管的支管有:南工路西延伸段(羊角山路—泄洪沟)全长534米,管径D500

羊角山路雨污合流干管　全长780米,管径1.50×1.20-1.50×1.80米,起点人民路终点句容河,接入此干管的支管有:人民路南侧(中山路—华阳路)雨污合流管道,全长580米,管径D400;中西大街(鲜鱼巷口—羊角山路)雨污合流管道,全长1230米,管径D500;华阳路雨污合流管道,全长260米,管径D500;华阳南路(人民路—西大街)雨污合流管道,全长120米,管径D300;民主巷雨污合流管道,全长130米,管径D400;中山路雨污合流管道,全长130米,阴沟40×50厘米;

葛仙路污水截流管道　全长340米,管径D1000,起点南工路,终点句容河,接入此干管支管有:华阳南路延伸段(西大街—河滨北路)污水管道:全长1730米,管径D400-D500;南工路(南大街—羊角山路)污水管道:全长935米,管径D600-D1000。

南大街(西大街—河滨北路)西侧雨污合流管道　全长1380米,40×50厘米阴沟。

南大街(西大街—河滨北路)东侧雨污合流管道　全长635米,管径D800-1.50×1.80米,起点建设路,终点句容河,接入此干管的支管线有:南大街(西大街—建设路)全长420米,阴沟40×50厘米;文化巷雨污合流管道,全长200米,管径D400;建设路雨污合流管道(茅山路、茅山南路西),全长325米,管径D300;茅山西路雨污合流管道,全长273米,管径40×40厘米-150×150厘米。

茅山南路南段(北阳门段)雨污合流管道　全长430米,管径D600-D1000,起点二机厂,终点句容河。

宁杭南路雨污合流管道　全长1600米,管径D600,起点建设路南,终点句容河。

创新果品市场雨污合流管道　全长216米,管径1.30×1.80米,起点宁杭路,终点句容河,接入此干管下水道有:建设路(茅山路、茅山南路东)雨污合流管道,全长950米,管径D600-D800;新华南巷雨污合流,全长270米,管径40×60厘米-120×150厘米;柴巷雨污合流管道,全长177米,管径D600;轿巷雨污合流管道,全长103米,管径40×40厘米;马槽巷雨污合流管道,全长105米,管径40×40厘米;茅山路雨污合流管道,全长273米,管径D500;东大街(华阳路—宁杭路)雨污合流管道,全长600米,管径D500-D600;寺街雨污合流管道,全长258米,管径D500。

交通局至原二工局至句容河雨污合流管道　全长1080米,管径1.80×1.80米,接入此干管的管道有7条,总长7798米。

接入句容市交通局至原二工局句容河雨污管道情况一览

表 2－3－12

序号	路名	地址	雨污合流管道	
			管径(毫米)	长度(米)
1	宁杭路	东门口—华阳东路	600	1060
2	人民路	北大街—宁杭路	400	490
3	北大街	人民路—宁杭北路	400～500	1400
4	华阳东路	北大街—宁杭北路	600	640
5	宁杭路	华阳东路—农科所	400～500	1540
6	句卓路	文昌路—宁杭北路	600～800	2000
7	崇明中路	东昌路—葛洪路	400～500	668

东昌北路(肖玕河东侧)污水管道　全长 2175 米,管径 D500－D600,接入此干管的管道有 6 条,总长 13786 米。

接入句容市区东昌北路(肖杆河东侧)污水管道一览

表 2－3－13

序号	路名	地址	雨污合流管道	
			管径(毫米)	长度(米)
1	文昌路	句卓路—肖杆河	400	3009
2	文昌路西延伸段	世茂路—石狮路	400～500	1940
3	东昌北路	福地路—文昌路	400	1107
4	文昌路西延伸段	洪武路—世茂路	400	1200
5	崇明路	洪武路—石狮路	400～500	1897
6	福地路	致远路—洪武路	400～500	4633

句容河北岸污水管道　(致远路—污水处理厂)全长 2250 米,管径 D600－1100。

石狮路污水管道　全长 4361 米,管径 D400－D900。

通宁路污水管道　全长 4999 米,管径 D400－D900。

世茂路(福地路西延伸段—文昌路)污水管道　全长 2437 米,管径 D400－D500。

致远路(通宁路—宁杭路)污水管道　全长 7449 米,管径 D400－D500。

华阳西路延伸(石狮路—洪武路)污水管道　全长 2461 米,管径 D400－D500。

葛洪路(崇明西路—河滨西路)污水管道　全长 485 米,管径 D400。

句卓路(宁杭路—文昌路)污水管道　全长 1450 米,管径 D400。

兴源路(文昌路—崇明西路)污水管道　全长 498 米,管径 D400。

河滨南路(宁杭路—向阳路)污水管道　全长 335 米,管径 D400

福地路(句卓路—东昌路)污水管道　全长 1781 米,管径 D400。

河滨南路(宁杭南路—东昌南路)污水管道　全长 1040 米,管径 D400。

河滨南路东延(东昌南路—弘景路)污水管道　全长 732 米,管径 D400。

开发区花园路(文昌路—人民路)污水管道　全长 2069 米,管径 D400－D500。

崇明东路延伸(宁杭路—葛洪路)污水管道　全长 770 米,管径 D400。

致远北延伸段(隆昌路—122 省道)污水管道 全长 1487 米,管径 D400 - D500)。

致远路南延伸段(104 国道—文昌路)污水管道 全长 2100 米,管径 D400。

巨宝路(石狮路—致远路)污水管道 全长 998 米,管径 D300 - D500。

2. 进入句容河南岸截流总管

截流总管全长 4000 米,管径 D400 - D1200。进入句容河南岸截流总管的污水管有 7 条,总长 12550 米。

镇句路雨污合流管 (华阳镇政府—东门桥)全长 560 米,管径 D400。

东昌路污水管 (东进桥—弘景路)全长 5800 米,管径 D400 - 500。

宁杭南路污水管 (东南门桥—老句容河)全长 430 米,管径 D400。

老句容河污水管 (宁杭路—兆文山)两侧全长 2200 米,管径 D400

河滨南路污水管 (老句容河—弘景路)两侧全长 2700 米,管径 D400。

华阳南路延伸段污水管 (河滨南路—向阳桥)全长 430 米,管径 D400。

向阳路污水管 (河滨南路—向阳桥)全长 430 米,管径 D400。

三、雨污分流管道

截至 2013 年年底,市城区采用雨污分流的管道总长 298.25 千米,其中雨水管道 157.76 千米,污水管道 140.49 千米。

2013 年句容市区雨污分流管道一览

表 2 - 3 - 14

序号	路名	地址	雨水管道		污水管道	
			管径(毫米)	长度(米)	管径(毫米)	长度(米)
1	洪武路	福地路—通宁路	600	580	600	5786
2	洪武路	通宁路—河滨北路	400	498	500 ~ 10	510
3	华阳北路延伸段	隆昌路—文昌路	600 ~ 1200	3920	500	3940
4	华阳东路延伸段	宁杭路—东昌路	600	1600	400	3914
5	华阳南路延伸段	河滨南路—洪武路	500 ~ 1000	4273	400	3914
6	华阳南路延伸段	河滨北路—西大街	600 ~ 800	1710	400 ~ 500	1730
7	华阳西路延伸段	洪武路—石狮路	600 ~ 1000	2570	400 ~ 500	2461
8	文昌路	句卓路—肖杆河	400 ~ 600	3000	400	3009
9	文昌路	句卓路—华阳北路延伸段	400 ~ 1000	1318	400	1340
10	文昌路	华阳北路延伸段—洪武路	400 ~ 1000	1600	400	1200
11	文昌路西延伸段	洪武路—世茂路	600 ~ 1200	1200	400	1200
12	崇明东路延伸段	华阳北路—葛洪路	600 ~ 1200	883	400	770
13	崇明东路延伸段	葛洪路—东昌路	1200 ~ 1500	550	400 ~ 500	668
14	句容河北岸	致远路—污水处理厂	600 ~ 1100	2250	—	—
15	东昌北路	文昌路—句容河北岸	600 ~ 1200	2175	—	—
16	东昌北路	福地路—文昌路	600 ~ 1200	1817	400	1107
17	文昌路西延伸段	世茂路—石狮路	400 ~ 1500	2140	400 ~ 500	1940
18	福地路东延伸段	句卓路—东昌北路	600 ~ 1200	1940	400	1781
19	福地路	洪武路—句卓路	600 ~ 800	3042	400	3080
20	福地路西延伸段	洪武路—石狮路	400 ~ 900	2950	400	2770

2013 年句容市区雨污分流管道一览

续表 2－3－14

序号	路名	地址	雨水管道		污水管道	
			管径（毫米）	长度（米）	管径（毫米）	长度（米）
21	葛洪路	福地路—文昌路	600～1000	774	400	815
22	崇明路西延伸段	洪武路—石狮路	600～1200	1737	400～500	1897
23	福地路	石狮路—致远路	600～1200	2089	400～800	1863
24	葛洪路	崇明路—河滨路	600～1000	708	400	485
25	石狮路	通宁路—宁杭路	600～1000	4361	—	—
26	世茂路	福地路西延伸段—文昌路	600～1200	2400	400～500	2437
27	致远路	文昌路—宁杭路	500～1200	7800	400～500	7449
28	通宁路	洪武路—致远路	600～1000	5331	400～900	4999
29	春城路	全长	600～100	1200	400	1180
30	南工路西延伸段	羊角山路—洪武路	400	500	400	534
31	句卓路	宁杭路—文昌路	600	2909	400	1450
32	建设路	南大街—华阳南路	400	119	—	—
33	向阳路	河滨南路—向阳桥	400～500	480	400	430
34	河滨南路	宁杭路—向阳路	400	424	400	335
35	河滨南路	宁杭路—东昌南路	400～1500	1125	400	1040
36	河滨南路东延伸段	东昌南路—弘景路	600～800	3100	400	732
37	兴源路	文昌路—崇明西路	400～1500	679	400	498
38	花园路	文昌路—人民路	500～1200	1583	400～500	2069
39	葛洪路	文昌路—崇明路	400～100	955	400	1118
40	致远路北延伸段	隆昌路 122 省道	400～1500	3207	400～500	1487
41	致远路南延伸段	104 国道—文昌路	600～1200	4780	400	2100
42	巨宝路	石狮路—致远路	500～1200	1124	300～500	998
43	东昌路	东进桥—弘景路	600～1200	5870	400～500	5800
44	崇明中路	葛洪路 东昌路	1200～1500	550	400～500	668
45	南工路西延伸段	羊角山路—洪武路	400	500	400	534
46	东昌路北延伸段	文昌路—福地路	600～1200	1817	400	1107
47	文昌路西延伸段	世茂路—石狮路	400～1500	2140	400～500	1940
48	崇明路西延伸段	洪武路—石狮路	600～1200	1737	400～500	1897
49	福地路	致远路—石狮路	600～1200	2089	400～800	1863
50	东昌北路	文昌路—句容河北岸	—	—	500～600	2175
51	葛洪路	崇明路—河滨路	600～1000	708	400	4853
52	句卓路	宁杭路—文昌路	400～600	2909	400	1450
53	河滨南路	宁杭路—向阳路	400	424	400	335
54	句容河北岸	致远路—污水处理厂	—	—	600～1100	2250
55	福地路东延伸段	句卓路—东昌路	600～1200	1940	400	1781

2013 年句容市区雨污分流管道一览

续表 2－3－14

序号	路名	地址	雨水管道		污水管道	
			管径(毫米)	长度(米)	管径(毫米)	长度(米)
56	河滨南路	宁杭南路—东昌南路	400～1500	1125	400	1040
57	河滨南路东延	东昌南路—弘景路	600～800	3100	400	732
58	兴源路	文昌路—崇明西路	400～1500	3100	400	498
59	华阳西路西延伸段	石狮路—洪武路	600～1000	2570	400～500	2461
60	致远路	文昌路—宁杭路	500～1200	7800	400～500	7449
61	花园路	文昌路—人民路	600～1200	1583	400～500	2069
62	建设路	南大街—华阳南路	400	119	—	—
63	华阳南路延伸段	河滨南路—洪武路	600～1000	4273	400	3914
64	崇明东路延伸段	宁杭路—葛洪路	600～1200	883	400	700
65	葛洪路	文昌路—崇明路	400～1000	955	400	1118
66	石狮路	通宁路—宁杭路	—	—	600～1000	4316
67	通宁路	洪武路—致远路	400～1000	5331	400～900	4999
68	致远路北延伸段	石狮路—122 省道	400～1000	5331	400～500	1487
69	致远路南延伸段	通宁路—文昌路	600～1200	4780	400	2100
70	葛洪路	福地路—文昌路	600～1000	774	400	815
71	巨宝路	石狮路—致远路	500～1200	1124	300～500	998
72	崇明东路延伸段	—	300～400	1118	600～800	212
73	高骊山路	—	600	3010	300～600	1963
74	河滨西路	—	400	660	300～400	332
75	肖杆路	—	600	1285	—	—
76	杨塘路	—	400～800	533	400	772
77	昌盛路	—	600～1000	223	400	820
合计		—	—	157762	—	140484

图 2-30 老旧小区污水管道改造(2011 年)

2009—2013 年,对老城区 13 个社区排水系统进行改造,新建、改建小区排水管道 1.60 万米。尤其对东西大街排水系统于 2009 年进行全面改造,全长 1400 米。对葛仙小区排水系统进行重点改造,新建排水管道 1200 米。

至 2013 年年底,排水管道共 244 条(雨污合流管道 93 条、雨水管道 74 条、污水管道 77 条),总长度为 429.05 千米。

2013 年句容市区排水管道状况一览

表 2 -3 -15

序号	管道名称	管道走向	管道性质	管径(毫米)	管长(米)	备注
1	华阳东路	北大街—转盘	雨污合流	600	1200	2 侧
2	华阳西路	华阳北路—玉清河	雨污合流	600	1100	2 侧
		洪武路—玉清路	雨污合流	600	1000	2 侧
3	华阳北路	宁杭北路—转盘	雨污合流	600	1660	2 侧
4	华阳南路	人民路—转盘	雨污合流	600	900	2 侧
		人民路—西大街	雨污合流	600	400	2 侧
		西大街—南工路	雨污合流	600	1320	2 侧
		河滨路—南工路	雨污合流	600	400	2 侧
5	华阳北路延伸段	隆昌路—文昌路	雨水	600 × 1200	3946	2 侧
6	洪武路	宁杭北路—文昌路	雨水	600	2304	2 侧
		文昌路—崇明路	雨水	600	1160	2 侧
		崇明路—西门转盘	雨水	600	2296	2 侧
7	宁杭路城区段	建设路—河滨北路	雨污合流	600	1600	2 侧
		东门转盘—建设路	雨污合流	600	640	2 侧
		东门转盘—人民路	雨污合流	600	704	2 侧
		华阳东路—人民路	雨污合流	600	516	2 侧
8	老交通局至句容河	老交通局至句容河	雨污合流	1000 × 1200 1800 × 1200	2250	2 侧
9	北大街	宁杭北路—华阳东路	雨污合流	600 × 600	640	2 侧
		人民路—华阳东路	雨污合流	600 × 600	772	2 侧
10	华阳路	人民路—中街	雨污合流	400 × 500	192	1 侧
11	人民路	葛仙路—羊角山	雨污合流	400	704	2 侧
		葛仙路—华阳南路	雨污合流	300	700	2 侧
		中山路—华阳南路	雨污合流	400	370	2 侧
		中山路—华阳路	雨污合流	400	560	2 侧
		华阳路—宁杭南路	雨污合流	400	960	2 侧
12	玉清路	华阳西路—崇明路	雨污合流	600	550	2 侧
		文昌路—崇明路	雨污合流	600	550	2 侧
13	崇明桥	西坏路—玉清河	雨污合流	600 × 300	1650	1 侧
		文昌路—崇明路	雨污合流	600 × 300	1650	1 侧
14	建设路	茅山路—南大街	雨污合流	600	774	2 侧
		茅山路—宁杭南路	雨污合流	800 × 600	1000	2 侧
15	中山路	人民路—西大街	雨污合流	400	130	1 侧
16	南大街	西大街—河滨路	雨污合流	400 × 500	1838	2 侧

2013年句容市区排水管道状况一览

续表2-3-15

序号	管道名称	管道走向	管道性质	管径(毫米)	管长(米)	备注
17	东大街	华阳东路—柴巷	雨污合流	600×600	1000	2侧
18	西大街	华阳路—羊角山路	雨污合流	600×600	2000	2侧
19	句蜀路	文昌路—北大街	雨污合流	400×500	1960	2侧
20	羊角山路	人民路—河滨北路	雨污合流	1500×1200	1560	2侧
21	葛仙路	南工路—河滨路	雨污合流	800	292	1侧
22	茅山路	西大街—建设路	雨污合流	500	273	1侧
23	南门菜场西侧下水道	北阳门—河滨北路	雨污合流	600	200	1侧
24	文化巷	西大街—建设路	雨污合流	600	213	1侧
25	新华南巷	东大街—建设路	雨污合流	1200×1200	270	1侧
26	轿巷	东大街—建设路	雨污合流	400×500	103	1侧
27	柴巷	东大街—建设路	雨污合流	600×600	177	1侧
28	寺街	东大街—建设路	雨污合流	500	195	1侧
29	民主巷	人民路—西大街	雨污合流	600×600	148	1侧
30	北一路	双利路—崇明路	雨污合流	600	353	1侧
31	北二路	双利路—崇明路	雨污合流	600	336	1侧
32	南一路	邮电路—崇明路	雨污合流	600	200	1侧
33	南二路	邮电路—崇明路	雨污合流	600	200	1侧
34	南三路	邮电路—崇明路	雨污合流	600	200	1侧
35	南四路	邮电路—崇明路	雨污合流	600	172	1侧
36	振兴路	振兴路—华阳东路	雨污合流	600×600	370	1侧
37	西岗北路	西岗—宁杭路	雨污合流	600×600	320	1侧
38	建设路端	建设路—句容河	雨污合流	1300×1800	157	1侧
39	福地路	宁杭路—华阳北路延伸段	雨水	600	780	1侧
40	福地路延伸段	句蜀路—华阳北路延伸段	污水	400	1500	2侧
			雨水	800	750	1侧
41	东昌路	文昌路—句容河	污水	600～800	3600	2侧
			雨水	600～2000	1800	1侧
42	华阳东路延伸段	宁杭路—东昌路	污水	500	1700	2侧
			雨水	600	1700	2侧
43	福地路	宁杭路—华阳北路延伸段	污水	400	1560	2侧
44	华阳北路延伸段	文昌路—隆昌路	污水	500	3925	2侧
45	文昌路	句蜀路—华阳北路延伸段	污水	400	960	2侧
			雨水	400～600	960	2侧
		句蜀路—肖杆河	雨水	400～600	2990	2侧
46	文昌路	句蜀路—东昌路	污水	400	2340	2侧
		洪武路—玉清路	雨水	1000	960	2侧
		洪武路—宁杭路	污水	400	800	1侧

2013 年句容市区排水管道状况一览

续表 2－3－15

序号	管道名称	管道走向	管道性质	管径(毫米)	管长(米)	备注
47	玉清河截污	宁杭路—西门转盘	雨污合流	700～1000	4150	1 侧
48	洪武路	西门转盘—句容河	雨污合流	1000	500	1 侧
		西门转盘—句容河	雨水	400	1000	2 侧
49	泄洪沟东侧	人民路—句容河	污水	500	1080	1 侧
50	河滨北路	宁杭南路—洪武路	雨水	400	3790	1 侧
51	宁杭北路	华阳东路—文昌路	污水	400	3400	1 侧
			雨水	400	461	1 侧
52	致远路南延与北延、华阳西路西延及兴源路建设工程	隆昌路—洪武路交叉口	雨水	600～1000	5140	2 侧
			污水	400～500	4922	2 侧
53	世茂路道路排水工程	—	雨水	500～1200	13160	1 侧
			污水	400～500	4682	1 侧
54	茅山路雨水	建设路延伸段—河滨北路	雨水	200～1000	1243	1 侧
			污水			
55	洪武路西延伸段	石狮路—致远路	雨水	400～1500	4280	2 侧
			污水	400～500	3880	2 侧
56	老句容河两岸污水收集管道	—	污水	400～1200	4519	2 侧
57	东昌路北延	—	雨水	600～1200	3672	2 侧
			污水	400	1202	1 侧
58	南大街南延	—	雨水	400	680	1 侧
			污水	400	444	1 侧
59	宁杭南路	—	雨水	—	—	—
			污水	400	2715	2 侧
60	府东路	—	雨水	400	462	1 侧
			污水	—	—	—
61	春城路	—	雨水	500～1000	1445	1 侧
			污水	400	1501	1 侧
62	宁杭北路	文昌路—华阳北路	雨水	300～500	2536	1 侧
			污水	400	417	1 侧
63	郭西塘至句容河	西门转盘到河滨路	雨水	—	—	—
			污水	500～1000	1012	1 侧
64	句容河南岸	—	雨水	—	—	—
			污水	400～1000	4063	1 侧
65	致远路、福地路	文昌路—隆昌路	雨水	—	—	—
			污水	—	—	—

2013 年句容市区排水管道状况一览

续表 2－3－15

序号	管道名称	管道走向	管道性质	管径(毫米)	管长(米)	备注
66	河滨南路	—	雨水	400～1500	2229	1 侧
			污水	400	1395	1 侧
67	葛洪路	—	雨水	400～1800	2202	1 侧
			污水	400	1314	1 侧
68	向阳路	河滨南路—向阳路	雨水	400～500	544	1 侧
			污水	500	458	1 侧
69	世茂路道路排水工程	—	雨水	500～1200	26320	2 侧
			污水	400～500	4682	1 侧
70	福地路西延伸	—	雨水	400～900	2486	2 侧
			污水	400	8260	2 侧
71	西关泄洪明渠东侧	人民路—河滨北路	污水	500	905	1 侧
72	文昌路	华阳北路—洪武路	雨水	200～1200	3732	2 侧
			污水	400	1069	1 侧
73	老句狮路	—	雨水	400	681	1 侧

第四节　供　　气

一、瓶装液化石油气

句容城区的燃气业起步较晚，始于 20 世纪 80 年代，由于句容无供气设施，只有少数居民使用瓶装液化石油气，还要到南京栖霞石化总厂灌装。1991 年句容天王、宝华相继建设液化石油气供应站。1992 年成立句容县燃气管理办公室，着手制定全县燃气事业发展规划，加强对全县液化气贮配站及供气点的管理。

1991 年 10 月，句容市第一家液化石油气贮配站在天王镇北、宁杭路西侧建立，气站储存量 100 立方米。同月宝华液化气贮配站建立，气站贮存量 120 立方米。当时用户仅有 2 万余户，每户平均用气仅为 5.40 千克。随着城市的发展和市民收入的提高，全市多数乡镇先后建立了瓶装液化石油气贮配站，至 2013 年 12 月底，全市共有液化石油气贮配站 15 座，其中陈武六物、桥头、郭庄娃娃城、城东、赤岗 5 家液化石油气站关停。供气点 36 个，年用气 1.23 万立方米，用户 16 万户。

2013 年句容市瓶装燃气站情况一览

表 2－3－16

气站名称	建站时间	储存量(立方米)	职工(人)
天王液化石油气站	1991 年 10 月	100	6
宝华液化石油气站	1991 年 10 月	120	4
二圣液化石油气站	1993 年 6 月	30	2
陈武六物液化石油气站	1993 年 10 月	100	5
桥头液化石油气站	1994 年 11 月	200	6

2013 年句容市瓶装燃气站情况一览

续表 2－3－16

气站名称	建站时间	储存量(立方米)	职工(人)
赤岗液化石油气站	1995 年 5 月	50	3
东昌液化石油气站	1995 年 7 月	50	3
三岔液化石油气站	1995 年 10 月	100	2
行香液化石油气站	1996 年 6 月	40	3
杨塘岗液化石油气站	1996 年 12 月	108	4
郭庄液化石油气站	1997 年 10 月	60	5
城东液化石油气站	1998 年 12 月	100	3
都茂液化石油气站	2001 年 7 月	100	3
后白液化石油气站	2001 年 8 月	100	5
永胜液化石油气站	2006 年 9 月	100	4

二、管道液化石油气

燃气管道铺设最早是由华燊燃气公司在 1998 年梅花小区建设时,随同其他管道同期建设。2002 年 8 月,句容市管道燃气通气点火,气质为空混气,是年用气为民用 40 户。后来几年,管道燃气不断发展,小区居民、宾馆饭店和机关企事业单位陆续安装管道使用空混燃气。至 2008 年 12 月 31 日,句容市管道燃气通气主管道长为 21139 米,用户 5010 户,其中民用 5000 户,工商业用户 10 户,累计用气量 65.70 万立方米。

2008 年句容市城区管道燃气通气小区一览

表 2－3－17

都市晴园	东方华城	时代逸居	锦绣句容	芳邻雅居
阳光公寓	春城花园	玉兰苑	紫荆花园	水岸民居
春晖园	清华公寓	恒生公寓	海澜之家	玉清苑
太阳星城	凤凰花园	河滨家园	书香苑	哈佛星城
润景美邻苑	杉林园	华阳小区	步步高现代城	东门水岸
容光雅居	建新小区	正大公寓	今典花园	梅花小区
聚和园	丝绸小区	欧景佳园	文泽苑	新世纪公寓
栖凤苑	锦虹公寓	新华家园	五星公寓	领秀星城
华阳名府	振兴村	绿园公寓	玉清小区	台湾小镇
万宏天源城	儒香苑	国际花园	静沁园	阳光花园
中泽苑	美家福邸	—	—	—

三、管道天然气

2006 年 9 月 28 日,句容市管道天然气工程开工。该工程从镇江市丹徒上党引入句容市,总投资 1.15 亿元,建设 40 余千米的天然气主管道和高中压调压站 1 个,工程于 2008 年 12 月 1 日竣工。2008 年 12 月 22 日,管道天然气经营企业——华润燃气公司与管道石油液化气经营企业——华燊燃气公司完成对接与置换,天然气正式通气。当年年底,句容城区已有近 50 个小区 6000 多户居民、10 余家宾馆企业用上天然气,天然气已覆盖所有新建小区和部分老小区及企业和宾馆。

至2013年年底，市区天然气用户达3.45万户，工商用户300多家，年销气量919万立方米。中压管道总长115千米，低压管道总长为340千米，高中压调压站1座。

图2-31　燃气供应站

2013年年底句容华润燃气公司管道安装的小区及用户一览

表2－3－18

序号	小区名称	户数	序号	小区名称	户数
1	都市晴园	1618	21	御湖枫景	378
2	润景美邻苑	1137	22	葛仙小区	177
3	东门水岸	141	23	玉兰家园	40
4	美家福邸	409	24	梅花山庄	86
5	春城花园	115	25	东方华城	1069
6	丝绸小区	151	26	万宏天源城	637
7	水岸名居	280	27	阳光花园	432
8	河滨家园	178	28	时代逸居	384
9	华阳名府	110	29	锦绣句容	358
10	太阳星城	638	30	阳光公寓	139
11	新华家园	128	31	华阳小区	470
12	正大公寓	172	32	容光雅居	174
13	人武部宿舍楼	3	33	春晖园	142
14	新世纪公寓(机关事务局)	38	34	清华公寓	52
15	玉清苑	94	35	黄金花园	1181
16	西湖美锦	97	36	书香苑	60
17	欧景家园	37	37	静沁园	166
18	锦虹公寓	39	38	杉林园	176
19	建新小区	78	39	儒香苑	166
20	凤凰花园	129	40	梅花小区	338

2013 年年底句容华润燃气公司管道安装的小区及用户一览

续表 2－3－18

序号	小区名称	户数	序号	小区名称	户数
41	文泽苑	40	76	华城美景	220
42	振兴村	1	77	华阳东路	15
43	机关宿舍	4	78	北大公寓	36
44	建材城	37	79	五星家园	54
45	绿园公寓	35	80	上海公寓	127
46	金猴安置楼	10	81	粮食局宿舍楼	8
47	碧水铭苑	397	82	台湾小镇(容天宿舍楼)	165
48	千禧小区	43	83	西关小区	43
49	学府雅苑	327	84	港丰宿舍楼	44
50	哈佛星城	863	85	状元新村	211
51	聚合园	544	86	安和家园	42
52	领秀星城	1031	87	市政宿舍楼	4
53	国际花园	707	88	大自然花园	403
54	步步高现代城	416	89	金水湾	362
55	栖凤苑	146	90	西苑小区	195
56	芳邻雅居	234	91	中山公寓	35
57	盐务局	12	92	老干部安置楼	25
58	海澜之家	93	93	朝阳嘉园	227
59	农林学院	198	94	幸福花园	517
60	西关综合楼	101	95	南风苑	245
61	五星公寓	24	96	好家园	18
62	玉兰园	107	97	维也纳花园	358
63	中泽苑	39	98	杨家巷徐家村	132
64	今典花园	89	99	金城公寓	7
65	千秋府邸	154	100	金色家园	92
66	行政安置	73	101	金城沁园	155
67	玉清小区(崇明商住楼)	310	102	世茂花园	1174
68	紫荆花园	199	103	江苏商贸城	129
69	恒生公寓	37	104	供电局楼	25
70	一品佳园	110	105	木器厂	7
70	文体局宿舍楼	3	106	凌家园	79
72	新西关综合楼	17	107	上阳小区	142
73	嘉盛花园	76	108	银河湾	52
74	南苑公寓	12	109	步步高公寓	19
75	雅苑公寓	13	110	明豪华庭	402

2013年年底句容华润燃气公司管道安装的小区及用户一览

续表2-3-18

序号	小区名称	户数	序号	小区名称	户数
111	水畔御景	415	135	碧桂园	575
112	台谊新村	53	136	中央美地	108
113	香江丽景	590	137	农科所	120
114	教师公寓	55	138	恒生雅苑	18
115	崇明雅居	191	139	御东国际	111
116	福地花园	618	140	崇华阁	37
117	富豪国际	99	141	典雅居	20
118	新家园	148	142	通宁公寓	79
119	台北上上城	241	143	友谊新村	48
120	三鸿雅居	98	144	银河之都	112
121	华阳新区	78	145	世外边城	71
122	联盟村	33	146	东方红新村	21
123	文化新村	101	147	狮城公寓	13
124	银鹏家园	31	148	河滨小区	78
125	丁家边新村	51	149	赤岗小区	362
126	英伦印象	121	150	西关新村	115
127	卫岗头新村	90	151	锦上鸣居	3
128	华阳公寓	33	152	天悦容成	12
129	实验高级中学宿舍楼	27	153	东湖雅苑	1
130	黄梅新村	4521	154	安城御园	11
131	部队	113	155	府南苑	46
132	德苑上城	163	156	新城雅居	29
133	河滨雅苑	127	合计		34492
134	城管局宿舍楼(环卫处宿舍楼)	17			

第五节　路灯与亮化

一、路　灯

句容城区路灯照明历经油灯照明和电灯两个阶段。清末民初,城内中街和主要街道口,设玻璃方罩煤油路灯,正常情况下有20余盏,先由地保司掌,后由警察局与商会派人司管。民国22年(1933年),南京"首都电厂"设句容分厂,始有少数电力路灯,日军侵占句容后一度中断。民国27年(1938年)秋,日军发电,仅设少数路灯。抗日战争胜利后,句容缺少电力供应,又改用玻璃方罩煤油路灯。

中华人民共和国成立初期,仍设方罩煤油路灯,由公安部门管理。1957年7月1日,地方国营句容电厂建成发电,县城居民结束中断近20年无电照明的历史,主要街道装设高杆白炽路灯。

1975 年，路灯归县供电局路灯管理所管理。从此路灯逐年增加，白炽灯也多数改建为高压汞灯、高压钠灯。至 1985 年，街巷有路灯 412 盏，灯距为 50 米，灯杆高 8～12 米。

1992—2000 年，城区主干道及巷道更换、改造、新增路灯 3500 盏，其中汞灯 600 盏，钠灯 2900 盏。

2001—2005 年，城区主干道及巷道更换、改造、新增路灯 7013 盏，其中汞灯 800 盏，钠灯 5900 盏，金卤灯 30 盏。

2006—2008 年，城区主干道及巷道更换、改造、新增路灯 19845 盏，其中汞灯 850 盏，钠灯 19250 盏，金卤灯 20 盏。

2009—2010 年，城区路灯总数 34630 盏，其中：汞灯 3100 盏，钠灯 31010 盏，金卤灯 520 盏。

2010 年 2 月，市政府发文，将路灯移交住建局管理。住建局设立路灯养护所，该所按照“科学、严格、精细、高效”的要求，在认真执行巡灯制度的基础上，加大路灯巡查力度，并在部分路段上安装了防盗监控系统，加大对破坏路灯设施不法行为的打击力度。在加强路灯巡防、管护的同时，努力提高全体养护人员的业务素质，提高维修技能。并从制度上规范管理工作，确保路灯照明设施运转正常，有效提高路灯设施的照明功能，确保市区亮灯率：市区主干道达 95% 以上，次干道及巷道达 90% 以上，设施完好率达 98%，维修及时率达 100%。

路灯养护所还与城区 13 个居委会进行了对接，专门设立了道路照明服务热线，受理市民投诉业务咨询、设施维修、抢险抢修，实现了管理部门与市民的互动和零距离接触。同时，还向各居委会发放了路灯维护便民卡，只要居民发现社区路灯不亮或遭外力破坏，可直接拨打路灯养护所抢修电话，路灯维护人员将在最短时间内赶到现场抢修。

截至 2013 年年底，在确保城区主干道路亮灯率达 95% 的前提下，该所还将优质服务延伸到社区、背街小巷。按照为民办实事，做好事的要求，共为肖圩小区、葛仙小区，马扎里小区、甲城社区等老旧小区新装路灯 278 盏，架设线路 6800 米；河滨南路至兆文桥增设路灯 19 套，铺设低压电缆 800 米；城区主次干道路灯进行了 5 次控网式检修，共更换高压钠灯 1600 个，镇流器 450 个，改造线路 720 米。接市民路灯保修 305 次，“12345”政府热线单 34 份，出动 850 人次进行维修，市民热线意见反馈率达 100%，方便了广大居民夜间的安全出行。

图 2-32　路灯

2013 年年末句容城区现有路灯情况一览

表 2－3－19

序号	路名	杆数（棵）	灯头数（盏）	功率（瓦）	负荷（千瓦）	灯型
1	机场路	570	1140	250	285	钠灯
2	句陈路	181	362	250	90.50	钠灯
3	文昌路	282	989	250	207.41	钠灯
4	洪武路	200	466	250	109.90	钠电
5	东昌南路	130	1170	250/20	143	钠灯
6	东昌北路	121	1089	250/20	133.10	钠电
7	福地路	158	932	150/110	122.80	钠电

2013年年末句容城区现有路灯情况一览

续表 2-3-19

序号	路名	杆数(棵)	灯头数(盏)	功率(瓦)	负荷(千瓦)	灯型
8	华阳东路	75	535	150/20	49.70	钠电
9	葛洪路	72	144	150	21.60	钠电
10	华阳西路	57	279	150/20	35.70	钠灯
11	华阳南路	65	585	150/20	36.40	钠灯
12	华阳北路	65	585	150/20	45.50	钠灯
13	河滨北路	212	424	30	85.48	钠灯
14	宁杭南路	206	922	65	100.21	钠灯
15	宁杭北路	210	694	250	111.30	钠灯
16	商业街	134	134	110	19.80	钠灯
17	玉清路	53	128	250	26.50	钠灯
18	中街	125	170	65	21.93	无极灯
19	人民路	128	262	250	35.87	钠灯
20	建设路	95	95	150	17	—
21	南大街	84	92	150	11.12	钠灯
22	北大街	15	15	250	3.75	钠灯
		14	14	250	3.50	钠灯
		29	121	—	7.25	—
23	南工路	18	18	150	2.70	钠灯
24	文化巷	13	26	250	6.50	
25	文化新村	15	15	125	1.88	电子灯
26	工盐巷	6	6	125	0.75	电子灯
27	葛仙路	22	22	125	2.75	电子灯
28	羊角山路	22	22	150	3.30	钠灯
		3	3	125	0.38	电子灯
	小计	25	25	—	3.68	—
29	羊角山小区	26	26	125	3.25	电子灯
30	振兴村	16	16	65	2	电子灯
31	双利路	7	7	250	1.75	钠灯
		7	7	150	1.05	钠灯
		10	10	125	1.25	电子灯
		24	24	—	4.05	—
32	千禧小区	12	12	65	1.50	电子灯

2013 年年末句容城区现有路灯情况一览

续表 2-3-19

序号	路名	杆数(棵)	灯头数(盏)	功率(瓦)	负荷(千瓦)	灯型
33	梅花小区	11	22	125	2.75	电子灯
		12	22	25	0.30	电子灯
		6	12	30	0.36	电子灯
		9	9	65	1.125	电子灯
		6	6	250	1.50	钠灯
	小计	44	61	—	6.01	—
34	东门桥	14	28	250	7	钠灯
35	甲城社区	7	7	—	0.88	—
36	建设村	15	15	65	1.88	电子灯
37	镇句路	37	37	250	9.25	钠灯
38	绣花小区	8	8	65	1	电子灯
39	生资公司	4	4	65	0.50	电子灯
40	帕提亚广场	48	96	65	6.24	电子灯
		5	5	125	0.63	电子灯
	小计	53	101	—	6.87	—
41	西苑小区	36	36	125	4.50	电子灯
42	利民菜场	7	7	125	0.88	电子灯
43	梅花山庄	4	4	65	0.50	电子灯
		16	16	65	2	电子灯
	小计	20	20	—	2.50	—
44	南工路西延段	13	13	250	3.25	钠灯
		11	11	150	1.65	无极灯
	小计	24	—	—	4.90	—
45	华阳南路延伸段	60	2*60	550	36	钠灯
		61	2*61	550	38.20	钠灯
	小计	121	242	—	74.20	—
46	河滨南路	20	3*20	150	9	钠灯
		50	3*50	150	22.50	钠灯
	小计	70	210	—	31.50	—
47	长江路	44	396	263	46.86	钠灯、电子灯
48	葛洪路	79	158	250	61.60	钠灯
49	福地路	38	152	150	22.80	钠灯
50	崇明东路	49	98	250	24.50	钠灯
51	通宁路	162	324	250	105.30	钠灯

2013年年末句容城区现有路灯情况一览

续表2-3-19

序号	路名	杆数(棵)	灯头数(盏)	功率(瓦)	负荷(千瓦)	灯型
52	122省道	354	708	—	141.60	钠灯
53	崇明西路	81	113	400	20.15	钠灯
54	世茂路	168	168	250	42	钠灯
55	华阳西路延伸段	72	144	500	72	钠灯
		148	212	370	40.08	钠灯、电子灯
	小计	220	356	—	40.80	—
56	巨宝北路	59	59	250	14.75	钠灯
57	柿树路	44	44	150	6.60	钠灯
58	南一路	40	40	150	6	钠灯
59	袁巷路	98	196	250	24.50	钠灯
60	二圣路	166	166	250	23.08	钠灯
61	高骊山路	320	320	250	56	钠灯
62	河滨南路东延段	68	612	—	46.92	钠、电子灯
63	隆昌路	750	1100	400	220	钠灯
64	领秀星城南	33	33	110	3.63	钠灯
合计		6650	17394	—	2932.13	—

说明：2013年年末全市纳入路灯管理的有：灯杆6650棵、灯头17394盏、其中钠灯16474盏、电子灯726盏、无极灯194盏、线缆总长415.55千米、总功率2932.13千瓦

二、亮化工程

1995年，为配合句容城撤县设市庆典，，城区494家单位维修或新装灯光亮化设备。

1999年，为庆祝中华人民共和国成立50周年和句容解放50周年，市区主要街道临街单位实施亮化工程，普遍安装泛光灯、霓虹灯。市建设局办公楼12层楼顶安装光束灯2只。在重大节日和重要庆祝活动的夜晚，亮化工程的灯光齐开，营造节日气氛。

2005年，葛仙湖公园的大圣塔重建落成后，81米高的大圣塔，从塔底层至9层塔顶，层层都有装饰灯，在夜光下不断的变幻不同颜色，格外引人注目。大圣塔亮化工程，每逢周五、周六、周日都整夜开灯，其他每周4天夜晚定时开灯，吸引众多市民进行游玩、跳舞、散步等娱乐活动。同时，在城区内长期亮化工程还有新世纪广场、农村商业银行、人寿保险、电信公司、苏果超市、大润发超市、曙光大酒店、国际大酒店、世茂花园等一批亮化工程。

第六节　消　　防

一、消防组织

1. 民间消防组织

民国初年，句容无官办消防组织。20世纪20年代初，句容县国民政府市政局成立，救火会交由该局管理。后市政局改为区公所，成立第一区保卫团，救火会划归保卫团管理。民国23年(1934年)7月，第一区

保卫团撤销,救火会移交给句容县商会管理。城区救火会因无固定经费,组织不完善,由商会委托商会守望所主管,陈继培担任消防队长。队员分雇佣队员和义务队员两种。雇佣队员4名,常驻守商会,平时负责管理救火器具及检查太平水缸。义务队员由商会守望所团士及县城烟业工友、浴室、茶馆工作担任。县城所有推水夫,亦受该会制约,制发符号,按月给予津贴,平时负责将太平缸贮满水,遇有火警,以上人员一律到场扑救。因为经费不足,又不懂消防知识,该组织流于形式。民国38年(1949年)4月23日,句容解放,人民公安机关接管句容县城的消防工作。

2. 公安消防组织

1974年11月6日,句容县公安局设消防股,配备5名民警,管理全县的消防工作。1976年1月,句容县公安局在县城企业单位抽调6名优秀工人,建立企业专职消防队,队长由消防股干警兼任。1978年3月,经省公安厅批准,句容县公安局建立公安消防中队,编制16人(义务兵役制),同时撤销原企业工人组成的专职消防队。1983年2月,句容县消防中队编入武警部队序列。

1995年8月,句容县公安局消防股与消防中队合并,改编为"中国人民武装警察部队句容市消防大队"(正营级建制),也称"句容市公安消防大队,编制23人。

1997年3月25日,句容市人民政府制定《句容市城市消防规划》。根据规划,1998年,句容市政府着手在市区洪武路西,征用西庙村山地15亩,投入资金500万元,新建句容市消防指挥中心大楼。大楼于2001年8月竣工投入使用,主体建筑面积为3600平方米,训练场地2250平方米,篮球场地527平方米,建有训练塔1座。

2006年4月起,为弥补消防警力不足,经市政府批准,陆续招聘合同消防队员13名,充实到消防基层一线,经费纳入市财政预算。

3. 乡镇企业消防组织

1957年起,句容县各个乡的集镇和企业都组建了消防组织,配置了消防器具。全县建立义务消防队151个,有消防队员3563名,设置太平缸450个,灭火机31个。

1974年以来,句容公安机关在县农机一厂、化肥厂等12个消防重点单位组建了12个义务消防队,有队员154人。1976年企业消防队由12个增至20个,队员增至538人。1987年9月,经省公安厅批准,句容县石油公司成立专业专职消防队,队员5人。1988年,句容全县义务消防队增至23个,有队员584人。

1993年以来经济比较发达的乡镇建立治安消防队或保安联防消防队。

2002年5月,成立句容市护林防火突击队,编制9人,由市公安消防部门代为管理并进行业务指导,经费由市财政局负担,担负全市山林防火工作。后来又增设下蜀消防站、宝华消防站和茅山风景区消防点。

2005年5月,根据镇江市公安局等单位发文《关于印发〈加强全市城镇社区消防工作的实施意见〉的通知》精神,推进城镇社区消防工作,句容市公安局和市民政局联合在城区组建由社区居委会主任任组长,社区民警,物管业主代表等参加的消防工作组,建立由保安、联防队员和志愿者参加的社区义务消防队。

至2013年,消防官兵32人,护林防火队员9人,合同制消防队员9人,下辖一个消防中队,担负全市1387平方公里,127个二级消防安全重点单位,全市60万人口的灭火抢险救援工作。

二、消防装备和设施

1. 消防栓设施

句容县城建在丘陵地带,民清时期城内居民饮用水以井水为主,城边居民以池塘水和东门桥句容河水为主。城中有浅水井221个,少数水井旱年不涸,消防用水多取于井水。居民密集地区和街巷设置太平缸,

图 2-33　灭火演练(2008 年)

由商会雇人负责灌水。

1961 年 7 月,县政府在东门桥头河边建自来水供应站,日供水量 500 立方米,在城内设点供水。1973 年,自来水供应站改扩建句容县自来水厂,日供水量 5000 立方米。公安机关在县城安装消防栓 62 个。

1984 年 9 月自来水厂设备更新,日供水量 1 万立方米,县城安装消防栓 69 个,其中街道共有 28 个,企事业内部单位安装 41 个。1997 年城区消防栓增至 96 个,其中东大街、西大街、建设路、人民路、崇明路等主要街道设有 28 个。1997 年 3 月,句容市政府颁布《句容市城市消防规划》,将公共基础消防设施纳入城市总体规划,至 2013 年年底,句容市区已设置消防栓 743 个。

2．消防装备

民国初期,句容县城的救火会,由城镇商会负责筹措资金,购置少量的救火工具,如火钩、长梯、水桶、水枪、警锣、手揿式木桶水火龙等。商户和居民家中备有太平水缸。

民国 24 年(1935 年),句容县城消防队配置手揿式木桶水火龙 3 台、消防水桶 4 副,以及云梯、火钩等装备。城区各处设有消防水缸 48 个。民国 36 年(1947 年),句容县城镇消防队又购置水枪 6 个、水带 16 米、消防梯 2 张、火钩 6 把。

句容解放后,人民公安机关接管消防工作。句容县城专设消防仓库 3 间,购置手抬式抽水泵 1 台、泵浦车 1 辆、配备水桶 200 个,另有火钩、长梯等工具,机关、学校、企事业单位购置灭火器。

以后,逐年添置一些消防装备,防火灭火条件和手段不断改善。至 2013 年,公安消防大队除更新淘汰部分旧消防车外,实有各类消防车 5 辆、指挥车 1 辆、移动消防泵 2 台、水带 2000 米,配备了防火服 5 套,防毒面具 20 个、隔热服 2 套、火灾勘察仪器 1 套、照相机 3 个、电脑 2 台、传真机 1 台、摄像机 1 架等消防器材。至 2013 年,全市消防大队共配备各类执勤消防车 10 辆,包括泵浦消防车 1 辆,水罐车 3 辆,泡沫车 4 辆,抢险救援车 1 辆,32 米登平台车 1 辆。各类消防执勤车辆共载灭火液 15.65 吨,其中水 14 吨,泡沫 1.65 吨(含 A 类泡沫 0.15 吨、B 类泡沫 1.50 吨)。

2013 年年末,全市共配备抢险救援器材 357 件(套),其中有毒气体探测仪、可燃气体探测仪、消防用红外热像仪、测温仪等侦检器材 8 件(套);机动液压泵、手动液压泵、剪切器、扩张器、剪扩器、撑顶器、机动链锯、无齿锯、多功能挠钩、绝缘剪断钳、毁锁器等破拆工具 30 余件;木质堵漏楔、金属堵漏套管、粘贴式堵漏工具、注入式堵漏工具、电磁式堵漏工具等堵漏工具 47 件(套);移动式排烟机、移动照明灯组、移动发动机等排烟照明器材 6 件(套);全市消防部队共配备灭火器材 1501 件(套),其中机动消防泵 10 台、移动式消防炮 5 台。

3．火灾报警通讯

中华人民共和国成立前,城镇发生火灾时,主要靠鸣锣报警,民间救火会和群众听到报警锣声,拿救火工具赶赴火灾现场参加扑救。夜间,县城由商会组织人员沿街巷巡逻打更,提醒民众防火防盗,一旦发现火灾,即鸣锣报警。

中华人民共和国成立后,县城由派出所组织民兵巡逻执勤,一旦发现火情,仍鸣锣报警,并组织人员扑救。1976 年,句容县企业专职消防队建立后,在公安局值班室设有专线电话,并安装警铃,消防队员迅速出动,赶赴火场扑救。1978 年 3 月,句容县公安局建立义务兵役制专职消防中队后,在中队安装专线电话,专为火警报警使用;1980 年开通“119”火警电话。

20 世纪 90 年代后,消防大队逐步完善了通讯设备,配置了多功能火警调度机 1 台、火警调度专线 1 对。除“119”专线外,公安机关内部开通了与各派出所的内线电话,完善了通讯网络。消防大队安装了 10 部内线电话,还配备了基地电台 1 部、车载电台 5 部、手持电台 8 部、移动电话 2 部。2004 年 4 月,“119”火警电话与“110”“122”三台合一,群众报警救助更加便捷。

句容市公安数据网与句容市消防大队通讯线路为 10M,指挥调度网 10M,业务数据网 10M,以及连接下蜀专职队调度网 4M。其中,10M 通讯线路为支队内网,主要用于数据传输;10M 指挥调度网主要提供灭火救援指挥系统部署及可视化指挥调度应用需要。2013 年年底,现有一体化服务器 2 台,UPS30 千瓦 1 套(含蓄电池);电视电话会议系统包括 1 套标清设备(苏州柯达),和 1 套宝利通高清设备;按照总队要求,营区大门、车库、岗亭训练场已经全部安装监控设备,同时实时语音对讲功能。

三、消防宣传和检查

1. 消防安全宣传

20 世纪五六十年代,句容公安机关通过召开会议、印发宣传资料和利用有线广播、黑板报、文艺表演等形式开展消防宣传,增强群众的消防意识。1964 年 12 月,句容县公安局专门印发《消火宣传提纲》,广泛开展消火宣传。

20 世纪七八十年代,每逢冬春、夏秋和重大节日期间,句容公安消防部门深入开展以防火为重点的“四防”宣传教育。先后编写防火宣传资料 36 篇,印发防火宣传提纲 72000 份,撰写广播稿件 325 篇,印发消防知识书刊 12 种 855 本,印发消防法律法规书籍 4250 本,增订《江苏消防》等刊物 3116 份,张贴消防挂图 50 张。

1984 年 5 月 13 日,国务院颁布《中华人民共和国消防条例》;1998 年 4 月 29 日九届全国人大常委会通过《中华人民共和国消防法》(以下简称“消防法”),公安机关召开会议 25 场次,张贴标语和悬挂横幅 1000 条,出墙报 100 块。利用广播、电视台播报消防知识,12 个录像放映点不间断的放映消防教育片。全市发放《消防法》单行本 8000 份。

2000—2008 年,消防部门广泛开展消防安全宣传进社区、进学校、进企业、进农村活动,用群众喜闻乐见的形式,进行宣传教育,提高人民群众的消防安全意识,普及消防安全知识,还在安全生产月,重大节日举办消防知识讲座、消防知识咨询。组织在校中小学生、单位员工到消防大队的消防宣传基地参观。2008 年举办各类消防安全培训班 61 期,1250 人先后接受培训教育。2009 年,荣获江苏省消防总队“安全双百日竞赛”活动先进中队。2011 年获江苏省消防总队“信息调研先进基层单位”荣誉称号。

2013 年,推进消防站开放及重点单位滚动电子屏等消防公益宣传阵地,实现宣传载体全覆盖;在中小学生安全教育日、“5・12”防灾减灾日、安全生产月、“119”消防宣传日等时间节点,开展宣传教育活动;组织有关领导进行消防安全轮训。

2. 消防安全检查

1957 年 1 月 16 日,句容县公安局制定《关于防火工作的意见》,防火工作重点抓消防安全检查。消防安全检查的内容以火源管理、设备安全、防火制度的建立和灭火器材配置为主,检查重点是商业、供销、粮食部门的粮油物资仓库,一般采取自查、互查、复查、抽查方式进行。

1964 年 11 月份,公安、粮食、供销社部门抽调 5 名干部,组成联合抽查组,对全县粮站、供销社的门市部、仓库、油米厂等重点消防基层单位进行安全检查、共查处安全隐患 144 条,当场整改 100 条。

从 1970 年开始,句容公安消防部门每年都组织有关部门联合开展防火安全检查。

1978 年,句容市公安消防部门开展全县范围的消防安全大检查 4 次,从有关单位先后抽调 1054 人次,组成 97 个安全检查组,分别对化工、棉花、电影院、火工用品等重点防火单位进行专项检查,对查处隐患及时督促进行整改。

1982 年，句容公安机关会同有关部门，在全县范围内开展 4 次集中消防安全检查。发现安全隐患 728 处，其中较大隐患处 56 处，整改通知书 21 份。同时，对发生的违法违规事故调查处理，处罚 13 人，其中追究刑事责任 2 人，行政拘留 3 人，党纪政纪处分 2 人、罚款 1 人，批评教育 5 人。

1995 年，消防大队会同有关部门，组成 4 个检查小组，对全市公共娱乐场所、商场以及易燃易爆单位进行安全检查，先后检查 106 家，共检查出消防隐患 79 条，发出《火险隐患整改通知书》16 份。

2005 年，句容公安消防部门共出动消防监督检查人员 1597 人次，检查单位 811 家次，发现隐患 558 处，发出《责令限期改正通知书》329 份和《复查意见书》280 份。通过大排查、大检查、大整改活动，及时消除了一批火灾隐患，较好的预防了火灾事故的发生。

2006 年，句容市公安局在全市范围内集中开展为期 100 天的"攻坚除患百日会战"行动。全市消防安全重点单位的普查率达 100%，商场、宾馆、学校、医院和公共娱乐场所的二级消防安全重点单位标准化管理达标率达 100%。

2007 年，句容市政府先后 5 次召开消防安全检查专题会议，市领导先后 6 次带队开展安全检查。公安消防部门针对商场、宾馆、歌舞厅等人员密集场所夜间营业和群死群伤火灾夜间易发的规律，会同有关派出所，展开错时、随机检查。共检查单位 676 家次，发现火灾隐患 474 处，查处各类消防行政案件 80 起，责令 37 家单位停业整顿，对 25 家单位和 71 名个人实施处罚。2009 年，市消防大队共组织监督检查 2296 人次，检查单位 1149 个，发现火灾隐患 800 处，督促整改火灾隐患或违法行为 802 处，发责令整改 688 份。查处各类消防违法案件 552 起，责令 10 家单位停业整顿，对 29 家单位和 207 名个人实施处罚，处罚近 28 万元。

2010 年，市消防大队积极发挥联席会议制度围绕世博安保等中心任务，联合安检、治安、文体、工商、建设等部门开展公众聚集场所、高层地下建筑、商场市场、消防控制等消防安全专项检查。市消防大队全年共组织检查 4710 人次，检查单位 2292 个，发现隐患 2615 处，查处各类消防违法案件 1541 起，责令 7 家单位停业整顿，对 89 家单位和 310 人实施处罚。

2013 年，市消防大队共检查社会单位 1347 次，督促整改隐患 1485 个，查处消防违法行为 1446 起，实施临时查封 22 处，责令"三停"29 家。

四、消防监督和预防

1. 消防重点保卫单位监督

1980 年年初，句容县公安机关根据公安部《关于城市消防管理工作的规定（实行草案）》，对全县商业、工矿企事业单位进行调查摸底，初步确定消防重点单位 26 个。对重点单位，公安机关帮助和督促他们成立消防组织，逐级明确防火责任人，制定制度、灭火预案，建立备查纪录档案等。

1989 年，消防安全责任制进一步落实，按照"谁主管，谁负责"的原则，重新明确全县 23 个重点保卫单位责任人必须是法人代表，制定消防重点保卫单位的水源道路图、灭火器材分布图、灭火作战图，健全消防安全制度和防火活动情况档案。建立防火组织 23 个，成员 173 人。组建专职、义务消防队，队员 584 人。设置消防水源 46 处，配置消防水泵 30 台、100 升泡沫灭火器 222 个、10 升泡沫灭火器 167 个、多型号的干粉灭火器 95 台、二氧化碳灭火器 17 只、水带 4000 米。

1997 年，句容公安消防部门对全市企事业单位进行全面调查，重新确定一级重点消防单位 24 家，二级重点消防单位 12 家。

2001 年，句容市政府根据国家 11 个部委联合下发的《公众聚集场所消防安全专项治理活动的通知》，于 6 月 1 日成立由市委常委、常务副市长为组长的消防安全专项治理领导小组。经调查、全市公共娱乐场所 72 家，3000 平方米以上的商场、室内市场各 1 家、有客房数 50 间以上的宾馆 2 家、超过 200 座的营业性餐馆的

5家、大型展览馆1家，学校109家、医院19家。其中公共娱乐场所合格的15家、200座的营业性餐馆合格5家、大型展览馆合格1家、学校合格99家、医院合格14家。在专项治理期间，共发现隐患403处，发出《责令当场改正通知书》26份、《责令限期改正通知书》20份、《复查意见书》15份、《消防安全检查意见书》40份。共查处违法案件41起，处罚单位9个、个人28名，停业1家、拘留2人、警告7人，依法取缔非法公共娱乐场所14家。

2013年，规范社会单位管理，对全市二、三级消防安全重点单位进行调整，并召开重点单位安全责任人会议，落实安全主体责任；深入推进消防安全重点单位“户籍化”“标识化”管理；建立消防安全形势定期研判机制；实行重大火灾隐患政府挂牌督办，交叉互查和查处分离工作机制。

2. 建筑防火审核

随着句容城市建设规模逐步扩大，高层建筑、道路扩建给消安全工作带来新的课题。一些楼房建筑没有严格按建筑防火规范设计，装修材料易燃，自动报警装置和灭火设施不配套，通水管道和消防栓断水，一些建筑工程竣工后未经消防部门验收或验收不合格便交付使用，存在着严重火险隐患，1984年5月13日，国务院颁布《中华人民共和国消防条例》后，句容公安消防部门根据《消防条例》规定，开始实施建筑物防火项目审核工作。

1993年共审核新建、改建、扩建工程项目62个，总计约3万平方米。

1994年，句容公安消防部门参与审核各类建筑项目44个，验收项目33个。

1998年，消防部门在贯彻落实公安部《建筑工程审核管理规定》的同时，认真执行省公安厅消防总队以及镇江市公安局消防支队的有关规定和制度，全面落实自审制度和消防设施检测制度，实行一票否决，切实减少和消除各种原因遗留下来的“先天性”火险隐患。

2007—2008年消防大队共审核建筑防火项目296个，检查验收新建项目216个，合格率达100%。

2009—2013年消防大队共审核建筑防火项目328个。

五、火灾补救与抢险救援

1986—2008年，市（县）消防部门火灾扑救和抢险救援1090起，出动车辆7268辆次，官兵30263人次，抢救被困人员337人，抢救财产价值6亿多元。先后出色地完成客运公司油库、华阳金属管件厂、第二绣花厂、利生管业公司等一批重大火灾的扑救任务；出色地完成1991年、1998年的抗洪抢险；1994年、2003年的抗旱送水、2008年抗雪救灾等一系列重大抢险救援任务。

句容市消防大队先后多次被镇江市委、市政府评委为“拥政爱民”先进集体，3次被江苏省武警消防总队授予集体三等功，先后有18名消防官兵荣立个人三等功。1991年被镇江武警消防支队评为“安全防事故先进集体”；1992年被支队评为“达标单位”。1994年、1999年被省消防总队评为“安全防事故先进单位”。2003—2007年，消防大队连续5年被省消防总队评为“消防监督执法先进大队”。句容市消防大队还多次受到句容市委、市政府的表彰奖励。

2009年，市消防大队成功处置了“6·10”句容市下蜀镇运输公司停车场火灾和“7·12”华叶新技火灾等。其中“6·10”火灾课件入围2009年江苏省火灾调查优秀案例评选研讨，并荣获第三名的好成绩。

2012年，消防大队共接警出动117次，出动车辆239辆次，出动警力1192人次。抢救被困人员38人，抢救财产143万元。全市共发生火灾39次，无死伤，直接财产损失32.79万元。年内出色的完成了“5·29”市区便民购物中心门前施工外墙火灾及“10·19”市区东门桥附近一民房连环纵火案的扑救任务。

2013年，消防大队共接警出动灭火286次，无死伤，直接财产损失107.52万元。

1986—2013 年句容市(县)火灾情况统计一览

表 2－3－20

年份	火灾发生次数(起)	死亡人数	受伤人数	直接经济损失(元)
合计	881	25	16	9974357
1986	45	5	1	85960
1987	29	3	—	42351
1988	37	3	—	92912
1989	22	2	3	76850
1990	17	—	—	31673
1991	18	1	1	38374
1992	19	—	—	397000
1993	15	1	5	132676
1994	19	—	—	180660
1995	14	—	—	170000
1996	29	3	3	239300
1997	49	—	—	1020000
1998	74	—	—	954700
1999	34	—	—	716070
2000	78	1	—	857143
2001	36	—	2	683037
2002	72	—	—	1037676
2003	55	1	—	1195600
2004	48	1	—	698830
2005	67	2	—	238270
2006	47	—	1	400269
2007	35	—	—	582820
2008	22	2	—	102186
2009	15	—	—	431653
2010	16	—	—	207808
2011	10	—	—	125870
2012	40	—	—	332354
2013	286	—	—	1075250

第七节　公共交通

明清时，县城内人力客运为主，交通工具是独轮车和轿子，分别以人推、肩抬进行客运，直至1949年才有少量人力黄包车。

1995年，首批投放23辆大发面的车，成立第一家出租车公司；至2000年，城区先后成立长安、飞达、江天三家出租汽车公司，车型也逐步更新为夏利、桑塔纳、现代小汽车。

1996年前后，少量经改装的马自达车，在城内载客，一些下岗工人纷纷改装马自达搞客运，一度方便了市民出行，但营运秩序混乱，交通事故频发。

1997年6月28日，句容市交通局客运公司投资56万元，购买8辆江天牌中巴车，开通城市公交车，首次开通1、2路两条线路。1998年、1999年、2000年又分别增开5条线路、1条线路和2条线路，全程票价1元。至2000年年底，共开通12条线路、51辆公交车营运。

图2-34　城市公交车通车典礼（1997年6月28日）

2001年，句容市委市政府下决心整顿城区交通秩序，取缔马自达车营运，发展人力三轮旅游车，并妥善安置开马自达车的下岗工人。到2002年，人力车达430多辆，解决部分下岗待业者。

2006年，全市面的出租车和夏利出租车全部更换为桑塔纳出租车。3家出租车公司共有出租小汽车287辆。

2008年句容城区公共交通投入营运车辆共49辆，公交营运线路共11条，其中7条为无人售票车，2条为拥军线路。3家出租小汽车公司营运出租车287辆，出租小汽车起步价为5元/3公里。

至2013年年底，句容城区公共交通营运车辆92辆，公交营运线路13条，设站台136个。3家出租小汽车公司出租车辆289辆。人力三轮车逐渐萎缩，仅有100辆左右。

1997—2008年句容市公交线路营运情况一览

表2-3-21

线路	单程（公里）	间隔时间（分）	开通时间	沿途站名
1	9	7	1997年6月	客运公司、长途汽车站、南门市场、南门桥、紫荆花园、凤凰花园、市人民医院、新世纪广场、市政府、实验幼儿园、财政局、公安局、便民购物中心、第三中学、国税局、洪武路、商业街、石化宾馆、教育局、北门市场、句容装饰城、客运公司（循环绕行）
3	16.50	50	1998年1月	交通局、省高级中学、环保局、农校、第一中学、玉清广场、教育局、北门市场、北大街、实验小学、进修学校、客运公司、长途汽车站、南城公寓、南门市场、尚河湾、南门油库、上路、汽车检测站、铃塘、新坊、机场路、曲巷
4	8.50	30	1997年11月	客运公司、东门市场、华阳镇政府、职教中心、五里墩、下甸、省少管所
6	11.50	23	1998年12月	客运公司、句容装饰城、北门市场、农校、高级中学、章家边、下塘边、上塘边、赵塘

1997—2008 年句容市公交线路营运情况一览

续表 2-3-21

线路	单程（公里）	间隔时间（分）	开通时间	沿途站名
7	13	40	1999 年 5 月	客运公司、长途汽车站、南城公寓、南门市场、棉麻公司、铃塘、杆子村、柿墅、蔡家、西斛、东斛、水北
10	11.30	10	2001 年 4 月	公交公司、华阳镇政府、长途汽车站、客运公司、第二中学、实验小学、实验幼儿园、市政府、市人民医院、西关、西庙、杜家山、皮业城、方便、石狮
11	11	20	2000 年 4 月	万家、第四小学、东方华城、哈佛星城、都市晴园、华阳名府、句容装饰城、二中、实验小学、实验幼儿园、市政府、新世纪广场、第三中学、特殊学校、崇明桥、梅花小区、人民法院、华阳中队
12	6.50	25	2002 年 11 月	石狮、大庄、孙岗山、前林、侯家边、许村、粮站、河桥、坞塘、唐家
15	10	50	2007 年 7 月	客运公司、长途汽车站、第二小学、第二医院、联合大药房、工薪商场、精华书社、丹桂苏果店、西关、西庙、杜家山、皮业城、方便、平桥、新生、周岱、杜家、慈悲亭
拥军线	14.60	10	2001 年 12 月	客运公司、句容装饰城、建设银行、劳动局、公安局、句容宾馆、卫生大厦、玉清广场、交警大队、台湾小镇、赤岗、排岗、黄梅、新庄、前塘、后塘、汪江、盘山部队
拥军 2 线	17.50	60	2007 年 7 月	客运公司、句容装饰城、建设银行、劳动局、公安局、句容宾馆、卫生大厦、千禧小区、国际花园、领秀星城、台湾小镇、赤岗、排岗、黄梅、新塘、东营房、杨杆庙、周家边、南巷

2013 年句容市城区公交线路一览

表 2-3-22

路别	起点	讫点	途经站点	早班	末班	营运密度
1 路	客运中心	幸福花园	客运中心、状元新村、南门停车场、南门菜场东、阳光花园、长途车站、客运公司、江苏商贸城、建材市场、华阳名府、苏果超市、都市晴园西大门、崇明小学、香江丽景、聚和园东门、实验高中、千禧小区、卫生大厦、南一路、南三路、妇保所、开发区中心小学、德院上城、幸福花园	6:00 客运中心 6:33 幸福花园	17:30 客运中心 18:06 幸福花园	12 分钟/班
2 路	客运中心	客运中心	客运中心、南风苑、明豪华庭、沁园、南门菜场、南门菜场东、阳光花园、长途汽车站、客运公司、江苏商贸城、建材市场、西岗、北门市场、教育局、卫生大厦、南一路、南三路、妇保所、太阳星城、国税局、第三中学、华阳中心小学、财政局、北大街、实验幼儿园、市人民医院、凤凰花园、紫荆花园、明豪华庭、南风苑、客运中心	5:30	17:50	10 分钟/班
3 路	阙巷	交警大队	阙巷、机场路、新坊、铃塘、检测站、客运中心、明豪华庭、沁 园、南门菜场南、南门菜场东、阳光花园、长途汽车站、客运公司、江苏商贸城、第二中学、实验小学、北大街、正大公寓、香江丽景、聚和园东门、实验高中、国际花园、领秀星城、交警大队	6:25 阙巷 6:30 交警大队	18:00 阙巷 17:10 交警大队	60 分钟/班
4 路	客运中心	省少管所	客运中心、南风苑、明豪华庭、沁园、南门菜场、南门菜场东、阳光花园、老长途车站、陈家里、东方华城、御湖枫景、哈佛星城（南门）、崇明雅居、学府雅苑、环保局、交通局、碧水铭苑、公安局、五里墩、下甸、少管所	5:50 客运中心 6:30 少管所	17:40 客运中心 18:15 少管所	45 分钟/班

2013 年句容市城区公交线路一览

续表 2－3－22

路别	起点	讫点	途经站点	早班	末班	营运密度
5 路	公交停车场	黄金花园	公交停车场、东方华城、陈家里、长途车站、阳光花园、南门菜场东、南门菜场南、沁园、紫荆花园、凤凰花园、市人民医院、实验幼儿园、北大街、财政局、华阳中心小学、第三中学、特殊学校、妇保所、开发区中心小学、德院上城、黄金花园	6:00 公交停车场 6:34 黄金花园	17:40 公交停车场 18:12 黄金花园	12 分钟/班
10 路	客运中心	石狮	客运中心、状元新村、南门菜场东、阳光花园、老长途车站、客运公司、江苏商贸城、第二中学、实验小学、实验幼儿园、丹桂苏果、物价局、葛仙湖公园南、西关转盘、幸福花园、玉兰花园、恒鑫塑钢、杜家山、皮业城、方便桥、石狮、石狮加油站	5:30 客运中心 6:00 石狮加油站	17:36 客运中心 18:14 石狮加油站	10 分钟/班
11 路	客运中心	巨宝科技	客运中心、华阳实验小学、朝阳家园、大自然花园、万家、润景美邻苑、东方华城、都市晴园、华阳名府、建材市场、江苏商贸城、客运公司、长途车站、柴巷、中医院、文化宫、万宏天源城、市人民医院、新世纪广场南、新世纪广场北、华阳中心小学、第三中学、国税局、太阳星城、妇保所、梅花小区、人民法院、北佳房产、黄金花园、巨宝科技	6:00 客运中心 6:20 巨宝科技	17:30 客运中心 18:16 巨宝科技	10 分钟/班
拥军线	客运中心	盘山部队	客运中心、明豪华庭、紫荆花园、凤凰花园、市人民医院、新世纪广场南、新世纪广场北、句容宾馆、卫生大厦、玉清广场、包家巷、台湾小镇、赤岗、排岗、黄梅、新庄、前塘、后塘、汪江、盘山部队	5:30 客运中心 6:10 盘山部队	17:35 客运中心 18:17 盘山部队	10 分钟/班
拥军 2 线	客运中心	南巷	客运中心、南风苑、明豪华庭、水岸名居、银河之都苏果站、南门菜场东、阳光花园、老长途车站、客运公司、江苏商贸城、建材市场、五星电器、财政局、句容宾馆、卫生大厦、千禧小区、国际花园、领秀星城、台北上上城、车管所、吴家、宁杭路、排岗、黄梅、东营房、南巷大队	5:35 客运中心 6:25 南巷	17:00 客运中心 18:00 南巷	60 分钟/班
18 路 句卓线	公交停车场	柳桥	公交停车场、华阳政府、东方华城、陈家里、客运公司、江苏商贸城、建材市场、西岗、香江丽景、实验高中、国际花园、领秀星城、上海公寓、杨塘岗、第二水厂、下荫、夏家边、大卓、柳桥	5:30 公交停车场 6:10 柳桥	17:30 公交停车场 18:10 柳桥	18 分钟/班

说明：句容西站：客运中心↔石家边（原城隍庙）↔句容西站

第四章 公共与工业建筑

民国时期，句容城内的公共与工业建筑较少，除少量公有行政机关、文化教育与医疗卫生房屋建筑外，其他均为私有房屋。中华人民共和国成立后，随着政府机构增多，国有、集体商业服务网点大量设置，文化教育与体育卫生事业快速发展，以及金融保险和工业企业不断增设，公共与工业建筑规模不断扩大。使句容城真正成为全市人民的政治、经济、文化中心。尤其改革开放和句容撤县设市，市场经济不断发育和地方经济实力的增强，部分单位搬出政府大院，纷纷在街头路边建造办公楼。商场、超市迅速增多，宾馆饭店一个比一个建造壮观。学校扩建、新建教学楼，校园建设的风光秀美。市区外资和民资创办的规模以上工业企业近200个，全市年产值已突破千亿元大关。文化艺术中心和体育场馆建设，不断满足人们精神生活和体育锻炼需要。重建大圣塔充分展示句容深厚的历史和文化底蕴。

第一节 行政机关建筑

一、公 署

县治在县城正北，据元至顺《金陵志》记载，唐天佑年间(904—907 年)，县令邵全迈建。北宋元丰二年(1079 年)，县令叶表修缮。南宋嘉定十七年(1224 年)，县令王通重建县之厅、谯楼。南宋绍定四年(1231 年)，县令吴淇修。南宋淳祐六年(1246 年)，县令张矩重新修，以及筑城、建楼。元大德十年(1306 年)，监县塔塔儿、县尹赵靖因前县令田郁旧规改创县治，匾厅曰“敬简”，至元末毁。明洪武二年(1369 年)，县令黄守正因旧基重建，匾曰“公生明”。明洪武辛丑年，县令陈敬德撤除谯楼而新建。明景泰五年(1454 年)，县令浦洪、县丞刘义开拓旧规重建。明嘉靖戊戌年(1538 年)，县令周仕修正厅 3 间，穿间 3 间、左耳房、右耳房、3 间谯楼、厅 1 间、东西司房各 6 间、监房 10 间，狱神祠 1 间，土地祠 6 间、井亭 2 座，架阁库 6 间，知县住宅 10 间，县丞住宅 8 间，管粮主簿住宅 7 间，问典史 6 间，吏舍住宅 40 间，申明亭改在县治前西边，旌善亭改在县治东边，又建来宾馆 6 间，位置在察院东，到清乾隆修县志时已废。明嘉靖二十五年(1546 年)，县令徐九思在县治东空地建仕优亭 3 间，又在县治前建石屏画菜辅官，题写对联：为民父母不可不知此味，为吾赤子不可令有此色。明万历四年(1576 年)，县令丁宾整修县治土地祠、平理坊、在西关增修三友书院为官厅 2 所，共 21 间。清康熙三十年(1691 年)，县令白良琯建内宅、东厅 3 间。清康熙五十六年(1717 年)，典史汪金声重修赞政厅、并建典史衙署。清雍正十二年(1734 年)、县令鲁弘瑜修缮两廊吏舍。清乾隆二年(1737 年)县丞汤廷凤重建县丞公署。清乾隆十一年(1746 年)，县令赵天爵重建谯楼。清乾隆十四年(1749 年)县丞唐瀛重修县丞公署。清末民初，县署移至中街，有公房若干间。民国 23 年(1934 年)县府由中街迁回旧县署。民国 24 年(1935 年)，建大礼堂。民国 26 年(1937 年)12 月 5 日，日军侵占句容，县城沦陷。国民党句容县政府迁至溧阳县。民国 34 年(1945 年)8 月 15 日日本投降后，国民党句容县政府迁回句容县府旧址。

民国 38 年(1949 年)4 月 23 日，句容和平解放。句容县人民政府全面接管，人民政府办公仍在县署旧址。1955 年建造县委办公楼，2 层，建筑面积 553 平方米。1957 年建造县人委办公楼，2 层，建筑面积 555 平方米。1983 年县政府新办公楼在政府大院内落成，4 层，建筑面积 1811 平方米。2003 年 5 月，句容市政府计划市政府办公楼移地新建，原政府大院内办公楼全部拆除。2005 年，句容市委市政府决定仍在政府大院新建句容市政府行政中心办公楼。2008 年 1 月,句容市行政中心办公楼正式投入使用。市行政中心办公楼规划用地 3800 平方米,办公楼占地面积 2400 平方米,总建筑面积 31488 平方米,总高度为 49.50 米,楼高 13 层,办公楼共设 300 间办公室,1 个 90 人会议室,2 个 80 人电教室。市委机关及所属各部委、市人大机关、市政府和市政协机关均在该大楼办公。行政中心办公楼框架剪力墙结构,墙面为石材,中空玻璃幕墙。屋面外墙均使用保温材料,2 ~4 层设有共享大厅,内部 4 部自动升降电梯,中央空调自控系统,另建 3300 平方米人防地下停车场,总投资 8000 万元。

二、华阳镇政府办公楼

1986 年,城镇政府办公楼位于人民路 25 号,环城乡政府位于县城东门桥东侧。1991 年环城乡并入华阳镇后,着手东移治所。1994 年 10 月,镇政府迁入城东新城区,即原来的杨家巷村。

华阳镇政府大楼位于镇句路南侧,坐南朝北,占地面积 1.80 公顷。办公大楼主楼 4 层(局部 5 层),主楼建筑面积 2500 平方米,框架结构,副楼 2 层(局部 3 层),建筑面积 930 平方米。另有附属建筑平房 295 平方米。几项合计,总建筑面积 3725 平方米。院内绿化面积 6000 平方米,整个建筑 3 面环水。1993 年开工新建,1994 年竣工使用,总投资 7000 万元。

图 2-35 华阳镇政府办公楼

三、市国土资源局办公楼

国土资源局办公楼位于崇明路、华阳北路交汇处,建筑面积 8000 平方米,工程造价 650 万元。1997 年 9 月动工,1999 年 10 月建成框架结构 10 层。大楼外部墙面以白色面砖贴面和正面玻璃幕墙,乳白色涂料装饰、铝合金窗,南面平面门厅 1 处,北面扇形门厅 1 处,弧形外走廊将军红花岗岩贴地面,局部大理石花岗岩贴墙面,门厅内铺乳白大理石地面,墙面贴米色大理石装饰,轻钢龙骨石膏板吊顶,厅内立柱 3 根,直径为 0.80 米,不锈钢薄板贴面,内设升降电梯 1 部。楼梯不锈钢扶手 2 处,踏步均为大理石花岗岩贴面,楼内为中心走廊,铺大理石花岗岩地面,铝合金龙骨石膏吊顶,内置水曲柳贴面木门,室内均为棕色木纹瓷砖贴面,内墙墙顶均为乳胶漆刷白。该楼供水、供电、通讯、消防系统齐全。

图 2-36 市住建局办公楼

四、市住建局办公楼

住建局前身是原县基建局,在建设路原房管处沿街小楼办公。1983 年搬入位于建设路县建筑二公司新楼办公,该楼共 5 层。1991 年搬入华阳东路 4 号办公楼。

1996 年位于华阳东、西路与华阳南、北路交汇处的华阳东路 2 号办公楼竣工后,建设局机关和下属有关单位搬入办公。该大楼建筑面积

6400 平方米，高 11 层、局部 12 层，框架结构，总造价 600 多万元。室内普通装潢，外墙白色面砖贴面，局部玻璃幕墙，内设自动升降电梯 2 部。

五、市工商局办公楼

1980 年，位于老城区东大街 40 号的句容县工商局办公楼建成后，工商局从商业局办公楼中搬出，进入东大街 40 号办公楼。该办公楼占地面积 320 平方米，建筑面积 474 平方米，3 层楼每层 5 间办公室，造价 12 万元。1989 年，华阳市场（又称小商品市场）建设竣工后交付使用，该建筑共 6 层，框架结构建筑面积 4022 平方米。底层是小商品市场，楼上均为工商行政机关办公用房。另设有门卫、食堂和培训中心等附属工程，建筑面积 660 平方米。

1998 年 12 月，市工商局搬进位于华阳西路西段北侧新办公楼办公。新办公楼 1998 年竣工，占地面积 6932 平方米、建筑面积 4023 平方米、楼高 6 层。另有门卫用房建筑面积 140 平方米，食堂和培训中心建筑面积 520 平方米，楼高 4 层，造价 720 万元。

六、市食品药品监督管理局办公楼

食品药品监督管理局办公大楼，位于华阳南路与河滨北路交界处路口，该大楼占地 2588 平方米，建筑面积 6743 平方米，其中办公楼面积 1963 平方米，总造价 809 万元。该工程于 2003 年 8 月动工，2004 年 7 月交付使用，框架结构 6 层。大楼外部以土黄色岩石涂层装饰，铝合金窗，大门由西向东，门厅为不锈钢玻璃雨棚，楼内设自动升降机电梯 1 部，楼内办公场所装潢普通，供水、供电、信息、消防系统齐全。

七、市公安局办公楼

公安局最早办公地址在人民路凌家园，平房 14 间。1992 年在华阳东路 1 号新建办公大楼（与建设局大楼相对应）。该项工程占地面积 3.80 亩，1993 年交付使用，框架结构 7 层、局部 9 层，安装 35 米交通信息铁塔于顶端。办公楼内设自动升降电梯 1 部，一般装潢，工程总面积 5100 平方米，造价 186.80 万元，该大楼于 2012 年年底拆除。

新建公安局办公大楼位于文昌东路，占地面积 113 亩，总建筑面积 26267 平方米，其中指挥大楼 14978 平方米，勘察大楼 3090 平方米，指挥中心 3612 平方米、技术中心 3612 平方米、食堂 936 平方米，办案中心 1614 平方米，配电房、门卫房 497 平方米。工程 2010 年 1 月开工，2013 年 1 月竣工，总投资 1.49 亿元（包括办公设施、装饰装潢等）。主楼外墙大理石和玻璃幕墙，室内 1 层大理石地面，其余均为面砖地坪。

图 2-37　市检察院办公楼

八、市检察院办公楼

句容市人民检察院办公大楼位于文昌路北侧，坐北朝南，建筑面积 5604 平方米，造价 1500 万元。该工程于 1998 年 5 月动工，2000 年 12 月交付使用，框架结构，主楼 7 层。大楼外墙中间以灰白色外墙立邦性乳胶漆粉面，白色铝合金窗配白玻璃，两端向外成 45 度向前伸出 6 米，以浅咖色砂石粉面，饰以黑色线条。楼面中间二楼向外延伸 9 米，形成 3 米高，18 米宽、8 米进深的雨棚，两侧是小花圃和半月形坡道。雨棚南侧外墙挂有国徽，正南侧院内中间有汉白玉砌成的旗坛，上竖15米高不锈钢旗杆。大楼门厅与雨棚相接，地面铺设红花岗岩石，东北角有电梯间、开水间。大楼除1楼、7楼两侧分别为办案区、多功能厅外，从1～7楼中间均为走廊，1～6楼走廊两侧均是办公室，北侧分别是档案室、阅览室、院史室、会议室、卫生间，7楼走廊南侧为健身房、老干部活动室、北侧为储藏室。主楼后院内东北角有技侦中心，于2005年12月开工，2007年5月竣工，坐北朝南4层框架结构，建筑面积1500平方米，造价250万元。配套建筑有控申接待大厅、传达室、车库等共400平方米。

九、市法院办公楼

句容市人民法院审判综合楼坐落在市开发区洪武路（西环路）东侧、文昌西路北侧，建筑面积9000平方米，框架结构，建筑投资1280万元，于2001年竣工交付使用。该审判综合楼将办公区、审判区、法官培训中心和健身中心连体但相互独立，巧妙的将欧洲风格造型的建筑主体和中国传统的中式庭院绿化相结合，4层办公楼与2层进门台阶体现了中国法院四级两审的审判体制。

图2-38　市法院办公楼

十、市财政局办公楼

市财政局办公大楼位于华阳东路北侧16号，占地面积2540平方米，建筑面积6071平方米，框架结构7层，造价450万元。该工程于1994年开工，1995年交付使用。培训中心建筑面积4350平方米，造价279万元，框架4层。办公大楼外墙面砖贴面和玻璃幕墙，室内为大理石地坪，门厅为玻璃雨棚。

十一、市环保局办公楼

环保局办公原址在建设路南侧，茅山村16号楼，该楼砖混结构，4层，建筑面积600平方米。1998年搬迁至华阳西路北侧3号楼，砖混结构，6层。该楼1层为自来水公司营业厅，2～3楼为环保局办公室，4楼及以上为环保局职工宿舍，该楼建筑面积960平方米，于2006年年底搬迁至文昌东路办公楼。

市环保局办公楼位于文昌东路北侧、坐北朝南，占地面积11000平方米，框架结构，总建筑面积7260平方米。该大楼布局为东西结构，西侧为主楼，东侧为附楼。主楼南侧有草坪、景观树等绿化，北侧有假山、喷泉池、小桥组成的景点小品。

图2-39　市环保局办公楼（2006年建成）

大楼于2004年3月动工兴建，2006年12月竣工投入使用。主楼为8层框架结构，屋面为构造梁柱造型，建筑高度38米，建筑面积6600平方米。主楼南立面呈凹弧形，底层弧形梁柱用黑色大理石贴面，西立面半圆形设计，玻璃幕墙铝板相间。主门庭由两根黑色方型主柱支撑，高8米，有坡道、台阶连接干道。主楼正面外墙为蓝色玻璃幕墙、铝塑板装饰、铝合金门窗。楼内地面镜面瓷砖铺设，顶棚为石膏扣板吊顶。室内墙体为普通装潢，置安全通道东西各1处,自动升降电梯2部。

附楼为两层建筑,由圆形穹顶回廊于主楼连接,外墙主要采用玻璃幕墙、铝板装饰,内装简单,基本与主楼一致相协调,建筑面积660平方米。

十二、市国税局办公楼

市国税局办公大楼原在人民路与中山路交汇处(钟楼),该楼为4层框架结构,建筑面积1790平方米,造价102万元。

1998年,在华阳西路新建一幢8层框架结构的办公大楼,占地面积5465平方米,建筑面积7700平方米,造价950万元。其他是附房综合办公楼。室内装潢地面为大理石花岗岩,外墙为玻璃幕墙,院内设有喷水池,门前院内面积1500平方米。

十三、市交通局办公楼

交通局综合楼位于文昌路肖圩桥北侧,建筑面积8348平方米,造价2726万元。该工程于2004年2月动工,2005年12月底建成。主楼框架15层,附楼框架7层,大楼外部以白色面砖和绿色玻璃墙装饰,铝合金窗。外形呈螺旋式旋转而上,顶部呈半圆式玻璃顶,设有自动升降电梯1部,左右各设有安全楼梯通道,内部设施完善,供水供电、通信、消防系统齐全,院内园林式绿化。

十四、市科技局和质监局办公楼

科技局办公大楼位于文昌路与长江路交汇处东北角,该工程总建筑面积10271.05平方米,办公大楼为11层,局部13层,框架结构,楼下-2.60米为车库架空层,-1.30米为科技局展示厅,正负0.00为质量技术监督局展示厅、办公室、会议室、值班室。2~11层为办公及会议室,12层为电梯机房,13层为水箱间。外墙东、西、北面为墙面砖贴面,南立面为玻璃幕墙,工程总造价2589万元。

图2-40 市城管局办公楼

十五、市城管局办公楼

城管局原办公楼在宁杭北路124号,1幢3层和1幢4层楼房,砖混结构,建筑面积合计1020平方米。2012年搬迁至东昌中路办公楼。

城管局办公楼坐落于东昌中路与崇明东路交汇处东北角,占地面积3650平方米,建筑面积4616.40平方米。2010年9月开工兴建,2011年7月竣工,框架结构,主体3层,造价681.87万元。设2处楼梯,内部大理石地面,走廊墙面大理石面砖装饰。门厅2个大圆柱直立2层,显得美丽壮观。外墙灰色面砖和灰色涂料装潢,整幢建筑造型独特,显得古朴雅致。

十六、市水利农机局办公楼

水利局原办公室在县政府大院内,大会堂东侧小平房5间,约70平方米。

该局于1994年5月在华阳北路西侧38号建造水利局防汛抗旱指挥中心办公楼,1994年9月建成,建筑面积3785.27平方米,框架结构6层,造价450万元。内设楼梯2处,楼内中间为走廊,大理石地面装饰。

1994年年底,水利局搬迁到华阳北路新楼办公,办公楼除水利局本部办公用房外,局直属单位,即资产办公室、河道管理所、农机公司等也在此楼办公。

十七、市地税局办公楼

地税局原办公楼位于葛仙路1号，砖混结构，5层，建筑面积840平方米。

1998年3月，在华阳西路17号新建1幢6层框架结构的办公楼，占地面积2408平方米，建筑面积3750平方米，造价为436万元，1999年11月竣工投入使用。

该楼室内装潢为地面铺设大理石，外墙白色涂料和绿色玻璃装饰，铝合金窗。楼内设电梯1部，东西两侧设有安全楼梯通道，办公楼内设施完善，供水、供电、通信、消防系统齐全。

十八、市教育局办公楼

教育局原办公楼在政府大院内，原大会堂东侧平房约360平方米。

2001年，在宁杭北路132号建造办公楼，占地面积7200平方米，建筑面积4668平方米，框架结构，主楼8层，造价682万元，2002年竣工并投入使用。该楼设有电梯1部，楼梯1处。

该楼外墙灰色花岗岩贴面，楼中间大门厅外10根罗马柱支撑前门厅，内部装饰装潢普通大理石。水、电、通信等设施齐全。

十九、市民政局办公楼

民政局办公楼原址在市政府大院内西侧老办公楼第二层，2000年10月在文昌路南侧、华阳北路延伸段东侧建造办公楼，占地面积14152平方米，建筑面积3075平方米，砖混结构，6层，建筑造价474万元，2002年12月投入使用。

在民政局大院内，除民政局办公大楼外，还有句容福利活动中心楼，该中心建筑面积2970平方米，砖混结构4层。在民政局办公楼东侧建有婚姻登记中心办公楼，砖混结构2层，建筑面积599.24平方米。

图2-41　句容市福利中心一角

图2-42　市规划局办公楼

二十、市规划局办公楼

规划局成立前为建设局下属的规划办公室，规划办公室办公场所位于华阳西路南侧，葛仙湖公园北大门西侧。建造2层小楼，框架结构，建筑面积450平方米，由于该楼紧临公园，所以建筑采用园林式建筑风格，红瓦飞檐。

2003年规划局成立后,仍在此处办公。是年,该局下属机构,在玉清路西侧建造了建筑面积为2400平方米的4层框架结构的办公楼。该局所属的城建档案馆、规划设计院、勘察测绘院、市政管线科等4个科室在此楼办公。规划展示厅在4楼,职工食堂在1楼。

2004年,规划局又在华阳东路南侧,华阳房产开发的1幢建筑面积1600平方米的楼房买下,框架结构,4层,规划监察大队、民房科、法规科、监察室等4科室在此处办公。

二十一、句容经济开发区办公楼

图2-43 句容经济开发区办公楼

句容经济开发区管委会办公楼坐落于华阳西路与玉清路交汇处西北角,管委会大院占地面积3880平方米,办公楼建筑面积4680平方米。1994年5月,由市政府拨款新建,1995年竣工并投入使用。

该办公楼框架结构,具有中西结合的建筑风格,楼高5层,中间局部6层,屋顶是橘黄色的琉璃瓦。内部普通式装饰装潢,有1部电梯和3个楼梯口。办公楼中间外突,并装饰玻璃幕墙。外门厅屋顶也是橘黄色的琉璃瓦和飞檐,并有汽车坡道进出。

第二节 商业服务建筑

一、发展概况

清末至民国初,全县较大的商号有10多家,县城内有店铺200余户。直到民国34年(1945年)抗日战争胜利,商业虽一度恢复,因通货膨胀、物价波动,许多商户频频破产倒闭。中华人民共和国成立后,县人民政府根据"发展经济,保障供给"的方针,积极扶持私营工商业,建立国营商业和供销合作社,沟通了城乡贸易渠道,稳定了物价。1953—1954年先后对粮油等实行统购统销。1956年实行对资本主义工商业的社会主义改造,市场各类商品基本满足工农业生产和人民生活的需要。1958年后的"大跃进"时期,受"共产"风和极"左"思潮的影响,商业体制过于集中,流通领域统的过多、管得太死,市场冷清。1966年后的10年"文化大革命"的影响,商业徘徊不前。中共十一届三中全会后,改革开放不断深入,调整粮油、农副产品价格,开放集市贸易,发展多种经济成分,推进经济责任制,多渠道沟通,多形式经营,社会主义商业开始生机勃勃,繁荣兴旺。

进入20世纪80年代后,中共十四大提出建设社会主义市场经济,商业进入了新的发展时期,呈现多元化格局,句容先后建设了东方商场、白云商场、九龙商场、华联商场、亚西亚商场、第一百货商店。90年代,先后建起便民超市、苏果超市、元丰商城、农工商超市等大型商场。2000年后,宾馆、商场快速发展,句容宾馆、京华桂冠、曙光国际大厦、句容碧桂园凤凰城酒店、假日大酒店、崇明浴室、金门岛、碧海蓝天、帕提亚广场、大润发超市、华阳名街等一大批大规模的商业网点相继建立。

二、商业服务建筑选介

1. 句容宾馆

句容宾馆,位于华阳北路南端东侧,占地面积11500平方米,楼高12层,建筑面积10397平方米,工程造价3000万元,1996年建成投入使用。

该宾馆按四星级标准设计建造,由句容市烟草公司投资兴建,拥有豪华套房、标准间共80多间,均置有空调、电视、冰箱、国际国内直拨电话、宽带上网等。餐饮部拥有中西餐厅、大小雅间18个,可容纳880余人同时就餐,宾馆服务项目配套齐全,有休闲中心、商务中心、美容室、棋牌室、舞厅KTV包厢、健身房、乒乓室以及洗衣场、商场等。

2. 余坤开元大酒店

余坤开元大酒店又称世茂大酒店,坐落于句容崇明西路818号。由江苏余坤置业有限公司于2008年开始投资新建,2012年6月15日投入使用。五星级酒店与商务中心、综合项目占地面积58.40亩,总建筑面积11万平方米。双楼主体均为27层框架剪力墙结构,高度128米(主楼高100米,局部加高至128米),投资额10亿元。

图2-44　余坤开元大酒店

酒店的主楼为椭圆形的塔式高层,商务中心的主楼为弧形的板式高层,两者形成错落有致的风帆外形,相互呼应。酒店拥有368套五星级客房,有中式零点餐厅、中式包厢、特色西餐厅和酒吧,并配有国家标准的室内恒温游泳池、乒乓球室、棋牌室、网球场等健身娱乐场馆。地面、地下可容纳513个车位,1500平方米的宴会厅、健身中心、娱乐餐厅、会议中心。余坤开元大酒店已成为句容市新的标志性建筑。

3. 曙光国际大酒店

曙光国际大酒店位于华阳北路东侧,文昌东路2号,该酒店是按四星级标准建造的酒店,酒店占地面积3.07万平方米,建筑面积4.20万平方米,主楼高21层,裙楼4层,框架剪力墙结构,总投资2.50亿元,是中国曙光旅游集团旗下的旅游商务酒店,隶属于中国曙光控股集团,于2007年建成。

该酒店拥有总统套房、行政套房、标准间各类客房226套(间)。餐饮、会议设施设备齐全,拥有功能齐全的大型宴会厅、中小餐厅和29个雅间、餐位1300个;配有网球场、游泳池、康乐等高档设施,一应齐全。曙光国际大酒店是集餐饮、住宿、娱乐、健身、休闲、商务会议为一体的现代化商务旅游酒店。

4. 句容碧桂园凤凰城酒店

句容碧桂园凤凰城酒店位于南京与句容市交界处,是句容新卫星城里首家五星级标准酒店,周边风景优美,紧邻国际温泉度假胜地——汤山镇。

该酒店工程于2010年9月8日开工,2012年5月18日投入试运营,由句容碧桂园房地产开发有限公司建设,建筑面积61176平方米,其中地下为7735平方米。酒店主楼高89.10米,裙楼高20.10米,框架剪力墙结构。酒店地下1层(高5.06米),主楼地上21层,裙楼地上3层,局部2层(1层高6米,2层高5.40米,3层高4.80米,设备转换层2.15米,4层以上高3.70米)。酒店主楼设置消防电梯2部,客梯3部,货梯1部。酒店裙楼餐梯3部,货梯2部,客梯3部。

图2-45　碧桂园酒店

凤凰城酒店为公共商业性酒店,地下室设停车场、员工餐厅、中西餐厅厨房。1层主楼设康体中心、西餐厅,裙楼为销售大厅;2层主楼设有会议室、棋牌室,裙楼设中餐包间;3 层设 KTV、中餐包间。4 层以上主楼为客房、裙楼为包间。

墙面做法:酒店外墙 1 ~3 层为干挂石材,4 ~21 层为弹性小颗粒质感涂料外墙面。内墙地下室为乳胶漆涂料面层。大厅、电梯室采用帝帛金石材内墙面。

地面做法:酒店客房地面大部分为地毯,局部为瓷砖地面和石材地面,卫生间、厨房及地下室为抛光砖地面。

酒店拥有 334 间宽敞舒适、精致典雅的客房,大部分客房设有独立景致的超大观景阳台,坐拥 360 度园林湖景。

酒店 2 楼设有超过 6846 平方米的会议区域,其中国际厅、凤凰厅分别为 900 平方米和 650 平方米的无柱式宴会厅和 9 个大小不同的会议室。

酒店设有棋牌室、网球场、保龄球、桌球室、乒乓球室、篮球馆、大型户外园林泳池、温水恒温泳池等康乐设施。

5. 京华桂冠国际酒店

京华桂冠国际酒店位于城区华阳南路中段西侧,由台商投资,按国际四星级标准设计建设,于 2003 年 10 月建成开业,占地面积 1.30 万平方米,建筑面积 1.06 万平方米,楼高 7 层,框架结构,总投资 140 万美元。客房部拥有豪华套房、行政套房、标准房 78 套(间),配有空调、国际国内直拨电话、电视、宽带网络、个人保险箱、小冰箱、迷你酒吧等,豪华套房配置独立式桑拿设施。国际会议中心可容纳 500 人,配有投影、录音、录像等先进设备,可承办国际性会议及高规格活动。4 个中小型会议厅分别可容纳 12 ~80 人。餐饮部中餐厅拥有 600 个餐位和 17 个雅间,咖啡厅供应欧亚风情自助餐,中式自助早餐,可同时容纳 80 人,并提供房内用膳服务。酒店配备浴城及夜总会,提供洗浴、美发、健身、休闲娱乐服务。

6. 亚龙宾馆

亚龙宾馆位于市区东门宁杭路东侧,由市供销合作总社投资,按国际三星级标准设计建造,于 1997 年建成开业。占地面积 1 万平方米,建筑面积 8000 平方米,主楼 6 层,框架结构,附楼 4 层,投资总额 5000 万元。宾馆拥有豪华套房、标准间床位 370 张和大小宴会厅、雅间。配置空调、电视、冰箱、国际国内直拨电话、宽带上网等设施,提供食、宿、浴、会议、美容、健身、娱乐休闲各项服务。2000 年评定为二星级,2002 年 3 月全部资产整体出售,转为私营性质。

7. 元丰商城

元丰商城位于市区西大街 1 号,鲜鱼巷口西南角,占地面积 2500 平方米。单层建筑高度 4.20 米,框架结构,自动手扶式电梯 4 部。商城分地上 2 层,地下 1 层,3 层总营业面积 7500 平方米,商铺约 120 多家,主营男女服装、鞋类、黄金珠宝、化妆品、手机手表等项目。通灵珠宝、杰克琼斯、千年珠宝、海澜之家等众多国际国内知名品牌在商城内设有营销区。

图 2-46 大润发商场

8. 句容大润发超市

句容大润发超市成立于 2010 年 12 月 24 日,是上海大润发有限公司在华东区成立的第 75 家分店,位于句容市华阳东路与北大街交汇处西南角。总建筑面积 22794 平方米,超市卖场面积为 1.50 万平方米,1 至 3 层为商场,地下 1 层为停车场。大楼为框剪结构 21 层,建筑面积 10892 平方米,地下停车场面积为 11000 平方米,造价 1634.90 万元,内设自动手扶式坡道电梯 8 部,楼梯 1 处。超市约有 3 万多种商品,2013 年是句容市区的最大卖场。

9. 苏果超市(句容)有限公司

苏果超市(句容)有限公司成立于 2003 年 10

月，位于市区华阳东路40号，占地面积7600平方米，框架结构，建筑面积12369平方米。下辖苏果平价店（寺街西侧）、苏果都市晴园平价店、苏果社区店（华阳南路与人民路交汇处西北角）3家大型综合性超市和4家小型苏果便利店（均在市区）。3家大型超市卖场均为2层，电动扶梯相通，经营几十大类2万多种商品。

苏果超市都市晴园平价店兴建于2005年，2007年营业。楼层为钢筋混凝土框架结构，5层，高度为23米，建筑面积12369平方米，营业面积6400平方米，手扶坡道电梯3部，升降电梯1部。苏果社区店（华阳南路），营业面积5500平方米，扶手坡道电梯2部。

2013年句容市商业营业面积超2000平方米以上的前20强商店一览

表2－4－1　　单位：平方米

序号	单位名称	地址	营业面积	商业状态
1	苏宁电器	东大街与西大街路口	3000	专业店
2	天一商城	东大街1号	10000	百货店
3	五星电器	华阳东路17号	5000	专业店
4	便民购物中心	华阳西路2号	6000	超市
5	农工商超市	人民路35号	5400	超市
6	苏果帕提亚店	东大街与寺街路口	6150	超市
7	苏果都市晴园店	华阳东路与葛洪路口	6400	超市
8	苏果丹桂店	华阳南路6－1号	5500	超市
9	元丰商城	西大街1号	7500	百货店
10	大润发超市	华阳东路与北大街路口	15000	超市
11	九龙商城	东大街柴巷路口	2000	商场
12	国美电器	华阳路1号	3500	专业店
13	国美电器	宁杭路店宁杭路东门口	5000	专业店
14	张晓林电器城	华阳南路16号	3000	专业店
15	工薪商场	华阳南路15号	3500	百货店
16	华联商厦	西大街2号	2500	百货店
17	东盛商城	东大街12号	3000	百货店
18	淘淘城	东大街42号	2000	市场
19	金都百货	东大街苏果超市旁	3000	百货店
20	华阳小商品城	建设路167号	5000	市场

第三节　学校建筑

一、发展概况

句容自唐开元十一年（723年）建县学。宋初创办茅山书院（为全国六大著名书院之一），至明代先后建有南轩书院、道一书院、句曲书院、华阳书院、江左书院、三友书院和正心书院。明代，城乡俱建社学。清代，私塾遍及城乡，中叶时文舍取代社学。清光绪二十九年(1903 年)秋，因废科举兴新学，县学、书院终结，遂将华阳书院改设官立高等小学堂。随后建立县学务公所和县师范传习所，推动各乡相继建立公立初等小学堂(或初、高两等小学堂)。

中华民国建立后，学堂改称学校。至民国 18 年(1929 年)全县除创办了县立初级中学及所涉师范科、农科、工科和商科专业的实(职)业学校(班)外，公、私立小学发展到 200 余所，用于民众教育的 1 所通俗教育馆和 4 所农民教育馆也相继创办。日军侵占句容后，教育事业备受摧残。抗日战争胜利后，全县教育事业有所恢复与发展，特别是私立中学兴起。至句容解放时，全县初等教育有中心国民学校 29 所，保国民学校 257 所，中等教育除外地迁入的国立豫州中学、省立句容临中和中华三育研究社中学部外，有县立简易师范和县立初级中学各 1 所，私立中学 6 所(其中外地迁入 1 所)；私塾仅有 72 所。

中华人民共和国成立后，全县幼儿教育、普通中小学教育、中等专(职)业教育和成人教育，虽然遭遇 1958 年的盲目冒进和 1959—1961 年三年自然灾害的影响，但是都有长足的或阶段性的发展。至 1985 年，句容先后普及小学教育和基本实现中小学"一无两有"(无危房、班班有校舍、人人有课桌凳)。

至 2013 年，市区已形成 1 所省属高等院校、2 所电大教育院校，2 所函授班、1 所中专、4 所普通中学(高中 2 所、完中 1 所、初中 1 所)、7 所小学、1 所特殊教育学校、17 所幼儿园(班)、10 多所成人教育学校的办学格局。句容先后获得"全国农村青年实用技术培训先进县""全国特殊教育先进县""江苏省教师住房建设先进单位""江苏省农村中小学危房改造先进市""全国幼儿教育先进市"等荣誉称号。

二、学校建筑选介

1. 江苏农林职业技术学院

江苏农林职业技术学院系国有公办全日制普通高等学校，隶属于江苏省农林厅，接受省教育厅领导。学院主校区坐落于句容市北城区，分校区位于南京市江宁区湖熟镇。

图 2-47　江苏农林职业技术学院北校区

学院的前身是民国 12 年(1923 年)由美国基督教复临安息日会中华总会在句容县桥头镇开办的中华三育学院和民国 35 年(1946 年)建立的江苏省立江阴农业职业学校。1951 年 10 月，两校合并建立苏南句容农业技术学校。1959 年 9 月，镇江农业专科学校并入江苏省句容农业学校。1999 年 12 月，江苏省句容农业学校被教育部批准为国家重点中等专业学校。2001 年 8 月，经省政府批准，更名为江苏省农林学校。2002 年 6 月，经省政府批准，成立江苏农林职业技术学院。

历经 80 余年的发展，学院已形成"一主三体"的校园格局。学院占地面积 3563 亩，建筑面积 47 万平方米。设风景园林、农林、农艺、畜牧和兽医、生物工程、信息工程、机电工程、社会科学与艺术等8个系66个专业,在校生13000多人。学校拥有92个实验室,69个多媒体教室,6个语音室,各类设施功能齐全,图书馆藏书33万册,校园网3条100米线路接入互联网,共有336个公网IP地址,网络计算机1260台,建400米踏塑跑道田径运动场和3200座的体育馆(篮球馆),各项体育设施齐全。

学院是江苏省园林式学校,获“全国职业院校魅力校园”称号。拥有两大实训基地又名“江苏农博园”“江苏茶博园”,拥有农耕文化馆、都市农业馆、现代农业馆、百草园、百花园、百竹园、百茶园、百药园、百果园、老子茶馆、亲水平台、茶艺中心等,是国家AAA级旅游景区。学院建有能承担国内顶级赛事的现代化体育馆,还有高尔夫球场、素质拓展基地和各类运动场馆。

教学楼　2幢,2003年建造,共5层,框架结构,A楼和B楼连体,建筑总面积11405平方米。拥有多媒体教室69个,造价1100万元。

实训楼　3幢,共5层,框架结构,2003年建造,建筑面积共计10914平方米。拥有标准实训室92个,语音室4个,造价1100万元。

综合办公大楼　主楼9层,东西裙楼5层,建筑面积11440平方米,2001年竣工使用,造价720.80万元。

学生公寓　11幢,砖混结构6层,建筑面积共计53115平方米,分别于1996—2006年建造,前后累计总造价4009.95万元。

师生食堂　2幢,框架结构3层,局部5层,2003年建造,2005年又扩建,建筑面积8095平方米。造价718.76万元,能容纳万余人就餐。

图书馆信息楼　框架结构6层,2003年建造,建筑面积15830平方米,造价2000万元。

体育设施　体育馆建筑面积16535平方米,框架结构,拥有3000个座位,能承接国内顶级篮球、排球比赛,符合国内田径比赛要求的田径运动场1个,篮球场2个,造价2450万元。

培训中心楼　框架结构4层,1995年12月竣工使用,建筑面积3184平方米。

2. 江苏省句容高级中学

江苏省句容高级中学前身是句容县立初级中学,创始于民国15年(1926年),原址在县城西门葛仙庵,是句容县第一所公立初级中学,民国16年(1927年),迁至后沿山原县职业学校内(今市政府东侧)。至民国25年(1936年),迁至原华阳书院旧址。民国26年(1937年)句容沦陷,学校解散,部分师生随同县政府转移到溧阳乡间。抗战胜利后在县城寺街救济院复校称句容县立初级中学。中华人民共和国成立后,学校迅速发展,1956年增设高中班,更名为句容县中学。1986年停招初一新生,改招8个班高一新生,向纯高中过渡,至1988年秋发展成为8轨24班的高级中学。至2000年,学校历经3次征地扩建,校园面积自50亩扩大至100亩。2001年3月,经江苏省教育厅批准,学校更名为江苏省句容高级中学。2002年5月19日,易地新建(地点市区文昌东路南侧肖杆村),2003年8月实现整体搬迁。

图2-48　江苏省句容高级中学(2003年)

学校新址占地面积200亩,建筑面积52516平方米,新校区共分行政办公区、教学区、运动区和生活区等四大功能区域,校内建有教学楼、办公楼、科技楼、图书馆、艺术楼、报告厅、体育馆、学生公寓、食堂、浴室等14幢建筑。整个校园功能分区科学合理,校舍充足,道路通畅。按园林化要求高标准地规划了绿化带,校园四季常绿。

教学楼3幢　主楼5层,裙楼4层,框架结构,由东西连廊连接,建筑面积27720平方米,有教室53个,其中阶梯教室3个。每个教室都是多媒体教室。每个教室都安装了空调，配有洗手间。5层楼顶安装有7米高天文台观象台1座。

学生公寓 建筑面积9574.55平方米，楼高5层，砖混结构，均按公寓式标准设计，共有宿舍200间，1600张床位，室内有卫生间、阳台、洗手间、衣柜、壁橱，配有电话、电风扇。宿舍楼间有庭院两处，种有草坪、花木。

科技楼 主体4层，局部5层，框架结构，建筑面积7102平方米。

食堂 主体2层，局部3层，框架结构，有4个学生餐厅和1个教工餐厅，建筑面积5987.30平方米。可容纳2000余人同时就餐。

图书楼 建筑面积2890.70平方米，框架结构3层，设有1个藏书116085册的书库、一个教师阅览室、4个学生阅览室、1个电子阅览室、2个资料室、1个图书编目室。

体育设施 建有400米标准塑胶田径场，田径场东南侧为大型器械区，西侧为体育看台和主席台。体育馆建筑面积2353平方米，馆内装有大型电子显示屏，可举行篮球、排球、羽毛球等体育比赛和文娱演出。体育馆北侧建有6片篮球场，4片排球场。

绿化工程 校内有大面积绿化带，绿化面积60890平方米，种有各种高档树木和花草，绿化带设有自动喷灌系统、草坪灯和背景音乐，造型各异的园林小品点缀其间。在文化设施的布置和文化环境建设上，也进行了精心的设计。入北校门便是校园广场，场内设有大型跌式音乐彩灯喷泉一座，喷泉南侧建有一大型雕塑，名曰“学海泛舟”，北侧是一硕大的花朵图案种有葱兰的手型绿叶、托着红叶小檗组成的红心花蕊，象征着辛勤的园丁精心培育着祖国的花朵。广场南侧是升旗台，旗杆高19.80米。广场可举行升旗仪式等大型室外活动，每当夜幕降临，广场上四组广场灯、地灯与彩色喷泉竞相辉映，美不胜收。

校园东西侧各建有一人工湖，名曰东湖、西湖，两湖极富江南特色，湖区岸柳垂青，小桥流水。曲廊亭榭，假山瀑布，漫步其间，令人流连忘返。

东湖北侧建有英语角，设计精巧的外文报廊，环绕名贵金桂的圆形交流平台，镶有精美图案的卵石路和四季常青的草坪区为莘莘学子提供了一个语言交流和休憩的良好去处。

文化环境建设方面，由学生创作的书法、绘画、剪纸等作品成画框挂于艺术中心和连廊、过道；学生宿舍均按要求进行文化装饰，并开展宿舍文化评比活动；科技楼、教学楼主通道两侧精心制作了学校“三风”、《中小学生》、《中学生日常行为规范》、邓小平“三个面向”题词和教育方针等字牌，艺术中心则有《江苏省句容高级中学校歌》装饰在大厅内。

学校主干道安装了具有现代气息、造型别致的杆灯，在绿化带等地安装了草坪灯、广场灯、庭院灯。主干道按学校“三风”命名并设道路牌。

校园东侧建有烈士广场，学校首届校友、著名女英烈郭纲琳塑像，耸立在广场，供后人敬祭，瞻仰。学校西湖连廊雕梁画栋，极富诗情画意，情趣盎然。

草坪区设立名言名句和学生自创格言牌，激励学生树立理想、发奋学习，创造未来。位于科技楼与教学楼之间的报廊是学校进行时事政策教育、展示教学教育成果、公开校务、沟通师生联系的主要场所。

图2-49 句容中等专业学校

3. 句容中等专业学校

江苏省句容中等专业学校坐落于镇句路南侧，243省道（机场路）西侧。学校创建于

1985 年,2005 年晋升为国家级重点职校,2010 年成为省四星级中等职校暨省高水平示范性中等职校。新建成的学校占地 280 多亩(含文昌路培训部 15 亩),建筑面积 9.96 万平方米,在校生 4976 人。校园整体布局体现现代化的育人特色,整个建筑群体设计独特,布局合理,功能分明,整个校园教学区、训练区、运动区、生活区,各个功能分区互不干扰,层次清晰。运动区位于校园南部,主要包括 1 个体艺中心、1 个标准 400 米塑胶跑道运动场、1 片杠上运动场、9 片标准篮球场,1 块网球场等其他运动场所,各类运动设施齐全;图书馆位于学校核心区域图文信息中心。

学校建筑设施分生活服务中心、教学中心、机电中心、汽车维修创业中心、图文信息中心、体艺中心等。

生活服务中心　学生公寓 3 幢,(其中 1 幢 5 层、2 幢 4 层),均为框架结构,建筑面积合计 12295 平方米。学生餐厅 3 幢,框架结构 2 层,建筑面积合计 3624 平方米。教师公寓 1 幢,框架结构 3 层,建筑面积 2224 平方米。

教学中心　教学楼 3 幢,其中 1998 年和 2000 年竣工使用的为砖混结构,2007 年竣工使用的为框架结构,均为 2 层,建筑面积合计 8178 平方米。

机电中心　机电实训中心楼 1 幢,框架结构 4 层,建筑面积 5780 平方米。

汽修中心　汽修实训中心(4S)楼,框架结构 2 层,建筑面积 6993 平方米。电梯实训中心楼,框架结构 5 层,建筑面积 3935 平方米。

图文信息中心　图文信息中心、励志楼,框架结构 6 层,建筑面积 11818 平方米,设有电梯 1 部,勖业楼框架结构 5 层,建筑面积 5124 平方米。

体艺中心　体艺中心为框架结构 3 层,建筑面积 2698 平方米。

4. 句容市实验高级中学

句容市委、市政府自 2008 年 9 月起将原句容市后白中学初、高中分设,高中部搬迁至职教中心文昌校区(文昌路北侧),全面整合市高中教育资源,创建句容市实验高级中学。2009 年 8 月组建完成。

学校占地 139 亩,校舍建筑面积合计为 45007 平方米。绿化总面积 4.80 万平方米,校园绿化覆盖率达 51.48%,校园内办公区、教学区、运动区、生活区、功能室区五大区域。办公区内建有行政办公楼 1 幢、教师办公楼 1 幢。教学区内建有教学楼 3 幢、实验楼 2 幢、信息中心楼 1 幢、图书馆 1 幢。生活区内建有学生宿舍楼 4 幢、餐厅(含浴室)1 幢、教工宿舍楼 1 幢。运动区建有文体活动中心 1 幢以及田径场和各类活动场地等。

校园内一些主要建筑物采用连体廊相接,东连体廊连接实验楼和教学楼(东),西连体廊连接办公楼和教学楼(西)。东连廊建筑面积 1448 平方米,2001 年 6 月竣工使用,框架结构,造价 68 万元。西连廊与东连廊相同。

行政办公楼　1 幢,砖混结构 4 层,建筑面积 1630 平方米,2002 年 8 月竣工使用,造价 90 万元。

教师办公楼　1 幢,框架结构 4 层,建筑面积 1630 平方米,2002 年 8 月竣工,造价 90 万元。

教学楼　3 幢,其中 2 幢 5 层,1 幢 6 层,框架结构,建筑面积 11424 平方米,分别于 2000 年和 2001 年竣工,造价 665 万元。

实验楼　2 幢,框架结构 5 层,建筑面积 3880 平方米。分别于 2000 年和 2003 年竣工使用,造价 208 万元。

信息中心楼　1 幢,框架结构 4 层,建筑面积 1630 平方米,2003 年 8 月竣工,造价 90 万元。

图书馆　1 幢,框架结构 4 层,建筑面积 2909 平方米。2012 年 12 月竣工,造价 450 万元。

学生宿舍楼　4 幢,砖混结构 5 层,分别于 2000—2003 年竣工使用,每幢建筑面积 2776 平方米,合计 11104 平方米,造价共 665 万元,可入住 2000 多名学生。教师住宅楼(单身教师宿舍)1 幢 1 层,砖木结构,建筑面积 598 平方米,2002 年 8 月竣工使用。

师生食堂　1 幢,框架结构 2 层,建筑面积 3650 平方米,于 2001 年 7 月竣工,造价 228 万元。

文体活动中心　1 幢,框架结构 2 层,建筑面积 2455 平方米,2012 年 12 月竣工使用,造价 550 万元。室内体育馆配有篮球场1个,设有1200个座位的看台。室外体育场建有8跑道400米塑胶跑道。辅助用房有乒乓室、音控室、体育器材室、舞蹈房、健身房、运动员休息室、裁判员休息室、更衣室、厕所等。建有足球场1片、篮球场6片、羽毛球场10片、排球场6片、室外乒乓球桌16张,联合器材场地1片,体育器材室2个,户外活动场地37680平方米,(其中田径运动场14500平方米)。

校内的主要建筑布局便于教学教育使用,每幢建筑物的卫生、消防、水电等设施配套齐全,全部符合安全标准。

走进学校大门,映入眼帘的是厚德楼(行政办公楼)墙壁上写的“奠成功之基,铺幸福之路”办学理念以及相对应的崇智楼(实验楼)墙壁写有的“自信、自律、自主、自强”办学特色、学校四条主干道谓之幸福路、国学路、四自路、行知路,路旁的路灯杆上悬挂名人诗词。

校园内处处有绿化,道路旁、操场边是绿意葱葱的樟树、宝华玉兰、紫金等高大乔木。绿化做到了层次性和协调性,教学设施与绿化设施相协调,木本植物和草本植物相结合,绿化与艺术相结合,自然环境与人文环境相得益彰,和谐发展。学生课余时在校园内或漫步、或休憩,心情愉悦,怡然自得。2013年被命名为“江苏省绿色学校”。

5. 句容市第二中学

图2-50 句容市第二中学

句容市第二中学创建于1979年,坐落于原句容师范学校内。办学之初,校园占地面积15亩,有7个班级,学生251人,教师16人。1980年增设高中班。1982年,实行普通中学结构改革,扩招了职业班(幼师班)。1986年,停招高一新生,向纯初级中学过渡,规模设置8轨24班。

2003年8月,投资1445万元对原江苏省句容高级中学校园进行改造。2004年9月,句容市第二中学整体搬迁至原江苏省句容高级中学校址。

2013年学校占地面积占地100亩,建筑面积3.86万平方米,绿化面积2.97万平方米。绿化率为45%,标准田径运动场8512平方米。拥有2幢教学楼、1幢科技楼、3幢办公楼、3幢学生公寓、1幢食堂和室内体育馆,设有实验室10个、电脑室6个、多媒体教室52个,图书馆藏书36400册。共有78个班级,学生4630人,教职工243人。

教学楼 2幢,框架结构4层,建筑面积合计9528平方米。

科技楼 1幢,框架结构7层,建筑面积7532平方米。

综合办公楼 3幢,其中1、2号楼为砖混结构,建筑面积2334平方米。3号楼为砖混结构,建筑面积1260平方米。

学生公寓 3幢,砖混结构5层,建筑面积9650平方米。

食堂 1幢,框架结构2层,建筑面积为1926平方米。

体育馆 1幢,框架结构2层,建筑面积为2102平方米。

6. 句容市第三中学

句容市第三中学是一所集江苏省三星级普通高中与江苏省示范初级中学为一体的现代化窗口学校。学校创始于1992年,坐落在玉清河东侧的戴家桥。当时只有32间平房,8名教职工,108名初一新生。1994年后,再次征地,并不断高标准扩建。1996年秋招收高一新生3个班。扩建后,学校占地150亩,建筑面积6.13万平方米,绿化面积3万多平方米,拥有144个班级、学生8400多名、教职工590多人(其中镇江市、句容市骨干教师68人)，办学规模位居镇江市第一。

2013年句容市第三中学校舍建筑一览

表2-4-2

序号	建筑名称	建筑面积(平方米)	建筑价值(万元)	施工单位	竣工年月	结构
1	养正楼	2696	186	燎原建筑公司	1994年5月	砖混
2	厚德楼	2597	181	燎原建筑公司	1996年7月	砖混
3	弘毅楼	2847	195	崇明建筑公司	1999年7月	砖混
4	问源楼	2833	184	崇明建筑公司	1996年7月	砖混
5	躬行楼	2892	187	崇明建筑公司	1996年7月	砖混
6	食堂	3362	215	燎原建筑公司	1996年7月	砖混
7	男生宿舍	4194	283	崇明建筑公司	1999年11月	砖混
8	女生宿舍	3099	206	句容华星建筑安装公司	1998年8月	砖混
9	传达室	81	38	句容华星建筑安装公司	2006年9月	框架
10	配电房	57	1.70	崇明建筑公司	1996年9月	砖混
11	自行车库	2930	199	崇明建筑公司	2000年12月	框架
12	教工宿舍	374	18	崇明建筑公司	1998年7月	砖混
13	知行楼	4324	367	崇明建筑公司	2002年7月	砖混
14	致远楼	4531	383	崇明建筑公司	2002年7月	砖混
15	蒲公英之家	2133	196	崇明建筑公司	1996年1月	砖混
16	精诚楼	4679	395	崇明建筑公司	1996年9月	砖混
17	地下自行车库	3494	228	崇明建筑公司	2002年5月	框架
18	传达室	34	1.60	崇明建筑公司	2002年7月	砖混
19	配电房	24	2.50	崇明建筑公司	2003年8月	砖混
20	学生公寓	1860	165	崇明建筑公司	1995年7月	砖混
21	艺术校区教学楼	4409	395	句容华星建筑安装公司	2003年8月	砖混
22	艺术校区学生食堂	1201	122	句容华星建筑安装公司	2003年8月	砖混
23	艺术小区学生宿舍楼	6542	586	句容华星建筑安装公司	2003年8月	砖混

7. 句容市实验小学

句容市实验小学前身是白露庙小学，创办于民国15年(1926年)，校址在句容城内北门大街白露庙内，有2排房子，1排教室，另1排是办公室和宿舍。1945年更名为华阳镇第十一保国民学校，1949年更名为白露庙初级小学，1954年更名为句容县初级师范附属小学，1964年更名为句容县实验小学，1966年更名为句容县东方红小学，1979年复名句容县实验小学，1995年更名为句容市实验小学。1998年，通过江苏省实验小学验收。2004年创办句容市少年儿童乒乓球运动学校。1985年，新建3层教学楼1幢，18个教室，建筑面积1800平方米，学校占地面积13340平方米。1988年在校园建住宅楼9套，建筑面积650平方米。1993年建教职工宿舍楼24套，建筑面积1700平方米。1997年学校在崇明桥玉清西路购买土地，以教职工集资为主，学校补充为辅的方式筹资建造教职工宿舍楼36套，建筑面积3200平方米。1996年新建4层综合楼1幢，1997年分两期建造了“冂”字形4层教学楼1幢，在校园中心建成了200米煤渣跑道田径场。

2000年市政府决定调整城区学校布局，实验小学整体扩建。学校投资800万元，购买二中校园及其征用的土地27亩。2002年建造了建筑面积1300平方米4层行政综合楼1幢，框架结构，设有可容纳近300人的阶梯教室，在原田径场上新建5层教学楼1幢，框架结构，建筑面积2888平方米。2005年7月建筑面积近3000平方米的食堂、体艺馆竣工使用，框架结构3层，食堂可容纳近千人同时就餐。2006年新建200米塑胶田径场、2300多平方米句容市青少年学生校外活动中心。2003—2005年先后完成铺设沥青路面、原教学楼外墙、校园广场等装饰工程。1997年学校新建电脑房、语音室各1个。2002年学校重建电脑房2个，语音室1个，多媒体教室1个，2004年建立校园网。

截至2013年，校园占地面积45亩，建筑面积15101平方米，绿化面积5000平方米。

8. 句容市华阳中心小学

句容市华阳中心小学坐落在华阳西路8号，该校创建于1988年，始名城镇第三小学，创办时仅有4个班级，172名学生，16名教职工，12间平房。1990年，更名为华阳镇第三小学。1989—1999年历经5次扩建，兴建了3幢教学楼，1幢科技楼，1幢办公楼。1999年2月更名为华阳镇中心小学。2000年，教育现代化工程通过省级评估验收。2001年征地17.40亩新建高标准体育运动场，2001年5月又新建1幢1900平方米的教学楼。2003年10月新建3463平方米的综合办公楼1幢，校园总占地面积4.14万平方米，建筑面积1.66万平方米，绿化面积1.13万平方米。现有49个教学班，2580名学生，148名教职工，专任教师大专以上学历占92%以上。

崇德楼（综合办公室），1幢，框架结构6层，建筑面积3463平方米，2004年竣工使用。

笃行楼（科技楼），1幢，砖混结构3～4层，建筑面积1971平方米，1998年投入使用。

励志楼（教学楼），砖混结构4层，建筑面积1900平方米，2001年投入使用。

慎思楼（教学楼），砖混结构3层，建筑面积829平方米，1989年投入使用。

尚学楼（教学楼），砖混结构3层，建筑面积939平方米，1994年竣工使用。

教职工宿舍楼1幢，砖混结构6层，建筑面积506平方米，1995年竣工使用。

9. 句容市崇明小学

崇明小学位于市区崇明路北侧，占地面积56.50亩，建筑面积12716.65平方米，总投资5000万元。2009年5月8日开工建设，于2010年8月建成启用。

教学楼　3幢，砖混结构4层，每幢建筑面积1821.14平方米，3幢合计5463.42平方米，教学楼之间有通廊相连接，每个通廊砖混结构4层，2个通廊418.08平方米。

科技楼　1幢，砖混结构4层，建筑面积2823.54平方米。

行政楼　1幢，砖混结构3层，建筑面积1284.40平方米。

图2-51　句容市崇明小学

风雨操场　1幢，砖混结构2层，建筑面积2577.58平方米。

食堂　1幢，砖混结构1层，建筑面积为95.75平方米。

学校规模为6轨，36个班，能容纳1600余名小学生。原“华阳一小”学生全部迁入该校。

10. 句容市河滨路小学

河滨路小学位于河滨北路北侧，葛仙路西侧。2008年动工兴建，2009年8月竣工使用。学校占地面积近40亩，建筑面积9000多平方米，绿化面积8000多平方米，是一所花园式学校。学校规划齐全，布局合理，设施一流。学校共有1幢综合楼，2幢教学楼，以及1排配套用房。校园内网络直播系统、校园电视广播系统、校园安全监控系统等现代化设施完备，自然景观和人文景观和谐交融，形成了句容河畔一道独特、亮丽的风景线。

教学楼　2幢，框架结构4层，建筑面积1674平方米，于2009年8月竣工投入使用。

综合楼　1幢，框架结构5层，建筑面积5018平方米，于2009年8月竣工使用。

教学楼之间有连廊相连接,1 楼连廊是礼仪长廊;2 楼是书法长廊;3 楼是绘画为主题的长廊。

学校有 24 个宽敞明亮的教室,配置了现代化的多媒体教学设备,按四轨办学,最多可设 24 个教学班,容纳 1200 多名学生。

学校设有 26 个专用教室,均为现代化网络教室,空调、电脑、液晶投影、饮水机等设备齐全。学校还拥有 200 米 6 轨塑胶跑道 1 个,风雨操场 1 个,硅胶篮球场 3 片,可进行小型运动会。学校还设有 1 个乒乓球室,还有能容纳 700 多人同时就餐的 A 级食堂。

11. 句容市实验幼儿园

句容市实验幼儿园的前身是 1951 年县政府在城镇创办的幼稚园,园址在县城府君巷(后改为大众巷),有小、大班,84 名幼儿,4 名职工。1955 年更名为句容县城镇幼儿园,扩为小、中、大 3 个班。1957 年迁到人民路民主巷口。“文化大革命”期间迁址到东方红小学(现实验小学),改名为红色幼儿园。1979 年迁回民主巷口,新建园舍 9 间,恢复城镇幼儿园原称。1990 年更名为华阳镇幼儿园,1988 年、1994 年、1999 年分别新建 1 号、2 号、3 号教学楼。2002 年更名为句容市实验幼儿园。2005 年建教学综合楼。2006—2008 年,投入资金 33.40 万元,添置大型设备 8 件。2013 年年底,句容市实验幼儿园占地 9.90 亩,建筑面积 7110 平方米,绿化面积 1500 平方米。

12. 华阳实验小学

华阳实验小学原为华阳镇第四小学,华阳镇第四小学前身是环城中心小学,原址在东昌南路西侧,有 5 幢教学楼,合计建筑面积 12546 平方米,现转办华阳第四幼儿园。

华阳实验小学坐落于南部新城二圣路和袁巷路交汇处,按 8 轨 48 个班的规模建设。该校占地面积 168 亩,建筑面积为 57173 平方米,其中地上 41842 平方米,地下 15331 平方米,总投资约 2 亿元(不含土地费用),于 2013 年兴建。

校园总体空间格局——沿城市道路布置建筑实体,将运动区等开阔空间布置在用地靠“内”的范围内。将教学功能、空间整合梳理,在不相互影响的前提下,将学校分为行政后勤综合区、教学区、运动区。教学区设置在相对安静的东南侧,通过南北向 6 米宽连廊将艺体楼、实验楼、教学楼、综合楼连在一起。教学区由 3 幢 3 层教学楼(7555 平方米)、3 幢 3 层实验楼(9277 平方米)及 1 幢 3 层艺体楼(4878 平方米)组成,置于用地最高位置,最为安静且阳光最充足。行政综合区(9512 平方米)由行政办公、学生餐厅、多功能报告厅、图书馆等多功能空间组成,位于用地东北角,紧靠校区入口。体育馆(8749 平方米)位于用地西北角,沿长龙山路和体育馆面向教学楼区的东侧设置出入口,便于对外开放,且和教学区互不干扰,既供学校使用,又可对外开放。含 400 米塑胶环形跑道和 11 片球类活动场地在内的运动区是校园内占地最大的区域,置于用地西南最为完整的部分,该区域与北侧体育馆功能既联系紧密又相得益彰。

教学楼　3 幢,每幢建筑面积 2518.20 平方米,合计 7554.60 平方米,框架结构 3 层。

综合楼　1 幢,框架结构 3 层,建筑面积 1248.30 平方米。

实验楼　1 幢,框架结构 3 层,建筑面积 2106.47 平方米。

信息楼　1 幢,框架结构 3 层,建筑面积 2313.95 平方米。

艺体楼　1 幢,框架结构 3 层,建筑面积 8585.72 平方米。

图 2-52　华阳实验小学

体育馆 1幢，框架结构2层，地上建筑面积8748.82平方米，地下建筑面积7291.33平方米。

行政楼 1幢，框架结构4层，地上建筑面积9512.42平方米，地下建筑面积8874.23平方米。

大门构架 1座，框架结构，建筑面积937.16平方米。

13. 开发区中心小学

江苏省句容经济开发区中心小学前身为西庙小学。2001年投入资金1200万元，易地重建学校。新校址坐落于洪武路西侧，崇明西路延伸段。2005年8月撤并了下设的完全小学和教学点，并全部迁入新校区。2012年，为适应城市发展又投入资金500万元，向东征地6600平方米，新建校舍3700平方米。2013年，学校占地面积累计达28500平方米，建筑面积11836平方米，33个教学班，1368名学生。

图2-53 句容市开发区中心小学

学校规划齐全，布局合理，设施一流，共有1幢综合楼、2幢教学楼、1幢食堂、1幢阶梯教室、1幢图书馆、一排体育室。

学校校园分教学、运动和生活3个区域。学校运动区拥有200米塑胶跑道1个、篮球场3片、室外乒乓球场2片，联合器械区1片，学校可举行小型运动会。生活区拥有能容纳700多人就餐的A级食堂。学校教学区按6轨办学设计，最多可开设36个教学班，容纳1500多名学生就读。

励志楼 1幢，框架结构4层，建筑面积2450平方米。

慎行楼 1幢，框架结构4层，建筑面积4246平方米。

笃学楼 1幢，框架结构4层，建筑面积2770平方米。

食堂 1幢，框架结构2层，建筑面积1778平方米。

阶梯教室 1幢，框架结构1层，建筑面积276平方米。

体育室 1幢，框架结构1层，建筑面积316平方米。

14. 新区幼儿园

句容市新区幼儿园坐落于开发区崇明桥西北部的梅花小区。该园建于2002年8月，隶属于句容市人民防空办公室，总投资1100多万元，占地面积10600平方米，建筑面积5730平方米，绿化面积1100平方米。全园有14个班，在园幼儿500多人，该园室内设备、户外设施全市一流。

图2-54 新区幼儿园

教学及辅助用房　1 幢,框架结构,3 层,活动室建筑面积 2560 平方米;洗手间共 240 平方米;睡眠间共 607 平方米;保健室 50 平方米;图书室 59 平方米。

行政办公用房(含教师办公室)　1 幢,框架结构,3 层,建筑面积 89 平方米。

生活用房　1 幢,框架结构 2 层,建筑面积 1250 平方米,其中厨房建筑面积 290 平方米。

其他用房　1 幢,框架结构,2 层,建筑面积 875 平方米。

第四节　文体广电建筑

中华人民共和国成立后,县文化馆、图书馆、新华书店、档案馆、剧场(电影院)、体育馆、广播站、广播电台、电视台相继建立。改革开放 30 多年来,特别是自 1986 年以后,句容的文化、体育、广电事业不断地发展,新建体育中心,游泳馆和体育馆、文化艺术中心等一大批建筑相继落成,为市民提供良好的文化艺术修养,健身强体的场所。2001 年 11 月被省政府评为群众文化先进市,2004 年被国家体育总局评为全国健身活动先进单位,2006 年获得省体育工作进步奖。

一、市文化艺术中心

1949 年 9 月,成立句容县人民阅览室,设在县城东大街东岳庙,当时只有 3 间房屋,1 名工作人员。1950 年 9 月,以阅览室为基础,成立句容县人民文化馆,后改为句容县文化馆,办公及活动室面积 700 平方米。1951 年,以原夫子庙大成殿为基础,修建了县人民剧场。“文化大革命”期间,以毛泽东思想宣传站代替文化馆。1966 年在文化巷人民剧场原址,修建人民电影院;1971 年,宣传站撤销,设文化站。是年文化站撤销,恢复句容县文化馆建制。1978 年 4 月在北大街西侧新建句容影剧院,建筑面积 3100 平方米,影剧院门庭为 3 层楼,设有楼座,拥有 1541 个座位。到 1985 年,县文化馆已拥有文化剧场 1 座,内设舞厅、展览室、活动室及办公室。

图 2-55　句容市文化艺术中心的句容大剧院

随着时代的发展、社会的进步,人们对精神生活的需求越来越强烈,市政府决定建设一个崭新的文化艺术中心。

句容市文化艺术中心位于城区东部房家坝片区的崇明东路以南,肖杆路以西。沿崇明东路长约 335 米,沿肖杆路约 227 米,形状大体为梯形。西临房家坝,南靠崇明公园,风景优美。总占地面积约 6.67 公顷,总建筑面积约 67231 平方米,其中地上建筑面积 39972 平方米,地下建筑面积 27258 平方米(含人防工程 1860 平方米、1#车库 6300 平方米、2#车库 3200 平方米)。由影视会议中心、体育训练馆、图书与文化馆三幢相互独立的建筑工程组成。影视会议中心主要包含 1 个 1000 座剧场,1 个 400 平方米的排练厅,4 个 60 ~ 160 座会议影视厅及配套用房。体育训练馆主要包含 1 个篮球训练场、1 个手球训练场、2 个网球场及健身台球乒乓球训练场地及配套用房。图书馆与文化馆合一,图书馆可容纳 50 万册以上藏书,并设有多媒体等各种阅览空间,文化馆包含 1200 平方米的展示厅、500 平方米排练厅及书法美术音乐各类培训室。

该项目建筑造型设计突显雕塑感,追求质朴、简洁、大气的特征。在立面处理上,以深灰色石材统一主要外墙。结合平面功能对应室外景观,部分立面处理为玻璃幕墙,与石材成生动的虚实对比关系。通过石材、铝合金、不锈钢、空孔铝板、玻璃及其他外墙材料的对比，为整个建筑在雕塑感造型上增添细腻观感。

二、句容市广播电视大楼

图 2-56　句容市广播电视大楼

1956 年，中共句容县委决定建立有线广播站，县财政拨款 1 万元用作新建有线广播站开办经费，当时的广播站建在县政府对面原郭家大院后的 3 间 2 厢旧民房内，面积 70 多平方米。设备简陋，传输信号借用邮电局通向乡镇的电话线，广播时切断电话，广播结束恢复通话。那时全县能收听广播站播音的喇叭仅有 53 个。1957 年，用毛竹，铁丝架通了县城附近短距离的简易广播专用线，全长 13 千米，广播喇叭的数量增加到 470 个。

1976 年，全县广播线路专用线路增加到 624 千米，广播喇叭增加到 10.60 万个。

1981 年，开始筹建句容县电视差转台，覆盖半径 5 千米。

1994 年有线电视工程开始施工，当年城区用户达到 2000 多户，1996 年覆盖大部分乡镇。

新的句容市广播电视大楼位于市区文昌东路北侧，占地面积 15590.80 平方米，建筑面积 14007 平方米，总投资 4000 多万元，主要建筑有办公室和附属楼，演播大厅等。办公大楼于 2003 年 8 月新建，2004 年 12 月竣工，为框架结构 10 层，建筑面积 11280 平方米。一楼演播大厅，建筑面积 424 平方米，可容纳观众 240 余人。附楼于 2008 年 10 月新建，2009 年 8 月竣工，为框架结构 3 层，建筑面积 2700 多平方米。

三、市档案馆

1959 年 3 月，句容市首次成立档案资料馆，有档案库 2 间，办公和阅览室各 1 间，计 95.10 平方米。1964 年，在县政府院内建馆房 154.70 平方米，有档案库 4 间，办公室和阅览室各 1 间。1984 年 8 月，建钢筋混凝土结构库房楼 1 幢，共 1037.80 平方米，原库房改作办公和阅览室。2000 年 4 月再次维修扩建库房及办公用房，该馆建筑总面积达 1104 平方米。2010 年 9 月 16 日，新档案楼在旧址新建；2012 年 6 月竣工，6 层，总建筑面积 14409 平方米。

四、市(县)工人文化宫

句容县工人文化宫于 1976 年开始筹建，1978 年 11 月建成对外开放。县工人文化宫位于县城文化巷，3 层，建筑面积 1860 平方米。文化宫有图书室、阅览室、球类室、棋室、电视室 5 个活动室，面积 600 平方米。1981 年 3 月动工兴建了工人文化宫溜冰场，同年 12 月对外开放。2001 年 8 月，市工人文化宫拆除新建。2002 年 8 月，新工人文化宫竣工投入使用，共投入资金 250 万元，建筑面积 4180 平方米。

五、市青少年宫

1998 年 6 月 1 日，句容市青少年宫在华阳北路西侧开工建设，1999 年一期工程竣工，2002 年正式投入使用。市青少年宫占地面积 8.20 亩，建筑面积 3876 平方米，总投资 420 万元。2003—2006 年，市青少年宫共办培训 140 项(次)，培训青少年达 1.46 万人(次)。

六、市妇女儿童活动中心

句容市妇女儿童活动中心，位于崇明东路20号，占地面积25.70亩，建筑面积8800平方米，拥有综合楼、培训楼、托儿所、亲子园、幼儿园等6幢楼，2010年12月底建成投用。市妇女儿童活动中心，是融妇女培训与婴幼儿早期教育于一体的活动阵地，主要包括服务妇女儿童、幼儿保教，以及托儿、亲子早教等三项功能。是年9月1日，托幼中心开园办学，共招收7个班、226名小朋友，亲子班于是年11月面向社会开放亲子活动。

七、体育设施

民国时期，县城有民众教育馆一所，下设有公共体育场，但活动场地狭小，体育设施也十分简陋。抗战胜利后，县城城隍庙附近设篮球场一处，县立师范、县立初级中学和方济、长江、建华、自忠、述三等中学，也陆续建起篮球场和乒乓球室。中华人民共和国成立后，随着经济的恢复和发展，体育事业得到相应的发展。

1. 老体育馆

1958年，仿照南京市中山东路体育馆，在县城文化活动中心地区（原夫子庙前）兴建1座建筑面积2000平方米的毛竹结构体育馆（上盖石棉瓦），时为苏南最大室内篮球馆，馆内可容纳3000名观众。1967年，又改建成砖木结构，馆内设置水泥看台，可容纳观众1300名，同时室外相继建成篮球场两片。1976年又建成90平方米的乒乓球练习房1座。1984年，整个体育馆转让给县供销社（后又给县工商行政管理局改建华阳市场）。

2. 句容市体育中心

句容市体育中心的前身是于1984年始建的句容县体育场，位于华阳西路北侧戴家桥，占地55亩，建有标准煤渣跑道田径场1块，成人标准游泳池和儿童游泳池各1个，室外篮球场、网球场各1块。句容市体育中心于2000年7月在华阳北路开工新建，2002年1月竣工，占地51亩，总投资500万元，内设万人看台、标准的400米塑胶跑道田径场和喷淋设施完备的标准足球场。2005年4月，原戴家桥体育场的所有设施全部撤除。2013年，市体育中心场地已拍卖另作他用。

3. 句容市体育馆

句容市体育馆位于江苏省农林职业学院东侧，文昌路北侧。是句容市政府与江苏省农林职业技术学院合资建造的。2006年开工，2008年竣工，总建筑面积为16535平方米，网架结构，总造价3100万元，其中江苏省农林职业技术学院投资2100万元，句容市政府投资1000万元和无偿划拨建设用土地1块。体育馆内设标准篮球场、健身房、乒乓球室等实施，设有标准座位3000个，附加座300个。

4. 句容市游泳馆

句容市游泳馆位于市体育中心北侧，与市全民健身中心合建。2005年12月开工，2006年7月竣工并对

图2-57　句容市体育馆

图2-58　句容市游泳馆

外开放。游泳馆占地面积20亩,建筑面积为6600平方米,网架结构,总造价1800万元。该馆分室内和室外两部分。室外建有长50米、宽21米、8泳道的成人池,占地100平方米儿童池,以及更衣室和沐浴室。室内共两层,第一层建有长25米,宽16米,6泳道的游泳池。第二层为市全民健身中心,建筑面积1500平方米,内部设有瑜伽室、健美操室、动感单车房、台球室、乒乓球室,以及男女沐浴房、体质测试室等配套服务设施。室外游泳池每年6月初对外开放,9月中旬关闭。室内游泳池和健身中心常年对外开放。

5. 句容市体育训练馆

句容市体育训练馆位于市区东侧,崇明东路以南,肖杆路以西,西邻房家坝,南靠崇明公园,在市文化艺术中心内,是一家集青少年体育项目培训、举办各项体育赛事活动、开展全民健身服务为一体的综合性体育馆。场馆投资1亿多元,建筑面积达1.80万平方米,是该市规模最大,设备最先进、健身项目最多、面积最大的场馆,拥有网球、篮球、手球、羽毛球、乒乓球、台球、高温瑜伽、有氧操房、动感单车、健身房和游泳馆于一体的多功能综合性体育训练场馆。

第五节　医疗卫生建筑

一、卫生大厦

卫生大厦位于华阳北路西侧,坐西朝东。始建于2002年,2004年9月大厦落成使用,占地面积6000平方米,建筑面积12000平方米,为混凝土框架结构,主楼地上12层,地下1层,南北附楼各2层,总高度55米,工程造价2500万元。

大厦外墙1~2层花岗岩贴面,3~12层真石漆,铝合金门窗,配备电梯2部,人行楼梯3处。地下设有配电房、泵房、消防控制系统。大厦内有卫生局机关(8~12层)、疾病预防控制中心(3~5层)、医保中心(6层)、卫生监督所(7层)、句容卫校(1~2层)5个部门。

1楼大厅设有医保中心和卫生监督所服务窗口,8楼设有公共卫生应急指挥中心,是集卫生服务、应急指挥、卫生培训等功能为一体的智能化、综合性的大厦。

图2-59　卫生大厦

图2-60　句容市人民医院

二、句容市人民医院

句容市人民医院前身是创办于民国23年(1934年)的县立医院。1949年句容解放后县人民政府接管了县立医院,改名为句容县人民医院。1951年4月改称句容县人民政府卫生院,1956年5月,县卫生院又改名句容县人民医院。1957 年 10 月由寺街迁至西大街。

1972 年 11 月,新建了门诊楼。1974 年 11 月新建了病房楼。1984 年 2 月,建造了手术楼。至此,医院总建筑面积 7500 余平方米。

1991 年建急救中心大楼,2001 年新建 10 层约 10540 平方米的病房大楼。2003 年 10 月,投资 2543 万元,建筑面积 9800 平方米,框架结构 5 层的门诊大楼建成使用。2006 年 8 月投资 676 万元新建后勤综合大楼,建筑面积 4574 平方米。2008 年扩建病房大楼,投资 5600 万元,建筑面积 20311 平方米,框架结构 11 层,于 2009 年 2 月竣工投入使用。至此,医院共投入 10182 万元高标准兴建了合计建筑面积 4 万多平方米的门诊大楼和病房大楼。

到 2013 年,医院占地面积 51692 平方米,总建筑面积 51580 平方米,设床位 300 张,在职职工 435 人,其中副高以上职称 36 人,中级职称 184 人,是一所集医疗、教学、科研为一体的综合性二级甲等医院,是南京医科大学、江苏大学医学院教学医院。

三、句容市中医院

市中医院于 1984 年 7 月在县城东大街 75 号(原县防疫站旧址)创建,建院时有医护人员 18 人。2000 年 11 月,华阳中心卫生院整建制并入市中医院,市中医院增挂“句容市第二人民医院”牌子。现已发展成为一所以中医为主,中西医结合,集诊疗、教学和科研于一体的二级乙等中医院。

1987 年起,先后新建病房楼、医疗综合楼和门诊大楼,至 2008 年,总建筑面积达 15660 平方米。其中医疗综合楼建筑面积 14300 平方米,框架结构 11 层;门诊病房大楼建筑面积 1100 平方米,砖混结构 3 层。综合楼设有电梯 3 部,楼梯 2 处;门诊楼楼梯 1 处。

图 2-61　市中医院

四、句容市妇幼保健院

市妇幼保健院前身是成立于 1953 年的句容县妇幼保健站。1982 年 2 月,更名为市妇幼保健所。2001 年,由西大街搬迁到崇明路。2004 年 9 月 28 日,更名为市妇幼保健院,增挂“句容市开发区医院”牌子。2008 年 1 月,被江苏省卫生厅确认为二级甲等妇幼保健院。

图 2-62　句容市妇幼保健院

2000 年,在市区崇明路南侧征地 10.50 亩,新建综合楼 1 幢,建筑面积 1750 平方米,砖混结构 2 层。

2005 年,新建门诊、病房综合楼 1 幢,建筑面积 9000 平方米,框架结构 8 层,内设升降电梯 3 部,东西两头设有楼梯 2 处,内部为普通装潢,外部为炭色外墙涂料。

2013 年,该院设置生殖保健、临床、医技、辅助类的科室 46 个。共有职工 114 人,其中专业技术人员 95 人,占职工总数 83%;高级职称 3 人,中级职称 30 人。

第六节　工业企业建筑

一、发展概况

句容工业可上溯到唐代，铜山铜矿产量国内名列前茅，句容设官场，铸铜器，实为官办工业。民国时期句容出现近代工业，由于战火等原因，至中华人民共和国成立时，句容大的工业企业基本空白。1949 年被充公的米厂改名句容油米厂。1951 年民生印刷所和文化印刷号合并成立地方国营句容印刷厂。之后办起了优属布厂和句容县轧花厂，句容肉类加工厂。1958 年之后，铜山钼铜矿、句容机械配制厂、化肥厂、酒厂、布厂等较大规模企业陆续创办。1969 年后，高丽山铝矿、磁山头铁矿、盘龙岗硫铁矿，以及东昌石灰石矿和水泥厂创办，句容国营和集体性质的骨干企业成为工业的主力军。80 年代中后期，县属工业和乡村工业比翼双飞，尤以乡村工业发展更为迅猛。90 年代，外资工业在艰难起步中前行，内资工业在改制中求发展。2000 年全市工业总产值 137.88 亿元。

进入 21 世纪，句容工业实施“双轮驱动”（即利用外资和民资）、“工业强市”战略，“三资”工业和个私工业进入高速发展期。

图 2-63　巨宝企业厂区

至 2013 年年底，市区（含华阳镇、开发区）规模以上工业企业发展到近 200 个，年产值 343.03 亿元。全市规模以上工业企业年产值 1096.64 亿元，首次突破千亿元大关。

二、工业企业建筑选介

1. 巨宝精密加工（江苏）有限公司

巨宝精密加工（江苏）有限公司由台湾仁宝电脑、巨腾国际共同投资设立的。2008 年，仁宝、巨腾公司强强联手在句容经济开发区投资巨宝科技项目，占地 1109 亩。该项目于当年 10 月 13 日签约，11 月 10 日一期项目正式开工建设，2009 年 5 月一期工程竣工并投产使用。2010 年 6 月巨宝二期总建筑面积 10 万平方米投入使用。2011 年 8 月，巨宝三期项目开工建设，2012 年 12 月三期项目竣工投产。截至 2013 年年底，公司已累计完成注册资本 3.80 亿美元，实际投资总额 10.36 亿美元，实际到位外资 3.80 亿美元。已建成厂房、宿舍等 60 万平方米。2013 年销售达 20 亿元人民币。

2013 年巨宝有限公司主要生产车间建筑一览

表 2－4－3

建筑物名称	幢数	建筑结构	楼层	合计建筑面积（平方米）
涂装、模具车间	2	框架	4	29683
塑件车间	2	框架	4	38221.52
五金车间	1	框架	4	17213.56
塑件车间	2	框架	4	39586.08
五金仓库	1	框架	4	9032.38
成品仓库	2	框架	4	18482.70

2013 年巨宝有限公司主要生产车间建筑一览

续表 2－4－3

建筑物名称	幢数	建筑结构	楼层	合计建筑面积(平方米)
危险品仓库	2	框架	1	3851.32
发电机和配电房	1	框架	2	1774.64
CNC 车间	1	框架	2	14127.09
成型车间	2	框架	1	12582.24
压铸车间	1	框架	1	6282.34
模具车间	1	框架	1	5133
化成车间	1	框架	2	5386
ABB 研磨车间	2	框架	2	6685.77
手工抛光车间	2	框架	2	6644.33
涂装车间	2	框架	2	23464.67
CNC 车间	3	框架	2	35212.56
车间(东旭)	1	框架	4	15077.34
ABB 研磨车间	2	框架	1	5184.84
合计	31	—	—	293625.38

2013 年巨宝有限公司办公和生活建筑物一览

表 2－4－4

建筑物名称	幢数	建筑结构	楼层	合计建筑面积(平方米)
员工宿舍	10	框架	5	66310.80
餐厅	1	框架	1	2616.54
中央厨房	1	框架	2	3565.86
活动中心	2	框架	1	3478.76
员工宿舍	2	框架	5	14387.56
宿舍(华阳中队)	1	框架	4－6	21680
研发中心楼	1	框架	4	8771.05
行政楼	1	框架	4	9473.02
合计	19	—	—	130283.59

2013 年巨宝有限公司辅助建筑物一览

表 2－4－5

建筑物名称	幢数	建筑结构	楼层	合计建筑面积(平方米)
危险品仓库	2	框架	1	917.24
废料仓库	2	框架	1	1878.84
锅炉房	2	框架	1	811.20
成品仓库	1	框架	4	9887.78
镁料仓库	1	框架	1	1780.94
合计	8	—	—	15276

2．镇江天力变压器有限公司

镇江天力变压器有限公司是国家高新技术企业、江苏省高新技术企业。公司位于江苏省句容经济开发区福地西路60号，占地面积8万平方米，固定资产6000万元；员工300人，其中专业技术人员54人。公司专业生产和销售35千伏及以下各类油浸式变压器、带填料树脂绝缘电力变压器、组合式变压器、欧式变电站、高频除尘变压器及风电用组合式变电站等五大类百余种规格产品，年产能800万千伏安。2011年，实现开票销售收入4.60亿元。

该公司原址洪武路东侧（三台阁），占地4.50万平方米，建筑面积2.60万平方米，于2014年拆迁转移至福地西路60号。

在新址新建成厂房5幢、科技办公楼1幢、食堂和附房各1幢，总建筑面积4.17万平方米。

厂房　5幢，框架结构1层，3幢建筑面积各5500.73平方米，1幢9113.69平方米，1幢7600.33平方米，合计33216.61平方米。

科技办公楼　1幢，砖混结构5层，建筑面积6271.65平方米。内设电梯2部，楼梯2处，内部为大理石装饰，外墙灰色涂料，大门为自动门。

食堂和附房　各1幢，食堂框架结构1层，建筑面积2025.53平方米。附房框架结构1层，建筑面积163.38平方米。

3．镇江市一马先制衣有限公司

镇江市一马先制衣有限公司创建于1981年3月，是一家专业从事外贸出口服装的生产企业，也是1996年成立的江苏一马先集团的龙头企业。公司具有从服装打样到投产、包装、自营出口全过程的服装生产经营能力。

公司坐落于城区南部，占地面积2万平方米，建筑面积1.20万平方米。厂房建筑"口"字形，4层框架结构，其间，运载物资电梯1部，东西各设楼梯1处，外部分南北各设楼梯1处。拥有10条服装生产线，各类型服装设备400余台，现有固定资产2500万元。

公司2013年实现销售收入1.74亿元，出口创汇3000万美元，为句容市工业企业30强之一。

图2-64　镇江市一马先制衣有限公司企业厂区

4．句容都茂自行车有限公司

句容都茂自行车有限公司由台湾都茂国际有限公司独资兴建。项目总投资2000万美元，注册资本1600万美元。

公司位于句卓路西侧，自来水公司二水厂北面，交通十分便捷。公司占地12.06万平方米，其中绿化面积达3.50万平方米，建筑面积4.21万平方米。

图 2-65　句容都茂自行车有限公司厂房一角

一期厂房 1 幢,2000 年建成投入使用,占地面积 11850 平方米,钢结构 2 层,车间跨度 51.52 米,长为 230 米。

二期厂房 1 幢,2003 年建成使用,占地面积 11850 平方米,钢结构 2 层,车间跨度 51.52 米,长 230 米,建筑面积 15615.60 平方米。

三期厂房 1 幢,于 2005 年建成使用,占地面积 8100 平方米,钢结构 1 层,建筑面积 7807 平方米。

台干宿舍 1 幢,砖混结构 3 层,占地面积 410 平方米,建筑面积 1037 平方米。

员工宿舍 1 幢,砖混结构 3 层,占地面积 350 平方米,建筑面积 1007 平方米。

餐厅 1 幢,框架结构 1 层,占地面积 1350 平方米,建筑面积 1293 平方米。

西厂房 1 幢,钢结构 1 层,占地面积 1450 平方米,建筑面积 1375 平方米。

公司主要生产高、中档避震自行车、电动车、高档童车、运动器材及相关零部件的制造和销售,年生产能力达 150 万辆,产品全部外销至北美地区、欧洲各国及澳洲等地。

5. 句容佳泰金属制品有限公司

句容佳泰金属制品有限公司创建于 2006 年 12 月,位于经济开发区杜家山西,通宁路北侧。公司占地面积 2 万平方米,总建筑面积近 1 万平方米,拥有冷挤压、冲压、分体加工、铆合等先进流水线,产品远销欧美、东南亚及其他地区。

2013 年句容佳泰金属制品有限公司主要建筑物一览

表 2-4-6

建筑物名称	幢数	建筑结构	楼层	车间跨度(米)	合计建筑面积(平方米)
冷挤压一车间	1	框架	1	14.50	603.20
冷挤压二车间	1	框架	1	39.10	1642.20
分体加车间	1	钢架	1	16	576
铆合车间	2	砖混	1	12	1020
宿舍	1	砖混	2	—	84
办公楼	1	砖混	3	—	647
库房	2	砖混	2	—	5266
合计	9	—	—	—	9838.40

6. 句容益柯赛橡胶制品有限公司

句容益柯赛橡胶制品有限公司位于句容经济开发区,宁杭北路于石狮路交叉口南侧,交通便利,地理环境优越。公司占地 100 亩,建筑面积 3 万多平方米。于 2007 年年初建成投产,总投资 1000 万美元。年产量外胎 2000 万条,内胎 2500 万条。

2013 年句容益柯赛橡胶制品有限公司主要建筑物一览

表 2－4－7

建筑物名称	幢数	建筑结构	楼层	车间跨度(米)	合计建筑面积(平方米)
外胎车间	2	排架	1	25×2	10800
仓库	2	排架	1	24×2	8640
内胎车间	1	排架	1	18×2	3888
密炼车间	1	排架	1	18×2	3888
办公楼	1	砖混	3	—	480
宿舍楼	1	砖混	4	—	2000
食堂	1	砖混	1	—	500
合计	9	—	—	—	30196

7. 江苏盛邦家俱制造有限公司

江苏盛邦家俱制造有限公司地处句容市西郊杜家山(通宁路66号),是一家专门生产旅游休闲用品的企业。公司占地面积19.89万平方米,建筑面积11.65万平方米。2013年销售达3.74亿元。公司所属三个分厂:

一分厂 13个建筑物,建筑面积合计15979.30平方米。

图2-66 **盛邦公司一角**

2013 年江苏盛邦一分厂主要建筑物一览

表 2－4－8

建筑物名称	幢数	建筑结构	楼层	车间跨度(米)	合计建筑面积(平方米)
厂房	2	砖混	1	12 和 6.40	2690.60
厂房	2	框架	1	40 和 20	2852
厂房	2	钢混	1	15 和 60.24	5424.50
办公室	1	框架	3	—	1548.20
食堂	1	砖混	2	—	1176
宿舍	1	砖混	2	—	384
仓库	1	砖墙钢结构	1	12.24	1763

二分厂 28个建筑物。建筑面积合计35845.70平方米。

2013 年江苏盛邦二分厂主要建筑物一览

表 2－4－9

建筑物名称	幢数	建筑结构	楼层	车间跨度(米)	合计建筑面积(平方米)
厂房	8	框架	1	40.24	10007.20
附属建筑	6	框架	1	—	490.80
食堂	1	框架	2	—	720
仓库	2	砖混	1	—	2477.70
宿舍	1	砖混	2	—	1590
厂房	3	框架	1	80.24	6629.40
成品仓库	1	钢结构	1	40.24	2665.50

三分厂　11 个建筑物,建筑面积合计 64670.30 平方米。

2013 年江苏盛邦三分厂主要建筑物一览

表 2－4－10

建筑物名称	幢数	建筑结构	楼层	车间跨度(米)	合计建筑面积(平方米)
厂房	2	框架	1	20.24 和 16	6360.20
厂房	2	框架	2	48.24 和 46.12	34344.14
半成品仓库	1	钢结构	1	72.24	8830.60
综合楼	1	框架	6	—	12030
食堂和宿舍	1	框架	3	—	1612

8. 江苏久正光电有限公司

江苏久正光电有限公司于 2003 年 6 月设立,位于句容经济开发区华阳北路 88 号,占地 8.92 万平方米,总建筑面积 2.57 万平方米。

厂房　1 幢,砖混结构、2 层,占地面积 8064 平方米,建筑面积 15867.50 平方米。厂房跨度 90 米,长度 121 米,高度 16.35 米。中式科技厂房风格,整排玻璃帷幕墙,属无尘车间,钢构旋转楼梯十 EPOXY 涂装 C25 倒模,设 3 吨货梯 1 部,总造价 3301.60 万元。

办公楼　1 幢,砖混结构、3 层,占地面积 2141.70 万平方米,建筑面积 6011.40 平方米。大楼外部铝构钢化玻璃幕墙喷石英砂,内部地面大理石、瓷砖贴面,天花石膏板吊顶,外墙面乳胶漆滚涂。

宿舍楼　1 幢,砖混结构、6 层,占地面积 776.48 平方米,建筑面积 3819.51 平方米。

另外的建筑物为锅炉房和保安室建筑面积合计 271 平方米。

该公司主要致力液晶显示器模组(ICM)的技术开发、产品制造,并以自有品牌 POWERTIP 行销全球,深耕经营。

图 2-67　台资企业——久正光电有限公司厂房

9. 江苏兴文包装有限公司

江苏兴文包装有限公司于 2010 年 4 月成立(该公司的前身是句容市第二中学校办厂,于 1984 年兴办),

图 2-68　兴文集团办公楼

位于句容经济开发区福地路 88 号。公司是以生产、销售各类高中档瓦楞纸包装制品为主的中型包装企业、省包装行业骨干企业。公司总投资约 1.70 亿元，其中固定资产投入 1 亿元，全部达产后，可形成年产 8500 万平方米高档包装材料能力，年产值约 5 亿元的规模。

公司占地面积 150 亩(一期)，总建筑面积 4.67 万平方米。其中标准化厂房 1#～5#合计 3.67 万平方米，原纸及产品仓库 5000 平方米，行政办公楼 4380 平方米，以及技术研发中心、餐厅等辅助用房 1500 平方米。

总部建筑物　11 幢，建筑面积合计 46513 平方米。

2013 年江苏兴文包装总部建筑物一览

表 2－4－11

建筑物名称	幢数	建筑结构	楼层	车间跨度(米)	合计建筑面积(平方米)
一号仓库	1	轻钢结构	1	48.50 双跨	6423
二号生产车间	1	轻钢结构	1	48 双跨	8950
三号印刷车间	1	轻钢结构	1	72 三跨	9980
四号成品库	1	轻钢结构	1	20 三跨	4867
五号车间	1	框架	3	16	4988
单机车间	1	钢结构圆弧	1	48 双跨	5760
废纸打包库	1	钢结构圆弧	1	18	896
锅炉房	1	轻钢结构	1	—	450
办公楼	1	框架	8	—	4380
会议室	1	框架	2	—	960
门卫房	1	框架	1	—	150

分公司建筑物　6 幢，建筑面积 31132 平方米。

2013 年江苏兴文包装分公司建筑物一览

表 2－4－12

建筑物名称	幢数	建筑结构	楼层	车间跨度(米)	合计建筑面积(平方米)
办公楼	1	框架	4	—	5400
职工宿舍楼	2	框架	5	—	5632
主厂房	1	钢混彩顶	1	40	11800
木器车间	1	钢构圆弧顶	1	20	4500
原料仓库	1	钢构多边形	1	—	3800

第七节 专业市场建筑

一、农贸市场

中华人民共和国成立之前，句容没有农贸交易市场，家禽、家畜、蔬菜、鱼虾等农副产品均为私人经营，一般在街道、巷口零星销售，自产自销。

20 世纪 90 年代，农贸市场进入新的发展期，先后建起了人民路菜市场、龙门市场、东门农贸市场、南门农贸市场、蓉江农副产品购销中心、苏南商贸城。2013 年后，又建成葛洪路农贸综合市场和北门综合市场等大型农贸市场。

图 2-69 南门农贸市场

2013 年句容市区农贸市场情况一览

表 2-4-13

名称	地址	开业时间	总投资（万元）	占地面积（平方米）	年交易额（万元）	经营范围
食品总公司东门农贸市场	东门桥上阳路	1992 年 1 月	50	1000	5200	蔬菜、豆制品、肉禽、干货、粮油等
人民路菜场	人民路 25 号	1999 年 8 月	80	2000	3000	蔬菜、豆制品、肉禽、干货、粮油等
蓉江市场	崇明路北二巷	1998 年 1 月	120	700	5200	蔬菜、豆制品、肉禽、干货、粮油等
龙门市场	葛仙路西侧	1998 年 7 月	270	5500	3350	蔬菜、豆制品、肉禽、干货、粮油等
苏南商贸城	人民路西段洪武路东侧	2005 年 7 月	4000	18000	1400	蔬菜、豆制品、肉禽、干货、粮油等
南门农贸市场	河滨北路东段	2005 年 11 月	8000	26000	16400	蔬菜、豆制品、肉禽、干货、粮油等
葛洪路农贸市场	文昌路北侧葛洪路东侧	2013 年	11000	20000	—	农贸、副食、餐饮、住宿、娱乐等
北门综合市场	镇江农科所东大门对面	2013 年	2668	3990	—	蔬菜、豆制品、肉禽、鱼虾、干货、粮油等

二、建材市场

计划经济年代经营建材市场的是县物资局下属的综合公司，后又改为木材公司。实行市场经济后，东门桥河堤两侧有竹木市场，主要经营毛竹、杉木桁条、椽子、杉木方材、杂树棍、芦苇、油毛毡、灰板条等，场内亦有工匠制作竹梯、木梯出售。后因土地开发建沿河门面房，迁至河滨北路新南门桥附近地段。1992 年建华阳商贸城（原南门菜场）时，竹木市场撤销，经营户散落各地。1995 年后，商品房开发升温，伴随着对建筑装潢材料需求的急剧增长，大型建材专业市场应运而生，至2013年年底，全市建材专业市场共有3处。温州商贸城是市区经营面积最大的建材市场。

温州商贸城坐落于洪武路西侧，通宁路南侧，三台阁瓜子沟村北。该项目占地面积200亩，建筑面积13万平方米，商铺面积达8万平方米，仓储面积3.50万平方米，是周边地区规模最大的专业建材、五金机电批发市场。总投资2亿元，由浙江客商投资兴建，2004年2月竣工开业。建成后商贸城吸引全国各地名牌产品、名牌厂家落户。主营五金电器、民用建筑材料、家具、灯具、布艺产品、低压电器等商品的批发和零售，年交易额6.50亿元。

图2-70　温州商贸城

2013年句容市城区建材市场情况一览

表2－4－14

名称	地址	营业面积（平方米）	开业时间	总投资（万元）	年交易额（万元）	经营范围
句容市新时代装饰城	市区宁杭路75号	1200	1999年3月	—	—	建筑装饰材料批发零售
句容市华阳名府商贸城	市区华阳东路延伸段	16000	2004年8月	3000	5000	建筑装潢材料批发、零售
温州商贸城	市区洪武路西侧	80000	2004年2月	20000	65000	建筑、民用建材、五金、电器家具

三、小商品市场

1986年，全县仅城区文化巷有顶棚式小商品市场。30多家个体商贩，经营小百货、日杂、服装、鞋帽等商品，月营业额约10万元。1988年华阳市场竣工，二楼3500平方米，辟为有摊位80个小商品市场、20个地方产品批零兼营的店面，拆除文化巷小商品市场，经营户迁入华阳市场二楼。1994年，为调整市场布局，县政府决定撤销建设路小商品市场，将华阳市场改建为小商品市场。当年9月，华阳市场改建结束重新开业，底层经营面积达5000平方米，商铺密集、通道狭窄。2001年6月，华阳小商品市场因消防安全不达标而停业整顿。2002年年底重新开业，更名为华阳家具城，经营家具。是时，市区无小商品市场。2007年，家具商撤出华阳市场，再次改造为小商品市场。改造后的华阳小商品市场设商铺121个，商品涵盖日用小百货、日杂、针纺织品、床上用品、服装

图2-71　华阳小商品市场

鞋帽、工艺品、玩具、小家电、小五金等多个大类，品种逾万，是全市最大的小商品市场，营业额1500万元。至2013年，市区拥有小商品市场3处。

2013年句容市城区小商品市场情况一览

表2－4－15

名称	地址	开业时间	总投资（万元）	占地面积（平方米）	年交易额（万元）	经营范围
华阳市场小商品批发中心	市区建设路	2007年1月	300	4200	3000	日用百货、日用杂品服装、鞋帽
新世纪商城	华阳南路西侧	2001年8月	60	2140	1500	服装、鞋帽、日杂百货
帕提亚购物广场	市区中大街北侧	2004年5月	—	营业面积20000	—	日用百货、家电、餐饮、服装等

四、果品市场

句容市区过去没有专业果品市场，地产果品都在街头巷尾零星供应，或者手提肩挑水果叫卖，自产自销，随着人们生活水平的提高，果品市场旺盛，句容市区先后建起庆丰果品批发市场、创新果品市场。

图2-72　20世纪90年代北门果品市场

2013年句容市区果品批发市场情况一览

表2－4－16

名称	地址	开业时间	总投资（万元）	占地面积（平方米）	年交易额（万元）	经营范围
庆丰市场（崇明市场更名）	市区北门	1994年8月	103	9000	5000	干鲜果、土特产品、蔬菜、肉禽、水产品
创新果品市场	市区宁杭路30号	1998年8月	70	营业面积3000	2600	果品批发零售

五、其他专业市场

1986年以来，句容在兴办农贸市场的同时，也兴办了一批其他专业市场。至2013年年底，市区共兴办各类专业市场9处。

2013 年句容市区其他各类专业市场情况一览

表 2－4－17

名称	地址	营业面积(平方米)	开业时间	经营范围
句容市苗猪市场	市区南门桥 100 号	780	1990 年 7 月	仔猪批发零售
句容市汽车拆解市场	市物资回收利用公司	8000	1997 年 3 月	汽车拆解
广大家具城	华阳西路	10400	1999 年 6 月	家具
句容市粮食批发交易市场	宁杭路 17 号	1100	1999 年 10 月	粮食批发
句容市华宝旧货市场	人民路 26 号	280	2000 年 7 月	各类旧家电、办公用品、生活用品
句容市综合市场有限公司	通宁路皮业城	40000	2001 年 12 月	皮制服装、家用电器
华阳家具城	建设路	960	2002 年 8 月	家具
句容市通信市场	华阳北路邮电大厦	400	2003 年 8 月	移动终端、电话机、传真机、
句容华东茶叶城	南工路西段	200 米街道、 10 多家茶叶店	2009 年	地产和国内茶叶

第八节　交通邮电建筑

一、汽车客运车站

句容县城唯有公路交通，在公路通车开始，车站设施十分简陋。民国 21 年(1932 年)，江南汽车公司在句容设车站，地址在今人民路市政府对面东侧(原建筑公司)附近，仅有两小间平房，后移至东门城门口南侧，专营京杭国道客运，设施也十分简陋。民国 35 年(1946 年)车站又改在东门桥以东，由省公路局经营。1949 年 4 月句容解放后，客运业务由苏南汽车运输公司镇江分公司经营。1951 年句容成立客运中心站，1958 年再改为镇江专署运输公司句容县级汽车站，建有 5 间平房，地址在句容城东门以南 100 米，宁杭公路东侧。停车场很小，售票处、候车室、行包房等都是平房且很窄。1960 年后客运量日增，原有车站远不能适应。遇雨天，候车室拥挤不堪，屋檐下都是打伞乘客，又临时加搭雨棚，增加调度室，秩序混乱。一直到 1979 年拓浚句容河时，车站将改道后废弃的原河道，征地 40 亩，填土方 6 万余立方米，建成新的停车场。1983 年开拓兴建新汽车站，新汽车站占地 2.50 万平方米，1986 年业务楼建成，建筑面积 1100 平方米，1987 年新的客车站候车室竣工投入运营，建筑面积 960 平方米，售票厅建筑面积 425 平方米，并配有行李包裹托运、提取、小件寄存、书报亭、售货柜、公厕等设施。停车场面积 2970 平方米，并附有汽车保修车间、办公楼、巴士饭店和职工宿舍等建筑，成为设施齐全、候车舒适的车站。

图 2-71　句容汽车客运站

1980 年县客运公司新组建时，用原县汽车修配厂和县起重装卸公司平房五间开办客运业务。1984 年在东门口北侧，宁杭公路西侧，新建客运公司车站，1985 年春节建成开业，候车室建筑面积 480 平方米，包括行包房，小件寄存处、公厕和售货处等配套设施。售票处建筑面积246平方米，停车场占地800平方米，保修车间建筑面积2203平方米，建有职工宿舍楼1969平方米。1986年动工，兴建办公、服务、住宿综合楼，5层，建筑面积1338平方米，1987年竣工使用。1995年句容撤县设市，改名句容市客运总公司，2001年12月，改制后为华通客运有限公司，主要经营句容市农村公共汽车和市区公交车。

为了整合资源，改变城区客运车站破旧面貌，句容市委、市政府决定新建句容市汽车客运枢纽中心（客运总站），该工程于2012年3月开工，建设工期2年。句容市汽车客运总站中心位于市华阳南路以东，二圣路以南交叉处，按照国家一级客运总站标准建设，是集长途客运、城乡客运、城市公交、城市出租换乘中心为一体的大型交通枢纽中心。客运总站是市委市政府确定的重点民生工程，该项目占地面积120亩。总建筑面积10万多平方米，总投资4.30亿元，客运总站于2013年年底建成。

客运总站由5个组成部分，分别为客运中心、公交中心、立体停车场、商业楼和配套商务酒店。客运中心为2层，建筑面积18100平方米，1层为售票厅和城乡客运候车大厅，主要结构为钢筋混凝土结构，屋顶为钢结构；公交中心为2层，建筑面积7300平方米，1层为公交服务大厅，2层为办公用房，主要结构为钢筋混凝土结构，采用钢结构屋顶；主体停车场为2层，建筑面积为19800平方米，1层为城乡客运车辆停放，约有112个车位，全部采用钢筋混凝土结构。商业楼为地下2层（社会车辆停车场），地面5层，建筑面积17400平方米，地下停车场可停放小车142辆。此外，公交中心南侧有占地1310平方米的地面公交停车场，可停放公交车辆110辆。

客运总站外观采用玻璃幕墙方盒加上弧形玻璃雨篷，刚柔并济，淡蓝色的玻璃幕墙隐约透出刚劲有力的钢结构骨架，展示出时尚气息。客运总站建筑群的地标性建筑——26层苏珈商务酒店，打造成为句容市城区南部的商业中心，带动南部新城建设。

该枢纽中心功能齐全，不仅涵盖了句容市的城乡、长途、公交、出租和社会换乘和城际换乘功能，同时兼有城市候机、地铁换乘的预留空间。

图2-74　客运总站的苏珈商务酒店建筑

二、邮电大厦

句容县邮电局原设在西大街北侧，1985年在西大街新建一座4层砖混结构的邮政电信综合楼，建筑面积1540平方米。

邮电大厦位于市区华阳北路西侧，占地8533平方米，建筑面积1.67万平方米，工程总造价4500万元。该项工程于1995年4月26日开工，1997年8月26日竣工，10月15日开始营业。

邮电大厦主楼18层，局部21层（寓意21世纪），地下1层，框架剪力墙结构。内设电梯两部，地下室为配电房，主楼1～2层为营业厅，3～7层为通信机房，8～16层为办公用房，17层为电视电话会议室，18层为移动机房，19～21层为电梯机房和储水箱，全楼为中央空调，附楼设有多功能厅。

第九节　金融保险建筑

清光绪年间（1875—1908年）县内有3家典当铺，清末全部歇业。民国8年（1919年）新开1家典当铺，因无钱庄，兑换往来全由商店代理。到民国17年（1928年）句容才有了第一家金融机构——江苏省农民银行句容办事处。民国18年(1929年)始创信用合作社。抗日战争中典当遭毁,办事处停业,合作社解散。民国35年(1946年)江苏省农民银行句容办事处复业,另有地方人士筹建句容银行。

中华人民共和国成立后,人民政府接管了两家银行。1949年5月组建中国人民银行句容金库,次年4月中国人民银行句容县支行正式成立。直到1979年止,基本上是人民银行一家统揽一切金融业务。1980年以后,句容市(县)金融机构由单一向多元化发展,逐步建立起中央银行宏观调控和监督下,以国有商业银行为主体,政策性金融和商业性金融相分离,其他金融机构并存的金融组织体系,构成金融经营商业化的运行模式。1980年起中国农业银行句容支行、中国工商银行句容支行、中国建设银行句容支行、中国银行句容支行先后成立,中国农业发展银行句容支行1996年下半年成立,各银行都投入大量资金,建造办公营业楼,添置设备、扩大业务范围。与此同时,句容证券业从无到有,2001年6月,申银万国证券镇江营业部句容服务部正式对外办理证券代理等业务,迅速成为全市经济建设中投融资体系的重要环节。句容保险业发展迅速,1986年只有1家保险公司,2013年年底全市保险机构发展到31家。

一、中国人民银行句容市支行办公楼

图2-75　市人民银行办公楼

中国人民银行句容市(县)支行[简称市(县)人行],2013年办公地址在市区华阳东路8号(华阳东路北侧)。民国38年(1949年)5月建立中国人民银行句容县金库,1949年12月改为中国人民银行句容办事处。1980年,句容县农行与人行分设。1986年前中国人民银行句容县支行金融业务由中国工商银行句容县支行代理,人行和工商行实行两块牌子,一套班子管理。1983年9月17日,国务院决定人行专门行使中央银行职能。1986年12月16日,人行与工商行分设。1989年7月17日,县人行搬迁至华阳东路8号。

人行办公综合楼主楼于1988年建造,坐北朝南,占地面积约5亩,砖混结构4层,建筑面积1400平方米,造价92.60万元,于1989年7月投入使用。

附属楼坐西朝东,砖混结构4层,建筑面积1248平方米,造价74.60万元,于1998年建造。

两楼合计建筑面积2648平方米,内部为普通装饰装潢,主楼外部是大理石面砖贴墙。

二、中国工商银行句容市支行办公楼

图2-76　市工商银行办公楼

中国工商银行句容市支行于1984年4月成立,1985年年底在县城北门、中大街、东门、南门设4个储蓄所。

1986年前,工商行办公营业地点位于县城西大街15号楼,砖混结构3层,建筑面积1456.89平方米。2001年对此楼又进行了装修,底层为营业大厅,外表为欧式装潢。

1989年,在华阳西路与华阳北路交汇处西北角(华阳西路1号)建造营业楼,占地面积4000平方米,建筑面积2000平方米,框架结构,主体5层,造价150万元。1991年竣工后移至该处办公并营业,2000年又进行装修,外部为欧式装潢,大门外 4 根圆形罗马柱;内墙为白色涂料,室内地面为花岗岩地板砖,内部空调、消防等实施齐全。

三、中国建设银行股份有限公司句容支行办公楼

中国建设银行股份有限公司句容支行 1959 年 12 月建立,设在县财政局内,1973 年 1 月正式对外办公。1984 年 11 月,从县财政局分出,单独成立中国人民建设银行句容县支行,办理基建拨款等业务。

1995 年 10 月,句容市撤县设市,更名为中国人民建设银行句容市支行。同年 11 月,位于华阳东路 13 号的建行办公大楼竣工,大楼占地面积 3386.40 平方米,建筑面积 7335.86 平方米,框架结构 11 层,地下 1 层为车库。“L”字造型,总高度 40.75 米。内部设施齐全,升降电梯 2 部,楼梯 2 处,总造价 2200 余万元。大门庭前设有 13 级台阶,4 个大圆柱。3 楼以下外墙花岗岩贴面,3 楼以上外墙瓷砖贴面两侧,中间为玻璃幕墙,1996 年 11 月竣工并投入使用。

图 2-77　市建设银行办公楼

四、中国银行句容支行办公楼

中国银行句容支行[简称中行],1988 年 3 月 20 日成立,4 月 26 日对外营业,办公地址原在县城东大街 19 号。1991 年 4 月 26 日迁址于句容中山路与人民路交汇处西南角(县政府大门对面西侧钟楼)。2000 年 1 月 9 日又迁址位于华阳东路北侧、北大街东侧的(华阳东路 20 号)中行营业大楼。大楼框架结构 14 层,高度为 67 米,占地面积 3386.40 平方米,建筑面积 7335.86 平方米。该楼外墙为干挂石材和玻璃幕墙,内墙为轻质隔断刷白色水泥漆,工程总造价为 2200 万元。大楼第二层建有室内游泳池,内部空调、消防等设施齐全。

图 2-78　市中国银行办公楼

五、中国农业银行句容市支行

1956 年 6 月,中国农业银行句容市(县)支行[简称市(县)农行]成立,此后两次并入县人行。1980 年 5 月,县农行重新恢复。1980—1995 年期间,县农行、信用社合署办公,一套班子,两块牌子,地址位于县城宁杭路西侧、人民路北侧。

1992 年 8 月 8 日,迁址县城华阳东路 3 号(华阳东路南侧)农行营业大楼。农行营业大楼占地 4.54 亩,总建筑面积 5449 平方米,总造价 228 万元。其中营业大楼主楼建筑面积为 3391 平方米,砖混结构 5 层。食堂和车库建筑面积为 1091 平方米,砖混结构 3

图 2-79　市农业银行办公楼(2013 年)

层。以上建筑物于2013年11月拆除,易地租房办公,新址待建。

六、中国人民财产保险股份有限公司句容支公司

中国人民财产保险股份有限公司句容支公司(简称人保),于1996年12月5日成立,从事财产损失保险、责任保险、信用保险、意外伤害保险、短期健康保险、保证保险等人民币或外币保险业务。其办公营业大楼(钟楼南侧)位于市区中山路西侧,人民路南侧。砖混结构4层,建筑面积746.52平方米,于1987年建成使用,内外装潢普通。

七、中国人寿保险股份有限公司句容支公司

1996年5月,成立中保人寿保险有限公司句容支公司,办公营业地址位于市区中山路4号、人民路南侧(钟楼)。2002年5月迁到华阳西路6号(华阳西路南侧)新建营业办公大楼,框架结构,主楼7层,局部8层,楼高24.40米,建筑面积3682.80平方米。内部普通装潢、大理石地砖,外部用乳黄石外墙涂料。内设升降电梯1部,楼梯2处,内部空调、消防等设施齐全。

第十节 宗教建筑

一、崇明寺、大圣塔

位于原县城寺街巷内,崇明寺建于西晋咸宁年间(275—280年),句容人司徒晉舍宅为寺,初名义和寺。寺内有大圣院等36院,唐会昌年间(841—846年)全毁,唐天佑二年(905年)重建。宋太平兴国五年(980年)改为崇明寺。民国15年(1926年)因遭火焚,庙宇被毁。中华人民共和国成立初期遗址尚存。崇明寺大圣院的大圣塔原为木塔,因安奉大圣僧迦神像,故塔名为“大圣塔”,宋元祐八年(1093年)始建砖塔,七级飞耸,八面玲珑,檐牙装有响铃,迎风振响,悦耳动听。民国15年(1926年)11月14日夜遭火焚,塔内木结构及设备和周围庙宇遭焚毁,仅存砖结构残骸竖立地面。1970年5月,砖塔残骸被拆除,崇明寺遗址遂废。2002年4月28日,在葛仙湖公园内重建大圣塔。

图2-80 古城新塔

图2-81 葛仙观

二、葛仙观

原为葛仙庵,又名青元观,由葛洪的故宅改建而成。《茅山志》记载,修建葛仙观最早始于梁天监七年(508年),当时的葛仙观还有紫微、北极、三官、东岳四处道院。北宋皇祐二年(1050年),观主胡子真重建。北宋熙宁十年(1077年),句容人袁文林重修其殿;南宋淳祐八年(1248年)住持张守淳又重新修建。至明英宗正

统年间(1436—1449年)殿宇摧毁。时任道会朱荣先发起募捐而修。到了20世纪70年代被全部拆除。2002年9月,句容市人民政府批准易地重建于葛仙湖公园西北,茅山道院耗资1300万元,并于2004年9月建成。重建的葛仙观,占地15亩,前临葛仙湖,左傍大圣塔,右前为华阳书院,主要建筑有灵星门牌楼、灵官殿、三清殿、财神殿、文昌殿、放生池。2005年建太元宝殿。

1. 灵星门牌楼

灵星门牌楼位于葛仙观最南端,牌楼为柱式3门型,两中柱为方形,柱上端圆柱并雕有祥云、飞龙等,牌楼底为四块青石方形石墩,4柱分别立于其上。牌楼的正门楣上有"灵星门"3个大字,两侧石柱上刻有楹联一副,即:"江南古邑物华天宝,葛仙故里人杰地灵。"北面石柱上也有楹联一副,即"临湖依观华阳圣境,左释右儒三教圆融"。

2. 灵官殿

歇山式1层3间,屋面为黑色筒瓦,殿内供奉灵官神像。

3. 葛仙桥、放生池

出灵官殿即为葛仙桥,两边有扶栏,为3拱桥,桥南北为台阶,中部平坦,桥下即放生池,放生池两侧临水而建四角亭,东为钟亭,西为鼓亭,放生池东南建有1个六角亭,有香港一湾圣坛捐建,故名"一湾亭"。

4. 葛仙大殿

重檐回廊1层3间,古典宫殿式建筑,殿内供奉葛玄、葛洪神像,在主像两侧各有壁画4幅,描绘葛玄、葛洪入道、学道、事道、成道的过程。在塑像后,有一幅立轴,上面是葛玄临终前"暂停仙驾",赋五言诗3篇。

5. 文昌殿、财神殿

葛仙殿东西两侧建有文昌殿和财神殿,1层3间歇山式建筑,屋面为黑色筒瓦。

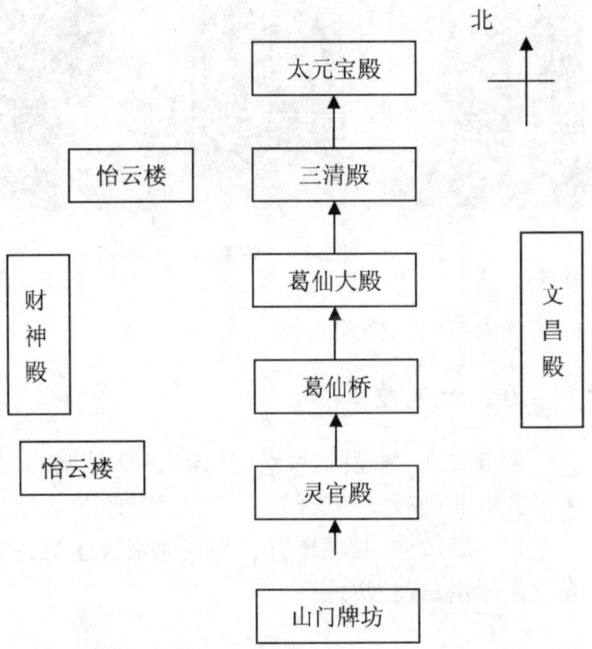

图2-82 葛仙观平面图(2013年)

6. 三清殿

葛仙大殿后即为三清殿,重檐回廊1层3间,古典宫殿式建筑,殿内供奉三清尊神。三清殿前有两块石碑,东边的是《重修青元观记》,西边的是《重修葛仙观碑记》。

7. 太元宝殿

建于2005年9月28日,总投资262万元,建筑面积2388平方米,4层结构,1层斋堂,供道士和香客游人用餐,2层中部为三茅殿,东西分别为小卖部,3层为道教书画室及养生茶座,4层为道教养生功法培训用房。

三、基督教堂

民国8年(1919年)11月,华人第一任牧师汪华山在县城东大街建耶稣浸会堂。1984年12月,在县城南门大街建教堂。2004年6月17日,市政府拨款500万元,在南门新建基督教堂,2007年4月竣工。新教堂建筑面积2100平方米,部分4层结构,一、二

图2-83 基督教堂

层为大、小礼拜堂,分别容纳600人和200人做礼拜,第三层是培训中心,第四层为办公区。

四、清真寺

图2-84　清真寺

民国初年,回民集资先后在县城南门大街、银行巷、北门分别建3座清真寺。抗日战争期间,南门大街清真寺及北门清真寺被日军焚毁。1980年,在县城东大街重建清真寺1座,扩建清真寺饭店和招待所,建筑面积为366平方米。2002年10月,老城区拆迁改造,清真寺在拆迁范围内。2004年11月10日,新清真寺建设破土动工,总投资为500万元。重建后的清真寺位于句容经济开发区洪武路北段西侧,规划用地2666平方米,建筑面积1650平方米,其中礼拜大殿850平方米,高25米,配套附房800平方米,高6.50米。清真寺外形结构效果图由东南大学建筑学院主持,建筑结构由镇江建筑设计研究院设计,是一座集伊斯兰教活动、穆斯林旅游、餐饮为一体的阿拉伯风格建筑体。

五、天主教堂

20世纪初,神甫耿致安(法国人)在县城北门建立天主教堂。1958年10月,句容因无天主教徒,南京教区将县城北门教堂移交给县人民政府,改为县招待所。21世纪初,市政府拍卖给开发商搞房地产开发。

句容解放前,县城还有一些其他宗教建筑,例如夫子庙、尼姑庵、城隍庙、老君殿等;解放以后,这些建筑或改作他用,或被拆除。

第五章　旧城改造

图 2-85　句容老街物资交流会(90 年代)

城市面貌是一个地方经济实力的象征,长期以来由于经济的欠发达,句容旧城改造进展缓慢,旧城面貌无明显改变。20 世纪 80 年代,县城总体规划虽已付诸实施,但老城区居民密集,通道狭窄,改造困难;居住区内污染严重的工厂急需迁移;主要街道仍以平房为主,且低矮破旧,街景缺少连续感。

进入 20 世纪 90 年代后,随着句容经济的飞速发展和城市建设步伐的加快,旧城改造以快步伐、大手笔全面展开。改造的总体步骤由繁华区向周边扩展,由老城区向城郊辐射。其大体方法是结合道路拓宽和新建,进行大规模的临街改造和区域性改造;并以搞好行政机关、交通邮电、金融保险、商业服务、文教卫生等单位建设,实现大范围布点块状改造。

经过 20 多年的努力,至 2013 年,旧城改造的地域已达到 90%以上。城内布局凌乱、交通不畅、功能不全、房屋低矮破旧的状况已被道路宽畅、基础设施配套、公用设施完善、高楼大厦鳞次栉比新貌所取代。

第一节　临街改造

解放后,句容城内临街私营店房,公私合营后大都进行了修整。20 世纪六七十年代,句容城内临街改造已有多处,但大多为小修小补,主要是街道两侧实施点块式工程。进入 80 年代后期,临街改造规模逐步扩大,有的还外延形成了大片区的改造,主要分为二大类。第一类是因开通、新建道路而实施的临街改造工程,有华阳东路、华阳西路、华阳南路、华阳北路、崇明路、洪武路、玉清路的开通、新建所实施的临街两侧改造工程。第二类是对老街道的拓宽改造而实施的临街两侧的改造工程。有东西大街、人民路、建设路、北大街、宁杭路城区段、南大街等临街两侧改造工程。通过这些道路的新建、拓建和改建,实现了道路两侧带状区域内的全面改造,城市环境大为改观,市容市貌焕然一新。

一、东西大街的临街改造

东西大街东起宁杭路,西至西关羊角山路,为城区东西向老街道,也是句容城内的商业繁盛街,改造前街道两侧商铺与单位用房大多陈旧、低矮、杂乱无章,高低悬殊,建筑密度高,因而被列为旧城改造的主要地段。

1976 年,县糖烟酒公司在东大街建一幢 3 层楼,建筑面积 800 平方米。1977 年秋,县城东西大街拓宽至 10 米,并西延至西关,铺成水泥混凝土路面。1978 年,新华书店在东大街建 3 层营业办公楼,建筑面积 1000 平方米。南北货商店在东大街建了 3 层营业办公楼,建筑面积 744 平方米。1979 年,县第二招待所在西大街建了 3 层客房楼,建筑面积 1048 平方米。在县城西大街建卫校教学楼 1 幢 3 层,建筑面积 990 平方米。

图 2-86　中大街

1982 年，县外贸局办公楼在东大街建成，4 层，建筑面积 697 平方米；县商业局办公楼在东大街建成，3 层，建筑面积 900 平方米；县卫生局办公楼在西大街建成，3 层，建筑面积 800 平方米；县防疫站检验楼在西大街建成，3 层，建筑面积 1132 平方米。1984 年，位于西大街的县人民医院病房楼建成，3 层，建筑面积 1003 平方米，县医院的手术楼也同时竣工，3 层，建筑面积 1555 平方米；位于东大街的中百三店，3 层楼，建筑面积 1200 平方米；兴隆商店营业楼，4 层，建筑面积 1000 平方米；果品公司综合楼，4 层，建筑面积 1900 平方米；位于西大街的县医药公司综合楼，4 层，建筑面积 1164 平方米落成。1985 年，位于西大街 4 层邮电局办公营业楼建成，建筑面积 1540 平方米；位于东门的 5 层白云商场，建筑面积 2270 平方米。

进入 90 年代，片区改造工程启动，带动临街改造工程，老城区文化巷一期和二期，西大街西关一期、二期、三期拆迁改造工程启动，拆迁面积 67.87 万平方米，拆迁房屋 20 万平方米，拆迁户 1500 多户、4500 人。西大街延伸段近 500 米建成美食一条街。2001 年 4 月，位于西大街市人民医院病房楼一期工程竣工交付使用，该楼 10 层，建筑面积 10540 平方米，工程造价 2543 万元。2003 年 1 月 2 日，位于东大街的“华阳名街”项目启动，建筑面积 2 万平方米，工程总造价上亿元，于 2004 年 5 月 1 日正式营业。同年位于西大街市人民医院整体改造一期工程竣工，包括病房楼和门诊楼，建筑面积 20340 平方米。2003 年老城区东大街寺街片区拆迁 500 户，拆迁面积 5.20 万平方米，新建苏果超市、天一商场及帕提亚购物广场。

改造后的东西大街，已成为道路宽敞、市容整洁、街景美观、环境优美、市场繁荣的市中心街道，并以其密集和延绵不断的商业网点构成市区商业活动中心区域。

二、人民路的临街改造

1958 年，县城新建人民路，东接宁杭公路，西至县政府大门前，全长 800 米。1959 年，县粮食局在人民路建造办公楼，楼高 2 层，建筑面积 830 平方米。1961 年人民路向西延长至西关，延长 500 米，至此，人民路全长 1300 米。1973 年，商业系统在人民路南侧新建华阳旅社、华阳饭店、3 层楼，建筑面积 1145 平方米。1980 年，句容县图书馆楼在人民路北侧落成，楼高 3 层，建筑面积 868 平方米。1981 年，县检察院办公楼在人民路北侧，县政府大院外西南侧建成，楼高 3 层，建筑面积 748 平方米。句容县中在人民路南侧建造 2 幢 3 层教学楼，总建筑面积 2474 平方米。1982 年，县农机公司综合楼在人民路与北大街交叉口建成，楼高 6 层，建筑面积 1200 平方米，时为句容城最高建筑。1984 年，县建筑公司办公大楼在人民路南侧落成，楼高 4 层，建筑面积 1806 平方米。是年，一批文教建筑在人民路西侧落成：位于人民路南侧的县中实验楼，3 层，建筑面积 2036 平方米；位于人

图 2-87　商业广场（人民路）

民路北侧的实验小学教学楼,3 层,建筑面积 1660 平方米。1985 年,位于人民路南侧人民商场建成,高 4 层楼,建筑面积 1841 平方米。1987 年 12 月,县物资局办公营业综合楼在人民路南侧建成,主楼 6 层,局部 7 层,并安装了电梯,时为县内人乘电梯第一家。1989 年,12 月,华阳公园(后改名为葛仙湖公园)建设奠基,公园南大门对接人民路西段北侧。2001 年,位于人民路南侧的市人民医院病房楼一期工程竣工交付使用,2005 年,为创建国家卫生城市,投资 1.50 亿元,对市区人民路、宁杭路、建设路等 10 条城市主干道进行出新改造。2008 年 1 月 6 日,市行政中心办公楼(市政府办公楼)在原址落成启用,该楼位于人民路北侧,占地面积 50720 平方米,建筑面积 3.20 万平方米,地上 12 层,地下 1 层,总高度 49.30 米。至此,人民路已成为政治、文化、教育、商业集聚的街道。

三、华阳南路的建设与改造

1998 年华阳南路拆迁改造工程竣工,拆迁户 580 户,拆迁建筑面积 5.70 万平方米。华阳南路(中心转盘至河滨北路)长 1335 米,宽 66 米。至此,城区道路中轴线基本形成。在华阳南路开发商品房 6.80 万平方米,步步高公寓 10 多幢 6 层商住楼整齐排列在路东,凤凰花园和芳邻雅居住宅小区也在华阳南路东侧,紫荆花园和葛仙小区的住宅建在华阳南路西侧。1999 年 12 月 8 日,位于华阳南路东侧的新世纪广场建成。2003 年 10 月,华阳南路西侧的党校综合楼建成投入使用,该工程建筑面积 16000 平方米,具有会议、培训、餐饮三大功能。2004 年 7 月,位于华阳南路西侧的市食品药品管理局综合楼建成使用。

2009 年 4 月 30 日,华阳南路延伸段开工建设,道路北起华阳大桥,南与钤塘机场大道相连,全长 2300 米,宽 48 米,总投资 5000 万元。2012 年 3 月,市客运枢纽中心(客运总站)开工建设,该工程位于市区南部新城,华阳南路延伸段与二圣路交汇处。历时 2 年的主体工程于 2013 年年底基本竣工,客运总站开始运营,此处成为新的客流和商贸中心。2013 年,位于华阳东路与华阳南路交汇处(原新世纪广场)的"雨润国际广场"城市综合体项目开工建设。

新建和改造后的华阳南路两侧高楼林立,立面沉稳,造型别致,风格各异,富有动态的立体感和现代气息。整条街道显得市容整洁,街景美观。

第二节　区域改造

旧城区域改造是以房地产业开发为推动力,由城建房管部门负责。1988 年起,先后在物资局机电公司和县医院承租公房试点,拆旧房屋 434.20 平方米,开发房屋 5060 平方米。至 2013 年,已完成联盟新村、文化巷片区、寺街片区、镇句路城东片区、西关片区、马槽巷片区等区域改造。

一、文化巷片区

该片区位于西大街南侧,也是老城区中心区域。

改造前,该片区原大部分建筑系老民宅,房屋破旧,高低不一。1996 年,旧城改造一期工程启动,就确定在文化巷片区。该片区范围:东至茅山路,西至银行巷,南至建设路,北至宝塔巷。东西长 105 米,南北宽 77 米,占地面积 8085 平方米,拆迁户 23 户,拆迁面积 5000 平方米,总投资 1499 万元。由市房地产综合开发公司通过自筹、银行贷款和预收购房定金等渠道解决。1998 年,老城区改造二期工程启动,该期改造工程范围:东至茅山路,西至文化巷、南至宝塔巷(与一期工程相连)、北至中大街。总拆迁占地 13500 平方米。二期改造工程拆迁户 274 户,拆迁面积 23681 平方米。

一期改造改造工程新建开发商品房 10 幢,建筑面积 16000 平方米,返还拆迁户 5000 平方米。二期工程开发商品房 7 幢,开发房屋面积 19470 平方米。安置方式:货币安置 20 户,返还建筑房屋为 254 户。二期改造工程总投入 2539 万元。

图 2-88　老旧小区改造

图 2-89　西关片区新貌

二、西关片区

西关片区原是城乡结合部，属三台阁村关南、关北二个村民组，与西大街衔接，人民路南侧。拆迁建筑面积 2.80 万平方米，占地面积 3.40 万平方米。

改造前，该片区内原大部分建筑系民国时期所建民宅，房屋破旧低矮，高低错落，设施简陋，居住条件差。

图 2-90　农工商超市

1999 年 8 月，老城区拆迁改造工程启动，西关一期和二期拆迁 63 户，拆迁建筑面积 8200 万平方米。2005 年西关三期拆迁改造工程启动，拆迁 204 户，拆迁建筑面积 1.98 万平方米。

西关片区拆迁改造工程由上海农工商集团投资，总投资 1.60 亿元，欲将西关片区打造成为“巨龙新天地”。道路与西大街相连接，成为西大街延伸段。“巨龙新天地”建设工程项目总建筑面积 20106 平方米，框架结构 3 层，包括国内知名超市品牌—农工商大卖场、东方明珠商业广场、美食世界餐饮一条街、新天地娱乐城。全国知名宾馆锦江之星，框架结构 7 层、建筑面积 10016 平方米。打造句容首个全开放式，集购物、休闲、餐饮、娱乐、住宿于一体的多彩风情的商贸区。

三、镇句路城东片区

该片区位于东门桥以东，镇句路沿线两侧至杨家巷村，占地 2.50 平方公里。

城东片区原是环城乡政府所在地，属城乡结合部。沿镇句路两侧有乡供销社、农具厂、县化肥厂以及杨家巷村民宅。

改造前，道路狭窄，单位楼房与民宅相间，工厂与村庄相交。建筑凌乱，新旧不齐，有碍句容东门形象。

1991 年，华阳镇与环城乡合并后，针对城郊结合型乡镇的特点，县政府同意镇政府提出的“东移集镇”的报告，并给予优惠的开发政策，即在 2.50 平方公里的新片区范围内，自费开发，滚动发展。1993—1994 年，华阳镇投资 7000 万元，在城东新区建设政府办公楼，实现治所东移。1994 年，华阳镇着手镇句路拓宽改造工程。东起镇政府办公楼东侧,西至东门桥,路面拓宽4车道,沿路两侧丁家巷、杨家巷、包家巷、陈家里4个自然村50户居民迁移。路面拓宽后,沿街的老旧平房全部拆除,代之以统一规划建设的多层商住楼。拓宽改造后的城东片区镇句路逐步形成一条1公里多长的以烟酒、小商品批发零售为主的商业街。

处在该片区原县化肥厂区域拆迁改造工程正在持续中,共规划6幢建筑,包括1#、2#、3#为31层框剪结构高层住宅,4#、5#、6#为5层框架结构的多层住宅,建筑高度最高为92米。该项目总占地面积25846平方米,总建筑面积67939平方米。其中新建地上建筑面积58215平方米;1#、2#、3#楼架空层面积1757平方米,4#、5#、6#车库面积790平方米;地下停车场面积7177平方米(汽车位面积3977平方米,自行车位2180平方米,交通设备用房面积1020平方米)。可入住总户数577户,其中安置216户。该项目总投资约2.50亿元。

四、寺街片区

寺街片区是老城区中街区域,位于东大街北侧,鲜鱼巷口东侧一带。大部分建筑为中华人民共和国成立前所建,陈旧低矮,房屋密集,改造难度较大。该片区先后拆迁759户,拆迁面积达7.12万平方米。

1999年始,逐步分期对该区域进行有序改造。一期工程拆迁59户,拆迁建筑面积4200平方米,二期工程于2000年启动,拆迁200户,拆迁建筑面积1.50万平方米。

2003年,老城区拆迁改造重点仍在寺街等片区,是年拆迁500户,拆迁建筑面积5.20万平方米。

这一片区旧房拆迁后主要打造句容步行街,建有大型超市—苏果超市(苏果帕提亚店),营业面积6150平方米。天一商城,营业面积1万平方米。帕提亚购物广场,营业面积2万平方米。该区域已成为句容老城最繁华的商贸区。

第三节 拆迁与安置

20世纪80年代至90年代初,句容市区拆迁安置任务少,涉及单位公房的一般由原单位的主管部门分担搬迁安置任务。

1993年4月,成立句容县拆迁安置办公室,负责城区拆迁安置工作。拆迁办成立后接受的第一个重大任务就是华阳东路项目,需一次动迁415户,拆除3.20万平方米居民住宅,安置方式为全部易地自建(安置地为羊角山小区)。

拆迁安置资金来源,90年代前期和中期主要依靠政府和单位投入,市场运作为辅。1997年后,学习浙江等地经验,以市场运作为主,政府补助为辅,走经营城市之路。1998年,有部分拆迁项目采取货币安置的方式。1996—2000年5年间,因市政府重点建设工程和老城区改造,在城区和华阳镇共发放《城市房屋拆迁许可证》47宗,动迁居民、村民3000户,拆除各类房屋28万平方米。

2000—2005年,接受安置房与货币安置的户数大体相当。为节约土地资源,采用集中建造住宅楼的方式予以安置。

2007年,所有拆迁户均接受集中分配安置房的安置方式,开发区村庄整理共拆迁1094户,拆除房屋25万平方米。2008年开发区黄金花园小区建成,全部采用安置房安置1094户,该小区共147幢6层住宅楼,总建筑面积53.80万平方米,总投资6.70亿元,可安置1.50万人。

2008年,河滨南路东延伸段工程,动迁6户,拆迁建筑面积1.60万平方米,安置房安置6户;崇明路东延伸段工程,动迁54户,拆迁建筑面积2.40万平方米,安置房安置54户;福地路东延伸段工程,动迁9户,拆除建筑面积0.20万平方米,安置房9户;华阳南路延伸段工程,动迁28户,拆除建筑面积1.30万平方米,安置房安置 28 户。

2009 年，油米厂项目工程，动迁户数 44 户，拆除建筑面积 0.26 万平方米，安置房 44 户；南门桥百货公司仓库，动迁 36 户，拆除建筑面积 0.31 万平方米，货币安置 2 户，安置房安置 34 户。

2011 年，城市综合体项目，动迁 116 户私房，18 户经营户，拆除建筑面积 4.67 万平方米。安置房安置 115 户，货币安置 37 户。

2012 年，市体育馆改造项目，动迁 7 户私房，1 家单位，拆除建筑面积 1.19 万平方米，安置房安置 8 户。

2013 年，苏南制药厂改造项目，动迁 31 户，拆除建筑面积 1.10 万平方米，安置房安置 31 户。

市拆迁安置办公室强化服务意识，推行"阳光拆迁"，重视做好城市房屋拆迁的上访和集访的接待工作，多年被省建设厅评为"平安拆迁先进实施单位"。

1993—2013 年句容市(县)城区拆迁安置情况一览

表 2－5－1

序号	年份	项目	户数(户)	建筑面积(万平方米)	安置方式(户)	
					货币补偿	安置房
1	1993	华阳东路	415	3.20	—	415
2	1996	老城区	23	0.40	—	23
3	1998	华阳南路一期	580	5.70	35	545
4	1999	华阳北路	10	0.49	—	10
		老城区二期文化巷	274	2.30	20	254
		寺街东片一期	59	0.42	18	41
		宁杭路城区中段	72	1.12	32	40
		华阳南路二期	220	1.52	220	—
5	2000	寺街东片二期	200	1.50	50	150
		华阳南路二期延伸段	219	3.45	—	219
		小果园浙江房产	44	0.40	—	44
		北大街浙江房产	10	0.10	10	—
		宁杭路城区中段	21	0.45	—	21
		东方红村	120	1.10	27	93
6	2001	宁杭路张家巷	65	0.90	65	—
7	2002	华阳东路延伸段	320	4.10	100	220
		老城中医院	229	2.20	229	—
		西关二期	63	0.82	—	63
		粮食局	30	0.26	30	—
8	2003	老城区寺街片区	500	5.20	500	—
		影剧院	12	0.10	12	—
		东昌路	197	3	19	178

1993—2013 年句容市(县)城区拆迁安置情况一览

续表 2－5－1

序号	年份	项目	户数(户)	建筑面积(万平方米)	安置方式(户)	
					货币补偿	安置房
9	2004	新华书店	40	0.45	24	16
		句容宾馆	20	0.19	15	5
		清真寺	31	0.22	10	21
		玉清广场	25	1.05	25	—
		曙光酒店	91	1.12	91	—
		丝绸厂	99	0.19	99	—
10	2005	西关三期	204	1.98	106	98
		华联以西、四牌楼东侧	129	1.24	—	129
11	2007	开发区村庄整理	1094	25	—	1094
12	2008	河滨南路东延伸段	6	1.60	—	6
12	2008	崇明路东延伸段	54	2.40	—	54
		福地路东延伸段	9	0.20	—	9
		华阳南路延伸段	28	1.30	—	28
		崇明路延伸改造工程	60	0.84	—	60
13	2009	南门桥百货公司仓库	36	0.31	2	34
14	2009	粮食加厂工项目	44	0.26	—	44
15	2011	城市综合体项目	116 户私房 18 户经营户	4.67	37	115
16	2012	市体育馆改造项目	7 户私房 1 家单位	1.19	—	8
17	2013	苏南制药厂改造项目	31 户	1.10	—	31
合　计			5826	84.04	1776	4068

第六章 城建投资

中华人民共和国成立前，城市建设微乎其微，建设资金由民间募捐。20 世纪 50 年代起，城市建设由维修治理步入小规模建设新时期，其资金投入逐年加大。自 1985 年开始，为进一步加快县城建设步伐，除财政拨款和城市建设维护税、公用事业附加费外，采用单位自筹、项目合资、单位与群众集资以及贷款等方式开辟资金来源渠道，加大建设资金的投入。据统计，2001—2013 年 13 年间，城投公司融资总额达 55 亿元。

第一节 资金来源

清代与民国时期，县城建设资金来源主要靠民间集捐和劝募。此项收入为当时县城民众、有识之士、绅商等捐募，用于修公房、道路、河道、桥梁等。如乾隆三十年(1765 年)，有以王以楠等 4 人募财修理句容东西大街。

中华人民共和国成立后，县城建设资金基本由地方自筹，无专项资金来源和固定渠道。1955 年起开征工商税附加和公用事业附加，列入县财政预算外收入管理，主要用于县城维修和建设。除此外，县政府按城建需要给予适当拨款。1985 年起，根据国务院颁布的《城市维护建设税暂行条例》的规定，取消工商税附加，改为城市维护税，向缴纳产品税、增值税、营业税的单位和个人征收城市维护建设税。规定纳税人在办理申报产品税、增值税、营业税时，必须同时办理申报、缴纳城市维护建设税，其税率为 5%。1995 年，句容撤县建市后，城市维护建设税调整为 7%。

20 世纪 80 年代后期，随着改革开放的进一步深入，工农业经济的飞速发展，城市建设进入新的发展时期，其建设规模也逐年扩大。由于历史原因，城市公用设施、基础设施建设滞后，建设速度与建设资金的矛盾表现突出，城建资金出现了入不敷出的现象。2001 年 5 月，句容市人民政府，根据上级有关文件精神，成立了句容市城市建设投资有限责任公司，其主要职能是：经营管理市政府授权范围内的国有资产；承担政府发包或委托并由财政资金投资的市政公用设施建设；投资经营有收益的市政公用设施；投资经营与市政公用设施相关的开发业务；法律、法规许可的其他业务；房地产开发、销售；土地收储、整理和开发。

城投公司在其职责允许范围内广开融资渠道，增加建设资金的来源，为加速城市建设起到了有力的促进作用。

1950—2013 年句容市(县)财政支出城市维护费情况一览

表 2-6-1 单位：万元

年份	城市维护费	年份	城市维护费	年份	城市维护费
1950	2.90	1954	0.30	1958	0.30
1951	3.10	1955	0.30	1959	0.90
1952	1.80	1956	0.30	1960	0.70
1953	0.50	1957	1.20	1961	0.30

1950—2013 年句容市(县)财政支出城市维护费情况一览

续表 2-6-1　　单位：万元

年份	城市维护费	年份	城市维护费	年份	城市维护费
1977	5.20	1990	66	2003	—
1978	20	1991	96.30	2004	1593
1979	15	1992	122	2005	3114
1980	13	1993	1991	2006	4638
1981	30.20	1994	648	2007	11078
1982	67.80	1995	359	2008	12000
1983	67.60	1996	366	2009	16892
1984	134.10	1997	1093	2010	34070
1985	74.10	1998	—	2011	23801
1986	224.80	1999	596	2012	32316
1987	42.40	2000	—	2013	38127
1988	64.40	2001	—	—	—
1989	68.10	2002	—	—	—

说明：1998 年、2000—2003 年城市维护费缺资料

第二节　投资规模

句容市城市建设投资有限责任公司自 2001 年 5 月成立至 2013 年 12 月底，在历届领导班子的带领下，按照市委、市政府和住建局的要求，独立承担了多项城市建设重点工程、民生工程。10 多年来共计完成工程项目达 50 多项，完成投资约 20 亿元，投资规模每年以成倍的速度不断增长，为城市建设作出了贡献。

2001—2013 年句容市城市建设项目投资一览

表 2-6-2　　单位：万元

工程项目	建设时间	类别	投资资金
华阳北路延伸段	2001 年	新建	约 1600
玉清广场	2001 年	新建	约 786
福地路延伸段	2002 年	新建	约 580.70
葛仙湖湖底清淤、园区截污工程	2002 年	新建	约 200
玉清河、郭西塘污水截流管道建设	2002 年 6—10 月	新建	64.49
西关拆迁安置工程综合楼及附属工程	2003 年	新建	约 854.31
政府住宅楼工程	2003 年	新建	48
东进路(现名东昌路)	2003 年 7—12 月	新建	3301.90
文昌路延伸段工程	2003 年	新建	约 2193
葛仙路延伸段	2004 年	新建	31
南工路	2004 年	新建	185.93

2001—2013 年句容市城市建设项目投资一览

续表 2-6-2　　　　单位：万元

工程项目	建设时间	类别	投资资金
宁杭南路	2005 年 2—5 月	拓建	467.57
宁杭北路	2005 年 5—10 月	拓建	465.77
清真寺	2005 年 3 月—2007 年 3 月	异地 新建	约 300
基督教堂	2005 年 7 月—2007 年 4 月	异地 新建	415.52
中街马槽巷	2007 年	新建	约 550
德丰置业南侧道路	2006 年 3—7 月	新建	141.22
西关拆迁安置房	2006 年 7 月—2007 年 8 月	新建	854.30
崇明中路	2007 年 4—12 月	新建	1129.80
华阳南路大桥	2007 年 4—12 月	新建	1644.39
双利路玉清河桥	2007 年 5—12 月	新建	152.18
建设路	2008 年 5—12 月	拓建	149.42
华阳北路两侧慢车道和人行道	2008 年 6—12 月	改造	385.81
文昌路车行道	2008 年 5—12 月	改造	438.77
句卓路	一期:2008 年 8 月—2009 年 8 月	拓建	1310.38
	二期:2010 年 1—6 月		421.41
河滨南路	道路:2008 年 6—9 月	新建	806.37
	绿化:2008 年 11 月—2010 年 8 月	新建	
向阳路人行道板改造及排水	2008 年 6 月—2009 年 3 月	改造	351.74
福地路	2008 年 6 月—2009 年 4 月	新建	2664.84
河滨南路	2008 年 6 月—2009 年 4 月	新建	806.37
向阳路	2009 年 4—12 月	拓建	306.93
福地东路(原北二环)及延伸段改造、华阳北路延伸段	2009 年 5—9 月	改造	1105.89
崇明路东延伸段	2009 年 4 月—2010 年 2 月	新建	2040.90
勤学桥	2009 年 7—12 月	新建	84.74
商业街	2009 年 7 月—2010 年 1 月	改造	422
河滨南路西延	2009 年 4 月—2010 年 11 月	新建	602.40
华阳南路延伸段	2009 年 5 月—2010 年 9 月	新建	6807.76
老句容河桥梁	2009 年	新建	679.99
通宁路	2009 年 8 月—2010 年 3 月	拓建	7339.53
东门桥	2010 年 3—12 月	拓建	514.67
崇明东路道路工程(含崇明东路桥)	2010 年	新建	1605.78
高骊山道路工程	2010 年	新建	4091.64

2001—2013 年句容市城市建设项目投资一览

续表 2-6-2　　　　单位：万元

工程项目	建设时间	类别	投资资金
高骊山路桥	2010 年	新建	882.83
河滨西路道路工程	2010 年	新建	845.80
河滨西路桥	2010 年	新建	445.07
肖杆路道路工程	2010 年	新建	1636.11
福地花园工程	2010 年	新建	14961.99
崇明路小高层(崇华苑)	2010 年 6 月—2011 年 12 月	新建	4070.33
公路管理处综合业务楼	2010 年 11 月—2012 年	异地 新建	审计预算价 1082.14
赤岗安置小区	2010 年 11 月—2013 年 6 月	新建	10770.43
文化艺术中心	2013 年	新建	审计预审价 16001.86
老化肥厂拆迁安置	2013 年	新建	26742.12
杨塘路	2012 年 7 月—2013 年 11 月	新建	审计预审价 2070.61
行香路	2013 年 2 月—2014 年 1 月	新建	合同价:403.33

第三节　城投资金管理

城市建设投资有限责任公司作为句容市人民政府直接领导的投融资平台,承担了句容市重大工程建设、国有资产保值增值的重要任务。在公司领导高度重视下,公司严格执行资金管理制度,设置了独立的会计机构即财务部,配备了专职财会人员,职责分明、职权分离。货币资金收支与记账的岗位分离;货币资金收支的经办人员与审核人员分离。

货币资金实行预算管理,公司经理根据年度经营计划,要求各职能部门编制资金预算计划,经财务部审核、综合平衡后编制年度现金流量表,报总经理审批执行。

对外投资支付严格按照公司章程和对外投资管理制度规定并报市政府批复执行。

公司资金使用严格遵守法人审批制度,每张单据都必须经过经办人、复核人和法人的审批,大额资金的使用还需通过董事会研究审批。

公司财务部门定期按照相关制度要求,对资金支付的合法性、合理性进行审核。

公司还聘请外部审计机构,定期对城投资金管理的执行情况进行审计,审计货币资金收入、支出的合法性、真实性和合理性,以及货币资金保管的安全性。

第三篇 村镇建设

句容汉代建县，历史悠久。近代曾遭多次兵燹，致使大批村镇房屋毁于战火。抗日战争胜利后，村镇设施曾经部分恢复。但至1949年中华人民共和国成立时，战争创伤仍然随处可见，房屋低矮，道路狭窄。20世纪50年代开始推进基础设施建设，60～70年代掀起公路建设高潮，全县的公路交通网逐步形成，各乡镇（人民公社）政府所在地的集镇建设初具规模。1978年中共十一届三中全会后，经济发展加速，乡镇经济实力增强，村镇建设力度加大。80年代，全县集镇村庄建设开始按规划进行，设施逐步完善，质量也逐步提高。到90年代末，村镇的基础设施、公共建筑和民居都有很大改观，开始步入城乡一体化的进程。进入21世纪，句容市在合理规划指导下，以市区为中心，以建制镇为重点，以集镇为依托，在全市范围内逐步建立起规划科学、布局合理的新型小城镇体系。通过乡镇布局调整，对旧集镇进行全面改造，对新集镇建设加快步伐，对村庄进行大规模整理和村庄环境整治。一个以主城区为核心，建制中心镇为支撑的城乡一体化建设格局已初步形成，全市的村镇建设出现前所未有的繁荣景象。

第一章　村镇变化

句容村镇的形成历史最早可追溯到新石器时代。而后经过历史的变迁、战争的破坏，使得一些村庄和集镇消失了。但由于人口的增长和经济发展，又出现了许多新的村镇。句容境内的集镇自唐宋以后逐步兴起，多位于水陆交通要道。历史久、规模较大的古老集镇有下蜀、茅山、白兔、东昌等；远近闻名的较大村庄有葛村、茅庄、青山、寨里等。1949年中华人民共和国成立后，特别是中共十一届三中全会之后，村镇面貌随着经济的飞速发展发生了可喜的变化。

第一节　形成与演变

一、村镇的形成

句容是文化古县，西汉建县，已有2000多年历史。早在新石器时代境内就有人类聚居，劳动生息。距今7000年至6500年左右，句容境内已出现农业氏族聚落。句容先民已饲养猪、牛等家畜，种植水稻和从事渔猎业。20世纪80年代在宝华乡丁沙地新石器遗址，发掘出距今7000年至6500年前的猪、牛等兽骨，稻谷，磨盘等石器，证明当时经济生活已出现原始农业，句容先民已开始过着定居农业氏族的生活，原始的村落已在句容境内出现。

随着农业的发展，商品交易需要有固定的场所，所以集镇的形成大多起源于乡村集市。在南宋《景定建康志》中就有句容设镇（常宁镇）的记载，据明·弘治《句容县志》载，县境内有常宁镇（今茅山镇南镇街）、北镇（北镇街）、下蜀镇、土桥镇、东阳镇5个镇。《弘治句容县志》中还记载，县有“五镇”“十街”“六市”，街、市所在之地皆为不同规模之集镇。

到了近、现代，因道路交通建设和行政区划的演变，使得一些村庄或小集镇逐渐发展成重要的小城镇。较典型的有天王镇，因宁杭公路（104国道）和常溧公路在此相交，使得地处十字路口的天王寺渐渐发展成句容南部最重要的集镇。又如后白镇，20世纪50年代在宁杭公路边建设后白乡政府，周边只有十数户人家和车站、供销社等几幢公用建筑；经逐年建设，特别是70年代后乡镇工业的快速发展，已形成句容中部的中心镇。此外因设置乡（人民公社）政府而形成的集镇还有宝华、亭子、石狮（前莘）、张庙、茅西（王庄）、行香、陈武、朱巷等。

至2013年,全市建制镇政府所在地的中心镇有宝华、下蜀、边城(东昌)、白兔、茅山镇(春城)、后白、天王、郭庄等。由于行政区划调整,另有一些集镇不再是行政中心所在地,仅作为区域经济、文化和生活服务中心的非建制镇,这部分集镇有亭子、石狮、大卓、黄梅、陈武、行香、王庄、唐陵、朱巷、袁巷、二圣、张庙、三岔、葛村等。

二、村镇演变

1. 集镇演变

在集镇形成初期,其内部结构的主要特征,是商业街道居于核心的地位。受道路格局的影响,多作带状伸展,并随本身的成长而逐步扩展。清末民初,全县有东阳、龙潭、仓头、下蜀、桥头、新塘、大卓庙、十八庙、杜榨、光里庙、吉里、普渡桥、亭子、土桥、洛阳观、戴村、东昌、青山、行香、太平庄、白兔、茅庄、上荣、古隍、张庙、三岔、青城埠、二圣桥、阴桥头、蔡门、城墙、前林、曹庄、春城、何庄、后白墅、王庄、葛村、西地、郭庄庙、谢桥、高阳、湖熟、北镇街、南镇街、天王寺、蔡巷、唐陵、斗门、袁巷50个集镇。之后由于行政设置的变更和经济发展的变化,县以下区和乡镇的设置变动频繁,建制镇时多时少。

民国2年(1913年)县以下设市、乡;民国18年(1929年),句容县根据南京国民政府《乡镇自治试行法》,将全县划分9区144乡镇。县城以东西大街为界,南为华阳镇,北为崇明镇,受第一区管辖。9区共下辖27镇117乡。民国23年(1934年)3月,江苏省政府通令各县遵照《整理自治区域办法》重新划并乡镇,句容县政府于3月15日决定将原有9区144乡镇划并为5区66乡镇。其中镇的设置除华阳崇明两镇和天王镇外,保留"北五镇"(即下蜀镇、桥头镇、仓头镇、龙潭镇、东阳镇),其余皆撤并为乡。抗战胜利后,江苏省政府重新颁布《乡镇区域整理办法》,先由江南各县实施。句容县于民国35年(1946年)9月撤销5个区署,66乡镇改划为31个乡镇,其中建制镇的设置未变。民国37年(1948年)10月,县参议会决议:"仍按旧5区制,每区划为4乡镇",全县划为20个乡镇,即:华阳镇、光甸乡、土桥乡、黄梅乡、敬德乡、太平乡、白兔乡、洛阳乡、袁巷乡、唐陵乡、天王镇、茅山乡、葛村乡、郭庄乡、三岔乡、义城乡、龙潭镇、桥头镇、下蜀镇、空青乡。

民国时期的"北五镇"因依托沪宁铁路和长江水运的便捷,商贸繁盛,与南部的天王镇遥相呼应,是县境内重要的商品集散地。各镇人口稠密,市场兴旺,如猪市、牛市、鱼市等都很兴盛,尤其是下蜀的米市和天王的竹木市、铁木手工业有着相当的知名度。来自大城市的工业品和日用百货也通过这些集镇流向农村。民国36年(1947年)至民国38年(1949年)年初,由于通货膨胀、物价飞涨,各集镇经济日趋萧条。

1950年6月,全县设9区75乡镇。政府鼓励人民群众努力恢复生产,多数集镇再度呈现繁荣兴盛的景象。农业生产的发展促使集镇手工业也迅速得以恢复和发展,使得各集镇在商品流通中重获生命力。

20世纪50年代中期,因推行私营工商业改造,个体商业与个体手工业作坊陆续关闭,加上实行了粮食统购统销,米市纷纷歇业,商业流通渠道变得单一。1958年实行人民公社化,直到1983年方才恢复乡镇体制,60年代兴起的"上山下乡"运动,逐年有大批知识青年和城市、集镇居民被下放到农村务农,集镇的非农业人口有所下降。这期间,集市贸易屡屡遭到禁止,私营个体商业和手工业作为"资本主义尾巴"被割除,以致集市衰落,乡镇经济萎缩。70年代,一些公社(乡镇)和部分大队(村)开始积极兴办社队企业(后称乡镇企业),各处集镇逐年增加务工人员,使集镇常住人口又有所增加。

1978年中共十一届三中全会后,特别是80年代之后,随着改革开放的不断深入,乡镇经济实现快速发展,村镇逐步走向繁荣。1985年,全县设5镇18乡。1986年以后的18个乡中,环城、亭子、三岔、磨盘4个乡未改设镇,而是与有关镇合并;其余14个乡相继改设镇。具体时间为:1992年,东昌、后白;1993年,郭庄、黄梅;1994年,葛村;1999年,袁巷、二圣、宝华、春城、石狮、陈武、大卓、茅西、行香。1989年3月,磨盘乡政府驻地由朱巷村迁至唐陵;三岔乡政府驻地由三岔集镇迁至张庙。1989年8月,城镇更名为华阳镇。

1991—2005年,先后5次乡镇撤并。1991年,环城乡并入华阳镇。2001年,石狮镇并入华阳镇;亭子乡并入下蜀镇；原三岔乡并入二圣镇；茅西镇并入后白镇；磨盘乡并入天王镇。2003年，陈武镇与东昌镇合并，设立边城镇，镇政府驻东昌集镇。2005年，袁巷镇并入天王镇；二圣镇并入后白镇；大卓镇并入黄梅镇；行香镇并入白兔镇；葛村镇并入郭庄镇；春城镇并入茅山镇。2008年茅山镇政府迁至春城集镇。2010年，黄梅镇下属所有村镇划归句容经济开发区管辖。

至2013年，全市建制镇有华阳、宝华、下蜀、边城、白兔、后白、郭庄、天王、茅山；另有句容经济开发区、茅山风景区、赤山湖风景区等三个管委会，部分村和集镇归其托管。

2. 村庄演变

村庄数量　原始农业的生产方式必然导致出现固定的生产生活场所，这就是村落。根据考古发掘证明，距今7000年至6500年左右，句容境内已有村庄出现。

句容在唐朝以前有70多个自然村。明·弘治《句容县志》载：全县共16乡、29都、193里、426个自然村，清代前期，句容全县为435个自然村。太平天国战争期间，句容人口锐减，有些地区几近十室九空，许多村庄被战火夷为平地，村庄数量大减。其后，于同治、光绪年间陆续有来自河南、湖北、苏北的"客民"流入，他们又逐渐形成新的聚居地，由棚户发展成村落。近现代随着人口的增长，村庄数量渐渐增加。1949年以后，因水利建设、新农村建设等原因，拆迁、新建一部分自然村。据1982年普查，全县自然村数为1992个。1986年，全县共2021个自然村。其中，下蜀镇111个，天王镇122个，茅山镇60个，白兔镇54个，环城乡154个，石狮乡112个，黄梅乡84个，大卓乡105个，亭子乡61个，宝华乡155个，东昌乡64个，陈武乡79个，行香乡98个，春城乡144个，二圣乡107个，三岔乡34个，郭庄乡98个，葛村乡89个，后白乡67个，茅西乡76个，磨盘乡83个，袁巷乡64个。

至2008年，宝华镇、郭庄镇、下蜀镇和句容经济开发区分别有若干自然村因经济开发需要，村庄整体拆迁。另有少数自然村因农户自行搬迁等原因而消失。改革开放之后随着城市的发展，逐渐形成一部分"城中村"。至2008年华阳镇的杨家巷、陈家里、包家巷、上阳、甲城、金路村、后巷、北阳门、前肖、中肖、后肖、西岗上、樊家，句容经济开发区的三里井、梅家边、江家庄、滕家巷、朱家里、陶家、西关、卫岗头、丁家边、许家、戴家桥、井沟里、滕家、杨塘岗、谢家下、包家巷、朱家下、磨盘桥共31个自然村被包进市区。截至2008年12月底，全市共2014个自然村。其中，华阳镇208个，黄梅镇174个，下蜀镇172个，宝华镇127个，边城镇146个，白兔镇155个，郭庄镇181个，后白镇242个，天王镇226个，茅山镇148个，江苏省句容经济开发区管委会37个，茅山风景区管委会159个，赤山湖管委会39个。

2010年，黄梅镇实施村庄整理，新塘村李家、夏家、新塘、杨家庙、水庄、横塘自然村，黄梅村孔家、贾母巷、杨家、上涧西、下涧西、潘家边、新庄自然村，后塘村巫家边自然村等被整体拆迁，村民全部集中重新安置到黄梅新村。

2010年，华阳开始实施南部新城建设，周家岗、柿树、五里岗、东西王格、王家庄等自然村整体拆迁。

2013年，赤山湖风景区建设项目推进过程中，谢桥行政村下辖的所有自然村全部拆迁。截至2013年年底，全市尚有自然村1799个。

村庄分布与规模　旧志记载句容明代中期有自然村400多个，明天顺、成化年间，全县实有户口36458户，平均每村约合85户。清朝晚期因大量外来移民的涌入，出现了诸多由移民建立起来的新村落。这些新的村庄大多由草草搭建起来几间草棚慢慢发展成一处处村庄，规模都较小，且很多都取名"××棚子"，一时间村庄数量增加很多。规模较大的村庄大多分布在圩区和东部，其中不少是旧志中就有记载的古村落。这些规模较大的村庄大多房屋排列比较整齐紧凑，鳞次栉比，村内有成系统的主次干道和排水沟渠。丘陵地带的小村庄往往分布散乱，不成格局，其中典型的例子如华阳镇南亭村的三里村，1个小村落竟然绵延1.50公里，因此得名三里村；同属南亭村的排头村，也是1个偏僻的小自然村，只有40户，却分散在7个地方居住。村庄规模最小的如宝华仓头的渣圩，人民公社化的年代，这个村曾同它近旁的另外2个小村合起来，3个村组建成1个生产队—渣圩生产队。

2013 年句容市各镇(管委会)村庄密度一览

表 3-1-1

镇(管委会)	面积(平方公里)	村庄(个)	每平方公里村庄数(个)	备注
华阳	121.00	190	1.57	郊区
下蜀	120.00	136	1.13	—
宝华	100.00	126	1.26	—
后白	143.28	212	1.48	—
郭庄	117.00	175	1.50	—
天王	131.54	199	1.51	—
边城	109.00	135	1.23	—
白兔	115.50	132	1.14	—
茅山	81	137	1.69	—
开发区	144.00	161	1.12	—
茅山风景区	153.00	117	0.76	—
赤山湖风景区	24.72	43	1.74	—

第二节　建设概貌

古代单一农耕经济状态下,村镇建设随生产和流通的需要缓慢地发展,居民住宅数百年如一日,多为矮平房和草房,只有富户人家和集镇之上有少量砖木结构楼房。村镇道路狭窄,多为青石板或碎石铺就。清咸丰年间的太平天国时期,县城和全县各乡镇均遭受破坏,损失惨重。其后虽经逐年恢复,但起色不大。抗日战争时期又一次遭受严重破坏。20 世纪 50 年代,各乡(人民公社)所在地的村镇大都有一条或数条石板铺砌的街道,两侧有商店、饭铺、理发店、茶水炉、作坊和住户,其他公共设施较少。每逢集期或庙会,农副产品贸易则沿街销售。房屋建筑较优于普通农村。人民公社化期间,这些治所所在地的集镇迎来一次新的建设契机,主要是政府办公和学校、医院、交通、邮电等公共设施的建设。60 ~ 70 年代,由于政治运动的影响,乡镇经济不景气,村镇建设呈停滞状态。

1978 年中共十一届三中全会之后,中共中央号召全党将工作重心转移,并制订了一系列发展农村经济的政策和措施。随着家庭联产承包责任制的推行和乡镇工业的大量兴办,农村商品经济迅速发展。随着乡镇经济实力的提升,村镇基础设施不断改善,生产建筑、公共建筑大量涌现。旧集镇和村庄得到改造,一批新集镇迅速崛起。

下蜀是全市唯一拥有港口的乡镇,因得天独厚的交通条件,吸引了一批规模企业在此发展 ,财政收入、市政基础设施建设等各方面在全市各乡镇居于领先。天王则发挥三县(市)交界和国省道交汇的交通优势,做大做强以农贸集散地为特色的第三产业,建造了全市乡镇中最大的农贸市场—天鹅市场。1988 年,天王镇征地 20 亩,新辟一条全长 240 米的商业街(俗称农民街),吸引农民进集镇居住或经商,天王镇兴建农民街的举措在全市最早。以工兴镇是各个乡镇搞集镇建设的共同之处;以工兴镇比较典型的是后白镇,该镇积极创办工业、积累资金投放集镇建设,兴建工业集中区扩大镇建成区,以工业的人气带动了商业等第三产业的发展。

改革开放初期,句容的集镇大多是沿主要公路两侧建房,公路即是街道。像宁杭公路句容段,从北向南就有新塘、黄梅、张庙、二圣、后白、天王、袁巷等7个集镇；镇句公路上有东昌、陈武、环城3个集镇，丹句公路上有白兔、行香2个集镇。句蜀公路有大卓、下蜀2个集镇。句石公路上，则有茅山、春城2个集镇，而茅西集镇则在后茅公路中段两侧。磨盘、三岔、宝华3个集镇原不在主要公路上，90年代乡镇治所先后搬迁，建设新的集镇，磨盘乡治所从朱巷集镇迁移到常溧公路边的唐陵集镇，三岔乡治所则从老三岔集镇迁移到宁杭公路上的张庙新建集镇，宝华乡则从狭小的武圣庵迁到312国道边的宝华经济开发区，在312国道一侧建工业集中区，一侧建乡政府、学校、医院、乡机关各部门办公楼等，完全是新建1个集镇。天王镇老街是沿一条小河沟两岸而建，人称“裤子裆”街，90年代开始，天王镇东移集镇，在104国道东侧开辟新街区，拉开集镇建设框架。白兔镇老街在丹句公路南侧，90年代开始，在丹句公路北侧开辟新街区。随着经济的发展，把公路两侧建房作为主要街道也带来一些负面问题，主要是交通安全和灰尘等问题，在90年代后期，一些沿路乡镇纷纷开辟与公路相连的新街道，如后白、天王、袁巷等集镇，一方面扩大集镇范围，另一方面打造新的商贸、住宅区。到21世纪初，以路建镇的集镇，通过规划及其实施，形成以公路为集镇主轴线，逐步形成行政、商贸、工业、住宅和文化服务等不同功能区。

茅山集镇（南镇街）是个古镇，有得天独厚的旅游资源，通过旅游收入为集镇建设增添资金，改善集镇面貌，为游客提供优质旅游环境和服务，从而吸引更多的游客。茅山风景区通过高起点规划、多元化投入、抓好配套建设、坚持长效管理等措施，使集镇面貌发生了深刻变化。1998年9月茅山镇被省政府命名为新型示范小城镇，2001年，茅山风景区被国家旅游局评定为AAAA级旅游区。茅山镇政府所在地原在茅山集镇（南镇街），2008年，茅山镇与茅山风景区管辖分开，茅山镇政府由南镇街迁至原春城集镇。

句容的宝华、黄梅、华阳、郭庄等镇与南京的栖霞区、江宁区接壤。与南京的联系多，在集镇建设中，主动接受南京的辐射，从集镇规划、基础设施建设、经济开发等方面，主动对接南京。宝华镇在宝华新城建设规划上，全面对接南京，道路与仙林大学城相连，电话同用025区号，供水与龙潭相连，已吸引一批又一批南京客户到宝华购房、投资兴业。黄梅镇则在邻近南京（江宁区汤山）搞工业集中区、搞农业开发，吸引南京投资者到黄梅发展。华阳镇（城区）公交车与南京（江宁）公交车无缝对接。郭庄镇开发空港新区，发挥邻近南京禄口国际机场的优势，吸引南京客商到空港新区投资。

第二章　小城镇建设

历史上句容曾是古战场之一。县境踞山濒江，地势险要，与南京、镇江山水相连，有许多山口要隘，能守能攻，历来为“南京东南门户”“石城左臂”，宁镇必经要道。近代的战乱，致使县内田地荒芜，人口减少，大批村镇房屋建筑毁于战火。

1949年后，句容经过3年经济恢复，进入社会主义经济建设时期。20世纪50年代起开始兴修水利，全面整治河道，60年代大规模进行电力和农田排灌闸站建设，70年代掀起公路建设高潮，并使之形成交通网络。1978年中共十一届三中全会之后，各乡镇经济实力逐步加强，建设资金投入加大，村镇建设出现大步快上的新局面。至90年代，村镇的基础设施、公共建筑、生产建筑以及居民建房等均已取得相当的规模，步入了城乡一体化的进程。在此期间，于1992年根据中共十四大和全国人大八届一次会议提出的“在合理规划指导下，逐步推进乡镇企业相对集中布局和加快小城镇建设”的战略举措，句容县投入亿元资金对旧集镇进行全面改造，对一批新集镇加快建设步伐。1999年，省政府为推进农村城镇化进程，确定222个省重点中心镇，句容市的后白、天王、茅山、下蜀等镇名列其中。2004年，建设部等六部委在江苏省确定94个国家重点中心镇，句容市的天王、后白两镇名列其中。重点中心镇的创建在小城镇建设中起到了典型示范作用。

20世纪90年代至21世纪初，随着城市化进程加快和行政管理体制改革，撤乡设镇和乡镇合并为乡镇体制变化的两大特征。1992—1999年，东昌、茅西等14个乡先后撤乡设镇；1991—2005年，环城、春城等22个乡镇重新组合，乡镇数由23个降至10个。2005年，全市有省级重点中心镇4个，省级新型示范小城镇2个，镇江市示范小城镇6个；全市城镇化水平为35%，工业化的水平为51.80%（第二产业占GDP比重），初步形成一个区域布局合理，基础功能完善，产业特色明显的小城镇建设新格局。

第一节　建制镇建设

一、华阳镇

华阳镇即老县城，市（县）政府所在地，位于句容市域中部，全市政治经济文化中心。句容县城始建于东汉，为丹阳郡16城之一。民国18年（1929年），以东西大街为界，分设华阳、崇明两镇。抗战胜利后合称华阳镇。1949年设城区，后改名城镇。50年代初城镇建成区面积仅1.35平方公里，有房屋4300间，人口7000余人。1985年全城区面积约2.55平方公里，城镇人民政府辖10个居民委员会（另管暨南农场居委会）和1个蔬菜大队，有常住人口2.60万人。

城镇自汉置县始，为历代县治所在。明清时县署（衙）在城内西北角，署西、署北两面有玉带河相护。太平天国后，县署一度设在中街，民国时期，县政府一度置于旧署。抗日战争时期，汪伪县政府一度设在中街鲜鱼巷口附近。

1949年后，县人民政府利用旧署设施办公（今人民路70号）。后来，随着经济建设的发展，不断对原设施进行更新改造，20世纪50年代翻建了2幢砖木结构的2层办公楼房，一座大会堂，60年代扩建了一些住宅平房，70年代翻建了一批办公平房，新建了2幢普通住宅小楼。80年代初，新建了1幢4层、1幢3层办公楼。1981年城镇建设大规模展开，先后建成联盟、建新、茅山、建设、东风等居民新村。县城为全县交通、通

图 3-1　20 世纪 80 年代的句容县政府

讯枢纽。20 世纪 80 年代有 104 国道、镇句、丹句、句淳(化)公路交汇于县城,有省办和县办客运汽车站 2 座,每天流动人口约 5 万人。主要街道有东西大街、建设路、人民路、南门大街、北门大街等。旧城经过逐步改造,拓宽路面,有 27 条街巷道路浇制水泥和沥青路面。

城镇为全县的经济中心。县属全民和集体工业,乡镇骨干企业置于县城及近郊,全民企业有:工程机械厂、化肥厂、农机修造厂、酒厂、粮油加工厂、食品厂、制药厂、印刷厂、缫丝厂、畜产品厂、电子应用厂等;县属集体企业有:纺织厂、化工厂、制革厂、服装厂、工艺绣花厂、地毯厂、农机二厂等。东西大街和建设路为主要商业区,各类商店、银行、饭店、旅社集中于此,农副贸易市场设在东门桥、建新村、北大街等地。

城镇也是全县文教卫生中心。建有影剧院 3 座,拥有 2965 个座位。县工人文化宫建有"溜冰场",开办了职工业余学校、舞厅。东西大街有两个新华书店门市部。广播、文化等部门办有录像放映室。1985 年全镇拥有各类学校 8 所,其中中学 3 所、36 班,有教、职工 167 人,学生 1939 人;完小 3 所、45 班,教、职工 97 人,学生 2249 人。幼儿园 10 所、29 班,入园幼儿 954 人。镇内医院 3 所,拥有床位 284 张。

图 3-2　城东新貌

1989 年,城镇改名华阳镇。1991 年,原环城乡并入华阳镇。1991 年 3 月,大卓乡杨塘岗村划归华阳镇管辖,1992 年,句容县成立经济开发区,句容县政府决定将华阳镇的三里井、西庙、三台阁、上路、杨塘岗 5 个行政村以及钤塘村钤东经济合作社一并划归经济开发区管辖。镇政府办公楼原位于人民路 25 号,1994 年镇政府由人民路迁入城东新城区镇句路,即原来的杨家巷村。华阳、环城两乡镇合并后,针对城郊结合型乡镇的特点,华阳镇向县政府提出"东移集镇"的报告,县委、人大常委会、县政府认真研究了华阳镇的报告,并给予华阳镇特殊优惠的开发政策,即在东门 2.50 平方公里的新区范围内,自费开发,滚动发展。县政府简化东门新区建设审批手续,免收配套设施费。1993—1994 年,华阳镇投资 7000 万元,在东门新区(杨家巷)新建政府办公楼,实现治所东移计划;投资 300 万元,新建 35 千伏变电所及路灯杆线改造更新。1995 年投入 150 万元,完成商贸街路(后命名为东昌路)与东南环路对接路段中期工程。截至 1998 年年底,华阳镇共投入5000万元用于基础设施建设。

2001年3月，石狮镇并入华阳镇。2002年4月，华阳镇街道办事处升格为市政府派出机构，城区居委会统一由崇明街道办事处管理。2003年，华阳镇高标准地完成东昌中路2222米道路工程和华阳东路延伸段（加油站至东昌中路）850米工程施工任务，展开华阳东路延伸段与东昌北路两侧开发造城，先后开发建设都市晴园、哈佛星城、碧水铭苑、东方华城等特色住宅小区，建筑面积约60多万平方米，可居住2万人。大型超市——苏果平价店落户都市晴园小区，省句中从人民路搬迁至东昌北路与文昌路交汇处，交通局、环保局先后从北大街、华阳西路迁至文昌东路建造新办公楼，句容市人武部在文昌路建造国防指挥中心，科技局、质量技术监督局、市行政服务中心联合在文昌东路北侧建造新办公楼，公安局新的办公大楼在东昌北路东侧、文昌路北侧处动工兴建。华阳东路延伸段两侧商住楼开发快、销售快，在不到5年时间里，华阳东路延伸段两侧已形成商贸气候，成为市民争相购买的优质居住区。华阳镇还从2003年开始，先后在城东和城西建设两块工业集中区，建成面积1.26平方公里。截至2013年年底，华阳镇工业企业519个，企业从业人员1.33万人；城镇新建成区面积7.92平方公里，户籍人口8130人。

图3-3　建设中的华阳南部新城

华阳镇于1997—2006年，连续5次被评为每两年一评的“江苏省创建文明乡（镇）工作先进乡（镇）”。

2013年华阳镇辖区面积121平方公里，下辖15个村和2个社区居民委员会，总人口22.70万人（其中农村人口6.01万人）。2013年被授予“国家级生态乡镇”称号。

二、郭庄镇

1. 形成与演变

郭庄镇地处句容市西南部，由原郭庄、葛村两乡镇合并而成，治所设在郭庄集镇。东接后白镇，东南与天王镇相接，西邻南京江宁区、江宁大学城和南京禄口国际机场。宁杭高速公路、243省道、宁茅路、宁溧路等多条高等级公路穿境而过，距南京禄口国际机场12公里，距南京市区25公里，距江宁开发区8公里。

古代郭庄乡称为临泉乡，范围超出近代的郭庄乡，北到秦淮河；西南、西北囊括白米湖、周岗湖，包括周岗圩中大仁山等地；东北抵达赤山、赤山湖。

民国18年（1929年），句容全县划分为9区，下辖有郭庄镇。

民国37年（1948年），句容全县划为20个乡镇，其中有葛村乡、郭庄乡。此20个乡镇建制，直至1949年4月人民政府接管。

1958年，全县实行人民公社化，是年12月成立郭庄人民公社；1983年又再度成立乡政府；1993年，郭庄乡撤乡设镇。

2005年12月，葛村镇并入郭庄镇，镇政府仍驻郭庄集镇。

2013年，郭庄镇辖区总面积117平方公里，耕地面积6596公顷，辖18个村民委会员和2个居民（社区）居委会。总户数21055户，年末总人口5.59万人，人均住房面积57平方米。截至2013年，郭庄集镇建成区面积7.88平方公里，建成区内常住人口1.81万人。

2. 建设概况

郭庄集镇原来只有一条具有明清建筑风格的老街。郭庄老街建造在岗陇之上，顺坡势而建造，街道北高南低；街道的排水设施设计合理，实用、坚固。因街道随地势而建造，呈弯月形，被当地人称为“扁担街”。南街口称“下街头”，在祠山庙西，街口有个券门，券门依庙而建，几乎与庙门平行。街口外通向三方：向东通葛村、后白；向西达孔塘埂、溧水；向南去往甲山。北街口称“上街头”，街口外东去汤巷、赤山；北去望仙桥、湖熟。

郭庄老街小巧紧凑，建有三道券门。上街口为上券门，下街口为下券门，还有一道中券门，设在竹园巷。三道券门设有三道木质大门，十分厚重；上、下券门上建有更楼。老街经历年改建，券门遗址尚可辨认。

图 3-4　郭庄老街

郭庄老街历来为句容西南乡物资和商品集散地，解放初期有较大商铺 24 家，杂货、百货、酒楼、茶馆、浴室、旅店等一应俱全。

20 世纪 80 年代之前，郭庄镇的楼房不多，只有乡政府 1 幢 3 层办公楼，信用社 1 幢营业楼。1990 年，建成由商业公司和供销社合建的 3500 平方米商业及办公楼；郭庄村委会 800 平方米的办公楼，粮管所建粮贸商场 1500 平方米，集镇开辟建设了占地 10 亩的第一商品市场，工商所投资建设占地 3.50 亩的农贸市场。1991 年，建成中心校教学大楼 1 幢 1800 平方米，中心幼儿园占地 3.50 亩，建有教学楼 800 平方米，开辟建设迎河一路、融通路、南河北路，规划建设占地 10 亩、建筑面积 3500 平方米的第二商品市场，拓宽改造郭金公路，郭庄卫生院建设门诊综合楼 2400 平方米。1998—2002 年，建造电信楼、地税、国税、土管所、建管所、财政所等办公用房共 1 万平方米及教师宿舍楼 1500 平方米。对迎河一路两侧进行拆迁整治，两侧建商住楼 4000 平方米；建设迎河二路；开发建设迎河小区一期、二期工程，建筑面积 1 万平方米。建造政府大院对面商住楼 2500 平方米。2002 年还建成占地 6.50 亩的雕塑广场；新建郭庄中学教学大楼、食堂、学生公寓共 4500 平方米；新建郭庄中心小学教学大楼 2400 平方米及占地 15 亩的运动场地；扩建中心幼儿园教学楼 600 平方米。2002 年，成功创建成镇江市新型示范小城镇和卫生城镇，集镇总体规划于 2002 年完成，规划面积达 4 平方公里。2003—2007 年集镇进入新一轮开发时期，随着宁茅公路建成，集镇西侧商住楼开发建设达 3 万平方米，对南河北路进行了道路硬化，开辟迎河三路，对敬老院进行彻底改造，新建农贸市场，并对原恒达机械厂破旧厂房进行开发建设。

2008 年，郭庄镇第二轮集镇总体规划开始实施。郭庄镇规划功能定位为句容对接南京的先发地区，南京空港经济影响的重要区域，以商贸物流、生态型制造业为主，配备完善生活服务的产业新区。空港新区规划编制工作于 2008 年 5 月开始。空港新区规划范围 36.14 平方公里，规划建设用地 24.38 平方公里。2009 年，郭庄镇被授予“全国环境优美镇”“镇江市村民自治模范镇”称号。

图 3-5　郭庄镇 - 市民广场

2012 年，空港新区全年完成标准厂房建设 35 万平方米；江苏齐光玻璃项目有限公司顺利投产；江苏金门能源装备有限公司 5 万平方米厂房、办公楼全部建成，进入试生产阶段；句容光轩光电科技有限公司 13 万平方米标准厂房、研发楼竣工；创壹数字出版传媒产业园创成国家级数字出版传媒产业基地，其6栋功能馆全部开建；江苏时瑞电子科技有限公司完成1万平方米钢结构厂房建设；江苏格瑞德交通科技有限公司5万平方米厂房、江苏金铟实业有限公司1万平方米厂房建成。新建财政所办公楼，建筑面积2000平方米。

截至2013年，郭庄镇共建设安置小区3万平方米；投资建设垃圾中转站1座；建成占地51亩、日处理能力1万吨的污水处理厂及外收集管网8.60千米；区域供水工程全面实施。2013年年初，郭庄镇被江苏省文明委授予“2010—2012年度江苏省文明镇”称号。

3. 基础设施

供电 全镇电力由农电站供应。1963年建设郭庄变电所，安装1000千伏安变压器1台，并架设湖熟至郭庄35千伏线路。1981年变电所扩建改造，改造后电源改由句郭线供电。1985年改建成句容县第一个户内35千伏变电所，占地面积1676平方米。2002年郭庄变电所实施综合自动化改造。2008年，郭庄供电所搬迁至南河边新办公楼。2013年，空港新区110千伏高压变电所开工建设，35千伏变电所增容至11300千伏安。

供水 郭庄镇自来水厂始建于20世纪80年代初；1992年扩建二级泵房、80立方米/小时快滤池和150立方米清水池。2010年，郭庄镇投资3500多万元实施区域供水工程，全面完成区域内30千米供水主管网和155千米进村支管网的铺设，端王村端庄自然村124户农户率先用上南京自来水。此后镇水厂完全停运。截至2013年，郭庄镇2万多户居民全部使用南京自来水。

邮电 郭庄镇于清宣统二年(1910年)始设邮电代办所；1958年改为邮电局；1962年改为邮电所；1987年升为邮电支局。1995年建邮电支局新楼。1998年实行邮政电信分营之后，在郭庄镇分设邮政、电信支局各1所，与此同时移动、联通也分别在郭庄镇设立主营业厅。2009年，为更好地实现对接南京，彰显同城同建效应，电信投入200万元开通“一机双号”，合同引进放装南京区号电话号码1000门。2012年，电信投资100万元更新郭庄主机房和葛村二级机房。

广电 1958年始设郭庄公社广播放大站。2012年，投资400万元建造的广电综合楼主体竣工并通过验收，网络改造工程投入800万元，共架设光缆250千米，电缆180千米，光设备箱346台，率先在全市完成了数字电视全覆盖，将光缆信号接入每一个小自然村。据统计，数字电视入户率已达96%。

排水 2009年，郭庄镇建成总投资4000多万元的污水处理厂建设，铺设7.80千米的集镇污水主管网，并投入运行。截至2013年，郭庄镇为积极推进城乡污水管网、水处理等配套设施的建设，全面提高城镇生活污水处理标准，改善人居生活环境，其中涉及郭庄镇镇区及金星、杨达里、徐家、蔡郎头等自然村，长度超过40千米。

4. 单位建设选介

郭庄镇政府 位于该镇宁茅公路北侧，占地面积5000平方米，至北向南共3座综合办公楼，北侧办公楼建于80年代后期，共3层；中间办公楼建于20世纪90年代初期，共2层，南侧办公楼建于90年代后期，共3层。2010年，将建于南河边的郭庄镇财政楼作为为郭庄镇空港新区管委会办公地点，建筑面积2900平方米。截至2013年政府各职能部门仍设在宁茅公路北侧办公楼。

郭庄卫生院 新建于20世纪90年代中期的郭庄卫生院，凭借一流的医疗服务水平，在省、市卫生系统中多次获殊荣，是周边地区老百姓信得过的医疗保健中心；郭庄卫生院占地26亩，建筑面积达8000多平方米，共3层，80多张床位，属于一级甲等医院。2012年，郭庄镇投入370万元，对镇中心医院实施改造，投入100多万元，通过招标购置DR等一批大型医疗设备，投入100多万元，新建虬北、孔塘、郭庄等3个村卫生室，配套出新6个村卫生室，并创成“镇江市文明单位”“镇江市人民满意示范站所”“江苏省示范乡镇卫生院”。

郭庄中学 郭庄中学创建于1958年，校址在郭庄集镇东，当时占地15亩。1965年增设高中部。2001年8月，郭庄二中并入。2002年8月送走了最后一届高中毕业生，高中部撤销。2003年创建成江苏省示范初中。学校占地总面积70亩,总建筑面积1.40万平方米。2008年9月,学校被镇江市教育局授予镇江市教育科研先进单位。学校先后还获得镇江市德育先进学校、镇江市中小学生行为规范示范学校、镇江市文明校园、句容市平安校园、句容市规范化学校、句容市文明单位、句容市教科研先进单位等多项荣誉称号。校园绿化面积1.16万平方米。配有理化生实验室、语音室、微机室、多媒体教室、演播室、音乐室、图书阅览室、标准化运动场等现代化教学设施。现有班级23个,学生1024人,教职工73人。

郭庄中心小学　郭庄中心小学前身是私塾,民国元年(1912年)由本地知名人士唐仲符借用老庙宇两间约48平方米的平房而创建。民国7年(1918年)改办国民学校,抗战时期遭日军毁坏。抗战胜利后改称郭庄中心国民学校。1949年更名为郭庄小学。1976年学校整体搬迁至集镇南。1978年被确定为全县5所重点小学之一。1976—1978年学校更名为郭庄五七学校,增办初中班。1979年学校更名为郭庄中心小学。1991年学校建教学楼、办公楼各1幢,建筑面积2818平方米。1996年着力进行全镇小学布局调整,扩大中心小学办学规模。是年被评为句容市规范化学校。1998年被评为句容市文明单位。2004年被评为镇江市模范学校。2002年实施教育现代化工程,并创建成江苏省级实验小学。2005年被评为镇江市绿色学校。2006年被评为江苏省绿色学校。2008年香港邵氏基金捐建的"逸夫楼"竣工,"中国平安希望小学"工程破土动工。

2008年,学校占地29.30亩,建筑面积5230平方米。有25个班级,1201名学生,教职工99人。

截至2013年,校园面积31.50亩,建筑面积8230平方米,活动场地面积8500平方米,绿化面积5230平方米,有27个班级、1728名学生、177名教职工。

郭庄镇中心幼儿园　郭庄镇中心幼儿园的前身是附属于郭庄中心小学校内的1个幼儿班,建于1970年。1994年迁至集镇聚兴街,建立中心幼儿园,征地3亩,建造两层建筑面积为520平方米的教学楼,形成3个班、168名幼儿、7名教师的规模。2002年,又向西征地6亩,新建3层教学楼1幢。设置科学发现室、图书室、多功能室、保健室、手工室、美术室等幼儿专用活动室。户外有小、中、大型组合玩具,设有小水池、小桥、山坡、沙地、50米的塑胶跑道。全园占地10亩,建筑面积2296平方米,绿化面积929平方米。是年,通过江苏省实现现代化工程评估验收。2003年被确认为江苏省示范性实验幼儿园。2006—2008年,投资13余万元,用于添置保教设备和园地绿化。现有9个班,287名幼儿,18名专任教师。

幼儿园曾被评为句容市巾帼示范岗。

句容西站　宁杭高铁句容西站位于郭庄镇,与宁杭高速公路毗邻,与243省道相连,距句容市区24公里。建有侧式站台2座,站内旅客地道1座,车站站房总长100.80米,宽27米,建筑面积3497平方米,站房为单层建筑,内部设有夹层,采用现浇钢筋混凝土框架结构,层盖为钢网架体系,站台雨棚采用单悬挑钢梁结构,雨棚建筑面积990平方米。该站房的外观设计着重体现现代化气息,玻璃幕墙采用横明竖隐金属线条,配以整体的半隐玻璃幕墙以及石材幕墙,多造型幕墙的交错使用,显示了独特的建筑韵律,使整个立面富有现代感。

句容西站配套工程共有5个,全部由郭庄镇投资兴建,总投资为1.20亿元,包括车站连接线,属郭庄空港新区空港大道延伸段,长约1005米,宽54米,建设标准城市主干道Ⅲ级。跨宁杭高速公路大桥,长331米,宽44米。该桥下部结构采用柱式墩台,钻孔灌注桩基础,上部结构采用组合箱梁。句容西站站前广场占地面积2.50万平方米,包括公交车停车场、出租车停车场、社会车辆停车场及站前步行广场等。站前商业广场内环线长1057米,宽28.50米。宁杭高铁北起南京南站,南到杭州东站,在句容西站每天共停13车次,从句容西站至杭州东站只需1小时左右。句容至宁杭高铁句容西站每天开通8个班次公交车,从华通客运站始发,一条线路经二圣、后白、葛村开往句容西站,另外一条线路经张庙、三岔、赤山闸到句容西站。公交最早班次6:20华通客运站发出,最末班次20:00句容西站发出。

三、天王镇

1. 形成与演变

天王镇位于句容市南部，东与金坛市交界，西与溧水县接壤，南邻溧阳市，北接后白镇、郭庄镇。地貌特征为南高北低，东高西低。

天王镇辖区范围在古代大致属于承仙、政仁两乡，明代县志中已有“天王”地名。天王为建制镇始于民国18年(1929年)。1950年改为乡，1958年至1983年为天王人民公社，1985年撤乡建镇。2001年3月，磨盘乡并入天王镇。2005年8月，袁巷镇并入天王镇。2008年2月，天王镇有4个行政村(潘冲、李塔、马埂、上杆)划归茅山风景区管委会托管。

2013年天王镇总面积131.54平方公里，其中天王集镇建成区面积6.40平方公里；有耕地面积70560亩；下辖16个村委会、1个居委会，196个自然村，户籍总数20844户，人口5.68万人，天王集镇建成区内居民总户数7580户、常住人口2.52万人。

2. 建设概况

图3-6 天王老街映月桥

民国时期，因公路建设的发展，京杭(宁杭公路)、溧武(常溧公路)两条公路线在天王相交，天王集镇成句容南部交通要道。天王镇的集镇规模也有所扩大，解放前，镇内开设有杂货店、肉铺、鱼行、旅店、饭店等商号数10家。1949年后至20世纪80年代，天王集镇建设基本沿104国道和340省道两边建筑，集镇道路网络未完全形成。集镇原先西大街(340省道)只有7米宽，两侧栽有高大的意杨，道路两侧没有住宅房屋，只有农具厂一个社办企业和一座连接东西的天王桥，集镇上商业企业只有供销社的几家商埠和一个生猪收购站(食品站)，一个张氏药材店。原乡政府办公地点设在老街，3米宽石板路只能允许一辆汽车单行，交通十分不便，更不利于经济建设发展。1986年，天王中学新建1幢3层教学楼1700平方米，为集镇第一家3层以上楼房。1988年，征地19.95亩，新辟一条商业街(俗称农民街)，全长240米，宽7米，新建二层楼房115幢。1989年，映月商场5层楼房竣工，建筑面积为3200平方米；是年，天王交巡警办公楼建成使用。1991年，占地60亩的天鹅市场建成使用，新建1600平方米的天王敬老院落成。

1995年开始，天王镇开始实施集镇东移工程，拆迁民宅15户，征地70亩，用于东大街道路建设。是年12月，天王镇通过镇江市小城镇环境综合整治考核验收。1998年，天王镇被省政府命名为新型示范小城镇。2000年10月18日，天王镇政府新办公楼落成投入使用，该办公楼共7层，建筑面积4536平方米。2006年，完成天鑫路5层商住楼8幢，共1.80万平方米。2007年，新建天和园小区，开发商品房1万平方米。2008年，征地300亩，拆迁47户、6000平方米，安置47户、6100平方米；投资2000万元。是年末，天王集镇建成区总人口18445人。

2009年集镇建设掀起新一轮高潮，是年5月天和园3.20万平方米住宅楼完工，交付使用。前进村路水桥自然村58户居民整体搬迁入住天和园小区。

2010年5月，开始筹建浦溪花园，是年11月一期工程32幢6层安置房全部开工。

2011年3月征地414亩用于天王中心小学整体搬迁建设以及作为天鹅路800米长延伸用地。5月拆迁天鹅市场(104国道)东边30户居民住宅，腾地用于中心校和天鹅路口用地，天鹅路与天龙路接通。7月整体搬迁天王汽车站和拆迁汽车站东侧部分住宅房。汽车站(包括交通管理所用房)移址新104国道与340省道交汇处,总建筑面积5287平方米,总投入1278万元。

图3-7　天王客运站

图3-8　天王新住宅小区－兰草天地

2012年4月天王农贸市场通过市场化运作,由原来的3600平方米扩建到1.22万平方米,该市场是全市范围内乡镇农贸市场最大的。10月,兰草天地投资建设的总建筑面积为5万平方米的商业综合楼开工建设,分别为22层、19层、6层各1幢,总投资超过1亿元。

2013年4月,浦溪花园北环路(浦溪工程)建成,并与新104国道接通。是年7月,浦溪花园四期工程10万平方米安置房开工建设。同时,在安置小区南侧投入5000万元,建设8949平方米的天王中心幼儿园浦溪花园分园。是年10月,德客城天龙街30万平方米综合商业街工程开工建设,兰草天地22层、19层高楼主体完工。

3. 基础设施

道路　民国年间的天王老集镇,只有一条3米宽的石板路,宁杭、常溧公路开通后,在十字路口逐渐形成街区,以西大街为侧重,沿公路两侧建设。1988年新建商业街,全长240米,宽7米。1995年铺设集镇内街柏油路2100米。是年天王镇实施集镇东移,开工建设东大街。2000年后陆续建设天鑫路、天鹅路等;2010年,760米长的天龙路建成,是为连接天龙桥直通工业园主干道路。2013年4月,浦溪花园北环路建成,并与新104国道接通。截至2013年天王镇有公路乡道165公里;建成区内主干道总长9500米、道路面积19万平方米。

供电　1976年4月成立天王电力管理站,80年代天王镇建有35千伏变电所1座;1996年,天王变电所由后白110千伏变电所供电。2006年管理站占地面积3500平方米,建筑面积2000平方米,有管理工作人员36人,是全市规模较大,实力较强的乡镇电力管理单位。2013年有13条10千伏线路,镇区范围内有10千伏高压线289.46千米、低压线路552.10千米。有配电变压器(公配)390台,总容量78265千伏安。

供水排污　天王镇自来水厂建于1982年2月,日产水量2000立方米。1992年,天王镇政府筹资扩建120立方米/小时快滤池和清水池,与原来的滤池合并运行;并添置液氮消毒设备,成为全县乡镇第一家使用液氮消毒、日供水量达5000立方米的自来水厂。水厂占地面积2500平方米、建筑面积1800平方米。1996年,天王镇自来水厂被评为江苏省农村改水先进集体和镇江市十佳水厂。2008年开始,各镇陆续开始实施区域供水。2008年,天王镇新建日处理2000吨污水的污水处理厂,2009年全面完成建成区内污水处理主管网工程。

天王镇于2011年5月全面完成区域供水进户主管网工程,原有的小水厂终止运行。

邮电 清宣统二年(1910 年),天王集镇设有邮政代办所。1953 年设立天王寺邮电营业处;1956 年核定为五等邮电支局;1984 年定为三等邮电支局。20 世纪 50—60 年代,天王邮电支局装有总容量 100 门的磁石交换机。1992 年天王镇开通程控电话,1993 年新增容量 1000 门的程控自动交换机,其后又多次扩容。1998 年邮电分营,分设天王邮政支局和天王电信局。2000 年后,移动、联通二家公司也在镇内设立主营业厅和多家营业网点。至 2008 年,天王全镇已安装固定电话 17849 门、有移动电话 15497 部。2013 年,全镇有固定电话 18318 门、移动电话 19982 部、互联网上网用户 2620 户;天王镇域共有邮局 3 所、电信经营网点 5 个、移动经营网点 13 个、联通经营网点 8 个。

文广影视 1958 年建立天王有线广播站。20 世纪 70 年代天王镇建影剧院。80 年代各行政村均设有广播放大站。1987 年,天王电视差转台建成使用,安装功率 50 瓦电视差转机 1 台;是为全镇江市第一座建在乡镇的电视差转台,解决了句容南部几个乡镇居民的收看电视问题。1995 年,天王镇开通有线电视。2001 年镇广播站与文化站合并,2002 年组建天王镇文化广播电视服务中心。2008 年,文广中心共有发射机 17 台,开通了宽带信号、架设传输光缆 202 千米,杆线光缆 320 千米,有线电视用户 8532 户。至 2010 年后,有线电视光缆已实现镇村全覆盖。2013 年,有线电视用户率达 98%。

4. 单位建设选介

天王镇政府 位于该镇天鑫路,占地面积 1.20 万平方米。原天王乡政府设在集镇老街,交通甚为不便。1984 年投资 60 万元建镇政府第 1 幢办公楼 12 间,4 层,局部 5 层,砖混结构,建筑面积 1800 平方米。1999 年,投入 600 万元在天鑫路新建镇政府行政办公楼,7 层(包括地下室)、4536 平方米,并于 2000 年 10 月交付使用。

图 3-9 天王镇政府

天王中学 该校建于 1958 年,位于集镇西大街,始名句容县天王初级中学。学校最初创办规模为 1 个班,在校生 56 人,教师 4 人,占地 16.35 亩。1971 年 9 月,增设高中部,招收高一新生 2 个班。1989 年征地 1 万平方米,建成标准化运动场。1994 年新建综合楼,内设多功能室、理化实验室、美术室、图书室、语音室、电脑房等。2000 年,停止招收高一新生,天王二中并入,教育现代工程通过省级验收。2002 年,创建成江苏省示范初中。2005 年,磨盘中学并入。2008 年 8 月,袁巷中学并入。

图 3-10 天王中心小学

2013 年学校占地面积 4.13 万平方米,其中教学活动区 8100 平方米,总建筑面积 1.60 万平方米,绿化面积 4120 平方米。有教学班 32 个,学生 1800 人,教职工 126 人。

天王中心小学 坐落在天王镇映月路上。据清宣统年间学校碑文记载,学校始建于光绪三十三年(1907 年),由倪凤池、胡景洛、王人杰创办天王寺公学,设在天王寺庙北隅积谷仓内,校舍连同捐入庙房计 30 余间。民国元年(1912 年)学校更名为句容县天王寺初级小学。民国 18 年(1929 年)增设高级班,更名为句容县天王寺完全小学。民国 34 年(1945 年)9 月更名为句容县天王镇中心国民学校。1949 年更名为句容县第五区天王镇小学,

1953 年更名为句容县天王小学,1979 年更名为句容县天王中心小学。1990 年学校占地面积 2200 平方米。1998 年建成科艺楼,建筑面积 2204.92 平方米。2001 年创建成江苏省级实验小学。2006 年,扩建为占地 1.30 万平方米,建有教学楼 2 幢和活动楼 1 幢,生活楼 3 幢,总建筑面积 8700 平方米;有教学班 23 个,学生 1120 人,教职工 65 人,内设音乐室、电脑房、舞蹈房等。2011 年,学校整体搬迁工程开工,新建的中心小学占地 60 亩、建筑面积 2.16 万平方米,共投资 5000 万元。2013 年新校区正式启用。天王中心小学曾连续三次被评为镇江市模范学校,并被授予镇江市体育传统项目学校、镇江市教科研先进单位、镇江市电化教育实验学校、镇江市德育先进学校、江苏省示范家长学校、江苏省科技教育先进集体等荣誉称号。

天王中心幼儿园　前身为天王小学附属幼儿班,创办于 1953 年。1956 年停办。1958 年重办。1975 年发展为 2 个班,设在公社大会堂舞台后面的化妆室里。1983 年,政府筹资在天王小学院内东南侧新建园舍 12 间,单独成院,3 个班,153 名幼儿。1997 年,迁至集镇天坝路西新建,增至 6 个班。2000 年,扩建建筑面积为 1100 平方米的教学楼,实施了教育现代化工程。2007 年又建成 1130 平方米的教学活动楼。全园占地 16.50 亩,建筑面积 4223 平方米,绿化面积 2025 平方米,14 个班。该校被省教委授予省示范型实验幼儿园。

句容市第三人民医院　位于集镇西,原名天王公社医院,1964 年改名为天王中心卫生院。1988 年新建 1 幢 960 平方米 4 层病房楼,次年投入使用。2002 年再次投资 150 万元新建建筑面积 3200 平方米的病房楼。2003 年,磨盘卫生院并入天王中心卫生院,经批准对外增挂句容市第三人民医院的牌子。2005 年投资 250 万元新建门诊大楼,建筑面积 3200 平方米。院内有医护及工作人员 105 人,设病床 75 张。医院有进口 CT 机、进口彩色 B 超机、进口腹腔镜、进口胃镜等先进设备。能开展腹腔镜、脑外科、胃切除等手术,在句容南乡有一定的知名度。

浦溪花园安置小区　浦溪花园安置小区是句容市重点工程,也是天王镇最大的住宅小区。小区位于天王集镇北侧,总投入 7 亿元,安置总户数为 3000 户以上,居住人口超过万人,同时在安置小区南侧投入 5000 万元建设了 8949 平方米的天王镇中心幼儿园浦溪花园分园。整个安置小区质量优越、功能合理、设施配套全,既有时代感、又有鲜明地方特色。

图 3-11　浦溪花园二期

2010 年 5 月,征地 600 亩,开始筹建浦溪花园。是年 11 月,一期工程开工,32 幢 1240 套、建筑面积 12.40 万平方米,投入 3.10 亿元。2011 年开工建设二期工程,16 幢 720 套、建筑面积 7 万平方米。2012 年 5 月,浦溪花园三期工程安置房开工建设,8 幢 660 套,建筑面积 6.50 万平方米,其中有 1 幢小高层(11 层)。2013 年又开工建设第四期,18 幢 1100 套,建筑面积 10 万平方米。至 2013 年,小区住宅楼总建筑面积 35.90 万平方米,加上中心幼儿园浦溪花园分园和其他公共建筑,总建筑面积近 40 万平方米,属全市各乡镇中规模最大的安置小区之一。

四、白兔镇

1. *形成与演变*

白兔镇距句容市区 21 公里,东与镇江市丹徒区相连,南与茅山镇接壤,西接华阳镇,北接边城镇,属丘陵地貌。白兔镇是句容古镇之一,明弘治年间称白土市。白兔镇境内穿境而过的洛阳河是太湖源头之一。民国 18 年(1929 年)全县划分为 9 区,白兔镇属第 2 区管辖。抗日战争时期,原白兔、行香地区是茅山抗日根据地中心区之一。中华人民共和国成立后,特别是改革开放之后,白兔的村镇面貌、经济发展、交通设施、人

图 3-12　白兔镇政府

民生活都发生巨大变化。

原行香镇、白兔镇是两个相邻的乡镇，2005 年 12 月，白兔镇与行香镇合并为新的白兔镇，行政中心设在白兔集镇。白兔镇是句容最早引进草莓种植的乡镇。在农业产业结构调整中，白兔镇成绩显著，2005 年 10 月 13 日，中共中央总书记胡锦涛视察了白兔镇张小虎葡萄园。白兔的工业门类以针纺、化工、刀具、仪器仪表、建材等为主。2008 年，白兔镇建成全国首家“美人指葡萄标准化生产示范区”。2008 年年末跨入全面小康乡镇行列。

2013 年，白兔镇总面积 115.50 平方公里，耕地 66750 亩。辖 15 个行政村、146 个自然村、2 个社区居委会，有总户数 14751 户，户籍总人口 4.07 万人。农民人均住房 46 平方米。实现公共财政收入 3152 万元，农民人均纯收入 1.65 万元。白兔集镇建成区面积 2.96 平方公里，建成区内总户数 3220 户，总人口 8573 人。

2. 建设概况

白兔集镇是个古镇，丹句、镇宝公路交会于此，为句容市境东大门。宋置白土市；明设白埠公馆，为往来官员休息之所。清置白土镇，民国时期改名白兔镇。镇内有一条东西向街道，石板路面。民国 23 年（1934 年），镇上有居民 489 户计 2153 人。抗日战争时镇中房屋焚毁过半，日军在镇上设有据点。解放以后，集镇扩大，在丹句公路南侧另辟一条与老街平行的新街。1958 年人民公社化，原镇划为兔东、兔西两个大队，公社领导机关设在镇西。镇东有汽车站，街中为商业和服务行业。1977 年新街拓宽。1979 年，建有容量为 2000 千伏安变电所一座。20 世纪 80 年代开始，丹句公路两侧辟为工业区。1984 年建成一座自来水厂。沿街安装单侧路灯 19 盏。中学和中心小学坐落在镇西。至 1985 年年底，沿街共建成 22 幢、1.40 万平方米 2～4 层楼房。

改革开放后，位于老街北侧的 122 省道两边陆续兴建了商住楼、商店等商业服务设施，但白兔老街在 1998 年前，基本仍处在“小巷老街、旧屋破房”的状况。1999 年，白兔镇邀请高校专家制订集镇规划，按照“东移北拓”的建设方针，实施“高起点、高要求、高标准”的集镇建设方案，投资 5000 多万元，新建学校、幼儿园、医院、文广楼、农贸市场、休闲中心等，投资 300 多万元建设步行街、河滨路；铺设排水管道，形成完善的排水体系，集镇居民全面实行垃圾袋装化；加大绿化力度，砌筑绿岛、花台、植树、植花种草，美化环境，并安装路灯、果壳箱等。2007 年，新开工建设幸福路及新农贸市场，开发商品房 1.45 万平方米，并加大集镇的亮化美化、绿化工作力度，提升集镇的品位。2009 年新建白兔卫生院病房楼。是年获镇江市文明镇称号。2010 年新建农村道路 16 条共 11.82 公里。实施跃进河、行香河两处氮磷拦截工程；在洛阳河新建水环境监测站 1 座。投入 50 万元用于完善环卫工作。2013 年新建成文化广场 1 处。

3. 基础设施

道路　民国时期白兔镇内只有一条石板路面的东西向老街，长约 1.50 公里，宽 3～5 米。解放以后，集镇扩大，在丹句公路南侧另辟一条与老街平行的新街。1977 年新街拓宽至 12 米，铺沙石路面。1995 年完成 600 米的商业街黑色路面铺设工程。2003—2006 年，全镇 15 个行政村全部铺设 3.50 米宽的水泥路。2010 年，投资 488 万元完成龙山大道建设。龙山大道全长 1.06 公里，路基宽 17 米，于当年 11 月完成砂石路面铺设。2013 年共投入 3200 万元，修建道路 26.20 公里，其中，镇荣公路集镇段改造工程，长 1.40 公里，于 2013 年年底完成。

供电　50 年代句容县由苏南电网联网供电，其时尚有部分边缘地区由邻市县电网供电并管理。白兔地区长期由镇江供电局用电管理所管理,1961 年兴建白兔变电所。1966 年,白兔镇支线及其配变交给句容供电所管理。1977 年成立白兔电力管理站,1980 年白兔变电所移交句容县供电局,白兔归口句容县供电局供电和管理。1984 年,省电力工业局批准将白兔变电所迁址至行香,更名为 35 千伏行香变电所。1987 年行香变电所主变容量增至 4000 千伏安。1999 年成立白兔镇供电所。2001 年复建白兔变电所,投资 810 万元,装机容量 5000 千伏安。2013 年,220 千伏容东变电所扩建工程顺利完工。镇域内共有 220 千伏变电所一座,35 千伏变电所 2 座,配变变压器 319 台,容量 66595 千伏安,每天用电量为约 22 万千瓦/小时。供电系统资产及投资共约 4.60 亿元。

供水与排污　白兔镇自来水厂 1984 年建厂,1985 年 10 月正式供水。镇政府历年不断加大投入,扩大自来水覆盖面。2003 年,镇政府又投入 835 万元对自来水厂进行改造。2006 年,日供水能力增至 6000 吨。2008 年,白兔镇委托江苏信诚公司组织招标,江苏广兴集团中标承建污水处理厂。厂址位于集镇东侧,占地 16.70 亩,一期污水处理规模为 2000 吨/天,管网总长 16 千米,一期投资 1600 万元,可收集镇区及附近 3.50 平方公里范围内工业和生活污水。

2009 年开始按照市政府的要求开始进行区域供水建设,2012 年下半年实现了全镇区域供水。全镇铺设 100 毫米以上管网 260 千米,100 毫米以下管网 420 千米。2013 年,大力推进集镇污水主管网建设,投入 30 余万元新建污水主管网 2 千米。

邮电　白兔集镇邮政代办所始设于 1950 年。1958 年,公社装设电话交换总机,与邮政代办所合并成立公社邮电支局。1993 年安装程控自动交换总机 500 门;1995 年扩容至 1000 门。邮电分营后,邮政和电信支局仍共用一栋营业用房,产权属电信所有。2000 年后,移动、联通两家公司分别在白兔建有营业厅和营业网点多处。至 2006 年,白兔镇程控电话容量为 1500 门;有移动电话 10000 个。2013 年,白兔电信支局拥有程控交换机容量为 6000 门 2 台,带宽 10G 容量宽带交换机 2 台,全镇有接入网机房 8 个。

4. 单位建设选介

白兔镇政府　白兔镇政府行政办公楼于 2009 年 9 月落成,占地面积 1.40 万平方米,建筑面积 4400 平方米,主楼 4 层。新办公楼实行所有部门集中办公,提高了办事效率。

白兔镇农产品展示中心　白兔镇农产品展示中心位于白兔镇现代农业示范园核心区。为加快现代农业向观光旅游农业的转型,实现一产带动三产、三产引领一产的叠加效应,白兔镇政府立足实际,着眼长远,按照乡村风情浓郁、现代气息彰显、服务功能完善和农民得到实惠的旅游农业总体思路,于 2013 年投资建设。中心建筑面积 1200 平方米,中心及广场占地共 10 亩,投资 200 万元,农展中心集农业展示、农民培训、游客接待三大中心为一体,是展示白兔现代农业的重要载体。

图 3-13　白兔农产品展示中心

白兔中心小学　创建于民国 18 年(1929 年),前身是一所教会学校。校址在镇上的纪家祠堂,创办之初仅有一名老师、一个班级,学校占地 1800 平方米。日军占领句容期间学校停办,抗日战争胜利后又重新开办,称白兔中心国民学校。1949 年更名为白兔小学,1969 年更名为兔西小学,1979 年更名为白兔中心小学。1985 年以前,学校一直在白兔镇偏西的纪家祠堂内,占地面积 11.30 亩,建筑面积约 850 平方米。学校前有街道,后有公路,缺少发展的空间。1985 年,学校迁至集镇东北角新建。2001 年学校向东扩建,扩建后的校区占地 28.95 亩、建筑面积 5500 平方米、绿化面积 7047 平方米。2002 年,实施了教育现代化工程。2009 年通过句容市区域教育现代化验收。历年来先后被授予“句容市规范化学校”“句容市文明单位”“江苏省青少年科技教育先进学校”等称号。

2013 年学校有教师 54 人,12 个班级,在校学生 600 人。

白兔镇中心幼儿园 前身是兔西幼儿园,由兔西大队于 1979 年创办。1999 年,由镇政府筹划出资,企事业单位及各界人士集资新建中心幼儿园。新园占地面积 11.55 亩、建筑面积 1860 平方米、绿化面积 2100 平方米。2002 年达到省定现代化幼儿园标准,被确认为江苏省示范性实验幼儿园。2013 年开设小、中、大年龄段各 2 个班,有专任教师 15 人、入园幼儿 270 人。

五、后白镇

1. 形成与演变

后白镇位于句容市城南,以后白墅村而得名。1956 年建后白乡,1958 年成立人民公社,1983 年复改乡。是时后白、茅西、二圣、三岔属东西相连的四个乡。1992 年,后白撤乡设镇;1999 年,二圣、茅西两乡先后撤乡设镇。2001 年 3 月因区划调整,茅西镇与后白镇合并为后白镇;三岔乡与二圣镇合并为二圣镇。2005 年年底,按照第二轮区划调整,二圣镇又与后白镇合并为后白镇。由此,后白镇成为全市合并乡镇最多,由茅西、后白、二圣、三岔四乡镇合一的建制镇。

后白镇东邻国家 AAAA 级风景名胜区、道教圣地茅山风景区,东北接茅山镇,南接天王镇,西接郭庄镇,西北邻赤山湖管委会风景区,北接华阳镇。区域内有 104 国道、243 省道、宁茅公路等多条高等级公路贯穿境内。

图 3-14　后白集镇入口

后白镇属典型的低山丘陵地区。土地肥沃,气候温和,水利条件优越,能够旱涝保收。后白镇风景优美,民风淳朴,农业旅游资源丰富,镇域内的二圣湖是江苏省八大人工湖之一。区域内有百亩梨园、桃园,千亩金银花、草坪基地和多所农庄、垂钓中心。

解放前境内只有小型、分散的手工业作坊,生产斗笠、鞭炮等产品。解放后陆续建有缫丝、皮塑等小型工业企业。改革开放以来,后白镇的工业发展在全市各乡镇中处于先进地位。镇内有后白和张庙两处工业集中区,形成以输变电、轻工机械、针织服装、工艺玩具为主的四大主导产业。

2013 年,后白镇辖区总面积 143.28 平方公里,有耕地面积 5007 公顷;辖 21 个行政村,4 个居民委员会,人口 6.10 万人,总户数 24349 户。后白集镇建成区面积8.50平方公里,建成区内总户数 8479 户,总人口 2.69 万人。先后获得过江苏省文明镇、江苏省卫生镇、江苏省社会治安综合治理先进镇、江苏省新型示范小城镇、江苏省现代化乡镇等荣誉称号。

2. 建设概况

20 世纪 50 年代,后白乡政府附近只有汽车站、供销社等寥寥可数的几座平房,没有任何像样的公共建筑。70 年代乡镇工业起步时期,沿公路两侧集镇建设才有所发展。90 年代后期,后白镇政府加大集镇建设投入,对全镇进行全位方位改造,后白集镇建成区面积扩大到 4.30 平方公里,集镇人口 1.70 万人。镇内建有总投资 2000 万元、占地面积 2.80 万平方米,集综合市场、购物中心和休闲、娱乐为一体的商贸园 1 座;三星级酒店(享乐田园大酒店)1 家;户均建筑面积达 200 多平方米的住宅小区 5 个;投入 20 万元建成面积近万平方米的富民小区绿化健身广场 1 座,并配套完善各项基础设施。1995 年,新开辟集镇两条主干道,建造了 6000 平方米的商城,建成 104 国道上首座过街人行天桥。于 2005 年投入 1900 万元新增建筑面积 3.62

万平方米，其中房地产开发面积6200平方米，厂房面积3万平方米；投入18万元新建和修建镇区下水道、工业集中区下水道600米，新建绿地500平方米，新铺人行道砖700平方米。新铺道路3000多米，新架设集镇路灯100多套。全镇公共绿地面积5.10万平方米，人均公共绿地面积6.30平方米，绿化覆盖率25.30%，垃圾无害化处理率96%，农户卫生厕普及率86.60%，农民人均住房35平方米。

镇内有占地面积4平方公里的后白、张庙两处工业集中区，经过5年多的建设，基础设施日臻完善。园区内有来自台湾、香港以及浙江、南京、上海等地的60多家内外资企业落户。全镇规模企业发展到58家，其中销售收入超亿元的企业近10家，超5000万元的近20家。拥有省级民营科技企业4家，高新技术企业10家，全镇基本形成了工艺玩具、电磁线、机械制造、高档家具四大产业。两工业园区通过了ISO 9000质量管理体系及ISO 4000环境管理体系认证，增强了发展的科学性、规范性、环保性。2013年，后白镇成为全市唯一的全国“美丽乡村”试点镇并获国家级生态镇荣誉称号。

图3-15　后白工业园区一角

3. 基础设施

供电　1974年4月建立后白电力管理站。2013年镇域内有110千伏变电所1座，71500千伏安；35千伏变电所2座，总容量11300千伏安。有500千伏高压线1条从镇域通过，约10.70千米；另有110千伏线路1条，长度约12.32千米；35千伏线路4条，长度39.90千米。

供水　1981年建后白自来水厂，日产水量2000吨。1991年在中河南岸建新水厂，一期工程投资195万元；1996年又投资65万元建二期工程，日供水能力达5000吨。2001年后白镇新铺设供水管道4.30千米，总投资8.40万元（自筹）。至2001年年底，后白镇共铺设供水管道93.85千米。自来水受益户数11920户，用水普及率95.70%；受益人口3.78万人，用水普及率95.80%；其中集镇用水普及率100%。2003年又投资130万元，新建三期工程，日供水能力达1.70万吨，扩建后的水厂占地6560平方米、建筑面积3250平方米。

2005年，后白镇域除了后白水厂外，还有3座自来水水厂，分别是茅西水厂、二圣水厂、三岔水厂。

句容市实行区域供水工程后，后白镇于2011年完成区域供水主管道167千米的施工；投入2000万元完成镇级水厂和直供小水厂的回购处理工作，集镇和21个行政村、212个自然村、全部接通区域供水管网。

排水　1995年，集镇排水管道长1.10千米，窨井40个，污水排量15.60万吨。2001年，集镇排水管道长18.24千米，有窨井78个，污水排放量33万吨，其中生活污水29.20万吨。

至2006年，全镇投入排水管网建设资金为集镇20万元，村庄10万元，建设排水管长度26.97千米。

后白镇污水处理厂位于后白集镇内河翻水站旁，104国道西侧1公里处，占地16亩，处理规模2000吨/日，总投资1750万元。该项目于2008年4月6日开始征用土地，2008年8月11日正式开工建设，2009年9月顺利竣工试运行。污水处理厂尾水流入秦淮中河再向西最终流入秦淮河，执行《城镇污水处理厂污染物排放标准（GB18918—2002）》一级A类排放标准。

2011年8月，完成后白镇污水管网建设和污水处理厂自控及安防系统建设。

2013年，后白镇建成区污水新建设支管网长度6000米，纳户数为2500户，建成区管网覆盖率69%。

邮电　后白镇于民国22年（1933年）始设邮政信柜。民国37年（1948年）设邮政代办所。1958年实行人民公社化，后白公社装设电话总机，成立公社邮电支局。1960年由句容县邮电局接管为国营邮电机构。

1962 年又精简下放为集体邮电代办所。1984 年复归县邮电局统一管理。1986 年,后白、茅西、二圣、三岔四乡均有邮电所 1 个,乡机关和大型企事业单位有手摇电话机。1993 年开始安装程控自动交换机,1995 年升为邮电支局。1998 年实行邮电分营后,分别成立后白邮政支局和电信支局,镇域内其他支局改为营业网点。移动、联通两家公司亦在镇域内设有主营业厅和多家营业网点。1999 年,后白建成句容首家移动电话村。2003 年后白镇获"移动电话小康镇"称号。至 2005 年后白镇区固定电话程控交换容量达到 6500 门,实际装机容量 5800 门,实装率 90%。镇区固定电话普及率为 30%。入户电话 9990 部。2013 年年底,后白镇共有固定电话 18750 部,移动电话 16800 部。

广电 后白广播站建立于 1958 年。至 2001 年,全镇有线广播安装 3720 户,入户率 29.85%;有线电视安装 2526 户,入户率 20.27%;

2013 年,后白广电站管辖原后白、茅西、二圣、三岔四个镇的广播电视网络传输、信号维系。在网用户规模 1.20 万户,区域内全部实现光纤双向传输。光缆总全程 501 千米,电缆总全程 800 千米,设 2 座机房,6 个中继站,396 座光站,镇域内有 2 个实体营业厅。固定资产 1000 余万元。近几年,后白广电大力发展数字高清业务,对全镇有线电视网络进行了大规模的双向化改造。实现了由模拟信号向数字信号传输的变化。用 2 年时间进行有线电视数字化,整体转化工作。使全镇用户都用上了数字电视。同时大力发展数据专网业务,先后建成了公安 123 社会面监控网,交通 320 车辆行驶违控网,以及金融专网。宽带上网业务用户规模逐年提高。

4. 单位建设选介

后白镇政府 后白镇政府位于该镇后茅路东,占地面积 12 亩。镇政府办公用房原为老式 3 层楼,1990 年新建办公楼 28 间、4 层,建筑面积 1400 平方米。

后白卫生院 后白卫生院 1951 年 10 月建立,坐落于后白镇天爱北路 126 号。其前身为后白、王庄联合诊所。1956 年 10 月,在后白集镇成立后白卫生所,负责联合诊所管理和卫生防疫工作。1959 年联合诊所和卫生所合并,成立后白公社医院。1960 年在王庄和芦江设医院分诊点。1974 年后白卫生院由集镇迁至淮源,新建门诊、病房 1600 平方米。1990 年建门诊、病房综合楼 1 幢 988 平方米。1998 年扩建病房楼 1 幢 850 平方米。2004 年,医院占地 1.48 万平方米,扩建精神科门诊病房楼 1 幢 1000 平方米。2005 年 4 月 11 日,经批准,增挂"句容市精神疾病康复医院"牌子,是句容唯一治疗精神病的医院。

2003 年 5 月 31 日,句容市机构编制委员会批准,茅西卫生院整建制并入后白卫生院,更名为后白卫生院茅西分院。原茅西卫生院是 1974 年 3 月 20 日成立,当时有卫技人员 13 人,业务用房 6 间 120 平方米。医疗条件简陋,设病床 6 张。至 1985 年,病床有 20 张,卫技人员 32 人,其中中级职称 5 人、初级职称 15 人。后新建 600 平方米门诊病房综合楼。

2008 年,后白卫生院在市卫生局和镇政府的关心支持下,投入 200 多万元对门诊楼和住院部进行了装修,为广大患者提供了更好的就诊环境。医院拥有先进的医疗设备,如日本进口胃镜、数字化影像诊断系统 DR、全自动生化分析仪、微量元素分析仪、美国进口 GE 彩超、全套进口麻醉机、脑电图仪、尿分析仪、经颅多普勒、病房采用先进 YXX-1A 医院信号传呼器等,并开设了多间空调病房。

至 2013 年,后白卫生院有卫技人员 54 人,固定资产接近 1350 万元。并先后荣获"镇江市文明单位""句容市文明单位""句容市卫生系统先进集体""人民满意站所""爱国卫生先进单位""公共卫生先进单位"等荣誉称号。

后白中学 后白中学位于后白集镇后茅路,创办于 1956 年,初名为句容县后白墅初级中学。当年招收初一新生 4 班 198 人,学生来自句容南片 11 个乡。此外还开设学制一年的速成师范班,151 名学生系来自句容、溧水、高淳等 8 个县的初中毕业生。1962 年,增设高中班,更名为句容县后白中学。1997 年学校被确认为镇江市体育传统项目(篮球)学校。1999 年,实施教育现代化工程,被江苏省教育厅确认为省级重点中学。2004 年评为江苏省三星级普通高中。学校还曾获得江苏省文明单位、江苏省德育先进学校、全国读书育人特色学校、江苏省绿色学校、镇江市模范学校、镇江市信息化先进学校、镇江市中小学学生行为规范示范学校等荣誉称号。2007 年 8 月,茅西中学并入。2009 年,因教育布局调整,高中部划出,成为一所初级中学。

后白中学校园整体布局合理,教学区内建有 4 栋教学楼,1 栋试验楼,1 栋办公楼和 1 栋图书科技楼。运动区内建有 1 个田径运动场,4 个篮球场,1 个室内羽毛球馆和 1 个室内乒乓球馆。生活区内建有学生宿舍楼 2 栋,教师宿舍楼 7 栋,学生食堂 1 栋和 1 个供师生锻炼的健身房。学校总建筑面积 3.72 万平方米。

2013 年 10 月,原有的田径运动场建成为一个崭新标准的塑胶化田径运动场地。学校总占地面积为 4.94 万平方米,其中教学区占地面积为 6539 平方米,运动区占地面积 1.28 万平方米,生活区占地面积为 3231 平方米;学校绿化面积为 2.30 万平方米。后白中学环境优美,教学设施完备,生活条件完善。

后白中心小学　后白中心小学始建于民国年间,前身是后白墅私立小学,校址在后白村东。20 世纪 50 年代初更名为后白墅小学;1979 年更名为后白中心小学。1979—1989 年陆续扩建、改建校舍 1700 平方米。1999 年易地新建,迁址至集镇东北。新学校拥有高标准的田径场和篮球场。

2000 年,后白镇通过了江苏省教育现代化先进乡镇的验收;2001 年,学校创成省级实验小学。

2012 年下半年,后白中心校创成镇江市数字化学校。配置了能够实现多校同时网上听课的微机教室,所有班级配齐了集电脑、电视、液晶投影、电子白板等多功能于一体的最先进的现代化教学设备触摸屏一体机。学校多媒体教室达 26 个,实验室、美术室、音乐室、电脑房等专用教室的实施配备已达省定标准。

至 2013 年年底,后白中心小学占地面积 28.50 亩、建筑面积 6216 平方米、绿化面积 8000 平方米,有 18 个教学班,学生 900 人,教职工 61 人。

岩藤农场　后白岩藤农场总面积 3060 亩,是句容市级龙头企业。总投资 1.50 亿元,基础设施完善,建有喷滴灌、智能温室、苗木、特种花卉、绿色蔬菜,新品水稻、湘莲等区块。农场内分观赏、采摘、加工、食宿、研发五大区域,其中花卉苗木 1000 亩、绿色蔬菜 500 亩、生态粮食作物 400 亩、湘莲基地 150 亩,拥有 3000 平方米的花卉景观温室、200 人小型会议中心、可供 300 人就餐的生态餐厅,观光区有 50 套标准客房和一个标志性建筑 - 50 米高的大型风车,有赏花区及农产品销售区,岩藤农场是集农业生产及农业观光种植为一体的现代农业综合体验园,已通过省四星级乡村旅游评定。

3-16　岩藤农场

六、宝华镇

1. 形成与演变

宝华镇位于句容市的西北部,东与下蜀镇相邻,南与南京市汤山镇接壤,西与南京市栖霞镇紧紧相依,北与南京市龙潭镇、靖安镇相连。宝华镇域辖区范围在明弘治年间(1488—1505 年)有东阳镇(今属南京市)。清初为句容县龙潭镇(今属南京市)。清代为凤坛乡、琅琊乡,并一直沿用到清末。民国 18 年(1929 年)属句容县第九区,民国 23 年(1934 年)属句容县第五区,解放后属句容县第八区,1956 年属下蜀区,1958 年成立宝华人民公社。1983 年复设宝华乡。1995 年 5 月,乡政府迁至丁沙地自然村东侧,后逐渐成为新型集镇。原宝华乡政府所在地武圣庵,处于黄龙山、青龙山之间的山凹中,1993 年选址丁沙地建政府新办公楼。

1995 年,宝华乡辖区总面积 70.20 平方公里,下辖 15 个行政村、164 个村民小组、6619 户,辖区人口

2.50 万人。1999 年宝华撤乡设镇。2001 年,实行镇管宝华山国家森林公园体制,宝华镇土地总面积为 100 平方公里。2008 年年末,全镇耕地面积 17295 亩,其中水田 15225 亩,旱地 2070 亩。

2001 年和 2004 年进行两次村组合并,至 2008 年年末,全镇共有 7 个行政村,2 个社区,143 个自然村,144 个村民小组,7755 户,23791 人,常住人口 2.50 万人。

宝华镇东西狭长,约 7.20 公里,南北宽约 4.20 公里,宝华、青龙二山将全镇分割为三块:北部沿沪宁铁路有 4 个行政村,因紧靠长江为沿江圩区,中间二山之间狭长地带有 2 个行政村,宝华山两侧有 1 个行政村,2 个社区居委会,属丘陵地带。

宝华镇地理位置优越。古人称之"东凌铁瓮,两控金陵,南负句曲,北俯长江",沪宁铁路,312 国道横贯东西,337 省道穿境而过;东距镇江 34 公里,西距南京市区 23 公里,南至南京禄口机场 50 公里,北距南京新生圩港 20 公里。

宝华镇文化底蕴深厚。境内有 7000 年前的"丁沙地文化遗址",有享誉东南亚"律宗第一名山"宝华山隆昌寺。

宝华镇环境优美。境内的宝华山自然保护区,占地面积 2500 亩,为省级自然保护区,该区植物 500 多种,其中宝华玉兰为特有的珍稀树种。境内的宝华山国家级森林公园,2003 年建成国家 AAAA 级风景旅游区。2013 年,全镇总面积 100 平方公里,耕地面积 831 公顷,宝华新城建成区面积 13.15 平方公里,2013 年年末辖栗庄、仓头、铜山、栏江、宝华、凤坛、和平 7 个村和鲍亭、鸿堰 2 个社区。2013 年年末总人口 2.34 万人,常住户数 8282 户,人均住房面积 51 平方米。集镇建成区面积 13.15 平方公里,总户数 6799 户,常住人口 1.57 万人。镇内有公共文体设施面积 1780 平方米;有公园及休闲健身广场 3 处。2013 年地区生产总值 13.29 亿元、财政总收入 4.81 亿元,镇域内有规模以上工业企业 44 家;宝华镇是镇江市 10 个新市镇建设示范点之一。

2. 建设概况

原宝华乡政府在靠近龙潭镇的武圣庵,东西长 200 米,南北宽 400 米,地处两山夹一凹的地带。1992 年兴建宝华经济开发区后,请专业部门规划设计宝华新集镇发展规划图。把新集镇与宝华经济开发区合为一体,同步建设。先后投资 4000 多万元,完善区内基础建设,建成 110 千伏、35 千伏变电所各 1 座,开通 2000 门数字程控电话,陆续搬进金融、电力、土管、规划等部门进区。1995 年 6 月,乡政府正式搬迁到开发区新建的办公楼,建成全球通 A 网基站,启动住宅小区建设,兴建休闲中心等设施,1998 年年底,宝华中学,宝华中心小学相继建成新校区并完成搬迁。2004 年后,随着江苏新湖宝华置业、东莞房地产等知名房地产企业入驻宝华经济开发区开发,房地产业逐步兴起。2007—2008 年,宝华镇启动了宝华新城建设。截至 2008 年,宝华镇第三产业增加值已过 2.20 亿元。2009 年,相继开工建设 5000 吨污水提升泵站、3 万吨自来水增压站;建成 3000 平方米农贸市场;2009 年创成镇江市卫生镇、镇江市文明镇;是年 9 月创成全国环境优美乡镇;2011 年新开工房地产项目 7 个,完成建设 30 多万平方米;2013 年,纬十路、宝三路、经二路等宝华新城核心区市政道路完成主体工程。宝华镇全年累计完成地区生产总值 13.29 亿元,完成固定资产投资 12.08 亿元,完成公共财政预算收入 3.86 亿元,各项经济、社会发展指标在全市均处于领先水平。

3. 基础设施

道路与公交 原宝华乡政府所在地并无集镇,道路建设随着宝华新城的建设同步发展。1995 年建成 30 米宽的大道 4000 米。此后陆续建成黑色路面 6 条,长 8.40 公里;投资 60 多万元,兴建一条长 200 米、宽 40 米的商业街。2009 年,投入 5 亿元建设经一路、美亚路等 5 条市政道路,当年竣工道路工程 12.90 公里;2010 年后,重点推进"一核四片区"路网建设,完成主干道汤龙路、经三路等 16 公里;安装路灯 18 公里;建成镇通村、村通组道路 100 多公里;总投 5000 万元的龙蜀路建设完成;现有 2 条公交线路,句容客运总站至宝华日发客运汽车 32 班次。2011 年南京 D5 线宝华段通车,日发班车 40 班,日均流量 1200 余人次。这一通车标志着宝华融入了南京半小时都市圈;宝华新城新建市政道路 21 条,50 多公里。镇政府所在地已成为新型集镇,道路宽敞,路灯明亮,工业园区仙林东路无缝对接南京。

供电　1985 年,宝华境内有 11 个单位由南京龙潭变电所转供电。1986 年兴建 35 千伏宝华变电所,投资 45 万元、安装 3150 千伏安主变压器 1 台。2011 年建成 110 千伏和平变电所。2012 年,110 千伏宝华变电所建成,是为句容境内首座 GIS 全户内变电所。至 2013 年宝华镇境内有 110 千伏 2 座——和平变电所、宝华(新)变电所,35 千伏变电所 2 座——凤坛变电所、宝华(旧)变电所,共计安装有公配变压器 178 台,专配变压器 180 台。

给排水　2005 年建成宝华自来水厂,有深水井 2 眼,2007 年接入南京自来水,建 3 万吨自来水增压站,年供水 146 万立方米。镇区主路铺设排水管 300 多公里。2011 年,全面完成对接南京自来水工程;

园林绿化　凤坛花园绿化面积 7.13 万平方米。宝华花园绿化面积 8.60 万平方米。2011 年年末建成花山滨河公园 1 座。各条新建道路都附有 10 ~ 20 米宽绿化带。

邮电　原设宝华邮电支局,1999 年分设宝华邮政支局和宝华电信局。原装磁石电话交换机 100 门,1992 年改装为程控电话 1000 门。1999 年新建电信大楼,2006 年,镇内程控电话交换机容量达 1.20 万门、移动电话用户数 1.10 万户。2011 年,宝华镇率先在全市引进本地固定电话"一机双号"的通信模式,信息通讯实现了与南京的同城化。

3. 单位建设选介

宝华卫生院　2008 年搬迁至宝华新集镇,2013 年有在册职工 47 名,科室 15 个,建筑面积约 9000 平方米,创成省级示范镇卫生院,建立居民健康档案,免费为 35 周岁以上居民进行体检。作为"全国千家农村卫生院数字化扶持工程"援助对象,2009 年句容市宝华卫生院积极开展数字化医院建设,由业务软件、数字化医疗设备、计算机网络平台组成了三位一体的综合数字平台,成为全市农村医疗机构数字化建设的先行者。2009 年 11 月,总投资 1200 多万元的新宝华卫生院投入使用,并建成全国农村首家数字化医院。

宝华中学　宝华中学位于宝华山国家森林公园西侧。创办于 1971 年春,原址在凤坛姚村,当时有初、高中各 1 个班。1981 年停办高中班。1984 年朝阳初中点并入。1999 年,搬迁到宝华经济开发区,铜山初中点并入。2002 年实施了教育现代化工程。2006 年创建成江苏省示范初中。学校先后被授予句容市文明单位、句容市规范化学校等称号。

2013 年,学校占地面积 55.50 亩,建筑面积 7542 平方米,绿化面积 8542 平方米,有班级 12 个。

宝华中心小学　宝华中心小学位于宝华山国家森林公园旁,紧邻 312 国道。前身是民国 35 年(1946 年)春由陈志良在凤坛姚村陈家祠堂创办的宝华山国民小学,1949 年句容解放后更名为宝华山小学。20 世纪 60 年代初,在姚村重建,更名为姚村小学。1972 年,在原凤坛机械厂东侧重建,更名为凤坛小学。1979 年转为中心小学建制,更名为宝华中心小学。1998 年建设新校区。2002 年实施了教育现代化工程。2006 年创建成江苏省级实验小学。

2013 年,全校有 18 个教学班,校园占地 25 亩,建筑面积 4300 平方米,绿化面积 3905 平方米。

沪宁城际铁路宝华山站　沪宁城际铁路宝华山站站前广场及道路工程属于沪宁城际铁路的重要地方配套工程,主要由站前广场、站东路、站西路、宝一路站前段等组成,总投资 5600 万元。站前广场占地面积 3 万平方米,东西两侧设立出租车、公交车停靠点,中部设立园林风格的通行、休息区域;站东路、站西路长 413 米,路基宽度 24 米,采用双向 4 车道兼城市道路Ⅱ级主干道标准。宝一路站前段长 485 米,路基宽度 35 米,采用双向 4 车道兼城市道路次干道标准。2010 年 7 月正式投入使用。

七、茅山镇

1. 形成与演变

茅山镇位于句容市东南,东与镇江市丹徒区及金坛市交界,西与后白镇、华阳镇接壤,南与茅山景区交会,北与白兔镇毗邻。属丘陵山区,山水相间,生态环境优越,民风淳朴。

图 3-17　茅山镇政府

茅山镇因茅山而得名，为句容古镇，清代称茅山乡，1985 年撤乡设镇。春城与茅山原是两个相邻的乡镇。1999 年 9 月，春城撤乡设镇。2005 年 12 月，根据乡镇区划调整的部署，春城镇并入茅山镇。

茅山镇先后入选《江苏名镇志》，曾被列为“江苏省重点中心镇”，先后获得“全国创建文明镇工作先进单位”“江苏省文明镇”“江苏省卫生镇”“江苏省新型示范小城镇”“江苏省环境与经济协调发展镇”等荣誉称号。

2008 年 1 月，茅山镇的茅山、夏林、后河、玉晨 4 个行政村，以及茅山（南镇街）居委会划归茅山风景区管委会托管。天乐行政村留下原蔡门村，划出原天乐村；永兴行政村，留下原永兴村，划出潘庄村；前陵行政村，留下原前陵村，划出墓东村。茅山镇政府移至原春城集镇。至 2008 年，茅山镇下辖共有 10 个行政村、1 个居委会，有居民 10465 户，2.90 万人。

改革开放以来，茅山镇经济社会发展迅速，先后被授予省“亿万农民健身活动”先进镇、省环境与经济协调发展示范镇、省优美乡镇、镇江市农村五保工作先进集体、新型农村合作医疗保险小康镇、社会治安综合治理先进镇，2013 年被环保部授予“国家级生态乡镇”。

茅山镇是农业大镇，传统农作物有水稻、小麦、油菜、棉花等，在农业结构调整过程中，高效农业呈现出快速发展的态势，形成了众多上规模的特色农产品，初步形成了以葡萄、苗木、金银花、桑葚为代表的高效产业农业。2013 年，全镇高效农业面积突破 4 万亩，农民人均收入超万元。

茅山镇的乡村旅游也已初具规模，融绿色山水、特色田园为一体。休闲观光农庄鳞次栉比，全镇各式农庄不下几十家。

2013 年镇域面积 81 平方公里，下辖 10 个行政村、1 个居委会，2013 年年末户籍总人口 2.94 万人，总户数 10452 户，耕地面积 44340 亩。2013 年，完成地区生产总值 13.04 亿元，财政总收入 4308 万元。2013 年茅山镇建成区（春城）面积 3.24 平方公里，有总户数 2105 户，总人口 6929 人。

2. 建设概况

1986 年，原春城乡政府有 2 幢办公楼，供销社 1 幢办公营业楼，余为平房。1989 年，投资 30 万元建敬老院 1 座。1990 年，建农贸市场 1 个，派出所、供销社、信用社、农经站办公楼等，1995 年，投入 100 多万元，主街道铺设沥青路面，人行道彩砖 1800 米；开发春丁路商住楼、教师商住楼，新增建筑面积 3200 平方米。1996—2000 年，投入 768 万元，特邀东南大学专家对春城集镇建设规划设计，建成桃园新村居民住宅区，在集镇中心转盘建镇标 1 座，新建政府办公楼 2500 平方米。2008 年，新建水冲式厕所 2 座，新建污水处理厂 1 个。是年集镇新增建筑面积 8000 平方米，绿化面积 8000 平方米。是年末，集镇建成区 3 平方公里，1778 户，6223 人，其中从事二三产业 5016 人，绿化覆盖率 36%。2009 年，以创建“全国环境优美乡镇”活动为契机，投入 58 万元，征用土地 10 亩，建成居民休闲广场；投入 12 万元铺设工业园区路边草坪 1 万多平方米；投入 8 万元改造农贸市场；投入 26 万元，对集镇 280 户进行了改厕。2012 年，完成 12 个自然村的生活污水处理设施建设，并将集镇附近自然村及驻镇企事业单位的支污水管网全部接入镇污水处理厂主管网，另外投资 400 余万元新铺设污水管网将东方紫酒业公司和任巷村污水排放接入主管网，有效减少了污水外排和环境污染。2013 年，茅山镇获得国家级生态乡镇称号。

3. 基础设施

道路　据《句容市交通志》记载：句容境内，可资考证的第一条道路名姜巴路。据《景定建康志》载，在

"小茅山后通延陵",并据陶弘景的《真诰》:"秦时有士周太宾及巴陵侯姜叔茂来住句曲山下,秦孝(文)王时封侯,故以姜巴名其路。"陶弘景《华阳颂十五首》中第六首《迹号》:"郭干峙留岸,姜巴亘远纵。"明李昌鲁《茅山赋》中也有"北弥郭干之路兮,南绵姜巴之衢"(郭干是指道士郭四朝在春城的郭干村造塘,并砌护墙)。当时称之为"路""衢"。经实地勘察,从茅山玉晨观(今北镇街附近)绕青龙山下、由金坛、丹阳三县交界地带,直至丹阳延陵,全长约20公里。时在公元前250年。

原春城集镇于1990年拓宽集镇道路,建成沥青路。1993年,拆迁临街老建筑,主街道拓宽至34米,长2000米,投入30万元,铺设下水道2000米。2005年,投入100万元,对集镇道路实施黑色化。2008年投入1500万元,改造下水道3000米,新建停车场1800平方米,架设路灯70盏。道路硬化1.16万平方米,2009年共建成农村道路16条、16.70公里。完成高效农业园区内道路硬化15公里;新修农村水泥道路9条共计15.60公里,农村道路由通村向居民集中居住点延伸。

电力　1978年建立茅山电力管理站。1992年春城建35千伏变电所1座,安装3150千伏安主变压器1台。2000年变电所进行改造,按无人值班要求设计,安装6300千伏安主变压器1台。至2013年镇区范围有配电变压器230台,10千伏配电线路8条、低压线路390千米。

邮电　1949年设茅山邮政代办所,后合并为茅山公社邮电支局;1949年在句石公路与春茅公路交汇处的城墙村设信柜,1952年改设邮政代办所,1958年设春城公社邮电支局。1962年,茅山、春城邮电支局分别调整为邮电所;1987年以分别核定提升为邮电支局。1994年两支局程控电话容量各为500门。1997年,茅山镇在茅山老区乡镇率先建成电话小康镇,2013年茅山全镇在用电话用户1.20万门;手机用户1.15万台。

4. 单位建设选介

茅山镇春城中心幼儿园　位于茅山镇春城集镇镇西路,前身是春城小学附属幼儿班,创建于1979年。1985年建立中心幼儿园。2001年,整体搬迁到集镇镇西路新建。园占地16.05亩,建筑面积2297平方米,绿化面积2700平方米。2003年,实施了教育现代化工程。2004年被确认为江苏省示范性实验幼儿园。2007—2008年,又添置了秋千、攀岩、塑胶跑道和钢琴,丰富了幼儿的游戏活动。

2011年由于教学规模扩大,新建1幢3层教学楼,位于幼儿园大院内,可容纳6个教学班,建筑面积1288.33平方米,全框架结构,总投入200余万元,当年又投入约100万元新建幼儿园塑胶活动场地。

茅山镇春城中心小学　创建于1950年,原名城墙小学,1981年更名为春城中心小学。2003年,学校通过乡镇教育现代化验收,2009年,通过江苏省区域教育现代化验收。2013年,学校占地面积2.27万平方米,绿化面积1.23万平方米,建筑面积4703平方米,共有17个教学班,66名教师。学校曾获句容市文明单位、句容市规范化学校、镇江市平安校园、镇江市绿色学校、江苏省依法治校示范校等荣誉称号。

2010年投入50余万元对中心小学基础设施进行改造,撤并袁相小学。2011年拆除学校D级危房,改造包括教师宿舍、餐厅的生活楼1幢;统一更换办公桌椅,安装空调;班级多媒体配备率达到80%。2012年,新建550平方米食堂,改造学校彩砖操场。2013年,改造校篮球场,铺设塑胶场地;校园装备闭路电视系统,班级多媒体配备率达100%。

句容市春城中学　是一所农村初级中学,位于句容市茅山镇春城集镇的西北角,创建于1958年8月,学校前身是城墙初级中学,1970年8月改名为句容县春城中学。1971年设立高中部,始招高中生。1981年秋,高中部学生整体转入高庙中学。1990年10月,为了适应集镇学校合并调整和学生高峰期的到来,学校进行了建校历史上规模最大的一次扩建,建教学楼2300平方米。2003年,实施了教育现代化工程。2004年,创建成江苏省示范初中。2010年通过了句容市区域教育现代化的验收。

2013年学校有各种建筑12幢,占地面积3.52万平方米,建筑面积1.19万平方米,绿化面积1.50万平方米。有班级11个,学生344人,教职工81人。2013年确定总投3300万元的校安工程,已完成发改委立项和图纸设计。学校先后获得镇江市"绿色学校"、镇江市安全文明学校、镇江市优秀学科群体、句容市教育宣传先进集体、句容市规范化学校和句容市文明单位等称号。

茅山镇春城卫生院 始建于1952年，占地面积约10亩，主要功能有医疗保健、公共卫生服务等项目；2008年，茅山镇创成了“新型农民合作医疗小康镇”，建成4所标准化社区卫生服务站；2010年，卫生院投入100余万元，添置了一批新的医疗设备，新型农村合作医疗保险实现了全覆盖，参保率达107%；2012年新建长城等4个达标卫生室；2013年，新建住院门诊综合大楼，位于原卫生院内，建筑面积2700平方米，总投入550万元。

八、下蜀镇

1. 形成与演变

下蜀为历史古镇，迄今已有千余年历史。秦汉时期即有草市，唐代置盐港，设仓转运，今下蜀镇北尚有古仓遗址。唐置河口镇，宋置下蜀镇，北宋设巡检司，南宋设下蜀驿，明设下蜀镇，清属河口镇。明清时设粮仓。民国时恢复下蜀镇。解放初为镇，属九区管辖，区公所驻地下蜀。1953年有居民870户，计3517人。1956年改为乡，1958年为公社，1983年改为乡，1985年恢复镇建制。1985年年底，镇上有居民2765户，计6007人。

镇西北部有个黄泥岗，称为蜀岗又名戍山，是古时江防要地。

据《句容县志》记载，古时在下蜀境内有条漕河，即老鹳河，与长江相连，在河边建有一座石码头，俗称石街头，距下蜀镇北2公里，今句蜀路大道河桥东1公里处，有河口镇。是淮盐和粮食转运集散地。镇上商贾云集，车来人往，成为当时交通和商业的中心，繁荣一时。唐代在河口镇曾设“盐港”专司盐务，古时食盐都是官盐，河口因此被称为“官港”。后来，因长江水患，全镇房屋被洪水冲垮，居民就搬迁到地势较高的蜀岗下居住，以住地蜀岗取名“下蜀”。

下蜀镇物产丰富，是粮棉高产区。镇域内丘陵山区盛产茶叶，长江水域有鲥鱼、鮰鱼、刀鱼、河豚、鳗鱼、青白虾、蟹等水产。

图3-18　20世纪90年代的下蜀老街

矿产已开采的有铁、磷、石灰石、大理石、黄砂等，窑业、六里两村烧制砂缸，已有200多年历史。下蜀镇依山傍水，是句容唯一有港口的镇，被列入临港开发区规划内，拥有3.50千米长江深水岸线。改革开放之后，下蜀镇各业兴旺，经济快速发展。2001年，亭子乡并入下蜀镇。2006—2008年连续3年跻身镇江市10强乡镇，2008年名列镇江市10强乡镇第二名，截至2013年年底，国内生产总值达40.55亿元，财政总收入4.68亿元，公共预算收入2.12亿元，固定资产投资46.05亿元，农民人均纯收入15076元，整体实力继续领跑全市各镇。2013年辖区总面积120平方公里，有耕地面积46245亩；下辖2个社区、10个行政村；全镇总户数16737户，户籍总人口4万余人、常住人口5.10万人；下蜀集镇建成区面积2平方公里，户籍总人口7980人，常住人口1.60万人。

2. 建设概况

民国时期，镇中有南北，东西“十”字街道，石板路面，总长1.20公里。解放以后，镇上各项建设不断发展。1953年有各类房屋1100余间。1960年北街拓宽至10米。70年代后期，南街拓宽至10米并向南延伸，铺7米宽的沥青路面，两侧设人行道，并砌1.20×0.90米的地下排水沟，总长4.40千米，由3个排水口入河道。南北街总长1.50公里，安装高杆单侧路灯30盏。1985年，沿街建有2～3层楼房15幢，6000多平方米，多为商业设施，还建有1200平方米的农贸市场；镇南有大型砖瓦厂、下蜀地区医院和容量8350千伏安变电所；西侧有大理石厂；北侧有农具厂、下蜀中学和中心小学。改革开放后集镇建设加快发展，至1985年，1.62平方公里的集镇区内，共新建房屋13.47万平方米。90年代中期，筹措资金243万元，实施人民大街和老街道路改造，铺设彩色地砖人行道1500米，安装路灯24盏，疏通和新建下水道2700米，花池120平方米，新建河滨风光带1700多米。1995年新建楼房5500平方米，是年下蜀镇获"镇江市小城镇综合整治优秀镇"称号。1996年获江苏省村镇建设奖。2003—2005年，下蜀镇投入3000万元，整体搬迁中心小学、中心幼儿园，修建中学教学楼、派出所办公楼、卫生院综合楼。2005年后，逐步完善街道清扫承包责任制，取缔乱设摊点、乱停乱放、乱挂乱建，集镇管理水平得到提高。

2007年市政府决定将原外商投资区和新开发的工业区定名为句容市临港工业集中区。该区位于镇北沿江地带，规划总面积60平方公里。进区落户的外商、民营企业共12家，其中有句容台泥水泥、江苏新创业运输、镇江万邦新型建材、句容长江建材、句容欧瑞特颜料等。起步区2.70平方公里，2007年拆迁房屋486户，拆迁户整体安置至长江花园小区。

2008年，总投资4800多万元，开工建设日供水4万吨的临港工业集中区区域供水工程；总投资4.28亿元，建筑面积13.60万平方米，共43幢房屋的长江花园安置小区开工建设。2010年，集镇建设规模进一步扩大，康泰花园、蜀泰花园、长江花园、市民广场等一批重点工程顺利建成。编制完成临港新城规划。下蜀镇被列为国家重点小城镇，创成江苏省文明镇。以水、电、路为重点的基础配套设施得到改善。建成了下蜀220千伏变电所，实现了与镇江对接的区域供水，关闭了采石宕口和一批化工污染企业。农田水利设施进一步加强，镇村环境得到明显改善。下蜀镇在全市率先创成全国环境优美乡镇。

至2013年，总投资1亿元的人民中路正式贯通，官港金街二期商住楼建成交付，下蜀汽车客运站投入运营，下蜀经临港工业区至镇江客运班车全面开通。总投资5000万元的商贸综合体全面建成，桥头农贸市场搬迁结束。投入4800万元，高标准、高质量完成84个自然村环境整治，实施村路硬化200多公里，空青新桥村创成三星级康居乡村，为三年村庄环境整治行动划上圆满句号。

3. 基础设施

道路与交通　20世纪80年代，境内道路主要是沙石路，村道以土路为主，黑色道路仅限于县级公路。

1991年，改造300米的东街。90年代中期对1000余米长的人民大街和1690米长的老街道路实施改造，全部铺上沥青，铺设彩色地砖，安装路灯，疏通和新建下水道。

2001年加强境内道路建设，新句蜀路境内长14公里。

2003—2005年，完成通江公路、湾山线、胄王线等道路的新建工程和下蜀集镇人民路修建工程。

2004—2008年，开展大规模镇村道路建设，总投入2864.50万元，实际投入2844.50万元，建成水泥路面共长55.24公里。

2008年，6公里"四纵二横"园区道路开工建设，其中华电路、建华路、经二路、经三路建成和基本建成。国家、省市重点交通工程快速推进，京沪高速铁路下蜀段1319亩征地工作和87户拆迁全部结束；沪宁城际铁路下蜀段600亩征地、120户拆迁按时完成，两条铁路全线无障碍施工；5.60公里的沿江高等级公路顺利建成，11公里的句蜀路大修工程按时完工。2010年，总投7000万元的蜀桥大道和人民路大桥设计完成，征地拆迁基本结束。总投1亿元的疏港路（一期）工程、总投1200万元的新大线改造（一期）工程顺利竣工。

2012年，总投资1.20亿元、按城市主干道标准规划建设的人民路大桥和人民中路顺利建成，双向四车道直通疏港路，贯通工业区；老宁镇路一期改造完工通车，新大线二期改造及雷巷桥工程顺利建成；新建农村公路10公里。

2013年，总投资1亿元的人民中路正式贯通，下蜀汽车客运站投入运营，下蜀经临港工业区至镇江客运班车全面开通。

供电　1966年建设35千伏桥头变电所，安装3200千伏安主变压器1台。下蜀用电管理站建立于1977

年。1982年桥头变电所拆迁扩容,更名为35千伏下蜀变电所,安装3150千伏安主变压器2台。1986—2008年,镇域内新建110千伏变电所2座、220千伏变电所1座,有10千伏出线14条,进行农村电网改造工程,农村电气化工程,接户线改造工程等。

2008年3月,下蜀和亭子两所合并为下蜀供电所。全年共用电7460万千瓦小时,其中工业用电5276万千瓦小时,农业用电138万千瓦小时,生活用电2046万千瓦小时。

截至2013年,下蜀营业区内有220千伏变电所1座,220～110千伏临港子母变1座,110千伏变电所2座,35千伏变电所1座,有10千伏线路18条,总长222.76千米,低压线路858千米,配变403台(其中专配61台,综合变342台)。

邮电 民国初年下蜀镇始设邮政代办所。民国17年(1928年)改设三等乙级邮政局。1953年成立下蜀邮电营业处,1956年核定为邮电支局。1986年,下蜀镇有邮电支局1个,邮电所1个(桥头),亭子乡境内有邮电所1个(湾山),下蜀镇有固定手摇电话260部,主要分布在政府机构、企事业单位。1988年安装自动电话总机500门,首创句容县第一个自动电话镇。1995年改建程控自动交换机2000门,为县城外第一个开通程控电话的乡镇,2008年年底,下蜀镇程控固定电话15200部,移动电话12685部,电脑上网用户突破3000户,实现百户家庭电话拥有量164部,电脑拥有量17.60台。至2013年,家庭电话和互联网已覆盖所有住户,移动联通营业服务网络已分布到集镇以外各主要居民点。

供水 20世纪80年代,集镇有少数单位使用直供自来水,居民户95%以上使用井水或塘水。1984年,镇北打150米深的水井作自来水厂水源,后经检测,含氟量超标,不能饮用,居民饮用水仍靠65口浅水井及附近河塘。

1992年,下蜀镇与江苏财经高等专科学校共建自来水厂,主管道80千米,支管道250千米,日供水5000立方米,1995年10月,下蜀与桥头集镇及周边部分村通水。2002年,各村通上自来水。2007年又投入1175万元,进行农村改水工程,主供水管道110千米,新增受益人口2.40万人,自来水普及率为96%。

由于出厂水量没有保证,水压低,水质不稳定,不能满足日常生产生活用水,从2009年开始镇域内实施区域供水,主输水管道和增压站工程投资估算为4958万元,截至2013年下蜀镇1.67万多户居民全部使用镇江自来水。

文广影视 20世纪80年代,下蜀镇有文化站1个、广播站1个,影剧院1个,下蜀镇拥有电影放映队1个,有线广播总户数11072户。1995年,下蜀镇自办节目"下蜀之声"获省奖。1999年1月,句容市有线电视光缆铺通下蜀,开通市有线电视30多套电视节目。2008年,下蜀镇有线电视入户9688户,入户率95.30%;是年,下蜀镇文化中心大楼建成启用,全镇拥有篮球场23个,乒乓球台桌84张,室内外体育活动场地分别为2120平方米和9590平方米,活动项目有篮球、乒乓球、羽毛球,全镇有晨练、晚练点15个,村村建有老少活动室,图书室,下蜀镇老年体育协会荣获"江苏省老年体育工作先进集体"称号。

4. 单位建设选介

下蜀中学 下蜀中学前身为私立句容县长江初级中学,由胡家波等地方人士通过多方筹集资金始创于民国36年(1947年),原址在里圩村,时为全县仅有的两个中学之一。共招收2个班,100多名学生,教职工10余人。1956年由县人民政府接办,校名为句容县下蜀初级中学。校址从里圩村迁至现址。1965年秋,学校增办高中,是全县5所完全中学之一。校名改为句容县下蜀中学。由于教育布局调整,2000年秋原桥头中学撤并入下蜀中学,2002年原亭子中学也撤并入下蜀中学。2000年高中部停止招生。该校2013年占地面积4.70万平方米、校舍建筑面积1.40万平方米、绿化面积1.65万平方米。校区分东西两区,东区为教工宿舍区,有3幢楼计28套教师住宅楼和1排8间教师宿舍;西区为教学区、运动区和学生生活区。建有2幢教学楼、1幢实验楼、1幢办公楼、3幢学生宿舍楼、1幢两层的师生餐厅,1幢藏书3.50万册的图书室,师生阅览室,阶梯教室为一体的科技楼,建有面积达5000平方米的绿色喷泉、希望广场,250米的环形跑道的田径场和3个标准篮球场,1个60座的语音室,2个微机室。2013年有班级26个,学生1326人,专任教师

171 人。

下蜀中心小学 前身为民国 16 年(1927 年)由黄香山在下蜀镇东街“积善堂”内创办的初等小学,仅两间房屋。后迁入镇北街玉泉寺内,更名为南京实验中学下蜀附属小学。民国 23 年(1934 年)更名为栖霞乡村师范附属小学。民国 25 年(1936 年)改称下蜀小学。民国 34 年(1945 年)更名为下蜀中心国民学校。1949 年更名下蜀小学。1978 年学校被确定为县属重点小学,并命名为“句容县下蜀中心小学”,2002 年 6 月,镇政府决定异地搬迁重建,在人民路南侧征地 28431 平方米,建造 6375.50 平方米新校舍。绿化面积 8398 平方米。2003 年 10 月 1 日通过竣工验收,整体搬入新校区,工程总造价计 620 万元。2013 年有教学班级 19 个,在校生 900 人。

下蜀中心幼儿园 前身是下蜀小学附设的幼儿班,1953 年开办,1963 年停办。1977 年于玉泉巷小学校内开办下蜀幼儿园。1983 年更名为下蜀中心幼儿园。1987 年在中心小学西侧征地 709 平方米,新建 2 层 475 平方米教学楼,2004 年整体搬迁到下蜀镇人民西路、中心小学东侧,新园占地面积 9338 平方米,建筑面积 2416 平方米。周边刘圩、祝里、山河、浮山、油榨、六里等村办幼儿园先后并入中心幼儿园。2007 年被评为江苏省优质幼儿园。

2013 年,下蜀中心幼儿园有在园幼儿 280 人,教职工 19 人。

图 3-19 临港工业集中区

临港工业区 东接丹徒高资,西邻南京龙潭,南靠 312 国道,北枕长江黄金水道。拥有 3.50 千米长江深水岸线,312 国道、沿江高等级公路及京沪高铁、沪宁城际、沪宁铁路穿境而过,具备了发展大工业的先天条件。自 2000 年之后,下蜀镇抢抓沿江开发机遇,不断加快建设步伐,临港工业区现已成为句容工业主战场和镇江投资密度最高的区域之一。2013 年,园区工业销售达 140.70 亿元,连续两年成为句容唯一的工业销售百亿镇。临港工业区规划总面积 75 平方公里,起步区 12.90平方公里(包括绿色建材产业园 7.50 平方公里),建成区约 4 平方公里。至 2013 年有企业 80 余家,其中规模以上企业 38 家,建成了全市第一个百亿级的建材产业集群。园区内有全球最大管桩企业建华集团,全球最大法兰企业毅马、全国最大硅粉仓储物流中心和生产基地茂源、央企华电和北新建材等企业。2013 年 7 月,总投 89 亿元的华电句电公司投入运行,其 1 号机组首次并网成功。此外,建华物流总部、华电江苏能源公司(江苏总部)以及华电港电一体化、天工二期、中圣板带、容山御水阳光城等大项目正在建设中。工业区建成有 2 个院士工作站、1 个国家级协同创新中心、2 个省级重点工程实验室,有力地推动了产业、产品升级。2013 年创成了镇江市循环经济示范园区。园区内已建成“四纵二横”路网、区域供水、污水处理、22 万伏和 11 万伏子母变等供变电、消防站及沿江防洪排涝等一系列基础配套工程,具备了承载百亿级大项目的能力。整个园区建设涉及 600 户集中拆迁,统一安置至临港佳园(一期)。

九、边城镇

1. 形成与演变

边城镇地处句容东部,东北与镇江市润州区韦岗镇交界,南与白兔镇相连,西南与华阳镇接壤,西北与句容林场相邻。镇政府设在东昌集镇。境内有高骊山、仓山湖和独具特色的江苏农博园、边城国际度假区。边城镇政府所在地东昌,明代称东昌街,是句容东部最古老的街镇。民国设东昌镇,20 世纪 50 年代起为东昌乡、东昌人民公社所在地。

图 3-20 边城东昌集镇一瞥

1986 年，东昌乡总面积 52 平方公里，耕地面积 27215 亩。辖 13 个行政村，59 个村民小组。总人口 18135 人，乡政府设在东昌集镇；陈武乡总面积 58.30 平方公里，耕地面积 2564 公顷，辖 15 个行政村、67 个村民小组，总人口 24072 人，乡政府设在陈武集镇。1992 东昌撤乡设镇，1999 年陈武撤乡设镇。2003 年两镇合并设立边城镇。经过两次村组合并，至 2004 年，边城镇下属的行政村合并为 14 个。

2013 年年末，全镇辖 14 个行政村、2 个居委会、285 个村民小组；全镇总面积 109 平方公里，耕地总面积 2888 公顷；总户数 13293 户，总人口 3.54 万人。2013 年地区生产总值 236380 万元，财政总收入 19508 万元。边城镇集镇建成区面积 3.50 平方公里，总户数 3926 户，总人口 8685 人。曾获江苏省文明镇、绿色江苏建设先进镇；镇江市文明镇、镇江市卫生镇、镇江市“双清双美”示范镇、镇江市新型示范小城镇、全国环境优美乡镇等称号。

2. 建设概况

镇内原有石板铺砌的老街，有商号、客栈、手工作坊等，是句容东乡重要的交通的商品流通中心。但集镇建设多年无大的变化。1980 年后，集镇建设开始有较大的起色。1986 年新建了新华书店、文化楼、派出所、广电楼以及医院门诊楼。1987—1990 年，先后新建了税务楼、金融楼、百货大楼，并投入 130 万元建成影剧院。1991—1994 年，粮站经营楼、邮电支局营业楼、建筑公司商住楼相继落成。1995 年，新建了 1 幢高 4 层的政府办公楼，高 4 层的成教中心楼；经管楼、派出所警务楼等建成使用。1996—2000 年，镇建管所完成小城镇总体规划。是年新建了高 5 层的东方文化活动中心。并建成了农行、工行金融楼、财税楼、商贸楼、东昌村综合楼、小学综合楼、幼教楼、中学实验楼等一批工程，总建筑面积 3 万平方米。从拓宽街道入手，街道两旁的住户和商店按照统一规划标准拆除重建。重新铺设了街道下水管道。启动农民小区建设，近百户农民入住市场路、文化路、小山路两侧。实施绿化、亮化工程。整治 1000 米河道，完成东、西、北 3 个广场基础工程。2003—2005 年，镇政府在原有集镇规划上重新修编，明确“区域化大配套”发展方向，确立“人口向集镇集中，工业向园区集中”的发展目标。基础设施不断加强和完善，投资 800 万元清理排水系统，投入 600 万元改造自来水水源地。铺设 14.30 公里镇郊农村公路，铺设 11 条镇区干道沥青混凝土路面，投资 800 万元铺设 6 万平方米麻石路面。增设了西门广场景观灯、雕塑、果壳箱和垃圾清运车；健全专业队伍，加强集镇管理，推行垃圾袋装化，门前“五包”（包卫生、包秩序、包绿化、包文明、包安全），改善了集镇人居环境。建成了日供水 1 万立方米的自来水厂，全天候供水。2005 年被镇江市命名为新型示范小城镇。2008 年投入 30 万元对镇幼儿园设施进行更新、配套。改建了集镇一座水冲式公厕。通过多年建设，办公服务区、文化区、商业区、工业区、生活区等门类较为齐全的新型集镇已初步显现。集镇面积扩大到 3.50 平方公里。投入近 100 万元配备垃圾中转站 1 个，专职保洁员 137 人，垃圾箱（房）198 个，镇村环境得到明显改善。2011 年，新的东昌农贸市场投入使用。是年完成道路绿化 35 公里；高标准创成村庄绿化省级示范村 4 个，合格村 10 个，建成大路顶、小西庄等 8 个生态特色村。至 2013 年，边城镇推进“新市镇、新园区、新社区”建设，已形成具有边城特色的城镇化发展模式。全面完成区域供水管网建设；成立城管执法队伍，加强对小摊小贩、农贸市场、沿街店铺的管理，查处各类违建；成立 120 人的保洁员队伍，做到集镇全天候保洁，村组垃圾日产日清，环卫长效管理水平得到提升。投入 2200 多万元，完成 80 个自然村环境整治任务，村庄整体环境进一步改善，顺利通过省级考核验收。青山等3个村创成三星级“康居示范村”，佴池村创成江苏省民族特色村寨。完成绿化造林82公顷，双甸村、芦塘村创成省级村庄绿化示范村，光明村创成省级生态村。全面实施太湖流域水系治理，疏浚河道5公里，河塘清淤36座，水环境整治取得新进展，取得良好成效。

3. 基础设施

道路与交通设施　1996—2000年，取弯拉直小山路1公里。新建北街路、文化路。2003—2006年，投入400多万元，新建了东昌路和市场路两条水泥路；新建了1200平方米的休闲广场和西门、影剧院、桥南3个停车场。2007年10月，对东昌危桥拆除重建，2008年4月竣工交付使用。2010年，新建农路25公里，修复损坏公路共计4500平方米，优化了集镇周边交通环境。2012年投入3000万元完成衣石路、边白路、衣力路等干道整修。2013年，新建农村公路9公里、农桥11座。东昌、陈武集镇的出入口出新改造工程竣工，东昌集镇道路及绿化、亮化改造全面完成。

供电　35千伏东昌变电所建设于1973年，安装1000千伏安主变压器1台。1980年增容至2000千伏安；1987年增至3150千伏安；1995年增容至5000千伏安。1999年，变电所移址升压为110千伏变电所。原东昌电力管理站成立于1974年。1999年各乡镇电管站统一改为乡镇供电所。东昌、陈武两镇合并后，两所亦合并改设边城镇供电所，位于东昌集镇，占地面积4000平方米，建有4层28间的营业厅1幢。

供水　东昌自来水厂建于20世纪80年代，取水口设在仑山水库。集镇供水主要依靠自来水厂供水。90年代，镇财政投入30多万元对自来水厂进行一、二期工程改造，集镇自来水普及率达100%。

2010年，边城镇投资实施区域供水工程，全年累计铺设区域供水主管网达21公里；2011年建成供水主管网130千米，实现区域供水管网全覆盖，全面实施进村支管网的铺设。截至2013年，区域供水管网建设全面完成。

排水　2010年建成并投入运行日处理2000吨的污水处理厂，铺设污水收集管网9千米。边城镇污水处理厂位于陈武集镇东侧，占地18亩，一期污水处理规模为日处理2000吨，厂外污水收集管网总长33千米，一期投入资金1920万元，可收集集镇区及附近5.50平方公里范围内工业和生活排水。2011年新建设污水收集主管网11.20千米，2013年新管网系统竣工投入运行。

4. 单位建设选介

边城镇政府　位于243省道南侧，占地1万平方米。原有办公楼1幢共3层，另有食堂、宿舍等。1995年新建1幢高4层的政府办公楼。2013年镇政府办公楼及附属建筑物总建筑面积为4356平方米。

图3-21　边城镇政府

边城中学　前身为陈武中学，位于陈武集镇。创建于1958年。1968年增设高中部。1984年始建教学楼。1991年，建成实验中心楼。2000年停招高中新生。2003年更名边城中学，并于是年创建成江苏省示范初中。2005年东昌中学并入。2013年，学校占地面积60亩，建筑面积9088平方米，绿化面积21300平方米。有班级16个。

边城中心小学　坐落在赵庄村东。始建于民国18年(1929年)，初名赵庄小学，设在赵庄村赵氏祠堂。民国36年(1947年)改校名为赵庄中心国民学校。1949年更名赵庄小学，1979年更名陈武中心小学。2002年创建成江苏省级实验小学。2003年更名为边城中心小学。2013年，校园占地面积23.55亩，建筑面积5025平方米，绿化面积8318平方米。有15个班级。

边城中心幼儿园 前身为陈武中心幼儿园。创办于 1999 年,园址在原陈武小学内。2002 年移址在陈武集镇西北新建。2003 年更名为边城中心幼儿园。2013 年园址占地面积 8.10 亩,建筑面积 1230 平方米,绿化面积 1994 平方米。有 6 个班级。

边城卫生院 1986 年,东昌乡新建 1 幢 2 层建筑面积 1668 平方米的门诊楼,加上平房共 175 间。陈武乡新建 1 幢 2 层建筑面积 900 平方米的住院楼。2000 年东昌卫生院建造 1 幢 2 层楼的住院部。陈武卫生院新建 1 幢 3 层建筑面积 1020 平方米的职工住宅楼。2002 年陈武卫生院更名为边城卫生院。2004 年东昌卫生院并入边城卫生院,设施统一领导管理。投入 360 万元新建门诊、科室、病房楼,建筑面积 3500 平方米。至 2013 年,边城镇有卫生院 1 所、社区卫生服务站 16 个。

第二节 集镇建设

一、三岔

1. 形成与演变

三岔因地处赤山湖、句容河、秦淮河交汇处而得名,原三岔乡东连二圣、环城两乡,南滨赤山湖,西与郭庄乡和江宁县土桥乡毗邻,北与石狮乡接壤。明清时三岔属福祚乡。民国 18 年(1929 年)为建制镇,民国 23 年(1934 年)改为乡,50 年代后期设立三岔公社,1983 年 5 月复乡。1989 年 6 月,三岔乡政府迁至张庙集镇,原二圣乡滕村、张庙二村同时划给三岔乡管辖。2001 年与二圣镇合并后,三岔乡作为行政区划不复存在,但作为地名三岔集镇一直沿用下来。

三岔交流会每年定期在三岔集镇举办,三岔交流会源于明洪武年间(1368—1398 年)的放马岗庙会。放马岗位于现五星、青城与曲巷交界地,靠近圩区和渡口,交通发达,水草丰美,原是当地驻军牧马所用。周边地区因提供驻军生活物资,发展成为繁荣的综合庙会,据传,当年庙会卖肉的商铺就有 13 家之多。庙会上,各种生活用品、农机具、马、牛等应有尽有。清光绪十八年(1892 年),句容县曾设典牛局,在三岔镇试办典牛业务。可见三岔镇的牲畜交易历史之久。民国时期,句容最大的牛集就在三岔集镇,每月开集六次,每次有多达 200 余头耕牛售卖。那时,丹阳、常州、扬州等地皆有商贩到此卖牛。

图 3-22 三岔集镇

三岔庙会的传统延续了 600 余年,是句容几大交流会之一,每年四月初二正式开会。农闲期间,交流会不仅是物资的交流融通,也是各类杂耍小摊贩难得的商机。还有剧团来演出助兴,整个交流会喧嚣热闹嘈杂。

2007 年 11 月,赤山湖管委会成立,三岔集镇属于赤山湖管委会管辖。2013 年,集镇建成区面积有 1 平方公里,集镇户籍人口 211 人,常住人口约 1500 人。

2. 建设概况

三岔集镇处于句容河及南北中河汇集点,下通秦淮河。20 世纪 40 年代有船商 9 户,开设途经江宁湖熟直达南京的班船,为县内通向省城的第二个水埠。解放后,新建张(庙)谢(桥)公路贯穿东西与宁杭、宁溧公路相连,水运渐衰。

1989年，三岔乡政府由三岔集镇迁址到张庙集镇。其间，对三岔老集镇进行整治，拆除房屋2700平方米，先后投入45万元，新建水冲式公厕1个，绿化面积380平方米，新铺下水道420米，新铺人行道1260米，新建胜利路200米，街道全部实现沥青路面。

赤山湖管委会成立后，进一步科学规划了对三岔集镇老街的改造方案。以改善三岔集镇整体环境面貌和对外形象为目标，结合赤山湖景区远景规划，努力改善居民生活环境、提高生活质量，加大基础设施投入，让古老而又传奇的老街区焕发青春。

图3-23　赤山游步道

2009年5月3日开工对三岔集镇进行道路改造，工程内容包括三岔转盘周围、胜利大街、菜场门口及部分企业门口道路改造工程，于2009年6月8日完工。

赤山湖管委会会成立时，赤山、谢桥2个行政村的自来水由郭庄自来水厂直供；芦亭村三阳地、赤岸、刘家棚三个自然村的自来水由葛村自来水厂直供，芦亭村芦亭、神巷两个自然村自来水由芦亭村办水厂直供；三岔自来水厂直供胜利行政村、三岔集镇，还另直供后白镇泗庄村曲巷自然村。由于直供水水质较差，水压、全天候供水得不到保证，到了用水高峰季节很多农户多日供不到水，长年以来用水矛盾十分突出。管委会从2009年9月份开始实施区域供水一、二级主管网的铺设工程，2010年年底完成了4个行政村的主管网铺设任务，2011年9月份全面完成4个行政村、35个自然村、近5000余户的到户通水连接。

2012年，完成污水管网排水改造、道路沥青铺设、人行道改造、路灯照明系统、统一店面广告牌制作、景观绿化设计、建筑物墙面出新、杆线迁移、环卫设施改造、菜场及其他综合整治等工程，共投入资金463万元。

2013年，完成主要包括集镇道路沿线绿化及S243路口、农贸市场改造、部分节点景观建设工程。总投入245万元。

二、唐陵

1. 形成与演变

唐陵位于句容市区南部，天王集镇以东。是个古村落。原磨盘乡政府设在朱巷村，1989年3月，磨盘乡政府移至唐陵，规划唐陵集镇建设面积1.50平方公里，1991—1998年，先后完成敬老院、邮电楼、信用社办公楼、土管楼等基础设施建设；建有中学1所（2005年并入天王中学）、中心小学1所，并于1995年新建乡幼儿园1所。2001年，磨盘乡并入天王镇后，唐陵集镇建设受到一定影响，但作为集镇仍发挥商业上的重要作用。

图3-24　唐陵木易园

2. 建设概况

2001年后，唐陵集镇逐渐发展成为苗木市场，市场的名贵树木销往全国各大城市，已形成一定规模，年树木销售达40亿元。2008年，天王镇根据唐陵苗木交易活跃的实际情况，投资兴建大型苗木交易市场，占地150亩。2010年，经省交通厅运输管理局认定，天王镇唐陵彩叶苗木市场为省级农村物流示范点。2012年，唐陵苗木市场创建成省级重点农产品批发市场，唐陵村实现村级集体收入300万元，人均纯收入2.60万元。2012年，唐陵被评为江苏省社会主义新农村建设先进村。2013年，唐陵集镇建成区面积1.60平方公里，集镇户籍人口506人，唐陵村人口3328人。2013年3月，唐陵村成立党委。这是天王镇建立的第一个村级党委。

图3-25 袁巷集镇

三、袁巷

1. 形成与演变

袁巷原为袁巷乡政府所在地。至20世纪80年代末，袁巷才逐步形成坐落不整的丁字街。1999年袁巷撤乡设镇。自2005年8月并入天王镇后，集镇建设转为农业生产加工基地，生产无公害农村产品，以及天王工业园区袁巷区（在集镇北边）。

2. 建设概况

改革开放后，袁巷集镇建设起步发展较晚，20世纪90年代袁巷集镇面积为0.90平方公里。1990年，开始集镇建设一期工程，公用基础设施建设共投入100多万元，其中40多万元来自在外地的袁巷籍老乡捐款。1995年，在外出考察取经的基础上，拟定集镇二期工程方案，至1999年2月，共投入集镇建设资金587万元，其中社会民间资金350万元，财政资金237万元。开发建筑面积1.32万平方米，先后共有200多户农民来集镇建房安家。整个集镇形成“二横三纵”的主街道、工业区、商贸区、文化教育娱乐区、居民住宅区的四区格局。街道铺设沥青路面1.64万平方米，混凝土路面6025平方米，安装自来水管道1620米，铺设人行道彩砖8200平方米，绿化面积1.45万平方米，建成休闲岛、休闲广场、中心雕塑等；建路灯设施52套；新建自来水泵房1座，新增120千伏安变压器1台；铺设各种地下线缆3600米，新增垃圾中转房7座，果壳箱48个，水冲式公厕5座，开辟足球场、篮球场各1个，新建溜冰场，开办老年活动中心和文化娱乐中心各1所，音乐茶座、歌舞厅各3家。集镇人口由1995年前的1800人发展至1999年的4000多人。1998年，袁巷镇被镇江市评为新型示范小城镇。2013年建成了面积5000平方米的养老院，全镇养老人员基本集中在此颐养晚年。2013年1月18日，袁巷中心幼儿园新园建设动工。新建的袁巷中心幼儿园占地6660平方米，建筑面积350平方米，按3轨（10个班级）设计，建成后能解决天王镇南部的幼儿入园需求。2013年，袁巷集镇建成区面积3.80平方公里，户籍人口1192人，袁巷村人口为2153人，集镇常住人口超过5000人。

四、二圣

1. 形成与演变

二圣集镇以二圣桥得名。1956年8月撤区并乡时建立二圣桥乡，1958年成立人民公社时改名二圣公社。境内交通方便，宁杭公路穿过二圣集镇，贯通南北，张（庙）谢（桥）公路以张庙为起点与宁杭公路衔接。乡村工业到1985年有五金、丝织、塑料鞋、电器、食品、印刷、建材、红砂等企业57家，2700名职工。二圣集镇上所产的传统食品“芝麻烘糕”酥香可口，历史悠久，1984年在省供销系统食品评比中获第二名，至今盛销不衰。1999年，二圣乡撤乡设镇；2001年，三岔乡并入二圣镇。2005年，二圣镇并入后白镇。乡镇合并后，二圣中学和二圣卫生院仍然保留，设在原址。二圣卫生院的特设中医外科，用王氏祖传疗法治疗无名肿毒病症，经常有市内及外地患者慕名前往求医。人民公社化时，二圣集镇原设立有二圣大队，后改行政村，2001 年后全市陆续实行大规模村组合并和调整，二圣村合并了原二圣、奇干、水北、水南 4 个行政村，村委会在二圣集镇。2013 年，二圣集镇建成区面积为 2 平方公里，有住户 1263 户，人口 4120 人。

2. 建设概况

二圣原无集镇，104 国道开通后，在此设车站（乡镇代办站）。20 世纪 50 年代末，车站附近沿公路两侧陆续建有农具厂、供销社、粮站、饭店、浴室等，乡政府和邮局在公路东侧。70 年代后集镇发展仍基本沿公路两侧建设。1987 年，集镇常住人口 600 人，有 2 层以上楼房 37 幢。1994 年，乡政府划定 1 平方公里集镇建设范围，兴建门面房 2000 平方米、商品房 1.02 万平方米，改建厂房 980 平方米。1995 年扩建了农贸市场；并在全市乡镇率先开通有线电视。1996 年，辟建 300 米长的商业内街，开发商品房 4000 平方米；是年，二圣被评为镇江市城镇化建设先进乡镇。1998 年集镇修改规划，改造集镇南侧十字河，建成风光带。以二圣湖（水库）及 104 国道相衔接中心腹地为依托，兴建工业开发区、居住开发区、居住别墅区、文化娱乐区。2000 年，二圣镇获镇江市干道集镇段达标镇称号。2005 年二圣镇并入后白镇后，二圣不再是建制镇政府所在地，一些公共事业单位也相继撤并。

2013 年，集镇有便民服务中心、警务室、居家养老活动室、图书馆、篮球场、乒乓球室等体育设施；集镇及周边有村级水泥路 32 公里，桥梁 3 座，休闲广场 2 处。

五、张庙

1. 形成与演变

张庙位于市区以南 6 公里处，集镇形成时间较晚。1950 年设张庙乡。20 世纪 50 年代人民公社化时期，一度设张庙公社。1965 年张庙公社撤销，张庙归二圣公社管辖。1989 年，张庙划归三岔乡，同时三岔乡政府迁至张庙。此后 10 年间，张庙集镇建设有较大改观。2001 年三岔乡撤销，张庙不再是乡政府所在地。2001 年后历经几轮村组合并，至 2013 年，张庙行政村的管辖范围包括原张庙、滕村、许巷 3 个村。

2. 建设概况

20 世纪 30 年代宁杭公路通车后，在张庙设有招呼站。车站两旁开始有一些零星小商铺。50 年代后，建有供销社、粮站、饭店、浴室等。张庙茶场建设于 50 年代末。60 年代，张庙设有完小 1 所。1989 年张庙划入三岔乡，并成为乡政府所在地，集镇面貌有了较大改观。1990 年，由县规划部门编制《张庙集镇总体规划》。至 1998 年，共征地 420 亩，投资 7800 万元，建成三岔中学、三岔中心小学、医院、银行、税务、邮电、供电、粮站、土管、财政、派出所、供销社等单位办公设施。这期间招揽铁合金公司、豪之杰公司、飞亚礼品公司等企业落户张庙集镇；并吸引 120 多家农户到集镇从事工商贸易经营，各企业与工商户累计建筑总面积 2.60 万平方米。至 2013 年张庙集镇建成区占地 1.50 平方公里，沿 104 国道两侧分别有张庙佳园和茶香苑两处安置小区，张庙佳园占地面积 70 亩，18 幢多层住宅楼，可容纳 431 户安置居民入住。茶香苑小区项目规划用地面积 175 亩，建设小高层住宅楼 23 幢，商业用房 5 幢，项目配套建设道路、景观绿化和综合管线等公用工程。总建筑面积约 22 万平方米。集镇及周边新铺设了水泥路面 6 条近 10 公里。

六、王庄

1. 形成与演变

王庄亦为句容古村落之一。民国 18 年（1929 年）句容全县划分 9 区 144 乡镇，王庄镇属第 4 区。民国 23 年（1934 年）乡镇调整，王庄改镇为乡，属第 3 区。民国 35 年（1946 年）王庄乡撤销。1949 年再设王庄乡，属第 4 区管辖。1956 年 8 月，撤销区建制，并 50 个乡为 21 个乡，王庄乡撤并归后白墅乡。1973 年，茅山人民公社（含 7 个大队及东进林场 3 个工区）经省革委会同意划给常州市管辖，同月经镇江地委批准，新建茅西人民公社。新建的茅西公社由原属茅山公社的茅陈、后河、西冯、天乐 4 个大队；从天王公社划出的曹村、东风2个大队；从后白公社划出的王庄、毛家边、新华3个大队和从二圣公社划出的蔡门大队组成。公社所在地设在王庄。此后，集镇建设逐渐初具规模。1999年撤销茅西乡，设立茅西镇，镇政府仍设在王庄。2001年茅西镇撤销，并入后白镇，王庄从此不再是乡镇政府所在地。

2. 建设概况

图3-26　后白王庄

原王庄集镇是个自然村镇，无统一建设规划，亦无公共设施建设。民国时期集镇有老街呈丁字形，街道出入口及中间路段建有券门数道。有饭店、杂货店、豆腐坊、客栈等共约10多家。1973年设立茅西公社后，陆续建设起广播站、卫生院、中小学、供销社等。宁茅公路、春天公路交会于王庄，成为偏僻山区的交通要道，集镇人口渐渐有所增加。1994年实施集镇道路拓宽工程。1995年茅西乡投入资金500多万元，新建、改建楼房13幢，建筑面积达1万多平方米。改造自来水管道700多米。修建集镇人行道500米及绿化带等。至1998年共拆迁房屋6140平方米，新建房屋3.72万平方米，在集镇2公里范围内安装了路灯，实施了“亮化”工程。1998年投入700万元建成农贸市场。2000年新辟镇南路，开通建工路。至2000年年底，镇第三产业增加值3251万元。2001年后，茅西镇与后白镇合并，失去镇行政中心的茅西集镇，餐饮、商贸活动不如2000年前活跃。

七、黄梅

1. 形成与演变

黄梅集镇因黄梅桥而得名，民国37年(1948年)始设黄梅乡。1950年黄梅属第7区。1956年，全县进行并区并乡工作，农村9个区并为5个区。原以数序命区改以地名命区，以区辖乡，黄梅区下辖10个乡。1958年人民公社化运动兴起，设黄梅公社。1983年恢复乡建制，仍称黄梅乡。1993年设黄梅镇。2010年6月原黄梅镇与句容经济开发区合并，原黄梅镇的赵塘、云塘、西岗、城上、北相、吴岗、大卓、黄梅、新塘、后塘、九华、莲塘、南巷、下荫划归开发区，原黄梅镇归开发区管辖，不再是镇政府所在地。2010年7月镇政府办事机构并入开发区，黄梅集镇保留有交警中队、派出所、农电中心、广电站、电信局、邮政局、农商行、卫生院、兽医站、中小学、幼儿园、黄梅村委会、新塘村委会、科技新城管委会、黄梅新村社区办、华源公司、服装厂、华美建筑公司、松立公司等单位。

黄梅集镇凭借优越的地理位置和良好的人文环境，已有碧桂园房地产、正泰置业、大亚集团等大型企业落户黄梅。

2. 建设概况

图3-27　黄梅新村主干道

自宁杭公路修通后，黄梅桥逐渐形成集镇，宁杭公路(现122省道)东西向穿街而过。20世纪50年代初至70年代末黄梅集镇都没有太大的变化，街道就是沿公路两边一些零散的平房商铺和一些集体小企业，没有楼房。改革开放后，黄梅集镇发生了变化，20世纪80

年代,乡政府办公楼、卫生院综合楼等相继落成。1984—1990年先后新建了食品站、交通管理站、交警中队、税务所、建管所、财政所等办公用房。1984年新建了占地面积5333平方米的黄梅影剧院,建筑面积800平方米的服装厂,新建黄梅建筑公司办公楼800平方米(华美公司),新建占地面积8000平方米的经营性停车场(松立公司),改造占地面积1.67万平方米的黄梅粮管所。1993年修建了通向黄梅中学、经过中心小学和中心幼儿园的振兴路,全长800米。1996年黄梅集镇统一建设规划,沿街建筑统一风格、统一高度、统一起点,对沿街的企业、店铺实行全面改造,先后改造了卫生院、供销社、邮电局、信用社、农机站、农具厂等,在黄盘路口开发建造商住楼一栋约7000平方米。沿街新建商铺面积约1万平方米,新建土管所、派出所、兽医站等单位办公楼。至1999年,集镇拥有办公、通讯、教学、交通、医疗卫生、商业楼等共21幢,其他服务营业楼16幢。1999年,从南京聘请专家对镇区进行总概念规划。2001年新建占地面积5667平方米的农贸市场1座。2004年,在集镇北新建一条长1200米、宽25米大道;新建占地面积2000平方米农贸市场1个,改造下水道2000米,新建临街门面房1.20万平方米;铺设4000米人行彩色道板,浇铺3000平方米水泥人行道;对沿街3万平方米墙体统一着色出新;栽植风景树400棵,设置街面花盆40个、垃圾箱15个;安装路灯60盏、广告灯箱90只,霓虹灯40只;完成黄梅河集镇段清淤、护坡、驳岸等工程,初显黄梅河风光带。2005年新建黄梅村商业办公楼700平方米。2010年3月随着房地产企业碧桂园的入驻黄梅,原黄梅镇进行大规模拆迁,黄梅集镇路南部分拆迁,新的安置小区黄梅新村与黄梅集镇融为一体。2012年7月拆迁农户全部入住小区,商业街和农贸市场、商业区配套设施齐全。

八、大卓

1. 形成与演变

大卓集镇旧称大卓庙。民国23年(1934年)始设大卓乡。1949年大卓乡属第7区管辖。1956年全县并区并乡,大卓乡改属黄梅区。1958年人民公社化运动兴起,由黄梅、大卓、石狮、城东4乡合并成立黄梅人民公社。1959年5月,黄梅人民公社实行拆分,仍由原大卓乡区域成立大卓公社。此后大卓集镇一直都是乡(公社)治所。1999年大卓撤乡设镇,2005年大卓镇并入黄梅镇,结束了作为乡镇政府所在地的历史。

2. 建设概况

句容解放初期,除大卓庙房、小卓庙房为砖砌瓦屋外,所有的住户、商家均为土坯墙造的茅草房,形成一条狭窄弯曲的街道,街面为土路,晴天尘土飞扬,雨天水洼泥泞,路滑难行,直至20世纪70年代,才陆续盖起了砖瓦房和楼房。句蜀公路修通后,集镇沿公路两侧建设,集镇街道狭小,市场经营秩序混乱。80年代末集镇拓宽了路面,铺设了沥青路。90年代初,街道进行了统一规划,两边建设了3层楼。1992—1993年,再对集镇全面整顿和改造,共拆迁55户,搬迁6户,使集镇街道由原来5.50米扩至20米,新建农贸市场、土管所、邮电所、电力站、供销社、文化中心等办公楼或营业楼。同时新建一批从事工商业的居民商住楼;改造下水道和自来水管道,完成集镇绿化;整治脏乱差现象,使集镇面貌有较大改观。1999年,投资210万元兴建集镇西路,打破集镇街道沿公路两侧建设的格局,2000年,开发商品房4200平方米,106户农村居民落户集镇。乡镇区划调整后,大卓镇政府被撤并,原有的国营或集体单位设施大多改作他用。2004年,投资80多万元,实施集镇硬化、绿化和亮化工程,铺设路牙1200米,彩石道板砖4000平方米,改造路灯20盏,新建下水道800多米,植树500多株。2013年,集镇面积为1.60平方公里。

九、石狮

1. 形成与演变

集镇前身是前莘自然村,一个10几户的小村庄。1950年始设石狮乡,隶属第7区,后属黄梅区。1958年人民公社化运动时一度属黄梅人民公社,后又拆分,成立石狮公社。1983年恢复石狮乡。1999年撤销石狮乡改设石狮镇。2001年石狮镇并入华阳镇,石狮不再是建制镇政府所在地。2013年3月石狮集镇划归句容经济开发区管辖。

2. 建设概况

集镇形成早期主要在路边经商，依托老104国道南北两侧分布。1964年后集镇建设才稍稍进步。1966年起有供销社、农具厂、生产资料门市部相继建设。因石狮人民公社所在地设在前莘，石狮集镇的名称渐渐叫开。当时建设了两幢平房作为公社办公用房，同时建造了大会堂1座，总占地面积2500平方米。1968年新建石狮中学，当时占地面积3000多平方米，共有师生200多人，同年占地1000平方米的石狮卫生院建设竣工。至1970年石狮集镇文化、卫生、商业等设施基本完备，形成集镇的雏形。

1976年，石狮进入工业企业快速起步阶段，先后建设了石狮染料化工厂、砂轮厂、五金厂、针织厂和一窑厂、二窑厂，建设了石狮粮管所。1983年建成了石狮录音器材厂、马赛克厂（后改为狮城拉丝有限公司）。1985年石狮乡政府进行了重新规划和建设，将原政府办公用房改为石狮工业公司办公，重新规划和建设了政府办公楼，占地面积6000多平方米，之后逐年进行了改进和扩建。

1991年石狮集镇借助于104国道拓宽改造的机会进行了第三次集镇改造建设，规划了两路一区（两路即唐化公路、石狮中学道路，一区指石狮开发小区）。打通了石狮集镇与西边5个行政村的交通主干道，建设了居民小区，占地面积80亩，新建8幢96套商品房，同时建设了石狮安置楼，建筑面积6000多平方米；新建石狮中心小学，占地面积30亩；增设事业单位及政府部门办公用房包括财政所、税务所、农经站、供电所、石狮派出所、交管所、石狮农服公司办公楼、石狮邮局营业楼、石狮信用社办公楼等。工业企业逐步升级，建成昌明齿轮有限公司、鑫达包装有限公司、句容香精香料有限公司，扩建占地60亩的录音器材有限公司，集镇面貌渐显特色，服务功能日趋完善。

2001年由于区划调整，石狮镇合并至华阳镇，按照工业经济特色，集镇建设东移，规划设施和建设华阳工业园区，占地800余亩，前期建设了皮业城、综合大市场、之江商贸城和天宁香精有限公司和佳泰金属制品有限公司，开通两横一纵工业园区道路（双石路、石狮路和工业集中区道路）。形成了园区建设格局，先后引进企业多家，盛业管件有限公司、永兴金属加工有限公司、金马水洗有限公司、瑞特耐有限公司等近20家企业落户石狮，集镇规模逐步扩大。2013年园区工业产值达到10亿元，就业人数达到4000余人。

至2013年，石狮集镇有中学1所，小学1所，在校中学生430人，小学870人。石狮卫生院有病床150张，医护人员有38人，集镇电话普及率达80%，有线电视用户100%，人均住房45平方米。

十、行香

图3-28　行香集镇

1. 形成与演变

行香集镇位于市区以东，122省道两侧。行香村地名见于明弘治县志，相传古人前往茅山烧香，多在此歇脚、买香，这里卖香的人家也多，故而得名。民国18年（1929年）曾在第3区下设行香镇，民国23年（1934年）撤并入沸泉乡。1950年起行香乡属第2区管辖。1956年撤销区建制，其后行香一直维持乡（人民公社）建制。1999年改设行香镇。2005年行香镇并入白兔镇，行香结束了其作为建制镇的历史。

2. 建设概况

20世纪50年代末行香人民公社驻地设在谢巷村，沿丹句公路两侧建造起若干平房，集镇初具规模。1986年，行香乡的乡办工业企业以绣花厂为骨干，是年乡办工业产值1076.10万元。20世纪90年代初，全乡乡办企业已达13家，尤其是绣花厂和地毯厂已成为全乡轻纺企业的龙头企业，两厂工人都在千人以上。尤其是绣花产业，是行香乡村集体工业的特色，享有"绣花之乡"盛誉。乡办企业的兴盛增加了行香集镇常住人口。

改革开放后，行香乡政府按照以路兴镇的思路，沿丹句公路新建、改造商住服务设施和教育、卫生等公共服务设施，但也带来布局凌乱等问题。1997年后，请来上海专家高起点规划，科学合理地打造集镇建设远景规划。

1999年，投资400万元，征地13.80亩，迁址新建幼儿园。新建的幼儿园建筑面积2500平方米、绿化面积3500平方米，建有标准音乐舞蹈房、科学发现室、图书室、游戏室、阶梯教室等。

2000年，行香镇获得"绿色江苏建设先进乡镇"称号。

2005年，在122省道行香集镇段两侧新建绿岛1.50万平方米，安装灯箱广告80个，铺设道路两侧彩色道板2万余平方米，并在集镇西端入口处新建一个2000平方米的绿地广场。是年新建1条1公里集镇内街并安装路灯，配置保洁员。新开发商品房1.50万平方米。新建2200平方米的农贸市场。

2007年白兔中学并入行香中学。行香中学位于集镇东侧，扩建后的行香中学占地面积48亩，建筑面积1.50万平方米，绿化面积2717平方米，学校主体建筑有教学大楼，行政办公综合大楼，学生宿舍大楼，阶梯教室楼、师生食堂等。250米塑胶跑道的运动场内有1个足球场，操场上还有2个标准篮球场和2个排球场。有13个教学班，有班级19个，教职工107人。

2010年集镇改造，投入200多万元进行集镇绿化，美化及基础设施更新，完成绿化2000平方米，出新生产性用房外墙2.10万平方米，改造、更新集镇内下水管道、盖板、道路、路灯等。是年新建农村道路16条共11.82公里。实施跃进河、行香河两处氮磷拦截工程；在洛阳河新建水环境监测站1座。投入50万元用于完善环卫工作。

2011年，完成行香农业集中区主干道路、供电设施及沟渠涵闸配套，形成支路网络。集中整治园区及周边环境，按照农业园区景区化的要求，整治园区入口村庄及道路环境。并于当年建成龙山湖农民文化广场。

2013年，在全省农村公路提档升级工作中，乡村公路行（香）周（古隍）线作为示范路段率先拓宽建成。原先3.50米宽的农村公路拓宽到6米。作为全省确立的第一个农村公路提档升级示范点受到表彰。

十一、陈武

1. 形成与演变

陈武集镇旧称陈武庄，是见于明代县志的古村落。民国18年（1929年）始设陈武镇，属第2区。民国23年（1934年）乡镇划并，改陈武乡，仍属第2区。1956年4月，全县进行并区并乡，陈武乡属东昌区。同年8月，撤销区建制，并50个乡为21个乡，其中含陈武乡。1958年10月，人民公社化运动兴起，由东昌、陈武、伯群、行香4个乡合并，设立东昌人民公社。同年12月调整拆分，设陈武公社。自此陈武公社（乡）建制与辖区范围延续至90年代末再变化。1999年撤陈武乡设立陈武镇。2003年陈武镇与东昌镇合并，设边城镇，镇政府设在东昌集镇。陈武从此不再是建制镇所在地。

2. 建设概况

民国初年陈武庄只是一个普通村庄，没有街市。镇句公路修通后，陈武庄设代办站，有零星旅客在此集散，公路边开始有一些小商铺。20世纪50年代，陈武公社在公路边建造办公用平房，供销社、粮站、邮局等陆续建设起来。1958年陈武中学创办，位于集镇中部。2005年合并东昌中学后更名边城中学。学校占地60亩，建筑面积9088平方米，绿化面积2.13万平方米。创办于1958年的陈武卫生院，其妇科独具特色，来源于当地民间的祖传方剂，"不须病妇前往，三剂药方病愈"，远近闻名，常有外地患者亦来求诊。1986年，集镇上只有工业公司2层办公楼和税务楼以及供销社的百货大楼等少数楼房。1988年建成影剧院、建工楼、门诊楼、供电楼等一批建筑。1990—1995年，先后建成政府办公楼、中学教学楼、师生住宅楼，信用社、农行、工商金融楼等。1996年，高4层的邮电楼、成教中心楼，高3层的文化中心楼、自来水厂、赵庄村综合楼以及住院楼等工程相继落成。1995—2000年，累计投入1400万元，新建商住楼38幢，建筑面积3.10万平方米，280户农民和外地客商进集镇开发。扩大集镇自来水容量，铺设1800米自来水管道和2000米下水管道。设果壳箱40余个，新铺人行道彩色地砖，安装路灯，启动新北一路内街建设，新扩建楼房4幢，建筑面积1875平方米。1998年陈武开始安装有线电视，广电站在集镇和赵庄村开通有线电视250户。2001年，陈武镇被评为镇江市卫生镇。镇第三产业有所发展，2001年商业网点达180个，社会商品零售总额864万元。陈武镇被评为镇江市发展私营个体经济先进集体。

2002年，投入24万元，新建中心幼儿园3层幼教楼。2005年陈武集镇有商店80家，粮油贸易3家，饭店4家，小吃店6家，美容美发店4家，浴室2家，汽修、摩修、洗车店5家，照相馆1家。个体工商户120户。2011年，大力推进集镇建设，投入600多万元完成陈武集镇管网下地、墙面出新和人行道板铺设，高标准建成陈武、赵庄、大华、光明4个村农民活动广场。

十二、葛村

1. 形成与演变

葛村在明清时属上容乡，是句容境内规模最大的古村落之一。民国18年(1929年)在第6区下设葛村镇。民国23年(1934年)重新划并乡镇，改设葛村乡，属第4区。1949年4月句容县人民政府建立后，葛村乡改属第6区管辖。1956年4月，全县进行并区并乡工作，农村9个区并为5个区，葛村乡改属赤山区。1956年8月，撤销区建制，葛村乡为全县21个乡之一。此建制与辖区一直延续到20世纪末无大的变化。1994年葛村乡改设建制镇，集镇建设也渐有起色。2005年葛村镇撤销并入郭庄镇。

2. 建设概况

葛村旧有老街位于公路北侧，街上有为数不多的店铺。20世纪60年代宁茅公路通到葛村后，葛村有班车通南京汉府街。集镇建有农具厂、供销社门市部、广播站、邮电所等。70年代末，乡村工业开始兴起。逐渐建起机械、轧钢、皮鞋、服装、印刷、塑料、玻璃、地毯等若干工业企业。1986—1989年，建设集镇东居民小区、农科站办公楼、工业公司办公楼、供销社办公楼。1990—1995年，建成建筑公司办公楼、土管所办公楼。葛村撤乡设镇后编制了集镇总体规划，建立健全了规划建设管理方面的一系列规章制度，加强了集镇管理。1995年拓宽集镇道路1500米，新修了集镇主干道下水道3600米；新建高标准公厕1座。1996—2000年，建设农机站商业及办公楼、农行办公大楼、中街商住楼、供销社商业大楼、农贸市场、工商所和邮电局等办公楼、政府办公楼、葛村建管所商业及办公楼。2001—2008年，完成镇东工业区10余家工业厂房建设，完成中心小学和中心幼儿园扩建、教师宿舍大楼、葛村村商业办公楼、蓝燕加油站的新建以及老街扩建等工程。乡镇合并之后，葛村集镇建设再无大的动作。

十三、亭子

1. 形成与演变

亭子位于城区北22公里，下蜀集镇南7公里，东与空青村为邻，南与大卓镇隔北山水库相望，西与华山村相连，北与下蜀六里村毗邻。

亭子亦是见之于明代县志的古村之一。清光绪县志记载，南朝梁武帝天监十五年(516年)"帝愍商旅渴乏，作井及亭十五口於句容通衢"。亭子乡境内除亭子集镇外，还有中亭子和下亭子。明清时属仁信乡，民国18年(1929年)句容县根据《乡镇自治试行法》，将全县划分9区144乡镇。其中有亭子乡，属第9区。民国23年(1934年)将9区144乡镇划并为5区66乡镇时，亭子乡被撤并。1950年6月再设亭子乡。1958年成立亭子人民公社。1983年恢复亭子乡。2001年亭子乡并入下蜀镇，亭子不再是乡政府所在地。至2013年，集镇规模无大的变化。

2. 建设概况

亭子位于句容北部丘陵山地，周边人口相对稀少，集镇规模不大。村庄之间全是羊肠小道，靠人力和小毛驴运输。民国21年（1932年）开始修筑句蜀路，至民国25年（1936年）下蜀至亭子之间只完成土路基。20世纪70年代后有句蜀、新大、亭华3条公路贯通，交通闭塞的偏僻山区开始改变。90年代已形成以建材为"龙头"包括机械、化工、服装等行业的骨干企业10多家。1994—1998年乡政府投资近千万元新建兴亭路和康乐路，总长3800米，新建农贸市场1个，水泥人行道2000米，下水道2500米，绿岛64座，公厕2所，路灯14盏。成立环卫所和执法队，加强对集镇秩序管理，集镇面貌有大的改观。集镇有110千伏和35千伏变电所各1座。1998年，亭子乡以集镇为中心，建工业集中区，盘活闲置资产，引进容大纸制品、玉宝新型建材、盘龙冶金炉料有限公司等17家企业。

位于集镇的亭子中学于1970年创办。1995年新建教学楼480平方米。2002年亭子中学并入下蜀中学。

十四、茅山（南镇街）

1. 形成与演变

茅山集镇即南镇街，是句容境内的一座千年古镇。据宋《景定建康志》记载，天禧元年（1017年）设常宁镇，常宁镇的名称一直沿用到清代。镇中老街有一条石板路，由此上茅山宫观进香，俗称"香火街"，街内有白玉泉，清乾隆十三年（1748年）题名白鹤泉，今改建为水井。明清置茅山乡，民国沿之，境内名胜古迹众多，为旅游胜地，森林、药材资源也很丰富。民国时期始称南镇街。民国23年（1934年），镇上有居民147户计725人。民国23年（1934年）设茅山乡，属第3区。抗日战争中，这里是苏南新四军抗日斗争根据地的中心。解放以后，句石公路、后茅公路先后建成通车。民国38年（1949年）4月句容县人民政府建立后，茅山乡属第4区。1958年成立茅山人民公社。1973年10月15日，茅山人民公社（含7个大队及东进林场3个工区）划给常州市管辖。1979年1月，茅山人民公社仍划归句容。1983年恢复茅山乡。镇东南为茅山主峰，山顶茅山道院在1983年被国务院批准为全国重点开放宫观。1985年年底镇上有居民681户，计2273人。1985年撤销茅山乡设茅山镇。2005年春城镇并入茅山镇。2008年茅山镇政府迁至春城集镇，茅山集镇（南镇街）成为茅山风景区管委会所在地，下辖10个行政村（117个自然村）、1个社区居委会。2013年，集镇建成区面积3.09平方公里，有居民1102户、户籍人口4782人。

图3-29 茅山集镇

2. 建设概况

集镇旧有老街，街中有一条石板路，长540米，宽4米左右，今已荡然无存。1966年，镇东建成"东进水库"。1973年前后，建有下乡知青住宅楼数幢。1976年，在老街北侧新辟街道470米长，宽12米，水泥路面。句石公路两侧也逐渐形成南北向街道1000余米，沿街筑明沟下水道760米。镇上常宁桥改建成公路桥。

20世纪80年代，集镇楼房很少，老街狭窄，没有像样的服务设施，尤其是外地游客上厕所常找不到地方。1984年镇自来水厂建成，日供水500吨，主管道1200米长。是年沿街安装单侧高杆路灯12盏。坐落在镇西南的新四军茅山抗日斗争历史陈列馆于1985年9月1日开馆，主馆建筑面积850平方米，琉璃瓦屋面，乳黄色外墙，古建筑风格，正厅塑陈毅司令员的全身铜像。另有配房1700平方米。1985年镇上建有2～3层楼房10余幢，建筑面积4万余平方米，其中住宅面积5000多平方米，镇上有中小学、医院、东进林场及集

图 3-30 茅山老街

体企业 10 余家。1985 年列为省级风景名胜区。

1990 年请专家对集镇规划修改。1995 年投入 500 万元,竣工经管站等 12 幢楼房;铺设下水道 100 米,安装路灯 70 盏,垃圾箱 70 个,投入 30 万元新建水冲式公厕 2 座,拓宽、新辟东进路、振兴路、育才路、德兴路、园林路、常阜路,镇区主要道路全部实现黑色化。1997 年起先后开发幼儿园商住楼、东进商住楼、物资站商住楼等,总投资 1000 万元,建筑面积 9000 平方米。1998 年 9 月被省政府命名为江苏省新型示范小城镇。2003—2005 年,引进江苏现代置业、镇江广厦、江苏国标等房地产企业,推进东进小区、万福山庄等开发项目,新增建筑面积 7 万平方米;投入 150 万元,按照明清风格,推进集镇立面改造工程,将 10 万平方米的建筑面积全面出新;修建排污管渠 6000 米。2007 年,实施东进路综合改造工程,长 1.05 公里,总投资 273 万元,改造项目包括排水、人行道及绿化亮化等。2008 年建设句曲中路,总长 1.64 公里,宽 26 米,双向 4 车道。建成于 2008 年的道教文化广场占地 40 亩,总投资 1100 万元。

2009 年新建客运站,工程建筑面积 490 平方米,投资金额 160 万元,2010 年全面完工并交付使用。2009 年建设完成茅山风景区旅游配套服务设施综合体和养老院 1 号、2 号楼工程。其中属于综合体主入口景观的石柱绿化广场占地约 2 万平方米,入口处以“第一福地,第八洞天”为设计出发点,建造 8 根 12 米高的大型石柱,周边以景观绿化相衬托,融入茅山道教文化传统元素和传统江南古典韵味,同时具有时代气息。生态停车场占地面积 2.30 万平方米,可停车 1200 余辆,除满足景区停车要求外,同时兼顾人防隐蔽疏散功能。八卦广场占地面积 1.80 万平方米,与东侧新建商业步行街相连,是一个具有茅山特色的标志性极强的入口景观广场。游客接待中心主体为两层,总占地面积 1.60 万平方米,建筑面积 3800 平方米。由票务中心、景区展示中心、大型多媒体展示中心、购物请香中心、团体服务接待处、智能控制中心、警务室、医疗救护中心以及三星级标准化公厕等部分组成,功能及设施配备完全按照 AAAAA 级景区标准设计。步行商业街地处景区主干道大茅路南北两侧,紧邻八卦广场。一期建筑面积 1.50 万平方米,占地面积 4039 平方米,投资约 3000 万元;二期工程建筑面积 5221 平方米,占地 2656 平方米,投资约 1400 万元。商业街总平面布局首尾相接,互为嵌套,是茅山道教文化的隐喻和再现。商业街集旅游用品商铺、特色餐饮服务、茶饮休闲、精品店、特色会所等配套服务功能为一体,是茅山风景区面向景区游客及周边群众提供全方位旅游购物、休闲餐饮及文化服务的配套服务建筑。养老院位于句茅路东侧,紧邻美加国际酒店和竹梧园别墅小区,投资 650 万元,占地面积 15 亩,建筑面积 3800 平方米。

2010 年太极路道路施工及人行道铺装、绿化、亮化工程完成,长 1.20 公里,道路全宽 20 米。恢复重建的崇禧万寿宫建设于 2011 年,位于景区核心位置,紧邻红庙楚王涧景区,投资 3600 万元,建筑面积 6000 平方米,是大型宗教活动、道教文化传播及休闲养生之处。周易研究中心及景观工程地处景区体能休闲乐园,总建筑面积 838 平方米,占地面积 552.67 平方米,总投资 250 万元。2010 年,景区投入 800 万元实施沿街立面改造,出新改造总面积 1.50 万平方米。沿街按照江南古建民居风格做装饰性改造,采用木质框架双层玻璃门窗,在保留原有的建筑结构体系和开窗格局上,改造的重点为屋面、马头墙、门窗、墙面、檐廊。户外用红灯笼、酒旗、店招等搭配,使窗门形式与沿街店招尽显明清古街风格,形成特色的景区商业氛围。

2012 年建设了红庙楚王涧景区、句曲南路、德佑观、仁佑观复建工程、二三茅峰游步道工程、莲塘九曲景区等。

红庙楚王涧景区项目位于景区核心位置，东至华阳馆，南临顶宫山脚，西至东进水库，北接崇禧万寿宫，与各主要景点的道路网相连接，占地600亩，其中景观绿化面积12万平方米，叠水区景观和园路面积约9000平方米，仿古建筑面积4200平方米，工程总造价约5000万元，2012年10月底完工。

句曲南路是2011年市委、市政府确定的重点工程之一，全长2公里，双向四车道，路基宽42米，总投资5000万元。

德佑观复建工程位于二茅峰顶，占地面积1600平方米，建筑面积1452平方米，投资1300万元；仁佑观工程位于三茅峰顶，占地面积1400平方米，建筑面积1052平方米，投资700万元。德佑观、仁佑观主体融合传统建筑及宗教风格，在保护遗址的基础上满足了宗教及观光的功能。两观于2010年5月13日奠基，于2011年3月9日正式开工建设。

二三茅峰游步道蜿蜒于印宫至莲塘九曲（途经二三茅峰）之间，总长约3公里，投资约1000万元。

莲塘九曲景区项目总投资3.50亿元，总用地1100亩，项目包括中国道教论坛暨道教演艺中心、养生温泉、游客服务中心、入口景观绿化及停车场工程等。

十五、朱巷

1. 形成与演变

朱巷地名最早见于明弘治《句容县志》，属于承仙乡，可见亦是一座具悠久历史的古村落。20世纪50年代设磨盘乡，乡政府设在朱巷。1958年成立人民公社，公社管委会设在朱巷。其时的朱巷村由前朱巷和后朱巷组成。1989年3月，磨盘乡政府迁至唐陵，相关的下属机构和事业单位也陆续迁往唐陵。

从20世纪50年代设乡，至1989年乡政府迁址唐陵，朱巷作为磨盘人民公社和磨盘乡政府所在地，历时30多年。

2001年和2004年，全市实行大规模村组合并，合并后的朱巷村由原朱巷、新陈、张巷和磨盘等4个行政村组成。2013年，朱巷村总面积为10平方公里，辖17个自然村、1070户，户籍总人口3248人。有耕地6000余亩。

2. 建设概况

20世纪50年代，磨盘人民公社所在地设在朱巷，下辖14个大队。因为朱巷地理位置适中，作为公社所在地，便成为磨盘人民公社的政治、经济、文化中心，朱巷形成了集镇。设置在朱巷的行政与事业部门有1所完中，1所小学、卫生院、供销社、邮电所、兽医站、文化站、农机站、水利站、交管所，还有粮管所、信用社、税务所、供电所等，20世纪80年代初成立了公安派出所；工商行政由天王代管，部门设置功能齐全。

1989年乡政府迁址唐陵后，在朱巷除了保留1所完小和数10家个私企业之外，所有政府职能部门和事业单位陆续迁址唐陵集镇。磨盘中学（初中）于2007年关闭。

但是朱巷村由于地理位置适中再加上几十年发展的底蕴，其商业功能仍然比较齐全，各类商户鳞次栉比，也还显露出繁荣之态。朱巷村党总支和村委会积极发展集体经济，注重村镇建设，1990年之后，村镇道路建设和环境治理逐年有所提升，村委会办公楼也于2012年进行迁址

图3-31　朱巷村委会

和翻建,不失为朱巷村一大亮点。朱巷村在村党总支的带领下,发挥本村资源优势,大力发展高效农业和项目农业,全力推进农民共同致富,取得了明显的成效。2013 年村综合实力名列全镇前茅。

2013 年整个集镇进行了硬化、美化及亮化,街面铺设了彩砖,街道两旁增设新的路灯。村际道路全部修筑成水泥路,通到各个自然村。

自常合(沿江)高速于2007 年通车后,在朱巷境内的黄金滩设立"茅山道口",给朱巷的经济建设提供了便利条件。2013 年朱巷有私企30 多家。门类有玩具、机械加工、材料等。有高德、三江、银龙湾等多家较大规模的企业落户朱巷,其中高德生态农业项目投资达5 亿元,给朱巷的村镇建设带来新的生机。

十六、桥头

桥头集镇是句容民国时期"北五镇"之一,现为桥头行政村所在地,设有火车站、学校、医院、商店等。桥头位于句容城北26 公里,下蜀镇东5 公里,东与丹徒区高资街道接壤,北与裕课村为邻,南与新村村相伴,西与沙地村紧连。古时是长江中下游的著名物资集散中心,是句容的北部重镇。

清光绪县志记载:道光年间(1821—1851 年)桥头镇东蔡永清捐建坎桥,后废。清朝乾隆四十五年(1780 年)原老鹳河疏浚,乾隆四十八年(1783 年)通航,河里行船岸上行人,次年乾隆皇帝赐名"便民河"。便民河修好后,在下蜀龙王庙(黑桥),桥头老港各设了码头,成了货物集散转运的港口。

民国期间至解放初,桥头为镇,属句容第九区。1956 年4 月为乡,属下蜀区。1956 年8 月撤销区建制,桥头乡撤销并入下蜀乡。1958 年为大队,后为行政村。有桥头镇、东菜园、大吕庄、小王庄、王圩、尹圩、洪桥、桃园、老港一个集镇8 个自然村,2008 年涧东村并入桥头村,村委会设在桥头集镇。

图3-32　桥头集镇

桥头东离镇江24 公里,西距南京42 公里。桥头为非建制镇,属下蜀镇管辖,已成为句容市沿江开发区一个组成部分。

桥头区位优势突出、交通发达。沪宁铁路穿境而过。桥头火车站沪宁铁路初建时即设置,至20 世纪末站内设有五股道,有旅客站台2 个。另有货物高站台。1985 年桥头站每天通过客车31 ~33 对,2000 年列车提速后,停办货运,只办客运。2002 年10 月列车再次提速后停止客运。312 国道、宁镇公路横贯东西,新大公路纵展南北,南京新生圩港、镇江大港近在咫尺。长江岸线资源独特。境内有3.50 公里长江深水岸线,可以为各类工业企业建造自备码头。桥头镇在2002 年启动了沿江工业集中区的建设,吸引大运输量、大用水量的工业项目。沿江已有江苏建华管桩有限公司、江苏毅马铸锻有限公司、句容长安石业有限公司、长江石业等一批企业进入。总投资达280 亿元的华电集团句容发电厂项目正在有序推进。2003 年桥头集镇拓宽改造,集镇道路整修,实施集镇绿化亮化工程,栽种树木近2 万棵,更换、安装路灯200 余盏。

桥头镇自然条件得天独厚。属北亚热带季风气候,四季分明,雨水充沛,日照充足,年降水量1105 毫米,年平均气温15.1℃,年平均日照时数2018 小时,年均无霜期229 天。矿藏、农副产品资源丰富。被地质矿产部命名的"下蜀粘土"储量达亿吨以上,大理石、花岗岩、白云石储量亿吨左右,铁矿、硫矿、磷矿储量1000 万吨以上。镇内企业有植物油加工厂、粉丝厂、家具城、电子仪表厂等。集镇共有住户1100 余户,人口3000 人,镇外有种植茶园200 亩。

村委会(社区)组织网络齐全,建立了社区服务中心,设立了五站。近年来村委会(社区)在镇党委政府的正确领导下，在职能部门的指导下，加强基础建设，充分发挥社区组织功能作用；设立了为民服务大厅、图书阅览室、文体活动室等活动场所，建立健全各项社区规章制度、管理有序。

位于桥头镇的南京财经大学红山学院，学校占地面积1040亩，建筑面积16.11万平方米，绿化面积57.75万平方米。拥有5幢教学楼、10幢宿舍楼及图书馆等。在校学生8000人。

十七、仓头

仓头亦是“北五镇”之一。坐落在句容市的最北边，紧邻长江。处于南京与镇江之间，历来为南京与镇江之间的交通要道，北面大江，南依群山。明代设仓头市。清咸丰三年（1853年），太平天国定都天京，分兵占镇江、扬州后，清军旋建江南江北大营以围困天京。清军在仓头筑垒派驻重兵，扼断镇江与天京的联系，并加紧进攻镇江。咸丰六年（1856年）年初，燕王秦日纲奉命统率李秀成、陈玉成、涂镇兴等部精兵万余，自安徽战场下救镇江，3月18日，在仓头一带与镇江守军吴如孝部夹击清军，大获全胜，攻破清营16座，打通了京、镇间的通道，继而乘胜大破江北大营。

民国18年（1929年），全县划分9区144乡镇，仓头镇属第9区。民国23年（1934年），重新划并区乡（镇），仓头镇改属第5区。民国38年（1949年）4月句容县人民政府建立后，全县仍设9个区，设仓头乡，属第8区。1956年4月全县并区并乡，仓头乡属下蜀区。1958年人民公社化运动兴起，成立仓头大队属宝华公社。1962年1月，句容由22个公社增至34个公社时，仓头是新增公社之一；1965年10月，仓头公社撤销，重新并入宝华公社。2013年，仓头行政村有20个村民组，2700多人，耕地约8000亩。

仓头村系镇江市生态村。2010年后共硬化水泥路面8公里，河塘清淤25000立方米，修建各种渠道3000米，村庄绿化达到180亩，占村庄建设用地面积的18%，全村垃圾收集、转运率达到100%，修建了一个健身广场，一个市民广场，供群众休闲。

第三节　小城镇建设特色

一、以工兴镇

古代“镇”的设置大多出于军事和治安目的，同时又具有商埠的功能，明清时代句容境内的下蜀、龙潭、常宁等镇大多设有巡检司和税课局、水马驿等。明代句容城乡手工业已相当发达，句容人首创一种用加工棉花的“搅车”，大大提高了工效“一人可当四人”，徐光启在他那部著名的《农政全书》中，将这种搅车称为“句容式”。其时句容乡镇手工工业的发展由此可见一斑。民国时期，“北五镇”及天王、郭庄、东昌街等地的家庭手工业以铁木作坊和农产品加工为主。农业合作化兴起，各乡镇的私营手工业日趋凋敝。人民公社化时期，各镇设有农具厂，除此外基本无有工业。1970年起，各地开始兴办社队企业（后来称乡镇企业），改革开放后，掀起大办乡镇工业的热潮，工业的发展促使集镇规模扩大。以工兴镇比较典型的是后白、郭庄等乡镇。郭庄镇积极创办工业、积累资金投放集镇建设，90年代投入数千万元，用于供电、供水、商业、文教卫生等各种综合楼建设，建成两个商场群，至1998年年底，建成区1平方公里。2008年，郭庄镇编制空港新区规划，规划范围36.14平方公里，规划建设用地24.38平方公里。充分利用郭庄道口交通区位优势，合理规划产业布局，达到工业经济实力进一步加强，产业结构进一步优化，工业园区集中度进一步提高。后白镇通过兴建工业集中区扩大镇建成区，以工业的人气带动商业等第三产业的发展。2013年，镇内已形成2处工业集中区，完成开发面积4平方公里，来自台湾、香港以及浙江、南京、上海等地的230多家内外资企业落户。全镇规模企业发展到68家，其中销售收入超亿元的企业5家，销售2000万元以上的30家。拥有省级民营科技企业4家，高新技术企业10家，形成以输变电、轻工机械、针织服装、工艺玩具为主的四大主导产业。

二、以商兴镇

“市”在古代作为集中贸易地，场所规范，有专门的管理机构。到了宋代，“市”不再有时间和地点的限制，原本不许设立市的城郊和乡村也出现了“市”。据明弘治《句容县志》记载，县境内有仓头市、柴沟市、白土市、靖安市、湖熟市等。这些“市”的所在地也就形成了集镇。

天王、下蜀是句容南北两个商业大镇。下蜀是全市唯一拥有港口的乡镇。下蜀为历史古镇，唐代置盐港，俗称“官港”，设仓转运。今下蜀镇北尚有古仓遗址。北宋置巡检司，并设驿站，明清仍设镇。是淮盐和粮食转运集散地。镇上商贾云集，车来人往，成为当时交通和商业的中心，繁荣一时。改革开放后下蜀镇利用得天独厚的交通条件，经商办企业，2008 年财政总收入达 32000 万元，名列全市各乡镇之首。2012 年，3 个“百亿级”项目的签约和一个总部项目的落户下蜀镇，成为全市项目建设的最大亮点。总投 110 亿元的北山湖综合旅游度假项目亦于 2012 年开工建设。

天王则发挥三县(市)交界和国省道交汇的交通优势，做大做强以农贸集散地为特色的第三产业，建造了全市乡镇中最大的农贸市场——天鹅市场。1988 年，天王镇征地 20 亩，新辟一条全长 240 米的商业街(俗称农民街)，吸引农民进集镇居住或经商，天王镇兴建农民街的举措在全市最早。2012 年天王农贸市场通过市场化运作，由原来的 3600 平方米扩建到 1.22 万平方米，成为全市范围内最大的乡镇农贸市场。

三、以路建镇

在古代，集镇形成与发展的条件很大程度决定该处的商贸、运输业的兴旺程度，集镇大多处于交通要道。特别在 20 世纪 80 年代体现尤为明显。句容的集镇大多是沿主要公路两侧建房，公路即是街道。像宁杭公路句容段，从北向南就有新塘、黄梅、张庙、二圣、后白、天王、袁巷等 7 个集镇；镇句公路上有东昌、陈武、环城 3 个集镇，丹句公路上有白兔、行香两个集镇。句蜀公路有大卓、下蜀两个集镇。句石公路上，则有茅山、春城两个集镇，而茅西集镇则在后茅公路中段两侧。磨盘、三岔、宝华 3 个集镇原不在主要公路上，90 年代乡镇治所先后搬迁，建设新的集镇。磨盘乡治所从朱巷集镇迁移到常溧公路边的唐陵集镇；三岔乡治所从老三岔集镇迁移到宁杭公路上的张庙新建集镇；宝华乡则从狭小的武圣庵迁到 312 国道边的宝华经济开发区，在 312 国道一侧建工业集中区，一侧建乡政府、学校、医院、乡机关各部门办公楼等，完全是新建 1 个集镇。天王镇老街是沿一条小河沟两岸而建，人称“裤子裆”街，90 年代开始，天王镇东移集镇，在 104 国道东侧开辟新街区，拉开集镇建设框架。白兔镇老街在丹句公路南侧，90 年代开始，在丹句公路公路北侧开辟新街区。随着经济的发展，把公路两侧建房作为主要街道也带来一些负面问题，主要是交通安全和灰尘等问题，在 90 年代后期，一些沿路乡镇纷纷开辟与公路相连的新街道，如后白、天王、袁巷等集镇，一方面扩大集镇范围，另一方面打造新的商贸、住宅区。到 21 世纪初，以路建镇的集镇，通过规划及其实施，形成以公路为集镇主轴线，逐步形成行政、商贸、工业、住宅和文化服务等不同功能区。

四、旅游兴镇

茅山脚下的南镇街是个古镇，有得天独厚的旅游资源，通过旅游收入为集镇建设增添资金，改善集镇面貌，为游客提供优质旅游环境和服务，从而吸引更多的游客。茅山镇及茅山风景区通过高起点规划、多元化投入、抓好配套建设、坚持长效管理等措施，使集镇面貌发生了深刻变化。1998 年 9 月茅山镇被省政府命名为新型示范小城镇，2001 年茅山风景区被国家旅游局评定为 AAAA 级旅游区。2008 年起，茅山风景区管委会托管 10 个行政村、1 个居委会，辖区总面积 153 平方公里。2008—2013 年陆续开工建设的重点工程有句曲中路、句曲南路、道教文化广场、游客接待中心、步行商业街等，并新建了农贸市场和污水处理厂。景区积极打造旅游名片，提升景区形象。2013 年，景区增加旅游推介投入，全年共计举办 10 场推介活动，取得很好的效果。团队人数占游客总数首次突破 16% 大关，达到 18.8%。2013 年，茅山风景区管委会被评为“江苏省文明单位"，景区被中国国际旅游文化展播办、中国城市旅游杂志社、中国休闲旅游文化研究中心等单位联合授予了"中国最佳养生休闲目的地和中国最美生态文化旅游目的地"称号。

五、对接南京

句容的宝华、郭庄镇和句容经济开发区分别与南京的栖霞区、江宁区接壤。与南京的联系多，在集镇建设中，主动接受南京的辐射，从集镇规划、基础设施建设、经济开发等方面，主动对接南京。宝华镇在宝华新城建设规划上，全面对接南京，道路与仙林大学城相连，电话同用025区号，供水与龙潭相连，已吸引一批又一批南京客户来宝华购房、投资兴业。属于开发区范围的黄梅镇则在邻近南京（江宁区汤山）搞工业集中区、搞农业开发，吸引南京投资者到黄梅发展。城区公交车与南京（江宁）公交车无缝对接。特别是2010年句容碧桂园凤凰城的开工建设，有力地加大了融入南京都市圈的步伐。至2013年，在黄梅老集镇一侧已矗立起一片新城区。郭庄镇开发空港新区，发挥邻近南京禄口国际机场的优势，吸引南京客商到空港新区投资。空港新区规划范围36.14平方公里，规划建设用地24.38平方公里。至2013年新区基础设施建设已投入达12亿元，累计动迁27万平方米，宁杭高速、243省道郭庄段、宁溧线改线、空港大道、朝阳路、塘西路、花茂路相继建成通车，宁杭城际铁路句容西站及其配套工程建成竣工。空港新区框架基本拉开。

第四节　公共与公用设施建设

一、教育卫生和文化体育设施建设

1. 教育

书院　早在宋天圣二年（1024年），句容县就开办书院。之后，陆续办起6所书院。这些书院时兴时衰，有的书院直到清末才停办，历时近千年之久。宋代书院为官府或私人所立的讲学肄业场所。明、清时期，书院有科举名额，成为生员学习的地方。书院的学生多是经过童试选拔的庠生、增生或附生。教学内容为四书、诗赋之类。其经费由官府供给，或地方自筹，私人捐款。据旧志记载，句容先后创办的书院有茅山书院、南轩书院、华阳书院、道一书院、句曲书院、江左书院、三友书院、正心书院等。其中茅山书院为江苏境内首创，是宋初全国六大书院之一；道一书院创建于元泰定二年（1325年），院址在天王寺，清道光年间甚盛，历经500多年。

社学　句容社学兴起于明代，洪武时社学制规定：每一街坊城厢都建社学。至清代中叶以后，社学逐渐为文舍等学塾取代。乾隆十一年（1746年），知县赵天爵捐俸立在城四社学，在乡间仅白土、土桥、东阳有社学。

文舍　乡村子弟离县城较远，不便入城读书，于是有志于振兴乡村文教者便创立文舍。文舍始于清道光中，终于光绪末年。

清道光年间（1821—1850年），南乡天王寺孙恩胧等创立鹅塘文舍；王锡藩等倡办华阳文舍，捐款甚巨，置书田400亩。清咸丰年间（1851—1861年），东乡白土镇创办同文文舍。清同治五年（1866年），倪金元、周镐，周之干、张余范等在北乡东阳镇清华庵创办竹里文舍，后迁于庐君观东建文舍3间。清光绪二年（1876年），王模、石蓝田、李唐、王爱堂、王荣浩等在南北厂集资创办靖安文舍。

私塾　句容私塾颇盛，光绪三十一年（1905年），清廷废科举，兴新学，但是直到民国期间，农村儿童多数仍就学于私塾。据民国21年（1932年）参谋本部国防设计委员会的《句容人口农业总调查报告》载，全县识字者33697人中，曾入私塾受教育者22802人，占全县识字总人数的72%。民国24年（1935年），根据县私塾管理委员会的调查，全县尚有私塾计147所。民国37年（1948年）2月，县教育科对全县私塾概况调查获悉，全县尚存私塾72所。

解放后，县人民政府对私塾加强领导，积极疏引，至1952年，将接办的324所民办小学（含私立小学和私塾）转为公办小学。至此，私塾正式退出历史舞台。

义学 又名义塾，是免收学课费的学塾，专门收教贫寒子弟。句容义学最早见于宋代。上容乡人周子华，以善读书有学问而闻名于乡，立义学教授乡里子弟。清代大力提倡兴办义学。乾隆年间（1736—1795年），龙潭设义学1所。光绪二十六年（1900年），东昌乡新庄村余氏捐款办余氏义学1所，并立余氏义学碑以作纪念。清末废科举兴学堂以后，义学逐渐废弃，有的改称小学，有的专门用来教育孤寒子弟的场所改称贫儿院或孤儿院。

小学 光绪三十二年（1906年），县城开办东、西、南、北四区小学4所。农村各乡亦相继设立学校。辛亥革命后，创办新学成风，涌现了许多服务桑梓，致力办新学的热心人士。民国4年（1915年），东乡陈明仪、杨沛元分别在东昌街、杨巷创办代用小学。至民国7年（1918年），县内有各类小学校70余所，其中高等小学4所。民国8年（1919年），美国基督教"美以美会"在白兔镇开办崇德第一高等小学和崇真女校。民国12年（1923年），全县分五个学区，有公、私立小学共154所，178个班级，学生5475人。民国34年（1945年）8月抗日战争胜利后，根据省政府令，原有公立完全小学改称中心国民学校，公立初级小学改称国民学校。民国35年（1946年），全县有中心国民学校14所，国民学校217所。民国38年（1949年）全县的小学有中心国民学校29所，国民学校257所（内私立101所），教师475人，学生17267人，入学儿童占全县学龄儿童总数的31%。1955年，根据省教育厅《普及小学教育初步规划》，提出了每3里方圆的地区内设置初级小学1所，每6里方圆的地区内设置完全小学1所。是年，全县小学525所，787个班。1978年，句容县东方红小学、东昌小学、天王小学、郭庄小学、下蜀小学被确定为句容县重点小学。1987年，经普查，全县各级各类学校尚存危房10.17万平方米，占校舍面积的27.14%。县人民政府召开全县教育工作会议，贯彻基础教育分级管理办法，多渠道筹措教育经费，改善办学条件。到1990年，全县共投入3400万元，改造校舍添置设备。小学撤并82所，建标准化校舍19.25万平方米，添置课桌凳1万余套，216所小学砌围墙1.61万平方米，535所学校建水泥路面49.36万平方米，教学软件投入总值51.75万元，教学设备、图书资料按省级标准配置。1995年，句容全市小学402所，1663个班。2001年，华阳、大卓、天王、后白4所中心小学被确认为江苏省级实验小学。是年，因乡镇区划调整，部分乡镇中心小学被撤销，改为完小。2002年陈武、郭庄、袁巷、白兔、宝华5个镇通过江苏省实施教育现代化工程先进乡镇评估验收，中心小学和定点村完小达到小学基本实现教育现代化标准。句容市获"江苏省农村中小学危房改造先进市"称号。2003年，全市学校布局大调整，撤除村完小52所，调整三年级以下教学点的村小42所，保留完小57所，保留教学点37个。句容市提前两年全面完成农村小学布局调整"十五"规划。2007年，邵氏基金赠款50万港元在郭庄中心小学新建逸夫楼。台商常塾科弘材料科技有限公司捐资100万元新建茅山镇何庄小学。2013年，全市各镇（管委会）有中心小学18所、完全小学15所、教学点7个，班级550个。

幼儿园 1952年，下蜀、天王完全小学各附设1个幼儿班。

1956年，在农业合作化运动中，县教育科制定出《关于农业生产合作社举办幼儿园（班）的办法》（草案），农业生产互助组和农业生产合作社开始创办幼儿园（班）和托儿组。这些幼儿园在教学上无统一要求，但孩子入园入托，家长下田干活放心。1958年，在"大跃进"的形势下，幼儿园（班）、托儿所（组）遍及城乡。1961年幼儿园（班）数骤减，1964年回归到1952年的状况。1978年起，幼儿教育开始稳步发展，形成部门、企业、农村大队办幼儿园（班）的新格局。1980年，全县幼儿园发展到90所。1983年，下蜀、东昌、行香、二圣、葛村、天王、茅山7个乡镇建立中心幼儿园。至1985年，全县有幼儿园（班）521个，乡（镇）中心幼儿园18所。1986年，句容县实施了"乡镇中心幼儿园由乡镇政府管理，村办幼儿园（班）由村委会管理，城区幼儿园由部门管理"的新体制，办学条件也大为改善。1990年，下蜀、天王等乡镇集资为幼儿园建造楼房和添置设备。1992年，实施办园条件软、硬件达标登记注册，在幼儿园登记注册工作中，茅山镇中心幼儿园、春城乡中心幼儿园为镇江市二类幼儿园。1999年，后白中心幼儿园被中国教育学会列为中国"尝试教育理论研究会"实验基地。二圣、大卓、后白3所镇中心幼儿园达到省定基本实现现代化标准。华阳镇幼儿园在全市率先被省教育厅确认为江苏省示范性实验幼儿园。1995—2000年,全市乡镇幼儿园共新征土地215.70亩,新增建筑面积3.48万平方米。征地、建房和添置内部实施共投入资金2502万元。2000年,全市幼儿园44所,509个班,在园幼儿12229人,入园率达98%。天王、东昌、行香、华阳4所镇中心幼儿园达到省定基本实现现代化标准。天王、后白2所镇中心幼儿园被确认为江苏省示范性实验幼儿园。2001年后,随乡镇区划调整,多处镇中心幼儿园进行了划并。至2013年,全市各建制镇大多保持1～2个中心幼儿园加数个幼儿园(班)的模式。

中学　民国36年(1947年)8月,私立长江中学在下蜀创办,1956年县人民政府接办,定名为下蜀初级中学。民国37年(1948年)桥头镇设有私立自忠中学。与此同时,建华(校址宝华乡)、述三(校址龙潭镇)、省心(校址天王镇)等初级中学先后创办。还有省立句容临时中学一所,设在郭庄乡的汤巷村。上述学校至民国38年(1949年)后或撤并,或迁移,不复存在。

1956年5月,投资兴建后白墅中学、行香中学。1958年"大跃进"期间,先后兴办东昌、白兔、陈武、天王、二圣、郭庄、葛村、黄梅、云塘、下荫、石狮、城墙等12所初中,30个班级。1959年,宝华公社创办民办初中1所。1962年后白墅初级中学增设高中1班,更名为句容县后白墅中学。1965年,行香中学、下蜀中学、郭庄中学增设高中班。"文化大革命"开始后,全县21所公社中学都设有高中班。而后经过多年调整,至1985年,各乡镇所在地的中学除下蜀、陈武、大卓、后白、郭庄、天王、行香保留高中部外,其余皆为初中。1991年,三岔中学因三岔乡政府搬迁至张庙集镇而整体迁入张庙集镇新建。1998年,全市中学共占地1620亩,建筑面积达22.89万平方米。1999年,宝华中学整体搬迁到宝华开发区。2000年,根据省教育厅《关于进一步做好中小学布局调整的意见》,按照"适当扩大学校的办学规模,原则上每个乡镇只办一所初中,普通高中每校不低于6轨、施教服务人口10万以上"的要求,大力调整了中学布局,高中除保留市高中、后白中学、市三中外,下蜀、天王、行香、陈武、郭庄5所中学全部停招高一新生。其余多处初中点全部并入所在乡镇中学。是年,全市有初中20所,完全中学8所,高级中学1所,其中省重点中学3所。2001年三岔中学并入二圣中学,郭庄二中并入郭庄中学。2002年亭子中学并入下蜀中学。2003年3月,茅山中学整体搬迁至茅山镇西北,与茅山中心小学毗邻。2008年,中学布局再作调整,后白中学停招高一新生,至此,设在各乡镇的中学全部为初级中学。部分乡镇中学随建制镇调整再次进行撤并。2013年,各镇的中学计有黄梅中学、石狮中学、大卓中学、二圣中学、郭庄中学、后白中学、天王中学、边城中学、行香中学、春城中学、下蜀中学、宝华中学等,各中学教育技术装备均达到省级二类标准。

2. 卫生

民国时期,全县各集镇皆设有私营药铺,以经营中药为主,较大的集镇有兼营西药的药房。药房一般都有"坐堂"郎中,有的药房老板自己就能诊病开药。此外就是一些自己开业的个体医者和"游方郎中",没有专门的公共卫生医疗机构。1951年土地改革结束后,农村集镇的个体中、西医生根据自愿合作原则,开始组织小型联合诊所,人数3～5人不等,经济上自负盈亏。1952年,县、区成立妇女保健所(室)站11个。1952年9月,县政府在天王集镇建立全民所有制性质的乡卫生所。1956年10月,又相继成立了城镇、大卓、东昌、行香、后白、葛村、下蜀7个卫生所,负责联合诊所的管理和卫生防疫工作。1958年人民公社化后,以公社为单位成立公社医院。1959年有黄梅、城东、石狮、大卓、亭子、宝华、下蜀、东昌、陈武、白兔、行香、春城、二圣、三岔、郭庄、葛村、后白、天王、茅山、磨盘、袁巷等21个公社医院。1980年体制改革后,公社卫生院改为乡(镇)卫生院。1986年,全县有乡镇卫生院(所)23个。1988年,确立环城、天王、下蜀、行香、葛村5所中心卫生院。1991年10月,环城中心卫生院更名华阳中心卫生院,城镇卫生所更名为华阳卫生所。1994年3月28日,华阳卫生所并入华阳中心卫生院。2000年,各乡镇卫生院的防疫组从卫生院分离出来,在全市以片组建防保所。全市共建华阳、天王、茅山、下蜀、东昌、郭庄6个防保所。2003年5月31日,茅西卫生院并入后白卫生院,磨盘卫生院并入天王中心卫生院。同年,天王中心卫生院增挂"句容市第三人民医院"院牌。2001年7月1日,三岔卫生院并入二圣卫生院,亭子卫生院并入下蜀中心卫生院,东昌卫生院与陈武卫生院合并重组边城卫生院。2001 年后因乡镇建制调整，部分乡镇卫生院有的合并，有的改为分院。至 2013 年，全市乡镇卫生院有一级甲等医院 9 个，一级乙等医院 7 个。下蜀中心卫生院和天王中心卫生院是镇江市标准化卫生院，行香中心卫生院是镇江市十佳卫生院，边城卫生院、天王中心卫生院、下蜀中心卫生院是江苏省农村示范卫生服务中心。

3. 文体

旧时代乡村遇有大型演出活动，均临时搭台在露天广场演出。部分乡村设有固定的演出戏台（俗称“万年台”）。

句容古戏台一览

表 3－2－1

名称	坐落地点	建筑年代	建筑结构	备注
周嘴万年台	天王镇周嘴村	不详	砖石	解放后拆除
张庙花台	后白镇张庙村	清光绪年间（1875—1908 年）	瓦木	1958 年拆除
岗子花台	郭庄镇岗子村	清光绪年间（1875—1908 年）	瓦木	1958 年拆除
郭庄万年台	郭庄镇郭庄村	不详	瓦木	改建影剧院
西地土台	郭庄镇西地村	不详	土砌	解放后拆除
塘坝头土台	郭庄镇塘坝头村	不详	土砌	1958 年拆除
何庄庙万年台	茅山镇何庄村	清光绪年间（1875—1908 年）	瓦木	抗日战争期间焚毁
前陵土台	茅山镇前陵村	不详	土砌	1959 年拆除
曹庄土台	茅山镇曹庄村	不详	土砌	1961 年拆除
吕坊土台	茅山镇吕坊村	不详	土砌	1959 年拆除
光里庙万年台	华阳镇光里庙村	清光绪年间（1875—1908 年）	瓦木	1958 年拆除
善司庙万年台	句容经济开发区善司庙	不详	砖石	1958 年拆除
唐巷庙万年台	句容经济开发区唐巷庙	不详	砖石	1958 年拆除
道士观戏台	句容经济开发区道士观	不详	砖石	1958 年拆除
西庙万年台	华阳镇陶家村	清嘉庆二十年（1815 年）	瓦木	1960 年拆除
城隍庙戏楼	华阳镇	不详	瓦木	清咸丰年间焚毁

1950 年 9 月，在县内 9 个区分别建立了中心俱乐部，每处工作人员 2 人。1953 年改名为区文化站。1953 年冬，县文化馆在石狮杜巷初级社试办了第一个农村俱乐部，建立了活动室和业余剧团，以后逐步以农业社为单位建立俱乐部。1956 年撤区并乡后，保留天王、后白、葛村、东昌、新塘、下蜀 6 个文化站。1957 年 1 月 28 日，县有线广播站对全县开播。此后，各乡（人民公社）相继建立起广播放大站。1958 年，天王、下蜀、葛村、二圣、东昌等公社建立了书店。1960 年，公社书店撤销后，在下蜀、天王、郭庄设立了农村流动发行点。1964 年社会主义教育运动期间，增建行香文化站。1969 年秋，文化站被撤销。1972 年，天王、葛村、东昌、行香、黄梅、下蜀 6 个文化站恢复活动。1974 年，15 个没有文化站的公社都建立了民办公助文化站。1978 年，又在城镇、茅山建立了文化站。文化站大都有图书室、阅览室等设施。每站设专职工作人员 1 人。至 1978 年，全县计有 23 个乡（镇）文化站，达到乡乡有站。根据中共中央《关于农村小城镇必须建成为农村文化中心》的指示，1981 年 10 月，在磨盘乡建立了第一个农村文化中心。到 1985 年止，全县共有 20 个乡

(镇)建立了文化中心。1985 年年底,全县共有图书室 31 个。其中,设在乡镇的有白兔镇、茅山镇文化站,磨盘、黄梅、三岔、郭庄、葛村、东昌、陈武、亭子、行香、袁巷乡文化站等 12 个图书室。1985 年,全县有安装固定座位、较正规的影剧院(场)共 27 所,拥有座位 24417 个。其中,县城 3 所,乡镇影剧院 19 所,村办电影院 1 所(宝华乡仓头村),厂矿及省属驻句单位影剧院 4 所。此外,还有场、矿办俱乐部 6 所,有简易设备可供放映电影及小型文艺演出的会堂 12 个。1987 年天王镇电视差转台建成使用,配有功率 50 瓦电视差转机 1 台,是为第一座乡镇电视差转台。1994 年 4 月句容开通有线电视,次年与大卓光纤联网,这是第一个与县城联网的乡镇。1996 年城区与华阳、石狮、三岔、二圣、后白、葛村、郭庄、茅西 8 个乡镇实行有线电视光纤联网。1999 年完成全市光缆联网。

1997—1999 年,省文化厅先后给句容拨款计 70 万元,新建或改建了大卓、陈武、磨盘、茅山、亭子、白兔、黄梅 7 个乡镇文化站,其中大卓、磨盘、后白 3 个乡镇文化站建筑面积分别达到 800 平方米、700 平方米、600 平方米。至 2001 年,全市各乡镇文化站中,文化活动用房达 500 平方米以上的有葛村、袁巷、春城、茅山、东昌、陈武、大卓、下蜀、后白 9 个站。各乡镇文化站共藏书达 10.50 万册。2002 年开展广播电视村村通活动,全市所有行政村俱开通有线电视。2004 年起,全市各个镇文化站陆续与广播站合并为文化广播服务中心。至 2005 年,全市共有镇文化广播服务中心 10 个。2007 年,根据省里要求,恢复建立文化站。2013 年,各乡镇有体育场馆 42 座、公园和休闲广场 44 处、各种娱乐设施 82 处。2013 年年末,全市集镇与农村互联网和有线电视网络已实行全覆盖,农村有线电视用户为 12.11 万户、互联网用户 5.39 万户。

2013 年句容市村镇信息化建设情况一览

表 3-2-2

镇(区)	有线电视入户率(%)	互联网覆盖率(%)	互联网用户(户)	备注
华阳	99	100	11231	郊区
下蜀	99	100	8970	—
白兔	94	100	3014	—
边城	95	100	3623	—
茅山	81	100	3126	—
后白	97	100	6817	—
郭庄	96	100	10892	—
天王	98	100	2589	—
宝华	98	100	1798	—
开发区	100	100	4209	—
茅山风景区	81	100	711	—
赤山湖	48	100	—	—

二、交通、邮电、供电设施建设

1. 交通

句容自西汉建县,即在境内设驿。唐天宝年间(742—755 年),县境北有竹里馆,东有青阳馆。南宋淳熙十二年(1185 年)设龙潭水马驿、东阳马驿。明弘治年间县境内设 3 驿 1 馆 11 铺,即云亭、东阳和龙潭水马驿,白埠公馆,涧西、鲍亭、东阳、龙潭、凤坛、庙林、仁信、坎墰、上兰、谢培、土桥 11 铺。清乾隆十三年(1750 年)县城设云亭驿和总铺,并建 4 条驿道通往南京、镇江、丹阳、溧水。乡间设县前、十里、谢培等 19 铺,到光绪年仅存 11 铺。

乾隆四十五年(1780年),便民河开通后,即设桥头港。由桥头至虹桥口沿便民河两岸为零星货场,由于河道较窄,季节通航,另设黑桥和石街头码头两处,季节性堆放货物,便于装卸航运。清光绪三十四年(1908年)沪宁铁路接轨,在句容县境内有桥头、下蜀两个四等火车站和石榴园乘降所。民国17年(1928年)12月,京杭国道(宁杭公路)南京至句容天王寺段开始测量,次年修筑路基。民国20年(1931年)10月全线通车。

1958年2月10日,后白墅至郭庄公路建成举行竣工典礼,10月1日正式通车。自后白经葛村到郭庄,长14.80公里,为中华人民共和国成立后,句容新建的第一条公路。60年代基本实现乡乡通公路。1958年句容县汽车站,下辖天王、后白、行香、郭庄4个车站,其余皆为代办站和招呼站。

1985年句容境内除句容汽车站外,还有天王、下蜀、葛村、郭庄自办站4个,黄梅、二圣、后白、东昌、陈武、袁巷、大卓、行香、三岔、亭子等23个自建站房的代办站,23个租用站房的茅山、茅西、宝华、小裔庄、太平庄、高庙、姚林口等代办站,一个直接由市管的站——白兔站。全县共52个不同等级的车站,沟通了县乡客运网络。

2008年全市城乡客运一体化改造工程完成。市内的公路客运班线合理调整为城市公交线、农公主线和镇村区间线三类,形成城乡客运班线网络。2010年句容在全省率先实现镇村公交全覆盖。全市镇村公路总计有乡道779.025公里、村道1072.216公里;乡村(行政村)通公路率与通班车率均为100%。

2. 邮电

光绪八年(1882年)江南官电局架设镇江至金陵(南京)直达电报线路,横穿句容县境16公里。光绪二十二年(1896年)"大清邮政"成立,驿铺逐步裁撤。光绪三十年(1904年)县城东街设邮寄代办局,是为句容开办邮政之始。宣统元年(1909年)龙潭、土桥设邮政代办所,龙潭并代办电报业务,次年又增设郭庄庙、葛村、天王寺、东阳等邮政代办所。宣统三年(1911年),龙潭、下蜀镇均设电报局。宣统三年最后裁撤云亭驿,延续了2000年的邮驿宣告结束。

民国22年(1933年),句容县城设电话交换分所,在天王寺设电话点,为乡村通电话之始。民国37年(1948年)5月县电话交换所下设下蜀、天王、义成桥三分所。同年9月与无线电台合并成立专用电信所,区乡设义城桥、下蜀、桥头、龙潭、天王寺5个分所。1958年农村人民公社时期新增15个公社邮电局,国营邮电支局所发展到9个,乡间邮政代办所35个。全县22个公社实行了社装总机,全县邮路达1297公里。

20世纪80年代,全县设邮电局1个,邮电支局3个(东昌、天王、下蜀),邮电所17个(桥头、行香、春城、葛村、郭庄、茅山、湾山、盘山、大卓、新塘、陈武、白兔、二圣、三岔、袁巷、磨盘、小裔庄),邮政所2个(石山头、东风煤矿),邮政代办所3个(张庙、仓头、暨南农场),邮电代办所6个(亭子、后白、茅西、石狮、环城、黄梅),电信代办所1个(宝华),集镇街道和乡村设邮票代售处91个。

1994年,全县22个乡镇全部安装程控交换机,农话交换机总容量11000门,实现了农村电话程控化、传输光缆化。1997年茅山老区的茅山镇建成电话小康镇。

至2013年,全市农村电话用户达124279户;各建制镇及乡村集镇均设有移动、联通营业网点。

3. 供电

民国20年(1931年)年初,龙潭、东阳两镇商民集资办昭昭电灯公司。于次年10月10日开机发电。为县内居民用电照明之始。抗日战争时因日寇的破坏,刚起步的城乡居民供电设施毁坏殆尽。1956年亭子乡云塘管理区在里巷口土法上马,建成容量1.50千瓦小型水力发电站,白天供粮食加工,晚间照明,是全县第一个乡村小水电站。1959年2月,句容建成第一座35千伏变电所,由苏南电网镇江小花山变电所供电。全县分天王、郭庄、宝华、下蜀、白兔、城区六个片分别由镇江、南京、溧水多口供电。

1960年10月1日,句容东门水电站正式发电,发电量150千瓦,供应句容水库、吉里灌溉站及县苗圃场等地照明用电。1963年10月,句容东门水力发电站与电网并网。20世纪60年代,全县农村电力线路网络基本建成。1975年,110千伏句容北门变电所建成投入运行。

1975年7月,县内第一条110千伏输变电工程(亭句线)建成投运。

进入20世纪90年代,句容电网35千伏、110千伏变电所布点逐年增多,10千伏网络及低压配电网络覆盖城乡各居民点。

1995 年 4 月，全县 22 个乡镇全部通过用电标准化验收，被省电力工业局授予“农村用电标准化县”称号。

1996 年 6 月，句容市被电力工业部授予“农村电气化县”称号。

1998 年 8 月，句容市开始全面实施农村电网改造。

2013 年，城乡居民用电量分别为城镇 12744 万千瓦时、乡村 23847 万千瓦时。

三、市政公用设施建设

清代至民国时期，天王、茅山、东昌及“北五镇”大多有石板砌就的狭窄街道，街道下建有简易实用的排水系统。有河流经过的集镇建有石桥。1949 年后至 20 世纪 60 年代，那些因乡（公社）的设置形成的集镇大多沿公路建设，早期无市政公用设施建设的规划。

改革开放后，随着乡镇工业的大发展，集镇规模的扩大，对集镇公用基础设施建设需求日益增加。各乡镇陆续加大建设方面的投入。至 1986 年，全县已有 18 个乡镇建成自来水厂。1990 年，后白镇投资迁址，新建新水厂。春城乡新建 14 座村办水站。1992 年，天王郭庄两镇扩建镇自来水厂。1995 年，全市加快步伐改水，新建村水站 47 座。

1995 年后，随着句容撤县设市，集镇建设的步伐也明显加快，集镇街道和村镇道路建设、环境整治、卫生工作，集镇规划工作得到乡镇党委、政府的重视。1996 年起，因创建卫生城市、卫生村镇等活动的开展，推动了爱国卫生运动的深入发展，改善了城乡人民生产、生活环境，村镇居民普遍增强了环境意识。2004 年 3 月，开展“清除垃圾，清除污染；美化环境，美化家园”为主题的“双清双美”活动。农村全面开展环境卫生综合治理和卫生基础设施建设。2010 年宝华 3 万吨自来水增压站投入使用，新铺设区域供水农村支管网 600 千米。2010 年后加快区域供水工程，2013 年全市实现集中统一供水，原乡镇水厂已基本停止运行。

2008 年句容市农村水厂情况一览

表 3－2－3

镇	水厂（座）	供水规模				水源（个）		管理人员（人）
		3000 人以下	3000 人～5000 人	5000 人～10000 人	10000 人以上	地面水源	深井水源	
黄梅	2	—	—	—	2	2	—	20
下蜀	2	—	—	1	1	1	1	36
宝华	3	1	2	—	—	—	3	8
边城	1	—	—	—	1	1	—	6
白兔	3	—	1	—	2	3	—	19
茅山	2	—	—	—	2	3	—	35
后白	3	—	—	—	3	2	—	30
郭庄	2	—	—	—	2	2	—	38
天王	4	—	—	—	4	4	—	31
合计	22	1	3	1	17	18	4	213

第三章 村庄建设

县内古遗址证明,句容早在7000年前就有农业氏族部落。明弘治时,全县427个自然村庄,其中70多个建于唐代之前。清乾隆时期,村庄有432个。同治年间,河南、安徽、苏北等地客民到句容定居,由棚户发展成村落。解放前,历史较长,规模较大的村庄,多有庙宇、祠堂、戏台、学校、水井等公用设施。村庄之间,有大路相通,并筑有石拱或石板桥。日军侵占期间,有诸多村庄被毁。解放以后,经过农业合作化,有的生产大队或生产队组建林业队、农科队、猪场等,这些场、队往往又演变成新的自然村。

20世纪70年代,每个村都办有小学,有的大队办有初级中学,有的设商店、肉店,办粮食加工厂,不少大队新建办公室,还有的大队建有大会堂。各生产队都建有仓库、牛房和水泥晒场。1975—1976年全县大搞农田基本建设,有些小村庄集中向高地整体搬迁建造新村,让地种粮。70年代后期,村办企业兴起,村庄建设随之发展。到1985年,多数村庄修筑大道连接公路,改建老式桥梁,使汽车能开进村庄。有的村盖起小学教学楼和工业企业楼。全县实现村村通电,用上电灯、使用上电动生产设备,少数村庄用上了自来水。境内村庄大小不一,大的如:白兔镇的白兔、茅庄,陈武乡的戴村、赵庄,葛村乡的上葛等,总户数均在500户以上,小的自然村仅5~6户。

民国时期,农民住房以土墙茅屋居多。1949年后,农民住房条件有所改善。20世纪五六十年代新建房以平房为主,墙以里生外熟(外砖内土坯)为主。70年代开始以水泥构件取代木材,窗框上装有铁栅。80年代,农村掀起“建房热”,不少农户兴建2层楼房,少数建3层。90年代,农村居民新建房多以2层以上小楼为主。1997—2008年,因政府宏观控制用地,村庄居民建房进入平稳发展阶段,并呈逐渐下降趋势。由于小城镇建成区面积扩大,部分村庄被划入,村庄建成区相应缩小,住房实有面积有所减少。同时,有条件的农民已在集镇或城市购买了商品房。2008—2013年,因经济建设需要和城乡一体化进程的发展,有许多农村居民住进了统一规划安置的住宅小区,农村集体土地上私人住宅的新建工程进一步减少。

第一节 农房建设

民国时期,句容农村普通农户所居住的房屋多为草顶平房,平瓦房数量较少。部分大村庄有富户建楼房。楼房一般是三间两厢、三合院或四合院。三合院即前面是围墙大门,后面三间成排,两侧是厢房,中间是院子(又称天井);四合院即前排是平瓦房,后排是三间、两厢,中间是院子。楼房一般高5米多,平瓦房多架设阁楼。

普通农舍结构简陋,大多为土墙草顶。圩区一般采用夹板墙(泥土和碎石夯实)或土坯墙,毛竹或杂树为梁柱,稻草和麦秸盖屋面。沿江地区一般用芦苇或玉米秆结扎为墙,里外涂草泥,多用毛竹为梁,杉木为柱,屋面铺芦苇秆或芦苇,外盖草秸。丘陵山区多用石块、碎砖铺实墙基,下有1米左右碎砖墙,上以土坯垒砌成墙,有的外挂草帘护墙,松杂木为梁、柱、椽,双坡屋面,铺有荆条编成的“望”上盖茅草或稻草。较为殷实人家和老的村庄,墙体多用空心斗砖砌成。中间斗子以碎石泥浆灌实,双坡屋面,盖小瓦,瓦下铺望砖,并建有下房。无论是草屋还是瓦房,一般2~3间,多为坐北朝南,前墙有正门,两侧有小窗,部分开有后门,有的厨房、猪舍相连,人畜混居。

解放后,农民的住房条件逐步改善。土地改革中,部分农民分到住房。50年代,一般农户以修补危房为主。20世纪五六十年代,句容民房住宅基本保持原貌。60年代中期开始改造旧房,扩建新屋,墙以里生外熟

图 3-33　20 世纪五六十年代盖的民间草房

（外砖内土坯）为主。60 年代末，很多农户拆旧翻新，建造砖木结构平瓦房，多为青砖空心斗墙，或以大片石砌至窗台，上砌青砖，前后檐开窗，通风采光优于土坯房。梁、柱、椽用松杂木或毛竹，上铺芦帘或荆条，屋面盖小瓦或平瓦（70 年代之后小瓦逐渐不再使用）。圩区以砖墙为主，屋面铺扎芦秆或芦席，上盖平瓦或小瓦。

1970 年后，农村的民宅有少量新建，但大部分是平房，多为红砖墙体，水泥门窗和桁柱。20 世纪 70 年代初期建房，柱、梁多以水泥构件取代木材，窗框上装有铁栅。进入 70 年代中期，红砖生产猛增，墙体以实砌为主，取代排山。梁椽为松杂木，屋面盖有平瓦，大门仍为双扇，基本达到食宿分开，人畜分"居"。1978 年以后，农副业生产有较大发展，农民生活水平不断提高，农村逐步掀起建房热，此时所建房屋均为经济实用型，多为水泥桁柱、水泥门窗、红砖墙体，红瓦或青瓦屋面；楼房出现上下走廊式，使用空心楼板。

20 世纪 80 年代，农村掀起"建房热"。实砌墙体、平瓦屋面，排列整齐，附有走廊、院落。不少农户兴建 2 层楼房，少数建 3 层。其款式大致为：下 3 上 2（间）1 平台，前有阳台或走廊，并有凉台；水泥或木质的门窗框，水泥预制空心楼板和花式栏杆。红砖墙，多用水泥砂浆粉刷，墙基有地梁，墙体中间有腰箍，有的立防震柱。屋内除石灰刷白外，墙裙刷涂料或油漆，楼上卧室做天花。1981—1985 年，全县农村新建住宅有 3.47 万户，面积达 278.50 万平方米，其中建楼房的有 7178 户，建房面积 106.70 万平方米。

1985 年以后，农村旧房普遍被改造新建，原砖木结构房屋逐步被砖墙和水泥预制构件的混合结构所代替，并向多层次、套房化、高档化发展。1996 年统计，全市建有农房 1758.35 万平方米，其中楼房 1278.35 万平方米，混合结构 1758.59 万平方米，分别占总面积的 72.28%、80.12%。在 1986—1996 年间，全市（县）村庄农房总面积增加 980.75 万平方米，增加 82.47%；人均居住面积增加到 28.33 平方米，增加 1.22 倍。

根据句容县农民家庭基本情况调查资料，1986 年，80 户调查对象中，年末使用房屋共 373 间、8003 平方米，比 1985 年（358 间、7599 平方米）增加 15 间、404 平方米，其中年内新建房屋 24 间、565 平方米，新房面积约占房屋总面积的 7.06%，即约有 7% 左右的农户翻建新房。1990 年 80 户调查对象中，新建房屋 236 平方米，约占年末使用房屋（8514 平方米）的 2.77%；1991 年 100 户调查对象中，年内新房屋 740 平方米，占年末使用房屋 8665 平方米的 8.54%；1994 年 100 户调查对象中，新建房屋间数占使用间数比重为 2.50%，其中砖木结构占 10%，砖混结构占 90%。1996 年统计，全市建有农房 1758.35 万平方米，其中楼房 1278.35 万平方米。

1997—2008 年，村庄居民建房因政府宏观控制用地，进入平稳发展阶段，全市每年建房在 1500 ~ 2300 户左右，并呈下降趋势，每年建房面积在 21 万平方米之内，其中混合建筑在 80% 以上。大多为旧房改建，其建筑结构大部分为套房式楼房，层次一般为 2 ~ 3 层，并注意整体美观和内部装饰及外部美化，有部分房屋内部装饰及其舒适度已超过小城镇和城市住房。在此期间，由于小城镇建成区面积扩大，部分村庄被划入，村庄建成区相应缩小，住房实有面积有所减少。同时，有条件的农民已在集镇或城市购买了商品房。

2008 年，全市村庄实有农房面积 2861.72 万平方米，其中楼房 2188.37 万平方米，混合结构 2255.68 万平方米，分别占 81.60% 和 84.10%；全市乡镇人口 44.28 万人，乡村人均住房面积 50.16 平方米。

2008 年后，句容市政府强力推进几大项目建设，加快新一轮新农村建设步伐，几年之中有相当数量的小自然村被整体拆迁，建设新的集中居民点或搬进集中统一开发建设的安置小区。至 2013 年，农房建设无论是新建还是翻建，户数和面积都呈下降趋势。

2004—2013 年句容市村庄建房情况一览

表 3-3-1

年份	建房户数(户)	建筑面积(万平方米)	人均居住面积(平方米)
2004	2389	35.57	48.69
2005	2132	28.16	49.84
2006	1433	21.47	49.91
2007	1965	31.05	50.10
2008	1591	21.21	50.16
2009	1490	16.65	51.25
2010	3117	21.06	53.10
2011	2609	18.95	53.12
2012	2102	17.79	54.55
2013	1385	12.58	57.20
合计	20163	223.89	—

第二节 新农村建设

一、建设概况

2006 年开始实施新农村建设的规划，句容市勘探测绘院为新农村建设测绘新图，于 2007 年年初完成。实施新农村建设的内容主要包括实施高效农业规模化工程、实施村庄绿化清洁工程、实施农民健康工程、实施教育培训工程、实施文化建设工程、实施富民惠民工程、实施和谐村庄创建工程等几个方面。句容市以出台市委 1 号文件的形式，把加快建设社会主义新农村纳入整个经济社会发展的重中之重，在广泛调研、先行在 14 个村试点的基础上，专门出台了加快建设社会主义新农村的具体办法。市政府逐步增加新农村建设的财政投入，从资源和市场两个基点出发，研究制定土地使用政策，推动出台农村宅基地置换流转的意见和办法，解决新农村建设中的土地置换障碍，提高农民集中居住率。树立经营村庄的理念，结合观光农业、休闲农业、生态农业、有机农业，开发自然生态的农家乐旅游资源项目，鼓励工商企业参与建造文体设施、开发商业网点等基础设施建设。同时，研究制定调动农民积极参与新农村建设的政策，特别是在农村垃圾收集处理上，争取广大农民群众的支持和配合。建设功能完备的社区综合服务中心，完善农村综合服务网络和载体，做到“布局优化、道路硬化、村庄绿化、路灯亮化、环境洁化、塘坝净化”。

在新农村建设中，坚持以人为本，注重分类指导，综合分析各镇区位条件、经济基础、产业特点、自然风貌、人文历史等方面的情况，确定适合各镇实际的村庄建设模式和类型。根据各地农村经济社会的发展方向，结合旅游景点、自然生态、历史文化的开发情况，形成各自特色。同时充分利用各种形式，宣传新农村建设的意义，使这项工作家喻户晓，在全社会形成关心支持新农村建设试点工作的良好氛围。充分发挥农村基层组织的作用，发动、引导和调动农民群众参与建设自己美好家园的积极性。至 2013 年，全市投入 3.80 亿元，高质量完成 670 个村庄的环境整治，新建和改造各类道路 950 公里，墙面出新 205 万平方米。是年创成全国绿化模范市，并建成村庄绿化省级示范村 17 个；创成国家级生态村 2 个、省级生态村 3 个；茅山风景区潘冲村被评为江苏 20 个“最美乡村”之一。为建设更为安全的水网，2013 年完成南河、中河、句容河上游段治理，赤山湖内湖防洪滞洪和 17 座中小水库除险加固工程；完成农村自来水入户改造 12 万户，基本实现区域化供水。

二、公共及基础设施建设

1. 学校

20 世纪 70 年代，各行政村都设有完全小学，大一点的自然村设有初小或完小。80 年代后半叶至 90 年代上半叶，实施义务教育达标工程，多数村庄的学校校舍都有翻新或扩建。90 年代下半叶开始，因小学生生源减少和教育现代化工程，小学开始大量撤并。至 2008 年，农村村庄基本已无小学，集镇设有中心小学。原农村村庄学校已改作他用。

2. 村卫生室

20 世纪 70 年代，句容县 347 个行政村中，有 344 个村卫生室。1999—2000 年，市卫生部门对卫生室整顿，2000 年年底，全市有集体性质村卫生室 169 个，镇村一体化中心卫生室 13 个，村级诊所 154 个，总数 356 个。村组合并后，村卫生诊所没有大的变化。在新农村建设过程中，各镇结合实施农民健康工程的具体要求，主要推动各村级卫生室的配套出新工作、做好村卫生室标准化建设工作。2012 年，市卫生局印发《关于加快推进卫生室标准化建设工作的通知》，加速推进卫生室标准化建设。标准化卫生室要求标牌、标识、科室标牌、各项制度牌统一；坏损的设施设备全部更新；实现“机构管理、人员管理、业务管理、药械管理、财务管理、绩效考核”“六统一”。至 2013 年，全市各镇（管委会）的村卫生室全面完成新建、改扩建、装修出新工程。所有新建卫生室完成信息联网、软件安装、即时结报工作。

3. 道路建设

直至 20 世纪 80 年代，自然村之间道路大多为沙石路，有些仍是土路、机耕道。村内道路基本是农户各自负责，不少农户在翻建楼房后，修建门前道路，有些还铺设水泥混凝土路面。亦有一些先富裕起来的村民，出资为家乡村庄修筑道路。2001 年后，句容市交通部门落实为民办实事的“村村通”工程，全面展开乡村公路新建、改建工作。截至 2008 年年底，已基本完成村与村之间水泥路修建任务，全市各行政村之间等级公路通达率 100%，农民集中居住点全部通上水泥路面。截至 2013 年，全市村级公路总里程达 1072.22 公里。2013 年句容市农村公路提档升级工程正式启动，当年改造 102.43 公里，配套桥梁改造 13 座，此次农村公路提档升级工程以保障镇村公交、校车以及城乡客运班车的安全通行为主要目标，同时兼顾规划布点村庄道路通达、跨区作业农机转运通行等要求。进一步提升农村公路安全条件、通畅水平、沿线环境，为进一步加快新农村建设提供有力支撑和保障。

4. 供水

20 世纪 80 年代中期开始，邻近集镇的村庄，开始自来水管道进村入户，90 年代该项工作进展较快，市区供水管网已覆盖华阳镇农村大部。2003 年起，句容市政府强力推进农村改水，并在改水经费上大胆探索“引进民资建设水厂，群众集资铺设管网，政府资金以奖代补”的新思路。全市累计投入改水资金逾亿元，新建茅山、黄梅、春城等 10 余个日供水 5000 至 1 万吨的镇级水厂，铺设、改造直径 50 毫米以上主管道逾 700 千米，新增安全卫生水受益人口逾 40 万人，安全卫生水覆盖率提升到 95% 以上。至 2008 年，自来水管网已覆盖全市所有自然村，90% 以上农户已用上自来水。

从 2008 年开始，市政府投资 10 多亿元开始实施区域供水工程。整个区域供水工程，北部的宝华、下蜀分别与南京的龙潭、镇江的水厂实现对接，中部、东部和南部片区与江宁水厂对接。至 2011 年全市铺设镇到村、村入户管网 1900 千米，入户 6.20 万户。南部片区全部完成入户工作；东部片区完成支管网铺设工作，2013 年年底，除个别村庄外，句容市域范围实现区域供水全覆盖。

5. 通讯及广播电视

1986 年，村庄农户一般都有广播喇叭入户。90 年代中期，电话、有线电视开始进村入户，电视机、收音机取代了有线广播喇叭。至 2008 年，有线电视和电话线及互联网宽带基本进入绝大多数自然村。2008 年后，根据新农村建设的要求，各镇（管委会）加快推进农村有线电视“户户通”工程建设，至2013年年底，新增有线电视农村用户6万多户，农村有线电视入户率已达90%以上，除部分人户分离的特殊情况外，农村有线电视网已通达各自然村、居民点。

三、环境建设

改革开放后经济大发展，但农村普遍存在畜禽粪便、生活污水、垃圾固废等方面的污染，影响了农民群众的生活质量，不符合建设社会主义新农村的要求。开展农村环境污染整治，有利于减少农村环境污染、改善农村环境质量、促进人与自然和谐共处。句容的农村环境整治从改厕工作入手。1993年，县选择东昌乡衣庄村、茅西乡后河村、郭庄乡百丈村、宝华乡鲍亭村、开发区西庙村等5个村作试点，按无害化要求进行改造和整治。1994年，句容县建委、卫生局联合发文，要求凡新建房屋都要建造卫生厕所。2000年年底，全市卫生户厕11.43万座，改厕率56.86%。

2001年，全市普遍开展“清洁环境，美化家园，增进健康”活动，推动村庄环境治理。2003年，后白镇古村被评为“江苏省卫生村”，天王镇前进村、开发区西庙村、华阳镇杜家山村创成镇江市卫生村。2004年，开展“清除垃圾、清除污染；美化环境、美化家园”为主题的“双清双美”活动。2005年，开发区西庙村、边城镇友谊村、二圣镇张庙村创成“江苏省卫生村”，黄梅镇新塘村、茅山镇夏林村、白兔镇安头村、天王镇唐陵村和徐家桥村、华阳镇下甸村、二圣镇二圣村、边城镇衣庄村、宝华镇宝华村创成“镇江市卫生村”。2006年，句容市全面启动农村环境综合整治工作，按照江苏省环保厅等6部门《关于开展农村人居环境建设和环境综合整治的通知》精神，以“六清六建”（即：清理垃圾，建立垃圾管理制度；清理粪便，建立人畜粪便管理制度；清理秸秆，建立秸秆综合利用制度；清理河道，建立水面管护制度；清理工业污染源，建立稳定达标制度；清理乱搭乱建，建立村庄容貌管理制度。）为主要内容，选择11个行政村作为试点村。

2008年，全市完成农村户厕改造2.20万户，建成改厕普及村4个，设有农村保洁员1487名，建设垃圾箱（房）3000个。2008年后，多方面开展村庄环境整治工作，取得喜人成绩。不搞大拆大建，只在尊重村庄“个性”的基础上进行整治，保留农村的“原汁原味”，让村民住得舒心。紧紧围绕既定目标，成立专门工作小组，动员各方力量整合全镇资源，全力以赴集中抓好村庄环境整治工作。在村庄整治中注重“珍惜眼前”，因地制宜，形成特色。华阳镇共投入2100多万元，共整治河塘河坡1.50万米，清理垃圾3000多吨，栽插绿化树木2万多棵，新建垃圾箱房40多个，硬化村级主、次道路40余公里，新建公厕5座，便民停车场12个，修建污水处理设施7座。村庄环境整治取得明显的成效，村容村貌大有改观，人们的精神面貌也焕然一新。截至2013年，全市已启动891个村庄整治，启动率92%，完成431个，完成率44%，其中，三星级康居乡村8个，二星级康居乡村93个，环境整洁村330个。

第三节　村庄拆迁

一、因水利工程和道路建设而进行的村庄拆迁

村庄拆迁缘自20世纪50年代开始的水库建设、河道治理和农田基本建设等。主要是中型水库的拆迁面广量大。由于当时正处在“大跃进”的特定历史时期，遗留问题较多，事后安置工作难度很大。

中型水库的移民拆迁有2次，第一次规模较大，1958年动工兴建的五座中型水库和虬山小（一）型水库，在1959年春至1960年1月先后合龙蓄水，随之实施大规模的移民搬迁。当时采取的主要措施：投亲靠友暂居；集体迁到附近大队村庄，有公房住公房，无公房暂时寄居房屋稍宽的社员家中；就地后靠，搭盖临时工棚暂居。1960年秋落实政策，对社员直接损失实施清退或赔偿。退赔方法分三类：第一类，有公房的尽量以房

赔房,如当时二圣公社办公及宿舍用的10间平瓦房和6间草房全部用于退赔;第二类,经济补偿给拆迁户自行建房,(补偿标准为草房每间30元,瓦房每间60元,楼房每间80元),木材、毛竹、水泥、钢筋等计划材料作适当安排;第三类,集体迁到异地落户,由退赔办公室直接建造平瓦房赔给拆迁户。如二圣水库内的阴桥头村集体安置在大圩大队,水南村安置在后村大队的山边自然村,组建新桥、新建两个生产队。句容、北山两水库有一部分拆迁户集体迁至异地建新村,如大卓的新华、新村、新光、新上、赵塘林业、小北山等均为移民新村。无论哪种方法,都要求考虑到生产资源(主要是土地资源)能否容纳,能否使拆迁户的生产、生活安定。

第二次是1975年后,水库防洪标准进一步提高,水库洪水线以下的居民必须全部拆迁,同时一些新增防洪工程设施亦增加了一些新的拆迁户。如茅山水库修整坝脚平台时,搬迁秋板桥村16户村民;句容水库建非常溢洪道时,搬迁赵塘村30多户村民。第二次拆迁规模小,又有了第一次拆迁的经验,采用的方法是先宣传动员,明确拆迁政策和赔偿标准,建房用地由大队、生产队就近统一安排。土地紧张的生产队由公社、大队适当调整土地。赔偿标准为草房每间80元、瓦房每间120元、楼房(很少)每间180元,其他副房、猪圈等每个20元~40元。木材计划每间0.10立方米~0.30立方米,其他计划材料水泥、毛竹、钢筋等作适当安排。拆迁户建房用工由公社、大队用减少水利专业队用工或冲减土方任务的办法补给生产队,再落实到拆迁户。由于拆迁工作细致,政策明确,拆迁户经济上不吃亏,拆迁工作较为顺利。至1990年,六座中型水库和虬山水库共全部或部分搬迁自然村庄78个、棚子户27处,累计搬迁农户2921户、人口1.59万人,共拆迁楼房481间、瓦房4973间、草房8085间,拆迁安置经费共计65.96万元。

1978年因句容河拓浚工程,位于南门桥附近的原环城公社金竹巷、路东2个自然村拆迁,搬至新河道南面合建新村,取名金路村。

1957—1985年句容县水利工程主要拆迁、新建村庄情况一览

表3-3-2

工程名称	年份	拆迁村庄	所在乡镇	新建村名	所在乡镇	拆迁规模
北山水库	1958	中解村	大卓	新村	亭子	全部拆迁改名
	1958	解家村	大卓	新村	亭子	全部拆迁改名
	1958	上高村	大卓	新岗头	亭子	全部拆迁改名
	1958	下高村	大卓	新岗头	亭子	全部拆迁改名
	1958	上章培	亭子	红山(湾山)	亭子	全部拆迁改名
	1958	下章培	亭子	红山(湾山)	亭子	全部拆迁改名
	1958	中亭子	亭子	中亭子	亭子	大部拆迁原名
	1958	普渡桥	大卓	新村	大卓	全部拆迁改名
	1958	里巷	亭子	里巷	亭子	全部拆迁原名
二圣水库	1958	西岗村	二圣	西岗	二圣	全部迁移原名
	1958	阴桥头	二圣	阴桥头	二圣	全部迁移原名
	1958	水南	二圣	水南	二圣	全部迁移原名
	1958	姜家	二圣	姜家	二圣	全部迁移原名
	1958	吴家棚	二圣	吴家棚	二圣	全部迁移原名
	1958	何家棚	二圣	何家棚	二圣	全部迁移原名
	1958	水北	二圣	水北	二圣	全部迁移原名
	1958	上淤乡	二圣	淤乡	二圣	全部迁移原名

1957—1985 年句容县水利工程主要拆迁、新建村庄情况一览

续表 3 - 3 - 2

工程名称	年份	拆迁村庄	所在乡镇	新建村名	所在乡镇	拆迁规模
二圣水库	1958	下淤乡	二圣	淤乡	二圣	全部迁移原名
	1958	孔岗头	二圣	孔岗头	二圣	部分迁移原名
	1958	财神庙	二圣	立新	二圣	全部迁移改名
	1958	洗马桥	春城	洗马桥	春城	大部迁移原名
	1958	洗马桥	春城	安乐	春城	小部迁移改名
	1958	东马桥	春城	安乐	春城	全部迁移改名
	1958	西小溪	春城	西小溪	春城	全部迁移原名
	1958	蒲塘坝	春城	蒲塘坝	春城	全部迁移原名
	1958	杨家棚	春城	杨家棚	春城	全部迁移原名
	1958	王家边	茅西	王家边	茅西	全部迁移原名
	1958	井塘	茅西	井塘	茅西	全部迁移原名
句容水库	1958	光里庙	大卓	光里庙	大卓	部分迁移原名
	1958	光里庙	大卓	林光	大卓	部分迁移改名
	1958	光里庙	大卓	新光	大卓	部分迁移改名
	1959	前本湖	大卓	前本湖	大卓	部分迁移原名
	1959	本湖	大卓	新华	大卓	部分迁移改名
	1959	上溪村	大卓	新上	大卓	全部迁移改名
	1962	贾相里	城东	前贾相	城东	部分迁移改名
	1961	河头村	城东	河头村	城东	部分迁移原名
	1975	戴家边	城东	戴新村	石狮	部分迁移改名
仑山水库	1958	大芦塘	陈武	芦塘	陈武	全部迁移改名
	1959	小芦塘	陈武	芦塘	陈武	全部迁移改名
	1959	梁家棚	陈武	河西	陈武	全部迁移改名
茅山水库	1958	许浪头	茅西	许浪头	茅西	全部迁移原名
	1958	朱巷村	茅西	朱巷	茅西	全部迁移原名
	1958	秋板桥	茅西	秋东	茅西	全部迁移改名
	1958	秋板桥	茅西	秋西	茅西	全部迁移改名
	1958	火炼培	茅西	火炼培	茅西	全部迁移原名
茅山水库	1958	库区内	茅山	新建村	茅山	全部迁移改名
	1958	库区内	茅山	新居村	茅山	全部迁移改名
幸福水库	1958	库区内	白兔	红星	白兔	全部迁移改名
	1958	江庄	白兔	老村	白兔	部分迁移改名

1957—1985 年句容县水利工程主要拆迁、新建村庄情况一览

续表 3－3－2

工程名称	年份	拆迁村庄	所在乡镇	新建村名	所在乡镇	拆迁规模
幸福水库	1958	江庄	白兔	新村	白兔	部分迁移改名
	1958	库区内	白兔	红旗村	白兔	全部迁移改名
马埂水库	1966	龙王庙	袁巷	马埂	袁巷	全部并入马埂
固江水库	1955	邱家	黄梅	固江口	黄梅	全部并入固江口
李塔水库	1957	陈庄村	磨盘	陈庄	磨盘	全部迁移原名
墓东水库	1976	玉真桥	春城	玉真桥	春城	全部迁移原名
	1976	迎水涧	春城	迎西	春城	全部迁移改名
	1976	库区内	春城	新立	春城	全部迁移改名
北河	1975	北河	二圣	新塘冲	二圣	部分迁移改名
	1975	义成桥	二圣	清水塘	二圣	小部迁移改名
	1975	圩里	二圣	新农村	二圣	全部迁移改名
南河	1972	圩区内	后白	新小圩	后白	全部迁移改名
句容河	1974	三岔圩内	三岔	新农村	三岔	全部迁移改名
南干渠	1970	圩区内	二圣	前林	二圣	全部迁移改名
中河	1976	中干渠	二圣	前进	二圣	全部迁移改名

说明：原村仅小部分向高地拆迁且不改名者从略。

1994 年，华阳镇实施镇句路拓宽改造工程。沿路两侧丁家巷、杨家巷、包家巷、陈家里 4 个自然村 50 多户居民接受拆迁改造。1995 年后至 2004 年，因城区扩展，道路建设每年都涉及城乡结合部的一些村庄需要拆迁。其时的安置办法大多是易地由村民自建。2000 年，因城区华阳南路延伸段建设，三台阁村卫岗头自然村拆迁，安置办法仍是由村民自建。此后便逐渐转向建造集中统一规划的安置小区。

图 3-34　华阳镇安置小区

二、句容经济开发区的村庄拆迁

从 1993 年句容经济开发区第一个项目华阳东路拆迁开始，到 2013 年年底，全区拆迁共涉及 45 个自然村 8858 户，拆迁面积约 185 万平方米。其中已整体拆迁、集中安置的，有分别属于三里井社区、赤岗社区、寨里社区、黄梅行政村、莲塘行政村、后塘行政村、新塘行政村的村庄共 34 个。

1993 年因建造华阳东路、商业街(崇明路)，拆迁 208 户，拆迁面积 3.20 万平方米。1999 年因华阳北路延伸段、机场路建设，拆迁 56 户，拆迁面积 1.23 万平方米。2001 年因益进光电项目拆迁 21 户，拆迁面积 2935 平方米。2003 年因久正光电项目、国际大酒店项目拆迁 149 户，拆迁面积 3.41 万平方米。2005 年因北二环路建设拆迁44户，拆迁面积8075平方米。自2007年起，随着园区建设规模的不断扩大，拆迁力度也逐渐加大，2007年拆迁1308户，拆迁面积27.08万平方米。2008年拆迁572户，拆迁面积10.73万平方米。2009年拆迁1991户，拆迁面积42.16万平方米。2010年因碧桂园项目拆迁3119户，拆迁面积59.65万平方米。2011年拆迁25户，拆迁面积6758平方米。2012年拆迁56户，拆迁面积8208平方米。2013年拆迁591户，拆迁面积为21.11万平方米。

三、各建制镇(管委会)的村庄拆迁

宝华镇为宝华新城建设，于2006年拆迁和平村前黄自然村。2007年加大投入2.20亿拆迁11万平方米，有丁沙、陶沙、朱沙等村庄整体拆迁，拆迁户全部安置在新建的小区。因宁杭高铁和空港新区建设需要，郭庄镇于2008年先后拆迁百丈村的大、小花茂和大、小五埃头等自然村近200户居民，安置到康居花园小区。其后又陆续拆迁塘西和雍家边400多户。前后上千户农民集体搬迁在安置小区内。

根据市委市政府提出建设临港工业集中区的有关要求，下蜀镇于2008年对园区内的村庄进行整理，共组织拆迁1200户，拆迁安置大部集中在长江花园安置小区。

天王镇于2010年对16个行政村52个自然零星居住点进行村庄整理，整理村庄总占地面积85.26公顷(1278.90亩)，总户数783户，其中楼房217户，平房527户，简易房39户，整理房屋总建筑面积12.58万平方米，被拆迁的农村居民户于2011年12月前搬迁至浦溪花园安置小区居住。

2010年，后白镇万顷良田和新社区建设项目中，村庄整理范围涉及夏王村、东湾村、延福村、王庄村、东风村、古村村6个行政村15个自然村和后白良种场，涉及农户1706户，共拆迁房屋28万平方米。

茅山管委会实施行政村托管后，于2010年实施村庄整理，拆迁农户282户，其中玉晨村199户、房屋建筑面积251万平方米；茅山村48户、8162平方米；夏林村35户、7274平方米。2011年，又拆迁农户119户。其中茅山村57户、8972平方米；东进林场62户、5700平方米。

赤山湖风景区成立后，因景区建设和景区内村庄整治，于2013年拆迁赤山以南、句容中河以西大片村庄，共涉及13个村，拆迁户1622户，人口4691人，住房面积34.20万平方米。其中谢桥行政村全部被拆。

2001—2013年句容市村庄拆迁情况一览

表3-3-3

年份	拆迁面积(万平方米)	动迁户数(户)	全部拆除的村庄(个)	备注
2001	0.29	21	—	—
2002	4.92	383	—	—
2003	7.44	373	—	—
2004	1.58	45	1	—
2005	2.79	248	—	—
2006	5.24	173	4	—
2007	28.30	1718	12	—
2008	47.18	1783	17	—
2009	71.90	2654	9	—
2010	140.40	7840	72	—

2001—2013 年句容市村庄拆迁情况一览

续表 3－3－3

年份	拆迁面积(万平方米)	动迁户数(户)	全部拆除的村庄(个)	备注
2011	34.59	1656	8	—
2012	28.46	1197	9	—
2013	154.13	6415	86	—
合计	352.23	24506	215	—

四、拆迁安置

始于 20 世纪 50 年代的水利工程建设所形成的村庄拆迁，全部实行移民搬迁的安置方法；有的村庄整体迁移，有的迁移后合并。改革开放之后，由于城区扩展、道路及其他基础设施建设，逐年有村庄被拆迁。1994 年华阳镇在镇句路拓宽改造工程中，沿路两侧接受拆迁改造的村民，按照规划要求拆除旧房、让出道路红线改平房为楼房。句容经济开发区建立之初，对拆迁后的农民安置问题仍是采取易地由村民自建的方式，后逐步过渡到集中统一安置。2008 年后，开发区累计投入 30 多亿元建设了 41 万平方米的黄金花园、10 万平方米的梅花苑、125 万平方米的黄梅新村、12 万平方米的幸福花园、10 万平方米的通宁公寓，被拆迁户按拆迁时间先后顺序安置在这 5 个小区中。其中 2012 年建成的黄梅新村位于句容经济开发区原黄梅集镇 122 省道南侧，总投资 18 亿元，占地 1200 亩，总建筑面积 125 万平方米，包括住宅楼 214 栋、商铺 14 栋、幼儿园 1 家、农贸市场 1 个，是全市一次性投入资金最大、占地面积最广、入住人口最多的安置小区。小区内配套设施齐全，一号路的商业街和二号路的农贸市场、商业区与黄梅集镇相呼应，与黄梅集镇融为一体。

2004—2013 年句容市整体拆迁、统一安置的村庄情况一览

表 3－3－4

镇(管委会)	行政村	自然村	户数(户)	人口(人)	建筑面积(平方米)	年份	安置地点
华阳镇	北阳门	贾纪山	45	165	13400	2010	朝阳嘉苑
		前岗头	48	148	15700		
		王家庄	46	137	14975		
	周家岗	柿树	145	465	55100		新城雅居
		五里岗	48	126	18240		
		笪家边	81	248	30780		
		岗下	52	206	19760		
		李家边	69	191	26220		
		大东岗	110	260	41800		袁巷路安置点
		小涧子	74	206	28120		
		周东	61	159	23180		新城雅居
		周西	63	166	23940		

2004—2013 年句容市整体拆迁、统一安置的村庄情况一览

续表 3－3－4

<table>
<tr><th>镇(管委会)</th><th>行政村</th><th>自然村</th><th>户数(户)</th><th>人口(人)</th><th>建筑面积(平方米)</th><th>年份</th><th>安置地点</th></tr>
<tr><td rowspan="16">华阳镇</td><td rowspan="8">城上</td><td>井塘头</td><td>70</td><td>180</td><td>18011</td><td rowspan="8">2013</td><td rowspan="8">滕家安置点</td></tr>
<tr><td>滕家</td><td>91</td><td>240</td><td>24216</td></tr>
<tr><td>章家边</td><td>90</td><td>270</td><td>27746</td></tr>
<tr><td>城上</td><td>192</td><td>550</td><td>74439</td></tr>
<tr><td>下塘边</td><td>143</td><td>420</td><td>45596</td></tr>
<tr><td>唧水冲</td><td>65</td><td>180</td><td>15210</td></tr>
<tr><td>新上</td><td>21</td><td>55</td><td>4785</td></tr>
<tr><td>居家边</td><td>165</td><td>460</td><td>44453</td></tr>
<tr><td rowspan="2">杨家巷</td><td>东王格</td><td>83</td><td>139</td><td>31784</td><td rowspan="2">2010</td><td rowspan="2">府南苑</td></tr>
<tr><td>西王格</td><td>94</td><td>145</td><td>26402</td></tr>
<tr><td rowspan="2">西岗</td><td>郜家边</td><td>206</td><td>529</td><td>48686</td><td rowspan="6">2013</td><td rowspan="2">大卓集镇</td></tr>
<tr><td>老合</td><td>144</td><td>445</td><td>32202</td></tr>
<tr><td>吴岗</td><td>吴岗</td><td>181</td><td>540</td><td>43408</td><td>句蜀路</td></tr>
<tr><td rowspan="3">赵塘</td><td>朱塘头</td><td>153</td><td>470</td><td>39443</td><td rowspan="3">滕家安置点</td></tr>
<tr><td>西塘埂</td><td>54</td><td>152</td><td>22008</td></tr>
<tr><td>赵塘</td><td>139</td><td>338</td><td>44436</td></tr>
<tr><td rowspan="21">宝华镇</td><td rowspan="7">和平</td><td>前黄</td><td>58</td><td>150</td><td>17400</td><td>2006</td><td>宝华花园</td></tr>
<tr><td>丁沙</td><td>74</td><td>182</td><td>22200</td><td rowspan="3">2007</td><td rowspan="3">宝华花园</td></tr>
<tr><td>陶沙</td><td>42</td><td>99</td><td>12600</td></tr>
<tr><td>朱沙</td><td>31</td><td>78</td><td>9300</td></tr>
<tr><td>毛东</td><td>62</td><td>163</td><td>18600</td><td rowspan="4">2008</td><td rowspan="4">宝华花园</td></tr>
<tr><td>毛西</td><td>93</td><td>237</td><td>27900</td></tr>
<tr><td>官塘</td><td>83</td><td>215</td><td>24900</td></tr>
<tr><td rowspan="4">鸿堰</td><td>鸿堰头</td><td>310</td><td>706</td><td>93000</td></tr>
<tr><td>山后</td><td>58</td><td>143</td><td>17400</td><td>2007</td><td rowspan="13">宝华花园</td></tr>
<tr><td>东山</td><td>78</td><td>187</td><td>23400</td><td rowspan="2">2009</td></tr>
<tr><td>圩子</td><td>200</td><td>230</td><td>60000</td></tr>
<tr><td rowspan="10">鲍亭</td><td>上鲍亭</td><td>105</td><td>270</td><td>31500</td><td>2006</td></tr>
<tr><td>黄村</td><td>124</td><td>337</td><td>37200</td><td rowspan="2">2007</td></tr>
<tr><td>新坝</td><td>81</td><td>209</td><td>24300</td></tr>
<tr><td>下坝</td><td>31</td><td>67</td><td>9300</td><td>2011</td></tr>
<tr><td>下鲍亭</td><td>118</td><td>308</td><td>65400</td><td rowspan="4">2012</td></tr>
<tr><td>亭子头</td><td>36</td><td>82</td><td>10800</td></tr>
<tr><td>周岗头</td><td>47</td><td>116</td><td>14100</td></tr>
<tr><td>王宕</td><td>49</td><td>110</td><td>14700</td></tr>
<tr><td>张家岗</td><td>165</td><td>260</td><td>49500</td><td rowspan="2">2013</td></tr>
<tr><td>罗岗头</td><td>45</td><td>110</td><td>13500</td></tr>
</table>

2004—2013 年句容市整体拆迁、统一安置的村庄情况一览

续表 3-3-4

镇(管委会)	行政村	自然村	户数(户)	人口(人)	建筑面积(平方米)	年份	安置地点
宝华镇	凤坛	华山口	98	298	29400	2009	凤坛花园
		魏村	66	167	19800		
		贾冲	56	160	16800		
		后东	72	176	21600		
		后西	88	198	26400		
		建华	66	155	19800	2012	
		前流圩	88	198	26400		
		储山口	146	330	43800		
		山头	88	187	26400		
郭庄镇	百丈	大五埃头	118	299	19801	2008	康居花园
		小五埃头	37	103	9322		
		小花茂	47	121	11922		
		大花茂	159	456	14970		
	朝阳	雍家边	296	795	36389	2010	
		朱家墩	203	524	24619		
下蜀镇	裕课	下坝	73	247	10950	2007	王圩小区
		南埂	59	167	8850	2008	长江花园
		中桥	84	262	12600		
		上坝	113	328	16950	2008	
		四段	75	194	11250		
		北兴	179	527	26850	2010	
		红毛	62	186	9300		
		水圩	99	294	14850		
		咸兴	80	188	12000		
		裕课	80	217	12000	2013	
		中埂	104	309	15600		临港佳园
		浦沙	85	234	12750		
		马渡	64	229	9600		
		南棚	69	307	10350		
		北棚	62	205	9300		
		新桥	78	279	11700		官港人家
		新民	70	178	10500		
	桥头	桃园	47	124	11840	2008	长江花园
	下蜀	大东	66	198	9900	2009	
		挂圩	33	102	5280		
	沙地	小河北	63	166	12600	2013	

2004—2013年句容市整体拆迁、统一安置的村庄情况一览

续表3-3-4

镇(管委会)	行政村	自然村	户数(户)	人口(人)	建筑面积(平方米)	年份	安置地点
下蜀镇	华山	鹿山	50	158	7258	2010	长江花园
		叶庵	56	162	4482		
		新庄	25	98	4016		
	空青	小黄岗	20	57	3060	2013	
茅山镇	东霞	陈甲	27	95	4989	2010	富春新苑
		董甲	23	81	4150		
		南山	19	67	3428		
		河东	45	160	8536	2013	
	前陵	涧西	59	207	11246	2011	
		方前	27	95	5146		
		方西	41	144	7815		
	丁家边	毛家棚	18	63	3414	2013	
	城盖	甘家	29	104	5501		
	袁相	西山头	26	92	4932		
		茅庵	14	48	2656		
	长城	孙家棚	13	45	2466		
		洪家棚	11	39	2087		
天王镇	西溧	荷塘	40	120	6000	2012	浦溪花园
	天王	冯家棚子	30	90	4500	2013	
	涧北	刘粉	40	129	6000	2010	
		鲁墓	95	285	14250	2013	
	蔡巷	孙棚	22	67	3300	2010	
	浮山	下坝	38	114	5700	2012	
		李家边	42	126	6300	2013	
		小浮山	47	141	7050	2011	
	赵巷	河西	30	91	4500	2010	
		丘陵	44	132	6600		
	唐谷	长桥	40	121	6000	2011	
	农林	李棚	45	135	6750	2012	
	戴庄	丁棚	20	66	3000	2010	
后白镇	槐道	槐东	40	108	228114	2013	茶香苑
		槐北	45	110	246123		
		薛家	40	100	340170		
	二圣	何家	36	96	152076	2013	
		淤巷	104	298	340837		张庙家园
		张家塘	27	75	82708		
		三元楂	43	102	94714		

2004—2013 年句容市整体拆迁、统一安置的村庄情况一览

续表 3－3－4

镇(管委会)	行政村	自然村	户数(户)	人口(人)	建筑面积(平方米)	年份	安置地点
后白镇	长里岗	吴家	45	145	602448	2013	茶香苑
		西岗	94	201	238619		
		立新	75	206	324275		
		窑上	43	111	204836		
		中心	54	138	272083		
		汪家	36	85	358699		
		长里岗	63	174	413146		
		董家	27	79	310569		
		张家边	79	238	1035331		
		任家边	73	177	193777		
		后任家边	70	217	554637		
		赵家	59	168	545486		
	延福	周家边	184	552	687183	2010	福源社区
		南洼	64	192	266052		
		葛代巷	130	397	706373		
		前湖	58	174	311342		
		寺边	101	303	403888	2010	福源社区
		后倪	75	289	431522		
		伍家山	44	137	284269		
		鸡毛山	23	69	149802		
	林梅	黄里山	65	170	206770	2013	
	古村	河北	23	45	166750		
		杂粮	29	87	253460		
		金家	42	127	360180		
		后湖	35	115	386860		
		秧塘	20	127	340170		
		东风	31	103	306820	2013	茶香苑
		神树	42	115	293480		
		后岗	53	166	386860		
		后沟	42	127	366850		
	淮源	东孔	62	180	166750	2010	福源社区
	东风	东风侧中	45	149	221291		
		东风侧西	56	181	306019		
		东风大前	34	112	175081		
		东风大中	26	82	157746		

2004—2013 年句容市整体拆迁、统一安置的村庄情况一览

续表 3－3－4

镇（管委会）	行政村	自然村	户数（户）	人口（人）	建筑面积（平方米）	年份	安置地点
后白镇	东风	东风大后	40	138	195911	2010	福源社区
后白镇	东风	东风新桥	34	123	162575	2010	福源社区
后白镇	东风	东风大塘	42	146	223191	2010	福源社区
后白镇	东风	东风甘前	43	150	197305	2010	福源社区
后白镇	东风	东风石坝	48	189	288111	2010	福源社区
后白镇	东风	东风侧东	31	105	184426	2010	福源社区
后白镇	东风	东风侧前	50	162	227220	2010	福源社区
开发区	三里井	朱家里	45	168	15750	2004	梅花苑
开发区	三里井	朱家下	45	169	16210	2010	梅花苑
开发区	西庙	张家上	213	630	76680	2008	幸福花园
开发区	西庙	华家边	109	345	30520	2008	幸福花园
开发区	赤岗	赤岗	128	306	52480	2010	赤岗小区
开发区	赤岗	旧皂	137	387	57540	2010	赤岗小区
开发区	赤岗	下甸桥	78	326	40560	2013	水畔名居
开发区	赤岗	排岗	83	306	34030	2013	水畔名居
开发区	赤岗	百家山	55	170	22555	2013	水畔名居
开发区	赤岗	丁家边	129	508	53780	2007	黄金花园
开发区	寨里	三子里	50	190	19500	2013	通宁公寓
开发区	寨里	窑上	44	166	18200	2013	通宁公寓
开发区	寨里	林家庄	26	75	7800	2006	黄金花园
开发区	寨里	左家边	48	170	15320	2006	黄金花园
开发区	寨里	华家边	79	257	27650	2007	黄金花园
开发区	寨里	王家边	54	179	16215	2007	黄金花园
开发区	寨里	寨里	347	1114	107570	2007	黄金花园
开发区	寨里	马巷	85	282	28660	2007	黄金花园
开发区	寨里	蓼塘	54	154	13500	2008	黄金花园
开发区	寨里	纪巷	57	190	17300	2008	黄金花园
开发区	黄梅	新庄	141	416	49350	2010	黄梅新村
开发区	黄梅	下涧西	246	751	78720	2010	黄梅新村
开发区	黄梅	上涧西	87	280	34850	2010	黄梅新村
开发区	黄梅	贾母巷	166	564	10810	2010	黄梅新村
开发区	黄梅	潘家边	99	330	40590	2010	黄梅新村
开发区	黄梅	孔家	144	528	57570	2010	黄梅新村
开发区	后塘	巫家边	185	628	74500	2010	黄梅新村
开发区	新塘	水庄	33	113	9760	2010	黄梅新村
开发区	新塘	杨矸庙	80	301	24600	2010	黄梅新村
开发区	新塘	李家	162	593	56700	2010	黄梅新村
开发区	新塘	夏家	33	113	97500	2010	黄梅新村
开发区	新塘	新塘	141	410	56525	2010	黄梅新村
开发区	新塘	横塘	138	467	56320	2010	黄梅新村
开发区	莲塘	西岗头	87	347	26100	2013	黄金花园

2004—2013 年句容市整体拆迁、统一安置的村庄情况一览

续表 3－3－4

镇(管委会)	行政村	自然村	户数(户)	人口(人)	建筑面积(平方米)	年份	安置地点
赤山湖风景区	胜利	陈家边	141	442	28341	2013	郭庄镇朝阳路南侧
		沙新圩	97	311	19497		
		华兰墩	35	102	7035		
	赤山	大赵巷	133	497	27264		
		小赵巷	41	139	8979		
		后陈	76	288	14007		
		美人地					
		徐家边	65	183	13065		
		胡埝里	48	162	9648		
	谢桥	杜泽	293	685	58893		
		窦家边	268	649	53868		
		谢桥	93	354	18693		
		方家边	223	607	44823		
		潘家	109	272	21909		
茅山风景区	茅山	陆家庄	47	154	7686	2010	金葫山庄新家园好运居
		道院	73	321	7060	2011	
		红庙	65	190	13701		
	玉晨	成西	35	163	4263	2010	
		张西	27	98	3381		
		成中	17	65	1756		
		成东	35	124	4244		
		林业	29	113	3322		
		张东	53	174	5864		

第四节　特色村选介

一、金星村

金星村位于句容市西南、郭庄镇的中部，交通便利，环境宜人。全村总面积 4.62 平方公里，总人口 2760 人，2013 年有耕地 2850 亩。下辖 8 个自然村，20 个村民小组。金星村先后被江苏省、镇江市、句容市评为“文明单位”“先进基层党组织”“省级示范村委会”“百佳生态村”“卫生村”等先进称号。

金星村属于丘陵岗坡地形，在计划经济年代，金星属于郭庄的贫困村。20 世纪 70 年代的金星人，还在时时为一日三餐发愁。“金星多草房，山芋半年粮；出门就是坡，村里光棍多。”这首民谣正是当年金星村的真实写照。中共十三届三中全会之后，全村的党员干部在村支部书记张敬才带领下，奋力拼搏，在 5 间破屋

图 3-35　郭庄镇金星村

里办起了金星制鞋厂，开始了艰苦创业。1992 年，金星村引进第一家外贸企业——工贸合营高士达工艺品厂。以主产品—陶瓷娃娃为依托，之后陆续创办“三资”企业 12 家，累计利用外资 1000 万美元，成为国内最大的陶瓷工艺品生产基地之一。1995 年被镇江市委批准成立了句容市第一个村级的党委。1995 年全村工业总产值 2.20 亿元，外贸收购额 1.20 亿元，综合经济效益 1500 万元，人均收入 3266 元，由当地有名的贫困村一跃成为“句容市村级排头兵”。1996 年又投资 7000 万元，新办“三资”企业 2 家。一个基础条件极其薄弱的普通乡村，短短几年时间，在一片贫瘠旱地上筑起了一座生机勃勃的“金星陶瓷娃娃城”。陶瓷娃娃及各类玩具生产在全国名列前茅，畅销世界欧美等 20 多个国家和地区，1996 年被列为镇江市六个农村现代化试点示范村之一，1998 年晋级为江苏省农村现代化试点示范村之一。

2005 年，全村累计兴办“三资”企业 13 家，私营企业 33 家。在这些企业中，没有一家企业有超标排放黑烟、废水、废气等不良行为。村委会投资统一建设全村各个自然村的道路，并做好了部分道路的绿化工作，有 30% 的农户住房周围都种植了花草树木，美化了环境，村庄绿化率达 30% 以上；各家各户都建立了固定的垃圾堆放点，并做到 3 天清理一次。垃圾主要用作肥料，增加有机肥使用量，既美化了居住环境，又改善了土壤质地。同时，全村鸡、鸭、牛、羊等牲畜都实行圈养，畜禽粪便综合利用率达 100%，有机肥亩均施用量超过 1 吨。全村共划定一级农田保护区 1100 亩，二级农田保护区 500 亩，并建立了农田示范区 6 个，做到成方成块、沟、渠、路、绿化相配套。在此基础上，以点带面，全面推行秸秆还田、稻草还田，增加有机肥投入，减少了化学肥料用量，全村秸秆还田面积达到了 90% 以上，亩均还草达 150 公斤。在农田病虫草害综合防治的基础上，积极推广应用生物防治方法，减少农药使用量，并有效使用低毒、残留量小的农药，把农药污染降到了最低限度。

2008 年，金星村被评为省级农村环境综合整治示范村。

金星村一直将水利设施投入作为重中之重，2008 年起每年从集体收入中拿出 20 多万元用于水利设施的建设和维护。同时投入 100 多万元兴建 3 个小型水库，清理扩容 15 个当家塘，对全村 100 多座塘坝进行清淤加固，使全村塘坝水库蓄水量超过全村农田灌溉的用水量。2010 年后大力发展节水型农业，将 3000 亩高岗旱地开发种植用水少的苗木，不断调整农业结构节约水资源。一些种植水稻的田块被改种了西瓜等，一些岗坡地种植葡萄、茶叶，农户们还自己开挖了小水塘，引水节流。蓄水灌溉、滴溉、喷灌节水方法在全村已普及，在田间地头随处可见这些设施。

2012 年，金星村被评为江苏省社会主义新农村建设先进村。

二、戴庄村

戴庄村地处天王镇南端，南邻溧阳、西邻溧水。村域总面积 10.40 平方公里，耕地 7300 亩，全村 866 户，总人口 2879 人，有 15 个自然村。戴庄村坐落瓦屋山西麓山脚下，属茅山丘陵地区。全村岗坡地占 60%，人口密度每平方公里仅 276 人。传统种植粮油旱作，农业效益较低，过去交通不便，离中心城镇较偏远，工业也办不起来，原是句容市比较穷的 1 个村。

戴庄村自然资源丰富，生态环境优越。20 世纪 90 年代之后，戴庄村充分利用当地的农业资源条件，因时因地、积极组织、大力发展高效有机农业，取得了可观的成效。2006 年 2 月，村里成立由纯农民参加的全省首家有机农业专业合作社，并聘请著名农业专家赵亚夫担任总顾问。他们紧跟市场、努力做好产业融合，

图 3-36　天王戴庄有机农业园

提高综合效益，突出低碳循环、坚持可持续发展，完善低碳农业，使用清洁能源，大力保护生态环境，主动探索养护农业资源、山林资源的新路径，构建特有的低碳产业体系，寻求农业产业升级等方面的最佳效益。

经过长期努力，2008 年戴庄参与有机越光水稻、有机水蜜桃、茶叶、牧草、畜禽、蔬菜、草莓、山芋等有机农业项目生产的农户已占到全村总户数的 80%，2008 年有机水稻面积发展到 2000 亩，有机桃发展到 1500 亩，蔬菜发展到 1000 亩。合作社引领农民发展有机农产品生产、加工、流通和有机农业观光旅游，全村面貌发生很大变化。

由于有机栽培不使用化肥和化学农药，2008 年全村化学肥料用量比 3 年前减少了 50% 以上，化学农药用量减少了 45.80%，既确保了农产品品质，降低了成本，又减少了环境污染，保持了良好的生态环境。

戴庄村于 2008 年被评为江苏省生态村。2010 年以来，该村先后荣获“全国科普惠农兴村先进单位”“江苏最具魅力休闲乡村”“江苏省文明村”等称号。村总支书记李家斌 2011 年获镇江市劳动模范称号。2013 年在第三批全国“一村一品示范村镇”评比中，戴庄村榜上有名，成为镇江市第二家荣获此项称号的集体单位。从开始的探寻摸索到形成特色和规模，戴庄村逐步走出了一条依托一村一品实现强村富民、打造区域特色品牌、促进农民增收的丘陵山区特色之路。2013 年戴庄有机农业产业园区规划面积达 1.29 万亩，形成明显的现代农业产业体系。戴庄的有机农产品在上海、南京、杭州等地设有销售窗口、专柜或直营店，合作社还为江苏大学等高校机构提供订单销售服务。戴庄村通过发展有机农业，人均收入由原来的低于 3000 元的贫困村一跃成为小康村，2012 年戴庄村人均收入达到 13700 元，成为名副其实的一村一品强村富民的示范村。

三、新坊村

新坊村位于句容城区南侧，毗邻 104 国道及 243 省道，距句容市中心 5.40 公里，市内 3 路公交可直达。该村由原新坊、铃塘两个行政村合并而成，下辖 10 个自然村，21 个村民小组，耕地总面积 3100 亩，共 876 户，3116 人。新坊村交通便利，环境基础好，资源优势独特，土壤肥沃，水塘密布，独特的气候特征和资源优势，使这里的家禽养殖、无公害大米、大棚蔬菜、果树等各类特色产业已远近闻名。

图 3-37　华阳镇新坊村牌坊

新坊老鹅是这里一道特色名吃。红烧老鹅由于现宰现烧，土灶大锅烹饪，保持原始乡村风味，因此深受喜爱。20 世纪 90 年代后期，在城内外旅游消费逐渐趋旺的背景下，由农民自发

图 3-38 华阳镇新坊村街道

组建的农家乐旅游点相继出现。此后规模不断壮大,而后开发出的特色菜,如炖鱼头、红烧土鸡、老母鸡汤、铁锅锅巴、面粉锅贴、红烧鱼头等,抓住了很多顾客口味。一时间"吃老鹅,去新坊"在句容已成为流行语,不仅本地人食之如饴,南京、镇江甚至上海的客人也常慕名而来,品尝最正宗、最地道的新坊老鹅。经过 10 多年的发展,农家乐餐馆在数量、规模和分布都有较大的发展。到 2008 年年底,全村直接参与新坊老鹅馆专业经营的农民已达 30 多家,全年接待宾客 10 万人次,经济效益 600 万元。特色餐饮业的发展,使得布局不合理,服务质量较低的诸多缺陷也日渐显露,既不利于村容、村貌的规划,也难以长远发展。2009 年,华阳镇党委政府便关注起新坊"鹅"产业,本着利用绿色生态、乡土文化的原则,投入 1200 万元,在新坊村建设特色老鹅一条街。通过发展养生度假、生态观光旅游等休闲娱乐项目,开辟了一条农民增收致富的新路子。美食一条街位于句容市区铃塘转盘南侧 200 米,请东南大学设计院帮助设计。沿双石路全线长 3.30 公里,104 国道、243 省道分别位于东西两端,新 104 国道贯穿街道中间,加之华阳南路延伸段修至铃塘转盘。双石路拓宽改造,左右各拓宽 1 米,实行双向交通。考虑到车辆出行安全,将入口处设计成喇叭状;在入口处结合设立牌坊,牌坊大小为主跨度 7 米,高度 10 米。至 2013 年,长 1.40 公里连接 104 国道的双向道路已基本建成,新建了中心广场、景墙、路灯、高等级公厕、停车场等基础设施,完善了景区导览图和景点的标识牌等旅游配套设施。对沿街民房进行改造:原有青砖建筑保留原貌,危房旧房翻新,以江南质感水墨灰色为基底,打造水墨江南风格,统一形成古典江南风格。拆除破旧附房 8 处,墙体出新达 3000 平方米,一条街已初步成型。将村东入口湖面扩大 10 倍,对沿线水塘进行清淤、换水、护坡、驳岸;并在河塘、河岸种上荷花、菖蒲;主干道两侧种植垂柳、桂花、玉兰、香樟等。打造临水风光带,呈现江南水乡特色。为将旅游产业做大做强,村里成立了老鹅协会,发展老鹅养殖基地 2 家,年养殖量达 1.50 万只。协会着力于谋划品牌经营管理模式,统一养殖、制作、服务、营销。老鹅深加工实行统一供苗、供饲料、统一技术、防疫、品牌销售,保证收购的"五统一保"模式。同时注册"新坊老鹅"商标,扩大品牌效应。随着农家住宿区和农家景色观光区的陆续建成,游客可参与种菜、钓鱼、露营等农家乐项目。观农田胜景、品农家美味、尝农林硕果、赏园艺花卉、游田园村落,做一名"都市农夫",真正过一把"农民瘾"。2013 年全村以红烧老鹅、无公害农家菜为主的餐饮店 38 家,年接待客量达 30 万人次,年烧老鹅 3 万多只,综合效益达 2000 多万元,解决了 300 多剩余劳动力就业。

新坊村依托自身优良旅游资源优势,把新农村建设、乡村旅游开发与文明生态村创建紧密结合起来,积极引导群众大力发展特色乡村旅游业。通过特色景观旅游名村的创建,村内的各项指标基本达到要求,其中自来水入户率 100%,饮用水合格率 100%,生活污水处理率为 65%,垃圾收集、转运处理率为 100%,地表水质量达环境功能要求,完成河塘清淤任务,无公害、绿色、有机农产品基地占农田面积的 80.14%,测土配方施肥率为 91.96%,村庄绿化覆盖率 31.22%,农膜回收率 98.58%,秸秆综合利用率 96.20%,清洁能源普及率达到 94.98%,无害化卫生户厕为 100%,村民对环境状况满意率达到 97.63%。2010 年起又投入 100 万元建 2 个绿化广场,并沿线铺设草坪,配备健身器材,篮球架等,为村民休憩与运动提供好去处。同时加大硬件设施力度,实现土地流转 120 亩,拆迁路边房屋 2000 平方米,迁墓 50 座,清理水塘 10 个。集中治理农村草堆、土堆、垃圾堆,改造农厕、猪圈、废弃河塘,加强垃圾处理设施、污水管网、自来水工程建设,不断优化人居环境。

新坊村先后荣获“江苏省创建文明村工作先进村”“江苏省生态村”“江苏省农家乐专业村”“句容市社会主义新农村建设先进村”等多项称号。

图 3-39　三台阁村委会

四、三台阁村

三台阁村地处句容城西，坐落在葛仙湖畔，辖区面积约为 1.20 平方公里，下辖 6 个自然村，13 个居民小组，常住人口约 4500 人，其中，当地年末户籍人口 2730 人。2001 年部分村实施“村居合并、村改居”，设置三台阁社区居委会。2013 年村集体总收入 172 万元，人均纯收入 15000 元左右，三台阁社区党总支共有党员 76 名，分设工业党支部、农业党支部、老党员支部。先后获得江苏省和谐社区、镇江市文明社区、镇江市示范社区、镇江市先进基层党组织和党建示范点等荣誉称号。

三台阁村因当地著名的古建筑三台阁而得名。三台阁始建于明代，民国年间复建于句容西门外瓜子沟村西，“三台阁”三字由时任国民政府主席的谭延闿题写。这座三台阁具有典型民国建筑风格，也是句容最早的一座钢筋混凝土砖混建筑，不幸于“文化大革命”期间被拆毁。幸存的“三台阁”石刻匾额已被保管起来，安放在三台阁村委会院内。

三台阁村在计划经济年代一直是农业生产先进单位，由于紧靠句容河岸，地势平坦、土地肥沃、灌溉便利，粮食产量高，集体经济富裕。村民们善于种植蔬菜，长期以来一直是句容市区的重要蔬菜供应基地。20 世纪 80 年代以来，陆续发展和壮大起多家村办企业。90 年代，村里把工作的重点转移到经济建设上来，紧紧抓住句容城市建设的快速发展和辐射的机遇，大力发展工业企业，发展新项目。并且充分利用地位优势，在黄金路段建造厂房和门市房，经过多年的奋斗和拼搏，2013 年社区拥有集体固定资产 5000 余万元，其中标准厂房建筑面积 5000 平方米，门市房近 40 套，各类企业 10 余家，每年集体可获企业承包上交和门市房租赁上交纯利 150 万元。社区的经济效益在稳步中增长。现在民营承包企业有慧丰制衣、金佰盛制衣、欣艺绣花、耐磨材料厂、聚宝楼酒店等。三台阁社区的经济实力壮大后，把集体的效益让群众得到实惠，使群众在集体实力壮大中享受好处，用集体所获收益用于失地农民生活补助，村庄的道路建设和环境整治，新型农村合作医疗、扶贫帮困、助学奖励等等。社区每年都有很多投入用于民生工程，如社区家政服务及服务培训、居家养老服务设施和网络的建立、残疾人康复服务及社区文化建设等，三台阁在开发区乃至全市俱处于先进行列，保持了一个老先进单位的风采。

图 3-40　三台阁

三台阁社区京剧联谊会是句容市最早成立的群众文艺活动团体。票友会的活动受到社区的大力支持和帮助，会员从最初的 4 人发展到 30 多人。活动场所最初在建新村原干休所院内，2000 年后移到三台阁社区，以京剧清唱为主。2005

图 3-41　三台阁石刻

年定名为三台阁社区京剧联谊会，由三台阁村“乐舒”艺人后代陈洪润主持。票友成员中有机关干部、退休教师、普通农民。经常有南京、镇江等地的京剧戏迷票友来社区参加交流活动。2013 年，联谊会还远去镇江、扬州、丹阳、常州、宜兴等地交流，与各地京剧爱好者共同唱响国粹、弘扬民族文化。

五、五渚坊村

郭庄镇五渚坊村地处郭庄镇东部，东与葛村集镇西开发区相邻，西接金星村，北倚赤山湖风景区，南濒虬山湖水库，由原埝北、五渚坊两行政村合并而成，占地约 8 平方公里，耕地 4500 余亩，农户 1240 余户，人口 3631 人，有自然村 11 个。全村有党员 100 余人，2006 年 8 月组建党总支，分别下设埝北党支部、五渚坊党支部。五渚坊村以农业种植为主，以高效农业、水产养殖为示范；村内有民营企业 20 余家，主要从事基础导管制造、玩具加工、水泥预制构件制造等；对村级产业结构调整，化解农村剩余劳动力，农民增收，壮大集体经济强化社会效益起到了决定性的作用。村组合并后，在党总支的带领下，在全体村干部的共同努力下，村内的基础设施建设有新的改观。2011 年，资金紧张的情况下，五渚坊村领导班子排除困难，为埝北和五渚坊两个自然村的老百姓修建水泥路共 3 公里，得到了广大村民的热烈拥护和支持。2012—2013 年，根据农村环境综合整治的统一要求，五渚坊村全体村干部带领村民对全村的环境卫生进行了彻底的清理，尤其加强了对田埂沟渠、池塘、水泥路等重点区域的整治力度。村干部及村民们不畏辛苦，不怕脏和累，对各个自然村的村前村后，各家各户门前，村里每个垃圾堆，各个卫生死角都进行了清理，使整个村的面貌焕然一新。

五渚坊香会是五渚坊村一项重要民俗活动，历史传承久远，闻名遐迩。香会每年农历正月二十七、八至二月初八止，由来已久。据有记载自清咸丰年间即始，每年此时全村人不论老幼男女全来参加，但中间几经兴衰，如今已基本恢复。五渚坊香会又称慈善会，香会期间，四面八方的人前来捐款，会期结束后，村人将所捐款项用来修桥铺路，行善事。每年二月初六至初八，五渚坊村请大戏班来村唱戏，周围四乡八村该区域内居民都要来看戏，走亲访友，热闹空前。每年正月二十七或二十八（分大、小年）一直到二月初八止，家家蒸馒头拎来敬香。当年家中有喜事的（即盖房子、抬媳妇、生小孩、子女上大学）人家还拎着猪头、公鸡、鲤鱼等来供奉。香会的重头戏跳鼓，流传于五渚坊村一带，在清咸丰以前，该地已兴此舞，跳鼓多在乡村万年台演大戏的间隙表演，表演者计 48 人。此舞粗犷热烈，表演有难度。20 世纪 80 年代，县文化馆曾将跳鼓整理加工后参加镇江市“金山之春”文艺调演，获创作、表演二等奖。

六、下甸村

下甸村地处东门城郊，行政区域属华阳镇，区域面积 10 平方公里。122、243 省道贯穿村中、半抱句容湖，交通便捷，环境优美。民国 18 年（1929 年）曾设下甸乡，其时全县划分 9 区，下甸属第 2 区。民国 23 年（1934 年）下甸乡属第 1 区。1949 年 4 月句容县人民政府建立后，全县设 9 个区，临时划设 66 个乡镇，下甸乡属第 2 区。1956 年 4 月，全县实行并区并乡，下甸乡属东昌区管辖。1956 年 8 月，撤销区建制，同时乡镇撤并，下甸乡撤销，下甸村划归城东乡。1991 年乡镇合并，下甸村属华阳镇。2001—2004 年全市大规模村组合并，有东山、贾相、戴家边三个行政村先后与下甸村合并，组成新的下甸村。

2013 年，下甸村全村辖 22 自然村，农户 1260 户，人口 4026 人，33 个经济合作社，村党总支下设 2 个党支部，有 105 名党员。

历史上的下甸村长期以单一种植业为主，由于地处岗坡地带，产量不高，农民生活不富裕，大批青壮年不得不出外务工。改革开放后，特别是村组合并后，村党总支围绕"农业增效、农民增收"的目标，实施"强村富民"工程，因地制宜，扬长避短，帮助村民大力发展应时鲜果、大棚蔬菜和花卉苗木等现代高效特色农业。特色农业种植面积达3000余亩，并成立了下甸果蔬、华甸蔬菜、远邦苗木等5个专业合作社，有效促进农民增收致富。同时，通过盘活集体资产，流转土地资源，加强集体资产管理等多种途径，村有固定资产1000余万元。

图3-42　华阳镇下甸村委会

为培育稳定的村级经济增长点，破解村级发展难题，打开下甸村经济发展的新局面，2013年6月，经多方共同研究，决定拆除村老林业队旧知青住房，并对其对面的存量土地进行整理，在此基础上，新建3600平方米标准厂房、仓储物业用房，大力发展物业增收项目。通过施工队先建后付、租金抵扣、用足政策奖补等方式，村委会多渠道筹集资金385万元投入项目建设。是年年底，标准化厂房、仓储用房主体工程均已完工，行车轨道等配套附属设施也已安装到位，部分物业用房落实承租主体。通过厂房租赁经营，使村集体经济实现增收。

下甸村立足农业优势资源，大力推进苗木基地建设，种植花卉苗木，反季节蔬菜和应时鲜果，充分发挥合作社经营优势，全面提高土地效益。已种植樱花、红枫、广玉兰、铁杆海棠、香樟、柏树与榉树等花卉苗木2000余亩、大棚蔬菜500亩，栽种草莓、葡萄、水蜜桃和梨树等果树800亩。2013年下甸果蔬专业合作社销售总额达1000万元，创下历史新高。

下甸蒋巷自然村是一个"三星级"康居村。总占地面积100亩，共有农户60户，农业人口182人，有耕地面积230亩。村民经济来源以从事种植、养殖业为主，村内特色种养项目有棚架葡萄、精细养殖等，这些致富项目，为确保群众的小康生活打下了坚实的基础。2010年后，蒋巷作为华阳镇的"三星级"康居村标准化整治改造试点，村庄面貌环境明显改善，取得了明显的成果，一个彰显生态园林特色的村庄初显雏形。按照"生产、生活、生态"三头并举的改造原则，截至2013年，已先后投入几百万元用于村庄建设、整治、管理，新建道路、农民休闲健身广场等。原来村庄中乱堆放、乱搭建、乱牵挂、乱倾倒等现象得到集中整治，破旧墙面统一粉刷出新，铺设村庄循环水泥路1050米，配齐垃圾房等环卫设施，配备专职保洁员，初步建立起农村垃圾处置"组保洁、村收集、镇运转"的长效保洁机制。新建公共绿化面积1500平方米。随着这些硬件实施的基本到位，蒋巷的新农村建设已初具规模，面貌得到全面改观，得到群众的赞扬。

下甸村先后获得江苏省、镇江市、句容市文明村，江苏省社会主义新农村建设先进村、镇江市和谐社区建设示范社区、句容市"农村双清双美"先进村，安全文明村。2011年荣获国家级文明村称号。2013年下甸村人均纯收入达17000元以上。

七、和平村

宝华镇和平村位于宝华山下，西邻南京仙林大学城，北依龙潭深水港，312国道、337省道从该村穿境而过，距南京市中心仅23公里。人民公社化成立和平大队，后来作为行政村名一直沿用。实行村组合并后，和平、牡丹两村合并，仍称和平村。合并后的和平村有19个村民组，996户村民，常住人口3580人，流动人口近3000人。和平村的集体经济收入和社会事业发展等各项工作长期位于宝华镇领先位置和全市前列。

2008 年全村人均纯收入 8600 元,2009 年,村集体年收入已超 200 万元,村民人均收入突破万元。2004 年村集体多方筹措 150 万元对全村的主要干道进行铺设和维修;2005 年拿出村级企业改制资金 180 元在全镇率先安装了自来水。据 2007 年的统计,和平村的近千户村民中,家家有人在村办企业上班,每户年收入都在 3 万元上下。2005—2008 年,共投入 1300 万元,建造了 1.50 万平方米的标准化厂房及附属设施。共有 23 家中外企业在村落户,年纳税 350 万元;2011 年又筹资 780 万元兴建了 2 幢共 1.50 万平方米的标准化厂房。为大力推广农业结构调整,村里每年举办农民科技讲座,聘请关技术人员、专家来举办农业技术培训班,定期向农民传播农业技术,调动了农民参与结构调整的积极性,至 2011 年全村已形成了奶牛养殖、葡萄、果树、苗木种植水产养殖等多个特色农业项目,每年累计创产值近 3000 万元。

和平村是宝华新城规划区的核心区。该村在宝华镇党委、政府的领导下,依托紧邻南京仙林大学城的区位优势,不断扩大区位效应,抓紧工业园区建设,促进民营经济发展。2010 年村领导班子结合实际,提出"招商引资支撑、务工经商拓展、农业结构调整、现有企业增效"的发展思路,积极加快村庄用地整理、实现农民集中居住,为宝华新城建设腾出 320 亩建设预留地。同时,还筹资 30 万元绿化亮化环境,筹资 40 万元进行村庄道路硬化,筹资 180 万元完善供水系统,筹资 150 万元对电网进行改造,强力推进基础设施建设,优化发展平台。

在产业转型升级的浪潮中,和平村利用原有的工业基础,帮助现有企业扩大生产规模、转变发展模式,激发发展活力,先后有制本厂、纸箱厂、预制厂等 10 家企业完成了企业改制和技改扩能。在招商引资上,通过镇村两级的努力,至 2013 年先后有 40 多家中外企业在村落户,涵盖化工、建材、五金、建筑等行业。

在发展集体经济方面,该村充分利用宝华工业园及交通优势,改造原有部分闲置厂房,与唐邦机电签订了村企共建协议,有效解决失地农民就业问题和企业用工问题。此外,和平村还大力支持和鼓励农民创业,对有创业意向的农民,在资金和技术上予以扶持,2013 年全村有 1000 多名农村剩余劳动力进厂务工,有近 200 户家庭开商店,促进劳动力转移。在加快经济发展的同时,不忘社会事业的发展。近两年来,为村民安装有线电视投入了 30 万元;投入 150 万元对全村电网进行改造,彻底改变了以前一遇下雨天气就跳闸的现象;投入 70 万元建造维修灌溉排涝电站 2 座,改善了生产条件;每年拿出近 9 万元,免费为全村村民办理参加合作医疗保险;投入 30 万元对村里四座危桥进行改造;建成了面积为 600 多平方米的村民活动中心。随着这些实事的落实,全村的面貌发生了很大变化,干部在群众心中的形象变了,群众在素质上也得到了提高。

和平村党总支先后被江苏省、镇江市、句容市评为先进基层党支部。

八、衣庄村

衣庄村坐落于句容市边城镇东北角,与镇江市丹徒区接壤,243 省道穿村而过,交通便捷。全村总面积 5.78 平方公里,由 5 个自然村组成,户籍总人口 1167 人,耕地面积 1361 亩。

改革开放以来,衣庄村利用自然资源,积极发展特色产业。以高骊山茶场为依托,带动发展特色茶园,累计种植茶树 300 余亩,并先后成立了茶园协会、农民专业合作组织和村级为农综合服务社,为农民提供各种服务,提供所需生产资料、组织农副产品购销。村里以原有 40 亩桃园为示范,开发东山荒山发展高效农业示范园,种植经济林果 300 亩。

2000 年起,衣庄村坚持村庄建设与环境建设同步规划、同步实施、同步发展的方针,编制了《衣庄村建设规划》,严格按照规划要求组织实施创建工作。先后共建成水泥主干道 16 公里,户户通上了水泥路。新建绿化广场小区 3 个,休闲广场、乒乓球场及篮球场各 1 个;对全村厕所进行改造,使各家各户均用上了无害化卫生户厕;新建了老年活动室、文化活动室、卫生服务站、社会治安和矛盾调解室及为农服务中心等公共服务配套设施。村中休闲地均硬化和绿化,绿化面积达 3000 平方米,种植树木 6000 余棵,并设置有垃圾箱。同时组建了保洁队伍,配备保洁员长效管理。并投入 40 万元,建造了村污水处理设施。

2008 年之后,衣庄村积极开展以农村环境综合整治为主的"六清六建"活动,建造垃圾池、增加各组环卫保洁员,对垃圾进行日产日清,集中运到镇垃圾中转站处理;加大道路清障工作力度,组织集中清理全村所有道路两侧草堆、拆除私搭乱建建筑;实施河道“三清一绿”工程,积极推广测土配方施肥、秸秆综合利用和清洁能源使用,逐步形成了生态农业突出、文化底蕴深厚、山水资源丰富的特点,环境空气和地表水环境质量均达到了环境规划要求。

2013 年,全村有线电视、电话入户率、自来水到户率均达到 100%,农村社会养老保险覆盖率达 95%(包括农村养老保险),五保户等最低生活保障达到“应保尽保”,无适龄儿童和青少年辍学现象,无草危房户,农民人均年收入在全镇处于领先水平。在开展的“小康问卷调查”中,衣庄村满意度达到了 99%。先后被授予省级社会主义新农村示范点、省级生态村、省级环境综合整治示范村等称号。

九、后白村

后白村位于后白镇中部,坐落在句容城南 15 公里处。2004 年年底原高坪行政村合并入后白村,辖 7 个自然村、8 个村民组,2013 年户籍人口 2653 人;耕地面积 3866 亩。该村属于国家级农业技术推广示范区,村里有一连片大面积的丘陵岗坡地可供农业结构调整引进项目开发,村里干部党员中的能人率先开发花木、瓜果、茶园、水产养殖等项目。后白村为省级新农村建设示范点之一。

2002—2008 年,共投入 1520 万元新建居民别墅 60 幢。由上级规划部门统一规划、统一设计,各农户自己建造,建成后道路、下水道、绿化、通信、供电、有线电视等均统一配套。在公共服务区内设有服务站、老年活动室、文体活动室、卫生服务室、计生服务室、社会治安和矛盾调解室。建设完成了标准化篮球场、健身广场和护村河风光带。2010 年建设了农村社区服务中心;并投入 200 多万元用于疏浚整治河塘、完善道路、公厕、下水道、绿化等基础设施。原村北边的老村庄,通过整治,清理垃圾,拆除危房,填埋露天粪坑,改厕改圈,水泥路修到每家每户。共浇筑水泥路面 5200 米,下水道 4000 米,墙体出新 4 万平方米。河边砌护坡、建护栏,四周栽植了杨柳树。成为一道风光带,是村民休闲的好地方。

图 3-43 后白村新貌

2005 年村集体经济收入 60 万元,农民人均收入 8100 元。2006 年被评为句容市“文明小康示范村”。是省新农村建设试点村。后白村 2006 年获江苏省生态村称号;2007 年被评为省级农村环境综合整治示范村。后白村按照新农村建设规划总体要求并结合环境综合整治做到“五化一配套”即道路硬化、河道净化、环境洁化、家居美化、村庄绿化、公共设施配套。

后白村过去没有一家村办企业,实行家庭联产承包责任制后,在抓农业生产的同时努力兴办企业,并鼓励和支持个体私营企业。村办企业从无到有到发展上规模,走出了一条以工致富的路子。后白村发生了翻天覆地的变化。至 2013 年,后白村水稻亩产 1200 多斤,小麦 800 多斤,人均收入连续数年超万元。后白村已成为一个工业上规模,农业具特色,村级规划科学,环境优美,工、农业协调发展的现代农村。

十、青山村

青山村位于边城镇东部,地处句容东郊,距市区 18 公里,沪宁高速、243 省道依村而过,交通十分便利。明《弘治句容县志》记载,县域东部有青山街,是一处古老的街市。村组合并时,青山、东庄、联盟、姜墟 4 个村合并为新的青山行政村。全村下辖 17 个自然村,1300 户,2013 年户籍人口 3270 人,常住人口 3650 人,党员 105 人。全村以种、养殖业为主,重点发展高效农业,2010 年全村人均年收入达到 1.50 万元。青山有 1 棵古银杏树，位于青山村中心位置，民间传说是南宋所植，虽历经近千年，饱经风雨洗礼，至今枝繁叶茂，仍高高屹立，被村民奉为“镇村之宝”，也被尊称为“树神”。这棵树高达25米，胸径达1.58米。当地人传说每当逢到灾年，银杏树都会硕果累累，结出比平时多的果子，帮助村民度灾荒。民国22年（1933）年，收的白果装满两“九箩缸”，出售所得钱为青山小学新置20套课桌凳。村民认为古银杏树是村庄的庇护者，古树断裂废弃的树干，村民都会将其放在银杏树旁，不会另作他用。更有意思的是，青山村的民宅分布以古银杏树为中心向四周扩散，在村落漫长的形成过程中，由于受地形、水塘、高压塔等因素的影响，使得村庄的西南部看起来像一片银杏叶的叶柄，而村庄东部像是银杏叶的叶片，整个村庄就像枚银杏叶。经济富裕起来的青山村民注重文明建设。青山村东姜盖自然村比较偏远，原来的村级道路早已破坏严重，到处坑坑洼洼。2012年，一些老党员带头捐款，并在全村范围内多方集资捐款，募集到资金21万元，将1400多米破烂的村级道路修成了崭新的水泥路。

图3-44　青山村古银杏树

图3-45　边城镇青山村村貌

为了保护古树，边城镇多次对古树进行勘察，制定保护计划，将古树周围建成村民休闲广场，并对古树进行诊断治疗与维护。2011年又投入资金，组织人力对青山村进行村庄环境整治。因为青山村所在地系古街遗址，在整治过程中注重突出特色，铺的是青砖路，搭的是石板阶，盖的是古乌瓦，连同村入口处的青山庙一起，形成一道独具特色的风景。

第四章　建设管理

明、清时期，地政由税课局掌管。对买卖土地田宅和营业房产征收税银。民国时期，房地产管理以土地为主。民国22年(1933年)实施土地清丈登记，民国35年(1946年)清理土地产权及公产房屋，制定房地产租赁办法，测量城镇房产，制作草图，处理房地产争议。

民国前期，地政由县政府一科掌管。民国22年(1933年)，县设立土地局，次年实施土地清丈，民国26年(1937年)，完成土地归属调查登记。民国35年(1946年)2月，省政府训令县成立土地局，清理日军侵占期间土地产权、官田租赁、办理契约等问题。民国37年(1948年)年初，县设造产委员会公款公产管理处，省土地局又组织清丈队来县测量，县设立地籍整理办事处，处理抗战中的契约损失、界址不明、房屋倒塌、公私房地产、群众之间争议土地等问题。土地私有的年代，村镇居民建房无统一规划及批准手续，只是须遵守惯例。村(居)民之间发生的房屋及宅基地纠纷一般由邻里间的长者或“乡约地保”协调处理，处理不下的方才告之官府。20世纪50—70年代，农房建设一般由大队(村)、生产队(村民组)安排宅基地。80年代中期，为适应村镇建设逐渐发展的需要，各乡镇政府开始设专职人员管理农民建房，每乡镇1~2人。1987年后，各乡镇相继成立土地管理所。1991年，各乡镇陆续成立村镇建设管理办公室(后称村镇建设管理所)。从此，集镇与村庄建设的规划、审批、监管开始步入正规化。2000年之后，随着各建制镇建成区规模的扩大，镇容管理越来越显得重要和必不可少。各乡镇先后建立镇容管理办公室和监察队伍，并建立健全环境卫生管理和保洁人员队伍。

第一节　建设用地管理

一、用地计划与用地规模

古代土地私有，村镇居民可以在属于私人所有的土地上建造房屋，但须遵守乡规民约。明清时，村镇建设用地主要是个人建房用地，以及少量的道路桥梁和寺庙宗祠等。民国时期，由于宁杭、镇句、句蜀等公路的修筑，交通用地渐渐增多。20世纪五六十年代，句容进行六大水库建设，发展地方文教事业，新建后白、行香等几所中学，各乡镇新建和扩建中心小学，建设用地以农田水利和文化教育用地为多。1949年至20世纪60年代末的20多年中，全县总用地面积在2326.49万平方米。70年代，公路建设速度加快，乡镇企业蓬勃兴起，建设用地大幅度增加，总用地规模相当于前20年的总和，其中村镇道路建设用地达39.58万平方米。

20世纪80年代农村实行联产承包责任制后，少数农民占用大田建房，浪费土地严重。随着农村工农业经济迅猛发展，以及人民生活水平不断提高，村镇基础设施建设用地、工业与交通用地、乡镇企业用地和村镇居民建房用地等数量剧增。1985年县规定农民建房基地由县审批，当年有7个乡、32个行政村，230户经县批准宅基地66.13亩，乡、镇、村办企事业单位用地78.89亩，共计145.02亩。经过1987年3月和1990年4月两次对城乡居民(包括党政干部)的住房进行全面清理，全县个人建房用地，特别是占用耕地建房得到了有效的控制，使城乡居民建房用地逐步规范化、法制化。1988年开始，句容县政府和各乡镇政府为加强土地资源的宏观管理，严格控制用地总量，对各项建设用地实行指令性计划管理。村镇建设用地计划编制按政府下达的数量分为耕地与非耕地两大类和国家建设、集体建设、农村个人建房三项建设用地。在计划安排上，优先安排能源、交通、重要原材料、农业建设和外资建设项目的用地。1994 年 7 月，国务院颁发《基本农田保护条例》，句容县政府根据该“条例”以句政发〔1994〕24 号文发出《关于切实加强耕地资源管理的通知》。各乡镇均以“条例”精神划定了基本农田保护区。自此，村镇建设用地不能占用农田保护区内的土地，在保持“耕地总量动态平衡”的前提下，严格进行用地管理，所使用土地只能是《乡镇土地利用规划》中的预留地。要按照控制总量、合理布局、节约用地、保护耕地的原则，编制乡（镇）土地利用总体规划、村庄和集镇规划，明确小城镇和农村居民点的数量、布局和规模。鼓励农村建设用地整理，城镇建设用地增加要与农村建设用地减少相挂钩。农村集体建设用地，必须符合土地利用总体规划、村庄和集镇规划，并纳入土地利用年度计划，凡占用农用地的必须依法办理审批手续。禁止擅自通过“村改居”等方式将农民集体所有土地转为国有土地。禁止农村集体经济组织非法出让、出租集体土地用于非农业建设。改革和完善宅基地审批制度，加强农村宅基地管理，禁止城镇居民在农村购置宅基地。引导新办乡村工业向建制镇和规划确定的小城镇集中。在符合规划的前提下，村庄、集镇、建制镇中的农民集体所有建设用地使用权可以依法流转。乡镇企业生产建设用地从 1984 年起至 1987 年，每年以 33.33 万平方米递增，3 年间增加 168.53 万平方米。90 年代起乡镇企业生产建设新用地增长速度减缓。村镇居民建房亦是用地总量中的大头，至 2008 年总用地 6160 万平方米，人均占地 110 平方米。2008—2013 年，对村镇居民建房新占用土地采取了更为严格的控制措施，原则上不再批准新占用耕地建私房。各乡镇因村庄整理和新建设项目所产生的拆迁一律集中安置，从而节约了土地。

二、用地审批

民国时期，国家建设和兴办公共事业征用土地，由用地单位向地政部门递交申请报告，并附上土地使用计划及说明，经县政府审核后，报省政府批准。中华人民共和国成立后，政务院于 1953 年颁布《国家建设征用土地办法》。《办法》规定：“国家建设征用土地不足 1000 亩，或移民不足 50 户的由县批准。”1955 年起，句容开始规范征（拨）用土地的审批权限，由民政科按国家规定承办私有及集体土地的征用业务，财政科承办国有土地划拨业务，经县人民政府分管农业的县长审批。20 世纪六七十年代，集体土地征用先后改由县生产指挥组、计划委员会、城乡建设环境保护局承办，国有土地的划拨仍由财政局承办，均由分管县长审批，县人民政府（革委会）发文。

1982 年起，贯彻国务院颁布的《国家建设征用土地条例》和江苏省制定的《实施办法》，国家建设征用土地审批权限为：征用一般土地（包括水面、山地）5 亩以下，由县政府审批；征用一般土地 5 亩以上不足 10 亩，蔬菜地不足 3 亩，报地区行署审批；征用一般土地 10 亩以上、蔬菜地 3 亩以上，报省政府审批。是年，句容县第八届人大常委会第二次会议通过《关于村镇建房用地管理暂行规定》，规定社队企业和城镇机关、企事业单位申请建设用地，须按基本程序办事，经主管部门审查，报县批准。1986 年，句容县政府发出《关于迅速制止乱占滥用耕地的紧急通知》，规定建设用地占用耕地必须报县政府批准。乡镇土地的征（使）用业务分别改由县农村土地管理办公室承办。同年 8 月 26 日，中共句容县委发出《关于加强土地管理制止乱占耕地的通知》。通知规定，凡今后使用土地，都必须按省政府规定的权限报批，即征用耕地 3 亩以上、一般土地 10 亩以上的报镇江市、省政府批准；征用耕地 3 亩以下、一般土地 10 亩以下的由县政府批准；临时性征地（砂石、土场、窑厂）必须分别报县、市政府批准。

《中华人民共和国土地管理法》和《江苏省土地管理法实施办法》施行后，句容市政府对国家建设征（使）用土地，执行下列审批权限：征（使）用耕地 3 亩以下、非耕地 10 亩以下，由句容市政府批准，呈省、镇江市备案；征（使）用土地 3 亩以上、15 亩以下，蔬菜地 3 亩以下，非耕地 10 亩以上、20 亩以下，报镇江市政府批准，征（使）用耕地 15 亩以上、蔬菜地 3 亩以上，非耕地 20 亩以上报省政府批准；征（使）用耕地 1000 亩以上，其他土地 2000 亩以上，报国务院批准。是年起，其审批程序为：国家、集体建设征（拨、使）用土地，由用地单位将建设项目的批准文件以及计划任务书，向土地管理部门提出用地申请。土地管理部门接到用地申请报告后，首先对建设项目的性质、规模和资金来源进行审查，安排项目用地指标，后由土管与建设部门按规划进行选址，确定建设地点，标出地形图和平面布置图，凭规划部门签发的“建设用地规划许可证”，由地籍测绘专业人员进行测绘，埋设用地界桩。同时，组织用地和供地单位共同协商，拟定征地经济补偿、劳力安置等具体方案。签订征地协议。在报批材料齐全、无误的情况下，填写《建设用地审批单》，按审批权限上报市或市以上政府批准，批准后，按协议兑现经济补偿和落实人员安置。工程项目建成，用地单位须向建设、土地管理部门申报验收，经验收合格后，由市政府颁发“土地使用证”和“房屋产权证”。

因建设需要临时使用集体土地，其审批程序为：用地单位将项目批准文件，向主管部门提出临时用地申请，表明其用地数量、位置和用地年限。由主管部门会同用地与供地单位协商签订临时用地协议，落实补偿、复垦等经费与措施。填写“临时用地审批表”，并绘制临时用地红线图，报市批准后发给“临时用地许可证”。

第二节　居民建房管理

一、规划管理

古代的村落建设注重天人合一，讲究因地制宜。在村庄的规划布局上，宗法礼制的影响突出，风水模式贯穿始终。如后白张庙的老许巷村，1 条东西走向的大巷与数条小巷，形成 4 处十字路口，大小巷均铺设石板路面，有或明或暗的下水道。地处丘陵山地的王庄村，主街道上设券门数道，总体布局兼顾防御意识。清末大批移民涌入，由大量棚户形成的小村落布局就较混乱，巷道狭窄弯曲，粪缸灰堆随意放置，雨天道路泥泞。解放初政府的工作重点在恢复发展生产，农村的规划管理并未引起重视。农民建房，仍有“风水先生”择地，新建房屋大多参差不齐。

1963 年，县人民委员会在下蜀公社涧东大队进行农村建设规划试点工作。对 4 个自然村进行统一规划，有 30 户 84 间平房统一建房，安排 4 排朝南、2 排朝西，排距 10 米。同时修机耕路，挖排水沟，进行绿化。不久“文化大革命”开始，农村规划工作未能在全县推开。20 世纪 70 年代初，农村建房增多，批准权限在大队和生产队。70 年代中期，对山、水、田、林、路统一规划，统一治理，县要求农房建设及村庄布局实行统一规划、统一安排，而不少村庄，虽有规划但未能实施，1979 年，县、公社、大队三级明确权限，分级负责，使农村建设走上合理规划的轨道。1981 年县政府发文，要求大力制止乱占耕地建私房；1982 年颁布了《关于贯彻执行〈村镇建房用地管理条例〉的若干规定》，进而对农村建房乱占滥用耕地进行清理，对新建住房开始核发许可证。使村庄建设，做到有章可循。根据规划要求，从节省耕地出发，新建住房前后间隔，圩区一般 5～6 米，丘陵山区 6～8 米。1981—1985 年全县共发建房许可证 3.47 万份。1985 年年底，全县自然村完成建设规划的有 1853 个。

1987 年，县规划部门组织设计人员在东昌乡集中编制全县 23 个乡镇第一轮集镇总体规划，于 1993 年完成全部规划编制工作。集镇总体规划以天王镇为上报重点，规划成果形式采用“三图一书”形式，切实指导全县集镇建设。在之后的几年内，县（市）规划部门陆续对第一轮集镇规划进行了修编，于 1996 年完成全市 22 个乡镇第二轮集镇总体规划的编制工作。是年，根据省统一要求，市规划部门协同土地管理部门启动全市市域基本农田和镇村建设区“两区划定”布局规划。此次规划明确划定基本农田保护范围及镇村建设用地范围，初步确定市域城镇体系结构，明确产业发展的空间布局，协调区域用地及其他空间资源的利用，统筹安排区域性基础设施和社会服务设施。

1997 年，依据集镇总体规划，市规划部门组织设计人员完善了全市村镇规划体系，制定了近期发展规划及各专项规划，先后编制了近 60 个中心村规划。

随着江苏省小城镇建设步伐的加快，镇村发展面临着一系列新的问题。为了贯彻落实科学发展观，加快城市化进程,2005 年 5 月,句容市正式启动镇村布局规划的编制工作。此次规划在全市 10 个镇规划 619 个村庄居民点,这项工作对于引导农民集中居住,整合农业生产空间和生态空间等各方面都有着极为重要的意义。

2005 年年底,在全市 22 个乡镇合并调整为 10 个建制镇后,市规划部门开始对各镇的集镇总体规划进行修编,至 2008 年年底基本完成。

2006 年年初,开展了村庄建设规划整治试点工作。在村庄建设规划的编制中,市规划局以社会主义新农村建设为契机,结合句容丘陵山区特色和农村产业特点,积极开展新农村示范点建设规划工作,以点带面,走典型带动之路,全面推动新农村建设工作。到 2008 年年底,全面完成 619 个规划点村庄建设规划,做到市域范围内村庄建设规划的全覆盖。

二、建房审批权限

民国时期,个人建房多使用私有宅基地,占用耕地建房者较少。中华人民共和国成立初期,土地所有权仍为私有制,农村居民建房仍在私有土地上私搭私建。1957 年,基本完成对农业社会主义改造后,农村实现农业生产合作化、人民公社化之后,农村居民个人建房一般由生产队、大队研究同意,即可施工建造,其用地面积和地点亦由生产队决定。20 世纪 80 年代后,农村掀起建房热。1981 年 4 月 17 日,国务院以国发〔1981〕57 号文发出《关于制止农村建房侵占耕地的紧急通知》,明确要求"农村建房用地,必须统一规划,合理布局,节约用地。农村社队要因地制宜,搞好建房规划,充分利用山坡、荒地和闲置宅基地,尽量不占用耕地。"1982 年 10 月,句容召开县第八届人大常委会第十二次会议,遵照国务院国发〔1981〕57 号和国发〔1982〕4 号文件精神,研究通过《关于村镇建房用地管理暂行规定》,明确规定"社员申请建房,需按规划和建房审批程序实施,经大队审查报公社批准;国家干部和农村基层干部申请用地建房要经公社严格审查,报县批准。"

1986 年 4 月,县政府为贯彻落实保护耕地的基本国策,在所发出的《关于迅速制止乱占滥用耕地的紧急通知》中,规定"村镇居民建房用地占用非耕地的由乡镇政府批准,占用耕地的(包括自留地、桑田、晒谷场等)由乡镇土管员踏勘,分管领导审核后报县农村土地管理办公室批准。……副乡镇长以上干部建房用地由土管办审核后报县政府批准"。通过上述文件的贯彻落实,制止了农村居民建房乱占、滥用耕地,使耕地的流失得到遏制;同时逐步规范了村镇居民建房审批权限,特别是堵住了少数干部"以权谋地"行为的发生。

1990 年 6 月,根据江苏省政府苏政发〔1989〕84 号《江苏省农村宅基地管理暂行规定》文件精神,句容县政府颁发《句容县居民宅基地管理暂行规定》,进一步规范农村居民建房用地的审批权限和审批程序。其审批权限是:凡占用村内空闲地、非耕地新建和原宅基地翻建的,由乡镇土管所审核,经乡镇政府批准;凡使用耕地的,经乡镇政府审核后,报县土管局批准;凡属村民委员会副主任、乡镇企业副厂长以上干部的建房用地,实行双重审批制度,按干部管理权限报送主管部门和乡镇以上政府批准后,再向土地管理部门申请办理建房用地报批手续。

三、审批程序

80 年代初,各公社(乡镇)农房办公室相继成立,其主要职责是管理公社范围内的农村建房,大队、生产队个人建房用地遂被纳入管理轨道。当时的审批手续为:首先由建房户提出申请,经生产队、社员讨论,大队审核后签署意见,然后上报公社农房办公室(后改称村镇建设办公室、村镇建设管理所)勘察审核,由所在公社批准后,发给建房户"农民建房准建证"(简称"准建证"),即可开工建房。1983 年 5 月,句容县政府颁布《关于村镇建房用地管理暂行规定》后,明确了村镇建房必须统一规划,严格用地管理,由县、公社(乡镇)逐年下达居民个人建房指标,不得突破。居民申请建房须按规划和程序审批,在用地指标内进行申请报批,凭公社(乡镇)建房办公室发给的"准建证"由大队(村)放样施工。未经批准擅自占地建房者,或者建房用地超出批准数量者,或占地不用者,一律限期无条件拆除。1988 年各乡镇建立土地管理所后,建房用地还需经土管所审批，发给建设用地许可证。当年，句容县政府为了加强对农村个人建房用地计划管理和控制，除加强和规范审批制度外，对新建房户的用地标准作了明确规定。规定其建筑占地面积为 1 ~ 4 人户为 40 ~ 66 平方米；5 人以上户为 66 ~ 82 平方米。并鼓励农户建造楼房，提倡合山墙，规定房屋前后间距不超过 8 米。1990 年 6 月，句容县政府颁布《关于居民宅基地管理暂行规定》（简称《暂行规定》），各乡镇在审批居民建房时严格贯彻实施《暂行规定》，农村的个人建房用地量逐年减少。在此期间，其审批制度进一步趋于细化。凡副乡（局）以上干部、城市居民新建房使用土地均报市政府批准，其中副乡（局）级以上干部还需经县纪委审检。批准后，村镇建设办公室发给“村镇建设工程许可证”，然后由村镇建设办公室与土管所派员到现场放样，进行施工。建房过程中，村镇建设办公室进行施工检查，并做好检查记录。房屋建成后，经验收、签证，方可领取“房屋产权证”和“土地使用证”。2000 年后，各乡镇（开发区、风景区）农户建房在现场勘察初审后还必须先行张榜公示，广泛征求群众意见。

第三节　镇容管理

一、整体布局

民国时期，各集镇内房屋多为低矮平房，建筑布局亦无规划。20 世纪 50—70 年代，各镇房屋新建筑较少，公社机关、粮库、供销社、学校、医院多利用解放前的旧公房和宗祠、寺庙，所改建的房屋多为平瓦房。新型小城镇多从 70 年代后开始建设，起初的建设部分呈无序状态，街道狭窄，建筑物的层数、外观亦缺少规划要求，城镇功能分区模糊。中共十一届三中全会以后，随着镇级经济的发展和镇区建设规划的编制与实施，公共建筑、生产建筑以及居民住宅成为集镇建设的主体部分，其中的房屋建筑设计成为反映镇容镇貌的主要标志。1980 年前后，随着城镇建设步伐的迈开，镇区的房屋开始由砖木结构向钢筋混凝土过渡，其层次亦由平房向 2 层、3 层楼房发展。1982 年，贯彻国务院颁布的《村镇建房用地管理条例》在编制和实施集镇建设规划中，为做到节约用地，重视了居民住宅、公共建筑和生产企业用地的配置，并注意了房屋建筑的设计，使镇内房屋建筑向多层次、多功能方向发展。自此，各镇的街道两旁以及居民住宅、工厂用房逐步改建为 2 层、3 层砖混结构的楼房，经济发展较快的镇开始出现了 3 层以上的建筑。

1985 年前后，各乡镇域和城镇建设规划编制与实施后，对老镇坚持“因地制宜、节约用地、有利生产、方便生活”的原则，以改造为主，走调整、利用、发展的路子，“从实际出发，统一规划，综合开发，合理布局，配套建设”。对新建镇则按规划统一布置，逐步实施。1990 年后，各乡镇政府对城镇建设规划进行了修订、完善，将房屋建筑管理列为主要内容，许多乡镇对镇内房屋建筑的高度、结构的设计，以及建筑物的布置等均提出要求，还提出建筑设计应贯彻“透明、经济、安全、美观”的原则，注意整体布置和周围环境的协调。至 1995 年前后，随着城镇房地产的开发，新建街道两旁一幢幢 4 ~ 6 层商住楼拔地而起，居民住宅区的 6 层楼群亦在多数镇出现，茅山、东昌等镇还建成居民住宅别墅区。后白、天王等镇还开始注意房屋建筑的风格，建成了欧美式、中国古典式的楼群，并使房屋布置错落有致、美观多样。

至 2008 年，各个城镇建设的工业、商业、生活等功能区布局已逐步趋于完善、合理；道路、桥梁、给水、排水、供电、邮电等基础设施配套建设已逐步规范，生产、生活比例已得到调整，镇区道路框架已形成，主次干道路面已全部硬化。

据 2008 年统计，全市小城镇房屋建筑中楼房占 81.60%，砖混结构占 84.10%。各个镇街道两侧的房屋大多在 2 ~ 6 层，最高层次有 8 层。2013 年，全市小城镇房屋建筑中楼房比例已占 90%，极少数的砖木结构平房也都在等待拆迁改造中。各镇还相继出现一批小高层和高层建筑。

二、绿化管理

解放初期，村镇内的绿化美化仅限于一家一户的门前屋后或庭院植树养花。1980年后，各乡镇将绿化美化纳入小城镇规划，采取“统一规划，配套建设，分步实施”的方法，搞好镇容镇貌与环境建设和文明建设。其具体的做法是：各乡镇在编制环境规划时，根据当地的自然环境、地形、地势以及所处的地理位置，对整体进行分析，恰当地安排绿地、风景带、小品和雕塑等，并特别注意保护名胜古迹，古树古木和有观赏价值的建筑街区。加强街道两旁的建设和管理。在街道红线内不准私搭乱建，摆设摊位，街道的地面和空间均不得侵占，对破旧房屋、围墙逐步进行改造扩建，同时还注意中心广场的布置、设计，或置花坛、或设雕塑、喷泉等。按照规划发动居民分区分段包干，义务植树种花，并制定乡规民约，对保护或破坏绿化者分别给予奖励或处罚，同时为居民提供娱乐、休闲、锻炼身体的良好场所，将集镇建设成为环境优美的小城镇。

至2013年，镇区内建有风光带的镇有后白、天王、下蜀、边城（东昌）等。后白镇的风光带地处镇中，沿国道而建，长达1500米。风光带内树木、鲜花相映生辉。除此外，在镇东的后茅路上还建有长达800米的风光带。此风光带设于后茅路两侧，店铺、住宅在道路一侧，成为此镇别具特色的风景。

三、环境卫生管理

1970年前，小城镇的环境卫生无专设机构和专人进行管理，市场不设置公共厕所和垃圾箱等。1972年前后，镇区的环境卫生工作开始被政府和卫生部门重视，废露天粪缸、建坑式公共厕所，后又改建为无害化厕所，垃圾的清运亦开始指定专人负责。这项工作多由所在的镇区大队、生产队负责。清运人员的报酬由生产队记给工分。1985年以后，随着城镇建设步伐的加快，镇内环卫工作提上政府的重要议事日程，集镇布置和改建了旧式公共厕所，设置垃圾箱和垃圾堆放地，并确定专人负责街道、公共场所、公共厕所的清扫、消毒和垃圾的清运工作。1995年后，全市开展卫生镇建设，镇内的环卫工作均由分管镇长挂帅，乡镇村镇建设办公室具体负责，组成环卫组织和专业队伍，实行分片包干。1996年，全市的乡镇环卫职工共163人，清扫道路面积119.43万平方米，清运垃圾11.58万吨，清运粪便11.49万吨。2008年，环卫职工增至298人，清扫道路面积263.43万平方米，清运生活垃圾30.59万吨，粪便19.81万吨。

镇内的工商企业在生产和经营过程中所产生的垃圾，均实行谁产生谁负责清运到指定地点的办法。规模较大的企业均配置2~3人的专职或兼职清扫员，有的还专门配置专人，从事企业内部的种树养花，美化单位内的环境。行政机关、事业单位按其规模大小亦配置1~3人的环卫专业人员，常年从事清扫地面、清运垃圾、冲洗厕所等工作。

为保持镇区内的环境卫生，除组成专业队伍进行清扫工作外，还在居民中制定卫生条约，实行门前包卫生、包绿化、包秩序的“三包”制度，以保持街道和其他道路及室内清洁卫生，做到人人讲卫生，不随意乱丢脏物、倾倒垃圾。每个城镇和部分单位还不定期地开展群众性卫生活动，进行室内外大扫除，灭蚊灭蝇、喷药消毒，并进行卫生检查评比活动。这样的群众性卫生活动，每个镇和单位每年都要开展数次，其中以夏秋季为最多，冬季一般在春节前进行。

四、市场管理

明·弘治《句容县志》载：全县共16乡、29都、193里、426个自然村，另有大市（今县城）、仓头市、柴沟市（今宝华乡石榴园）、白土市（今白兔镇）、靖安市（今属江宁县靖安河村）、湖熟市（今属江宁县）6个市。这些“市”并非行政区划。明代经济发达，市场交易繁荣，为保护正常的贸易秩序，《大明律》户律特设市廛一门共五条，对贸易市场进行规范。市廛，本指交易之所，即市场。明律还对交易市场上的度量衡、物价、商品质量等作了具体规定。譬如市场上使用的度量衡必须经过官方校勘后方可使用，“凡私自斛斗秤尺不平”就会受到处罚。民国期间，句容县城和天王、葛村、下蜀、龙潭等集镇，为县内的主要贸易市场。市场管理事务由县政府责成商会与同业公会议价,商户遵守。抗战胜利后,国民政府颁布法令:解除城乡封锁,撤销粮食统制法令。县城、天王、下蜀、郭庄、东昌等集镇经营粮食的行栈兴起,其他商店开业、复业增多,市场一度呈现兴旺景象。但时隔不久,全面内战暴发,国统区通货膨胀,物价飞涨,市场日渐萧条。

中华人民共和国成立初期,句容县人民政府致力于发展生产,恢复经济的同时,打击一些不法商人乘机抢购物资、囤积居奇、抬高物价、投机倒把、贩卖银元等非法活动,稳定民心,稳定市场。1953年,国家开始对粮、油、棉实行统购统销,取消私商对粮、油、棉的经营。县城及各乡镇的粮行纷纷关闭。1956年,对私营工商业实行社会主义改造基本完成后,形成了国家统一市场。按照国务院和省人委的有关规定,县内市场管理的主要任务是:维护国家计划,制止长途贩运,加强集贸市场的管理,打击投机倒把。允许社员自有的三类农副产品和国家奖售的工业品自用有余部分上市场交换。集市贸易活跃,价格平稳。

1959—1961年三年困难时期,农副产品减产,物资匮乏,供求矛盾突出,市场冷落,黑市交易抬头。1962年,贯彻"调整、巩固、充实、提高"的方针,县内农副业生产开始回升,市场复苏,禽、蛋、鱼、蔬菜等上市产品逐渐增多。1963年,县粮食部门在县城、天王、下蜀开设粮、油议价交易市场,面向群众,调剂余缺,部分农副产品的价格回落到1958年前的水平。

1964年,县成立市场管理委员会,加强市场管理工作。县城、天王、下蜀各派驻1名市场管理干部,县城东门设立市场管理检查站,查处套购倒卖一、二类农副产品和国家计划分配的工业品以及贩卖耕牛、无价票证等现象。公社、大队、生产队和社员在完成国家统购、派购任务后的农副产品允许上市。农村4坊(磨、粉、油、豆腐坊),允许来料加工,不准向市场收购原料,出售成品。探亲访友旅途携带粮、油,规定限额:粮食7.50公斤,食油1公斤、花生1.50公斤,并作限额检查。"文化大革命"期间,个体工商户被取缔,集市贸易被关闭,限制农民生产的农副产品上市出售,粮、油、棉制品及肉、糖、肥皂等生活必需品实行凭票供应,市场上很少见到禽、蛋、水果、水产品等,饮食业常以素菜应市。

中共十一届三中全会后,各级政府积极改进市场管理工作,支持城乡集市贸易,放宽对长途贩运的限制,促进生产和流通,变单纯管理为提供服务,寓管理于服务之中。

1979—1985年,全县建立起农贸市场24个,专业市场20个(其中耕牛、苗猪市场11个、粮油市场3个、竹木市场2个、工业品市场2个、水果批发市场和蔬菜批发市场各1个)。13个农贸市场和20个专业市场设置市场服务所或交易员,代客过秤、结算、维持市场秩序,县城、天王两家农贸市场服务范围扩大到"五代"(代过秤、代结算、代开发票、代收付款、代保管商品),并向外地客商提供住宿和市场信息,指导长途贩运,促进商品交流。苏北、山东的生姜、粉丝、水果、蒜头、扫把,皖北的黄豆、花生,皖南、江西的木材、毛竹,浙江的水产、蜜橘,东北、内蒙古的土豆,上海、常州的服装等,不断进入句容市场,县内的四季鹅、西瓜、塘藕、甘蔗等,也通过农贸市场销往外地。1982—1985年每年销往南京、镇江、马鞍山等地的四季鹅100余万公斤,葛村的西瓜年外销量250万公斤以上,郭庄的甘蔗销往宁、镇、常、苏北、安徽等地每年约500万公斤以上。同时,根据"活而不乱,管而不死"的管理原则,对非法套购,转手倒卖生产资料,以次充好,克扣斤两,销售假冒、伪劣商品等投机倒把活动,及时查处,予以制止和打击。

1986年,对全县25个集贸市场进行全面整顿,治理脏、乱、差,清理无证经营,整顿经营作风。1988年,加强对化肥、农药、农膜的经销管理,以及蚕茧经营、农作物种子"三证"(生产许可证、经营许可证、质量合格证)、集市贸易中野生动物经营等方面的管理。1989年,废止原来使用的市制秤,一律更换为千克制秤。同时要求制造、修理计量器具的企业和个体工商户必须严格遵照国务院发布的《关于在我国统一实行法定计量单位的命令》。1994年,县工商局贯彻《江苏省城乡集市贸易管理条例》,先后制定和完善乡镇集市贸易管理相关制度。

1998年,贯彻执行国务院颁发的《粮食收购条例》,完善市场交易规则和管理规则。1999年,贯彻执行省人民政府颁发的《江苏省粮食加工兑换管理暂行办法》。白兔工商所长吴道祥坚持办事原则,带领全所人员夜以继日加强粮食市场管理,通过巡查和明察暗访,1998—1999年,共查获私商粮贩非法经营、运输粮食

87.51万公斤,依法给予行政处罚。同时,依据政策法规,对一批非法经营的粮食加工厂严重违法者给予曝光,维护粮食市场管理秩序。1999年12月,吴道祥被国家工商总局表彰为1998至1999年粮食市场监督管理工作先进个人。

2001年,国务院《关于整顿和规范市场经济秩序的决定》下发后,句容市对乡镇农资市场专项整治。同时,在各类交易市场中开展"开门评市场、社会共监督"活动。2002年,将生猪屠宰和销售市场监管的范围和重点落实在每个农贸市场及白肉销售点。坚持定时定点进行检查,并悉数收取各种生猪屠宰税、费票据,把生猪屠宰和销售管理落到实处。实施"全市农贸市场集中整治月"活动。贯彻落实国务院《关于加强新阶段"菜篮子"工作的通知》,工商局印发《肉菜粮放心工程实施方案》,该方案实施重点是对猪肉、叶类蔬菜、豆制品、粮油制品等商品的监管。

2005年,以创建国家卫生城市为契机,加强市场监管力度。全面推进"肉菜粮三放心"工程,全市集贸市场共建立21个测检室,配备测检仪9台、流动检测车1辆。农村农贸市场全面推行使用检测仪。"基地+市场+监管"的农产品质量安全保障体系基本形成。

2013年,全市各镇(管委会)共有成规模的集贸市场34个,超市(营业面积50平方米以上)320家、住宿餐饮企业165家。2013年,为切实保护消费者的合法权益,打击欺诈消费者行为,句容经济开发区的工商执法人员针对农贸市场使用的计量器具开展集中检查。对辖区内的2家农贸市场进行了突击检查,共检查摊点11家,计量衡器15台。一些被群众称为"鬼秤"的计量器,有的是八两秤,有的被调高了零刻度,有的利用电子秤不去皮来称重,还有的利用在商品包装袋中暗夹异物来增重的不法行为。2013年,各建制镇政府、各管委会都已普遍建立集镇管理办公室和市容管理监察队伍,对集镇市场、市容镇貌的管理已趋于法制化、常态化。

2013年句容市各镇(管委会)市场统计一览

表3-4-1

单位:个

镇(管委会)	农贸市场	超市(营业面积50平方米以上)	镇(管委会)	农贸市场	超市(营业面积50平方米以上)
华阳镇	4	78	郭庄镇	3	47
下蜀镇	3	10	天王镇	2	28
白兔镇	2	13	宝华镇	2	15
边城镇	2	13	开发区	9	82
茅山镇	1	7	茅山风景区	1	6
后白镇	4	21	赤山湖风景区	1	—

第四篇 城市管理

民国时期，国民政府疏于管理，县城环境和市容脏乱无序，抗战期间遭兵燹损毁的园林也愈加残败。中华人民共和国成立后，政府有关管理部门和组织相继成立，城区环卫、绿化、市容状况逐步好转。“文化大革命”时期，城市管理亦受干扰发展停滞。改革开放经济腾飞，句容城区逐年扩大，流动商贩越来越多，致城市管理任务加重、难度增加。1991 年句容县成立城市管理委员会，1992 年国务院颁布相关法规，自此，句容城管逐步走上正轨。1997 年，句容市建成江苏省卫生城市；2002 年，已完成十多条主次干道、两大广场、一个公园的高规格绿化；市容管理经多年坚持不懈的努力也成效明显。2003 年 8 月，句容市城市管理局（简称市城管局）成立后，贯彻落实“在关注民生、服务发展中提升城市管理水平”的工作方针，以创建国家卫生城市、创建省级园林城市、建设法治城管和谐城管为目标，加快基础设施建设和队伍建设，城市管理稳步地由广度向深度推进。2003 年度，市城管局被镇江市政府评为“镇江市国土绿化先进单位”；被省建设厅授予“全省城市管理创优活动先进奖”。2006 年，句容市实现创建国家卫生城市奋斗目标；被省建设厅授予“2006 年度全省‘城管创优’优秀奖”。2012 年，市城管局被省住建厅评为“省住建系统行政执法队伍规范化建设先进集体”；句容市被镇江市政府授予“镇江市优秀管理城市”称号。同年，创建“江苏省园林城市”的工作正式启动，城市绿化迈向新目标。2013 年 5 月，句容市建成数字化城管系统，11 月，市城管局获准增挂“句容市城市管理行政执法局”牌子，城市管理工作由“小城管”转向“大城管”。2013 年年末，市城管局内设办公室、法制科、市容环境卫生管理科（挂“渣土管理科”“行政服务科”牌子）、工程管理科（挂“园林绿化科”牌子）、财务装备科、政工科，数字化城管监督指挥中心。局机关共有人员 68 人，其中公务员 14 人、事业编制 30 人、合同制用工 24 人；硕士研究生 1 人、大学本科 29 人、大专 21 人、高级职称 2 人、中级 7 人、初级 18 人。下辖句容市环境卫生管理处、句容市园林管理中心、句容市城市管理执法大队。

第一章　环境卫生管理

民国时期，句容城卫生设施极少，垃圾乱堆乱倒，露天粪池乱设，城区卫生状况很差，农村集镇亦然。解放后，县政府于 1952 年增设卫生科，环境卫生得到应有的重视。1953 年 1 月，建立县爱国卫生运动委员会，在全县城乡开展爱国卫生运动，消灭“四害”即老鼠、苍蝇、蚊子、麻雀（后改为臭虫、又改为蟑螂），清除卫生死角，逐步废除露天粪池。1957 年，县城镇政府组建清洁卫生管理所（简称清管所），句容县城始有环卫职能部门。此后，发展保洁队伍、增设卫生设施，城区卫生状况明显改观。至 1985 年，垃圾和粪便清运全部实现机动车辆运输。1986 年后，垃圾处理实行简易填埋，垃圾中转站和无害化垃圾填埋场的建设先后进入实施阶段。

1992 年清管所更名县环境卫生管理所（简称环卫所）改属县建委，此后几年发展较快，各项管理渐上正规。1997 年年初，句容市创建省级卫生城市，市政府颁布一系列环卫管理规定、法规，环卫管理纳入法制化、社会化轨道，环卫管理工作实现质的跨越。1997 年 12 月，句容市获得“江苏省卫生城市”称号，随后启动“国家卫生城市”创建工作。1998 年，句容市开始环卫管理市场化的尝试。2003 年，市环卫处（环卫所 1994 年更名）划归市城管局领导。2004 年 6 月，句容市创建国家卫生城市进入长效化、精细化管理阶段，2006 年 11 月 1 日，达成奋斗目标。2007 年，市城管局增挂“句容市农村环境卫生管理局”牌子。是年 3 月起，市城管局各部门单位齐心协力，在农村垃圾整治工作中做出显著成绩，被镇江市委、市政府授予“农村环境综合整治百日活动”先进集体。

2010 年，句容市提出把句容建设成为“南京周边最干净城市”的工作目标，并对城管局、开发区、华阳镇、社区办、水利农机局、交通运输局等 6 部门的保洁责任区进行了划分。同年 12 月，句容市被全国爱卫会重新确认为国家卫生城市。至2013年年末，城乡环境卫生长效机制始终保持正常运行的态势，并建成一批省级卫生镇、村；建立城乡垃圾收运体系、筹建垃圾焚烧发电厂工程进入实施阶段。

第一节　环卫设备与设施

一、垃圾收集设施和环卫车辆

1. 垃圾收集设施

民国时期，句容城区有少量垃圾箱（砖砌，下同），市民图省事，有些背街小巷的角落便形成一个个垃圾堆。解放后，县政府于1953年开始开展爱国卫生运动，增设了一些垃圾箱。清管所成立以后，又陆续在城区兴建51个垃圾箱。至1986年年末，城区范围扩大，垃圾箱增至91个。1992年，县环卫所顺应周边居民意愿，酌情拆除一些垃圾箱，改设塑料垃圾桶31个。是年年末，城区尚有垃圾箱76个。1997年创建省级卫生城市期间，对孳生蚊蝇、污染环境的垃圾箱予以拆除，改设固定密闭式垃圾箱67个、金属材质活动垃圾箱142个、果壳箱300个、垃圾收集房14个。2004—2006年，市环卫处3年内陆续在城区增设了果壳箱和门面房垃圾桶各500个。其间，各镇垃圾房、垃圾桶等收集设施也相应大幅增加，2007年达1980个，2008年总数达3000个，另建有垃圾资源利用的"灰塘"1400个。此后数年，随着城市建成区的逐步扩大，市区垃圾收集设施有所增加，2010年在城区干道增设788个分类式果壳箱。此后经数次更换、淘汰，至2013年年末，城区垃圾收集设施保有量1780余个。

2. 环卫车辆

句容解放前，垃圾清运多靠人挑肩担。解放后，使用胶轮板车的渐多。1957年清管所成立后，为清扫人员配备专用垃圾车（人力，下同）。中共十一届三中全会以后，经济发展加快，城区面积扩大，垃圾量增加，短途仍使用垃圾车，远距离开始由机动车代替。1985年年末，清管所共配置垃圾运输车（汽车，下同）3辆，另有由手扶拖拉机改装的洒水车3辆、吸运粪便车3辆。1992年，县环卫所垃圾运输车、吸运粪便车均增至5辆。此后在句容市创建省和国家卫生城市期间，环卫部门相继购置了装载机、推土机、多功能洒水车、垃圾运输车等一批环卫作业车辆。2004年9月，首次购进垃圾清扫车，填补道路清扫机械化作业空白。2008年，投入30余万元添置2辆垃圾运输车、1辆小型装载机和1辆小型清扫车。至2008年年末，市环卫处共拥有各种环卫车辆24辆。2011年，又购置道路清扫车2辆、皮卡车2辆、东风小霸王自卸车2辆、洒水车5辆、电动垃圾收集车10辆。至2013年年末，市环卫部门共拥有各种环卫机动作业车58辆。此外，各镇（管委会）全都配置了垃圾运输车。

图4-1　垃圾清扫车

2013 年句容市城管局拥有环卫作业车辆情况一览

表 4－1－1　　　　单位：辆

部门	车辆种类	数量	部门	车辆种类	数量
环卫处	垃圾运输车	12	环卫处	电动高压清洗车	1
	清扫车	3		人力垃圾车	157
	小型电动清扫车	1	特种垃圾处理中心	垃圾运输车	2
	洒水车	4		推土机	2
	吸污车	1		装载机	1
	电动垃圾收集车	20		挖掘机	1
	铲车	1		洒水车	1
	卫生检查车	7		皮卡车	1

二、垃圾中转站

20 世纪 80 年代，句容城区尚无垃圾中转站，只有几处垃圾中转点。每天产生的垃圾，都由环卫工用垃圾车或手扶拖拉机收运至临时垃圾中转点，然后，再用汽车转运至城郊简易填埋。20 世纪 90 年代中期，句容城区开始兴建封闭式垃圾中转站，第一批建设路、葛仙、西岗中转站于 1998 年建成投入使用。1998 年后，又陆续新建垃圾中转站 4 座，并大力推广垃圾袋装化。东门桥以东镇句路沿线及华阳新城区环卫工作由华阳镇环卫部门负责管理，建有 1 座垃圾中转站。2004—2007 年，先后建成河滨路、三里井、羊角山垃圾中转站，并投入 92 万元对城区河滨、西岗、西苑 3 座垃圾中转站进行压缩式设备改造。2008 年 6 月，投入 20 余万元，为各垃圾中转站安装空气净化除臭设备和空调，改善职工工作休息环境和周边人居环境。截至 2008 年年末，市区共有 10 座垃圾中转站，其中华阳镇、开发区各 1 座，设施配置齐全。同年，由市财政全出资或部分出资，在黄梅、下蜀、白兔、边城、后白、天王、郭庄 7 镇和茅山风景区管委会各建了 1 座垃圾中转站，当年投入使用。宝华镇自行承担建设费用建成的垃圾中转站于 2009 年投入使用。

图 4-2　建设路垃圾中转站

2013 年句容市区垃圾中转站情况一览

表 4－1－2

序号	名称	位置	占地面积（平方米）	建筑面积（平方米）	运转形式	日中转能力（吨）	所属部门
1	崇明	南二路	400	177.24	压缩集装箱	60	市环卫处
2	西苑	西苑小区	504.90	440.64	压缩集装箱	50	
3	葛仙	人民西路	302	302.40	压缩集装箱	50	
4	建设	建设路	574.60	300.60	压缩集装箱	50	
5	西岗	宁杭北路	569.60	257.60	压缩集装箱	50	

2013 年句容市区垃圾中转站情况一览

续表 4－1－2

序号	名称	位置	占地面积(平方米)	建筑面积(平方米)	运转形式	日中转能力(吨)	所属部门
6	河滨	河滨南路	1850	369.99	行吊集装箱	50	市环卫处
7	三里井	三里井村	600	295.20	压缩集装箱	60	
8	羊角山	羊角山路	500	180	压缩集装箱	60	
9	河东	河滨东路	2667	120	吊臂式	30	华阳镇环卫所
10	开发区	开发区	6550	650	压缩集装箱	15	开发区环卫所

2013 年句容市各镇(管委会)垃圾中转站情况一览

表 4－1－3

镇(管委会)	占地面积(平方米)	建筑面积(平方米)	运转形式	日中转能力(吨)
宝华镇	1320	800	压缩集装箱	30
下蜀镇	500	130	压缩集装箱	28
边城镇	2000	90	压缩集装箱	30
白兔镇	2133	250	压缩集装箱	40
天王镇	667	120	压缩集装箱	23
茅山镇	1001	120	压缩集装箱	30
郭庄镇	533	82.80	压缩集装箱	29
后白镇	630	500	压缩集装箱	30
茅山风景区管委会	900	300	压缩集装箱	20

说明：赤山湖管委会未建垃圾中转站；华阳镇、开发区垃圾中转站在市区，已记入前表

三、垃圾填埋场

1. 周家岗、柿树垃圾简易填埋场

周家岗垃圾填埋场，1986 年设立，1990 年结束。华阳镇柿树垃圾填埋场，1991 年设立，占地面积 9000 平方米，库容 7.10 万立方米。只能对生活垃圾进行简易填埋，不能达到无害化处理，对周围农田、水体造成一定污染，1997 年饱和封场。

2. 城北垃圾填埋场

位于句容市经济开发区赤岗行政村老虎墩东侧，于 1997 年设立，占地面积 10 万平方米，勘测库容总量 90 万立方米。一期工程始建于 1997 年，占地 2.50 万平方米，填埋容积 19.60 万立方米，对垃圾进行卫生填埋。2004 年，场区铺设进场道路、建办公楼、粪便处理厂；库区安装消防设施，实施垃圾渗沥液预处理工程。是年年末，一期工程库区填埋饱和，实施终场措施。二期工程 2 号库区由南京市市政设计研究院承担设计方案，工程包括库区建设、防渗系统、渗沥液导排系统、导气井等，投资额 562 万元，日

图 4-3　城北垃圾填埋场渗沥液预处理系统

处理能力250吨,库容40万立方米,2007年3月10日开工建设,2008年年初投入使用,承担市区和华阳、边城、白兔、黄梅4镇生活垃圾的无害化处理。二期工程3号库区于2010年10月开工建设,库容35万立方米,投资额1247万元。2011年1月完成2.50万平方米防渗膜铺设及200米环库道路建设;3月对原来的垃圾渗沥液处理设备改造,升级换代,经5个月试运行于8月份通过验收,工程出水符合排放标准。是年11月二期工程3号库区竣工。2012年8月通过验收。

3. 天王徐家桥垃圾填埋场

位于天王镇徐家桥东南方,2007年6月设立,总投资1156万元,总占地面积6.33万平方米、总库容60万立方米。一期工程库容30万立方米,于2007年6月21日开工,9月投入试运行。工程主要包括库区建设、防渗系统、导流系统、集液井、石笼导气井、管理用房、进场道路、环境监测井、防护网、机械设备、消防、绿化等配套设施。一期工程于2008年8月竣工验收投运,无害化处理能力15.70万吨,服务天王、后白、茅山、郭庄4镇。

四、公厕

民国时期,城区有城郊菜农搭建的半露天茅厕5座。1957年清管所成立,将菜农茅厕作价归公,另在城区建公厕15座,1965年增建23座。此后对半露天公厕逐一改造,至1985年,城区共有公厕43座,全为室内型旱厕,蹲位之间增设了高约1米的隔墙,人们如厕时雅观了许多,厕内卫生条件也有所改善。当年,城郊建有3座大型化粪池,容纳运来的粪便。1986—1996年,对城区公厕进行改建或扩建,安装电灯、自来水。至1997年,已全部改建成水冲式等级公厕。厕内瓷砖贴墙、地砖铺地,设有补妆镜、洗手池、拖把池等,部分公厕还设有供残疾人如厕的设施,蹲位全封闭,活动空间宽敞。其间,农村集镇规模逐渐扩大,公厕数量有所增加,均为旱厕。此后几年,老城区开发建设,拆除部分公厕,加之拥有户内卫生设施的家庭增多,城区公厕数量减少,但分布更加合理。2004年,按二类标准新建了羊角山、葛仙湖公园(南)等一批公厕,并对城区公厕全部修缮出新,城区公厕数量、分布、等级、管护、保洁等各项指标全部达到国家卫生城市标准。2008年5月,市环卫处对自行管理的6座公厕再次进行修缮更新,并于6月对市民免费开放;12月,投入资金32万元,将租赁给私人收费管理的16座公厕全部收回,改造出新后免费开放。同年投入43万元对其他公厕维修出新。至2008年年末,城区32座公厕,全部免费开放,每年公厕管护费用达64万元。2010年,完成文昌路、河滨北路东段2座一类水冲式公厕建设。2011年,新建文昌路和河滨南路东段公厕。同年,各镇(管委会)公厕全部实现"旱改水"。至2013年年末,城区共有公厕53座,其中华阳镇1座、开发区10座;其他各镇(管委会)共有公厕50座,全部免费开放。

2013年句容市城区公厕情况一览

表4-1-4

序号	公厕名称	坐落位置	设施等级(等)	蹲位(个)		面积(平方米)	管理单位
				男	女		
1	丁许路公厕	环卫处办公楼边	2	5	5	81	市环卫处
2	南大街公厕	南大街万宏东大门对面巷内	2	4	4	51	
3	华阳西路公厕	审计局东	2	6	6	80	
4	西岗公厕	宁杭路西岗中转站边	2	4	4	70	
5	西关公厕	葛仙湖公园南大门西	2	7	5	55	
6	茅山路公厕	原句容布厂对面	2	4	4	44	
7	实小公厕	实验小学门口边	2	4	3	46	
8	四牌楼公厕	南大街与中山路交汇处	2	4	3	120	

2013年句容市城区公厕情况一览

续表4-1-4

序号	公厕名称	坐落位置	设施等级（等）	蹲位（个）		面积（平方米）	管理单位
				男	女		
9	建设路公厕	中医院对面	2	4	3	57	市环卫处
10	联盟村公厕	联盟村巷内	2	5	5	70	
11	二小公厕	柴巷巷内	2	4	4	62	
12	新华南巷公厕	新华南巷巷内	2	5	3	50	
13	马槽巷公厕	马槽巷巷内	2	3	3	40	
14	轿巷公厕	轿巷巷内	2	4	3	60	
15	崇明桥公厕	崇明桥边	1	5	4	149	
16	南二路公厕	邮电巷口	2	3	3	50	
17	河滨北路公厕(1)	南门菜场对面	2	6	6	110	
18	文昌路公厕	农林学院体育馆边	2	7	7	130	
19	三里井公厕	宁杭路三里井中转站边	2	6	6	70	
20	和平鸽游园公厕	宁杭路三角公园内	2	5	5	60	
21	河滨南路公厕	河滨南路与向阳路交汇处	2	4	4	45	
22	河滨北路公厕(2)	华阳大桥旁	1	3	3	80	
23	东昌路公厕(1)	市高级中学东大门对面	2	5	5	120	
24	东昌路公厕(2)	万福广场旁	2	4	4	60	
25	葛仙湖公园公厕(1)	葛仙湖公园南大门	2	5	5	40	市园林管理中心
26	葛仙湖公园公厕(2)	葛仙湖公园北大门	2	6	6	50	
27	玉清广场公厕	玉清广场内	1	5	3	130	
28	崇明公园公厕(1)	崇明公园东侧	1	5	11	115	
29	崇明公园公厕(2)	崇明公园西侧	1	5	11	115	
30	崇明公园公厕(3)	崇明公园北侧	1	5	11	115	
31	羊角山公厕	羊角山路南端	2	3	3	20	市社区办
32	玉清公厕	华阳西路	2	6	5	35	
33	新世纪广场公厕	新世纪广场北端	3	5	5	20	
34	东方红公厕	人民路北侧红光巷内	3	4	3	40	
35	葛仙庵公厕	葛仙小区内	3	5	4	50	
36	小果园公厕	苏南制药厂对面	3	4	3	40	
37	交通局公厕	北大街	3	6	5	60	
38	梅花小区公厕	梅花小区内	3	4	3	45	
39	振兴村公厕(1)	振兴村内	3	5	4	40	
40	振兴村公厕(2)	振兴村内	3	5	4	50	
41	玉清小区公厕	玉清小区内	3	3	2	40	
42	建设村公厕	甲城社区建设村	3	3	3	20	

2013 年句容市城区公厕情况一览

续表 4－1－4

序号	公厕名称	坐落位置	设施等级(等)	蹲位(个)		面积(平方米)	管理单位
				男	女		
43	立新村公厕	茅山社区立新村	3	3	2	20	市社区办
44	食品公司公厕	东门社区食品公司	3	3	2	20	
45	柴巷公厕	红星社区居民区	3	3	1	20	
46	光华食品厂公厕	红旗社区光华食品厂	3	3	3	20	
47	许家桥公厕	许家村西	3	2	2	20	
48	许家公厕	许家村东	3	2	2	20	
49	梅家边公厕	梅家边村东	2	4	4	50	
50	江家庄公厕	江家庄西	2	4	4	50	
51	陶家村公厕(1)	陶家村东	3	2	2	50	
52	陶家村公厕(2)	陶家村西	2	4	4	50	
53	金路村公厕	金路村东南角	3	4	3	30	华阳镇

2013 年句容市各镇(管委会)公厕数及旱改水冲时间情况一览

表 4－1－5　　单位：座

镇(管委会)	公厕数	旱改水时间	镇(管委会)	公厕数	旱改水时间
宝华镇	1	2009 年	茅山镇	2	2008 年
下蜀镇	5	2004 年	郭庄镇	3	2010 年
边城镇	5	2011 年	后白镇	7	2000 年
白兔镇	6	1998 年	茅山风景区管委会	3	2008 年
天王镇	15	2006 年	赤山湖管委会	3	2010 年

说明：华阳镇、开发区管委会公厕在市区，已记入前表

第二节　卫生保洁

一、城区保洁

1. 街道保洁

民国后期及解放初期，城区干道仅有东西大街、南门大街和北门大街，总长 3000 米，宽不足 5 米，由县商会雇佣 4 人每日清晨清扫 1 次。1953 年，党和政府发动群众开展爱国卫生运动，层层建立爱国卫生组织，家家户户订立爱国卫生条约，清除卫生死角，保持街道整洁。1957 年清管所成立，有环卫工 7 人。主要街道保洁由 5 名清扫员负责（另 2 人打扫厕所），小巷由居委会指派被管制人员打扫卫生（中共十一届三中全会后废止）。1965 年

图 4-4　路面洒水清扫

起，环卫部门在城区增建垃圾箱，方便市民倾倒垃圾；清扫工人拉着垃圾车，沿街摇铃、吆喝，招呼店家及居民倾倒垃圾。1982 年以后，全县开展以治理“脏、乱、差”为中心内容的“文明礼貌月”活动，多次组织除“四害”和清理垃圾等突击活动，各企事业单位、沿街商店实行“门前三包（包环境卫生、车辆停放、市容秩序）、门内达标（卫生达标）”，巩固卫生成果。至 1986 年，城市建成区扩大，老街延伸扩宽，建设路、人民路等新干道相继建成，街道保洁面积成倍增长。清管所 28 名职工对大街分段定人，每日清扫 2 次；后街小巷晨扫 1 次。并对主次干道一年四季洒水车循环洒水降尘。

1990 年，城市建成区进一步扩大，清管所主要负责城区主、次干道的卫生保洁工作。后街小巷的卫生，由华阳镇下属各居委会自筹资金，建立各自的保洁队伍负责清扫。1994 年，华阳镇政府迁至东门镇句路，东门桥以东城市建成区的街道保洁由华阳镇负责。同年 4 月，是全国开展的第 7 个爱国卫生月。县爱国卫生运动委员会广泛发动开展健康教育咨询服务和清扫活动。活动期间清扫卫生死角 84 个，清运垃圾 780 吨，参加群众性清扫活动人数达 5200 人次。1997 年年初，句容创建省卫生城市期间，由单位包干路段，单位领导任路段长，实行路段长负责制，并形成常态。六、七、八 3 个月由机关干部、企事业单位职工和城镇居民万余人进行了 3 次统一行动，清除垃圾杂草，清扫城区街道。是年，卫生基础设施建设、建筑渣土清运管理等各项创卫工作有序推进。同年，12 月 26 日，句容市获“江苏省卫生城市”称号。随即开始启动“国家卫生城市”创建工作。

1998 年，市环卫处对城区 15 条主干道计 54.80 万平方米的清扫保洁权进行公开竞争拍卖，实行买断管理。此后几年，环卫部门健全环境卫生三级管理体系，设立“卫生 110”服务举报电话，做到有报必接，有脏必清，巩固创建省卫生城市成果。2004 年，创建国家卫生城市进入精细化、长效管理时期，经近 3 年的努力，2006 年 11 月 1 日，句容市获“国家卫生城市”称号。2006 年年末，城区道路保洁面积 368.40 万平方米。

图 4-5 冲洗街道

2007 年，成立“门前三包”管理办公室，与经营业主签订“门前三包”责任书，提高保洁质量；继续坚持主干道 16 小时、次干道 13 小时、外围道路 8 小时保洁制；完善管理考核制度，对 430 多名保洁人员定时、定岗、定标准，严格管理，奖罚分明。城区日产垃圾 120 吨，垃圾高峰期（夏季、春节期间）日产垃圾 150 吨，均能做到日产日清。2008 年，新增河滨南路、学府路、崇明路延伸段等环卫保洁路段，全市道路清扫面积达 390 万平方米，全年清运垃圾 4 万余吨，冲洗道路 100 余次，突击清运卫生死角垃圾 200 余吨。2009 年，开发区 6 个社区纳入保洁范围，新增 6 条保洁道路，保洁面积 31.50 万平方米，实现城区道路清扫保洁全覆盖。2010 年，开始使用电动垃圾收运车，全天流动对沿街商铺和大型小区定时定点收集垃圾，缩短垃圾在屋外停留时间，减少二次污染。对城区主干道保洁做到不留空白，保持人行道边缘、绿岛边角、树穴、花坛背侧无积存泥沙，清洗路面油污和口香糖残迹。同年，市政府决定城市环卫保洁工作由市城管局、华阳镇、开发区、社区办等 6 部门共同承担；由城管局牵头，每月召集一次 6 部门城市卫生保洁例会，检查评比保洁质量，协调解决环卫管理中的突出问题。

2013 年，全市道路保洁面积增至 421.50 万平方米。是年，市环卫处进一步完善环卫管理制度，强化环卫精细化管理 5 支队伍建设。环境卫生督察队对市区大市容坚持全面监督检查；电动车快速保洁队每天对学校、车站等地区实行白天不间断保洁；道路保洁清洗队对重点路段和商业繁华区进行高压冲洗降尘；小广告清理队对城市“牛皮癣”（乱贴、乱写小广告）进行不间断的清理；无主垃圾清运队对城市出入口、城郊结合部等地段的卫生死角、无主垃圾、零散垃圾及时清运。在有关部门密切协同下，城市环卫精细化管理成效斐然。

2013 年市城管局、华阳镇、开发区城区道路保洁情况一览

表 4－1－6

部门	序号	路名	起止点	序号	路名	起止点
市城管局	1	东昌路	文昌路至东昌桥南	21	福地路	长江路至句卓路
	2	长江路	文昌路至福地路	22	文昌路	洪武路至五里墩转盘(含转盘)
	3	河滨西路	东昌桥北沿河至东门桥西	23	双利路	双利桥至句卓路
	4	葛洪路	文昌路至滨河西路	24	崇明路	东昌路至洪武路
	5	宁杭路	文昌路至铃塘转盘(含转盘)	25	华阳东路	东昌路至住建局
	6	茅山路	建设路至宁杭路	26	华阳西路	住建局至洪武路
	7	句卓路	122 省道至宁杭路	27	人民路	葛洪路至洪武路
	8	北大街	宁杭路至人民路	28	镇句路	东门桥至宁杭路
	9	寺巷	人民路至东大街	29	东大街	宁杭路至鲜鱼巷口
	10	华阳路	人民路至鲜鱼巷口	30	中大街	鲜鱼巷口至四牌楼
	11	华阳名街	鲜鱼巷口至建设路	31	西大街	四牌楼至羊角山路
	12	文化巷	中大街至建设路	32	建设路	宁杭路至华阳南路
	13	南大街	人民路至河滨南路	33	南工路	南大街至洪武路
	14	向阳路	河滨南路至宁杭路	34	河滨北路	宁杭路至洪武路
	15	华阳北路	文昌路至住建局	35	河滨南路	宁杭路至兆文桥南
	16	华阳南路	住建局至铃塘转盘	36	高骊山路	文昌路至河滨西路
	17	玉清路	文昌路至华阳西路	37	崇明东路	文昌路至高骊山路
	18	葛仙路	人民路经龙门菜场至河滨北路	38	人民路延伸段	葛洪路至宁杭路
	19	洪武路	文昌路至铃塘转盘	39	肖杆路	文昌路至崇明东路
	20	122 省道	文昌路至句卓路	40	帕提亚广场	—
华阳镇	1	镇句路	东门桥至五里墩转盘	7	南 1 路	东昌南路至袁巷路
	2	句春路	华阳镇政府至行香交界	8	长龙山路	袁巷路至勤学路
	3	东昌南路	房家坝至 243 省道	9	勤学路	后岗头村至 243 省道
	4	河滨南路	老宁杭路至 243 省道	10	春城路	高骊山路至 243 省道
	5	高骊山路	供电所至新车站	11	河滨东路	东门桥至河滨南路
	6	袁巷路	河滨南路至 243 省道	12	弘景路	五里墩转盘至南门转盘
开发区管委会	1	世茂路	通宁路至福地路	12	五环	五环头边至老 122 路口
	2	华阳西路	洪武路至五环路	13	三环	通宁路至老 122 省道
	3	富源路	文昌西路至福地路	14	崇明西路	洪武路至五环
	4	兴源路	文昌西路至福地路	15	文昌西路	洪武路至三环
	5	洪武路	华阳中队红绿灯至老 122 省道五岔路口	16	葛村路	华阳西路延伸段至巨宝南路
	6	福地路	宝丽金至五环	17	巨宝南路	三环至五环
	7	华阳北路	曙光红绿灯至新 122 省道	18	巨宝北路	三环至五环

2013年市城管局、华阳镇、开发区城区道路保洁情况一览

续表4－1－6

部门	序号	路名	起止点	序号	路名	起止点
开发区管委会	8	新122省道	水厂红绿灯至老122省道	19	老122省道	三里井中转站至进城红绿灯
	9	领秀星城支干道	华阳北路至句卓路	20	北四环	老122省道至五环
	10	领秀星城门面房路段	华阳北路至句卓路	21	黄金花园菜场（兴源路）	崇明西路至文昌西路
	11	通宁路	西门转盘西起至三环路口			

说明：1. 社区办保洁范围为文昌路——东昌路——河滨西路——河滨北路——洪武路封闭区域内非物业管理的居民小区、城中村、企事业单位、巷道、小区公厕、游园、空地、水塘等环卫保洁工作

2. 水利农机局协助城管局、华阳镇、开发区管理城市保洁区河道的环卫保洁工作

3. 交通运输局负责城市保洁区内104国道、122省道、243省道、快车道和中隔绿化带环卫保洁工作

2. 单位和居民区保洁

单位保洁 句容解放前，机关、团体、企事业单位的内部保洁，均由雇佣的杂役或学徒承担。中华人民共和国成立至1956年实行对私改造止，除私营单位仍维持原状外，公有单位内部保洁大都由所属后勤部门配备的保洁人员负责。1957年，城镇清管所成立后，对城区各单位内部环境卫生实施管理，促进了各单位讲究卫生、保持整洁良好氛围的形成。是时，爱国卫生运动已渐成常态，凡开展爱国卫生运动期间和重要节日及全县重大活动之前，各单位均广泛发动、人人动手，搞卫生、除死角、清运垃圾，单位内外环境焕然一新。1982年起，全县开展以治理"脏、乱、差"为中心内容的"文明礼貌月"活动，多次组织"除四害"和清理垃圾等突击活动，各单位实行"门前三包、门内达标"，巩固卫生成果。1985年，在开展创建文明卫生单位活动中，全县树立2个卫生先进单位典型，以榜样的力量促进面上的工作。20世纪90年代形式多样的责任制流行，许多机关、社团、企事业单位和各所学校采用划分保洁区的办法，将内部公共区域划分到各所属部门，分片包干，落实责任，检查评比，部分工业企业还纳入经济责任制考核。各中、小学则划分到班级，环卫保洁从孩子抓起。其间，各单位内部卫生设施已基本完备，均设有垃圾收集和卫生间等设施，垃圾、粪便清运及化粪池清掏都由环卫部门提供有偿服务。2001年7月，全市集中整治单位内部环境卫生，开展搬家式的大扫除，彻底清除卫生死角。2004年3月，开展"清除垃圾、清除污染，美化环境、美化家园"为主题的"双清双美"活动，各单位结合国家卫生城市创建工作，先后开展4次卫生大清扫。2005年4月，市政府印发《关于加强市区环卫保洁工作的实施意见》，在全市开展卫生整治行动。是年，在市区单位检查评比活动中，评出卫生先进单位119个。此后，各单位把整洁美观的内部环境视为面向社会的第一张脸面，至2013年年末，各单位内部保洁已逐步形成长效机制。

居民区保洁 句容市民历来就有清晨即起，洒扫庭院，要内外整洁的传统。1953年开展群众性爱国卫生运动以后，各家各户都能自觉保持环境卫生。1957年城镇清管所成立，在落实管理职责的同时，负责城区主要街道和公厕的保洁，背街小巷由居委会指派辖区内被管制人员打扫卫生。1959年，全县发动了4次以除"四害"为主的大规模突击活动，清除杂草、增设垃圾箱、撤掉大量露天粪缸，市民居住区尤其是城郊结合部卫生状况大为改观。中共十一届三中全会以后，各居委会相继组建保洁队伍维护环境整洁。经费由居委会向当地住户每月收取0.10元保洁费以及争取邻近的企事业单位的支持来筹措。1982年，在全县开展的以治理"脏、乱、差"为中心内容的"文明礼貌月"活动中，各居委会组织居民除"四害"、搞卫生，共创清洁干净的居住环境。此后数年，句容县不断加强对爱国卫生运动的组织领导，清管所认真履行各项管理职能，居委会加大宣传发动力度，广大市民积极参与，全城居民区卫生状况持续改善。20世纪90年代，句容城市建

设快速发展，为数众多的住宅小区陆续建成，物业管理单位随之入驻，对小区住户提供环境卫生、绿化养护、安全保卫、设施维修等收费服务。小区环境卫生有专人负责，做到道路整洁、场地干净、健身器械无积尘、树池花坛无杂物。物业管理单位还积极参与"文明小区"、"园林式居住区"创建活动，促进了小区环境卫生水平的提升。是时，旧城居民区和未实行物业管理的老旧小区，仍由居委会的环卫队伍负责保洁，范围包括街巷清扫、楼道清洁、绿化带杂物清除和垃圾的及时清运等，卫生保洁费经多次调整增至每户每月3元，按年一次收取。期间，居民区卫生设施逐步完善。垃圾箱孳生蚊蝇被拆除，改设垃圾桶、果壳箱，公共厕所由旱厕改为水冲式。1998年，句容市推行垃圾袋装化，减少了垃圾的二次污染，经几年的推进，住宅小区垃圾袋装率达90%以上，旧城居民区达70%以上。2002年，全市开展"美化城市、清洁家园"活动。2004年，全市开展"双清双美"活动，并结合创建国家卫生城市先后开展了4次全城大清扫，各居民区市民积极参与其中，为实现全市人民创建国家卫生城市的奋斗目标尽了应尽的力量。2008年句容市环境卫生工作受到省政府通报表扬。此后，市爱国卫生运动委员会、市环卫等部门、居委会（社区）坚持不懈巩固环境卫生成果，至2013年年末，全市居民区卫生状况一直保持在较高水平。

3. 渣土整治

20世纪90年代中期，城市建设发展迅速，建筑渣土外运带泥行驶、沿途抛洒，污染道路的问题日渐加重。1997年，市建委成立建筑渣土管理办公室着手整治，并设立"卫生110"服务举报电话，对渣土抛洒等影响环境卫生的问题，及时责成责任方迅速解决。2005年，市城管局增设渣土管理科，开展渣土运输专项整治。2007年，严格渣土清运审批，抓好源头管理；加大对渣土抛洒的处罚力度，全年共查处渣土违章事件284起，出动清扫人员350人次，清洗渣土运输车125台。2008年，制定《关于加强建筑渣土处置收费管理实施办法》，公开、透明地对渣土处置实行收费管理、减轻渣土对城市的污染。2010年，为解决新一轮大拆迁、大建设带来的渣土扬尘污染问题，城管、监察、建设、规划、公安、环保6部门联合印发《关于进一步加强市区建筑垃圾和工程渣土管理的实施意见》，对各责任主体权利义务和职责范围进行了确定，形成渣土管理链的高效运转。运用"110"警用监控设备加强渣土管理节点控制；联合交巡警城管中队执法，查扣无牌无证非法营运车辆、超载车辆和沿途抛洒滴漏车辆；认真处理渣土运输投诉举报案件，实行有奖举报；在城区东南西北四面规划确定4个建筑垃圾弃置场，引导建筑垃圾进入合理的消纳处置场所。同时，对渣土外运的建筑工地实行跟踪管理，指导施工单位落实施工现场密闭围挡；场内作业道路必须硬化；渣土运输车辆必须密闭遮盖；施工现场出口必须配备冲洗设施、设备，车辆沾黏泥土冲洗干净方能上路。并制定道路冲洗作业标准，每日渣土外运结束立即进行冲洗。2011年行政许可渣土运输65件，土方量9.50万吨，处罚违章运输178件。至2013年，全年各建筑工地均较好地落实了渣土管理措施，渣土外运抛洒扬尘现象得到遏制。

4. 公厕保洁

句容解放前，城区公厕全是半露天旱厕，多由城郊菜农搭建，每日清晨坑主淘粪时顺带打扫一下，其他时间无人过问。每年夏季来临，厕内蝇蛆乱爬，苍蝇扑面，臭气熏人。遇有偷粪者尿屎滴漏，搞得厕所污秽不堪，令如厕者难以下脚。解放后的最初几年，这种情形无大的改变。1957年，清管所陆续建造了一些室内型公厕，对原有半露天茅厕作价归公改造后纳入清管所保洁范围。是时，城区公厕都是旱厕，蹲位为斜槽，连接槽下大沟通向厕外密封的蓄粪池。保洁员挑水冲扫厕内通道、尿槽后，用长柄铁铲将斜槽内的积粪铲至沟内、推赶至大沟末端，再用水冲入蓄粪池。池满，由吸粪车吸运至城郊大型化粪池，供生产队用做肥料。每位保洁员负责几座公厕，一日打扫两次，劳动强度较大，公厕中蛆爬蝇飞少了许多，卫生状况有很大改善。稍后，对陈旧公厕进行改造。利用蓄粪池粪便分解产生的氨气杀灭蝇、蛆，厕内蝇蛆基本绝迹。改建、改造过程中，给每座公厕安装电灯方便群众，接通自来水方便保洁员冲扫。至1985年，城区公厕保洁形式基本不变，但开始实行责任制，落实公厕保洁管理制度，根据检查、抽查得分，考核奖罚，增强保洁员工作责任心。1986—1997年间，对城区公厕进行改建扩建。至1997年12月，城区公厕已全部成为水冲式公厕。厕所建有专供保洁员起居生活的房间，由1名保洁员驻点保洁，保洁工具已由拖把、抹布代替了铁铲、尿勺、水桶、扁担。2001年，通过竞拍方式将部分公厕的保洁工作外包，由承包人提供手纸，实行收费管理。2004年，市环卫处对城区公厕全部进行改造、维修、出新，并制定《公共厕所卫生保洁规定》《公共厕所管理制度》，统一在厕所醒目位置上墙公示，方便市民自觉遵守保洁规定和管理制度，协助职能部门加强公厕管理，促进公厕保洁长效管理机制的形成。2008年7月，终止公厕收费管理，城区32处公厕全部免费开放。随后，市环卫处对每座公厕重新配备1名保洁员，全程负责其所在公厕的保洁工作，并通过经常性的明察、暗访、严格考核、奖罚兑现，提高公厕保洁水平。至2013年年末，城区共有公厕53座，各座公厕普遍达到厕内通风明亮、空气清新，无蛛网、无积尘、无垃圾杂物、无蚊蝇，尿槽无尿垢、便槽无积粪、水池无水锈，厕外整洁无粪便、无污水等各项公厕保洁标准。

二、农村保洁

1. 集镇保洁

句容解放初期，农村集镇规模不大，环境卫生皆由沿街店家、住户各自清扫。1953年起，县政府每年组织全县人民多次开展声势浩大的爱国卫生运动，各乡镇组织人力清除镇上露天粪缸，突击清运垃圾，保持街道整洁。1978年中共十一届三中全会以后，全县经济发展，集镇建设加快，集镇范围逐步扩大。是时，各乡镇均未设环卫机构，无保洁队伍，街道保洁实行“门前三包”，由沿路单位、商店等分段负责，公厕保洁和粪便清运由集镇周边相近的生产队分担。1990年前后，乡镇环卫工作开始由乡镇政府相关职能部门建管所兼管，各乡镇相继组建临时保洁队伍，承担镇区主要街道和公厕的保洁工作。1995年6月，句容市召开“创卫生城市、做文明市民”动员大会。会后，全市各乡镇共组织3次万人清扫活动，并组织人员对责任区内外环境进行整治。2001年，在市爱国卫生运动委员会组织开展的创建江苏省、镇江市卫生镇、村活动中，茅山镇被命名为“江苏省卫生镇”，下蜀、后白、华阳、东昌、天王、陈武6个镇被命名为“镇江市卫生镇”。2004年3月，各镇在“双清双美”（即清除垃圾、清除污染；美化环境、美化家园）活动中，结合创建国家卫生城市，全面开展环境卫生综合治理和环境卫生基础设施建设，农村集镇卫生面貌为之一新。2007年，市委、市政府决定在城管局增挂“句容市农村环境卫生管理局”牌子，局增设农村环境卫生管理科，业务上接受环卫处指导，履行对各镇（管委会）环卫工作的指导、检查、考核等职能。各镇（管委会）先后建立环卫所，组建集镇环卫队伍，负责集镇主次干道、公共区域的卫生保洁；改造公厕、增设垃圾桶、果壳箱，兴建垃圾中转站、购置垃圾运输车辆，完善镇区环卫设施；与集镇商户签订“门前三包、门内达标”责任书；镇机关干部、环卫所工作人员划分区域、落实路段，加强检查督促并强力推进垃圾袋装化管理。全市环卫管理开始步入城乡一体化轨道。2009年，句容实行“农村环境卫生长效管理考核办法”，各镇（管委会）建立健全环卫管理各项规章制度和管理网络，层层落实责任，加强监督检查，逐步实现了环卫工作的规范化、常态化。2010年，各镇（管委会）遵照市委、市政府“把句容建设成为南京周边最干净城市”的工作要求，加强集镇环境卫生综合治理。修改完善镇村环境卫生长效管理考核细则，增强各级环卫人员工作责任心；增加环卫投入完善环卫设施；加强监督检查，杜绝乱倒垃圾违反“门前三包”、车辆带泥土上路等不良现象；强化镇村结合部环境卫生的监管，彻底清除卫生死角和积存垃圾。同时，深入开展卫生镇、村创建活动。全市集镇环卫管理水平普遍大幅提升。2011年白兔镇、下蜀镇，2012年后白镇，相继被省爱国卫生运动委员会授予“江苏省卫生镇”称号；2013年年末，天王镇等3镇通过了省级卫生镇的检查验收。

至2013年年末句容市创建“江苏省卫生镇”“镇江市卫生镇”情况一览

表4－1－7

命名年份	镇　　名	荣誉称号
2001	下蜀、后白、华阳、东昌、天王、陈武	镇江市卫生镇
	茅山	江苏省卫生镇
2003	行香、白兔	镇江市卫生镇
2005	黄梅	
2008	郭庄	
2009	宝华	
2011	下蜀、白兔	江苏省卫生镇
2012	后白	
2013	边城、天王、郭庄	

2．村庄保洁

旧时，由于县国民政府对农村卫生管理职能缺失，致境内村庄环卫状况较县城、集镇更差。中华人民共和国成立以后，开展深入持久的爱国卫生运动，使广大村民逐步养成了良好的卫生习惯，村庄内垃圾堆消失，露天粪坑被迁至村外，卫生情况好转。中共十一届三中全会以后，生活水平逐步提高，村民环卫意识也进一步增强。随着居住条件的改善，人畜混居的现象成为历史。1982年，句容县开展“文明礼貌月”活动。1985年，句容县开展“创建文明单位”活动，两次活动中，县城、集镇、村庄都是同步宣传发动、同步组织实施，广大村民积极参与、认真落实，规范言行、治理脏乱，促进了崇尚社会公德、讲究环境卫生良好风气的形成。1990年前后，各乡镇建管站开始兼负镇容和环卫职责，村庄保洁由突击性、活动型向日常管理型转变。1993年，句容县选择东昌乡衣庄、茅西乡后河、郭庄乡百丈、宝华乡鲍亭、开发区西庙5个村作农村改厕试点，按无害化要求改造成水冲式。试点村全面清除露天粪缸，使村庄卫生条件大幅改善，为全县村庄树立了样板。至2000年年末，农村卫生户厕达11.43万座，改厕率56.86％。进入21世纪后，句容市爱国卫生运动委员会组织全市各镇、行政村开展创建江苏省、镇江市卫生镇、村活动。2003年，天王镇前进、开发区西庙、华阳镇杜家山3个行政村成为全市首批建成的“镇江市卫生村”。2004年，后白镇古村、开发区西庙、边城镇友谊、二圣镇张庙4个行政村成为全市首批建成的“江苏省卫生村”。2006年，开展河塘清淤工作。白兔镇清淤塘坝30座，完成土方43万立方米；天王镇清淤河塘82座，完成土方52万立方米。2007年，市城管局（句容市农村环境卫生管理局）对全市城乡环卫工作实行一体化管理，各镇相继成立环卫所，行政村成立环卫站，建立农村保洁队伍，并在村庄推行垃圾袋装化管理。同年3月，在全市农村开展农村垃圾处置“百日整治”活动。下蜀镇投资90万元，在10个行政村和主干道两侧新建垃圾房35个、垃圾箱840个、配置人力垃圾车95辆，新增村、组卫生保洁员84名；黄梅镇对主干道沿线、河道两侧垃圾进行突击整治，兴建村垃圾房129座，设置固定和流动垃圾箱300多个，建垃圾中转站1座，购垃圾运输车1辆，并制定《村民环境卫生公约》《村环境卫生保洁制度》，形成组保洁、村收集、镇转运的垃圾收运模式，全镇环境卫生质量全面提升；边城镇建各类垃圾房18座、垃圾中转站1座、购置垃圾运输车1辆，人力垃圾车150辆，成立14支垃圾处理小分队清运垃圾，全镇环卫状况得到很大改善，被镇江市评为“垃圾处置‘百日整治’先进集体”。同年5月，在郭庄镇召开农村改厕现场培训会。此后，全市各镇（管委会）清除露天粪缸、旱厕改水冲式厕所工作全面推动，当年完成户厕改造17700户，清除露天粪坑6500座。是年，白兔镇倪塘村、后白镇西冯村获“江苏省卫生村”称号。2008年，市财政投入资金580万元，各镇财政配套资金投入305万元，计885万元用于农村环境卫生基础设施（设备）建设，巩固创建国家卫生城市成果。同年，句容市决定每个镇确定1～2个改厕重点村，每户改厕补助100元。7月，召开

图4-6　疏浚整治后的后白镇西戴坞村塘坝

了现场推进会;10月,组织专项督查;12月,通过了省爱国卫生运动委员会的检查考核。2009年,句容市首次被列为国家改厕项目县,争取到国家改厕补助资金400万元,确定并上报了24个国家改厕项目村。是年,市政府把农村改厕工作纳入与乡镇(管委会)签订的年度目标责任考核内容,并安排200万元配套资金。4月份,邀请省爱国卫生运动委员会专家,对全市改厕项目村负责人、施工负责人和各镇分管镇长进行业务培训。分发入户宣传资料2万份,并实施改厕日报制度,全年完成户厕改造20985户,清除露天粪缸1万多座。此后数年,句容市把户厕改造和河塘清淤作为村庄保洁的重点。2010年,宝华镇仓头行政村河塘清淤完成土方2.50万立方米;华阳镇投资136万元,完成4.50公里长的万家河清淤,土方量16.75万立方米。2011年投入改厕资金1000万元,全市无害化卫生户厕普及率86.90%;全市32个村创成“江苏省卫生村”。2012年,投入改厕资金870余万元,改厕9572户、清除露天粪缸5000余座;全市10个村创成“江苏省卫生村”、22个村创成“镇江市卫生村”。2013年,全市村庄保洁长效机制运行良好,环卫管理城乡一体化进入新常态。

2006—2013年句容市农村改厕情况一览

表4-1-8

年份	改厕户数(户)	清除露天粪坑(座)
2006	15000	12000
2007	17700	6500
2008	22037	15400
2009	20985	10000
2010	18300	10000
2011	13999	9000
2012	9572	5000
2013	3503	1553
合计	121096	69453

2013年年末句容市创建“江苏省卫生村”“镇江市卫生村”情况一览

表4-1-9

命名年份	镇(管委会)	行政村	荣誉称号	重新命名确认年份
2003	华阳镇	杜家山	镇江市卫生村	—
	开发区管委会	西庙		
	天王镇	前进		
2005	开发区管委会	西庙	江苏省卫生村	2011
	边城镇	友谊		
	后白镇	张庙		
2007	白兔镇	倪塘	江苏省卫生村	2012
	后白镇	西冯		

2013 年年末句容市创建“江苏省卫生村”“镇江市卫生村”情况一览

续表 4－1－9

命名年份	镇(管委会)	行政村	荣誉称号	重新命名确认年份
2008	后白镇	古村	江苏省卫生村	2013
2011	下蜀镇	空青、六里、亭子、下蜀	江苏省卫生村	—
	天王镇	斗门、戴庄、朱巷、浮山、前进		
	后白镇	二圣、五星、夏王、李桥		
	白兔镇	龙山湖、唐庄、太平、马里、行香、幸福		
	华阳镇	新坊、杜家山		
	宝华镇	宝华		
	边城镇	衣庄、光明、赵庄、大华		
	茅山镇	丁庄、袁巷、城盖、何庄		
	郭庄镇	甲山、虬北		
2012	华阳镇	下甸、钱家边、里巷口、杨家巷	江苏省卫生村	—
	郭庄镇	东湖、葛村、东岗		
	宝华镇	铜山、栗庄		
	开发区管委会	南巷		
	开发区管委会	黄梅、大卓	镇江市卫生村	—
	下蜀镇	祝里、桥头、华山		
	边城镇	戴村、双杨		
	天王镇	蔡巷、西溧、唐陵、袁巷		
	后白镇	后白、卢江、曹村、林梅、长里岗、泗庄		
	郭庄镇	孔塘、刘巷		
	赤山湖管委会	胜利		
	白兔镇	上荣、茅庄		
2013	郭庄镇	经戴、金星、孔塘	江苏省卫生村	—
	边城镇	青山、东昌		
	赤山湖管委会	赤山		
	天王镇	唐陵、农林、袁巷、蔡巷、西溧、竹园		
	后白镇	后白、林梅		
	白兔镇	茅庄、上荣		
2013	开发区管委会	后塘、下荫	镇江市卫生村	—
	华阳镇	石狮		
	下蜀镇	沙地、新村		
	边城镇	高仑、桥东、佴池、陈武、赵村		
	茅山镇	丁家边、永兴		
	后白镇	王庄、徐巷、槐道		
	天王镇	唐谷、赵巷、天王、金山、天王居委会		
	郭庄镇	朝阳、百里		
	赤山湖管委会	谢桥		

第三节 垃圾处理

解放初期，城区人口不足8000人，生活垃圾量少，构成也单纯，经捡破烂的翻拣后，其余垃圾城郊农户清运回去基本上都能加以利用。1957年清管所成立后，在城区增建一些垃圾箱，逐步满足了垃圾收集的需要，深巷角落多年形成的垃圾堆场逐渐消失。为方便市民，清扫人员每天定时拉着垃圾车沿途摇铃、吆喝，收集垃圾，并将街道清扫的连同垃圾箱中的垃圾一道，按地段分别运至设在城区的几个垃圾中转点集中，再用手扶拖拉机运到城郊，填塞废弃的河道、沟塘。此后数年，城区常住人口不断增加，垃圾箱相应增加布点。1982年7月1日，城区人口增至18664人，垃圾箱增至91个。1985年年末，清管所购置3辆汽车清运垃圾，垃圾留城时间缩短，实现及时外运。1986年，在城东周家岗村设简易垃圾填埋场，1991年移至华阳镇柿树村西侧凹地。因未对垃圾作无害化处理，对周边环境造成一定污染。1997年，柿树填埋场饱和封场，结束填埋。同年，设立城北垃圾卫生填埋场，开始实施生活垃圾无害化处理。1998年，城区建设路等第一批垃圾中转站建成投入使用。同年，市政府印发《句容市生活垃圾袋装管理暂行办法》，率先在葛仙、华阳两个小区试点。随后颁布《城市生活垃圾袋装管理规定》在全市推广。同时取消城区垃圾箱，改用垃圾桶；沿街商店袋装垃圾由清扫人员收集，避免垃圾对环境的二次污染。至2010年，小区生活垃圾袋装率达90%以上，老城区和农村生活垃圾袋装率也逐年提高。期间，城区陆续新建垃圾中转站4座，原来设在城区的垃圾中转点全部撤销。2004年，开始城北垃圾填埋场二期扩容建设，垃圾处置能力增强。2006年11月，市城管局根据《句容市环境卫生专业规划》增设特种垃圾处理中心，下辖两个垃圾填埋场，将生活垃圾处置任务从环卫处分离出来，由特种垃圾处理中心对生活垃圾的无害化处理进行专业管理。2007年11月，城北填埋场二期工程2号库区竣工投入运行。此后数年，句容市在垃圾收集、中转和填埋方面继续加大投入。更新、增设垃圾收集设施；添置环卫作业和垃圾清运车辆；升级改造垃圾中转站机械设备；加快城北垃圾填埋场二期3号库区工程建设，并于2011年3月完成原垃圾渗沥液处理系统的升级换代。使垃圾处理各个环节无缝对接、运转正常。2012年，垃圾填埋总量达9.10万吨，渗沥液排放量3.88万吨。至2013年年末，随着城市建设的发展，句容市也同步具备了与之相适应的生活垃圾无害化处理的能力。

2008—2013年句容市无害化处理垃圾情况一览

表4-1-10 单位：吨

年份	城北垃圾填埋场	徐家桥垃圾填埋场	合计
2008	44668.23	—	44668.23
2009	40150.03	20988.31	61138.34
2010	62163.57	12891.55	75055.12
2011	68157.79	14849.80	83007.59
2012	74890.28	16149.50	91039.78
2013	66136.39	41458.01	108375
合计	356166.29	106337.17	463284.06

第四节　环卫队伍

一、城区环卫队伍

1957年，清管所成立之初有环卫工7人，分为两个小组，5人负责城区街道保洁，2人负责公厕冲扫。随着城区逐年扩大，常住人口逐年增多，城区环卫人员也相应增加。至1985年，清管所有职工28人。因配备了清运垃圾汽车等设备，队伍构成也由单一的保洁员增加了汽车驾驶员、汽修工等技术工种。此后数年，环卫部门发展较为平稳，人员增长幅度不大。

1990年起，华阳镇所属各居委会自筹资金，建立各自的临时保洁员队伍，负责偏僻街巷和居民区的卫生保洁。1994年，华阳镇政府迁至东门镇句路，东门桥以东城市建成区的环境卫生管理由华阳镇负责。1995年街区保洁范围只限于东门桥至镇政府一条街，有清扫人员3名，卫生监督管理人员2名。华阳镇街道办成立后，社区保洁员实行统一管理，成立了社区环境卫生保洁所。在句容市社区工作管理办公室的领导和统一管理下，华阳镇各居委会组建的临时保洁员队伍，逐步形成一支相对稳定的社区环境卫生保洁队伍。是时，东门桥以东新的城市建成区逐年扩大，华阳镇负责的清扫保洁任务也相应加重，其清扫人员由原来的3人逐步增至40人。

图4-7　环卫工人清晨打扫街道卫生

1997年，句容市创建省级卫生城市，需要一批专业作业人员和管理人员，在报请上级主管部门同意后，市环卫处的环卫队伍扩大到137人，其中正式工98人，临时工39人。1998年，城区建设路、葛仙、西岗等第一批垃圾中转站及城北垃圾填埋场相继建成运行，增加一批操作工和专业技术人员。此后几年，因诸如此类的原因，市环卫处陆续有过几次人员扩充。在2004—2005年市“双创”（创建国家卫生城市和国家环保模范城市）工作期间，环卫工人（含临时工）最多时达600余人。2008年，市环卫处有从业人员644人，其中清扫人员521人；2010年一线环卫保洁人员增至610人。2013年11月，市特种垃圾处理中心并入，至2013年年底，市环卫处共有干部、职工555人，其中管理人员22人。管理人员中大专以上学历21人，高级职称1人、中级职称8人、初级职称11人。

华阳镇、社区办、开发区在城区都有各自的环卫保洁责任区域。2013年年底，其责任区保洁队伍的人数分别是：华阳镇105人，社区办205人，开发区73人。

二、农村环卫队伍

1990年前后，各乡镇相继组建临时环卫队伍。1995—2006年间，句容农村环卫队伍在每年数次的爱国卫生运动中巩固，在创建省和国家卫生城市的工作中壮大，逐步成为全市环卫工作的一支重要力量。2007年，市城管局增加农村环卫管理职能后，加强对镇、村环卫工作的指导和检查考核工作，各镇（管委会）先后成立环卫所，村成立环卫站。是年，下蜀镇落实卫生保洁员84人，天王镇落实卫生保洁员245人，边城镇组建14支垃圾处置小分队。至2008年年底,全市共有农村保洁员1487人。2009年,华阳镇成立环卫所,具体负责农村环境卫生的日常管理,年底,保洁员增至287人,增配垃圾清运车3辆,实现全镇范围内垃圾日产日清,在全市环境卫生综合治理评比中名列第一名。2012年,茅山镇结合村庄整治工作,组建100多人的保洁队伍,治理村庄环境卫生,53个自然村3个达三星级、5个达二星级、10个达一星级、35个达整洁村标准。其间,各镇(管委会)环卫所加强对农村保洁员的管理,建立健全保洁员作业规范,明确责任和报酬,与保洁人员签订保洁合同并上报备案。至2013年,农村环卫队伍逐步向专业化、正规化过渡。

2013年句容市各镇(管委会)环卫队伍情况一览

表4-1-11 单位:人

镇(管委会)	环卫所成立时间	集镇保洁员	村组保洁员	合计
华阳镇	2009年	—	133	133
宝华镇	2007年	6	102	108
下蜀镇	2007年	31	124	155
边城镇	2010年	10	157	167
白兔镇	2007年	7	118	125
郭庄镇	2008年	61	182	243
后白镇	2008年	9	180	189
天王镇	2007年	23	235	258
茅山镇	2008年	8	90	98
茅山风景区管委会	2008年	52	101	153
赤山湖管委会	2008年	6	48	54
开发区管委会	2010年	—	160	160
合计	—	213	1630	1843

第五节 环卫管理

一、管理机构

1. 组织协调机构

1953年1月,县建立爱国卫生运动委员会,领导反对细菌战工作、组织协调开展群众性爱国卫生运动。1958年3月成立爱国卫生运动领导小组,同时成立除“五害”(苍蝇、蚊子、老鼠、麻雀、钉螺)指挥部。1975年6月,重新建立县爱国卫生运动委员会,由县革委会分管副主任任主任,下设办公室。1990年起,由分管副市(县)长任爱国卫生运动委员会主任,办公室设在卫生局。1997年4月,核定市爱国卫生运动委员会办公室为全民性质的事业单位,编制6人。2013年年末,大专以上学历6人,其中高级职称3人,中级职称3人。

2. 职能部门

句容市环境卫生管理处,隶属于市城市管理局。前身是1957年句容县城镇政府组建的内设机构城镇清洁卫生管理所。1992年,清管所划归县建设委员会管辖,更名县环境卫生管理所。1997年,句容市创建省卫生城市,为理顺条线管理体制,完善内部机制,对照江苏省创建省级卫生城市规划及验收要求,市环卫所更名为市环境卫生管理处。2003 年 8 月，句容市成立城市管理局，市环卫处划归市城管局领导。2008 年，市环卫处内设办公室、财务室、环境卫生服务站、环卫中队、车队、协管科、综合科等 7 个主要职能科室。此后几年，为适应城市建设迅速发展对环卫工作的新要求，市环卫处所属职能部门也有相应调整。2013 年 11 月市特种垃圾处理中心并入市环卫处。2013 年年底，市环卫处内设机构为：办公室、财务室、综合科、河道管理科、环卫督查队、车队、电动车队、8 座垃圾中转站和特种垃圾处理中心。

二、管理措施

1. 建章立制

1957 年 11 月城镇清管所成立时，县人委以句卫字〔1957〕第 4795 号和第 4798 号两个批复，对其管理职责、运作方式予以规定。主要内容为：清管所负有城区保洁和对城区单位、居民实施环卫管理、检查、督促整改的职责；对城镇范围内所有公私厕所、粪缸的粪便、垃圾箱的垃圾进行统一管理和经营，其他集体和个人均不得擅自使用、出售或变相买卖；按规定价格收购和销售肥料，积累资金，收支以量入为出、自给自足为原则；清管所的收入为经营粪肥垃圾肥的利润、销售公厕粪便和扫街垃圾肥的收入、财政按核定人数拨付的人员经费，支出为专职及保洁人员经费（按行政标准执行）、建设卫生设施、添置设备工具、购买消杀药物等。

1959 年 2 月 20 日，县人委就学校农场使用校厕粪肥批示，使用量不能超过校厕容量的五分之一，超过部分需与清管所签订合同，按期向清管所交纳粪肥款。1965 年 6 月，县财政停止对清管所 1963 年 4 月前参加工作的清扫人员的工资拨付。对此，县人委对城镇公社请示批复，同意取缔私人粪缸、灰堆，增建公厕垃圾箱，全城粪便、垃圾由清管所负责清运、销售；私人粪便由清管所按 10 岁以上人员每人每月 0.30 元、10 岁以下儿童每人每月按 0.10 元付酬，居民需用粪肥按每担 0.20 元返销，以此增加清管所收入，维持其正常运转。此后几年，因化肥使用方便、见效快，粪肥销路每况愈下，加之垃圾中不易降解的成分迅速增多，已不能沤作肥料，政府决定恢复对清管所财政拨款，以适应发展环卫事业的需求。

在内部管理上，由于清管所成立之初人员较少，在各项管理方面较为单一，相关的管理制度也仅仅是围绕卫生保洁制定的。随着城区保洁面积的增加、环卫从业人员的逐渐增多以及环卫各项基础设施的添置与完善，原先单一的管理模式已不能适应城市建设和环卫事业发展的需要。为此，清管所对各项规章制度加以修改完善，逐步开始对环卫队伍实行专业化管理，并探索市场化运作的管理模式。

1992—1997 年，是环卫部门发展较快的 5 年，各项管理规章及检查考核制度得到进一步的完善。根据建设部《全国环境卫生作业质量标准》，市环卫处内部管理逐步进入规范化的轨道，其中较为突出的就是对公厕、垃圾中转站和垃圾填埋场的管理，做到制度配套，收入挂钩，奖惩兑现。并开始编制城市环卫设施规划、年度工作计划等。

2003 年，市环卫处改属市城管局。此时正值句容市创建国家卫生城市和国家环保模范城市。为适应现代化城市发展和管理的要求，市城管局在每年年初都与各下属部门签订目标管理责任状。市环卫处按照目标管理责任要求，对原有的规章制度再次进行修改完善；对下属有关部门、科室进行优化重组；对上级下达的目标任务层层分解，落实到具体责任人。2005 年，市环卫处将下属 6 座垃圾中转站按保洁区域进行划分，合并成立了 4 个环境卫生服务站，并对道路清扫、垃圾清运人员实行优化组合，进一步明确各卫生服务站的服务范围、目标要求，制定统一的卫生保洁标准，实行统一管理。同年 5 月，由省城市规划设计院接受委托负责编写的《句容市环境卫生专业规划》初审稿完成。经镇江市城管局、有关部门领导及专家和句容市有关部门领导几度评审论证，编制单位修改补充，2006 年 10 月 18 日，通过省建设厅的评审。自此，句容市环卫事业有了对应《江苏省环境卫生编制纲要》基本要求、符合句容市近期实际状况、体现环卫资源共享、城乡一体化发展的蓝图，明确了奋斗目标和努力方向。其间，由环卫部门上级机关草拟、以市政府名义颁布了一系列环卫工作管理规定和法规性文件。1999 年颁发《城市垃圾袋装管理规定》；2003 年颁布《句容市城市市容和环境卫生管理规定》；2005 年 4 月颁布《关于加强市区环卫保洁工作实施意见》，12 月颁布《句容市垃圾处置长效管理工作意见》;2009 年 7 月颁布《句容市农村环境卫生长效管理考核办法》,10 月颁布《句容市建筑垃圾管理办法》;2010 年颁布《关于进一步加强市区建筑垃圾和工程渣土管理的实施意见》等等,为环卫工作建章立制。在增强市民环卫意识、明确责任主体环卫义务、界定环卫部门职责范围的同时,为环卫执法提供了政策和法规依据。

2. 目标管控

1957 年清管所成立以后,环卫管理主要是通过思想政治工作、检查督促、表彰奖励先进典型等方式,提高环卫工作质量。1992 年改属县建委后,环卫工作内部管理实行岗位责任制,运用经济杠杆激发职工的内在动力,保质保量完成保洁任务。同时,改善管理模式,开始向社会化、法制化转变。加大了环卫工作的宣传力度,出台了一系列管理规定和法规,环卫管理由依靠政府向市民共同参与转变。1995 年,句容市瞄准创建省卫生城市,成立"创卫"领导小组加强领导,落实路段长责任制和"门前三包、门内达标"责任制,组建环卫监察队伍,使环卫管理向纵深推进。1997 年 12 月,句容市达成创建省卫生城市的工作目标。随即,确定了创建国家卫生城市的奋斗目标。

2003 年 8 月,市城管局开始履行监管城乡环境卫生的职责。此后几年,市城管局加大环卫设施投入,实行城区主干道 16 小时双班保洁、外围道路 8 小时保洁;环卫执法坚持常规管理和专项整治相结合,积极探索实行长效管理的新机制;整合环卫资源,撤销以垃圾中转站为中心的管理模式,改设环卫服务站;成立有 150 人组成的"黄帽子"协管员队伍,主要承担"门前三包"以及果壳箱清洗等任务,制定协管员管理办法,严格实行月度考核和奖惩;以改革的精神调整内设机构,增设渣土管理科、督查科和专门负责管理"黄帽子"协管员的协管科,创办保洁公司。全局上下团结一心,全面完成了城管局在创建国家卫生城市工作中所承担的各项任务。

2006 年 11 月起,市城管局以句容市成为国家卫生城市为新的起点,进一步健全环境卫生督察机制。组织局机关人员参加环境卫生督察小组,对市区大市容环境进行全面监督检查;加强单位、科室之间的沟通协调,由分管局长牵头,把涉及的职能交叉的单位、科室集中在一起,明确分工,审批、管理、督察、办案各负其责。2007 年,指导乡镇(管委会)成立环卫所、组建农村环卫队伍、编制《镇村垃圾处置专业规划》,并制定下发《农村保洁员岗位职责》《农村保洁员管理考核制度》《农村村民环境卫生公约》《农村保洁员作业规范和作业质量标准》《镇容镇貌(村容村貌)管理规定》等规范性制度。2009 年,与乡镇(管委会)签订《农村环境卫生管理目标责任书》,进一步明确目标、任务和措施,坚持每月一次各镇(管委会)环卫工作例会,每月进行一次"推磨式"的检查。至 2009 年年底,农村环境卫生工作在镇江市年度督查考核中,连续 2 年获得第二名。市环卫处也被镇江市城管局评为 2009 年度"全市城管系统先进集体"。

图 4-8　快速保洁队的新型环保服务车队

2010 年,句容市环卫工作以"打造南京周边最干净的城市"为工作目标,市城管局坚持每月一次各有关部门参加的环卫保洁例会制度,市环卫处在加强原有环卫工人队伍管理的基础上,新建 5 支环境卫生精细化管理队伍。成立 8 人的环卫督查队,形成城市环卫两级督查机制;成立 15 人的无主垃圾清运队,配备 2 台东风小霸王自卸车,承担城区卫生责任边界不清部位的卫生保洁和垃圾清运任务;成立 30 多人的道路保洁清洗队,配备 5 台洒水车,每天上午 5 时、中午 12 时对城区道路高压冲洗降尘;成立 15 人的电动车快速保洁队,快速收集清运城区垃圾;成立 10 人的"清癣"队,两人一组,专门清除城市"牛皮癣"。并开展"管理标兵示范岗"考评活动,采用日常巡查、随机抽查等方式,每月进行考核评比。5 支队伍强化市区环卫点、线、面的结合，落实环卫精细化管理，整体推进城市环卫管理水平。同时，认真落实农村环卫管理制度；组织全体农村保洁人员开展业务轮训；推进农村垃圾处置长效管理。城乡一体，合力打造南京周边最干净的城市。2011 年、2012 年，农村环境卫生管理连续两年获镇江市年度考核第一名。2012 年 2 月，市环卫处被镇江市城市管理局评为 2011 年度“镇江市城乡环卫系统先进集体”。市城管局被省爱国卫生运动委员会评为“江苏省爱国卫生先进集体”。

3．机制创新

1998 年，市环卫处即开始了城区环卫管理市场化运作的尝试。是年，将城区 15 条计 54.80 万平方米主干道清扫保洁权进行了公开竞拍，定人定路段，定质量标准，实行买断管理。2001 年保洁外包扩大至公厕保洁，城区公厕通过竞拍的方式，改由承包人收费管理（后为方便市民，全部收回，免费开放）。2004 年，全部辞退 108 名环卫临时工，将原由临时工负责的环卫保洁区 14 条路段 63.71 万平方米清扫保洁权，向社会招标，总标的 43.80 万元，由 4 名中标者承担保洁责任，变劳动用工关系为经济合同关系。此后，因创国家卫生城市，社会化用工人员又有所增加。2013 年，遵照省政府《关于进一步推进全省城市市政公用事业改革的意见》文件精神，开展环卫保洁市场化运作试点，成立了大众劳动服务有限公司，对市区清扫保洁路段的面积及人员名单进行了统计，拟定了《句容市环卫处关于道路清扫保洁市场化运行方案》，对市场化服务要求、作业标准、作业考核细则等进行了详细规定，市区环卫保洁市场化前期准备工作基本完成，逐步将市区环卫保洁推向市场。

第二章　园林绿化管理

民国时期,县城曾有树木1.50万株,分布在城北中山公园、城南中山纪念林、东门外宁杭国道和城里寺庙教堂四周、公私宅院内外。民国26年(1937年)起,因战乱等原因,林木屡遭砍伐毁损,1949年4月23日句容解放时存量不足2000株。中华人民共和国成立以后,经全民义务植树和改革开放经济增长拉动,城区绿化发展。1985年,城区面积扩大至2.55平方公里,树木增至9.93万株,城区绿化覆盖率7%,人均公共绿地面积1.50平方米。1991年2月,句容县成立园林管理处,推进绿化建设和管理。2003年,市园林管理处划归市城市管理局(简称市城管局)领导。是年,城区绿地面积增至98万平方米,市城管局被镇江市政府评为"2003年度全市国土绿化先进单位"。2005年,市政府印发《句容市城市绿化管理细则》,引导依法治绿长效机制的建立和完善。此后,随着句容市经济规模和建成区的逐年扩大,城市绿地迅速铺展,创建园林式单位(居住区)和创建省级园林城市工作也逐步展开。自改革开放以来,句容城区一批公园、广场、风光带的建设和各条主次干道的高规格绿化,使城市变得靓丽,城区一方山水也由此灵动起来。至2013年年末,共建成省级园林式单位(居住区)26个、镇江市级28个;城区绿化覆盖面积972.25万平方米,绿化覆盖率41.15%;公共绿地面积186.41万平方米,人均公共绿地面积11.48平方米。

第一节　城区绿化

一、道路绿化

民国时期,句容城内几条石板大街宽仅丈余,未绿化。东门外宁杭国道句容段有行道树白杨、枫杨千余株,句容解放时已所剩无几。1958年建人民路和建设路西段,至1977年,城区几条新、老街道经过延伸、拓宽,老城区框架已基本形成。1978年起,分步实施街道绿化。东西大街、南、北大街植悬铃木,分别为350株、340株、200株;人民路、建设路植香樟,分别为170株、160株。至1985年年末,城区道路增加,共栽植行道树2685株。

1986年以后,句容经济发展加快,华阳北路、华阳东路、华阳西路、洪武路、河滨北路等10余条城市干道建成后,句容新型城市格局初步形成,为大规模的道路绿化提供了空间。干道两侧栽植银杏、香樟、雪松、广玉兰等高档树种,华阳北路市住建局至水利局路段,植有句容特有的珍稀树种宝华玉兰;绿岛栽植红花继木、金叶女贞等色叶灌木和四季花草,间植红枫、桂花、红叶石楠等观赏乔木,呈现出错落有致、色彩缤纷的立体景观。1995年句容撤县建市,经济建设和城市建设的发展也带动城市绿化水平的提升。1996—2000年,城区道路共新植树木9000株,新建绿岛1150平方米。2001年起,相继完成宁杭南路城区段绿化改造、华阳南路与北环路绿化、西环路花池绿化等工程。至2005年年末,城区道路绿地51.71万平方米、行道树覆盖面积22.51万平方米。

2006年,投资78万元,完成华阳北路延伸段绿化工程;投资76万元完成北二环绿化工程;投资150万元完成东昌南路绿化带工程。2007年,对东昌路绿化升级改造;对华阳四路(东、西、南、北路)绿岛补植,共补植香樟、紫薇、杜英、紫叶李等乔木297株,杜鹃、红花继木、金叶女贞等灌木21.72万株。2008年3月,对市区近40条主次干道进行春季补植,共补植各种规格行道树4000多株,金叶女贞、小叶女贞等苗木5000多平方米，新增绿地面积20多万平方米；5月，对五里墩收费站入口处绿化进行改造，总投资24万元，栽植香樟、紫薇、小叶女贞、法国冬青等，四季常绿、四季有花。至2008年年末，城区道路绿地86.35万平方米，行道树覆盖面积26.49万平方米。

2010年，实施华阳四路绿化改造工程，总投资860万元，更换大理石路牙侧石8500余米，绿化以“春夏秋冬”为主题，新增大型乔木榉树、桂花等300余株，栽种大规格无患子、香樟、鸡爪槭、红枫等，配以桂花、海桐、无刺枸骨球及花灌木、地被植物，营造街道的季相特征。同年，投资90万元完成葛洪路中段绿化工程；投资400万元实施文昌路绿化，工程东起五里墩，西至曙光国际大酒店，全长4.20公里，绿化面积1.10万平方米；投资150万元实施句卓路绿化工程，工程地段总长470米，两侧绿岛宽度各6.50米，绿化设计遵循四季更替的自然特色，采用雪松、栾树、朴树、乌桕、国槐、红枫、樱花、桂花、西府海棠等大量乔灌花木，高低错落，层次分明。2011年2月，实施华阳东路延伸段绿化改造，道路西起宁杭南路，东至东昌中路，共800米，绿化面积3500平方米；3月，完成华阳北路绿化改造工程，总面积1万平方米。同年，投资2850万元，实施崇明东路、肖杆路、高骊山路、河滨路、宁杭北路锦绣句容段、文化广场、黄金闸等处绿化工程，新增绿地面积8.42万平方米。2012年，实施市区绿化全覆盖方案。方案包括千树进城、裸地治理、道路绿化提升、小游园建设等四项工程。是年，城区宁杭北路、葛洪路、福地路等7条主次干道共栽植大乔木1256株；完成福地路德升日用品厂大门两侧、宁杭南路三鸿雅居东侧、洪武路西转盘东南角和西南角、安监局西侧等多处裸地绿化；完成玉清路、东昌路主题雕塑安装；实施体育馆前三角带、北大街、双利路、北二路等多个路边小游园绿化。2013年深化市区绿化全覆盖方案，对华阳四路、文昌路、福地路、东昌路等23条道路进行春季、秋季补植，共补植金森女贞、红叶石楠、毛鹃、黄杨等小苗30多万株；对主干道适当配置观花小乔木，华阳东西两路共补植樱花300余株、垂丝海棠100余株。2013年，城市主次干道和外环路道路绿化基本成型。行道树绿荫如盖、生机勃勃；绿岛乔灌花草多层绿化、构图新颖。全市道路绿化呈现一街一景，产生了良好的视觉效果。至2013年年末，城市道路绿地213.43万平方米，行道树覆盖面积30.45万平方米。

二、园林广场绿化

民国时期，句容城北后沿山建有中山公园，园内有一条垂柳大道，中山堂、望耕亭等景点四周林木葱茏；城南坡岗植松、榆、刺槐、白杨近万株，名中山纪念林。两处园林因战乱等原因，至句容解放前夕几乎损毁殆尽。中华人民共和国成立后，受政策取向和财力限制，至20世纪80年代中期句容未建公园。中共十一届三中全会以后，句容经济发展，县委、县政府决定启动园林和休闲广场建设，释放改革红利，造福桑梓。1984年，选址郭西塘筹建华阳公园(2002年更名葛仙湖公园)，1989年12月奠基，一期工程征地42亩(2.80万平方米)，先期栽植水杉、垂柳等树木5000余株，沿郭西塘四周建5亭、4桥、1闸和环塘沙石路面。1999年，投入1800万元建新世纪广场，占地4万平方米，广场绿化以草坪为主，西边有少许绿篱，绿化覆盖率57%。2002年，总投资700万元、占地3.50万平方米的玉清广场竣工，广场绿化乔灌花草巧妙搭配，布局别致，多处呈八卦图形体现道教文化，场区植各种乔木500余株，绿化覆盖率75%。2002—2005年，实施葛仙湖公园二期工程，建设观、阁、院、塔等景点，完成园区全部绿化工程。二期工程结束园区总面积22.27万平方米，其中陆地面积15.47万平方米，陆地绿化覆盖率45%。2011年6月21日，崇明公园开工建设，公园地处市东肖杆河畔，占地28.63万平方米，其中陆地面积17.05万平方米，植有大型风景树及色叶、观花小乔木约2万余株，辅以翠竹、绿篱、草坪，近岸浅水滩栽种大片多年生景观水生植物，陆地绿化覆盖率70%以上。2013年1月18日启动贾纪山公园建设项目，公园位于市区东南方，占地8.80万平方米，由华阳镇负责实施。2013年11月，完成景点和绿化等主体工程。园区栽植各类乔木3000余株和大片灌木及四季花卉，地被植物2.60万平方米，绿化覆盖率70%。

图 4-9　玉清广场绿化

2013 年年底句容市城区小游园(广场)绿化情况一览

表 4－2－1

名称	位置	占地面积(平方米)	绿化面积(平方米)	绿化覆盖率(%)
文昌路小游园	宁杭北路与文昌路交汇处	9200	9000	97.82
北大街小游园	北大街与宁杭路交叉口	1200	1100	91.67
双利路小游园	双利路与北二路交叉口	600	550	91.67
南二路小游园	邮电路与南二路交叉口	10000	9500	95
和平鸽小游园	华阳北路与宁杭路交叉口	8000	7500	93.75
东昌广场	肖杆河风光带北段	45133	34150	75.67
万福广场	肖杆河风光带南段	13367	7160	53.56

三、风光带建设

1. 洪武路风光带

图 4-10　洪武路绿化带

洪武路风光带北起福地路，南至钤塘转盘，全长 6200 米，占地面积约 14 万平方米，绿岛宽 2 米，两侧风光带宽 6 ~ 15 米。1996 年开工，1997 年完工。洪武路是连接城市内外的重要干道，道路景观设计，充分考虑洪武路的特点，注重道路两侧城市景观的风格和创意，提升城市品位、塑造城市型象。植物选择具有特色的乡土树种，乔木有枫香、紫玉兰、朴树、栗树、红玉兰等，灌木有红叶石楠球、茶梅、红花继木、金森女贞、杜鹃等。以跳跃的植物色彩搭配展现城市的活力，以借景、对景、分景、隔景等手法使道路绿化与周边环境相互融洽，流线型自然的植物造景，赋予道路景观优雅含蓄的品质，反映城市和谐发展的特色。洪武路风光带共栽植各种乔木1万余株,灌木10余万株。

2. 玉清河风光带

玉清河风光带北起玉清广场,南至葛仙湖公园,全长2000米,设计面积7.70万平方米,2001年开工,2002年完工,一期工程投入220万元。景区绿化依据环境特征,结合季相变化,选择垂柳、香樟、樱花、紫薇、桂花、腊梅、紫玉兰、垂丝海棠、迎春、月季等乔灌花草,植疏林、建花坛、栽绿篱、铺草坪,全年常绿、四季有花。护栏、拱桥、蘑菇亭等园林小品点缀其间,增强人与自然的亲和性、趣味性。二期工程投资50万元,完善一期绿化,补植部分行道树及河道两侧垂柳,新增大片绿地。2006年,进行全面改造,增设廊架、置石、园路,创造多种生态景观,为周边居民提供了良好的休闲场所。

图4-11 玉清河风光带

3. 河滨北路风光带

河滨北路风光带位于句容河北侧,总长1850米,占地面积约12万平方米。一期工程2004年开工,2005年完工,投资额500万元。绿地配置香樟、银杏、榉树、红枫、桂花、红叶石楠等高档乔木和茂密的各类灌木,总数6.02万余株。所建喷泉、花架、特色矮墙和置石、石椅、石凳、石刻(两尊辟邪)等园林小品,与景区既和谐融洽又独立成景,丰富了风光带景观。2006年完成二期工程,投入资金300万元。沿河床梯岸铺设观景路,缀以亲水平台,方便游人嬉水;增栽各类乔灌树种4.58万株,完善原有绿化;配植马尼拉草坪和麦冬等地被,增强绿化效果;选用花岗岩、大理石、青石板、烧结砖等优质建材硬化景区道路。整个工程于2006年完工。景区绿化手法以常绿树种作为背景,依据不同季相,宜树则树、宜花择花、宜草植草,形成带状体系,营造出一年四季都能令人心旷神怡的良好环境。清晨傍晚时分前往健身、休闲的市民络绎不绝。

4. 肖圩河风光带

肖圩河风光带位于东昌北路与肖圩河之间,由南北两段组成,总占地面积5.85万平方米。肖圩河风光带以"运动休闲、绿色阳光"作为定位,利用原有河道水系和地形地貌加以改造,2010年7月开工建设,2012年12月完工投入使用。一期投资2800万元、二期投资500万元,总造价3300万元。北段称东昌广场,北起文昌路,南至崇明东路,占地45133平方米,其最北端地块约1.50万平方米,又称肖圩河健康公园。南段称万福广场,北起御湖风景小区、南至河滨西路,占地13367平方米。南北两段均建有小型广场、景观墙、观景亭、濒水木平台等园林建筑10多处,南段万福广场还建有城市标志小品百福球。肖圩河风光带共植有大型景观树和观花乔木1288株。绿化采取乔木与灌木、速生与慢生、落叶与常绿、彩叶与四季花卉合理搭配,运用植物的多样性营造景观的多样性,绿化面积23400余平方米。肖圩河风光带南段万福广场靠近市中心,紧邻崇明公园,人气较旺,若非雨雪天气,每至傍晚广场乐声悠扬,舞者翩翩,观者济济,景区游人如织,已成为城区东部市民锻炼休闲的重要场所。

5. 河滨南路风光带

河滨南路风光带东起高骊山路,西至兆文山,全长3120米,绿化面积6.30万平方米,2011年开工建设,2013年完工,总投资1200万元。从兆文山向东至东昌南路,景区建设以绿化为主。植物配置选用高大乔木和茂密的灌木及草坪,高低错落、疏密适当,形成一定的层次感。景区道路通顺流畅,择点建园林小品与绿地互为衬托,呈现出多样性的景观。自东昌南路再向东至高骊山路,地段与贾纪山公园相邻,道路两侧景区的规划建设按照公园绿地的规格实施。景区两端入口处,以浓郁的乔木林为背景,立柱形灯阵,晚间灯光璀

图4-12　句容河(城区)风光带

璨,变换色彩,产生很强的视觉冲击。沿途设花坛、廊架、小亭、置石、景观墙等园林小品,安装了坐凳,留下了活动空间。林间曲径如练,随地势起伏在树丛中忽隐忽现,把各个节点的园林景观串在一起,组成一条赏心悦目的绿色长廊。河滨南路风光带共栽植各类乔木5000余株,各类灌木20余万株,设计原则"以人为本、以绿为主、因地制宜、崇尚自然",创造舒适宜人的环境,寻求人与自然的和谐,是城区南部的重点景观之一。

6. 句容河风光带

句容河风光带北至文昌东路,南北向沿高骊山路,东西向沿河滨西路。规划建设景观河道全长约2公里,呈L型分布,总面积18.10公顷,一期工程于2013年1月开工,预计总投资2500万元。工程依照"春之生、夏之梦、秋之恋、冬之曲"四个主题,将河道自南向北分为四个区域,通过植物造景、园林小品及游人活动的参与,体现各个区域的特色。同年6月,完成部分林木栽植和园区道路、景观墙、柱的混凝土浇筑,约占总工程量的50%。至2013年年末,已完成总工程量的75%、投资额约1900万元。

四、单位与居住区绿化

1. 单位绿化

句容单位绿化于20世纪80年代初期兴起。此前,绿化基础较好的主要有政府大院、医院、学校,多数单位因场地限制或重视不够绿地较少。1982年,县绿化委员会办公室成立后,每年春冬组织开展义务植树活动。机关、学校、企业单位纷纷开展庭院绿化,内部通道栽植行道树、绿篱,墙角空地砌花坛种四季花草。场地局促的单位也见缝插绿,美化环境。政府职能部门因势利导,评比表彰先进集体、个人,推动城区绿化。至1985年年末,县城各单位共建花池、花坛1000余个,树木保有量增至35000余株。1986年以后,句容经济发展加快,带动城区绿化水平提升。单位绿化逐步从栽种花草树木向增建园林小品发展。1992年县园林管理处成立后,积极推进城市生态文明建设,并根据省、市、县的有关部署,在城市建成区开展创建园林式单位、居住区工作。1996年,华阳镇政府、句容工艺绣花厂被省建设厅授予"江苏省首批园林式单位"称号。2003—2006年,在镇江市政府历年组织的考核评审中,相继有市高级中学、市国税局、市第二水厂等19个单位被授予"镇江市园林式单位"称号。2012年起,句容市城市建设实行"绿色图章"(绿化审批专用章和绿化合格专用章)管理制度,强化在建工程中绿化项目的监督管理。凡新建、改建、扩建项目绿化方案不明确、绿化比例不足的,一律不予审批,实行绿化"一票否决"。是年,完成27个项目的审批,其中平面审查6项、方案及施工图审查18项,竣工验收3项,另有10项尚在审理。至2013年年末,单位附属绿地由2005年的78.51万平方米增加到149.94万平方米;17个单位被授予"江苏省

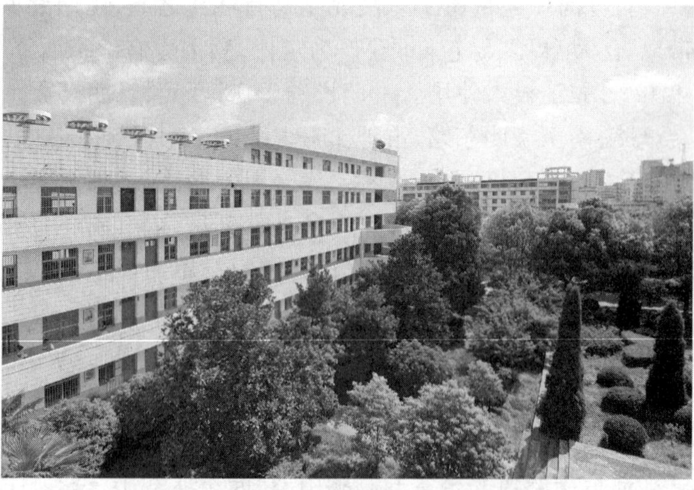

图4-13　江苏省园林式单位——句容市第三中学

园林式单位”称号、21 个单位被授予“镇江市园林式单位”称号。

2013 年年底句容市建成区绿化面积五千平方米以上单位情况一览

表 4－2－2　　单位：平方米

单位名称	绿地面积	单位名称	绿地面积
市第三小学	14124	市污水处理厂	20000
市第四中学	8137	美尔顿车业有限公司	20000
市实验小学	5498	世贸大酒店	51000
市第一中学	28202	中容科技有限公司	18000
市第三中学	36338	巨宝精密加工有限公司	10800
市第二中学	26542	巨宝厂区外绿化	40000
市高级中学	74310	崇明小学	11300
市双语学校	18320	市气象局	6400
市实验高级中学	48000	三泰轻工有限公司	10000
市河滨路小学	8000	博斯奥塑业有限公司	6700
镇江天力变压器有限公司	8912	晟煌电子有限公司	6700
市石油公司南门油库	7260	一马先包装厂	5445
市第二自来水厂	41225	进准光学(江苏)有限公司	13200
市看守所	5395	镇江兴文集团有限公司	6447
华阳镇政府	9570	江苏鸿丰制衣有限公司	5020
三泰服装辅料有限公司	7634	柏霆(江苏)光电科技有限公司	54260
骏升显示技术有限公司	6004	句容立成强机械有限公司	27850
市人民医院	12956	江苏盛泰成工程材料有限公司	6681
原纺织工业公司	13955	都茂(江苏)机电科技有限公司	16984
市政府机关大院	12656	句容骏成电子有限公司	5333
市委党校	5680	市车管所	11200
江苏农林职业技术学校	108605	盛迈集团有限公司	14600
华成塑料有限公司	5478	华阳镇实验小学	40000
一马先集团有限公司	15823	华叶科技有限公司	10500
九华实业有限公司	5635	百利机械有限公司	30000
市老年公寓	8953	大亚轮制品工业有限公司	6700
市体育中心	13263	益进光电有限公司	9866
江苏农林职业技术学院新校区	24200	久正光电有限公司	24400
市交通局	7500	苏南药业实业发展有限公司	11913
京华电器厂	8490	美人鱼景观	32150

1996—2013 年句容市创建江苏省、镇江市园林式单位情况一览

表 4－2－3

年份	单位	等级	年份	单位	等级
1996	华阳镇政府	江苏省	2006	江苏省女子劳教所	镇江市
	句容工艺绣花厂		2008	句容市盛业管件有限公司	镇江市
2003—2004	镇江市农业科学研究所	镇江市		江苏富达置业有限公司	
	江苏省句容高级中学			句容市第三中学	江苏省
	句容市实验小学		2012	句容市怡景湾度假村有限公司	江苏省
	句容市华阳中心小学			句容市九龙山庄	
	句容三泰服饰辅料有限公司			江苏省农林职业技术学院茅山校区	
2005	句容市五里墩收费站	镇江市		江苏省茶叶研究所	
	句容市第二中学			江苏汤氏园林容南生态园	
	句容市神牛家俱有限公司			句容市长江提水站管理处	
	句容市国税局			句容市交通运输局	
	句容工商行政管理局			江苏省句容市看守所	
	句容市经济开发区管委会			句容市第二中学	
	句容市自来水公司第二水厂			句容市华阳中心小学	
	句容市民政局			江苏省句容市中等专业学校	
	镇江天力变压器有限公司			句容市后白中学	
2006	句容市实验小学	镇江市		句容市二圣中心小学	
	句容市交通局			句容市机关服务中心	
	句容市环境保护局		2013	—	—
	句容市职教中心				

2. 居住区绿化

句容民间培植观赏植物由来已久。民国时期，城内居民在宅旁院内植树种花，城边住户房前屋后大多绿树成荫。中华人民共和国成立以后，义务植树活动带动居民庭院绿化发展，总体上植树较少，养花较多。至 1985 年年末，城区居住区树木保有量约 1.50 万余株。1986 年以后，城区人口逐年增加，住房建设中福利房、半产权房居多，较少考虑环境绿化。此后房地产市场启动，开发商为促销，开始考虑楼盘绿化、美化环境，致后来新建小区绿化面积逐渐扩大，绿化档次逐步提高。1995 年起，建成区逐年扩张，近郊村庄先后成为城中村，其村民几乎家家都植有树木，由此城区绿地相应增多。2001 年，句容房地产进入高速发展时期，市场竞争使开发商在质量取胜、户型促销的同时，竞相增建园林小品，美化、绿化环境增加卖点。此后相继建成的紫荆花园、都市晴园等小区，绿化覆盖率均在 40% 以上。至 2005 年年末，城区居住区绿地面积达 38.16 万平方米。是

图 4-14　江苏省园林式居住区——领秀星城小区

时，句容市园林式单位、居住区创建活动已全面推开，至2008年，先后有哈佛星城等7个小区获“镇江市园林式居住区”称号，台湾小镇创成“江苏省园林式居住区”。2012年，句容实行“绿色图章”制度，巩固和发展城区绿化成果。至2013年年末，城市建成区居住区绿地面积增至168.06万平方米；获得“江苏省园林式居住区”称号的住宅小区9个，获得“镇江市园林式居住区”称号的住宅小区7个。

2013年年底句容市建成区居住区绿化情况一览

表4－2－4　　单位：平方米

居住区名称	绿地面积	居住区名称	绿地面积
梅花小区	45000	润景美邻苑	23000
华阳小区	67100	碧水铭苑	40000
葛仙小区	24100	学府雅苑	6000
玉清小区	44500	上海公寓	38000
西苑小区	9200	御湖枫景	60000
文化新村	12800	儒香苑	4000
紫荆花园	25300	明豪华庭	6000
联盟村	4600	水畔御景	38000
教师公寓	6700	金水湾	25300
凤凰花园	8700	时代逸居	7000
玉兰园	5900	太阳星城	50000
凌家园	5900	大自然花园	29200
东方华城	17200	国际富豪	4700
芳龄雅居	7000	维也纳花园	56100
聚和园	10300	五星家园	3000
锦绣句容	6600	南风苑	15000
哈佛星城	45300	华城美景	5000
万宏天源城	5900	香江丽景	24000
东门水岸	1400	朝阳嘉园	5500
阳光花园	9700	金城沁园	5800
书香苑	600	英伦印象	26700
容光雅居	8000	中央美地	32000
都市晴园	9100	德苑上城	22000
台湾小镇	113000	锦都鸣园	32000
新家园	9900	御东国际一期	16000
河滨家园	9900	台北上上城	44500
步步高公寓	16700	崇明安置小区	500
水岸名居	21900	赤岗安置小区	20000
黄金花园	158000	河滨路经济适用房	8000
幸福花园	22000	其他零散居住区	37600
静沁园	4000	国际花园	39000
领秀星城	34000		

2006—2013 年句容市创建江苏省、镇江市园林式居住区情况一览

表 4－2－5

年份	居住区	等级	年份	居住区	等级
2006	哈佛星城	镇江市	2010	御湖枫景	江苏省
	东方华城		2011	维也纳花园	镇江市
	聚和园		2012	仑山湖度假村	江苏省
2007	润景美邻苑	镇江市		领秀星城	
2008	都市晴园	镇江市		香江丽景	
	领秀星城			翡翠湾	
	台湾小镇	江苏省		水畔御景	
2010	兴都碧水铭苑		2013	—	
	太阳星城				

3. 室内绿化

句容市室内绿化旧时已有。太平时期，县衙和一些富户建有花园、温室，雇佣花匠侍弄花草，将盆栽珍稀观赏植物置于厅堂房闺案几之上，用来装扮府宅、显示身份，是当时头面人士的时尚，也是普通市民享受不到的奢望。中华人民共和国成立以后的很长一段时期，除政府重要接待场所外，室内绿化在民间被视为资产阶级的生活方式而很少有人为之。直到中共十一届三中全会以后，解放思想更新观念，室内绿化始重新回归到追求绿色健康、美化居住环境的应有之义。20 世纪 80 年代，庭院绿化风生水起，盆栽花木在单位、家庭登堂入室；有条件的单位和一些家庭还建起了小花房，室内绿化开始升温。进入 90 年代，市(县)政府实施一系列强市富民战略，使广大市民改善居住条件的愿景成为现实。新房装修完毕，购置一些盆栽花木，吸收油漆、黏合剂挥发的有害气体，美化居室，成为众多购房户的选择。市场需求拉动花木生产，花木生产、流通、营销产业链迅速形成。一些有实力的花卉苗木生产企业将业务拓展到机关、企事业单位，采取包年的办法，为单位提供室内绿化服务，按照客户选择的品种，保质保量及时配置，并负责日常养护，定期更换，质优价廉，很受客户欢迎。至 2013 年年末，随着时代的进步和人们环保、环卫、美化家居环境、享受绿色生活意识的增强，室内绿化日渐普及，已从旧时"达官贵人"府，进入寻常百姓家。

2005—2013 年句容市建成区各类绿地情况一览

表 4－2－6

单位：万平方米

绿地类型	年份								
	2005	2006	2007	2008	2009	2010	2011	2012	2013
公共绿地	74.48	75.24	160.21	160.21	160.21	173.61	173.61	186.41	186.41
居住区绿地	38.16	39.84	59.94	65.16	118.99	129.82	146.12	149.56	168.06
单位附属绿地	78.51	79.40	89.92	90.25	97.45	132.08	142.10	145.54	149.94
防护绿地	26.68	26.68	171.78	171.78	171.78	127.68	127.68	127.68	127.68
生产绿地	41.28	41.28	41.28	41.28	41.24	86.28	86.28	86.28	96.28
道路绿地	51.71	52.55	67.02	86.35	91.97	129.79	201.73	208.33	213.43
绿地面积合计	310.82	314.99	590.15	623.52	681.68	779.26	877.50	903.80	941.80
行道树覆盖面积	22.51	23.85	26.27	26.49	26.49	26.49	29.10	30.45	30.45

2005—2013 年句容市建成区各类绿地情况一览

续表 4－2－6　　单位：万平方米

绿地类型		年份								
		2005	2006	2007	2008	2009	2010	2011	2012	2013
绿化覆盖面积合计		333.33	338.84	616.42	650.01	708.17	805.75	906.60	934.25	972.25

附表　　单位：平方米、%

附注	人均公共绿地面积	7.6	7.68	10.8	10.75	10.74	10.90	11.44	11.48	11.48
	建成区绿地率	33.80	34.20	39.10	39.30	39.36	39.70	39.76	39.78	39.85
	建成区绿化覆盖率	36.20	36.80	40.90	41.05	40.88	41.05	41.08	41.12	41.15

说明：表内数据由市园林管理中心提供，数据为小数点后面保留两位。《句容统计年鉴》有关数据是经 4 舍 5 入后的整数。因而两者之间略有差异

五、苗圃

中华人民共和国成立后，县内有句容林场、东进林场、磨盘山林场 3 家国营林场，苗圃面积分别为 1280 亩、1185 亩、100 亩。培植各类苗木数 10 个品种。20 世纪 90 年代中期，句容绿化所需苗木部分由 3 家林场提供，因品种和数量因素，部分由外购解决。90 年代后期，句容市相继成立两家苗木生产企业。此后，华阳镇政府在南部新城开辟了占地 150 亩的苗圃。随着城市建设和城市绿化的规模迅速扩大，市内先后又成立了 3 家培植苗木、花卉、草皮的企业，农村亦有一些农户从事树苗、草皮生产。苗木来源成为多元化。2013 年，由市国有资产控股有限公司出资，市园林管理处组建下属单位句容市崇景园林绿化发展有限公司，承担市政府投资性绿化工程项目的实体运作，以提高城市绿化投资、建设水平。是年，在边城镇租赁千亩土地培植苗木，开始实施树木移植、调剂和种植的基地建设。

2013 年句容市园林苗木生产企业基本情况一览

表 4－2－7　　单位：亩

企业名称	成立时间	场圃面积	主要苗木品种
江苏绿苑园林建设有限公司	1999 年	2500	北美枫香、矮生紫薇、红叶石楠、五彩络石
句容市华阳彩色苗木有限公司	1999 年	1300	彩叶苗木
江苏汤氏园林有限公司	2001 年	2000	榉树、香樟、桂花、枫香
景山园林江苏有限公司	2008 年	800	榉树、栾树、紫玉兰、乐昌含笑、金桂
江苏农景生态建设有限公司	2009 年	2000	榉树
句容市崇景园林绿化发展有限公司	2013 年	1000	香樟、栾树、红叶石楠球

六、园林城市创建

2003 年，市城管局成立伊始，即提出了围绕省级园林城市标准，创造优美人居环境的工作目标。此后，市城管局、园林管理处在加快城市园林绿化建设的同时，组织企业单位、居住区深化创建园林式单位、居住区活动，全面提升城市生态文明建设水平，经几年努力，逐步夯实句容市创建省级园林城市（简称“创园”）的基础。至 2008 年，城市绿化覆盖面积增至 650.01 万平方米，建成区绿化覆盖率达 41.05%；建成江苏省园林式单位和居住区共 12 个、镇江市园林式单位和居住区共 27 个。2009 年 4 月，市城管局成立创建省级园林城市工作领导小组，拟订省级园林城市创建方案；市园林管理处加强对单位、居住区绿化园艺建设指导，加

图4-15　市城管局干部职工到垃圾填埋场开展植树活动(2005 年)

快基础工程建设步伐。“创园”工作开始由“小园林”向“大园林”转变。2010 年,完成五里墩转盘景观、葛洪路中段绿化等一批重点工程,开工建设肖杆河风光带,建成区绿地面积增至779.26 万平方米。2012 年,市城管局抽调专业骨干组成创建省园林城市工作小组,编制全市绿地系统规划和创建省级园林城市的申报材料。是年 7 月,省厅专家调研组对句容市“创园”工作进行调研指导。2012 年 8 月起,市园林绿化部门根据省厅专家组的反馈意见,继续坚持“绿色图章”管理制度和园林式单位、居住区创建活动等行之有效的措施和做法,抓好不足之处的整改工作。至 2013 年年末,基本完成城市绿地系统规划拟稿和创建省级园林城市宣传片初期拍摄工作;部分园林绿化指标实绩达到和接近省级园林城市标准。

第二节　园林管理

一、管理机构

1. 机构沿革

1982 年,句容县成立绿化委员会,是全县绿化工作的组织协调机构,下设办公室办理具体事务。1991 年 12 月,为加强城区绿化建设和管理,成立县园林管理处,隶属于县建设委员会。2001 年,市绿化委员会办公室改为市林业局的内设机构。2003 年 8 月,句容市成立城市管理局,市园林管理处整建制划归市城管局领导。市城管局是全市园林绿化工作的行政主管部门,市园林管理处是负责园林绿化具体事务的职能机构。是年,市园林管理处下设园林工程科、园林设计室、葛仙湖公园管理科、新世纪广场管理科、玉清广场管理科、绿化修剪科、园林绿化执法中队等 7 个职能科室。2008 年,增设办公室、财务科、督查科、大圣塔管理科。2010 年,撤销大圣塔管理科。2012 年增设创园林城市办公室、总工程师室、审批科,复设大圣塔管理科。2013 年 11 月,市园林管理处更名为市园林管理中心,年末,其下属机构为办公室、财务科、总工程师室、园林设计室、园林工程科、报建科、审批科、督查科、园林绿化执法科、修剪科、养护科、葛仙湖公园管理科、新世纪广场管理科、玉清广场管理科、大圣塔管理科、“创园”办等 16 个职能科室。

2. 园林绿化队伍

1992 年,县园林管理处共有干部职工 17 人。随着城区绿化逐步推进,人员逐步增加,至 2003 年年末,市园林管理处共有干部职工 67 名,其中,大专及以上学历 4 名。是年起,句容城区道路建设进入高峰时期。为适应道路绿化和风光带建设的需要,专业技术人员和一线职工均逐年有所增加,并实行社会化用工增加人手。至 2008 年年末,市园林管理处共有干部职工 140 余人。其中事业编制 66 人、企业编制 40 人、社会化用工 30 余人;高级工程师 2 名、工程师 5 名、助理工程师 9 名。2009 年市园林管理处接管绿化总面积 140 万平方米,包括 50 余条道路、2 个广场、1 个公园,干部职工增至 157 人,其中一线管护人员 90 人。2013 年,因成立数字化城管,市园林管理处引进一些专业技术人员。至 2013 年年末,市园林管理处共有干部职工 171 人。其中事业编制 54 人,社会化用工 117 人;大专及以上学历 26 人,高级工程师 2 名、工程师 14 名、助理工程师5名。

3. 机具设备

县园林管理处成立之初,仅有一些人工栽种、养护工具,高枝修剪、悬铃木抹芽,养护工需爬到树上才能作业。是时,城区绿化未上规模,园林绿化作业全靠人力的状况延续了较长时期。2003年划归市城管局领导时,已配有一些电动机具,但仍以人力为主。此后数年养护面积不断增加,为降低养护人员劳动强度,在增加人手的同时,添置了一批机具设备。2008年,修剪面积增加到100万平方米,是年购进修剪机、绿篱机、草坪机等机具10余台。至2012年年末,养护面积增至394.74万平方米,其间,先后购置割灌机3台、油锯7台、绿篱机6台、草坪机8台、修剪机14台、升降机1台、洒水车3辆、皮卡车3辆。因作业需要和磨损淘汰等因素,2013年又添置部分机具设备。至2013年年末,市园林管理中心各种机具设备保有量为:修剪机8台、割灌机4台、油锯4台,绿篱机、草坪机、升降机各1台,洒水车4辆、皮卡车和拖拉机等其他机动车7辆。

二、城区绿化管理

1. 绿地管护

1992年县园林管理处成立,组建园艺队伍养护城区绿地。1998年,城区绿地管护面积约25万平方米,包括华阳四路等7条主干道、玉清路等9条次干道、几条老街及在建的葛仙湖公园已绿化区域。此后,城区绿地面积逐年递增,至2003年增加到98万平方米,绿地管护任务和难度也逐年加大。2003年8月,市城管局成立,设绿化管理科履行管理职能。市园林管理处在市局领导下,对所辖公园、广场、道路绿地等城市绿化设施,制定详细的管护标准,采取划分地段,定人、定岗、定责任的办法,提高管护质量。2005年,市城管局成立督查科,加大管理力度。市园林管理处进一步加强制度建设,建立健全公园管理制度、广场管理制度、路段管理制度,把任务、养护标准的执行情况与个人工资、奖金、评先挂钩,做到各项工作有制度、有检查、有考核奖惩。2008年,市园林管理处针对绿化管护面积倍增、管理滞后的状况,增设督查科,对管护工作及时跟进。并多次邀请南京中山陵园管理处、镇江市园林管理所专家对句容市城市绿化进行指导,对一线养护人员进行修剪技能和病虫害防治知识的培训。是年,对市区道路、公共绿地实行循环修剪,累计修剪面积达100多万平方米,修剪效果与往年相比明显提高。2009年,将55万平方米绿地划块编号,由养护人员与单位签订绿化养护承包协议,明确养护标准与奖惩办法,增强养护人员的责任意识。2010年,对公园、广场、路段的管护地块重新划分责任区,加大局、处二级督查力度。局督查科每月通报一次督查情况,处督查科认真抓好问题整改。2011年,对城区800余株梧桐整枝抹芽;对城区绿化循环修剪720万平方米;对葛仙湖公园、华阳北路、文昌路树木进行白蚁防治等。其间,处督查科坚持全程跟踪巡查督促,管护进度和质量均受到局督察组的好评。2012年,市园林管理处对绿化管护实行目标责任制管理。制定《绿化管护百分考核细则》,采取定任务、定目标、定奖惩、包地段、包管护、包质量的"三定三包"责任制,调动管护人员积极性;实行日常巡查、定期检查、不定期抽查相结合,提高管护质量;通过每月例会点评优劣、落实整改、奖惩兑现,优化绿化养护量化考核的长效机制。2013年,市园林管理处成立4个路段督查小组,检查督促养护人员严格按照各种园林植物在不同季节的生长特性,适时对花草树木进行浇水、除草、施肥、修剪、病虫害防治和划红、刷白、捆草防寒,降低死苗率,使苗木成活率继续

图4-16　园林工人修剪绿化带

保持在95%以上。

2. 广场管理

新世纪广场、玉清广场是为广大市民提供集绿化、亮化、休闲、娱乐、健身于一体的大型广场，先后于1999年、2002年竣工开放。广场地被植物以高羊茅草坪为主，点缀高大乔木及花灌木，做到四季常绿、四季有花。亮化设施选用高档菱形水晶灯和椰树灯及彩色灯柱。每逢重大节日，都会根据不同季节，选择色彩丰富的花卉点缀，烘托和谐喜庆的氛围。广场均设有1～2处宽阔的活动场地，为广场舞等健身活动提供方便。2003年，市园林管理处设立新世纪广场管理科、玉清广场管理科，对两大广场实施管理。两广场各配备数名园艺工，划定各自的责任区，将日常的卫生保洁、植物养护、病虫害防治的责任落实到人。园艺工作息时间为上午7:30～11:00、下午13:30～17:00，双休日、法定假日不休息，安排调休。对广场园艺工的考核奖惩与其他地域的城市绿化养护人员相同，通过日常巡视、不定期抽查和局、处两级督查，保障广场植物养护质量。除两大广场外，在肖杆河风光带上还建了两个小广场，北段为东昌广场、南段为万福广场。2005年，市园林管理处根据广场开放后的实际状况，制定广场管理制度。规定在广场举行集会、开展各种活动，须得到管理部门批准，并立牌公示禁止攀爬假山、追逐打闹、游泳、遛狗、轮滑、骑车、损毁花草树木等不良行为，倡导文明新风。为保证广场功能，市园林管理处适时安排广场改造工作。2008年4—9月，投入100万元，对新世纪广场进行改造。更新年久退化的草坪；修缮喷泉、草坪喷灌设施；增设28盏自动控制的太阳能灯，晚间自动开启、天亮自动关闭；更换了高档大理石地坪砖。同年，对玉清广场也进行了相应改造，增设20多张石、木座椅，为广大市民提供安全、舒适的休闲、娱乐、健身场所。各大小广场均建有公厕，由专人负责保洁、免费对市民开放。至2013年年末，各大小广场管护情况良好。

3. 公园管理

葛仙湖公园1989年12月奠基实施一期工程，2002年二期工程开工建设。2003年，市园林管理处设葛仙湖公园管理科负责公园管理。公园配备2艘保洁船，安排4人负责湖面保洁，减少水体污染（2010年起，定期开闸，从上游肖圩河引水30余万立方米净化葛仙湖水质）；配备25名园艺工，划定各人的责任区，各自负责责任区的日常保洁、植物养护和病害虫防治。葛仙湖公园管理科依据局、处制定的巡查、抽查、督察制度和一系列奖优罚劣的激励办法，对园艺工人的工作实绩考核奖惩，提高园区植物的养护水平。由于早晨和晚间到公园锻炼、休闲、娱乐的人员较多，本着服务市民的宗旨，园艺工实行6：00～21：00两班交替15小时工作制，双休日、法定假日不休息，安排调休。2005年，二期工程竣工，园区配备了果壳箱、石椅、导游标牌、警示标志、灯光亮化等设施。市园林管理处制定公园管理制度，在明确公园管理人员、园艺工岗位职责、工作标准的同时，也明确了游人必须遵守的行为准则。其间建成的三台阁、华阳书院由市文化体育局管理，葛仙观由市民族宗教事务局管理。是年，大圣塔竣工，开始由规划局管理，2008年移交给市园林管理处，市园林管理处增设大圣塔管理科，配备5名管理人员实施管理。大圣塔只在每周的周六和法定假日对外开放，不收费。开放时间上午8：30～11：00、下午14：00～16：30。是年6月，在葛仙湖公园安装45盏太阳能灯，根据天色的明暗自动控制关闭、开启。8～10月，实施公园挡土墙和临水栏杆改造工程，在栏杆改造中，把安全第一放在突出位置，消除隐患，为市民提供安全、舒适的休闲场所。公园建有两座公厕，有专人负责保洁，免费对市民开放。2013年年末，崇明公园、贾纪山公园均已竣工对外开放，因仍处于建设施工单位的养护期内，尚未办理验收、交接。

三、依法治绿

句容依法治绿始于20世纪50年代，县政府依法组织社会各界开展全民义务植树活动。1958—1982年兴建老城区几条干道拆迁民居时，县政府指示建筑单位认真落实国家有关法规，在施工中尽可能保留树木。那些夹杂在行道树间株距不等、树龄较大的松、柏、枫杨、铁槐，皆为原住户所植，得以保存。1992年，县园林管理处成立，下设园林绿化执法中队依法行政，城市绿化持续发展。2003年，城市建设进入高速发展时期，城市绿化管理难度增加，市园林管理处虽加大执法力度，但毁绿现象仍时有发生。2005 年 10 月 12 日，句容市城市绿化工程综合验收和长效管理工作协调会明确：市城管局为城市绿化唯一行政管理部门，根据《句容市城市绿化系统规划》，负责对城市所有绿化工程建设包括单位（居住区）内部绿化实施监督和管理。同年 12 月，市政府印发《句容市城市绿化管理细则》，明确城市绿化总体规划、建设主体的绿化义务和违法责任及相应的处罚条款，为绿化管理职能部门依法治绿、依法行政提供了详细的执法依据。此后几年，市园林管理处以查处违法砍树、毁绿为突破口，坚持宣传教育、管理服务与行政处罚相结合的原则，提高行政执法水平。2008 年，共现场口头教育整改 1600 余起、纠正违规违章 250 余起，发放责令整改通知书 83 份；行政许可占用绿地 60 余起，收取损绿补偿费 60 万元；查处毁绿案件 400 余起，罚款 40 余万元。2009—2010 年，现场整改绿化违章 2000 余起，拍摄违章取证照片 2400 余张，发放责令整改通知书 74 份，受理临时占用绿地申请 7 起，审批变更城市绿化用地申请 41 起及砍伐、移植城市树木申请 3 起。2012，实行城市工程建设项目“绿色图章”管理制度，强化对建设工程中绿化项目的前期介入和竣工验收，推进创建省级园林城市工作。同年，依法纠正绿化违章行为 40 余起，受理临时占用绿地申请 2 起，审批变更绿化用地申请 8 起、移树砍树 3 起。在《句容市城市绿化管理细则》颁布后的 8 年间，市园林绿化管理部门坚持依法治绿，着力构建城市绿化管理长效机制，违章毁绿行为杜绝，城市绿地逐年增加。2013 年年末，全市绿地面积 941.80 万平方米，是 2005 年的 3.03 倍。

第三章　市容执法管理

民国时期，句容县城路窄人稀，市面萧条，国民政府未设市容管理专职机构，街区环境脏、秩序乱。中华人民共和国成立以后，市容执法相对滞后，早期的管理是以查处违法建设和投机倒把为主，兼管市容。直到20世纪80年代政府有关部门的市容监察队伍组建之后，市容监管始逐步走上正轨。90年代初，县成立城市管理委员会，整合市容执法资源，根据国家相关法规实施市容执法管理，成效显著。2003年8月，句容市成立市城管局，辖市城管执法大队，行使市容执法管理职能。此后，市城管系统秉承关注民生、服务发展的城市管理工作方针，把市民对城管工作的满意度，作为工作的依据和评价的最高标准，不断加强执法队伍建设。坚持政务公开，主动接受监督，依法行政，文明执法。着力构建社会各界参与城市管理的平台和市容执法管理的长效机制。以一流的管理业绩和执法形象，践行了“争创法制城管、和谐城管”的工作目标。2012年，句容市被镇江市授予“优秀管理城市”称号；市城管局被省住建厅评为“全省住建系统行政执法队伍规范化建设先进集体”；市城管执法大队被省住建厅授予“全省住建系统行政执法队伍规范化建设三星级单位”称号。2013年11月，市城管局获准增挂“句容市城市管理行政执法局”牌子，句容市城市管理相对集中行政处罚权工作和行政执法权向建制镇（管委会）延伸工作逐步展开。

第一节　执法队伍

一、管理机构沿革

1985年，县城镇（1989年8月更名华阳镇）人民政府组建市政管理办公室，下辖市容监察中队，有5名成员。1989年，县建设委员会成立城建监察中队，成员5人，职责以城建规划监察为主，兼管市容。是时，县工商行政管理局亦有队伍负责各类市场及周边的管理，市容管理形成多元管理的局面。1991年，为协调各部门之间的工作，句容县成立由县长任主任的城市管理委员会，下设城市管理委员会办公室（简称城管办），为常设机构，负责办理具体事务。1992年，城建监察中队更名为城市建设规划管理综合执法大队，下设市容、规划两个执法中队，人员增至14人。2001年，城管办改为市建设局内设机构。2003年8月，市政府决定撤销城管办，成立句容市城市管理局，承担城市管理的行政职能。综合执法大队划归市城管局领导，更名市城市管理执法大队（简称市城管执法大队），核定事业编制35名，负责市容管理和行政执法的职能。2008年市城管执法大队内设办公室、案件处理中心、服务科、车队和市容一、二、三、四及机动5个执法中队。大队核定事业编制55人，另有合同制人员31人。2013年11月，市城管局增挂“句容市城市管理行政执法局”牌子，组建市数字化城市管理监督指挥中心，为构建全市“大城管”格局奠定基础。2013年年末，市城管执法大队下设办公室、财务室和规划、机动、时差、摊点批审、示范路管理及市容一、二、三、四片区共9个中队，共有人员164人。其中事业编制63人，社会化用工101人。在编人员中大专及以上学历56人；管理人员21人，其中高级职称1人、中级职称2人、初级职称13人。

二、队伍建设

1．制度建设

1985年，城镇市容监察中队成立之初，其内部管理制度主要有市容监察文明用语、岗位职责、上岗出勤、作息时间等方面的一些制度。是时，城区文化巷、建设路已分别建有小商品市场和农贸市场，均由县工商行政管理局建设和管理。市容监察中队管理范围主要是中街路段，管理难度不大。此后数年，经济发展、市场活跃，城区主要街道占道经营、污染环境现象日渐严重，市容管理难度增加。一些摊贩不服管理，少数队员方法简单，致矛盾加剧甚至引发肢体冲突的情况时有发生。对此，有关管理部门从制度建设入手，规范管理言行和执法程序，并通过目标管理责任制考核，提高市容管理人员的业务素质和执法能力，做到文明执法。至2003年8月市城管局成立，市综合执法大队划归市城管局时，已陆续制定了有关市容执法队伍建设的工作制度17项，形成了较为全面的制度体系。2005年，市城管执法大队按照执法队伍规范化建设的要求，修订、制订印发26项内部规章制度，实行严格的督查考核；2007年，对内部规章制度又进行了补充、完善和调整，进一步规范执法行为、完善执法程序，提升公众对城管执法的满意度。同年，市城管局制定实施《行风建设制度》和《干部诫勉试行办法》，通过培养优良的行风和加强干部队伍建设，提升整个执法队伍的政治和业务素养。2008年，市城管局重新修订"服务承诺制"、"首问负责制"、"责任追究制"、"日常工作纪律"、"学习制度"等一系列内部管理制度，并在上岗考勤、工作落实、装备使用、执法禁令等方面也作出严格的规定，细化、量化，加大督察力度，对违反制度、规定的行为动真碰硬、严肃处理。2009年起，市城管局还先后修订了《信访接待制度》《投诉举报制度》《重大行政处罚备案制度》《行政执法监督管理考核制度》《行政执法过错责任追究制度》等规章制度，由局政策法规科和局纪检监察室随机对各城管执法部门制度执行的情况进行督查。2010年，市城管执法大队建立明确的岗位责任制，由市局和大队两级督查小组对执法队员进行督查，实行周、月、季度考核，考核结果上墙公开，作为年终考评奖惩的依据，使原有及新增的《考勤制度》《一次申告待岗制度》《督察制度》等一系列内部管理考核制度落到实处。同年，印发《行政执法实用手册》，人手一本，以规范执法行为、严肃作风纪律，让全体工作人员明白可以做什么、不可以做什么，使制度建设贯穿于队伍管理的各个方面，提升行业形象。2011年，进一步完善政务公开制、首问责任制、目标考核责任制、矛盾纠纷排查调处工作制度等。至2013年年末，逐步形成"按规矩办事、靠制度管人"的常态，实现了城市管理执法工作的规范化、制度化、程序化。

2．行风建设

市城管局成立以前，市容由多部门共管，因不是主要职责，故对其市容管理队伍的行风建设不能常抓不懈。2003年8月，市城管局成立后，即加强对执法队员的职业道德教育和业务培训，每周五下午集中学习，全员培训率100%。2004年年初，召开城管系统行风建设大会，成立行风建设工作领导小组，制定详细的工作方案，把行风建设纳入各部门年度工作目标之中。并聘请人大、政协、新闻等6个方面的代表为城管系统行风监督员，倾听他们的意见、建议，主动接受社会各界的监督。是年，市城管执法大队增设督查科，建立督查制度，每月通报督查情况，至年末，共有15名违纪违规人员受到处罚，其中4名队员被待岗。2006年，市城管局开展"学劳模、知荣辱、促发展"活动。1人被评为市劳模，5人荣立三等功，10人获市委、市政府表彰，14人获镇江市城管局表彰。2007年，市城管局全面推进行风建设，印发《行风建设制度》，开展"转变作风从我做起"大讨论活动，分批对局管35名干部进行述职述廉和民主评议，综合得分倒数3名干部被降免。同年，市城管执法大队于年初成立作风建设领导小组及行政效能领导小组，逐级签订作风建设责任状；年中，结合行风建设对43名执法队员坚持民主、公开、公正的程序和方式进行考核，评出优秀7人、合格35人、诫勉1人；11月，选派6名年轻干部参加市局组织的赴太仓市城管局为期7天的学习实践活动，将城市管理的新理念、新方法、新思路应用到日常执法实践中，增长了才干，增强了服务意识。2008年3月，遵照市委、市政府"法制建设十件实事"之一"规范城市管理执法行为"的要求，市城管执法大队结合行风建设，组织全体

图 4-17 城管开放日活动现场(2012 年)

执法人员系统学习《中华人民共和国行政处罚法》《中华人民共和国行政复议法》《中华人民共和国行政诉讼法》和《江苏省城市市容和环境卫生管理条例》等法律法规。并从 4 月 23 日起,开展为期 15 天的“城管执法大练兵活动”,规范执法文明用语和禁止用语。是年,重新制定政务公开制度,将队伍职责、管辖区域、执法依据、办事程序等全部上墙公开;主动接受社会各界的监督,征求行风监督员和人大、政协对市容执法的意见、建议,意见建议办结率 100%,满意率 80%,基本满意率 20%。2009 年,开展“创建江苏省建设系统行政执法队伍规范化建设一星级单位”活动,练内功、树形象,年末,顺利通过省厅组织的考核验收,跻身省建设系统行政执法队伍规范化建设一星级单位行列。2010 年,结合全市“服务能力提升年”活动,开展“行政执法队伍规范化建设二星级单位”创建工作,紧贴执法队员思想、工作实际,抓苗头、找倾向,组织开展纪律作风专项教育和专项整顿,通过树立标兵、表彰先进营造争先创优氛围,队伍建设取得新进展。是年 11 月 22 日,市城管执法大队被省住建厅授予“行政执法队伍规范化建设二星级单位”;2011 年 12 月,以全省第二名的好成绩,被省住建厅授予“行政执法队伍规范化建设三星级单位”。2012 年,在全市“三争创”(争创跨越发展一流业绩、争创服务发展示范窗口、争创人民满意先进单位)活动中,认真做好对标找差工作,推进行风建设。并根据省住建厅的要求,开展“市民走进城管,城管服务市民”系列活动,活动以“城管三走进、三服务”(走进百村万户、社区、企业,服务农户、社区、企业)、“城管义工”、“城管开放日”、“媒体互动参与”等为主要内容。在城管开放日活动中,组织媒体、社区、政协委员等各界人士深入城管工作一线,全程参与城管工作,了解城管工作状况,提出意见和建议,构建社会参与城管的平台,从解决市民关注的热点问题、维护群众利益入手,密切城管队伍同人民群众的关系。2013 年,坚持以政治思想教育和法律法规、业务技能培训为切入口,继续深化行风建设,全年开展各类培训 8 批次,参培人员 600 余人次,人均参训达到 4 次。

第二节 执法管理

一、依法行政

民国时期,县城市容无专职部门负责、无系统法规约束,管理松弛,街区脏乱无序。中华人民共和国成立以后,县政府建设、卫生、工商等部门有部分职能涉及市容管理。“文化大革命”期间,“割资本主义尾巴”,个体私营和流动摊贩被严格禁止。改革开放以后,经济发展,个体流动商贩增多,影响市容,县工商行政管理局、建设委员会、城镇分别组建队伍实施市容管理。由于国家尚未颁布相关法规,市容监管只能按职能部门制定的管理办法执行,不够规范。1992 年 8 月 11 日,国务院颁布实施《城市市容和环境卫生管理条例》,此后句容市城市管理开始步入依法行政的轨道。2003 年 8 月市城管局成立,市城管执法大队进一步确立执法为民的服务理念,除定期组织法律法规学习培训外,采取现场执法示范,案卷分析讨论、总结执法经验等措施,提高执法人员依法行政的能力。2004 年,遵循市委市政府“超前规划、管理前置、突出个性、注重品味”的要求,研究制定《句容市市容标准管理条例实施细则》,使市容市貌的建设和整顿有标准可依,有规矩可循。同年,实行执法、审批、收费三分开,使管理执法工作更规范透明。2007 年,严格执行执法告知、初犯不

图 4-18　依法行政，宣传法律知识，告知执法依据（2007 年）

罚、下限收费、严格禁令的公开承诺；对所有行政许可、非行政许可项目实行办理事项、申报材料、法律依据、办理时限、收费标准、审批流程“六公开”。同年，推行说理式文书，在处罚决定书中，对当事人违法违规的事实、证据、侵害结果、认识态度以及适用法律法规进行论证，阐明从轻或从重处罚的原因，使自由裁量有法理依据，有说服力。2009 年，市城管局对行政执法权进行梳理，共整理行政处罚权 30 项、行政许可权 9 项、行政征收权 2 项、行政强制权 1 项，为提高依法行政的水平提供清晰的权力依据。同年，制定《进一步规范城管执法行为实施意见》，成立行政执法监督领导小组，监督执法人员正确运用城管法律法规，准确把握自由裁量权。2010 年，市城管执法大队进一步规范行政处罚，简易程序案件由各中队负责立案，大队案件处理中心审核后存档；一般程序案件受理后由大队案件处理中心负责立案，送市局法制科审核，局法制科审核通过后下达《处罚决定书》。使行政处罚案件的调查、审核、决定“三分离”，避免了行政处罚的随意性。在执法过程中，坚持执法事项提示制、轻微问题告诫制、突出问题约见制、管理责任建议制、重大案件回访制、典型案例披露制，对于罚款数额较大或影响范围较广的案件，由局长办公会议集体讨论决定，给执法行为戴上“紧箍咒”，保证行政处罚自由裁量权的正确实施。此后几年，市城管系统根据新的“三定”方案，就各项城市管理工作逐一分解，明确行政权力职责和工作流程；规范许可申请表，统一印制许可证，制定了行政许可和行政处罚的格式化范本在全系统通用；行政处罚行为统一由局法制科扎口审批，并加强对执法案卷的检查，规范城管执法行为。至 2013 年年末，全系统基本形成严格依法行政的良好氛围，连续数年无行政复议案件发生。

二、日常监管

20 世纪 80 年代，句容城区市容日常监管已进入正规化、常态化。是时，相关部门市容管理队伍各有侧重。县建委主要查禁违建，工商部门倾向于各类市场及其周边，城镇的重点在中街商业区。部门之间协调不够、队员又少，流动摊贩常用打游击的办法和市容管理人员玩猫捉老鼠的游戏，市容监管难以到位。1991 年，县城管办成立以后，对占道经营实行主干道严禁、次干道严控，在不影响市容的街巷设置便民摊位区，堵疏结合使市容大有改观。2000 年起，城区范围逐年扩大，加之土地开发、企业改制，部分失地、下岗人员转而流动经商，致市容管理难度增加。2003 年 8 月，市城管局成立之后，市城管执法大队针对流动摊点、店面外溢，占道经营、污染环境反复性强，难以管理的特点，继续坚持严禁主次干道占道经营、严控街巷店面外溢、取缔流动摊点的原则，通过日常巡查和机动巡查相结合、错时管理和全时段管理相结合、阶段性中心工作和全年度整体执法相结合等措施，加大监管力度。对菜场周边的占道经营，大队采取定人定岗的方式管理，从凌晨 6 时开始管理，在时间和空间上抢先一步，纠正店面外溢、引导摊贩进入市场内经营，并加强与社区、工商、环保、环卫等部门的协调，形成合力，共同维护菜场周边市容环境。日常监管从说服教育入手，劝诫违章商贩自觉维护城市形象，对屡教不改者依法扣留其经营物品、责令改正，并给予相应处罚，遏制了“小贩满街跑、摊位堵街道”的混乱现象。是年起，还加强了夜市和节假日市容管理。组建夜市中队，对中大街、省农林职业技术学院（简称农校）等几处重点夜市和新世纪广场、玉清广场等繁华区域，实施严格管理，规范夜市经营行为；节假日期间，大队采取轮班制，确保有足够的力量维护市容、保障街道畅通。2006 年，围绕“双创”工作（创建国家卫生城市、国家环保模范城市），加强日常监管和各类违章案件的查处工作。全年依法查处市容违章 3960 余起、店面外溢设摊 3110 余起、取缔流动摊贩 870 余个、处理违章案件 422 起，组织专项整治 28

次。2007年,针对中大街苏果超市、帕缇亚广场地段摊位脏乱差情况,市城管执法大队给各摊位经营者发放《致中街各经营户的一封信》,要求自行整改,并倡议配合城管维护市容,把中大街打造成句容具有历史品牌的精品商业步行街。同时,与帕缇亚广场物业管理加强沟通,发挥其物业管理职能作用,协助做好日常巡查督促工作。通过城管、物业和摊主的合作共建,以前多次治理都出现反弹的状况得以改变。2009年,将市区划分为5个片区,5个中队各管一片;另设2个快速反应中队,负责城区市容机动巡查;成立服务科,作为审批中队,兼顾城区次干道巡查;大队的班子成员全部深入一线,加强组织领导。2010年,选取市容管理关键节点,实行定人、定岗、定责、定目标、定考核、定奖惩的模式管理,提升城市形象。2011年,按照市局的统一部署,开展"强化执行力,提升满意率"主题活动,做到问题在一线解决、责任在一线强化、服务在一线开展、特色在一线体现、成效在一线落实,努力打造"听指挥、敢担当、能战斗、重服务"的城管队伍,使社会各界对城管系统软环境建设满意度不断提高。2013年,城管系统各片区之间相互沟通,各片区市容违章行为均能得到及时有效的处置,执法效率提高,整体上形成各就各位、各负其责,管控明确、反应迅速的工作局面,市容秩序明显好转。

三、集中整治

80年代句容开始较为正规的市容管理以后,集中整治行动就被作为强有力的行政执法措施而经常使用。1986—2000年间,城区各主要街道流动商贩占道经营、车辆乱停乱放、城市"牛皮癣"(乱画乱贴小广告)等现象较为严重。这段时期以治乱为突破口,重点对中大街、人民路、建设路、华阳东路等城区主要道路和车站周边进行全面清理整治,以重点路段整治带动背街小巷的整治。坚持宣传教育与处罚相结合,做到有店进店、无店进场,对不听劝诫的占道经营人员,执法人员依法予以处置。在重点路段和场所按车辆类型划设停车线,杜绝乱停乱放。对运输车辆抛洒滴漏、带泥行驶污染道路,责令当事人立即清除并处以罚款。对"牛皮癣",组织人员清除。集中整治工作每年都要进行许多次,主要在节假日和大型活动期间进行。集中整治以市城管执法大队为主,亦常常与公安、工商、交通、卫生、华阳镇等部门一道,组成临时执法机构联合执法。此后,随着经济发展人们消费水平的提高,句容夜市日渐兴旺。夜市大排档也迅速增多,其阻塞交通、污染环境、噪声扰民的混乱状况严重影响市民生活,至2002年愈演愈烈,几成社会公害。2003年,市城管执法大队下决心坚决予以取缔。夜市大排档多由下岗职工、贫困家庭经营,处置不周将引发各类矛盾。为做好这项工作,执法大队成立专门领导小组,制订方案认真布置。实施中,加强对经营人员的宣传教育,沟通思想指出危害,坚持说理设置限期,并主动帮助他们解决转行和进店营业的困难。通过耐心细致的说服,得到经营人员的理解配合,历时月余,夜市大排档被彻底取缔,受到市民好评。2005年,组织"门前三包"、违章早(夜)市、违章烧烤、自发小菜市、占道洗车点等专项整治11次。在违章洗车点整治中,共发限期整改通知书49份,立案查处5户,暂扣清洗设备24台,并随机巡查防止回潮。在城市"牛皮癣"专项整治中,组织人员夜间巡查,对现场抓获的涂写人员,依法从重处罚,全年清除各类"牛皮癣"11000余处。2006年,组织"门前三包"集中整治,发放宣传材料1700余份,登门签订"门前三包"责任告知书3700余份,发放责令整改通知书150份,3次邀请广播电台、电视台、《新闻快讯》报道组跟踪报道,2次在新世纪广场、玉清广场举办"推进'门前三包',创建国家卫生城市"大型宣传活动。2008年5月16日,省六届农民运动会在句容举行。市城管执法大队先期对比赛场馆周边等相关区域开展市容整治,赛会期间加强市区市容维护,向来自全省参与赛会的人士展现了句容良好的城市形象。2010年,对银鹏家园自发小菜市开展专项整治。这处位于背街小区内的小菜市已存在多年,长期占道经营,交通堵塞,杀鸡剖鱼污水横流,屡禁不止多次反复,小区居民反应强烈。是年4月,市城管执法大队联合公安、工商、卫生等部门联合执法,取缔流动摊贩、严禁店面外溢、整肃环境卫生,事后大队安排执法人员定岗持续监管,小区内秩序和卫生状况明显改观。9月,开展历时1个月的夜市烧烤专项整治,安排队员在烧烤集中路段巡查,晚班人员定岗管理至11时,禁止烧烤外溢占道。是年,市城管执法大队共组织104国道占道堆物、洗车点、夜市路边烧烤、占道亭棚、瓜果摊等集中整治

40 余次，及时有效地维护了市容整洁。在 2011 年广告店招集中整治中，按照句容市城区户外广告和店招设置总体规划的要求，拆除违规大型落地广告牌 8 块，过街龙门架 1 座、店招 40 余块，取缔过街横幅广告 240 多条。并对城区广告式电话亭、路灯、道路隔栏等广告位进行市场化运作，促进户外广告市场的健康发展。同年，整治烧烤油烟扰民，联合环保部门对城区烧烤经营户发函，告知必须使用无油烟烧烤设备方可经营，并多次逐户上门宣传、督促。经集中整治，城区 19 户烧烤全部按规定进行了整改。事后，市城管执法大队坚持随机巡查，防止油烟烧烤死灰复燃。2012 年起，结合各菜场周边实际情况，对定岗人员和执勤时间调整优化，坚持每月组织 1 次菜场专项集中整治，整治后交定岗人员管理，防止反弹。2013 年 5 月，市城管执法大队组织了对城区市容环境大规模的集中整治。整治前，对门市经营户发函，明确告知应遵守的事项和整改要求，取得经营户的理解和配合，效果明显。是年，共组织开展了较大规模的市容集中整治行动 31 次。依法暂扣违章占道经营物品 800 余件；拆除违法建设 160 余起，拆除面积 6850 平方米；立案查处 155 起，经济处罚12.20万元。

图 4-19　执法队员帮助经营业主清理占道物品（2012 年）

2003—2013 年间几个年份句容市市容执法情况一览

表 4－3－1　　单位：起

执法项目		2003 年	2005 年	2007 年	2009 年	2011 年	2013 年
教育整改市容违章		7358	1721	6003	4862	4805	6417
清理占道设摊		742	431	815	904	1107	1824
清埋店面外溢		2518	1797	3889	3316	2634	2612
取缔流动摊贩		635	462	809	613	1095	2114
处理占道经营洗车		—	49	45	—	—	—
组织专项集中整治		38	11	26	33	39	31
处理案件	一般程序	82	65	84	62	60	25
	简易程序	386	363	412	95	167	130

四、人性化管理

1985 年，句容实行市容监察之初人性化管理已有所体现。具体表现在对初犯者重劝导、轻处罚和对年老、贫困、残疾等弱势群体违规处置的宽宥与同情。1991 年，城管办采取堵疏结合的措施，择地划设便民摊位集中区，给零星农副产品入市和弱势群体谋生提供经营场所。市容监管则实行《首次违章不罚制》，对初犯者予以警告，对及时整改者不暂扣经营物品、不予以经济处罚。2000 年以后，为解决弱势群体的实际困难，执法人员鼓励、引导他们进入疏导点内经营；在办理占道许可证上，为他们了开辟专门的办证通道，并在费用上给予减免。2004 年，市城管局针对城区扩大、占道设摊多、管理难度大的情况，坚持标本兼治、堵疏结合、以疏为主的人性化管理模式，制定综合整治方案，以市政府办公室文件形式，印发《关于规范市区临时摊点设置管理工作的通知》，对临时摊点设置原则、规划定点、控制范围、集中疏导等作出明确规定，以文件的

图 4-20　中街疏导点

形式将堵疏结合、帮扶弱势群体等人性化管理模式固定下来。此后数年，市城管执法大队合理审批设置疏导地段，开辟经营场地，划定经营区域，限定经营时间，坚持适当时段适度放开、管而不死防而不乱的原则，既维护好市容，又服务于民生，正确处理好城市"脸皮"和弱势贫困群体"肚皮"的关系，逐步解决了东门菜场、龙门菜场等附近露天市场占道经营的老大难问题。2008 年，选择对市容影响较小的地方增设临时占道设摊区块，优先安排弱势群体免费进区经营。市容执法中，注重保护摊位经营者的合法权益，尽可能帮助他们解决实际困难，对其市容违规行为只要能服从劝导及时整改，就绝对不开罚款单。2009 年，在前期调研、广泛征求经营户意见的基础上，市城管执法大队在城区设置中街、马槽巷、一中、农校、三小、三中、东门桥、南门桥、华叶新技等疏导点，在疏导点实行"重管理、少收费"的办法，吸引摊主进点经营。在农校和一中两个示范疏导点实行定位、定时、定经营项目，并为各摊主配备统一的遮阳伞，疏导点内摊位整齐、卫生清洁、秩序良好，改变了以往城区摊位集中路段交通拥堵、环境污秽、秩序混乱的不良状况。是年，在天一商场门前广场设置"城管便民服务示范点"，每天征集记录市民对城管提出的意见建议，倾听市容违章人员的申辩陈述，宣传城管法律法规、解答市民对城管执法所提的疑问，为求助者提供力所能及的帮助，使严格执法与热情服务有机结合。2010 年，将街道两侧修鞋、擦皮鞋、配钥匙、修理自行车等"五小"行业摊位统一纳入巷道内划定的区域内经营，不收取占道经营费用；增设 4 个季节性农副产品疏导点，安排瓜农、果农免费进入销售。全年免收 40 多位弱势群体摊位费 12 万元，免收瓜农占道经营费 5 万余元。同年，市城管执法大队推行"三先一后"执法规范，先敬礼亮证、先指出违章事实、先讲清处罚依据，后实施处罚。并做到以情感人，以理服人，化解行为人的抵触情绪，提高执法效率。2011 年，投资 30 多万元在帕提亚中心广场建成统一格式亭棚的中大街疏导点，并对城区疏导点的布局进行优化整合，兼顾解决就业和城区环境秩序，达到整齐规范。摊位进点经营后，坚决取缔占道经营行为，在维护城区良好的通行环境的同时，也给占道经营户一方生存空间。2012 年，市城管局全局上下继续坚持"以人为本"的管理理念，把群众利益作为城市管理工作的出发点和落脚点，以真情服务温暖民心，倾力打造和谐城管。其多年来逐步完善、持续积淀的"服务式管理、说理式执法"的管理模式产生良好的社会效应。2012 年 11 月 12 日—13 日《扬子晚报》连续两天报道，人民网、江苏电视台、《报刊文摘》《镇江日报》《燕赵晚报》等传媒转播、刊发《五年只开一张罚单的城管值得学习》《为句容城管五年只开一张罚单叫好》《城管五年一张罚单的背后》《五年只开一张罚单的城管是"真管"》等评论文章，为句容市城管系统行风建设作出了客观的注解。2013 年，市城管系统把提升社会满意度作为重点工程加以落实，以"和谐城管"建设为依托，推进城市管理事务公开，构筑城市管理行政执法权力"阳光作业"平台，多次主动邀请电视台报道行政执法活动和专题采访，对执法过程、执法依据、执法目的、执法程序和相关处罚进行宣传，主动把城市管理工作置于更加广泛的监督之下，使市容维护方式由粗放向精细转变、突击整治向长效管理转变，努力实现城市管理工作的科学高效和可持续发展。

五、长效机制构建

1991 年城管办成立以后，广泛开展市容环境综合整治，促进了城市建设和城市管理的共同发展，城区市容和商业区秩序有很大改观。由于集中整治带有突击性和阶段性，一些流动占道经营的商贩在大规模集中整治时暂避风头，整治行动过后又卷土重来，依然故我继续从事违章经营活动。1995 年句容建市以后，市城市建设规划管理综合执法大队扩大编制，增加车辆，开始在落实长效管理上下功夫。1996年起，综合执法大队层层落实岗位责任制，推行“大队管面、中队管片、路段到人”的运作模式，执行定人员、定路段、定时间、定责任、定标准、定奖惩的管理制度。将城区划分为南北两片，市容一、二中队负责南片，三、四中队负责北片，定岗人员负责责任区内的市容管理。并健全和完善执法责任考核办法、执法效能监督办法、执法人员行为规范等一系列配套规定，努力把长效管理落到实处。2003年8月，整建制划归市城管局以后，落实市局管理思路，采取日常执法巡查和专项整治相结合、错时执法管理和全时段执法管理相结合、阶段性特殊工作和全年度整体执法相结合措施，推进市容市貌长效管理；成立机动中队，针对占道经营难以管理反复性强，加大早、中、晚机动巡查力度，实现城区市容监察全天候、全方位覆盖，不留盲区；成立督查组，负责对各责任区市容执法情况、劳动纪律执行情况进行督察，以增强执法人员的责任心。2004年3月，市城管局开始营造有利于市容执法长效管理的舆论环境。在电视台开设《句容是我家，管理靠大家》栏目，每月1期，通过这个平台集中展示城市管理工作动态和取得的成效；6月，与电视台联合开展“城市管理大家谈”活动，邀请部分市民代表就城市管理中的难点、热点、焦点问题问计于民，市民代表献言献策，形成市民关注、支持、配合城管的良好氛围。2007年，市城管执法大队完善《城管执法突发事件应急处置预案》，组建“城管110”应急分队，配备执法车辆、车载电台、对讲机、摄像机、数码相机等设备，应急队员24小时在岗在位，受理市区市容违章举报投诉，接到举报投诉后能在10分钟内到达现场，接报到场处置率100%。2008年年初，将华阳南路（中心转盘至人民路）定为首个创建“市容管理示范路”的路段，拆除违规经营的亭棚和户外广告牌，加大市容管理力度，6月30日通过专家组验收，被命名为“镇江市市容管理示范路”。同年，加强对疏导点的长效管理，与进点摊主签订《疏导点经营协议》，采取打分制，规定禁止事项，违反1条扣1分，扣完12分时予以警告，连续两年扣完12分取消经营资格。2011年，加强对城市管理深层次问题的研究，改革传统的管理方式，搭建社会参与城市管理的平台。多次邀请有中、小学校长、社区干部、商户代表参加的城管工作恳谈会，由人大代表、政协委员参加的座谈会，多渠道听取社会各界对城市管理工作的意见建议。并将网上投诉、电讯投诉、媒体曝光、领导批件、市长信箱、人大建议、政协提案等涉及城市管理的问题，全部纳入受理平台。对存在问题在规定时限内提出处理意见，迅速整改、及时反馈，真正将群众意见落实到城市管理工作之中，提高市容长效管理水平。是年初，确定华阳南路中心转盘至人民路路段为创建省级市容管理示范路，按照验收标准逐项对照整改，提档升级，达到规定的5个刚性指标和7大项考核要求，年终顺利通过镇江市和省住建厅的考核验收，成为镇江市2条省级市容管理示范路之一。2012年，发挥示范路的典型示范作用，把省级市容管理示范路创建工作扩大到华阳四路，丰富和积累了城市市容长效管理的经验。年底，句容市被镇江市授予“镇江市优秀管理城市”称号。2013年，市城管局遵照市委、市政府有关部署，积极开展城市环境综合治理长效管理工作。局成立领导小组全面推进这项工作，把由市城管局承担的8个整治项目和66个“三规范”项目挂钩到局属各单位、科室负责人，各位负责人对挂钩项目负总责并按类细分，分类统筹，挂钩推进，同时强化督查考核。至2013年年末，城市环境综合治理长效管理工作按照规定时间节点，尚在有序推进中。

六、体制创新

2006年，为解决行政管理职责交叉、多头执法、管理不够到位等问题，加大行政执法力度、提高行政执法效率，市政府常务会议研究提出创新管理体制，成立句容市城市管理行政执法局的设想，按照“大城管”（即：将各部门有关城市管理的行政执法权相对地集中到城管部门，对城市全方位管理执法，并延伸到各镇）的模式依法行使有关行政处罚权。为使各方面的条件符合“大城管”的要求，并得到上级政府的批准，此后数年，句容市在硬件投入和执法队伍建设等方面进行了不懈的努力。2009—2012年，句容市城市管理行政执法队伍规范化建设由一星级单位逐级晋升为三星级单位，成为省住建厅认可的合格的城市管理行政执法队伍。其间，规划实施数字化城管系统建设，总投资940万元，2013年5月22日通过省住建厅专家组评审，投入运行。系统的首期范围东起东昌中路、长江路，西至石狮路，南起二圣路，北至隆昌路，覆盖全部城市建成区，面积25平方公里。项目对建成区7大类部件86小类，6大类事件62小类进行全面调查摸底、分析汇总和核定。利用网络技术，构建了城市管理新模式的基础设施平台；应用数据存储技术和备份技术，搭建了信息管理平台；利用地理编码技术，实现了城市管理对象在管理区域中的有序、精确定位；利用移动网络定位技术，实现了城管通的准确定位。同时完成了大屏幕显示系统和IP数字电话平台的搭建，安装了LS－L7502－AC－H3核心变换机、数据库服务器，开通了IP数字电话和全市统一的12319城管服务热线。系统可对全市市容环境管理、公用设施管理、道路交通管理、房屋土地管理及其他方面的突发事件进行处置，对政府各部门提供的公共产品和公共服务进行绩效考评，为构建句容市“大城管”格局奠定了基础。2013年11月25日，根据镇江市市委、市政府颁布的《句容市人民政府机构改革方案》，镇江市政府办公室印发《关于在句容市开展城市管理相对集中行政处罚权工作的通知》。2013年11月28日，市城管局增挂“句容市城市管理行政执法局”牌子。挂牌后，市城管局（句容市城市管理行政执法局）配合市法制办、编办等相关部门做好相对集中行政处罚工作，先后组织人员赴无锡、昆山、丹阳、扬中、海门等市调研，并结合句容实际组织相关单位召开协调会，多方征求意见和建议，研究制定了《城市管理行政执法局与相关行政机关之间工作衔接办法（草案）》，编制了《相对集中行政处罚权暂行办法》，制定了121项自由裁量权基准、22项内部管理制度，汇编了62项城市管理领域法律法规，对新进执法人员进行为期15天的封闭式培训。并做好原有执法队伍的稳定工作，实现原有执法队伍的正常划转。市城市管理行政执法局成立后，市城管执法大队按照相关规定接转了其他部门的管理职能，承担了更多的管理任务。特别是违法建设和夜间施工扰民问题，市城管执法大队加强查处力度，发现一起制止一起。同时各片区做好群防群控，执法队员值守晚班（时间从晚上9时至第二天凌晨2时，特殊情况延至早晨6时），专项查处夜间施工扰民行为。至2013年年末，市城管执法系统正全方位地逐步由“小城管”向“大城管”过渡，城市管理城乡一体化、行政执法权向建制镇（管委会）延伸工作开始启动。

第五篇　环境保护

20 世纪六七十年代，句容工业处于起步阶段，对“三废”（废水、废气、废渣）治理不够重视，环境污染开始显现。此后，随着化工企业数量猛增，农田普遍使用农药化肥，加之防治污染经费投入不足，以致环境污染越来越广，污染事故和污染纠纷逐年增多。1979 年 3 月，句容县成立环境保护领导小组，下设办公室，研究治污措施，加大环保力度。1981 年，县政府增设环境保护局，管理机构逐步得到加强，并形成了环保管理网络。1990 年，“三废”污染防治由末端控制转向全过程控制。1995 年在全市推行环保目标责任状制度。1996—2000 年期间，全市大力开展环境综合整治，“三废”得到有效治理。

2003 年 10 月，句容市建成国家级生态示范区。2006 年 11 月，句容市获“国家卫生城市”称号；12 月，句容市创建国家环境保护模范城市通过国家考核验收。2006—2010 年期间，句容市创模复核通过省级评估；超额完成“十一五”减排目标；全市城乡饮用水水质达标率 100%。2011 年，句容市被省环保厅授予“十一五”全省污染减排工作先进集体荣誉称号。是年，华阳镇、茅山镇、天王镇被环保部授予“国家生态镇”称号。至此，全市各镇（管委会）全部通过国家生态镇考核验收。2012 年 2 月，句容市被国家环保部授牌命名为“国家环保模范城市”。同年 5 月，生态市建设通过环保部考核验收。

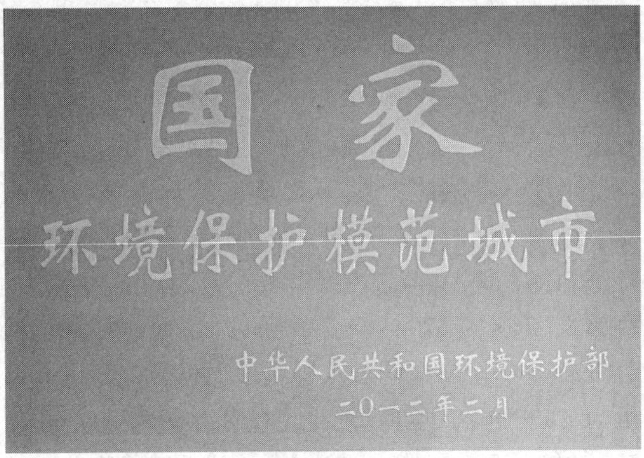

图 5-1　国家环境保护模范城市奖牌

自句容环保部门成立起至 2013 年年末，经过 30 多年的不懈努力，环境整治效果显著，句容环境质量得到改善。句容环保部门也多次受到江苏省和镇江市政府的表彰。

第一章　污染治理

20 世纪 50—70 年代，句容县随着工农业生产的发展，境内环境污染也随之加重。八九十年代，句容市（县）环保部门不断加强对“三废”排放、噪声、扬尘的检测和治理力度，标本兼治，严格执法，逐步扭转了环境质量整体下降的趋势。

“十五”期间（2001—2005 年），市环保部门以创建国家环保模范城市为抓手，增加污染源检测频次，推广消烟除尘技术和清洁生产工艺，依法惩治环境违规违法行为，污染物减排成效显著。2006 年，句容市全面启动农村环境综合治理工作，环保进入城乡一体新时期。2010 年，建成二套 PM2.5 自动检测系统和污染源控制中心，各环境要素、环境质量基本达到环境功能区标准。此后几年，句容市继续加强“三废”治理、饮用水源保护，建成一批江苏省、镇江市生态村和农村环境综合整治示范村，全市城乡环境质量明显改善。

第一节　水污染治理

一、废水排放与控制治理

1. 废水排放

20 世纪 70 年代以后，随着工业的发展，排污量也不断增加，县境内部分水系的水质受到不同程度污染，局部地段已构成公害。据80年代前期几年的监测统计，全县工业废水年排放1019.20万吨。其中化学工业约554.50万吨；造纸业161.60万吨；食品、冶金、电镀、制革、纺织、机械等行业126万吨。废水中主要污染物排放量：铬1.61吨，酚0.63吨，氰化物1.87吨，悬浮物2072.72吨，硝基苯3.61吨，苯胺0.16吨，砷0.40吨。句容河受县城工业污水浸渗，房家坝以下10公里河水发黑发臭，鱼虾几乎绝迹。1982年6月，石狮公社部分大队从句容河翻水抗旱，河水流进公社农具厂食堂的一个洗菜塘，造成28人食物中毒，水塘里鱼虾全部死亡。北山水库水质尚好，但上游湾山煤矿等有少量废水排入，导致水库局部水体轻度污染。铜山钼铜矿、和平造纸厂等35家工厂排放废水，污染宝华乡境内的朝阳、凤坛二河，使水色发黑，沉淀物达159万吨，使14个中小塘坝淤平。1979—1985年，全县有14个乡、镇，共发生废水、废气污染事故26起，造成直接经济损失达46万余元。1986年前后，全县工业发展很快，90年代起又陆续兴起一大批私营企业。因环保方面的管控日趋严格，一些电镀、皮革、化工、漂染、造纸等重污染小企业由城市转移到农村。加之农田化肥、农药用量增加，农药残余毒素及化肥残存磷、氮随水流入河中，污染水体，常引起局部塘坝死鱼现象。北山水库受上游湾山煤矿、亭子造纸厂、多处采石宕口等工业废水污染，常呈三类水质。1993—1995年，句容河东门桥、兆文山、黄泥坝、三岔桥等几个监测断面均呈严重污染状况。经几年整治，2001年，全市工业废水达标排放率为97.84%，2005年提升到99.25%。但2001—2005年，全市重点源工业废水污染物总量仍略有上升趋势。2008年全市工业废水排放量1909.82万吨。重点源排放工业废水1412.61万吨，占全市工业废水排放量的73.97%。重点源工业废水中污染物排放量较大的仍是化学需氧量、石油类和氨氮，3项合计1766.54吨，占全市工业同类污染物总量的88.49%。2009年，工业废水排放量达2093.85万吨，达到了峰值。2010—2013年，随着污染减排工作的推进，执法力度的加大，工业废水排放量逐年减少。

2006—2013年句容市工业废水排放情况

表5-1-1

年份	工业废水排放量（万吨）	化学需氧量排放量（吨）	氨氮排放量（吨）	石油类排放量（吨）
2006	1411.12	2099.76	2.66	0.5
2007	1487.61	1500.88	2.53	0.5
2008	1909.82	1993.15	2.60	0.5
2009	2093.85	1968.07	226	0.0085
2010	1493.26	1371.65	2.26	0.0075
2011	1256.57	811.66	18.86	2.99
2012	990.41	683.03	12.51	2.48
2013	913.43	701.89	16.18	2.48

2. 控制治理

句容污染治理始于20世纪80年代初，主要治理对象为工业废水。治理的方法是发展低耗水工业，推广先进节水技术，提高水的重复利用率，同时加强对主要污染行业的管理。县化工厂采用“液相催化脱硫”及“废油再生”工艺，全年处理废水218万吨，回收再生机油18吨及精硫磺产品。对全县18个电镀企业排放的废水，采用“气浮法”及“化学法”处理。对新建、扩建、改建的工业项目，实行污染治理设施与主体工程同时设计、同时施工、同时投产的制度。1985年，全县238个工业新项目，动用环保资金46万元，经验收有86家工厂符合设计标准，有效控制新污染。未经治理与不符合环境规划布局的企业，实行经济制裁和关、停、并、转、迁。1985年，全县征收50家工厂的排污费共68万元；关闭严重污染环境的工厂7家，停办1家，搬迁8家。进入90年代以后，开始实行水污染总量控制，围绕长江、太湖流域达标排放要求，抓重点流域、重点行业、重点企业的污水处理。1996年6月，全市5家重点污染企业中，除1家企业产生废水的生产线被关停，1

家企业宣布破产外，其余3家企业污染物皆实现达标排放。

2000年以后，句容市环保部门结合国家卫生城市和环保模范城市创建工作，在围绕改善水环境质量、继续完善总量控制的基础上，狠抓重点行业、重点污染源整治。为彻底解决城区企业污染问题，市政府决定对污染企业进行搬迁。截至2006年3月底，累计投入1.60亿元，对太平洋化工集团硫酸厂等不能稳定达标排放的企业实施搬迁改造。是年7月15日，句容市政府组织环保、公安、供电等部门对拖延搬迁改造、严重污染周围环境的太平洋化工集团句容奥莱特化肥有限公司拉闸断电、强制停产。通过搬迁改造，该企业也获得更大的发展空间。

图5-2　搬迁改造后的现代化企业

2007年，对太湖流域的边城、白兔、茅山3镇的洛阳河、跃进河、幸福河、袁相河沿岸进行拉网式检查，共检查出水污染企业50家。市政府与50家企业所在镇或主管部门签订责任状，要求按照《太湖地区城镇污水处理厂及重点工业行业主要污染物排放限值标准》实现达标排放，对不能稳定达标排放的企业，一律予以关停。市环保局在4条太湖水系的河流设立断面，断面每周监测一次，确保断面水质达到功能区要求。同年6月，对电镀、水洗行业进行专项集中整治。市政府印发《关于责令一马先服装辅料厂等9家企业进行限期治理的通知》。市环保局认真做好现场监察工作，确保如期完成治理任务。9家企业均按时整改到位，市区企业已实现与城市污水管网对接，排污口实现规范化整治。年末，各镇(管委会)企业已完成污染物治理设施的建设，并能稳定达标排放。

此后几年，句容市加强水环境综合整治，关停和搬迁句容河沿线所有污染企业，完成老句容河清淤和句容河南岸截污管道建设，建成粪便无害化处理厂、垃圾填埋场渗沥液处理工程和污水处理厂，2009年7个镇级污水处理厂全部投入试运营。其间，全面启动太湖流域污染治理，县级河道清淤土方量195.50万立方米，乡级河道清淤630.44万立方米，村庄河塘清淤993.04万立方米，总清淤量达1818.98万立方米，句容市河流水质明显改善。2010年句容市万元GDP能耗下降4.40%，化学需氧量排放量比控制指标削减915吨，跻身首批“国家绿色能源示范县”行列。

2010年，市环保局对照年度分解目标，对没有完成太湖流域提标升级改造的7家化工企业依法实施关闭，对41家污染企业实施限期治理。建成4个入太湖河道水质自动监测站，随时监测水质变化情况。经监测，全市流入太湖河道水质全部达到提标后的标准。同时，对全市33家重点污染企业自动监控系统升级改造，实现与国家、省、市、县四级环保部门联网，实施全天候在线监控，确保《“十一五”太湖水污染治理目标责任书》中市环保局承担的各项目标任务完成。同年，完成城市污水处理厂扩容，日处理能力从2.50万吨提升至5万吨，同时完成城市污水处理厂“脱磷除氮”提标改造，污水排放达到一级A标准。

图5-3　生态环境保护——江苏省氮磷拦截工程

2012年11月，句容市开展了电镀行业专项整治工作，对境内涉及太湖流域的电镀企业进行拉网式排查，重点检查环保审批、“三同时”执行、污染治理和污染物排放达标等方面的情况。是时，太湖流域涉及句容市电镀企业有10家。整治中，关闭淘汰落后工艺企业2家（句容市三通包装有限公司、句容市三圆制桶有限公司电镀车间）；停产拆除设备自行关闭2家（句容市金星彩印包装厂、句容市永兴金属加工有限公司）；已经通过太湖提标验收的老企业3家（句容狮城拉丝有限公司、江苏舜园自行车零配件电镀有限公司、句容环宇包装有限公司）；句容天王志庆精密五金零件有限公司通过涉重企业强制性清洁生产审核。除1家企业尚未完成治理任务外，其他企业环境影响评价制度与环保审批、“三同时”执行情况较好。同年，市环保局对深水水务有限公司、市长宁生物化工有限公司、江苏远东水泥有限公司、凯美科瑞亚（江苏）化工有限公司、句容天王志庆精密五金零件有限公司和镇江大全铁路器材有限公司6家企业实行强制性清洁生产。12月，其中5家通过强制性清洁生产审核，1家企业申请延期审核。是年，市环保局还配合了省太湖流域水污染治理办公室对市相关部门的治理工程和项目进行督查和考核。

2013年，继续深化对工业废水的治理，重点加强化工、建材、印染、食品等行业的污染防治；积极推动重污染行业工艺废水的深度处理与回用，环境管理从排污口向环保设施、生产设施延伸。并加大对11家污水处理厂日常督查力度，关闭了一批水污染严重的企业，全市污水减排工作稳步推进。

2007—2012年句容市关闭污染企业情况一览

表5-1-2

序号	单位名称	镇（管委会）	行文关闭时间	遗留问题	关闭文号
1	句容市合力化工厂	白兔镇	2007-11-07	未按照市政府的要求关闭到位，生产设备未拆除，仍在生产	句政发〔2007〕188号
2	镇江俊业光纤电子材料有限公司	宝华镇	2007-11-07	—	句政发〔2007〕188号
3	句容市光明化工厂	宝华镇	2007-11-07	—	句政发〔2007〕188号
4	镇江博汉化工有限公司	宝华镇	2007-11-07	—	句政发〔2007〕188号
5	镇江市东昌石油化工厂	边城镇	2007-11-07	—	句政发〔2007〕188号
6	句容市启龙化工有限公司	郭庄镇	2007-11-07	—	句政发〔2007〕188号
7	句容市容颜化工有限公司	郭庄镇	2007-11-07	—	句政发〔2007〕188号
8	句容市纺织塑料厂	后白镇	2007-11-07	—	句政发〔2007〕188号
9	句容市石狮精细化工厂	华阳镇	2007-11-07	—	句政发〔2007〕188号
10	句容市晶都精细化工厂	华阳镇	2007-11-07	—	句政发〔2007〕188号
11	句容市鑫光化工有限公司	开发区	2007-11-07	—	句政发〔2007〕188号
12	句容市苏南试剂厂	天王镇	2007-11-07	厂区东侧围墙外有一大池废水，有危险废物约6吨	句政发〔2007〕188号
13	句容市袁巷涂料厂	天王镇	2007-11-07	—	句政发〔2007〕188号
14	句容市天宇助剂厂	天王镇	2007-11-07	—	句政发〔2007〕188号
15	句容市宏图化工有限公司	天王镇	2007-11-07	—	句政发〔2007〕188号
16	句容市有机化工厂	下蜀镇	2007-11-07	—	句政发〔2007〕188号

2007—2012 年句容市关闭污染企业情况一览

续表 5 - 1 - 2

序号	单位名称	镇(管委会)	行文关闭时间	遗留问题	关闭文号
17	江苏坤亮绝缘材料有限公司	黄梅镇	2007 - 11 - 07	—	句政发〔2007〕188 号
18	句容市仁信化工有限公司	黄梅镇	2007 - 11 - 07	—	句政发〔2007〕188 号
19	镇江有恒聚氨酯有限公司	宝华镇	2007 - 11 - 07	—	句政发〔2007〕188 号
20	句容市华恒化工厂	宝华镇	2007 - 11 - 07	—	句政发〔2007〕188 号
21	句容市国慧特种镀色厂	郭庄镇	2008 - 05 - 16	—	句政发〔2008〕108 号
22	句容市金龙容器厂	郭庄镇	2008 - 05 - 16	—	句政发〔2008〕108 号
23	句容市纺织塑料厂	华阳镇	2008 - 05 - 16	—	句政发〔2008〕108 号
24	句容市春城三联五金加工厂	茅山镇	2008 - 05 - 16	—	句政发〔2008〕108 号
25	句容市春城大盛自行车配件加工厂	茅山镇	2008 - 05 - 16	—	句政发〔2008〕108 号
26	句容市天王德义五金加工厂	天王镇	2008 - 05 - 16	生产设施未全部拆除，厂内危险废物和生产废水均未得到处理，未按照市政府的要求关闭到位	句政发〔2008〕108 号
27	镇江东联聚氨酯有限公司	边城镇	2008 - 09 - 02	—	句政发〔2008〕172 号
28	句容舒泰化工涂料厂	华阳镇	2008 - 09 - 02	—	句政发〔2008〕172 号
29	句容市后白镇长胜皂角加工厂	后白镇	2009 - 06 - 17	—	句政发〔2009〕95 号
30	句容市顺风助剂厂	后白镇	2009 - 06 - 29	—	句政发〔2009〕105 号
31	句容市油脂化工厂化工分厂	华阳镇	2009 - 09 - 14	—	句政发〔2009〕162 号
32	句容市富兴化工厂	茅山镇	2009 - 09 - 17	—	句政发〔2009〕163 号
33	镇江市九天化工有限公司	茅山镇	2009 - 09 - 17	—	句政发〔2009〕166 号
34	句容市先锋化工有限公司	宝华镇	2009 - 09 - 18	—	句政发〔2009〕166 号
35	镇江生龙精细化工有限公司	后白镇	2009 - 09 - 18	—	句政发〔2009〕166 号
36	江苏天鹏同仁精细化工有限公司	华阳镇	2009 - 09 - 18	—	句政发〔2009〕166 号
37	句容市立信化工有限公司	华阳镇	2009 - 09 - 18	—	句政发〔2009〕166 号
38	句容市隆鑫化工有限公司	天王镇	2009 - 09 - 18	—	句政发〔2009〕166 号
39	句容市葛村镇荣盛防水材料厂	郭庄镇	2010 - 01 - 21	—	句政发〔2010〕13 号
40	句容市富民水泥砖厂	黄梅镇	2010 - 01 - 21	—	句政发〔2010〕14 号
41	江苏雨强化工有限公司	下蜀镇	2010 - 07 - 01	—	句政发〔2010〕119 号
42	句容市行香化工厂	白兔镇	2010 - 07 - 01	—	句政发〔2010〕119 号
43	句容市第二化工厂	华阳镇	2010 - 07 - 01	—	句政发〔2010〕119 号
44	句容市茅山环保化工科技有限公司	茅山风景区	2010 - 07 - 01	—	句政发〔2010〕119 号
45	句容市龙涛试剂厂	天王镇	2010 - 07 - 01	—	句政发〔2010〕119 号

2007—2012 年句容市关闭污染企业情况一览

续表 5－1－2

序号	单位名称	镇(管委会)	行文关闭时间	遗留问题	关闭文号
46	句容市青杆校办化工厂	天王镇	2010－07－01	生产设施未全部拆除,厂内危险废物和生产废水均未得到处理,未按照市政府的要求关闭到位	句政发〔2010〕119 号
47	句容市兴源化工厂	天王镇	2010－07－01	—	
48	句容市合力钛白粉厂染色分厂	白兔镇	2011－02－17	—	句政发〔2011〕25 号
49	镇江市天亿化工研究设计院有限公司句容分公司	白兔镇	2012－09－24	—	
50	句容市合力钛白粉厂	白兔镇	2012－09－24	—	句政发〔2012〕164 号
51	句容市长海化工容器厂	下蜀镇	2012－09－24	场地堆放各种化工原料桶属危险废物,该厂不具备收购和处置资质,危险废物未能按规定进行处置,未按照市政府的要求关闭到位,生产设备未拆除,仍在生产	句政发〔2012〕164 号
52	句容市盘龙冶金炉料有限公司	下蜀镇	2012－09－24	—	句政发〔2012〕164 号
53	句容市三圆制桶有限公司电镀车间	后白镇	2012－09－24	—	句政发〔2012〕164 号
54	句容市三木建筑防水材料有限公司	后白镇	2012－09－24	—	句政发〔2012〕164 号
55	句容市后白镇金山建筑防水材料厂	后白镇	2012－09－24	—	句政发〔2012〕164 号
56	句容市昊然防水材料厂	后白镇	2012－09－24	—	句政发〔2012〕164 号
57	顺达建筑防水材料厂	后白镇	2012－09－24	未按照市政府的要求关闭到位,生产设备未拆除,仍在生产	句政发〔2012〕164 号
58	句容市袁巷化学品有限公司	天王镇	2012－09－24	—	句政发〔2012〕164 号
59	张景祥活性炭加工厂	天王镇	2012－09－24	生产设施未全部拆除,厂内危险废物和生产废水均未得到处理	句政发〔2012〕164 号
60	陈家玉活性炭加工点	天王镇	2012－09－24	生产设施未全部拆除,厂内危险废物和生产废水均未得到处理	句政发〔2012〕164 号
61	傅贤功活性炭加工点	天王镇	2012－09－24		句政发〔2012〕164 号
62	叶龙需活性炭加工点	天王镇	2012－09－24	无环保审批手续,无污染治理设施,废气直接排放,未按照市政府的要求关闭到位,生产设备未拆除,仍在生产	句政发〔2012〕164 号
63	陈后顺电镀加工点	天王镇	2012－09－24	—	句政发〔2012〕164 号
64	句容市天王镇安邦建筑防水材料厂	天王镇	2012－09－24	生产设施未全部拆除,厂内危险废物和生产废水均未得到处理	句政发〔2012〕164 号
65	林树发活性炭加工点	茅山管委会	2012－09－24	—	句政发〔2012〕164 号

2004—2013 年句容河各断面水质评价一览

表 5-1-3　　　　　　　　　　　　　　　　　　　　单位：毫克/升

断面	执行标准	综合污染指数										主要污染项目
		2004 年	2005 年	2006 年	2007 年	2008 年	2009 年	2010 年	2011 年	2012 年	2013 年	
三岔桥	四类	2.70	4.20	3.33	3.43	3.99	3.01	2.58	2.09	2.49	1.84	氨氮、高锰酸盐指数、石油类、化学需氧量、挥发酚、五日生化需氧量
房家坝	三类	—	2.79	3.22	3.60	4.40	3.68	3.81	—	—	—	
南门桥	四类	3.30	2.82	2.99	2.85	2.58	2.94	2.76	—	1.93	1.60	
兆文山	四类	4.44	—	3.80	3.93	2.66	3.21	2.72	1.78	2.78	2.58	
黄泥坝	四类	3.39	4.30	3.95	3.18	3.61	2.75	2.69	—	—	—	
蚁防所	四类	—	2.88	2.52	2.34	2.71	2.43	1.94	—	1.79	1.61	

二、饮用水源保护

1. 饮用水源水质状况

1961 年句容县建自来水厂，取水口设在房家坝下游，句容城区饮用水开始采用集中式供水方式。各乡镇农村居民生活用水大多从河道、塘坝等自然水源汲取。1980 年，县环保部门在房家坝取水口设置水质监测点位。1986 年之后，各乡镇陆续兴建自来水厂，农村居民饮用水逐步趋向集中供应。1995 年，房家坝水库的水源水每逢单月监测一次，平均值符合 GB 3838—88 二类水质标准。1999 年，各乡镇作为生活饮用水源的水库和河道，除少数监测点有时出现三类水质外，大部分能达到二类水质标准。2001 年，句容市新建第二自来水厂，水源为北山水库，市区自来水由北山水库集中供给。布设库心和取水口二个采样监测点位，执行国家三类标准。

21 世纪初，全市饮用水源水质大多能达到二类水质标准，2001—2005 年 10 项评价指标的平均值大部分呈下降趋势；综合污染指数 2001—2004 年度呈下降趋势，2005 年又略有上升。是年，句容农村集镇自来水厂有 18 个取水口，17 个饮用水源地。其中长江取水口 1 个，水库取水口 13 个，河道取水口 4 个。乡镇地面水饮用水源有 17 个，分别为幸福水库、马埂水库、茅山水库、固江口水库、虬山水库、二圣水库、仑山水库、长江、黄梅河、茅山河、墓东水库、天王坝、方山水库、王庄水库、大卓新桥坝、中心水库、白大圩河等。自 2007 年起监测记录记入当年环境质量报告书。2007 年茅山河、黄梅河 2 个监测断面挥发酚超标；2008 年天王坝取水口、墓东水库、中心水库、王庄水库、仑山水库、长江取水口、黄梅河、大卓新桥坝的四氯化碳超标；2009—2010 年所测项目均符合《地表水环境质量标准》(GB 3838—2002) 三类标准。主要污染因子为总磷、高锰酸盐、总氮、挥发酚、石油类。

根据镇江市环境监测中心站 2011 年 10 月—2012 年 9 月对北山水库水质监测结果，北山水库在非汛期综合水质类别为二类，汛期及全年期综合水质类别为三类。就单项指标而言，汛期及全年期北山水库高锰酸盐指数、总磷、粪大肠菌群等少数指标评价结果为三类，其他各指标评价结果均能满足二类水质的要求。

2013 年，句容市环境监测站每月对北山水库进行水质监测，共分析 38 项指标。从水质分析来看，句容市饮用水源水质均达到国家标准生活饮用水水质标准，且多项数据比较稳定。总磷指标达到临界点，有富营养化的趋势。

2004—2013 年句容市饮用水源水质监测结果统计一览

表 5－1－4

单位：pH 值无量纲，其余毫克/升

年份	采样点代码	PH	总磷	高锰酸盐指数	溶解氧	氰化物	挥发酚	石油类	粪大肠菌群	氨氮	硫酸盐	总氮	五日生化需氧量	铁	硝酸盐	铜	锌	砷	镉	六价铬	汞	铅
2004	742	7.38	0.05	3.10	7.20	0.38	0.002	0.05	800	0.476	—	0.62	1	—	0.10	—	—	0.004	0.0005	0.004	0.00002	0.005
2004	743	7.51	0.05	3.20	7.30	0.38	0.002	0.05	800	0.542	—	0.67	1	—	0.10	—	—	0.004	0.0005	0.004	0.00002	0.005
2005	742	6.70	0.04	3.70	9.70	0.63	0.004	0.03	1100	0.468	—	0.79	1	—	0.16	—	—	0.004	0.0005	0.018	0.00002	0.005
2005	743	6.75	0.05	4.20	9	0.43	0.004	0.03	1400	0.348	—	0.71	1	—	0.14	—	—	0.004	0.0005	0.018	0.00002	0.005
2006	742	7.98	0.05	3.60	9.30	0.20	0.003	0.02	400	0.286	54.40	0.79	1	0.015	0.14	0.025	0.025	0.004	0.0005	0.007	0.00002	0.005
2006	743	7.89	0.05	3.90	9.10	0.21	0.003	0.02	400	0.298	58.10	0.81	1	0.015	0.16	0.025	0.025	0.004	0.0005	0.007	0.00002	0.005
2007	742	7.86	0.03	3.60	7.80	0.48	0.001	0.02	200	0.238	62	0.84	1	0.015	0.10	0.025	0.025	0.004	0.0005	0.007	0.00002	0.005
2007	743	7.99	0.04	3.50	8.80	0.44	0.001	0.01	200	0.226	65.90	0.87	1	0.015	0.10	0.025	0.025	0.004	0.0005	0.006	0.00002	0.005
2008	742	7.01	0.05	4	9.30	0.34	0.002	0.005	200	0.464	62.30	0.87	1	0.015	0.10	0.025	0.025	0.004	0.0005	0.012	0.00002	0.005
2008	743	7.05	0.05	4.20	9.20	0.39	0.004	0.005	200	0.50	60.70	0.83	2	0.015	0.10	0.025	0.025	0.004	0.0005	0.013	0.00002	0.005
2009	743	7.28	0.03	4.10	8.50	0.29	0.002	0.05	200	0.462	65.20	0.74	2	0.045	0.12	0.025	0.025	0.0009	0.0005	0.01	0.00005	0.005
2009	742	7.38	0.02	3.80	8.60	0.27	0.003	0.02	200	0.42	62	0.72	2.10	0.064	0.12	0.025	0.025	0.0009	0.0005	0.01	0.00005	0.005
2010	743	8.01	0.05	4	7.10	0.44	0.003	0.02	200	0.638	69.40	0.88	2	0.015	0.12	0.025	0.025	0.0007	0.0005	0.006	0.00003	0.005
2010	742	8.07	0.04	3.90	7.30	0.35	0.002	0.02	200	0.576	61.70	0.86	2	0.015	0.10	0.025	0.025	0.0008	0.0005	0.004	0.00003	0.005
2011	743	7.37	0.03	4.20	7.52	0.26	0.003	0.02	200	0.23	62.50	0.43	2.10	0.015	0.10	0.025	0.025	0.0008	0.0005	0.004	0.00003	0.005
2011	742	7.32	0.02	4	7.63	0.25	0.003	0.02	200	0.224	59.50	0.41	2	0.015	0.12	0.025	0.025	0.0009	0.0005	0.004	0.00003	0.005
2012	743	7.09	0.04	4.30	7.94	0.19	0.002	0.02	200	0.262	63.30	0.46	2.10	0.015	0.12	0.025	0.025	0.0009	0.0005	0.007	0.00003	0.005
2012	742	7.06	0.03	4.20	7.96	0.18	0.002	0.02	200	0.244	67.80	0.43	2	0.015	0.12	0.025	0.025	0.0009	0.0005	0.006	0.00003	0.005
2012	744	7.54	0.05	4.10	7.90	0.29	0.004	0.02	20	0.244	47	0.47	2.10	0.079	0.16	0.025	0.025	0.0009	0.0005	0.016	0.00004	0.005
2013	744	7.45	0.05	3.90	8.21	0.28	0.002	0.03	400	0.182	40.40	0.35	2	0.065	0.12	0.025	0.025	0.0008	0.0005	0.007	0.00004	0.005
2013	743	7.47	0.03	4.0	6.95	0.28	0.002	0.02	400	0.650	44.40	0.95	2	0.032	0.10	0.025	0.025	0.0008	0.0005	0.009	0.00003	0.005

说明：点位：（注：742：北山水库库心　743：北山水库取水口　744：句容水库备用水源）

2010 年句容市乡镇饮用水源水质监测结果(年均值)统计一览

表 5 - 1 - 5　　单位: pH 值无量纲,其余毫克/升

水源地名称	pH	溶解氧	高锰酸盐指数	氟化物	铅	氨氮	挥发酚	五日生化需氧量	汞	六价铬	硝酸盐氮	石油类	粪大肠菌群(个/L)
虬山水库	7.47	8.50	3.80	0.36	0.005	0.482	0.001	2.20	0.00007	0.019	0.18	0.02	900
马埂水库	7.31	8.40	4	0.29	0.005	0.380	0.001	2	0.00008	0.018	0.16	0.02	400
白大圩河	7.53	8.90	4	0.48	0.005	0.362	0.002	2.20	0.00008	0.040	0.16	0.02	1100
茅山水库(后白段)	7.51	8.10	4.30	0.38	0.005	0.408	0.002	2.20	0.00007	0.028	0.18	0.02	200
茅山河取水口	7.36	7.80	4.40	0.25	0.005	0.354	0.002	2.30	0.00007	0.028	0.16	0.02	200
天王坝取水口	7.66	8.20	4.30	0.44	0.005	0.506	0.003	2.30	0.00007	0.045	0.20	0.02	800
方山水库	7.39	8.70	4.40	0.26	0.005	0.354	0.001	2.20	0.00006	0.018	0.16	0.02	1100
二圣水库	7.33	8.20	4.10	0.23	0.005	0.314	0.001	2.10	0.00007	0.034	0.18	0.02	200
茅山水库(茅山段)	7.49	8	4.50	0.40	0.005	0.396	0.002	2.30	0.00006	0.029	0.18	0.02	200
墓东水库	7.19	9	4.10	0.34	0.005	0.344	0.001	2	0.00007	0.017	0.16	0.02	200
幸福水库	7.22	8.60	4.50	0.31	0.005	0.280	0.002	2.10	0.00008	0.015	0.16	0.02	200
中心水库	7.28	9.20	3.80	0.29	0.005	0.268	0.001	1	0.00007	0.014	0.16	0.02	200
王庄水库	7.34	9	3.70	0.30	0.005	0.380	0.001	2	0.00008	0.013	0.18	0.02	200
仑山水库	7.41	8.30	3.90	0.34	0.005	0.320	0.002	2	0.00007	0.016	0.16	0.02	200
长江取水口	7.39	7.90	4.20	0.26	0.005	0.746	0.003	2.60	0.00007	0.037	0.24	0.02	200
黄梅河	7.55	8	4.50	0.27	0.005	0.528	0.003	2.40	0.00006	0.013	0.16	0.02	700
固江口水库	7.47	8.30	4	0.37	0.005	0.338	0.001	2.10	0.00006	0.011	0.18	0.02	700
大卓新桥坝	7.66	8.60	4.40	0.30	0.005	0.708	0.003	2.20	0.00007	0.014	0.16	0.02	400
虬山水库	7.47	8.50	3.80	0.36	0.005	0.482	0.001	2.20	0.00007	0.019	0.18	0.02	900

2. 北山水库环保专项整治

20 世纪 90 年代,北山水库是句容唯一的县级饮用水源地,位于下蜀镇境内,日平均供水量 5 万立方米,承担着句容市市区及周边乡镇人民群众的生产、生活用水。是时,水库汇水区还存在一定问题。主要有:采石宕口虽相继关闭,但并未复绿,石头、砂土遇暴雨洪水必然淤塞水库,矿石中的重金属对水库水质也将造成严重污染;句容监狱在北山水库还设有排污口;水库周边的农村生活排污、规模化养殖存在污染隐患。2000 年 3 月,句容市划定北山水库保护区的范围。以北山水库取水口为中心,半径 500 米范围内为一级保护区;以取水口为中心,半径 2000 米范围内为二级保护区;北山水库整个汇水区域为准保护区。随即加强对饮用水源地保护,设立了明显的保护区标志牌,关闭饮用水源地一级保护区内的所有污染企业,取缔二级保护区内所有污水排污口,关闭二级保护区及准保护区内化工、电镀等重污染企业。

北山水库补水沿线有 9 家轧石企业和 4 个主要污染源:江苏省句容监狱、句容市长宁生物化工有限公司、句容市环宇包装有限公司、句容市华盛化工有限公司。2006 年,在全市开展"饮用水源地环保专项整治行动",对北山水库水源保护区内的 9 家轧石企业予以关停。同年,市政府投入近 3000 万元进行句容河水环境综合治理,疏浚城区段,清运淤泥 60 多万立方米,两岸实施护砌绿化工程。2008 年年初在句容监狱南、北监区各建 1 污水处理站,设计处理能力分别为 600 吨/日、1200 吨/日,总投资 340 万元,2008 年 9 月投入

运行。

2009年起，先后印发《北山水库供水资源管理的通知》《关于加强句容市饮用水源地分级管理实施意见》《饮用水源地日常巡查制度》等文件，建立健全了水源地日常保护和监管机制。逐年加强对上游污染源整治工作，全部关闭水库汇水区内的采石场，责令周边及沿途企事业单位生产、生活污水处理达标排放。累计投入4415万元，实施北山水库除险加固和水库清淤工程，完成了水源地视频监控系统工程建设并投入运行。

2010年1月，句容市环宇包装有限公司在句容市环保局的监管下，通过提标改造工程竣工验收。针对生产废水不能完全收集的问题，市环保局要求企业进行整改。其后，该公司投资100万元对生产设施进行改造，淘汰手工线、新上一条自动生产线，完善生产废水的收集设施，确保生产废水不外排。与此同时，市环保局加强对句容市长宁生物化工有限公司的监管。该公司于2012年1月19日通过太湖流域废水提标治理，并投入环保资金300万元，其中废水治理工程150万元、废气治理工程50万元、综合利用100万元，用于固废处置、余热发电、清洁生产。设置了容量足够的收集池，生产废水经处理后全部循环使用不外排。同年，句容市开展了湖库型集中式饮用水水源地专项执法检查，摸清了全市4处湖库型集中式饮用水源地分布及保护区划定情况，全面排查了集中式饮用水源地一级保护区内主要污染分布情况以及二级保护区汇水区、域内农业面源、生活源和流动源的分布等，为湖库型集中式饮用水水源地保护工作提供了第一手资料。

2013年针对句容监狱生活污水治理设施损坏，不能达标排放，市环保局提出了限期治理意见，并多次与监狱领导进行沟通，研究整治方案。是年5月20日起，对句容监狱南北两座污水处理站进行了改造，对两个污水处理站污水池和北监区外的水塘进行清淤；对污水处理设施和污水处理站出水在线监控装置进行维修；对污水管网进行整改，做到雨污分流。至年底，各项工程已经全面完工。对句容市华盛化工有限公司，2013年已列为关闭企业，该厂主要生产设施已拆除，厂区只进行后道产品的烘干，“三废”基本处置到位。

在对库区4个主要污染源进行整治的同时，加大北山水库上游其他企业检查力度，加强执法、监测、监管能力，保证监管工作成效。对有超标排污等环境违法行为的企业依法进行立案查处，责令其停产治理，直到能实现稳定达标排放为止；对不能稳定达标排放污染物的生产企业，坚决依法关闭。

下蜀镇境内引河沿线及上游汇水区域是北山水库的补水线。在该区域内有23家工业企业，这些企业有的存在着关闭不到位，有的存在着安全隐患和环境风险，直接影响句容市饮用水安全。为确保饮用水源地环境安全，市环保局从2013年8月起对该区域内的23家企业进行整治。对要求关闭而未关闭到位的企业，通过整治，彻底关闭到位；对整治无望或明显属于国家明令禁止的项目，按程序，依法进行取缔；库区采石宕口复垦、复绿、句容监狱排污口及周边农村生活污染源的整治工作，亦已纳入整治方案。至2013年年末，北山水库汇水区环境整治工作仍在实施之中。

2013年句容市对下蜀镇引河沿线23家污染企业整治情况一览

表5-1-6

序号	企业	污染主因	整改措施	完成时限	参与部门	责任单位
1	句容市盘龙冶金炉料有限公司	三废未处置	关闭到位(停产)	2014年6月	市发改委、环保局、财政局、人社局、供电公司等	下蜀镇
2	镇江句容瑞新股份有限公司	场地管理废水	建议关闭(长期停产)	2014年12月		
3	句容市下蜀金阳光建设物资经营部	场地管理废水	建议关闭(已关闭)	2014年12月		
4	胡技耀矿石加工点	场地管理废水	建议关闭(已关闭)	2014年12月		
5	句容市下蜀镇忠斌建材经营部	场地管理废水	建议关闭(已关闭)	2014年12月		
6	铸造加工点	场地管理废水	建议关闭(已关闭)	2014年12月		
7	句容市下蜀镇祥波塑料回收站	场地管理废水	建议关闭(已关闭)	2014年12月		

2013 年句容市对下蜀镇引河沿线 23 家污染企业整治情况一览

续表 5－1－6

序号	企业	污染主因	整改措施	完成时限	参与部门	责任单位
8	句容长宁生物化工有限公司	场地管理废水	建议关闭（停产）	2014 年 12 月	市发改委、环保局、财政局、人社局、供电公司等	下蜀镇
9	句容华伦水洗服装有限公司	场地管理废水	建议关闭（已关闭）	2014 年 12 月		
10	句容龙飞矿业有限公司	场地管理废水	建议再次关闭（已关闭）	2013 年 6 月		
11	句容畅安矿业有限公司	场地管理废水	建议再次关闭（已关闭）	2013 年 6 月		
12	句容艾飞商贸有限公司	场地管理废水	建议再次关闭（停产）	2013 年 6 月		
13	句容市克平水泥砌块厂	场地管理废水	建议关闭（未关闭到位）	2014 年 12 月		
14	句容市利华矿业开采公司	探矿废水	建议关闭（停产）	2014 年 12 月		
15	句容市春祥矿石有限公司	探矿废水	建议关闭（停产）	2014 年 12 月		
16	句容市环宇包装有限公司	酸性废气场地管理废水	电镀生产线整改（已整改）	2014 年 12 月		
17	句容市华盛化工有限公司	三废未处置	关闭到位（已关闭）	2014 年 6 月		
18	句容市金达防水材料厂	场地管理废水	（已停产）	2013 年 12 月		
19	句容市永图交通设施喷涂有限公司	酸性废气场地管理废水	整改（已完成）	2015 年 5 月		
20	句容天时精蜡有限公司	场地管理废水	整改（已完成）	2014 年 12 月		
21	镇江波尔顿化学肥业有限公司	场地管理废水	整改（已完成）	2014 年 12 月		
22	句容市通达电源有限公司	场地管埋废水	建议关闭（已转型物流）	已经自行关闭		
23	江苏永鸿管件有限公司	场地管理废水	建议关闭（已转型物流）	2014 年 12 月		

3．乡镇水源地专项整治

20 世纪 80 年代后期，各乡镇相继兴建自来水厂，市环保部门开始对水源地进行保护，监测力度也逐年加大。2006 年，为确保饮用水源安全，市环保局对全市 17 个饮用水源地进行了调查，获得水质监测数据 17 组，摸清了饮用水源水质现状和存在问题，制定了《句容市集中式饮用水源保护规划》和长效管理措施，并完善了饮用水源地污染事故应急预案。在此基础上，开展饮用水源地环保专项整治行动。对北山水库水源保护区内的 9 个采石企业、13 个采石宕口予以关停。对二级保护区内的 18 家企业，成立由有关部门组成的工作小组，定期和不定期地进行检查，发现企业超标排放，立即责令其停产治理。对 17 个饮用水水源地保护区内的农田，配合农业部门调整种植结构；对保护区内的网箱养殖一律取缔；对保护区内的环境违法行

图 5-4　现场监测（2011 年）

为予以严厉打击。

2007年，市环保局成立饮用水源地保护专项行动领导小组，加强集中式饮用水源地环境监管。在饮用水源地保护专项行动中，共出动环境监察、环境监测人员315余人次，调查全市所有镇（管委会）大小饮用水源地，在摸清全市城镇饮用水源水质现状和存在问题的基础上，对饮用水源地一级、二级、三级和准保护区实行严格监管，加强饮用水源取水口的监测工作，监测频次由原来的每两个月监测1次，提高到每月监测1次，完善句容市集中式饮用水源保护规划和长效管理措施。

2008年5月，市环保局继续开展饮用水源专项整治，加大了集中式饮用水源环境监管力度。市环境监察大队和监测站共出动环境监察、监测人员205人次，对17个饮用水源地进行每日巡察，并将巡察结果上报至镇江市环境监察支队和省环保厅。同时，建立饮用水源地环境应急机制，确保句容市居民能喝上放心水。在对赤山湖旅游区的污染企业进行的检查中，共排查出化工污染企业6家，6月底市政府下文，关闭了这6家化工企业。

2009年8月，市环保局对17个饮用水源地进行环境监察，并做到“五个一律”。对饮用水源地内的网箱养殖，一律责令当地相关部门予以取缔；对饮用水源地一级保护区范围有排污企业的，一律依法予以关停；对饮用水源地一、二级保护区范围内有违规新上建设项目的，一律下发停止建设通知书；对二级保护区、准保护区范围内的企业有环境安全隐患的，一律下发停产整改通知书；对饮用水源地保护区标志牌树立不到位的，一律由责任单位予以规范树立。通过监测，市区饮用水水质达标率为100%，乡镇饮用水水质达标率在98%以上。

2010年，投资2.30亿元，完成并投运7个镇污水处理厂，铺设污水管网395公里，基本形成覆盖全市的污水收集管网，日处理能力达7.70万吨，生活污水处理率达83.92%；茅山风景区建成生活污水处理系统并投入使用，建成自然村分散式生活污水处理试点38个，氮磷拦截项目8个。加大对医疗废物、废水的治理力度，全市所有镇中心卫生院均建成废水处置系统，医疗危险废物全部得到妥善处置。是年，环保局共出动环境监察、监测人员650余人次，2011年出动780多人次，2012年增至800余人次，发现问题立即查找原因，并采取相应措施。各镇政府（管委会）对辖区内的饮用水源地进行每日巡查，每日上报巡查结果。全市主要河流和水库水质都保持在国家三类水标准。在此基础上，句容市认真总结饮用水源地整治行动中的经验和做法，研究和制定饮用水源地保护长效管理机制和措施。针对个别镇小水厂水源水质不稳定的情况加强监管，进一步健全和规范饮用水源水质报告制度，定期通过媒体和政府网站向社会公布，利用“12369”举报电话、群众来信来访等，发动群众踊跃参与，推动专项整治工作深入开展。2013年，市环保局继续开展集中式饮用水水源地专项执法检查，进行集中整治，使水源地保护工作得到有效推进，市区和各镇（管委会）饮用水水质达标率均为100%。为了让全市人民喝上干净的水、放心的水，句容市加快实施区域供水。至2013年年末，全市居民都已用上区域供应的自来水。

第二节　大气污染治理

一、大气污染物排放

20世纪70年代，随着句容工业发展，大气污染逐年加重。据句容县环境保护部门1985年年底的监测统计，全县92个工业锅炉全年排放工业废气总量15.17亿标立方米。工业废气污染物主要来自建材行业，污染物排放占总量的63.28%；其次是化工企业，占总量的23.40%。这些污染排放的主要有害物质为二氧化硫、氮氧化物、烟尘、粉尘。80年代中后期，境内化工企业增多，开始出现较小频率的酸雨。1994年酸雨出现频率为7.10%，1995年增至21.40%。城区因工业排放和道路扬尘，致大气悬浮微粒超标。1995年城区降尘量每月7.85吨/平方公里，2000年增至每月8.15吨/平方公里。县北山区存在大量小矿山和采石宕口，放炮炸石引起区域性重度粉尘污染。

2000年,全市工业废气排放总量约27.30亿标立方米,其中燃煤废气2.30亿标立方米,约占废气排放总量的8.42%,生产工艺废气排放量25亿标立方米,约占废气排放总量的90.91%。城区大气氮氧化物年日均值略有超标。生产工艺废气排放量中,建材行业年排放工业废气占全市工业废气排放总量的89.80%。

2001—2005年,城区大气主要污染物是降尘、总悬浮颗粒物、可吸入颗粒物。每月城区降尘量在3.37吨~8.44吨/平方公里之间,超标率为16.70%。此外二氧化硫、二氧化氮也占有一定污染比重,酸雨出现频率在16.67%以下,5年均值为8.96%,2002—2004年酸雨频率呈下降趋势,2005年又有回升,这说明城区大气污染仍属煤烟型污染。其间,全市汽车保有量逐年大幅增长,在城市大气污染物中汽车尾气所造成的污染占越来越高的比例。2005年,全市年排放二氧化碳759.30吨、工业粉尘1634吨;其中机电、建材行业二氧化碳排放量占全市年排放总量的95.40%;建材粉尘排放量占年排放总量的99.60%。

图5-5　空气自动监测站

2008年全市工业废气排放总量约120.53亿标立方米,其中燃煤废气8.44亿标立方米,约占废气排放总量的6.97%;生产工艺废气排放量112.09亿标立方米,约占废气排放总量的92.95%。工业废气排放量在行业上分布相对集中,排气量在1亿立方米以上的建材、机电、化工等行业年排出工业废气占全市工业废气排放总量的97.78%,其中,仅建材行业就占89.76%,显得尤为突出。

2011年以后,全市废气排放量较以往有所上升,2013年废气排放量达317.78亿标立方米。大气污染源来自燃煤废气和工艺废气,以工艺废气为主。另外,每年夏收、秋收季节,有较多农户将收获后的秸秆就地焚烧,产生大量烟尘和二氧化碳,形成农忙季节所特有的季节性污染源。特别是每年5月下旬至6月上旬的夏收时期,此时正值江南地区多雨,漫天烟尘遇上高湿度、低气压,形成严重的雾霾,污染面遍及城乡,危害极大。每年市政府都组织环保、公安和各乡镇配合进行监管和宣传教育,组织相关部门成立联合巡查组,采取白天巡回检查、夜间布点督查、重点区域重点检查等措施防范。

2006—2010年句容市燃料消耗及设施情况一览

表5-1-7

年份	消耗煤量折合标煤万吨	工业锅炉			工业窑炉		
		台数	烟尘达标率(%)	二氧化硫达标率(%)	台数	烟尘达标率(%)	二氧化硫达标率(%)
2006	46.95	54	100	90.74	18	88.88	100
2007	44.74	52	100	90.31	19	89.47	100
2008	47.46	54	100	100	16	100	100
2009	35.95	43	100	100	27	100	100
2010	34.75	31	100	100	27	100	100

2006—2010 年句容市工业污染物排放情况

表 5－1－8

年份	废气总量（亿标立方米/年）	燃烧废气量（亿标立方米/年）	工艺废气量（亿标立方米/年）	二氧化硫（吨/年）	烟尘（吨/年）	工业粉尘（吨/年）
2006	93.29	7.43	85.86	4112.67	414.10	1835.39
2007	92.69	6.83	85.86	3939.16	413.78	1750.53
2008	120.53	8.44	112.09	4067.47	404.42	1718.44
2009	96.24	7.90	88.34	3980.57	346.84	1344.91
2010	95.17	6.83	88.34	3782.85	303.39	1347.13

2011—2013 年句容市工业废气排放情况一览

表 5－1－9

年份	全市工业废气排放量（亿标标立方米）	二氧化硫排放量（吨）	氨氧化物排放量（吨）	烟（粉）尘排放量（吨）
2011	225.55	2872.73	3713.01	5195.87
2012	218.29	1841.38	5666.53	4484.48
2013	317.78	3141.78	7762.27	2912.83

2006—2013 年句容市大气污染因子监测情况一览

表 5－1－10　　单位：毫克/立方米

污染因子		2006	2007	2008	2009	2010	2011	2012	2013	标准值
二氧化硫	年平均值	0.031	0.031	0.029	0.026	0.020	0.029	0.026	0.020	0.060
	日均最大	0.127	0.127	0.117	0.121	0.126	0.090	—	—	0.15
二氧化氮	年平均值	0.030	0.030	0.019	0.019	0.016	0.019	0.019	0.016	0.04
	日均最大	0.097	0.107	0.073	0.080	0.147	0.073	0.080	0.147	0.08
可吸入颗粒物	年平均值	0.101	0.095	0.075	0.067	0.067	0.075	0.067	0.067	0.100
	日均最大	0.503	0.459	0.430	0.326	0.268	0.430	0.326	0.268	0.15

二、废气治理

1. 工业污染减排

20 世纪 80 年代，句容县开始重视废气治理，主要是抓工业锅炉、浴室、饭店、茶水炉的消烟除尘。1983 年，全县 41 台工业锅炉，有 21 台安装了消烟除尘设备，并对产生废气污染较重的单位实行限期整改。1985 年全县废气减排 5852 万标立方米，节约工业煤 300 余吨，污染源治理取得初步成效。此后，在对污染企业重点治理的基础上，促使一些重点污染企业搬迁、停用锅炉。2000 年，市环保局在全市范围内加强烟尘控制区范围内炉、窑、灶的动态管理。推广使用干熄焦、转炉干法除尘技术；20 吨以下中小型燃煤工业锅炉推行使用含灰量小于 15% 的低灰优质煤；20 吨以上锅炉以及在市区和近郊的工业锅炉，必须采用布袋或静电除尘器等高效除尘技术，提高除尘效率。此后几年，市环保局加强重点企业除尘脱硫设施监管，确保废气污染治理设施正常运转；深化重点行业污染源专项治理，组织开展对喷涂、建材、化工等高能耗、高排放企业的专项整治工作。对不符合规划要求的企业尽快搬迁，对工艺落后且改造治理无望的企业坚决关闭。

2006 年，句容市环保局加强了对工业锅炉和工业窑炉的集中整治，在全市推广清洁生产工艺，使环境管理的重点由末端治理逐步向生产全过程和源头控制转移。凯美科瑞亚（江苏）化工有限公司被列为省级清洁生产试点企业，全市通过市级清洁生产审核的企业有3家。同时，加大对ISO 14000环境管理体系认证的宣传、指导力度，从源头上加强环境管理，全市7家企业通过ISO 14000认证。是年，为巩固烟控区建设成果，市环保局在9.20平方公里的烟控区范围内，推进清洁能源区建设。通过严禁新上燃煤锅炉，强制推广使用油炉、气炉和电能等清洁能源，原有燃煤锅炉限期安装消烟除尘脱硫装置，宾馆（饭店）炊事炉灶限期安装油烟净化装置等措施，使市区大气环境质量保持在国家二级标准。2006年，建成区的烟尘控制区面积覆盖率为100%。市区空气污染指数小于100的天数占全年天数的92.70%，市区空气质量优良的天数达338天，茅山、宝华山、瓦屋山大气环境质量保持在国家一级标准。2007年，关闭20家化工企业和镇江市长河水泥有限公司，拆除句容市银鹏水泥有限公司立窑生产线，改造为水泥粉磨站，削减二氧化硫和可吸入颗粒物的排放。

"十一五"期间（2006—2010年），主要大气污染物二氧化硫、烟尘和工业粉尘5年间分别削减了329.82吨/年、110.71吨/年和488.26吨/年，削减率分别为8.02%、26.74%和26.60%。

2011年，市环保局按照"控制总量、消化增量、削减存量、监督排量、腾出容量"的原则，对全市产生氨氮和氮氧化物的企业进行普查。3月，把减排任务落实到关闭京久水泥厂、句容市茅山科技有限公司等17个项目之中，经自评，氮氧化物和二氧化硫均完成年度减排目标任务。6月，句容市获得"'十一五'全省污染减排工作先进集体"荣誉称号。此后，句容市继续深化对句容东部、北部重点地区大气环境集中整治行动，巩固扬尘污染源整治成果，防止已关停的轧石厂、石灰窑等企业死灰复燃。加大对传统砖瓦行业的淘汰、关闭工作，鼓励、推广新型建材行业，推广清洁能源。编制清洁能源发展规划，增加天然气的供应量，制定相关政策，限制使用含硫量高的能源。积极推进各工业园区集中供热工程，逐步淘汰燃煤锅炉、窑炉。对全市157家工业企业、114家三产企业共330台锅炉进行排查，决定其中69台不符合排放标准的锅炉，必须在2014年年底前拆除。至2013年年末，锅炉整治工作尚在落实之中。

2011年起句容市锅炉整治限期拆除情况一览

表5-1-11

序号	企业名称	锅炉数（座）	锅炉规模（蒸吨/小时）	限期完成时间
1	都茂（江苏）机电科技有限公司	1	2	2014年12月
2	江苏海田技术有限公司	1	0.12	2014年12月
3	江苏省句容市益进光电科技有限公司	1	0.30	2014年12月
4	江苏省镇江江天集团句容分公司	1	0.20	2014年12月
5	江苏盛邦家俱制造有限公司	1	1	2014年12月
6	江苏苏南药业实业有限公司	1	2	2014年12月
7	江苏新顺福食品有限公司	1	1.40	2014年12月
8	巨宝精密加工（江苏）有限公司	1	0.60	2014年12月
9	巨宝精密加工（江苏）有限公司	1	11	2014年12月
10	巨宝精密加工（江苏）有限公司	1	1	2014年12月
11	巨宝精密加工（江苏）有限公司	1	1.80	2014年12月
12	巨宝精密加工（江苏）有限公司	1	3.50	2014年12月
13	巨宝精密加工（江苏）有限公司	1	1	2014年12月
14	巨宝精密加工（江苏）有限公司	1	1	2014年12月
15	巨宝精密加工（江苏）有限公司	1	3.50	2014年12月

2011 年起句容市锅炉整治限期拆除情况一览

续表 5－1－11

序号	企业名称	锅炉数(座)	锅炉规模(蒸吨/小时)	限期完成时间
16	巨宝精密加工(江苏)有限公司	1	3.50	2014 年 12 月
17	巨宝精密加工(江苏)有限公司	1	1	2014 年 12 月
18	句容奥奇丽日化有限公司	1	2	2014 年 12 月
19	句容金马服装水洗有限公司	1	4	2014 年 12 月
20	句容金马服装水洗有限公司	1	4	2014 年 12 月
21	句容钜鸣自行车有限公司	1	1	2014 年 12 月
22	句容立成强机械有限公司	1	3	2014 年 12 月
23	句容森宝兰制衣有限公司	1	0.20	2014 年 12 月
24	句容盛业管件制品有限公司	1	0.50	2014 年 12 月
25	句容市佳华服装水洗有限公司	1	2	2014 年 12 月
26	句容市金马服装水洗有限公司	1	4	2014 年 12 月
27	句容市科达技术开发有限公司	1	0.50	2014 年 12 月
28	句容市科达技术开发有限公司	1	0.09	2014 年 12 月
29	句容市科达技术开发有限公司	1	0.30	2014 年 12 月
30	句容市科达技术开发有限公司	1	0.50	2014 年 12 月
31	句容市茂华女装有限公司	1	0.50	2014 年 12 月
32	句容市农家土食品有限公司	1	0.50	2014 年 12 月
33	句容市兴开纸制品有限公司	1	1.57	2014 年 12 月
34	句容市兴文包装有限公司	1	4	2014 年 12 月
35	句容市一马先包装厂	1	6	2014 年 12 月
36	句容市一马先电绣水洗有限公司	1	2	2014 年 12 月
37	句容市一马先服装辅料厂	1	2	2014 年 12 月
38	句容市永兴金属加工有限公司	1	0.50	2014 年 12 月
39	句容舜兴自行车车料有限公司	1	2	2014 年 12 月
40	立大自行车(句容)有限公司	1	3	2014 年 12 月
41	立人水洗服装有限公司	1	1	2014 年 12 月
42	天宁香料(江苏)有限公司	1	2	2014 年 12 月
43	镇江畜产品厂	1	1	2014 年 12 月
44	镇江唐人制衣有限公司	1	1	2014 年 12 月
45	镇江天力变压器有限公司	1	1	2014 年 12 月
46	句容市鑫光化工有限公司	1	0.20	2014 年 12 月
47	句容市油脂化工厂	1	1.25	2014 年 12 月
48	立信化工有限公司	1	2	2014 年 12 月
49	镇江东丰制衣有限公司	1	0.50	2014 年 12 月

2011 年起句容市锅炉整治限期拆除情况一览

续表 5－1－11

序号	企业名称	锅炉数(座)	锅炉规模(蒸吨/小时)	限期完成时间
50	镇江东丰制衣有限公司	1	1	2014 年 12 月
51	华阳镇人民政府	1	0.30	2014 年 12 月
52	江苏农林职业技术学院	1	0.20	2014 年 12 月
53	江苏农林职业技术学院	1	0.20	2014 年 12 月
54	江苏农林职业技术学院	1	0.50	2014 年 12 月
55	江苏农林职业技术学院	1	2	2014 年 12 月
56	江苏省句容高级中学	1	1	2014 年 12 月
57	句容宾馆有限公司	1	2	2014 年 12 月
58	句容宾馆有限公司	1	2	2014 年 12 月
59	句容市第三中学	1	0.30	2014 年 12 月
60	句容市第二中学	1	0.40	2014 年 12 月
61	句容市第三中学	1	0.30	2014 年 12 月
62	句容市第三中学	1	0.30	2014 年 12 月
63	句容市第三中学	1	0.30	2014 年 12 月
64	句容市京华桂冠国际酒店有限公司	1	1	2014 年 12 月
65	句容市实验高级中学	1	0.20	2014 年 12 月
66	句容市亚龙宾馆有限公司	1	0.50	2014 年 12 月
67	句容市职教中心	1	0.30	2014 年 12 月
68	句容市中山化工研究所	1	1	2014 年 12 月
69	建业浴室	1	0.50	2014 年 12 月

2. 施工扬尘控制

20 世纪 90 年代起，句容市环保局开始强化建筑施工工地管理。实行建筑工地施工扬尘控制方案报告制度，强化对拆迁现场的环境监管，落实扬尘防治措施；加强施工现场建筑垃圾管理，严禁直接抛洒建筑垃圾；全面推行“绿色施工”，对松散易造成污染的建材与渣土实行封闭堆放和封闭清运，工地路面及通道、与周边环境相接的区域实施洒水消尘；严格落实施工工地封闭围挡、施工道路硬化、渣土运输车辆冲洗等扬尘控制措施。同时，控制道路扬尘污染，改变传统的道路清扫方式，提倡喷雾压尘、机械化洒水清扫，定时用水冲洗道路，减少道路扬尘。市区道路实行保洁员制度，遇有大风扬尘天气，延长道路清扫保洁和洒水压尘作业时间，增加作业频次，主要干道机械化清扫和洒水率达 100%，到 2013 年，对建筑施工企业的管理实现了制度化、规范化，从源头上有效控制施工扬尘污染。

3. 机动车检测监管

1992 年起，句容县环保局联合县交警大队加强机动车排气检测与监管。1995 年，句容县环保局不再对汽车尾气进行监测，由市交警大队管控。此后，交警大队强化对机动车排气污染的监管，在用机动车必须按照国家规定的检验周期，定期进行排气污染检验，对超过规定排放标准的，不予办理签章手续。并建立机动车排气监管信息网络体系，对机动车排气污染环保检测实现全覆盖。同时，限制高污染、高耗能机动车的销售和使用，推广使用节能环保型汽车。2011 年，建设机动车尾气监测站 1 座，开展机动车尾气路检工作，排气检测合格发绿色环保标志，尾气超标发黄色标志。对黄色标志的车辆，采取限制行驶区域、行驶时间等交通管制措施。2012 年，共发放机动车环保标志 9872 张，其中绿色标志 9248 张，黄色标志 624 张。是年起，全市新车注册登记执行国Ⅳ排放标准，同时加强机动车转入管理，对外省市转入句容市区注册的机动车须达到国Ⅲ排放标准要求。其间，积极推进绿色公交体系建设，大力倡导绿色出行，优化公交线路，推广使用清洁能源公交车。对公交车辆制定更新和改造方案，积极探索建设以国 IV 标准燃油或天然气等清洁能源为主要燃料的清洁公交体系；进一步提高车辆维护保养和司机规范操作水平，最大限度减少公交车尾气超标排放。同时，开展优质油品供应和油气回收治理工作。按照省政府的要求，自 2011 年起，全市所有加油站具备了供应国 IV 以上油品的能力，年末基本完成所有油库、油罐车、加油站油气回收治理工作。

4. 餐饮服务业污染防治

20 世纪 80 年代，县环保部门开始对服务业烟尘排放进行治理，主要是提倡使用无烟煤和民用锅炉更新改造，收到一定效果。90 年代，服务业迅速发展，锅炉数量激增，环保部门对其整治力度也逐年加大。2007 年，市环保局在城市环境综合整治中，共出动环境监察人员 178 人次，集中对城区范围内群众反映强烈的粉尘、烟尘、恶臭气体、油烟污染等进行综合整治，共整治污染源 21 个，城区环境质量明显改善。对油烟扰民的餐饮行业，要求其限期整改油烟治理设施，确保废气稳定达标排放；对油烟扰民的 5 家饭店下发限期整改通知书，令其限期整改油烟净化装置，密封油烟管道，油烟经净化后排放，5 家饭店已按要求整改到位。通过这次专项整治行动，全市饭店油烟污染投诉率明显下降。2008 年，市环保局对全市 67 家浴室的燃煤锅炉开展专项检查。对发现的违法行为按程序进行行政处罚，对每个违法违规浴室均下达限期整改通知书，并对 19 家浴室进行立案查处。市区大气环境质量保持在国家二级标准。2011 年，由市发改委会同商务局、工商局、环保局等有关部门，依据城乡规划组织制定《句容市餐饮服务业布局规划》，2012 年起，开展调整和整治工作。环保部门严格执行餐饮服务业污染防治监管办法，加强饮食服务业污染治理，新建、改建、扩建餐饮服务业，必须进行环境影响评价，执行“三同时”制度，经环保部门验收合格后方可正式营业；新建餐饮业经营场所的选址，必须符合环境保护的要求，禁止在居民住宅楼（包括商住混合建筑中与居住层相邻接的楼层）新建、扩建餐饮业。2013 年，市环保局全面治理饮食服务业的油烟污染。对所有饭店、食堂、浴室推广使用天然气和石油液化气，市区所有餐饮企业和单位食堂都必须安装油烟净化装置，并建立运行维护制度。重点监管污染严重、群众反映强烈的饮食单位，重点整治学校、繁华街道、居民住宅集中区和旅游风景区等环境敏感区的餐饮企业。至 2013 年年末，遏制了油烟污染扰民的突出问题，烟尘控制区覆盖率达 100%。

5. 秸秆禁止露天焚烧

21 世纪初，句容建设小康社会步伐加快，市民生活水平迅速提高，村民因普遍用上液化气，农作物收割后，便将秸秆就地焚烧。随着空气污染的加重，秸秆禁烧工作开始纳入环保工作范畴。多年来，句容市 坚持“堵、疏”结合原则，禁止在高速公路、省道及其他重点敏感区域露天焚烧秸秆，但效果不明显。2010 年，市环保局制定《2010 年句容市环保局农作物秸秆禁烧和严禁入河工作方案》，成立以局长为组长的农作物秸秆禁烧和严禁入河工作领导小组，下设禁烧指挥组、禁烧督察组、禁烧组和禁烧办公室，并责任到人。向各镇（管委会）发放《镇江市人民政府秸秆禁烧公告》8000 多份，《告农民朋友的一封信》50000 多份，秸秆禁烧宣传杯 3000 只，营造浓厚的禁烧氛围。同时，确定三级应急处理措施，通过环保“12369”投诉热线，24 小时接受群众举报。禁烧督察组采取白天巡回检查、夜间布点督查、重点区域重点检查，确保将秸秆禁烧工作落到实处。2012 年年底，实行全行政区域禁止露天焚烧秸秆。此后，落实夏熟、秋熟秸秆资源调查和评价工作，制订秸秆综合利用奖励政策。大力推广秸秆机械化还田，鼓励利用秸秆生物气化（沼气）、热解气化、固化成型及炭化等技术发展生物质能，扶持发展以秸秆为原料的综合利用项目。鼓励、支持高等院校、科研单位和企业开展秸秆综合利用技术与设备的研究开发。到 2012 年年底，稻麦秸秆机械化全量还田面积占总面积的 35% 以上，秸秆综合利用率达 80% 以上。至 2013 年年末，两项指标实际比例略有上升。

第三节　噪声污染治理

一、噪声监测

20 世纪 80 年代初，句容县环保部门开始噪声监测工作。噪声污染主要来自道路交通、工业生产、建筑施工和娱乐服务业。是时，环保部门只对道路交通进行了系统的监测，其他行业未系统监测。工业生产噪声以锻造、打磨、粉碎、织造（有梭织机）等为主，建筑施工和娱乐服务以夜间扰民为主。据 1985 年宁杭路县城东门口监测记录，平均一昼夜行驶 4600 辆汽车和拖拉机，噪声 73 分贝，超过国家标准 8 分贝。1997 年，市区交通干线等效声级平均值超过 0.60 分贝～3 分贝。1998—2000 年，市区交通噪声值未超标。2000 年之后，市区交通干线中大于平均车流量的有 6 条，分别是人民路、宁杭路、华阳北路、华阳南路、华阳西路、文昌东路。车流量最大的是宁杭路，其次是华阳西路。2006 年噪声平均值控制在 65.40 分贝，达到功能区标准。

图 5-6　声环境监测仪显示牌

2008 年市区交通干线中大于平均车流量的有 6 条，分别是：洪武路、华阳北路、华阳东路、华阳南路、宁杭路、玉清路；车流量最大的是洪武路，其次是华阳北路和华阳东路。市区主要交通干线噪声监测，平均等效声级为 64.70 分贝，低于国家交通噪声标准。经监测市区 16 条主要交通干线监测结果均符合标准要求，平均等效声级与 2007 年相比较有所下降，达到国家标准要求。

2011—2013 年，市区 41 条交通干线（总长度为 128.94 公里），共布设监测点 41 个，平均等效声级为 62.02 分贝，低于国家交通噪声标准。全市交通干线的平均车流量为 482 辆/小时，其中车流量较大的干线有 6 条，分别是：宁杭路、华阳北路、华阳东路、华阳南路、宁杭路、玉清路。车流量最大的是宁杭路达到 885 辆/小时，市区 41 条交通干线监测结果均符合国家标准要求，平均等效声级与往年相比有所下降，均达到国家标准要求。

2009 年句容市区主要交通干线噪声监测情况一览

表 5－1－12

路段名称	车流量辆/小时	监测月	监测日	监测时	监测分	结果（分贝）
建设路	543	9	21	8	21	63.70
人民路	339	9	21	8	55	61.80
华阳北路	855	9	21	9	23	67.10
华阳西路	690	9	21	10	6	65.20
崇明路	732	9	21	10	41	66.40
西环路	747	9	21	14	32	60.40
中山路－南大街	324	9	21	15	2	58.70
宁杭路	897	9	22	16	10	62.10
镇句路（城区）	633	9	21	15	36	64.80

2009 年句容市区主要交通干线噪声监测情况一览

续表 5－1－12

路段名称	车流量辆/小时	监测月	监测日	监测时	监测分	结果(分贝)
河滨路	423	9	22	16	45	60.90
华阳南路	801	9	22	8	45	61.40
华阳东路	777	9	22	9	28	61.30
玉清路	801	9	22	10	3	62.60
北环路	576	9	22	10	34	60.90
句蜀路	441	9	22	15	9	66.60
弘景路	600	9	22	15	39	60.20

2013 年句容市区主要交通干线噪声监测情况一览

表 5－1－13

路段名称	车流量辆/小时	监测月	监测日	监测时	监测分	结果(分贝)
建设路	474	10	21	8	40	68.80
建设路	231	10	21	22	20	53.20
人民路	171	10	21	9	12	66.50
人民路	54	10	21	22	51	51.30
华阳北路	429	10	21	9	45	67.20
华阳北路	183	10	21	23	25	51.80
华阳西路	393	10	21	10	15	64.30
华阳西路	102	10	21	23	57	50.20
崇明路	279	10	21	10	48	67.70
崇明路	42	10	21	0	30	52.10
洪武路	399	10	21	14	20	62.90
洪武路	72	10	22	0	58	49.40
中山路－南大街	96	10	21	14	50	65.50
中山路－南大街	27	10	22	1	25	51.20
镇句路(城区)	423	10	21	15	24	63.10
镇句路(城区)	54	10	22	1	50	48.90
宁杭路	378	10	21	15	55	68.30
宁杭路	33	10	22	2	22	53.80
河滨路	501	10	21	16	28	63.90
河滨路	15	10	22	2	50	47.60
华阳南路	441	10	21	17	0	66.30
华阳南路	45	10	22	3	24	50.50
华阳东路	405	10	21	8	40	60.10
华阳东路	165	10	22	22	20	47.20

2013年句容市区主要交通干线噪声监测情况一览

续表5-1-13

路段名称	车流量辆/小时	监测月	监测日	监测时	监测分	结果(分贝)
玉清路	252	10	22	9	10	63.40
玉清路	90	10	22	22	51	48.80
文昌路	399	10	22	9	45	61.60
文昌路	162	10	22	23	20	46.50
句蜀路	447	10	22	10	13	69.10
句蜀路	78	10	22	23	55	54.20
弘景路	561	10	22	10	42	67.40
弘景路	117	10	22	0	25	52.30
东昌中路	354	10	22	14	20	68.10
东昌中路	36	10	23	0	54	53.10
西三环	573	10	22	14	53	62.60
西三环	84	10	23	1	23	48.10
福地路	381	10	22	15	29	64.30
福地路	24	10	23	1	55	49.80
隆昌路	387	10	22	15	58	60.90
隆昌路	12	10	23	2	22	46.20

二、噪声治理

句容市(县)从20世纪80年代开始着手抓工业固定噪声源的点源治理,一些工厂在车间内采用隔声、吸声等措施,在造气、裂解等噪声特大处安装消声器,噪声比治理前降低了5分贝~6分贝。90年代初期,要求所有手扶拖拉机、单缸柴油机类机动车一律安装低噪音新型消声器,声环境有所改善。

90年代起,对噪声治理加大监测力度。1995年,在城区主干道划定机动车禁鸣段,并设立禁鸣标志。2000年之后,句容市紧紧围绕"国家卫生城市"和"环境保护模范城市"创建工作,抓紧各类噪声源的综合整治。环保监察大队增加对建筑施工企业、娱乐场所、铝合金加工点等各类噪声源的现场监察频次,要求施工单位杜绝夜间施工。

2005—2008年,通过噪声达标区建设,噪声源得到控制与治理。结合旧城改造和新区建设,工业企业迁离城区,对城市结构和布局进行进一步调整。整顿市容,植树造林,加强绿化,全市声环境质量基本得到有效控制。总体上,"十五"期间功能区噪声呈下降趋势。由于在"十五"期初对居民、文教区地摊小贩进行了集中整治,划定区域、限定时间,取得了良好的效果,噪声有所下降。在规范建筑施工审批程序的基础上,严格执行夜间连续施工申报制度,要求施工单位按规定执行作业时间,使建筑施工噪声降低到最低程度,减少扰民纠纷的发生。对施工单位在医疗卫生单位及学校、机关、居民生活区所在地段施工时,尽量不使用噪声较大的机械设备,确需现场使用的,必须按规定调整作业时间,确保学生正常上课、机关正常办公、居民正常生活。每年中、高考期间,按照上级部门的部署,要求所有建筑施工单位无条件暂停施工,市环境保护局组织监察人员24小时巡查,以保障学生正常休息和考试。2008年,各功能区昼间及夜间平均等效声级均能满足相应标准要求;市区主要交通干线噪声监测结果均符合国家标准,平均等效声级达到国家标准要求。此后几年,市环保局和公安、交通、城管、工商等部门,加大对建筑噪声、五金建材加工点噪声、交通噪声和社会娱乐噪声的管理力度。通过夜查建筑施工、对建筑施工企业和五金建材加工点限时作业、设立禁鸣区域和禁鸣路段、限制娱乐场所营业时间等措施，使市区环境噪声平均值控制在53.40分贝，交通噪声平均值控制在62.02分贝，噪声控制区覆盖率达72.10%。

第四节　农村环境综合治理

2006年年初，句容市全面启动农村环境综合整治工作，按照江苏省环保厅等6部门《关于开展农村人居环境建设和环境综合整治的通知》精神，选择11个行政村作为“六清六建”（即：清理垃圾，建立垃圾管理制度；清理粪便，建立人畜粪便管理制度；清理秸秆，建立秸秆综合利用制度；清理河道，建立水面管理制度；清理工业污染源，建立稳定达标制度；清理乱搭乱建，建立村庄容貌管理制度。）为主要内容的农村环境综合整治试点村。试点村把农村环境污染治理、清洁水源、清洁田园、清洁家园和农村废弃物资源化、农业产业清洁化、城乡环保一体化、村庄发展生态化等内容纳入村庄规划之中，建立保洁员队伍组织实施。是年，后白镇后白村获“江苏省生态村”称号。2007年春，市政府与各镇（管委会）有关部门和重点企业负责人签订环境保护目标责任状，把污染减排环境整治等各项目标任务列入责任状之中。是年，市环保局以巩固国家级生态示范区建设成果为重点，加大农村生态保护力度，继续指导、帮助11个试点村落实“六清六建”工作。至2007年年底，试点村环境综合整治工作基本完成。后白镇后白村又获“江苏省农村环境综合整治示范村”称号。2008年，总结和推广试点村的经验，农村环境综合整治工作在全市全面推进。完成4个行政村分散式生活污水处理试点工作；加强了对各镇（管委会）工业污染源的监管、整治；实施了对有机农业生产基地的水质、空气的系统监测；推动分散在乡村的企业向工业园区集中，实行集中监管。是年，郭庄镇金星村、茅山风景区管委会李塔村获“江苏省农村环境综合整治示范村”称号；天王镇戴庄村、白兔镇倪塘村获“江苏省生态村”“镇江市农村环境综合整治示范村”称号。2009年，市环保局以创建全国环境优美乡镇为抓手，深化农村环境综合整治，建成后白镇西冯村、白兔镇唐庄村、郭庄镇甲山村等3个省级农村环境综合整治示范村和茅山镇丁庄、赤山湖管委会芦亭村等2个镇江市级示范村；完成天王镇天王村、茅山镇永兴村2个行政村分散式生活污水处理试点工作。是年，基本实现村庄企业向乡镇工业园区集中的目标，并实施了污染集中控制、集中处理、集中监管。2010年，建设省级农村环境综合整治示范村9个，镇江市级示范村5个，新建自然村分散式生活污水处理试点27个。2011年年初，句容市在各镇（管委会）申报的基础上，选择95个村建设生态示范村。4月，市政府印发“生态示范村建设奖励办法”，对31个重点生态村每个“以奖代补”40万元，对64个一般生态示范村，每个“以奖代补”20万元。同时，市委、市政府印发《关于开展生态示范村创建结对挂钩的决定》，采取市领导联系镇、部门挂钩村、镇领导包村、机关干部驻村的形式，分别制定重点和一般生态示范村考核验收标准，验收合格后，发放“以奖代补”奖金。2011年5月，江苏省环保厅在白兔镇9个行政村开展农村环境连片整治。是年，农村环境综合整治取得了新成果，新建省级农村环境综合整治示范村9个，省级农村污水处理试点村2个、市级农村污水处理试点村2个、分散式生活污水处理试点村26个。2012年省环保厅在茅山镇和茅山风景区管委会的13个行政村114个自然村，开展2012年度农村环境综合整治示范片区连片整治工作。市环保局对13个行政村加强指导和服务，建设20座分散式生活污水处理设施，铺设6.23万米污水管网，新增污水处理能力1090吨/天，直接受益人口2.03万人。至2013年年末，经连续多年的综合整治，全市农村生态环境质量得到了明显提升。

第二章　环境建设

20 世纪 80 年代句容工业加快发展阶段，环境保护工作亦已相应提上议事日程。进入 90 年代中期之后，全市环保机构进一步健全，综合决策制度日益完善，重点加强了咨询制度、会审制度、教育培训制度的建立和落实，并开展经常性的环境与发展科学咨询活动。

1995 年，句容市开始推行环保目标责任状制度，市政府与全市各乡镇（管委会）和 14 个工业主管部门签订了首轮环境保护目标责任书。在城市总体规划、基础设施建设、大型工业项目建设等重大社会经济决策过程中，市政府充分听取环保部门意见，环保筹资机制进一步完善，环保经费全额纳入地方财政预算。1995 年之后，句容市在环保基础设施建设方面有大的投入，兴建了污水处理厂、垃圾填埋场等一批环保设施，植树造林和生态保护成效明显。

2003 年，句容市成功创建国家级生态示范区。2004 年，开始创建国家环保模范城市。2005 年，环保“第一审批权”地位得到巩固和强化，形成环保牵头、各职能部门共同把关的格局。2006 年年初，市环保局全面启动农村环境综合整治工作。是年，句容市通过国家环保模范城市考核验收。2008 年 5 月，《句容市生态市建设规划》通过省级专家评审。2012 年 2 月，句容市被国家环保部授牌命名为“国家环保模范城市”。2013 年 5 月 16 日，环境保护部授予句容市“国家生态文明建设示范区（生态市）”称号。

第一节　环保基础设施建设

一、污水处理厂建设

随着经济的迅速发展及城市人口的增长，句容河城区段的污染日趋严重。2000 年，为改善水环境现状，句容市政府决定投资 6900 万元，兴建句容市污水处理厂。厂址选于市区兆文桥以西 500 米，句容河南岸。由河海大学水利研究所完成环境影响评价，分近、远期。近期设计能力 5 万吨/天（分两期实施，各为 2.50 万吨/天），远期为 5 万吨/天，总规模为 10 万吨/天。2002 年 5 月开工建设，2004 年 8 月竣工。2004 年 10 月投入试运行。污水处理采用倒置 A/A/O + 深度工艺（高效沉淀 + V 型过滤 + 消毒，为深度处理工艺），纳句容市区生活及大部分生产废水，经处理达标后排入句容河。对污水处理运行中产生废水、固体废弃物、噪声和恶臭等污染，污水处理厂采取了相应的防治措施。2013 年年底，污水处理设施运行稳定，运行负荷已达到设计能力 75% 以上，顺利通过验收。

2010—2020 年句容市污水处理厂近期及远期污水处理规模情况一览

表 5－2－1

项目	近期（2010 年）	远期（2020 年）	项目	近期（2010 年）	远期（2020 年）
人均综合用水量指标（升/日）	450	500	污水排放系数	0.80	0.85
供水人口（万人）	19	30	污水量（万吨）	5.26	10.20
最高日用水量（万立方米）	8.55	15	地下水渗入量	10%	10%
日变化系数	1.30	1.25	污水集中处理率	85%	90%
平均日用水量（万立方米）	6.58	12	污水处理同规模	4.92	10.10

图 5-7　垃圾填埋场

二、垃圾填埋场

1. 城北垃圾填埋场

1986 年起，城区收集的生活垃圾均简单填埋于城郊周家岗、柿树简易垃圾填埋场。由于未进行无害化处理，造成对周围环境的污染。另外因无封闭性运输车辆，运输过程无法杜绝抛、洒、滴、漏，影响市容卫生。

1997 年句容市兴建城北垃圾填埋场。城北垃圾填埋场位于句容市经济开发区赤岗行政村老虎墩东侧丘陵凹地，占地面积 10 万平方米。整个运行期约 17 年，其中：一期工程占地面积 2.50 万平方米，填埋容积 19.60 万立方米，使用年限 5 年。近期使用一、二号地块，其余地块供远期使用。

整个垃圾填埋场工程分为 3 期，同时修建污水处理站及处理后的污水再利用的配套设施。垃圾填埋场总库容量 90 万立方米。工程设计建设中利用场区的地形优势，三面以地面高程相对较高坡地为天然挡土墙，仅一侧采用人工挡土墙。挡土墙底部的外侧布置污水截流沟，以便控制垃圾场的渗出液。截流沟中的污水通过污水管输送至污水处理站。该工程的投运，基本解决了华阳、边城、白兔、黄梅、开发区 4 镇 1 区的生活垃圾无害化处理。

2. 天王徐家桥垃圾填埋场

天王徐家桥垃圾填埋场一期工程于 2007 年 6 月 21 日开工建设，项目总投资 1156 万元，总占地面积 6.33 万平方米，工程建设内容主要包括：填埋库区建设、人工防渗系统、导流盲沟、集液井、石笼导气井、管理用房、进场道路、环境监测井、防护网、机械设备、消防、环境绿化等配套辅助设施。该工程于 2008 年 8 月竣工投入运行。

三、环保办公楼建设

2005 年，市环保局针对办公用房和实验室用房紧张的状况，在文昌东路中段北侧建成占地面积 1.13 万平方米，建筑面积 7180 平方米，总投资 2500 万元的环保办公楼，2006 年年初完成搬迁工作。环保大楼的建成投入使用，将环保行政、环境监察、环境监测、环境科学研究所等多个办公服务体系集于一体，体现了句容市环境基础设施建设总体实力的加强，有利于环境管理水平的提高。

第二节　国家环保模范城市创建活动

图 5-8　市长尹卫东（左一）陪同国家创模检查组领导检查创模工作（2006 年）

2003 年，句容市委、市政府作出创建国家环保模范城市的决定。2004 年，“创模”工程正式启动，成立由市委书记挂帅的“创模”领导小组及其办公室。2004 年，创建总体规划通过专家的评审。根据规划，制定“创模”9 大工程建设计划和保障措施，在全市开展“清洁家园、清洁城市”活动。2004 年，投资 6900 万元的污水处理厂第一期工程建成投入使用。是年，开始在城市主要干道两侧建设污水截流管网，实行雨污分流。2004 年，取缔无压锅炉 6 台，安装油烟净化装置 12 台，新建、改建成一批基础设施，搬迁 6 家重污染企业。至 2006 年，9 大工程相继完工，句容市城区环境得到改善，城市面貌大为改观，人居环境质量大幅提升。

2005 年，句容市通过创建国家环境保护模范城市省级调研。2006 年 12 月，句容市通过国家环境保护模范城市考核验收。2012 年 2 月，句容市被国家环保部授牌命名为国家环保模范城市，成为新的创模标准公布后全国第一个被环保部命名的县级市。

第三节　自然保护区的设立与管理

1981 年 8 月江苏省人民政府 127 号文批准建立宝华山自然保护区。该区位于沪宁铁路龙潭镇以南的宁镇山脉中段。范围东至黄泥宕，南至老鸭山，西至五贵桥，北至贵人峰，面积约 2500 亩。是江苏省 7 个自然保护区之一，已载入 1983 年《中国百科年鉴》。该区为常绿、落叶阔叶混交林区。在保护区范围内坚决制止毁林开垦，砍柴放牧，挖砂取石，加强抚育管理，保护、发展和合理利用自然资源，拯救某些濒于灭绝的生物种源，保护生态平衡。

宝华山历史上曾是北亚热带生物资源比较丰富地区，虽屡遭破坏，但以隆昌寺为中心的 2500 多亩范围内，地带性植被仍保存较好，常绿树种有青刚栎、紫楠、冬青等，落叶树种有南京椴、糯米椴、三叶槭、野核桃、栓皮栎、五角枫等，此外，毛竹、油茶、茶叶栽培历史悠久。已知该区植物有 500 多种，古刹隆昌寺周围有 27 株古银杏树，树龄一般在 390 年以上，最大胸径 95.50 厘米，高过 27 米，已属罕见。

宝华玉兰是自然保护区内特有的珍稀树种，属亚热带地带性植物，其特征：在春寒料峭中先花后叶，花大如莲，花瓣白色，茎部微带紫色，芳香浓郁，叶倒卵形，树皮呈灰白色。此树至 1980 年全县只剩母株 26 株。分布宝华山自然保护区内 20 株，红卫区 5 株，秦庵区 1 株。自 1980 年在人工抢救下精心采种，年采 1 ~ 2 斤，1984 年对母树采取特别保护措施。至 1985 年共采种 20 斤，培育苗木 33780 株，销售省内外。其间，县内还注重采集三叶椒、紫楠、青刚栎、苦槠、南京椴、糯米椴等濒临灭绝的珍稀树种。1985 年培育苗木千余株，并有计划地在自然保护区内成片栽植，为尽快恢复亚热带历史植被作出贡献。

1998 年 3 月，宝华山自然保护区并入宝华山国家森林公园。至 2013 年年末，直由宝华山国家森林公园管委会实施管理。

第四节　创建省和国家森林公园

一、宝华山国家森林公园

1995 年 5 月 8 日，江苏省农林厅批准其为省级森林公园。1996 年 8 月 12 日，林业部以〔1996〕83 号文批准成立国家级宝华山森林公园，以句容市林场为建设单位。其范围东与亭子、下蜀交界，南与黄梅、江宁汤山接壤，西、北与宝华相连，批准面积为 17 平方公里。其性质是以森林景观为主，融自然景观、人文景观，以名山古寺为依托，集自然保护、旅游观光、科普教育为一体的国家级森林公园。

1998 年 3 月，句容市成立宝华山国家森林公园管委会，将句容林场 3 个生产工区和宝华山自然保护区共 2.70 万亩山林划归宝华山国家森林公园，规划面积扩至 21 平方公里，森林覆盖率 92%。公园内山峦起伏，古木参天，秀竹林立，树种繁多；“律宗第一名山”隆昌寺静卧其中；溶洞、山泉掩映其间，是秦淮河主源头；素有“林麓之美、峰峦之秀、洞壑之深、烟霞之胜”四大奇观。2003 年获国家 AAAA 级旅游区称号，内有 45 处旅游景点。2004 年又将宝华山国家森林公园规划面积扩至 43 平方公里。此后进行园区开发建设，至 2013 年已成为江苏省 5 大生态旅游基地之一。

二、东进森林公园

1958年,为纪念新四军东进抗日,茅山林场职工、农民与当地驻军及南京林学院实习生共100余人,按陈毅题词"东进林",在大茅峰西坡用马尾松栽植3字,以麻栎镶嵌四周,每个字占地33亩,次年完成,1964年更名为东进林场。1995年8月,经江苏省农林厅批准建立句容东进森林公园。其范围南至石墩头,北至北镇街,西至春茅公路,东至大茅峰,规划面积2.26万亩,隶属东进林场,范围覆盖茅山风景区。公园内松林分布广泛,有马尾松、黑松、火炬松、湿地松、雪松等,其他树种有栎林、枫榆、杉木、侧柏、龙柏、圆柏、蜀桧、铅笔柏,以及榉树、楝树、槐树、桦树、香樟、女贞、桂花树、银杏等种类。另有果园、茶园、花卉、竹林等。此后,随着句容市旅游业的发展,该园与茅山风景区国家AAAA级旅游区逐渐融为一体。

第五节　植树造林与生态保护

一、植树造林

1. 丘陵山区造林

用材林　旧时,官办及私营林场主要营造马尾松、麻栎等用材林。20世纪五六十年代,县国营林场营造杉木林,精心管理,经济效益明显。80年代后,发展用材林树种以速生丰产杉木、国外松为主。1986年,营造县级速生丰产用材林基地4165亩。截至1994年年底,共营建速生丰产用材林4.59万亩,其中省基地林3.71万亩、县基地林8837亩。句容县营建的速生丰产用材林基地成活率和保存率均达95%以上,获省农林厅授予的集体三等奖。1995年,山区造林通过省农林厅验收,丘陵山区绿化达标,境内基本消灭了荒山。

意杨是速生丰产用材树种,句容市从2001年开始大面积发展。2001—2002年在"长江中下游防护林建设工程"中营造意杨防护林2610亩。在工程造林带动下,部分镇村公路、河、渠埂、"四旁"(宅旁、村旁、路旁、水旁)隙地都栽植了意杨。发展重点在白兔镇、边城镇、后白镇和郭庄镇,大户有九洲牧业公司、丹阳伟林公司等,意杨成片造林面积2.02万亩。

榉树是句容乡土树种。2004年,茅山园林实业有限公司在华阳镇施家边村发展200亩。2005年起,春城、茅山、天王等地大面积发展榉树苗材两用林。逐步形成5个榉树产业基地:茅山永兴榉树育苗基地、茅山榉树苗材两用示范基地、茅山榉树科技园栽植基地、华阳榉树栽培示范基地、高庙茶叶/榉树复合经营示范基地。

此后,用材林面积逐年增加,至2007年增至35.21万亩,其中意杨林3.60万亩。2008年以后意杨林有少量增长。2010年全市植树造林2.68万亩,其中用材林2.43万亩;2011年增加1.45万亩;2012年增加1.55万亩,其中意杨林200亩。至2013年,全市用材林面积约45万亩。

经济林　1986年,亭子、袁巷、磨盘乡及句容县林场、磨盘山林场,开始以野生毛栗砧木、良种板栗接穗,嫁接板栗。90年代初,大面积发展银杏,从泰州市调进银杏生苗和嫁接苗成片栽植。由于句容大部分土地条件为下蜀系黄土发育的土壤,其含水量大,通透性能差,除少数填客土的地方银杏生长较好外,大部分成片栽植的地方生长不良。90年代起经济林主要发展果树与茶叶。到90年代末期,板栗发展到3.50万亩。2008年,完成桃、梨、枣、杏、柿等果树造林面积4939亩,全市经济林面积6.87万亩。此后,经济林面积仍有增长,2010年增加2412亩,2012年增加400亩。2013年全市经济林面积逾7万亩。

竹林　20世纪70年代,句容从浙江上虞和江苏宜兴调进母竹造林。到80年代中期,由于竹子市场行情较好,句容、东进、磨盘山3个国营林场以及磨盘李塔大洼林业队、袁巷上杆林业队等一批社队集体增加对毛竹生产投入,不断增加新种竹园面积,同时对成林竹园引种扩繁,使竹园面积由1984年的2.01万亩扩展到2008年的3.36万亩。

景观林　进入21世纪后，随着社会生态意识的增强，在传统林业向现代林业转变过程中，以森林为主题的森林生态旅游这一新型绿色产业兴起。在森林生态旅游建设中，句容市坚持保护与发展、传统与特色、造景与自然相协调的原则，根据资源特色，突出森林主体景观和丘陵山区的造林。至2013年年末，全市相继种植近万亩的玉兰园、枫树园、桂花园、银杏园、榉树园、香樟园、海棠园、樱花园、紫楠园、雷竹园、观果园、锥栗园、茗茶园等10多种景观林园。

2. 平原绿化

句容以丘陵山区为主，平原绿化主要是农田和"四旁"绿化。农田林网建设是以公路、河堤林带构成农田林网的主林带，沟渠及田间主要道路构成林网的次林带，网络控制在200亩～300亩。各地村民利用"四旁"隙地以及庭院栽植用材树和果木绿化环境，发挥庭院经济效益。

20世纪八九十年代，平原绿化主要树种为水杉、池杉、柿、桃、葡萄等，以后主要为意杨、花灌木、风景绿化树种。1996年，林业部批准句容市平原绿化达标，并授予"全国平原绿化先进单位"称号。2004年，全市耕地面积70.58万亩，宜建林网面积33.79万亩，铁路、公路、河堤、干渠总长度1000多公里，村庄占地面积13.92万亩。2008年，全市农田林网控制面积达34.11万亩，农田林网率达96%，"四旁"树总量达2390.05万株。2009年起，农村庭院经济持续发展。每年冬春，村民充分利用"四旁"空地栽植各种果树，2011—2013年，新植树木329.10万株。

3. 义务植树

1983年，成立句容县绿化委员会，统一领导全县义务植树运动。在对全县绿化进行规划设计的基础上，每年下达绿化及义务植树任务。各地、各单位每年春季都组织开展义务植树活动，农户在房前屋后大都栽植果树、观赏树种及花卉。

1991年，国家确定3月12日为植树节，句容开始实行全民义务植树登记卡制度。1991年以后，除少数年份外，义务植树尽职率达85%以上。2000年2月，市绿化委员会汇编《全民义务植树法规文件》，发放2万册到各单位和适龄公民手中。并确定每年开展绿化宣传周活动，推动全民义务植树运动的开展。2008年发放义务植树登记卡125份，参加义务植树36.50万人次，共植乔木、灌木、花卉90万余株，以资代劳0.67万人，义务植树尽职率达86.70%。2009—2013年，句容市结合城乡绿化、工程造林、生态功能区保护等工作任务，坚持在每年植树节前后组织开展义务植树活动，促进了句容生态环境持续好转。

1991—2013年句容市义务植树情况一览

表5-2-2

年份	实际尽职		植树总数（万株）	年份	实际尽职		植树总数（万株）
	参加人数（万人）	尽职率（%）			参加人数（万人）	尽职率（%）	
1991	36.10	86	52	2003	37	84	45
1992	36.30	86.40	54	2004	36.50	85	71
1993	36.80	87.60	60	2005	37	86	85
1994	36.50	86.90	55	2006	37	86	85
1995	36.60	87.10	53	2007	37.20	86.50	80
1996	36.80	85.60	54	2008	36.50	86.70	90
1997	36.70	85.30	55	2009	36.80	86.70	88
1998	36.50	84.90	48	2010	36.52	86	120
1999	36.80	85.60	51	2011	39.23	87	130
2000	36.70	83.40	46.50	2012	36.70	85.30	110
2001	36.50	83	46	2013	37	86	85
2002	36.80	83.60	51				

4. 工程造林

绿色通道造林 2001年,营建第一条绿色通道,即243省道句容段(句陈路)绿色景观大道。由江苏绿洲园艺有限公司中标营建,2001年2月开工,5月竣工。总长度11.50公里,路基两侧各13米宽为绿化林带,林带绿化面积400亩,共完成土石方25万立方米,栽树绿化苗木计21554株,总投资367.29万元。工程设计布局分为两种类型:即正常路段和岗坡段。正常段品种布局为路肩外12米宽度内栽植四排树木。第一排为紫薇,第二排为雪松,第三排为高杆女贞、枫香,第四排为意杨,林带地面播种白三叶草坪。岗坡段是路面与坡地落差较大路段,长度1.50公里,区段内乔木树种及配置与正常段相同,坡面、平台及坡顶绿化带单独设计,自成一体,形成与主干道路段结合、变化多样的生态景观。该工程绿化布局具有乔、灌、草搭配,常绿与落叶树搭配,高低错落有致的特点,富有春夏秋三季有花。四季有景、层次感强的景观效果。

2002年,完成弘景路(东南环路)绿色通道。弘景路位于句容城东南面,该路从五里墩收费站至城南转盘,全长7.40公里,路肩两侧各20米营建绿化带,绿化面积440亩,共植树33个品种,计12万株,播种草坪9.50万平方米。

2004年,完成句茅路绿色通道。句茅路位于句容南部偏东,北端与弘景路交接,南端直达茅山风景区的石磡头。该工程于2003年10月开工,次年3月竣工。总长22公里,路肩两侧绿化带林带各宽20米,每侧栽植8排树木,绿化造林面积1200亩。林带绿化布局:外层栽两排防护林,品种为栾树;中间栽四排主导树,品种为两排雪松、两排香樟;公路内侧栽两排丛植花灌木,品种为紫薇和紫荆。该路的绿化配置,由外而内形成落叶大乔木、观叶苗木、春夏鲜花盛开的花灌木3个层次,具有绿量大、层次感强、树种搭配合理、植物群落稳定的绿色通道。

沪宁高速公路句容段绿色通道建设工程,是句容营建的规模最大、质量最好、投资最多的一项绿化工程。该工程分两个阶段。第一阶段为2006年1月至次年7月;第二阶段为2007年8月至次年3月底。两个阶段共完成绿化造林面积11563亩,其中高效农业区6210亩,景观带5353亩。2010年,市农委牵头完成市重点绿化工程沪宁城际铁路句容段绿色通道建设。2013年,市区崇明公园、贾纪山公园两个绿化工程全面完工。

长江中下游防护林建设工程 2001年,完成《长江中下游防护林建设工程》作业设计书编制,2002年4月由省农林厅批复实施。该项目批复总投资225万元,其中由句容市地方配套75万元。建设项目分布在13镇和场圃,建设内容为人工造林1.05万亩。至2002年7月完成人工造林共计117个地块,实际造林1.05万亩。其中:松、杉林2230亩,意杨林2610亩,阔叶林630亩,毛竹354亩,经济林2430亩,混交林2260亩。造林所需各类苗木均采用一级苗造林,采取全垦整地,大穴栽植,植后建立管护责任制,抚育管理责任到人。工程造林经省和国家林业局验收,各类造林面积和造林成活率均达到规定要求。2008年12月,开始实施长江中下游防护林建设工程第二期工程。根据省林业局工程建设面积相对集中的规划要求,工程总设计面积5000亩,其中森林植被恢复造林面积1043亩,绿色通道建设面积3957亩,全长38.16公里,树种配置常绿、落叶阔叶乡土树种为主,主选树种为杨树、广玉兰、枫香、紫薇、高杆女贞、无患子、香樟、栾树、雪松、杂交柳、榉树等,集中在天王镇、华阳镇、郭庄镇、后白镇、赤山湖管委会等地。至2013年完成了二期工程建设任务。

村庄绿化工程 村庄绿化是2004年起实施"绿色工程"的重要建设内容。村庄绿化工程是发动农民家家户户栽树,按照户均不低于10株的要求进行动员、落实。重点加强自然村落、村庄河塘以及村庄周边绿化,部分村庄基本达到"白天不见村,晚上不见灯"。其中2007年完成村庄绿化达标村15个,2008年完善村庄绿化达标村70个,到2008年年底,村庄绿化达标总数达378个。村庄绿化建设较优的有华阳镇贾相村、后白镇西冯村、边城镇衣庄村、天王镇马埂村等。华阳镇贾相村坚持以人为本、科学规划、重求实效、结合老村改造改善生产、生活环境,形成了鲜明特色,面貌有很大变化。昔日的臭水坑、烂泥塘、垃圾场被改造成绿草如茵、花团锦簇的村级公园,光秃秃的村间道路变成绿树夹道、三季花开、蜂鸣蝶舞,全村环境优美、生态良好。2012—2013年,全市建成村庄绿化省级示范村 17 个,镇江市示范村 24 个,达标村 12 个。

1949—2013 年句容市(县)植树造林情况一览

表 5-2-3

年份	造林面积(万亩)	零星植树(万株)	年份	造林面积(万亩)	零星植树(万株)
1949	—	3.90	1982	1.11	224.20
1950	0.08	3.40	1983	0.75	168.70
1951	0.14	6.80	1984	1.58	122.50
1952	3.36	10.50	1985	1.87	175.20
1953	2.96	13.50	1986	1.83	184.10
1954	1.80	28	1987	1.80	178.20
1955	4.26	47.50	1988	1.74	168.65
1956	3.26	61	1989	1.49	172.55
1957	5.53	89	1990	1.48	177.50
1958	7.25	142	1991	1.57	178.20
1959	2.23	190	1992	1.41	176.40
1960	1.11	88	1993	1.42	192.22
1961	1.48	62	1994	1.33	220
1962	1.20	76	1995	1.38	232
1963	0.44	80	1996	1.39	250
1964	1.76	6	1997	1.35	240
1965	1.36	258.30	1998	1.32	123
1966	6.31	823.50	1999	1.25	98
1967	4.35	407	2000	0.90	94
1968	2.56	301.50	2001	0.66	95.50
1969	1.76	302	2002	0.80	90
1970	1.38	344.50	2003	2.60	92
1971	3.40	811.50	2004	1.97	93
1972	6.21	934	2005	1.32	90
1973	5.69	1858.90	2006	1.25	95
1974	4.24	700	2007	2.77	164.65
1975	2.62	1000	2008	1.51	165.40
1976	2.37	606	2009	3.42	76.10
1977	1.77	563.30	2010	2.68	133
1978	1.33	501.90	2011	1.63	109.70
1979	1.70	407	2012	1.80	94.90
1980	2.07	350	2013	2.14	101.20
1981	1.71	152.20			

二、生态保护

1. 重要生态功能保护区

2001年6月，国家环保局批准句容市创建国家级生态示范区。句容市划设重要生态功能保护区，总面积304.40平方公里(占全市总面积的21.95%)，其中禁止开发区面积23.85平方公里，限制开发区面积280.55平方公里。至2013年年末，相关禁令得到很好落实，无违法违纪行为发生。

2013年年底句容市重要生态功能保护区情况一览

表5-2-4

序号	保护区名称	主导生态功能	规划保护区范围	规划面积(平方公里)		
				总面积	禁止开发区	限制开发区
1	宝华山自然保护区	森林及珍稀物种保护	已经建立的有宝华山国家森林公园、宝华山自然保护区。禁止开发区域为隆昌寺为中心的核心区和缓冲区，其余为限制开发区。	15.09	6.85	8.24
2	茅山风景名胜区	自然与人文景观保护	该区位于句容市东南部，东至句容与金坛交界处、南至石龙山、北至燕子地山、西至红旗水库。其中禁止开发区域为茅山等等高线大于130米的山体。	9.72	5.75	3.97
3	北山水库饮用水水源保护区	水源水质保护	该区位于句容北部下蜀镇境内，禁止开发区为一级保护区：以取水口为中心半径500米的范围内的水域和取水口侧正常水位线以上200米内的陆域范围。限制开发区为二级保护区和准保护区：一级保护区以外的水域范围和周边山脊线以内，一级保护区以外的汇水区域。	5.31	0.81	4.50
4	句容水库饮用水水源保护区	水源水质保护	该区位于句容华阳镇境内，北至北庄村、东至贾相里村、南至上旺庄村、西至西塘村。其中禁止开发区域为北山水库水体部分，其余为限制开发区域。	4.65	2.75	1.90
5	二圣水库饮用水水源保护区	水源水质保护	该区位于后白镇东北部，东至二圣水库、西至二圣水库中干渠、北至东斛村、南至孔岗头村。其中禁止开发区域为二圣水库水体部分，其余为限制开发区域。	9.60	5.56	4.04
6	茅山水库饮用水水源保护区	水源水质保护	该区位于后白镇东部，东至茅山水库、西至埠子村、北至朱巷村、南至杨家鹏村。其中禁止开发区域为茅山水库水体部分，其余为限制开发区域。	4.74	2.13	2.61
7	幸福水库重要湿地	湿地生态系统维护	该区全部为限制开发区，位于句容市东部白兔镇境内，总保护区域为水库水体部分。	0.81	—	0.81
8	墓东水库重要湿地	湿地生态系统维护	该区全部为限制开发区域，位于句容市茅山镇境内，东至句容与丹徒交界处、西至墓东水库、北至南塘庄村、南至燕子地山北山脚。	13.76	—	13.76
9	虬山水库重要湿地	湿地生态系统维护	该区全部为限制开发区，位于郭庄镇西南部，东至虬山水库、南至百里村、北至小蒋家边村、西至句容与溧水交界处。	6.67	—	6.67
10	赤山湖重要湿地	湿地生态系统维护	该区全部为限制开发区域，位于郭庄镇和后白镇境内，东至丰收桥、西至南河东岸葛村、北至新塘冲村、南至东方红村。	20.79	—	20.79
11	九龙山生态公益林	水土保持、生物多样性保护	该区位于句容市东南部，东至句容与金坛交界处、南至南山、北至磨盘山、西至马埂水库。全部为限制开发区域。	35.97	—	35.97

2013 年年底句容市重要生态功能保护区情况一览

续表 5－2－4

序号	保护区名称	主导生态功能	规划保护区范围	规划面积(平方公里)		
				总面积	禁止开发区	限制开发区
12	青龙山生态公益林	水土保持、生物多样性保护	该区全部为限制开发区,位于宝华山北部,北至沪宁铁路南、南至 312 国道路北、东至宝华与下蜀交界处、西至宝华与龙潭交界处。	13.99	—	13.99
13	空青山生态公益林	水土保持、生物多样性保护	该区全部为限制开发区,位于下蜀境内,东至下蜀与丹徒交界处、西至宝华山自然保护区南大门、南至句容林场南、北至龙王山北。	57.39	—	57.39
14	浮山生态公益林	水土保持、生物多样性保护	该区全部为限制开发区域,位于天王镇西南部,东至天王河、西至句容与溧水交界处、北至下坝村、南至尖山南山脚。	25.46	—	25.46
15	九华山生态公益林	水土保持、生物多样性保护	该区全部为限制开发区,位于下蜀境内,东至北山水库东干渠、西至句容与南京交界处、北至亭华路与东葛盖村南、南至沪宁高速路北。其中骑马岗、胄王村、张家村、百家洼村、固江口水库北部半岛不包含其中。	35.42	—	35.42
16	高骊山生态公益林	水土保持、生物多样性保护	该区全部为限制开发区,位于边城北部,东至句容与丹徒交界处、西至高骊山西山脚、北至高骊山北山脚、南至涂山北山脚。其中九骨山不包含其中。	11.27	—	11.27
17	青山生态公益林	水土保持、生物多样性保护	该区全部为限制开发区,位于边城东部,东至句容与丹徒交界处、西至东庄水库东、北至田家湾村、南至大力山南山脚。	3.06	—	3.06
18	洛阳河洪水调蓄区	水质维护	该区全部为限制开发区域,位于句容市白兔镇境内,洛阳河及洛阳河以南西至北唐庄村、东至句容与丹徒交界处、南至南塘庄村。	9.75	—	9.75
19	中河洪水调蓄区	水质维护	该区全部为限制开发区域,位于后白镇境内,东至后王庄村、西至杨甸村河北队、北至二圣水库、南至西岗头村。	20.95	—	20.95
合　计				304.40	23.85	280.55

2. 封山育林

句容林业占地比较集中,主要分布在南北低山丘陵两大区块。北部以宁镇山脉为主体,南部以茅山山脉为主体,形成了宝华山、茅山、九龙山 3 大林区。20 世纪 80 年代初期,林业定权发证后,封山育林工作加快了步伐,天然常绿阔叶和落叶阔叶林面积开始稳定并逐步恢复,宝华山、茅山、瓦屋山国有林区和重点乡镇的林区在封山育林的保护下,森林植被迅速向地带性原生植被方向发展,物种多样性和各种数量指标快速上升。宝华山自然保护区"仰不见日、雨不撑伞"的茂密森林成为树木学专家的科研基地,珍稀、特有的树种经人为保护,种群日益扩大,榉树、枫香等优良地带性树种通过封山育林得到保护。2002 年,实施长江中下游防护林建设工程项目时,当年完成封山育林 8 个地段,面积 6000 亩。并在东昌镇的高骊山、句容市林场的仑山、东进林场大茅峰和二茅峰、磨盘山林场的马山和宝华山森林公园的小天龙等处,设置 8 块固定标志牌。2008 年年底,封山育林总面积达 3 万亩,封山育林选择的地类是阔叶疏林地、灌木林地,封育的方式为全封育,范围扩大到国有林区的宝华山叶安、东进林场的大茅峰、二茅峰和三茅峰、磨盘山林场的老人山和羊子角、句容市林场的仑山等。集体林区有下蜀镇华山村的乌鸦山、国山及茅山风景区管委会的九龙山、磨盘山等,有专职护林人员 30 多人。至 2013 年年末,封育区生态状况持续得到改善。

3. 退耕还林

20世纪90年代前,特别是在“以粮为纲”时期,农民在林区垦荒毁林种粮,林地面积不断减少,森林植被受到破坏,局部林区出现返荒现象,使全县生态环境日趋脆弱,抵御自然灾害能力下降。1992年,各级政府从中认识到保护森林、改善环境的重要性和紧迫性,提出农业结构战略性调整方案,启动退耕还林工程。退耕还林的资金采用政策引导和农民自愿退耕相结合,谁退耕、谁造林、谁经营、谁受益。每年地方财政投入均在1000万元左右,主要用于重点绿化工程。同时通过招商引资的办法,发展非公有制林业。行香镇与青海九洲牧业公司签订造林合同,与丹阳伟林公司签订速生丰产林造林合同;陈武镇与丹阳双凤造林公司签订造林合同。华阳、东昌、白兔、葛村、郭庄、二圣等乡镇也都与一些企业、公司建立投资造林合作关系。到2002年,全市完成退耕还林8.70万亩。2003年实施绿色倍增计划,加快退耕步伐,当年还林3.30万亩。2004年,句容市制定并组织实施林业发展总体规划,在保护现有25万亩公益林基础上,将水土流失严重、生态地位重要、粮食产量低而不稳的江河源头两侧、湖库周围坡地和2级及以上提水的耕地列为退耕还林用地。至2008年,退耕还林面积中新建连片面积在200亩以上的用材林、经济林、苗圃等100多块,其中连片面积1000亩以上的6块;上海、常州等地绿化公司在天王、茅山等镇建立大苗移植区5000余亩。2008年年末,累计退耕还林面积16.40万亩。此后,农村产业结构调整,土地流转中部分耕地转为林业用地。至2013年年末,在确保粮食生产的前提下,林地面积仍有所增加。

4. 丘陵岗地植被恢复

2003年年初,市政府决定,利用丘陵岗地,特别是2级及以上提水的岗坡地,实施森林植被恢复工程。是年,完成丘陵岗地森林植被恢复造林1140亩。2004年完成10065亩。2005年起,实施省“丘陵山区植被恢复主导树种香花槐造林”工程项目。下蜀镇在北山水库汇水区完成香花槐植被恢复造林480亩,其中,岩石斜面造林30亩,矿渣堆积坡地造林150亩,废弃石宕平面和矿道造林300亩。全市2005年完成13371亩,2006年完成5300亩,2007年完成1900亩,2008年完成11496亩,至2008年年底,全市4年共完成丘陵山区森林植被恢复造林43272亩。2009—2013年,土地流转,境内仍在耕种的丘陵岗地大都转为林地。

5. 矿山生态修复

中华人民共和国成立后,句容境内矿山开采为句容县经济发展作出了巨大贡献,但矿山的开采严重影响了矿区的生态环境。“十五”期间(2001—2005年),句容市开展了对下蜀、宝华境内采石宕口、石灰窑的专项整治工作,关闭了一批不符合国家产业政策的采石宕口和石灰窑。2010年,完成宕口复绿工程27个,复绿面积1600亩,其中京阳水泥有限公司矿区复绿工程受到国土资源部表彰。2012年,实施仑山湖桃花园治理工程,整治9个宕口,坡面27.30万平方米;宕口底部复垦净增耕地400亩。2013年年初,句容市开展韦岗地区大气环境综合整治工作,对该地区重点企业和石灰窑企业进行了整治。至2013年年末,整治区域内的88座石灰窑关闭拆除了45座(余下的43座限期于2014年年底全部拆除);6家洗料加工石子厂中,3家拆除设备,2家停产整改(2013年年末已完成整改,申请“镇江市西南部地区大气、生态整治指挥部”的验收)。韦岗地区243省道两侧的整治基本完成。

第六节　国家生态示范区和生态市创建

一、国家级生态示范区建设

1. 生态示范区建设

2001年6月,句容市经环保部批准创建第三批国家级生态示范区。建设规划基准年为2000年,规划范围包括句容市地域内所有的土地、河流、湖泊、林地、草地、矿山等,内容涉及与生态环境密切相关的交通运

图 5-9　后白镇后白村新貌

输、资源开发、工农业生产及其他生产生活活动。规划分 3 个阶段实施：近期 2001—2005 年，中期 2006—2010 年，远期 2011—2015 年。用15 年左右的时间，将句容市建设成为经济发展、产业结构合理、生态环境优美、自然景观与人文景观和谐的可持续发展的国内一流的生态示范市。

2001 年起，句容市把创建国家级生态示范区的26 项考核指标分解落实到乡镇（管委会），组织实施了十项生态建设工程。具体内容为：生态农业工程、生态工业工程、生态旅游工程、生态服务业工程、蓝天碧水宁静工程、美化绿化净化工程、农村双清双洁工程、森林资源与生物多样性保护工程、水资源保护工程、耕地资源与矿山生态环境保护工程。经 3 年奋斗，全市地表水达到功能区划标准，大气环境质量优于国标二级标准，市区环境噪声平均值控制在 54.10 分贝，市区及各镇饮用水源保持在国家二类水标准，市区饮用水源达标率为 100%，各镇饮用水源达标率在 98% 以上。市区 3 年累计新增绿地面积 84 万平方米，城区的绿化面积已扩大到 188.50 万平方米。全市范围内共完成成片造林 8002 亩，其中用材林 4950 亩，经济林 3052 亩，育苗 4640 亩，沟、渠、路、堤绿化 74.70 公里，四旁植树 90 万株，新增绿地面积 26.80 万平方米。“三清一建”（清塘、清渠、清坝，兴建一批当家大塘）为主要内容的水利建设取得了显著成效。全市治理水土流失 12 平方公里，改造中低产田 3.50 万亩。茅山和宝华山风景区的 10 家采石宕口全部关闭，并恢复山体植被。土地复垦工作共完成袁巷、天王、下蜀等镇的 41 个耕地项目，新增耕地 4085 亩。并建成一批生态示范村。

2003 年 10 月，句容市顺利通过了国家环保总局组织的专家组的考核验收，各项指标均达到国家级生态示范区建设一类标准。2005 年 10 月，在第三批国家级生态示范区命名表彰大会上，句容市被国家环保总局正式命名为“国家级生态示范区”。

2. 生态示范村选介

茅山风景区管委会李塔村　李塔村位于句容市的东南部，地处茅山腹地有机农业圈的中心地带。该村打破传统的农业生产模式，利用自然资源优势，注重居民小区规划建设和轻工业现代化发展思路相结合，施行招商引资，兴办村办企业，加快经济建设步伐，增加村民就业机会和经济收入；该村发展生态农业，实行稻鸭共作和规模养殖，共有较大养鸡场 3 个、养猪场 2 个，禽畜粪便全部作为肥料返回粮田和水产养殖。在耕作中充分利用生物药剂除草治虫，避免污染。实现生态、经济、社会共同发展。2008 年，李塔村被评为省级农村环境综合整治示范村。

白兔镇倪塘村　倪塘村位于 122 省道路边，交通便利。2000 年之后，在农业专家赵亚夫指导下大力发展生态农业，逐步推广山羊—草莓—水稻立体种养模式，利用草莓和水稻的茎叶喂养山羊，山羊粪便还田，在大棚草莓收获后利用空茬期，种植日本“越光”优质米品种，进行水稻—草莓轮作，控制草莓病害，形成了良性循环的生态系统。倪塘村的大棚草莓主要种植明宝、枥木少女、红颜等新品种，生产的草莓果型大、色泽纯、糖分高。倪塘葡萄园经营的葡萄品种齐全，深受消费者好评。倪塘村 2008 年被评为江苏省生态村、镇江市农村环境综合整治示范村。

二、生态市创建

2007 年 11 月，句容市政府委托南京大学编制《句容生态市建设规划（2008 年—2020 年）》。2008 年 4

月完成初稿,5月通过省级专家评审。

创建生态市的基本条件,必须有80%以上的乡镇达到全国环境优美乡镇考核标准并获命名。2008年6月11日,市政府召开创建环境优美乡镇推进会,全市各镇(管委会)积极申报。会后市环保局加强对各镇(管委会)创建工作的业务和技术指导,帮助做好台账资料的收集整理归档工作。2009年,句容市贯彻落实科学发展观,以生态市建设统揽环保工作,扎实推进污染减排和太湖流域水污染防治。市环保局作为生态市创建的牵头部门,全面履行环保职能。对污染企业进行拉网式排查,共查出19家企业未完成提标升级改造任务,依法对5家企业实施关闭,14家停产治理;对入湖河道洛阳河华伦桥、袁相河小庄等考核断面加大监测频次,及时掌握水质状况,使入湖水质全部达到提标后的标准;对不符合产业政策、增加污染、无成熟治理方案的项目一律不予以审批,从源头上防止污染源的产生;对全市33家重点排污企业安装了自动监控系统,完成了省、市、县3级环保部门联网,实现了化学需氧量、二氧化硫、一氧化碳、氮氧化物等污染物排放的远程监控。其他部门、乡镇(管委会)各负其责,在实现城市生活垃圾无害化处理全覆盖的基础上,按照"组保洁、村收集、镇转运、市处理"的要求,配备镇、村保洁人员1500余人,垃圾收运人员160余人,构建起城乡环卫一体化的长效管理模式。

2010年,为加强创建生态市工作的领导,成立由市委、市政府主要领导挂帅的生态市创建领导小组,建立由市长牵头的生态创建联席会议制度,组建生态市创建办公室,各部门、镇(管委会)也成立了相应的领导小组和工作班子,形成众志成城、齐心协力的创建氛围。是年,市政府印发《句容市生态市创建工作问责暂行办法》,层层落实责任,保证了创建国家生态市各项工作的落实。同年,全市投入1.30亿元实施县乡河道、塘坝疏浚整治工程,对境内主要河流实行"一河一策",明确整治目标,严格责任考核。全年累计清淤河道164条586公里,完成土方1015万立方米;整治塘坝1264座,完成土方994万立方米,建成省县乡河道疏浚与整治整体验收达标市。在城乡绿化建设方面,全市全年累计投入3亿多元,以公共绿地为核心、通道绿化为骨架、园林绿化景观为重点,形成点线面相结合,覆盖城乡的绿色生态系统。在生态农业方面,累计建成千亩以上高效农业基地66个,其中万亩以上6个;建成有机食品生产基地2.30万亩、无公害农产品生产基地49.80万亩、无公害认证单位46家;农作物秸秆综合利用率97.60%。连续两年被省农委确定为全省秸秆综合利用示范市,被国家标准化管理委员会确认为全国首批农业综合标准化示范市。全市农村卫生厕所普及率达95%以上,畜禽粪便综合利用率达96.25%。2010年,句容市创建国家生态市的5项基本条件和经济发展、生态保护、社会进步等22项指标基本达到国家考核标准,是年9月,全市有8个镇(管委会)通过全国环境优美乡镇(国家生态镇)考核验收,1个镇通过省级考核验收。12月27日至28日,句容市国家生态市建设顺利通过省级技术调研。

图5-10　2012年4月7日,市长尹卫东(左三)陪同国家环保部生态司司长秦景安(左二)调研句容生态市建设工作

2011年,市环保局秉承市委、市政府"环保优先、生态立市"的发展理念,围绕国家生态市建设和国家环保模范城市复核,依法行政、强化管理、全年实施现场监察5500余人/次,检查企业1200多家次。其中对各类污染源及其污染防治设施现场监察2800多人次,各种专项行动监察700多人次,夜间、节假日等突击检查220多人次。依法对28家重金属行业的厂区环境安全、污染物达标排放、企业应急预案落实、金属污染物无害化处置等情况进行检查,先后向市三圆制桶有限公司等22家企业送达《行政处罚决定书》,依法关闭企业6家。全年,下达停产通知书36件、限期改正通知书166件、立案查处环境违法行为108件。是年,市环保局以"环保四进"(即:环保进企业、社区、村镇、学

校）活动为载体，开展绿色创建活动，共创成省级绿色学校2所；市级绿色学校4所；省级绿色社区2个、市级绿色社区3个；省级生态村3个，市级生态村42个。市环保局被省环保厅和省教育厅授予江苏省绿色学校创建活动先进单位。同年4月，句容市创建国家生态市通过省级考核验收；12月通过国家级技术评估。

2012年，华阳、茅山、天王3个镇生态镇建设各项考核指标完全达标，被环保部授予"国家生态镇"称号。在市环保局组织开展的"环保四进"绿色创建活动中，全市共创成省级绿色学校1所、市级绿色学校14所；省级绿色社区2个；国家级生态村2个、省级生态村3个、市级生态村38个。至此，生态村创建总数占全市行政村总数80%以上。2012年5月通过国家生态市技术考核。2013年3月，国家环保部审议通过了句容市生态文明建设示范区（生态市）的审核意见。5月16日，环境保护部授予句容市"国家生态文明建设示范区（生态市）"称号。2013年11月通过国家生态市命名公示。

第三章　环保管理

1981年，县政府增设环境保护局，句容的环保管理由不够系统、不太正规转向全方位的专业性管理。随着改革深入经济发展，市环保机构职能逐步强化。1996年开始实行排污申报登记工作；1999年，深入推行总量控制和核发排污许可证管理制度，严格执行建设项目环境保护预审制度。管理面由侧重城区拓至城乡一体，管理方式由末端治理变为源头控制和全程监管。"环保优先、生态立市"的发展理念逐步得到落实。逐步建立起以环境容量为基础，以减排防污、切断源头为主要管理手段，以改善环境质量为目标的污染防治管理体制。至2005年，环保宣传教育、绿色创建活动（创建绿色社区、学校等）、环境现场检测和环保执法检查形成新常态。2012年，句容市被国家环保部授予"国家环境保护模范城市"称号。2013年，句容环卫部门严格环境执法，狠抓综合治理，治污减排取得新成效，人与环境的和谐取得新进展。

第一节　管理机构

20世纪70年代初期，句容县尚未设立专职环境保护机构，县卫生防疫站在进行工业卫生调查，组织实施工业防尘防毒及职业病的防治工作时，已提出和落实防治工业污染和保护生产环境的一些措施。70年代后期，句容县曾专门成立"三废"（废水、废气、废渣）综合利用领导小组，下设治理"三废"和烟囱除尘办公室。1979年成立句容县环境保护办公室。后几经机构变革，1981年5月正式成立句容县环境保护局，列为句容县人民政府的工作部门，逐步健全机构，明确工作职责，完善各项制度。1984年4月，县环保局与城建局合并成立句容县城乡建设环境保护局。1988年12月撤销城乡建设环境保护局，成立县建设委员会、县环境保护局。1989年，句容县环境保护局下设办公室、环境管理股、综合计划股、法制宣教股。句容县的环保管理机构逐步健全，队伍不断壮大。1995年撤县设市，市环境保护局下属行政科室4个（办公室、环境管理科、综合计划科、法制宣教科），下辖句容市环境监察大队、句容市环保宣传教育中心、句容市环境监测站、句容市环保技术咨询服务部4个全民事业单位。其间，乡镇环境保护机构从无到有，并实现了从兼职到专职的转变。各乡镇基本上配备1~2名环境保护人员，行政上隶属乡镇，业务上接受环境保护局指导，其主要职能是处理好乡镇有关环境保护方面的各项工作。2008年，句容市环境保护局内设办公室、综合计划科、环境管理科、核与幅射安全监督管理科、法制宣教科、行政服务科等6个科室；2013年年末内设科室有：办公室、综合计划科、环境管理科、法制科、核管科、行政服务科、监察室、生态办。下属全民事业单位有句容市环境监察大队、句容市环境监测站、句容市环保技术咨询服务部、句容市环保宣传教育中心、句容市环境科学研究所等。全市各乡镇和有关大型企业基本上都配备1~3名环保员，管理网络基本健全。

图5-11　市环保局荣誉铜牌

第二节　建设项目环境管理

1986 年之前，句容县环保部门对县境内新建、扩建、改建的工业项目提出“三同时”的管理要求，即要求主体工程与污染治理设施同时设计、同时施工、同时投产。对原有的未经治理或不符合环境规划布局的企业，实行经济处罚或关、停、并、转、迁。

1995 年句容设市之后，市环保局贯彻执行《建设项目环境管理条例》和《中华人民共和国环境影响评价法》，坚持“预防为主，防治结合”的方针，进一步加强污染源头控制，结合产业结构调整，全面提高环境准入门槛，严格控制化工、印染、造纸、机立窑、石灰窑等污染项目。当年，根据“先评价，后建设”的原则，对市通盛溶剂厂、市太平洋化工公司、湾山水泥厂、龙裕制革有限公司、银鹏建材有限公司等企业的新建项目进行了环境影响评估。为严格控制新污染源，避免污染纠纷，从 1996 年开始，句容市在审批在建、扩建项目时，实行建设项目环境保护预审制度。环境保护部门将企业项目的位置、规模、产品种类、生产工艺、“三废”排放情况以及治理的工艺和效果，通过各种形式向周边群众公示，让公众参与，充分听取周边群众的意见。如果多数群众同意，环境保护部门审核同意后，计划经济部门才予立项，工商部门才予核发执照，土管部门才予征地。

2005 年，环保“第一审批权”地位得到巩固和强化，形成环保牵头、各职能部门共同把关的格局。环保局各职能科室还加强项目跟踪管理，实行环境影响评价、项目设计、建设进度全过程管理。此后，改进审批办法，实行“专家评议、群众参与、舆论监督、政府审批”新机制，邀请专家学者、政府领导、项目周边群众以及新闻媒体参加。并严格执行项目公示制度，项目审批前，公示项目内容，充分收集各方意见。尤其对污染大、容易引发纠纷的小型饮食服务项目，更加注重听取周边群众意见，增强项目审批的前瞻性和透明度，减少了污染纠纷和审批过程中违法违纪现象的发生。

2005 年，市环保局结合句容实际开展建设项目环境管理专项检查，会同纪检、监察等部门组成联合检查组，对全市 1998 年之后的建设项目进行检查，抽查 66 个建设项目，立案查处了 3 家擅自上马的企业和 3 个违反《建设项目环境保护管理条例》的单位。全年共出动检查 938 人次，监察 23 家企业。是年共审批新建项目 457 个，另有 7 个不符合环保要求的项目被依法否决。

2006 年起，对投资规模低于 3000 万元的新办化工项目一律停止审批。坚持新建工业项目向工业集中区集中，按照“产业集群、企业集聚、土地集约、治污集中”的要求，加快各级各类工业园区的开发建设，不断完善基础设施，推动相关行业、相关企业和上下游产品集中布局。严格把好建设项目环保审批关，坚持做到环境影响评价通不过的不予审批，“三同时”验收不合格的不允许生产。全年共否决各类重污染、难治理的项目 12 个，有效地控制了污染源的增加。

2008 年起，对新建项目实施环境准入制度，对不符合产业政策、增加氮磷项目和污染严重而且无成熟治理方案的项目拒绝审批，从源头上控制污染源的产生。全年共审批准入各类项目 447 个，另有 9 个污染严重的申报项目，市环保局在进行了认真调查研究和评估后，坚决予以否决。2009 年，共审批各类新、扩、改建项目 131 个，否决各类重污染项目 7 个。2010 年，审批各类项目 157 个，否决污染严重的项目 20 个。

2011—2013 年，遵照国家投资体制改革的新形势及工作上的新要求，严格贯彻执行省政府《关于印发推进环境保护工作的若干政策措施的通知》等文件精神，明确了建设项目环境准入条件，3 年共审批项目 758 个，退办不符合审批条件的项目 32 个，杜绝了一批规模小、档次低、污染重的项目。

第三节　排污申请与排污费征收管理

1980 年，句容县开始对超标排放污染物的单位征收排污费。是年 5 月 29 日，句容县政府颁发《关于实行"三废"排放收费暂行规定的实施细则》，规定 1981 年 1 月 1 日起，按省排污收费和罚款试行办法征收排污费。排污收费严格按照排污申报、登记审核、收费计算、排污费征收与缴纳程序进行，透明公开。对不按照规定进行缴费排污的，环保部门依法查处。2000 年以后，句容市继续执行江苏省排污收费和罚款试行办法。根据江苏省财政厅、环境保护厅有关征收排污费全部纳入财政统一管理的规定，所征收的排污费全部使用财政统一票据，由市财政统一管理，用于环境污染治理经费的补充。对企业所缴排污费，经核实确实改善了治理设施，由财政和环境保护部门给予一定的补助。

此后，市环保局继续做好排污费征收管理工作，并扩至第三产业、规模养殖等行业，排污费征收数额逐年增多。2010 年后，因环保力度加强，达标排放成为监管重点，缴费单位逐年下降。2013 年，缴费单位 354 家，征收排污费 1257.68 万元。

2011—2013 年句容市排污申报和排污费征收情况一览

表 5－3－1

年份	2011	2012	2013
缴费单位数(个)	409	399	354
征收排污费(万元)	1137.76	1240.24	1257.68

第四节　总量控制与排污许可证管理

一、总量控制

1996 年，句容开始实施排污申报工作，实行排污总量的控制。为开展这项工作，市政府建立了排污申报工作领导小组，由分管环境保护工作的副市长担任组长。1999 年以前，着重抓好污染企业的排污申报，严格核定测算结果，科学测算句容市的环境容量，计算出句容全市总量控制指标(含削减目标)，报镇江市环保部门审核批准。1999 年实行总量控制制度以后，各乡镇(管委会)根据市分解下达的总量控制指标考虑当地的环境容量，坚决杜绝新上污染较重的工业项目，督促老污染企业加快技改步伐。

2000 年以后，市政府及各乡镇(管委会)将主要污染物排放总量控制指标纳入国民经济、社会发展规划和每年的年度计划之中。认真做好总量控制指标的分解落实，并采取有效措施使主要污染物的排放总量有所削减。对以前已经申报的企业全部输入电脑，实行微机管理，重点抓一些重污染企业的排污申报年审和新建污染企业的申报。2006 年，句容市二氧化硫排污量削减 1100 吨，超额完成镇江市下达的 651 吨减排任务。2007 年，市环保局突出抓好化工、水洗、印染等重点行业的总量减排工作。全面开展化工企业污染整治行动，关闭 7 家化工企业，对 21 家水洗、印染等企业实施限期整治。同时加强对新光污水处理厂的日常监管，做到稳定达标排放。全市全年与控制指标相比，共削减化学需氧量排放量 657.65 吨，完成镇江市下达的污染物减排任务。2008 年，全市 14 种污染物排放总量控制在镇江市下达的计划指标范围内。2010 年，市环保局按照"控制总量、消化增量、削减存量、监督排量、腾出容量"的原则，落实减排责任体系，层层夯实减排工作任务。3 月，把减排任务落实到城市污水处理厂扩容改造和 7 个镇级污水处理厂、关闭江苏省京江陶瓷厂、句容市有机化工厂等23个项目之中,使主要污染物排放总量得到有效削减,全年化学需氧量减排915吨,超额完成年度化学需氧量减排任务。5年来,化学需氧量和二氧化硫减排均超过镇江市下达的“十一五”减排目标任务。

2011年,经环保部认定,句容市化学需氧量、氨氮、二氧化硫削减量分别为219.80吨、16吨、499.90吨,完成全年污染减排工作。同年获得江苏省污染减排先进市的荣誉。2012年经环保部认定,句容市化学需氧量、氨氮、二氧化硫、氮氧化物削减量分别为898吨、104.50吨、840吨、102吨,完成全年污染减排工作。

2013年度,镇江市人民政府下达给句容市的主要污染物减排目标任务为:化学需氧量削减量572.63吨/年,削减比例3.70%;氨氮削减量60.74吨/年,削减比例3.20%;二氧化硫削减量2.56吨/年,削减比例0.10%;氮氧化物削减量365.61吨/年、削减比例5%。是年,市环保局制定减排工作计划,通过强化结构减排、工程减排、管理减排三大措施,全面完成镇江市政府下达的总量减排任务。

2010—2013年句容市区域排放总量情况一览

表5-3-2 单位:吨

年份	化学需氧量	氨氮	二氧化硫	氮氧化物
	区域排放总量	区域排放总量	区域排放总量	区域排放总量
2010	7620.15	917.14	4157.99	3557.91
2011	7523	925	3592	4925
2012	7366.60	875.10	2560.40	6796.30
2013	7170	870	4117	8889

二、排污许可证

20世纪90年代末,句容市环境保护局根据上级环境保护部门的要求,遵循“精心组织、全面推行、分类管理、严格监督”的原则,开展对排污企业核发排污许可证工作。2001年以前抓试点,主要是对一些污染大户,经治理达标排放以后审核发证。2002年以后,逐步规范,全面推行,分类管理。结合实际,将各年度污染物排放总量控制计划指标分解落实到乡镇和企业。对照企业申报情况,合理分配总量指标,签订总量控制目标责任书。切实做好发证以后的管理,确保达标排放。

2007年,市环保局在全市重点排污单位推行排污许可证制度,发证57家企业,实行按证排污,超标处罚。2008年,市环保局共对环保手续完备且达标排放的37家企业发放了排污许可证。2009年,在严格审核的基础上,对53家企业发放了排污许可证。2013年市环保局共对44家企业发放了排污许可证。至2013年年末,市环保局对所有领取排污许可证的企业,均有效地实施了证后监督管理。

第五节 环保宣传教育

一、环保宣传

1986之前,句容县环境保护部门就已通过各种渠道广泛宣传环境保护法规,大力普及环境保护知识。从1986年起,每年围绕“6·5”世界环境日举办内容丰富的宣传活动。句容市环保局宣教中心成立后,充分发挥了环保宣教的基础、先导作用,强化舆论导向和舆论监督作用,不断完善环保公众参与制度,全面提高环保宣教的社会化程度。

“九五”期间(1996—2000年),市环保局加大向领导层的宣传力度。在市委党校举办的各类领导干部培训班中增设环保课程或环保讲座，把编印的《句容环境情况》送达各级领导，每年为市四套班子领导赠阅《中国环境报》《江苏环境》《环境导报》等环境报刊。

从1996年起，市环保局每年年初都与句容日报、广播电视局联合制定年度环保宣传计划，与广播电台联办“环保之窗”栏目，报道环保中的“热点”问题。“九五”5年中，市环保局共有700多篇稿件被各级报刊、电台、电视台录用，其中国家级80余篇，省级270多篇，为扩大句容环保在社会上的影响起了积极的作用。1996—2008年，每年的“6·5”世界环境日，市环保局都围绕当年的宣传主题举行形式多样的活动，在社会上形成浓厚的环保宣传氛围。

1999年，在党校和有关部门举办的乡镇长、中青年后备干部、村支书和企业法人培训班中开设了8次环保专题讲座，受训人员达400余人次。1999—2000年，市环保局共组织9期有乡镇长、企业法人代表参加的环保培训班，帮助企业统一思想，提高认识，并组织他们到外地参观学习，促使企业在行动上由“要我治”变成“我要治”，为如期完成达标排放奠定了思想基础。

2008年，市环保局在句容简讯、广电生活、电视台、电台设立专栏；4月开办了《句容环保》月刊；“6·5”世界环境日期间，组织全市部分新闻记者举行“污染减排句容行”活动；在新世纪广场举行环保法律法规咨询、受理环保投诉活动，及时答复群众关心的环境热点、难点问题。向过往市民发放2000个环保袋、6000份环保宣传资料。同时，积极向各级新闻媒体投稿，是年，市环保局及环保宣教中心有稿件150余篇被各级新闻媒体录用。

2009年，市环保局制定《2009年国家生态市创建工作宣传方案》，经政府办、宣传部、广电局、新闻中心和环保局等部门讨论通过并实施。环境宣传紧紧围绕生态市和全国环境优美乡镇创建、污染减排、太湖流域水污染治理、环境监管、环保“四进”、轧石企业和边城地区大气污染综合整治、秸秆禁烧、行风建设等中心工作，开展了一系列的宣传教育活动。同年，市环保局宣教中心编撰了1986—2008年跨度为22年的《句容市志·环境保护》篇，在9月完成了6章25节约7万字的《句容市志·环境保护》初稿编撰工作，并于12月上旬通过了市专家评审。同时，完成了2008年《句容年鉴·环境保护》资料的编写工作。2009年“6·5”世界环境日的主题是“地球需要你，团结起来应对气候变化”。中国主题是“减少污染——行动起来”。6月5日前，市环保局将100套宣传画分发到各镇、企业、学校等。宣教中心紧紧围绕宣传主题，结合句容实际，联合有关部门，开展了形式多样，内容丰富的宣传活动，掀起了环境宣传教育高潮。市环保局和团市委、华阳中心校联合举办了小学生环保绘画、千人签名活动；在《句容快报》《广电生活报》发表整版文章；群发环保短信；在电视台滚动环保标语等。“6·5”世界环境日活动期间，电台、电视台、《广电生活报》、《句容快报》和句容新闻网集中刊播环保文章。全年，市环保局向各新闻媒体投稿，录用稿件140余篇。

图-12　句容市首批“绿色家园”表彰暨环保知识竞赛活动(2006年)

2010年6月5日是第39个世界环境日。市环保局紧紧围绕联合国确定的“多样的物种，唯一的地球，共同的未来”为主题和中国确定的“低碳减排·绿色生活”为主题，结合句容实际，联合有关部门，开展了形式多样，内容丰富的宣传活动，在全市营造了浓厚的环境保护氛围。6月5日，市环保局、江苏农林职业技术学院和市社区办在葛仙广场联合举行“6·5”世界环境日宣传活动。活动现场，市环保局副局长郦雷明向市青年环保志愿者授旗，青年环保志愿者宣读《创建国家生态市倡议书》，举行“创建国家生态市，建设生态文明新句容”万人签名，青年环保志愿者向行人发放《创建国家生态市倡议书》等。

2011年，市环保局环境宣传教育工作以创建国家生态市为抓手，紧紧围绕生态建设和保护、“创模”复核、污染减排、太湖流域水污染治理、环境监管、环保“四进”、行风建设等中心工作，在全市开展了多层次、立体化、全方位的环保宣传教育活动，使全市人民环境意识有了进一步提高，环保法制观念有了进一步增强，充分发挥了环保宣教的基础、先导、推动和监督作用。是年“6·5”世界环境日活动期间，市环保局、社区办联合举办以“共建生态文明，共享绿色未来”为主题的“6·5”世界环境日广场文艺演出。这场演出是由葛仙社区长青艺术团围绕国家生态市宣传主题，自编自导自演戏曲、舞蹈和小品等各类节目，其中天津快板《创建国家生态市》、说唱《生态美》等节目尤为精彩，博得现场观众阵阵掌声。

2012年，在创建国家生态市工作通过了考核验收的基础上，把新农村建设作为实施农村环境宣传教育的有利时机和切入点，结合全市农村环境综合整治、生态村创建、国家生态镇的巩固提高、党员冬训，宣传生态理念，传播环境科普知识与生态农业技术，宣传环境法律法规，引导农民改变传统的生产和消费方式，改善农村生态环境。并将全市重点企业环境行为信息于“6·5”世界环境日在媒体上公开，让市民享有充分的环境知情权、参与权和监督权。通过创建宣传教育，形成人人参与创建、人人支持创建、人人服务创建的良好局面。

2013年，市环保局积极向新闻媒体投稿，全年共被各级新闻媒体录用稿件130篇左右，其中被《中国环境报》录用28篇。是年3月，与句容门户网联合组织30名环保志愿者举行的“地球一小时”宣传活动以及100名环保志愿者分4次举行的宣传秸秆禁烧骑行活动。同年11月和12月，又和句容门户网联合组织环保知识网上有奖竞答活动，由环保局出50道环保知识题放在句容门户网上，吸引了937名网友参加答题。“6·5”世界环境日活动期间，市环保局和教育局、团市委、东南大学的环保志愿者在天一广场联合举行首届“环保小卫士”表彰活动。400多名志愿者在“响应低碳生活，签名共表决心”横幅上签名；“环保小卫士”向市民发放环保宣传单；东南大学开展“共绘环保袋，便利你我他”环保袋发放活动，在全市营造了浓厚的环境保护气氛。

二、环境教育

1. 社区环境教育

20世纪90年代初，县环保部门针对社区群众环境保护意识不高，环境保护观念不强的状况，采取多种贴近群众、贴近生活的方式，利用各种传媒，在各社区开展丰富多彩的宣传教育活动。宣传人员将国家环境保护总局编印的《社区居民读本》《公民环境保护行为规范》等有关资料送到居民家中，引导社区居民在衣、食、住、行、用等方面增强环境保护意识，在日常生活中注重环保。90年代中后期，市环保局组织开展创建绿色社区活动，安排管理、法规、监理、监测人员进社区，开展环境科普知识咨询活动，宣传环境保护法律法规，指导绿色创建活动。通过这些做法，将环保宣传融入了社区文化建设中，为建立人人自觉保护环境的社区文化创造了条件。2006年，梅花社区和葛仙社区获“江苏省绿色社区”称号；2007年，新村社区也建成了“江苏省绿色社区”。

2009年，市环保局宣教中心以创建“绿色社区”为载体，在社区掀起环保宣传高潮。华阳镇社区办13个社区设立环保宣传栏；5个社区举行“创建绿色社区，提高生活质量”签名活动；梅花、葛仙、新村、中凌、茅山、东门、红旗等社区成立了环保志愿者队伍，并组织环保志愿者参加环保公益活动；中凌、东门、红旗3个社区举办了社区“绿色家庭”评选活动。截至2013年，全市共建成6个省级绿色社区、6个市级绿色社区。

2. 绿色学校创建

从1995年开始，市环保局与教育部门密切合作，以创建“绿色学校”活动为载体，以各相关学科渗透环境教育为主导，积极倡导校园绿色文化。市环保局和教育局多次在各中小学校开展“节约资源、爱护环境”绿色生活征文、校园绿色行动周、国旗下讲环保、中小学环保征文等活动。在暑期联合举办各类环境教育骨干师资培训班，制定年度环境教育计划，并联合成立中小学环境教育协调组织。在市高级中学和茅山中学、市二中、陈武中

图 5-13　与社区联合举办纪念环境日宣传活动(2011 年)

学、实验小学和华阳中心小学等学校试点渗透环境教育,结合课堂教学开展社会调查、水质监测、漫画创作、校园美化和利用废弃物进行手工制作等,收到良好效果。市环保、教育两部门合作,组织部分乡镇学校学生走出校门,向社会宣传环保知识。由环保局组织人员到试点学校对有关学科的教师有重点地讲授环保知识以及环保最新动态。自 1995 年起,市环境保护局联合团市委在中小学校成立社区红领巾中队,组织他们参加社区环保公益活动,“以小手拉大手”,带动和影响成年人环境保护意识的提高,成为社区“环保小卫士”。每年“6・5”世界环境日期间,中小学“环保小卫士”们经常走街串巷,发放环境保护宣传资料,规范居民的环境行为,受到广大居民的好评。1998 年,天王中学周和豹老师的教案《环境和环境问题》获江苏省中小学学科渗透环境教育优秀教案评选中学组第一名。

2006 年,后白中学申报“国家级绿色学校”通过考核验收;边城中学和郭庄镇中心小学获“江苏省绿色学校”称号。2007 年,后白中学被国家环保总局和教育部授予“国家级绿色学校”称号;市实验小学和高庙职业高级中学获得“江苏省绿色学校”称号。2008 年,全市中小学环境教育普及率达 100%,有 80% 的中小学成立了环境教育领导小组,在全市已形成了一个从小学、初中到高中,循序渐进且较为完整的环境教育体系。是年,华阳中心校、黄梅中心校获得“江苏省绿色学校”称号。

2009 年市环保局配合教育局,以创建“绿色学校”为载体,在全市中小学(幼儿园)开展环境教育活动。通过在学校开展环保讲座、组织中小学生国旗下讲环保以及参加环保实践活动等形式,引导教师、学生关注环境问题,积极参与保护环境的行动,培养对环境负责任的精神。是年,天王中学和行香中心校获得“江苏省绿色学校”称号;开发区中心小学等 21 所学校获得“镇江市绿色学校”称号。2011 年,建成省级绿色学校 2 所、镇江市级绿色学校 4 所。全市中小学环境教育普及率达 100%。2012—2013 年,共建成省级绿色学校 3 所、镇江市级绿色学校 16 所。

第六节　环保执法监督管理

一、现场监督

1988 年 10 月,句容县环境保护局开始对企业的环境行为进行现场监测、排查和督促整改工作。初期主要是对城区污染企业“三废”排放进行监测。90 年代以后,实行城乡一体,围绕长江、太湖流域达标排放,抓重点企业、重点行业、重点流域的监测,消除环境隐患。1996 年,对污染治理设施的运转率、“三同时”执行率、污染事故处理率等环境现场监督达 400 余场次。1997 年,环境现场监督频次达 836 场次。1998 年,市环境保护局建立了相应的监督工作制度,做到每次检查有记录,有责任人,同时建立了达标排放日报制度和重点污染源环境统计日报制度,现场监督频次达 962 场次。

1999 年,为巩固太湖流域达标排放成果,加强了对企业的日常监督检查,强化了对 35 家达标排放企业的废水排放及治理设施运转情况的现场督查,仅此一项监理频次达 538 次,占全部监理总额的 36%。2000 年以后,随着经济建设的不断发展,城市和集镇三产服务业迅速崛起,环境保护的压力越来越大。句容市环境保护局根据省太湖流域水污染物达标排放的要求以及句容创国家卫生城市和全国环境保护模范城市的需要,进一步加大了对企业环境行为进行监督检查和处罚的力度。

图 5-14 环境应急监测(2009 年)

2005 年起,连续开展长江饮用水源地和乡镇集中式饮用水源地环境保护专项行动,整治违法排污企业,保障群众身体健康。2007 年,完成各类常规和污染源监测、监督等应急性监测任务,全年共取得各类环境监测数据 6239 个;完成委托监测报告 173 份,获得监测数据 937 个;对影响句容市环境质量的污染源进行定期和不定期的监督监测,获得监测数据 675 个;设立应急监测小组,坚持公开、公平、公正的原则,共出具事故监测报告 14 份。

2008 年,市环保局加强环境执法监管,在加大节假日和夜间的监督检查力度的同时,组织开展一系列整治违法排污企业保障群众健康环保专项行动。主要有“八查一提高”(即查污染源现状和分布情况、查重点企业和重点流域整治情况、查“小化工”企业关停落实情况、查企业污染减排措施落实情况、查在线监控落实情况、查电镀行业专项整治情况、查小康环保指标达标情况、查环保部门环境监管责任落实情况,全面提高环保系统执法水平)专项行动、集中式饮用水源环境专项整治、电镀行业专项整治、轧石企业专项整治等,使句容市企业基本实现了达标排放。2008 年,市环境监察大队共实施现场监察 6920 余人次,检查 1080 余场次,其中对各类污染源及其污染防治设施现场监察 2950 余人次,对 63 家重点污染源现场监察 1120 余人次,对集中式饮用水源地现场监察 420 余人次,各种专项行动监察 520 余人次,限期治理监察 350 余人次,组织夜间、节假日等突击检查 135 人次,其他现场监察 330 余人次。通过现场监察,企业污染治理设施运行率在 95% 以上,污染物排放达标率在 98% 以上。

2009 年 3 月,开展长江环保监测行动,根据环保部和省环保厅的要求,对 3.50 公里长江沿岸和入江河道至大道河 500 米范围进行拉网式检查,没有发现排污口和化工、电镀、印染等重污染企业。是年,市环保局环境监察大队共实施现场监察 6300 余人次,检查企业 1080 余场次,其中对各类污染源及其污染防治设施现场监察 2900 余人次。对 43 家重点污染源现场监察 620 余人次,对集中式饮用水源地现场监察 580 余人次,各项专项行动监察 720 余人次,限期治理监察 550 余人次,组织夜间、节假日等突击检查 90 余人次。通过加大现场监察力度,有效地防止企业污染治理设施不运转、直排或偷排污染物和超标排放污染物等现象发生。

2010 年,市环保局开展沿江沿河化工企业环境污染隐患排查,对重点河流范围内的 22 家化工企业进行监测,及时督促 13 家有环境安全隐患的企业完成整改;对 68 家污染风险源进行监督,查找危险化学品生产的薄弱环节,发现隐患责令企业立即整改到位;对部分企业通过在线监控,及时掌握企业排污动态,若超标排放立即查处;对深水水务有限公司和 7 个镇级污水处理厂进行日常监察,对排放的污水 采样监测,同时对垃圾填埋场渗沥液排放达标情况进行日常监测。是年,市环境监测站完成环境质量监测、污染源委托监测、事故应急监测和重点污染源监测任务。监测数据 12732 个,其中例行地表水数据 8606 个、例行空气数据 2190 个、例行噪声数据 1624 个、降水数据 264 个、降尘 48 个,监督监测数据 1700 多个、委托监测数据 1800 个、事故监测数据 300 多个、重点污染源监测数据 1344 个、环评验收监测数据 7000 多个,完成 3 年半的各类创国家环保模范城市监测数据的整理,出具各类监测报告 1238 个份。2011 年,实施现场监察 5500 多人次,检查企业 1200 多家次、其中对各类污染源及污染防治设施现场监察 2800 多人次,对 43 家重点污染源现场监察 600 多人次,对集中式饮用水源地现场监察 550 多人次,各种专项行动监察 700 多人次,“三同时”、限期治理监察 700 多人次,夜间、节假日等突击检查 220 多人次。

2012 年,全年实施现场监察 5800 余人次,对各类污染源、污染防治设施、集中式饮用水源地等进行全方位、连续性的监察。至 2013 年年末,有效遏制了一些企业偷排、直排、防治设施不运行等环保违法违规现象。

二、环保执法检查

句容县环保执法始于20世纪80年代,对未经治理排放“三废”和不符合环境规划布局的企业,实行经济处罚或关、停、并、转、迁。1985年,全县征收50个企业的排污费共68万元,关闭严重污染环境的工厂7家、停办1家、搬迁8家。90年代,环境污染加重,环保执法力度随之加大。1995年,句容市人大、市政府颁布《关于开展1995年度全市环境保护执法检查的通知》,在全市范围内进行环境保护执法检查。此次检查结果有3家污染企业被责令补办环评手续、太平洋化工公司和通盛溶剂厂被处以罚款。1998年6月,句容市环保局根据举报查明:市第三建筑公司夜间施工,影响居民休息,决定予以罚款8000元。该公司向市法院起诉,请求撤销处罚。法院经审理认为,市第三建筑公司违反《中华人民共和国环境噪声污染防治法》的有关规定,事实清楚,运用法律法规正确,符合法定权限和程序,判决环保局胜诉。至1999年的6年间,句容市环保部门在执法检查中,共取缔和责令关、停小化工类企业或项目20多个,另有30多个项目被责令补办手续。

2005—2006年连续开展长江饮用水源地和乡镇集中式饮用水源地环境保护专项行动。开展整治违法排污企业,保障群众身体健康的专项行动。通过反复监察,检查污染企业的“三同时”执行情况、企业排污状况。2006年,市环保局会同国土、安监等部门对全市采石企业和砖瓦窑进行专项整治,依法取缔严重破坏生态环境的企业14家。2007年,市环保局开展工业园区环保专项行动,共出动执法人员1050余人次,检查企业450余家次,对发现的环境违法行为,及时调查取证,立案查处。共挂牌督办15家,立案查处21家,下发限期整改通知书68份。2008年4至8月,开展电镀、酸洗表面处理专项整治,通过1个月的拉网式排查,共查出此类企业19家。对6家没有经过审批的电镀企业依法实施关闭;对5家没有实现稳定达标排放的企业,实施限期治理;对8家企业实施深化整治。至8月底,6家企业关闭到位,其他企业经整治基本实现稳定达标排放,并于9月25日通过镇江市政府组织的电镀行业专项整治检查验收。同年,市环保局还组织了轧石企业、化工行业环保执法专项行动。对22家轧石企业依法实施关闭;对8家属淘汰落后工艺的化工企业予以关闭。

图5-15　企业废水排放口水样采集(2011年)

2010年,市环保局对6家涉铅、镉、铬各类金属砷的企业的厂区环境安全、污染物达标排放、企业应急预案落实、固体废物堆放和运输、危险化学品进出登记、重金属污染物无害化处置等重点情况进行专项执法检查,对检查发现有环境安全隐患的3家企业,督促立即整改到位。同年7月,市环保局配合镇江市环境监察支队,对全市排污单位开展“夏日风暴”环保执法检查,立案查处环境违法企业8家。是年,市环保局加大执法力度,9家企业依法关闭,30家企业停产治理,154家企业限期整改,对48起环境违法行为立案查处。2011—2013年,以创建生态市和“创模”复核为抓手,强力推进污染减排和太湖流域水污染治理,按照“控制总量、消化增量、消减存量、监督排量、腾出容量”的原则,持续对全市排污的企业进行地毯式检查。完成了太湖流域水环境治理项目中9家重点污染企业的工业污染治理工作;强化了对饮用水源地及沿线排污企业的监管,并完善了各镇(管委会)饮用水质日报制。2013年,全市企业污染治理设施运行率96%以上,污染排放达标率达98%以上。

三、信访处理

1986年之前句容县环保局建立之初,即开始受理因污染问题的群众来信来访,但早期无确切统计数字。

1996—2000 年共受理人民来信来访 399 件。2000 年建立了环境信访接待室和环保投诉专线电话，24 小时受理群众投诉。为及时处理各种突发性环境污染事故，提高对突发性环境污染事故的处置能力，2003 年，市环保局制定了《句容市环境突发事件应急预案》。

2001—2005 年，全市因污染问题群众来信来访 737 起，其中废水污染 115 起，废气污染 339 起，噪声污染 283 起。受理率 100%，结案率 100%。

为确保环境信访和污染事故、纠纷的处理效果，避免重复信访，市环保局制定了环境信访和污染事故处理回访制度、局长接待日制度、听证会制度和首问责任制等制度，确保环境信访和污染事故处理落到实处。2007 年，市环保局完善污染举报信访调处制度，由一名监察大队副大队长专门负责"12369"污染举报电话 24 小时畅通，形成举报、信访、监察"三位一体"案件查办体系，保障信访举报线路的畅通和对突发事件的快速反应能力。是年共受理各类污染举报投诉 469 件，结案率 97.60%，回复率 100%。

2008 年全市因污染问题群众信访 280 起，其中废水污染 57 起，噪声污染 46 起，废气污染 177 起，其他 4 起。受理率 100%，结案率 100%。未出现一起因环境问题越级上访的情况，并初步形成了制度化，规范化。

2009 年，信访量较往年同期相比有所上升，市环保局建立信访接待登记制度和回访制度，对环保重点信访问题，特别是重复信访问题，开展了领导带案下访、环保局局长接访活动，解决了一批矛盾突出、群众反映强烈的环境问题。同时，完善环境信访责任制，明确每件案件责任人，限定案件办理期限，提高信访案件办理的效率和质量。全年共受理群众信访 691 件，结案率 98.30%，处理率和回复率 100%。2010 年市环保局健全和完善信访工作接待登记制度、局领导接待日制度、听证会制度、信访公开承诺制和首问责任制、建设项目公开制度等。同时，实行环境信访排查工作制度化，对不稳定因素、可能存在的环境安全隐患和各类环境违法行为的排查，做到"纵向到底、横向到边"，将信访苗头消灭在萌芽状态。2010 年，市环保局共受理各类信访投诉 828 件，其中到访 8 批，信访 10 封，网上投诉 45 件，电话 484 件；其中反映水污染 115 件，废气污染 601 件，噪声污染 112 件。做到办理率 100%，结案率 100%，回复率 100%。

2012 年，市环保局坚持"环境信访无小事，群众利益重于天"的工作理念，进一步完善信访工作接待登记、局领导带案下访等各项制度，全年共受理各类信访投诉 757 件，办理率 100%，结案率 100%，回复率 100%。2013 年，信访总量 529 件，与往年相比明显下降。

2001—2013 年句容市环境污染问题人民来信来访情况一览

表 5-3-3　　单位：件

年份	水污染	大气污染	噪声污染	合计
2001	27	61	115	203
2002	20	57	48	125
2003	13	53	39	105
2004	18	62	28	108
2005	37	106	53	196
2007	86	72	84	242
2008	57	177	46	280
2009	113	469	109	691
2010	115	601	112	828
2011	162	574	149	885
2012	38	627	96	757
2013	109	350	70	529
总计	795	3209	949	4949

第六篇 建筑与建筑业

句容建筑历史悠久，从宝华镇丁沙地古遗址发掘的史料来看，可追溯到7000年至6500年前，建城墙的历史可追溯到3600多年前的商周时期，数千年来，勤劳聪明的句容人建（构）造了房屋、城墙、墓葬、石刻、亭阁、宝塔、牌坊等各类建筑物，其中4处获全国重点文物保护单位，为后人留下宝贵的历史文化遗产。

中华人民共和国成立后，句容的建筑业随着中华人民共和国建设的步伐而茁壮成长，特别是中共十一届三中全会以后，在改革开放的大潮中快速发展壮大，成为句容经济的支柱产业之一。建筑企业从业人员从1978年的0.1万发展至2013年的3.18万人，建筑业产值从1978年的2163万元，发展至2013年的704292万元；竣工面积由1978年的4.39万平方米，发展至2013年的129.08万平方米；2013年，建筑业增加值17.29亿元，占全市地区生产总值（385.68亿元）的4.48%。

几十年来，句容市（县）建筑业多次获得镇江市级以上奖励，特别是90年代参与北京候机楼，国际电讯工程建设获建设部颁发的“鲁班奖”；2007年获全省建设厅颁发的“建筑之乡”称号；2013年度全国建筑工程装饰奖这三项大奖尤为珍贵。

第一章　建（构）筑物

句容建（构）筑物历史悠久，主要有城墙、墓葬、石刻、雕塑、亭阁、宝塔、隧道、涵洞、牌坊、房屋等，2013年，现有的古建（构）筑物虽数量不多，但质量很高，其中萧绩墓石刻（石狮）、城上村古遗址、春城土墩墓、隆昌寺古建筑先后被国务院批准为全国重点文物保护单位。

第一节　城　墙

一、城上城墙

公元前1600年的商周时期，在现华阳镇城上村，建造古城，筑土城墙，挖环壕（环城河）。土城墙高8米，城内面积约70650平方米。

二、县城城墙

三国吴赤乌三年（240年）建子城，周长390丈，为土墙。唐代设东、南、西、北、上羊、白羊6门。城内（子城）面积为195亩，护城河阔约2丈。明弘治三年（1490年）以石砌东、南、西、北、小南门，各建城楼3间，分别为名宜春楼、华阳楼、朝阙楼、望江楼和望仙楼，嘉靖三十三年（1554年），以砖砌城墙，周长下8里，高2.60丈，仍设5个城门，城上筑雉堞2000余。清康熙十三年（1674年）重修城墙，并题城门额：东为太平门、西为致远门、南为登瀛门，北为广运门、小南门为华阳门，城内面积达2025亩。乾隆六十六年

图6-1　句容原东门城墙一角

(1795年),再次修葺城墙。1951年11月9日,县城城墙经镇江专署批准,开始拆除残存的东门城门,1979年拆除东门北侧一段,1982年全部拆除。至此,拥有1742年历史的句容县城城墙从此消失。

第二节 墓 葬

一、古代墓葬

1. 墓葬概况

句容为古人类发祥地之一,历史悠久,现存古墓众多。20世纪90年代在现宝华镇丁沙地发掘的古墓,距今已有7000年历史,为句容至今发掘历史最早的古墓。1985年句容文物普查时,全县发现西周春秋时期的土墩墓4000余座,改革开放中,随着城乡建设大规模展开,陆续发现句容汉至六朝时期的古墓也较多。宝华镇明代墓较多。由于句容邻近南京,又是丘陵山区,为一些达官贵人视为“风水宝地”,纷纷于身(死)后迁葬句容。

清代以前句容县部分名人墓一览

表6-1-1

朝代	墓主姓名	墓主身份	墓葬地点
古越	翳周安	勾践四世孙	大横山
三国	鲁肃	吴国大都督	句容南山鲁墓村
梁	陶弘景	山中宰相	雷平山
梁	许绍	淮陵太守	县东合流村
梁	许奋	参军	县北大墓前
梁	许确	都乡侯	县北大墓前
梁	许朝	襄阳太守	县北
梁	萧绩	南康简王	县治西北二十里姜石山
唐	颜真卿	尚书	来苏乡(今白兔镇)后颜村
唐	管元善	资政	下蜀镇仁信乡之原
唐	许光	光禄	县西城里
唐	许尚	中书郎	县西城里
唐	葛祚	衡阳郡太守	县治西北五里
唐	王远知	茅山道士	常宁镇北太平观华表
唐	李含光	茅山道士	县南伏龙岗西南
唐	胡悦	国子监助教	县治东十里萧亭岗
南唐	徐铉	尚书	政仁乡王魔头
宋	王刚中	枢密院参知政	移风乡王魔头
宋	刘中顺	卫尉少卿	县南良平山西
宋	江宾	翰林修撰	县治东光宅寺西南

清代以前句容县部分名人墓一览

续表 6－1－1

朝代	墓主姓名	墓主身份	墓葬地点
宋	曾开	丞相	仁信乡五山支山角里店荣亭
宋	戴常	大理评事	县南大松园
宋	戴九成	国子监祭酒	县南唐陵村
宋	许延年	御史	县西南福祚乡丰塘
宋	许延昌	洪州通判	县西南福祚乡丰塘
宋	许运使	中散大夫上柱国	县北下蜀街
宋	曾布	丞相	县北角里居
宋	胡延桂	进士	县南门外五里岗
元	邹文明	崇明知州	县东陈巷村
元	王德甫	真州判官	县北移风乡蔡家桥
元	刘缜甫	溧阳州判官	县东刘亭岗
元	孙彦卿	杭州总管	县北移风乡
元	阳元圭	溧水州判官	县南隆敬里
元	孙善卿	扬州监运习提督	县北移风乡
元	夏道山	进士	胡塘之原
元	胡泽民	进士	白羊门南
元	高志	山西按察司 事	县东移风乡驹骊山
元	王裕	南宋锦衣卫指挥 事	琅琊乡胄寨村
元	樊继	湖广兴国州知州	县东南笪家边
明	张铭	南京刑部员外郎	崇德乡怀道村
明	曹均昂	南京吏部尚书	县南承仙乡箭塘山
明	陈逊	广州府同知	县东北三里许上羊村
明	谢璘	刑部郎中	凤坛乡麓山
明	张逸	封监察御史	县之南桥义垄
明	曹琛	封检察御史	县南承仙乡箭塘山
明	高冕	南京钦天监监正	县西北琅琊乡胄寨村
明	曹义	南京吏部尚书	县南承仙乡箭塘山
明	汤鼎	广东道御史	小南门外殷家边
明	朱珉	湖广荆州知州	琅琊乡七星山
明	居辅	青州府通判	移风乡小干桥
明	孙彦纶	浙江台州府通判	县南福祚乡许巷村
明	张以宽	封监察御史	县南崇德乡

清代以前句容县部分名人墓一览

续表 6－1－1

朝代	墓主姓名	墓主身份	墓葬地点
明	戴仁	山西道御史	县南临泉乡
明	淩傅	浙江象山县知县	县南崇德乡
明	高濙	四川温江县知县	县北移风乡驹骊山
明	包文学	江西饶州府国知	凤坛乡五里牌
明	苏润	四川安岳县知县	琅琊乡龙潭青山
明	李秀	太师大学士	县南林泉乡赤山东麓
明	李镗	封柱国太师	琅琊乡龙潭西街新街口
明	王海沙	都御史	福祚乡大国庵信里樊家凹
明	王德纯	都御史	福祚乡大国庵信里樊家凹
明	王暐	户部尚书	西门外通德乡西庙鸣鹤山
明	陈臻	户部郎中	县北移风乡杨塘岗
明	李茂功	福建兴化府知府	通德乡大墅下
明	李思诚	礼部尚书	县南十里张王庙东
明	李思敬	处州府知府	县东二十里水南村
明	笪继良	汀州府知府	县东二十里水南村
明	王嘉士	封吏部左侍郎	县南崇德乡旗杆村
明	曹存	湖广沔阳州知府	小南门外五里许柿树下村
明	张锦	湖广均州知府	县西六里石芽嘴
清	胡振域	临江府知府	县治东南良常山潘庄
清	笪重光	江西巡按监察御史	县治主心仁信乡亭山
清	胡允	云南布政使	县东南十五里百梅山
清	王自新	湖广提学事	大南门外兆文山
清	沈弼	高州知府	县北移风乡杨塘岗
清	王辂	刑部郎中	县东门外石坑村
清	王康劼	承监运司运判永州府通判	大南门外赵墅岗
清	张士	大竹县知县	县南福祚乡许巷村
清	朱献淳	射洪知县	县西油炸村西南大佳山

说明：资料来源于《乾隆句容县志》

句容境内有周代土墩墓群 75 处，640 余座，分布在华阳、黄梅、下蜀、茅山、边城、白兔、后白、郭庄、天王 9 个镇，而以茅山、后白、天王居多。

2013 年句容市周代土墩墓群一览

表 6－1－2

序号	墓群地址	简介
1	华阳镇小东岗村	村东南岗顶2座,岗坡3座,东西向排列
2	华阳镇庄家边村	共有4座,东西向排列,地处岗脊
3	华阳镇唐家村	村西1座,村东2座,村南1座
4	黄梅镇南巷村	位于村东北九华山西麓岗脊
5	黄梅镇西社村	2座,处于九华山南麓
6	黄梅镇上丁庄村	村南1座,村东1座,村北2座
7	黄梅镇经家村	2座,位于村东北岗脊,南北向排列
8	下蜀镇东谢村	共有4座,处于土丘岗脊
9	下蜀镇下亭子村	村西1座处于平地,村东3座处于岗脊
10	边城镇涧西村	共有3座,处于岗冲平地,东西向排列
11	白兔镇何家村	村东南1座,村东北1座,东西隔河而对
12	白兔镇柘培头村	村南1座,村东南4座(南北向排列)
13	茅山镇百培山村	因岗坡上土墩数以百计而得名“百培”,现有27座
14	茅山镇杨家棚村	共有75座,以小型为主,处于百培山北侧
15	茅山镇凌家庄	共有4座,于岗脊呈南北向排列
16	茅山镇丁庄村	村南1座,村西2座(东西向排列)
17	茅山镇傅家榨村	村东1座,村西北2座(南北向排列)
18	茅山镇山培头村	共有4座,位于村西,南北向排列
19	茅山镇河西村	村西1座,村西南5座(东西分列)
20	茅山前陵陈家棚村	共有7座,处于岗坡,呈散点式片状分布
21	茅山镇乌头村	村西南6座(西北向东南条状),村东南7座(南北向分布)
22	茅山镇龙岗村	位于村西北,共4座,其中北部3座呈鼎足形分布
23	茅山镇蔡门村	村西4座(呈鼎足形分布),村东南4座(东西向排列)
24	茅山镇陈家棚村	共11座,呈菱形分布
25	茅山镇七亩塘村	共12座,处于岗背,呈南北向分布
26	茅山镇西前潘村	共4座,处于岗坡,呈矩形四角分布
27	茅山镇青龙村	共11座,处于岗脊,南北向排列
28	茅山镇后茅陈庄村	村东北30座,(俗称“梅花墩”),村南16座(南北向分布)
29	茅山镇后河村	共15座,处于岗脊,呈东西向分布
30	茅山镇东冲村	共21座,处于岗脊,呈东西向分布
31	茅山镇石马山村	共18座,在略呈椭圆形的区间内东西向分布
32	茅山镇张家边村	共6座,处于岗坡,东西向排列
33	茅山镇成村	共3座,处于岗脊南端,呈鼎足形分布
34	茅山镇下袁村	共17座,处于岗背,呈南北向分布

2013 年句容市周代土墩墓群一览

续表 6－1－2

序号	墓群地址	简介
35	茅山镇陶家棚村	村西北 4 座(呈菱形四角分布),村西南 4 座(东西向排列)
36	茅山镇西太阳村	共 5 座,处于岗背,呈东西向分布
37	茅山镇周公塘村	共 7 座,处于岗背,呈南北向分布
38	后白镇王庄村	共 11 座,处于岗背,呈西北至东南向分布
39	后白镇老鸦岗村	共 8 座,处于岗背,呈 T 字形排列
40	后白镇高塘背村	共 9 座,处于岗背,呈东西向片状分布
41	后白镇劳家村	共 2 座,处于岗背,呈西北至东南向分布
42	后自镇鹅毛岗村	村南 9 座,村西 8 座
43	后白镇侧甸岗村	共 13 座,处于岗坡北网. 呈南北向分布
44	后白镇后白墅村	共 9 座,处于岗背,呈东西向分布
45	后白镇金鸡岗村	共 3 座,南北向一字形排列
46	后白镇袁家棚子村	共 3 座,处于岗背,呈南北向分布
47	后白镇包家高坪村	共 6 座,处于岗背,呈南北向分布
48	后白镇赵家高坪村	共 4 座,处于岗脊,呈东西向一字形
49	后白镇南神扶村	共 10 座,分列于村西北、村东和村南,呈南北一字形
50	后白镇金家棚子村	共 26 座,分列于村东北、村西北和村东
51	后白镇古村	共 4 座,处于村西岗坡,呈东西向分布
52	后白镇后湖村	共 16 座,处于岗背,呈东西向分布
53	后白镇甘林村	共 3 座,处于岗下平地,南北向排列
54	后白镇葛代巷村	共 6 座,处于岗背,呈南北向一字形排列
55	后白镇董家棚子村	共 11 座,分列于村南和村西,呈南北分布
56	后白镇长里岗村	共 17 座,分列于村南和村西,分别呈东西、南北向分布
57	后白镇赵家棚村	共 11 座,处于岗背,呈南北向分布
58	后白镇吴家棚村	共 2 座,处于岗背,南北向排列
59	后白镇水南村	村北 1 座,村西 4 座(南北向排列)
60	后白镇淤乡村	村东北 2 座,村南 2 座
61	后白镇水北百培山村	分列于村南和村东,呈东西向分布
62	郭庄镇邱家边村	共 3 座
63	郭庄镇五渚坊村	共 4 座,处于赤山湖南岸平原
64	郭庄镇甸岗村	共 5 座,处于岗脊
65	天王镇农林潘家边村	共 5 座
66	天王镇李家棚子村	共 2 座,处于小浮山西北坡,东西向排列
67	天王镇姚头村	共 6 座,处于岗脊,呈南北向分布
68	天王镇牛塘村	共 5 座

2013年句容市周代土墩墓群一览

续表6-1-2

序号	墓群地址	简介
69	天王镇鲁墓村	共3座,处于岗脊,呈东西向分布
70	天王镇北罗家棚村	共7座
71	天王镇金山村	共2座,处于浮山东麓岗坡,东西向排列
72	天王镇小朱庄村	共6座,处于岗脊,呈东西分布
73	天王镇谷城村	共7座,处于岗坡,东西向排列
74	天王镇大五巷村	共4座,处于岗脊西端,呈南北向排列
75	天王镇王棚村	共3座,处于岗背,呈鼎足形排列

2. 墓葬建筑

古代墓葬上部为土堆,遵循“人死后入土为安”的习俗。土堆大小很有讲究。一般平民百姓墓底部大约在3米左右,达官贵人墓堆则根据其地位高低而大小不同。一般地位越高则土堆越大,个体墓土堆与群墓土堆也不同,一般个体墓土堆较小,群体墓土堆则较大。

古代墓葬下部一般为棺葬。棺廊的大小材料与结构则与死者的地位、经济状况和时代特点关系密切。一般平民则为长方形的土坑,内放棺木,有的官员和富者墓廊则用条石砌成棺廊,存放棺木后用条石盖上。一些富贵身份的墓主,还有一些珍贵的随葬品。有的墓主家还在墓两边存放石羊、石马等石兽。

周代的土墩墓群建筑,有“一墩多墓”“一墩一墓”与“石室土墩”三种类型。2013年,原春城的土墩墓,获国务院批准为全国重点文物保护单位;是年12月8日,江南土墩墓博物馆在句容茅山风景区建成并对外开放。

附1:江南土墩墓博物馆及展厅简介

江南土墩墓博物馆是国内首座也是迄今唯一一座土墩墓专题博物馆,位于句容茅山风景区游客集散中心南部偏西。该馆2009年11月开工,2010年5月底主体竣工,2013年12月8日装修布展结束,对外开放。

江南土墩墓博物馆占地总计25亩,其中建筑总面积6260平方米,其中展厅2500平方米、复原陈列1000平方米(钢结构)、文物库房700平方米。建筑继承了中国传统建筑对称的风格,造型以规整端庄、直坡、重檐为基本特征,同时外观也延续了江南地区民居的粉墙黛瓦格调,在保证建筑有鲜明地域特色的同时,充分体现出了当代博物馆建筑应有的博大气象。

江南土墩墓博物馆的展厅分主展厅和临时展厅两部分,除此之外,博物馆的中央是复原大厅。复原大厅中的展览内容是依照句容市天王镇寨花头2号墩所做的1∶1发掘现场复原,墓坑中所展文物皆为考古发掘所得,依照原样摆放。

图6-2　江南土墩墓博物馆

走进土墩墓博物馆大厅,首先映入眼帘的是巨幅的铜版画,表现的是泰伯奔吴时荆蛮人迎接的场景,版画的后面便是依照句容天王镇寨花头2号墩按1∶1比例复原的土墩墓。在此复原模型中,完整的展现了一墩多墓与石棺床、陪葬物品的场景,大厅的右侧是展馆主展厅的入口,主展厅陈列展出土墩墓出土文物包括陶、鼎、瓿罐等共计269件,充分运用文字、图画、出土实物及现代光电影像技术对土墩墓做了相对细致、完整的介绍。序厅中复原的考古发掘土层墙为我们展示了商周时期人们生活遗迹的遗存积累，巨幅的地图则展示了西周时期各族群诸侯分布的大致情况。主展厅共分为八个部分，如下：

第一单元为“土墩墓与中国青铜时代”，该单元着重介绍土墩墓的命名、分布价值及其与吴越文化的关联，展出文物15件；第二单元为“土墩墓的类型”，依照现阶段学界通行的分类方法，土墩墓一般分为“一墩多墓”“一墩一墓”与“石室土墩”三种类型，此单元主要以文字、图片、图表的形式说明土墩墓的类型，通过现场复原展示土墩墓的结构，展出文物9件；第三单元为“土墩墓的形制结构”，本单元主要通过文字、图片、模型、复原现场和动漫多媒体等手段及展示方式，说明土墩墓形制结构的独特性与多样性，揭示其形制结构与江南文化和中原文化的关系，展出文物10件；第四单元为“土墩墓的内涵”，句容地方土墩墓出土的随葬器物多为实用器具，以陶器和原始青瓷为主。而在其他地方土墩墓就有青铜器，玉器出土，出土器物质地的不同究竟是单纯的地域的差别呢？还是这标示了墓葬规格等级的差别呢，该单元的展示以实物和器物组合为主，展出文物211件；第五单元为“土墩墓的葬俗”，土墩墓的葬俗丰富多样，具有代表性的有向心布局、埋器物、燎祭、船棺等，该单元以文字、图片和多媒体手段为主；第六单元为“土墩墓的源流与传播”，宁镇地区的土墩墓开始于西周前期，消失于战国后期，那么土墩墓这种埋葬形式究竟是从何而来？而韩国在后世也出现了类似于土墩墓的墓葬形式，那么宁镇地区的土墩墓与韩国的坟丘墓是否有着某种联系呢？该单元以文字、图表、多媒体展示为主，辅以部分实物，展出文物3件；第七单元为“土墩墓之谜”，土墩墓大量的分布于宁镇地区、太湖周边以及福建的沿海一带，但是文献中并没有关于土墩墓的半点记载，考古工作也难以与历史记载挂钩，所以土墩墓以及营造土墩墓的人们就蒙上了重重迷雾。土墩墓的多样性及复杂性远远超出了人们的想象，该单元以图片、文字以及多媒体动漫等展示手段为主，展出文物13件；第八单元为“永恒的土墩墓”，土墩墓是江南地区分布最广、保存最好、最典型、最具土著文化特色的周代文化遗存，离开土墩墓，江南地区的周代历史与文化将变成一片空白。该单元主要展示2005年句容、金坛土墩墓群大发掘的考古经过和辉煌成果以及土墩墓的遗产保护工程，辅以实物、图片、多媒体视频等，共展出8件文物。

在展出文物中，有一罐西周时期的“长生蛋”，虽已历经3000余年，蛋黄与蛋清早已腐朽不见，但是蛋壳仍然可以清晰辨认，生动地展示了当时人们的生活状态。该馆展出之文物在力图使游客在惊叹于土墩墓文化博大精深的同时，也加深人们对中国文明多样化的理解。

附2：句容、金坛周代土墩墓群考古纪略

宁常、镇溧高速公路是江苏省在建的大型基础设施工程项目，经南京溧水，镇江句容、丹徒，常州金坛、武进、溧阳等地，是上海至洛阳国家重点公路和江苏省“四纵四横四联”高速公路路网中的重要组成部分。两条公路全长约150公里，2007年通车。其所穿越的南京、镇江和常州都是国家级历史文化名城，地下地上留有极其丰厚的文物遗存，特别是茅山东西两侧更是江南土墩墓分布最为密集的地区。在2004年工程动工之初，省考古研究所就成立了调查小组对公路所经地域范围进行了考古调查和勘探。

宁常、镇溧公路一线的地貌是丘陵岗地和密布的河湖，植被繁密，在2004年盛夏的7、8月份，考古队员穿行跋涉在密不透风、虫蛇出没的深草茂林之中，克服了一切困难，抓紧时间进行考古调查和勘探工作，在短时间内就完成了一份内容翔实的调查报告和文物保护规划，提交给江苏省文物局和省高速公路指挥部。

40座土墩墓大抢救　经过文物部门和公路建设部门的协商，2005年4月1日，由省文物局统筹管理，成立了专门的文物保护领导小组、专家组和办公室。发掘工作由南京博物院主持，南京市博物馆、镇江博物馆、常州博物馆、南京大学、南京师范大学，以及句容、溧水、金坛、溧阳文管办和博物馆等单位共同参加，并从全省其他地市博物馆和考古队抽调了多名专业人员，共有120余名专业人员，分别组成10支考古队，对公路沿线所发现的文物点进行大规模的考古发掘。这是自20世纪土墩墓发现以来，江南地区发掘规模最大、参加人数最多的一次考古会战。

2005年4月初，土墩墓的发掘工作正式拉开了帷幕。发掘前，有过土墩墓发掘经验的老同志向考古队员们介绍了以往发掘的经验和教训，大家也查阅了已发表的土墩墓发掘报告和研究文章，归纳出了发掘中要注意的诸多学术问题。为了保证考古工作的科学性和严谨性,领导小组专门发文到各考古队,强调这次考古工作必须严格执行国家文物局颁布的《田野考古操作规程》,并针对土墩墓发掘的特殊性制订了系统发掘原则和详细具体的要求。为什么以往的土墩墓研究会存在那么多不同的看法？土墩墓墓葬形制究竟是怎样的？是平地掩埋？还是挖建墓坑？土墩堆筑营建的过程如何？面对即将发掘的复杂多样而又神秘难测的土墩墓,年轻的考古队员内心涌动着探求的欲望,怀着拨开迷雾的热情,带着问题,带着思考,汇聚到考古工地。

开工不久,问题很快就出现了,有的土墩表土层揭去便露出了成堆的器物,不见人骨或葬具,也没有墓坑,这群器物是不是墓葬的随葬品？江南酸性土壤中的人骨和木质葬具是难以保存的,而且根据以往资料,存在着平地掩埋的葬俗,在这样的情况下判断确认墓葬的标准是什么？考古队员们经过认真的思考认为,这类不见人骨和葬具、也没有墓坑的单个或成群器物,还是采用"器物群"这样一个描述性的概念比较妥当。器物群越出越多,其埋藏也呈现多种不同的方式,有放置于层面之上的有位于地层之中的,有挖坑埋藏的,还有加盖独自封土的。器物群中器物的数量多少不等,从1件到20多件,器类有炊器、盛器、食器。

铲刮土墩的平面和刨面是考古队员每日必操的功课。2005年5月5日,一个雨后阴沉的下午,句容浮山果园考古队员照例在东边山1号墩的东北部铲刮平面,一块长方形夹杂褐色土粒的红褐色土显露出来,形状很规则,应该是一个遗迹。考古队员先解剖北面的一半,一个拍印有席纹的硬陶器出现了,继续清理,放置在东侧和南面的硬陶坛、夹沙红陶鼎、泥质灰陶盆……一一呈现在面前,坑壁很清晰,底部也是与填土差别较大的灰黄土。这个遗迹的性质是什么？下一步的发掘将揭示它的秘密。

在之后的一段时间里,考古队员在土墩的西北、东北、西南部陆续发现了型制相似的12座墓,更让大家惊喜的是,在其中6座墓朝向墩心的一端均发现了人牙和人骨的形态。直到5月21日在土墩中心发现并确认带有墓道的主墓,14个小墓围绕中心主墓的向心结构完全展现在大家面前,主墓头向朝南,小墓的头向均朝向中心。这是土墩墓考古发掘30多年以来第一次发现这样的墓地结构,这种墓地结构对于当时的社会组织结构的研究显然是不可多得的资料。

一个多月过去了,5月底的协议期限转眼就到了,高速公路的路基已经铺到了墩脚,高速公路指挥部询问的电话一个接着一个,可复杂的遗迹现象却使考古队员们放慢了发掘的速度。气温一天一天升高,似火的骄阳毫无遮挡地照在土墩上,铲刮的平面几分钟就被骄阳晒得白花花一片。土质和土色的区分是判断遗迹现象、划分地层的主要依据,怎么办？盖草帘、洒水又成了必不可少的功课。6、7月份的茅山地区连续43天滴雨未下,考古工地附近的小池塘干涸了,水只能从很远的大塘挑,往往是一个土墩发掘完成,到底挑了多少担水,考古队员和民工都难以计数。就是在这样艰苦的环境中我们的考古队员一遍遍地铲,一遍遍地刮,浮山果园、寨花头、周岗的发掘显示了与东边山1号墩类似的墓葬排列形式,发掘进行到这里,可以确认土墩墓存在着墓葬排列的向心结构。

进入8月份,干旱总算过去了,但是台风"麦沙"、"云娜"又频频肆虐,一场狂风暴雨过后,隔梁、坑壁坍塌了半边,地面上留下了横横竖竖的水沟,墓坑满是积水,看夜小棚子的塑料布被撕裂……考古工作又多了排除积水、清理塌方和淤泥的任务。

原计划5月底结束的野外发掘工作一直持续到9月中旬。在持续5个多月的野外发掘中考古队员经历了长期干旱和台风的洗礼,调查发现的46座土墩墓,除被高速公路建设彻底破坏的6座外,实际发掘土墩墓40座,共清理墓葬233座、祭祀器物群(坑)228个、丧葬建筑10座,出土文物3800余件,野外发掘工作取得了前所未有的成功。

破解江南土墩墓迷雾　专家学者用"土墩墓的具有里程碑意义的发掘"和"基建工程中考古工作的样板"来评价这次发掘工作,并从课题意识、考古发掘方法的突破和学术上的进步与突破三个方面予以肯定。

首先是课题意识。基建工程中的考古发掘受到时间紧、任务重等多种主客观因素的影响,多是粗放式的,发掘质量普遍下降已是困扰考古工作的难题。而此次土墩墓的发掘,在时间紧,经费未到的情况下,仍严格按照田野考古工作规程，用科学的态度，当作一个学术课题来做，思路明确，取得学术上的突破，堪称“基建工程中考古工作的样板”。专家认为，这种课题意识和科学的精神应大力提倡。

其次是发掘方法上的突破。发掘在坚持地层学的基础上，引入了埋藏学，将两者结合，不仅解决了层位问题，而且还原了青铜时代江南土墩墓的营造过程，发现了许多重要的遗迹现象，丰富了江南土墩墓的内涵，是2005年前为止土墩墓个案最为详细、完整的一批资料。发掘中普遍采用的四分法和探方法是切实可行的有效方法。

这次发掘在土墩墓的形制结构、丧葬习俗等诸多方面取得新的突破，不仅廓清了长期以来学术界对土墩墓的一些模糊认识，同时也为江南地区青铜时代的社会结构和土著文化，土墩墓的源流、分期与分区，以及土墩墓的保护和利用等重大课题的深入研究提供了翔实的第一手资料。其学术的突破主要有：

一是进一步确认一墩一墓与一墩多墓现象并存。土墩墓自1974年第一次发掘以来，在考古界一直存在着是“一墩墓”还是“一墩多墓”的争议。2005年这次发掘可以确定的一墩一墓有3座，一墩多墓有28座，一墩多墓的现象明显较一墩一墓普遍。

二是首次发现一墩多墓的向心布局结构。一墩多墓土墩的墓葬布局方式多样，其中向心结构布局方式较为特别，与中原及周边地区的墓地布局有着显著的差别，具有浓郁的江南土著特色，在土墩墓考古中也是首次发现。向心式布局即在土墩中心墓葬周围的不同层面安葬的多座墓葬头向均朝向中心墓葬。

三是首次发现土墩墓中存在堆土掩埋与竖穴土坑的墓葬。以往学术界普遍认为，作为先秦时期有别于其他地区的特殊葬俗的江南土墩墓一般没有墓坑，采用堆土掩埋、平地起封的特殊方式安葬。这次发掘的40座土墩共清理墓葬233座，绝大多数均有墓坑，同时在很多墓葬中还发现了人牙和人骨腐痕，这在中小土墩墓考古发掘中尚属首次，不仅从另一个方面佐证这些竖穴土坑就是墓葬，而且为江南地区青铜时代土著居民的人类学研究提供了宝贵的科学资料。

四是发现了多样的墓葬建筑。以往的土墩墓发掘中，仅有一些墓葬建筑的零星发现，这次发现的有关墓葬与祭祀建筑，不仅数量多，而且形式多样。在40座土墩中有9座墩子发现了14座丧葬建筑，包括墓上和墓下的建筑，由基槽、两面坡的棚子、石床等部分组成。有的还有通往墓葬的小路，在棚子上再堆土成丘。墓下建筑是建在中心墓葬的下一层、墩子基础层面上的建筑物，这类建筑一般位于墩子中心，建在中心墓葬的正下方，与中心墓葬没有直接关联。

五是首见墓地界域。发掘中有一座土墩有明显的界墙和护坡，一座土墩有土垄，这在土墩墓发掘中首次发现。界墙和土垄起到确定墓地四至的作用。在另两座土墩中发现护坡堆积，其功用可能与界墙、土垄相似。没有明显界墙、土垄的土墩，其基地的界域与墩子的基础范围大体一致，墩子堆积包括墓葬和祭祀器物群等活动基本在基础范围内。在墩子基础铺垫完后，墓地的范围也就确定了。这些说明土墩作为墓地在建造之初就有了明确的规划。

六是明确土墩墓营造过程。土墩的营造大致经历这样一个过程：首先平整土地，再在其上铺垫1～3层土，形成土墩的基础，现有资料显示基础完成，也就确定了墩子的范围，即确定了墓地的范围；在基础的中心部位建造中心墓葬及相关建筑，封土形成最早的坟丘。也有在土墩中部生土面或基础面上建造中心墓葬，以后不同时期在坟丘上堆土埋墓，或进行祭祀活动，在一定时期后再进行一次封土，停止埋墓和祭祀活动，完成该土墩的经营过程。

确立了土墩墓在青铜时代的地位　宁常、镇溧高速公路的土墩墓考古发掘受到社会各界的广泛关注，新华社、中央电视台、江苏电视台、镇江电视台、常州电视台、句容电视台、金坛电视台、《新华日报》《解放日报》《扬子晚报》《南京晨报》《金陵晚报》《现代快报》等新闻和网络媒体以及《中国国家地理》《中国文化遗产》等杂志进行了大量的宣传报道。这项考古发掘还得到了学术界的广泛赞誉。2005年5月，国家文物局原局长、考古专家组组长黄景略率领考古专家组部分成员来到浮山果园考古现场指导发掘工作；2005年6月，国家文物局局长单霁翔来考古现场检查发掘工作；2005年8月，日本国橿原考古所专家来浮山果园考古现场观摩发掘工作;2005年12月,故宫博物院原院长、考古专家组副组长张忠培率部分专家组成员考察茅山周边土墩墓群,参观了在句容市博物馆的文物修复整理现场。来自国内外的领导、专家对本次发掘以及土墩墓遗存的重要性给予了高度评价,并对土墩墓的进一步保护和展示提出了意见。

此次考古发掘的成果,2005年年底被中国社会科学院评为当年"全国六项重要考古新发现",确立了其重要的学术地位。2006年5月8日"2005年度全国十大考古发现"评比工作开始,此次考古发掘的总领队、省考古研究所副所长林留根率队奔赴北京,向专家组汇报发掘工作的成果。5月9日晚,参加评比的专家组成员一致认为:江苏句容、金坛周代土墩墓群考古以明确、翔实、可靠的田野考古学资料确立了土墩墓在中国青铜时代考古学中的地位,对研究商周时期中原文化和江南土著文化的关系、中华文明的一体化进程等重大课题具有重要意义,同时为推动江南土墩墓的保护提供了最新的价值判断和学术支撑。从全国申报的400余个考古项目中脱颖而出,一举荣获"2005年度全国十大考古发现"。新华社等各大媒体对此进行了大量的报道,确立了土墩墓在青铜时代的重要地位。

土墩墓的保护任重道远　土墩墓是江南地区青铜时代独有的墓葬形式,是江南地区分布最广、保存最好、最为典型、最具土著文化特色的周代文化遗存。但是,土墩墓的保存现状令人担忧,经历了70年代"农业学大寨"运动和90年代的盗墓狂潮洗劫,土墩墓遗存飞速减少。与此同时,随着大规模经济建设的浪潮,在砖瓦场、水泥厂、开发区、高尔夫球场、高速公路、乡村公路建设的机器噪声包围下,土墩墓每年以数百个的数量在消失……

面对新时期出现的新问题,应该如何保护土墩墓,将是人们思考的一个重要问题。根据1989年镇江博物馆和华东师范大学地理系遥感考古调查,仅镇江市句容、丹阳、丹徒二市一区范围内就有土墩墓3000多座,加上南京、常州、无锡所辖市县,苏南地区的土墩墓总数应该在5000座上下。分布最为密集的区域主要集中在句容、金坛、丹徒境内。在句容的春城和浮山果园一带,有上百座土墩墓集中分布的小区域有数十处。

对苏南地区的土墩墓确切数量还没有一个完整的统计数据,必须通过大规模的区域考古调查来对土墩墓进行普查。对所在位置进行卫星定位,对每个土墩进行登记建档,内容包括保存状况、现存高度与底径、植被覆盖情况、周边环境、面临破坏和威胁的情况等。

对句容、金坛和丹徒境内集中分布的土墩墓群,应该划定保护区和保护范围,将它们纳入到大遗址保护体系之中,与各市县乡镇的经济发展和社会发展规划相融,加以有效保护。以群体保护带动单体保护。在对土墩墓群进行调查的基础上,选择2—3个典型土墩墓进行保护性科学发掘,对家族墓地的结构予以揭示,并保存发掘现场,有的墩全部揭示,有的以半个解剖,有的局部解剖,在墩上覆盖大棚。修建遗址博物馆,以遗址博物馆带动周围土墩墓群的整体保护,提高各地文物保护意识,由此带动分散土墩墓个体单体保护。

考古发掘不是目的,发掘的目的是为了更加充分了解土墩墓的文化价值,从而推进文物保护。在苏南地区,特别在茅山的东西两侧,山峦起伏、丘陵连绵、水库湖泊众多,山林植被茂密,具有丰富的自然资源和旅游资源。土墩墓的家族墓葬行制对中国汉代的家族墓地、日本弥生时代的坟丘墓和古坟时代的古坟都产生过深远的影响。多年来有许多日本、韩国学者到苏南地区对土墩墓进行考察,土墩墓保护对促进东亚地区的考古学和文化交流具有重要意义。此次土墩墓的发掘,不仅丰富了江南土墩墓的内涵,而且在土墩墓的形成结构、埋葬习俗等诸多方面取得了重要突破。特别是一墩多墓的向心结构布局,与中原及周边地区的墓地布局有着显著的差别,具有浓郁的江南土著特色,为深入研究青铜时代江南土墩墓的葬俗和社会结构提供了非常珍贵的考古学资料。

土墩墓是记录2500年前中国文化多重因素、多元结构、多样内涵的特殊文化遗存,也是见证中华文明一体化进程的重要文化遗产。有效保护和充分利用土墩墓是每个考古人,也是全社会所有的人不可推卸的责任。(此文原载于《句容市志(1986—2008)》)

二、现代墓葬

1. 墓葬概况

中华人民共和国成立前，句容习以棺木入殓土葬。1966 年建火葬场，推行火葬。但农村的火化率很低，有的公社火化率只有 7%，1983 年以后火化率逐渐上升。1997—2013 年，全市的火化率一直保持 100%。

2. 墓葬建筑

土坟墓 土坟墓与古代墓无多大区别。只是坟墓形状按河南人、本地人有所区别。祖籍来自河南的移民，其墓形似长三角，句容本地人的坟墓则是圆锥形。20 世纪 90 年代后，有一些墓主后代则用混凝土砌出大半坟体，防止坟体塌陷，便于祭祀活动。

公墓 有单人公墓和双人公墓。每个墓穴包括骨灰盒存放处、墓碑、祭扫处等，其价格则根据墓体大小、地点、朝向不同而定。

1998—2013 年句容市部分乡镇(单位)公益性公墓一览

表 6－1－3

名称	建设时间	占地面积(亩)	所在乡镇(单位)	墓穴数量(个)	具体地址
陵岗公墓	1998－09－04	11	郭庄镇	600	甲山村、东岗村
林场公墓(2001 年更名为林源公墓)	1999－05－23	10	后白镇	3000	老林场荒地
仙鹤山公墓	1999－05－20	2	下蜀镇	4500	六里村龙王山
浮山公墓	1999－05－21	10	天王镇	50	浮山村张山荒坡
荷花塘公墓	1999－03－26	9. 50	华阳镇	3000	施家边村
龙山公墓	1999－03－26	3	大卓乡	50	大卓龙山
放马岗公墓	1999－04－19	2. 50	三岔乡	2000	乡政府西侧
茅山桃花园公墓	1999－04－26	10	东进林场	500	林场荒废地
桃花山公墓(2001 年更名为铜山公墓)	2002－04－26	15	宝华镇	600	铜山村桃花山
百鹤山公墓	2002－04－18	120	开发区	5000	赤岗村百家山岗坡
仙人山公墓	2002－05－23	5. 50	春城镇	300	芦杆村仙人山
赤山公墓	2002－08－01	5	郭庄镇	620	赤山荒地
龙山墓园	2003－04－21	15	宝华镇	4000	宝华镇南片
南山公墓	2004－03－04	15	宝华镇	600	鸿堰村东山小组
西山公墓	2005－03－23	7	春城镇	450	丁庄村
西城公墓	2006－05－22	10	后白镇	700	西城村
新华公墓	2006－06－01	15	郭庄镇	300	刘巷村西地
老虎山公墓	2006－07－12	25	华阳镇	200	石狮
朱甲坟公墓	2006－12－05	7	茅山镇	100	袁巷村西秋沟

骨灰存放室(房) 有个体骨灰存放墓亭和群体骨灰存放室。个体骨灰存放墓亭，其作用类似墓，造型似亭屋，其内一般两层，有门并装锁。死者骨灰盒在下葬之日存放其间。骨灰存放墓亭上部似亭，覆琉璃瓦，四角是翘角；底部一般呈长方形，边长在 1～2 米之间，其造价在千元至万元不等。骨灰存放室是群体性的骨灰存放场所。其内部主体是条格式的骨灰存放墙，每座骨灰存放墙有若干个骨灰存放框格，供存放死者骨灰及遗像照片。每到清明扫墓，死者亲人都要去祭扫故人。1986 年，县主管部门支持乡镇建安息堂，是年底，全县有骨灰存放室 5 个。

第三节　石　刻

一、兽刻

1. 古代兽刻

多为“辟邪”(神兽),也有石羊、石马等。早期兽刻为墓葬的一部分,为少数达官贵人或富有家庭为死者“辟邪”、守灵;同时也显示地位的一种方式。现位于句容经济开发区石狮沟村东的梁南康简王萧绩墓石刻,名“辟邪”,当地人称为“石狮”,1956 年列为文物保护单位,1982 年列省级文物保护单位,1988 年列为国家级文物保护单位。萧绩是南朝梁武帝萧衍第四子,天监八年(509 年)封为南康简王,卒于大通元年(527 年)。萧绩墓石刻遗存石狮和石柱各一对。东西对称,翘首昂视,用一块整石雕成。体长 3.70 米、宽 1.50 米、高 3.48 米,连埋入土中的基座共 4.45 米,每只重 25 吨,是中国现存南朝陵墓石刻中最宏伟的一处。石狮姿态雄伟,张开方型巨口,上下唇边各露出两颗显赫的牙齿,口中伸出长舌垂至胸际、上唇两端叠隆、正中圆鼻突兀、鼻孔撑张、双眼环睁,威武有神,两边自上而下刻有旋卷的毛纹,身有双翼,四肢硕大粗壮,足分五爪,骨节历历分明,长尾下垂抵基座,昂然作迈步前行之状。在石狮以北 21 米处有一对石柱,亦称华表,柱首罩有一圆盖,成仰复莲花座,座上有一小“辟邪”,柱基刻二龙衔珠图案,上立爪棱形石柱,石柱高 6 米多,二柱上部各嵌有一块神道碑额,碑文是“梁故侍中中军将军开府仪同三司南康简王之神道”,字迹清楚,楷书端正。

2. 现代兽刻

石狮　有的像麒麟,有的像狮子。大多放在单位门前,显得威严,同时也有吉祥、避邪的用意。此类石刻最多。据 2013 年句容市区单位不完全统计,就有 28 处。

图 6-3　石狮

2013 年年底句容市区石狮(麒麟)情况一览

表 6-1-4

时间	坐落单位	坐落地点	备注
1994 年 10 月	华阳镇政府	华阳镇政府大院门前	共 2 只石狮
1995 年	汉庭快捷(句容)大酒店	汉庭快捷(句容)全国连锁店前	共 2 只石狮
1995 年	市石油公司	石化大楼前	共 2 只石狮
1996 年	市农村商业银行	农商行办公楼前	共 2 只石狮
1996 年	市建设银行	华阳东路建行综合楼前	共 2 只石狮
1997 年	亚龙宾馆	宁杭路亚龙宾馆门前	共 2 只石狮
1997 年	江苏太平洋化工集团	太平洋大酒店前	共 2 只石狮
1997 年	市水利农机局	市水利农机局办公楼前	共 2 只石狮

2013年年底句容市区石狮(麒麟)情况一览

续表6-1-4

时间	坐落单位	坐落地点	备注
1998年	市地税局	市地税局办公楼前	共2只石狮
2000年1月	市中国银行	市中国银行办公楼前	共2只石狮
2001年10月	市自来水公司	公司大院门前	共2只石狮
2002年5月	市民政局	市民政局办公楼前	共2只石狮
2004年9月	葛仙观	葛仙湖公园内	共2只石狮
2004年8月	市卫生局	市卫生局办公楼前	共2只石狮
2005年12月	市政府	大圣塔四周	共96只石狮
2005年8月	市食品药品监督局	华阳南路局办公楼前	共2只石狮
2008年1月	市政府	市行政中心办公楼前	共2只石狮
2008年9月	曙光国际大酒店	曙光国际大酒店主楼前	共2只石狮
2009年	市江苏银行	华阳东路江苏银行营业部门前	共2只石狮
2012年	大润发超市	大润发超市楼前	共2只麒麟
2013年	市农业银行	市农业银行办公楼前	共2只石狮
—	神牛集团	神牛集团办公楼前	共2只石狮
—	市交通银行	华阳东路交通银行门前	共2只石狮
—	财政局	华阳东路财政办公楼前	共2只石狮
—	市房管处	市房管处办公楼前	共2只石狮
—	海柏大酒店	海柏大酒店主楼前	共2只石狮
—	大众商务宾馆	北大街大众商务宾馆门前	共2只石狮
—	自来水安装公司	洪武路自来水安装公司办公楼前	共2只石狮

图6-4　石象

石像　坐落在市区东进路御东国际小区，建造单位为御东国际小区房产开发商。2011年8月建成，石像为2座，每座石像高1.60米，其中底座长2.40米、宽1.50米、高0.39米、石像约10吨。

石海马　位于崇明西路民生银行办公楼前，2013年落成。石海马由民生银行出资建造，共6只。

二、碑刻

1. 记事文碑刻

1982年，在城镇第一小学发现宋徽宗书"大观圣作碑"，可惜仅存有"……明人伦……举不孝不……弟为悌善内……"等残片，中楷。笔画细瘦，为"瘦金书"。茅山顶宫（九霄万福宫）坎离宫门两侧砖壁间各镶嵌石碑1通，东为清代道光二十八年（1848）修复灵官殿、龙王殿香火炉捐助银两者功德碑，西是清代所立的石碑，碑上刻有明末清初陈凤梧游茅山所做3首诗。《茅山九霄宫天炉铭碑》，康熙九年（1670年）二月立，行书，笪重光撰书，高 2.39 米，宽 0.98 米；《建造大殿记碑》，道光十年（1830 年）立，楷书，高 1.30 米，宽 0.73 米；《重建太元宝殿碑记》，光绪十六年（1890）立，楷书，长 1.64 米，宽 0.93 米。近现代记事（文）碑刻众多。如"奠基"碑刻；反映某重要建筑过程的记事碑刻。2005 年 12 月落成的复古建筑——大圣塔工程，有名人余秋雨亲笔作序的《大圣塔碑记》，有《句容大圣塔重建记》碑刻；还有 8 块捐款 500 元以上姓名的功德碑。

2. 墓碑刻

自古至今皆有。一般墓碑刻是后人或家人所立。其内容大致有：逝者生卒年月；逝者姓名；立碑者姓名、身份；立碑时间等。此类碑刻一般是后人或家人对逝者的怀念；也便于清明等节日祭扫等。个别墓碑刻则有记事刻的功能。民国 5 年（1916 年），康有为在上海做过 60 岁生日后便来到茅山，为其母劳氏选择迁葬墓地，并在其母坟前立了一块石碑，详细记载了康有为的家世情况及康母一生含辛茹苦抚养子女的经过。该碑有很高的书法艺术和史料研究价值。中华人民共和国成立后，句容县人民政府对抗日战争和解放战争中英勇牺牲的烈士墓进行修缮，为烈士立碑纪念。1952 年，句容县政府对位于行香镇徐村王庄东南的巫恒通烈士墓立碑两块。一块碑正中刻写"生的伟大死的光荣"8 个大字，横批为"永垂不朽"，右边"巫恒通烈士纪念碑"，左边为"一九五二年四月四日苏南全体人民敬立"；另一块石碑正面为"巫恒通烈士之墓"7 个大字，背面为墓志，全文 342 字，记载巫恒通烈士身负重伤被俘，在敌人狱中从容对敌、大义凛然、光荣殉国的经过，颂扬烈士忠于党和国家的民族气节和伟大革命精神。是年，县政府还为徐明烈士、肖国生烈士立碑刻文，记载烈士的英勇事迹，弘扬烈士的革命英雄主义精神。1983 年，春城乡人民政府为柳流烈士迁坟建墓立碑。1991 年。句容县团委、葛村乡人民政府为王妞妞烈士迁坟建墓立碑。

图 6-5　大圣塔底座四周的石栏

三、石栏

有石桥栏、石围栏等。2005 年 12 月落成的复古建筑大圣塔，第一层四周建有东南西北上塔楼梯口，都建有汉白玉石栅栏，总长约 335 米，石栅栏上雕有 32 只石狮，葛仙湖建造的 3 座小桥，两边都配有石桥栏。

图 6-6　石灯塔（大圣塔处）

四、石灯塔

位于复古建筑大圣塔四周，有大小两种，大的高约 2.50 米，小的高约 1.60 米。基座为 3 个逐步缩小的 8 边形石座组成，中间为 8 边形石柱，上部为 8 边形灯座，每边有多个石孔，顶部为翘角、螺旋式塔尖。大圣塔四周共有 12 个（其中大的 8 个、小的 4 个）石灯塔石刻。

五、石牌坊

2013 年，全市现有石牌坊 12 座，其中市区 6 座，茅山风景区 3 座，华阳、宝华、天王各 1 座。（详见本章"牌坊"节）。

六、石刻画

1. 龙腾图

位于葛仙湖公园的大圣塔基四周,共4块,分别在大圣塔塔基东、南、西、北四门登步台阶中间。每块龙腾图石刻画长6米、宽4米、厚(高)0.15米,分别由江苏友联房地产开发有限公司许桂生、江苏正大集团雷圣华、江苏崇明置业有限公司韩永喜、句容华阳房地产开发总公司吕立友捐赠。2004年10月建成。

2. 九龙图

位于茅山道院元符万宁宫露天老子铜像前,长18.27米,宽3.43米,1998年11月落成。

第四节　雕　塑

一、古代雕塑

古代雕塑大多与宗教信仰有关。据史料记载,东汉明帝永平年间(58—75年),在大茅峰顶建石坛、石屋、石像祀三茅兄弟,称"三茅真君"。西晋咸宁年间(275—279年),县城建义和寺,内就有菩萨塑像。在唐宋时期,茅山道教兴盛,道观建筑众多,茅盈、茅固、茅衷三兄弟等道教重要人物的塑像遍布大小道观。明代江西贵溪县人徐九思,在句容任知县9年,85岁临终前曾呼"茅山",当时句容人对这位知县感恩戴德、无以为报,就在茅山建造一座"遗爱祠",立徐九思塑像,把徐九思当作神来供奉。中华人民共和国成立前,全县大小寺、庙、庵、院近500座,这些寺、庙、庵院中供有佛教人物塑像。一些村里的土地庙,都供奉土地老爷的神像,这些塑像,大都为泥塑,也有石塑等其他材料塑像。

二、现代雕塑

1. 寺院、道观雕塑

1992年,宝华山隆昌寺大雄宝殿重建佛台,重塑雕像,并经中国佛教协会会长赵朴初居士倡议,将香港大屿山天坛大佛模像迎请大殿供奉。天坛大佛系南京晨光机械厂为香港大屿山木鱼峰宝莲寺制造天坛大佛时留下的模型,用强力石膏制作,外贴金箔5720张,体量为香港天坛大佛像的五分之一,高5.24米、加上0.60米的莲花座及2米高的佛台,佛像发髻距地面高达7.84米。

1998年2月落成的老子神像工程,总投资1200万元,老子神像由南京晨光机械集团完成建造。老子神像高28米,基座5米,用226块紫铜板焊接而成,重106吨,坐北朝南。该工程入选上海《大世界吉尼斯世界纪录》。

2. 街头广场雕塑

七女托星雕塑　位于华阳东西路与华阳南北路的交汇中心转盘。长宽均2米,高2.30米。1994年由句容县土地管理局出资建造,2008年2月因中心转盘道路改造而拆除。

"升华"雕塑　位于新世纪广场西南角主入口处。为新世纪广场建筑的一部分。该雕塑为红色底座,主体由不锈钢制作,最下面的银色的圆球代表地球,中间是一只展翅飞起的"银鸟",飞向宇宙天空。上面两只金球,代表宇宙星球。整个雕塑象征着:句容奋发向上的精神和决心。底周四周是一个圆形喷水池,紧靠着水池四周是不规则的铺装地。"升华"雕塑1999年10月建成,2013年年底雨润投资建设的欢乐城城市项目而拆除。

百福球雕塑　百福球雕塑建于2012年,位于句容华阳东路与东昌路相交的丁字路口。雕塑材质为钢结构,球形,周身镶嵌尺寸大小不一、由不锈钢锻制成的"福"字上百个,字体有行、楷、隶、草、仿宋、魏碑等。镂空的球体中间有一水玲珑球，球体水蓝色，夜晚可发光，直径4.50米。雕塑安放在华阳东路东端、东昌中路东侧小广场中央，四周绿树环绕。雕塑的方形底座四面镶有浮雕墙，四块浮雕分别以装饰字体“禄、寿、喜、财”为中心，饰以神话人物和民间喜庆场景，画面丰富生动。浮雕的材质采用花岗岩整块雕塑。

图6-7　福球

图6-8　葛洪雕塑

葛洪雕塑　位于玉清广场北侧，为玉清广场建设项目的一部分。整个葛洪雕塑高3米，其中底座高2×2米。葛洪雕像坐北朝南。雕像两侧由各长14米的雕刻画廊组成。葛洪为句容籍人，东晋道教理论家、炼丹家、医药学家。《晋书》誉葛洪著述富于班（固）、马（司马迁）。茅山道院的九霄万福宫、元符万宁宫、葛仙观、市中医院楼前广场都有葛洪的塑像。

“拥抱明天”雕塑　位于郭庄集镇，2000年建成，“拥抱明天”由时任中共江苏省委副书记顾浩题写。该雕塑高3米，其中底座0.80米，同时，“拥抱明天”雕塑广场落成，占地7000平方米，为郭庄集镇居民休闲、健身之场所。

“马踏飞燕”雕塑　位于五里墩转盘。2006年由旅游局建设。该雕塑由四层组成，第一层为长方体，红色，用白体字刻有“中国优秀旅游城市——句容”及时间字样；第二层为梯形，刻有中国优秀旅游城市的标志；第三层为圆球体；第四层为奔跑的骏马。

和平鸽雕塑　位于华阳北路与宁杭路交叉的三角地带

3. 企事业单位内雕塑

纪念雕塑　郭纲琳，句容人，就读过句容县中，民国26年（1937年）牺牲于南京雨花台。2001年，省句中为郭纲琳烈士建雕塑像。

徐明，浙江海宁人，曾任句容县书记，茅山工委书记兼新四军茅山留守处政委，民国35年（1946年）4月17日在句容二区北塘村东山上突围中英勇牺牲。2001年12月26日，经句容市政府批准，在徐明烈士牺牲所在乡镇，行香中学增挂徐明综合教学楼校牌，在学校徐明烈士纪念广场，竖有大理石雕塑的徐明半身雕像。

巫恒通，句容人。抗日战争中，巫恒通投笔从戎，组织抗日武装，后任新四军新三团团长，苏南第五行政区专员公署专员兼句容抗日民主政府县长。民国30年（1941年）9月6日，巫在突围中负伤被捕，在敌人狱中巫恒通拒医绝食，于是年9月14日壮烈殉国。2003年，句容市民政局在句容市烈士陵园内，竖巫恒通、郭刚琳两尊烈士半身铜像，铜像高1.20米，玫瑰色大理石底座高1.50米，两位烈士安详地凝视远方，庄严肃穆。

主体雕塑 企事业单位所追求的目标式主体精神，通过主题雕塑来反映。2001 年 6 月，市自来水公司建成“金色年华”雕塑，该雕塑位于洪武路与华阳西路交叉路口、市自来水公司办公楼前。雕塑高 7.30 米，宽 2.50 米，用不锈钢制成。“金色年华”寓意句容市自来水公司走过了 40 年，是最年富力强、发展最快的时期；同期，市自来水公司第二水厂内建成“希望之光”雕塑；还在第二水厂水质监测中心小院内，建成“雄鹰”雕塑。该雕塑高 3.50 米，翅展 2.20 米，用花岗岩制成，“雄鹰”寓意供水事业发展苍劲有力，大有作为。

2001 年 10 月，江苏华阳金属管件有限公司在位于华阳北路与福地路交界的公司大院内，建成“管件”雕塑，该雕塑用不锈钢建成，高 5 米以上。

2001 年 9 月，江苏省句容高级中学，在位于文昌东路南侧学校校园内，建成“学海泛舟”雕塑，该雕塑高约 3.50 米，用不锈钢建成。

2002 年，句容市三中位于西侧玉清路东校园边，用花岗岩材料建成高约 2 米 6 座雕塑，取名为“高尔夫球”“棒球”“铅球”“射击”“舞蹈”“阅读”，主题寓意为“广泛开展课外活动，增强师生体质”。

2011 年，句容市实验小学在位于人民路北侧的学校校园广场前，建成铜质的“竹简火炬善字”雕塑。其寓意来之其学校校训：做一个善良的人，做一个善学的人，做一个完善的人。

名人雕塑 华阳镇中心小学为激励学生好好学习，天天向上，于 2011 年在校园主干道两侧，建成 12 座名人雕塑，号召师生向名人学习看齐。

2013 年华阳镇中心小学名人雕塑情况一览

6－1－5

建造时间	名称	主题含意	高度	材料
2011 年	居里夫人	人必须要有耐心，特别是要有信心。	1.80 米	玻璃钢
	思格斯	有所做为是生活中的最高境界		
	高尔基	经常不断的学习，你就什么都知道。你知道越多，你就越有力量。		
	孔子	学而时习之，温故而知新。		
	屈原	路漫漫其修远兮，吾将上下而求索。		
	爱因斯坦	一个人价值应该看他贡献什么，而不应当看他取得什么。		
	贝多芬	智慧勤劳和天才，高于显贵和富有。		
	列宁	只要愿意学习 ，你就一定能学会。		
	闻一多	我们倒不怕承认自身的“弱”，愈知道自身弱在那里，好尽力加强它。		
	茅盾	人生的路上本是布满荆棘，但是，成功者用希望之光照亮了他的旅途，用忍耐的火烧净了那些荆棘		
	李四光	知识是重要的，但是道路的重要性，并不亚于知识的本身		
	李时珍	窥天地之奥而达造化之极		

4．科技产品雕塑

句容市美人鱼公司从 2003 年开始进行北京圆明园十二生肖兽首的创作，于 2007 年 11 月仿制，研制成全套十二生肖实物，并得到圆明园专家的肯定，与圆明园管理处签订正式合作开发销售十二生肖系列协议。同时，在市科技局的指导下，共为“十二生肖兽首”外观设计申请 24 件专利，分大小两种造型，大造型为十二生肖头部，其形态端正、大方；小造型为十二生肖全身，其形态活泼、优雅。兽首的制作按照图文资料仿制，造型独特，工艺精湛，2008 年 11 月 1～3 日，北京市圆明园管理处和句容市美人鱼公司联合在南京国展中心展出全套“圆明园十二生肖兽首”，是继北京、广州、深圳后的第 4 站。

附:句容市现代雕塑中心简介

著名雕塑家赵春明(川岳)先生于1991年10月在南京创立春明现代雕塑有限公司(南京现代雕塑中心),随着公司规模及实力的发展壮大,先后在南京、北京、句容等成立了江苏川岳雕塑工程有限公司、北京春明现代雕塑有限公司、句容市现代雕塑中心等一系列有影响的雕塑公司。2001年成立的句容市现代雕塑中心,位处于句容市南大门转盘西南角,随着句容市城市化水平的不断提高及基础设施发展,句容市现代化雕塑中心已成长为全国最大的雕塑生产及展示基地之一,占地25亩,雕塑展示精品300余尊,美化了环境,得到了市场的欢迎与认可。

"求真尚美、务出精品、致力卓越"是该公司的追求。公司成立24年来作品遍布全国,在各类大型雕塑展评及竞标中多次获奖及中标,受到客户及社会各界的广泛赞誉,努力推动了雕塑的普及发展,被行业内外誉为"艺术走向市场的典范"。现公司为全国城市雕塑建设指导委员会委员单位、全国知名的雕塑设计及制作企业。公司商标"现代风车"为中国著名品牌、南京市著名商标、全国雕塑产品公证十佳品牌。

图6-9 现代雕塑(现代雕塑有限公司)

第五节 亭 阁

一、古代亭阁

清乾隆《句容县志》记载名亭:

爱山亭:在县城后圃,旧名秀阴堂,宋绍定四年(1231年),县令吴琪重修,又名爱山堂。后废,明景泰三年(1452年)县令浦洪重建,改名爱山亭。

纪绩亭:在县城前十字街,明景泰年间(1450—1456年)县令浦洪建,竖立修砌街道功绩学士幸宽碑记在内。

碧严亭:在海江山下,庆云洞东,有宋相史浩隶书榜至今犹存。

九锡亭:在华阳洞南侧,内有九锡碑石柱篆刻书弟子综锴敬谒华阳洞天等语。

曲水亭:在华阳观西北岭际喜客泉支流逶迤而下,冬春不绝,游赏者以流觞传饮。

清光绪《句容县志》载:"南朝梁天监15年(516年),商旅渴乏,在句容通道掘井、建亭15个。"句容到下蜀,亭子是15个之一。民国38年(1949年)4月23日句容解放后,建亭子乡,隶属句容县第九区,1958年成立人民公社取名亭子公社,1983年取消人民公社,又改为亭子乡,直到2001年亭子乡与下蜀镇合并为下蜀镇,才取消亭子乡名,但亭子村名以及自然村上亭子、中亭子、下亭子名称仍保留延续。

据清光绪《句容县志》载,旧时颇有名的亭:御碑亭,在龙潭镇之南,武圣庵(原宝华乡政府所在地)前,康熙四十二年(1703年),康熙皇帝南巡时豁免。以前地丁银粮万民感戴遂建亭,以志不忘,亭四角高丈余,还有刻"皇恩浩荡"的字碑,解放后已废;揽江亭,在龙潭镇之西,黄龙山巅,在亭上能俯视长江,清道光十七年(1837年)知县钱兆麟刻石其上,民国初年尚存;多景亭,仑山高东泉所筑,其友某题写多景亭诗。清末已废。

图 6-10 葛仙湖公园亭

二、现代亭阁

2013 年，句容境内大小亭阁 54 座，葛仙湖公园 6 座、崇明公园 4 座、茅山风景区内 4 座、第二自来水厂内 9 座、下蜀镇 3 座、其他分布在建制镇、景点区、开发区、活动广场，建造时间是民国至 2013 年，其中多数改革开放后。

民国 11 年（1922 年），商人陈磬裁在茅山道观抱朴峰建"磬裁亭"，亭正面（即东面）额题"赤龙蟠玉印"，说明此亭为一方玉印，赤龙即为大茅峰至龙尾山形似巨龙之意。亭北面墙上刻有"磬裁第二亭"五字。磬裁亭在抱朴峰山偏东、盘山公路右侧，为一钢筋混凝土方亭。亭顶建成印把形。今沿公路上九霄万福宫，总能在公路右侧见到磬裁亭。

碑亭，现在茅山道院元符万宁宫内，1991 年重建。此亭为钢筋混凝土仿古建筑，飞檐翘角，古朴典雅，亭内竖助建元符宫者的姓名和款额的石碑，故又称功德碑亭。

三台阁 始建于明崇祯十二年（1639 年），位于城西鸣鹤山（今瓜子沟村），三层砖木结构，阁中有一匾为"兆文明焉"，以期振全县之文运。主建人为南京提督学政（又称督学）金兰。清康熙五十五年（1716 年）阁倾倒圮废。雍正十二年（1734 年）乡绅集资在原址改建为 5 层石塔。嘉庆初年移到西关龙虎桥重建。咸丰年间毁于战火。民国 16 年（1927 年），句容教育界名人黄执礼等人发起了集资重建，并延请国民政府主席谭延闿题书"三台阁"额匾。民国 17 年（1928 年）春建成的三台阁，阁形似塔，高约 15 米，底约 100 平方米，每层四周有走廊护栏。阁前建平房 6 间，设有图书馆、名众学馆。"文化大革命"中被拆除。2004 年，市政府在葛仙湖公园东侧重建了三台阁。阁占地 7540 平方米，建筑面积 500 平方米，仿明清风格，外观与黄鹤楼较为相似，阁名仍为谭延闿所提"三台阁"三字。阁的东北角有附房 3 间，四周广场占地 2000 平方米。

附：三台阁来历

它始建于明崇祯十二年（1639 年），是时任县督学金兰为振兴句容文运而建的一座塔形楼阁，但它最初并不在此地，而是坐落在句容城西的鸣鹤山上。

图 6-11 新老三台阁

金兰是浙江会稽人，明代万历年间进士，崇祯十一年（1638 年）奉命到句容任督学之职。其时，句容已有 10 年的时间文运不振、科名寥落，据说是因为“容水西流，下沙单薄，势不可无一砥”，即句容的风水出了问题。通过亲自勘察，金兰认为：从东面、北面发源的水系汇集于鸣鹤山，然后合而为一入秦淮河，最后汇入长江。由于鸣鹤山恰好是两方面水系的交汇处，山凹则水直流而去，山凸则成二水环抱之势。如此一来，从风水方面就弄清楚了句容文运不振的原因，解决的方法便是“崇庳益高，以作气势”，即加高地势，镇守住不断随水流西去之句容文运，可行的做法便是在鸣鹤山上兴建一座阁楼。

据《晋书·天文志》载：“三台六星，西近文昌二星曰上台，三台皆与文昌相比切者也。因祀阁中，兆文明焉。”三台，是一个天文历象名词，为二十八星宿中太微垣的一个星官，共包括六颗星，按西方天文星象来说，则为大熊座的 Ι、κ；λ、μ；ν、ξ。分为上、中、下三台，两两相依，西边靠近文昌的两颗星为上台，主管人的寿命，中台掌管宗族家室，下台掌管兵事。文昌本来为古代天文学二十八星宿中紫微垣的星官之一，也包括六颗星，按照西方星象亦属于大熊星座。后来随着科举考试的发展，文昌星官逐渐与四川地区的梓潼神合而为一，称为科考士子尊奉之文昌帝君。三台与文昌在方位上接近，主管方面恰好又是传统社会士子所重视之身、家、国、文，缘此之故，这阁楼唤作“三台阁”。阁内奉祀文昌帝君、关圣帝君、金兰像，文武相配，寓意科考士子须文武并重、全面发展。三台阁的建设经费全靠乡绅捐助，不耗官银，不劳民财。阁楼建成后非常壮观：高 53 尺，三层均有檐，檐下四周为回廊，每层的八个大窗使得阁楼敞亮剔透。凭高望远，层峦叠嶂，美不胜收。

当年三台阁尚未完全建好，士子杨琮芳就高中进士（1640 年），之后接连有杨森、孔弘度分别考取文武进士。后王祚远所作《督学金公德政碑记》称其“为二百年来所仅见，岂非阁之灵，公之功?”意指三人之高中进士为 200 年来仅有之事，是句容科举考试史上的大事，而这都要归功于三台阁之修建与督学金兰。坊间亦有谚曰：句容宝塔是支笔，三台阁为笔架，郭西塘（现葛仙湖）仿佛砚台。三台阁与句容宝塔、郭西塘并称为句容文运三具象，可见三台阁在句容文化史上的地位。鉴于三台阁的灵气，不只是句容，溧水、高淳等地的秀才赴考时都要到三台阁来上香祈愿。

人们注意到，三台阁修建时，大明王朝已处于风雨飘摇中，岌岌可危。数年之后，满人入关定鼎中原。三台阁躲过了战火的破坏，却在康熙五十五年（1716 年）遭到损坏，人们只好将文昌、关帝二君像移至县儒学，金兰像移至青云观奉祀。雍正十二年（1734 年），原阁得以重建。此后三台阁又经历了数次损毁与重建，民国时期最终定于句容城西的龙虎桥。

伴随着科举考试的废止，三台阁由科考士子的精神寄托逐渐化为句容人心灵深处的精神符号。民国 16 年（1927 年），在乡贤黄执礼与杨仲杰的倡议下，各界赞助，在龙虎桥重建三台阁。建筑式样依旧，只是这一次重建多了一样宝贝，这便是民国政要谭延闿所书的墨宝阁名“三台阁”。众所周知，谭延闿是民国初年的风云人物，另外他的书法亦非常了得，为“民国四大书法家之一”，工于颜体楷书，被誉“民国至今，学颜者无出其右”，相传时人以得其只字片纸为荣。此次三台阁的复建，也恰巧赶上了中国的多事之秋，中华大地已陷入遍地烽火的境地，三台阁也数次被征用，可谓命途多舛。最终，在“文化大革命”中，三台阁又一次遭到损毁，被彻底拆除。

三台阁虽被拆除，但是并没有淡出人们的记忆。2004 年，句容市政府在葛仙湖公园内重建了三台阁，它连同大圣塔、华阳书院、葛仙观共同组成了一道靓丽的文化风景线。

第六节　塔

一、大圣塔

位于句容县城寺街巷内，因供奉大圣僧迦僧像而得名。该塔原为木塔，北宋元祐八年（1093 年）改建砖塔，七级飞甍，八面玲珑，檐牙装有响铃。民国 15 年（1926 年）遭火焚，1970 年 5 月被拆除。2001 年，句容市委、市政府从传承历史文化、发展旅游事业、建设城市标志性工程角度出发，顺应民心，决定在葛仙湖公园内重建大圣塔。该塔于2002年4月28日奠基，2005年12月26日竣工，总投资2800万元，（其中社会各界踊跃捐款600多万元），占地面积910平方米，建筑面积3600平方米，高81.80米，9层塔体为混凝土结构，其外观承宋代旧制，平面呈正八角形，每层四周设敞开式外廊，内设电梯和步行梯，塔周围建有4800平方米的广场和石雕牌坊1座。登上塔顶可俯瞰市区全貌。

图6-12　新旧大圣塔

附：大圣塔重建纪略

大圣塔是历史渊源　崇明寺位于句容城区寺街巷内，为句容城最早的寺院之一。大圣塔位于崇明寺大圣塔院内，原为木塔，因安奉大圣像，故名大圣塔。宋元祐八年（1093年）始建砖塔，七级飞耸，八面玲珑，塔基为八角形，从下到上逐层渐收，每层外塔檐伸出，塔壁厚度2米左右，塔顶装有铜葫芦，塔八角挑檐有钟形乐铃，风吹灵动，其声如万马奔腾。细心人常以铃声而辨别天气，若铃声怒吼，则大雨而至。外塔每层铺有长方形条石。一半在塔壁内，一般在塔壁外，周围以红色栏杆绕塔一周，一至五层的外塔壁上嵌有铁柱佛像。内塔基层有千手佛一尊。

大圣塔建成近千年，经历了历史的风霜和几多灾难，民国以前几多修缮。一度成为句容城的标志，被誉为“容城八景”之一。历代名人登临大圣塔，无不欢喜赞叹，留下设立许多绝美的诗句。如明代检查御史戴仁一首吟大圣塔的诗曰：“盘旋石磴护雕栏，七级巍巍力可攀。西北仰瞻高九陛，东南俯视小诸山。循环日月檐楹外，缥缈烟云窗户间。忆昔提名曾籍此，叫开阊阖叩天关。”

民国15年（1926年）塔旁贫儿院扩建新院，将建筑木材、藤条等堆放在塔基内。由于塔基比较宽大，木工房及临时瓦工宿舍都设在其内，夜间瓦木工集赌争吵输赢，推倒桌子，打翻油灯，引着刨花，烧着了木材藤条等物，熊熊大火势不可挡，瓦木工束手无策，逃之夭夭，千年古塔惨遭火焚。据目击者回忆，时值秋末冬初晚上7点多钟，火势凶烈，映照了句容城的整个天空，居住在宝塔附近的居民，个个胆战心惊。以后美丽壮观的宝塔再也没有整修。1969年12月，省革委会批准句容拆除危在旦夕的大圣塔；1970年句容县革委会组织人工进行拆除，在地宫中发现碑一通、石函一套五层及贴金银佛一尊，均上缴南京博物院保管。

重建大圣塔的设计工作　2001年，市委、市政府顺应民意，提出整体规划建设葛仙湖公园，并重建大圣塔，引起了广大市民的极大关注。市政府成立大圣塔重建工程指挥部，下设募捐组。工程建设组、综合组，并及时开展紧张有序的工作。

经过多方考察，大圣塔的图纸设计工作由镇江市建筑设计研究院负责，由国家一级注册设计师颜兵主持。重建大圣塔的设计本着既尊重历史，又不拘泥于历史的原则，按抗八级地震的要求，采取现代建筑方法和古代建筑方法结合，塔身用钢筋混凝土结构。各层挑出平座。在平座上设回廊，仿宋代彩绘。

塔身九层八面，仿宋代楼阁式塔，台基呈平面八角形，外饰汉白玉栏杆，台基下建有地宫，放置碑铭、镇塔之宝。各层层檐以灰黑色琉璃瓦覆顶，翘角下挂铜风铃。塔的内部空间充分体现了现代化功能要求，内部承重结构采用钢筋混凝土框架结构，内柱呈圆形，外柱也为圆形。内部有宽敞的大空间，设有电梯、步行梯(上下分开的两处楼梯)。既能反映建筑的伟岸、古朴，又能反映新时代建筑设计水平，满足广大游客登高远眺，俯瞰葛仙湖公园全景及全城风貌。

重建大圣塔设计总高度81.80米，其中，台基4.80米，塔身66.8.米，塔刹10.20米，占地面积910平方米，建筑面积2959平方米，其中地宫198平方米，基座740平方米、1层333平方米，2层230平方米，3层210平方米、4层208平方米、5层198平方米、6层188平方米、7层178平方米、8层168平方米、9层159平方米、天宫140平方米。大圣塔占地910平方米，寓示1093年建塔到2003年历经910年；底径20.02米，以纪念重建2002年开工建设；平均对径13.85，米，代表句容1385平方公里土地；塔刹上的6个铜环，代表句容60万人民。

大圣塔重建总造价2800万元，建筑面积3600平方米，周围有4800平方米广场和全石雕牌坊一座。

重建大圣塔的建设工作　重建大圣塔于2002年4月28日上午隆重奠基后，对塔基础部分进行了打桩加固。同时，大圣塔重建指挥部印制了2万份“重建大圣塔缘起”，并制定了捐赠优待办法，向社会公开了捐赠热线。因重建大圣塔得民心、顺民意，全市人民纷纷捐款助建，一些在外经商的句容籍成功人士，得到这一信息后，也慷慨解囊，深深表达着他们对家乡大圣塔的情结。经过网上公开招标，重建大圣塔由浙江东阳木雕古建有限公司承建，该公司是国家一级古建企业。现场监理由句容市监理所承担，5名技术人员日夜轮班，把好建设质量关。2003年12月主体封顶，2005年10月全面竣工。2005年12月26日，市委、市政府举行大圣塔竣工仪式。市委书记李亚平讲话，重建大圣塔“是全市人民和社会各界关注的一件大事，也是我市宗教文化事业发展的一件喜事，更是我市历史文化遗产保护与开发的一件喜事”。副市长刘晓东介绍工程建设情况，副市长卢道富主持竣工典礼，市长尹卫东和其他“四套班子”领导出席竣工仪式。

大圣塔工程被评为镇江市“金山杯”工程和省优“扬子杯”工程。

大圣塔是宋代以来句容市(县)的重要景观，不仅是人们烧香敬佛之地，还是登临远眺的佳处。恢复重建这一历史景观，是改革开放后句容市各届领导的想法，也是全市人民的梦想。历代名人盛赞大圣塔，移居外地的句容人更是把它当做故乡的标志。近年来，上海崇明县许多句容移民来本市寻根问祖，无一不寻找大圣塔的遗迹。建成后的大圣塔、三台阁、葛仙观、华阳书院将在葛仙湖公园留下一个美丽的历史传说，即大圣塔是笔，三台阁是笔架，葛仙湖是砚台，华阳书院是宣纸。以大圣塔为中心的葛仙湖公园将成为集儒、道、释为一体的旅游亮点，对带动句容旅游业兴盛，提高城市文化品位意义深远。

二、句容实验塔

位于句容市五里墩东2公里处(丹句路旁)，坐落在华阳镇吉里行政村，塔高215米，底部直径25米，顶部直径8米，塔身为全钢筋混凝土结构，总造价840万元，建设单位南京第14研究所，建造时间1998年。

第七节 隧(洞)道

一、隧洞

从20世纪70年代后,县内开始建筑隧洞,大多是在水库和机电灌区渠道上,洞内以砖石衬砌,防止冲刷。全县共建成隧洞22座,计长6016米,其中最长的是北山水库东干渠石山头隧洞,长1200米。其次,北山长江提水站蟠龙岗隧洞长631米。一般的100~300米。最短的40米。

图6-13 隧洞

图6-14 宁常高速—茅山隧道

二、隧道

宁常高速公路(沿江高速)茅山隧道是句容市境内唯一的公路隧道,途经茅山风景区。为最大限度减少茅山生态植被破坏,宁常路建设部门采用隧道方式穿越。茅山隧道单洞长1628米,按双向分离式6车道标准建设,跨度14.75米,是全省跨度最大的隧道。设计遵循2004年3月1日开始执行的新《公路工程技术标准》,多项技术指标较前有所提高。茅山隧道围岩条件差,以二、三类围岩居多,且埋深浅、跨度大。同时,隧道设计时考虑到完善的环境保护措施,对施工提出了较高的要求。为减少公路建设大开大挖对生态环境的破坏,茅山西隧道下行线进口段采用盖挖法施工,施工方法安全、环保。2005年开工建设,2007年8月完成隧道的全部施工,9月全线通车 。

第八节 涵 洞

一、桥路涵洞

清光绪《续纂句容县志》载,县境内有桥梁159座。1961年公路普查,通车公路上桥梁59座、823.50米,涵洞107道。1964年农村桥梁调查,共有农桥482座4760.60米,农桥中有石板桥187座、石拱和砖拱桥137座、木桥140座、水泥混凝土桥18座。解放以后,水利建设在专用线与机耕大道上建桥213座,计4317.30米(不含建在养护公路上的桥19座515.5米),涵173道。在农田基本建设中,共建桥418座、涵洞2208道。在水库和机电灌溉区建桥682座,涵1829道。沪宁铁路在县境内桥梁26座、涵洞27道。各类桥梁共1897座、涵5900道。

1986 年,全县养护公路平均每公里有 4 道涵洞,有管涵、拱涵、箱涵 3 种。1986 年后,一些老公路在加宽、改建后,涵洞数量明显减少,如原宁杭公路,1986 年有涵洞 174 道,每公里达 3.40 道。至 2002 年,104 国道句容境内仅有涵洞 65 道,每公里仅 1.44 道。涵洞的减少,不利于防洪排涝。

新建公路仍然很重视涵洞建设,如高速公路句容段,每公里有涵洞 5.40 道,312 国道句容段每公里有涵洞 3.30 道。

2008 年,全市管养普通公路共有涵洞 918 道。

二、水利涵洞

赤山湖、沿江圩区原有老涵一般孔径在 1 米以上,用条石和砖砌成,有方型或拱形,在外口增设木板插槽(即双插槽涵门),以利启闭排灌。水库、机电排灌站的渠系配套多用钢筋水泥预制管涵,以利引灌。1985 年全县统计水利建设的大小涵洞 4498 座,其中孔径 0.5 米以上 341 座。

1986—2008 年,全市(县)在中沟、支渠以上的水利工程上共建有大小涵洞 105 座,其中中小型水库配建涵洞 39 座。截至 2008 年,全市共有 920 座,其中建在主要河道堤防上、孔径 0.60 米以上的涵洞 118 座,中、小型水库配建涵洞 113 座。除二圣水库低涵以外,过水能力 10 立方米每秒以上的涵洞 8 座,分别为朝阳坝涵洞、三益闸涵洞、赤山撇洪沟涵洞、后倪涵洞(南涵)、前莘涵洞(高涵)、陈家埠涵洞、吕家园涵洞、上阳涵洞。另外,倒虹吸也是涵洞的特殊形式。倒虹吸工程建设不多,规模也不大,截至 2008 年年底,全市共建成倒虹吸 52 座,其中内径在 1 米以上有 9 座。

第九节　牌　坊

一、已毁牌坊

1. 名人坊

状元坊在县城废巷口,为大学士李春芳立;

同胞大魁牌坊,为翰林院检讨孔贞时文渊阁大学士孔贞运建;

书锦牌坊在县治东南隅,为吏部尚书曹义立;

大宗伯牌坊在县治南,为太常卿王暐立;

大中丞牌坊在县治南,为都御史王暐立;

总宪牌坊在县治东南,为廉使杨沔立;

都宪牌坊在县治西门内,为都御史王敬民立;

父子恩荣牌坊为提督四省都御史王敬民立;

绣衣牌坊在县治东南承仙乡,为御史曹銈立;

绣衣牌坊在县前大街口,为明成化十一年(1475 年)进士御史汤鼎立;

绣衣牌坊在县治寺街口为参议许彦忠立;

节孝牌坊在县治中街为太仆卿张明熙母徐氏建。

2. 进士坊

在县治东南隅,为明永乐七年(1409 年)进士刘濬立;

在县治东南隅,为明永乐十六年(1418 年)进士张铭立;

在县治西南隅儒学西,为明正统四年(1439 年)进士张谏立;

在县治北门内,为明永乐二十二年(1424 年)进士徐晋立;

在县治东北观音堂巷,为明成化五年(1469年)许鬲立;
在县治东北移风乡,为明永乐十三年(1415年)进士高志立;
在县治东北凤坛乡,为明永乐十三年(1415年)进士谢璘立;
在县治南崇德乡,为明正统十年(1445年)进士张绅立;
在县治东南承仙乡,为明景泰二年(1451年)进士曹景立;
在县治南承仙乡,为明承化十一年(1475年)进士曹澜立;
在县治西南上容乡,为明永乐十六年(1418年)进士周礼立
在县治北龙潭镇,为明弘治三年(1490年)进士赵钦立;
在县治北龙潭镇,为明弘治三年(1490年)进士杨钺立;
会魁坊在县治南承仙乡,为明承化二十年(1484年)进士倪纲立。

3. 举人坊

青云坊在县治大街,为明宣德元年(1426年)举人刘能立;
登云坊在县治监巷东,为明永乐十八年(1420年)举人胡谅立;
步云坊在县治东寺街口,为明景泰元年(1450年)举人王韶立;
云梯坊在县治南城隍庙,为明天顺三年(1459年)举人石坚立;
世科坊在县治南儒学西,为明成化元年(1465年)举人张恪立;
登科坊在县治十井巷,为明天顺六年(1462年)举人胡汉立;
四桂坊在县治西门,为明天顺六年(1462年)举人戴仁、胡汉、曹澜、李澄立;
登瀛坊在县治西北隅,为明永乐十五年(1417年)举人曹暹立;
观光坊在县治大街东,为明永乐九年(1411年)举人陈逊立;
文魁坊在县治北、八字桥东,为明正统十二年(1447年)举轸居辅立;
棣萼联芳坊在县治北八字桥东为明成化十九年(1483年)举人居居辅立;
凌云坊在县治三思桥东,为明景泰元年(1450年)举人华祯立;
雄飞坊在县治南承仙乡白云里,为明成化元年(1465年)举人王璿立;
经魁坊在县治南政仁乡,为明成化二十二年(1486年)举人徐钦立;
登科坊在县治南福祚乡,为明弘治二年(1489年)举人鲁钺立;
桂籍流芳在县治南崇德乡,为明成化七年(1471年)举人凌傅立;
步云坊在县治北龙潭镇,为明景泰七年(1456年)举人苏润立;
飞腾坊在县治北龙潭镇,为明天顺六年(1462年)举人李澄立;
经魁坊在县治北凤坛乡,为明宣德元年(1426年)举人朱玑立;
经魁坊在县治北凤坛乡,为明宣德元年(1426年)举人潘延立。

4. 杂坊

市中街牌坊在县治大街新楼巷口;
昇仙街牌坊在县治大街马槽巷口;
崇义街牌坊在县治大街寺街口以上,为知县浦洪立;
三思桥牌坊在县治大街税课局西;
句容桥牌坊在县治北八字桥以上,为知县刘义立;
为善最乐坊在县治崇明寺前,为僧会心豫立;
蓬莱真境坊在县治青元观前,为道会侯太古立;
集庆街坊在县治东门内。

二、现存牌坊

1. 市区现存牌坊

葛仙观灵星门牌坊　灵星门牌坊位于葛仙观最南端,2004 年 9 月竣工。牌楼为柱式 3 门型,两中柱为方形,柱上端圆柱形并雕有祥云、飞龙等,牌坊底为 4 块青石方型石墩,4 柱分别立于其上。牌坊的正门楣上有"灵星门"3 个大字,两侧石柱上刻有楹联一副,即:"江南古邑物华天宝;葛仙故里人杰地灵。"北面石柱上也有楹联一副,即:"临湖依观华阳圣境;左释右儒三教圆融。"灵星门牌坊为石刻,是香港一湾圣坛刘绚强、杨镜湖先生捐赠。

大圣塔广场牌坊　大圣塔广场牌坊位于大圣塔南广场南部,2005 年 12 月建成。牌楼为柱式 3 门型石刻,柱为方形,柱上端为重檐庑殿式,筒瓦型亭,四角上翘,有雕龙、祥云石刻,两中间石墩为 1.83 米×3.40 米,两边石墩为 1.80 米×3 米,4 个石墩高 1.41 米;中门宽为 5.50 米,两个边门宽各为 3.50 米。牌坊的南面正门楣上有"人杰地灵"四个大字。中门两侧石柱上刻有"横卧仙湖汇华阳天宝;高耸圣塔聚福地灵气"的楹联。侧门柱上刻有"湖畔生金辉;塔台浮紫气"的楹联。牌坊的北面正门楣上有"有容乃大"四个大字;中间正门两边石柱刻有"葛仙湖藏蛟龙容百家诸子,大圣塔呈瑞气聚八方群英";两侧门石柱上刻有"塔从福地起,运从天上来"的楹联。

东门牌坊　东门牌楼位于市区东大街东段(老城墙东门旧址处),新建,2010 年 9 月落成。牌楼为柱式 3 门形石刻。柱为方型,柱上端为重檐庑殿式,筒瓦亭型,四角上翘,有龙凤石刻,4 个底座长各 1.8 米,宽各 0.80米,高各 0.16 米,4 根石柱为长方体(0.7 米×0.65 米)。底座上端、石柱下端有高 1.80 米的帮衬。牌坊中门宽为 8.20 米,两侧门宽各为 2.80 米。牌楼西面正门楣上有"东门"两个大字,中门两侧石柱上刻有"东迎旭日,泽古邑千家福祉;门纳吉祥,增容城万户金辉"的楹联。牌坊东面正门楣上有"紫气东来"四个大字,中门两侧石柱上刻有"大道展雄风,窗含紫气三千丈;新城呈秀色,门外江南第一山"的楹联。

鲜鱼巷口牌坊　鲜鱼巷口牌坊位于市区东大街西部与北大街交汇处东端,原鲜鱼巷口处。新建,2010 年 9 月落成。牌坊为柱式 3 门型石刻。4 个底座长各 1.80 米、宽各 0.80 米,高各 0.16 米的石墩。4 根石柱为长方体,底端为 0.70 米×0.65 米,石柱下端有高 1.80 米的帮衬。牌坊中门宽为 8.20 米,两侧门宽为 2.80 米。牌坊西面正门楣上有"鲜鱼巷口"四个大字,中门两侧石柱上刻有"万古美楼,方信鲜鱼多妙道;千年艳慕,始知善水不罔谈"的篆体体楹联。牌坊东面正门楣上有篆体"鲜鱼巷口"四个大字。中门两侧石柱上刻有"旧街火树银花,万花犹带六朝韵;新城流光溢彩,七彩同辉百姓家"的篆体楹联。

四牌楼牌坊　位于市区中山路与东西大街交汇处东侧。新建,2010 年 9 月落成。牌坊为柱式 3 门型石刻。柱上端有四根雕有祥云图案的圆形石柱,4 个底座长各 1.80 米、宽各 0.80 米、高各 0.16 米的石墩;4 根石柱为长方体,底端为 0.70 米×0.65米;石柱下端有高 1.80 米的帮衬。牌坊中门宽为 8.20 米,两侧门宽各为 2.80 米。牌坊西面正门楣上有"四牌楼"三个大字。西面中门两侧石柱上刻有"历千载沧桑,名邑长留千古韵;迎四方商旅,春风永驻四牌楼"的楹联。牌坊东面中门两侧石柱上刻有:"四牌楼人文润色繁华市;五福地岁月凝香锦绣图"的楹联。

图 6-15　四牌楼牌坊

致远门牌坊　位于市区西大街与羊角山路交汇处东侧。新建,2010 年 9 月落成。牌楼为柱式 3 门型石刻。柱为方形,柱上端为重檐庑殿式、筒瓦型亭,四角上翘,有龙凤石刻。4 个底座长各 1.80 米,宽各 0.80 米,高各 0.16 米;4 根石柱为长方体,底端为 0.70 米×0.65 米,底座上端、石柱下端有高 1.80 米的帮衬。牌坊中门宽为 8.20 米,两侧门宽各为 2.80 米。牌坊西面正门楣上有"致远门"三个大字。中门两侧石柱上刻有"句曲老街,一轴古时风俗画;容城新貌,千张当代上河图"的楹联。中门东面两侧石柱上刻有"出入此门,脚下全沾福地灵气"的楹联;往来古邑,眼中尽览名城风采。

2. 茅山风景区牌坊

石墩头牌坊 位于常溧公路 67.50 公里处。石墩头牌坊为 3 门重檐庑殿式,钢筋混凝土结构,贴浅灰色大理石。中门宽 11.50 米,高 6 米,中门顶重檐庑殿式紫色筒瓦,两中柱为 1.50 米方形,高 8 米。两侧门各宽 3.50 米,侧柱顶为紫色筒瓦亭型,全高 7 米,门额题:"江苏茅山风景名胜区"。

西山门牌坊 位于茅山镇句(容)石(墩头)公路与后(白)茅(山)公路交叉口东约 200 米处。1992 年建成,钢筋混凝土结构。中门宽约 5 米,两侧门宽各约 2 米;两中柱高 8.50 米,两侧柱高 8 米。坊顶斗拱托檐。中额书"茅山"两字,并刻有二龙戏珠浮雕,是茅山风景区的西山门进口。

茅山胜境牌坊 位于九霄万福宫景区入口处。该牌坊为汉白玉石质,中额题"茅山胜境"。牌坊四柱三门,柱顶均刻有小石狮。中门宽 4 米,高 4 米;两侧门宽为 2.80 米,高 3.50 米,分别题额"洞天""福地";两中柱高 7 米,边柱高 6 米。

顶宫三天门牌坊 1986 年 5 月建成,位于大茅峰最高点(372.5 米)。三天门牌坊高 6 米,门宽 2 米,坊面正额刻"三天门"3 字,石柱两侧石刻"修真句曲三峰顶""得道华阳八洞天",为原全国道教协会会长黎遇航的手书楹联。坊柱顶刻有石兽,相传为三茅兄弟得道成"仙"飞升之处。

印宫玉华门牌坊 1998 年建成。民族古典式,牌坊顶层为庑殿型 3 层重檐,12 条斜脊,尖角上翘;4 只石狮,踞于柱下,庄严华丽。牌楼全高 12 米,中门宽 6 米,高 5 米,两侧门宽 2 米、高 3 米。门额正面中间为"众妙之门",两侧为"洞天""福地",背面中额"紫气东来",两侧为"明道""立德"。正背中柱均有楹联。

睹星门牌坊 原为宫内道士观星望气之处。始建于宋代,重建于元末,毁于清代。现存建筑为 1986 年重建。为一石砌牌坊,睹星门宽 21.80 米,中有 3 门,正门额石刻"睹星门"3 个红字,原为元末上清第 46 代宗师王天嵩所书,现为原中国道教协会会长黎遇航书。门宽 3.20 米,两侧旁门各宽 1.80 米。4 根石柱柱顶雕刻青石云头盘龙柱。中间两根高 7.50 米,石刻为宋代原雕,两侧两根为元代雕刻。北侧石壁上,西刻"第八洞天",东刻"第一福地",共 8 个 1 米见方正楷大字,为清代书法家王澍于清雍正六年(1728 年)所书。睹星门牌坊位于元符万宁宫(印宫)。

印宫三天门牌坊 该牌坊位于印宫 3 米高的万寿台上,南面题额石刻"三天门",北面题额石刻"万寿台"。两立柱高 6.50 米,门宽 2 米。在高 3.40 米门头上,横梁底层石刻二龙戏珠,二层为门额,三层石刻 5 只仙鹤,顶层为石雕歇山门顶。两根立柱,在横梁上为石雕盘龙柱,上承石墩和莲花石座,各高 0.40 米,柱顶为一双相对而视的坐狮石刻。柱上刻有楹联。三天门始建于南宋,明嘉靖、清乾隆年间两次重修,太平天国战争和抗日战争期间均遭不同程度破坏。1992 年重建。

3. 其他牌坊

宝华山国家森林公园牌坊 位于宝华镇东 312 国道旁南侧。新建,1998 年 10 月落成。牌楼为钢筋混凝土柱式 3 门型仿古装饰。柱上端为重檐庑殿式,筒瓦型亭,四角上翘,有龙凤镶嵌。边门两侧有古式建筑小屋,相称对应。牌坊中门宽为 7.20 米,两侧门宽各为 3.30 米,柱宽为 0.80 米。牌坊背面正门楣上刻有"宝华山国家森林公园"9 个大字,东侧边门楣上刻有"萧梁古寺",西侧边门楣上刻有"宝华叠翠"。

华阳镇新坊村东牌坊 该牌坊位于老宁杭路(104 国道)新坊路口处,2011 年落成。该牌坊高 10 米,边 3.85 米、总宽度 14.80 米,中门宽 6.80 米、边门 2.50 米。

该牌坊为钢筋混凝土柱式三门型仿古建筑,中额书"新坊"两字。柱础 1.20 米,中门柱础较长,柱础之上除 1.50 米的帮衬外,东西两边各设 0.70 米高的石狮 1 对。东面主柱两边石柱上刻有"民欣岁岁安居乐业""国盼年年锦上添花",边柱刻有"东风骏马阳光道,春水朝辉小康家"。西面主柱刻有"千声颂乐歌功著，一卷宏图举业新”；边柱刻有“明脍有人间客，柳絮倒影湖中鹅”。楹联均为篆体阳文。

华阳镇新坊村西牌坊　该牌坊位于243省道新坊村西路口，2011年落成。牌坊总体尺寸与村东牌坊相同，为方柱重檐庑殿式三门仿古建筑。中额隶书“新坊”。西面主柱两边刻有“观山访道闻香寻酒，驻马停车知味有馀”；边柱刻有“花迎酒客客先醉，草见贵宾色更青”。东面主柱刻有“紫气东来远眺茅山秀色，祥云普照近观赤湖风光”；边柱刻有“松竹梅岁寒三友，桃李杏春风一家”楹联均为隶体阴文。

第十节　纪念碑

一、苏南抗战胜利纪念碑

苏南抗战胜利纪念碑位于句容市茅山镇望母山山巅，茅山新四军纪念馆东。张爱萍题写“苏南抗战胜利纪念碑”碑名。1995年9月1日为纪念抗日战争胜利50周年，举行揭碑仪式。中共江苏省委书记陈焕友和南京军区副政委兰保景剪彩，张爱萍发来贺电。

纪念碑宽6米，高36米，须弥座高3.13米，寓意镇江市全市中共党员31.30万人；碑身高28米，寓意新四军1、2两支队来自南方八省健儿；碑前317级、宽16米台阶，分6组，每组50级，寓意抗日战争胜利50周年；6组零17级，寓意新四军卫岗处女战初战告捷的日期为6月17日，空心碑体用钢筋混凝土浇筑，碑阴刻有纪念碑文，碑两侧各建1亭。

建碑总投资110余万元，省政府拨款50万元，镇江市属中共党员31.30万人为建碑交纳特别党费60万元，全国各地200余名抗战老战士为建碑捐款数万元。纪念碑后立有碑捐款光荣榜。捐款单位有句容、武进、宜兴、溧阳、金坛、溧水、丹阳、丹徒、扬中、江宁、高淳、润州、京口等13个市县区党委和政府及江苏省、镇江市、句容市有关单位，抗战老战士名单有曾涛、段焕竞、熊兆仁、王直、欧阳惠林等95位。

图6-16　苏南抗战胜利纪念碑

“纪念碑下放鞭炮，纪念碑上吹军号”为苏南抗战胜利纪念碑增添神奇色彩。1997年秋冬之季，有人在纪念碑下燃放爆竹，无意间发现爆竹响后，纪念碑上空传来“的的嗒”的军号声，这一奇特现象迅速名震八方。声学专家考察其成因认为“既有茅山主体山谷的回声与纪念碑空体的共鸣作用，也有人文历史的思想意识影响”。

附1：苏南抗战胜利纪念碑碑文

一九三八年五月奉中共中央之命，新四军东进苏南敌后，建立以茅山为中心的苏南抗日根据地。在陈毅、张鼎丞、谭震林、粟裕等领导下，五万子弟踊跃参军，浴血战斗五千余次，毙伤俘敌四万多名，七千将士壮烈捐躯，其勋劳业绩，彪炳史册。值抗战胜利五十周年之际，特立此碑，永志不忘。

中共镇江市委　镇江市人民政府　敬立

一九九五年九月

附2：世界一绝——碑下放鞭炮，碑上响军号

1997年除夕，茅山村民李东贵燃放鞭炮时偶然发现，鞭炮声过后，山谷中的回声极似清晰的军号声，引

图 6-17　新四军小号手雕像

起人们极大兴趣。关于“军号声”当地流传有传说：抗战时曾有个 16 岁的小号手牺牲后就葬在茅山脚下，警觉的小战士英灵就像听到战斗的枪声，便奋力的吹响军号。2006 年 3 月下旬，上海《大世界吉尼斯纪录》总部派出专家组现场验证和研究，4 月 3 日作出验证结论。专家组对纪念碑发生现象作出如下物理解释：由于塔碑采用空心结构，当在纪念碑台阶下用单次声（如鞭炮、发令枪等）脉冲激发，声脉冲射到碑体下方的台阶上，再次形成反射回的音调的变化。由于每段台阶的坡度不同，因而从各段反射回的音调发生变化，到达时间上也有所差别，形成了不同音符的连奏成军号声的效果；即使在中轴线上 1 公里以外的地方，仍可清晰听到所奏出的音符；所奏出的音符与“军号声”极为相似，不但与纪念碑建造地抗日斗争中牺牲的小号手传说不谋而合，而且与纪念碑的主体相吻合，堪称天下“奇闻”。因而最终将其确定为“世界单次上脉冲声击发产生音符最多的建筑”而被列入《上海大世界吉尼斯纪录》。

2007 年 12 月 27 日，著名导演冯小刚曾来茅山宣传电影《集结号》，专程去吹响剧中未吹响的“集结号”，同时也在纪念碑前缅怀抗战英灵，纪念那些逝去的英雄们。

二、韦岗战斗胜利纪念碑

1985 年建成。纪念碑位于镇（江）句（容）公路西侧丹徒、句容两县交界处的高骊山南麓，是民国 27 年（1938 年）6 月 17 日粟裕率领新四军先遣支队一部挺进江南首战胜利所在地。碑高 25 米，顶端是一支古铜色步枪模型，象征新四军刺破青天锷未残的气势。碑座上方的红旗表现了陈毅名句“故国旌旗到江南”的意境。底座正面浮雕刻有新四军袖标（N4A）和 1938. 6. 17 字样；背面浮雕再现首战告捷军民齐欢庆的胜利场景。右侧镌刻陈毅诗文：“弯弓射日到江南，终日喧呼敌胆寒；镇江城下初遭遇，脱手斩得小楼兰。”左侧镌刻粟裕诗文：“新编新四军，先遣到江南；卫岗斩土井，处女奏凯还。”

碑身正面“韦岗战斗胜利纪念碑”碑名，为郭化若将军题写。

附：韦岗战斗胜利纪念碑碑文

一九三七年七月七日，卢沟桥事变爆发，日本帝国主义占领平津后，八月十三日，又大举进攻上海，发动了全面侵华战争。是年十二月十三日，南京失陷，江南大好河山沦于敌手。日寇到处烧杀掳掠奸淫，暴行累累。江南人民奋起抗敌，救亡图存。

在中国共产党的倡导和全国人民的要求下，国共两党实现了第二次合作，南方八省红军游击队组成新四军，开赴抗战前线。新四军军部遵照中国共产党中央的指示，从第一、二、三支队所属的第一团至第六团中各抽调一部分干部战士，组成以粟裕为司令员的先遣支队，于一九三八年五月十九日进入苏南敌后，实施战略侦察。六月初，新四军第一支队在陈毅司令员率领下，进抵苏南。六月十五日夜，先遣支队和第一支队第二团一部，由粟裕统一指挥，在南京镇江之间的下蜀镇附近破坏铁路，使敌交通一度中断。十七日凌晨二时，该部再接再厉，冒雨继续东进，八时许到镇（江）句（容）公路至韦岗赣船山口设伏。是时，日寇运输队五辆汽车，由镇江方向开来，进入我军设伏阵地。粟裕率部立即向敌发起猛烈攻击，日寇仓皇应战、龟伏车底草丛中顽抗。新四军将士英勇杀敌，仅半小时许便将敌歼灭，毙敌土井少佐以下十余名，伤数十名，毁军车四辆，缴长短枪、军刀、钢盔、军旗、军服等一大批物资及日钞七千余元，获得大捷。

韦岗战斗是新四军挺进江南敌后，抗击日本侵略者的第一仗。这一仗，威震江南，挫敌凶焰，鼓我士气，振奋民心，为尔后江南千百次战斗和建立以茅山为中心的苏南抗日游击根据地揭开了序幕。

为了铭记新四军将士的丰功伟绩，教育后代，继承和发扬抗战英雄的革命精神，同心同德，努力建设社会主义现代化祖国，特在韦岗战斗原址立碑纪念。

三、句容烈士陵园烈士纪念碑

句容烈士陵园位于句容城区西南的兆文山上，北濒河滨南路、句容河，始建于1978年，占地13440平方米。

烈士纪念碑，占地371.85平方米，碑体高11米，大理石镶嵌，正面和背面镌刻着“革命烈士永垂不朽”八个大字。碑座占地33.60平方米，四周有28个1.70米高的水泥柱，柱之间有三道长1.70米的铁链拉结。碑基四周生长苍松翠柏和常绿茶树。由碑基下台阶，东西两侧是墓地，面积分别为855平方米和803平方米。东侧为烈士墓地，烈士赵晓隆和36位无名烈士安葬在这里。西侧为红军墓地，墓志记载着“句容郭庄镇金星邱家边红军张兴华之墓”。墓地内芳青菲菲，青松挺立。碑前是宽广的祭奠场。

1996年定为华阳镇中、小学校德育教育基地，1997年1月2日，中共镇江市委员会命名为“爱国主义教育”基地。

图6-18　韦岗战斗胜利纪念碑

图6-19　句容烈士陵园烈士纪念碑

四、白沙八烈士纪念碑

八烈士墓碑，是新四军第16旅供给部副部长涂凤初、联络站站长刘超和陈永清等八位烈士之墓。民国32年(1943年)4月，日、伪军将被捕的八烈士用烧红的铁丝，从锁骨穿过串连在一起，活埋于毛沟洼。解放后，八烈士遗骨被移至磨盘山林场牧羊工区西山南坡立墓安葬。墓地位于袁巷镇东南4公里的白沙村西侧。1987年11月，县人民政府将烈士墓重建，在原墓的基础上整修，用水泥封面，墓圆形，墓底直径4米，高2米，墓前立塔式碑，碑高4米，正面刻有“白沙八烈士墓”六个大字，碑背面刻有烈士姓名及被害经过，墓四周用砖砌围墙，东西长16米，南北宽10米，正门向南，砖柱上书有对联：“为有牺牲多壮志，敢教日月换新天。”东墙写“生的伟大”，西墙写“死的光荣”。门前两侧有6只水泥凳，墓前是宽广坡地，可容千人祭扫凭吊。

图6-20　白沙八烈士纪念碑

1998年4月，袁巷镇人民政府对烈士墓扩建整修，新建的烈士纪念碑，碑高11米，碑座用红玫瑰色砖镶嵌而成，呈方形，高和宽各1.80米，纪念碑正面书写“革命烈士永垂不朽”八个大字，碑座背面刻有184字的《白沙惨案简介》。四周围墙砌橘黄色瓷砖，墨绿色瓷瓦封顶，宁静、安详。正门前面的坡地建有88级台阶、台阶宽10米自下而上直达正门，围墙内四棵松柏浓荫蔽日，围墙外冬青、松柏成荫，葱葱郁郁，庄严肃穆。

附：碑文

一九四三年五月，反动武装汪伪自卫团，句容县第六分团余兴德等人，为向其主子侵华日军邀功请赏，将在梅庄、青杆、下张等地被捕的我新四军十六旅供给部副部长涂凤初、新四军联络站站长刘超、通信员陈永清、小螃蟹等六人，以及参加抗日活动的两名国民党军人，用烧红的铁丝刺穿锁骨串连在一起，押至袁巷残酷地集体活埋于白沙村毛沟洼中。

八位壮士视死如归，铁骨铮铮，为了中华民族的解放事业英勇地献出宝贵的生命，虽死犹荣，英名千古。

第十一节　烟　囱

句容市烟囱主要分布在砖（瓦）窑厂、水泥厂、电厂、火葬场等单位，尤为砖（瓦）厂烟囱较多，特别是20世纪80年代期间，随着城市和小城镇建设的步伐加快，需要大量的砖、瓦等建筑材料，各乡镇、大队都办起了砖、瓦厂，全县共有大小砖瓦厂60多家，烟囱总数72个。90年代初国家出台了墙体材料改革方案，限制黏土实心砖生产，对部分黏土实心砖大小砖瓦厂进行了清理整顿，限期停产复垦农田，到了2000年年末全市黏土实心大小砖瓦厂基本上都停产、关闭、复垦。

至2013年句容市已毁烟囱情况一览

表6－1－6

序号	关闭窑厂名称	烟囱所在地
1	句容市同福砖瓦厂	华阳镇吉里村
2	句容市杨家边砖瓦厂	华阳镇南亭村
3	句容市华阳镇南岗窑厂	华阳镇周家岗村
4	句容市华阳镇吉汇轮窑厂	华阳镇吉利村
5	句容市西岗新型墙体材料厂	华阳镇西岗村
6	句容市黄梅新塘新型建材厂	华阳镇新塘村
7	句容市黄梅龙溪建材厂	华阳镇黄梅村
8	句容市金港砖瓦厂	华阳镇莲塘村
9	句容市玉友新型材料厂	华阳镇云塘村
10	句容市大卓砖瓦厂	华阳镇云塘村
11	句容市黄梅第二砖瓦厂	华阳镇后塘村
12	句容市荣华轮窑厂	华阳镇姚徐村
13	句容市华阳镇后莘建材厂	华阳镇后莘村
14	句容市华阳镇河桥砖厂	华阳镇河桥村
15	句容市唐家砖瓦厂	华阳镇姚徐村
16	句容市桑海园建设厂	郭庄镇五渚坊村

至 2013 年句容市已毁烟囱情况一览

续表 6－1－6

序号	关闭窑厂名称	烟囱所在地
17	句容市郭庄端王砖厂	郭庄镇端王村
18	句容市郭庄荣发建材厂	郭庄镇甲山村
19	句容市葛村东方砖瓦厂	郭庄镇东方红村
20	句容市郭庄甲山轮窑厂	郭庄镇甲山村
21	句容市郭庄凯盛建材厂	郭庄镇郭庄村
22	句容市新颖建材厂	白兔镇太平村
23	句容市禾香新型建材厂	白兔镇倪塘村
24	句容市行香轮窑厂	白兔镇行香村
25	句容市东恒新型建材厂	白兔镇茅庄村
26	句容市宏兴新型建材厂	白兔镇白兔村
27	句容市白兔幸福窑厂	白兔镇幸福村
28	句容市白兔显隆建材厂	白兔镇白兔村
29	句容市东宝新型建材厂	白兔镇解塘村
30	句容市行香东兴新型建材厂	白兔镇太平村
31	句容市福顺建材厂	白兔镇幸福村
32	句容市下蜀桥头义洲砖瓦厂	下蜀镇桥头村
33	句容市下蜀长鑫砖厂	下蜀镇沙地村
34	句容市下蜀长乐鑫砖厂	下蜀镇沙地村
35	句容市下蜀镇刘圩砖瓦厂	下蜀镇祝里村
36	句容市下蜀砖瓦厂	下蜀镇祝里村
37	句容市下蜀镇窑业新型建材厂	下蜀镇新村
38	句容市建里新型建材厂	下蜀镇祝里村
39	句容市东昌砖瓦厂	边城镇友谊村
40	句容市建高建材厂	边城镇戴村村
41	句容市兴隆建材厂	边城镇赵庄村
42	句容市天王西溧砖瓦厂	天王镇西溧村
43	句容市天王轮窑厂	天王镇浮山村
44	句容市天王镇鹤砖瓦厂	天王镇前进村
45	句容市天王农林窑厂	
46	句容市天王新华建材厂	天王镇农林村
47	句容市天王化工砖瓦厂	天王镇浮山村
48	句容市天王镇前进砖厂	天王镇前进村
49	句容市磨盘利旺砖瓦厂	天王镇唐陵村
50	句容市后白砖瓦厂	后白镇古村

至 2013 年句容市已毁烟囱情况一览

续表 6－1－6

序号	关闭窑厂名称	烟囱所在地
51	句容市茅西西冯新世纪砖瓦厂	后白镇西冯村
52	句容市二圣张庙砖瓦厂	后白镇张庙村
53	句容市后白东风砖瓦厂	后白镇东风村
54	句容市春峰建材有限公司	茅山镇城盖村
55	句容市何庄建材厂	茅山镇何庄村
56	句容市兴袁建材厂	茅山镇袁相对
57	句容市茅山兴旺空心砖厂	茅管玉晨村
58	句容市茅山镇顺兴砖厂	茅管夏林村
59	句容市宝华天一建材厂	宝华镇铜山村
60	句容市郭庄民杰砖瓦厂	赤山湖管委会胜利村
61	句容市火葬场	县城东公社城南郊区

至 2013 年年底句容市现存烟囱情况一览

表 6－1－7

序号	单位名称	地点	烟囱（米）		造价（万元）	建造时间
			高	直径		
1	句容天王火化场	句容市天王镇徐家桥大队	30	8	总投资 67	1976 年
2	句容台泥水泥有限公司	下蜀镇临港工业集中区	85	2.50	200	1996 年
3	句容市新殡仪馆	句容市城西长龙山上	2	2	总投资 1000 多	2000 年
4	幸福窑厂	白兔镇幸福村	45	—	20	2000 年
5	金德顺碳素厂	白兔镇上荣村	60	—	80	2002 年
6	中心窑厂	白兔镇中心村	60	—	85	2003 年
7	句容市春城轮窑厂	茅山镇东霞村	60	8	45	2003 年
8	句容市东霞建材厂	茅山镇东霞村	60	8	45	2003 年
9	句容市春兴砖瓦厂	茅山镇东霞村	60	8	45	2003 年
10	东吴窑厂	白兔镇安头村	40	—	70	2006 年
11	黄梅巫市砖瓦厂	开发区后塘村	65	3.50	26	2006 年
12	金茂机械厂	行香集镇	25	—	20	2008 年
13	镇江裕高碳素有限公司	白兔严夏陆工业园	60	—	110	2009 年
14	句容台泥水泥有限公司	下蜀镇临港工业集中区	125	3	310	2009 年
15	宏达窑厂	白兔镇北丁村	55	—	80	2010 年
16	华电江苏能源有限公司句容发电厂	下蜀镇临港工业集中区	240	8.40	900	2011 年
17	江苏环能建材有限公司	开发区河桥村	40	6	40	2011 年

第十二节　房　屋

解放前,居民住宅建筑多为平房,极少数有钱人用木板隔层为二层楼,建筑材料:墙体多数为土墙,极少数是青砖墙,屋面以山茅草、稻草为主。县城多为砖墙、木结构,屋面盖小瓦。县城居民历来集中在东、西大街两侧,尤以中街较为稠密。居民平面布局多为小型庭院风格,临街多为店面,后进为食宿之所,平房居多,少数二层楼房,整体布局,错落有致。民居多为砖木结构,石础砖墙,木柱木梁木桁条排山结构,双坡小瓦屋面,少数土墙草屋。除厅堂有五间外,一般3间1幢,中间堂屋,两侧卧室,前檐开窗采光,堂屋多为全开间门式木窗,卧室多为半墙全开间木窗,装木质天花或铺望砖,下铺木地板或大方砖。独生平房住宅多为双扇木门,两侧各开一面小木窗,通风不良,采光不足,阴暗潮湿。

解放后,居民住宅则以改造危房为主。20世纪50年代中期开始,陆续新建一些木结构的住宅平房,前后檐都开窗通气采光。60年代中期,先由县政府在玉带河东侧,新建10余幢砖木结构一字型平房,整齐排列;接着房管部门也兴建联盟、红旗、葛仙庵等住宅区,以平房为主,2~3户1幢。70年代后期,下放的干部、居民和知识青年陆续返城,又扩建东风、茅山、红光、建新5个居民新村。80年代开始出现了建造4~6层配套齐全的住宅楼。到1985年年底,县城住宅总面积达17.80万平方米,人均住宅面积达8.10平方米。住宅内设有厨房、卫生间、壁柜等设施。居民住宅环境、居住条件有了较大的改善。结构形式也迅速变化,由原来的砖木结构变为钢筋混凝土结构和框架结构,工业厂房开始由木结构逐步演变为钢筋混凝土结构和少量的钢架结构,采光开始采用砼预制门窗和钢门窗,外墙饰面开始采用混合砂浆,水泥砂条粉刷,也有及少数采用釉石砖和花岗岩。到了90年代,居民居住面积由1985年的8.10平方米增加到30平方米。90年代以后市政府大量招商引资,外地房地产开发商也看中了句容这块风水宝地,成片的居民小区如雨后春笋般的快速建设起来。随着开发市场的竞争,开发商之间的攀比,一批设施齐全的现代化居民住宅小区拔地而起。小区范围内部有公共设施、有绿化、健身场所、车库、路灯、小商店、小吃店、理发店、澡堂、娱乐厅、公厕、物业管理、保安等。使城市居民的居住条件全面得到了改善,生活质量有了大幅度的提高。公共建筑:从20世纪70年代末至1993年城区陆续建设了一大批4~6层住宅楼,行政办公楼、商业服务楼、文体广电楼、医疗卫生楼、金融保险楼、供电通讯楼、交通服务楼、酒店服务楼、工业厂房楼等。1993年开始县城出现了高层建筑,结构形式由框架结构向框架剪力结构演变,采光采用铝合金窗框中空玻璃,外墙饰面节能环保。截至2008年,城区10层以上高楼达到22幢。

1993—2008年句容市(县)10层以上建筑一览

表6-1-8

建筑工程名称	地址	建筑面积(平方米)	工程造价(万元)	层楼	建造年份
万事达工贸大厦	华阳西路	12443	620	12	1993—1994
石化宾馆	华阳北路	3881	280	10(局部)	1994—1995
句容宾馆	华阳北路	10397	3000	12	1994—1996
建行综合楼	华阳东路	5000	350	12	1994—1996
中行综合楼	华阳东路	8484	590	14	1994—1997
建设局综合楼	华阳东路	6400	600	12	1995—1996
邮电大厦	华阳北路	16000	4500	21(局部)	1995—1998
国土局办公楼	华阳北路	8000	650	10	1997—1999

1993—2008 年句容市(县)10 层以上建筑一览

续表 6－1－8

建筑工程名称	地址	建筑面积(平方米)	工程造价(万元)	层楼	建造年份
人民医院病房楼(一期)	人民路	11000	2500	10	1999—2001
卫生大厦	华阳北路	12000	2500	12	2002—2004
中医院综合楼	建设路	14300	1062	11	2003—2006
广电大楼	文昌东路	14007	4000	10	2003—2008
交通局综合楼	文昌东路	8348.81	2726	15	2004—2005
句容市行政中心	人民路	32000	8000	12	2005—2007
万宏 9 号楼	建设路与华阳南路交会处	6668	452	12	2005—2007
曙光国际大酒店	文昌东路	40000	20000	20	2005—2008
阳光公寓 A 楼	人民路与 104 国道交会处	10300	670	13	2006—2007
阳光公寓 B 楼	人民路与 104 国道交会处	10300	670	13	2006—2007
科技质监大楼	文昌东路	10271	1618	11	2007—2008
聚和园 1 号楼	文昌路	7508	684	11	2007—2008
聚和园 7 号楼	文昌路	7515	669	11	2007—2008
聚和园 15 号楼	文昌路	6801	718	11	2007—2008

特别是 2008 年市政府出台了,《关于鼓励建设高层建筑的暂行规定》后,句容高层建筑迅速增多。2009—2013 年,10 层以上建筑达到 294 幢,最高达到 35 层,建筑风格各有不同特色。

表 6-1-9

2009—2013 年句容市 10 层以上高楼建筑一览

报建日期	建设单位	工程名称	施工单位	结构	面积（平方米）	地点	造价（万元）	编号
2009-05-15	句容海柏大酒店	海柏大酒店	开发区建安	K/12	17852	北环路北侧	2455.34	3211830200900330001
2009-06-22	镇江昌旺房地产	富豪·国际星城 8#	茅山建设	KJ/18		华阳东路 11 号		3211830200900430020
2009-07-08	江苏余坤置业	世茂花园一期 A1#	星宇建筑	K/18		经济开发区		3211830200900500045
2009-07-08	江苏余坤置业	世茂花园一期 A2#	星宇建筑	K/18		经济开发区		3211830200900500046
2009-07-08	江苏余坤置业	世茂花园一期 A3#	星宇建筑	K/27		经济开发区		3211830200900500047
2009-07-08	江苏余坤置业	世茂花园一期 A4#	星宇建筑	K/18		经济开发区		3211830200900500048
2009-07-08	江苏余坤置业	世茂花园一期 A5#	星宇建筑	K/18		经济开发区		3211830200900500049
2009-07-08	江苏余坤置业	世茂花园一期 A6#	星宇建筑	K/12	112697.01	经济开发区	11861.18	3211830200900500050
2009-07-08	江苏余坤置业	世茂花园一期 A7#	星宇建筑	K/12		经济开发区		3211830200900500051
2009-07-08	江苏余坤置业	世茂花园一期 A8#	星宇建筑	k/11		经济开发区		3211830200900500052
2009-07-08	江苏余坤置业	世茂花园一期 A9#	星宇建筑	k/11		经济开发区		3211830200900500053
2009-07-08	江苏余坤置业	世茂花园一期 A10#	星宇建筑	k/11		经济开发区		3211830200900500054
2009-07-08	江苏余坤置业	世茂花园一期 C4#	星宇建筑	k/18		经济开发区		3211830200900500055
2009-07-08	江苏余坤置业	世茂大酒店	星宇建筑	K/28	—	经济开发区	—	3211830200900500056
2009-11-05	句容市新广房产	润景美邻苑 10#	江苏中兴建设	K/11	—	东昌路	—	3211830200900980248
2009-11-05	句容市新广房产	润景美邻苑 11#	金城公司	K/11	—	东昌路	—	3211830200900980253
2010-02-04	句容德胜房产	德院·上城 14#	无锡荣诚	K/18		崇明西路		3211830201000130041
2010-02-04	句容德胜房产	德院·上城 16#	无锡新兴	K/25	49024.2	崇明西路	7595.03	3211830201000130042
2010-02-04	句容德胜房产	德院·上城 17#	无锡新兴	K/25		崇明西路		3211830201000130043
2010-03-17	句容金润房地产	香江丽景 B02#	凯翔集团	K/11	—	句卓路东	—	3211830201000170052
2010-04-02	烟草公司句容分公司	外墙改造	镇江四达	K/12	4280	华阳北路	51.76	3211830201000250070

续表 6－1－9

2009—2013 年句容市 10 层以上高楼建筑一览

报建日期	建设单位	工程名称	施工单位	结构	面积（平方米）	地点	造价（万元）	编号
2010－04－09	江苏余坤置业	世茂花园二期 B1#楼		J/33	—	文昌西路	—	3211830201000310117
2010－04－09	江苏余坤置业	世茂花园二期 B2#楼		J/33	—	文昌西路	—	3211830201000310118
2010－04－09	江苏余坤置业	世茂花园二期 B3#楼		J/33	—	文昌西路	—	3211830201000310119
2010－04－09	江苏余坤置业	世茂花园二期 B4#楼	上海星宇建筑工程有限公司	J/33	—	文昌西路	—	3211830201000310120
2010－04－09	江苏余坤置业	世茂花园二期 B5#楼		J/18	—	文昌西路	—	3211830201000310121
2010－04－09	江苏余坤置业	世茂花园二期 B6#楼		J/18	—	文昌西路	—	3211830201000310122
2010－04－09	江苏余坤置业	世茂花园二期 B7#楼		J/18	—	文昌西路	—	3211830201000310123
2010－04－12	华阳房产公司	都市晴园皓月坊 2#	新华建筑	K/11	—	华阳东路	—	3211830201000320126
2010－04－12	华阳房产公司	都市晴园皓月坊 9#	新华建筑	K/11	—	华阳东路	—	3211830201000320133
2010－04－12	华阳房产公司	都市晴园皓月坊 10#	新华建筑	K/11	—	华阳东路	—	3211830201000320134
2010－04－12	华阳房产公司	都市晴园皓月坊 11#	新华建筑	K/11	—	华阳东路	—	3211830201000320135
2010－05－27	句容市嘉盛房产	银河之都 AB 楼	常州华江建筑	KJ/31	29174	宁杭南路西侧	4988.04	3211830201000480200
2010－05－31	句容市金城房产	金城沁园 4#	金城建安	K/11	—	华阳南路	—	3211830201000490216
2010－07－01	句容金润房地产	香江丽景 B01#	凯翔集团	KJ/11	2862.62	句卓路东	324.82	3211830201000170249
2010－07－01	句容金润房地产	香江丽景 C02#	中国第四冶金建设	K/18	—	句卓路东	—	3211830201000170250
2010－07－01	句容金润房地产	香江丽景 C03#	中国第四冶金建设	K/18	—	句卓路东	—	3211830201000170251
2010－08－13	城投公司	崇明路小高层 1#2#3#	上坊建筑公司	K/14	21796.8	崇明路南侧	4070	3211830201000810341
2010－09－01	三圆制桶	研究所 02#	后白公司	J/11		后白镇		3211830201000920380
2010－09－08	句容碧桂园房产	凤凰酒店		K/19－30		黄梅镇		3211830201000960395
2010－09－08	句容碧桂园房产	凤凰城一期 1#		K/19－30		黄梅镇		3211830201000960396
2010－09－08	句容碧桂园房产	凤凰城一期 2#		K/19－30		黄梅镇		3211830201000960397
2010－09－08	句容碧桂园房产	凤凰城一期 3#		K/19－30		黄梅镇		3211830201000960398
2010－09－08	句容碧桂园房产	凤凰城一期 4#		K/19－30		黄梅镇		3211830201000960399
2010－09－08	句容碧桂园房产	凤凰城一期 5#	中建五局三公司	K/19－30	366171.9	黄梅镇	37904.05	3211830201000960400
2010－09－08	句容碧桂园房产	凤凰城一期 6#		K/19－30		黄梅镇		3211830201000960401
2010－09－08	句容碧桂园房产	凤凰城一期 7#		K/19－30		黄梅镇		3211830201000960402
2010－09－08	句容碧桂园房产	凤凰城一期 8#		K/19－30		黄梅镇		3211830201000960403
2010－09－08	句容碧桂园房产	凤凰城一期 9#		K/19－30		黄梅镇		3211830201000960404
2010－09－08	句容碧桂园房产	凤凰城一期 10#		K/19－30		黄梅镇		3211830201000960405

续表 6-1-9

2009—2013 年句容市 10 层以上高楼建筑一览

报建日期	建设单位	工程名称	施工单位	结构	面积（平方米）	地点	造价（万元）	编号
2010-09-08	句容碧桂园房产	凤凰城一期 11#	中建五局上海建设	K/30	188712.8	黄梅镇	18636.51	321183020100096040б
2010-09-08	句容碧桂园房产	凤凰城一期 12#		K/30		黄梅镇		3211830201000960407
2010-09-08	句容碧桂园房产	凤凰城一期 13#		K/30		黄梅镇		3211830201000960408
2010-09-08	句容碧桂园房产	凤凰城一期 14#		K/30		黄梅镇		3211830201000960409
2010-09-08	句容碧桂园房产	凤凰城一期 15#		K/30		黄梅镇		3211830201000960410
2010-09-08	句容碧桂园房产	凤凰城一期 16#		K/30		黄梅镇		3211830201000960411
2010-09-08	句容碧桂园房产	凤凰城一期 17#		K/30		黄梅镇		3211830201000960412
2010-09-08	句容碧桂园房产	凤凰城一期 18#		K/30		黄梅镇		3211830201000960413
2010-09-08	句容碧桂园房产	凤凰城一期 19#		K/30	33892.4	黄梅镇	3516.75	3211830201000960414
2010-09-08	句容碧桂园房产	凤凰城一期 20#		K/30		黄梅镇		3211830201000960415
2010-09-08	句容碧桂园房产	凤凰城一期 21#		K/30	—	黄梅镇	—	3211830201000960416
2010-09-08	句容碧桂园房产	凤凰城一期 22#		K/30	—	黄梅镇	—	3211830201000960417
2010-11-03	扬中丰裕房屋开发有限公司句容分公司	汇南新城 4#	扬中建安	K/10	—	西二环	—	3211830201001140460
2010-11-03		江南新城 5#	扬中建安	K/12	—	西二环	—	3211830201001140461
2010-11-03		江南新城 6#	扬中建安	K/19	—	西二环	—	3211830201001140462
2010-11-03		江南新城 7#	扬中建安	K/12	—	西二环	—	3211830201001140463
2010-11-03	江苏兴都房地产	碧水铭苑四期 B05	华旺建设	K/18	16720	文昌东路	2265.11	3211830201000110466
2010-11-03	江苏兴都房地产	碧水铭苑四期 B06	华旺建设	K/19		文昌东路		3211830201000110467
2011-03-21	句容金润房产	香江丽景 B03	茅山公司	K/11	—	句卓路东	—	3211830201100210195
2011-03-21	句容金润房产	香江丽景 B04	茅山公司	K/11	—	句卓路东	—	3211830201100210196
2011-03-21	句容金润房产	香江丽景 B05	茅山公司	K/11	—	句卓路东	—	3211830201100210197
2011-03-21	句容金润房产	香江丽景 D01	茅山公司	K/24	—	句卓路东	—	3211830201100210198
2011-03-21	句容金润房产	香江丽景 B06	茅山公司	K/11	—	句卓路东	—	3211830201100210200
2011-03-21	句容金润房产	香江丽景 C01	茅山公司	K/18	—	句卓路东	—	3211830201100210201
2011-03-21	句容金润房产	香江丽景 E01E02	茅山公司	K/24	—	句卓路东	—	3211830201100210202
2011-04-28	江苏宝地置业有限公司	仙林悦城 01#	南通四建	K/33	72207	宝华镇	9599.5	3211830201100460262
2011-04-28	江苏宝地置业有限公司	仙林悦城 02#	南通四建	K/33		宝华镇		3211830201100460263
2011-04-28	江苏宝地置业有限公司	仙林悦城 06#	南通四建	K/18		宝华镇		3211830201100460264

续表 6-1-9

2009—2013 年句容市 10 层以上高楼建筑一览

报建日期	建设单位	工程名称	施工单位	结构	面积（平方米）	地点	造价（万元）	编号
2011-04-28	江苏宝地置业有限公司	仙林悦城 03#	江苏润扬建设	K/33		宝华镇		3211830201100460300
2011-04-28	江苏宝地置业有限公司	仙林悦城 04#	江苏润扬建设	K/33	88809.70	宝华镇	13501.88	3211830201100460301
2011-04-28	江苏宝地置业有限公司	仙林悦城 05#	江苏润扬建设	K/33		宝华镇		3211830201100460302
2011-04-28	江苏余坤置业	商住中心	上海星宇	KJ/26	46434.02	洪武西路	7412.4976	3211830201100490304
2011-04-29	江苏恒扬置业	阅江花园 1#	江苏卓鑫	K/16	—	下蜀镇	—	3211830201100510306
2011-04-29	江苏恒扬置业	阅江花园 4#	江苏卓鑫	K/16	—	下蜀镇	—	3211830201100510309
2011-06-07	句容市永丰置业	金水湾 6#	南京桥新建设	KJ/11		东昌南路西侧		3211830201100680353
2011-06-07	句容市永丰置业	金水湾 10#	南京桥新建设	KJ/17	28294.27	东昌南路西侧	4598.47	3211830201100680354
2011-06-07	句容市永丰置业	金水湾 11#	南京桥新建设	KJ/17		东昌南路西侧		3211830201100680355
2011-06-07	句容市永丰置业	金水湾 18#	南京桥新建设	KJ/17		东昌南路西侧		3211830201100680356
2011-06-29	江苏崇明置业	水畔御景三期一标 30#	华星公司	K/11	—	长江路西侧	—	3211830201100700365
2011-06-29	江苏崇明置业	水畔御景三期二标 31#	华星公司	K/11	—	长江路西侧	—	3211830201100700367
2011-08-04	句容时代置业	维也纳花园三期 E-2#	曙光控股集团	K/12	—	长江路西侧	—	3211830201100820443
2011-08-04	句容时代置业	维也纳花园三期 E-3#	曙光控股集团	K/12	—	长江路西侧	—	3211830201100820444
2011-08-04	句容时代置业	维也纳花园三期 E-5#	曙光控股集团	K/12	—	长江路西侧	—	3211830201100820445
2011-08-18	碧桂园房地产开发公司	凤凰城二期 1#	中建五局三公司	K/29	—	黄梅	—	3211830201100920486
2011-08-18	碧桂园房地产开发公司	凤凰城二期 2#	中建五局三公司	K/29	—	黄梅	—	3211830201100920487
2011-08-18	碧桂园房地产开发公司	凤凰城二期 3#	中建五局三公司	K/29	—	黄梅	—	3211830201100920488
2011-08-18	碧桂园房地产开发公司	凤凰城二期 4#	中建五局三公司	K/18	—	黄梅	—	3211830201100920489
2011-08-18	碧桂园房地产开发公司	凤凰城二期 5#	中建五局三公司	K/29	—	黄梅	—	3211830201100920490
2011-08-18	碧桂园房地产开发公司	凤凰城二期 6#	中建五局三公司	K/26	—	黄梅	—	3211830201100920491
2011-08-18	碧桂园房地产开发公司	凤凰城二期 7#	中建五局三公司	K/30	—	黄梅	—	3211830201100920494
2011-08-18	碧桂园房地产开发公司	凤凰城二期 8#	中建五局三公司	K/30	—	黄梅	—	3211830201100920495
2011-08-18	碧桂园房地产开发公司	凤凰城二期 9#	中建五局三公司	K/30	—	黄梅	—	3211830201100920496
2011-08-18	碧桂园房地产开发公司	凤凰城二期 10#	中建五局三公司	K/30	—	黄梅	—	3211830201100920497
2011-08-18	碧桂园房地产开发公司	凤凰城二期 11#	中建五局三公司	K/30	—	黄梅	—	3211830201100920498
2011-08-18	碧桂园房地产开发公司	凤凰城二期 12#	中建五局三公司	K/30	—	黄梅	—	3211830201100920499
2011-08-18	碧桂园房地产开发公司	凤凰城二期 13#	中建五局三公司	K/30	—	黄梅	—	3211830201100920500

续表 6-1-9

2009—2013 年句容市 10 层以上高楼建筑一览

报建日期	建设单位	工程名称	施工单位	结构	面积（平方米）	地点	造价（万元）	编号
2011-08-18	碧桂园房地产开发公司	凤凰城二期 14#	中建五局三公司	K/30	—	黄梅	—	3211830201100920501
2011-08-18	碧桂园房地产开发公司	凤凰城二期 15#	中建五局三公司	K/30	—	黄梅	—	3211830201100920502
2011-09-15	江苏建中置业	御东国际 1#	句容建中建设	K/12	—	河滨南路交东昌南路	—	3211830201100960515
2011-09-15	江苏建中置业	御东国际 2#	句容建中建设	K/12	—		—	3211830201100960516
2011-09-22	江苏万城置业	长三角总部经济园区服务中心	南通六建	K/20	—	宝华镇	—	3211830201100990535
2011-10-17	句容安城房产	安城御园 G1 幢	汕头潮阳一建	KJ/18	—	句卓路西	—	3211830201101050543
2011-10-17	句容安城房产	安域御园 G2、G3 幢	汕头潮阳一建	KJ/18	—	句卓路西	—	3211830201101050544
2011-11-04	句容天工置业	恒大雅苑首期 2#	南通四建	K/33	76615	宝华镇	9720.69	3211830201101110561
2011-11-04	句容天工置业	恒大雅苑首期 11#	南通四建	K/33		宝华镇		3211830201101110562
2012-03-26	江苏龙锦房产	龙锦新天地 1#楼	新华公司	K/12	66902	环保局东侧	8686.80	3211830201200150058
2012-03-26	江苏龙锦房产	龙锦新天地 2#楼	新华公司	K/11		环保局东侧		3211830201200150059
2012-03-26	江苏龙锦房产	龙锦新天地 3#楼	新华公司	K/11		环保局东侧		3211830201200150060
2012-04-24	句容嘉盛房产	银河之都 2#楼	江苏汇宇建设	KJ/16	11886.68	河滨南路	2080	3211830201200260095
2012-05-18	句容市华阳房产	公园道Ⅰ期 B02#	新华公司	K/18	—	崇明东路北	—	3211830201200320113
2012-05-18	句容市华阳房产	公园道Ⅰ期 B03#	新华公司	K/18	—	崇明东路北	—	3211830201200320114
2012-05-18	句容市华阳房产	公园道Ⅰ期 B04#	新华公司	K/18	—	崇明东路北	—	3211830201200320115
2012-05-25	天工置业	恒大雅苑 4#楼	南通华新	J/26	23311.15	宝华镇	3385	3211830201200170174
2012-06-12	天工置业	恒大雅苑 8#楼	江苏住建集团	J/33	18784	宝华镇	1685.94	3211830201200170201
2012-06-12	天工置业	恒大雅苑 10#楼	江苏住建集团	J/33	39040	宝华镇	3514.73	3211830201200170202
2012-06-18	江苏京华置业	东湖名苑商住楼	茅山建设	K/16	17600	文昌路南侧	2488.29	3211830201200470219
2012-06-26	江苏帝源金属集团有限公司	帝源花苑办公楼	成都市工业设备	KJ/16	12530	宝华镇	4500	3211830201200520232
2012-07-31	江苏金牛置业	英伦印象花园 6#楼	江苏民宇建设	K/11	—	崇明西路交石狮路	739	3211830201200680267
2012-08-14	江苏建中置业	御东国际 15#	句容建中建设	K/18	—	河滨南路交东昌路	—	3211830201200730277
2012-08-14	江苏建中置业	御东国际 16#	句容建中建设	K/18	—	河滨南路交东昌路	—	3211830201200730278
2012-09-24	句容金润房地产	香江丽景礼宾府 28 号北门菜场	江苏茅山建设	KJ/13	17380.50	句卓路东	2668.60	3211830201200870329
2012-09-25	句容天工置业	恒大雅苑 1#楼	江苏省住建集团	K/33	29941.72	宝华镇	3346	3211830201200170330
2012-09-28	江苏嘉烨房地产	嘉烨御花园 15#楼	江苏金卓建设	K/18	—	文昌东路	—	3211830201200890339
2012-09-28	江苏嘉烨房地产	嘉烨御花园 16#楼	江苏金卓建设	K/18	—	文昌东路	—	3211830201200890340

续表 6 - 1 - 9

2009—2013 年句容市 10 层以上高楼建筑一览

报建日期	建设单位	工程名称	施工单位	结构	面积（平方米）	地点	造价（万元）	编号
2012 - 09 - 29	句容天工置业	恒大雅苑 6#楼	南京建工集团	J/33	40477.20	宝华镇	4452	3211830201200170343
2012 - 10 - 15	江苏富润置业	仙林国际花园 A 幢	南京东坝建安	K/18	10943	宝华镇	1600	3211830201200960355
2012 - 10 - 15	江苏富润置业	仙林国际花园 B 幢	南京东坝建安	K/18	10080	宝华镇	1500	3211830201200960356
2012 - 10 - 15	江苏建中置业	御东国际 18#	广兴公司	J/33	—	河滨南路交东昌路	—	3211830201200730357
2012 - 10 - 15	江苏建中置业	御东国际 19#	广兴公司	J/33	—	河滨南路交东昌路	—	3211830201200730358
2012 - 10 - 15	江苏建中置业	御东国际 20#	广兴公司	J/33	—	河滨南路交东昌路	—	3211830201200730359
2012 - 10 - 31	句容金润房产	香江丽景礼宾府 20#	汕头潮阳一建	KJ/31	31948.98	句卓路路东	3980.12	3211830201200870389
2012 - 10 - 31	句容金润房产	香江丽景礼宾府 25#	江苏弘盛	KJ/31		句卓路路东		3211830201200870390
2012 - 10 - 31	句容金润房产	香江丽景礼宾府 26#	江苏弘盛	KJ/26	54110.36	句卓路路东	5613.60	3211830201200870391
2012 - 10 - 31	句容金润房产	香江丽景礼宾府 27#	江苏弘盛	KJ/31		句卓路路东		3211830201200870392
2012 - 11 - 08	江苏宝地置业	仙林悦城 10#	润扬建工集团	K/30	—	宝华镇	—	3211830201201040394
2012 - 11 - 08	江苏宝地置业	仙林悦城 11#	润扬建工集团	K/23	—	宝华镇	—	3211830201201040395
2012 - 11 - 08	江苏宝地置业	仙林悦城 14#	润扬建工集团	K/30	—	宝华镇	—	3211830201201040396
2012 - 11 - 08	江苏宝地置业	仙林悦城 15#	润扬建工集团	K/29	—	宝华镇	—	3211830201201040397
2012 - 12 - 13	句容市天时置业	兰草天地 1#	浙江省东阳建设	K/17	7901.77	天王镇	711.64	3211830201201190430
2012 - 12 - 13	句容市天时置业	兰草天地 2#3#	浙江省东阳建设	K/17 - 22	29311.30	天王镇	2638.02	3211830201201190431
2012 - 12 - 26	句容天正天泰房地产	天正宝华项目 1#	南京六建	K/34	—	宝华镇	—	3211830201201210452
2012 - 12 - 26	句容天正天泰房地产	天正宝华项目 2#	南京六建	K/34	—	宝华镇	—	3211830201201210453
2012 - 12 - 26	句容天正天泰房地产	天正宝华项目 3#	南京六建	K/34	—	宝华镇	—	3211830201201210454
2012 - 12 - 26	句容天正天泰房地产	天正宝华项目 4#	南京六建	K/34	—	宝华镇	—	3211830201201210455
2012 - 12 - 26	句容嘉盛房产	银河之都 3#楼	江苏卓鑫建设	K/11	10861.28	河滨南路	2278.08	3211830201200260457
2013 - 01 - 09	碧桂园房地产	综合楼五	中建五局上海公司	KJ/10	—	黄梅中学西	—	3211830201300040010
2013 - 01 - 09	碧桂园房地产	综合楼六	中建五局上海公司	KJ/10	—	黄梅中学西	—	3211830201300040011
2013 - 01 - 09	碧桂园房地产	综合楼二	中建五局上海公司	J/20	—	黄梅中学西	—	3211830201300040012
2013 - 01 - 09	碧桂园房地产	综合楼一	中建五局上海公司	J/26	—	黄梅中学西	—	3211830201300040013
2013 - 01 - 23	江苏泰容建设发展有限公司	仙东慧谷小区 21 栋	华飞建设	K/18	—	宝华镇	—	3211830201300100036
2013 - 02 - 26	句容天工置业	恒大雅苑 7#	南京建工	K/32		宝华镇		3211830201300140060
2013 - 02 - 26	句容天工置业	恒大雅苑 12#	南京建工	K/33	75461	宝华镇	8365	3211830201300140061
2013 - 02 - 26	句容天工置业	恒大雅苑 13#	南京建工	K/32		宝华镇		3211830201300140062

续表 6-1-9

2009—2013 年句容市 10 层以上高楼建筑一览

报建日期	建设单位	工程名称	施工单位	结构	面积（平方米）	地点	造价（万元）	编号
2013-03-14	句容金润房地产	香江丽景礼宾府 29#	江苏弘盛	K/31	—	句卓路路东	—	3211830201300180075
2013-03-15	句容正泰置业	逸品汤山二标 2#	南通四建	KJ/11	—	黄梅紫熙路南	—	3211830201300190079
2013-03-15	句容正泰置业	逸品汤山二标 3#	南通四建	KJ/11	—	黄梅紫熙路南	—	3211830201300190080
2013-03-15	句容正泰置业	逸品汤山二标 4#	南通四建	KJ/11	—	黄梅紫熙路南	—	3211830201300190081
2013-03-15	句容正泰置业	逸品汤山二标 5#	南通四建	KJ/11	—	黄梅紫熙路南	—	3211830201300190082
2013-03-20	句容城兴置业	河滨佳园二期 10#	江苏城东建设	K/34	—	河滨南路	—	3211830201300220102
2013-03-20	句容城兴置业	河宾佳园二期 11#	江苏城东建设	K/34	—	河滨南路	—	3211830201300220103
2013-03-20	句容城兴置业	河宾佳园二期 12#	江苏城东建设	K/34	—	河滨南路	—	3211830201300220104
2013-03-20	江苏宝地置业	仙林悦城 7#	江苏润扬建设集团	K/33	—	宝华镇	—	3211830201300230107
2013-03-20	江苏宝地置业	仙林悦城 8#	江苏润扬建设集团	K/33	—	宝华镇	—	3211830201300230108
2013-03-20	江苏宝地置业	仙林悦城 9#	江苏润扬建设集团	K/33	—	宝华镇	—	3211830201300230109
2013-03-20	江苏宝地置业	仙林悦城 12#	江苏润扬建设集团	K/33	—	宝华镇	—	3211830201300230110
2013-03-20	江苏宝地置业	仙林悦城 13#	江苏润扬建设集团	K/33	—	宝华镇	—	3211830201300230111
2013-03-20	句容市华阳镇人民政府	大东岗拆迁安置小区 4#	江苏宏伟建设集团	KJ/12	—	华阳镇东门街	—	3211830201300240113
2013-03-20	句容市华阳镇人民政府	大东岗拆迁安置小区 6#	江苏宏伟建设集团	KJ/12	—	华阳镇东门街	—	3211830201300240115
2013-03-20	句容市华阳镇人民政府	大东岗拆迁安置小区 7#	江苏宏伟建设集团	KJ/12	—	华阳镇东门街	—	3211830201300240116
2013-03-20	句容市华阳镇人民政府	大东岗拆迁安置小区 8#	江苏宏伟建设集团	KJ/12	—	华阳镇东门街	—	3211830201300240117
2013-03-20	句容市华阳镇人民政府	大东岗拆迁安置小区 9#	江苏宏伟建设集团	KJ/12	—	华阳镇东门街	—	3211830201300240118
2013-03-20	句容市华阳镇人民政府	大东岗拆迁安置小区 1#	江苏福地建设	KJ/12	—	华阳镇东门街	—	3211830201300240121
2013-03-20	句容市华阳镇人民政府	大东岗拆迁安置小区 2#	江苏福地建设	KJ/12	—	华阳镇东门街	—	3211830201300240122
2013-03-20	句容市华阳镇人民政府	大东岗拆迁安置小区 3#	江苏福地建设	KJ/12	—	华阳镇东门街	—	3211830201300240123
2013-03-20	句容市华阳镇人民政府	大东岗拆迁安置小区 10#	江苏福地建设	KJ/12	—	华阳镇东门街	—	3211830201300240124
2013-04-09	江苏余东置业有限公司	世茂商业街区 1#楼	上海星宇建设集团	H/1-17	—	集贤路东崇明路南	—	3211830201300370152
2013-04-09	江苏余东置业有限公司	世茂商业街区 2#楼	上海星宇建设集团	H/1-16	—	集贤路东崇明路南	—	3211830201300370153
2013-04-09	江苏余东置业有限公司	世茂商业街区 3#楼	上海星宇建设集团	H/1-16	—	集贤路东崇明路南	—	3211830201300370154
2013-04-09	江苏余东置业有限公司	世茂商业街区 4#楼	上海星宇建设集团	H/1-17	—	集贤路东崇明路南	—	3211830201300370155
2013-05-06	南京开元经济	香山壹境 09 栋	江苏省江建集团	K/33	36836	宝华镇	6100	3211830201300470171
2013-05-06	南京开元经济	香山壹境 10 栋		K/33		宝华镇		3211830201300470172

续表 6－1－9

2009—2013 年句容市 10 层以上高楼建筑一览

报建日期	建设单位	工程名称	施工单位	结构	面积（平方米）	地点	造价（万元）	编号
2013－05－06	江苏泰容建设	仙东慧谷 22#	中国第四冶金建设公司	K/18	26968.38	宝华镇	3696	321183020130010173
2013－05－06	江苏泰容建设	仙东慧谷 29#		K/18		宝华镇		321183020130010174
2013－05－06	江苏泰容建设	青筑家园 15#	江苏华飞	K/18	13484	宝华镇	1838.08	321183020130010175
2013－05－09	江苏兴都房产	碧水铭苑 B09#	江苏广兴集团	K/34	—	文昌东路 33#	—	321183020130049177
2013－05－09	江苏兴都房产	碧水铭苑 B10#	江苏广兴集团	K/34	—	文昌东路 34#	—	321183020130049178
2013－05－15	江苏万都房地产	京东花园 7－1#住宅楼	南通二建	KJ/34	30342	宝华镇	5935	321183020130027181
2013－05－15	江苏万都房地产	京东花园 8－1#住宅楼	金坛建工集团	KJ/35	29252	宝华镇	5636	321183020130027183
2013－05－15	江苏万都房地产	京东花园 9#住宅楼	南通二建	KJ/34	26282	宝华镇	5123	321183020130027185
2013－06－18	句容市乡林房房地产开发有限公司	台北上上城 65#	茅山公司	K/11	14342.16	华阳北路西侧	1999.20	321183020130063224
2013－06－18	句容市乡林房房地产开发有限公司	台北上上城 66#	茅山公司	K/11		华阳北路西侧		321183020130063225
2013－06－18	句容市乡林房房地产开发有限公司	台北上上城 67#	新华公司	K/11	9362.10	华阳北路西侧	1362.18	321183020130063226
2013－06－21	江苏富润置业有限公司	仙林国际花园 C 幢住宅楼	南京东坝建安	K/29	—	宝华镇	—	321183020130064262
2013－06－21	江苏富润置业有限公司	仙林国际花园 D 幢住宅楼	南京东坝建安	K/29	—	宝华镇	—	321183020130064263
2013－06－21	江苏富润置业有限公司	仙林国际花园 E 幢住宅楼	南京东坝建安	K/29	—	宝华镇	—	321183020130064264
2013－07－01	句容碧桂园房地产	凤凰城地块六 1#楼	中建五局上海公司	K/30	155410.73	黄梅中学西	12365.41	321183020130004279
2013－07－01	句容碧桂园房地产	凤凰城地块六 2#楼	中建五局上海公司	K/30		黄梅中学西		321183020130004280
2013－07－01	句容碧桂园房地产	凤凰城地块六 3#楼	中建五局上海公司	K/30		黄梅中学西		321183020130004281
2013－07－01	句容碧桂园房地产	凤凰城地块六 4#楼	中建五局上海公司	K/30		黄梅中学西		321183020130004282
2013－07－01	句容碧桂园房地产	凤凰城地块六 5#楼	中建五局上海公司	K/31		黄梅中学西		321183020130004283
2013－07－01	句容碧桂园房地产	凤凰城地块六 6#楼	中建五局上海公司	K/32		黄梅中学西		321183020130004284
2013－07－01	句容碧桂园房地产	凤凰城地块六 7#楼	中建五局上海公司	K/33	119729.18	黄梅中学西	10324	321183020130004289
2013－07－01	句容碧桂园房地产	凤凰城地块六 8#楼	中建五局上海公司	K/32		黄梅中学西		321183020130004290
2013－07－01	句容碧桂园房地产	凤凰城地块六 9#楼	中建五局上海公司	K/32		黄梅中学西		321183020130004291
2013－07－01	句容碧桂园房地产	凤凰城地块六 10#楼	中建五局上海公司	K/32		黄梅中学西		321183020130004292
2013－07－01	句容碧桂园房地产	凤凰城地块六 11#楼	中建五局上海公司	K/32		黄梅中学西		321183020130004293

2009—2013 年句容市 10 层以上高楼建筑一览

续表 6-1-9

报建日期	建设单位	工程名称	施工单位	结构	面积（平方米）	地点	造价（万元）	编号
2013-07-01	句容碧桂园房地产	凤凰城地块六 12#楼	中铁建工集团	K/33	99197.37	黄梅中学西	8744.59	3211830201300040296
2013-07-01	句容碧桂园房地产	凤凰城地块六 13#楼	中铁建工集团	K/32		黄梅中学西		3211830201300040297
2013-07-01	句容碧桂园房地产	凤凰城地块六 14#楼	中铁建工集团	K/32		黄梅中学西		3211830201300040298
2013-07-01	句容碧桂园房地产	凤凰城地块六 18#楼	中铁建工集团	K/30		黄梅中学西		3211830201300040299
2013-07-01	句容碧桂园房地产	凤凰城地块六 15#楼	江苏双楼建设集团	K/31	175721.42	黄梅中学西	15117.49	3211830201300040303
2013-07-01	句容碧桂园房地产	凤凰城地块六 16#楼	江苏双楼建设集团	K/32		黄梅中学西		3211830201300040304
2013-07-01	句容碧桂园房地产	凤凰城地块六 17#楼	江苏双楼建设集团	K/32		黄梅中学西		3211830201300040305
2013-07-01	句容碧桂园房地产	凤凰城地块六 19#楼	江苏双楼建设集团	K/32		黄梅中学西		3211830201300040306
2013-07-01	句容碧桂园房地产	凤凰城地块六 20#楼	江苏双楼建设集团	K/32		黄梅中学西		3211830201300040307
2013-07-01	句容碧桂园房地产	凤凰城地块六 21#楼	江苏双楼建设集团	K/32		黄梅中学西		3211830201300040308
2013-07-01	句容红山房地产	崇明苑小区 1#楼	永康公司	KJ/18	—	崇明路交宁杭路	—	3211830201300690310
2013-07-01	句容爱家置业	爱家理想城 1#楼	上海德中建设集团	K/11	—	郭庄镇	—	3211830201300700316
2013-07-01	句容爱家置业	爱家理想城 2#楼	上海德中建设集团	K/11	—	郭庄镇	—	3211830201300700317
2013-07-01	句容爱家置业	爱家理想城 3#楼	上海德中建设集团	K/11	—	郭庄镇	—	3211830201300700318
2013-07-01	句容爱家置业	爱家理想城 4#楼	上海德中建设集团	K/11	—	郭庄镇	—	3211830201300700319
2013-07-11	句容市弘业房地产	化肥厂安置房 1#	江苏盛禾	K/32	—	镇句路北侧	—	3211830201300730350
2013-07-11	句容市弘业房地产	化肥厂安置房 2#	江苏盛禾	K/32	—	镇句路北侧	—	3211830201300730351
2013-07-11	句容市弘业房地产	化肥厂安置房 3#	江苏盛禾	K/32	—	镇句路北侧	—	3211830201300730352
2013-07-12	句容金润房地产	香江丽景礼宾府 21#	汕头潮阳一建	KJ/26	43405.69	句卓路路东	9500	3211830201300180357
2013-07-12	句容金润房地产	香江丽景礼宾府 22#	汕头潮阳一建	KJ/31		句卓路路东		3211830201300180358
2013-07-12	句容金润房地产	香江丽景礼宾府 23#	汕头潮阳一建	KJ/31		句卓路路东		3211830201300180359
2013-07-17	句容天工置业	恒大雅苑 5#	南通华新	J/32	54956.18	宝华镇	6296	3211830201300140362
2013-07-26	扬中丰裕房产句容公司	江南新城 8#楼	扬中建安公司	KJ/27	56867.49	华阳西路 60#	9680	3211830201300790378
2013-07-26	扬中丰裕房产句容公司	江南新城 9#楼	扬中建安公司	KJ/27		华阳西路 60#		3211830201300790379
2013-08-01	句容时代置业	维也纳花园 E6	曙光控股集团	K/12	—	长江路西侧	—	3211830201300810388
2013-08-01	句容时代置业	维也纳花园 E7	曙光控股集团	K/12	—	长江路西侧	—	3211830201300810389

续表 6－1－9

2009—2013 年句容市 10 层以上高楼建筑一览

报建日期	建设单位	工程名称	施工单位	结构	面积（平方米）	地点	造价（万元）	编号
2013－08－08	句容天正天泰	天正宝华项目二期 5#	南通四建	K/35		宝华镇		321183020130085040З
2013－08－08	句容天正天泰	天正宝华项目二期 6#	南通四建	K/35	70614.82	宝华镇	12699.41	321183020130085O404
2013－08－08	句容天正天泰	天正宝华项目二期 7#	南通四建	K/35		宝华镇		3211830201300850405
2013－09－12	句容天正天泰	天正宝华项目三期 8#	—	K/34		宝华镇		3211830201300850501
2013－09－12	句容天正天泰	天正宝华项目三期 9#	—	K/34	74233.69	宝华镇	14456.89	3211830201300850502
2013－09－12	句容天正天泰	天正宝华项目三期 10#	—	K/34		宝华镇		3211830201300850503
2013－09－27	句容市碧桂园房地产开发有限公司	凤凰城地块八 1#	中建五局	KJ/32		黄梅中学西		3211830201300040524
2013－09－27	句容市碧桂园房地产开发有限公司	凤凰城地块八 2#	中建五局	KJ/32		黄梅中学西		3211830201300040525
2013－09－27	句容市碧桂园房地产开发有限公司	凤凰城地块八 3#	中建五局	KJ/32		黄梅中学西		3211830201300040526
2013－09－27	句容市碧桂园房地产开发有限公司	凤凰城地块八 4#	中建五局	KJ/32	216876.32	黄梅中学西	29575.20	3211830201300040527
2013－09－27	句容市碧桂园房地产开发有限公司	凤凰城地块八 5#	中建五局	KJ/32		黄梅中学西		3211830201300040528
2013－09－27	句容市碧桂园房地产开发有限公司	凤凰城地块八 6#	中建五局	KJ/32		黄梅中学西		3211830201300040529
2013－09－27	句容市碧桂园房地产开发有限公司	凤凰城地块八 7#	中建五局	KJ/32		黄梅中学西		3211830201300040530
2013－09－27	句容市碧桂园房地产开发有限公司	凤凰城地块八 8#	中建五局	KJ/31		黄梅中学西		3211830201300040531
2013－09－27	句容市碧桂园房地产开发有限公司	凤凰城地块八 9#	中铁建工	KJ/31		黄梅中学西		3211830201300040537
2013－09－27	句容市碧桂园房地产开发有限公司	凤凰城地块八 10#	中铁建工	KJ/33	159112.26	黄梅中学西	22206.73	3211830201300040538
2013－09－27	句容市碧桂园房地产开发有限公司	凤凰城地块八 11#	中铁建工	KJ/33		黄梅中学西		3211830201300040539
2013－09－27	句容市碧桂园房地产开发有限公司	凤凰城地块八 12#	中铁建工	KJ/33		黄梅中学西		3211830201300040540

2009—2013 年句容市 10 层以上高楼建筑一览

续表 6－1－9

报建日期	建设单位	工程名称	施工单位	结构	面积（平方米）	地点	造价（万元）	编号
2013－09－27	句容市碧桂园房地产开发有限公司	凤凰城地块八 13#	中铁建工	KJ/33	159112.26	黄梅中学西	22206.73	3211830201300040541
2013－09－27	句容市碧桂园房地产开发有限公司	凤凰城地块八 14#	中铁建工	KJ/33		黄梅中学西		3211830201300040542
2013－09－30	江苏北佳房地产开发有限公司	天兑容城 G－1#	苏通建设集团	K/33	47319	华阳西路 99#	13234.9	3211830201300610547
2013－09－30	江苏北佳房地产开发有限公司	天悦容城 G－2#	苏通建设集团	K/33		华阳西路 100#		3211830201300610548
2013－10－31	江苏永和置业	公园尚城二期 11 幢	江苏广兴集团	K/31	—	河滨南路	—	3211830201300330580
2013－10－31	江苏永和置业	公园尚城二期 15 幢	江苏广兴集团	K/34	—	河滨南路	—	3211830201300330581
2013－11－07	江苏建中置业	御东国际二期 23#	句容建中建设	J/18	—	南一路交东昌南路	—	3211830201300880586
2013－11－07	江苏建中置业	御东国际二期 26#	句容建中建设	J/18	—	南一路交东昌南路	—	3211830201300880587
2013－11－07	江苏建中置业	御东国际二期 33#	句容建中建设	J/18	—	南一路交东昌南路	—	3211830201300880594
2013－11－07	江苏建中置业	御东国际二期 35#	句容建中建设	J/18	—	南一路交东昌南路	—	3211830201300880595
2013－11－14	江苏泰容建设	青筑家园 14 栋	南通一建	J/18	38187.81	宝华镇	4645.93	3211830201300100598
2013－11－14	江苏泰容建设	青筑家园 20 栋	南通一建	J/18		宝华镇		3211830201300100599
2013－11－14	江苏泰容建设	青筑家园 28 栋	南通一建	J/18		宝华镇		3211830201300100600
2013－11－26	江苏金润恒丰房地产	金润恒丰香江公馆 11#	茅山公司	KJ/10	17697.81	崇明东路北侧	1876.78	3211830201301220612
2013－11－26	江苏金润恒丰房地产	金润恒丰香江公馆 12#	茅山公司	KJ/10		崇明东路北侧		3211830201301220613
2013－12－02	江苏崇明置业	水畔御景锦园一标 1#	崇明建设	KJ/18	—	长江路东侧	—	3211830201301250624
2013－12－02	江苏崇明置业	水畔御景锦园二标 2#	崇明建设	KJ/18	—	长江路东侧	—	3211830201301250626
2013－12－02	江苏崇明置业	水畔御景锦园三标 3#	崇明建设	KJ/18	—	长江路东侧	—	3211830201301250628

续表 6－1－9

2009—2013 年句容市 10 层以上高楼建筑一览

报建日期	建设单位	工程名称	施工单位	结构	面积（平方米）	地点	造价（万元）	编号
2013－12－04	江苏余坤置业	世茂花园三期 C1#	上海星宇建设	KJ/18	99858.9	崇明西路	14037.28	321183020130037O633
2013－12－04	江苏余坤置业	世茂花园三期 C2#	上海星宇建设	KJ/18		崇明西路		3211830201300370634
2013－12－04	江苏余坤置业	世茂花园三期 C3#	上海星宇建设	KJ/18		崇明西路		3211830201300370635
2013－12－04	江苏余坤置业	世茂花园三期 C5#	上海星宇建设	KJ/18		崇明西路		3211830201300370636
2013－12－04	江苏余坤置业	世茂花园三期 C6#	上海星宇建设	KJ/18		崇明西路		3211830201300370637
2013－12－04	江苏余坤置业	世茂花园三期 C7#	上海星宇建设	KJ/18		崇明西路		3211830201300370638
2013－12－04	江苏余坤置业	世茂花园三期 C8#	上海星宇建设	KJ/18		崇明西路		3211830201300370639
2013－12－04	江苏余坤置业	世茂花园三期 B9#	上海星宇建设	KJ/18		崇明西路		3211830201300370640
2013－12－04	江苏余坤置业	世茂花园三期 B10#	上海星宇建设	KJ/18		崇明西路		3211830201300370641
2013－12－04	江苏余坤置业	世茂花园三期 B11#	上海星宇建设	KJ/18		崇明西路		3211830201300370642
2013－12－09	句容天王工业园区开发有限公司	浦溪花园安置小区三期 62#	江苏溧阳建设集团	K/11	—	天王镇	—	3211830201300920646
2013－12－09	句容天王工业园区开发有限公司	浦溪花园安置小区三期 67#	江苏溧阳建设集团	K/11	—	天王镇	—	3211830201300920648
2013－12－21	江苏正阳汽配商城有限公司	正阳汽配商城三标	高淳县桠溪建安	K/18	91080	开发区	8294.31	3211830201301050652
2013－12－24	句容苏珈投资发展有限公司	苏珈大厦	江苏顺通建设	K/26	43757	华阳南路交二圣路	6670.02	3211830201301280653

图 6-21　崛起的句容城高楼群

第二章　建筑企业性质

1949年前，句容有瓦、木业工会，有一家私营建筑企业—张兴纪营造厂。1958年成立地方国营句容县建筑工程公司。至1985年年底，全县有县属建筑公司5个，乡办建筑安装公司1个，乡镇建筑站22个，全县有建筑业从业人员1.64万人。

20世纪80年代，逐步富裕起来的农户兴起造楼热，带动了农村建筑市场；实行农业生产责任制后，农村富余劳动力，又为建筑队伍输送建筑工人。80年代的建筑企业以集体所有制企业为主体，90年代开始有民营建筑企业进入市场。90年代中期兴起的“小城镇”热，为建筑业的发展带来巨大商机。

90年代中期，建筑企业改制全面展开，通过改制，集体建筑企业全部转型为民营企业。改制后的企业，在产业结构、施工资质、用人及财务制度、管理手段等方面都有很大变化，企业增加了活力。部分企业得到较快发展，形成了规模。

第一节　国营企业

1953年句容县成立瓦、木工工会工程接洽处。1956年加入手工业合作联社，吸收一批瓦、木工匠。1958年10月申请组成句容县建筑工程公司，经句容县人民委员会批准，改为地方国营企业。1961年更名为句容县修建公司，1969年又恢复句容县建筑工程公司，性质改为县属大集体企业。

1965年县房地产管理所成立，全县公房划归房地产管理所管理，为了加强对危旧公房的维修和改建，同年11月成立句容县房地产房屋修缮队，隶属房管所领导，到了1982年房地产管理所组建了水泥预制构件厂，修缮队合并到预制厂，为国营企业。

1958年水利局成立了“句容县水利工程采石队”，属全民事业单位，1964年更名为句容县水利工程队。1984年成立句容县第三建筑工程公司，企业性质，与句容县水利工程队合并办公，两块牌子一套班子，人员以水利工程队为主，并招用一部分县属大集体工。

1984年由县城乡建设环境保护局出资注册成立“句容县房屋建设开发公司”。1989年更名为句容县房地产开发公司。1992年市政府将句容县房地产开发公司更名为句容县银鹏房地产开发公司，同时注册登记了句容县银鹏建筑公司，属全民事业性质，两块牌子一套班子。截至2013年仍然是合署办公。

第二节　集体企业

解放前，建筑施工都是以个体经营，单独活动，以工程为主，盈亏一次结算。解放后，建筑工匠逐步从个体结合向集体化发展。50年代中期才出现集体建筑企业，以后陆续成立了一批公社、大队集体建筑企业。1978年9月，镇江地区组建建筑民兵师，县成立建筑民兵团，各人民公社建筑站相继改称建筑民兵连，这时的集体建筑企业发展到132家，其中：县属集体企业6家，乡镇集体企业23家，村、队办建筑站104家，从业人员达到1.64万人。1982年建筑民兵团撤销，组建句容县第二建筑工程公司（联合体性质）负责各乡、镇集体建筑企业对外经营、管理职能，为第二建筑公司联合体企业有：环城，黄梅、宝华、茅西、东昌、二圣、葛村、郭庄、磨盘、天王 10 个乡镇集体建筑企业，环城吉里大队建筑站，郭庄西地大队建筑站 2 个村办集体企业，共 12 家建筑企业组成。

袁巷、大卓、石狮、三岔建筑公司，华夏建筑公司共 5 家组合到句容市建筑工程公司。1996 年，建设部重新颁发了建筑企业资质标准，并在建筑业中按标准进行资格审核，经过审核，全市 40 家企业拿到了国家资质等级。

1996 年句容市建筑企业资质等级一览

表 6－2－1

序号	企业名称	资质等级	法人代表	营业范围
1	句容市建筑工程有限公司	二	姬发根	可承担 30 层以下，30 米跨度以下的建筑物，高度 100 米以下的构筑物的建筑施工。
2	句容市第二建筑工程公司	二	陈巧寿	同上
3	句容市基础工程公司	二	徐公林	可承担工程造价 1000 万元以下的各类地基与基础工程施工。
4	句容市城市建筑工程公司	三	樊厚江	可承担 16 层以下，24 米跨度以下的建筑物，高度 50 米以下的构筑物的建筑施工。
5	句容市华盛建筑装饰工程有限公司	三	叶学谦	可承担单门工程造价 600 万元以下的建筑（包括车船、飞机）的室内、室外的装饰工程的设计和施工。
6	句容市银鹏建筑安装工程公司	三	徐飞	可承担 16 层以下，24 米跨度的建筑物，高度 50 米以下的构筑物的建筑施工。
7	句容市华阳建筑安装工程公司	三	赵金荣	同上
8	句容市第三建筑工程公司	三	杨福林	同上
9	句容市市政建设工程公司	三	唐祖发	可承担下列工程施工：1. 街巷道路、人行道；2. 单跨 6 米以内的桥梁；3. 直径 0.50 米以内的雨污水管道支线；4. 供水供气进户管线；5. 城市护坡工程。
10	句容市春城建筑工程公司	三	刘钦	可承担 16 层以下，24 米跨度以内的建筑物，高度 50 米以下的构筑物的建筑施工。
11	句容市土木建筑公司	四	孙世芳	可承担 8 层以下，18 米跨度以内的建筑物，高度 30 米以下构筑物的建筑施工。
12	句容市第四建筑安装公司	四	王敬成	同上
13	句容市崇明建筑工程公司	四	韩永喜	同上
14	句容市长城建筑安装工程公司	四	夏美虎	同上
15	句容市华星建筑安装工程公司	四	姚米林	同上
16	句容市经济开发区建筑工程总公司	四	武才子	同上
17	句容市金猴机械（集团）公司工业设备安装公司	四	曹启荣	可承担小型建设项目的普通设备、照明、空调水暖等的安装。
18	句容市给水安装有限责任公司	四	张庆华	同上
19	句容市燎原建筑安装工程公司	四	任茂功	可承担 8 层以下，18 米跨度以下的建筑物，高度 30 米以下的构筑物的建筑施工。
20	句容市矿山建筑站	四	周巧生	同上
21	句容市华泰建筑安装公司	四	陈道寿	同上
22	句容市华新建筑安装工程有限责任公司	四	章德仁	同上

1996年句容市建筑企业资质等级一览

续表6-2-1

序号	企业名称	资质等级	法人代表	营业范围
23	句容市金桥装饰工程有限责任公司	四	夏传超	可承担单位工程造价50万元以下的建筑的室内、室外装饰工程的施工。
24	句容市华阳房地产开发总公司建筑安装工程分公司	四	徐庆保	可承担8层以下,18米跨度以下的建筑物,高度30米以下构筑物的建筑施工。
25	句容市吉利装饰工程有限公司	四	朱银华	可承担单位工程造价50万元以下建筑的室内、室外装饰工程的施工。
26	句容市陈武建筑工程公司	四	陈秋保	可承担8层以下,18米跨度以下的建筑物,高度30米以下的构筑物的建筑施工。
27	句容市白兔建筑工程公司	四	贡承云	同上
28	句容市后白建筑工程公司	四	牛贵平	同上
29	句容市茅山建筑工程公司	四	田桂根	同上
30	句容市行香建筑工程公司	四	赵文才	同上
31	句容市大卓建筑工程公司	四	解胜亮	同上
32	句容市亭子建筑工程公司	四	叶峰	同上
33	句容市华东建筑工程公司	四	吴忠孝	同上
34	句容市上路建筑站	四	谢有顺	同上
35	句容市华城建筑工程公司	四	施修华	同上
36	句容市天王前进建筑站	四	王志海	同上
37	句容市三岭建筑安装工程有限责任公司	四	丁笃林	同上
38	句容市风坛建筑工程有限责任公司	四	王广福	同上
39	句容市容成建筑安装工程公司	四	戴德富	同上
40	句容市下蜀建筑站	四	顾祥云	同上

截至1996年,建筑企业没有全面改制前,全市全民事业2家,市属大集体企业18家,乡、镇集体企业26家,村办企业5家,民营企业6家,同年建筑企业改制全面开展。

第三节　企业改制

一、改制概况

从1996年起建筑企业改制全面展开,全市有独立法人的建筑企业57家(不含二公司、一公司联合体企业)。其中,市属企业18家,乡、镇集体企业26家,村办企业5家,民营企业6家,除了2家全民事业性质和6家民营企业外,其余49家企业全都进行了改制。改制分三步:第一步乡镇企业;第二部县属大集体企业及全民企业;第三步少数事业单位和管理性公司。之后又对少数改制不成功的企业进行了二次改制,整个改制到2002年基本结束。通过改制,拓宽了融资渠道,筹集到一大笔资金,盘活部分存量资产,形成了新的经济增长点,救活了部分企业,特别是微亏企业。改制取得了明显成效。经过改制,集体建筑企业都转型为民营企业。改制后,企业按照市场经济规律,深入进行了内部机制改革。

对企业组织结构进行了调整。在行业主管部门的指导下,结合建筑企业资质就位机遇,企业重新进行了组合，把一些规模小、管理差、人才缺、实力小的企业转为专业承包资质和劳务资质企业，有意识地扶持一批骨干企业申报总承包一、二级资质。经过逐年努力，江苏广兴集团有限公司在2007年取得了国家总承包一级资质，是当时镇江四县二区的唯独1家。二级总承包资质由原来的2家上升到41家（2011年），逐步形成了以集团公司总承包为龙头、以专业分包公司为主体、以劳务公司为依托，大、中、小企业协调发展，城乡结合的适应社会主义市场经济的企业优势经济结构。

全面进行了专业结构调整。过去大部分企业只是单一的土建施工资质，由于经营单一，市场不好的情况下，企业运行很困难。改制后企业纷纷由单一的土建向各专业资质发展。截至2013年，大部分企业兼营专业资质，种类有：装饰装潢、市政、桥梁、钢屋架、幕墙、土石方、水电安装、预制产品、水利工程、地基与基础工程，园林绿化、古典建筑、电梯安装、消防设施、建筑防水、防腐保温、金属门窗安装、起重设备安装、机电安装、建筑智能、环保工程、电信工程、公路路面工程、港口码头、堤防工程、水利大坝工程、管道工程、道路照明工程、特种专业工程等几十种专业资质，使企业广开了市场，活跃了经营范围。

进行了产业结构调整。改制后，不少企业干起了工业、农业（农庄）、房地产业、第三产业等。据不完全统计，兼营工业型企业有7家，农业（农庄）型有3家，房地产21家，第三产业（酒店11家、商品经营7家，建材经营34家）52家，为企业的主业充实了基础，以主业带动其他产业，以其他产业充实主业已成为企业改制后的重要经营模式。

全面进行了企业管理制度的改革。改制后，企业对用人制度、分配制度、财务制度及各项规章制度进行了全面改革，经过10多年的努力，较好地建立起了现代企业管理制度，实现了网络软件、信息化管理手段。江苏广兴集团有限公司建立了10多个信息库，公司组织结构（包括分支机构）、人才、财务、工程资料、工程招投标信息、设备调用、市场信息、资金使用等全都实行了网络管理，提高了工作效率，节约了管理成本。企业完全步入了市场，有了活力，部分企业很快得到了发展，形成了规模。

按照建筑行业统计口径2007—2013年建筑业各项经济指标与改制前（1996）对比一览

表6－2－2

项目	年份	完成数	年份	完成数	增长
施工产值（亿元）	1996	7.4	2007	29.91	304
			2008	57.57	678
			2009	56.8	668
			2010	80.46	987
			2011	88.44	1095
			2012	82.6	1016.2
			2013	106.4	1337.8
施工面积（万平方米）	1996	87.3	2007	257.21	215
			2008	315.55	261
			2009	329.7	278
			2010	354.2	306
			2011	397.44	355
			2012	464.1	432
			2013	441.5	406
竣工面积（平方米）	1996	69.3	2007	275	296.8
			2008	315	354.5
			2009	329	374.7
			2010	354	410.8

按照建筑行业统计口径 2007—2013 年建筑业各项经济指标与改制前(1996)对比一览

续表 6-2-2

项目	年份	完成数	年份	完成数	增长
竣工面积(平方米)	1996	69.3	2011	397	472.9
			2012	464	569.6
			2013	441	536.4
从业人员(人)	1996	16214	2007	23985	48
			2008	34225	111
			2009	38142	135
			2010	49013	202
			2011	55094	240
			2012	47927	195.6
			2013	57302	253.4
工程结算收入(亿元)	1996	8.37	2007	30.65	266
			2008	49.35	490
			2009	53.36	538
			2010	74.58	791
			2011	100.82	1105
			2012	94.2	1025.4
			2013	104.9	1153.3

二、建筑企业选介

1. 句容市永康建筑工程有限公司

公司原位于人民路 29 号,创始于 1951 年(前身为句容县瓦木工会),县大集体性质的建筑公司,隶属于建委,从事工业与民用建筑工程施工。2000 年 5 月准备改制,独立核算单位 11 个,职工 372 人(其中:在职职工 241 人、退休职工 84 人、保养 47),经改制评估,资产为负数。企业工程业务少,连年亏损,有时发工资都困难,人心涣散,缺乏凝聚力,已不适应市场经济体制,面临倒闭。

2001 年改制,是年 9 月重组公司成立,安置改制职工 40 多人,三级资质,2005 年升为二级资质,经过近 10 年的经营,企业发展稳定,改制后,有了较好的适应市场、开拓市场的能力。

企业注册资本金由 2001 年成立时 787 万元,增加到 2013 年的 2587 万元,固定资产 533 万元。

企业经营范围为土木工程建筑、市政工程。2010 年后,年产值约 8000 万元,年施工面积约为 9 万平方米,年施工人数约 1100 人,人员平均完成产值 7 万元。

为适应高层及机械作业化,提高效率,公司配有施工升降机、塔吊 11 台及配套的各类型小型设备,基本能满足施工的需要。

为适应建筑市场发展的需要,项目工程由原项目经理资格证,改为建造师和小型项目管理师证,公司注重人才储备,现有建造师 14 人,有中高级职称人员 35 人。

公司建筑工程以句容为基础,以南京为依托,以安徽、河南为开拓,外省年产值达 4000 万元。

2. 江苏同创建筑装饰有限责任公司

江苏同创建筑装饰有限责任公司的前身是句容市同创建筑装饰有限责任公司,是一家室内外装饰装修三级企业;2005 年改制;2007 年 10 月晋升为室内外装饰装修二级企业,同时更名为江苏同创建筑装饰有限责任公司,并于 2010 年 6 月经申报国家建设部批准晋升为室内外装饰装修一级企业;兼有建筑幕墙、钢结构工程专业承包二级；金属门窗、建筑智能化工程专业承包三级；建筑装饰、建筑幕墙工程设计资质乙级。

改制后，经过10余年的艰苦创业、埋头苦干和全体职工的不懈努力，企业规模从小变大，至2008年企业注册资本已达1000万元，净资产已超1500万元。

2013年，公司有工程管理人员和施工队伍近300人，其中具备高、中、初级专业技术职称的人员42人，特殊专业工程持证上岗人员30余人，一级建造师6人，二级建造师12人。

公司自成立以来，一直致力于地区的大型、中型重点工程项目的建设。近年来，相继承接了包括句容市交通局、句容市妇幼保健院综合楼、句容市曙光国际大酒店（四星级）、溧水县人民医院病房楼装修工程、丹阳市超力会所装修工程（五星级）、南京工业大学综合楼装修工程等省、市地方标志性装饰工程项目。公司坚持"至真至诚、尽善尽美"的企业精神和服务始终贯穿于工程项目全过程的服务理念，以其显著的诚信动作魅力，深受领导和用户的普遍赞誉和肯定。近年来，多次荣获镇江市"优秀装饰企业"的荣誉称号。

公司占地25亩的厂区正在建设中，约5000平方米的新办公大楼即将竣工，为职工提供优越的办公环境；近10000平方米加工车间也将竣工，对钢材、幕墙和石材等进行加工，公司引进进口设备，配备专业技术人员为客户精心服务。

公司现下辖镇江容大装饰工程有限公司、江苏碧森园林有限公司两个子公司，在南京市、常州市、丹阳市等地办理了分公司及驻外机构。

3．江苏崇明控股集团

江苏崇明控股集团是一家集房产开发、工程建设、物业管理、酒店管理、小额贷款、商贸、科技、典当为一体的综合型集团公司，集团公司坐落在句容市区文昌东路8号。

公司创建于1992年，起初为句容县中建筑站，刚开始以工程建筑为主，随着市场经济不断发展，公司的规模日益壮大，原有的建筑站已满足不了业务的需求，把县中建筑站更名为句容崇明建筑工程有限公司，于2001年注册3000.80万元成立了江苏崇明置业有限公司，房地产公司成立后抓住了国家大搞建设时期，公司先后开发了书香苑小区、文泽园及旺仕商业街。开发量和建筑量不断上升，原有的资质已满足不了市场需求。于2004年注册800.80万元，又成立了一家房产公司江苏现代置业有限公司，建筑及房产公司，把资本全部升级到二级并把句容崇明建筑工程有限公司增资到2500万元，更名为江苏崇明建设工程有限公司。成功申报并取得ISO9000质量体系认证，公司先后投入300万元购置钢管500多吨，扣件10万余只，塔吊8台等其他工程设备；凭着诚信及公司注重文明施工，镇江市人民政府授予江苏崇明置业有限公司和句容市崇明建筑工程有限公司"重合同守信用企业"，江苏省建设厅授予句容崇明建筑工程有限公司承建的市中学生公寓"省级文明工地"等荣誉称号。于2005年后又开发了时代逸居、水畔御景大型小区，并注册50万元成立了句容崇明物业管理有限公司，注册500万元成立了江苏中亚国际酒店有限公司。公司的规模越来越大，至2010年总产值达20亿元，在地方上有一定的声誉后成立了集团公司。2011年，注册2.08亿元，成立了句容崇明农村小额贷款公司，并于2012年注册1000万元成立了江苏坤科商贸有限公司；2013年注册1000万元成立了江苏佳课科技发展有限公司。截至2013年6月，集团公司总注册资本金达33931.6万元，总产值达40亿元；现有技术职称人员160人，其中高级8人，中级40人；拥有5000平方米的集团综合办公楼；高级商务用车9辆，自建营业用房6000平方米。

4．江苏广兴集团有限公司

江苏广兴集团有限公司前身是"句容市第二建筑工程公司"，于2001年年初改制重组为"江苏广兴建设有限公司"，2007年6月获得房屋建筑工程施工总承包一级资质，2007年12月更名为"江苏广兴集团有限公司"。

公司兼有市政道路总承包二级、建筑装修装饰、起重设备安装、消防设施专业承包二级以及防腐保温、送变电专业承包三级。集团公司下辖有江苏永圣建设有限公司、江苏永固门窗装饰有限公司、江苏广兴集团建筑安装有限公司、江苏永信建筑劳务有限公司、江苏广兴项目管理有限公司、江苏广兴混凝土有限公司、江苏联强置业开发有限公司、江苏广兴新型建材公司、句容市禾信农村小额贷款有限公司等子公司。产业涉及建筑、市政、门窗、装饰、建筑劳务、开发、建材、小型银行放贷等领域。另外还有北京、上海等6个驻外分公司,市场分布北京、上海、山东、南京、镇江、常州等地。

公司为有限责任公司,注册资本金18018万元。公司内设三总师室和综合部等5个部门以及相应职能科室。公司现有一级建造师15人,二级以下建造师40多人,中高级职称60多人。公司先后通过了〔ISO9001〕质量体系、〔ISO14001〕环境管理体系和〔OHSAS18001〕职业健康安全管理体系认证。

公司始终贯彻“优质诚信服务,雕塑时代精品”的质量方针,曾多次获得“镇江市级文明工地”“江苏省级文明工地”“金山杯”“金龙杯”“扬子杯”“白玉兰杯”等奖项,先后获得省“建筑业最佳企业”、“建筑业优秀企业”、省“模范劳动关系和谐企业”、“质量管理先进单位”、“安全生产先进单位”等荣誉称号。2013年获得国家“守合同重信用企业”。企业年生产总值从改制初期2000多万元增加到2013年的8.50亿元。

图6-22 白玉兰奖杯

图6-23 江苏省“扬子杯”优质工程奖

随着时代的变迁,市场的转型,公司承接工程也从传统的单一承包工程形式转化为以承包形式和投资—建设—转让的BT模式并存的形式。自2010年年初该公司就以BT模式承接了镇江新区精英优居房工程(3幢高层,面积5.60万平方米,造价2.30亿元),镇江新区平昌新城公建配套工程(面积2.50万平方米,造价7000万元),句容市文艺中心工程(3幢单体,面积6.70万平方米,造价近5亿元),郭庄东恒产业园(9幢研发楼,1幢孵化楼,面积8万平方米,造价1.50亿多元)。

2009—2012年江苏广兴集团有限公司(南京)竣工工程基本情况一览

表6－2－3

工程名称	建设单位	建筑面积(平方米)	结构层次	工程造价(万元)	开工日期	竣工日期	项目经理	获奖情况
食堂宿舍大楼	南京第九中学	8350	Kj－1、6	1200	2011年7月	2012年8月	陈纪庆	—
计算机楼	南京大学	20757	Kj10	2135	2009年9月	2010年11月	俞春林	南京市文明单位
文科科研用房中文楼	南京大学	10589	Kj4	1010	2010年4月	2011年3月	曹建文	—
仙林国际化校区文科楼－外文	南京大学	9268	Kj4	1098	2010年4月	2011年2月	姜道根	—
广州路209－211号地块联建住宅	卓立房产置业有限公司	24000	Kj18	2996	2009年11月	2011年6月	聂堂清	—

2007—2012 年江苏广兴集团有限公司(常州、镇江)已竣工工程基本情况一览

表 6-2-4

工程名称	建设单位	建筑面积(平方米)	结构层次	工程造价(万元)	开工日期	竣工日期	项目经理	获奖情况
绿园小区 14#住宅	常州万联房地产开发有限公司	21000	Kj-1、18	2010	2005 年 11 月	2007 年 4 月	韩宏喜	金龙杯、省文明工地
桂花园小区 17#、22#住宅	常州永红万嘉置业发展有限公司	21844	Kj-1、18	2200	2007 年 8 月	2009 年 10 月	王广勇	金龙杯、省文明工地
桂花园小区 12#、16#住宅	常州永红万嘉置业发展有限公司	17198	Kj-1、18	1980	2009 年 6 月	2010 年 8 月	姜道根	金龙杯、省文明工地
上书房一期二标 7~25#房	常州永红万嘉置业发展有限公司	23508	Kj-1、3	8388	2009 年 11 月	2012 年 9 月	周祥兵	金龙杯、省文明工地
上书房一期二标 S1 商业	常州永红万嘉置业发展有限公司	5738	Kj-1、3	703	2009 年 9 月	2012 年 9 月	韩宏喜	金龙杯、市文明工地
镇江新区精英优居房 1#楼	镇江新区城市建设投资有限公司	19384	Kj-1、13	6200	2010 年 4 月	2012 年 6 月	韩宏胜	金山杯
镇江新区精英优居房 2#楼	镇江新区城市建设投资有限公司	26088	Kj-1、22	9800	2010 年 8 月	2012 年 6 月	韩宏胜	扬子杯
镇江新区精英优居房 3#楼	镇江新区城市建设投资有限公司	11765	Kj-1、18	3800	2010 年 8 月	2012 年 6 月	韩宏胜	金山杯
平昌新城配套公建	镇江新区经济发开总公司	19842	Kj-1、12	2800	2011 年 10 月	2012 年 12 月	胡金祥	镇江市文明工地

2009—2010 年江苏广兴集团有限公司(句容)竣工工程基本情况一览

表 6-2-5

工程名称	建设单位	建筑面积（平方米）	结构层次	工程造价（万元）	开工日期	竣工日期	项目经理	获奖情况
句容市职教图文信息中心	句容市职业技术教育中心	11818	Kj5	1133	2008 年 11 月	2009 年 9 月	沈春雷	镇江文明示范
句容国防动员指挥中心	句容市人民防空办公室	4018	Kj5	472	2007 年 5 月	2009 年 4 月	胡金祥	金山杯
黄金花园幼儿园	句容市经济开发区	4887	Kj3	580	2009 年 4 月	2009 年 7 月	陈连喜	金山杯
句容市崇明托幼中心	句容市妇女联合会	—	—	990	2009 年 5 月	2010 年 6 月	冯恒安	镇江市文明工地
崇明小学	句容市教育局	—	—	1759	2009 年 4 月	2010 年 8 月	韩宏喜	—

5. 江苏华城公司

江苏华城公司前身是句容县城南建筑站，自 1999 年改制为江苏华城建筑工程有限公司。

2000 年，公司敏锐地意识到，向房地产界进军，将是华城新的经济增长点，公司注资 2050 万元成立了江苏华城房地产开发有限公司。相继完成了句容人武部工程、华城新村、句容青少年宫、泗阳华城公寓等项目的开发。加速向建筑房产多元化的发展方向发展，2002 年斥资 1500 万元成立了宿迁华城商品混凝土有限公司。

2006 年 8 月，华城房地产一举拿下了安徽砀山黄金地段 500 亩土地的开发权。这个被称为“御都星城”的高档商住区是当地最具水准的商住区，也是砀山县新城的一部分。开发建筑 200 多幢商住楼，建筑面积达 70 万平方米，分五期开发，建成后销售产值将达 25 亿元。2013 年年底前资金回笼每年超过 2 亿元。

2011 年，公司再次迎来了新的转折点。为了支持和服务家乡三农经济发展，由江苏华城建筑工程有限公司为发起人，投资设立句容市华源农村小额贷款有限公司。

2013 年公司成功收购了句容澳美科技有限公司，该公司占地面积 40 亩，位于句容市经济开发区世茂路。投资建设的澳美科技大厦，是即将成立的江苏华城集团新的办公基地。澳美科技大厦，建筑面积 15875 平方米，12 层，工程造价 3058 万元。与此同时，公司成功获得句容市后白镇 380 亩土地，成立了江苏鑫丰生态农业有限公司。

从建筑工程施工总承包二级，现已发展成为一家以建筑、房产、商砼、建筑机械设备租赁、生态农业、小额贷款为一体的多元化产业。多年来，公司坚持理念创新是推进企业发展的核心动力，坚持用科学的理念凝聚人心，用先进的思想引领企业实现跨越发展。公司为谋求长远发展，建立并完善了人才资源库，努力做到让所有员工人尽其才，才尽其用，让其在本岗位上发挥特长，尽忠职守。公司始终坚持以人为本，把企业发展和员工的待遇有效结合起来，实现企业与员工的双赢发展战略。

企业结构情况：下辖公司分别为：江苏华城建筑工程有限公司、江苏华城房地产开发有限公司以及安徽分公司、宿迁华城商品混凝土有限公司、句容华兰机械租赁有限公司、句容市华源农村小额贷款有限公司、句容澳美科技有限公司、江苏鑫丰生态农业园有限公司。

企业经营范围：主要从事房地产开发、销售、土木工程建筑、市政公用工程建筑、装修装饰工程、商品砼生产、销售、起重设备安装工程、建筑机械设备租赁、面向三农发放小额贷款等金融业务、花卉、苗木、农产品种植销售、生态农业观光服务。

企业人才情况：企业依靠科学技术和劳动者素质的提高来实现经济增长，2013 年年底，工程技术及经济职称人员 207 人，大中专以上学历的 159 人，项目经理 30 余人，二级建造师 18 人，特殊工种持证上岗人员达百人,职工总数达 1500 余人。

企业设备情况:拥有各类施工机械设备 187 台(套),施工检测设备 20 台(套)。

企业经济实力情况:企业现有工商注册资金 4.796 亿元,企业总资产达 8.65 亿元。

市场开拓情况:公司先后在句容、南京、苏州、江西、常州、无锡、宿迁、灌云、安徽等地承建或开发了 90 多项标志性重点工程,苏州 73041 部队,泗阳华城公寓、江西南丰地下商城、市体育馆看台、之江商贸城、金陵御花园、东门水岸、砀山御都星城等工程。

2007—2013 年,公司共完成产值 242857 万元,利税 22749 万元。公司自成立以来,多次被评为"江苏 AAA 级重合同守信用单位""江苏省级优质工程奖""镇江市优秀企业""句容市文明单位"等各种荣誉称号。

2007—2013 年江苏华城公司完成产值、利税情况一览

表 6-2-6　　单位:万元

年份	产值	利税
2007	20687	1862
2008	21739	1714
2009	27394	2241
2010	37245	3256
2011	42898	3295
2012	45826	5123
2013	47068	5258

6. 江苏拓科集团有限公司

2008 年 11 月 12 日,"拓科建设江苏有限公司"成立,注册资金人民币 2058 万元。2011 年 3 月 8 日,公司注册资金增到 5188 万元;同年 8 月 11 日,原注册资金 5188 万元增资到 10068 万元。2012 年 8 月,以拓科建设江苏有限公司为母公司成立了江苏拓科集团,同时公司更名为江苏拓科集团有限公司。2013 年 11 月 7 日,公司房屋建筑施工总承包资质由三级晋升为二级,房建发展迈向新阶段。

集团以建筑施工为依托,逐步向房地产开发、工程劳务分包、市政施工、进出口业务、项目投资经营管理,营销策划、新型轻质保温材料、HDPE 管材料的研发、生产、销售、康体养生等领域拓展。

2013 年,江苏拓科集团完成总产值 38124 万元,房屋施工面积 43.99 万平方米。营业收入 32321.53 万元,净利润 2162.99 万元。集团现有员工 3800 人,其中中高级职称人员 198 人;80% 以上工程技术及管理人员为大学专科以上学历,其中一级建造师 14 人,工程技术人员 341 人。企业自有设备 244 台,原价值 1520.59 万元,净价值 1095.58万元。设备主要有搅拌机 26 台,挖掘机 5 台,塔式起重机 15 台,压路机 4 台,推土机 4 台,沥青摊铺机 1 台,施工升降机 6 台,半挂牵引车 5 台。

图 6-24　江苏拓科集团有限公司办公楼

公司经营项目:土木工程建筑;市政公用工程;土石方工程、钢结构工程;机电安装工程、园林绿化工程施工;装饰装修;水电安装;工程管理与服务、劳务分包;建筑机械及机具租赁;建筑材料批发、零售。

2009—2013 年江苏拓科集团获省辖市以上奖励情况一览

表 6 -2 -7

工程名称	获奖名称	颁奖部门	获奖时间
南京大学浦口校区科学会堂工程	荣获 2009 年南京市建筑工程“金陵杯”（市优质工程奖）	南京市建筑工程局	2009 年 5 月
南京大学浦口校区微结构实验楼工程	荣获 2010 年南京市建筑工程“金陵杯”（市优质工程奖）	南京市建筑工程局	2009 年 5 月
南京大学科研综合楼装饰	荣获 2010 年南京市建筑工程“金陵杯”优质工程奖	南京市住房和城乡建设委员会	2010 年 5 月
南京大学科研综合楼	荣获 2010 年度江苏省“扬子杯”优质工程奖	江苏省住房和城乡建设厅	2011 年 11 月
南京信息工程大学实验中心 3#、4#楼工程	荣获 2011 年南京市建筑工程“金陵杯”优质工程奖	南京建筑业协会	2011 年 6 月
南京大学仙林国际化校区大气科学楼工程	被评为 2012 南京市建筑施工文明工地； 被评为 2012 年度南京市优质结构工程奖	南京市住房和城乡建设委员会 南京建筑业协会	2013 年 1 月 2012 年 10 月
南京大学仙林校区游泳馆工程	被评为 2012 南京市建筑施工文明工地； 被评为 2012 年度南京市优质结构工程奖	南京市住房和城乡建设委员会 南京建筑业协会	2013 年 1 月 2012 年 10 月
南大学生宿舍四组团二及生福利用房四期二标段	被评为 2013 年度第二批“江苏省建筑施工文明工地”奖	江苏省住房和城乡建设厅	2013 年 10 月
张庙佳园新社区工程	被评为 2013 年度镇江市建筑施工“文明工地”奖	镇江市住房和城乡建设局	2013 年 8 月
宝华镇凤坛花园二期一标段和三期一标段工程；富达英伦印象花园一期一标段	获“镇江市文明工地”奖	镇江市住房和城乡建设局	2012 年 3 月
句容康宏太阳能科技有限公司 1#研发车间工程	被评为 2013 年度“镇江市建筑施工文明工地”奖	镇江市住房和城乡建设局	2013 年 10 月
夏邑龙湖明珠 A43、A46 工程	获商丘市“建设杯”奖	商丘市住房和城乡建设局	2013 年 5 月
夏邑龙湖明珠 A43、A47 工程	获商丘市“优质结构”奖	商丘市住房和城乡建设局	2011 年 10 月
夏邑龙湖明珠 A44、A47 工程	获商丘市“优质结构”奖	商丘市住房和城乡建设局	2012 年 5 月
南京大学仙林国际化校区化学楼工程	被评为南京市建筑施工文明工地奖	南京市住房和城乡建设局	2013 年 10 月
南京大学仙林校区外文楼工程	被评为南京市 2012 年度江苏省“扬子杯”优质工程奖	江苏省住房和城乡建设局	2012 年 8 月

第四节　民营企业

随着经济体制的改革和深入，建筑业企业经过 10 多年的改制，除了 2 家事业性质的企业没有改制（没有出台改制的政策）外，其余建筑企业都进行了改制、转型。经过分流、重新组合、注册登记。截至 2013 年年底，全市在建筑业业务范围的民营企业共 155 家。

2013 年句容市建筑业民营企业名称一览

表 6－2－8

序号	企业名称	序号	企业名称
1	江苏广兴集团有限公司	35	江苏千帆建设有限公司
2	江苏拓科集团有限公司	36	江苏龙盛建设有限公司
3	句容市新华建筑工程有限公司	37	江苏新筑建设有限公司
4	句容市城市建设工程有限公司	38	江苏名圣建设有限公司
5	江苏华城建筑工程有限公司	39	江苏盛唐建设工程有限公司
6	江苏崇明建设工程有限公司	40	江苏亿顺建设有限公司
7	句容永康建筑工程有限公司	41	江苏千秋建设有限公司
8	江苏正大置业集团建筑工程有限公司	42	江苏一方建设工程有限公司
9	江苏茅山建设有限公司	43	江苏华固建设有限公司
10	江苏华旺工程有限公司	44	江苏广兴集团建筑安装工程有限公司
11	江苏福地建设有限公司	45	省句容市经济开发区开城建筑安装工程有限公司
12	江苏润川建设工程有限公司	46	江苏天翔建设有限公司
13	江苏友达建设有限公司	47	江苏句容鑫力达实业有限公司
14	句容市卓鑫建筑工程公司	48	江苏广正建设有限公司
15	句容市城东建设开发有限公司	49	江苏盛旺建设有限公司
16	句容市白兔建设工程有限公司	50	江苏弘道建设有限公司
17	江苏后白建设有限公司	51	句容市强盛建筑安装工程有限公司
18	江苏人金建设工程有限公司	52	江苏亚鑫建设有限公司
19	句容市宝阳建设有限公司	53	江苏山水环境建设集团股份有限公司
20	句容金城建筑安装工程有限公司	54	江苏汇宇建设有限公司
21	句容市华利建筑工程有限公司	55	江苏圣通环境工程有限公司
22	句容市金桥建筑装饰工程有限公司	56	江苏华阳建设有限公司
23	句容长才建筑安装工程有限公司	57	江苏大地交通工程有限公司
24	句容市宏业建筑工程有限公司	58	江苏润久建设工程有限公司
25	江苏远宏置业有限公司	59	江苏永圣建设有限公司
26	江苏宇珀建设工程有限公司	60	句容市市政建设工程公司
27	江苏省句容市经济开发区建筑安装工程有限公司	61	江苏省鑫宏建设有限公司
28	句容市水利建设工程公司	62	江苏欣和建设有限公司
29	句容市方圆建筑工程有限公司	63	句容市圆通市政建设工程有限公司
30	句容市鑫城建筑工程有限公司	64	江苏润杰建设有限公司
31	江苏华城联合建设工程有限公司	65	江苏润鑫建设有限公司
32	句容建中建设有限公司	66	江苏永正建设工程有限公司
33	江苏容宝建设有限公司	67	江苏高嘉建设工程有限公司
34	江苏众合建设有限公司	68	江苏祥盛建设有限公司

2013 年句容市建筑业民营企业名称一览

续表 6－2－8

序号	企业名称	序号	企业名称
69	江苏绿苑园林建设有限公司	104	江苏容力科技有限公司
70	江苏晨旭建设有限公司	105	镇江凡信通信工程有限公司
71	江苏民宇建设有限公司	106	句容市吉利装饰工程有限公司
72	江苏静园环艺建设工程有限公司	107	江苏永固装饰门窗有限公司
73	江苏恒楦建设有限公司	108	江苏精盾节能科技有限公司
74	江苏方宏建设有限公司	109	句容市昊朋装饰工程有限公司
75	江苏恒创建设工程有限公司	110	江苏台泥矿业工程有限公司
76	句容市给水安装有限责任公司	111	句容市银非土石方工程有限公司
77	江苏爱特交通建设工程有限公司	112	句容市其高拆迁工程有限公司
78	江苏驰畅建设有限公司	113	句容市华东机械凿井有限公司
79	江苏圣潮建设工程有限公司	114	句容市万芳水泥制品有限公司
80	江苏鼎睿建设工程有限公司	115	句容东升混凝土工程有限公司
81	宁南建设江苏有限公司	116	江苏正大置业集团混凝土有限公司
82	江苏桓通环境科技有限公划	117	句容市欣会混凝土有限公司
83	江苏兴武建设工程有限公司	118	江苏金牛特种混凝土有限公司
84	江苏天容建设有限公司	119	江苏广兴集团混凝土有限公司
85	句容兴龙建设有限公司	120	江苏弘义新型建材有限公司
86	江苏同创建筑装饰有限责任公司	121	江苏省三鑫富安混凝土制品有限公司
87	江苏宏巨装饰工程有限公司	122	江苏银润混凝土有限公司
88	句容市五星建筑装饰工程有限责任公司	123	江苏华建商品混凝土有限公司
89	江苏宏腾装饰工程有限公司	124	镇江祥龙混凝土有限公司
90	句容市兴宇装饰工程有限公司	125	江苏建华管桩有限公司
91	句容市龙池建筑装饰工程有限公司	126	江苏汤始建华管桩有限公司
92	江苏华厦建筑装饰工程有限公司	127	江苏建华新型墙材有限公司
93	镇江润华建筑材料安装工程有限公司	128	句容市和平预制厂
94	句容润文装饰工程有限公司	129	句容市瑞华道路器材有限公司
95	镇江开元钢架安装工程有限公司	130	句容市科达技术开发有限公司
96	江苏新光环保工程有限公司	131	句容联众科技开发有限公司
97	江苏省句容市松立钢结构工程有限公司	132	句容市容通水泥制品有限公司
98	句容市东南热电设备有限公司	133	句容市新基泰新型材料有限公司
99	句容兰龙起重设备安装有限公司	134	江苏帅力科技发展有限公司
100	句容市新力机械设备安装有限公司	135	句容市金腾砼制品有限公司
101	句容市镇鼎机械设备租赁公司	136	句容市春城设备防护装修有限公司
102	镇江茅联电力设备工程有限公司	137	江苏永信建筑劳务有限公司
103	句容市金猴工业设备安装有限公司	138	句容市创新建设工程有限公司

2013 年句容市建筑业民营企业名称一览

续表 6－2－8

序号	企业名称	序号	企业名称
139	句容市林瑞建筑劳务有限公司	148	江苏汤氏园林有限公司
140	句容东阳建筑工程有限公司	149	句容江河风景园林有限公司
141	句容市京展建筑有限公司	150	江苏天润建设工程管理咨询有限公司
142	江苏宏泰建筑劳务有限公司	151	句容市精诚建设咨询有限公司
143	江苏双远建筑劳务有限公司	152	江苏诚信工程管理咨询有限公司
144	江苏海凡建筑劳务有限公司	153	常州市江南建设监理有限公司句容分公司
145	江苏圣信建筑劳务有限公司	154	江苏立信工程造价咨询有限公司
146	江苏绿洲园艺绿化有限公司	155	江苏山水园林建设有限公司
147	江苏农景生态建设有限公司	—	—

第三章　建筑企业素质

传统建筑业施工队伍不太稳定，人员多为“散兵游勇”流动性很大，设备也很简陋，施工中建材搬运、提升全靠肩扛人抬。20 世纪五六十年代起，句容各建筑企业普遍开始使用小型机械以代替繁重的手工操作。80 年代后，小型塔式起重机开始广泛使用。进入 21 世纪，随着城市建设的快速发展和建筑市场的迅速做大，句容市建筑施工企业开始注重高素质人才的培训和引进，通过岗位培训和各类竞赛比武活动促进员工素质的提高，加之各类大型、新型建筑工程机械的陆续引进，使句容市建筑企业和建筑队伍素质发生了根本性的变化。至 2008 年年末，句容市建筑企业由 1986 年的 28 家增加到 79 家，其中有房屋建筑施工总承包一级企业 1 家、二级企业 10 家。其后，市建筑科技队伍不断发展壮大，新技术、新材料被广泛引用，使整个行业快速提升，高资质级别的企业逐年增加。2013 年，全市建筑业企业 156 家，其中，房建一级资质 2 家、市政一级资质 2 家、装饰一级资质 3 家。

第一节　建筑企业资质

计划经济时期，工程任务多数是政府分配，无需建筑企业自找业务，市场不存在竞争。随着社会主义经济体制改革的深入，建筑工程承、发包越来越市场化，建筑市场竞争愈演愈烈。为规范企业行为，保证建筑工程由承担能力的企业承包，国家建设部在 80 年代中期提出了建筑企业资质等级标准。起初规定了 1 ~ 5 级 5 个资质等级，对一些小型村办企业设立了等外级。1 ~ 2 级资质由建设部审核、签发，3 ~ 4 级资质由省级审核签发，五级资质由专区审核、签发，等外级由县级审核、签发。1987 年建设部对资质等级标准作了部分调整：强调了企业的注册资本、设备和企业业绩，门槛提高了一步。1996 年建设部又作了调整，除消了等外级、五级资质，增设了特级资质。1996 年 4 月句容市建筑企业资质经过组合申报，经省、市有关部门审核，批准二级资质 3 家、三级 7 家、四级 28 家。2001 年建设部第 87 号令颁布了“建筑企业资质管理规定”。从此建筑企业资质管理实行了动态化，对已取得资质的企业每年要年检一次，经过年检，根据企业不同情况，定为“合格”“基本合格”“不合格”三类。合格、比较好的通报表彰，基本合格的限期改正，不合格的下年再不合格，吊销资质。

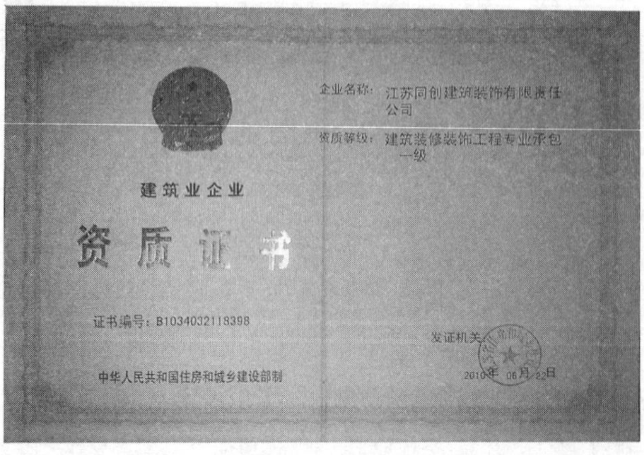

图 6-25　企业一级资质证书正本

规定颁布之日起，企业审报资质经审核批准，定为暂定级，一年后符合资质标准的转为正式级。

对出现重大安全、质量事故的企业，根据情节，分别暂停半年或一年的工程投标权，严重违反建筑市场法律、法规的吊销资质 1 年或是半年。

到 2002 年企业改制基本结束后，经过改制过程中的重新组合、注册登记，重新申报资质等级。截至 2007 年，经过建设部、省建设厅、镇江市建设局审核批准，句容建筑企业房屋总承包一级资质 1 家，二级资质 21 家，三级资质 23 家；市政工程承包一级资质 2 家，二级资质 8 家，三级资质 14 家；专业总承包一级资质2家,二级资质9家,三级资质31家,劳务承包资质7家。

此后,随着建筑企业发展和资质的申报以及建筑企业资质每年的年检、变更,截至2013年全市在建筑业业务范畴的企业发展到156家,这些企业相继取得了国家不同施工类别、等级的资质。

2013年句容市房建工程总承包企业资质情况一览

表6-3-1

序号	企业名称	资质等级	法人代表	办公电话
1	江苏广兴集团有限公司	房建一级	王广经	85173002
2	江苏拓科集团有限公司	房建一级	俞春林	87306555　87306900
3	句容市新华建筑工程有限公司	房建二级	朱家田	87202690
4	句容市城市建设工程有限公司	房建二级	樊厚江	87262749
5	江苏华城建筑工程有限公司	房建二级	施修华	87222558
6	江苏崇明建设工程有限公司	房建二级	韩永喜	87292488　87292688
7	句容市永康建筑工程有限公司	房建二级	李仁康	85978988
8	江苏正大置业集团建筑工程有限公司	房建二级	雷圣华	87276568
9	江苏茅山建设有限公司	房建二级	汪友成	87276345
10	江苏华旺建设工程有限公司	房建二级	王华	87382316
11	句容市银鹏建筑安装工程公司	房建二级	梅国强	85172433
12	江苏福地建设有限公司	房建二级	夏小龙	87829988　87828988
13	江苏润川建设工程有限公司	房建二级	朱平川	87305568
14	江苏友达建设有限公司	房建二级	高玉庭	85976668
15	句容市卓鑫建筑工程公司	房建二级	解胜亮	87270888
16	句容市城东建设开发有限公司	房建二级	赵新华	87632268
17	句容市白兔建设工程有限公司	房建二级	朱木平	87671329
18	江苏后白建设有限公司	房建二级	吴才平	87200880
19	江苏大金建设工程有限公司	房建二级	李正林	2584591687
20	句容市宝阳建设有限公司	房建二级	姚伟	87781268
21	句容金城建筑安装工程有限公司	房建三级	王敬成	87283222　87281097
22	句容市华利建筑工程有限公司	房建三级	周良虎	87200798
23	句容市金桥建筑装饰工程有限公司	房建二级	唐龙才	87225885
24	江苏长才建筑安装工程有限公司	房建二级	张长才	80789588
25	句容市宏业建筑工程有限公司	房建三级	杨桂明	87560318
26	江苏远宏置业有限公司	房建三级	张茂林	87281936
27	江苏宇珀建设工程有限公司	房建三级	骆丽勤	87651555
28	江苏省句容经济开发区建筑安装工程有限公司	房建三级	冯小宝	85170622
29	句容市水利建设工程公司	水利二级	毛玉春	85971077

2013年句容市房建工程总承包企业资质情况一览

续表6－3－1

序号	企业名称	资质等级	法人代表	办公电话
30	句容市方圆建筑工程有限公司	房建二级	陈书新	87262883
31	句容市鑫城建筑工程有限公司	房建三级	刘钦	87872078
32	江苏华城联合建设工程有限公司	房建三级	周龙才	87222558
33	句容建中建设有限公司	房建二级	巫建中	87289900
34	江苏容宝建设有限公司	房建三级	陈宏兵	87782193
35	江苏众和建设有限公司	市政二级	陈一进	87269440
36	江苏千帆建设有限公司	房建二级	唐万军	87188061
37	江苏龙盛建设有限公司	房建三级	刘祖发	85170085
38	江苏新筑建设有限公司	房建三级	吴歧玉	87262883
39	江苏名圣建设有限公司	房建三级	李秀成	87827368
40	江苏盛唐建设工程有限公司	房建三级	唐箭楼	87261090
41	江苏亿顺建设有限公司	房建三级	徐彬	85090799
42	江苏千秋建设有限公司	房建三级	张映秋	87234588
43	江苏一方建设工程有限公司	房建三级	刘勇	87236108
44	江苏华固建设有限公司	房建三级	章春兰	87285787
45	江苏广兴集团建筑安装工程有限公司	房建三级	王广勇	85173002
46	江苏省句容市经济开发区开城建筑安装工程有限公司	房建三级	孔祥茂	85172183
47	江苏天翔建设有限公司	房建三级	刘存祥	87451022
48	江苏句容鑫力达实业有限公司	房建三级	吴熔	87222277
49	江苏广正建设有限公司	房建三级	梅志祥	87327188
50	江苏盛旺建设有限公司	房建三级	盛军文	87501810
51	江苏弘道建设有限公司	房建三级	夏桂生	87829678
52	句容市强盛建筑安装工程有限公司	房建三级	夏国祥	87612821

2013年句容市市政工程总承包企业资质情况一览

表6－3－2

序号	企业名称	资质等级	法人代表	办公电话
1	江苏亚鑫建设有限公司	市政一级	潘金保	85973863
2	江苏山水环境建设集团股份有限公司	市政一级	姚锁坤	87709366
3	江苏汇宇建设有限公司	市政二级	童兆云	85977200
4	江苏圣通环境工程有限公司	市政二级	董靖	87853776
5	江苏华阳建设有限公司	市政二级	胡应明	85091919
6	江苏大地交通工程有限公司	市政二级	马冬泉	87503003
7	江苏润久建设工程有限公司	市政二级	王立新	87237231

2013 年句容市市政工程总承包企业资质情况一览

续表 6－3－2

序号	企业名称	资质等级	法人代表	办公电话
8	江苏永圣建设有限公司	市政二级	魏建明	85173002
9	句容市市政建设工程公司	市政三级	许文	87306930
10	江苏省鑫宏建设有限公司	市政三级	傅健	87300687
11	江苏欣和建设有限公司	市政三级	巫永进	87298868
12	句容市圆通市政建设工程有限公司	市政二级	景裕贵	87260330
13	江苏润杰建设有限公司	市政三级	侯广跃	85977088
14	江苏润鑫建设有限公司	市政二级	王开华	87369179
15	江苏永正建设工程有限公司	市政二级	胡正虎	87506028
16	江苏高嘉建设工程有限公司	市政二级	高德平	85091166
17	江苏祥盛建设有限公司	市政二级	樊涛	85973863
18	江苏绿苑园林建设有限公司	市政三级	史清云	87265807
19	江苏晨旭建设有限公司	市政三级	卢雄	87612088
20	江苏民宇建设有限公司	市政二级	张信华	87288999
21	江苏静园环艺建设工程有限公司	市政三级	袁静	87275819
22	江苏恒楦建设有限公司	市政三级	高玉平	87271066
23	江苏方宏建设有限公司	市政三级	刘方平	85178900
24	江苏恒创建设工程有限公司	市政三级	戴雪洲	87329552
25	句容市给水安装有限责任公司	市政三级	丁花萍	85971029
26	江苏爱特交通建设工程有限公司	市政三级	史六英	87262086
27	江苏驰畅建设有限公司	市政三级	陈健	87279207
28	江苏圣潮建设工程有限公司	市政三级	朱勇	87285788
29	江苏鼎睿建设工程有限公司	市政三级	谢文龙	—
30	宁南建设江苏有限公司	市政三级	丁翔	87272888
31	江苏桓通环境科技有限公司	市政三级	陈忠琴	87306333
32	江苏兴武建设工程有限公司	市政三级	张玉明	87287896
33	江苏天容建设有限公司	市政三级	刘奎	87266986
34	句容兴龙建设有限公司	水利水电三级	王小美	87318188

2013 年句容市装饰工程承包企业资质情况一览

表 6－3－3

序号	企业名称	资质等级	法人代表	办公电话
1	江苏同创建筑装饰有限责任公司	装饰装修一级	王六生	87285356
2	江苏宏巨装饰工程有限公司	装饰装修一级	李良宏	87262319
3	句容市五星建筑装饰工程有限责任公司	装饰装修三级	夏传超	85177601

2013 年句容市装饰工程承包企业资质情况一览

续表 6－3－3

序号	企业名称	资质等级	法人代表	办公电话
4	江苏宏腾装饰工程有限公司	装饰装修二级	章照华	87361333
5	句容市兴宇装饰工程有限公司	装饰装修三级	张兴耕	87263003　87266363
6	句容市龙池建筑装饰工程有限公司	装饰装修三级	付少云	87230519
7	江苏华厦建筑装饰工程有限公司	装饰装修三级	韩贤华	87263048
8	镇江润华建筑材料安装工程有限公司	装饰装修三级	丁园	87186535
9	句容润文装饰工程有限公司	装饰装修二级	高明书	87278022
10	镇江开元钢架安装有限公司	装饰一级	腾真玉	87272638
11	江苏新光环保工程有限公司	环保工程专业承包二级	杨志峰	87632199
12	江苏省句容市松力钢结构有限公司	钢结构二级	魏正冠	87381362
13	句容市东南热电设备有限公司	钢结构三级	蔡家乐	87281728

2013 年句容市专业承包企业资质情况一览

表 6－3－4

序号	企业名称	资质等级	法人代表	办公电话
1	句容兰龙起重设备安装运输公司	起重设备三级	薛青	87266877
2	句容市新立机械设备安装有限公司	起重设备三级	王进	87205432
3	句容市镇鼎机械设备租赁公司	起重设备安装三级	戴胜利	87203219
4	镇江茅联电力设备工程有限公司	机电设备三级	严永生	83362132
5	句容市金猴工业设备安装有限公司	机电设备 三级	孔繁荣	87237398
6	江苏容力科技有限公司	建筑智能化三级	徐立	88112868
7	镇江凡信通信工程有限公司	建筑智能化二级	孙凡	87295999
8	句容市吉利装饰工程有限公司	金属门窗 二级	朱映华	87203476
9	江苏永固装饰门窗有限公司	金属门窗 二级	王广金	87402869
10	江苏精盾节能科技有限公司	建筑幕墙三级	戴艳庭	87288399
11	句容市昊朋装饰工程有限公司	金属门窗 三级	蔡少华	—
12	江苏台泥矿业工程有限公司	矿山三级	林子超	87710490－207
13	句容市银非土石方工程有限公司	土石方工程专业承包三级	王菲	87239788
14	句容市其高拆迁工程有限公司	非爆破三级	朱其高	87203169
15	句容市华东机械凿井有限公司	凿井工程三级	景裕贵	87260330

2013 年句容市混凝土及预制构件企业资质情况一览

表 6－3－5

序号	企业名称	资质等级	法人代表	办公电话
1	句容市万芳水泥制品有限公司	砼预制构件三级	姚云	87701456
2	句容东升混凝土工程有限公司	高品砼 二级	陆晓明	87712788
3	江苏正大置业集团混凝土有限公司	高品砼 二级	雷圣华	87276568
4	句容市欣会混凝土有限公司	高品砼三级	刘裕岭	85582009

2013 年句容市混凝土及预制构件企业资质情况一览

续表 6－3－5

序号	企业名称	资质等级	法人代表	办公电话
5	江苏金牛特种混凝土有限公司	高品砼三级	徐爱明	87288789
6	江苏广兴集团混凝土有限公司	高品砼三级	王广辉	87855088
7	江苏弘义新型建材有限公司	商品砼三级	蒋忠义	87612388
8	江苏省三鑫富安混凝土制品有限公司	高品砼 三级	应立富	87185520
9	江苏银润混凝土有限公司	高品砼三级	吴延年	80788885
10	江苏华建商品混凝土有限公司	高品砼三级	辛考飞	87189555
11	镇江祥龙混凝土有限公司	预拌商品砼三级	蔡定凤	80786666
12	江苏建华管桩有限公司	预制构件二级	杨余明	87767692
13	江苏汤始建华管桩有限公司	预制构件二级	杨余明	87767692
14	江苏建华新型墙材有限公司	预制构件三级	刘文海	87186518
15	句容市和平预制厂	预制构件二级	夏远国	87781212
16	句容市瑞华道路器材有限公司	预制构件三级	欧阳 春华	87228129
17	句容市科达技术开发有限公司	预制构件三级	陈方	87269828
18	句容联众科技开发有限公司	预制构件三级	孙菊芳	87672888
19	句容市容通水泥制品有限公司	预制构件三级	夏开平	87369988
20	句容市新基泰新型材料有限公司	商品砼三级	张平	87878333
21	江苏帅力科技发展有限公司	预制构件三级	唐晋	87286888
22	句容市金腾砼制品有限公司	预制构件三级	周伟	—

2013 年句容市建筑劳务企业资质情况一览

表 6－3－6

序号	企业名称	资质等级	法人代表	办公电话
1	句容市春城设备防护装修有限公司	劳务一级	吴立仑	—
2	江苏永信建筑劳务有限公司	劳务一级	薛永军	85173002
3	句容市创新建设工程有限公司	劳务一级	黄华荣	87262599
4	句容市林瑞建筑劳务有限公司	劳务一级	郑杰	87300979
5	句容东阳建筑工程有限公司	劳务一级	王东阳	—
6	句容市京展建筑有限公司	劳务一级	郑风喜	—
7	江苏宏泰建筑劳务有限公司	劳务一级	毕道军	—
8	江苏双远建筑劳务有限公司	劳务一级	陈其国	—
9	江苏海凡建筑劳务有限公司	劳务二级	周官海	88112978
10	江苏圣信建筑劳务有限公司	劳务一级	刘根宝	85173002

2013 年句容市园林建设企业资质情况一览

表 6－3－7

序号	企业名称	资质等级	法人代表	办公电话
1	江苏绿洲园艺绿化有限公司	园林	何顺林	—
2	江苏农景生态建设有限公司	园林三级	郁世军	87837918
3	江苏汤氏园林有限公司	园林二级	汤槿	87208989
4	句容江河风景园林有限公司	园林三级	许和林	—

2013 年句容市监理企业资质情况一览

表 6－3－8

序号	企业名称	资质等级	法人代表	办公电话
1	江苏天润建设工程管理咨询有限公司	房建乙级 市政丙级	王良明	87289811
2	句容市精诚建设咨询有限公司	房建乙级 人防丙级	经群	87269440
3	江苏信诚工程管理咨询有限公司	房建丙级 市政丙级	陈钧	87262323
4	常州市江南建设监理有限公司句容分公司	房建甲级 人防丙级	王良生	87278277
5	江苏立信工程造价咨询有限公司	房建丙级	陈惠珍	—
6	江苏山水园林建设有限公司	房建乙级 市政乙级 农林乙级	姚锁坤	87709366

第二节　建筑设备

句容解放前后，建筑工匠沿用瓦刀、灰桶、铁锤、水平尺、锯、斧、凿、刨等传统工具，运输靠肩挑手搬。20世纪50年代后期，开展技术革新和技术革命，1958年，县建筑公司杨玉春、徐锦宏等人研制了平板刨、划线机、截口机等工具，减轻了木工的劳动强度。60年代，提升建筑材料和构件使用手摇绞车和独立扒杆，木工普遍使用圆盘锯、平板刨等机具。70年代，木工开板，开始使用带锯；高空运料，大型工程设井字架，使用电动机车牵引，代替人工提升；水泥混凝土和砂浆搅拌，使用电动机拌制；混凝土浇筑由电动式插入式振动棒和震动平板；地面运输多使用机动车辆和平板二轮手推板车。80年代，脚手架搭设改用钢管，浇筑混凝土改用钢模，混凝土搅拌已较普遍使用电动搅拌机，混凝土浇筑都采用电动插入式振动棒和平板振动器。1986年，县建筑工程公司开始使用小型塔式起重机设备。90年代初开始，小型塔式起重机已在全县建筑工程施工中普遍使用。1998年建筑企业拥有大中小机械设备总数计4676套，动力功率2965千瓦，人均技术装备率3237元。1999年，管理部门就发出通知，建筑工程（2层以上）禁止使用毛竹脚手架、简易式井架和用钢管拼装的塔吊，并全面推行钢管双排脚手架、物料提升机和塔吊起重机。首批实行的企业有句容市永康建筑工程公司、华城工程建筑公司、新华建筑工程公司、崇明建筑工程公司、银鹏建筑公司、后白建筑公司、茅山建筑公司、大卓建筑公司。随后，其他建筑工程公司也基本达到标准。2003年，江苏正大置业集团混凝土分公司成立，开始使用车载泵、混凝土搅拌输送车和混凝土制品成套机械。

2013 年句容市部分建筑施工企业机械设备一览

表 6－3－9 单位：台

序号	公司名称	塔吊	施工电梯	混凝土泵车	混凝土运输车	汽车吊
1	江苏广兴集团有限公司	15	4	5	22	—
2	句容市新华建筑工程有限公司	9	3	—	—	—
3	江苏正大集团有限公司	4	2	5	16	—
4	江苏茅山建设有限公司	4	—	—	—	—
5	句容兰龙起重设备安装有限公司	131	5	—	—	2
6	句容市新力机械设备安装有限公司	55	5	—	—	
7	句容镇鼎机械设备租赁有限公司	35	5	—	—	5
8	句容市顺斌起重设备有限公司	25	—	—	—	—
9	江苏华旺建设有限公司	5	—	—	—	—
10	句容市瑞腾建筑设备安装公司	10	—	—	—	—
11	句容子涵机械设备有限公司	4	—	—	—	—
12	句容市宏业建筑工程有限公司	7	—	—	—	—
13	江苏润州建设有限公司	8	—	—	—	—
14	江苏拓科建设有限公司	8	4	—	—	—
15	句容市华星建筑工程有限公司	4	3	—	—	—
16	句容市永康建筑工程有限公司	8	4	—	—	—
17	东升混凝土公司	—	—	—	6	25
18	江苏崇明建设有限公司	9	3	—	—	—
19	江苏友达建设有限公司	8	4	—	—	—
20	句容市城市建筑工程有限公司	15	4	—	—	—
21	南京栖霞公司句容分公司	8	7	—	—	—
22	凯翔集团句容分公司	9	8	—	—	—
23	句容建中建设有限公司	12	8	—	—	—
合　计		259	69	10	44	32

2013 年句容市建筑施工企业施工车辆情况一览

表 6－3－10 单位：台(辆)

企业名称	推土机	挖土机	压路机	大型运土车辆	中小型运土车辆	指挥车
江苏绿苑园林建设有限公司	—	—	—	—	—	5
句容市给水安装有限公司	—	1	—	—	4	2
江苏祥盛建设有限公司	6	12	8	22	15	6

2013年句容市建筑施工企业施工车辆情况一览

续表6-3-10　　　　单位：台(辆)

企业名称	推土机	挖土机	压路机	大型运土车辆	中小型运土车辆	指挥车
江苏大金建设工程有限公司	3	6	4	4	10	5
句容市吉利装饰工程有限公司	—	—	—	—	—	2
江苏欣和建设有限公司	—	1	—	—	2	3
句容市金城建筑安装工程有限公司	1	1	—	1	1	
江苏友达建设有限公司	3	2	2	8	6	2
江苏茅山建设有限公司	4	3	3	10	10	2
句容市新力机械设备安装有限公司	—	—	—	—	—	2
江苏鑫宏建设有限公司	2	2	2	—	—	4
江苏源迩市政工程有限公司	1	1		6	3	1
句容市强盛建筑安装工程有限公司	1	1	1	5	—	—
江苏晨旭建设有限公司	3	7	4	7	12	—
江苏城东置业有限公司	2	1	1	—	1	—
句容市金猴工业设备安装有限公司	—	—	—	—	—	—
江苏容宝建设有限公司	—	2	2	—	1	—
句容市圆通市政建设工程有限公司	3	4	3	5	8	1
江苏盛旺建设有限公司	—	—	—	—	—	—
句容经济开发区开城建筑安装工程有限公司	1	2	1	—	—	—
江苏一方建设工程有限公司	1	1	1	—	—	1
江苏华阳建设有限公司	4	5	3	8	5	3
江苏拓科集团有限公司	6	4	3	4	10	5
江苏华固建设有限公司	3	2	1	5	7	2
句容美城桩基工程有限公司	1	1	1	2	3	—
江苏高嘉建设工程有限公司	1	2	2	3	6	1
江苏福地建设有限公司	1	1	1	2	4	1
句容市城市建设工程有限公司	3	2	1	4	3	2
江苏新筑建设有限公司	1	1	—	—	1	—
江苏华旺建设工程有限公司	—	—	—	—	—	4
句容市水利建设工程公司	2	7	1	—	2	5
句容市新华建筑工程有限公司	—	—	—	—	—	3
江苏天翔建设有限公司	2	3	1	8	10	1
句容市宏业建筑工程有限公司	—	—	—	—	3	—
江苏兴武建设工程有限公司	2	1	—	3	3	2
句容市方圆建筑工程有限公司	1	2	1	—	—	—
江苏远弘置业有限公司	1	2	2	—	2	—
江苏驰畅建设有限公司	1	1	1	1	2	2

2013 年句容市建筑施工企业施工车辆情况一览

续表 6－3－10　　单位：台（辆）

企业名称	推土机	挖土机	压路机	大型运土车辆	中小型运土车辆	指挥车
江苏广兴集团有限公司	6	4	2	6	8	4
江苏永圣建设有限公司	3	2	2	3	5	2
江苏广兴集团建筑安装工程有限公司	1	1	1	1	2	2
江苏鼎睿建设工程有限公司	3	2	1	5	2	1
江苏汇宇建设有限公司	—	2	2	—	—	1
江苏长才建筑安装有限公司	3	2	2	7	30	2
江苏宝阳建设工程有限公司	3	11	6	5	2	3
江苏亚鑫建设有限公司	4	8	5	20	6	5
江苏后白建设有限公司	1	2	2	1	1	1
镇江开元钢架安装工程有限公司	3	1	2	15	10	18
江苏众合建设有限公司	2	2	2	2	1	—
江苏润川建设工程有限公司	1	2	1	4	6	2
句容市鑫城建筑安装工程有限公司	1	3	—	2	3	—
句容市银鹏建筑安装公司	1	1	—	5	2	—
句容市华利建筑工程有限公司	—	—	—	—	—	2
江苏圣通环境工程有限公司	3	3	2	—	7	5
江苏卓鑫建设有限公司	2	2	1	2	5	1
句容市永康建筑工程有限公司	—	—	—	—	—	—
江苏恒通环境科技有限公司	2	2	1	2	3	2
句容市白兔建筑工程有限公司		1		2	1	—
江苏山水环境建设集团股份有限公司	1	2	1	2	3	1
句容市兴龙建设有限公司	—	—	—	—	—	—
江苏民宇建设有限公司	—	4	2	18	3	—
江苏华夏装饰工程有限公司	—	—	—	—	—	—
江苏润鑫建设有限公司	2	3	4	5	3	1
江苏润久建设工程有限公司	4	6	4	20	10	6
句容绿城景观营造装饰工程有限公司	—	—	—	—	—	—
江苏新光环保工程有限公司	—	—	—	—	—	—
句容市承禹建设工程有限公司	—	—	—	—	—	—
江苏宇珀建设工程有限公司	—	—	—	—	—	—
句容市东南热电设备有限公司	1	2	1	2	4	—
江苏恒桓建设有限公司	—	—	—	—	1	1
江苏龙盛建设有限公司	—	—	—	—	—	—
合　计	107	149	94	237	252	130

第三节　岗位培训

一、机构、培训内容及设施

1. 机构

1982年,以县基本建设局分管建筑业的领导、各有关职能科室负责人为师资人员组成“句容县岗位培训中心”,具体工作有局建工股负责。1990年培训中心更名为“句容县职业培训中心”,人员有所调整,日常工作由县建委建安科负责。1998年又更名为“句容市职工教育中心”,由市建委人秘科负责日常工作。2002年以后职工培训移交建筑工程管理处负责。

2. 培训内容

师资队伍有9人组成,其中1人任班主任,是全脱产教师。岗位培训教材由住建部统一印刷的全国建筑行业岗位培训教材,培训内容主要有施工与管理、建筑材料、工程预算、工程结构、给排水、工程勘察设计、测量、制图等,文化课有语文、数学、历史。

3. 培训设施

1982年基本建设局与教育局商定,在北大街县第二中学院内投资16万元,盖1幢2层教学楼,一次性可招生4个班,作为基建局单位培训教学基地,产权属于基建局所有。1987年年底,经政府协调将产权移交县二中所有。1987年后将培训转移到建设路局办公大楼5楼会议室作为会议、培训两用。1992—1994年培训基地由建设路移到华阳东路2号局办公楼5楼会议室,会议、培训共用。1996年由华阳东路2号搬移华阳北路第二建筑公司办公楼5楼。1998年由二公司5楼迁至华阳东路1号住建局办公楼3楼。至2013年,培训任务多的情况下,还借用邮电局招待所、华阳旅社、党校等教室。

二、培训(教学)对象

公司管理人员:公司正副职,办公室、财务负责人。

现场管理人员,即:施工员、安全员、质检员、材料员、会计员、资料员、统计员。

特殊工种人员,即机械操作工、电工、电焊工、钢筋工、架子工、瓦工、木工、抹灰工、油漆工。

三、办班与培训

1. 办班

图6-26　建筑施工安全教育培训

1984年基建局与县有关部门商定为建筑行业招生3个班,1个电大班、2个建筑班。句容电大班与江苏广播电视大学合班,1984年9月招生,学员45名,全是男生,是句容首届工业与民用建筑专业的大专班。办学地点在句容县第二中学,班主任丁如琨,文化课由县二中老师带,专业课有基建局师资老师上。全脱产,学制三年。于1987年7月毕业。2个建筑班共有94人,男生83人,女生11人,全脱产,学制两年,于1986年7月毕业。

1994年县建设委员会委托句容县职业学校与南京地测学院商定在句容招生一个大专班。招生时间1994年,学员53人,专业为工业与民用建筑,学制3年,户口迁至南京地测学院，办学地点句容县华阳西路的句容县职业学校，于1997年毕业。这4个班近200人的专业人才都分布在全市建筑行业系统的各个岗位上，为句容建筑业发展起到了一定促进作用。

2. 岗位培训

自句容县岗位培训中心组成30多年来，本着勤俭办学，自培为主的宗旨，每年根据建筑业的发展，建筑科技含量的提高、新规范、新标准、新技术、新工艺、新设备、新材料的推广应用，特别是改革开放以后，农村大批劳动力转移，建筑业就业人数猛增，为提高队伍素质，培训中心都能适时地开办一系列岗位培训。尤其是劳动部门提出，新招工人未经过培训不准上岗的规定后，培训中心的培训工作几乎没有停过，经过培训，使在岗人员很快提高了工作技能，掌握了各项技术，一部分人经过培训获得了不同等级的职称和岗位证书。

2013年句容市建筑施工企业职称、持证上岗人员一览

表6－3－11　　单位：人

企业名称	职称人员			建造师			各类持证上岗人员
	高级	中级	初级	一级	二级	小管师	
江苏绿苑园林建设有限公司	1	3	11	1	15	2	—
句容市给水安装有限公司	1	7	59	—	16	6	71
江苏永固装饰门窗有限公司	—	6	33	—	7	1	—
江苏祥盛建设有限公司	4	20	120	2	21	6	32
江苏大金建设工程有限公司	5	43	33	—	22	3	26
句容市吉利装饰工程有限公司	—	2	18	—	5	1	7
江苏欣和建设有限公司	1	3	57	—	10	5	34
句容市金城建筑安装工程有限公司	—	3	15	—	5	6	29
江苏友达建设有限公司	4	21	150	3	12	8	40
江苏茅山建设有限公司	4	20	140	1	12	5	35
句容市新力机械设备安装有限公司	—	2	7	—	2	1	60
江苏崇明建设工程有限公司	3	23	124	—	13	1	35
江苏鑫宏建设有限公司	4	—	5	—	10	5	6
江苏源迩市政工程有限公司	—	11	47	—	8	—	—
句容市强盛建筑安装工程有限公司	—	9	39	—	10	9	—
江苏晨旭建设有限公司	6	26	115	2	17	4	40
江苏城东置业有限公司	2	23	152	—	16	5	69
句容市金猴工业设备安装有限公司	—	20	16	—	5	4	23
江苏容宝建设有限公司	2	26	98	—	13	3	26
句容市圆通市政建设工程有限公司	5	32	112	2	13	17	44
江苏盛旺建设有限公司	1	10	140	—	12	4	185
句容经济开发区开城建筑安装工程有限公司	1	2	28	1	6	9	—
江苏一方建设工程有限公司	2	10	38	—	16	—	27
江苏华阳建设有限公司	1	28	130	2	13	7	50
江苏拓科集团有限公司	14	71	228	15	13	2	51

2013年句容市建筑施工企业职称、持证上岗人员一览

续表6-3-11　　单位：人

企业名称	职称人员			建造师			各类持证上岗人员
	高级	中级	初级	一级	二级	小管师	
江苏华固建设有限公司	—	15	50	—	7	5	46
句容美城桩基工程有限公司	4	20	14	—	2	1	48
江苏高嘉建设工程有限公司	4	20	76	1	14	3	13
江苏福地建设有限公司	4	30	130	2	15	12	40
句容市城市建设工程有限公司	4	21	171	1	15	6	50
江苏新筑建设有限公司	—	9	46	—	13	1	30
江苏华旺建设工程有限公司	11	60	240	1	21	9	46
句容市水利建设工程公司	10	45	160	1	24	6	20
句容市新华建筑工程有限公司	3	23	126	1	14	16	112
江苏天翔建设有限公司	—	14	41	—	12	5	55
句容市宏业建筑工程有限公司	—	10	42	—	5	12	30
江苏兴武建设工程有限公司	1	34	83	—	6	5	7
句容市方圆建筑工程有限公司	7	22	122	1	15	6	90
江苏远弘置业有限公司	2	15	35	—	6	8	52
江苏驰畅建设有限公司	—	10	41	—	7	1	55
江苏广兴集团有限公司	16	65	220	16	24	20	184
江苏永圣建设有限公司	6	22	80	—	12	6	45
江苏广兴集团建筑安装工程有限公司	1	12	50	—	8	7	23
江苏永信建筑劳务有限公司	—	10	20	—	1	1	310
江苏圣信建筑劳务有限公司	—	5	10	—	1	—	117
江苏鼎睿建设工程有限公司	—	11	64	—	5	1	34
江苏汇宇建设有限公司	12	65	80	2	18	5	60
江苏长才建筑安装有限公司	6	35	110	—	13	11	37
江苏宝阳建设工程有限公司	5	25	129	—	15	7	69
江苏亚鑫建设有限公司	12	41	155	15	23	12	60
江苏后白建设有限公司	4	31	60	1	15	4	35
镇江开元钢架安装工程有限公司	3	33	65	7	14	2	45
江苏众合建设有限公司	4	16	12	2	14	1	—
江苏润川建设工程有限公司	2	26	151	—	13	11	100
句容市鑫城建筑安装工程有限公司	2	10	50	—	5	15	—
句容市银鹏建筑安装公司	3	23	160	3	26	20	—
句容市华利建筑工程有限公司	—	10	20		11	5	68
江苏圣通环境工程有限公司	10	80	155	3	22	15	34
江苏卓鑫建设有限公司	4	72	77	—	25	25	62

2013年句容市建筑施工企业职称、持证上岗人员一览

续表6-3-11　　　　单位：人

企业名称	职称人员			建造师			各类持证上岗人员
	高级	中级	初级	一级	二级	小管师	
句容市永康建筑工程有限公司	3	21	52	1	15	14	85
江苏恒通环境科技有限公司	—	10	47	—	7	5	18
句容市白兔建筑工程有限公司	2	20	130	2	13	12	35
江苏山水环境建设集团股份有限公司	28	83	129	43	59	13	207
句容市兴龙建设有限公司	—	10	44	—	4	3	30
江苏民宇建设有限公司	4	24	156	—	14	2	48
江苏华夏装饰工程有限公司	—	2	18	—	2	2	26
江苏润鑫建设有限公司	5	21	78	—	18	5	18
江苏润久建设工程有限公司	4	21	55	—	12	—	—
句容绿城景观营造装饰工程有限公司	—	9	41	—	4	4	—
江苏新光环保工程有限公司	3	14	24	6	5	1	22
句容市承禹建设工程有限公司	—	10	43	—	10	—	34
江苏宇珀建设工程有限公司	—	10	50	—	10	—	9
句容市东南热电设备有限公司	1	3	10	—	2	6	28
江苏恒桓建设有限公司	—	10	33	—	4	6	20
江苏龙盛建设有限公司	1	10	56	—	5	8	64
合　计	252	1639	5926	141	917	459	3511

第四节　建筑科技

一、建筑科技队伍

早期建筑业几乎全部由工匠组成，无专业技术人员。20世纪70年代，各公社（乡镇）建筑站建立，大多能做到每一项目设一名施工员。但这些施工员大都没有专业技术职称。80年代起，开始重视建筑科技队伍的健全与发展，建设管理部门狠抓基层建筑队伍的技术培训，专业技术职称的评定工作也开始走上正轨。进入90年代，县建立健全了建筑科技领导小组，并建立了一支结构比较合理的科技队伍，加大了科技经费的投入，与有关科技单位协作，开展科技研究、科技开发和先进设备应用。实行新技术推广应用工程，使新技术、新工艺、新设备、新材料得到广泛应用。一支由高、中、初技术人员合理搭配的建筑工程技术力量逐渐形成，有力地保障了句容建筑业的健康发展。进入21世纪，所有具备资质的建筑业企业都有一支精干的专业技术队伍。如江苏广兴集团有限公司，2001年公司经股份制改革后，成为市内首家房屋建筑施工总承包一级企业，有技术与经济管理人员352人，其中高级职称17人，下辖11个分公司。2006年，市建设局在建筑队伍中开展了青年工人技术竞赛活动（瓦工、木工、抹灰工、钢筋工，架子工等工种），鼓励青年工人学技术，争先进。竞赛活动中，沈春雷获建设部授予的“全国建设行业技术能手”称号。同年，在全市建筑企业中全面展开ISO质量认证工作。对企业的管理机构，人员素质，人才配备，持证上岗，质量控制体系一一论证、达标。

为全面保证建筑工程质量打下了基础。是年，在工程施工中推行全面质量管理（QC）小组活动，对工程项目中的重点、难点课题，进行技术攻关，达到预案效果。为总结提高科技发展的成果，还发动专业人才和从事科技人员开展撰写论文，推广应用，并开展论文评奖活动。截至2013年，全市建筑队伍中已拥有一大批学历高、管理精，技术强的人才，共有各类专业技术人才13526人。

二、新材料应用

1960年，句容县建设局向句容县委、县政府提交“关于大力推广煤灰砖”的报告，句容县委、县政府于1960年5月28日批转了这个报告。大力推广煤灰砖。于是全县砖瓦窑大力组织煤灰砖生产。是年起，县建设局开始持续不断地推广应用煤灰砖，此后又逐步推广应用水泥煤灰预制砖。水泥砌块、加热砌块，轻质隔墙板、空心砖等一批新型墙体材料。

句容地区墙体材料原先普遍采用砖砌墙、普通粉刷，20世纪七八十年代为达到抗震要求，已大量采用钢筋混凝土建筑。90年代之后，高层住宅综合楼和大体量的厂房、构筑物等，砌体采用钢筋混凝土减力坪。墙体砌筑材料新技术要求禁用黏土实心砖，空心砖、一律采用矿渣、粉煤灰水泥等新型砌块，为了减轻建筑物荷载、蒸气加压砌块逐步使用到室内墙体，取得很好的效果，完全取代黏土砖已成为现实。

外墙装饰一改过去的砂浆普通粉刷，采用石材干挂、幕墙、贴假石、喷砂，各种颜色涂料等等，新工艺、新技术被大量采用。2002年，句容市建筑工程质量检测中心与南京河海大学协作，研究石屑代砂制作砂浆和混凝土试验获得成功。该项成果于2003年1月由江苏省科技厅组织鉴定并获得通过。

屋面句容地区过去采用蝴蝶瓦，俗称小瓦。除古建筑上仍在使用小瓦和筒瓦外，现代建筑已采用钢筋混凝土屋面和坡屋面。防水方面，新技术、新材料要求无论平、坡都要采用聚氨酯，JS等防水材料涂刷，贴SPS防水膜，设保温板等，达到既防水、又保温的效果，墙面也按新技术要求粉刷保温砂浆或玻璃纤维保温板。

三、新技术应用

20世纪四五十年代至2013年，瓦工操作工艺演变不大，市（县）内用刀。60年代末农村建房砌墙采用石灰与草木灰搅拌砌筑俗称清灰墙，是用两把刀（一把铁瓦刀一把木制刀），砌完后用五尺（一种木尺）将灰缝割条缝，主要将灰浆压紧。

随着时代变化要求，监管部门对砌筑砂浆强度和粘土砖强度进行了规定，并用代号说明，如：砂浆有M5、M7.5水泥砂浆，M5、M7.5混合砂浆，基础以下采用水泥砂浆，上部一般采用石灰膏的混合砂浆。浇筑的混凝土同样采用代号，如：不带钢筋的称素砼，一般为C10、C15；带钢筋的为钢筋砼C20、C25、C30、C35，还有用于地下工程的抗渗砼。砼强度规定所有浇筑砼必须随机抽料现场制作试块，并进行现场同等条件养护和标准化室内养护，28天后送市建筑工程质量监督站检测中心进行施压评定，合格和不合格。

句容地区旧时砌筑的墙体大多为旧砖、碎砖砌筑，碎砖一般用石灰黏土和成浆在墙中心灌浆进行连固。农村贫困人家一般外墙采用2.50公分厚的板砖，内里采用土基俗称里生外熟墙体建房。后来逐步采用二五砖砌筑，有空斗墙、实体墙、七五墙之分。砌筑材料早期大部采用石灰膏与黏土的大刀泥，立砌、扁砌都有。还有石灰与草木灰拌和的青灰砌筑；砖分为红砖、青砖，城市一般逐步采用水泥砂浆和混合砂浆砌筑外墙，砌筑要求有外粉刷墙和清水墙（不粉刷），清水墙砌筑灰缝、有单丁和三淌一丁等墙砖破花要求，灰缝必须达到横平竖直，砌筑完墙面将灰缝勾勒清爽，再用水泥砂浆勾缝，特别是墙角、门窗洞口，更要垂直平整，这样墙体已不多见。

20世纪七八十年代句容地区房屋平房已少建，私房特别是公房都建造楼房。砌筑材料和工艺也逐步提高，建房基础在工艺技术上采用钢筋砼基础，如条形基础、整版基础、桩基础、箱式基础、独立柱基、杯口基础等。对抗震、抗渗等，基础技术工艺都有要求。

新技术对钢筋制作由原来普通单面、双面焊接转变为对焊、碰焊、矿渣压力焊和挠丝螺栓系等方法，而且仍在不断进行工艺升级，市政府大楼、市文化中心等项目已采用。

对于宾馆、酒楼、歌舞厅房、地下设施在消防方面要求越来越严，技术方面要求也更严格，必须设立一定数量的消火栓、灭火器、水喷淋、防火门、防火墙、消防通道，火烟感应报警等设备，并按消防技术规定，必须由消防部门进行严格的验收。

新设备应用方面，20 世纪六七十年代后逐步采用混凝土搅拌机拌合材料，吊物逐步采用井架及卷扬机，木工采用电锯、电刨。钢筋工使用的钢筋调直机、切断机、弯曲机、电焊机等也相继普及。对由人工操作的移动式电力机械，如打夯机、水磨石机等，南京电力学校研发的漏电保护器，在各施工项目推广使用，在安全生产上起到很大的作用。

进入新世纪以来，城市面积逐步扩大，基础设施公用建筑越来越多，厂房面积越来越大，商用、商住楼房越建越高，建筑设备，也越来越现代化。自升式塔吊，人货两用附墙提升机已普遍使用，彻底代替轨道式吊机，红旗吊已被完全淘汰；井架、独杆吊物也逐步退出现场；连接钢筋采用矿渣压力焊，钢栓式连接设备一一具备；基础采用静压栓、预制压栓。因新型建材不断采用，原来现场加工木材已成过去。电锯仍在使用，锯盘已变小，电铯也退出市场，手提电锯、电钻、切断机已代替大设备。安全用电已采用 TN－S 系统（三级配电二级保护），木质电箱禁止使用，大大减少触电事故发生。过去没有机械设备时，浇筑砼都采用人工拌合、人工扦捣、锤敲振动，砼强度密实度较差。而今浇筑砼以禁止现场采用人机合作自拌方法，一律采用商品砼，现场架设砼泵车，砼用搅拌车从厂里运到现场，砼扦捣采用振动泵、平板振动机，大量减少现场人工，时间、效率不断提高。基础开挖道路、桥涵等等施工已全部采用 1 立方米、0. 50 立方米挖机，20 吨振动压路机、推土机等，大量减轻人工提高效益，缩短工期。

第四章　建筑市场与发展

1949年后,因经济建设发展的需要,建筑业不断发展壮大。20世纪50年代,县城的瓦木工会小组发展为县建筑公司。50年代末,各公社普遍成立建筑站。60年代初,句容的建筑队伍普遍能承建3~4层楼房,先后建设完成一批厂矿、学校和住宅。70年代,建筑企业逐渐增多,一些农村生产大队(村)也建立起建筑站。1978年以后,全县建筑业发展较快,每年都有6000多工匠进入南京等大中城市施工,建筑技能和施工管理水平日益提高,工程质量多次获奖。进入80年代,全县建筑业具有一定装备实力和较好的施工技术水平,创造出一批省、市样板和优质工程。各建筑站(公司)纷纷向外县(市)乃至外省发展业务。1995起,又有诸多句容建筑工人作为劳务输出人员远赴10多个国家,参加中国公司在境外的建筑施工项目。

第一节　建筑市场

一、句容境内建筑市场

20世纪80年代前,句容城建设投资很少,建(设)筑市场没有形成规模,1993年句容开发区升为省级开发区。经全方位的招商引资,一批投资商到开发区落户,投资开发。形成了一大批工程项目建(设)筑市场。

1993年起,以中街为主轴线的老城区拆迁改造,从东门至西门,重建工程项目建(设)筑市场形成一条龙。1994年市政府给华阳镇政府特惠政策,拆迁改造东门句镇路沿街工程和华阳东路延伸段拆迁,道路临街建(设)筑工程,这地块形成了一个大规模的建(设)筑市场。接着华阳镇又规划了南部新城块区,招商引资了"御东"有实力的开发商,拉开了南部新城工程项目的建(设)筑市场。为了全面打造城区东部建设板块,又规划实施了北部新城。形成了东部、南部、北部城区建(设)筑市场规模。

为接轨南京,把句容打造为南京大都市,市政府又全面规划了黄梅片区的建设,拆迁1万多户民宅,招商引资了碧桂园房地产开发有限公司最大的投资商,投资新建一个安置居民新村和一个57幢高层、面积539.50万平方米的商住区,形成了一个新城区框架,是句容一次性投资建(设)筑的最大市场。

在乡镇:宝华开发区(又称宝华新城)经句容市政府批准,1992年兴建宝华经济开发区,把集镇与经济开发区结合为一体,同步建设,利用连接南京的优势,大力招商引资,把一批投资商、房地产开发商吸引过来,投资建设一大批工程项目,至2013年完成17个大项目,总投资37亿多元,拉开了宝华开发区的建筑市场。

下蜀临港工业区,规划面积75平方公里,沿江拆迁民居安置1万多人口,现已建成有建华管桩、京阳水泥厂、华电句电公司等数十家大企业,此外建华物流总部,华电江苏能源公司总部、容山御水阳光城、临港家园小区等在建一大批项目,形成一个规模市场。

郭庄镇,2008年市政府批准成立"句容市空港新区管委会",规划面积14平方公里,拆迁27万平方米,基础设施建设投资12亿元,至2013年新区新建标准厂房35万平方米,其宅配套设施建设正在进行,以形成一个建(设)筑规模市场。

赤山湖旅游景点,拆迁1万多人口,有安置房、办公楼、景点、道路、桥梁、湖泊、园林、绿化等一批工程项目建(设)筑市场。

后白、天王万亩农田建设,拆迁大批民宅,已建安置小区、道路、农田、河道、桥梁、涵洞等一批工程项目建(设)筑市场。

住宅小区建设截至2013年,小区个数:城区99个,乡镇50个,面积1690.18万平方米,投资899212万元。小区的建设给建筑业也提供了一个广阔的市场。

二、国内建筑市场开拓

解放前,句容搞建筑的能工巧匠为了扩大生存空间,结伙搭伴凭自身手艺外出挣钱的不少。中华人民共和国成立后,这些瓦、木工匠自发组织在外地承建小型工程。随着集体化道路的发展,建筑企业不断增多,一些瓦、木工匠也先后都加入集体建筑队伍有组织的接洽工程任务。随着建筑队伍的增加,当地基本建设任务有限,有些队伍就依托政府牵头向外开拓。20世纪60年代中期,中国南京石化公司等单位到句容招劳务工,黄梅、宝华、环城、春城乡、县建筑公司相继派出几支建筑队伍进驻南京施工。70年代末,不准跨地区承包工程的规定被破除,句容建筑企业陆续向外开拓承包工程,先后进入了南京、镇江、常州、上海、北京、天津、徐州、连云港、苏州、兰州、呼和浩特、乌鲁木齐、安庆、河南、山东、广州、东莞等大中城市建筑市场。高峰期,句容建筑业几乎每个企业都有队伍在外施工,南京高峰时期有27支队伍,人数达到近万人,年完成施工产值达1.60亿元。经济收入0.48亿元,可以说乡镇建筑企业是当时乡、镇的小财政,不少乡镇政府用建筑业挣回来的钱搞建设、办工业,为各乡镇经济建设起到了一定促进作用。

20世纪80年代北京中建一局四公司就把句容作为他们公司的劳务基地发展对象,起初(1980年)招用句容(环城乡建筑站)100人进北京,后来发展到磨盘、葛村、三岔、袁巷、大卓、行香、天王等乡镇建筑站,江苏广兴、开拓劳务有限公司等部分队伍由劳务转向双包工程,在高峰时人员达到4000多人,完成建筑劳务产值1.40亿元,建筑业产值4.80亿元。参建北京一些大、中、小工程建筑,如:机场候机楼、燕莎友谊商城、经贸委办公楼,中国工商银行总行办公楼,名都园别墅,北大图书馆,北京展览馆,五洲大酒店,回龙观文化小区,中国大剧院、中关村理想大厦、国际企业大厦、蒙电办公楼、新世纪二期、世纪宝鼎公寓、卫星大厦、中科院自动科研楼、西北四环路立交桥、中关村蓝星科技大厦、中关村西区地下空间、北京立新学校、长城无线电厂、北京乐喜金星大厦、海淀商业综合楼、金海国际花园、公安大学住宅楼、民航华北地区管制中心等一大批建筑工程。以及北京建SOHO三期、六期土建结构分包、中科院科研综合楼,以水文结构分包世元厂房。

安徽芜湖市体育馆、江苏南京九中教学楼、南京佳盛花园01—08幢、广东三星厂房(市优质工程)也由句容建筑企业的施工队伍承建。

不少队伍看重了上海市这块市场。先后有句容建筑二公司、三公司,春城、磨盘、天王、白兔、后白、二圣、三岔等乡镇建筑公司进驻。

此后,三岔建筑公司许发荣项目部参建了上海交通重点工程—镇北路立交桥、成都北路立交桥、蕴澡滨大桥;二公司尤广云项目部独立承建了上海"广海花园",总面积8.60万平方米;句容县建筑二公司袁景春项目部承建了宝钢冷轧车间、新闸路地铁商业中心,面积3.70万平方米;天王建筑公司承建了祁连山月普和沪太路小区,总面积6万多平方米,其中沪太路小区6号楼获上海市工程最高奖"白玉兰"奖。

1979—2013年句容市(县)建筑行业外出施工队伍情况一览

表6-4-1

城市名称	队伍名称	高峰期人数	高峰期完成产值(万元)
南京	县建筑一公司、二公司、三公司、四公司、五公司,环城、黄梅、大卓、下蜀、亭子、宝华、三岔、二圣、后北、天王、磨盘、袁巷、茅山、茅西、春城、白兔、行香、陈武、东昌、石狮、郭庄、葛村等镇建筑(站)公司。	8000	12000
北京	环城、磨盘、葛村、三岔、二圣、大卓、袁巷、行香、天王等乡镇建筑(站)公司、江苏广兴、开拓有限公司	3800	14000

1979—2013 年句容市（县）建筑行业外出施工队伍情况一览

续表 6－4－1

城市名称	队伍名称	高峰期人数	高峰期完成产值（万元）
上海	县建筑二公司、三公司，春城、磨盘、天王、白兔、后白、二圣、三岔等乡镇建筑公司	3500	8000
镇江	县建筑一公司、二公司、三公司、四公司、基础公司，东昌、陈武、春城、大卓、行香、茅山、石狮、二圣、袁巷、亭子等乡镇建筑公司。	6000	11000
常州	白兔、行香、茅山、茅西、二圣、后白、郭庄、环城、袁巷等乡镇建筑公司。县建筑三公司、二公司、一公司。	4200	6000
徐州市	中凌公司、新华公司、县建筑三公司	800	2100
连云港市	县建筑二公司、三公司	300	1200
苏州市	县建筑一公司、二公司，江苏广兴	500	4000
无锡市	县建筑三公司、二圣（李正林）、曹建文项目部	250	900
呼和浩特市	公益、二公司北京分公司	200	700
山东寿光	县建筑二公司、方圆、广兴	300	110
兰州市	县建筑一公司、王光寅项目部	200	1200
乌鲁木齐市	陈武建筑公司刘贵平项目部	300	2000
安徽砀山县	华城公司、江苏广兴、永康公司、开拓有限公司	400	8000
安徽马鞍山市	黄梅建筑公司夏美虎项目部	2000	800
河南省	广兴余春林、李正林项目部、永康许桂生、张四林项目部、后白建筑公司丁源根项目部	600	12000
天津市	广兴、中凌张金福项目部、开拓公司	300	700
广东东莞市	县建筑二公司、磨盘公司	140	400

三、出国建筑劳务输出

句容市出国施工仅为劳务输出，自 1995 年起先后输出劳务至新加坡、以色列、日本、赤道几内亚、阿尔及利亚、尼日利亚、蒙古、俄罗斯、伊拉克等近 10 个国家。截至 2013 年年底共输出建筑劳务人员 220 人。劳务输出人员经过备案、政审、考核、体检、培训、定员等程序，输出劳务管理机构—句容市劳务基地管理处。

1992—2012 年句容市（县）出国劳务人员情况一览

表 6－4－2

国名	姓　名	工种	出国时间
新加坡	朱发寿　韦　刚　张映荣　高小林　庄可华	钢筋工	1995－05－20
	周立平　葛朝荣　杨　洪　汤久荣　孙进春　杜修平	钢筋工	1995－06－10
	包世平　王金成	钢筋工	1996－02－01
	鲁贤武　王金保	钢筋工	1992－12－24－
	陈绍年　孔宪喜	钢筋工	1997－03－11
	吕有才　章俊贵	木工	1997－04－17
	唐良城	钢筋工	

1992—2012 年句容市(县)出国劳务人员情况一览

续表 6－4－2

国名	姓　名	工种	出国时间
新加坡	汤铁强　汤九荣	钢筋工	1997－04－17
	王光堂　马家荣　端正春　柴春书　王修华　张树华　杨光寅　陈绍同　严春林　孙世保	瓦工	1999－05－27
	焦小保　刁海明　倪广志　黄永田　冯树家　汤恒兴　陈小中	瓦工	1999－08－29
	孔宪喜	钢筋工	2000－04－15
	唐良城	瓦工	2000－04－19
	鲁贤武　汤铁强　汤恒兴　冯树家　倪广志	瓦工	2000－10－20
	杨　宏　焦小保　刁海明　范泗华　范白林　刘金泉　耿贤田　章有银	瓦工	2000－12－16
	李长胜　梅贤斌　王庆根	瓦工	2001－06－01
	陈小中　黄永田	瓦工	2001－02－19
	柴春书　刘启顺　陈治春	瓦工	2001－08－16
	孙永华、杨正军、张小建、张洪伟	瓦工	2001－08－06
以色列	刁道成	瓦工	2000－07－15
	孔繁青	瓦工	2000－07－22
	李爱明　王贤金	瓦工	2000－07－15
	房建林　包士和　闵道才　韩建华	瓦工	2000－07－22
	徐祝春	瓦工	2000－09－30
	周道明　许同明　王　庆　王东山　庄禄明　官同林　笪兴明　章俊平	瓦工	2000－11－18
	戴继富　陈腊才	瓦工	2000－11－18
	包正龙　徐发华　杜儒平　李林根	木工	2001－02－19
	王桂荣	瓦工	
	胡巧根　孙立荣　王春林	木工	2001－03－09
日本	朱国荣　魏建明　管胜杰　凌定平　王骏	机械操作工	2000－01－18
	张杏芳　包小军	机械操作工	2000－04－01
	刘昌来　庞发明	瓦工	2000－05－23
	张久荣	瓦工	2000－09－01
	戴忠良　张钦柏　张钦民	瓦工	2000－11－14
赤道几内亚	黄才伯　罗玉山　徐声春　潘生东　夏中超	木工	2002 年
	杨春余　郎震武　杨凤生　钮秀东　杨春付　庞永义　周志阳　任　强　张云飞　张洪忠　杨传兴　陈金飞　王登奎　周步国	瓦工	
	赵东凡　杨宝玉　徐仁俊　杨乃余　董海林　张　连　史登宝　张天亮	钢筋工	
	郑瑞俊　曹永兵　朱美丰　戚保云　魏胜明	木工	
	杨春欢	钢筋工	2002 年

1992—2012 年句容市(县)出国劳务人员情况一览

续表 6－4－2

国名	姓　　名	工种	出国时间
阿尔及利亚	孔宪刚　刘远海　包维荣　束白荣	瓦工	2003 年
	庄益珍　王正保	木工	2003 年
	陈启华	瓦工	
	曹小白　秦继龙　许长新　笪章华	瓦工	2003 年
	张小友　张白根	钢筋工	2003 年
尼日利亚	陈和平　袁继林　张久荣　刘永华　陈　林　高　强　刘繁荣　章口祥　刘伟月　颜青春　赵功和　房茂喜　房茂顺　杨兆玉　毛秋福　田士和　吕益双	瓦工	2010 年
	冯回庚　冯曙欣　刘目销　张全龙　王阿林　王留洪　金小森	瓦工	2010 年 5 月
	夏中超　陈露明　陈　超　施小庚　陈国富　陈建平　解月平	木工	2010 年 5 月
蒙古	刘五华　龚秋林　熊旺发　刘小万　刘建国	瓦工	2012 年 5 月
	刘建军　花瑞亭	瓦工	
俄罗斯	王兴明　束百荣　房茂红　王来泉　房兆春　张广成	瓦工	2010 年 5 月
伊拉克	田军民　胡学辉　冯荣生　沈国跃　刘国俊　曹双明　徐云生	瓦工	2012 年 8 月

第二节　建筑业发展

中华人民共和国成立初期,句容县建筑业只有一些由个体瓦木工匠组成的工会小组、合作联社。1959 年 12 月句容县建设局为加快句容建筑业的发展,向县委呈文,建议各人民公社成立建筑站,有条件的可以投资注册成立建筑公司。呈文对各建筑站、公司的人员规模,班子配备,技术人员来源(从句容县建筑公司借用),经济核算,都作了具体说明。1959 年 12 月 11 日,句容县委以句发〔1959〕)401 号文印发了这个报告,主送各公社党委、工业管理等部门,要求立即研究执行。随后各公社相继成立了建筑站,人员达到 7000 多人。是时,因技术力量薄弱,一些站从外地聘用技术人员。经几年发展,各建筑站已普遍能承建 3 ~4 层楼房,建筑队伍从技术上、装备上、管理上大进了一步。

1978 年 9 月镇江地区组建建筑民兵师,县成立建筑民兵团,各人民公社建筑站相继改称建筑民兵连。县内建筑单位县属单位 5 个、乡属单位 23 个,村、队办建筑(排)组 132 个,技术工人发展到 1.64 万余人。1981 年撤销建筑民兵团和建筑民兵连,组建句容县第二建筑公司,申报国家二级资质等级,负责各乡、镇建筑站对外承包建筑业务,相继在北京、南京、上海、镇江、常州、苏州、徐州、连云港大中城市设立办事处,具体联系建筑业务,办理出外队伍注册登记,配合当地建筑业行业管理部门管理外出队伍。

这个阶段,建筑企业注意了苦练内功,纷纷加大了企业投入,更新设备,培养人才,重视信誉,树立形象,至 1985 年,句容建设建筑行业致力于创优质工程、样板工程,提高了企业声誉。

1981—1985 年句容县建筑单位创省、市级样板工程一览

表 6－4－3

年份	建筑名称	地址	建筑面积(平方米)	层数	施工单位	样板	
						省	市
1981	岗子村干休所(3 幢)	南京市	3355	5	黄梅乡建筑站	江苏省	—
1981	岗子村干休所(2 幢)	南京市	2400	5	黄梅乡建筑站	—	南京市
1982	南京市广播局业务楼	南京市	2104	5	县建筑公司	—	南京市
1982	南京自行车二厂厂房	南京市	2400	2	葛村乡西地建筑站	—	南京市
1982	南京西善桥影剧院	南京市	2250	3	城东乡建筑站	—	南京市
1982	北极阁气象台业务楼	南京市	2100	5	城东乡建筑站	—	南京市
1982	南京市铜矿住宅楼	南京市	1200	6	黄梅乡建筑站	—	南京市
1982	南京炮校幼儿园	汤山	1800	2	黄梅乡建筑站	—	南京市
1982	南京建材一场住宅楼	南京市	2944	6	黄梅乡建筑站	—	南京市
1982	南京军校军职楼	南京市	481	2	黄梅乡建筑站	江苏省	—
1982	南京军区后勤住宅楼	南京市	898	3	黄梅乡建筑站	—	南京市
1982	南京炮校住宅楼	汤山	1144	5	环城乡建筑站	—	南京市
1983	长江机器厂教学楼	南京市	1200	4	三岔乡建筑站	—	南京市
1983	句容县政府办公楼	政府院内	1811	4	县建筑公司	—	镇江市
1983	南京炮校住宅楼	南京市	1300	5	黄梅乡建筑站	—	南京市
1984	句容二中教学楼	北大街	1200	3	县城镇建筑站	—	镇江市
1984	县粮食局教学楼	人民路	1200	3	县城镇建筑站	—	镇江市
1984	县医药公司营业楼	西大街	1164	4	黄梅乡建筑站	—	镇江市
1984	句容县老干部住宅楼	人民路	1031	2	第三建筑公司	—	镇江市
1985	江苏民航瑞金路办事处	南京市	1300	5	郭庄乡建筑站	—	南京市
1985	县开发公司商品楼	新建东路	886	4	县城镇建筑站	—	镇江市
1985	人民商场	人民路	1250	4	环城乡吉里站	江苏省	—
1985	句容车站办公楼	宁杭路	1250	5	环城乡吉里站	江苏省	—

改革开放以后，随着社会主义市场经济的建立，建筑市场全面开放，建筑队伍有了广阔的天地。在这个阶段，句容在外面队伍号称几万大军，分布在全国 30 多个大中城市，完成建筑产值近 10 亿元，经济收入也很可观，随着业务的交往，甲、乙双方更加密切。不少大中企业，把句容作为劳务基地、合作伙伴，经常交往，来句容做客、游玩、钓鱼等娱乐活动。还帮句容推销农副产品，指导帮助办乡镇工业。为句容经济建设增砖添瓦。

随着建筑市场竞争加剧，建筑队伍为适应市场竞争的需要，扩大了队伍规模，把一些村、队办的队伍结合到乡、镇公司，形成 500 人以上的规模企业，增强了竞争力。句容县第二建筑公司在 1995 年跨入了全国建筑企业 500 强行列，扩大了句容建筑队伍影响面。

1996 年，建筑企业步入了全面改制阶段，经过五、六年努力，到 2002 年改制基本结束。经过改制，企业扩大了自主权，随后建筑企业对内部机制进行了改革，着重对企业组织机构、专业结构、产业结构、企业管理制度全面进行了改革。

经过组织结构改革，形成了以集团公司总承包为龙头、以专业公司分包为主体、以劳务公司为依托大中小企业协调发展，城乡结合的适应社会主义市场经济的企业优势组织结构。经过专业结构改革，由过去单一的土建施工资质，变为有几十种的专业资质。经过产业结构改革，企业干起了工业、农业（农庄）、房地产开发，酒店，商品经营，建材生产经营等行业，经过管理制度改革，建立起了现代企业管理制度，实现了网络软件，信息化管理。改制后，部分企业很快得到发展，形成了规模。

2007年，江苏省政府以苏政发〔2007〕83号文印发《关于加快推进建筑业改革与发展的意见》。提出正确分析建筑业发展形势，确定新的目标任务；加快结构调整步伐、提升建筑业市场竞争力；转变增长方式、推动建筑产业升级；深化建筑企业改革、增强建筑业发展活力；加大监管力度、规范建筑市场秩序；加强组织领导、营造建筑业发展良好环境。此后，句容市各级政府对建筑业更加重视，放宽了政策，制定了一系列优惠政策。给建筑业发展提供了更多的空间，使句容建筑企业有了发展机遇，特别是规模企业抓住了这一机遇加大了投入，企业各项经济指标猛升。

截至2013年，句容建筑业企业数量发展到156家，其中，工程总承包资质：一级2家、二级22家、三级25家；市政工程总承包资质：一级2家、二级13家、三级19家；专业承包资质：二级4家、三级13家；装饰承包资质：一级3家、二级3家、三级6家。（其他企业资质等级略）。施工企业注册资金19.03亿元，固定资产36.4亿元。

技术装备，大型设备：塔吊392台、施工电梯69台、推土机107台、挖掘机148台、压路机94台、汽车吊32辆、混凝土泵车10辆、混凝土运输车44辆、大型运输车237辆、中小型运输车252辆、指挥小车130辆、小型设备542台（套）。

全行业从业人员5.73万人，其中，职称人员：高级252人、中级1639人、初级5926人；建造师：一级141人、二级917人；小型项目管理师459人，各类持证上岗人员13526人。

2007年，句容市被江苏省授予"建筑之乡"称号，建筑业已成为句容国民经济的支柱产业。

1978—2013年句容市（县）建筑业完成各项经济指标一览

表6-4-4

年份	企业从业人员（万人）	总产值（万元）	增加值（万元）	施工面积（万平方米）	竣工面积（万平方米）
1978	0.10	2163	600	—	4.39
1979	0.10	255	400	—	5.78
1980	0.05	2863	800	—	7.95
1981	0.20	3478	900	—	7.17
1982	0.39	5085	1000	10.66	8.85
1983	0.46	4322	1100	10.23	10.23
1984	0.43	4961	1500	8.76	11.06
1985	0.43	6146	2700	7.68	12.36
1986	0.35	6864	1800	11.30	8.29
1987	0.51	7415	1900	9.74	7.16
1988	0.72	7680	1800	11.78	7.52
1989	0.53	7300	2300	9.31	8.36
1990	0.42	8139	3100	7.99	7.08
1991	0.48	9817	4600	37.90	17.40
1992	0.51	12681	7500	47.80	23.90

1978—2013 年句容市(县)建筑业完成各项经济指标一览

续表 6-4-4

年份	企业从业人员(万人)	总产值(万元)	增加值(万元)	施工面积(万平方米)	竣工面积(万平方米)
1993	0.56	19780	10800	64.64	31.61
1994	0.41	39600	10437	93.20	48.10
1995	0.39	46718	14023	16.92	20.98
1996	0.88	73000	18100	44.69	35.03
1997	0.84	77124	17338	83	47
1998	0.81	58000	15900	65	45
1999	0.76	65000	18100	79.40	46.90
2000	0.79	86275	20275	73.67	47.51
2001	0.67	114591	63962	99.44	40.45
2002	0.78	108172	48600	66.43	35.13
2003	1.24	134896	52900	128	87
2004	1.53	17848	88200	118	76
2005	1.67	221357	137200	179	116
2006	1.62	250397	142400	186.15	115.18
2007	1.59	277992	155000	204.33	121.54
2008	2.07	572881	171200	155.18	196
2009	2.78	350399	72400	354	202
2010	3.09	402194	114500	315.74	111.76
2011	1.60	524500	131125	267.75	75.32
2012	2.93	522485	130500	373.09	182.83
2013	3.18	704292	172900	367.63	129.08

说明：资料来源为句容市统计局统计数据

第五章 建筑材料

句容物产丰富,境内探明的建筑材料资源主要有黏土、黄沙、白云石、大理石、玄武石、石灰石、膨润土、红柱石和森林。其中石灰石与白云石在省内外居重要地位,膨润土储量居全省第一。

建筑材料生产历史悠久,古代就有石料开采、土坯砖的生产和使用。南宋时就有铭文“句容”的青砖,明代南京造城墙的城墙砖,许多来源于句容的砖窑。明弘治时,句容城墙由土垒改为砖砌。民国12年(1923年)投产的龙潭中国水泥厂,是国内早期建立的五大水泥厂之一,生产的“泰山”牌水泥远销南洋。中华人民共和国成立后,特别是改革开放后,建筑材料生产是句容工业的支柱产业之一,市场竞争激烈。20世纪90年代后落户句容的嘉新京阳水泥有限公司(后改为句容台泥水泥有限公司)、江苏建华管桩有限公司,2005年双双获得“中国建材百强企业”;新型墙体建材在“七五”时期(1996—2000年)推广运用;同时,建材检测机构的成立和新型检测设备的运用,满足了建筑工程中的各项建材质量的检测需要,为保证建筑质量打下了基础。

第一节 建筑材料资源

一、黏土

在句容1387平方公里的土地面积中,丘陵岗地和低山占88.46%,黏土资源丰富,各镇(管委会)都有烧制砖瓦用的黄黏土。其中下蜀黄土最具有代表性,是新生界第四系地质时期的一种特殊的风化沉积物,土层深厚,棱柱状结构发达,因淋溶淀积作用,下部往往有一层黏盘层,深浅不一。上层无石灰反应,深层间或有石灰结核。下蜀黄土被地质学家命名为中国土壤的一种结构代表。

二、江沙河沙

句容地处长江南岸,民国时期句容长江岸线较长,约20余千米;句容解放后,随着滨江乡和龙潭镇东阳乡划归江宁县和南京市后,句容长江岸线,境内江岸只剩4千米。20世纪70年代围江造田后,到2008年只剩3.65千米。江沙是很好的建筑材料,20世纪80年代起,长江句容段就有一些采砂船在江中采沙,90年代后期管制后,采沙逐步减少。

河沙是从山上冲下来的砂石沉淀物,也是重要的建筑材料资源。句容开采河沙较多的是原黄梅镇,在枯水季节,在沿黄梅河的上游和中游,有人开采河沙。

三、膨润土和石材矿

膨润土主要在郭庄镇境内,大理石、石灰石、玄武石、石英石、白云石等石材,主要分布在市境内的宁镇山脉和茅山丘陵地区。句容石英砂石矿床主要产于扬子地台沉积盖层中,产出层位以泥盆系为主,其次震旦系、寒武系、侏罗系、三叠系及第三系,规模较大,质量较好,是中国南方玻璃工业的主要开采利用对象,矽锅顶石灰石矿位于句容原大卓、黄梅、亭子乡之间,是一大型石灰石矿、矿石质量优,储量数亿吨。

2013年句容市建筑用材主要资源储量情况一览

表6-5-1

矿区名称	矿产代码	矿产名称	矿产组合	勘察阶段	利用情况	矿床规模	品味单位	平均品味	储量单位	储量	资源量
句容市九华山水泥用灰岩矿	3906	水泥用灰岩	单一矿产	详勘	未利用	中	CaO%	49.34	矿石万吨	—	3040
句容小衣庄水泥用石灰岩石矿	3906	水泥用灰岩	单一矿产	普查	已利用	小	CaO%	53	矿石万吨	—	565.45
句容下蜀镇仙桃山石灰石矿	3906	水泥用灰岩	单一矿产	普查	开采矿区	中	CaO%	—	矿石万吨	—	1534
句容市南乌鸦山石灰石矿	3906	水泥用灰岩	单一矿产	普查	已利用	中	CaO%	—	矿石万吨	—	3065.56
句容市天王山石灰石矿	3906	水泥用灰岩	单一矿产	普查	开采矿区	小	CaO%	—	矿石万吨	—	338.67
句容市高骊山石灰石矿	3906	水泥用灰岩	单一矿产	详勘	开采矿区	中	CaO%	52.82	矿石万吨	3954	0
句容市矽锅顶水泥用灰岩矿	3906	水泥用灰岩	单一矿产	详查	开采矿区	大	CaO%	54.65	矿石万吨	—	436.00
句容市大卓青石山石灰石矿	3906	水泥用灰岩	单一矿产	详查	近期利用	中	CaO%	53.20	矿石万吨	—	1164.00
句容市大南山水泥灰岩矿	3906	水泥用灰岩	单一矿产	详查	开采矿区	大	CaO%	51.04	矿石万吨	—	0.00
句容市石砀山大理石矿	4912	大理石	单一矿产	普查	未利用	中	CaO%	48.61	矿石万立方米	—	388.07
句容市双顶山方解石矿	3620	方解石	单一矿产	普查	开采矿区	小	$CaCO_3$%	97.86	矿石万吨	—	—
句容市铜山方解石矿	3620	方解石	单一矿产	详勘	未利用	小	$CaCO_3$%	99.71	矿石万吨	—	488
句容市老人峰石膏矿	3520	石膏	单一矿产	普查	未利用	小	—	—	矿石万吨	—	10000
句容市宝华林场黏土矿	4414	水泥配料黏土	单一矿产	详勘	停采矿区	小	Al_2O_3%	17	矿石万吨	314	98
句容市下蜀镇水泥配料黏土矿	4414	水泥配料黏土	单一矿产	详勘	开采矿区	大	Al_2O_3%	14.22	矿石万吨	—	—
句容少姑山水泥配料黏土矿	4414	水泥配料黏土	单一矿产	详勘	近期利用	小	Al_2O_3%	14.95	矿石万吨	—	—
句容市宝华山口村水泥黏土矿	4414	水泥配料黏土	单一矿产	勘探	近期利用	小	Al_2O_3%	14.34	矿石万吨	—	—
句容石龙洞水泥配料黏土矿	4414	水泥配料黏土	单一矿产	普查	未利用	矿点	Al_2O_3%	20	矿石万吨	—	—
句容石幔山水泥配料砂(页)岩矿	3973	水泥配料砂岩	单一矿产	详勘	近期利用	中	SiO_2%	79.07	矿石万吨	—	—

2013 年句容市建筑用材主要资源储量情况一览

续表 6－5－1

矿区名称	矿产代码	矿产名称	矿产组合	勘察阶段	利用情况	矿床规模	品味单位	平均品味	储量单位	储量	资源量
句容市石幔山石英岩矿	3952	石英岩	单一矿产	普查	停采矿区	大	—	—	矿石万吨	—	—
句容铜山透辉石矿	3340	透辉石	单一矿产	普查	未利用	矿点	—	—	矿石万吨	—	—
句容市方山玄武岩矿	4555	建筑用玄武岩	单一矿产	普查	已利用	大	SiO_2%	47.02	矿石立方米	—	—
句容市天王龙山玄武岩矿	4555	建筑用玄武岩	单一矿产	详查	未利用	小	SiO_2%	49.18	矿石立方米	—	—
句容市春城潘庄玄武岩矿	4555	建筑用玄武岩	单一矿产	详查	未利用	矿点	SiO_2%	50.80	矿石立方米	—	3087
句容市射乌山玄武岩矿	4555	建筑用玄武岩	单一矿产	详查	未利用	矿点	SiO_2%	—	矿石立方米	—	1344
句容市天王浮山玄武岩矿	4555	建筑用玄武岩	单一矿产	详查	未利用	矿点	SiO_2%	47.90	矿石立方米	—	3276
句容市赤山玄武岩矿	4555	建筑用玄武岩	单一矿产	详查	未利用	矿点	SiO_2%	—	矿石立方米	—	—
句容市武岐山砂岩矿	3978	建筑用砂岩	单一矿产	详查	未利用	小	SiO_2%	96.03	矿石立方米	159.53	—
句容市下蜀天王山砂岩矿	3978	建筑用砂岩	单一矿产	详查	未利用	小	SiO_2%	96.03	矿石立方米	260.40	—
句容市下蜀石龙岗砂岩矿	3978	建筑用砂岩	单一矿产	详查	未利用	小	SiO_2%	96.03	矿石立方米	42.61	—
句容市下蜀青王山砂岩矿	3978	建筑用砂岩	单一矿产	详查	未利用	小	SiO_2%	96.03	矿石立方米	182.11	—
句容市横山石灰岩矿	3907	建筑用石灰岩	单一矿产	详查	未利用	小	CaO%	50.02	矿石立方米	27.36	—
句容市东埝石灰岩矿	3907	建筑用石灰岩	单一矿产	详查	未利用	小	CaO%	50.02	矿石立方米	67.31	—
句容宝华铜山石灰岩矿	3907	建筑用石灰岩	单一矿产	详查	未利用	小	CaO%	49.81	矿石立方米	73.50	—
句容市宝华朱山石灰岩矿	3907	建筑用石灰岩	单一矿产	详查	未利用	小	CaO%	49.81	矿石立方米	219.37	—
句容市边城八步山石灰	3907	建筑用石灰岩	单一矿产	详查	未利用	小	CaO%	53.09	矿石立方米	129.97	—
句容市北望山石灰岩矿	3907	建筑用石灰岩	单一矿产	详查	未利用	小	CaO%	50.02	矿石立方米	200	—
句容市金子山石灰岩矿	3907	建筑用石灰岩	单一矿产	详查	未利用	小	CaO%	—	矿石立方米	84.95	—

2013 年句容市建筑用材主要资源储量情况一览

续表 6－5－1

矿区名称	矿产代码	矿产名称	矿产组合	勘察阶段	利用情况	矿床规模	品味单位	平均品味	储量单位	储量	资源量
句容市西毛山石灰岩矿	3907	建筑用石灰岩	单一矿产	详查	未利用	小	CaO%	50.02	矿石立方米	31.05	—
句容市大安山石灰岩矿	3907	建筑用石灰岩	单一矿产	详查	未利用	小	CaO%	50.02	矿石立方米	26.89	—
句容市沙岗子石灰岩矿	3907	建筑用石灰岩	单一矿产	详查	未利用	小	CaO%	—	矿石立方米	91.84	—
句容市北家凹石灰岩矿	3907	建筑用石灰岩	单一矿产	详查	未利用	小	CaO%	—	矿石立方米	59.94	—
句容市仓头东石灰岩矿	3907	建筑用石灰岩	单一矿产	详查	未利用	小	CaO%	54.95	矿石立方米	41.62	—
句容市仓头西石灰岩矿	3907	建筑用石灰岩	单一矿产	详查	未利用	小	CaO%	54.95	矿石立方米	19.02	—
句容市青石宕石灰岩矿	3907	建筑用石灰岩	单一矿产	详查	未利用	小	CaO%	54.95	矿石立方米	45.79	—
句容市照离山石灰岩矿	3907	建筑用石灰岩	单一矿产	详查	未利用	小	CaO%	54.70	矿石立方米	40.32	—
句容市南山东石灰岩矿	3907	建筑用石灰岩	单一矿产	详查	未利用	小	CaO%	50.20	矿石立方米	215.44	—
句容市南山西石灰岩矿	3907	建筑用石灰岩	单一矿产	详查	未利用	小	CaO%	50.20	矿石立方米	54.85	—
句容市黎家山石灰岩矿	3907	建筑用石灰岩	单一矿产	详查	未利用	小	CaO%	50.20	矿石立方米	28.71	—
句容市白石洼石灰岩矿	3907	建筑用石灰岩	单一矿产	详查	未利用	小	CaO%	50.20	矿石立方米	30.18	—
句容林场东沿岗石灰岩矿	3907	建筑用石灰岩	单一矿产	详查	未利用	小	CaO%	—	矿石立方米	50.72	—
句容林场濑山南矿区石灰	3907	建筑用石灰岩	单一矿产	详查	未利用	小	CaO%	—	矿石立方米	25.31	—
句容市陈甸石灰岩矿	3907	建筑用石灰岩	单一矿产	详查	未利用	小	CaO%	—	矿石立方米	21.57	—
句容市深坑石灰岩矿	3907	建筑用石灰岩	单一矿产	详查	未利用	小	CaO%	—	矿石立方米	27.67	—
句容市天王桃山灰质砾	3907	建筑用石灰岩	单一矿产	详查	未利用	小	CaO%	—	矿石立方米	44.63	—
句容市周嘴灰质砾岩矿	3907	建筑用石灰岩	单一矿产	详查	未利用	小	CaO%	—	矿石立方米	42.37	—
句容市伟山灰质砾岩矿	3907	建筑用石灰岩	单一矿产	详查	未利用	小	CaO%	—	矿石立方米	141.70	—

2013 年句容市建筑用材主要资源储量情况一览

续表 6－5－1

矿区名称	矿产代码	矿产名称	矿产组合	勘察阶段	利用情况	矿床规模	品味单位	平均品味	储量单位	储量	资源量
句容市馒头山闪长玢岩矿	4611	建筑用闪长岩	单一矿产	详查	已利用	小	—	—	矿石立方米	167.30	—
句容林场张家山白云岩矿	3944	建筑用白云岩	单一矿产	详查	未利用	小	MgO%		矿石立方米	70.70	—
句容市亭子饮用天然矿	7010	矿泉水	单一矿产	详查	已利用	小	—	—	—	—	—
句容市东昌饮用水引用天然矿泉水	7010	矿泉水	单一矿产	详查	已利用	小	—	—	—	—	—

四、竹木资源

古时市境多丛林，山区“林木蔽翳，望之郁然”，“长树参天，苍崖蔽日”。近现代由于战争等原因，中华人民共和国成立时境内森林覆盖率只有 4%。解放后，党和政府大力开展植树造林运动，森林植被得以恢复，1958 年开展的“大跃进”运动，大炼钢铁时毁林严重。改革开放后，林业生产责任制的实施，以及植树造林和生态市建设，使全市林木覆盖率逐年提高，2012 年已达 28.45%。林木蓄积：1986 年，林木活立蓄积量 57.26 万立方米，其中国有林 25.30 万立方米，集体林 31.96 万立方米。据 2007 年森林资源二类全面调查，全市森林活立木蓄积量 91.59 万立方米，其中国有林 22.01 万立方米，集体林 42.49 万立方米，个人林 24.49 万立方米，其他林 2.60 万立方米。

2007 年句容市各类森林、林木面积、蓄积情况一览

表 6－5－2

林木使用权	活立木总蓄积（万立方米）	有林地									疏林		四旁树		散生木	
		面积合计	乔木林地						竹林							
			小计		纯林		混交林									
			面积（万亩）	蓄积（万立方米）	面积（万亩）	蓄积（万立方米）	面积（万亩）	蓄积（万立方米）	面积（万亩）	株数（万株）	面积（万亩）	蓄积（万立方米）	株数（万株）	蓄积（万立方米）	株数（万株）	蓄积（万立方米）
合计	91.59	38.57	35.21	79.26	24.82	56.31	10.39	22.95	3.36	10568.62	0.19	0.07	189.90	11.76	8.96	0.50
国有	22.01	10.30	9.16	21.88	6.38	15.04	2.78	6.84	1.14	349.70	0.05	0.001	3	0.10	0.05	0.02
集体	42.49	17.98	17.26	41.35	11.35	28.11	5.91	13.24	0.72	764.10	0.14	0.006	30	1.05	0.50	0.03
个人	24.49	9.16	7.66	13.43	5.98	10.59	1.68	2.84	1.50	9454.21	0.008	—	156.90	10.61	8.40	0.45
其他	2.60	1.13	1.13	2.60	1.11	2.57	0.02	0.03	0.003	0.61	—	—	—	—	0.01	—

第二节　建筑材料生产

句容建筑材料资源丰富，建筑材料生产历史悠久。古代以砖瓦为主，民国开始生产水泥，20 世纪 70 年代生产水泥制品，中共十一届三中全会后，引进外资，建材企业向集团化、集群化发展。2013 年，全市共有建材生产企业 141 家，其中民营企业 128 家，外资企业 13 家。主要生产：水泥、混凝土预制构件、玄武岩石子、大理石装饰材料、隔墙板、砖瓦、石灰等产品。

2013年，基础建材产业实现应税销售收入83.30亿元，占全市工业企业应税销售的31.70%，其中龙头企业是江苏建华实现应税销售收入25.60亿元，毅马五金销售收入13.90亿元，台泥水泥销售收入9.80亿元。

一、水泥

水泥生产始于民国12年(1923年)，由姚锡舟、屠述三、鲁经海、三人集股在龙潭创办的中国水泥厂建成投产，后经扩建，产量居全国第二位。

1953年，中国水泥厂随龙潭划归南京市管辖。1958年大办工业，县在黄梅公社固江口建水泥厂，1962年关闭。

1971—1976年，宝华、东昌、下蜀、大卓公社先后办起水泥厂，年产水泥都在2万多吨。1980年，省地方国营湾山水泥厂、宝华公社凤坛村水泥厂先后建成，至1985年，全县有7家水泥厂(含湾山水泥厂)，年产值789万元，形成生产能力22万吨，水泥产量由1975年的0.27万吨增至1985年的26.17万吨。“八五”时期，句容县利用外资对储量丰富的建材资源开发利用，1993年，总投资2.65亿美元的京阳水泥有限公司落户，1994年，总投资1200万美元的江苏远东水泥有限公司建成投产。1997年，京阳水泥有限公司一期工程竣工投产；同年，根据国家产业政策，相继关停宝华、银鹏、京桥水泥厂以及下蜀白水泥厂等年产量20万吨以下小水泥厂。2007年京阳水泥有限公司总投资12亿元的二期工程开工建设，形成日产熟料6700吨，年产水泥330万吨，2008年该企业销售收入7.24亿元，2012年销售收入9.40亿元。为国内最大的台资水泥生产企业。

二、水泥制品

随着城乡建筑业的发展和群众住房的改善，水泥制品业相应发展。1974年，县房管所建水泥预制厂。1979年，县与城东公社北阳门合资联办句容县建筑材料厂，县建筑公司、县水利工程队、乡镇建筑站等均办起预制厂。至1985年，全县共有水泥预制厂30家，职工1113人，工业产值703万元，主要产品为水泥桁条、楼板、低压电杆，年产水泥制品3.20万立方米。21世纪后，随着楼房尤其是中高层建筑要求混凝土整体浇灌，楼板等水泥制品大量减少。2002年10月，港商独资企业——江苏建华管桩有限公司在下蜀镇创建，为建筑基础工程预应力混凝土管桩的大型专业生产厂家，拥有10条生产线，主要产品有直径30厘米~80厘米，壁厚不同尺寸的A型~C型管桩，年生产能力2100万米，产能居亚洲第一位。2006年，“建华”牌预应力混凝土管桩被评为省名牌产品，产品覆盖整个江苏，并向周边省市扩展，应用于大型工程项目。2008年，建华管桩企业总投资达2620万美元，职工2480人，水泥管桩1789.65万米，销售收入18.32亿元，利税2.74亿元。2013年，江苏建华管桩有限公司实现销售收入25.62亿元，为句容工业30强之首。

2004年，江苏正大置业(集团)混凝土有限公司开始生产商品混凝土，当年产量1.40万立方米。2008年，全市商品混凝土已达69.20万立方米。2013年，全市拥有商品混凝土生产企业10家，全年生产商品混凝土285万立方米。

三、砖瓦

句容砖瓦生产历史悠久，据2009年在扬州的考古发掘现场，考古人员发现了一块刻有“句容”铭文的青砖，考古人员介绍说，在此前东门遗址的发掘过程中，曾出土刻有“武锋军”“镇江中军”等铭文的番号砖，由此推测，扬州城在南宋时期由于战事吃紧，在紧急加固城门过程中曾征调扬州附近的建材资源，“句容砖”或是在句容烧制，或是从句容调用。

烧制青砖瓦，民间常见。但烧制青砖瓦看起来简单，实质上是一种手工上的特技。先要选好取黄泥土的地段。黄泥土无砂石，黏性好。挖来的黄泥土堆积好，用耕牛踩踏黄泥，直至十分细腻、柔软。然后把黄泥料堆积一起用铁丝和杂木或竹篾做成的弓形工具切成土块。做砖的土块小些，每块土料可打两块砖左右，把土块用手捧起，用力使劲往下甩掼，打在用木制的砖块模型当中，并用手摸平，每次可制两块砖，用弓形工具把两块切开，拿到砖瓦棚外去晒。晒砖坯的场地，得先整平备用，并还要准备好茅草帘，以便在雨天用来遮挡雨水。晒干后再放到砖窑里烧制，一窑砖瓦一般需要三、五天左右，火候太嫩不行，太老则要变形。制瓦比制砖技术要高，难度大。制瓦的泥料比制砖的要更加细软，一点点的砂石也不行，否则瓦片就有破洞。

中华人民共和国成立时，句容已有窑户 15 户，年产砖 200 万块，瓦片 150 万片，砖瓦除大部分满足当地使用外，还有少量销售到县境外。1958 年，句容县建立地方国营句容县砖瓦厂。1967 年江苏省建设兵团投资 15 万元，在下蜀镇南小土窑基础上建成一座 18 门轮窑砖瓦厂，1976 年移交给县，县又下放给下蜀公社生产经营。当年黄梅公社兴建 1 座 20 门轮窑砖瓦厂。1968 年县物资局在城东公社小窑厂基础上建 1 座 18 门轮窑砖瓦厂，1978 年下放给城东公社。1980 年城东公社又新建 1 座 24 门轮窑砖瓦厂；句容县建材公司与镇江古洞煤矿、城东公社三里井村联办句容县砖瓦厂，生产青平瓦。1981 年下蜀公社又新建一座 24 门轮窑砖瓦厂。到 1985 年，13 个乡镇建 20 座 422 门轮窑砖瓦厂，机械制坯、烧制标准红砖。全县共有大小砖瓦厂 60 家，固定资产原值 1250 万元，年产标准砖 3.05 亿块，青平瓦 933 万片，产值 1769 万元。

20 世纪 90 年代以后，由于乡镇工业发展，农民增收渠道多样，收入的迅速增长使农村农民建造楼房迅速增加，进一步促进了砖瓦的生产。至 2004 年，全市 18 门以上轮窑达 101 座，年生产能力达 10 亿块。在国家节能新政策的引导下，全市实现了从黏土砖向混凝土砖与优质轻砌块砖的转型发展。黏土砖生产企业到 2013 年已经精简到 91 家，而且全是生产 13 孔与 20 孔的新墙材，黏土实心砖在全市得到禁产，同时经认证新型混凝土砖生产厂家 4 家，年生产能力都在 5 万立方米以上。

2013 年年底句容市窑厂关闭情况一览

表 6－5－3 单位：亩

镇管委会	序号	关闭窑厂名称	所在村	图斑情况			土地使用情况			备注
				面积	其中		复垦	是否验收	建设利用	
					未挂钩					
华阳镇	1	句容市同福砖瓦厂	华阳镇吉里村	85.97	—	—	—	—	—	拟作存量报批
	2	句容市杨家边窑厂	华阳镇南亭村	86.70	—	—	—	—	—	政府融资
	3	句容市华阳镇南岗窑厂	华阳镇周家岗村	83.40	—	—	—	—	—	拟挂钩
	4	句容市华阳镇钱家边刘亭闽榕窑厂	华阳镇钱家边村	101.26	—	—	—	—	—	已列入工矿废弃地规划区
	5	句容市华阳镇吉汇轮窑厂	华阳镇吉利村	76.50	—	—	—	—	—	拟挂钩
	6	句容市南亭砖瓦厂	华阳镇南亭村	109.60	—	—	—	—	—	已列入工矿废弃地规划区
	7	句容市华阳镇飞利建材厂	华阳镇杨家巷村	82.70	—	—	—	—	—	拟做存量报批，未停产
开发区	8	句容市西岗新型墙体材料厂	华阳镇西岗村	40	—	—	—	—	企业项目已用	—
	9	句容市黄梅新塘新型建材厂	华阳镇新塘村	76.30	—	—	—	—	—	—
	10	句容市黄梅龙溪建材厂	华阳镇黄梅村	66	—	—	—	—	黄梅新村已用	—
	11	句容市金港砖瓦厂	华阳镇莲塘村	124.90	—	—	—	—	开发区项目已用	—
	12	句容市玉友新型材料厂	华阳镇云塘村	45	—	—	—	—	—	拟挂钩
	13	句容市大卓砖瓦厂	华阳镇云塘村	173.40	173.40		是	是	—	—

2013年年底句容市窑厂关闭情况一览

续表6-5-3　　单位：亩

镇管委会	序号	关闭窑厂名称	所在村	图斑情况			土地使用情况			备注
				面积	其中		复垦	是否验收	建设利用	
					未挂钩					
开发区	14	句容市黄梅第二砖瓦厂	华阳镇后塘村	108.40	—	—			—	—
	15	句容市闽航砖瓦厂	华阳镇后塘村	97.70	—	—			—	未停产
	16	句容市荣华轮窑厂	华阳镇姚徐村	125.80	—	—	—	—	—	—
	17	句容市华阳镇后莘建材厂	华阳镇后莘村	84.10	—	—	—	—	—	—
	18	句容市华阳镇河桥砖厂	华阳镇河桥村	48.80	—	—	—	—	—	—
	19	句容市唐家砖瓦厂	华阳镇姚徐村	130.80	—	—	—	—	—	—
郭庄镇	20	句容市磊华轮窑厂	郭庄镇孔塘村	129.52	129.52		是	是	—	—
	21	句容市桑海园建设厂	郭庄镇五渚坊村	89.53	—	—	—	—	—	拟挂钩
	22	句容市葛村百里窑厂	郭庄镇百里村	76.44	69.23		是	是	—	—
	23	句容市郭庄端王砖厂	郭庄镇端王村	70.99	—	—	—	—	—	部试点复垦
	24	句容市郭庄荣发建材厂	郭庄镇甲山村	163.46	—	—	—	—	—	已报批
	25	句容市葛村东方砖瓦厂	郭庄镇东方红村	64	—	—	—	—	—	已报批
	26	句容市郭庄甲山轮窑厂	郭庄镇甲山村	67.61	—	—	—	—	—	已报批
	27	句容市郭庄凯盛建材厂	郭庄镇郭庄村	113.87	—	—	—	—	—	部试点复垦
白兔镇	28	句容市新颖建材厂	白兔镇太平村	99.96	—	—	是	否	—	拟挂钩
	29	句容市禾香新型建材厂	白兔镇倪塘村	74.34	—	—	是	是	—	拟挂钩
	30	句容市行香轮窑厂	白兔镇行香村	70.95	—	—	是	否	—	拟挂钩
	31	句容市东恒新型建材厂	白兔镇茅庄村	70.96	—	—	是	否	—	拟挂钩
	32	句容市宏兴新型建材厂	白兔镇白兔村	143.33	—	—	否	—	—	拟挂钩
	33	句容市白兔幸福窑厂	白兔镇幸福村	75.55	—	—	否	—	—	拟挂钩
	34	句容市白兔显隆建材厂	白兔镇白兔村	68.02	—	—			—	拟做项目用地
	35	句容市东宝新型建材厂	白兔镇解塘村	80.77	—	—	否	—	—	拟挂钩
	36	句容市行香东兴新型建材厂	白兔镇太平村	95.22	—	—	否	—	—	拟挂钩
	37	句容市福顺建材厂	白兔镇幸福村	112.36	—	—	否	—	—	拟挂钩
下蜀镇	38	句容市下蜀桥头义洲砖瓦厂	下蜀镇桥头村	45	—	—	—	—	项目已用	—
	39	句容市下蜀长鑫砖厂	下蜀镇沙地村	89.20	—	—	—	—	道路已用	—
	40	句容市下蜀长乐鑫砖厂	下蜀镇沙地村	53.20	—	—	—	—	—	拟做存量报批
	41	句容市下蜀镇刘圩砖瓦厂	下蜀镇祝里村	82	—	—	—	—	—	拟做存量报批
	42	句容市下蜀砖瓦厂	下蜀镇祝里村	92.90	—	—	—	—	—	拟复垦
	43	句容市下蜀镇窑业新型建材厂	下蜀镇新村	100.80	—	—	—	—	—	拟做存量报批
	44	句容市建里新型建材厂	下蜀镇祝里村	78	—	—	—	—	—	拟复垦
边城镇	45	句容市东昌砖瓦厂	边城镇友谊村	45.25	45.25	—	是	是	—	—
	46	句容市建高建材厂	边城镇戴村村□	79.18	79.18	—	是	是	—	—
	47	句容市土祥建材厂	边城镇陈武村	105.22	—	—	是	否	—	已列人工矿废弃地规划区
	48	句容市兴隆建材厂	边城镇赵庄村	103.18	—	—			—	已报批

2013年年底句容市窑厂关闭情况一览

续表6-5-3 单位：亩

镇管委会	序号	关闭窑厂名称	所在村	图斑情况			土地使用情况			备注
				面积	其中		复垦	是否验收	建设利用	
					未挂钩					
天王镇	49	句容市天王西溧砖瓦厂	天王镇西溧村	142	23	—	是	是	—	拟挂钩
	50	句容市天王轮窑厂	天王镇浮山村	93	93	—	是	是	—	拟挂钩
	51	句容市天王镇鹤砖瓦厂	天王镇前进村	85	28.50	—	是	是	—	拟挂钩
	52	句容市天王农林窑厂	天王镇农林村	—	—	—			—	—
	53	句容市天王新华建材厂	天王镇农林村	107	75	—	是	是	—	拟挂钩
	54	句容市天王化工砖瓦厂	天王镇浮山村	118	118	—	是	是	—	拟挂钩
	55	句容市天王镇前进砖厂	天王镇前进村	53.80	14.30	—	是	是	—	拟做项目用地
	56	句容市磨盘利旺砖瓦厂	天王镇唐陵村	94.60	28.70	—	是	是	—	拟挂钩
后白镇	57	句容市后白砖瓦厂	后白镇古村	94.98	94.98	—	—	—	—	—
	58	句容市茅西西冯新世纪砖瓦厂	后白镇西冯村	44.01	44.01	—	—	—	—	—
	59	句容市二圣张庙砖瓦厂	后白镇张庙村	80.80	80.80	—	—	—	—	—
	60	句容市后白东风砖瓦厂	后白镇东风村	70.33	70.33	—	—	—	—	—
茅山镇	61	句容市春峰建材有限公司	茅山镇城盖村	188.10	86	—	是	是	102亩 工业用地	—
	62	句容市何庄建材厂	茅山镇何庄村	65.10	65.10	—	是	是	—	—
	63	句容市春兴砖瓦厂	茅山镇城盖村	103.10		—	—	—	—	—
	64	句容市兴袁建材厂	茅山镇袁相对	101.90	101.9	—	是	否	—	—
茅山风景区	65	句容市茅山建材厂	茅管夏林村	107	107	—	是	是	—	—
	66	句容市茅山兴旺空心砖厂	茅管玉晨村	83.70	—	—	—	—	—	拟挂钩
	67	句容市茅山镇顺兴砖厂	茅管夏林村	83.30	—	—	—	—	—	拟挂钩
宝华镇	68	句容市玉祥建材厂	宝华镇和平村	60.40	—	—	—	—	项目已用	—
	69	句容市宝华建材厂	宝华镇鸿堰村	203.60	—	—	—	—	项目已用	—
	70	句容市宝华长隆建材厂	宝华镇仓头村	102.30	—	—	—	—	—	未停产
	71	句容市宝华天一建材厂	宝华镇铜山村	69.50	—	—	—	—	—	已报批
赤山湖	72	句容市郭庄民杰砖瓦厂	赤山湖管委会 胜利村	73.20	—	—	—	—	—	已报批
合计				6512.86	1601.54				项目 731.10	—

四、砂·灰石

句容市的黄砂、红砂、石英砂、建筑石、石灰石、大理石、方解石等资源丰富；膨润土储量居全国第二；采石和淘沙场（厂）主要分布于丘陵山区；黄砂生产地为原黄梅、大卓、下蜀等地。20世纪80年代以后有用碎石轧成石屑、白砂、石英砂，替代沉积砂。全市石灰石储量约13亿吨，部分含钙量高达55%左右。石灰石分布于边城镇的少古山、船山、亭子乡武岐山、大卓乡俞家山一带。建筑石、石灰石年开采量100万吨左右，大部分销往苏北和南京、镇江及邻县。全市（县）规模较大的采石厂为东昌乡采石一厂，1979年船山被马鞍山钢铁公司和省冶金厅征用,采石一厂由公社独办,1985 年产值 68 万元,利税 12.3 万元。石灰是句容县传统的外销建筑材料。解放前,茅山、宝华、下蜀、东昌等山区,私人自建土窑,自采石料,用柴草烧制石灰。解放后,由社队集体经营。全县年产石灰 20 万吨左右,销往邻县及苏北的扬州、淮阴等地。由于建筑材料变革,建房大多用水泥制品和涂料,石灰用料锐减,产量随之下降。1985 年全县产石灰石 6.50 万吨左右,只及常年的三分之一。膨润土,也称班脱岩,经江苏省地质队勘察,郭庄乡甲山储量约 1.50 亿吨,矿床稳定。钙基占 60%,钠基占 40%。1971 年由郭庄等八个公社联办甲山陶土矿,1979 年由郭庄公社独办,1980 年又建句容县活性白土厂。1985 年膨润土产量 2.27 万吨,经济效益不高。此间,联合国、日本、芬兰、德国、澳大利亚等国家和中国香港地区曾派专家来此考察过。

1985 年全县乡镇村办的砂、石灰厂(场)99 家,其中县办 5 家,乡镇办 21 家,村办 73 家,职工 1 万余人,产值 2808 万元。

“八五”期间(1991—1995 年),句容石材公司生产的“玉笋”牌天然大理石,花岗岩双曲系列的产品,被上海华东设计院、同济大学设计院制定为专用产品。该公司先后承接国家级、省级 100 多项重点工程的供贷业务,被国家建材局评为“产品质量信得过企业”,被省专利局授予“中国专利江苏省百强企业”称号。

“九五”期间(1996—2000 年),随着高速公路快速发展,高等级公路所用玄武岩石子用量大增。镇江茅迪集团有限公司抓住发展机遇,开发生产高等级路面材料,并把企业由句容向省内及安徽省、湖北省等地扩张,先后建成 8 个分公司、63 个厂矿和码头,是华东地区高速公路建设用料重要生产基地,占江苏高等级路面材料市场的 60% 份额。

2005 年以后,为保护青山绿水,市政府对境内 312 国道沿线开采岩石进行治理整顿,关闭了绝大多数石料开采宕口。

五、其他建筑材料生产

1. 耐火砖

1976 年,袁巷公社创办耐火器材厂,1985 年生产耐火砖 629 吨,1996 年生产 400 吨。

2. 玻璃钢、玻璃纤纬、油毛毡

1977—1985 年,原春城、茅西、黄梅乡和原葛村乡下葛、东方红村先后办起玻璃钢、玻璃纤纬、和油毡厂。因经济效益差,生产开开停停。

3. 木材加工

20 世纪 80 年代,句容县林场等林场,建有竹木加工企业,县物资局木材公司有木材加工厂。90 年代后期,木(竹)材加工企业先后歇业。

4. 管桩端头板

2003 年,港商在下蜀镇独资兴建江苏毅马铸锻有限公司,专门研发生产各种管桩端头板。拥有 5 条成品生产线和 5 条半成品生产线,年生产能力 960 万件,总重 12 万吨,2008 年,有职工 533 人,当年工业产值 4.07 亿元,销售收入 3.90 亿元,2013 年销售收入 13.90 亿元。

5. 新型墙体材料

句容新型墙体建材业始于“七五”(1986—1990 年)中后期,县属企业仅县船山砌块厂生产水泥砌块。1997 年,从保护耕地、环境出发,句容市成立墙改办公室,负责全市“禁实(实心砖)、限黏(土)”和新型墙体材料推广工作。“十五”(2001—2005 年)中后期,新型建材企业逐渐增多,仅白兔镇就有句容宏兴新型建筑材料厂、句容奥特新型建材厂等 4 家合资企业建成投产。其后相继投产的有下蜀镇的镇江万邦新型建材厂、华阳镇的瑞耐特新型建材厂等。至 2008 年年底,此类企业发展到 29 家,其中规模以上 6 家。产品由水泥砌块 1 种发展到空心砖、煤矸石砖、轻质空心墙板、复合材料充气砌块和节能保温材料、装饰材料等 10 多个品种。2008 年,新型墙体材料产量折合标准砖 2.10 亿块,新型墙材建筑竣工面积 26 万平方米,节能建筑竣工面积 21 万平方米。

2013 年句容市部分建材企业生产情况一览

表 6-5-4

企业名称	开采主矿种或使用原料	产品名称	年生产能力
句容市林场仑山采石矿	白云岩	石子、石粉	18 万吨
句容市华海建材公司	工业煤渣	混凝土砖砌块	10 万立方米
句容市宝华常隆新型建材厂	砖瓦用煤土	黏土多孔砖	1500 万块
句容县容通水泥制品有限公司	水泥用石灰岩	混凝土排水管	200 万米
句容市华阳镇南岗窑厂	砖瓦用黏土	黏土多孔砖	1450 万块
江苏建华管桩有限公司	石灰石	预制管桩	600 万米
句容市茅山采石厂	石灰石	石子、石粉	27 万吨
句容市下蜀镇水泥预制厂	石灰石	预制板	2 万块
句容市前塘预制厂	石灰石	预制板	5 万块
句容市亭子华山采石厂	石灰石	石子、石粉	16 万吨
句容白兔石灰厂	石灰石	石灰	644 吨
句容市东昌石灰厂	石灰石	石灰	1325 吨
句容市小衣庄石灰厂	石灰石	石灰	697 吨
句容市石灰总厂	石灰石	石灰	825 吨
容市水泥厂	石灰石	水泥	142 万吨
句容市银鹏水泥厂	石灰石	水泥	98 万吨
句容市正大水泥厂	石灰石	商品混凝土	122 万吨
句容市东升水泥厂	石灰石	商品混凝土	87 万吨
句容市富昌水泥厂	石灰石	商品混凝土	75 万吨
句容市固利达建材厂	工业煤渣	黏土多孔砖	7 万立方米
句容市金海新型建材公司	工业煤渣	黏土多孔砖	7 万立方米
句容市边城宏宇新型建材厂	工业煤渣	黏土多孔砖	8 万立方米
句容市下蜀镇刘圩砖瓦厂	砖瓦用黏土	黏土多孔砖	1200 万块
句容市华阳镇东方轮窑厂	砖瓦用黏土	黏土多孔砖	1700 万块
句容市苏东新型建筑材料厂	砖瓦用黏土	黏土多孔砖	1200 万块
句容市郭庄民杰砖瓦厂	砖瓦用黏土	黏土多孔砖	1100 万块
句容市郭庄金富建材厂	砖瓦用黏土	黏土多孔砖	1400 万块
句容市金巷砖瓦厂	砖瓦用黏土	黏土多孔砖	1500 万块
句容市西岗新型墙体材料厂	砖瓦用黏土	黏土多孔砖	1200 万块
句容市兴袁建材厂	砖瓦用黏土	黏土多孔砖	800 万块
句容市富强新型建筑材料厂	砖瓦用黏土	黏土多孔砖	2200 万块

2013年句容市部分建材企业生产情况一览

续表6－5－4

企业名称	开采主矿种或使用原料	产品名称	年生产能力
句容市袁巷轮窑厂	砖瓦用黏土	黏土多孔砖	2400万块
句容市华阳镇河桥砖瓦厂	砖瓦用黏土	黏土多孔砖	1150万块
句容市葛村东方砖瓦厂	砖瓦用黏土	黏土多孔砖	1500万块
句容市春峰建材有限公司	砖瓦用黏土	黏土多孔砖	1300万块
句容市新颖建材厂	砖瓦用黏土	黏土多孔砖	1200万块
句容市边城镇登峰新型建材厂	砖瓦用黏土	黏土多孔砖	1300万块
句容市建里新型建材厂	砖瓦用黏土	黏土多孔砖	1300万块
句容市长鑫建材厂	砖瓦用黏土	黏土多孔砖	900万块
句容市建里新型建材厂	砖瓦用黏土	黏土多孔砖	2100万块
江苏金牛特种混凝土公司	碎石、砂、粉煤灰	加气砌块	8000万块
句容顺辉新型建材有限公司	粉煤灰	蒸压加气砌块	6000万块
句容年祥新型建材厂	碎石、砂	混凝土砖	6000万块
句容市金海新型建材厂	黏土、煤矸石	煤矸石烧结砖	5000万块
句容宏达新型建材有限公司	黏土、煤矸石	煤矸石砖	7000万块
江苏鸿翔新型建材公司	黏土、煤矸石	煤矸石砖	6000万块
句容姜东新型建材厂	黏土、煤矸石	煤矸石砖	5000万块
句容环能新型建材厂	黏土、煤矸石	煤矸石砖	6000万块

第三节　建筑材料检测

一、检测机构

句容市建设工程质量检测中心(以下简称“中心”)成立于1992年。成立之初,仅能检测水泥、砂、砖等常规建材。此后,为适应建设工程质量检测的需求,“中心”又相继添置了一些建材检测等设备。满足了工程中的各项建材质量检测的需要。

“中心”贯彻实施“事业、效益、制度、管理”的发展方针,专业检测水平和硬件设施建设上均得到了长足进步。2013年年底,“中心”拥有员工40余人,专业持证检测人员27名,辅助人员13名,其中高级工程师4人,工程师10人,专业检测人员90%拥有大专以上学历,并全部取得省建设厅核发的上岗证书。

二、检测仪器设备

“中心”成立初期,检测仪器种类少,设备简陋。2000年前后,“中心”又相继添置了混凝土强度检测仪,砂石分析仪、钢筋检测仪、抗渗仪等设备。

为了弥补句容多项检测的空缺,“中心”又添置了环境测试仪、热工性能检测设备、混凝土取芯机等多项大型设备。总价值500多万元。

2013 年句容市质量检测中心建筑材料主要检测仪器设备一览

表 6－5－5

设备编号	主要仪器设备	技术指标		出厂编号	生产厂家
		测量范围	准确度等级		
001	全自动压力试验机 DY－208	0～300kN	1 级	—	无锡东仪制造科技有限公司
064	水泥胶砂流动度测定仪 NLD－3	—	—	74071	上海东星建材试验设备有限公司
004	电子天平 WT10002K	1000g	0.01g	—	常州万泰天平仪器有限公司
015	水泥胶砂搅拌机 JJ－5	—	—	40613	无锡市锡仪建材仪器厂
014	水泥净浆搅拌机 NJ－160A	—	—	40521	无锡市锡仪建材仪器厂
185	水泥试件水养护箱 SBY－64B		±0.8℃	1402	苏州市东华试验仪器有限公司
190	电子天平 WT10001K	1000g	0.1g	—	常州万泰天平仪器有限公司
055	微机液压万能试验机 CHT4106	0～1000kN	1 级	30609027	上海新三思计量仪器制造有限公司
095	微机控制电液伺服万能试验机 SHT4106	0～1000kN	0.5 级	31012021	美特斯工业系统(中国)有限公司
056	钢筋弯曲试验机 ZLW－401	0－10kN	—	20606256	深圳市新三思材料检测有限公司
183	电子计价秤 ACS15b	100g－15KG	5g	12092819	上海大华电子秤厂
012	强制式混凝土搅拌机 J－30	30L	—	6062	无锡市建材仪器机械厂
023	全自动压力试验机 DY－2008DC	0～2000kN	1 级	11037	无锡东仪制造科技有限公司
021	自动调压混凝土渗透仪 HP－4.0	0～4MPa	0.1MPa	133	无锡华南实验仪器有限公司
010	砂浆搅拌机 15 型	15L	—	—	天津市北辰建工试验仪器厂
070	微机控制电液式压力试验机 YAW－300	0～300kN	1 级	072	济南天辰试验机制造有限公司
094	微机控制电液伺服压力试验机 YAW4206	0～2000kN	1 级	31103009	美特斯工业系统(中国)有限公司
030	电液式压力试验机 YA－2000	0～2000kN	1 级	1CYD3912	上海申克试验机有限公司
099	微机控制电液伺服压力试验机 YAW4305	0～300kN	1 级	31109030	美特斯工业系统(中国)有限公司
108	混凝土标准养护设施 HWS－SW100	—	—	10－100－5	南京科信仪器仪表制造有限公司
109	砂浆标准养护设施 HWS－SW30	—	—	10－30－08	南京科信仪器仪表制造有限公司
177	微机控制电液伺服压力试验机 YAW4206	0～2000kN	1 级	31303003	美特斯工业系统(中国)有限公司
080	电子天平 KF10002	1000g	0.01g	917	浙江凯丰集团有限公司
018	全自动沥青软化点试验器 SYD－2806E	－7－125℃	±0.5℃	054	上海昌吉地质仪器有限公司
135	针入度试验器 SYD－2801E	—	—	008	上海昌吉地质仪器有限公司

2013 年句容市质量检测中心建筑材料主要检测仪器设备一览

续表 6－5－5

设备编号	主要仪器设备	技术指标		出厂编号	生产厂家
		测量范围	准确度等级		
136	自动恒温双数显沥青延伸仪 SY－2B	2m	—	103024	无锡华南实验仪器有限公司
143	沥青标准粘度试验器 SYD－0621	—	—	014	上海昌吉地质仪器有限公司
144	循环式数显恒温水浴箱 SDSY－65	—	—	90753	苏州苏达工程仪器有限公司
147	电子天平 JJ5000A	5000g	0.1g	23501009116	常熟市双杰测试仪器厂
148	电热鼓风恒温干燥箱 101－Ⅲ	—	—	2010118	南京路事达公路检测仪器厂
133	微机控制电液伺服万能试验机 SHT4605－G	0～600kN	0.5 级	31109014	美特斯工业系统(中国)有限公司
054	数学水准仪 DL－502	—	—	511297	日本株式会社拓普康
117	砼后锚固抗拔承载力现场检测仪 SFLB－1	300KN，6－25mm	0.1kN	060813	南京赛峰科技仪器有限公司
084	贯入式砂浆强度检测仪 SJY800B	800±8N	0.01mm	20090826	北京盛世伟业科技有限公司
118	原位压力机 SL80	800kN	±3%	005	山东乐陵回弹仪厂
033	光学水准仪 AT－G2/OM	0－60″	0.2″	6Z0560/B64123	Topcon
165	混凝土回弹仪 ZC3－A	60HRC	±2HRC	0236	山东乐陵回弹仪厂
194	电子水准仪 DiNi03	—	—	739019	天宝
197	混凝土回弹仪 HT－225T	60HRC	±2HRC	1321310789	北京海创高科有限公司
121	微机控制电子万能试验机 CMT7504	0～50kN	1 级	10701031	深圳市新三思材料检测有限公司
122	导热系数测定仪 CD－DR3030A	15～45mm	误差≤3%	0600－0R－80	沈阳紫微机电设备有限公司
123	保温节能标准养护设施 HWS－SW30	—	—	10－30－07	南京科信仪器仪表制造有限公司
178	导热系数测定仪 CD－DR－6060	—	误差≤3%	12－01	沈阳紫微机电设备有限公司
034	氡气探测器 RAD7	370－37000Bq/m^3	2%	1965	美国(DURRIDGE Co.)
040	气相色谱仪 GC9560	7－399℃	1℃	08090A	上海乐风仪器设备有限公司
037	可见分光光度计 7230G	330－900nm	±1nm	070607050027	上海精密科学仪器有限公司
053	电子分析天平 FA1004	100g	0.1mg	—	上海恒平科学仪器有限公司
039	落锤冲击试验机 LCJ－400B	—	—	—	沈阳合兴检测设备有限公司
038	微控电子万能试验机 WDW－50	—	—	2071	长春科新试验仪器有限公司

2013 年句容市质量检测中心建筑材料主要检测仪器设备一览

续表 6－5－5

设备编号	主要仪器设备	技术指标		出厂编号	生产厂家
		测量范围	准确度等级		
100	微机控制伺服压力试验机 YAW4306	0～2000kN	1 级	31103010	美特斯工业系统(中国)有限公司
102	电子拉力试验机 DL－5000	0－5000N	0.05%	0889	沧州腾达筑路试验仪器厂
104	电动数显防水卷材不透水仪 JT3－A	0～0.6MPa	0.02MPa	01182	天津市港源试验仪器厂
197	涂料试验箱 TLS－350X	—	—	1404	苏州市东华试验仪器有限公司
028	门窗检测仪 XMCY－2421CP	—	—	—	沈阳合兴检测设备有限公司
130	型材落锤冲击试验机 XCJ	1500mm	—	10－018	沈阳合兴检测设备有限公司
131	微机控制电子万能试验机 CMT4304	300KN	—	11011075	美特斯工业系统(中国)有限公司

三、检测、试验项目

20 世纪 90 年代,“中心”成立之初,只能检测、实验 5 大项 76 个参数。

截至 2013 年,检测,试验项目有 26 大项、186 个参数。

2013 年句容市质量检测中心、检测、试验项目一览

表 6－5－6

水泥	钢筋(焊接)力学性能	建筑用砂	建筑用石	混凝土配合比
混凝土力学性能	混凝土搅拌和无性能	混凝土外加剂	砂浆配合比	砂浆力学性能
简易土工	混凝土外加剂	粉煤灰	沥青	沥青混合学
钢筋保护层	现场强度检测	结构性能	建筑物沉降	保温材料
抗裂(界面)砂浆、胶黏剂	外墙外保温系统	耐碱网布	胶粉聚苯颗粒	胶粉聚苯颗粒外墙保温系统保温浆料
土工合成材料	水泥土	道桥结构	混凝土路面砖(路缘石)	建筑石灰
检查井盖	粗集料	细集料	建筑水电	PVC 绝缘电线、电缆
UPVC 排水管材	砖	砌块	瓦	陶瓷砖
沥青防水建材	硫化橡胶或热塑橡胶	高分子防水卷材	弹性体改性沥青防水卷材	塑性体改性沥青防水卷材
建筑门窗	室内环境检测	土壤有害物质	—	—
混凝土力学性能	混凝土拌合物性能	砂浆配合比	砂浆力学性能	简易土工
现场强度检测	结构性能	砖	瓦	—

第六章　建筑工程抗震设防

古代建筑中，采用排山（墙）结构，使整栋房屋通过木排山（墙）连结为一个整体框架，起到抗震设防的作用。20 世纪 70 年代，临近句容的溧阳发生 5 至 6 级地震后，建筑工程抗震设防工作才真正摆上议事日程。80 年代后对一些房屋采取加固抗震措施，90 年代建筑部门建立抗震专门组织与抗震管理网络，进行抗震宣传与指导；对新建筑物抗震设计进行审批，特别将各生命线工程列为监管工作的重中之重。1993—2013 年，全市（县）抗震设防面积 2117.77 万平方米，其中 2009—2013 年新建工程设防面积 2015.90 万平方米。

第一节　抗震网络与宣传指导

一、地震检测机构

1978 年，县成立地震办公室，属县科委，编制 4 人。1981 年 8 月，全省各地地震办公室进行调整，仍保留句容县地震办公室。1984 年，核定句容县地震办公室编制为 3 人，1996—1997 年市级机关机构改革，县地震办公室改为地震局，从市科委中分出单设，为市政府直属事业单位。

二、句容市（县）抗震防灾领导小组及其办公室

1990 年 9 月，成立句容县抗震防灾领导小组。领导小组下设办公室，办公室设在县建设委员会（建安科兼管）。

1999 年 3 月，句容市抗震办公室独立挂牌。市编制委员会批准 3 个全民事业编制，并明确工作职能和责任。同时，将各生命线工程单位和乡镇建管所列为抗震防灾工作管理网络。从此，形成了一个市建设委员会统一领导、各条生命线工程单位和乡镇建管所在内的抗震防灾管理网络。

2002—2013 年句容市施工图审中心审图情况一览

表 6-6-1

年份	面积（万平方米）	项目数（个）	年份	面积（万平方米）	项目数（个）
2002	45	80	2008	153	574
2003	58	154	2009	200	783
2004	90	264	2010	361	1104
2005	96	278	2011	392	725
2006	89	352	2012	321	824
2007	183	512	2013	604	1043

三、句容市墙体材料改革领导小组及其办公室

1996年,成立句容市墙体材料改革领导小组,下设办公室,墙改办公室设在市建设局建安科。1999年3月,墙改办公室、抗震办公室独立挂牌办公。两块牌子,一套班子。2002年8月,句容市施工图审查中心成立,与抗震办、墙改办合署办公。至2013年年底,墙改办、审图中心和抗震办合署办公,三块牌子,一套班子。审图中心除审图科科长外,另聘有11名工作人员,包括暖气、结构、建筑、水电等专业人员。

四、防震抗震宣传与指导

利用"防震减灾法"颁布日、"7·28"唐山地震纪念日等有利时机,以进企业、进学校、进社区、进乡村"四进"为抓手,以报纸、电视、电台为主阵地,市地震及抗震部门通过开展讲座、竞赛、街头咨询、展览、发放资料、地震演习等活动,适时、适度地进行防震、抗震及减灾知识的广泛宣传。据统计,1996—2008年,市地震部门仅在新闻媒体上共刊登播出400多篇有关法律法规、地震应急、自救互救、抗震设防等内容的稿件。市抗震办公室把抗震防灾一些小常识、小知识编写成小册子,散发给居民学习,了解抗震防灾知识,每年1~2次到公共场所进行宣传、散发,帮助居民提高抗震防灾意识。

为在全民中普及抗震防灾知识,了解抗震政策规定,县政府发了《关于成立句容县抗震防灾管理暂行规定》,并用一定时间在全县宣传、贯彻。1993年,县抗震办组织了有关部门的领导、专家,成立了句容县抗震规划编制领导小组,同月就展开了工作,并于1993年年底形成了评审稿,1994年1月,江苏省抗震办组织专家评审委员会进行评审、通过,以句政发〔1994〕68号"关于印发《句容县城抗震防灾规划》的通知","规划"对提高句容县抗震防灾能力具有重要的指导意义。"规划"绘制了句容县城抗震防灾规划图、工程地质分区图、抗震防灾土地利用规划图、建筑物破坏百分比分布图、建筑物破坏数量分布图、经济损失及人员伤亡分布图、发生地震人员疏散场地图。并采取多种形式,用半年时间对"规划"进行宣传、贯彻、取得了较好的社会效益。

县抗震办从1990年至1993年收集了周边农村住宅抗震设计图汇集到镇江市抗震办,镇江市抗震办根据各地收集的设计图,于1993年8月编辑了村镇居民抗震住宅施工图集,并以镇江市城乡建设委员会、镇政发〔1993〕126号"关于使用村镇居民抗震住宅施工图集的通知"。句容县抗震办无偿提供给居民盖房选择,受到群众的赞扬。

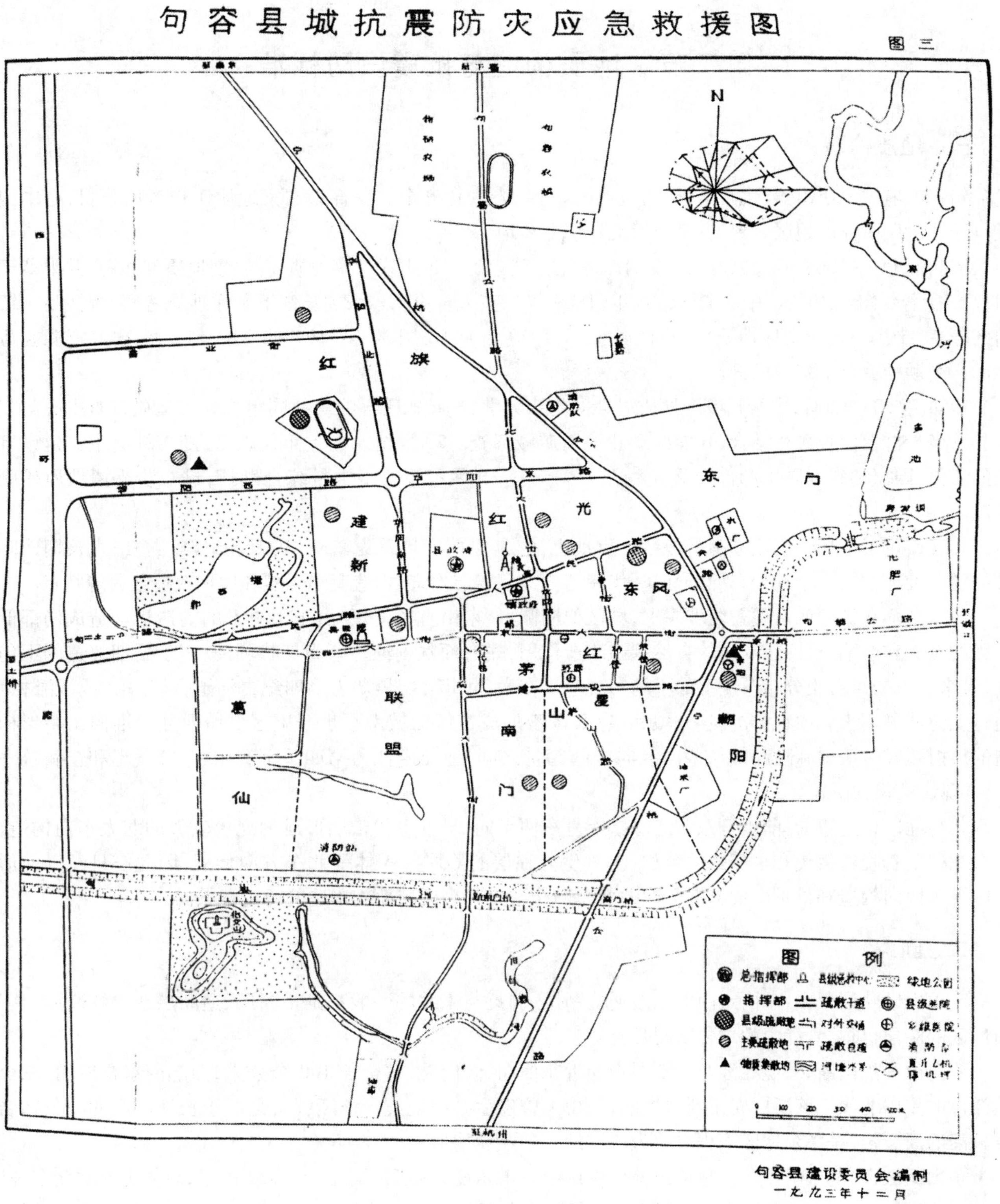

图 6-27　句容县抗震防灾应急救援图

第二节　地质构造与抗震设防标准

一、地质构造

句容市境内地层出露，化石丰富，构造典型，岩浆岩发育齐全。一直为国家地质工作者所瞩目，是中国最早开展地质研究的地区之一，有多个标准地层命名地。

清同治七年（1868 年），德国地质学者李希霍芬就来到宁镇山区考察地质，并绘制地质剖面图，并附载于 1877 年所著《李氏中国志》中。清同治八年（1869 年），英人金史米尔来到长江下游作地质考察，曾涉足宁镇山区著有《中国下扬子地区地质》。自民国 8 年（1919 年）到民国 37 年（1948 年）10－11 月，国家资源委员会矿产测勘处曾对下蜀地区进行复勘。

1958 年 10－12 月，由常州专署地质局会同南京大学、长春地质学院等共同组成句容地质普查中心与句容县万名干群上山找矿相结合，开展群众性地质矿藏普查。20 世纪六七十年代以来，随着社会主义建设事业的需要，国家和省地质矿产部门又先后派人到句容，开展系统的多学科综合勘探，进一步弄清地质矿藏状况。

句容市位于下扬子断块苏南—南沙块隆地上，它是以前震旦系为基础，从震旦纪至三叠纪为长期凹陷带的扬子准地台的一个部分，具有形成时代晚、基底新、盖层发育、构造变动强烈和后期改造显著等特点。

城区坐落在被第四系覆盖缓坡岗上，城区似椭圆形，东南直径稍短，由于历史上的构造运动造成局部低一级的隆起和凹陷，后期经水流的自然剥蚀改造作用，先有面状剥蚀逐渐为带状剥蚀，由于后期改造的不匀性，带来了下蜀组黄土分布厚度上的不均衡现象。在南部凹陷区，早期为第四纪古河道，河床相（或漫滩相）通过上游冲刷下来剥蚀物的沉淀、充填和淤积，逐步形成市区的城南平坦开阔区。城西处于淮阳山字形构造的反射弧即宁镇山脉隆起带与茅山纵向脊隆起带之间，地面岩性为第四系下蜀组（Q3）黄土和全新统—（Q4）现代堆积物所盖。

句容地区构造特征：前震旦系构造总体上呈东西走向，早古生代末期形成的规模较大的北大东向构造，并有此控制着晚古生代和早三叠的堆积，上古生界地层的等厚线大体呈北东方向伸展，因此震旦纪以前形成的近东西向构造和早古生代末期形成的北东向构造是句容区域地质构造的历史背景。

二、断裂

宁镇山区断层很多，东西走向的一般逆掩断层，而近与南北的一般都是正断层、逆断层或平移断层。茅山地区的断层也很多，境内的主要断裂带有：

幕府山—焦山断裂，境北涉及。断层走向近东西向，倾向北，它全长 100 余公里，西起南京幕府山，东至镇江市的焦山北缘。该断层属正断层性质，历史上曾发生 5 级地震。该断裂层是位于长江南岸的一条知名度较高的断裂带，是华东地区工程界较为关注的一条断裂构造。

茅山断裂带，境东南涉及。它从涑壁伏牛山沿茅山东麓延伸至西南，长约 134 公里，总体走向北北东，倾向南东，倾角 35°～85°不等。局部北西陡倾，宽数厘米至数十米。是北北东与北东东向两组破裂网络形成的追踪断裂。它是晚白垩世以来至今在活动的断裂，控制溧阳地震的孕育和发生。1976 年，溧阳上沛地震地近句容南境，即发生在该断裂与另一横向断裂的交错部位。

南京—湖熟断裂，境西南涉及。是一条北西向隐伏断裂，断裂经过南京主城区，向南东方向延伸至江宁上坊、湖熟，并继续延伸到句容戴家边、郭庄一带，甚至更远。断层倾向南西，倾角较陡，属扭张性质，全长 80 余公里，最新活动时代 Q2－3。

汤山—东昌—上会隐伏断裂，位于宁镇山脉南侧，西起江宁汤山，向东延伸至东昌及丹徒上会一线，呈近东西向展布，全长46公里，是宁镇隆起句容倾陷分界的隐伏断裂，断层面南倾，沿断裂有火山岩分布，该断裂带曾导致古火山喷发。

此外，境内还有4条小断裂带，第一条是从溧水经天王、葛村、后白、二圣到行香；第二条从郭庄经三岔、二圣到陈武；第三条从郭庄经赤山湖到石狮；第四条从春城西南部经句容城区到黄梅。

三、句容境内及周边地震活动情况

1. 句容市(县)境内地震

据史志记载，从公元250年至1985年，句容境内共发生较大地震24次，其中属于中强地震有3次，明建文元年(1399年)农历三月二十三日(公历四月二十九)，县境东南四平山(方山)发生5.50级地震，四平山崩水溢。明万历三十三年(1605年)八月初四(公历九月十六日)，境北宝华山发生5级左右地震，华山开裂，阔二、三尺，天鸣累日，声如怒涛。明崇祯二年(1629年)年农历三月十七日(公历四月十日)，境北发生了5级左右地震，瓦坠屋覆，大风拔木。

1972年后，境内地震活动级低而频繁：1972年3月13日在春城发生2.20级地震；1973年2月26日在下蜀发生1.90级地震；同年3月27日在茅山发生1.60级地震；9月27日又发生1.90级地震；1984年11月23日在方山附近发生1.20级地震；1985年2月27日在东南发生2.10级地震；1987年7月22日，春城发生1.9级地震；1988年9月17日，黄梅发生2级地震；1988年12月24日和1989年9月6日，东昌分别发生0.60级和0.80级地震；1997年10月27日，句容市区发生1.90级地震；2001年10月17日，春城墓东水库发生2.80级地震；2002年3月22日，东昌发生1.40级地震；2002年5月15日、17日，茅山分别发生1.30级地震、1.60级和1.30级地震；2002年7月6日，白兔发生1.60级地震；2008年7月6日，宝华发生3.60级地震；2013年5月19日，句容仑山水库北发生2.60级地震。

2. 句容周边地震

句容地处扬州—铜陵地震带中段，该地震以扬州——镇江一带最为显著，历史上发生过五次破坏地震，它是陆地上地震频度和强度最大的地区之一。江都—扬州—镇江是5.50级~5.75级地震潜在震源危险区。1974年4月22日和1979年7月9日，溧阳上沛相继发生5.50级和6地震这是罕见的，推断与茅山东断裂与上沛、芳山断裂的新活动密切相关。因此溧阳上沛、庆丰地区也是江苏省陆上潜在震源区。另外，江苏省东临黄海海域、海岸线长达500余公里，近海海域地震异常活跃，南黄海海域老震区为较突出的地震潜在震源危险区。

至2013年年底句容市相邻区地震记录一览

表6-6-2

年份	月	日	地区	北纬	东经	震级
354	2	28	南京	32°06′	118°48	4
499	8	28	南京	32°06′	118°48	4.75
548	10	27	南京	32°06′	118°48	5.25
1346	1	16	镇江	32°12′	119°24	3.25
1454	12	19	镇江	32°12′	119°24	4
1525	夏		仪征	32°18′	119°12	3.25
1575	2	21	镇江扬州间	32°18′	119°24	3.25
1581	10	8	镇江	32°12′	119°24	3.25

至 2013 年年底句容市相邻区地震记录一览

续表 6－6－2

年份	月	日	地区	北纬	东经	震级
1585	10	12	镇江	32°12′	119°24	3.25
1589	8	6	镇江	32°12′	119°24	3.25
1616	4	11	南京六合间	32°12′	118°48	4
1624	2	10	扬州南	32°24′	119°24	6
1625	3	27	溧水	31°24′	119°00	3.25
1626	11	19	南京	32°06′	118°48	3.25
1627	1	5	南京	32°06′	118°48	3.25
1627	1	27	南京	32°06′	118°48	3.25
1630	9	30	镇江	32°12′	119°24	3.25
1679	12	26	溧阳	31°24′	119°30	5.25
1770	1	16	溧水句容间	31°48′	119°06	3.75
1771	2	24	溧水句容间	31°48′	119°06	3.75
1853	2	8	溧水西北	31°42′	119°00	4
1872	7	24	镇江	32°12′	119°18	4.75
1872	8	25	镇江	32°12′	119°24	3.25
1888	4	22	镇江	32°12′	119°24	4.50
1909	10	21 1	仪征	32°18′	119°12	4
1910	5	7	乔家门	32°06′	119°24	4.50
1913	4	3	镇江	32°12′	119°24	5.50
1918	4	22	镇江	32°12′	119°24	4.25
1923	9	15	扬州大港间	32°18′	119°30	3.75
1924	4	17	南京	32°06′	118°48	3.25
1930	1	3	镇江	32°12′	119°24	5
1934	10	10	扬州	32°18′	119°24	4.25
1957	2	10	南京	32°04′	118°48	1.60
1974	4	22	溧阳上沛	31°28′	119°15	5.50
1974	7	21	江宁东北	32°12′	119°06	1.50
1977	4	6	江宁南	31°48′	118°48	2.10
1977	5	10	溧水白马	31°35′	119°08	4.10

至2013年年底句容市相邻区地震记录一览

续表6－6－2

年份	月	日	地区	北纬	东经	震级
1979	3	31	六合东南	31°16′	118°55	1.10
1979	5	13	丹徒高资	32°08′	119°18	2
1979	6	28	丹徒世业洲	32°13′	119°17	2
1979	7	9	溧阳上沛	31°27′	119°15	6
1979	8	24	丹阳瓜州北	32°19′	119°23	1.40
1982	11	4	丹徒高资	32°07′	119°18	1.50
1983	1	4	高淳	31°23′	119°05	1.30
1983	1	24	六合	32°17′	119°00	1.20
1984	8	10	溧阳庆丰	31°26′	119°17	2.10
1984	2	16	高资	32°09′	119°20	2.10
1984	6	1	汤山	31°00′	119°1.26	2.30
1984	12	28	江宁东山东南	31°55.8	118°51.2	2.10
1985	1	14	仪征青山矿区	32°19′	119°03	1.60
1985	4	20	仪征东南	32°14′	119°21	2.40
1986	7	10	江宁花园公社	32°12′	119°03	1.60
1986	9	3	镇江	32°09′	119°26	1.30
1986	12	15	溧水孔镇	31°00′	119°02	1.60
1987	2	25	溧水黄连岗	31°35′	119°02	1.20
1987	12	31	江宁横溪	31°42′	118°46	1
1988	5	4	江宁上峰山	32°00′	119°03	1.50
1988	9	17	江宁句容交界	32°01′	119°06	1.90
1988	12	24	句容东昌以西	32°03′	119°17	0.60
1989	7	6	丹徒巢凤山	32°08′	119°16	1.10
1990	2	17	丹徒建山附近	32°04′	119°43	0.30
1990	10	16	六合东沟乡	32°05′	119°00	1.60
1990	11	15	溧水	31°38′	118°59	1.20
1990	12	19	江宁	31°44′	119°13	1.20
2009	11	13	句容江宁交界处	31°51′	118°59	3.40

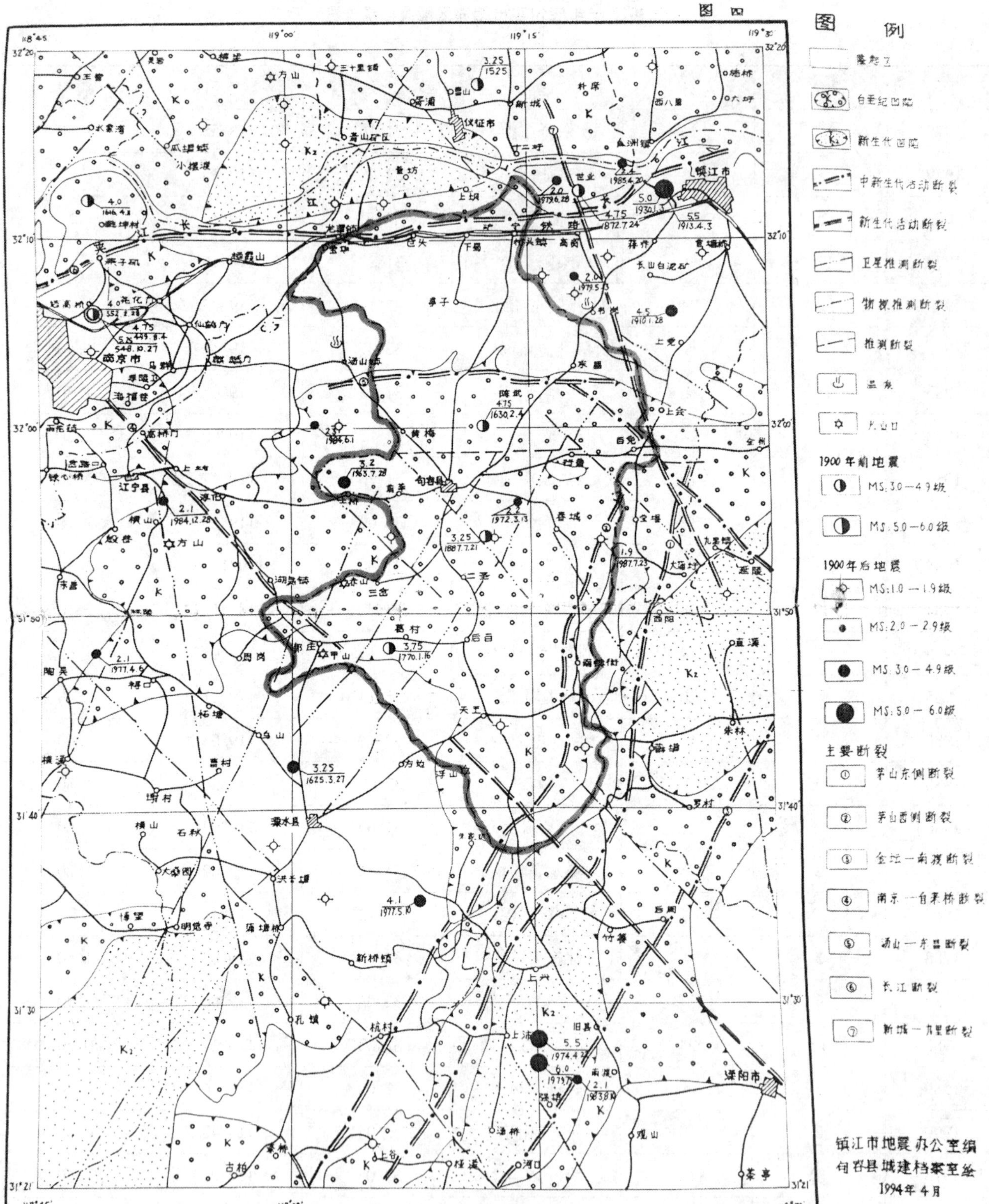

图 6-28　句容县地震构造图

比例尺　1：350000

四、设防标准

依据句容处在三条地震带段，历史上曾经发生多次地震，其中有5次造成破坏性地震，为减少地震灾害，根据《中国地震烈度区划图》，国家确定句容全境为地震基本烈度7度，设计基本地震加速0.01g。句容城市“生命线”工程设防标准提升一级，地震基本烈度8度。

第三节　加固与设防

一、加固

1. 房屋加固

中华人民共和国成立前后，对不抗震房屋主要是以维修和翻建为主，公房由公产组维修。1953—1958年，实行“租金保养、适当翻建”的原则，翻建一批危房，1959—1961年，以“不倒不漏、居住安全”为原则进行公房维修，1962—1969年城内维修旧房1465间，翻建804平方米，1970年以后，县城公房维修依靠房管所组织的“房产修建队”。1980—1985年，维修公房1739间，财政共拨专项资金125万元。到1985年以后，对一些房屋采取了加固，最早加固茅山村，加固4幢（房管所公房）3层，3200平方米，采取外立柱、圈梁钢筋混凝土加固式。县建新村2幢（房管所公房）3层，1600平方米，上级拨抗震加固专项资金11.50万元；是年，县抗震办公室就对句容原有“生命线”工程、重要工程及部分公有住房进行抗震加固。1980年加固县人民医院病房大楼563平方米，国家补贴1.80万元。1985年加固全市粮站房屋5335平方米，国家补贴经费8万元等。抗震加固工作开展以来，有50多项工程加固的立项、报批。包括全市自来水公司、供电、各乡镇医院“生命线”工程和省级文物单位张家祠堂的抗震加固、句容市内多个乡镇的古桥加固、茅山博物馆加固工程等。

至2013年年底句容市部分抗震加固工程情况一览

表6－6－3　　　　单位：平方米

建筑名称	建筑面积	已加固面积	待加固面积	说明
供水	15236	258	522	各地乡镇水厂都在新建
供电	19885	567	263	市内多数乡镇供电局都已重建
邮电	42322	464	347	—
广播电视	5666	235	252	—
道路、桥梁	133562	654	5664	道路桥梁还有许多需重新建设
医疗卫生设施	110213	200	560	卫生事业落实较好，各地医院主楼都是新建
粮食仓储	80044	335	5560	郭庄粮食站为新建
煤气设施	3238	—	356	改造工程正在进行

2. 水利工程除险加固

句容市境多为丘陵山区，为苏南地区缺水重点县（市）之一。中华人民共和国成立后，为增加水源，20世纪50年代后期开工建设北山、二圣、仑山、句容、茅山、李塔、潘冲、虬山等中小水库，60至70年代又完成一批中小型水库；同时，为增强抗旱能力，先后建成郭庄朝阳坝排涝站、长江提水站，基本完善了蓄、引、调水利工程体系，为句容的工农业生产发展和人民群众的生活用水发挥了关键作用。但由于这些骨干工程大部分建于国家经济困难时期，均为人工作业，大坝碾压不实，配套工程简陋。经过半个世纪的运行，大坝、涵洞出现渗漏、块石护坡塌等险情，抗洪能力不断下降。虽然每年有部分除险加固经费，但由于损坏工程逐年增多,不能满足除险加固工作的需求,2000 年后,水利部大坝研究中心、江苏省水利厅等有关专家,对句容各水库现状进行调研、论证,确认 6 座中型水库 5 座为三类坝,48 座小型水库均为三类坝,承待除险加固,江苏省计委陆续将涉险水库及取水工程除险加固列为基建工程项目,自 2002 年起分批实施水利工程除险加固,其经费由中央、省、镇江市、句容市四级筹措。53 座在册水库(仑山水库未加固)、长江提水站、部分河道进行了加固,防洪标准达到 50 年—100 年一遇标准,改善了管理条件,并配备了水文自动化检测设备。

2013 年句容市水利工程抗震加固情况一览

6 –6 –4　　单位:万元

序号	工程名称	投资额	加固时间	序号	工程名称	投资额	加固时间
1	五四水库	320	2004 年 5 月	26	龙山水库	160	2008 年 10 月
2	白沙水库	180	2004 年 5 月	27	龙海水库	140	2008 年 10 月
3	方山水库	360	2004 年 5 月	28	南塘水库	2900	2009 年 9 月
4	石山头水库	210	2004 年 5 月	29	小沿坝水库	2700	2009 年 9 月
5	肖庄水库	3700	2005 年 10 月	30	虬山水库	2800	2009 年 9 月
6	红旗水库	250	2006 年 9 月	31	老虎洞水库	360	2010—2011 年
7	黄坑水库	280	2005 年 9 月	32	戴木坝水库	240	2010—2011 年
8	五里冲水库	190	2006 年 8 月	33	南庄水库	250	2010—2011 年
9	二圣桥水库	150	2006 年 8 月	34	白沙水库	160	2010—2011 年
10	墓东水库	260	2006 年 8 月	35	李塔水库	120	2010—2011 年
11	句容水库	280	2006 年 8 月	36	幸福水库	520	2010—2011 年
12	四清水库	310	2006 年 8 月	37	固江口水库	260	2010—2011 年
13	溧西水库	270	2006 年 8 月	38	青菜地水库	240	2010—2011 年
14	跃进水库	180	2006 年 8 月	39	蟒蛇洞水库	340	2011 年 5 月
15	金山水库	170	2006 年 8 月	40	民兵水库	270	2011 年 5 月
16	杨家坝水库	510	2007 年 9 月	41	青年水库	290	2011 年 5 月
17	上杆水库	380	2007 年 9 月	42	草塘水库	470	2011 年 5 月
18	茅陈水库	330	2007 年 9 月	43	林华水库	185	2011 年 5 月
19	白云观水库	270	2007 年 9 月	44	何家坝水库	240	2011 年 5 月
20	马埂水库	160	2007 年 9 月	45	东庄水库	120	2011 年 5 月
21	小马埂水库	150	2007 年 9 月	46	王庄水库	350	2011 年 5 月
22	潘冲水库	480	2008 年 10 月	47	石龙洞水库	380	2011 年 5 月
23	东进水库	240	2008 年 10 月	48	茅山水库	5300	2012 年 10 月
24	长江提水站	270	2008 年 10 月	49	北山水库	4800	2013 年 10 月
25	中心水库	290	2008 年 10 月	50	高阳河水库	2100	2013 年 10 月

二、设防

设防对象是新建工程。市抗震办与设计单位明确设计责任,一旦发现不符合要求的设计工程,追究其经济责任和行政责任;把好图纸审查关,所有工程图纸设计好以后,必须送市抗震办审核,合格方可使用,凡未经审核过关的图纸不准使用,如强行施工,工程定为不合格工程,并不准交付使用。抓好在建工程的施工关，抗震办设有现场监督部门，分组对在建工程跟踪检查，发现不符合要求，降低抗震标准的工程，立即责令其停工、整改；符合要求后方可继续施工。把好工程验收关。市抗震办对在建工程的每道工序进行验收，工程竣工后综合验收，并在市抗震办备案、存档，居民盖房无偿提供抗震构造图集和抗震施工技术规范。市抗震办还先后推出华阳镇下甸村、茅山镇夏谷村2个抗震示范区，并组织有关人员学习培训，以推动农村建房抗震设计的普及。

据统计，1993—2008年，新建工程抗震设防面积2117.67万平方米，结构为框架，抗震等级为7度设防。

1993—2008年句容市（县）新建主要工程抗震设防情况一览

表6-6-5　　单位：平方米

年份	项目名称	建设单位	建筑面积	结构类型	抗震等级
1993	建委办公楼	县建委	6750	框架	7度设防
1993	万事达综合楼	县友联房产	12443	框架	7度设防
1994	办公楼	县工商银行	5389	框架	7度设防
2003	娱乐休闲中心	市正龙大酒店	6750	框架	7度设防
2004	办公楼	市环保局	6440	框架	7度设防
2004	句容磨盘变电所	市供电公司	290	砖混	7度设防
2004	句容污水处理厂	市建设局	1017	框架	7度设防
2004	住宅楼	华阳财政所	1499	框架	7度设防
2004	接待中心	市农村电力有限公司	2097	砖混	7度设防
2004	种子仓库	镇江农科所	639	框架	7度设防
2004	温州商贸城	奔牛置业	19633	框架	7度设防
2004	综合楼	市实验幼儿园	1365	框架	7度设防
2004	病房楼	市妇幼保健所	12000	框架	7度设防
2004	句容建材装饰城	华阳房地产总公司	26459	框架	7度设防
2004	东方华城	振华置业有限公司	43132	砖混	7度设防
2004	综合楼	市白蚁防治中心	912	框架	7度设防
2004	聚和园	金安置业有限公司	13600	砖混	7度设防
2004	曙光国际大酒店	曙光置业有限公司	38946	框架	7度设防
2004	门诊楼	市第三人民医院	3450	框架	7度设防
2005	都市晴园	华阳房产开发公司	11476	框架	7度设防
2005	句容清真寺	市城投公司	1773	框架	7度设防
2005	和平鸽人防工程	市人民防空办公室	1590	框架	7度设防
2005	人民医院综合楼	市人民医院	3670	框架	7度设防
2005	办公楼	市人民政府	35670	框架	7度设防
2005	办公楼	黄梅镇政府	4837	框架	7度设防
2005	新华书店	市文体局	11100	框架	7度设防
2005	领秀星城	德丰置业有限公司	65000	砖混	7度设防
2005	办公楼	市劳动保障局	2271	框架	7度设防

1993—2008 年句容市(县)新建主要工程抗震设防情况一览

续表 6 - 6 - 5 单位：平方米

年份	项目名称	建设单位	建筑面积	结构类型	抗震等级
2005	天源城	万宏房产开发公司	70198	框架	7 度设防
2006	老干部活动中心	市委老干部局	1979	框架	7 度设防
2006	哈佛星城	建兴置业有限公司	83362	砖混	7 度设防
2006	科技创业一条街	江苏农林职业技术学院	6300	框架	7 度设防
2006	办公楼	市城市管理局	1904	框架	7 度设防
2006	办公楼	市科学技术局	12342	框架	7 度设防
2007	保龄球综合楼	保龄球娱乐公司	4015	框架	7 度设防
2007	宝华农民安置房	宝华镇人民政府	12273	砖混	7 度设防
2007	综合办公楼	郭庄财政所	3008	框架	7 度设防
2007	黄金花园	句容开发区管委会	311998	砖混	7 度设防
2007	休闲中心	南山农庄有限公司	16672	框架	7 度设防
2007	宿舍	南京财经大学	20476	砖混	7 度设防
2008	厂房	台泥水泥有限公司	56328	框架	7 度设防
2008	生活楼	市人民武装部	1715	框架	7 度设防
2008	研发楼	农林职业技术学院	17396	框架	7 度设防
2008	新闻中心附楼	市广播电视局	2663	框架	7 度设防
2008	办公楼	市气象局	2691	框架	7 度设防
2008	行政楼	市公安局	52222	框架	7 度设防

2009—2013 年，新建工程抗震设防面积 2015.90 万平方米、共 4995 幢单体，其中 10 层以上高层 329.50 万平方米，共 140 幢单体。详见第一章第十二节。

第七章　建筑工程装饰装修

句容于20世纪80年代中后期开始有了装饰业。最早注册成立的有句容县建筑装饰装潢公司。90年代早中期,装饰业市场逐渐扩大。90年代后期,随着住房制度改革全面落实,市民对自己的居住条件有了更高的要求。装饰业出现迅猛发展的势头,市内部分建筑企业取得装饰装修的专业承包资质。2000年后,各类企事业单位和机关团体的较大规模装修工程,开始提供正规设计单位的设计图纸,国家也对装修工程的质量安全提出明确的要求,装修工程的行业管理职能也纳入各级建设行政主管部门的日常工作中。

2000年后,房地产开发热潮兴起,建筑装饰装修企业的规模也不断扩大。装饰市场已成为一个规模庞大的市场,开始有外地装饰工程企业进入句容市场并设立分公司或办事机构。

早期的家庭装修简朴、实用,主要使用地面水磨石,墙面油漆或涂料,家具多为木制简易造型。2000年以后,随着人民生活水平的提高,装饰材料质量提高,品种多样化,各种新型材料被广泛采用。装饰工程的造价也随之逐年提高。时至2013年,少数高端项目的装饰工程造价往往超过土建造价。

第一节　建筑工程装饰队伍

中华人民共和国成立后至70年代末,句容没有正式、专营的装饰队伍。在这期间的一些装饰、装修业务,主要是土建施工队伍总包(兼做)。到了80年代中后期,陆续注册成立了专业建筑装饰装修企业。最早是1986年城乡建设环境保护局投资注册了句容县建筑装饰装潢公司,县属大集体性质,独立核算,自负盈亏。1987年,经申报资质,为国家三级装饰资质,2001年改制(歇业)。1988年水利局注册登记的句容县利盛装饰公司,后因没有资质等级,经营困难转产。1992年县供销社投资注册的句容县金桥建筑装饰公司,2013年为国家三级资质。2001年由夏传超投资注册的句容市五星建筑装饰装潢公司,2013年为国家二级资质。2001年由教育局投资注册的句容市同创装饰工程有限公司(2005年改制为民营企业),2013年为国家一级装饰资质。句容市宏茂、兴宇、金鹰、金盛、华夏、宏腾、龙池、华建、开元、润文等14家先后注册登记,申报资质。截至2013年年底,全市国家1级资质1家,二级资质7家,三级资质6家,句容兼营装饰工程资质的企业34家;外地装饰企业来句容登记、注册11家。2004年句容装饰市场整顿时统计,没有资质的小微型装饰队伍84家。后期有的没有业务自动歇业,有的挂靠了有资质的规模企业。

第二节　装饰市场

中华人民共和国成立初期,民宅及公共用房一般都是平房,少数有2层建筑,都是一次性建设好交付使用,很少分开单独装饰。到了80年代后,建筑物出现了4~6层,有些公共建筑,就分两次建设,先完成土建工程,后进行装饰,这个阶段装饰工程大部分还是土建施工单位(总承包)来做,施工人员主要来自施工单位的瓦工、木工、油漆工、水电工等四类人员。进入90年代,随着经济发展,不少机关团体、企事业单位为改善办公条件和经营环境纷纷盖起了大楼,加上新型装饰材料不断出现。建设工程开始分开发包,装饰工程向有资质的装饰企业发包。这时装饰市场逐步活跃起来了,装饰队伍也不断的涌现出来了,随着队伍的增多,装饰市场竞争也激烈起来了，特别是进入21世纪以后，高层建筑大量增加，带来了内外装饰工作量造价增加，这时不同手段的竞争也就增多，使装饰市场一度出现了违规、违章行为。

在招投标中，有串标、陪标、违反招投标规定，前期由于没有装饰装修造价定额（2003年出台造价定额）任意抬高价格，给建设方造成经济损失。特别是企业改制后，职工下岗为了就业，大街小巷沿街门面大面积拆除装饰门面，多数是承重墙，破坏了建筑物结构，造成部分危房，有的门面广告牌特别大，而且不经过设计，给沿街行人形成了威胁，有的家装任意改变住宅结构，把厨房、卫生间内承重墙拆除，用轻质材料代替，使住宅楼存在安全隐患。正龙大酒店（现太平洋大酒店）室内装饰改造了3次，一次比一次高档，造价超过土建的3倍，亚龙大酒店改造了2次，还有一些企事业机关的办公室内装饰改造也出现多次。国家建设部1998年出台了“建筑装饰市场管理暂行规定”和2002年“住宅室内装饰装修管理办法”。使行业主要部门的管理、执法有了依据，2004年建设局会同安监局、工商局等部门对句容建筑装饰装修市场进行清理整顿。经过整顿明确了凡申办装饰装修企业，必须经过建设局进行资格审核后，工商部门才能给予注册登记，装饰装修工程必须有设计图纸；超过30万元造价的必须经过招标投标，30万元以下的必须到主管部门备案；必须有施工合同和施工许可证；决算造价必须经过有权部门审核等管理手段。并在装饰装修行业开展创优质装饰工程活动，促使市场、企业不断走上正轨。

图6-29　江苏同创建筑装饰有限责任公司办公楼

图6-30　此装饰特色工程获全国装饰工程奖

开展创优活动以来，先后创出一批国家、省、镇江市装饰装修优质工程，即国家“鲁班”奖、江苏省“紫金杯”、镇江市“北固杯”。

1997—2013年句容市装饰装修企业获优质工程一览

表6－7－1

企业名称	获奖工程名称	荣誉称号	授奖时间	授奖单位
句容市开拓建筑劳务有限公司	世纪广场石材干挂(2包)	鲁班奖	1997年	建设部
	现代盛世大厦装修(2包)		1999年	
江苏同创建筑装饰责任有限公司	丹阳市超力会所A、B标段装饰	鲁班奖	2013年	建设部
江苏同创建筑装饰责任有限公司	丹阳市超力会所A、B标段装饰	紫金杯	2013年	江苏省装饰协会

1997—2013 年句容市装饰装修企业获优质工程一览

续表 6－7－1

企业名称	获奖工程名称	荣誉称号	授奖时间	授奖单位
江苏同创建筑装饰责任有限公司	镇江影剧院内部装饰	北固杯	2013 年	镇江市
	句容档案馆综合楼装饰			
	江苏未成年犯管教所指挥中心装饰			
	句容妇保所改造工程装饰			
	句容远源矿业办公楼装饰			
	句容文化艺术中心装饰			
	句容文化艺术中心图书馆装饰			
句容五星建筑装饰工程有限公司	农行句容支行营业厅装饰	北固杯	2003 年	镇江市
	句容法院综合楼装饰		2004 年	
	句容人民医院门诊楼装饰		2005 年	
	句容财政国库中心内装饰		2006 年	
	句容南山农庄接待楼装饰		2006 年	
句容五星建筑装饰工程有限公司	质量信得过企业荣誉称号		2006 年	镇江市
	优秀装饰企业荣誉称号			
句容市吉利装饰有限工程有限公司	句容环保局大楼内装饰	北固杯	2006 年	镇江市
江苏广兴集团公司	南京机关食堂内外装饰	北固杯	2007 年	镇江市
句容开元钢架安装公司	句容规划局办公楼装饰	北固杯	2005 年	镇江市
句容金桥建筑装饰公司	南京梅山矿业公司招待所装饰	北固杯	2007 年	镇江市
	句容房管处办公楼装饰		2011 年	
句容金桥建筑装饰公司	农行句容支行后白分理处装饰	北固杯	2003 年	镇江市
	句容工行城中分理外墙装饰		2003 年	
句容金桥建筑装饰公司	句容金桥公司办公楼装饰	北固杯	2000 年	镇江市
	崇明社区卫生服务中心装饰		2001 年	
句容金桥建筑装饰公司	镇江市优秀装饰企业		2006 年	镇江市
			2007 年	
			2008 年	
			2011 年	
			2012 年	
句容金桥建筑装饰企业	江苏省重质量、保安全、守信誉 AAA 级优秀装饰企业		2007 年	江苏省

图 6-31　全国装饰奖杯、奖状（同创公司获）

图 6-32　江苏建设工程装饰“紫金杯”奖（同创公司获）

第三节　装饰材料

一、外墙装饰材料

20 世纪 70 年代前外墙大部分为青砖清水墙，青灰和白灰勾缝（部分白灰粉面）。之后，随着混凝土构件日益发展，加上外墙红砖质量不符合清水墙要求，在外墙装饰中一般逐步采用抹灰，即使用 1∶1∶6 水泥石灰砂浆，其表面为本色，划分大格（在窗洞上下拉横条）。这种装饰造价低、朴素且长期不变色。此后又逐步采用各色外墙涂料罩面，以及水刷石、干黏石、斩假石拉毛、彩色弹涂等外装饰，这类装饰所用材料，除一般抹灰常用材料外，主要有白水泥，彩色石子、花岗石屑（用于斩假石面层）、彩砂（用于彩弹）、颜料（用于配制色浆）、107 胶和机硅憎水剂等。1985 年大部分外墙采用白色面砖贴面，逐步幕墙玻璃，如，物资局大楼、邮电局大厦，建设局、公安局、工商局、地税局、劳动局、民政局、党校、广电局、交通局、国土局、农业局、质监局、物价局、万事达大楼，句容宾馆等一批办公、金融、酒店大楼。2000 年前后外墙装饰材料采用玻璃幕墙的较多。即，国税局外墙部分为玻璃幕墙，国土资源局大楼正面外墙为玻璃幕墙，水利局外墙以灰白色条形面砖和玻璃幕墙装饰，财政局大楼外墙面砖贴面和玻璃幕墙装饰，检察院大楼外墙中间以灰白色外墙立邦弹性乳胶漆粉面，白色铝合金窗配白色玻璃，以浅咖色砂石粉面，饰以黑色线条。卫生大厦外墙 1～2 层花岗岩贴面，3～12 层真石漆，配铝合金门窗装饰，环保局大楼主楼南立面呈凹弧形设计，底层弧形梁柱用黑色大理石贴面，西立面半圆弧形设计，玻璃幕墙铝板相间，主楼正面外墙为淡蓝色玻璃幕墙，附楼为两层建筑，由圆形穹顶回廊与主楼相连接，外墙主要采用玻璃幕墙、钻根装饰。科技局大楼，外墙装饰材料，东、西、北面为墙砖贴面，南立面为玻璃幕墙。

市政府大楼，地面 12 层、地下 1 层，大楼设计框架剪刀撑结构，外墙全为石材干挂，中空玻璃幕墙装饰。曙光国际大酒店：外墙全水面砖，南立面四层以下局部为玻璃幕墙。余坤开元大酒店：2008 年开工建设，2011 年完工投入使用，为五星级大酒店，主楼为椭圆形的塔式高层，酒店外墙装饰为淡蓝色的玻璃幕墙，钢结构骨架，透露出现代时尚气息，打造了句容新的标志性建筑装饰。碧桂园大酒店：1～3 层为干挂石材，4～

21 层为弹性小颗粒质感涂料外墙面。句容市汽车客运枢纽工程，外观设计采用玻璃幕墙方盒加弧形点玻雨篷设计，刚柔并济，车站旁配套开发 26 层商务酒店，两个建筑融为一体，打造了车站的地标性建筑。

二、室内装饰材料

解放前，一般建筑以木板作隔墙，上油漆，内墙面以泥浆找平、外粉纸筋石灰后刷白，木地板或三合土地面，个别铺箩底砖。1980 年前后，室内墙面普遍采用水泥砂浆刮糙粉纸筋石灰，外刷石灰水，水泥砂浆踢脚或混凝土地面，此后，内外面改刷白色涂料，有的还做油漆墙裙，楼地面普遍采用混凝土垫层平压实后即薄薄地撒上一层 1∶1∶5 干拌水泥砂浆刮平，收光工艺。1985 年后室内装饰装修逐步讲究，楼地面从刷 107 胶到刷油漆、从普通水磨石到彩色水磨石；板块楼地面从瓷砖、马赛克、釉面地砖到同质地砖、仿大理石、天然大理石、花岗岩、少量木地板或地毯装饰；内墙饰面多新采用裱糊墙纸、墙布或彩涂喷塑、水泥漆，并使用木质墙裙、墙面、门窗套等。1990 年公共建筑的天棚装饰一般用木龙骨，纤维板，三合板罩面，其后发展铝合金龙骨、轻钢龙骨、纸质石膏板、水泥压力板、塑料扣板、铝合金扣板、不锈钢扣板和金属饰面板材料、矿棉板、窗帘、窗纱、布饰面、皮革、防火板、塑料（塑料板、灯片、装饰片）、浸浊饰面、带斜边的浸浊饰面、拉丝饰面、乱纹饰面、氧化饰面、缎光饰面、抛光饰面、凿毛饰面、火烧饰面毛光饰面、亮漆饰面、油性着色剂清漆饰面、涂氟层饰面、镀锌饰面、上蜡饰面、光泽罩面（饰面）、30% 有光泽饰面、50% 有光泽饰面、70% 有光泽饰面、木转印铝板、白色穿孔铝板、白色铝板、灰色铝板、铝单板、浅色瓷砖、深色瓷砖、米黄色瓷砖、防大理石砖、深色防大理石砖、防弹玻璃、8 +8 夹胶玻璃、钢化清波、浅蓝色背漆玻璃、磨砂玻璃、钢化镀膜玻璃、白色背漆玻璃、钢化夹胶玻璃、木色抗倍特板侧位隔卫生间隔断、防水纸面石膏板。

第八章 建筑行业管理

解放前,建筑业瓦、木工,有行业公会管理。中华人民共和国成立初期,句容瓦、木工匠建有鲁班会、张班会,后来加入了联合社、工业会。1958年成立句容县建筑工程公司,1959年,县成立建设局(1961年撤销),公社都成立了建筑站。随着建筑企业兴起和发展,1978年县设立了“基本建设局”。1982年为加强行业管理,成立了“三站”(建管站、质监站、定额站)。1986年建管站、质监站、定额站分离独立挂牌办公,之后陆续成立招投标管理办公室、抗震办、墙改办、审图办、执法队、建筑劳务管理处、建筑安全监督站等、乡镇设立了建管所,各自按照自己的职责,实施全方位的行业管理。

第一节 建筑行业管理机构

句容县历史上建筑行业以工种划派,以父授艺,从师学徒,形成一种传统的体系,各个师傅都有一定的门头范围。明清时期,木匠有“鲁班会”、泥瓦匠有“张班会”,开始形成一种行会形式管理。民国初期,县城开始有行会组织,少数乡镇也有类似组织,每年举行一次年会,推选新的会主,行会由会主管理日常事务。抗日战争胜利后,有一些木匠铺(兼营建筑)成立同业工会,属商会管理。民国35年(1946年),县成立瓦木工、工业工会,属县管理。句容解放后,民国38年(1949年)4月县成立建设科,主管建设和建筑业。1959年12月,县政府设立建设局,建设局下设建安科,1961年3月,建设局撤销,建设和建筑业由政府综合科管理。1978年,县政府增设基本建设局,建设局下设建工股负责建筑业管理。1984年组建了建筑安装管理站、工程质量监督站、建筑工程造价定额站(简称三站),三块牌子,一套班子合署办公,对建筑市场、工程质量、工程造价工作实施具体管理。同年,基本建设局与环境保护局合并为城乡建设环境保护局,下设建筑安装管理科,负责建筑业管理。是年,县成立“句容县建筑工程总公司(管理型)”,隶属县计划经济委员会领导,建筑业管理由县城乡建设环境保护局划归县建筑总公司管理。1986年7月,经县编委句编委(86)第7号批复正式成立“句容县建筑工程标准定额站”和“句容县建筑工程质量监督站”,两块牌合并办公。建筑安装管理站合并到局建工股。8月,经县编委批准,成立建筑工程招标投标办公室。1989年,县建筑工程总公司撤销,建筑业归句容县建设委员会管理,县建设委员会下设建筑安装管理科,主抓建筑业。1989年,建筑安装管理站经县编委批复,更名为句容县建筑安装管理处,并正式挂牌办公。1995年,经市编委批准,成立“句容市建筑劳务基地管理处”,2001年,市建设管理委员会撤销,设立市建设局,市建设局下设建设监理科,负责建筑业管理。随着建筑业的发展和市场经济体制改革的深入,行业管理越来越重要,为此市建设局先后增设了相应的管理部门。2005年10月成立了建筑工程执法大队,对违章建筑进行管理、监察、执法,2004年成立建筑工程安全监督站,对建筑工程安全实施全面监督管理。截至2013年没有变化。

图6-33 句容市建筑市场暨安全生产管理工作大会

第二节 建筑市场管理

解放前，建筑业务一般都是私人住宅，大的工程主要是祠堂、庙宇和商业用房。小型工程多数是一些瓦、木工搭伙承建，大的工程都是地方绅士或族长商讨后，选聘经验丰富、技术精湛的著名工匠承包，施工出现矛盾时有地方行会调解。

中华人民共和国成立初期，地方基本建设少，仍有瓦、木工匠组合承建一些小型工程；到了1956年实行了合作化，才有专门从事建筑工程的队伍。基建工程有的由县建筑社承建，也有少部分由工匠承包，建筑市场比较混乱。1958年后，相继组建县建筑工程公司和乡、镇建筑施工企业，逐步将从事建筑工匠组织起来，形成较为庞大的建筑队伍，随着建筑队伍的增多，建筑市场出现了违规、违章和不按建筑程序走的不规范行为，安全、质量事故也时有发生。

1964年，国家计经委、财政部颁布《关于制止违法分包基本建设工程的几项规定》后，县政府加强了对建筑业的领导和建筑市场的管理，并于1978年设立了句容县基本建设局，使建筑市场有了专门的管理部门，对建筑市场实行"统一领导、统一管理、统一质量标准，统一调动指挥"的专业管理。

改革开放后，随着社会主义经济体制改革的加快，国家和地方基本建设加大，一批重点项目和重点工程的实施，使建筑市场管理跟不上形势发展的需要，特别是大量的民营投资项目，给行业主管部门带来了许多新情况、新问题。为健全建筑市场管理，1986年起，句容县先后成立了建筑工程管理处、建筑工程质量监督站、建筑工程造价管理站、建筑工程安全监督站，建筑工程抗震办公室，建筑工程招投标办公室，建筑工程审图办、建筑墙体材料改革办公室、建筑工程勘察设计院、建筑工程白蚁防治所、建筑工程检测中心、建筑劳务基地管理处，在乡镇设立建设管理所，行使乡镇建筑市场的管理权。各管理部门成立后，各自按照部门所承担的职责，对建筑市场实施全方位管理。

1997年，市建设局将办公大楼二楼（面积1200多平方米），改造为句容市建筑工程交易市场，成立"句容市建筑工程交易中心"，从此句容所有工程必须进入交易市场，规范了建筑工程交易行为。1998年，出台了外地企业进句施工注册的管理规定，制定《句容市建设工程监理暂行规定》。1999年，制定了《句容市建筑行政执法责任追究办法》，实施行政执法责任制考核办法、建筑竣工验收管理的通知、建筑工程竣工验收管理办法、建筑工程施工招标评标定标办法、建筑工程强制性标准监督规定、建筑工程施工许可证管理办法等一系列强化建筑市场管理的行政法规。2005年建筑工程交易中心交易信息网投入使用。2006年句容市建筑工程交易中心被江苏省定为省级一类交易中心。

图6-34 表彰大会

2006年，印发《句容市施工现场大型机械设备检测及管理程序的通知》，2011年，印发《关于推进建设工程工地文明施工管理的意见》，2011年印发《句容市建筑施工现场运程视频监控管理信息系统建设实施办法》。使建筑市场管理由过去传统型管理、规范化管理转向现代化管理。

2011—2013 年句容市建筑市场检查情况一览

表 6-8-1

年份	受检工程(个)	面积(万平方米)	造价(万元)	违章违规数(个)	立案数(个)	整改数(个)	处理数(个)
2011	249	829.45	912998.35	37	—	35	2
2012	288	720.93	1061600	41	1	33	7
2013	273	760.9	1226400	24	—	18	6

第三节　外出施工队伍管理

句容地处丘陵山区,工业不发达,剩余劳动力比较多,早在 20 世纪 60 年代初,就有计划组织富余劳动力外出承包工程和劳务合作,随着社会主义经济发展和城市建设的加快,有不少大中城市和用人单位来句容招用建筑工人。80 年代初,北京中建一局四公司就把句容作为该公司的劳务基地。特别是改革开放和社会主义市场经济形成之后,句容的施工队伍就遍及全国近 30 个大中城市。对外出队伍的管理,当时主要是企业的主管部门和所在地的建设行政主管部门。对企业外出的发展、经营有一定的制约,特别是办理外出注册等相关手续和发生安全、质量事故时难以协调和妥善处理。为把外出队伍管理好,更好地发展外向型经济,句容成立了相应的管理部门和管理型的公司。1978 年起,句容先后在省内外大、中城市设立驻外办事处。办事处一般配置管理人员 1~3 人,协助驻地建筑业主管部门管理好句容的施工队伍;负责外出队伍的注册登记及相关手续的办理;联系、接洽工程业务,参与合同签订和工程业务纠纷的处理;引导队伍开展、参与工程创优、争先活动;参与工程安全事故、质量事故的调查处理工作;参与工程施工开工和竣工验收工作。

其间,为加强施工队伍的管理,句容相继组建了一批管理型公司,对外派施工队伍实行全面的跟踪管理。2002 年,句容县第二建筑工程公司、句容市建筑工程公司、劳务基地管理处都进行了改制,驻外办事处都重组到江苏广兴集团公司,隶属广兴驻外办事机构。

1978—1996 年句容市(县)建设部门成立驻外办事处情况一览

表 6-8-2

办事处名称	设立时间	主要负责人	任职时间(起、至)
南京办事处	1978 年	王卫洞	1978—1980 年
		许良明	1981—1984 年
		姚立银	1984—1988 年
		曲正阳	1988 年 12 月—1996 年
		陈大堂	1996—1999 年
		曲正阳	1999—2003 年
		赵宪荣	2003—2007 年
		姜道根	2007 年—
常州办事处	1979 年 9 月	鲁广祥	1979 年—1987 年 12 月
		笪洪义	1980 年
		笪洪义	1976 年 12 月—2002 年 12 月兼镇江办事处副主任
镇江办事处	1981 年 10 月	田桂根	1981 年 1 月—1983 年 12 月

1978—1996 年句容市(县)建设部门成立驻外办事处情况一览

续表 6－8－2

办事处名称	设立时间	主要负责人	任职时间(起、至)
镇江办事处	1981 年 10 月	朱志杨	1983 年 12 月—1985 年 12 月
		史小龙	1985 年 12 月—1996 年 12 月
		景荣	1996 年 12 月—2001 年 12 月
		姜道根	2001 年 12 月—2008 年 12 月
上海办事处	1985 年 8 月	唐秋照	1985—2001 年
		陈连喜	2001—2008 年
北京办事处	1987 年 3 月	孔宪位	1987 年 3 月—1990 年 9 月
		周开贵	1990 年 9 月—2001 年
		薛永成	2001 年
苏州办事处	1993 年 4 月	王发成	1993 年 3 月—1999 年 3 月
		陈连喜	1999 年 3 月—2008 年
连云港办事处	1993 年 4 月	纪义伦	1993 年 4 月
徐州办事处	1996 年 12 月	孔宪位	1996 年 12 月—2001 年
		孔素成	2001—2004 年

1995 年经编委批准，成立句容市建筑劳务基地管理处，负责劳务基地的建设，劳务队伍的组织、人员的选定和培训以及办理外出劳务队伍的注册、登记及各项手续。

1986—1994 年句容县成立的管理型公司情况一览

表 6－8－3

公司名称	成立时间	注册资金	工程技术人员
句容县建筑工程总公司	1986 年	600 万元	25 人
句容县第二建筑工程公司	1988 年	1214 万元	162 人
第一分公司(环城乡)			
第二分公司(黄梅镇)			
第三分公司(宝华乡)			
第四分公司(东昌镇)			
第五分公司(茅西镇)			
第六分公司(二圣乡)			
第七分公司(葛村乡)			
第八分公司(郭庄镇)			
第九分公司(磨盘乡)			
第十分公司(天王镇)			
第七工程处(吉里大队)			
第八工程处(西地大队)			

1986—1994年句容县成立的管理型公司情况一览

续表6-8-3

公司名称	成立时间	注册资金	工程技术人员
句容县建筑工程公司	1994年9月	1025万元	147人
第一分公司(袁巷乡)			
第二分公司(下蜀镇)			
第三分公司(石狮乡)			
第四分公司(三岔乡)			
第五分公司(华夏分公司)			

第四节 招投标管理

解放前后,工程建设主要是建设和施工方相互商量,双方达成协议,向有关部门备个案,就可以开工建设。进入社会主义计划经济时期,建设任务主要有政府分配,作为年度任务下达给主管部门和施工企业,企业按照政府和主管部门的要求组织施工。工程竣工后,政府和主管部门组织有关单位验收,验收合格后交付使用。20世纪80年代中期,随着改革开放和社会主义市场经济逐步建立,建筑市场也逐渐放开,工程发包进入招投标,起初以直接招标为主,如人民路物资综合楼,金融系统县政府对面的钟楼,工商局投资建设路的华阳市场等一批有代表性的工程。进入90年代后,邀请、公开招标为主,直接发包逐步减少,这个阶段,邀请公开招投标占比例比较大,1996—2008年完成项目报建1624个,其中公开招标840个,邀请招标606个,直接发包178个。

1996—2013年句容市工程招投标情况一览

表6-8-4　单位:个

年份	公开招标	邀请招标	直接发包	年份	公开招标	邀请招标	直接发包
1996	0	14	0	2005	46	56	54
1997	0	34	0	2006	66	2	156
1998	19	11	0	2007	101	2	108
1999	84	0	0	2008	221	1	99
2000	66	13	0	2009	143	5	55
2001	49	20	0	2010	190	24	87
2002	45	20	56	2011	162	26	58
2003	65	26	73	2012	153	27	77
2004	48	38	60	2013	154	8	105

之后，随着招投标规定的完善，对工程招投标作了分类管理。政府投资工程必须公开招标；企业投资工程分投资规模，使用功能分公开和邀请招投标；民营企业投资工程可以邀请和直接招投标；装饰工程与土建工程分开发包的也要经过招投标程序。土建30万元造价以上的必须经过招投标，30万元以下的办理备案手续。市政、道路、安装、园林绿化、桥梁、构筑物等工程以造价不等区分是否招投标和办理备案手续。国家保密工程不在招投标范围。

随着招投标工作的深入，1996年8月经市编委批准成立“句容市招投标办公室”，全民事业单位。1998年12月建筑工程交易中心成立，和招投标办合署办公。由于建筑市场竞争，招投标领域也出现了不良风气，串标、陪标、泄露标底、串通评标人员等违规行为不断出现，针对招投标领域的不良之风，政府和行业主管部门相继出台了一系列规定、办法。2004年建设局颁发了《句容市建设工程招标代理机构和招标代理专职人员管理办法》。

2005年市建设局颁发了《句容市建设工程评委专家管理办法》。同年9月份句容市建设工程交易中心交易信息网（www. jrzbb. cn）已建好投入使用，实现了网上发布信息，中标结果查询、下载表格等功能。10月开始对全市民营房地产开发工程项目办理备案手续、备案管理。是年，市建设局颁发了《句容市房屋建筑和市政基础设施工程量清单招标投标评标规则》。

2006年，市建设局颁发了《句容市建设工程施工竞争性发包管理规定》。2007年8月份，为进一步加强对评委的管理，句容市安装了镇江区域评标专家计算机随机抽取及语音通知系统。2008年1月句容市率先在镇江地区对评标结果实行网上公示；3月由建设局和监察局联合发布了《关于进一步加强房屋建筑和市政基础设施工程项目招标投标监督管理的暂行规定》（句政建字【2008】75号），规定资格预审合格的不再摇号，全部参加投标。2009年5月20日印发了《关于进一步规范政府投资房屋建筑和市政基础设施工程项目招标活动的通知》。

2010年7月21日实施《关于进一步加强国有资金投资建设工程项目招标投标活动监管工作的通知》。这些规定办法的出台，有效地遏制了建设工程招投标领域里的不良倾向，较好地规范了句容招投标市场。

2010年12月，句容市政府按照行政监管职能和市场服务职能分离，管理机构和服务机构分立的要求，对招标机构进行了改革，成立市公共资源交易中心、市公共资源交易中心挂市建设工程交易中心、政府采购中心、产权交易中心牌子；撤销原市建设局所属建设工程招投标管理办公室（建设工程交易中心），成立句容市住房和城乡建设局招投标管理科，依法监管建设工程招投标活动；成立监管造价咨询、招标代理等行业中介服务机构。

2013年，随着科学技术 的进步以及制度 的成熟完善，全面实行 了电子化招投标，全市所有建设工程从招标、投标、开标、评标全过程网上进行，实现了招标形式的一次质的飞越。

第五节　工程报建管理

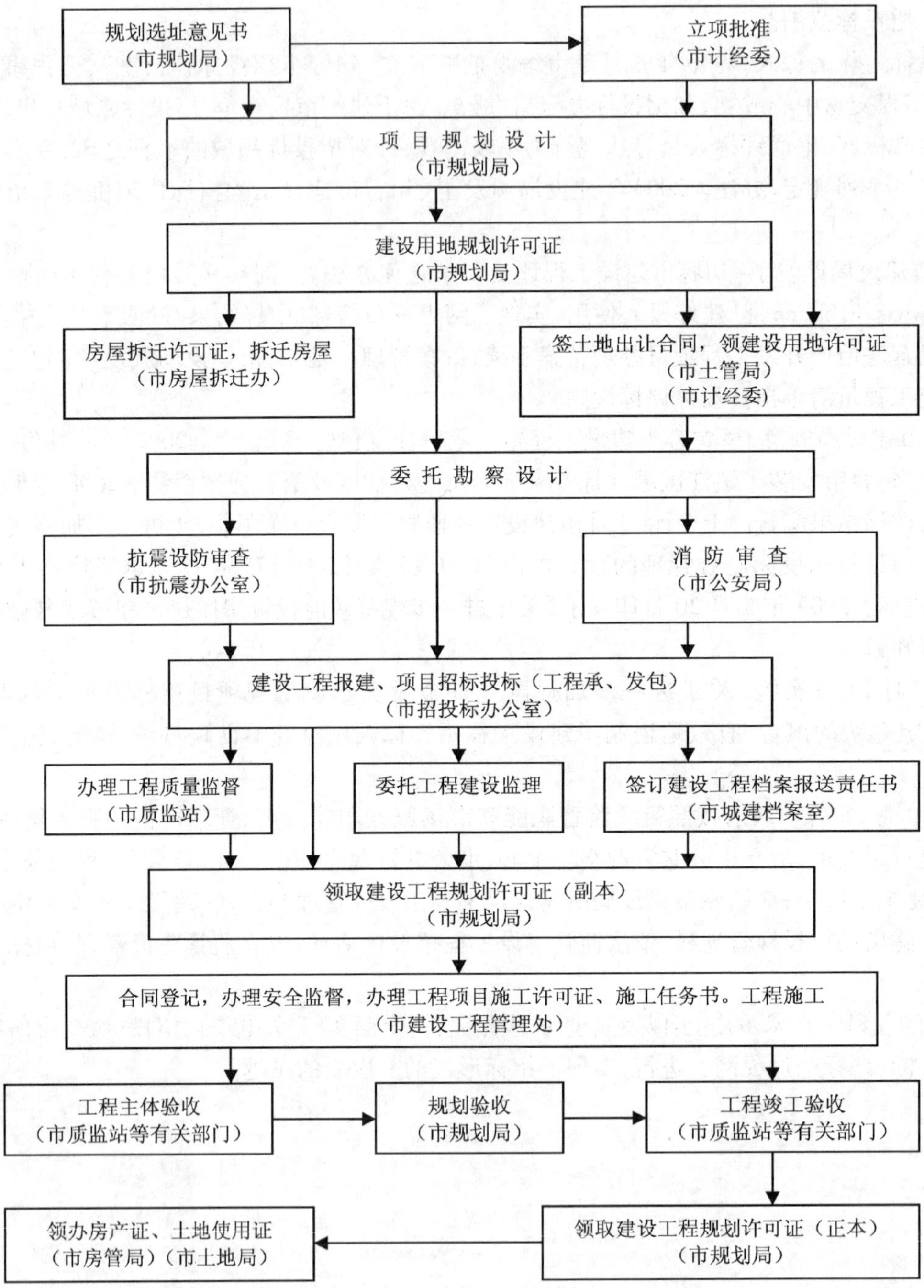

图 6-35　句容市工程建设报建程序示意图

20 世纪 60 年代前后，工程报建由建设单位（业主）报请县计划部门立项后，向规划部门办理规划定点，然后到征地拆迁管理部门办理土地征用手续。需要拆迁的，还要办理房屋拆迁手续，再委托勘察设计部门设计图纸，选择施工队伍，领取建筑工程许可证。从 1986 年起，还要办理工程质量监督手续，最后向建设主管部门申请领取建筑工程任务书，施工单位还要领取施工任务书，两书齐全后，由建管、银行、主管局见证与施工单位签订工程建设合同，放样定位正式开工，工程竣工后，由各有关单位进行竣工验收，合格后交付使用。80 年代以后，基本建设程序作了适当调整，其工程建设程序是：业主根据生产和使用需要，向规划部门申请项目定点，领取规划选址意见书，并向计划部门申请立项，待项目批准后，到规划部门进行规划设计，办理建设用地规划许可证。业主取得上述手续后，需要拆迁的到拆迁部门领取拆迁许可证，进行房屋拆迁，同时到土地管理部门办理签订土地出让证，领取建设用地许可证，随后，委托设计部门对项目进行勘察设计、施工图设计后，送抗震办、审图办进行图纸审查，送市消防部门进行消防审查、然后到招标办报建、进行招投标和工程发包，选定施工队伍后委托工程质量监督、工程监理以及城建档案室签订建设工程档案报送责任书。上述手续全部完备后，市规划处发给建设工程规划许可证（副本），中标施工单位与建设业主签订建设合同。市建管处对合同进行登记、确定创优目标、办领建筑安装工程项目施工安全认可证、工程项目施工许可证和建筑工程项目施工任务书（“两证一书”）。经图纸会审、技术交底后，在开具开工报告、放样定线（经市规划局验灰线），正式开工建设。整个建筑施工过程中、监理、质监、建管等部门必须对工程质量、安全生产进行管理和监督，直至工程竣工，尔后请规划部门进行规划验收。最后由建设单位邀请各有关部门进行工程竣工验收，经验收合格方可交付使用。然后，业主到市规划局领取建设工程规划许可证，再向市房管处办领房产证，向市土管局办领土地使用证。凡创优工程经一段时间考验后，施工单位申请质监部门核定优质工程等级。

第六节　建筑工程质量监督管理

中华人民共和国成立至 1983 年，国家实行的是高度集中的计划经济，建筑企业均为国有、集体企业，任务由政府分配，质量以企业自控为主，基本没有政府主管部门的监督，也没有监理制度，企业自我检查评定工程质量等级，工程竣工由建设单位验收，这阶段的工程质量管理以企业自控为主。

改革开放以后，国民经济持续快速发展，城市建设、村镇建设、住宅建设规模不断扩大，建设工程质量成为人们日益关注的焦点。1984 年，国务院印发《关于改革建筑业和基本建设管理体制若干问题的暂行规定》，明确改革工程质量监督办法；城乡建设环境保护部与国家标准局共同颁发《建筑工程质量监督暂行条例》，政府对建筑产品质量的监督管理由此提上重要议程。1986 年 7 月，句容县成立县工程质量监督站，属全民事业性质（内设检测中心、综合科、质量检测科、质量验收科、财务科），贯彻落实国家有关法律、法规和强制性标准。对句容境内的工程质量监督检查。

质量监督站对受监的工程实行全过程质量监督。工程开工前对工程勘察、设计和施工单位的资质（资格）与经营范围进行检查，不符合要求的不准施工；桩基工程需要出示桩基检查报告，对不合格的桩基，会同设计部门制定补救措施；地基基础必须有建设、设计、施工和质监部门 4 方参加验收，合格后方可进入下道程序；工程所用建筑材料配件，均由市建设工程质量检测中心负责检测并出示试验和检测报告，未经检测和检测不合格的建筑材料、预制构配件等不得用于工程；钢筋和隐蔽工程必须有质监人员验收签字，无验收签字不准进行下道工序施工；主体结构验收时必须有市质监站工程师以上职称人员参加，不合格工程由不合格者返工或加固处理，复验合格后方准进行装饰施工；工程竣工由建设、设计、施工、建管、质量等部门参加验收，全面验收工程质量及其资料，综合评定工程质量等级。工程质量等级分为不合格、合格和优良 3 个等级，不合格工程不准交付使用；对“创优”工程进行复验，核定句容市优质工程，向镇江市、省推荐申报镇江市及其以上等级的优质工程，供逐级验核审批。

2000—2013 年句容市受监工程项目一览

表 6-8-5

序号	年份	受理工程项目个数	面积(平方米)	序号	年份	受理工程项目个数	面积(平方米)
1	2000	13	46563.74	8	2007	164	860213
2	2001	53	244334.63	9	2008	185	8208866.15
3	2002	50	197331.11	10	2009	289	904729.21
4	2003	43	206899.37	11	2010	138	1113994
5	2004	12	70351	12	2011	95	762216.20
6	2005	150	1168703.76	13	2012	239	1670376.82
7	2006	132	470350.50	14	2013	227	1300090

第七节　建筑工程监理

1997 年,句容工程监理还没有专门机构,这个阶段的工程监理主要有建设单位派出的工程管理人员和施工单位自行负责。1998 年 4 月成立“句容市工程建设监理所”,2004 年改制后变更为句容市精诚咨询有限公司,该公司经江苏省建设厅核准为工业与民用建筑乙级,市政公用丙级监理资质和招投标代理资质以及人防工程丙级资质。

江苏山水建设集团有限公司(原名江苏山水园林建设有限公司)成立于 2001 年 10 月 25 日,注册资金 4000 万元人民币,市政公用工程施工总承包二级、园林古建筑工程承包二级、风景园林工程设计专项乙级(资质)。并取得相应的园林绿化、市政、房建监理资质。

是年,还先后成立了“江苏信诚工程咨询有限公司”“江苏天润建设工程管理咨询有限公司”“江苏立信工程造价咨询有限公司”“常州江南建设监理有限公司句容分公司”,满足了监理市场的需求。

句容市监理所成立以后,监理工作进展顺利,1998—2013 年监理大小项目 236 个,面积 174100 平方米,其中,代表性房建工程有;市交通局办公楼,市卫生局、市环保局、市法院、市检察院办公大楼,京华桂冠国际酒店、市妇保所综合楼、市人民医院病房楼、华阳名街、紫荆花园小区、台湾小镇、碧水茗苑、阳光艾维昂、新家园五期安置小区、嘉烨御花园、公园尚城一期、仙林国际花园。其监理的市政工程有华阳交叉口改造工程、句容河污水管道工程、文昌路延伸段道路改造(包括路灯绿化)工程、铃塘大道道路工程等 14 个工程。此外还承接了安徽砀山的御都星城监理小区,建筑面积 26 万平方米;连云港金陵御花园工程面积 15 万平方米;徐州睢宁银河星城花园监理面积 10 万平方米。所监理的项目有多项被省、镇江市评为优质工程、文明工程,受到企业和社会各界的好评。

江苏山水园林建设有限公司,至 2013 年承接的主要工程有京福高速公路年均监理产值 1200 多万元,监理工程规模 7 亿多元。公路徐州环城西段绿化工程监理、江苏句容市高速公路句容段绿色通道建设工程监理、龙潭物流基地二期开发市政配套工程施工监理、镇江市经纬工程机械有限公司 2# 厂房监理、句容市河滨南路拆迁安置小区工程监理等 19 个工程。

第八节　建筑工程勘察与设计

解放前,句容无勘察设计机构,一般民用建筑的设计主要依赖于能工巧匠,公房建筑则按官方颁发的“样房”建造。地质勘察主要是选择房址,并用钢钎钎插土质。中华人民共和国成立后,特别是改革开放以后，随着社会和经济的发展，公共建筑、工业厂房和居民住宅日益增多，并日趋高档、高层。为了适应建筑发展的需要，1981 年成立了句容县建筑设计室，内设勘察组和设计组。承接句容县小型工业及民用建筑的勘察设计任务。随着勘察设计技术的逐步提高和工程技术人员队伍不断壮大，1993 年改为句容市建筑勘察设计研究院，资质等级为丙级，承接的勘察设计任务也由一般的小型工业及民用建筑到工艺复杂的企业厂房和 10 余层高的公共建筑。其中勘察设计的亚龙宾馆、建行综合楼、人行办公楼等建筑，具有一定的代表性。

一、工程地质勘察

民国时期，县内凡建造砖木、砖混结构 2 层以下房屋，施工前一般由房主和工匠包工头至现场踏勘，目测地形，丈量面积，凭经验确定地基处理方案和基础形式。如需了解地质情况，往往采用钢钎钎插，简单地探测地层硬软度，依据探测情况组织施工。

20 世纪 50—80 年代，办公用房、商业用房等公共建筑开始建造 3 至 8 层砖混及框架结构楼房，居民住宅也开始建造 3 至 5 层砖混结构房。除少量工程由外埠专业勘察单位进行勘察外，一般均县内勘察人员采用手摇螺纹钻钻探。开挖基槽时，由承担设计的工程技术人员到施工现场鉴别，了解地基浅基础土层分布、构成、厚度等情况，用眼观、手捏等方式，凭感性知识和实践经验确定地基土的容许承载值的经验数据（少数较大工程经钻探取样，送南京作土工试验）供设计时采用。

进入 20 世纪 80 年代末 90 年代初，句容建设市场规模不断扩大，多层、高层建设项目增多，原勘察手段和钻探深度已不能满足设计的要求。因而自 1990 年开始，句容县设计室勘察组陆续购置了 SH30 型钻机 2 台，150 米 CXY－1 型钻机 1 台和人工动力 N63.50 触探仪、轻型静力触探仪等原位勘探测试仪器。从此该勘察组具备了承接各种中、小型建筑工程勘察任务的能力。工程勘察及测试手段得到了进一步提升，并全部采用计算机整理勘察资料，提高了工程勘察的工作效率和精确度。

勘察组有从业人员 15 人，其中高级工程师 1 名，工程师 4 名，助理工程师 2 名，技术操作工 5 名。勘察能力从浅基础的手工勘探，发展到软土地基加固的设计，以及桩基荷载试验，场地地震效应评价等。不仅能认识自然地质体而且能提出改造地质条件的可行性建议。2005 年经住建部和省住建厅批准，句容市建筑勘察设计研究院勘察资质等级由丙级升为乙级，同时勘察组也改为勘察室。

句容市建筑勘察设计研究院勘察室，自成立以来承接的主要工程项目有：句容市建行综合楼、建委办公楼、句容市高级中学、句容市第二中学、第三中学，句容市崇明托幼中心、太平洋化工集团、永久机电有限公司、老城区改造工程、黄金花园安置小区、句容市气象局办公楼等 2000 多工程项目，其中，句容市建行综合楼、句容市气象局办公楼、句容市崇明托幼中心等多项工程荣获镇江市勘察二、三等奖。

二、建筑设计

1. 工业建筑设计

1981 年句容成立县建筑设计室，句容县建筑工程公司此时也开始生产大型屋面板，这为句容设计和建造正规工业建筑创造了条件。此后，县建筑设计室设计了句容县水泥厂生料磨房、县电缆厂挤塑车间、句容缫丝厂车间、句容油厂预榨车间、句容天王麻纺厂等一批工程项目。设计建筑总面积达 8 万多平方米。此时的工业建筑设计在总体布局上注意了方便生产、便于运输、做到全面安排，合理布局，环境优美。车间内部满足生产要求，保证畅通衔接，方便操作。所设计的厂房结构大部分为现浇钢筋混凝土梁、柱，预制楼板及屋面板，墙体为黏土砖、实砌墙、钢窗。房屋造型和地基处理既保证安全和抗震要求，又尽量降低造价。

1993 年，句容县建筑勘察设计研究院成立后，通过充实技术人员，改进设计手段，已能够承担工艺较为复杂的工业厂房设计任务。至 2010 年前后，共完成大小工业建筑设计项目 360 余项，建筑总面积超过 260 多万平方米，此期的设计大部分采用桩基基础和钢筋混凝土框架结构，小部分采用钢架结构、彩钢瓦屋面。

厂房立面丰富,辅助功能齐全,室内外环境优美,并且应用新型建筑材料,收到较好的经济效益和社会效益。至2013年,所设计的工业厂房有:江苏太平洋化工集团、杨塘岗化工装备厂、镇江电力变压器厂、镇江利生管业有限公司、江苏久正光电有限公司、江苏卡期特轮制品有限公司、句容瑞溢汽配有限公司、中容电气有限公司、兴文包装厂、瑞德制衣厂、森宝兰制衣有限公司厂房、句容宝华凤壇工业园、恒利源纺织品有限公司、温州商贸城等。

在此期间,句容的一些大型厂房,因设计资质要求高,仍需请外埠具有相应资质的设计单位设计。

2. 公共建筑设计

民国后期,句容的公共建筑因没有专门的设计机构,大多依据国民政府颁发的《公私建筑标准制式图案》建造。中华人民共和国成立以后,句容的一些公共建筑,除少量建筑物由县外正规设计单位设计外,主要仍由建筑公司设计组工程技术人员现场指导,边设计边施工或作简易设计后施工。

1980年以后,随着改革开放和经济发展,新的公共建筑逐渐增多,规模逐步向多层和高层发展,建筑造型也突破纯"火柴盒"型基调,向多元化发展。20世纪八九十年代,县城兴建了一大批机关办公楼房、学校校舍、商业用房和文化体育设施,乡镇也建了一批影剧院。对设计的办公楼、教学用房以砖混结构为主,大部分为3~7层,其他公共建筑设计以钢筋混凝土框架、半框架和底层框架为主,一般4~8层。对软弱地基一般采用砂石换土,钢筋混凝土夯扩桩加固,下埋板式基础、钢筋混凝土柱独立基础等。屋面采用钢筋混凝土刚性屋面,做二毡三油防水。外墙用面砖、马赛克贴面,水磨石和大理石地面,内装饰当时较为高档。其间由县建筑设计室承担设计的公共建筑有:中行办公楼、物资局综合楼、五交化商场、亚细亚商城、供销社商业综合楼、句容县文化馆、县高级中学教学楼、实验小学综合楼、职业中专综合楼、农校教学楼等。这些建筑设计均以框架结构为主,多层为主,部分应用新型建材。

1990—2013年,公用建筑向体量高大、功能齐全、造型及环境优美发展,公共建筑设计向现代化、多功能和高层发展,并推广应用新结构、新技术、新工艺、新材料,使句容的公共建筑设计建造走上了突飞猛进的发展道路。

3. 住宅建筑设计

解放前,句容城乡居民住房,大部分为砖木结构、平房和简易棚房、草房、少数为楼房。其布局多为"进式房",多由工匠仿效老宅建造。20世纪五六十年代,句容无专职设计机构,一般民间住房仍由工匠按传统方法与业主共同商定建造方案而建,或由承建方工程技术人员绘制草图,征得业主同意后施工。以平房为主,少量2层,个别3层。木排架承重,青砖、清水外墙,木隔板或半砖内隔墙,石灰抹面,坡屋顶小青瓦。柱、椽、桁条、屋架、楼梯、楼板、门窗等均为木制,三合土地面。

1972—1980年前后,农村民宅建筑设计一般为2层,部分为砖混结构,上下层置走廊。城市单位所建住宅建筑设计大部分为砖混结构,3至4层,横墙承重,95红砖水泥砂浆实砌混水砖。预制混凝土预应力多孔楼板,过窗(门)板、楼梯板。建筑物的形体变化、层数、荷载均不大,基础多利用天然地基作持力层,遇到软弱土层或沟塘等不利地质因素,处理方法一般都用放大基础宽度,换土垫层基础落深,人工夯实、木桩基础等处理,屋面为平顶屋,二毡三油防水,架空隔热板保温。水泥、石灰砂浆外粉刷。纸筋石灰粉内墙和天棚,混凝土楼地面,木门窗。户型多样,户均使用面积一般在30平方米左右。公用厨房、供水不到户,室内无厕所,居住条件差。

1986年以后,居民住宅设计建造以居民新村(小区)和商品房为主,6层3单元条形楼房及砖混结构为主。户均建筑面积适当增加,加大阳台面积,尽量满足用户对厅、卫、厨三明要求。进入20世纪90年代后,随着新技术、新工艺、新材料的推广应用,宅体形状注意合理组合,有条式、点式、蝶式等,层数有2~8层和高层,配置地下车位(库)和公共电梯,波形瓦屋顶,前后高低错落,阳台体形多变,造型优美,并与周围环境相协调,形成立体变化,使整个小区仪态万千,多姿多彩,使人感觉有良好的视觉效果。户型根据当地文化、生活习惯,注意功能布局,方便使用,满足不同层次用户的需求。截至2012年,句容市建筑勘察设计研究院参与的住宅项目有：紫金花园、一品佳园、天王秦源小区、黄金花园、郭庄康居花园、上海公寓、下蜀临港星城、赤岗安置小区、大东岗安置小区等200多项民居工程，总建筑面积达到300余万平方米。

第九节　建筑工程造价管理

中华人民共和国成立后，国家三年经济恢复时期，工程造价主要有建设方和承包方商定，达成协议后经主管部门同意、认可，就可以成交作为工程造价了。到了1953年，江苏省计委颁发《建筑工程预算定额》。句容县建筑企业开始按该定额对县内建筑工程编制施工预决算。后随着省市修订的文件精神，曾于1963年、1982年进行2次变动。

1986年，江苏省建筑工程统一执行《江苏省建筑工程综合预算定额》，句容建筑工程采用省"综合定额"和"南京地区单位估价表"相结合，并用系数调整的办法进行预算和决算。1994年起造价处对地材按季测算编制价格信息。造价处在全市设4个信息点，收集句容内地材不同时期的价格信息，然后编制《句容市建筑工程地材价格信息》，并定期公布，供建筑工程预（决）算使用。

1998年1月，句容市贯彻执行《江苏省建筑工程综合预算定额（1997）》《全国统一建筑工程基础定额·江苏省估价表（1997年）》。2003年12月，句容市贯彻执行《建筑工程工程量清单计价规范》（GB50500—2003）。2008年12月1日，句容市贯彻执行《建筑工程工程量清单计价规范》（GB50500—2008）。原《建筑工程工程量清单计价规范》（GB50500—2003）同时废止。

1986年，句容县建筑工程标准定额站成立，与建管站、质监站合署办公。1998年定额站变更为句容市建筑工程造价管理处，根据国家、省、市颁发的各种工程建设定额，负责本地区范围内的标准定额管理，收集、整理缺项定额的有关材料和数据，编制辖区的材料预算价格，组织辖区的建设工程预算定额学习和培训，审定、负责辖区预（决）算员的资格考核和培训，负责辖区建筑工程预（决）算纠纷的仲裁。以及审核工程款预（决）算的合理性，对那些高估冒算，偏项计价，虚报工程量、工人、材料、串通放宽工程造价等建筑工程造价领域里的不正之风进行监督管理。对代理、审核工程预（决）的机构实施监管，通过抽审，审核定价依据、合理性、凡代理机构审核后的预（决）算，报造价处备案。对招标工程价格实行监管，对那些无限压价超过招投标浮动价格规定的给于纠正、仲裁、以保证甲、乙双方的合法利益。

对建设工程造价员的管理，规范建设工程造价员的从业行为和提高其业务水平，开展工程建设概算、预算人员资格考核和证书发放工作。截至2013年，句容全市取得"全国建设工程造价员资格证书"共有355人，其中土建专业有294人。

1996—2013年句容市建筑工程招投标造价一览

表6-8-6　　单位：万元

年份	公开招标造价	邀请招标造价	直接发包造价
1996	0	1759.01	0
1997	0	5655.3	0
1998	2811.94	2500.16	0
1999	19729.59	0	0
2000	14018.11	4790.44	0
2001	12685.46	4648.03	0

1996—2013 句容市建筑工程招投标造价一览

续表 6-8-6　　　　单位：万元

年份	公开招标造价	邀请招标造价	直接发包造价
2002	13441.27	6034.17	5162.55
2003	29164.79	13379.79	14273.58
2004	16820.09	23878.43	10921.45
2005	11384.99	52067.30	10279
2006	34479.50	581.60	121148.90
2007	50518.70	1043.82	76745.78
2008	170473.69	1003.60	162196.78
2009	75500	16600	10420
2010	142200	88100	161800
2011	122100	61500	144700
2012	66600	100800	172800
2013	118800	35200	399200

第十节　建筑工程安全管理

一、管理机构

中华人民共和国成立后，建筑安全管理由企业及政府建设科负责，1959 年建设局设立后由建设局负责；1961 年建设局撤销后，建筑安全由县建筑公司负责。1978 年，县政府设立基建局以后，建筑安全由基建局负责。1984 年，城乡建设环境保护局设立“三站”（建管站、质监站、定额站），建筑安全由建管站管理。1989 年，句容县建筑管理站更名为句容县建筑安装管理处。2002 年 7 月，成立句容市建筑工程安全监督站，依据“建筑法”、“建筑工程安全生产管理条例”，对建筑工程安全和文明施工进行监督管理。至 2013 年年底，安监站和建管处合署办公，现有工作人员 15 人。

二、安全管理责任制、制度及网络

1. 安全生产责任制

20 世纪 80 年代初，县安监部门明确提出建立安全生产责任制，通过开展“百日安全无事故”竞赛活动，逐级制定安全生产责任制，强化安全意识，使工伤事故逐年下降。1981—1985 年，全县建筑系统伤亡事故频率始终控制在 0.027% 以下。1995 年撤县设市以后，建筑工程日趋增多，特别是进入 21 世纪初，随着房地产的大发展，建筑工程越来越大，安全管理也越趋复杂。至 2013 年，句容市建筑工程安全生产责任制主要有 4 个大项、67 个小项。

2013 年句容市建筑工程安全生产责任制一览

表 6－8－7

大　项		分　项	
序号	内容	序号	内　容
1	施工管理人员安全生产岗位责任制	1	项目经理安全生产岗位责任制
		2	项目技术人员安全生产岗位责任制
		3	施工员安全生产岗位责任制
		4	安全员安全生产岗位责任制
		5	材料员安全生产岗位责任制
		6	机械员安全生产岗位责任制
		7	质检员安全生产岗位责任制
		8	预算员安全生产岗位责任制
		9	资料员安全生产岗位责任制
		10	班组长安全生产岗位责任制
		11	门卫安全生产岗位责任制
		12	炊事员安全生产岗位责任制
		13	卫生员安全生产岗位责任制
		14	施工临时用电电工安全生产岗位责任制
2	施工安全生产管理制度	1	安全生产资金保障制度
		2	项目负责人现场带班制度
		3	专项施工方案编审制度
		4	安全生产技术交底制度
		5	安全生产教育培训制度
		6	安全生产检查制度
		7	班组安全活动制度
		8	安全生产责任制考核制度
		9	危险源辨识与管理制度
		10	应急救援制度
		11	机械设备安全管理制度
		12	临建设施安全管理制度
		13	职业健康与劳动保护制度
		14	劳动防护用品(具)管理制度
		15	特种作业人员管理制度
		16	生产安全事故报告制度
		17	分包单位安全管理制度
		18	文明施工管理制度

2013 年句容市建筑工程安全生产责任制一览

续表 6-8-7

大项		分项	
序号	内容	序号	内容
2	施工安全生产管理制度	19	卫生管理制度
		20	建筑工地集体食堂卫生管理制度
		21	环境保护管理制度
		22	消防防火制度
		23	治安保卫制度
		24	建筑工人业余学校管理制度
		25	施工车辆管理制度
		26	安全隐患排查制度
		27	施工用电管理制度
		28	绿色施工管理制度
3	施工现场各工种安全技术操作规程	1	施工现场作业人员安全生产基本规定
		2	普通工安全技术操作规程
		3	架子工安全技术操作规程
		4	瓦工安全技术操作规程
		5	抹灰工安全技术操作规程
		6	木工安全技术操作规程
		7	钢筋工安全技术操作规程
		8	混凝土工安全技术操作规程
		9	电工安全技术操作规程
		10	物料提升机操作工安全技术操作规程
		11	电焊工安全技术操作规程
		12	气焊工安全技术操作规程
		13	起重司机安全技术操作规程
		14	起重指挥工安全技术操作规程
		15	起重司索工安全技术操作规程
		16	混凝土搅拌机、砂浆机操作工安全技术操作规程
		17	外用电梯司机安全技术操作规程
		18	机动翻斗车司机安全技术操作规程
		19	油漆玻璃工安全技术操作规程
4	施工现场各机械设备安全操作规程	1	圆盘锯操作规程
		2	钢筋切断机操作规程
		3	钢筋弯曲机操作规程
		4	钢筋对焊机操作规程
		5	挖掘机操作规程
		6	龙门架操作规程

2. 施工现场

建筑工程安全主要是施工现场安全。施工现场由施工单位负责，自20世纪80年代开展“百日安全”活动竞赛以后，经过30多年的摸索，逐步形成一套较完整的施工现场安全设施内容及评价体系。在安全竞赛活动和安全检查中，作为检查考核的评价依据。

2013年句容市建筑工程施工现场安全设施内容及安全评价情况一览

表6-8-8

序号	项目	内　容	分值
1	围档设置	工地四周连续设置围墙围档，无缺口，底边封闭，无泥浆外漏，重要地区和主要路段范围内的围墙内的围墙围档高度不低于2.50米，一般路段围墙高度不低于1.80米。	5
2	物料堆放	施工料具按照现场平面布置图确定的位置，水泥、石灰等易产生扬尘的建筑材料，严密遮盖或在库内、池内存放，易产生尘埃的物料装卸、物料堆放，采取遮盖、封闭、洒水等控制措施。	5
3	车辆冲洗	配备保洁员负责车辆、进出道路的冲洗、清扫工作，出入口设置车辆冲洗池，配备高压冲洗设备，确保上路车辆车轮、车身不带泥，冲洗池四周设置排水沟和两级沉淀池。	5
4	道路硬化	现场入口、作业区、生活区、主干道采用砼硬化，道路的强度、厚度、宽度满足安全通行卫生保洁的需要。	5
5	渣土清运	渣土、建筑垃圾清运应由资质的运输企业采取密闭化承运，集中堆放建筑垃圾、工程渣土，并及时清运，不能及时完成清运的覆盖或绿化等控制措施。	5
6	裸土覆盖	施工区域内的长期裸露地面、推土采取临时绿化，网、膜覆盖等措施。	5
7	临时设施	施工现场按总平面图布置临时设施，办公生活区与作业区明显划分，宿舍净高、宽度、居住人数符合要求。	5
8	安全组织体系	施工现场安全组织体系建立健全，应急管理体系，应急物资、设备等配备。	5
9	安全教育和检查	安全教育和交底制度落实，安全检查制度落实，隐患整改闭合。	5
10	现场安全	现场管理使用LBS系统，危险指示、安全警示标志设置明显。	5
11	高处作业	安全防护用品符合国家相关标准，“四口”“五临边”安全防护符合要求，防护设施定型化、工具化。	5
12	脚手架和模板支撑	脚手架搭设符合规范要求，专项施工按方案规定组织论证及审核、审批，脚手架、模板支撑系统验收手续符合规定。	5
13	现场防火	易燃易爆危险品库房、可燃材料堆场临时用房等符合在建工程防火规范要求，消防安全管理制度健全，消防水源、设施与器材配备符合规范要求等。	5
14	临时施工用电	施工现场临时用电按照三级配电二级保护设置，临时用电组织设计内容和安全技术档案内容全面，配电箱、开关箱的设置符合要求。	5
15	施工机械	起重设备装拆单位资质和装拆方案编制、审核、批准符合规定，起重设备使用前按规定检测验收、登记。	5
16	绿色施工	建立绿色施工管理制度，施工组织设计及施工方案中有绿色施工内容，建筑垃圾回收利用、施工作业噪音、节材新技术应用、节水计量控制、基坑降水储存使用、设备节能控制、施工场地布置、基坑施工方案优化、减少土方开挖等方面符合《建筑工程绿色施工评价标准》中控制项要求。	10
17	平安创建	无民工工资拖欠，有治安保卫制度，按规定签定《平安创建责任书》《施工人员治安管理责任书》，依法与工人签订劳动合同，用工登记造册。	10
18	劳动保护	设立农民工业余学校，建立工会和劳动保护台账，按规定配备、培训工会劳监员；配备医务室和常备药品、急救器材等。	5
合　计			100

3．安全生产管理网络

20 世纪 90 年代后期，在建筑工程安全管理中，开始运用网络化手段，使安全生产落实到建筑工程安全工作的每一个角落，形成一级抓一级，层层负责，分头把安全关。

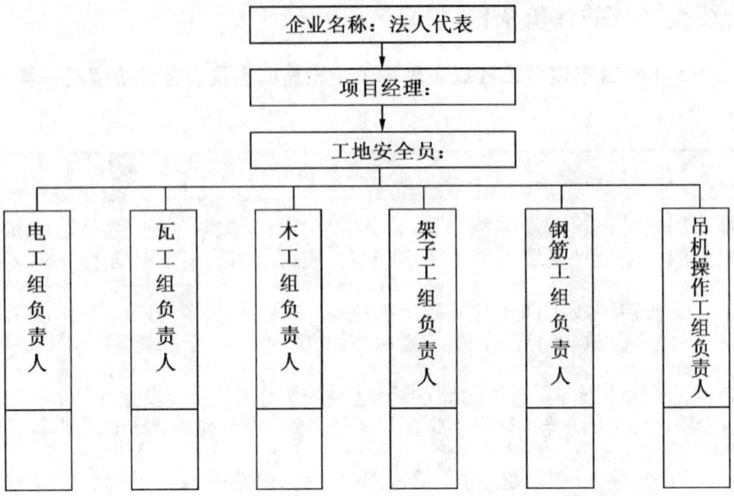

图 6-36　句容市建筑工程安全生产管理网络

4．事故应急网络

市建设工程管理处从全市建筑工程安全管理实际出发，拟定了事故应急网络预案，从多起事故处理情况看，事故应急发挥了作用。

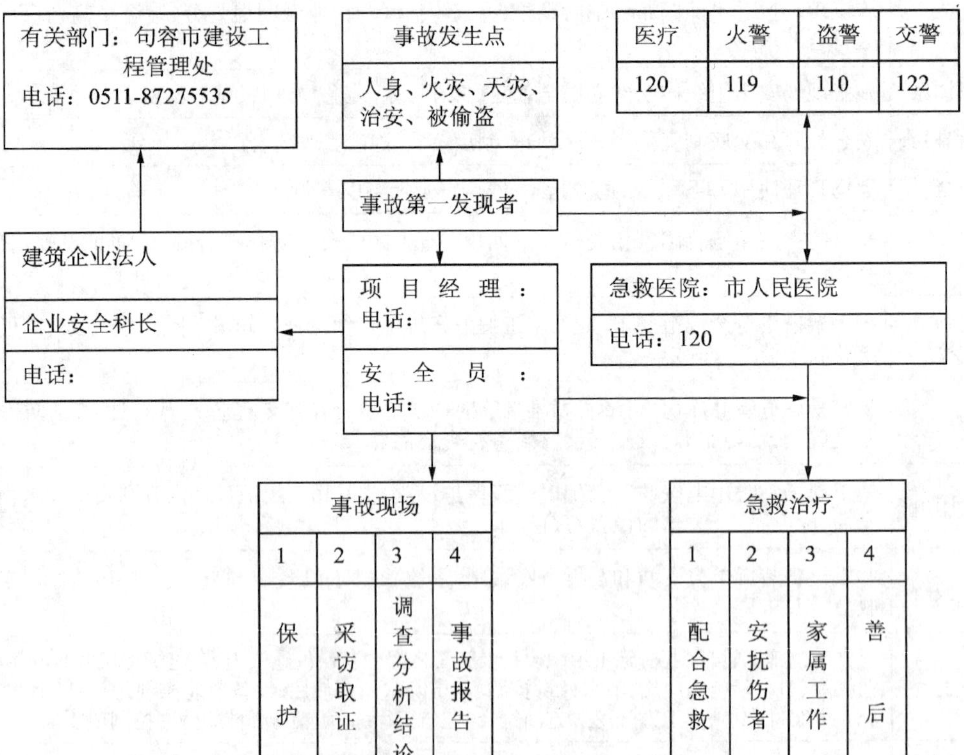

图 6-37　句容市建筑工程安全事故应急网络

三、“安全生产”月活动

1986—2013 年，安全生产职能部门以每年 5 月“全国安全生产周”活动为主线，采用举办现场咨询、知识竞赛、图片展览、问卷调查、安全征文及悬挂标语横幅等多种形式，加强安全生产法律法规条例的宣传，引导广大群众树立安全文明理念，掌握安全科学知识，倡导安全施工，努力营造“关爱生命，安全为重”的良好社会氛围。

建筑施工“安全生产周”活动有两个层面组成，即：组织开展建筑施工安全生产周宣传教育活动；进行建筑施工企业和在建施工现场组织安全生产月活动。包括工地安全宣传、安全生产隐患排查、季节安全特点及防护措施；组织开展建筑施工安全质量标准化和文明工地创建活动等。

四、建筑特种作业人员培训考核

1987—1990 年，建筑行业落实劳动部门颁发的《特种作业人员安全技术考核管理规则》。2008 年 7 月 18 日，国家住建部颁发《关于建筑施工作业人员考核工作的实施意见》。2009 年 1 月 20 日，江苏省住建厅印发《江苏省建筑施工特种作业人员管理暂行办法》；是年，12 月 3 日，省住建厅发文《关于开展建筑施工特种作业人员考核工作的通知》。2010 年 10 月 18 日，市建管处发文，转发省住建厅关于开展建筑施工特种人员考核工作的通知。市住建局成立了句容市建筑施工特种作业考核基地，由市建管处下属二级单位句容市城乡建设科技服务中心开办，于 2010 年获省住建厅认证，开展塔吊驾驶、脚手架搭设、电工、焊工、信号司索工等 5 类特殊工种考核，至 2013 年年底，共培训建筑施工特种作业人员 1645 人次。

1998—2009 年句容市建筑特殊工种培训情况一览

表 6－8－9

培训时间	培训工种	培训方式	参培人数	主办单位
1998－08－12 日至 06－16 日	塔吊工	脱产	96	市安监局、建设局
1999－08－15 日至 08－20 日	塔吊工、架子工	脱产	162	市安监局、建设局
2000－05－18 日至 05－22 日	塔吊工、架子工	脱产	156	市安监局、建设局
2001－04－15 日至 04－18 日	指挂工	脱产	68	市安监局、建设局
2002－05－10 日至 05－13 日	塔吊工、架子工	脱产	55	市安监局、建设局
2002－07－19 日至 07－21 日	指挂工、电工	脱产	62	市安监局、建设局
2003－05－03 日至 05－08 日	塔吊工、架子工	脱产	175	市安监局、建设局
2004－04－15 日至 04－18 日	塔吊工、架子工	脱产	123	市安监局、建设局
2005－04－12 日至 04－16 日	塔吊工、架子工	脱产	120	市安监局、建设局
2006－03－15 日至 03－18 日	指挂工、电工、架子工	脱产	162	市安监局、建设局
2007－05－18 日至 05－19 日	塔吊工、架子工	脱产	156	市安监局、建设局
2008－04－25 日至 04－28 日	指挂工	脱产	68	市安监局、建设局
2009－05－10 日至 05－13 日	塔吊工、架子工	脱产	55	市安监局、建设局
2009－07－19 日至 07－21 日	指挂工、电工	脱产	62	市安监局、建设局

五、安全生产检查与整顿

1995—2005 年，句容市建筑图纸鉴审部门共审查图纸项目 349 个，审查面积 242.70 万平方米，组织建筑施工安全生产检查数 10 次，发出隐患整改通知书近 300 份，累计查出安全隐患近 5000 条，并全部整改到位。2007 年 4 月 3 日，句容市润景美邻苑 1#、2#住宅楼扫尾作业过程中，在封闭阳台室内作业的油漆工踏铝合金窗框失足从 6 楼摔到地面，事故造成 1 人死亡。事故发生后，句容市安监局及建设局、工会、公安局等部门领导立即赶赴现场，成立了事故调查小组，及时妥善处理。2008 年，制定《句容市 2008 年建筑工程安全生产隐患排查治理方案》，在建筑施工领域安全生产“百日集中整治活动”中，根据市政府文件要求，市建设局、安监局、总工会等相关职能部门组成 3 个检查组，对全市范围内的在建工程进行全面细致的拉网式检查，发现了一些问题和隐患，并责成相关单位及时进行整改。2008 年 10 月，市建设工程安全监督站在市委党校举办了全市建筑企业 A 类人员继续教育培训班，通过 5 天时间的集中培训，共对 170 余名建筑企业 A 类人员进行年度安全生产知识继续教育，全部参训人员通过继续教育考试。

2009 年，市建设局对全市 270 万平方米建筑工程实施建筑施工安全生产监管，共进行 6 轮建筑施工安全生产大检查，发专项通报 6 次，检查出安全隐患 3023 条，下发隐患整改单 503 份，经济处罚 137 次。实施大型设备专项安全生产检查 2 次，检查塔吊 95 台、井架 12 台，指出安全隐患 274 条。2010 年，市住建局印发《关于开展全市建设领域安全生产专项整治工作的通知》和《关于进一步加强城镇建设工程质量安全管理的通知》；开展节日性安全检查、季节性安全专项检查、“安全生产”隐患治理排查专项活动、平安工地创建、常规性监督巡查等一系列工作；在重大危险源管理上，推进危险性较大的分部分项工程专家论证制度，共对 13 个项目涉及悬挑脚手架、深基坑支架、高大模板支撑体系和人工挖孔桩等专项施工方案实行专家论证；对 297 台次塔吊、59 台次井架逐一筛查，及时发现和消除施工中的隐患。2011 年，共对全市 560.38 万平方米建筑工程施工安全生产监管，先后 4 次实施安全生产检查，发专项通报 4 次，检查出安全隐患 4500 多条，当场下发隐患整改单 850 份，发停工单 46 份；实施大型设备专项安全生产检查 2 次，共检查塔吊 582 台次，施工升降机 37 台次、物料提升机 18 台次，查处并消除安全隐患 686 条，其中重大隐患 17 条。2012 年，共对全市 720 万平方米建筑工程实施安全生产监管，全年发放施工许可证 70 个，办理安全监督 95 件。2013 年，针对近 3 年建筑市场迅猛发展，建筑规模和建筑面积不断创高的情况下，建筑安全面临严峻形势，建筑工程安全生产管理有针对性出台安全生产措施，筑牢安全生产责任网、监督网、保障网。

第七篇 住房

古代句容,无房地产专管机构。明清时期,对买卖土地田宅和营业房征收税银。民国时期,县设公产公款管理处,专管公有田地房屋,征收田赋与租金,为政府提供财源。其余地方公产均由产权单位管理。

中华人民共和国成立后,句容县人民政府接管了公房公产,统一管理,并进行普遍的公房公产清理登记、确认权属、编造清册、订定租金,以维护房地产正常交易,初步建立了房地产管理秩序。尔后又成立县房管所,加强对公房管理,并贯彻以租养房的原则,实行福利性质的低房租制。中共十一届三中全会以后,房地产业开始振兴,建房、分房、补贴出售等政策相继出台,使住房紧缺状况得以缓解。20 世纪 90 年代,句容开始推进住房商品化,实行房地产综合开发,进行大规模建设,房地产市场日趋活跃,经营机制逐步建立,行政管理得到加强,法律法规逐步完善。

进入 21 世纪,随着房产业的迅速发展,楼房越建越高,住宅小区越来越多,质量越来越好。同时加快住房保障步伐,并促进了房产管理和服务水平的提升。特别是对改善居民居住条件、促进经济发展、提高居民的生活质量和精神文明水平具有极大的作用。截至 2013 年 12 月底,全市人均住房建筑面积 37.60 平方米。

第一章　住房保障

民国时期,国民政府无住房保障措施。中华人民共和国成立后,句容县政府将接管的部分公有房屋出租给民众居住,缓解市民住房困难。1978 年,党和政府为改善居民的居住条件,拓展住房市场,多种方式供应住房,鼓励房地产开发企业长期投资,向社会提供住房。特别是实行社会主义计划经济之后,城镇职工的住房由政府和企事业单位通过职工福利包下来,农村农民无房户是由农村集体经济组织解决。虽然解决了无房户"住有所居"的问题,但住房面积和房屋质量与人民群众的要求仍相差较多。1984—1988 年试行"有限产权房"住房政策。1993 年实施城镇职工住房制度改革,同时推进建设实用房、实行住房公积金制度,建设经济适用房,实施农村草、危房的改造,城乡居民住房条件得到改善。至 2013 年年底,句容市廉租住房面积保障标准为人均 20 平方米。

第一节　城镇职工住房制度改革

一、城镇职工住房与制度改革

1. 职工住房

中华人民共和国成立后,机关工作人员多数在机关公房中的住宅用房内居住。1958 年,句容县住宅面积 163 万平方米。1971—1975 年,句容县房产部门在城镇建住宅 1.03 万平方米,人均住房 5.80 平方米。到 20 世纪 70 年代后期部分人员才全家搬进套房,一般在 50 平方米左右。1981 年,县房管所出租房屋 4.21 万平方米,住 8400 人,人均住房 5 平方米。到 1985 年年底,全县建房 92.61 万平方米。1986 年,句容县城人均住房 8.10 平方米,有独用式或公用厨房、卫生间、自来水的职工居民户分别占 61.60%、22.60%、77.20%。90 年代,城镇职工住房主要靠单位福利分房和私人自建解决,使城镇职工住房条件有了明显改善。

2. 制度改革

1988 年 2 月,国务院颁发了《关于在全国城镇分期分批推行住房制度改革实施方案》。是年,江苏省城镇住房制度改革实施。20 世纪 90 年代初,城镇职工开始实行住房实物分配制度。城镇住房制度改革主要是稳步推进住房商品化、社会化，逐步建立适应社会主义经济体制要求和中国国情的城镇住房新制度，加快住房建设，使住宅也成为新的经济增长点，不断满足城镇居民日益增长的住房需求。停止住房实物分配，逐步实行住房分配货币化；建立和完善以经济适用房为主的多层次城镇住房供应体系；发展住房金融，培育和规范住房交易市场。适应中国生产力水平和建设社会主义市场经济体制的要求，坚持国家、单位、个人合理负担；依据国家统一政策，结合句容市财政和单位的承受能力，因地制宜、量力而行；做好新老政策衔接，积极稳妥，综合配套，稳步发展。1997 年 6 月，句容市停止审批、严格禁止机关和企事业单位以任何形式自建干部职工住宅，个人自住房实行商品房化，机关工作人员购买本单位公房基价为：建筑面积每平方米 660 元。1998 年 12 月 1 日起，句容市停止住房实物分配，实行住房分配货币化。职工解决住房主要依靠个人购买，职工单位根据标准发放购房补贴。是年 12 月 1 日及以后参加工作的职工，实行逐月发放住房补贴。句容房产部门管理的成套房和单位自管房，除一些不宜出售的以外，均向有购房意愿的现住户出售，对各种不同结构的住房规定了最低售价。机关工作人员住房供给政策由福利分房过渡为商品化购房。

二、房改管理机构

1992 年 9 月，句容县住房制度改革领导小组办公室成立（简称：房改办），隶属建设局领导。同时与各房改单位建立上下贯通的房改工作体系。句容的房改工作是根据“提高房租、增加工资、促进个人买房”的构思和“推行职工买房给优惠、多种办法建住房及住房公积金”的方针。为确保房改工作全面深入开展，县房改办利用报纸、广播、电视等媒体进行广泛宣传。1993 年 3 月，成立句容县经济适用房发展中心（句政建字），隶属房改办领导。1994 年 6 月，成立句容县住房基金管理中心，与房改办实行两块牌子一套班子。2008 年 7 月，成立句容市住房保障工作领导小组，下设住房保障办公室与房改办合署办公。2009 年 10 月，“句容市住房制度改革领导小组办公室”更名为“句容市住房保障服务中心”，截至 2013 年 12 月底，共有人员 15 名，机构设置有办公室、财务科、政策实施科、开发建设管理科。主要职能是房改政策实施、房改房上市交易、经济适用房开发和住房保障工作。

三、房改政策和公房出售

1. 政策与办法

图 7-1　2006 年句容市住房保障业务培训

1984 年，试行“有限产权房”的住房政策，由县房屋建设开发公司新建和定向代建有限产权房共 40 幢，建筑面积 5.26 万平方米，缓解了当时的住房矛盾。1986 年，句容继续试行城镇职工购买有限产权房。1993 年，县政府印发《句容县住房制度改革实施方案》，并出台《句容县公有住房统一计租标准暂行办法》《句容县住房公积金实施细则》《句容县住房分配缴定金细则》《句容县单位、职工购、建住房贷款细则》和《句容县住房基金管理暂行办法》等 5 个房改配套文件，机关工作人员住房保障开始向商品化方向发展。1995 年，市政府印发《句容市深化住房制度改革实施方案》，结合已出台与之相配套的 5 个办法细则，坚持“统一政策、配套改革、分段推进”的原则，着重从全面推行住房公积金制度、推进房屋租金改革和出售公有住房及建设实用房等方面入手，加快改革步伐。单位所建新的公有住房实行先售后租政策，个人购买时可分期付款（首付不低于 50%），产权归个人所有，住用 5 年后可上市出售。2000 年 6 月，句容市进一步调整住房政策，扩大售房范围和对象。市政府制定《句容市出售公有平房实施细则》。2006 年，句容市政府依据省政府 51、52 号令，结合句容实际情况，印发《句容市城区困难家庭廉租房保障暂行办法》的通知，区分不同收入家庭，实行了不同的住房供应政策。

2008 年 6 月，市政府制定《句容市城区住房保障发展规划（2007—2010）》。明确住房保障的实施范围、对象、资金来源和年度目标，为住房保障的开展提供了政策依据。2010 年 5 月，市建设局联合财政局、人社局、规划局等部门，编制《句容市"十二五"住房保障规划（2010—2015）》纲要，且通过句容市政府常务会议讨论颁布实施。将廉租住房保障的标准由原来的人均收入 700 元提高到 1000 元，购买经济适用住房的家庭人均月收入提高到 1700 元，住房面积由原来的人均 18 平方米提高到 20 平方米，住房保障范围进一步扩大。

截至 2013 年 12 月底，句容市委、市政府结合句容实际情况，制订了一系列有关住房制度改革的政策和办法，使之逐步完善，促进了住房改革不断深化和健康发展。

1996—2013 年句容市印发相关房改文件一览

表 7－1－1

年份	印发机关	文件名称
1996	市政府	《句容市一九九六年深化住房制度改革调整方案》（句政发〔1996〕217 号）
1997	市政府	《句容市 1997 年深化住房制度改革调整方案》（句政发〔1997〕190 号）、《句容市加快发展房地产市场的意见》
1999	市政府	《关于进一步深化城镇住房制度改革的实施方案》（句政发〔1999〕9 号）、《句容市房改房上市交易试行办法》
2000	市政府	《句容市 2000 年住房制度改革调整方案》（句政发〔2000〕122 号）、《句容市出售公有平房实施细则》
2001	市政府	《句容市 2001 年住房制度改革调整方案》（句政发〔2001〕202 号）
2002	市政府	《句容市 2002 年住房制度改革调整方案》（句政发〔2002〕132 号）
2006	市委、市政府	《句容市困难家庭廉租住房管理办法》、《句容市城区困难家庭廉租房保障暂行办法》
2007	市政府（建设局）	《句容市城区困难家庭廉租住房保障暂行办法实施细则》的通知（句政建字〔2007〕10 号）
2008	市政府	《句容市 2008 年度城区住房保障计划》（句政发〔2008〕161 号）、《句容市城区住房保障发展规划（2007—2010）》（句政发〔2008〕162 号）、《关于加强住房公积金归集扩面工作的意见》
2009	市建设局	《句容市廉租住房保障办法》和《句容市经济适用住房管理办法》
2010	市政府（建设局、规划局）	《句容市"十二五"住房保障规划（2010—2015）》纲要、《句容市城区廉租住房实物配租实施细则》、《句容市廉租住房保障办法》的通知（句政规发〔2010〕3 号）、《句容市经济适用住房管理办法》的通知（句政规发〔2010〕4 号）
2011	市政府（规划局）	《句容市城区保障性住房资金管理暂行办法》的通知（句政规发〔2011〕1 号）、《句容市公共租赁住房管理办法》的通知（句政规发〔2011〕2 号）
2012	市政府	《关于购买经济适用住房货币化补贴的实施方案》的通知（句政发〔2012〕152 号）、《句容市人才公寓实施办法（试行）》的通知（句政发〔2012〕217 号）
2013	市政府	《关于调整住房保障有关标准的通知》（句政发〔2013〕77 号）

2. 公房出售

范围：主要是出售成套公有住房。对已列入旧城规划地段的住房，地处临街宜改造成营业用房的住房，代管房产，产权尚有争议的房产，以及具有历史意义的房产等，均不得出售。对象：凡具有城镇户口、经县（市）劳动、人事部门批准的计划内用工，以自住为目的，且符合分户条件的干部、职工，均可以优惠价购买自住房，但一户只能享受一次优惠，购买一处规定面积的公有住房的待遇。截至 2013 年 12 月底，句容市共出售公房10322套,建筑面积76.06万平方米。

1994—2013年句容市(县)公房出售情况一览

表7-1-2

年份	套数(套)	面积(万平方米)	年份	套数(套)	面积(万平方米)
1994	2480	15.40	2005	247	1.99
1995	202	1.54	2006	98	1.98
1996	850	5.50	2007	274	2.71
1997	856	5.86	2008	170	1.66
1998	1059	7.27	2009	147	1.85
1999	813	6.30	2010	68	0.55
2000	1153	8.78	2011	28	0.26
2001	359	2.12	2012	57	0.53
2002	524	3.95	2013	73	0.77
2003	524	3.76	合计	10322	76.06
2004	340	3.28			

四、房改房上市

为规范房改房上市交易活动,促进住宅流通和消费,满足城镇居民改善居住条件的需求。根据1999年国家建设部颁布的《已购公有住房和经济适用住房上市出售暂行管理办法》(第69号令)和江苏省房改领导小组《关于对句容市房改房上市交易试行办法的批复》及《镇江市房改房上市交易试行办法》等相关房改办法。职工购买的房改房和获得房改房方案规定的购房补贴后购买的住房,产权归个人所有,经市房改办审批后,其住房可上市交易,交易行为包括转让(买卖、赠与、继承等)、抵押和租赁等。对按房改政策所购住房上市交易,实行准入制度。规范房改房上市交易规则和市场。职工所购住房上市交易时,其售后管理仍执行原售后维修管理的有关规定,并同时办理变更手续。截至2013年12月底,全市房改房上市共计4056套,建筑面积31.51万平方米。

2000—2013年句容市房改房上市情况一览

表7-1-3

年份	套数(套)	面积(万平方米)	年份	套数(套)	面积(万平方米)
2000	218	1.39	2008	195	1.60
2001	247	1.76	2009	492	4.29
2002	225	1.63	2010	288	2.46
2003	375	2.60	2011	200	1.72
2004	279	1.77	2012	223	1.87
2005	254	1.83	2013	362	3.32
2006	348	2.80	合计	4056	31.51
2007	350	2.47			

第二节　经济适用(廉租)房

一、经济适用(廉租)房政策

1995年,市政府为解决城市低收入家庭住房困难,加快建立健全以廉租房制度为重点、多渠道解决城市低收入家庭住房困难的政策体系。对实用房建设作出相关规定,立足于集资建房和合作建房,坚持个人出资、单位资助、政府扶持的原则,大力发展经济适用住房建设,实行统一规划、统一征地、统一设计、统一配套,严格控制套型面积,中套75~85平方米,小套55~65平方米。经济适用住房出售价格实行政府定价,按保本微利原则确定。具体房价由征地和拆迁补偿费、勘察设计和前期工程费、建安工程费、住宅小区设施建设费、管理费(包括物业管理费)、贷款利息、税金等七项因素增加3%以下的控制利润构成。新建经济适用住房只售不租,不得向已购过房改房并已达标的职工和高收入家庭出售。廉租住房主要从腾退的旧公有住房中调剂解决,也可由政府或单位出资兴建,廉租住房的租金实行政府定价。当承租户家庭收入水平提高时,应迁出廉租房或对其提高租金标准。购买经济适用住房和承租廉租住房实行申请、审批制度。由政府制定具体办法,确定并公布各类家庭的具体界定标准和廉租租金标准。市区市政建设和旧城改造需要拆迁的私有住房,原则上实行货币化安置;拆迁公有住房再行安置时,也应将拆迁安置与房改政策相结合。拓展住房租赁市场,多种方式供应住房。鼓励房地产开发企业增加长期投资,向社会出租住房;鼓励私营业主和有经济实力的城乡居民购买商品住宅作为收益性资产用于出租;经住房产权单位同意,允许进行公有住房使用权有偿转让。

二、经济适用(廉租)房建设

1995年,市建设局组织所属房地产开发企业,根据全市住房保障总目标和统筹计划、分步实施的原则,共建造适用房0.95万平方米,解决中小学部分教师以及无房户、危房户、特困户共计121户的住房问题。此后,市建设局开发的实用房建设项目有:1996年,华阳东路西段住宅楼0.13万平方米;1998年,玉清小区3幢住宅楼0.80万平方米;2001年,织布厂院内5幢住宅楼0.80万平方米及紫荆花园实用房小区,建筑面积6万平方米;2002年,西关小区住宅楼4幢0.80万平方米;2004年,玉清小区4幢住宅楼0.84万平方米;

图7-2　建成的5万平方米经济适用房小区一角

图7-3　群众领到廉租住房钥匙

2006年，人民路北侧西湖美景小区3幢住宅楼0.63万平方米；2007年，与经济适用房建设一道，配建1幢48套，建筑面积0.33万平方米的廉租房。是年年底，首次建成5幢204套，建筑面积1.47万平方米的经济适用房。2008年，在集贸市场北侧（华阳西路三小对面）建一品佳园小区5幢住宅楼1.09万平方米以及在华阳南路建紫荆花园等多个实用房小区工程，共31幢，建筑面积8.98万平方米。2010年6月，位于华阳南路延伸段东侧、向阳路西侧的南风苑经济适用（廉租）房小区建成，共计14幢，474套，建筑面积5万平方米，其中经济适用房288套，公共租赁住房138套，廉租房48套。是年12月，市建设局启动河滨北路经济适用房建设，河滨路北侧、羊角山西侧共200套经济适用房，配套建设16套廉租房。2012年，全市加大对经济适用（廉租）房保障力度，大力发展公共租赁住房，并开工建设公共租赁住房（含廉租住房）300套，经济适用房150套，限价商品房400套。2013年，全市开工建设公共租赁住房（含廉租住房）286套，经济适用房111套，限价商品房300套，建筑面积5.07万平方米。

三、廉租房补贴与购房补贴

1998年12月1日起，全市停止住房实物分配，逐步实行住房分配货币化。职工解决住房主要依靠个人购买，所在单位根据标准发放购（住）房补贴。购（住）房补贴发放对象是行政机关、企事业单位的无房职工和住房面积未达到职工购房补贴面积标准的职工（包括在职和离退休职工）。职工购（住）房补贴依据句容市上年度经济适用住房平均价格、职工工资水平、职工工龄和补贴面积标准等因素计算。在11月30日及之前参加工作，且符合购房补贴发放对象条件的职工，购房时可实行一次性补贴。购房补贴由夫妇双方所在单位按职工本人应享受的补贴面积标准分别计发；购房补贴按基本补贴与工龄补贴之和乘以补贴面积确定。全市职工工龄计算至1993年年底，是年以前离退休人员的工龄至本人离退休时止。职工年工龄补贴率为0.60%，经测算，句容市1998年度职工购房补贴额为：建筑面积每平方米基本补贴75元；工龄补贴每年每平方米5元，之后由政府适时调整。至2005年，全市有47个单位实行住房补贴，共445户，补贴面积2.38万平方米，金额322.95万元。2007年，发放廉租住房补贴6.63万元。2009年9月起，句容市保障方式为：廉租住房、租赁补贴、实物配租和购买经济适用房等四种方式。是年，发放廉租住房补贴38.82万元。2010年，发放廉租住房租赁补贴49.02万元，廉租住房实物配租21户。2011年，发放廉租住房补贴53.75万元，廉租住房实物配租7户。2012年，发放廉租住房补贴398户，金额195.38万元，廉租住房租赁补贴55万元。2013年，全市共有218户城市困难家庭和低收入家庭被纳入住房保障范围，实物分配廉租房14套。当年，发放廉租住房补贴470户，金额233.43万元；经济适用房货币化补贴31户，金额342万元。

第三节　农村草危房改造

1986年，句容县组织实施茅山老区乡镇扶贫开发，农村草危房改造列入重要内容。1991年，句容遭受特大洪涝灾害，许多灾民房屋受损甚至倒塌。至年底，全县新建灾民住房9427间（4562户）。其中新建4个村，107户（323间），总造价1833.58万元。1996—2000年，全市因灾倒塌房屋3505间，损坏房屋6515间，各级政府资助灾民建房1586间。2003年，市委、市政府把解决困难群众基本住房问题摆上议事日程，在全市开展农村草危房改造工作。补助标准分三个等级，一等每户市级补助2000元，镇级补助500元；二等每户市级补助3000元，镇级补助1000元；三等每户市级补助3500元，镇级补助1500元。为解决资金问题，建房中主要采取“五个一”的方法，即政府补助一点、群众义务帮工解决一点、亲朋好友帮助一点、建房户自筹一点、政策优惠减免一点。10个镇落实第一等级补助458户，补助资金85.20万元；第二等级补助170户，补助54.20万元；第三等级市级补助129户，补助资金48.35万元。2005年，落实省定农村草危房改造757户。

2008年，市委办公室印发《关于2008年农村危房帮扶改造工程的实施意见》。把农村危房改造工程作为为民办的实事工程，所需经费采取政府补贴和市级机关部门帮扶相结合的办法解决。11月上旬，组织领导小组成员单位成立验收小组，按照危房改造的标准，对所有房屋改造户逐一检查验收。全市共投入306.50万元改造农村危房200户。资金由市级机关各部门及部分企业和相关镇（管委会）筹集。2003—2008年，市级补助1193户，资金625.25万元，平均每户补助5240元。镇级补助757户，资金61.65万元，平均每户补助814元。2012年，根据住建部、国家发改委、财政部下发《关于做好2012年扩大农村危房改造试点工作的通知》和省政府《江苏省2012年农村危房改造试点工作实施方案》的文件精神，句容市政府根据目标任务研究制定了《句容市2012—2013年农村危房改造工作实施方案》。本着政府引导、村民自愿的原则，通过重建和修缮加固两种方式有序完成危房改造。受助对象需同时满足住房最危险且经济最贫困两个条件，其中修缮加固平均每户补助6000元，翻建、新建平均每户补助1万元。是年，全市农村危房改造500户，其中新建100户，修缮400户，补助资金340万元。2013年，全市农村危房改造200户，其中翻建、新建33户，修缮167户，补助资金311.60万元。

图7-4　农村草危房改造前后

2003—2013年句容市农村草危房改造情况一览

表7-1-4

年份	投入资金（万元）	改造户数（户）	年份	投入资金（万元）	改造户数（户）
2003	318.75	993	2009	—	—
2004	184.25	452	2010	—	—
2005	263.50	757	2011	—	—
2006	—	—	2012	340	500
2007	126	236	2013	311.60	200
2008	306.50	200	合计	1850.60	3338

说明：2006、2009、2010、2011年缺统计资料

第四节　拆迁安置房

中华人民共和国成立后，改造旧建筑，一般是先安置后拆除。20 世纪 80 年代中期至 90 年代初，拆迁安置任务少，涉及单位公房的一般由原单位的主管部门分担拆迁安置任务。1981 年，安置 12 户，20 间，建筑面积 650 平方米。1984 年，安置 5 户，10.50 间，建筑面积 390 平方米。1985 年，安置 6 户，20 间，建筑面积 776.92 平方米。1993 年 4 月，成立句容县拆迁安置办公室，负责城区拆迁安置工作。1993—2013 年，共安置 5826 户，建筑面积 299.20 万平方米。2009 年，新建安置房 56 万平方米。2010 年，新建黄梅新村、后白福源小区、下蜀长江花园、宝华花园等 15 个安置房小区，总建筑面积 200 万平方米。2013 年，建成安置房 50 万平方米。

至 2013 年年底句容市安置房情况一览

表 7－1－5

序号	安置小区名称	地址	面积（万平方米）	户数（户）
1	黄金花园	崇明路西沿石狮路东	40.98	3761
2	福地花园	葛洪路崇明小学北侧	14.40	1126
3	梅花苑小区	洪武路与文昌路交叉路口处	10	464
4	崇华苑	华阳北路东侧	2.24	123
5	幸福花园	开发区西庙社区	10.32	931
6	赤岗小区	皂巷路东侧	9.72	792
7	老化肥厂小区	老化肥厂区内	6.91	622
8	黄梅新村	老 122 省道南侧（原黄梅镇）	102	7776
9	华阳樊家安置小区	崇明小学东	0.70	200
10	通宁公寓	石狮路东侧	44.60	3838
11	西关小区	西大街	0.52	63
12	大东岗小区	南部新城	10	698
13	崇明雅居	葛洪路东	3.50	303
14	宝华花园	宝华镇	32	3036
15	凤坛花园	宝华镇	25.30	3072
16	富春新苑	春城集镇北面	8.78	720
17	浦西花园	天王镇	35.90	3720
18	福源小区	后白集镇东边新 104 国道西	33.68	2660
19	长江花园	下蜀镇	20	1652
20	康居花园	郭庄镇	13.55	1536
21	石狮新村	石狮小学东	39.37	2424
22	水畔新居	亭子路西侧	38.90	2546
23	朝阳嘉园	河滨路南侧	5.90	474
24	府南苑	高骊山路西边	9.70	789

至2013年年底句容市安置房情况一览

续表7-1-5

序号	安置小区名称	地址	面积(万平方米)	户数(户)
25	新城雅居	袁巷路西边	22.40	1964
26	上阳安置小区	华阳东路南侧	6.30	167
27	富民公寓	后白镇	3.10	314
28	花山人家	宝华镇	7.72	660
29	朝阳村	郭庄镇	1.35	120

第五节 住房公积金

一、公积金实施办法

1994年，县政府印发《句容县住房公积金实施办法》(以下简称《办法》)，规定凡在句容县工作、具有城镇户口的机关、群众团体、企事业单位的固定工、劳动合同制工和经劳动人事部门批准的计划内用工，均可实行公积金制度；中央、省、市属以及外地驻句单位也实行公积金制度。离退休干部、退休职工和计划外临时工及在句容“三资”企业中的外籍工作人员，均不实行公积金制度。《办法》规定：新设立的单位应当自设立之日起30日内到公积金管理中心办理住房公积金缴存登记，并自登记之日起20日内持公积金管理中心的审核文件，到受托银行为本单位职工办理住房公积金账户设立手续。单位录用职工的，应当自录用之日起30内到公积金管理中心办理缴存登记，并持公积金管理中心的审核文件，为职工办理住房公积金账户设立或转移手续。单位按当地最低工资标准的80%支付给职工病假工资、疾病救济费和生活费的，职工本人可以免缴住房公积金，所在单位必须承担单位应缴的住房公积金。对逾期不缴或者少缴住房公积金的，由公积金管理中心责令限期缴存。对拒不缴存住房公积金的，将由人民法院强制执行。调整或缴交住房公积金确有困难的单位，经市住房公积金管理中心审批后，可以缓调或缓交。对享受城市居民最低保障或特困职工家庭，夫妻一方或双方及其直系亲属患重病治疗并造成家庭生活严重困难的；完全丧失劳动能力或持有残疾证，并与单位终止劳动关系的；与单位终止劳动关系户口迁出本市或者户口不在本市的；与单位终止劳动关系，连续两年以上未重新就业，男性满50周岁、女性满45周岁的；支付自住住房租金困难的；出具真实有效的合法凭证，可以支取住房公积金。

公积金由单位和个人缴存，1994年起始年规定：个人缴存比例是个人工资额的3%，单位配缴相同比例的金额。1997年年底，对个人缴纳公积金人员，购房资金困难者，经个人申请，组织批准，可从公积金中发放贷款。2008年6月，句容市政府印发《关于加强住房公积金归集扩面工作的意见》。2009年，市政府印发《关于调整机关事业单位2009年住房公积金缴存基数的通知》。2010年，市政府印发《关于调整机关事业单位2010年住房公积金缴存基数的通知》。2012年，镇江公积金管理中心下发《关于调整2012年度住房公积金缴存基数的通知》。2013年，市政府印发《关于调整2013年度住房公积金缴存基数的通知》。1995—2013年都相应对缴存比例作了调整。

二、公积金收缴

1994年，全县收缴公积金90万元。1995年，参加住房公积金单位已达114个，收缴公积金203万元。2000年，句容市级机关公务员实行公积金制度。2001—2005年，市财政全额拨款单位的单位应缴金额，市财政配缴部分停缴。2006 年,全额拨款单位公积金恢复配缴。2007—2008 年,住房公积金收缴“立足归集、着眼使用、重点管理、旨在发展”的总体思想,强化归集,提高公积金覆盖面,推动企业住房公积金制度的建立与实施。2007 年,新增职工 7334 人,归集住房公积金 8381 万元。2008 年,新增职工 1819 人,归集住房公积金 9607 万元;2009 年,句容市归集住房公积金 11155.91 万元;2010 年,全市归集住房公积金 14419.64 万元;2011 年,归集住房公积金 16401.47 万元;2012 年,归集住房公积金 21833.91 万元;2013 年,全市归集住房公积金 27677.11 万元。

三、公积金管理

1. 管理机构

1994 年 6 月,成立句容县住房基金管理中心,与句容县住房制度改革领导小组办公室实行两块牌子一套班子。到 2007 年年初,有 17 名工作人员。是年 4 月,成立镇江市住房公积金管理中心句容分中心,划归财政局管理,17 名工作人员于 10 月由原句容市住房制度改革领导小组办公室划入,截至 2013 年 12 月底设置 4 个职能科室,即办公室、计划财务科、信贷管理科和归集提取科。

2. 管理活动

住房公积金制度实行初期,主要是宣传和政策解读等工作,并制订业务操作规章制度。成立镇江市住房公积金管理中心句容分中心之后,逐步健全岗位责任制度,规范服务、内审制度、财务管理制度、固定资产管理制度等。2007 年 7 月启动住房公积金信息系统,全面准确掌握住房公积金的各项信息。规范公积金缴交、提取、贷款等业务流程;实行公积金提取三级审批、公积金贷款四级审批制度。2008 年,镇江市住房公积金管理中心与四家委托银行签订协议,委托银行办理业务,实行绩效考核,利用银行网点进行政策宣传,推进企业扩面工作。并将管理经费纳入部门预算,年度预(决)算报市财政局批准,经费支出实行国库集中支付制度。从 1998 年开始对个人发放公积金贷款。截至 2013 年 12 月底,全市共归缴公积金 127212 万元;共向 6480 户发放 102378.90 万元贷款。并在全市开展优质服务活动,开展专项管理工作。

1994—2013 年句容市(县)住房公积金情况一览

表 7-1-6

年份	单位和个人缴存比例(%)	归缴额(万元)	贷款额(万元)	贷款户数(户)
1994	3	90	—	—
1995	5	203	—	—
1996	5	337	—	—
1997	6	269	—	—
1998	6	257	121.60	92
1999	6	369	81.30	78
2000	7	744	141	89
2001	8	1100	449.20	150
2002	8	1569	1234	289
2003	10	2078	2361	457
2004	10	2836	3553.50	531
2005	10	3700	4000	500
2006	12	4184	5122	596
2007	12	8381	5132	412

1994—2013 年句容市(县)住房公积金情况一览

续表 7 - 1 - 6

年份	单位和个人缴存比例(%)	归缴额(万元)	贷款额(万元)	贷款户数(户)
2008	12	9607	6324	439
2009	12	11155.91	11945.10	598
2010	12	14419.60	10829.80	492
2011	12	16401.47	9999.30	399
2012	12	21833.91	14750.90	498
2013	12	27677.11	26334.15	860
合计	—	127212	102378.90	6480

第二章　房产开发与经营

句容市房产业起步于1984年,1992年起发展加快,1995年,在政府的领导下及行业主管部门的指导下,遵照中央“统一领导、因地制宜、合理布局、综合开发、配套建设”的方针,有计划、有步骤地进行开发建设,逐步形成了开发规模,房地产由单一的住宅开发,逐步走上综合开发。1998年,句容市委、市政府开放房地产市场,吸引了外地开发商来句容开发。浙江省东阳市北江房地产开发有限公司率先进入句容商品房开发市场。2006年9月句容市启动商品房网上信息系统,全面准确掌握房产开发的各项信息,并在网上对全市房产开发企业监管房屋预(销)售和开发资质审批。至2013年,房产开发企业增至116家,商品房累计销售面积768.93万平方米,开发资质和市场监管有效,正规。

第一节　房产开发企业

一、房产企业发展概况

句容市房产开发企业起源于1984年,由句容县城乡建设环境保护局出资注册,成立句容县房地产开发公司,为县属大集体性质。1996年更名为句容市房地产开发公司(2000年5月更名为句容市银鹏房地产开发总公司,隶属建设局,全民事业单位)。1987年,由句容县房地产管理所出资注册的“句容县房地产综合开发公司”成立,主要负责老城区旧房改造、拆迁开发。于1993年9月,注册成立的华阳房地产开发总公司,主要开发原环城乡政府旧址及城区等地块的项目。1994年,句容县房改办注册成立“句容县经济实用房开发公司”,主要是政府投资型开发,解决困难户住房问题。

随着经济体制改革的深入和市场经济的发展,从1995年以后,陆续成立了若干个房地产开发公司。1998年,句容市委、市政府开放房地产市场,吸引外地开发商来句容开发。继浙江省东阳市北江房地产开发有限公司进入句容商品房开发市场之后,其他外省市房地产开发公司也陆续涌入句容抢占市场,从而,促进了句容市房地产开发企业的发展与进步。2000年,句容只有5家企业从事房地产开发;2002年,增加到15家;2006年,房地产开发企业达到60家。2007年,新批房地产开发企业10家,其中二级资质1家、三级资质9家。2010年,全市房地产开发企业75家。2011年,全市房地产开发企业90家。2012年,全市房地产开发企业98家。自市委、市政府开放房地产市场以来,全市开发企业呈现多元化,在句容当地企业不断壮大的基础上,很多实力雄厚的外地房地产开发企业前来投资,如碧桂园、恒大等“全国十强”房地产开发企业。截至2013年年底,全市房地产开发企业总数达到116家。其中二级资质5家、暂二级资质66家、三级资质5家、暂三级资质38家、四级资质2家。其中,外地到句容投资开发企业84家,占企业总数的72%。注册资本金5000万元以上房地产开发企业40家,其中句容当地房地产开发企业6家。开发企业注册资本金总计945189.80万元(94.52亿元),其中50972万元为美元(5.11亿美元)。先后开发的新住宅小区质量明显提高,如紫荆花园、哈佛星城、都市晴园、正大公寓、美加东部假日、锦绣句容、润景美邻苑、新湖仙林翠谷、仙林国际花园、世茂花园、德院上城、维也纳花园、银河之都、碧桂园凤凰城、御东国际等一批地理环境优越、交通便捷的住宅小区,吸引了众多市民及南京市民前来购房。截至2013年先后有华阳房产、正大房产、京容房产、金润房产、碧桂园房产、恒大房产等多家房地产开发企业获镇江市级和省级表彰。

二、房地产企业选介

1. 句容市银鹏房地产开发总公司

该公司成立于1984年，由句容县城乡建设环境保护局出资注册，组建的句容县房地产开发公司，系句容第一家房地产开发企业。1996年更名为句容市房地产开发公司，2000年5月更名为句容市银鹏房地产开发总公司。该公司开发建设的葛仙小区是句容最早的楼盘型小区，其后结合旧城改造，陆续开发了恒荣家园、文化新村、儒香苑、西关综合楼、安和家园、崇明商住楼等项目。至2013年年底，共开发了48幢，839套，总建筑面积10.58万平方米。公司开发资质为三级，注册资本金814.58万元，企业性质为国有全资企业。

2. 句容市华阳房产开发总公司

该公司成立于1993年9月。先后开发了河滨小区、东门小区、华阳商厦、华阳公寓、雅苑公寓、南苑小区、华阳名府、东升大厦、句容装饰城、都市晴园、学府路B地块商业街、公园道小区等项目，创优率均达100%。2009—2013年年底共开发43幢，1629套，总建筑面积约21.50万平方米。公司注册资本金为2004万元，开发资质为暂二级。2003—2006年度被镇江市消费者协会授予"镇江市房地产诚信单位"。2008年被中国人民银行南京分行指定资信机构和江苏中城信信用管理有限公司授予"2008年度AAA级资信企业"。2010年被中共句容市委员会、句容市人民政府授予"2010年度优秀企业和慈善企业"。是年，被镇江市建设局、镇江市建筑业协会授予"2010年度施工单位金山杯奖"。2011年被镇江市句容地方税务局授予"2011年度地方税收纳税十强"。2012年被中共句容市委员会、句容市人民政府授予"2012年度房地产企业纳税十强"荣誉称号。

3. 句容市经济开发区房地产开发总公司

该公司成立于1993年，至2013年年底，先后开发了黄金花园、幸福花园、梅花苑、黄梅新村、通宁公寓等项目，共计389幢，13568套，总建筑面积164.89万平方米。公司注册资本金808.40万元，开发资质三级，企业性质为集体全资企业。

4. 江苏新湖宝华置业有限公司

该公司成立于2004年12月。至2013年，开发了新湖仙林翠谷项目，共计557套，总建筑面积15.81万平方米。2013年，公司开发资质为暂二级，注册资本金3亿元，企业性质为有限公司(法人独资)私营。

5. 江苏建中置业有限公司

该公司成立于2006年9月，至2013年年底，先后开发了清华公寓、北大公寓、江苏商贸城、御东国际等项目，共计115幢，1万余套，总建筑面积128万平方米。公司注册资本金6000万元，开发资质二级，企业性质：有限责任公司。2012年、2013年连续两年被句容市人民政府授予房地产企业纳税十强。御东国际项目年均销售规模2500套左右，销售金额过10亿元，销售规模持续居句容主城行业首位。

6. 句容金润房地产开发有限公司

该公司成立于2009年7月，至2013年先后开发了香江丽景南、北地块项目，共计23幢，2494套，总建筑面积36.51万平方米。2013年，公司开发资质为二级，注册资本金1亿元，企业性质为有限公司(自然人控股)。

7. 句容天工置业有限公司

该公司成立于2009年11月，在句容市域内开发了恒大雅苑项目，项目位于句容市宝华镇仙林东路18号，该项目分为三期，由26~33层高层组成，总建筑面积92万平方米。至2013年年底共开发了12幢，3848套，建筑总面积42.38万平方米。公司注册资金为2600万美元，开发资质暂二级，企业性质为港澳台商独资企业。恒大雅苑是恒大地产开发，恒大地产是中国标准化运营的精品地产，连续6年荣登中国房地产企业10强。

8. 句容碧桂园房地产开发有限公司

该公司成立于2010年8月12日，碧桂园凤凰城是碧桂园集团在句容区域倾力打造的集居家置业、休闲娱乐、旅游度假、投资居住等功能于一体的复合式开发项目。该项目位于句容市经济开发区的原黄梅镇，紧邻温泉度假名城汤山。碧桂园・凤凰城是句容“推进同城同建，打造南京副城”的样板区。地处南京东与句容经济开发区之间，坐享由“公交、轻轨、快速干道、高速公路、铁路”环绕而成的城际交通网络，距离南京主城区仅20多分钟的车程，到句容市中心仅需约10分钟车程，驾车约5分钟即可到达汤山新城，2013年，双向十车道的快速干道S122句容段已开通。G104公路直接与南京江宁相连，到达南京南站约40分钟。轻轨S6号线在靠近项目地设有站点，使项目与南京主城区形成无缝对接。至2013年年底，先后开发了凤曦苑、凤仪苑、凤雅苑、凤鸣苑、翡翠岛别墅、柏丽湾、水蓝湾等项目，共计238幢，13206套，总建筑面积达300.76万平方米。公司注册资本金为34450万美元，开发资质暂二级，企业性质为有限责任公司。

9. 江苏永和置业有限公司

该公司成立于2011年5月，至2013年年底，开发了公园尚城项目，共计13幢，1064套，总建筑面积13.50万平方米。公司注册资金2000万元，开发资质为暂二级，企业性质为有限公司(自然人控股)。

10. 句容雨润中央置业有限公司

该公司成立于2013年5月，注册资本金5000万元，开发资质暂二级，企业性质：有限公司。并取得了华阳东路南侧与华阳南路东侧交汇处的地块项目，该项目为(在建项目)地下2层，地上28层，总高度为98.30米，占地面积为2.87万平方米，总建筑面积约18.80万平方米。建设周期为3年，该项目为句容市重点项目，涵盖商业、住宅等，建成后将成为句容市新城市形象的代表。

2013年句容市房地产开发企业一览

表7-2-1 单位：万元

序号	单位全称	企业成立时间	开发资质	注册资本金	企业性质
1	江苏建中置业有限公司*	2006-09-27	二级	6000	有限责任公司
2	江苏正大置业集团有限公司*	2001-08-20	二级	6100	有限责任公司
3	句容金润房地产开发有限公司	2009-07-22	二级	10000	有限责任公司
4	江苏万邦房地产开发有限公司	2006-12-01	二级	3500	有限责任公司
5	句容市城市建设投资有限责任公司*	2001-05-09	二级	100000	有限责任公司
6	江苏余坤置业有限公司	2008-03-18	暂二级	5180	有限责任公司
7	镇江京容房地产开发有限公司	1993-01-19	暂二级	310※	港澳台商独资
8	江苏余东置业有限公司	2009-12-25	暂二级	2000	有限责任公司
9	句容市乡林房地产开发有限公司	2005-06-24	暂二级	800※	港澳台商独资
10	句容弘源房地产开发有限公司	2009-07-03	暂二级	46610	有限责任公司
11	江苏美加房地产开发有限公司	2006-12-11	暂二级	2000	有限责任公司
12	江苏鸿德置业有限公司	2010-03-10	暂二级	5000	有限责任公司
13	江苏新湖宝华置业有限公司	2004-12-10	暂二级	30000	有限责任公司
14	江苏嘉烨房地产开发有限公司	2008-09-17	暂二级	2000	有限责任公司
15	句容市嘉盛房地产开发有限公司*	2007-07-13	暂二级	2000	有限责任公司
16	江苏阳湖地产有限公司	2009-12-11	暂二级	2000	有限责任公司
17	句容安城房产开发有限公司	2008-05-28	暂二级	1000※	港澳台商独资

2013 年句容市房地产开发企业一览

续表 7－2－1　　　　单位：万元

序号	单位全称	企业成立时间	开发资质	注册资本金	企业性质
18	江苏富润置业有限公司	2010－12－01	暂二级	2000	有限责任公司
19	句容天工置业有限公司	2009－11－06	暂二级	2600※	港澳台商独资经营企业
20	句容永泰置业有限公司	2004－07－23	暂二级	6000	有限责任公司
21	江苏万城置业有限公司	2010－01－14	暂二级	100000	有限责任公司
22	江苏宝地置业有限公司	2004－11－01	暂二级	7500	有限责任公司
23	江苏山城房地产开发有限公司	2003－07－25	暂二级	2100	有限责任公司
24	江苏仙林百里置业有限公司	2009－11－06	暂二级	3990※	港澳台商独资经营企业
25	江苏春联房地产开发有限公司＊	2007－04－25	暂二级	2000	有限责任公司
26	江苏龙锦房地产开发有限公司	2010－09－29	暂二级	10000	有限责任公司
27	上海三鑫承华句容房地产开发有限公司	2009－07－22	暂二级	2000	有限责任公司
28	江苏中容置业有限公司＊	2005－01－06	暂二级	2180	有限责任公司
29	江苏崇明置业有限公司＊	2000－04－10	暂二级	3000.8	有限责任公司
30	句容碧桂园房地产开发有限公司	2010－08－12	暂二级	34450※	有限责任公司
31	句容市新广房地产开发有限公司	2004－11－17	暂二级	2000	有限责任公司
32	江苏泰容建设发展有限公司	2010－05－13	暂二级	5000	有限责任公司
33	句容惠宇房地产开发有限公司	2005－06－24	暂二级	700※	港澳台商独资
34	江苏金牛置业有限公司＊	2004－04－22	暂二级	3508	有限责任公司
35	句容市德胜房地产开发有限公司	2007－11－16	暂二级	2000	有限责任公司
36	句容爱家置业开发有限公司	2011－05－24	暂二级	3000	有限责任公司
37	句容鑫辉房地产开发有限公司	2009－07－03	暂二级	115100	有限责任公司
38	江苏汇金置地有限公司	2009－12－22	暂二级	5000	有限责任公司
39	江苏翡翠房地产开发有限公司	2009－06－30	暂二级	3000	有限责任公司
40	江苏天盛旅游开发有限公司	2006－07－27	暂二级	2000	有限责任公司
41	句容市环城房地产开发有限公司＊	2000－03－31	暂二级	2000	有限责任公司
42	江苏华东兴业集团有限公司	2003－12－26	暂二级	3000	有限责任公司
43	江苏兴都房地产开发有限公司	2005－08－18	暂二级	2500	有限责任公司
44	江苏华隆置业有限公司	2005－11－21	暂二级	10000	有限责任公司
45	句容市华阳房产开发总公司＊	1993－09－29	暂二级	2004	有限责任公司
46	江苏恒扬置业有限公司	2010－03－11	暂二级	2000	有限责任公司
47	江苏宁湖置业有限公司	2012－03－07	暂二级	2000	有限责任公司
48	江苏云泉置业有限公司＊	2004－07－08	暂二级	5000	有限责任公司
49	江苏东寰房地产开发有限公司	2005－10－27	暂二级	3200	有限责任公司
50	江苏万宏置业集团有限公司＊	2004－06－18	暂二级	10000	有限责任公司
51	江苏仑山湖发展有限公司	2002－04－12	暂二级	830※	合资经营

2013 年句容市房地产开发企业一览

续表 7－2－1 单位：万元

序号	单位全称	企业成立时间	开发资质	注册资本金	企业性质
52	江苏永和置业有限公司＊	2011－05－19	暂二级	2000	有限公司
53	镇江曙光置业有限公司	2003－07－01	暂二级	2000	有限公司
54	句容天正天泰房地产开发有限公司	2010－04－08	暂二级	7000	有限公司
55	句容广大实业有限公司＊	2007－10－22	暂二级	2100	有限责任公司
56	句容苏珈投资发展有限公司	2011－08－05	暂二级	5000	有限责任公司
57	句容弘业房地产开发有限公司＊	2012－01－10	暂二级	2100	有限责任公司
58	江苏万都房地产开发有限公司	2011－12－22	暂二级	5000	有限责任公司
59	江苏宝华文化发展有限公司	2012－06－29	暂二级	2000	有限责任公司
60	句容市城兴置业有限公司	2005－04－28	暂二级	2000	有限责任公司
61	江苏省金润恒丰房地产开发有限公司	2013－06－08	暂二级	3000※	有限责任公司
62	句容市长鸿置地有限公司	2009－10－15	暂二级	6000	有限责任公司
63	句容市五星置业有限公司＊	2000－10－19	暂二级	2000	有限责任公司
64	句容市天时置业发展有限公司	2012－06－18	暂二级	2000	私营企业
65	句容市金宏房地产建设有限公司	2012－02－28	暂二级	2000	有限责任公司
66	江苏富源矿业发展有限公司	2010－06－13	暂二级	5000	有限公司私营
67	江苏正阳汽配商城有限公司	2013－06－07	暂二级	28000	有限责任公司
68	乾弘置业江苏有限公司	2012－09－12	暂二级	2000	有限责任公司
69	镇江润华置业有限公司＊	2013－03－13	暂二级	1500※	有限责任公司
70	句容雨润中央置业有限公司	2013－05－10	暂二级	5000	有限公司
71	句容永丰置业有限公司＊	2005－02－02	暂二级	2000	有限责任公司
72	句容明豪房地产开发有限公司	2005－12－05	三级	2000	有限责任公司
73	句容市银鹏房地产开发总公司＊	1996－07－25	三级	814.58	国有全资
74	句容时代置业有限公司	2005－07－13	三级	500※	中外合资经营企业
75	江苏宝华旅游开发有限公司	2002－08－05	三级	1000	有限责任公司
76	句容市经济开发区房地产开发总公司＊	1993－07－10	三级	808.4	集体全资
77	句容中达房地产发有限公司	2007－01－31	暂三级	800	有限责任公司
78	江苏润阳置业有限公司	2011－08－05	暂三级	1000	有限责任公司
79	江苏乾元置业有限公司	2009－09－16	暂三级	800	有限责任公司
80	句容亚都房地产开发有限公司	2010－04－21	暂三级	800	有限责任公司
81	江苏兰华投资开发有限公司	2009－05－27	暂三级	3000	有限责任公司
82	江苏宝阳房地产开发有限公司＊	2006－04－27	暂三级	800	有限责任公司
83	句容市经济实用房发展中心＊	2006－09－27	暂三级	931	国有全资
84	句容磊华置业有限公司	2004－08－03	暂三级	800	有限责任公司
85	句容华都房地产开发有限公司	2009－09－28	暂三级	800	有限责任公司

2013年句容市房地产开发企业一览

续表7－2－1　　单位：万元

序号	单位全称	企业成立时间	开发资质	注册资本金	企业性质
86	句容红山房地产开发有限公司＊	2008－11－17	暂三级	800	有限责任公司
87	江苏国标置业有限公司	2005－01－14	暂三级	800	有限责任公司
88	句容百骏房地产开发有限公司	2005－08－19	暂三级	6000	有限责任公司
89	江苏锦隆宝华山生态旅游度假投资发展有限公司	2009－07－01	暂三级	5000	有限责任公司
90	江苏蒙爱城旅游投资实业有限公司	2010－06－22	暂三级	7300	有限责任公司
91	句容市天王工业园区开发有限公司＊	1999－12－08	暂三级	1008	有限责任公司
92	江苏瑞嘉置业有限公司	2011－12－21	暂三级	3000	有限责任公司
93	江苏裕泰房地产开发有限公司	2011－05－24	暂三级	800	有限责任公司
94	句容市龙云置业有限公司＊	2011－06－14	暂三级	800	有限责任公司
95	江苏北佳房地产开发有限公司	2008－04－16	暂三级	1000	有限责任公司
96	句容龙山湖体育旅游休闲俱乐部有限公司	2006－06－02	暂三级	750※	港澳台商独资经营企业
97	江苏水莲桦置业有限公司	2010－02－04	暂三级	1020	有限责任公司
98	句容鸣峰房地产开发有限公司	2003－06－10	暂三级	800	有限责任公司
99	江苏紫云房地产开发有限公司	2011－02－11	暂三级	1000	有限责任公司
100	句容华洲房地产开发有限公司	2011－04－02	暂三级	5000	有限责任公司
101	句容市金城房地产开发有限公司＊	2002－07－12	暂三级	800	有限责任公司
102	江苏京华置业有限公司＊	2010－04－21	暂三级	800	有限责任公司
103	句容市翔峰置业有限公司	2008－05－15	暂三级	800	有限责任公司
104	江苏中加长龙山置业有限公司	2006－06－26	暂三级	300※	有限责任公司
105	江苏永明置业有限公司＊	2005－04－30	暂三级	800	有限责任公司
106	句容市金桥房地产开发有限公司＊	2001－04－16	暂三级	800	有限责任公司
107	句容边城汇景房地产开发有限公司	2004－09－27	暂三级	242※	合资经营
108	句容世纪佳顺房地产开发有限公司	2011－05－20	暂三级	200000	有限责任公司
109	江苏联城房地产开发有限公司	2007－11－20	暂三级	3000	有限责任公司
110	句容中驰置业有发展限公司	2007－08－02	暂三级	800	有限责任公司
111	江苏翔龙置业有限公司	2010－03－03	暂三级	2000	有限公司
112	江苏茅迪旅游开发有限公司	2010－09－28	暂三级	3000	有限责任公司
113	句容正泰置业有限公司	2004－12－03	暂三级	6688	有限责任公司
114	江苏南田置业开发有限公司＊	2013－06－08	暂二级	800	有限公司私营
115	句容市房地产综合开发公司＊	1987－07－04	四级	465	国有全资
116	句容市后白村镇房地产开发有限公司＊	2001－05－30	四级	100	有限责任公司

说明：1．此表按企业资质等级排序

2．注册资本金带‘※’符号的为美元。

2013年年底在句容市注册资金5000万元以上房产企业(选介)一览

表7-2-2　　单位：万元

序号	单位全称	企业成立时间	开发资质	注册资本金	企业性质
1	句容市城市建设投资有限责任公司*	2001-05-09	二级	100000	有限责任公司
2	江苏正大置业集团有限公司*	2001-08-20	二级	6100	有限责任公司
3	江苏仑山湖发展有限公司	2002-04-12	暂二级	830※	合资经营
4	江苏万宏置业集团有限公司*	2004-06-18	暂二级	10000	有限责任公司
5	江苏云泉置业有限公司*	2004-07-08	暂二级	5000	有限责任公司
6	句容永泰置业有限公司	2004-07-23	暂二级	6000	有限责任公司
7	江苏宝地置业有限公司	2004-11-01	暂二级	7500	有限责任公司
8	句容正泰置业有限公司	2004-12-03	暂三级	6688	有限责任公司
9	江苏新湖宝华置业有限公司	2004-12-10	暂二级	30000	有限责任公司
10	句容市乡林房地产开发有限公司	2005-06-24	暂二级	800※	港澳台商独资
11	句容百骏房地产开发有限公司	2005-08-19	暂三级	6000	有限责任公司
12	江苏华隆置业有限公司	2005-11-21	暂二级	10000	有限责任公司
13	句容龙山湖体育旅游休闲俱乐部有限公司	2006-06-02	暂三级	750※	港澳台商独资经营企业
14	江苏建中置业有限公司*	2006-09-27	二级	6000	有限责任公司
15	江苏余坤置业有限公司	2008-03-18	暂二级	5180	有限责任公司
16	句容安城房产开发有限公司	2008-05-28	暂二级	1000※	港澳台商独资
17	江苏锦隆宝华山生态旅游度假投资发展有限公司	2009-07-01	暂三级	5000	有限责任公司
18	句容弘源房地产开发有限公司	2009-07-03	暂二级	46610	有限责任公司
19	句容鑫辉房地产开发有限公司	2009-07-03	暂二级	115100	有限责任公司
20	句容金润房地产开发有限公司	2009-07-22	二级	10000	有限责任公司
21	句容市长鸿置地有限公司	2009-10-15	暂二级	6000	有限责任公司
22	句容天工置业有限公司	2009-11-06	暂二级	2600※	港澳台商独资经营企业
23	江苏仙林百里置业有限公司	2009-11-06	暂二级	3990※	港澳台商独资经营企业
24	江苏汇金置地有限公司	2009-12-22	暂二级	5000	有限责任公司
25	江苏万城置业有限公司	2010-01-14	暂二级	100000	有限责任公司
26	江苏鸿德置业有限公司	2010-03-10	暂二级	5000	有限责任公司
27	句容天正天泰房地产开发有限公司	2010-04-08	暂二级	7000	有限公司
28	江苏泰容建设发展有限公司	2010-05-13	暂二级	5000	有限责任公司
29	江苏蒙爱城旅游投资实业有限公司	2010-06-22	暂三级	7300	有限责任公司
30	江苏富源矿业发展有限公司	2010-06-13	暂二级	5000	有限公司私营
31	句容碧桂园房地产开发有限公司	2010-08-12	暂二级	34450※	有限责任公司
32	江苏龙锦房地产开发有限公司	2010-09-29	暂二级	10000	有限责任公司
33	句容华洲房地产开发有限公司	2011-04-02	暂三级	5000	有限责任公司

2013 年年底在句容市注册资金 500 万元以上房产企业(选介)一览

续表 7－2－2　　单位：万元

序号	单位全称	企业成立时间	开发资质	注册资本金	企业性质
34	句容世纪佳顺房地产开发有限公司	2011－05－20	暂三级	200000	有限责任公司
35	句容苏珈投资发展有限公司	2011－08－05	暂二级	5000	有限责任公司
36	江苏万都房地产开发有限公司	2011－12－22	暂二级	5000	有限责任公司
37	镇江润华置业有限公司 *	2013－03－13	暂二级	1500※	有限责任公司
38	句容雨润中央置业有限公司	2013－05－10	暂二级	5000	有限公司
39	江苏正阳汽配商城有限公司	2013－06－07	暂二级	28000	有限责任公司
40	江苏省金润恒丰房地产开发有限公司	2013－06－08	暂二级	3000	有限责任公司

说明：1. 此表按企业成立时间排序

2. 公司名称带‘ * ’符号的为句容当地企业；注册资本金带‘ ※ ’符号的为美元

第二节　房产开发市场

一、市场概况

1985 年后，在推行住房商品化中，住房开发建设实行“统一征地、统一规划、统一设计、统一施工、统一配套、统一管理”的方针，按照城市建设总体规划“放眼未来、立足当代”的要求，投入大量资金，进行综合开发，1986 年至 20 世纪 90 年代初，居民住房主要靠私人自建和单位福利分房解决。同时，亦开始试行“有限产权房”的住房改革办法。特别是对改善居民居住条件，促进经济发展，维护社会稳定、提高居民的生活质量和精神文明水平有重要作用。到 1994 年为第一阶段，其特点是城乡居民收入提高，逐步改善居住条件，其商品的成分也较少。

1995 年至 2000 年为第二阶段，其特点是由于城镇职工住房制度改革的启动，带动了房地产的正式启动。市区房地产开发，主要有建委下属的房地产开发公司。乡镇则抓住城镇化建设的机遇，通过户口农转非的优惠条件，吸引农民到集镇购房，促进了集镇房地产的开发。市乡(镇)机关部分单位，先后在市区商业街(崇明路)等处购地造房，以成本价配售给市乡(镇)机关干部。

2001 年至 2008 年为第三阶段，是房地产高速发展时期。市内外房地产开发企业陆续进入句容市场，楼房越盖越高，质量也越来越好。城乡建设出现新热潮，规模之大，质量之好，设施之全，皆前所未有。特别是句容城区和宝华新城，临近南京，相对价低的房价吸引了许多南京市民前来购房，句容的房地产开发商也主动去南京做促销活动。2008 年，受各种调控政策、经济同期下行和国际金融风暴的影响，房地产市场一度低迷，针对开发投资下降，涉房社会问题显现等新情况、新问题。12 月，句容市政府印发《关于进一步促进我市房地产健康稳定发展的若干意见》，市建设局认真督促推进落实“意见”的各项措施，从多个方面来加强和完善对房地产市场的宏观调控，取得了较好的社会效果。年底，句容市房地产新开工面积 64 万平方米，商品房竣工 3678 套，竣工面积 82 万平方米，实际投资额 12.84 亿元。

2009—2013 年为第四阶段，是句容市房地产市场处于复苏及快速发展阶段。这几年，全市房地产业的快速发展，为扩大内需，拉动经济发展，加快城市建设步伐，发挥了积极的作用。该行业已经成为句容市国民经济发展的重要支柱产业之一，同时，也深刻改变了全市的城乡面貌。句容市房地产市场经过近三十年的发展，特别是在过去五年，不断增加的房地产开发企业，不仅为全市房地产业的发展壮大做出了重要贡献，也极大地促进了社会经济的发展。2009年年初，受'08金融风暴'的影响，房地产走势尚未明朗，买房者持币观望，卖房者谨慎试探。进入3月，随着中央稳定经济体系的各方案深化和出台利好政策（如90平方米以下，首套房免契税和91平方米~144平方米减半税等政策）。同时，在句容提出与南京"同城同建"的大背景下，房地产业抢抓时机，全力打造精美楼盘，吸引南京的消费群体。2010年年初，国家为了促进房地产市场健康稳定发展，相继出台了一系列宏观调控政策。是年，住建部印发《关于进一步加强房地产市场监管完善商品房预售制度有关问题的通知》。随后，镇江市住建局印发《关于进一步强化市区商品房预售方案管理的通知》等系列政策。受这些政策的影响，句容市房地产市场迅速出现下滑态势。是年年底，全市房地产销售面积下滑到58.95万平方米，同比下降38.12%。2011年年初，国务院发布《国务院办公厅关于进一步做好房地产市场调控工作有关问题的通知》和颁布新"国八条"以及全年连续三次加息，有意压制日益高涨的房价。是年，省政府印发《省政府办公厅贯彻国务院办公厅关于进一步做好房地产市场调控工作有关问题的通知》。全市房地产市场受到影响，发展速度有所减缓。2012年，受到国家房地产调控政策的影响，相当一部分的投资性购房及刚性需求有所被压制。但全市由于受到碧桂园、恒大等房地产项目大体量开发，总体呈现量升价稳的态势。全年预售面积为114.94万平方米。2013年3月1日，国务院发布"国五条"细则《关于继续做好房地产市场调控工作通知》。在限购、限价、限贷继续高压下，句容市房地产市场还是迎来了量价齐升的态势。全年预售面积为247.81万平方米。

1995—2013年句容市房地产开发情况一览

表7-2-3

年份	开发单位数（个）	实际投资额（万元）	当年完成投资额（万元）	当年资金来源数（万元）	竣工房屋（套）
1995	10	2510	1676	1960	240
1996	4	2115	1368	1685	291
1997	4	3808	3298	4101	346
1998	4	3410	2561	2379	270
1999	4	5090	4225	4410	338
2000	5	8941	7606	8229	539
2001	7	19500	14178	14378	821
2002	15	31867	17757	17778	786
2003	16	64446	37257	40493	388
2004	14	56347	40187	38421	401
2005	17	61262	61262	59845	1251
2006	41	100000	82334	82427	4368
2007	46	120000	103921	97458	501
2008	56	128400	119478	110573	3678
2009	62	135876	135876	450346	5200
2010	70	155640	155640	1855023	6400
2011	79	727598	218261	754739	6800
2012	82	1651419	433238	711563	21000
2013	74	1960086	619877	1271982	7500

二、商品房建设

1984年3月，成立句容县房屋建设开发公司，1985年年底，该公司共建商品楼房20幢，338套，总建筑面积2.44万平方米，总造价678.72万元。1986年，句容县继续推行有限产权商品房的建设。到1988年年底，定向代建20幢，总建筑面积2.82万平方米，总造价476.70万元，县城住房暂时得到缓解。1993年，句容县房地产综合开发公司在联盟村改造建设中，开发商品房6300平方米。是年5月，句容县华阳房产开发总公司成立。到1995年年底共建商品房8幢，185套，总建筑面积1.75万平方米。1997年，该公司又开发了位于原环城乡政府旧址的东门小区，占地面积1.33万平方米，总建筑面积1.98万平方米，共计180套，其中商品房156套。据市统计局提供的数字，1993—1997年，全县（市）共竣工商品房12.38万平方米。1998年，在华阳东路、华阳南路等地段开发商品房6.80万平方米。其中新世纪商城1.30万平方米、丹桂公寓1.04万平方米、金桂公寓、银桂公寓1.42万平方米，全部采用仿欧式建筑风格，引导了句容住宅建设的新潮流。2000年，张家港步步高房地产开发公司在华阳南路开发步步高公寓，共2幢，64套，总建筑面积0.74万平方米。2003年1月，由金坛市房屋开发有限公司投资上亿元开发的华阳名街工程，总建筑面积2万平方米。是年，台湾开发商镇江京容房地产开发有限公司开发建设的“台湾小镇”别墅群，共计152幢（套），总建筑面积3.1万平方米。21世纪初（2002年4月），由边城镇引资建设的边城国际旅游度假区项目，总投资30亿元，占地15000亩，是一个高档别墅生态项目。上海农工商房地产（集团）股份有限公司下辖的句容市明旺房地产开发有限公司，于2005年开始在老城区西关整体开发建设的“巨龙新天地”项目，该项目占地3.39万平方米，总投资1.60亿元，建设商业用房片区，集大型商场、美食、娱乐、住宅于一体。2007年，受经济大环境影响，商品房新开工面积比2006年有所下降，房地产开发总面积166万平方米，总投资10.39亿元，新开发面积48.70万平方米，商品房竣工面积27.80万平方米。2008年，房地产新开工面积60.07万平方米，商品房竣工面积82万平方米，投资额11.94亿元。房地产开发面积64万平方米，总投资12.84亿元。1998—2008年全市商品房共竣工13341套。2009年，全市有60家房地产企业完成网上备案登记，全年商品房网上备案登记项目90多个，备案23338套，备案面积246.38万平方米，在建商品房建筑面积193.56万平方米。2010年8月，由句容市委、市政府引资的碧桂园凤凰城项目开工建设。项目占地面积约为1万亩，总建筑面积达1500万平方米，总投资400亿元。该项目是南京周边地区最大的综合性项目。2011年，全市商品房网上备案项目110多个，备案32463套，备案面积345.32万平方米。2012年，网上备案项目85个，备案10495套，备案面积103.66万平方米。2013年，网上备案项目105个，备案16744套，备案面积179.77万平方米。

自2010年以来，全市开发建设50万平方米以上的小区有1个，为碧桂园凤凰城；30万至49万平方米的小区有4个，香江丽景、世贸花园等；10万至29万平方米的小区有8个，德院上城、维也纳花园、新湖仙林翠谷等。

2009—2013年，全市商品房开工面积总计1017.72万平方米；实际投资额156.28亿元；商品房住宅竣工总计46900套。竣工面积总计527.23万平方米，其中住宅竣工面积为472.43万平方米。全市商品房备案总计92023套，备案面积总计971.95万平方米。

2013年，全市商品房新开工面积354.74万平方米；实际投资额61.99亿元；商品房住宅竣工7500套；竣工面积130.01万平方米，其中住宅竣工面积为76.86万平方米。

三、商品房预（销）售管理

1989年，县政府商品房出售办公室改为县房管所商品房建筑面积核准办公室。2005年10月，商品房建筑面积核准办公室更名市房管处开发管理科。2006年9月起，镇江全区域内运用商品房预（销）售网上备案电子管理系统，句容全市房地产每个项目的具体信息、每天销售量、销售价格和各个楼盘销售情况都能及时在网上真实地反映出来，极大限度地控制开发企业违规销售的可能性，并彻底地抑制一房多卖的行为，使房地产违规、违法行为得到有效遏制，为创造公平竞争的市场秩序和规范诚信的市场环境，奠定了良好的基础。2009 年，全市商品房网上备案系统操作规范的深入，得到了广大购房者的认可与好评。2011 年 4 月，房产开发管理科更名为市建设局房地产市场监管科。是年，市建设局严格商品房预（销）售审批管理，规范商品房预（销）售行为，按照《中华人民共和国城市房地产管理法》《城市房地产开发经营管理条例》《城市商品房预（销）售管理办法》以及《镇江市商品房预（销）售管理办法》的要求，对房地产开发企业申报的材料认真审查，并组织相关人员会同开发公司到项目现场勘察施工进度，符合条件的及时核发商品房预（销）售许可证。并严格商品房预（销）售管理程序，即：商品房预（销）售申请书→开发企业营业执照及资质证书→出让方式取得的国有土地使用权证→建设工程规划许可证→建设工程施工许可证→施工合同及施工进度说明→预（销）售方案→投入开发建设的资金达到工程建设总投资的 25% 以上证明→开发企业需提供的其他必要材料→核发商品房预（销）售许可证。在完善商品房网上备案制度的基础上，开发商必须按照商品房预（销）售方案组织销售，并于开盘时在售楼现场进行公示。市建设局房产市场监管科，每年底都组织商品房网上预（销）售网上备案管理人员参加镇江市商品房预（销）售网上备案人员的培训和考核及复查（年检）。2012 年 3 月，建设局房产市场监管科成立房地产预（销）售专项检查组，利用两个月时间（4 月 1 日 ~5 月 31 日）对全市房产开发企业进行预（销）售专项检查。2001—2005 年，销售为主，预售为辅；2006—2009 年，预售和销售各参半；2010—2013 年，预售为主，销售为辅。截至 2013 年 12 月底，共核发预售证 446 本，面积 844.90 万平方米；销售证 363 本，面积 566.57 万平方米。

2001—2013 年句容市房地产核发预（销）售证情况一览

表 7－2－4

年份	预售证（本）	预售面积（万平方米）	销售证（本）	销售面积（万平方米）
2001	1	0.45	10	6.32
2002	—	—	17	9.49
2003	13	10.96	16	13.67
2004	7	7.44	16	20.51
2005	4	11.09	12	8.61
2006	39	64.01	25	44.71
2007	42	69.89	40	65.25
2008	40	55.75	29	50.54
2009	45	63.35	50	80.10
2010	46	67	33	40
2011	71	132.21	33	53.68
2012	62	114.94	44	81.96
2013	76	247.81	38	91.73
合计	446	844.90	363	566.57

说明：2002 年，无预售。预售为期房，销售为现房

第三节　房产销售

1984 年 6 月，句容县政府设立商品房补贴出售办公室，以 5 幢 68 套自管住宅楼（县机关 2 幢、总工会 1 幢、房管所 2 幢）作为出售试点，向县城住户出售。具体操作步骤：经本人申请、所在单位批准、向商品房出

售住宅办公室办理有关购房手续,即:个人付房款三分之一,享有部分产权,有居住权。首批68户有24户一次性交清房款,44户分期付清,县房管所签发使用证,受国家法律保护。1984—1988年,新建出售商品房共计20幢,338套,总面积2.44万平方米,定向代建20幢,建筑面积2.82万平方米。1993年,办理交易出售43宗,交易面积6632.11平方米,交易金额145.30万元。自1998年,句容市委、市政府开放房地产市场以来,商品房销售由开发商自行销售。而后开发商向房管处商品房建筑面积核准办公室报备销售情况。2001年,全市销售商品房554套,总建筑面积6.80万平方米,总金额6760.95万元;2002年,全市销售商品房884套,总建筑面积9.49万平方米,总金额10705.76万元;2003年,全市销售商品房1279套,总建筑面积15.70万平方米,总金额17539.75万元;2004年,全市销售商品房1769套,总建筑面积27.93万平方米,总金额47951.33万元。2001—2004年,全市销售商品房共计4486套,总面积59.92万平方米,总金额8.31亿元。

2008年,由于受到国际金融风暴的影响,句容市房地产销售情况急剧下降,是年,销售面积仅为38.50万平方米。随后句容市印发《关于进一步促进我市房地产健康稳定发展的若干意见》,市建设局认真督促推进落实"意见"中的各项措施,取得了较好的社会效果。2009年年底,句容市房地产销售面积达到96.16万平方米。2010年年初,国家为了促进房地产市场健康稳定发展,相继出台了一系列宏观调控政策。是年,住建部印发《关于进一步加强房地产市场监管完善商品房预售制度有关问题的通知》。随后,镇江市住建局印发《关于进一步强化市区商品房预售方案管理的通知》等政策。是年年底,受这些政策的影响,全市房地产销售面积下滑到59.51万平方米。2011年,国家继续坚持房地产市场宏观调控政策不松懈,句容市房地产销售由于碧桂园、恒大项目的开盘以及刚性需求的释放,全市销售面积达到96.01万平方米。2012年,全市销售面积103.66万平方米;2013年,全市销售面积为179.77万平方米。截至2013年12月底,全市销售商品房共计71341套,总面积768.93万平方米,总金额359.35亿元。

2001—2013年句容市商品房销售情况一览

表7-2-5

年份	套数(套)	面积(万平方米)	金额(亿元)	均价(元/平方米)
2001	554	6.80	0.68	998.04
2002	884	9.49	1.07	1128.07
2003	1279	15.70	1.75	1116.96
2004	1769	27.93	4.81	1716.27
2005	3324	36.90	8.82	2389
2006	4368	48.50	13.22	2726
2007	5001	50.00	15.45	3089
2008	3678	38.50	13.01	3378
2009	8930	96.16	37.30	3879.43
2010	5451	59.51	30.08	5056.02
2011	8864	96.01	52.16	5432.40
2012	10495	103.66	59.37	5727.10
2013	16744	179.77	121.63	6765.71
合计	71341	768.93	359.35	

第四节　房产开发管理

一、房产市场监管

1. 市场监管

句容市房地产自1984年起步，至1995年，经10余年的发展，房地产结构也起了很大的变化，随着市场的发展、竞争，使房地产开发管理摆上了重要位置。“九五”期间（1996—2000年），句容市就印发了《句容市房地产开发管理暂行办法》。理顺了现行管理格局，明确相关部门职责，使全市房地产开发市场有法可依、有章可循。同时，制定了房地产的行业政策，即：房地统一、培育市场、垄断大局、放开经营。并遵照中央对房地产市场管理原则，“放有度、治有序、管有法”。各相关部门一方面树立公仆意识，加强廉政建设。另一方面树立管理意识，将管理渗透到开发建设各个环节当中去，违法必究，执法必严，抓住龙头，控制源头，严格程序，综合管理。2005年10月，市房管处成立开发管理科。（2011年4月，更名为市建设局房地产市场监管科。）依据“规划法”“土地管理法”，对房产开发市场管理制定了一套管理程序。即选址意见书→建设规划效果图→建设项目→规划用地许可证→土地使用证→建设工程规划→设计图纸→设计图纸审查→消防审查→工程项目报建→工程招投标→中标通知书→施工企业、施工人员安全意外保险→安全监督→施工许可证→工程竣工核发证书→工程决算→工程竣工资料备案→房屋预（销）售许可证→房屋销售合同规范文本→房屋销售价格认可（备案）→物业管理招投标→落实物业管理公司→房屋售后服务信誉签约。2006年年初，按照相关法律法规对新办房地产开发企业进行核验，并对开发的工程项目进行全程跟踪管理，执行项目手册季度检验制度，对开发过程中出现的不规范行为和问题及时给予纠正和整改。是年8月，组织全市房地产开发企业参加江苏省房地产开发企业监管系统培训班。2009年，商品房网上备案监管系统得到广大购房者的认可与好评。杜绝了一房多卖的情况发生和更好地有效监督。至2013年，对开发企业上报的材料认真审核，并到所开发的楼盘进行不定期检查，防止开发商发布违法广告、囤房销售、哄抬房价，以及合同欺诈、虚假融资等行为。并对检查发现的问题要求其立即整改，并给予限制预（销）售、关闭密钥等相应的处理。

2. 监管指导

政府管市场，市场引导企业。政府调控的依据是“城市规划法”和“土地管理法”。政府管理房地产市场依据是《城市房地产开发管理暂行办法》，对市场监管，第一是规划和土地；第二是配套设施建设和综合开发、卖房转场、合同变更（注销）的现象。自2006年9月以来，实行商品房网上备案监管系统后，使全市房产每个项目的具体信息、每天销售量（价格）都能及时在网上真实地反映出来。极大地控制房产开发企业违规的可能性。特别是变更或注销商品房备案买卖合同中的任一条款或增减名字时都必须在房产监管科更改才有效。逐步使句容市房地产管理机制形成一个科学化、规范化、程序化、综合有序的管理体系。截至2013年12月，共变更（注销）商品房备案买卖合同1864份，其中退房617份，协助法院查封118份。

二、资质管理

句容市对开发企业管理主要从资质管理入手，严把资质审核标准，达不到标准的，不准进入市场。符合资质条件和已进入房产市场开发经营的，每年年检一次，全面进行各项指标考核，根据考核业绩，定“合格、基本合格、不合格”三类情况。对合格的房产开发企业，业绩比较突出的通报表彰，树立典型；对基本合格的房产开发企业，提出整改意见，限期整改；对不合格的房产开发企业，暂定一年，下年仍不合格，吊销其资质证书。2006 年 10 月,对全市所有的申请房地产开发资质的企业统一实行网上申报,全程跟踪监管,更好地规范房地产开发企业的申报行为。在房产开发企业管理上,还对开发企业机构设置、内部人员配备、专业管理人员的数量、技术能力、管理设施等,根据资质等级的高低,都提出了不同的标准。凡在句容市从事房产开发的企业,必须按照其所取得的开发资质等级和营业执照规定的范围从事房产开发经营,不得越级范围承担业务。凡未取得房地产资质等级或超资质开发建设和资质证书未年检的房产开发企业,不得从事房产开发经营业务。截至 2013 年 12 月,全市房地产开发企业共 116 家,其中二级资质 5 家;暂二级资质 66 家;三级资质 5 家,暂三级资质 38 家;四级资质 2 家。2013 年,市住建局房产市场监管科共对 91 家房产开发企业的资质进行核准和延期。

第三章　住宅小区

中华人民共和国成立后，除对一些民房进行维修和改建外，新建民宅不多，所建民房亦呈无序状态。1978 年，中共十一届三中全会以后，党和政府十分关心市民的衣、食、行、住。除扩大县城住宅投资外，还积极依靠社会力量，采取国家、地方、企业、个人并举的方法，多渠道建房，住宅建设步伐加快，20 世纪 70 年代，县城建设逐步展开，并有计划的辟建住宅小区。80 年代，进行综合开发，加快旧城改造步伐，坚持走住宅小区成片开发建设与零星住宅楼开发建设相结合的道路，同时进行小区外的零星住宅楼（综合楼）开发建设。在居民住宅建设过程中，不断推出新型设计方案，做到“小、中、大、特”各种户型齐全，以满足不同层次消费者和各类家庭结构生活居住需要。通过多年居民住宅小区和零星住宅楼的开发建设，推动了住房商品化的进程，缓解了城市居民住房紧张状况。住宅的设计、建设也逐步由温饱型向小康型、舒适型方向转化，居民的居住环境和条件得到了全面改善。

进入 21 世纪后，一幢幢新楼拔地而起，一个个住宅小区相继建成，使全市城乡面貌焕然一新。小区范围内有公共设施、绿化、健身场所、路灯、商店、娱乐场所等相关配套设施，并实行了物业管理、保安等制度。全市建成的居民新村及住宅小区已逐步成为环境优美、功能齐全、生活方便的住宅区。截至 2013 年年底，全市建住宅小区 149 个，总建筑面积 1690. 18 万平方米，其中安置房住宅小区 29 个，安置房面积 560. 03 万平方米；城市住宅小区 99 个，集镇住宅小区 50 个。

第一节　城市住宅小区

民国时期，句容县城民居历来集中在东、西大街两侧，尤以中街较为稠密。

中华人民共和国成立后，临街私营店房经公私合营后大都进行了修整，居民住宅则以改造危房为主，20 世纪 50 年代中期开始，陆续新建一些砖木结构的住宅平房，前后檐都开窗通风采光。60 年代中期，先由县政府在玉带河东侧，新建 10 余幢砖木结构的一字型平房，整齐排列；接着，房管部门兴建联盟、红旗、葛仙庵等住宅区，以平房为主，2 至 3 户 1 幢。70 年代后期，又扩建东风、东方红、茅山、红光、建新等 5 个居民新村居住区，建造一批按 7 度防震设计、钢筋混凝土结构的 2 至 4 层住宅楼，形成了住宅楼群体。80 年代开始建造 4 至 6 层配套齐全的住宅楼，到 1985 年年底，句容县房屋总面积 1190 万平方米，全县建房 92. 61 万平方米，其中住宅 37. 14 万平方米，总投资 5225 万元。县城住宅面积已达 17. 80 万平方米（含 12. 19 万平方米的私房）。90 年代后，随着房地产市场的形成和开发企业的兴起，综合开发工作得到进一步加强，建设规模进一步扩大，并随着旧城片区改造、临街改建，住宅建设全面推开。句容的住宅小区是由老城区改造发展而来，句容撤县设市后加快了住宅的建设步伐。2000 年 5 月，银鹏房产开发公司开

图 7-5　御东国际小区

发的葛仙小区业已竣工，该小区是句容最早的楼盘型小区，其后恒荣家园、文化新村等住宅小区建成。

2006年以后，开发的新住宅小区质量明显提高，紫荆花园、哈佛星城、正大公寓、都市晴园等住宅小区建成。2007—2010年，新开发的世贸花园、香江丽景、上海公寓、维也纳花园等一批优质住宅小区正在建设之中。2011—2013年，新开发的碧桂园凤凰城、德院上城、仙林悦城、御东国际等一批交通便捷环境优美的住宅小区陆续建造。

全市随着房产业快速发展，住宅小区数量迅速增多，质量也逐步提高。截至2013年12月底，城市建住宅面积1176.91万平方米。

2000—2013年句容城市新建住宅小区一览

表7－3－1

序号	小区名称	地址	建筑面积（万平方米）	户数（户）
1	聚和园	建设路	9	760
2	万宏天源城	华阳南路	12.06	1160
3	兴都碧水铭苑	北环路	16.42	989
4	春晖苑	北环路	1.98	154
5	静沁园	宁杭路	1.65	184
6	千秋府邸	南工路	2.27	168
7	明豪华庭	华阳南路	8.45	666
8	状元新村	宁杭路	2.44	244
9	栖凤苑	西环路	2.40	172
10	一品佳园	华阳西路	1.27	130
11	金水湾	文昌南路	7	690
12	领秀星城	华阳北路	20	1346
13	英伦印象	开发区	8.50	379
14	润景美邻苑	东昌路	14.40	1248
15	润景颐和苑	东昌路	2.70	95
16	新华家园	宁杭路	2.10	145
17	杉林园	河滨南路	2.90	182
18	崇明雅居☆	东昌路	3.50	303
19	朝阳家园	河滨路	2.90	172
20	千禧小区	华阳北路	3.60	264
21	阳光花园	宁杭路	5.41	448
22	时代逸居	句蜀路	4.70	438
23	水岸名居	河滨南路	2.70	296
24	东门水岸	东门	1.50	149
25	步步高现代城	宁杭路	4.50	438
26	芳邻雅居	华阳南路	3.80	310

2000—2013 年句容城市新建住宅小区一览

续表 7-3-1

序号	小区名称	地址	建筑面积(万平方米)	户数(户)
27	金色家园	宁杭路	2.11	180
28	南门市场	宁杭路	0.81	250
29	欧景家园	东门	0.61	48
30	嘉盛花园	镇句路	0.78	82
31	美家福邸	东门	4.79	450
32	上海公寓	句卓路	3.01	198
33	台湾小镇	宁杭路	7.20	280
34	国际花园	北环路	9.30	824
35	哈佛星城	东昌路	12	968
36	东方华城	东昌路	14	1096
37	华阳名府	华阳东路	1.50	120
38	晴园公寓	宁杭路	1.35	128
39	都市晴园	华阳东路	21.25	1803
40	恒容家园	中山路	1	101
41	名府公寓	华阳东路	0.47	40
42	银鹏家园	建设路	3	205
43	西湖美景	人民路	0.61	83
44	儒香苑	北环路	1.60	186
45	福地花园☆	学府路	13.50	1124
46	凤凰花园	华阳南路	4.80	411
47	新家园	华阳北路	3.90	335
48	苏南商贸城	西门	2.60	237
49	华城美景	南工路	3.40	276
50	维也纳花园	句蜀路	7	1050
51	香江丽景	句卓路	17	1206
52	紫荆花园	华阳南路	5.10	536
53	中山公寓	中山路	1.30	140
54	太阳星城	西环路	7.40	736
55	富豪国际星城	华阳东路	1.97	153
56	北大公寓	人民路	1.10	37
57	水畔御景	句蜀路	9.70	822
58	华西大厦	洪武路	0.35	28

2000—2013 年句容城市新建住宅小区一览

续表 7-3-1

序号	小区名称	地址	建筑面积(万平方米)	户数(户)
59	金城沁园	华阳南路	1.20	100
60	大自然花园	河滨南路	6.80	653
61	西苑楼	西门	0.57	52
62	安和家园	南工路茶叶城北	0.71	74
63	银河之都	华阳镇	2.36	232
64	中央美地	开发区	10	343
65	台北上上城	华阳北路	9.05	603
66	德院上城	开发区	8	577
67	江苏商贸城	宁杭路	2.35	340
68	世茂花园	开发区	60	2200
69	河滨佳园	河滨南路	2	198
70	御湖枫景	东昌路	9.50	438
71	锦绣句容	华阳北路	7	416
72	西关综合楼	人民路	1.50	84
73	学府雅苑	文昌路	2.40	273
74	南风苑	华阳南路	6.14	474
75	银河湾	河滨南路	0.81	77
76	三鸿雅居	宁杭路	1.60	136
77	碧桂园	新 122 省道旁(原黄梅镇)	300.76	13206
78	御东国际	东昌南路	45.48	4889
79	上书房	崇明东路与肖杆路交汇处	6.21	526
80	天悦容城	开发区	7.27	683
81	公园道	华阳镇	11.98	978
82	安城御园	句卓路	3.57	203
83	黄金花园☆	崇明路西	40.98	3761
84	梅花苑小区☆	洪武路	10	464
85	崇华苑☆	华阳北路东侧	2.24	123
86	幸福花园☆	西庙社区	10.32	931
87	赤岗小区☆	皂巷路东侧	9.72	792
88	老化肥厂小区☆	老化肥厂区内	6.91	622
89	黄梅新村☆	原黄梅集镇	102	7776
90	华阳樊家小区☆	崇明东路	0.70	200

2000—2013年句容城市新建住宅小区一览

续表7-3-1

序号	小区名称	地址	建筑面积(万平方米)	户数(户)
91	通宁公寓☆	石狮路东侧	44.60	3838
92	西关小区☆	西大街	0.52	63
93	大东岗小区☆	南部新城	10	698
94	石狮新村☆	石狮小学东	39.37	2424
95	水畔新居☆	亭子路西侧	38.90	2546
96	朝阳嘉园☆	河滨路南侧	5.90	474
97	府南苑☆	高骊山路西边	9.70	789
98	新城雅居☆	袁巷路西边	22.40	1964
99	上阳安置小区☆	华阳东路南侧	6.30	167
合计			1180.48	81050

说明：以上均为在物业科报备并交付的小区，带“☆”符号为安置住宅小区

第二节　集镇住宅小区

县境内集镇，自唐宋以后逐步兴起，多位于水陆交通要道。清末民初，全县50个集镇，大都有一条石板铺砌的街道，两侧有商店、饭铺、理发店、茶水炉、作坊和住户，其他公共设施较少，房屋建筑较优于普通农村。

中华人民共和国成立后，16个集镇成为乡(镇)政府所在地。20世纪50年代，个体商贩在集镇汇聚，供销合作社也在各集镇设立门市部，促进了集镇住宅建设。1983年，恢复乡镇体制。1985年，全县设5镇18乡，设施逐步完善，各集镇街道两侧形成了一批2~3层楼房，有单位建造的，也有住户翻建的，质量也逐步提高，新的格局初步形成。各集镇政府所在地新建居民住宅12.20万平方米。

20世纪90年代至21世纪初，随着城市化进程加快和行政管理体制改革，撤乡设镇和乡镇合并，为乡镇体制变化两大特征。1992年，根据中央提出逐步推进乡镇集中布局和加快小城镇建设的战略举措，句容县投入亿元资金对旧集镇进行全面改造。1995年句容撤县设市后，集镇建设步伐加快，初步改善集镇形象，并开始规范集镇住宅小区建设。此后，随着经济实力的提升，旧集镇和村庄得到改造，新集镇住宅小区逐步建设。1999年，省政府推进农村城镇化建设。1991—2005年，环城、春城等22个乡镇重建组合，乡镇由23个降至10个。2007年句容市委、市政府提出并实施“五大板块”(开发区板块、临港工业区板块、宝华新城板块、郭庄道口板块、南部旅游板块)发展战略。是年，开发区村庄整理以及2010年黄梅镇和后白镇的村庄整理，都积极推动了集镇住宅小区的建设。改革开放后，乡镇经济工作由农业扩展至工业和第三产业。自20世纪90年代以来，乡镇逐步成为句容经济发展的主战场，社会事业发展的主力军，其地位和作用日趋突出。近年来，根据国家整体推进城镇一体化发展总要求，各集镇也发生了很大变化，新建住宅小区也日益增多，质量也越来越高，配套设施越来越全，并且实行了物业管理和保安等制度。初步形成了各集镇住宅小区布局合理，基础功能完善的住宅小区。截至2013年12月底，各集镇共建住宅小区建筑面积497.50万平方米。

2013年句容市集镇住宅小区情况一览

表7-3-2

序号	小区名称	地址	建筑面积(万平方米)	户数(户)
1	山城美景	宝华镇	5.17	219
2	阳光新街坊	宝华镇	11.47	417
3	恒大雅苑	宝华镇	1.09	1090
4	仙林翠谷	宝华镇	19.47	722
5	汤山鎏园	宝华镇	2.65	216
6	东紫园	宝华镇	4.93	195
7	大山地花园	宝华镇	12.05	295
8	香山壹境	宝华镇	24.44	878
9	锦龙逸山苑	宝华镇	0.74	16
10	仙东理想家园	宝华镇	6.30	778
11	仙林悦城	宝华镇	109.18	9471
12	恒大雅苑	宝华镇	35	3169
13	蜀泰花园	下蜀镇	5.50	450
14	阅江花园	下蜀镇	3	324
15	康泰花苑	下蜀镇	2.32	248
16	蜀地森林生态园	下蜀镇	3.30	590
17	官港金街	下蜀镇	7.30	142
18	临港星城	下蜀镇	4.57	420
19	东方维罗纳	茅山镇	2.18	77
20	美加.东部假日	茅山镇	3	220
21	卢瓦尔郡	茅山镇	3.10	120
22	松鹤居	茅山镇	1.20	72
23	林枫墨庄	茅山镇	8.41	926
24	鸿德紫谷	茅山镇	1.55	147
25	竹梧园	茅山镇	1.03	35
26	万福山庄	茅山镇	1.04	51
27	仑山湖度假村	边城镇	5.60	253
28	世外边城	边城镇	4.43	111
29	金陵·福满苑	郭庄镇	1.23	129
30	普罗旺斯	郭庄镇	4	180
31	广源商住楼	郭庄镇	0.36	40
32	红山苑	郭庄镇	0.42	14
33	兰草天地	天王镇	5	240
34	天和园	天王镇	3.20	320

2013年句容市集镇住宅小区情况一览

续表7-3-2

序号	小区名称	地址	建筑面积(万平方米)	户数(户)
35	东府小区	天王镇	2.16	204
36	小康花园	后白镇	1.22	122
37	绿源雅居	后白镇	1.24	60
38	商贸园	后白镇	2.36	287
39	兔东小区	白兔镇	4.40	313
40	中心嘉园	白兔镇	0.51	47
41	宝华花园☆	宝华镇	32	3036
42	凤坛花园☆	宝华镇	25.30	3072
43	富春新苑☆	春城集镇北面	8.78	720
44	浦西花园☆	天王镇	35.90	3720
45	福源小区☆	后白集镇东边	33.68	2660
46	长江花园☆	下蜀镇	20	1652
47	康居花园☆	郭庄镇	13.55	1536
48	富民公寓☆	后白镇	3.10	314
49	花山人家☆	宝华镇	7.72	660
50	朝阳村☆	郭庄镇	1.35	120
合　计			497.50	41098

说明：带“☆”符号为安置住宅小区

第三节　小区物业

一、物业管理

句容市的物业行业发展经历了从无到有、从小到大的发展过程。1995年，市房管处成立句容市房产物业管理公司，主要管理房改房。2001年，为实现房产管理专业化、服务社会化、经营市场化的房管新机制，以及给房屋使用人提供整洁、文明、安全、方便的使用环境，市政府印发《句容市市区住宅共用部位设施、设备维修基金管理暂行办法》。丹桂公寓是句容市第一个实施物业管理的小区，市房管部门以此为契机，以服务为宗旨，首先将房屋售后服务纳入物业管理轨道，为实现全市小区物业管理工作奠定了良好的基础，并取得了明显的社会效益和经济效益。自此，句容市的物业管理走向有序轨道。2003年，句容市房地产管理处增设物业管理科。此后，市内陆续成立多家物业管理公司。2005年，为了进一步规范物业管理市场行为，防止恶性竞争，句容率先在镇江区域内实施物业招投标工作，使全市物业管理工作更加规范化。同时，市建设局制定《句容市物业管理招标投标实施细则》，并成立物业管理招投标工作机构（简称：物业招投标办公室）。是年，市建设局、物价局联合制定《句容市物业服务收费管理暂行办法》。2007年，市建设局、财政局制定《维修基金使用管理暂行办法》。2009年，为了加强和规范全市物业管理，理顺监管机制和优化运行机制，改善人居环境，提升物业管理水平。市政府印发《关于加强物业管理工作的意见》《句容市物业服务企业履约保证金实行办法》《句容市物业服务收费管理办法》补充规定，以及《句容市住宅共用部位共用设施、设备维修资金使用暂行办法》。2010 年,镇江市政府下发《镇江市物业管理实施细则》。是年,根据文件精神和全市实际情况,句容市政府印发《句容市住宅共用部位共用设施维修基金管理和使用暂行办法》和《关于加强物业管理工作的意见》以及《物业服务考核细则》。2013 年,句容市委印发《关于党员干部带头维护物业管理秩序的通知》;并成立了物业管理行业协会,物业管理作为新兴的服务业得到迅速发展。截至 2013 年年底,全市共有物业服务企业 69 家,其中国家一级资质 7 家(外地),省二级资质 12 家(外地 8 家,句容 4 家),三级资质 50 家(外地 7 家),共管理全市 145 个小区,面积近 900 万平方米。物业管理科共对 70 多个小区物业公司的管理进行考核,市区有 33 个小区成立了业主委员会,从而使物业管理更加规范。全市新建小区物管覆盖率达到 100%,新建项目前期物业管理招标率达 100%。累计收缴维修基金 19919.50 万元,累计支出维修基金 577 万元。

二、物业托管

起初,句容物业入驻小区是由开发商或施工企业联系负责,后来小区成立业主委员会,则由其选聘物业公司对小区业主提供服务。服务内容通常有环境卫生、绿化养护、安全保卫和设施维修等。收费以单位面积计算,根据服务项目的设置,从每平方米 0.35 元/年至 1.90 元/年不等。随着商品房开发市场的不断升温,小区迅速增多。新的物业服务企业如雨后春笋般相继成立,物业管理行业发展已初具规模。截至 2013 年 12 月底,全市物业从业人员近 3300 人,涵盖了住宅小区(办公楼)和商业区(广场)等多种物业托管。

2013 年句容市小区物业托管情况一览

表 7-3-3　　单位：平方米

企业名称	企业资质	管理项目	项目地址	托管面积
句容市三龙物业	三级	华阳名街	建设路	18000
		聚和园	北环路	90000
句容市万宏物业公司	三级	万宏天源城	华阳南路	120632
句容市温州商贸城有限公司	三级	温州商贸城	西门	78000
南京慧韬物业公司	一级	碧水铭苑	北环路	164200
句容市惠民物业公司	三级	春晖苑	北环路	19806
		锦绣句容	华阳北路	70000
		静沁园	宁杭路	16497
		千秋府邸	南工路	22650
		明豪华庭	华阳南路	84500
		状元新村	宁杭路	24351
		东方维罗纳	茅山镇	21777
		太阳星城	西环路	74000
句容市平安物业公司	三级	栖凤苑	西环路	24000
		一品佳园	华阳西路	12700
		金水湾	文昌南路	70000
		蜀泰花园	下蜀镇	55000
		阅江花园	下蜀镇	30000
昆山烨德物业公司	二级	领秀星城	华阳北路	200000

2013 年句容市小区物业托管情况一览

续表 7－3－3 单位：平方米

企业名称	企业资质	管理项目	项目地址	托管面积
句容华嘉物业公司	三级	英伦印象	开发区	85000
句容环城物业公司	三级	润景美邻苑	东昌路	144000
		银河湾	河滨南路	8102
		润景颐和苑	东昌路	27000
		新华家园	宁杭路	21000
		杉林园	河滨南路	29000
		崇明雅居	东昌路	35000
		朝阳家园	河滨路	29000
句容市华阳社区物业公司	三级	阳光花园	宁杭路	54100
		时代逸居	句蜀路	47000
		水岸名居	河滨南路	27000
		东门水岸	东门	15000
		步步高现代城	宁杭路	45000
		千禧小区	华阳北路	15000
南门市场物业公司	三级	金色家园	宁杭路	20958
		南门市场	宁杭路	7987
句容市立英物业司	三级	欧景家园	东门	5987
句容市立英物业司	三级	嘉盛花园	镇句路	7784
		美家福邸	东门	47897
		上海公寓	句卓路	29980
句容市鑫盛物业公司	三级	帕缇亚广场	人民路	58000
句容万和物业公司	三级	国际花园	北环路	93000
		东方华城	东昌路	140000
		康泰花苑	下蜀镇	23200
		三鸿雅居	宁杭路	16000
句容佳禾物业公司	三级	哈佛星城	东昌路	120000
句容华阳物业公司	三级	华阳名府	华阳东路	15032
		名府公寓	华阳东路	4682
		句容装饰城	华阳东路	39964
		晴园公寓	宁杭路	13524
		都市晴园	华阳东路	212524

2013 年句容市小区物业托管情况一览

续表 7－3－3　　　　单位：平方米

企业名称	企业资质	管理项目	项目地址	托管面积
句容市银鹏物业公司	三级	恒容家园	中山路	10000
		银鹏家园	建设路	30000
		西湖美景	人民路	5961
		儒香苑	人民路	16000
		西关综合楼	人民路	15000
		学府雅苑	文昌路	24000
		南风苑	华阳南路	61400
		福地花园	学府路	135000
句容市友联物业公司	三级	凤凰花园	华阳南路	48000
		苏南商贸城	西门	26000
		新家园	华阳南路	39000
		华城美景	南工路	34000
南京物华物业公司	三级	维也纳花园	句蜀路	70000
金润地产物业管理公司	三级	香江丽景	句卓路	170000
句容市房地产物业公司	三级	紫荆花园	华阳南路	51000
		中山公寓	中山路	13000
江苏天祥物业	二级	富豪国际星城	华阳东路	19700
		北大公寓	人民路	11000
		水畔御景	句蜀路	20000
		华西大厦	洪武路	3500
		金城沁园	华阳南路	12000
		大自然花园	河滨南路	63000
		西苑楼	西门	5700
句容鸿基物业公司	三级	银河之都	华阳镇	23585
		上书房	华阳镇	61970
		官港金街	下蜀镇	73000
句容边城物业公司	三级	仑山湖渡假村	边城镇	56000
句容蓝宇物业公司	三级	阳光新街坊	宝华镇	114708
南京美加物业管理公司	三级	美加. 东部假日	句茅路	30000
深圳集团物业管理公司	一级	宝邸公寓	宝华镇	120480
南京开元物业管理公司	二级	香山壹境	宝华镇	244400
腾龙投资物业管理公司	三级	松鹤居	茅山镇	12000
		林枫墨庄	茅山镇	84109
珠海葆力物业	一级	台北上上城	华阳北路	90453

2013 年句容市小区物业托管情况一览

续表 7－3－3　　　　单位：平方米

企业名称	企业资质	管理项目	项目地址	托管面积
建达酒店物业	三级	鸿德紫谷	茅山镇	15516
南京名城物业	一级	德院上城	开发区	80000
椒江中房物业	三级	卢瓦尔郡	句茅路	31000
句容市建中置业物业公司	三级	御东国际	华阳镇	454787
		江苏商贸城	宁杭路	23460
广东碧桂园物业有限公司	一级	碧桂园	开发区	1030668
江苏佘坤物业公司	二级	世茂花园	开发区	600000
句容馨园物业公司	三级	河滨佳园	河滨南路	240000
句容市东兴物业公司	三级	御湖枫景	东昌路	95000
崇华综合服务物业公司	三级	电力调度	宁杭路	7690
句容市安信物业公司	三级	移动大厦	华阳西路	6000
		电信大厦	华阳北路	4000
		人寿大厦	华阳西路	15000
南京舜信置业顾问公司	三级	竹梧园	茅山镇	10300
句容恒伟物业	三级	临港星城	下蜀镇	45700
南京越商物业	三级	锦龙逸山苑	宝华镇	7400
恒大金碧物业	一级	恒大雅苑	宝华镇	10948
南京慧韬物业	一级	东紫园	宝华镇	49272
南京永瑞物业	三级	汤山鎏园	宝华镇	26512
句容华嘉物业	三级	安城御园	句卓路	40000
南京延和物业	三级	普罗旺斯	郭庄镇	40000
南京奥德物业	三级	天悦容城	开发区	72714
句容市民信物业公司	三级	台湾小镇	宁杭路	72000
江苏新湖物业管理公司	二级	仙林翠谷	宝华镇	194722

三、小区选介

1. 国际花园

句容国际花园位于句容市华阳北路延伸段，南邻曙光国际大酒店，东为句容实验高级中学，地理环境优越，交通便捷。小区总建筑面积约 12 万平方米，多层住宅面积约 10 万平方米，营业用房面积 0.54 万平方米，幼儿园及物业 0.12 万平方米，别墅 1 万平方米，小区内绿树成荫，绿化覆盖率 37%，景观水面 0.15 万多平方米。已交付 824 户，约 7.80 万平方米，公共露天车位 472 个、汽车库 284 个。小区配备弱电系统，楼宇可视对讲及住房预警电子设备、周边报警设置、闭路电视监控配置。小区由句容市万和物业公司管理。

2. 紫荆花园

紫荆花园坐落在华阳南路中段，是句容市政府 2001 年华阳南路二期拆迁改造的居民安置小区，是市政府为民办实事的民心工程。小区占地面积 4.67 万平方米，建筑面积 6 万平方米，住宅 16 幢，住户 536 户，绿化面积达45%,房屋整体结构为欧洲风格,是一个智能化全封闭的物业小区。2003年被评为“镇江市优秀住宅小区”,被句容市委市政府评为“文明小区”,被句容市综治委评为“平安创建先进单位”,2004年被江苏省建设厅评为“省优秀住宅小区”,被镇江市委市政府评为“文明小区”,被句容市政府评为“平安创建有功单位”,受到了社会各界的广泛好评。小区由句容市房产物业公司管理。

3. 都市晴园

都市晴园位于城区华阳东路,总占地面积为15.80万平方米,建筑面积20万平方米。是全市规模较大、配套设施较为完善的住宅小区。小区内设有幼儿园,小区的管理水平广受业主好评。2008年被评为“镇江市园林式居住小区”。2012年被评为“镇江市优秀住宅小区”。小区由句容市华阳物业公司管理。

4. 万宏天源城

万宏天源城位于句容市南大街西侧,总建筑面积12.06万平方米,一期为9幢多层住宅楼,二期为2幢商住楼和6幢小高层,总户数约1160户,居住人数达3500人左右,拥有大型地下停车场,面积约1万平方米,配套汽车位达300个,小区以建造绿色生态为基点,受到了广大业主及社会各界的广泛好评。小区是由万宏物业公司管理。

5. 香江丽景

香江丽景位于句容市崇明路崇明小学对面,总建筑面积约17万平方米,由5幢多层、6幢小高层和6幢高层组成,1239套住宅,174间商铺,绿化覆盖率达40%,容积率为2.60,共分为四期开发建设。一期于2013年8月底建成,并已交付使用。小区由金润地产物业管理公司管理。

6. 世茂花园

世茂花园位于句容市开发区崇明路北侧,项目总投资约30亿元,总占地面积近60万平方米,由29幢11~33层的小高层和高层组成。小区内及周边配套设施齐全,有实验小学世茂分校、幼儿园、大型超市、商业街,可满足广大业主的日常生活所需。小区内配建近2万平方米的中央水景公园和占地约为75亩的世茂文化公园,小区绿化覆盖率达30%。小区由江苏余坤物业有限公司管理。2011年被评为“镇江市优秀物业服务企业”,2012年被评为“江苏省优秀住宅小区”和“镇江市物业管理行业先进集体”。

7. 御东国际

御东国际位于句容市政府重点打造的南部新城,项目地处东昌南路和河滨南路的交汇处。项目总建筑面积近120万平方米,由1期、2期、3期、4期、5期地块组成。面积从70平方米的经济两房至200平方米的豪华四房。项目内部景观以园林的风格来打造,拥有三大组团设计,中心景观带有2000平方米,东西两侧各有一个主题景观区,最大限度地利用了宅间空间。此外还拥有1000平方米游泳池、3层大型超市、羽毛球场、健身广场、儿童游乐广场、休闲会所等户内外设施,满足了业主的观赏、休憩、休闲需求。车辆驶入小区后全部进入地下,大大减少了地面道路的空间,有效的增大了绿化空间。真正地实现了一步一景,户户开窗见景。小区外公园的美景、小区内部景观、室内环境三者完美的融为一体,让业主感觉生活在公园中一样。在产品设计上运用了门廊、网格窗、立柱等 英式建筑的设计元素。立面选用了干挂大理石,劈开砖加高级外墙涂料。低调而不失华贵。还选用了知名电梯品牌电梯,它是整个句容造价最高品质最好的电梯。在安全管理上小区的外部防范采取了周界报警、红外对射等安防设备,小区的内部公共空间使用了视频监控系统、楼宇对讲系统、电子巡更系统、车辆出入系统、小区公共广播、机房监控中心等。在业主的内部私人空间使用了家庭紧急报警系统等。

8. 碧桂园凤凰城

碧桂园凤凰城位于句容市开发区(原黄梅镇)省122省道北侧,一期占地总面积约255亩,建筑面积80多万平方米,其中住宅部分建筑面积约54万平方米。由22幢19~30层高档住宅组成,既有洋房、公寓,又有空中别墅、超豪美墅,面积从47平方米到630平方米不等。配置精装、豪华级、顶级等不同装修标准。该期规划产品类型丰富,高层洋房、类美墅、尊豪美墅等众多产品可供选择,全方位满足首次置业、改善型置业及投资性置业等多方面需求。法式高尚建筑风格，欧洲新古典主义；底层裙楼干挂石材，整体建筑面砖运用，角线、浮雕、雕花门檐、欧式雕花花盆，同时，底层架空设计，营造了无遮挡的透视景观。凤凰城打造欧式主题景观，将欧洲古典音乐系和谐融入景观设计中。其中一中心一街一大公园三大组团的景观构造，以音乐文化中心为景观轴线，同时以音乐主题元素（如乐器灯箱，音乐情景雕塑、露天音乐表演等）为基调。而以古典世家、浪漫花园、印象绿洲打造的三大组团，分别将适当的比例，自然平衡的原则，融入景观设计中。凤凰城将拥有一站式的完善配套，从五星级酒店、教育配套、交通系统、大型综合商业等一站式生活配套综合体、欧式音乐主题生态社区景观打造、居住氛围、空间规划到居家空间的装修标准。

9．维也纳花园

维也纳花园位于句容市城区北部新城核心，福地路南侧。是由长江路、北一东路（规划中）、福地路、学府路围合而成。距市中心约5分钟车程，距南京市区30分钟车程。属未来高尚居住聚集地，项目建筑以欧式为主格调，区内保留原生态林园、自然缓坡、天然水系等，自然景观优美。项目占地210亩，总建筑面积约28万平方米，容积率1.52，日照系数1.37，绿地率40%。小区内规划有多层、小高层、高层、叠加洋房、标准双语幼儿园、高档会所等多种物业类型。项目宏伟瑰丽、富贵典雅的欧式建筑风格，精雕细刻的建筑细节，浓重的艺术色彩铸就了不可复制的居住品位。维也纳花园园林景观将世界音乐之都奥地利——维也纳的音乐元素引入社区，建有六大主题音乐景观带：音乐中心广场、将军广场、施特劳斯广场、贝多芬广场以及风情步行街、景观游泳池等，是句容唯一纯正的欧式风情社区。维也纳花园由享有盛誉的实力品牌企业——意大利时代集团所属江苏句容时代置业有限公司倾力打造。

10．哈佛星城

哈佛星城位于句容市东北，东临东昌路、南面崇明路，北靠江苏省句容高级中学，总建筑面积达26万平方米，四方融合，营造出和谐整体的完美环境景观造景，精雕细琢爱因斯坦长廊、居里水景园、伽利略花园、阿基米德水廊、达尔文生态园等10余处缤纷主题景观。产品规划多层、小高层、叠加，双拼独栋别墅，沿街商铺等多种产品，高科技智能化安全监控系统，与世界同步美化生活。

第四章　房产管理

民国时期,县公房公产均由公款公产管理处管理。地方公产则由商会、同业公会、寺庙、宗祠等产权单位管理。中华人民共和国成立后,公房公产由县财委统一管理。“文化大革命”期间,部分私人住房受到挤占,使房产管理陷入混乱,致使后来用数年时间落实房产政策。尔后又成立房管所,对公房实行“以租养房”和“充分利用、加强维护、逐步改造”的专职管理,并且建立了公房管理、使用、租赁办法,制定了私房审建、买卖、出租等管理规定。初步建立了房管秩序和社会主义公有制在公房中的主体地位,使房产管理逐步法制化。

中共十一届三中全会以后,国家颁布了一系列房管政策,房产事业开始振兴,综合开发初见成效,经营机制初步建立,行政管理不断加强。1989 年,开始房屋所有权登记发证,加强了房屋产权产籍管理。对全县直管公房进行清理和整顿,加强了公房的租赁管理。1995 年,市房管处重新制定了公房管理、使用、租赁办法和私房审建、买卖等管理规定。后随着住房制度改革的不断深入,又加强了房产交易、房屋租金、公房维修等方面的管理,同时建立句容市房产物业管理公司,实行房产综合管理。2001—2013 年,各部门、各行业、各区域协同合作,搞好房屋建设,落实国家契税征收政策规定,加强房屋产权登记发证和买卖管理及白蚁防治工作,提高了房产管理的综合能力。

第一节　公房管理

一、机构

民国期间,县设造产委员会,清理各级管辖内公有款产。民国 35 年(1946 年)9 月,县政府设公产公款管理处(简称款产处)管理全县财政、公房租赁制度。中华人民共和国成立后,县人民政府总务科接管;1949 年 11 月,成立公产管理科。1950 年 8 月,县设公产管理组(先后隶属县政府总务科、财政科、财粮科、财委)。1958 年,县成立财政局,县公产组划归财政局下设房地产管理科。1978 年 12 月,原句容县财政局公产管理组更名为句容县房地产管理所(简称房管所),隶属建设局。1991 年 12 月,县房地产管理所更名为县房地产管理处。1995 年,句容撤县设市,句容县房地产管理处更名为句容市房地产管理处。2009 年 7 月,句容市房地产管理处更名为句容市房产管理局,隶属市政府。

2010 年 5 月,句容市房产管理局更名为句容市房产业发展服务中心,隶属市住建局。至 2013 年年底,共有职工 115 人,机构设置有办公室、财务科、房管科、租赁科、物业管理科、档案科、安全鉴定科、办证交易中心、物业招投标中心、测绘队。

二、管理

民国 38 年(1949 年)5 月,句容县人民政府接管了旧政权机关办公设施及各类公房。是年 11 月,成立公产管理科,管理公房。乡村集镇公房,由所在乡政府及行政村兼管,农会代管。1950 年 8 月,县设公产组,对公学款产(包括田地、房产、基地等),不论其产权原属旧政权有或系地方公产,概由学校造具清册,将产权凭证等项移交县政府公产部门统一管理。是年,机关公房由机关行政部门直接管理,其余所有公房由公产组管理,并对租用公房户发放使用证。1952年公产组直管公房0.23万平方米,行政机关自管公房3.80万平方米。县工商联也管理一部分公房。1953年,公房租金列为特种资金管理,做到"以租养房"即维修保养,适当翻新公房。1955年,城镇公房2244.50间、出租1127间,月租金0.19万元,年收入2.33万元。1957年,变更房产权属由公产组负责。是年,工商联所管的公房交公产组管理。1976年公房有楼房307间,平房2174间82厢,面积5.89万平方米,其中城镇5.18万平方米,乡镇0.72万平方米。

1977年,首次对全县公产组直管公房进行普查,对住户核发公房租赁使用证。同时,对天王、下蜀、郭庄、葛村等4个集镇0.72万平方米的公房进行登记造册。1984年,第二次对房管所直管公房进行普查,测量绘图,建立档案。翌年5月,对湾山煤矿、句东农场、暨南农场、小茅山陶瓷厂、桥头行政干校等省市驻句容单位和有关驻军及县城的所有公房进行普查,登记造册。句容直管的公房,大部分是中华人民共和国初期没收接管的房屋。1985年,县房管所直管公房6.22万平方米,其他全民单位有公房47.27万平方米,集体单位公房19.32万平方米,驻句容8个县团级以上单位的公房31.73万平方米。1986年,试行推广购买有限产权房。1989年,根据江苏省政府苏政发(〔1986〕88号)文件规定,对全县的"空关房"(即承租房者本人实际未居住的公房),尤其是对高价转租的公房进行清查。是年,开始房屋所有权登记发证,率先对各企事业单位公房进行登记。至1991年,直管公房、企事业单位和省市驻句容单位公房基本登记完毕。1993年县政府公布《句容县住房制度改革方案》,机关工作人员住房保障开始向商品化方向发展。1997年,鼓励机关工作人员购买本单位公房,全市开始实施公房出售。房产部门管理的成套房和单位自管房(居住用房),除一些不宜出售的以外,均向有购房意愿的原住户出售。2008年房管部门的直管公房大量减少,除少量未拆迁改造老民宅住宅区外,其余均拆迁改造过。至2013年年底,尚有政府直管公房2.22万平方米,其中住宅227套,面积0.68万平方米;门市房41间,面积1.07万平方米;办公用房5处,面积0.47万平方米。

三、修缮

句容县的公房,部分建于清代,年久失修。民国时期,公房维修由使用者自理。中华人民共和国成立后,县城公房维修由公产组负责修缮,1953—1958年,实行"租金保养,适当翻新"的原则,翻建一些危房。1954年,财政拨款7000元翻建东大街公房6间作新华书店,民住公房中的危(破)房实行以租金保养房屋。1959—1961年,以"不倒不漏,居住安全"为原则进行公房维修。1962年,维修709间,维修费1.99万元。1964年,维修756间,翻建804平方米,造价2.74万元。1970年以后,县城公房维修主要依靠房管所组织的"房产修建队"。是年,维修642间,新建楼房3幢,面积0.41万平方米。1969—1985年年底,财政部门共拨维修公房专款125.01万元。1980—1985年期间,维修公房1739间,油漆装潢市面房198间。其中,1983年,抗震加固楼房6幢,面积6600平方米,上级专项拨款11.50万元。1988年,对公房修缮进行改革,将城镇4.70万平方米住宅房的中小修工程交给房管科修缮队承包修缮。全年维修面积2.70万平方米,维修费4.40万元。1992年,完成城区南堂巷18号住宅楼共1200平方米房屋和第一百货商店营业楼的抗震加固工程。2011年维修面积0.13万平方米,维修费39万元。2012年维修面积0.06万平方米,维修费19万元。2013年维修面积0.07万平方米,维修费20万元。

第二节　房产缴税(费)与办证

一、税(费)

清末民初,县内按省规定,契约税率为卖契中田房价的5%。国民政府成立后,契税收入由中央划归地方(省)。民国初,将契税改称为不动产转移税,买契税20‰、典契税15‰、押契税6‰。民国4年

(1915 年)起,改为卖契 6%、典契 3%,后改为卖契 4%、典契 2% 征收。除契税正税外,另征县及市、乡附税,税率为卖契 9%、典契 6%。民国 23 年(1934 年)5 月起,减为卖契 6%、典契 3%。民国 34 年(1945 年)后,国民政府对抗日战争期间制定的《契税条例》作了修正,契税分为卖契、典契、交换契、分割契,税率为 2%。民国 35 年(1946 年)句容契税收入为 2527.86 万元(法币);民国 36 年(1947 年)契税收入为 31847.90 万元(法币)。

中华人民共和国成立后,土地归国家和集体所有,契税征收范围仅限于房产。政务院于 1950 年 1 月颁布《契税暂行条例》,规定卖契、典契、赠与契、交换契、分割契、建筑契、继承契等 7 个税种,税率为 6%。1952 年,县人民政府财政科设契税室,办理契税工作,凡新建房屋缴验地契或租约后,免税发给建筑契;凡继承、分割已税房地产,将原契及有关证件验收后,免税换新契。是年契税收入为 0.77 万元。1953 年契税收入为 1.45 万元。1954 年 6 月 1 日,政务院修订《契税暂行条例》,税率不变。卖契的计税为买价,税率为 6%;典契的计税为典价,税率为 3%;交换契的计税为差价,税率为 6%;赠与契的计税为现价值,税率为 6%。当年契税收入为0.69万元。1955 年契税收入为 0.11 万元。"文化大革命"期间,曾一度停止房地产买卖业务。1978 年后,恢复房地产买卖,按章纳税。是年,句容县政府规定县房地产管理所征收契税。1982 年 6 月,省财政厅为恢复契税征收工作重新颁发执行 1954 年修订的《契税暂行条例》,但当时房地产买卖数量有限,故"七五"期间(1986—1990)契税收入甚少。1986 年起,契税由税务局征收;10 月,在县城、建制乡镇和工矿区开征。原城市房地产税仅适用于外商投资企业。对单位和个人自有的生产经营用房按账面一次性扣除 30% 的余价从价征收,税率为 1.20%;对出租房按每次租金收入从租计征,税率为 12 %;对机关、部队、团体和财政拨款的事业单位的自用房以及宗教寺庙、公园、名胜古迹和个人的自住房免税。至 1993 年,县内税款由税务局征收(国税、地税未分开前)。90 年代后,房屋买卖渐趋活跃,镇江市政府办公室于 1992 年 12 月颁发了《关于加强契税征收管理工作的通知》。1995 年 10 月,镇江市政府印发《镇江市契税征收管理暂行规定》,规定契税由财政局征收。2004 年 10 月,国家税务总局印发《关于征收机关直接征收契税的通知》,规定契税 2005 年起,由税务局征收。2008 年,税务局密切与市房管部门配合,推进房地产税收一体化管理,并派员与房产交易部门联合办公,为房屋买卖提供"一条龙"服务,房产税征收有较快增长。截至 2013 年 12 月底,句容市共征收房产税 22502.70 万元。(执行契税率为 90 平方米以下为 1%,144 平方米以下 1.50%,144 以上为 3%,未满五年营业税 5.55%。)

1986—2013 年句容市(县)房产税征收情况一览

表 7-4-1　　单位:万元

年份	1986	1987	1988	1989	1990	1991	1992	1993	1994	1995	1996	1997	1998	1999
房产税	2.30	16.90	22.30	29.50	35.80	27.20	43.80	64.30	79.70	68	114	167	208	192
年份	2000	2001	2002	2003	2004	2005	2006	2007	2008	2009	2010	2011	2012	2013
房产税	331	258	390	570	387	750	1163	1169	1536	1847	1875.40	2802	3882	4471.50

2008 年 4 月 15 日,国家发改委和财政部印发《国家发展改革委员会、财政部关于规范房屋登记费计费方式和收费标准等有关问题的通知》。规定县级以上房产主管部门收取的房屋登记费属于行政事业性收费。住房登记一套住房为一件,每件 80 元;农民利用宅基地的住房登记不收取房屋登记费,只收取房屋权属证书工本费 10 元;非住房登记的房屋权利人按规定申请并完成一次登记的为 1 件,每件为 550 元。(房屋登记收费标准中含房屋权属证书费)。2008—2013 年,全市共收取房屋登记费 4478.65 万元。

2008—2013 年句容市收取房屋登记费情况一览

表 7 - 4 - 2　　　　单位：万元

年份	2008	2009	2010	2011	2012	2013
登记费	645.30	1148.62	625.89	614.78	551.88	892.18

二、房产登记办证

1. 国有土地上的房屋办证

民国时期，百姓饱受战争离乱、官府强征暴敛和统治阶级剥削之苦，买卖房地产尤甚。民间私房买卖，宅地随房一并买卖，以契约为证。买卖双方所订立的契约称“白契”，不作正式凭证。买卖双方需持白契到官府填写契纸、交官查验、纳税、盖印等程序后，方能生效，此契称作“官契”，亦称为“红契”。内容大致包括买卖双方姓名和房屋坐落、权属、屋式、结构、产价及其他约定的事项。此法沿至中华人民共和国成立初期，内容格式无多大变化。

中华人民共和国成立初期，房产买卖渐少。1956 年农业合作化后，土地属国家和集体所有，私房买卖仅交易房屋及其房地的使用权。1978 年，句容县房地产管理所成立(简称房管所)。政府规定城区单位和个人租赁或买卖房屋须通过县房管所办理契税征收鉴证和换契过户等手续，县房管所负责签发房地产所有权证，受国家法律保护。1987 年 11 月，《句容县房屋产权、土地使用权登记发(换)证实施办法》执行。1989 年 6 月，成立句容县房地产登记发证办公室，开始房屋所有权登记发(换)证工作。具体行使政府对房地产交易的管理，规定一切房屋产权交易应到房产管理部门办理登记、签证、立契、过户等手续；禁止私自买卖、倒买倒卖和隐价瞒价等违法活动；对房产交易实行价格评估制度。按国家规定的技术标准和评估程序，以基准地价、标定地价和各类房屋的重置作为基础，参照当地市场价格进行公正、公平、公开的原则评估并实行房地产成交价格申报制度。全县率先对各企事业单位公房进行登记。至 1991 年 5 月，句容县属企事业单位以及驻句容省市单位共 634 个，已申请登记 599 个，面积 243.49 万平方米；已发证 587 个，面积 221.35 万平方米，私房应登记 33861 户，已登记 3258 户，已发证 3058 户；直管公房 6.21 万平方米，已登记 6 万平方米，已发证 4.75 万平方米。是年年底，直管公房、企事业单位和省市驻句容单位公房基本登记完毕。经过句容县发证办公室考核，达到合格水平。

图 7-6　房产办证大厅

2002 年 1 月起，句容市房产交易和登记发证全部实行电脑化管理。截至 2013 年 12 月 31 日，全市房产交易累计 110001 件，其中存量房 20522 件，增量房 46641 件，房产预告登记 42838 件；另为房产抵押办理他项权登记累计 48775 件。

2. 集体土地上的房屋办证

根据国务院办公厅 1999 年《关于加强土地转让管理严禁炒卖土地的通知》的规定：农民的住宅不得向城市居民出售。集体土地上的房屋不得随意转让，但买卖双方是本行政村村民的、分家析产、遗产继承、离婚析产所得除外，均应办理宅基地使用权变更登记，再办理房屋所有权转移登记。全市农村集体土地上的房屋申请登记应首先到各镇村镇建设管理所申请并提供相关材料。由建管所统一核实上报句容市房产业发展服务中心，公告期满，无异议，给予发证。早期的农村集体土地上的房屋由于建造手续大多不全，因此，到市房产中心办理产权登记的较少。近年来新建的房屋手续齐全，同时，随着老百姓法制意识的加强，申请登记的业务量较以前有所增加。

第三节　白蚁防治

一、蚁害

句容位于长江中下游，雨量充沛，气候湿润，地表植被丰富葱郁，自然条件非常有利于白蚁的繁殖，一直是房屋遭受白蚁侵蚀的多发区和重害区。中华人民共和国成立后，县内多处发现白蚁危害，其蚁种为土楼白蚁、散白蚁和家白蚁等蚁种，散白蚁又分为黄胸白蚁和黑胸白蚁，较为常见，且危害面积大。到2013年，白蚁危害发现处有：句容城区部分民居、华阳中心小学、第二中学、市财政局大楼、劳动局办公楼、公安局办公楼、邮电局办公楼、国土局办公楼、直管公房、葛仙湖公园、市高级中学、市各大银行等。此外，73045部队营房、句东劳教所、江苏省未成年管教所、宝华山隆昌寺、茅山道院顶宫和印宫、龙潭监狱、边城监狱、大卓中学等处，农村一些民房白蚁危害较为突出。

二、机构

1992年，成立句容县白蚁防治组，配备7名专业人员。1994年7月，成立句容县白蚁防治所，人员增至20人。2002年3月，句容市白蚁防治所获江苏省建设厅授予的二级防治资质证书。2005年和2008年两次荣获江苏省白蚁防治先进集体。2009—2013年，连续四次荣获江苏省白蚁防治先进集体；连续五次荣获中国物业管理协会白蚁防治先进单位。2013年7月被评为中国物业协会白蚁防治委员会三级单位。至2013年年末，白蚁防治所先后组织了8次白蚁防治技术人员培训，其中技师6名、高级工1名、中级工13名，学习专业知识和操作技能。

三、普查

1992年县白蚁防治组为加大白蚁防治力度，前后选派技术人员赴南京、镇江等地进行专业培训，学习白蚁防治专业知识。1999年，为使白蚁防治工作被人们所认识，白蚁防治所首先在句容电视台、电台，对白蚁防治的必要性、长期性和蚁患的严重性进行广泛宣传。之后又在句容快报、公共场所多媒体显示屏、社区宣传栏等媒介宣传白蚁危害的有关知识。且常年设置专栏，对白蚁的生活习性、蚁害高峰期、隐蔽的群栖场所等进行多方位宣传，做到家喻户晓。此外，还多次在便民超市附近、新世纪广场、茅山等地举行咨询服务活动，并派专人发放白蚁危害及防治宣传单。与此同时，在广泛宣传的基础上，于1995年起对全市重点部位进行蚁害普查。普查方法采取专职队伍检查与群众自查相结合。1995年，对林场普查11户，风景区2户，水库7座，民房1.10万平方米。2000年，对宝华山隆昌寺进行全面白蚁危害普查，发现有大面积白蚁危害情况。2001年，对全市范围内的中小学教室、校舍、广场等处进行白蚁危害普查，面积10万平方米。对存在白蚁危害的单位，写出书面调查报告给地方政府。2002年，对茅山风景区内茅山道院建筑进行白蚁危害普查，在顶宫、印宫发现有大面积白蚁危害情况。2005年，对市直管公房进行白蚁危害普查，约300余户，面积1万平方米。2008年，对葛仙湖公园内所有景观树进行白蚁危害普查，发现受白蚁侵害的树木约200棵。2009年，对茅山顶宫进行全面白蚁危害普查，在二圣殿、餐厅等处发现大面积白蚁危害，面积为600平方米。2010年，对句容市第二中学进行白蚁危害普查，发现古树（银杏、香樟）受白蚁侵害共12棵。2011年，对市区道路两边树木进行白蚁危害普查，发现玉清路上的香樟树受白蚁侵害，其中危害严重的约60棵。是年，对江苏省女子监狱进行白蚁危害普查，发现监狱区内绿化树木有大面积危害，二大队、探视室、办公楼、警官住宅楼、监房等处均有白蚁危害情况，面积达近万平方米。2012 年，对大卓中学内多功能教室、办公楼、宿舍楼等处进行白蚁危害普查，面积约 4500 平方米。是年，对市区红旗社区、东方红小区（老小区）进行白蚁危害普查，共发现 34 户有白蚁危害存在，面积约 3000 平方米。2013 年，对句容市高级中学进行白蚁危害普查，发现体育馆、图书馆、学生宿舍楼、实验楼均存在白蚁危害情况，面积大约 2 万余平方米。是年，对九华山庄进行了白蚁危害普查，发现山庄内香樟树危害严重，约 300 棵。句容市白蚁防治所对普查中发现的白蚁危害情况，均都进行了药物灭治处理。

四、防治

中华人民共和国成立初期，民间普用水烫、烟熏、烘烤等方法灭治白蚁。1992 年后，采取土法与药物相结合、预防与灭治相结合、防治与打扫卫生相结合的三结合方法灭治白蚁。主要使用氯丹油剂、氨水丹乳化剂、天蚁灵复合剂等药物防治白蚁，有效期达 20 年。2007 年 4 月，国务院批准实施害虫综合治理（简称 IPM）技术，根据国家环保总局与建设部和财政部要求，在 2009 年 5 月前基本淘汰氯丹和灭蚁灵，提倡环保型用药，句容市白蚁防治所防治技术已逐步向（IPM）技术改进，2012 年来已正常运行（IPM）技术。实施白蚁防治的程序一般为现场勘探、制定方式、实施灭治、回访观察。实施白蚁防治一般有：新建建筑物预防，是在基础上用药物喷洒；装潢预防，是在新建房屋的木结构上进行药物处理；后天灭治白蚁，是在蚁害部位进行药物灌注，或用诱杀包进行灭治。截至 2013 年 12 月底，白蚁防治所累计对 1871 个单位进行防治，防治房屋 2173 幢，防治面积 2509 万平方米。

1994—2013 年句容市（县）白蚁防治情况一览

表 7－4－3

年份	防治单位数（个）	防治楼宇数（幢）	防治面积（万平方米）
1994	50	60	18
1995	60	75	20
1996	40	70	10
1997	62	72	12
1998	70	80	22
1999	72	82	26
2000	75	85	50
2001	76	110	55
2002	90	201	75
2003	93	220	90
2004	98	240	93
2005	101	522	107
2006	102	280	113
2007	113	320	126
2008	139	340	121
2009	125	380	180
2010	144	402	200
2011	126	458	400
2012	106	372	280
2013	129	561	511
合计	1871	2173	2509

第八篇 党、政、群团组织与先进表彰

句容县建设行政机构始建于民国年间。中华人民共和国成立后，县政府建设部门职能逐步充实完善。改革开放后，随着城乡建设事业快速发展，为有利于职能作用的发挥，市(县)政府根据其建设、环保、规划、城管、房管等管理范围，从1988年起，对机构设置进行了数次改革。至2010年5月，调整为句容市住房与城乡建设局、句容市环境保护局、句容市规划局、句容市城市管理局等4个政府职能部门(以下简称住建局、环保局、规划局、城管局)。

在建设系统行政机构设立的同时，根据各单位中共党员数量，及时建立党小组、党支部和党委，工会、共青团、妇联等群团组织也先后设立，协助党组织做好工作。自20世纪80年代起，建筑、城管、老年科协等社会团体先后成立，为建设事业服务。

轰轰烈烈的城乡建设事业涌现出一大批先进集体和先进个人。自1949—2013年间，全市(县)共有127个／次部门、单位和203人／次受到地市(厅局)级及以上党政群团组织的表彰。

第一章　党政组织

民国时期，国民政府于民国17年(1928年)成立建设局(三等局)，后改设建设科。句容解放后，县人民政府在首设的10个科局中就有建设科。1959年成立建设局，1961年撤销。1978年设立基建局，1984年基建局与环保局合并，成立句容县城乡建设环境保护局，1988年建设与环保机构分设。进入21世纪，随着城乡建设事业的发展和建设规模的扩大，规划、城管、房管机构独立单设，2010年房管又与建设机构合并。至2013年年底，原大建设系统分设为市住建局、环保局、规划局、城管局。

句容市(县)建设系统中共组织始于1983年，1984年成立党委，对所辖企事业单位党组织和党员进行管理与领导。机关党支部则由县机关党委和建设系统党委双重领导。20世纪90年代末，机关党支部开始由建设局党委单一领导与管理。

第一节　行政机构

一、市住房和城乡建设局

1. 机构沿革

民国38年(1949年)4月，句容县人民政府成立，工作机构中设建设科。1953年建设科与农林科合并为农林建设科。1959年成立建设局。1961年撤销建设局。1978年3月设立基本建设局。1984年3月设立城乡建设环境保护局，1988年11月撤销，同时设立县环境保护局和建设委员会。2001年11月更名为建设局。2009年7月，房管处从建设局分出，单独成立房产管理局，2010年5月房管局与建设局合并，成立住房和城乡建设局。

1949—2013年句容市(县)建设系统行政机构及负责人更迭情况一览

表8－1－1

单位名称	职务	姓名	任职时间	备注
建设科(农林建设科)	科长	时从升	1951年2月—1953年3月	—
		汪德懋	1953年10月—1954年11月	—
	副科长	李兴山	1949年7月—1950年8月	—
		何建堂	1949年11月—1951年2月	—
		齐元璋	1952年9月—1955年2月	—

1949—2013 年句容市(县)建设系统行政机构及负责人更迭情况一览

续表 8-1-1

单位名称	职务	姓名	任职时间	备注
县建设局	局长	梁栋才	1960 年 3 月—1961 年 3 月	兼
	副局长	黄安民	1960 年 3 月—1961 年 1 月	—
		张起挺	1960 年 7 月—1961 年 1 月	—
县基本建设局	局长	徐善友	1978 年 5 月—1984 年 3 月	兼
	副局长	曾世福	1978 年 3 月—1981 年 10 月	—
		任萍	1979 年 8 月—1984 年 3 月	—
		孙良茂	1980 年 12 月—1982 年 2 月	—
		郭敦基	1983 年 3 月—1984 年 3 月	—
		蒋志明	1983 年 5 月—1984 年 3 月	—
县城乡建设环境保护局	局长	徐善友	1984 年 3 月—1984 年 8 月	兼
		胡文凯	1984 年 8 月—1986 年 8 月	—
		经圣淮	1986 年 8 月—1988 年 12 月	—
	副局长	郭敦基	1984 年 3 月—1988 年 11 月	—
		蒋志明	1984 年 3 月—1986 年 7 月	—
		武才子	1986 年 7 月—1988 年 11 月	—
		张长庚	1986 年 7 月—1988 年 11 月	—
市(县)建设委员会	主任	经圣淮	1988 年 12 月—1995 年 7 月	—
		郭道贵	1995 年 7 月—1998 年 1 月	—
		徐之宝	1998 年 1 月—2001 年 11 月	—
	副主任	郭敦基	1988 年 11 月—1992 年 2 月	—
		王和林	1989 年 4 月—1999 年 4 月	—
		谢水火	1990 年 5 月—1992 年 2 月	—
		武才子	1990 年 8 月—1992 年 9 月	—
		刘义生	1992 年 11 月—2001 年 11 月	—
		姚立荣	1992 年 12 月—2001 年 11 月	兼
		唐祖发	1995 年 12 月—1998 年 11 月	—
		丁海云	1996 年 4 月—2001 年 11 月	—
		徐之宝	1997 年 11 月—1998 年 1 月	—
		贡宪章	1997 年 2 月—1998 年 12 月	—
		彭良豪	1998 年 11 月—2001 年 11 月	—
		许守华	1999 年 7 月—2001 年 11 月	—
		孟玉山	1999 年 4 月—2001 年 11 月	—
市建设局	局长	徐之宝	2001 年 11 月—2003 年 1 月	—
		巫罗才	2003 年 1 月—2009 年 7 月	—
		姚华	2009 年 7 月—2010 年 5 月	—

1949—2013 年句容市(县)建设系统行政机构及负责人更迭情况一览

续表 8－1－1

单位名称	职务	姓名	任职时间	备注
市建设局	副局长	刘义生	2001 年 11 月—2006 年 3 月	—
		姚立荣	2001 年 11 月—2003 年 12 月	—
		许守华	2001 年 11 月—2010 年 5 月	—
		丁海云	2001 年 11 月—2007 年 5 月	—
		彭良豪	2001 年 11 月—2003 年 12 月	—
		孟玉山	2001 年 11 月—2003 年 8 月	—
		张远玉	2001 年 3 月—2003 年 8 月	—
		张庆华	2002 年 4 月—2003 年 8 月	—
		丁爱顺	2002 年 4 月—2003 年 12 月	—
		叶向荣	2004 年 12 月—2010 年 5 月	—
		郭敦清	2006 年 3 月—2009 年 7 月	—
		包俊华	2006 年 3 月—2010 年 5 月	—
		杨举	2009 年 7 月—2010 年 5 月	—
		周法祥	2009 年 7 月—2010 年 5 月	—
市房产管理局	局长	包华根	2009 年 7 月—2010 年 5 月	—
市住房和城乡建设局	局长	姚华	2010 年 5 月—2012 年 2 月	—
		陈刚	2012 年 2 月—	—
	副局长	包华根	2010 年 5 月—	—
		包俊华	2010 年 5 月—2012 年 2 月	—
		杨举	2010 年 5 月—2013 年 4 月	—
		吉田刚	2010 年 5 月—	—
		苏红	2010 年 5 月—	—
		周法祥	2010 年 5 月—2011 年 8 月	
		杨金国	2012 年 2 月—	正科级
		冯义进	2012 年 2 月—	—
		曹宁	2011 年 9 月—2012 年 9 月	挂职

1984—2013 年句容市(县)建设系统非领导职务人员情况一览

表 8－1－2

单位名称	职务	姓名	任职时间	备注
城乡建设环境保护局	调研员	徐善友	1984 年 8 月—1987 年 10 月	—
市(县)建委	调研员	宋年根	1993—2007 年	—
	调研员	郭敦基	1993 年—1998 年 12 月	—
	调研员	经圣淮	1995 年 7 月—1998 年 10 月	—
	调研员	纪明	1996 年—1998 年 8 月	—
	调研员	谢水火	1996 年 12 月—2006 年 2 月	—
	副主任科员	崔建刚	1998 年 2 月—	—
	副主任科员	王和林	1999 年 4 月—2003 年 9 月	—

1984—2013 年句容市(县)建设系统非领导职务人员情况一览

续表 8－1－2

单位名称	职务	姓名	任职时间	备注
市建设局	副主任科员	林福全	2000 年 1 月—	—
	主任科员	姚立荣	2003 年 12 月—2010 年	—
	主任科员	刘义生	2006 年 3 月—2013 年 7 月	—
	主任科员	孙大才	2006 年 3 月—2013 年 12 月	—
	副主任科员	丁海云	2007 年 5 月—2009 年 3 月	—
市住房和城乡建设局	副主任科员	许守华	2010 年 5 月—2011 年 3 月	—

说明：1984—1998 年的“调研员”职务属科级

2. 内设机构

1984 年 3 月成立县城乡建设环境保护局，设立人秘股、计财股、环保股、村镇建设股、建安股。

1988 年 11 月，成立句容市(县)建设委员会以后，设 7 科 1 室：人秘科、计财科、工业生产科、村镇建设科、建安科、政策法规科、审计科、办公室。

2010 年 5 月句容市建设局更名为住房和城乡建设局，设 10 科 2 室：办公室(挂“政策法规科”牌子)、住房保障科、房地产市场监管科(挂“物业管理指导科”、“直管公房管理科”牌子)、村镇建设科、征收拆迁管理科、建筑市场监管科(挂“建筑科技推广科”牌子)、工程质量监管科(挂“总工程师室牌子”)、行政服务科、财务审计科、招投标管理科、人事教育科、监察室。

1984—2013 年句容市(县)建设部门内设机构负责人更迭情况一览

表 8－1－3

科(股)室名称	姓名	职务	任职时间	备注
办公室(秘书科)	崔建刚	科长	1998 年 3 月—1999 年 5 月	—
	欧传芳	科长	1999 年 5 月—2001 年 5 月	—
	林福全	科长	2001 年 5 月—2003 年 8 月	—
	徐小明	主任	2003 年 8 月—2008 年 11 月	—
	吴凌华	主任	2008 年 11 月—	—
人事教育科	张才保	科长	1986 年 8 月—2000 年 5 月	—
	欧传芳	科长	2000 年 5 月—2003 年 5 月	—
	林福全	科长	2003 年 5 月—2004 年 6 月	—
	陶红珍	副科长	2004 年 6 月—2005 年 8 月	主持工作
	范迎春	科长	2005 年 8 月—2010 年 7 月	—
	郭志彤	—	2010 年 7 月—2011 年 3 月	代管
	吴玮	科长	2011 年 3 月—	—
计划财务科	纪义伦	副科长	1986 年—1991 年 10 月	主持工作
	周明	副科长	1991 年 10 月—2003 年 8 月	主持工作
	周明	科长	1992 年 12 月—2003 年 8 月	—

1984—2013年句容市(县)建设部门内设机构负责人更迭情况一览

续表8-1-3

科(股)室名称	姓名	职务	任职时间	备注
财务审计科	张庆平	科长	2003年8月—2005年7月	—
	吴玮	科长	2005年7月—2011年3月	—
	郭志彤	科长	2011年3月—	—
审计科	张庆平	科长	1999年5月—2001年7月	—
工业生产科	宫圣茂	科长	1988年9月—1996年7月	—
	严宜荣	副科长	1996年7月—1999年5月	主持工作
村镇建设科	余东智	科长	1988年9月—1996年6月	—
	赵沙宁	副科长	1995年4月—1998年3月	主持工作
	彭良豪	科长	1998年3月—1998年9月	—
	李德龙	科长	1998年9月—2003年6月	—
	王敬祥	科长	2003年6月—2004年4月	—
	杨永胜	科长	2004年4月—2011年3月	—
	姬和平	科长	2011年3月—	—
建安科(建筑市场监管科)	曾福生	科长	1986年4月—1999年	—
	项梅珍	科长	1999—2001年	—
	许文	科长	2003—2011年3月	—
	赵鹏飞	科长	2011年3月—	—
政策法规科	严宜荣	科长	1998年8月—2002年11月	—
	马福红	科长	2002年11月—2011年3月	—
工程质量安全监管科	宋军	科长	2011年3月—	—
监察室	牛燕	主任	2011年3月—	—
征收拆迁管理科	马福红	科长	2011年3月—	—
住房保障科	吉田根	科长	2010年11月—	—
房地产市场监管科(挂“物业管理指导科”“直管公房管理科”牌子)	钟浩	科长	2011年3月—	—
招投标管理科	郑玉兰	科长	2011年3月—	—
行政服务科	陈勇	科长	2007年—2011年3月	—
	吴伏龙	科长	2011年3月—	—

3. 直属单位

市城市建设投资有限责任公司　该公司2000年成立,国有企业性质。公司董事长由市建设局、住房和城乡建设局局长兼任。总经理由副局长兼任、监事会主席由市财政局局长兼任。公司负责政府重大建设工程的筹资融资。

市市政公用事业服务中心　该中心初为市政公用事业管理局。于2002年4月挂牌成立,副科级建制。2010年5月,市政公用事业管理局更名为市政公用事业服务中心。

市拆迁安置服务中心　1993年成立县拆迁安置办公室,事业单位股级建制。2010年5月更名为市拆迁安置服务中心,并升格为副局级单位。

市房产业发展服务中心　该中心前身是成立于1949年11月的县政府公产管理科,后改为公产组。1950年8月至1953年4月隶属县财政科;1953年4月至1955年9月隶属县财粮科。1955年9月更名为公房管理科,隶属县财政局;1965年12月至1969年11月隶属县财政贸易委员会;1969年11月至1971年1月隶属县财税系统革委会;1971年1月至1978年12月,隶属县财政局。1978年12月更名为房地产管理所,隶属县基本建设局;1984年4月隶属县城乡建设环境保护局;1988年10月隶属县建设委员会。1991年12月更名为县房地产管理处,隶属县建设委员会(句容市建设局)。2009年7月房地产管理处升格成立房产管理局,正科级建制。2010年5月机构改革不再保留局正科级建制,更名为市房产业发展服务中心,副科级建制。

市建设工程造价管理处　该处始成立于1986年,初名为县建筑工程标准定额站,与建管站、质监站合署办公。1996年8月市建设工程招标办公室(简称招标办)成立后,1998年标准定额站更名为市建设工程造价管理处,同招标办两块牌子一套班子。2010年12月,按照机构改革要求,撤销市建设工程招标管理办公室,市住建局设立招投标管理科,市建设工程造价管理处独立行使职能。

市建筑勘察设计研究院　该院成立于1981年3月,初称句容县建筑设计室,1994年4月更名为句容县建筑设计研究院,事业单位性质,实行企业化管理。1995年9月更名为句容市建筑勘察设计研究院。

市建设工程管理处　1984年成立时为句容县建筑安装管理站,1989年更名为句容县建筑安装管理处。1998年更名为句容市建设工程管理处,事业单位性质。

市市政建设服务所　该所于1991年12月成立,初称句容县市政公用事业管理处,全民事业单位。2010年5月机构改革更名为句容市市政建设服务所。

市建设工程质量监督站　该站成立于1986年7月,初称句容县建筑工程质量监督站,与县建筑工程标准定额站合署办公,属全民事业单位。2010年5月机构改革更名为句容市建设工程质量监督站。

市房屋白蚁防治所　该所成立于1992年12月,全民事业单位,股级建制靠挂在县房地产管理处,实行独立核算、自负盈亏。1994年7月从县房地产管理处分出独立。

市银鹏房地产开发总公司　该公司成立于1984年3月,初名为句容县房屋建设开发公司,县属大集体企业。1989年更名为句容县房地产开发公司。1992年收归县政府直接管理属全民事业单位。1996年划归市建设委员会管理。2001年4月更名为句容市银鹏房地产开发总公司。

市城乡规划建设管理处　1986年前,县城乡建设环境保护局内设规划股,1988年成立县建设委员会,下设县城镇建设规划管理办公室,1995年更名为句容市城乡规划建设管理处。2002年4月升格为句容市规划管理局(二级局)。2003年12月从市建设局分离,成立句容市规划局。

县建筑工程总公司　该公司成立于1986年7月,集体企业性质,归口县计经委,独立核算、自负盈亏。1989年3月撤销,其职能划归县建设委员会。

市建筑劳务基地管理处　该管理处成立于1994年12月,1995年3月正式挂牌行使职能,县属集体事业性质,股级建制核定编制3名,经费自筹。1995年3月至1998年9月由建委建安科代管。2002年并入市建设工程管理处。

市住房保障服务中心　该中心成立于1992年,始为句容县住房制度改革领导小组办公室,属全民事业单位。2009年更名为市住房保障服务中心。

市燃气发展中心　该中心成立于1992年,原名为句容县燃气管理办公室,与市政公用事业管理处合署办公,燃气办核定编制5人。2001年从市政公用事业管理处分出单列,2010年5月更名为句容市燃气发展中心。

市城建监察大队　该大队成立于2005年6月,事业单位性质,起初将职能合并到市建设工程管理处,由建管处主任兼任大队长。2011年3月从建管处分出,独立成建制。

市建筑抗震防震技术服务站　1988年成立句容县抗震防灾领导小组,下设办公室。1999年3月抗震办公室独立挂牌办公。2010年5月更名为市建筑抗震防震技术服务站，属事业单位。

市路灯养护所　该所原属市供电局管辖，2010年3月划归住房和城乡建设局，属事业单位性质。

市水务集团有限公司　该公司成立于2011年9月，为参照副科级建制管理企业。

市自来水总公司　前身是1961年建成的供水站，隶属城镇公社。1973年更名县自来水厂，隶属县财政局。1978年3月至1984年3月水厂隶属于县基本建设局。1984年4月至1988年9月成立公司，隶属城乡建设环境保护局。1988年10月至2001年10月，公司隶属句容市(县)建设委员会。2001年10月至2010年5月隶属句容市建设局，尔后隶属住房和城乡建设局。属全民企业性质。

市节约用水技术服务站　1987年1月成立句容县节水办公室。隶属县计经委。1992年3月县编制委员会批准句容县节水办为全民事业股级单位，隶属县建设委员会。2007年4月节水办与自来水总公司合署办公，更名为句容市节水技术服务站。

1949—2013年句容县建设科沿革至市住房和城乡建设局直属单位负责人更迭情况一览

表8－1－4

单位名称	姓名	职务	任职时间	备注
市城市建设投资有限公司（2000年成立）	徐之宝	董事长	2001年5月—2003年7月	兼
	巫罗才	董事长	2003年7月—2009年7月	兼
	姚华	董事长	2009年7月—2012年2月	兼
	陈刚	董事长	2012年2月—	兼
	王林	监事会主席	2001年5月—2002年12月	兼
	华天波	监事会主席	2002年12月—2009年7月	兼
	吴新梅	监事会主席	2009年7月—	兼
	张远玉	总经理	2001年5月—2003年9月	兼
	许守华	总经理	2003年9月—2009年7月	兼
	杨举	总经理	2009年7月—2013年8月	兼
	吉田刚	总经理	2013年8月—	兼
	杨举	副总经理	2001年5月—2002年4月	—
	项梅珍	副总经理	2001年5月—2003年5月	—
	朱斌	副总经理	2003年8月—2005年7月	—
	李德龙	副总经理	2003年8月—2007年8月	—
	王政	副总经理	2005年6月—2011年3月	—
	吴晓玲	副总经理	2008年1月—2013年12月	—
	林兴芳	财务总监	2011年4月—	—
	笪兴柏	副总经理	2013年4月—	副科级
	刘云奇	副总经理	2013年4月—	副科级
市市政公用事业管理局（2002年成立）	姚立荣	局长	2002年4月—2003年12月	兼
	杨举	局长	2003年12月—2007年11月	兼
	吉田刚	局长	2008年8月—2010年5月	兼
	付建国	副局长	2002年5月—2003年7月	正股级
	欧传芳	副局长	2004年6月—2006年12月	正股级

1949—2013年句容县建设科沿革至市住房和城乡建设局直属单位负责人更迭情况一览

续表8-1-4

单位名称	姓名	职务	任职时间	备注
市市政公用事业服务中心（2010年更名）	吉田刚	主任	2010年5月—2013年8月	兼
	苏红	主任	2013年8月—	兼
	苏安定	副主任	2011年3月—2013年4月	正股级
	王政	副主任	2011年3月—	正股级
	王玉铭	副主任	2011年3月—	正股级
	毕庆波	副主任	2011年11月—2013年12月	正股级
市拆迁安置办公室（1993年成立）	郭敦基	主任	1993年—1998年8月	—
	许良明	主任	1998年8月—2001年	—
	张金敏	主任	2001年—2004年12月	—
	王政	副主任	2004年12月—2005年7月	主持工作
	熊满胜	主任	2005年7月—2008年12月	—
	徐小明	主任	2008年12月—2009年7月	—
市拆迁安置服务中心（2010年更名）	周法祥	主任	2009年7月—2011年8月	兼
	徐小明	副主任	2011年8月—2012年2月	正股级主持工作
	杨金国	主任	2012年2月—2013年4月	兼
	徐小明	主任	2013年4月—	副科级
县公产管理科（1949年成立）	陈绩	科长	1949年11月—1950年8月	—
公产管理组（1950年更名）	陈绩	组长	1950年8月—1951年8月	—
	陈邦绪	组长	1951年8月—1955年9月	—
	颜毓富	组长	1955年9月—1964年1月	—
	陈绩	组长	1964年1月—1969年5月	—
	戎道亮	组长	1969年5月—1973年8月	未到任
	凌远泰	副组长	1969年5月—1973年8月	主持工作
	夏黎明	组长	1973年8月—1976年2月	—
县房地产管理所（1978年更名）	贾双同	所长	1978年11月—1984年6月	—
	张凤喜	所长	1984年6月—1986年10月	—
	石学富	副所长	1986年10月—1989年3月	主持工作
	顾仕宏	所长	1989年3月—1992年4月	—
市（县）房地产管理处（1991年更名）	顾仕宏	主任	1992年4月—1995年12月	—
	林荣生	主任	1995年12月—1998年8月	—
	许文	主任	1998年8月—2001年5月	—
	顾仕宏	主任	2001年5月—2004年12月	—
	徐正春	主任	2004年6月—2004年12月	—
	张金敏	主任	2004年12月—2010年5月	—

1949—2013 年句容县建设科沿革至市住房和城乡建设局直属单位负责人更迭情况一览

续表 8－1－4

单位名称	姓名	职务	任职时间	备注
市房产业发展服务中心（2010 年更名）	张金敏	主任	2011 年 8 月—	副科级
	陈勇	副主任	2011 年 4 月—	正股级
	钱勇	副主任	2011 年 4 月	正股级
市工程招标管理办公室（1996 年成立）	张长祯	主任	1996 年 9 月—1999 年 6 月	—
	丁国祥	主任	1999 年 6 月—2003 年 8 月	—
	崔建国	主任	2003 年 8 月—2004 年 5 月	—
	吴玮	主任	2004 年 5 月—2005 年 7 月	—
	丁花萍	主任	2005 年 7 月—2008 年 12 月	—
	熊满胜	主任	2008 年 12 月—2011 年 3 月	—
市招投标管理科造价处	郑玉兰	科长、主任	2011 年 3 月—	—
县城镇建设规划管理办公室（1986 年）成立，1991 年更名为市（县）城乡建设规划管理处	蒋京梅	主任	1986 年 10 月—1998 年 5 月	—
	丁爱顺	主任	1998 年 5 月—2002 年 4 月	—
县建筑工程总公司	蒋志明	总经理	1986 年 7 月—1989 年 3 月	副科级
	高发义	副总经理	1986 年 7 月—1989 年 3 月	—
	朱志杨	副总经理	1986 年 7 月—1989 年 3 月	—
市建筑劳务基地管路处	姚立荣	主任	1998 年 9 月—2000 年 4 月	兼
	周开贵	主任	2000 年 4 月—2002	—
县建筑勘察设计室（1981 年成立）	袁林春	主任	1981 年—1982 年 5 月	—
	蒋志明	主任	1982 年 5 月—1984 年 3 月	—
	丁海云	主任	1984 年 3 月—1994 年 3 月	—
市建筑勘察设计研究院（1994 年更名）	丁海云	院长	1994 年 3 月—1996 年 6 月	—
	李德龙	院长	1996 年 6 月—1998 年 8 月	—
	葛亚龙	院长	1998 年 8 月—2007 年 4 月	—
	张双松	院长	2007 年 4 月—2008 年 3 月	—
	杨世和	院长	2008 年 3 月—2011 年 3 月	—
	笪斐斐	院长	2011 年 3 月—	—
县建筑安装管理处（1988 年成立），1998 年更名为市建设工程管理处	张长祯	主任	1988 年 8 月—1991 年 10 月	—
	张桥	主任	1991 年 10 月—2001 年 5 月	—
	张双松	主任	2001 年 5 月—2003 年 8 月	—
	丁国祥	主任	2003 年 8 月—2006 年 6 月	—
	笪爱华	主任	2006 年.6 月—2011 年 3 月	—
	杨永胜	主任	2011 年 3 月—	—

1949—2013年句容县建设科沿革至市住房和城乡建设局直属单位负责人更迭情况一览

续表8－1－4

单位名称	姓名	职务	任职时间	备注
市市政公用事业管理处（1991年成立）	唐祖发	主任	1991年12月—1996年6月	—
	唐良文	副主任	1996年4月—1997年10月	主持工作
	朱斌	主任	1997年10月—2003年8月	—
	徐东	主任	2003年8月—2007年9月	—
	苏安定	主任	2007年9月—2011年3月	—
	许文	主任	2011年3月—	—
市建设工程质量监督站（1986年成立）	赵良喜	站长	1986年7月—1992年	—
	周明喜	站长	1992—2003年	—
	张桥	站长	2003—2004年	—
	王峰	站长	2004年2月—2006年6月	—
	丁国祥	站长	2006年6月—	—
市房屋白蚁防治所（1994年成立）	付建国	所长	1994年7月—1999年6月	—
	张才生	所长	1999年6月—2001年5月	—
	廖文保	所长	2001年5月—2002年9月	—
	崔文则	所长	2002年9月—2004年5月	—
	熊满胜	所长	2004年5月—2005年7月	—
	朱斌	所长	2005年7月—2008年12月	—
	笪兴柏	所长	2008年12月—2013年4月	—
	葛亚龙	所长	2013年4月—	兼
县房屋建设开发公司	石学富	副经理	1984年3月—1986年8月	主持工作
	张长祯	经理	1986年8月—1989年3月	—
	许良明	经理	1989年3月—1992年4月	—
句容市（县）房地产开发公司	谢水火	经理	1992年4月—1996年12月	副科级
	许良明	经理	1996年12月—1998年8月	—
	彭良豪	经理	1998年9月—1999年6月	—
市银鹏房地产开发总公司（2001年4月更名）	杨举	经理	1999年6月—2001年5月	—
	许文	经理	2001年5月—2003年8月	—
	吉田刚	经理	2003年8月—2008年10月	—
	赵柏林	经理	2008年10月—2011年3月	—
	梅国强	经理	2011年3月—	—
市燃气发展中心	徐东	主任	2001—2003年5月	—
	吉田根	主任	2003年5月—2006年7月	—
	苏安定	主任	2006年7月—2007年9月	—
	吉田根	主任	2007年9月—2008年12月	—
	郭旋	主任	2008年12月—2011年1月	—
	杜敏	主任	2011年1月—	—

1949—2013 年句容县建设科沿革至市住房和城乡建设局直属单位负责人更迭情况一览

续表 8－1－4

单位名称	姓名	职务	任职时间	备注
县自来水供应站（1960 年建站） 县自来水厂（1973 年建厂）	刘厚瑞	负责人	1961 年 7 月—1966 年	—
	徐道义	负责人	1966—1967 年	—
	史树海	负责人	1967—1973 年	—
	陈伯安	负责人	1973—1976 年	—
	吴家祥	厂长	1976—1977 年 12 月	—
	俞安智	厂长	1977 年 12 月—1981 年 2 月	—
	吴家祥	厂长	1981 年 2 月—1981 年 5 月	—
市（县）自来水公司（1985 年成立和水厂合署办公，2003 年 10 月更名为句容市自来水总公司）	余东智	经理	1981 年 5 月—1989 年 3 月	—
	唐良文	经理	1989 年 3 月—1992 年 7 月	—
	张庆华	经理	1992 年 7 月—2002 年 4 月	—
	杨举	经理	2002 年 4 月—2004 年 12 月	—
	徐正春	经理	2004 年 12 月—2008 年 12 月	—
	丁花萍	经理	2008 年 12 月—	—
县节约用水办公室（1987 年成立） 市节水技术服务站（2007 年更名）	张明森	主任	1987 年 1 月—1994 年	兼
	左志良	主任	1994—1999 年 6 月	—
	骆志江	主任	1999 年 6 月—2004 年 6 月	—
	笪旭霞	主任	2004 年 6 月—2007 年 4 月	—
	徐正春	主任	2007 年 4 月—2008 年 12 月	兼
	丁花萍	主任	2008 年 12 月—	兼
县住房制度改革办公室 市住房保障服务中心（2009 年更名）	王和林	主任	1995 年 12 月—1999 年 4 月	兼
	顾仕宏	副主任	1995 年 12 月—2001 年 5 月	正股级
	笪兴柏	主任	2001 年 5 月—2008 年 12 月	—
	吉田根	主任	2008 年 12 月—	—
市建筑抗震防震技术服务站	笪爱华	主任	1999 年 3 月—2006 年	—
	郑玉兰	主任	2006—2011 年 3 月	—
	姚辉	主任	2011 年 3 月—	—
市城建监察大队	笪爱华	大队长	2008—2011 年 3 月	兼
	赵柏林	大队长	2011 年 3 月—	—
市路灯养护所	郭旋	所长	2010 年 3 月—	—
市水务集团有限公司（2011 年 8 月成立）	姚华	董事长	2011 年 8 月—2012 年 2 月	兼
	陈刚	董事长	2012 年 2 月—	兼
	吉田刚	总经理	2011 年 8 月—	兼

4. 改制企业

市建筑工程有限公司 该公司的前身是由“几间小平房,几个瓦木匠,合作搞修建,自力求发展”的建筑生产合作社逐步壮大起来的。1958 年,经句容县人民委员会批准成立句容县建筑工程公司,属地方国营企业。1961 年体制下放属镇办企业,改称句容县建筑站,1973 年恢复原名。1975 年改为县属集体企业。1994 年改制为县建筑工程有限公司。2001 年二次改制,明晰了产权,转为民营企业更名为句容市永康建筑工程公司。

市第二建筑工程公司 该公司的前身是 1977 年 12 月成立的句容县建筑管理站。1981 年 3 月成立句容县第二建筑工程公司,县属集体企业。2002 年实行改制撤销。

市基础工程公司 该公司的前身是县联合打桩队,1981 年 7 月由石狮乡工业公司批准成立的乡办企业。1988 年 8 月计划经济委员会 109 号文批准为句容县第二建筑公司分公司;1989 年 10 月又以 85 号文同意更名为句容县基础工程公司,县属集体企业,隶属县建设委员会领导。2002 年实行改制,明晰产权转为民营企业。

市华盛建筑装饰工程有限公司 该公司成立于 1986 年,县属集体企业,2002 年改制撤销。

市建筑防水工程公司 该公司成立与 1992 年 5 月,县属集体企业。1999 年 12 月改制,明晰产权转为民营企业,更名为市城市建设公司。

市城乡建设物资供应公司 该公司成立于 1988 年 3 月,县属集体企业。1995 年 11 月更名为句容市建设物资总公司。2001 年 6 月改制撤销。

市金属门窗厂 该公司成立于 1991 年 1 月,原名为句容县自行车翻新厂,县属集体企业。1992 年 5 月更名为句容县金属门窗厂。2002 年 4 月改制撤销。

市华建被服厂 该厂成立于 1993 年 4 月,属县属集体企业,2002 年改制撤销。

市建筑工程监理公司 该公司成立于 1997 年 10 月,市属集体企业。2004 年 12 月改制,明晰产权转为民营企业。更名为句容市精成建设咨询有限公司。

2013 年年底前句容市(县)建设系统改制企业负责人更迭情况一览

表 8-1-5

<table>
<tr><th>单位名称</th><th>姓名</th><th>职务</th><th>任职时间</th><th>备注</th></tr>
<tr><td rowspan="12">市(县)
建筑工程有限公司</td><td>王渭同</td><td>经理</td><td>1952 年</td><td rowspan="2">瓦木工会</td></tr>
<tr><td>华恩山</td><td>经理</td><td>1952—1956 年</td></tr>
<tr><td>徐家全</td><td>经理</td><td>1956—1958 年</td><td>建筑生产合作社</td></tr>
<tr><td>张其庭</td><td>经理</td><td>1958—1960 年</td><td>地方国营建筑公司</td></tr>
<tr><td>徐家全</td><td>经理</td><td>1960—1976 年</td><td rowspan="5">1961 年改为句容建筑站
1973 年恢复为
地方国营建筑公司</td></tr>
<tr><td>叶守强</td><td>经理</td><td>1976—1979 年</td></tr>
<tr><td>苏祥珠</td><td>经理</td><td>1979—1982 年</td></tr>
<tr><td>许同伦</td><td>经理</td><td>1982 年—1985 年 9 月</td></tr>
<tr><td>徐飞</td><td>经理</td><td>1985 年 9 月—1990 年 8 月</td></tr>
<tr><td>姬发根</td><td>经理</td><td>1990 年 8 月—1996 年 6 月</td><td rowspan="3">1994 年改制成股份合作制</td></tr>
<tr><td>成强</td><td>经理</td><td>1996 年 6 月—2000 年 4 月</td></tr>
<tr><td>张长祯</td><td>经理</td><td>2000 年 4 月—2001 年 10 月</td></tr>
</table>

2013 年年底前句容市(县)建设系统改制企业负责人更迭情况一览

续表 8－1－5

单位名称	姓名	职务	任职时间	备注
市(县)第二建筑工程公司(1981 年成立)	陈巧寿	经理	1981 年—1996 年 6 月	—
	阙正阳	经理	1996 年 6 月—2000 年 4 月	—
	吴一伟	副经理	2000 年 4 月—2000 年 12 月	主持工作
	吴一伟	经理	2000 年 12 月—2001 年 11 月	—
市(县)基础工程公司	徐公林	经理	1989 年 12 月—2002 年	—
市(县)华盛建筑装饰工程有限公司	谢荣平	经理	1986 年—1991 年 10 月	—
	欧传芳	经理	1991 年 10 月—1995 年 6 月	—
	叶学谦	经理	1995 年 6 月—1996 年 10 月	—
	史小龙	经理	1996 年 10 月—1998 年 1 月	—
	赵柏林	经理	1998 年 1 月—2002 年 11 月	—
市(县)建筑防水工程公司	樊厚江	经理	1992 年 4 月—1999 年 12 月	—
市(县)城乡建设物资供应公司(工业公司)	张太胜	副经理	1988 年 5 月—1996 年 3 月	主持工作
	石学富	经理	1996 年 3 月—1998 年 1 月	—
	祁若信	经理	1998 年 1 月—1999 年 3 月	—
	卢玉林	经理	1999 年 3 月—2001 年 6 月	—
市(县)金属门窗厂	陶金华	厂长	1990 年 1 月—2002 年	—
市(县)华建被服厂	周菊青	厂长	1993—2002 年	—
市建筑工程监理公司(所)	王敬祥	所长	1997 年 10 月—2002 年 5 月	—
	经群	所长	2002 年 5 月—2004 年 12 月	—

2013 年句容市住房和城乡建设局单位职工结构情况一览

表 8－1－6　　单位：人

单位名称	人数	性别		文化程度				职称		
		男	女	大专及其以上	中专	高中	初中及其以下	初级	中级	高级
局机关	22	16	6	16	1	—	5	6	—	1
城市建设投资有限责任公司	43	19	24	37	—	6	—	12	10	1
市政公用事业服务中心	21	11	10	19	—	2	—	8	7	1
拆迁安置服务中心	40	24	16	32	—	4	4	12	7	2
房产业发展服务中心	147	67	80	78	8	29	32	29	34	5
建设工程管理处	64	46	18	52	6	6	—	6	26	10
建设工程造价管理处	9	3	6	8		1	—	3	2	2
市政建设服务所	61	40	21	38	6	12	5	7	17	14
建筑勘察设计研究院	41	31	10	27	2	11	1	8	17	7
建设工程质量监督站	79	53	26	66	2	6	5	15	18	10

2013年句容市住房和城乡建设局单位职工结构情况一览

续表8-1-6　　单位：人

单位名称	人数	性别		文化程度				职称		
		男	女	大专及其以上	中专	高中	初中及其以下	初级	中级	高级
银鹏房地产开发总公司	82	56	26	25	3	6	48	14	16	1
住房保障服务中心	11	6	5	9	—	2	—	1	3	2
房屋白蚁防治所	20	14	6	14	—	5	1	2	3	2
建筑抗震防震、建筑节能技术服务站	21	11	10	13	3	5	—	3	2	3
燃气发展中心	12	6	6	8	2	2	—	4	4	2
自来水总公司	238	131	107	170	6	30	32	41	5	2
路灯养护所	30	25	5	19	1	10	—	—	—	—
城建监察大队	17	12	5	8	1	6	2	—	—	—
水务集团有限公司	170	116	54	75	11	44	40	2	—	2
节水技术服务站	5	2	3	3	—	2	—	—	—	—
合　计	1133	686	444	717	52	189	175	173	171	67

5. 乡镇建设管理机构

1980年，全县各公社陆续成立农房办公室。1983年，农村进行体制改革，公社改为乡镇，大队改为行政村，原公社农房办公室改为乡镇建房管理办公室。是时全县22个乡镇，设22个建房管理办公室，主要负责乡镇、村规划、建设和建房用地管理等工作。1986年，为适应村镇建设的形势、搞好村镇建设规划、加强建设管理及建设用地的管理，原乡镇建房办公室陆续改建为村镇建设办公室。1988年先后成立乡镇土地管理所，将土地规划、土地开发利用、建设用地管理等划归土地管理所管理。1992年前后，各乡镇成立村镇规划建设管理办公室。1996年3月村镇规划建设管理办公室更名为村镇建设管理所。随着乡镇的撤并，乡镇村镇建设管理所也同时进行了撤并。截至2013年12月底，全市9个镇设有村镇建设管理所，3个管委会设有规划建设部。

1987—2005年句容市(县)各乡镇建设管理所(办公室)负责人更迭情况一览

表8-1-7

乡镇名称	姓名	职务	任职时间	备注
华阳镇	章金龙	主任	1991年5月—1994年6月	—
	柏科仁	主任	1994年6月—1996年10月	兼
	杨健	—	1996年10月—1998年12月	主持工作
	束其成	—	1998年12月—1999年4月	主持工作
	王新	所长	1999年4月—2005年12月	—
东昌镇	余祥根	主任	1994—1997年	—
	笪世杰	所长	1997—2005年12月	—
天王镇	周谊	主任所长	1991—2002年	—
	李德富	所长	2002—2005年12月	—

1987—2005年句容市(县)各乡镇建设管理所(办公室)负责人更迭情况一览

续表8-1-7

乡镇名称	姓名	职务	任职时间	备注
白兔镇	樊敖生	主任	1994—1996年	—
	笪才根	所长	1996—1999年	—
	史海云	所长	1999—2000年	—
	笪洪德	所长	2000—2003年	—
	夏秋根	所长	2003—2005年	—
	朱建平	所长	2005—2005年12月	—
下蜀镇	张福基	主任所长	1996年8月—2001年4月	—
	徐本青	所长	2001年4月—2002年4月	—
	董学明	所长	2002年4月—2002年11月	—
	陈信平	所长	2002年11月—2005年4月	—
	时学文	所长	2005年4月—2005年12月	—
后白镇	王广勇	主任所长	1994—1997年	—
	杨金国	所长	1997—2003年	—
	冯恒喜	所长	2003—2005年12	—
宝华镇	吴恒禄	主任所长	1991—2001年	—
	夏永庆	所长	2001—2005年	—
	齐兴龙	所长	2005—2005年12月	—
郭庄镇	吴绍山	主任所长	1994—1997年	—
	储冬林	所长	1997—2003年	—
	吴强	所长	2003年—2005年12月	—
茅山镇	沈春生	主任所长	1995—1999年	—
	吴筛友	所长	1999—2003年	—
	俞昌明	所长	2003年4月—2004年12月	—
	范晓春	所长	2004年12月—2005年12月	—
	王祥成	所长	2005年12月—2005年12月	—
行香镇	武晋喜	主任	1994—1995年	—
	严廷才	主任所长	1995—1997年	—
	吴晋喜	所长	1997—2002年	—
	王秀平	所长	2002—2005年	2005年行香镇并入白兔镇
磨盘乡	许厚礼	主任所长	1996—2001年	2001年磨盘乡并入天王镇
袁巷镇	张恩志	主任所长	1996—2005年	2005年袁巷镇并入天王镇
二圣镇	徐同全	主任所长	1991—1996年6月	—
	王桂银	所长	1996年6月—1997年12月	—
	周长宏	所长	1997年12月—1998年12月	—

1987—2005 年句容市（县）各乡镇建设管理所（办公室）负责人更迭情况一览

续表 8－1－7

乡镇名称	姓名	职务	任职时间	备注
二圣镇	郭庆丰	所长	1998 年 12 月—1999 年 12 月	—
	冯思贵	所长	1998 年 12 月—2003 年 6 月	—
	赵洪明	所长	2003 年 6 月—2005 年 12 月	2005 年二圣镇并入后白镇
茅西乡	冯恒喜	主任所长	1994—1996 年	—
	杨柏根	所长	1996—1998 年	—
	冯恒喜	所长	1998—2001 年	2001 年茅西乡并入后白镇
黄梅镇	尹长根	主任所长	1995—1999 年	—
	谢光明	所长	1999—2005 年 12 月	—
大卓镇	范兆兵	所长	1996—2004 年	—
	杨志龙	所长	2004—2005 年 12 月	2005 年大卓合并入黄梅镇
葛村镇	唐同银	主任所长	1995—1998 年	—
	王良文	所长	1998—2001 年	—
	唐同银	所长	2001—2002 年	—
	胡晓虎	所长	2002—2003 年	—
	宇文斌	所长	2003—2005 年	—
	陈俊	所长	2005—2005 年 12 月	2005 年葛村镇合并入郭庄镇
春城镇	严成华	主任	1987 年 9 月—1995 年 6 月	—
	凌兆生	主任所长	1995 年 6—1999 年 1 月	—
	郭生彬	所长	1999 年 1—2000 年 1 月	—
	徐洋	所长	2001 年 1—2005 年 12 月	2005 年春城镇并入茅山镇
陈武镇	陈小牛	主任、所长	1989—1996 年	—
	陈秋宝	所长	1996—1999 年	—
	赵春平	所长	1999—2000 年	—
	陈海斌	所长	2000 年 1—2000 年 8 月	—
	邰桂元	所长	2000 年 8—2003 年 1 月	—
	任大华	所长	2003 年 1—2003 年 7 月	2003 年陈武镇并入东昌镇
亭子乡	吕庭玉	主任所长	1995 年 5—2000 年 12 月	
	谢天成	所长	2000 年 12—2001 年 10 月	2001 年亭子并入下蜀镇
三岔乡	章兴贵	主任所长	1995—1996 年	—
	林龙才	所长	1996—1998 年	—
	高仁元	所长	1998—2001 年	2001 年三岔乡并入二圣镇
石狮镇	华立富	主任所长	1994—1997 年	—
	阙正龙	所长	1997—2001 年	2001 年石狮镇并入华阳镇

2005—2013 年句容市乡镇合并后村镇建管所、管委会规划建设部负责人更迭情况一览

表 8-1-8

镇(管委会)	姓名	职务	任职时间	备注
华阳镇	王新	所长	2005 年 12—2013 年 8 月	—
	刘思宏	所长	2013 年 8—	—
边城镇	笪世杰	所长	2005 年 12—2008 年	—
	龙白罗	所长	2008 年—	—
天王镇	张恩志	所长	2005 年 12 月—2007	—
	周宜发	所长	2007—2008 年 3 月	—
	陈华	所长	2008 年 3 月—2008 年 12 月	—
	陈家龙	所长	2008 年 12—2010 年 3	—
	华立平	所长	2010 年 3 月—2012 年 8 月	—
	孙红军	所长	2012 年 8 月—	—
白兔镇	朱建平	所长	2005 年 12 月—2006 年	—
	纪前瑞	所长	2006—2009 年	—
	巫海峰	所长	2009—2010 年	—
	邹利东	所长	2010 年—	—
下蜀镇	时学文	所长	2005 年 12 月—2010 年 11 月	—
	潘先富	所长	2010 年 11 月—2012 年 2 月	—
	徐贝才	所长	2012 年 2 月—	—
后白镇	冯恒喜	所长	2005 年 12 月—2006 年	—
	王伟	所长	2006—2011 年	—
	袁大保	所长	2011—2013 年	—
	纪敏	所长	2013 年—	—
宝华镇	齐兴龙	所长	2005 年 12 月—2010 年	—
	陈平	所长	2010 年—	—
郭庄镇	吴强	所长	2005—2008 年	—
	张式伦	所长	2008—2012 年	—
	梅学伟	所长	2012 年—	—
茅山镇	王祥成	所长	2005 年 12 月—2007 年 10 月	—
	王小军	所长	2007 年 10 月—2012 年 9 月	—
	林建中	所长	2012 年 9 月—	—
黄梅镇	谢光明	所长	2005 年 12 月—2010 年	2010 年黄梅镇并入开发区
江苏省句容经济开发区	宋敬超	部长	2000 年 4 月—2006 年 6 月	—
	纪卫平	部长	2006 年 6 月—2010 年 6 月	—
	杨军	部长	2010 年 6 月—2013 年 4 月	—
	周雪松	部长	2013 年 4 月—2013 年 12 月	—
茅山风景区管理委员会	殷文宏	部长	2008 年 6 月—	—
赤山湖管理委员会	颜清华	部长	2008 年 5 月—	—

二、句容市规划局

1. 机构沿革

1986年前，句容县城乡建设环境保护局内设规划股，行使规划设计和管理职能。1988年成立句容县建设委员会，下设规划办公室。1995年句容撤县设市，规划办公室改称规划处，隶属市建设委员会。2002年4月规划处升格为二级局。2003年12月从市建设委员会分离，成立句容市规划局。市规划局为市政府直属行政机构，主管全市城乡规划管理工作，内设办公室、规划技术科、政策法规科、城市规划管理科、村镇规划管理科、市政规划管理科、行政服务科和市规划设计院、市勘察测绘院、市城建档案馆、市规划监察大队和城乡规划服务所5个直属事业单位。

2002—2013年句容市规划局行政机构及负责人更迭情况一览

表8-1-9

单位名称	职务	姓名	任职时间	备注
句容市规划管理局（二级局）	局长	丁爱顺	2002年4月—2003年12月	兼
	副局长	彭长江	2002年4月—2003年12月	正股级
	副局长	张远娥	2002年4月—2003年12月	正股级
句容市规划局	局长	彭良豪	2003年12月—2008年1月	—
		陈刚	2008年1月—2012年2月	—
		陈建业	2012年2月—	—
	副局长	丁爱顺	2003年12月—2009年8月	—
		彭长江	2004年9月—	—
		程勇	2006年3月—	—
		陈刚	2007年11月—2008年1月	—
		张远娥	2010年5月—	—
		朱兴彤	挂职2011年9月—2012年9月	—

2003—2013年句容市规划局非领导职务人员一览

表8-1-10

单位名称	职务	姓名	任职时间	备注
市规划局	主任科员	丁爱顺	2009年8月—2010年5月	—
	副主任科员	黄晓红	2013年2月—	—

2. 内设机构

2003年12月，句容市规划管理局成立时，内设办公室、政策法规科、行政服务科、规划技术科、村镇规划管理科、城市规划管理科、市政规划管理科，6科1室，均为股级建制。截止2013年年底仍保持6科1室未变。

2003—2013年句容市规划局内设科室负责人更迭情况一览

表8-1-11

单位名称	姓名	职务	任职时间	备注
办公室	袁民	主任	2003年10月—2005年6月	—
	杨军	主任	2005年9月—2011年5月	—
	黄庆平	主任	2011年5月—	—

2003—2013 年句容市规划局内设科室负责人更迭情况一览

续表 8 - 1 - 11

单位名称	姓名	职务	任职时间	备注
政策法规科	俞伟	科长	2004 年 7 月—2007 年 7 月	—
	丁贤春	科长	2007 年 7 月—2010 年 10 月	—
	张世敏	科长	2010 年 10 月—	—
行政服务科	李艳	科长	2007 年 4 月—	—
规划技术科	万俊	科长	2005 年 9 月—2007 年 9 月	—
	聂琳	科长	2007 年 9 月—2013 年 12 月	—
村镇规划管理科	俞伟	科长	2002 年 12 月—2005 年 8 月	—
	陈德卫	副科长	2005 年 8 月—2007 年 11 月	主持工作
	余立荣	科长	2007 年 11 月—2013 年 12 月	—
	沈军伟	科长	2013 年 12 月—	—
城市规划管理科	余立荣	科长	2004 年 1 月—2007 年 8 月	—
	冯义进	科长	2007 年 8 月—2007 年 12 月	—
	臧有根	科长	2007 年 12 月—	—
市政规划管理科	刘聪	科长	2005 年 7 月—2011 年 3 月	—
	郭凤桥	科长	2011 年 3 月—	—

3. 直属单位

市规划监察大队　1988 年成立城建监察中队，隶属县建设委员会。1996 年，在监察中队的基础上成立执法大队。2003 年，随着规划局的成立，也同时成立市规划监察大队，为股级事业编制。2013 年 12 月，市规划监察大队整建制划归市城市管理局（市城市管理行政执法局）。

市规划设计院　该院的前身是 1995 年成立的规划设计室，隶属市建委规划处。2004 年在原规划设计室的基础上建立市规划设计院，属全民企业性质。

市规划勘察测绘院　该院的前身是 1989 年成立的勘探测绘队，隶属市建委规划处。2003 年划归市规划局。2004 年 7 月在勘察测绘队的基础上建立市规划勘察测绘院，为正股级全民事业单位。

市城建档案馆　1985 年 1 月成立句容县城建档案室，隶属县城乡建设环境保护局，属全民事业单位。1995 年 6 月更名为句容市城建档案室。2000 年 8 月更名为句容市城建档案馆，隶属市建设局。2003 年市城建档案馆成建制划归市规划局，是年 9 月城建档案馆增挂句容市城建档案管理处牌子，两块牌子，一套班子。

2003—2013 年句容市规划局直属单位负责人更迭情况一览

表 8 - 1 - 12

单位名称	姓名	职务	任职时间	备注
市规划监察大队	陈德卫	副大队长	2002 年 11 月—2005 年 8 月	主持工作
	俞伟	大队长	2005 年 8 月—2007 年 11 月	—
	祁若信	大队长	2007 年 11 月—2012 年 2 月	—
	高祥	大队长	2012 年 2 月—	—

2003—2013 年句容市规划局直属单位负责人更迭情况一览

续表 8－1－12

单位名称	姓名	职务	任职时间	备注
市规划设计院	万俊	院长	2003 年 2 月—2012 年 3 月	—
	聂林	院长	2012 年 3 月—	—
市规划勘察测绘院	张远娥	院长	兼 2003 年 12 月—2007 年 7 月	—
	纪瑜	院长	2007 年 7 月—	—
市城建档案馆(室)	戴金梅	主任	1998 年 9 月—2000 年 4 月	—
	许良明	馆长	2000 年 1 月—2001 年 5 月	—
	祁若信	馆长	2001 年 5 月—2005 年 7 月	—
	马久清	馆长	2005 年 7 月—	—
财务科	许善美	科长	2003 年—	—
信息科(公示科)	张世敏	科长	2003 年 9 月—2007 年 8 月	—
	裴以林	科长	2007 年 9 月—2010 年 9 月	—
城乡规划服务所	孙玉兰	所长	2003 年 10 月—2000 年 10 月	—
	周柏娣	所长	2000 年 10 月—2013 年 12 月	—
图文中心	梁欢	主任	2007 年 3 月—2011 年 3 月	—
	周柏娣	主任	2011 年 3 月—2013 年 12 月	—
民房科	祁若信	科长	2005 年 7 月—2007 年 8 月	—
	张世敏	科长	2007 年 8 月—2011 年 12 月	—
	陈德卫	科长	2011 年 12 月—	—
眼镜公司	宫民	—	2003 年 10 月—2007 年 10 月	主持工作

说明：部分直属单位负责人任职时间含原属市建设局范畴

2013 年句容市规划局单位职工结构情况一览

表 8－1－13

单位：人

单位名称	人数	性别		政治		文化程度				职称		
		男	女	党员	团员	大专及其以上	中专	高中	初中及其以下	初级	中级	高级
城乡规划服务所	7	5	2	6	1	5	2	—	—	3	2	1
城建档案馆	14	3	11	3	—	13	—	1	—	9	3	2
规划监察大队	24	21	3	9	8	5	8	11	—	7	1	
行政服务科	8	1	7	3	—	7	—	1	—	1	3	2
勘察测绘院	12	9	3	6	0	9	—	3	—	1	3	2
规划设计院	15	7	8	5	10	14	—	—	1	9	1	2
城市规划管理科	6	3	3	5	—	6	—	—	—	—	3	2
村镇规划管理科	9	6	3	6	3	9	—	—	—	1	4	1
政策法规科	3	2	1	3	—	3	—	—	—	—	3	—

2013 年句容市规划局单位职工结构情况一览

续表 8－1－13　　单位：人

单位名称	人数	性别		政治		文化程度				职称		
		男	女	党员	团员	大专及其以上	中专	高中	初中及其以下	初级	中级	高级
民房科	6	3	3	2	1	1	2	3	—	1	1	—
办公室	44	16	28	13	1	18	5	10	11	2	25	12
市政科	5	4	1	4	—	3	2	—	—	1	2	—
全局合计	153	80	73	59	24	93	19	29	12	35	51	24

三、句容市城市管理局

1．机构沿革

句容市城市管理局的前身是 1991 年 12 月成立的句容县城市管理委员会办公室。开始由县政府办公室主任兼任办公室主任,1992 年 2 月后由县建设委员会副主任任办公室主任。县城市管理委员会办公室负责城区市容和环境卫生等方面的管理职能。

2003 年 8 月成立句容市城市管理局,将原市建设局下辖的环卫处、园林管理处、城管执法大队整建制划归城市管理局。

1991—2003 年句容市(县)城市管理委员会办公室负责人更迭情况一览

表 8－1－14

单位名称	职务	姓名	任职时间	备注
句容市(县)城市管理办公室	主任	茅进	1991 年 12 月—1992 年 2 月	兼
		姚立荣	1992 年 2 月—1996 年 4 月	兼
		唐祖发	1996 年 4 月—1998 年 11 月	兼
		彭良豪	1998 年 11 月—2002 年 10 月	兼
		廖文保	2002 年 10 月—2003 年 8 月	—
	副主任	郭敦基	1992 年 2 月—1995 年 7 月	—
		王国瑛	1991 年 12 月—1992 年 2 月	兼
		经圣淮	1991 年 12 月—1992 年 2 月	兼
		裴武功	1992 年 11 月—2001 年 3 月	—
		王林春	1996 年 3 月—2003 年 12 月	—
		范晓鸣	1998 年 12 月—2003 年 12 月	—
		张有胜	2001 年 3 月—2003 年 12 月	—

2003—2013 年句容市城市管理局负责人更迭表

表 8-1-15

	职务	姓名	任职时间
句容市城市管理局	局长	张远玉	2003 年 8 月—2005 年 9 月
		笪宏斌	2005 年 9 月—2008 年 6 月
		董明祥	2008 年 6 月—2013 年 2 月
		徐龙喜	2013 年 2 月—
	副局长	廖文保	2003 年 8 月—2008 年 6 月
		汪海	2005 年 9 月—
		孟玉山	2003 年 8 月—2007 年 6 月
		洪玉富	2004 年 12 月—2013 年 2 月
		曹正东	2003 年 8 月—2005 年 4 月
		毛国华	2006 年 3 月—
		陈立明	2006 年 10 月—2008 年 11 月
		郑小平	2007 年 11 月—2012 年 2 月
		曹青松	2008 年 11 月—
		徐正春	2012 年 2 月—
		朱军	2012 年 11 月—

2003—2013 年句容市城市管理局非领导职务人员情况一览

表 8-1-16

单位名称	职务	姓名	任职时间	备 注
句容市城市管理局	副主任科员	裴武功	2001 年 3 月—2006 年 11 月	—
	副主任科员	王林春	2003 年 12 月—2010 年 3 月	—
	副主任科员	范晓鸣	2003 年 12 月—	—
	副主任科员	张有胜	2003 年 12 月—	—
	副主任科员	付建国	2003 年 12 月—	—
	副主任科员	孟玉山	2007 年 6 月—2011 年 2 月	—
	主任科员	孟玉山	2011 年 2 月—	—
	副主任科员	徐正春	2010 年 5 月—2012 年 2 月	—
	副主任科员	郑小平	2012 年 2 月—	—
	副主任科员	洪玉富	2013 年 2 月—	—

说明：部分非领导职务人员任职时间含原属市建设局范畴。

2. 内设机构

2003 年 8 月句容市城市管理局成立，内设办公室（挂“政策法规科”牌子）、市容管理科（挂“环境卫生管理科”牌子）、绿化管理科。2005 年 12 月增设督查科、渣土管理科。

2010 年 11 月，机构改革，城市管理局内设机构调整为：办公室（挂“政策法规科”牌子）、渣土管理科、园林绿化科、督查科（挂“农村环境卫生指导科”牌子）、财务审计科（挂“工程管理科”牌子）。

2013 年 11 月，市城市管理局增挂市城市管理行政执法局牌子。内设：办公室、法制科、市容环境卫生管理科（挂“渣土管理科”“行政服务科”牌子）、工程管理科（挂“园林绿化科”牌子）、财务装备科、政工科、数字化城管监督指挥中心。

2003—2013 年句容市城市管理局内设科室负责人更迭情况一览

表 8－1－17

单位名称	姓名	职务	任职时间	备注
办公室	尹明	主任	2004 年 2 月—2006 年 12 月	—
	张映旭	主任	2006 年 12 月—2007 年 10 月	—
	史六英	主任	2007 年 10 月—2009 年 3 月	—
	潘良栋	副主任	2009 年 3 月—2010 年 6 月	主持工作
	潘良栋	主任	2010 年 6 月—2012 年 4 月	—
	印峰	副主任	2012 年 4 月—	主持工作
市容管理科	马凤伟	副科长	2003 年 9 月—2004 年 3 月	主持工作
	陈新春	科长	2004 年 3 月—2006 年 12 月	—
	吴前顺	科长	2006 年 12 月—2009 年 3 月	—
	陈新春	科长	2009 年 3 月—2012 年 4 月	—
	钟再胜	科长	2012 年 4 月—	—
环境卫生科	徐明	副科长	2003 年 9 月—2006 年 12 月	主持工作
	陈新春	科长	2006 年 12 月—2009 年 3 月	—
	刘云	科长	2012 年 4 月—	—
政策法规科	韦建设	科长	2004 年 2 月—2005 年 7 月	—
	纪昌泰	科长	2005 年 7 月—2006 年 12 月	—
	尹明	科长	2006 年 12 月—2009 年 3 月	—
	尹明	科长	2012 年 4 月—	—
渣土管理科	易仁方	科长	2006 年 2 月—2013 年 7 月	—
	周长军	科长	2013 年 7 月—	—
绿化管理科	王荣珍	科长	2006 年 2 月	—
督查科	纪昌泰	科长	2005 年 3 月—2005 年 7 月	—
	徐明		2006 年 2 月—2006 年 12 月	负责工作
	马凤伟	科长	2006 年 12 月—2007 年 9 月	—
	尹明	科长	2009 年 3 月—2012 年 4 月	—
财务审计科	邹荣梅	副科长	2011 年 3 月—2012 年 3 月	主持工作
	邹荣梅	科长	2012 年 3 月—	—
农环科	戴继庆	副科长	2001 年 3 月—2012 年 3 月	主持工作
	戴继庆	科长	2012 年 3 月—	—
监察室	纪昌泰	主任	2006 年 12 月—2013 年 3 月	—
	张廷荣	副主任	2013 年 7 月—	主持工作

2003—2013年句容市城市管理局内设科室负责人更迭情况一览

续表8－1－17

单位名称	姓名	职务	任职时间	备注
行政服务科	周长军	科长	2006年12月—2007年10月	—
	刘云	科长	2007年10月—2012年4月	—
	史六英	首席代表	2013年7月—	—
数字化城管监督指挥中心	俞锡燕	副主任	2013年7月—	主持工作

说明：部分科室负责人任职时间含原属市建设局范畴

3．直属单位

市环境卫生管理处 前身是1957年成立的清洁卫生管理所，隶属城镇人民公社管理。1992年更名为县城镇环境卫生管理所，划归句容县建设委员会领导，属全民事业单位，定编85人，1997年4月更名为句容市城市环境卫生管理处。2003年8月整建制划归句容市城市管理局。

市城管执法大队 该单位成立于1989年6月，当时称“规划建设管理执法队”，属股级全民事业单位，定编5人，1992年1月更名为“句容县规划建设管理监察中队”，人员扩编到15名，1994年5月又改为“句容县规划建设管理综合执法大队”，人员扩编到20人。2003年8月整建制划归句容市城市管理局，并更名为句容市城市管理执法大队。

市园林管理处 1991年12月成立句容县园林管理处，同县华阳公园（葛仙湖公园）合署办公，两块牌子一套班子，全民事业单位，隶属句容县建设委员会管理。2003年8月整建制划归句容市城市管理局。

垃圾处理中心 该中心成立于2007年3月，事业单位，定编15人，2013年11月并入市环境卫生管理处。

2003—2013年句容市城管局直属单位负责人更迭情况一览

表8－1－18

单位名称	姓名	职务	任职时间	备注
市环境卫生管理处（所）	倪己兴	副所长	1991年12月—1995年5月	主持工作
	樊厚江	所长	1995年5月—1996年5月	—
	张才生	主任	1996年5月—1999年6月	—
	付建国	主任	1999年6月—2001年6月	—
	徐明	主任	2001年6月—2003年9月	—
	马风伟	主任	2003年9月—2004年2月	—
	张映旭	主任	2004年2月—2005年3月	—
	吴前顺	主任	2005年7月—2006年12月	—
	徐明	主任	2006年12月—2008年5月	—
	毛国华	主任	2008年5月—2012年4月	—
	潘良栋	主任	2012年4月—	—
市城管执法大队	王久喜	大队长	1989年6月—1996年	—
	许文	大队长	1996年6月—1998年8月	—
	祁若信	大队长	1998年8月—2000年4月	—
	韦建设	副大队长	2000年4月—2000年9月	主持工作
	韦建设	大队长	2000年9月—2004年2月	

2003—2013 年句容市城管局直属单位负责人更迭情况一览

续表 8－1－18

单位名称	姓名	职务	任职时间	备注
市城管执法大队	马风伟	大队长	2004 年 2 月—2006 年 12 月	—
	王军	大队长	2006 年 12 月—2010 年 6 月	—
	徐正春	大队长	2010 年 6 月—2012 年 4 月	—
	徐钧	大队长	2012 年 4 月—	—
市园林管理处	牧治	副主任	1992 年 2 月—1999 年 6 月	主持工作
	曹正东	主任	1999 年 6 月—2004 年 2 月	兼
	许和林	主任	2004 年 2 月—2006 年 12 月	—
	张映旭	主任	2007 年 10 月—2010 年 6 月	—
	王荣珍		2010 年 6 月—2012 年 5 月	主持工作
	丁琼	主任	2012 年 5 月—2013 年 7 月	—
	王荣珍	主任	2013 年 7 月—	—
市特种垃圾处理中心	窦祖福	主任	2006 年 12 月—2008 年 5 月	兼
	郑小平	主任	2008 年 5 月—2010 年 6 月	
	张映旭	主任	2010 年 6 月—2012 年 4 月	
	张奎武	主任	2012 年 4 月—	
城管局开发区市容服务站	周长军	站长	2008 年 3 月—2013 年 4 月	2013 年 11 月划入句容经济开发区

说明：部分直属单位负责人的任职时间含原属市建设局(委)范畴

2013 年句容市城市管理局单位职工结构情况一览

表 8－1－19

单位名称	人数	性别		政治		文化程度				职称		
		男	女	党员	团员	大专及其以上	中专	高中	初中及其以下	初级	中级	高级
局机关	68	44	24	48	—	51	1	9	7	18	7	2
环境卫生管理处	555	276	279	32	3	58	2	84	410	11	8	1
城管执法大队	164	150	14	24	15	137	10	15	2	13	2	1
园林管理处	171	73	98	26	12	26	14	55	76	5	14	2
合　计	958	543	415	130	30	272	27	163	495	47	31	6

四、句容市环境保护局

1981 年 10 月，县政府增设环境保护局，1984 年 3 月，与基本建设局合并成立句容县城乡建设环境保护局，1988 年 11 月撤销，同时成立句容县环境保护局。内设办公室、环境管理股、综合计划股、法制宣传股。1995 年撤县设市，县环境保护局更名为句容市环境保护局，内设办公室、环境管理科、综合计划科、法制宣教科，下辖句容环境监察大队、市环保宣传教育中心、市环境监测站、市环保技术服务部 4 个直属全民事业单位。

1981—2013年句容市(县)环境保护局负责人更迭情况一览

表8-1-20

单位名称	职务	姓名	任职时间	备注
县环境保护局(1981—1984)	局长	滕有富	1982年3月—1984年3月	—
	副局长	曾世福	1981年10月—1984年3月	—
市(县)环境保护局(1988成立)	局长	金昌来	1988年12月—1989年9月	—
		赵祚春	1990年1月—1992年11月	—
		钱国顺	1993年5月—1996年4月	—
		李网成	1996年4月—2000年2月	—
		韦寿强	2000年2月—2007年11月	—
		唐祖发	2007年11月—2009年7月	—
		邵国一	2009年7月—2013年5月	—
		金伟	2013年5月—	—
	副局长	张长庚	1988年11月—1992年12月	—
		朱杰臣	1988年11月—1997年2月	—
		笪柏桂	1992年12月—1993年5月	主持工作
		张荣富	1993年7月—2000年7月	—
		卞祖鹏	1996年3月—2009年7月	—
		徐嘉庚	2000年8月—2005年4月	—
		吕富强	1997年2月—2001年4月	—
		孔庆和	1998年11月—2000年12月	—
		赵平龙	2001年4月—2005年4月	正局级
		赵正国	2001年4月—2008年3月	正局级
		谢际华	2001年10月—2008年3月	—
		赵巧沛	2004年1月—2008年	—
		孙家义	2005年4月—2008年11月	—
		苏士清	2006年3月—2013年6月	正局级
		郦雷明	2008年6月—	—
		耿忠	2009年7月—	—
		叶向荣	2010年5月—	正局级
		凌华	女、2010年5月—	—
		张玉春	2012年2月—	—
		王明	2013年7月—	正局级

1984—2013 年句容市(县)环境保护非领导人员情况一览

表 8－1－21

单位名称	职务	姓名	任职时间	备注
县城乡建设环境保护局	调研员	腾有富	1984 年 8 月—1985 年	—
	调研员	曾世福	1984 年 3 月—1984 年 7 月	—
市环境保护局	主任科员	吕富强	1997 年 2 月—2001 年 4 月	—
	主任科员	朱杰臣	1997 年 2 月—2004 年	—
	主任科员	李网成	2000 年 2 月—2004 年 10 月	—
	主任科员	张荣富	2000 年 7 月—2005 年	—
	主任科员	赵平龙	2005 年 4 月—2012 年	—
	主任科员	赵正国	2008 年 3 月—	—
	主任科员	卞祖鹏	2009 年 7 月—2009 年	—
	副主任科员	徐嘉庚	2005 年 4 月—2012 年	—
	副主任科员	谢继华	2008 年 3 月—	—

1988—2013 年句容市(县)环境保护局内设科室及下属单位负责人更迭情况一览

表 8－1－22

单位名称	姓名	职务	任职时间	备注
办公室	丁天胜	科长	1992 年 4 月—1994 年 6 月	人秘科
	陈洪斌	科长	1994 年 6 月—1998 年 3 月	人秘科
	刘红民	主任	1998 年 3 月—2010 年 2 月	办公室
	丁腊明	主任	2010 年 2 月—	—
法制科	丁大胜	股长	1994 年 6 月—1998 年 3 月	环境宣传教育科技股
	陈洪斌	科长	1998 年 3 月—1998 年 9 月	法治宣传教育科
	徐波	科长	1998 年 9 月—1999 年 2 月	法治宣传教育科
	王东陵	科长	1999 年 2 月—2001 年 1 月	法治宣传教育科
	许玉洁	科长	2001 年 1 月—2002 年 6 月	法治宣传教育科
	景金途	科长	2002 年 6 月—2007 年 7 月	法制科
	胡建华	科长	2007 年 7 月—	法制科
环境管理科	王允宽	股长	1992 年 4 月—1994 年 6 月	环境管理股
	景金途	科长	1994 年 6 月—1999 年 2 月	环境管理股
	景金途	科长	1999 年 2 月—2002 年 2 月	污染控制科
	许玉洁	科长	2002 年 2 月—2010 年 2 月	环境管理科
	景金途	科长	2010 年 2 月—	—
综合计划科	苏红	科长	1999 年 2 月—2002 年 2 月	综合管理科
	苏红	科长	2002 年 2 月—2010 年 5 月	综合计划科
	王顺	科长	2009 年 5 月—2010 年 2 月	—
	任海鹏	科长	2010 年 2 月—	—

1988—2013 年句容市（县）环境保护局内设科室及下属单位负责人更迭情况一览

续表 8－1－22

单位名称	姓名	职务	任职时间	备注
环境监察大队	景金途	大队长	1994 年 2 月—1994 年 6 月	监理站
	王东陵	大队长	1994 年 6 月—1999 年 2 月	监理站
	赵巧沛	大队长	1999 年 2 月—2002 年 7 月	监理大队
	赵扣龙	大队长	2002 年 7 月—2010 年 2 月	监察大队
	许玉洁	大队长	2010 年 2 月—2013 年 12 月	—
环境监测站	景金途	站长	1992 年 4 月—1994 年 2 月	—
	苏红	副站长	1994 年 2 月—1997 年 6 月	主持工作
	许玉洁	站长	1997 年 6 月—1999 年 2 月	—
	胡建华	站长	1999 年 2 月—2007 年 7 月	—
	徐鹏	站长	2007 年 7 月—	—
宣教中心	徐波	主任	2002 年 7 月—	—
环境信息中心	朱骅	主任	2009 年 5 月—2010 年 2 月	—
	王顺	主任	2010 年 2 月—	—
监察室	丁腊明	主任	2005 年 3 月—2010 年 2 月	—
	尤勇	主任	2010 年 2 月—	—
行政服务科	景金途	科长	2007 年 2 月—2010 年 2 月	—
	朱骅	科长	2010 年 2 月—2013 年 6 月	—
环保技术咨询服务部	芮祥军	主任	1999 年 2 月—2003 年 4 月	副股级主持工作
环境科学研究所	胡建华	所长	2002 年 7 月—2007 年 7 月	兼
	芮祥军	所长	2007 年 7 月—	—
核管科	赵巧沛	副科长	2011 年 4 月—	主持工作

说明：1988—1991 年的资料缺失。

2013 年句容市环境保护局单位职工结构情况一览

表 8－1－23 单位：人

单位名称	人数	性别		政治		文化程度				职称		
		男	女	党员	团员	大专及其以上	中专	高中	初中及其以下	初级	中级	高级
法制科	4	2	2	3	1	4	—	—	—	3	—	—
环科所	6	1	5	—	2	6	—	—	—	—	5	1
监测站	25	14	11	9	—	22	1	1	1	1	13	—
核管科	2	1	1		—	2	—	—	—	—	—	—
监察室	1	1	—	1	—	1	—	—	—	—	1	—
管理科	9	6	3	4	—	9	—	—	—	7	1	—

2013 年句容市环境保护局单位职工结构情况一览

续表 8－1－23

单位名称	人数	性别		政治		文化程度				职称		
		男	女	党员	团员	大专及其以上	中专	高中	初中及其以下	初级	中级	高级
妇委会	1	—	1	—	—	1	—	—	—	—	1	—
信息中心	2	2	—	1	—	2	—	—	—	1	—	—
宣教中心	3	1	2	1	2	3	—	—	—	2	1	—
行政服务科	6	3	3	4	—	6	—	—	—	—	4	—
综合计划科	5	3	2	4	1	5	—	—	—	2	3	—
监察大队	31	25	6	13	4	27	—	4	—	6	10	—
办公室	41	30	11	17	—	28	—	13	—	1	15	1
工会	2	1	1	1	—	1	1	—	—	—	1	—
合计	138	90	48	58	10	117	2	18	1	26	55	2

第二节　中共组织

一、市住房和城乡建设局党组织

1984 年 3 月，县基本建设局与环境保护局两局合并成立县城乡建设环境保护局，因基层党支部和党员数增加，经县委批准，于同年 4 月成立句容县城乡建设环境保护局党委，徐善友任党委书记。1984 年 8 月成立句容县城乡建设环境保护局机关党支部，共有正式党员 6 人，郭敦基任支部书记。随着改革开放经济发展，句容城市建设步伐加快，局属企业单位逐年增多，1988 年 11 月两局重新分设，分别成立县建设委员会和县环境保护局时，县建设委员会党委下辖机关、质监站、房管处、设计院、建管处、自来水总公司、房屋建设开发公司、建筑工程公司、第二建筑工程公司、华盛建筑装饰工程公司等 10 个基层党支部。

1984 年 4 月成立句容县城乡建设环境保护局党委，委员由徐善友、郭敦基、张才保组成，徐善友任书记。

1990 年成立县建设委员会纪律检查委员会，委员由王和林、欧传芳、纪义伦组成；王和林任书记。

1997 年 3 月，召开中共句容市建设委员会第一次代表大会，选举产生第二届中共句容市建设委员会委员会。委员会由郭道贵、贡宪章、王和林、刘义生、姚立荣、唐祖发、丁海云、张才保等 8 人组成。郭道贵任党委书记；贡宪章任党委副书记。贡宪章任中共句容市建设委员会纪律检查委员会书记。

2000 年 4 月，召开中共句容市建设委员会委员会第二次代表大会，选举产生第三届中共句容市建设委员会委员会。委员由徐之宝、刘义生、姚立荣、丁海云、孟玉山、许守华、崔建刚、张庆华、丁爱顺等 9 人组成，徐之宝任党委书记。中共句容市建设委员会纪律检查委员会委员由崔建刚、欧传芳、周明、林福全、丁国祥等 5 人组成，崔建刚任书记。其间，市建设系统所属单位继续增加，相继组建了市政处、造价处、监理所、燃气发展中心、房改办、劳务处等基层党支部。至 2013 年年末，全系统基层党支部增至 24 个。

2003 年 6 月，召开中共句容市建设局（市建设委员会 2001 年 11 月更名）第三次代表大会，选举产生第四届中共句容市建设局委员会。委员由巫罗才、刘义生、张远玉、姚立荣、丁海云、孟玉山、许守华、张庆华、丁爱顺、崔建刚、曹正东等 11 人组成；巫罗才任党委书记，刘义生、张远玉任党委副书记。中共句容市建设局纪律检查委员会委员由崔建刚、林福全、欧传芳、周明、丁国祥等 5 人组成，崔建刚任书记。是年起至 2007 年上半年，因企业改制、单位撤销等原因，局党委所辖第二建筑总公司、劳务处等 5 个党支部随之撤销。

2007年6月，召开中共句容市建设局委员会第四次代表大会，选举产生第五届中共句容市建设局委员会。委员由郭敦清、巫罗才、叶向荣、许守华、包俊华、崔建刚、杨举、耿玉龙等8人组成。郭敦清任书记，巫罗才、叶向荣任副书记。中共句容市建设局纪律检查委员会委员由崔建刚、徐小明、范迎春、丁花萍、吴玮等5人组成，崔建刚任书记。

2013年，中共句容市住房和城乡建设局(市建设局2010年更名)党委下辖基层党支部24个，共有党员503人。

1984—2013年句容市(县)建设系统党组织负责人更迭情况一览

表8-1-24

单位名称	姓名	职务	任职时间	备注
城乡建设环境保护局党委	徐善友	书记	1984年4月—1984年9月	
	胡文凯	书记	1984年9月—1986年8月	1988年11月更名为“句容县建设委员会”
	经圣淮	书记	1986年8月—1988年11月	
市(县)建设委员会党委	经圣淮	书记	1988年11月—1995年7月	
	郭道贵	书记	1995年7月—1998年1月	2001年11月更名为“句容市建设局”
	徐之宝	书记	1998年1月—2001年11月	
	贡宪章	副书记	1997年2月—1998年12月	
市建设局党委	徐之宝	书记	2001年11月—2003年1月	
	巫罗才	书记	2003年1月—2006年3月	
	郭敦清	书记	2006年3月—2009年7月	
	姚华	书记	2009年7月—2010年5月	
	刘义生	副书记	2002年7月—2006年3月	
	张远玉	副书记	2002年7月—2003年7月	
	叶向荣	副书记	2004年12月—2010年5月	2010年5月更名为“住房和城乡建设局”
	巫罗才	副书记	2006年3月—2009年7月	
	樊金云	副书记	2009年7月—2010年5月	
市住房和城乡建设局党委	包华根	书记	2010年5月—	
	姚华	副书记	2010年5月—2012年5月	
	樊金云	副书记	2012年5月—	
	余立超	副书记	2012年5月—	
	陈刚	副书记	2012年5月—	

1990—2013年句容市(县)建设系统纪律检查组织负责人更迭情况一览

表8-1-25

单位名称	姓名	职务	任职时间	备注
市(县)建设委员会纪委	王和林	书记	1990年9月—1992年12月	—
	刘文生	书记	1992年12月—1997年2月	—
	贡宪章	书记	1997年2月—1998年12月	—
	孟玉山	书记	1998年12月—1999年4月	—
	崔建刚	书记	1999年4月—2010年5月	2001年11月更名为“市建设局”
	余立超	书记	2010年5月—	2010年5月更名为“市住房和城乡建设局”

2013年句容市住建局直属单位党支部情况一览

表8-1-26　　单位：人

党支部名称	成立时间	党员人数	其中		现任书记	现任副书记	备注
			男	女			
局机关	1984年8月	39	28	11	余立超	—	—
局机关老干部	2002年4月	23	21	2	姚立荣	—	—
市拆迁安置服务中心	2002年4月	23	14	9	苏安定	—	原名“市拆迁办”
银鹏房地产开发总公司	1986年8月	29	22	7	梅琦	—	原名“房地产开发公司”
市质监站	1989年10月	25	7		张园园	—	—
市房管处	1978年11月	46	27	19	陈勇	—	—
市城建监察大队	2011年3月	9	9		魏胜亚	—	—
市政建设服务所	1992年7月	27	17	10	徐云	—	原名“市政处”
市市政公用事业服务中心	2009年10月	14	8	6	吉田刚	王政 吴晓玲	—
市城市建设投资有限公司	2002年4月	29	16	13	吉田刚	—	—
城市建设工程有限公司	1996年8月	6	6	—	樊厚江	闵道仁	—
招标办	1999年8月	11	3	8	丁长俊	—	机构调整更名为“造价处”
市永康建筑工程有限公司	1958年	13	12	1	李仁康	—	原名“市建筑工程公司”
监理所	2002年4月	8	7	1	经群	—	—
市燃气发展中心	2002年11月	11	5	6	杨世和	—	原名“燃气办”
市抗震办	2007年9月	17	10	7	张建中	—	—
市路灯养护所	2011年3月	8	7	1	郭旋	—	—
市房屋白蚁防治所	2004年6月	8	4	4	葛亚龙	—	—
市建筑勘察设计院	1987年7月	12	10	2	翟学翠	—	—
市自来水总公司	1975年7月	48	33	15	陈文	—	原名“自来水厂”
市水务集团	2011年9月	43	32	11	丁花萍	—	—
市住房保障服务中心	1996年8月	13	8	5	韩曙光	—	原名“房改办”
市建筑协会	2007年6月	9	9	—	赵鹏飞	—	—
市建管处	1989年10月	32	27	5	郭永和	施金玉	—

1984—2013年句容市(县)住建系统基层党支部负责人更迭情况一览

表8-1-27

支部名称	姓名	职务	任职时间	备注
局机关	郭敦基	书记	1984年8月—1989年7月	—
	王和林	书记	1989年7月—1992年12月	—
	刘义生	书记	1992年12月—1998年6月	—
	崔建刚	书记	1998年6月—1998年11月	—
	孟玉山	书记	1998年11月—1999年12月	—

1984—2013年句容市(县)住建系统基层党支部负责人更迭情况一览

续表8-1-27

支部名称	姓名	职务	任职时间	备注
局机关	崔建刚	书记	1999年12月—2004年6月	—
	林福全	书记	2004年6月—2005年7月	—
	耿玉龙	书记	2005年7月—2008年12月	—
	崔建刚	书记	2008年12月—2010年5月	
	余立超	书记	2010年5月—	—
局机关老干部	经圣淮	书记	2000年4月—2004年8月	—
	王和林	书记	2004年8月—2010年10月	—
	姚立荣	书记	2010年10月—	—
市住房制度改革领导小组办公室	顾仕宏	书记	1996年8月—2001年5月	2009年10月更名为“市住房保障服务中心”
	笪兴柏	书记	2001年5月—2006年6月	
	邵家林	书记	2006年06月—2007年10月	
	笪兴柏	书记	2007年10月—2008年12月	
	吉田根	书记	2007年10月—2008年12月	
	韩曙光	书记	2011年3月—	
招标办	丁国祥	书记	1999年8月—2003年8月	—
	张双松	书记	2003年9月—2004年6月	—
	崔建国	书记	2004年6月—2005年7月	—
	林福全	书记	2005年7月—2009年9月	机构调整更名为“造价处”
	丁长俊	书记	2011年4月—	
市房屋白蚁防治所	崔文则	书记	2004年6月—2005年6月	—
	朱斌	书记	2005年6月—2008年12月	—
	葛亚龙	书记	2008年12月—	—
市拆迁办	张金敏	书记	2002年4月—2004年12月	2009年9月更名为“市拆迁安置服务中心”
	陶红珍	书记	2005年7月—2009年10月	
	徐小明	书记	2009年10月—2013年4月	
	苏安定	书记	2013年4月—	
房地产管理所(处)	贾双同	书记	1978年11月—1984年6月	1984年4月成立县基本建设环境保护局党委时并入
	张凤喜	书记	1984年6月—1986年10月	—
	石学富	副书记	1986年10月—1989年3月	副书记主持工作
	顾仕宏	书记	1989年3月—1995年12月	1991年12月更名为“县房地产管理处”
	林荣生	书记	1995年12月—1998年8月	
	许文	书记	1998年8月—2001年7月	
	顾仕宏	书记	2001年7月—2005年7月	2009年7月升格为房地产管理局“正科级”
	张金敏	书记	2005年7月—2006年6月	
	朱宾	书记	2006年6月—2009年7月	2010年5月更名“市房产业发展服务中心”(副科级)
	包华根	书记	2009年7月—2011年4月	
	张金敏	书记	2011年4月—	
	陈勇	副书记	2011年4月—	

1984—2013 年句容市(县)住建系统基层党支部负责人更迭情况一览

续表 8－1－27

支部名称	姓名	职务	任职时间	备注
房屋建设开发公司	张长祯	书记	1986 年 8 月—1989 年 3 月	1992 年更名为“房地产开发公司” 1996 年 6 月市房地产开发公司党支部隶属市建委党委管理里 2001 年 4 月更名“银鹏房地产开发总公司”
	许良明	书记	1989 年 3 月—1992 年 2 月	
	聂志才	书记	1992 年 2 月—1996 年 11 月	
	欧传芳	书记	1996 年 11 月—1999 年 5 月	
	崔建国	书记	1999 年 6 月—2002 年 11 月	
	许文	书记	2002 年 11 月—2003 年 8 月	
	吉田刚	书记	2003 年 8 月—2008 年 10 月	
	赵柏林	书记	2008 年 11 月—2011 年 3 月	
	梅琦	书记	2011 年 3 月—	
燃气发展中心	付建国	书记	2002 年 11 月—2004 年 6 月	—
	欧传芳	书记	2004 年 6 月—2005 年 7 月	原名“燃气办”
	吉田根	书记	2005 年 7 月—2006 年 6 月	—
	苏安定	书记	2006 年 6 月—2007 年 9 月	—
	吉田根	书记	2007 年 9 月—2008 年 12 月	—
	郭旋	书记	2008 年 12 月—2011 年 1 月	—
	杜敏	书记	2011 年 1 月—2011 年 3 月	—
	杨世和	书记	2011 年 3 月—	—
城投公司	张远玉	书记	2002 年 4 月—2003 年 8 月	—
	许守华	书记	2003 年 8 月—2008 年 9 月	—
	杨举	书记	2008 年 9 月—2013 年 6 月	—
	吉田刚	书记	2013 年 6 月—	—
城市建设工程公司	樊厚江	书记	1996 年 8 月—	—
城建监察大队	魏胜亚	书记	2011 年 3 月—	—
南京办事处	阙正阳	书记	1993 年 6 月—1996 年 7 月	改制撤销
	陈大堂	书记	1996 年 7 月—2000 年 3 月	
	阙正阳	书记	2000 年 3 月—2005 年 7 月	
北京办事处	周开贵	书记	1995 年 10 月—2002 年 11 月	2001 年 4 月更名为“开拓劳务公司” 2009 年 7 月撤销
	赵正祥	书记	2002 年 11 月—2003 年 5 月	
	周开贵	书记	2003 年 5 月—2009 年 7 月	
建筑劳务基地管理处	姚立荣	书记	1999 年 6 月—2000 年 4 月	2001 年 7 月与“二公司”合并成立总支
	陈大堂	书记	2000 年 4 月—2001 年 7 月	
监理所	经群	书记	2002 年 4 月—	改制为“精诚建设咨询有限公司”
抗震办	葛亚龙	书记	2007 年 9 月—2008 年 12 月	—
	郑玉兰	书记	2008 年 12 月—2009 年 12 月	—
	姚辉	书记	2009 年 12 月—2011 年 5 月	—
	张建中	书记	2011 年 5 月—	—

1984—2013年句容市(县)住建系统基层党支部负责人更迭情况一览

续表8-1-27

支部名称	姓名	职务	任职时间	备注
路灯养护所	郭旋	书记	2011年3月—	—
建筑勘察设计室(研究院)	顾仕宏	书记	1987年7月—1989年3月	—
	尚明喜	副书记	1989年3月—1990年12月	副书记主持工作
	尚明喜	书记	1990年12月—1996年6月	1994年10月更名为“建筑勘察设计研究院”
	葛亚龙	书记	1996年6月—1998年9月	—
	林荣生	书记	1998年9月—2007年9月	—
	张双松	书记	2007年9月—2010年9月	—
	胡大志	书记	2010年9月—2013年9月	—
	翟学翠	书记	2013年9月—	—
华盛建筑装饰公司	谢永平	书记	1990年4月—1991年10月	—
	欧传芳	书记	1991年10月—1996年6月	—
	叶学谦	书记	1996年6月—1997年6月	支部撤销
第二建筑工程公司	张长祯	副书记	1981年4月—1985年7月	主持工作
	朱志杨	书记	1985年7月—1986年6月	—
	李树生	书记	1986年6月—1988年11月	2001年7月劳务处、二公司、驻外办事处合并成立总支,2003年5月改制撤销
	陈巧寿	书记	1988年11月—1996年6月	
	阙正阳	书记	1996年6月—2001年7月	
	周开贵	书记	2001年7月—2003年5月	
市政建设服务所	唐祖发	书记	1992年7月—1996年6月	—
	朱斌	书记	1996年6月—2003年8月	—
	徐东	书记	2003年8月—2005年7月	—
	欧传芳	书记	2005年7月—2006年6月	—
	吉田根	书记	2006年6月—2007年9月	—
	姬和平	书记	2007年9月—2011年3月	—
	徐云	书记	2011年3月—	—
市政公用事业服务中心	吉田刚	书记	2009年10月—	—
	王政	副书记	2011年3月—	—
	吴晓玲	副书记	2011年3月—	—
水务集团	丁花萍	书记	2011年9月—	—
建管处	张桥	书记	1995年10月—1998年1月	
	张双松	书记	1998年1月—2002年11月	—
	崔建国	书记	2002年11月—2003年6月	—
	丁国祥	书记	2003年6月—2006年6月	—
	赵鹏飞	书记	2006年6月—2011年3月	—
	郭永和	书记	2011年3月—	—

1984—2013年句容市(县)住建系统基层党支部负责人更迭情况一览

续表8-1-27

支部名称	姓名	职务	任职时间	备注
自来水总公司	吴家祥	书记	1975年7月—1977年12月	—
	俞安智	书记	1977年12月—1981年2月	—
	吴家祥	书记	1981年2月—1981年7月	—
	王继增	书记	1981年7月—1982年5月	—
	余东智	书记	1982年5月—1989年3月	—
	唐良文	书记	1989年3月—1992年7月	—
	张庆华	书记	1992年7月—2002年4月	—
	杨举	书记	2002年4月—2004年12月	—
	徐正春	书记	2004年12月—2005年7月	—
	郑玉兰	书记	2005年7月—2006年6月	—
	徐正春	书记	2006年7月—2007年9月	—
	郑小顺	书记	2007年9月—2011年8月	—
	陈文	书记	2011年9月—	—
建筑业协会	许文	书记	2007年6月—2011年3月	—
	赵鹏飞	书记	2011年3月—	—
基础公司	徐公林	书记	1991年6月—2007年6月	2007年6月撤销
质监站	赵良喜	书记	1989年10月—1992年7月	1989年10月成立时与建管处组成联合支部
	周明喜	书记	1992年7月—1999年6月	—
	张长祯	书记	1999年6月—2002年4月	—
	王敬祥	书记	2002年4月—2003年8月	—
	王智华	书记	2003年8月—2009年9月	—
	张园园	书记	2010年3月—	—
建筑工程有限公司	张其庭	书记	1958—1960年	地方国营建筑公司
	韩明智	书记	1960—1962年	1961年改名为“句容建筑站”
	徐锦福	书记	1962—1972年	—
	赵发贤	书记	1972—1976年	1973年恢复为“句容县建筑公司”
	叶守强	书记	1976—1979年	—
	苏祥珠	书记	1979年—1984年6月	—
	吕正训	副书记	1984年6—1986年8月	主持工作
	陈书群	书记	1986年8—1990年6月	—
	姬发根	书记	1990年6—1996年6月	1994年改制成股份合作
	李仁康	书记	1996年6—2000年4月	—
	张长祯	书记	2000年4月—2001年9月	—

1984—2013 年句容市(县)住建系统基层党支部负责人更迭情况一览

续表 8－1－27

支部名称	姓名	职务	任职时间	备注
永康建筑工程公司	李仁康	书记	2001 年 9 月—	2001 年改制后更名为“永康建筑工程公司”
城管办	范晓鸣	书记	1999 年 1 月—2003 年 8 月	城管办党支部 1998 年 11 月划归建委党委,2003 年 8 月合并到城管局党组
建筑工程总公司	唐良文	书记	1986 年 7 月—1989 年 3 月	1989 年 3 月总支撤销
规划处(管理局)	蒋金梅	书记	1991 年 4 月—2001 年 5 月	—
	丁爱顺	书记	2001 年 5 月—2003 年 12 月	—

二、市环境保护局党组织

1988 年 11 月成立句容县环境保护局,并单独成立党支部,隶属于县级机关党委管理,2009 年 8 月设立为党组。现有局机关、环境监理大队、监测站、老干部等 4 个党支部,共有党员 48 人。

1988—2013 年句容市(县)环境保护局局机关党组织负责人更迭情况

表 8－1－28

名称	姓名	职务	任职时间	备注
党支部	金昌来	书记	1988 年 12 月—1989 年 9 月	—
	赵祚春	书记	1990 年 1 月—1992 年 11 月	—
	钱国顺	书记	1993 年 5 月—1996 年 2 月	—
	李网城	书记	1996 年 2 月—2000 年 2 月	—
	韦寿强	书记	2000 年 2 月—2007 年 11 月	—
	唐祖发	书记	2007 年 11 月—2009 年 8 月	—
	郦雷明	书记	2009 年 4 月—2013 年 9 月	—
	丁腊明	书记	2013 年 9 月—	—
党组	王平	书记	2009 年 8 月—2013 年 2 月	2009 年 8 月设立为党组
	耿忠	书记	2013 年 2 月—	
	邵国一	副书记	2009 年 7 月—2013 年 5 月	
	叶向荣	副书记	2010 年 5 月—	
	金伟	副书记	2013 年 5 月—	

2008—2013 年句容市环境保护局纪律检查组织负责人更迭情况

表 8－1－29

名称	姓名	职务	任职时间	备注
环境保护局	郦雷明	书记	2008 年 6 月—2010 年 5 月	—
	黄建平	书记	2010 年 5 月—2013 年 6 月	—
	朱骅	书记	2013 年 6 月—	—

2009—2013 年句容市环境保护局基层党支部负责人更迭情况

表 8-1-30

名称(支部)	姓名	职务	任职时间	备注
环境监理大队	赵扣龙	书记	2009 年 4 月—2013 年 9 月	—
	许玉洁	书记	2013 年 9 月—	—
监测站	徐鹏	书记	2009 年 4 月—	—
老干部	王桂生	书记	2009 年 4 月—2013 年 9 月	—
	赵扣龙	书记	2013 年 9 月—	—

三、市城市管理局党组织

2003 年 8 月成立句容市城市管理局，将原市建设局党委下辖的：城管办、环卫处、园林管理处、城管执法大队等 4 个党支部划归城市管理局党组管理。现城市管理局党组下辖：局机关、环境卫生管理处、城管执法大队、园林管理处、特种垃圾处理中心等 5 个党支部，共有党员 130 人。

2003—2013 年句容市城市管理局党组织负责人更迭情况一览

表 8-1-31

组织名称	姓名	职务	任职时间	备注
党组	张远玉	书记	2003 年 8 月—2005 年 9 月	—
	笪宏斌	书记	2005 年 9 月—2008 年 4 月	—
	董明祥	书记	2008 年 4 月—2008 年 12 月	—
	曹青松	书记	2008 年 12 月—	—
	朱月红	副书记	2008 年 6 月—2012 年 2 月	—
	赵贞兰	副书记	2012 年 2 月—	—
	徐龙喜	副书记	2013 年 1 月—	—

2008—2013 年句容市城市管理局纪律检查组织负责人更迭情况

表 8-1-32

名称	姓名	职务	任职时间	备注
城管局	朱月红	书记	2008 年 6 月—2012 年 2	—
	赵贞岚	书记	2012 年 2 月—	—

2013 年句容市城管局直属单位党支部基本情况一览

表 8-1-33

单位：人

党支部	成立时间	党员人数	其中		原任书记	现任书记	备注
			男	女			
局机关	2004 年 3	48	37	11	尹明	印峰	2003 年 8 月之前隶属市建设局党委
环境卫生管理处	1995 年 10	20	17	3	樊厚江	江大兵	
城管执法大队	1992 年 10	24	23	1	王久喜	顾志清	
园林管理处	1999 年 8	26	17	9	曹正东	易仁方	
特种垃圾处理中心	2006 年 11	12	10	2	窦祖福	贡群	

2003—2013 年句容市城管局基层党支部负责人更迭情况一览

表 8－1－34

单位名称	姓名	职务	任职时间	备注
局机关	尹明	书记	2004 年 3 月—2006 年 2 月	
	孟玉山	书记	2006 年 2 月—2007 年 10 月	
	吴顺牛	书记	2007 年 10 月—2010 年 11 月	
	潘良栋	书记	2010 年 11 月—2012 年 4 月	
	李龙	书记	2012 年 4 月—2013 年 9 月	
	印峰	书记	2013 年 9 月—	
环境卫生管理所	樊厚江	书记	1995 年 10 月—1996 年 5 月	1997 年 4 月更名为“环境卫生管理处”
	张才生	书记	1996 年 5 月—1999 年 6 月	
	张金敏	书记	1999 年 6 月—2000 年 4 月	
	祁若信	书记	2000 年 4 月—2002 年 4 月	
	徐明	书记	2002 年 4 月—2004 年 3 月	
	纪昌泰	书记	2004 年 3 月—2005 年 3 月	
	陈新春	书记	2005 年 3 月—2006 年 2 月	
	徐明	书记	2006 年 12 月—2008 年 5 月	2003 年 8 月之前属市建设局党委
	杜开玉	书记	2010 年 11 月—2012 年 14 月	
	江大兵	书记	2012 年 4 月—	
城市规划建设管理综合执法大队	王久喜	书记	1992 年 10 月—1996 年 6 月	2003 年 8 月之前属市建设局党委
	许文	书记	1997 年 7 月—1998 年 6 月	
	祁若信	书记	1998 年 6 月—2000 年 4 月	
	陈新春	书记	2000 年 4 月—2004 年 2 月	
	尹明	书记	2004 年 3 月—2005 年 3 月	
	张映旭	书记	2005 年 3 月—2006 年 12 月	
	王军	书记	2006 年 12 月—2010 年 6 月	
	徐正春	书记	2010 年 11 月—2012 年 4 月	
	顾志清	书记	2012 年 4 月—	
园林管理处	曹正东	书记	1999 年 8 月—2003 年 9 月	2003 年 8 月之前属市建设局党委
	吴顺牛	书记	2003 年 9 月—2006 年 12 月	
	周长军	书记	2006 年 12 月—2009 年 3 月	
	张奎武	书记	2010 年 11 月—2010 年 4 月	
	王荣珍	书记	2012 年 4 月—2013 年 9 月	
	易仁方	书记	2013 年 9 月—	
特种垃圾处理中心	窦祖福	书记	2006 年 11 月—2008 年 5 月	
	李龙	书记	2010 年 11 月—2012 年 4 月	
	张奎武	书记	2012 年 4 月—2013 年 10 月	
	贡群	书记	2013 年 10 月—	

说明：部分基层党支部负责人任职时间属原市(县)建设局(委)范畴

四、市规划局党组织

1991年4月成立城镇建设规划管理办公室党支部，隶属于市建委党委管理。2002年4月，规划处升格为二级局，更名为“市规划管理局”，其党支部仍归属于市建设局党委管理。2003年12月规划局由二级局升格为一级局其党组织关系并入市级机关党委管理。2007年11月市规划局党支部升格为党组。现规划局党组下辖规划局（总支）、机关（支部）、规划设计院（支部）、规划监察大队（支部）等4个支部（总支）组成。共有党员59人。

句容市规划局党组负责人更迭情况一览

表8-1-35

名称	姓名	职务	任职时间	备注
党组	陈刚	书记	2007年11月—2012年2月	2007年11月设立党组
	陈建业	书记	2012年2月—2013年4月	
	彭长江	书记	2013年4月—	

句容市规划局纪律检查组织负责人更迭情况

表8-1-36

名称	姓名	职务	任职时间	备注
规划局	黄晓鸿	书记	2008年6月—2013年2月	—
	刘方才	书记	2013年4月—	—

句容市规划局基层党支部（总支）负责人更迭情况一览

表8-1-37

名称	姓名	职务	任职时间	备注
规划局支部	丁爱顺	书记	2003年12月—2007年11月	—
	陈刚	书记	2007年11月—2008年6月	—
	黄晓鸿	书记	2008年6月—2010年10月	—
规划局总支	黄晓鸿	书记	2010年10月—2011年12月	—
	刘方才	书记	2011年12月—	—
机关（支部）	陈德卫	书记	2010年10月—	—
规划设计院（支部）	裴以宁	书记	2010年10月—	—
规划监察大队（支部）	祁若信	书记	2010年10月—	—

第二章　群团组织

建设系统的工会,共青团组织,则由基层单位的工会、共青团组织发展而来。20 世纪 80 年代,建设局始建工会、团委组织。1996 年 10 月建立建委妇委会。

社团组织始于 1984 年,建筑协会成立。2005 年成立城市管理协会。2010 年成立句容市老科技工作者协会建设分会。

第一节　工　会

一、市住房和城乡建设局工会

句容建设系统最早成立工会组织的单位是自来水厂工会、房管所工会、建筑公司工会等 3 个基层工会。

1978 年 3 月,句容县基本建设局成立后,建设系统单位成立基层工会的仅为自来水厂工会、房管所工会、建筑公司工会 3 个,会员总数 220 余人。

1984 年 3 月,成立句容县城乡建设环境保护局之时,下属单位所设基层工会未变。1985 年 1 月成立句容县城乡建设环境保护局工会,李清龙任工会主席。1991 年 11 月,县建设系统工会工作委员会,选举产生的工会委员会由 9 人组成,由郭敦基任工会主席。是年 8 月,工会工作委员会下辖基层工会有局机关、句容县自来水厂、句容县建筑公司、句容县房管所、句容县装潢公司、句容县第二建筑公司、句容县开发公司、句容县设计院、句容县规划处、句容县物供公司等 10 个,会员人数 673 人,其中句容县建筑公司工会 183 人,句容县自来水厂 95 人。

1988 年 11 月,句容县建设委员会成立,随着下属单位的增设,基层工会相应增加,会员人数不断增多。1992 年 9 月至 2004 年 9 月曹正东任工会主席,2004 年 9 月至 2013 年耿玉龙任工会主席。2008 年,市建设局工会工作委员会由 3 人组成,由耿玉龙任工会主席负责工会工作,下设的基层工会有局机关、质监站、城投公司、市政服务所、自来水公司、房管处、建管处、银鹏公司、设计院、墙改办、房改办、水务集团、公用事业服务中心等 13 个,会员总数 999 人。

建设系统女职工委员会由 3 人组成,有女职工 392 人。杨海燕任女职工委员会主任。下属单位设女职工委员会有质监站、城投公司、市政服务所、自来水总公司、房管处、建管处、银鹏公司、设计院、墙改办、房改办、招标办、白蚁所、拆迁办等 13 个女职工委员会,担负着女职工劳动保护,计划生育等工作。

1952—2013 年句容市(县)住建局基层工会情况一览

表 8－2－1

工会名称	成立时间	会员人数	女职工人数	备注
委机关工会	1985 年 1 月	28	3	—
自来水厂工会	1978 年 7 月	95	28	—
建筑公司工会	1952 年 9 月	183	77	已改制(撤销)
房管所工会	1985 年 6 月	71	25	—

1952—2013年句容市(县)住建局基层工会情况一览

续表8-2-1

工会名称	成立时间	会员人数	女职工人数	备注
装潢公司工会	1991年8月	66	13	已改制(撤销)
建筑二公司工会	1991年8月	70	16	已改制(撤销)
开发公司工会	1991年8月	71	12	现改名为银鹏公司
设计院工会	1991年8月	25	4	
规划处工会	1991年8月	29	8	2002年4月升格为规划管理局
物资供应公司	1991年8月	35	5	已改制(撤销)
房改办工会	2001年8月	15	9	—
城投公司	2005年11月	17	10	—

2013年句容市住建局基层工会组织情况一览

表8-2-2　　单位：人

工会名称	成立时间	会员人数	女职工人数	备注
局机关工会	1985年1月	46	11	—
质监站	2005年5月	83	27	—
城投公司工会	2005年11月	44	25	—
市政服务所工会	1996年6月	42	16	—
自来水总公司工会	1978年7月	238	107	—
房产业发展服务中心工会	1985年6月	127	75	—
建管处工会	1999年10月	53	18	—
银鹏公司工会	1991年8月	81	25	—
设计院工会	1991年10月	28	6	—
墙改(抗震)工会	2009年3月	22	10	—
房改办工会	2001年8月	15	7	—
公用事业服务中心工会	2014年4月	31	15	—
水务集团工会	2011年5月	189	50	—

二、市规划局工会

市规划局工会于2005年8月成立，2013年年末有会员153人；其中女会员73人。历任工会主席为：祁若信(2005年08月—2007年11月)、陈德卫(2007年11月—2011年5月)、丁贤春(2011年5月—)。

三、市城管局工会

市城管局工会于2003年10月成立，2013年年末有会员958人；其中女会员415人。历任工会主席为：尹明(2003年10月—2006年10月)、史六英(2008年2月—2013年7月)、任金萍(2013年7月—)。

四、市环保局工会

市环境保护局工会于2010年10月成立，2013年年末有会员145人，其中女会员65人。历任工会主席为：郦雷明(2010 年 10 月—2011 年 12 月)、赵扣龙(2011 年 12 月—)。

第二节 共青团

一、市住建局团委

句容市建设系统团组织成立于 1984 年 10 月，名称为共青团句容县城乡建设环境保护局委员会，唐素芳任团委副书记。1989 年 4 月，因机构变动，撤销句容县城乡建设环境保护局团委，建立句容县建设委员会团委，唐祖发任书记。之后，周明喜、孙卫军、项梅珍先后任书记。2001 年 10 月，句容市建设委员会更名为句容市建设局，项梅珍、笪爱华、笪斐斐先后任团委书记。2010 年 5 月，句容市建设局又更名为句容市住房和城乡建设局，郭嘉、章伟先后任团委书记。

2013 年句容市住房和城乡建设局团委情况一览

表 8－2－3 单位：人

成立时间	团员人数	其中		原任书记	现任书记
		男	女		
1989－04	102	57	45	唐素芳	章伟

2013 年句容市住房和城乡建设局团委所属各单位团支部情况一览

表 8－2－4 单位：人

团支部名称	成立时间	团员人数	其中	
			男	女
句容市城市建设投资有限责任公司团支部	2005 年 3 月	4	3	1
句容市市政公用事业服务中心团支部	2012 年 4 月	6	4	2
句容市拆迁安置服务中心团支部	2004 年 4 月	0	—	—
句容市房产业发展服务中心团支部	2006 年 6 月	8	3	5
句容市水务集团有限公司团支部	2010 年 10 月	30	14	16
句容市建设工程管理处团支部	2000 年 4 月	4	2	2
句容市建筑工程造价管理处团支部	2005 年 4 月	0	—	—
句容市市政建设服务所团支部	1995 年 4 月	0	—	—
句容市建筑勘察设计研究院团支部	2008 年 4 月	1	1	—
句容市建设工程质量监督站团支部	1995 年 4 月	8	7	1
句容市房屋白蚁防治所团支部	2005 年 4 月	1	1	—
句容市建筑抗震、建筑节能技术服务站团支部	2001 年 4 月	1	—	1
句容市自来水总公司	1976 年 5 月	27	12	15
句容市路灯养护所团支部	2012 年 5 月	8	8	—
句容市城建监察大队团支部	2011 年 3 月	4	2	2

二、市规划局团委

市规划局团委于 2003 年 12 月成立，2013 年年末有团员 24 人。历任团委书记情况为：刘聪(2003 年 12

月—2007 年 9 月)、梁欢(2007 年 10 月—)。

三、市城管局团委

市城管局团委于2003 年10 月成立,下辖环卫处、执法大队、园林处等3 个基层团支部,2013 年年末有团员 30 人。历任团委书记情况为:施习萍(2004 年 10 月—2006 年 2 月)、贡　群(2006 年 2 月—2006 年 12 月)、刘云(2006 年 12 月—2008 年 11 月)、印峰(2008 年 11 月—2010 年 5 月)、王海红(2012 年 5 月—)。

四、市环保局团支部

市环境保护局团支部于 1996 年 7 月成立,2013 年年末有团员 12 人。历任团支部书记情况为:许玉洁(1996 年 7 月—2000 年 7 月)、赵磊(2000 年 7 月—)。

第三节　妇　联

一、市住建局妇委会

1996 年 8 月市建设委员会妇女委员会成立,由项梅珍、史宝英、陶红珍等三人组成,项梅珍同志任妇联主任。

1996 年以后,句容市建设委员会下属单位句容市规划处、句容市建筑勘察设计研究院、句容市建设工程管理处、句容市建设工程质量监督站、句容市市政建设服务所、句容市园林管理处、句容市房地产管理处、句容市住房制度改革领导小组办公室、句容市白蚁防治所、句容市房地产开发公司、句容市建筑公司、句容市二建公司、句容市基础公司、句容市华建被服厂、句容市自来水公司、句容市环卫处等单位妇女小组相继成立。1999 年之后,市建设委员会妇委会下设妇女小组继续增加,妇女小组组长亦有更迭。这期间,建设系统下属企业也相继改制,下设妇女小组陆续减少。建设系统妇委会主任先后由陶红珍、笪斐斐担任。2009 年,句容市建设局妇委会由 5 人组成,由杨海燕任妇女主任。

2013 年句容市住建局下属单位妇女小组情况一览

表 8 – 2 – 5　　单位:人

妇女小组名称	成立时间	女性人数	备注
设计院妇女小组	1998 年 6 月	11	—
建管处妇女小组	2000 年 2 月	13	—
质监站妇女小组	1999 年 4 月	8	—
市政处妇女小组	1998 年 5 月	16	—
房管处妇女小组	1998 年 8 月	56	—
房改办妇女小组	1998 年 3 月	2	—
白蚁所妇女小组	1999 年 6 月	6	—
房地产开发公司妇女小组	1997 年 6 月	49	—
自来水总公司妇女小组	1997 年 5 月	100	—
城投公司妇女小组	2005 年 5 月	16	—
拆迁办妇女小组	1998 年 7 月	15	—

2013 年句容市建设局下属单位妇女小组情况一览

续表 8－2－5　　单位：人

妇女小组名称	成立时间	女性人数	备注
招标办妇女小组	1999 年 6 月	11	2011 年 1 月撤销
节水办妇女小组	2006 年 4 月	4	2007 年 4 月与自来水总公司合并
抗震办妇女小组	2008 年 4 月	9	—
市水务集团有限公司妇女小组	2011 年 9	50	—

1996 年妇委会自成立以来，做了大量卓有成效的工作，其中包括共促成 10 名党政领导和 13 名党支部书记与白兔、陈武、郭庄、磨盘、大卓等地方的 23 名贫困儿童结对帮扶，帮助贫困儿童解决学费和一些实际困难。2001 年，妇委会变零散帮扶为集中帮扶，在袁巷镇中心小学办起了“春蕾班”，每年筹集资金 6000 元帮助 20 名贫困女童，连续六年，直至 20 名贫困女童全部小学毕业。至 2006 年，帮扶人员共捐资 7 万多元，基本解决了贫困儿童的学习问题。

二、市规划局妇委会

市规划局妇委会于 2004 年 6 月成立，2013 年有会员 73 人。历任妇委会主任有：孙玉兰（2004 年 6 月—2007 年 8 月）、许善美（2007 年 9 月—）

三、市城管局妇委会

市城管局妇委会于 2007 年 9 月成立，2013 年有会员 415 人。历任妇委会主任：陈新（2007 年 9 月—2012 年 4 月）

四、市环保局妇委会

市环保局妇委会于 2009 年 2 月成立，2013 年有会员 65 人。历任妇委会主任：赵磊（2009 年 2 月—）

第四节　社　团

一、市建筑业协会

民国初期，县城镇开始有行业协会组织，有少数乡镇也有类似组织，每年举行一次年会推选新的会长，行业协会有会长管理日常工作。解放后，县城由 10 余名瓦工、木工组成瓦木工工会小组，后县政府设立建设科主抓建筑行业，到了 1983 年经县政府部门批准，成立句容县土木建筑学会，1989 年更名为句容县建筑协会，1994 年更名为句容县建筑业协会，2002 年更名为句容市建筑行业协会。其间，协会主要负责人变更情况为：1983—1989 年蒋志明，1989—1993 年武才子，1994 年经圣淮，1995 年王和林，1996 年丁海云，2002 年彭良豪，2004 年刘义生，2006 年丁海云，2007 年包俊华，2011 年冯义进。协会下设机构有：句容市建筑装饰装潢分会、句容市建筑安全设备分会、句容市建筑勘察设计分会、句容市建筑房地产开发分会、句容市建筑商品砼预制构件分会、科技咨询服务部政策调研部、人才培训部、科技推广应用部。2013 年年末，共有会员 156 人。

二、市老科技工作者协会建设分会。

2010 年 2 月，市住房和城乡建设局成立句容市老科技工作者协会住建分会，刘义生任分会长。2013 年 11 月起丁海云任分公长。2013 年年末共有会员 8 人。

第三章　先进表彰

中华人民共和国成立以后，县委、县级政府带领全县人民投身社会主义建设事业，广泛开展形式多样的劳动竞赛，促进了社会经济的发展。尤其是改革开放和撤县设市以后，经济工作的重点从农业为主转向三次产业齐头并进，城乡建设进入高速发展时期。市建设系统广大干部职工，在市委，市政府强市富民战略的激励下，积极参与部门党政机关、工青妇和社会团体组织的各项争先创优活动，在城镇规划、城乡建设、环境保护、城市管理、党员教育等精神文明和物质文明建设中贡献聪明才智，涌现出一批先进集体和先进个人，受到句容市各级党政群团组织的表彰。其中，受到省级部门、镇江市委、市政府以上表彰的先进集体127个／次、先进个人203人／次。此外，业务归口单位共有52个次先进集体和20人次先进个人受到镇江市级以上领导部门的表彰。

第一节　先进集体

句容撤县设市前，县建设系统仅有建筑设计室等3个单位受到镇江市政府及以上领导部门（组织）的表彰。随着撤县设市，句容社会经济发展加快，市建设系统广大干群蕴藏的积极性被进一步激发，先进集体大量涌现，对句容市现代化建设奉献的份额也逐年增加。在1996—2005年的10年间，40个部门（单位）分别在科技进步、文明单位创建、工程建设、环保、绿化、城管、生态示范区建设等工作中，做出显著成绩，受到镇江市委、市政府、省建委、团委、建设厅、环保局等有关领导部门的表彰。此后，在2006　2013年的8年间，市建设系统受镇江市及以上部门表彰的先进集体共有84个，表彰事项涵盖了党员教育、法治宣传、工程交易、行政执法、科技进步、文明创建、工程管理、行业管理、档案管理等方方面面。其中市招标办被全国巾帼建功活动领导小组授予国家级“巾帼文明岗”；市白蚁防治所2011年、2013年两次被中国物业管理协会评为“全国白蚁防治先进单位”。127个次受到镇江市政府及以上部门表彰的先进集体，以其一流的工作业绩，为市建设系统各部门树立了标杆。

至2013年句容市（县）

住建、规划、环保、城管系统受镇江市人民政府以上表彰的先进集体情况一览

表8－3－1

单位名称	荣誉称号名称	授予年份	授予单位
县建筑设计室	句容县第一招待所2#客房楼设计表扬奖	1990	江苏省建设委员会
句容县自来水公司	档案管理先进单位	1993	江苏省档案局
县华建被服厂	全国保护消费者权益优秀成果博览会金奖	1994	全国保护消费者权益优秀成果博览会
句容市自来水公司	技术科学进步三等奖	1996	镇江市人民政府
句容市自来水公司	文明单位	1996	镇江市人民政府
下蜀镇	全市小城镇环境综合整治优秀乡镇	1996	中共镇江市委　镇江市人民政府

至2013年句容市(县)
住建、规划、环保、城管系统受镇江市人民政府以上表彰的先进集体情况一览

续表8-3-1

单位名称	荣誉称号名称	授予年份	授予单位
句容市郭庄镇人民政府	全市小城镇环境综合整治进步奖	1996	中共镇江市委　镇江市人民政府
句容市东昌镇人民政府	全市小城镇环境综合整治进步奖	1996	中共镇江市委　镇江市人民政府
句容市城乡规划建设管理处	全市小城镇环境综合整治村镇规划奖	1996	中共镇江市委　镇江市人民政府
句容市东昌镇人民政府	全市小城镇环境综合整治建设管理奖	1996	中共镇江市委　镇江市人民政府
句容市下蜀镇规划建设办公室	全市小城镇环境综合整治水厂建设奖	1996	中共镇江市委　镇江市人民政府
句容市建设委员会	全市小城镇环境综合整治先进单位	1996	中共镇江市委　镇江市人民政府
句容市天王镇人民政府	全市小城镇环境综合整治先进单位	1996	中共镇江市委　镇江市人民政府
句容市后白镇人民政府	全市小城镇环境综合整治先进单位	1996	中共镇江市委　镇江市人民政府
句容市二圣乡人民政府	全市小城镇环境综合整治先进单位	1996	中共镇江市委　镇江市人民政府
句容市大卓乡人民政府	全市小城镇环境综合整治先进集体	1996	中共镇江市委　镇江市人民政府
句容市郭庄镇人民政府	全市小城镇环境综合整治先进集体	1996	中共镇江市委　镇江市人民政府
句容市春城乡人民政府	全市小城镇环境综合整治先进集体	1996	中共镇江市委　镇江市人民政府
句容市陈武乡人民政府	全市小城镇环境综合整治先进集体	1996	中共镇江市委　镇江市人民政府
句容市自来水公司	文明单位	1998	镇江市人民政府
句容市住房保障服务中心	先进单位	1998	江苏省住房制度改革领导小组
句容市住房保障服务中心	青年文明号	1999	共青团江苏省委员会
句容市自来水公司	文明单位	2000	中共镇江市委　镇江市人民政府
句容市自来水公司	青年文明号	2000	共青团江苏省委
句容市招标办	工程造价咨询信得过单位	2000	江苏省建设委员会
句容市招标办	全省工程建设专项治理工作“优秀组织奖”	2001	江苏省工程建设专项治理工作领导小组
句容二建公司周开贵项目经理部	文明项目经理部	2001	江苏省建设厅　江苏省建筑工程管理局
句容市抗震办	先进集体	2003	镇江市人民政府
句容市墙改办	先进集体	2003	镇江市人民政府
句容市市政服务所	青年文明号	2004	共青团江苏省委
句容市住房保障服务中心	文明单位	2004	中共镇江市委　镇江市人民政府
句容市拆迁安置办公室	平安拆迁先进实施单位	2004	江苏省建设厅
句容市墙改办	先进集体	2004	镇江市人民政府
句容市环保局	创建国家环境保护模范城市先进集体二等功	2004	中共镇江市委　镇江市人民政府
句容市城管局	全省城市管理创优活动先进奖	2004	江苏省建设厅
句容市城管局	全市国土绿化先进单位	2004	镇江市人民政府

至2013年句容市(县)

住建、规划、环保、城管系统受镇江市人民政府以上表彰的先进集体情况一览

续表8-3-1

单位名称	荣誉称号名称	授予年份	授予单位
城建档案馆	2001~2003年度省城建档案工作先进集体	2004	江苏省建设厅
句容市拆迁安置办公室	平安拆迁先进实施单位	2005	江苏省建设厅
句容市墙改办	(2001~2005年)先进集体	2005	江苏省建设厅
句容市墙改办	先进集体	2005	镇江市人民政府
句容市墙改办	青年文明号	2005	共青团江苏省委员会
句容市环境环保局	第三批国家级生态示范区建设先进集体	2005	江苏省环保局
句容市城管局	全省城市管理创优活动先进奖	2005	江苏省建设厅
市住房和城乡建设局	法治宣传教育先进单位	2006	中共镇江市委 镇江市人民政府
市住房和城乡建设局	保持共产党先进性教育活动先进单位	2006	中共镇江市委
市住房和城乡建设局	优质服务窗口	2006	江苏省建设厅 江苏省总工会
句容市市政建设服务所	优胜企业	2006	江苏省总工会 江苏省安全生产监督管理局
句容市拆迁安置办公室	平安拆迁先进实施单位	2006	江苏省建设厅
句容市拆迁安置办公室	先进团支部	2006	共青团江苏省委
句容市招标办	江苏省"一类"建设工程交易中心	2006	江苏省建设厅
句容市招标办	招投标工作先进单位	2006	江苏省建设厅
句容市环境环保局	"十五"期间环保工作先进集体	2006	镇江市人民政府
句容市	全省"城管创优"优秀奖	2006	江苏省建设厅
句容市城管执法大队	江苏省建设系统行政执法队伍规范化建设达标单位	2006	江苏省建设厅
城建档案馆	省城建档案工作先进单位	2006	江苏省建设厅
招标办	招标投标先进单位	2006	江苏省建设厅
句容市	建筑之乡	2007	江苏省建设厅
句容市拆迁安置办公室	平安拆迁先进实施单位	2007	江苏省建设厅
句容市城投公司	巾帼文明岗	2007	江苏省妇女联合会 江苏省城镇妇女"巾帼建功"活动领导小组
句容市招标办	省级"巾帼文明岗"	2007	江苏省"巾帼建功"活动领导小组
句容市墙改办	青年文明号	2007	共青团江苏省委员会
江苏山水园林建设有限公司	科技进步先进集体	2007	镇江市人民政府
句容市城管局	农村环境综合整治百日活动先进集体	2007	中共镇江市委 镇江市人民政府
市城市投资有限公司	省建设系统先进基层工会	2007	江苏省总工会
市招标办	省建设系统先进基层工会	2007	江苏省总工会

至2013年句容市(县)

住建、规划、环保、城管系统受镇江市人民政府以上表彰的先进集体情况一览

续表8-3-1

单位名称	荣誉称号名称	授予年份	授予单位
市白蚁防治所	省建设系统先进基层工会	2007	江苏省总工会
市白蚁防治所	巾帼文明示范岗	2007	江苏省妇女联合会　江苏省城镇妇女"巾帼建功"活动领导小组
招投标管理办公室	"城乡结对巾帼致富"先进集体	2007	江苏省妇女联合会　江苏省城镇妇女"巾帼建功"活动领导小组
句容市拆迁安置办公室	平安拆迁先进实施单位	2008	江苏省建设厅
银鹏房地产开发总公司	江苏省安康杯竞赛"优胜企业"	2008	江苏省总工会　江苏省安全生产监督管理局
句容市城投公司	2006~2008年度"文明单位"	2008	中共镇江市委　镇江市人民政府
句容市自来水总公司	2006~2008年度"文明单位"	2008	中共镇江市委　镇江市人民政府
句容市招标办	"城乡结对,巾帼致富"先进集体	2008	江苏省妇女联合会
句容市招标办	国家级"巾帼文明岗"	2008	全国"巾帼建功"活动领导小组
句容市抗震办	先进集体	2008	镇江市人民政府
句容市城管局	建设系统抗击雪灾工作先进单位	2008	江苏省建设厅
句容市住建局	2006~2008年度镇江市文明行业	2009	中共镇江市委　镇江市人民政府
句容市房屋白蚁防治所	先进单位	2009	江苏省白蚁防治协会
句容市房屋白蚁防治所	全国白蚁防治信息化管理先进单位	2009	中国物业管理协会
句容市城投公司	江苏省档案工作二星级标准	2009	江苏省档案局
句容市自来水总公司	江苏省工人先锋号	2009	江苏省总工会
句容市自来水总公司	建设系统节约型单位	2009	江苏省建设厅
句容市自来水总公司	巾帼文明岗	2009	江苏省妇女联合会
句容市招标办	招标投标管理"先进集体"	2009	江苏省建设厅
句容市招标办	优质服务竞赛先进单位	2009	江苏省建设厅
句容自来水总公司	镇江市文明单位	2009—2011	镇江市政府
句容市住建局	2009年度全省平安拆迁先进实施单位	2010	江苏省住房和城乡建设厅
句容市住房保障服务中心	住房保障工作"先进单位"	2010	江苏省住房和城乡建设厅
句容市房屋白蚁防治所	先进单位	2010	江苏省白蚁防治协会
句容市房屋白蚁防治所	全国白蚁防治优质服务先进单位	2010	中国物业管理协会
句容市自来水总公司	"模范职工小家"	2010	江苏省总工会
句容市自来水总公司	江苏省"安康杯"竞赛工会劳动保护先进单位	2010	江苏省总工会
句容市拆迁安置办公室	平安拆迁先进实施单位	2010	江苏省住房和城乡建设厅
句容市环卫处	"模范职工小家"	2010	江苏省总工会

至 2013 年句容市(县)

住建、规划、环保、城管系统受镇江市人民政府以上表彰的先进集体情况一览

续表 8－3－1

单位名称	荣誉称号名称	授予年份	授予单位
城建档案馆	升级为江苏省示范建设档案馆	2010	江苏省建设厅
句容市住建局	全省 2010 年住房改革与发展工作先进单位	2011	江苏省住建厅
句容市住建局	2006—2010 年社会治安综合治理先进集体	2011	中共镇江市委　镇江市人民政府
句容市住建局	2006—2010 年全市法制宣传教育先进单位	2011	中共镇江市委　镇江市人民政府
句容市住房保障服务中心	住房改革与发展工作“先进单位”	2011	江苏省住房和城乡建设厅
句容市房屋白蚁防治所	先进单位	2011	江苏省白蚁防治协会
句容市房屋白蚁防治所	全国白蚁防治先进单位	2011	中国物业管理协会
句容市拆迁安置办公室	平安拆迁先进实施单位	2011	江苏省住房和城乡建设厅
句容市拆迁安置办公室	“文明单位”	2011	中共镇江市委　镇江市人民政府
句容市环境保护局	全市“五五”普法先进集体	2011	中共镇江市委　镇江市人民政府
句容市环境监察大队	排污收费工作先进集体	2011	江苏省环保局
句容市城管局	全省城市管理系统文化建设年活动三等奖	2011	江苏省住建厅
句容市城市管理局	江苏省市容管理示范路(句容市华阳南路)	2011	江苏省住建厅
句容市城管局	镇江市“五五”普法先进单位	2011	镇江市人民政府
句容市住建局	2011 年度跨越发展有功单位	2012	中共镇江市委　镇江市人民政府
句容市住房保障服务中心	2009—2011 年文明单位	2012	中共镇江市委　镇江市人民政府
句容市住房保障服务中心	住房改革与发展工作“先进单位”	2012	江苏省住房和城乡建设厅
句容市房屋白蚁防治所	先进单位	2012	江苏省白蚁防治协会
句容市房屋白蚁防治所	全国白蚁防治科技创新先进单位	2012	中国物业管理协会
句容市自来水总公司	“示范单位”	2012	江苏省纠风办
句容市环保局	第三批全省绿色学校创建活动先进集体	2012	江苏省环保局
句容市城管局	行政执法队伍规范化建设先进集体	2012	江苏省住建厅
句容市园林管理处	省级青年文明号	2012	江苏省住建厅
句容市城管局	江苏省爱国卫生先进单位	2012	江苏省爱卫会
市建设工程管理处	省工人先锋号	2012	江苏省总工会
句容市住建局	2012 年全省建筑工程管理先进单位	2013	江苏省住房和城乡建设厅
句容市住房保障服务中心	住房改革与发展工作“先进单位”	2013	江苏省住房和城乡建设厅
句容市房屋白蚁防治所	全国白蚁防治信息化管理先进单位	2013	中国物业管理协会
句容市自来水总公司	“文明单位”	2013	镇江市人民政府
句容市自来水总公司水质科	城市供水工作先进集体	2013	江苏省住房和城乡建设厅

至2013年句容市（县）
住建、规划、环保、城管系统受镇江市人民政府以上表彰的先进集体情况一览

续表8－3－1

单位名称	荣誉称号名称	授予年份	授予单位
句容市招标办	建筑行业管理“先进集体”	2013	江苏省住房和城乡建设厅
园林管理处（作品渔村情、网）	第八届江苏园艺博览会造园艺术二等奖	2013	江苏省园艺博览会组委会
句容市银鹏房地产开发总公司	“重合同守信用企业”	2013	镇江市人民政府
句容市银鹏房地产开发总公司	省建筑施工文明工地	2013	江苏省住房和城乡建设厅

至2013年句容市（县）业务归口单位受镇江市人民政府以上表彰的先进集体情况一览

表8－3－2

单位名称	荣誉称号名称	授予年份	授予单位
句容市开拓建筑劳务有限公司	鲁班奖	1997	建设部
句容市城市建设工程有限公司	2003年度江苏省建筑业技术进步先进单位	2004	江苏省建筑工程管理局
江苏山水园林建设有限公司	中国专利20年优秀成果展金奖	2005	中国专利20年优秀成果展组委会
江苏茅山建设有限公司	2006年度江苏省知名建设承包商荣誉称号	2007	江苏省建设工程承包商协会
江苏茅山建设有限公司	2006年全省建筑业统计工作先进集体	2007	江苏省建筑工程管理局　江苏省建筑业统计研究会
江苏茅山建设有限公司	2007年度江苏省知名建设承包商荣誉称号	2007	江苏省建设工程承包商协会
江苏山水园林建设有限公司	镇江市科技进步先进集体	2007	镇江市人民政府
江苏茅山建设有限公司	2007年度江苏省建筑施工文明工地	2007	江苏省建设厅　江苏省建筑工程管理局　江苏省建设工会工作委会员
江苏山水园林建设有限公司	2008年度镇江市科技进步三等奖	2008	镇江市人民政府
江苏茅山建设有限公司	2008年度江苏省“扬子杯”优质工程奖	2009	江苏省建设厅　江苏省建筑工程管理局　江苏省建筑行业协会
江苏广兴集团有限公司	江苏省建筑业最佳企业	2009	江苏省建筑行业协会
江苏广兴集团有限公司	2009年度江苏省“扬子杯”优质工程奖	2010	江苏省住房和城乡建设厅
江苏广兴集团有限公司	镇江实验学校教学综合楼获江苏省“扬子杯”优质工程	2010	江苏省住房和城乡建设厅
江苏广兴集团有限公司	上书房7－25#房住宅及地下室工程获江苏省建筑施工文明工地	2010	江苏省住房和城乡建设厅
江苏山水园林建设有限公司	2010年度江苏省风景园林协会园林绿化优秀工程奖	2011	江苏省风景园林协会
江苏山水园林建设有限公司	“优秀园林绿化工程奖”银奖	2011	中国风景园林学会
江苏广兴集团有限公司	房家坝拆迁安置房一期三标工程获江苏省建筑施工文明工地	2011	江苏省住房和城乡建设厅

至2013年句容市(县)业务归口单位受镇江市人民政府以上表彰的先进集体情况一览

续表8－3－2

单位名称	荣誉称号名称	授予年份	授予单位
江苏广兴集团有限公司	镇江科技园二期精英优居房1－3#楼获江苏省建筑施工文明工地	2011	江苏省住房和城乡建设厅
江苏广兴集团有限公司	桂花园三期三标段12#、17#房工程获江苏省建筑施工文明工地	2011	江苏省住房和城乡建设厅
江苏广兴集团有限公司	江苏省模范劳动关系和谐企业	2011	江苏省人力资源和社会保障厅
江苏山水环境建设集团股份有限公司	昆山沿沪大道A标绿化工程"优秀园林绿化工程"	2011	中国风景园林学会
江苏山水环境建设集团股份有限公司	绵竹市汉旺镇三期景观绿化工程"优秀园林绿化工程"	2011	中国风景园林学会
江苏山水环境建设集团股份有限公司	徐州云龙山东绿化景观工程	2011	江苏省风景协会
江苏山水环境建设集团股份有限公司	昆山沿沪大道A标绿化工程"优秀园林绿化工程"	2011	江苏省风景园林协会
江苏拓科集团有限公司	2010年江苏省扬子杯优质工程奖	2011	江苏省住房和城乡建设厅
江苏汇宇建设有限公司	2010年度下半年江苏省建筑施工文明工地	2011	江苏省住房和城乡建设厅
江苏山水园林建设有限公司	2011年度江苏省建筑业百强企业(基础设施类)	2012	江苏省住建厅　江苏省统计局 江苏省商务厅
江苏山水园林建设有限公司	"优秀园林古建筑工程奖"金奖	2012	中国风景园林学会
江苏山水园林建设有限公司	2012年度全省建筑业企业宣传短片特别奖	2012	江苏省住房和城乡建设厅
江苏山水园林建设有限公司	2012年度江苏省园林绿化优秀工程	2012	江苏省风景园林协会
江苏广兴集团有限公司	江苏省建筑业企业安全生产先进单位	2012	江苏省建筑安全与设备管理协会
江苏山水环境建设集团股份有限公司	临汾市汾河城区段生态环境综合治理修复与保护工程望河楼	2012	中国风景园林学会
江苏山水环境建设集团股份有限公司	滁州菱溪湖公园"黄山杯"优质工程奖	2012	安徽省住房和城乡建设厅
江苏山水环境建设集团股份有限公司	高新技术企业	2012	江苏省科技厅、江苏省财政厅
江苏山水环境建设集团股份有限公司	昆山夏驾河水之韵二期景观绿化工程"优秀园林绿化工程奖"	2012	中国风景园林学会
江苏山水环境建设集团股份有限公司	徐州市三环南路绿化二期"园林绿化优秀工程"	2012	江苏省风景园林学会
江苏同创建筑装饰责任有限公司	全国建筑工程装饰奖	2013	中国建筑装饰协会
江苏同创建筑装饰责任有限公司	紫金杯奖	2013	江苏省装饰协会

截至2013年句容市(县)业务归口单位受镇江市人民政府以上表彰的先进集体情况一览

续表8－3－2

单位名称	荣誉称号名称	授予年份	授予单位
江苏广兴集团有限公司	2012年度江苏省建筑业企业安全生产先进单位	2013	江苏省建筑安全与设备管理协会
江苏茅山建设有限公司	2012年度第三批江苏省建筑施工文明工地	2013	江苏省住房和城乡建设厅　江苏省建设工会工作委员会
江苏山水园林建设有限公司	“优秀园林绿化工程奖”银奖	2013	中国风景园林学会
江苏山水园林建设有限公司	2013年度江苏省园林绿化“优秀园林工程奖”叁等奖	2013	江苏省土木建筑学会
江苏广兴集团有限公司	江苏省建筑业企业安全生产先进单位	2013	江苏省建筑安全与设备管理协会
江苏广兴集团有限公司	句容市文化艺术中心工程获“江苏省建筑施工文明工地”	2013	江苏省住房和城乡建设厅
江苏广兴集团有限公司	国家级守合同重信用企业	2013	中华人民共和国国家工商行政管理总局
江苏山水环境建设集团股份有限公司	2012年度江苏省建筑业百强	2013	江苏省住房和城乡建设厅
江苏山水环境建设集团股份有限公司	江苏服务业名牌	2013	江苏省名牌战略推进委员会
江苏山水环境建设集团股份有限公司	江苏省重合同守信用企业	2013	江苏省工商行政管理局
江苏拓科集团有限公司	2013年第二批“江苏省建筑施工文明工地”	2013	江苏省住房和城乡建设厅
江苏拓科集团有限公司	守合同重信用单位	2013	江苏省工商行政管理局
江苏同创建筑装饰有限责任公司	江苏省建筑装饰优质工程奖(紫金奖)	2013	江苏省装饰装修行业协会

第二节　先进个人

中华人民共和国成立以后，县委、县政府为发展工农业生产、推进各项社会事业、改善人民生活，在各条战线开展劳动竞赛活动，每年各级党政机关、群众团体和企事业单位都大张旗鼓表彰先进典型，在全县城乡逐步形成学先进赶先进的良好氛围。时至20世纪70年代中期，县建设系统尚无县级以上先进典型。1977年县房管所夏仁庭被江苏省革命委员会授予“劳动模范”荣誉称号，成为全系统受到地市级以上领导机关表彰的第一人。80年代以后，县建设系统建立健全工青妇群众组织体系，各级党政机构和群众组织结合自身特点、单位实际和各个时期的中心工作，不断丰富和发展争先创优活动的形式和内容，选树和培养先进典型，发挥典型的示范作用，全系统干部职工立足本职、争做奉献蔚然成风，各类先进典型不断涌现。至2013年年末，除许许多多成绩显著的人员受到县级及以下表彰的以外，共有203人在平凡的岗位上做出不平凡的业绩，受到地市级以及上部门的表彰。

2013年句容市(县)住建规划环保城管系统受镇江市政府以上表彰的先进个人一览

表8－3－3

姓名	工作单位	荣誉称号	授予年份	授予单位
夏仁庭	句容县房管所	劳动模范	1977	江苏省革命委员会
唐良文	句容县建筑总公司	第一期城镇建设管理岗位培训函授班优秀学员	1989	建设部干部学院
杨志刚	质监站	优秀建设工程质量监督员	1990	江苏省建设委员会
李仁康	句容县第一建筑公司	劳动模范	1991	镇江市人民政府
戴国庆	句容县第二建筑公司	建筑业统计工作中成绩优异给予通报表彰	1992	江苏省建筑工程局
杨志刚	质监站	优秀建设工程质量监督员	1993	江苏省建设委员会
李仁康	句容县第一建筑公司	省优秀生产能手称号和江苏省立功奖章	1993	江苏省总工会
姚立荣	句容市建委	镇江市城市建设管理先进个人	1994	镇江市人民政府
戴国庆	句容县第二建筑公司	建筑业统计工作成绩优异通报表彰	1994	江苏省建筑工程局
张金敏	句容县规划建设管理综合执法大队	建设法制函授教育工作先进工作者	1994	江苏省建设委员会
曾福生	句容市建委	江苏省抗震防灾先进工作者	1995	江苏省建设委员会
刘义生	句容市建委	镇江市茅山老区经济开发先进个人	1995	中共镇江市委员会　镇江市人民政府
刘义生	句容市建委	镇江市小城镇环境综合整治先进个人	1995	中共镇江市委员会　镇江市人民政府
郑玉兰	句容市建委	农田水利建设先进个人	1995	新疆维吾尔自治区
张庆华	句容市自来水公司	中国企业家荣誉称号	1995	中国企业家数据委员会
姚立荣	句容市建委	江苏省绿化工作先进个人	1996	镇江市人民政府
李宗富	市设计院	“振万杯”全国诗词大赛佳作奖	1995	振万杯全国诗词大赛组委会
姚立荣	句容市建委	全国城市市政公用设施普查先进个人	1996	中华人民共和国建设部　中华人民共和国统计局
宋敬伟	中共句容市委	全市小城镇环境综合整治先进个人	1996	中共镇江市委　镇江市人民政府
刘义生	句容市建委	全市小城镇环境综合整治先进个人	1996	中共镇江市委　镇江市人民政府
蒋京梅	句容城乡规划建设管理处	全市小城镇环境综合整治先进个人	1996	中共镇江市委　镇江市人民政府
丁尚宇	句容市建委	全市小城镇环境综合整治先进个人	1996	中共镇江市委　镇江市人民政府
杨庆荣	中共郭庄镇委员会	全市小城镇环境综合整治先进个人	1996	中共镇江市委　镇江市人民政府
杨明强	中共下蜀镇委员会	全市小城镇环境综合整治先进个人	1996	中共镇江市委　镇江市人民政府
商震	中共东昌镇委员会	全市小城镇环境综合整治先进个人	1996	中共镇江市委　镇江市人民政府
曹当凌	中共天王镇委员会	全市小城镇环境综合整治先进个人	1996	中共镇江市委　镇江市人民政府
刑宗顺	中共茅山镇委员会	全市小城镇环境综合整治先进个人	1996	中共镇江市委　镇江市人民政府
唐同银	葛村镇建设办公室	全市小城镇环境综合整治先进个人	1996	中共镇江市委　镇江市人民政府
解圣文	大卓乡建设办公室	全市小城镇环境综合整治先进个人	1996	中共镇江市委　镇江市人民政府

2013年句容市(县)住建规划环保城管系统受镇江市政府以上表彰的先进个人一览

续表8-3-3

姓名	工作单位	荣誉称号	授予年份	授予单位
王广勇	后白镇建设办公室	全市小城镇环境综合整治先进个人	1996	中共镇江市委　镇江市人民政府
吕庭玉	亭子乡建设办公室	全市小城镇环境综合整治先进个人	1996	中共镇江市委　镇江市人民政府
武晋喜	行香乡建设办公室	全市小城镇环境综合整治先进个人	1996	中共镇江市委　镇江市人民政府
高仁元	三岔乡建设办公室	全市小城镇环境综合整治先进个人	1996	中共镇江市委　镇江市人民政府
戴金梅	句容市城建档案室	全市小城镇环境综合整治先进个人	1996	中共镇江市委　镇江市人民政府
张庆华	句容市自来水公司	机械设备管理先进个人	1996	镇江市人民政府
郑晓顺	句容市自来水公司	科技进步三等奖	1996	镇江市人民政府
吕继顺	句容市自来水公司	科技进步三等奖	1996	镇江市人民政府
曾福生	句容市建委	江苏省建设系统优秀教育工作者	1997	江苏省建设委员会
刘义生	句容市建委	整顿后进村党支部和扶持集体经济薄弱村先进个人	1997	中共镇江市委
戴国庆	市建筑二公司	建筑业统计工作中成绩优异给予通报表彰	1997	江苏省建筑工程管理局
项梅珍	市建委	墙体材料革新工作先进个人	1997	镇江市人民政府
周菊青	华建被服厂	一九九六年市场营销工作先进个人	1997	镇江市人民政府
丁国祥	市质监站	江苏省先进工程质量监督工作者	1998	江苏省建设委员会
孙跃琴	市房管处	镇江市先进会计工作者	1998	镇江市人民政府
周开贵	北京办事处	全国建设系统先进工作者	1999	中华人民共和国人事部　中华人民共和国建设部
周开贵	北京办事处	镇江市劳动模范	1999	镇江市人民政府
姚立荣	句容市建设委员会	全国村镇建设先进个人	1999	中华人民共和国建设部
戴国庆	市建筑二公司	建筑业统计工作中成绩优良给予通报表扬	1999	江苏省建筑工程管理局
唐靖虎	市建筑设计研究院	“江苏省建设系统摄影书法绘画作品展”书法(硬笔)二等奖	1999	江苏省建设委员会
张庆华	句容市自来水公司	企业档案工作目标管理突出贡献人员	1999	国家档案局
徐大才	句容市自来水公司	企业档案工作目标管理突出贡献人员	1999	国家档案局
李燕	句容市自来水公司	企业档案工作目标管理突出贡献人员	1999	国家档案局
郑晓顺	句容市自来水公司	企业档案工作目标管理突出贡献人员	1999	国家档案局
周菊青	市华建被服厂	一九九八年度销售工作先进个人	1999	镇江市人民政府
戴国庆	句容市第二建筑公司	全省建筑业统计工作先进个人	2000	江苏省建筑工程管理局
惠孟南	市招标办	省招标管理优秀个人	2000	江苏省建设委员会
周开贵	北京办事处	江苏省劳动模范	2001	江苏省人民政府
周开贵	北京办事处	北京市外地在京施工企业工会组建工作先进工作者	2001	中共北京市委城建工作委员会　北京市建设委员会　北京市总工会

2013 年句容市(县)住建规划环保城管系统受镇江市政府以上表彰的先进个人一览

续表 8-3-3

姓名	工作单位	荣誉称号	授予年份	授予单位
丁海云	市设计院	江苏省建筑安全生产先进个人	2001	江苏省建筑工程管理局
林兴芳	市设计院	在全国人文科学优秀成果评选中获二等奖	2001	中国管理科学研究院人文科学研究所
林兴芳	市设计院	国家级大型图书《中华新纪元文典》一等奖	2001	中华新纪元文典评审委员会
丁长俊	市招投标办	省“九五”期间造价先进个人	2001	江苏省建设厅
崔建刚	句容市建设局	老干部工作先进个人	2001	中共镇江市委
姚立荣	句容市建设局	江苏省村镇建设先进工作者	2002	江苏省建设委员会
丁海云	句容市建设局	江苏省建筑安全先进个人	2002	江苏省建筑工程管理局
张双松	市建管处	江苏省建筑安全先进个人	2003	江苏省建筑工程管理局
姚立荣	句容市建设局	江苏省小城镇与研究杰出参与奖	2003	江苏省小城镇研究会
丁海云	句容市建设局	墙材革新与建筑节能先进个人	2003	镇江市人民政府
曾福生	市建设局	2002 年度全省建筑企业资质管理工作先进个人	2003	江苏省建筑工程管理局
刘义生	句容市建设局	江苏省第四届“春蕾计划”先进个人	2004	江苏省妇女联合会　江苏省儿童少年福利基金会
杨志刚	市质监站	荣誉工程质量监督工作者	2004	江苏省建设厅
丁国祥	市质监站	江苏省建设工程管理工作先进个人	2004	江苏省建设厅
黄跃福	市质监站	荣誉工程质量监督工作者	2004	江苏省建设厅
林兴芳	市设计院	镇江市第八届优秀科技论文二等奖	2004	镇江市人民政府
张双松	市建管处	镇江市第八届优秀科技论文三等奖	2004	镇江市人民政府
王娟	市墙改办	先进个人	2004	镇江市人民政府
徐向平	市墙改办	先进个人	2004	镇江市人民政府
徐波	市环保局	2003—2004 年度全省环保宣教工作先进个人	2004	江苏省环保厅
韦寿强	市环保局	创建国家环境保护模范城市先进个人二等功个人	2004	中共镇江市委　镇江市人民政府
赵正国	市环保局	创建国家环境保护模范城市先进个人三等功个人	2004	中共镇江市委　镇江市人民政府
苏红	市环保局	创建国家环境保护模范城市先进个人	2004	中共镇江市委　镇江市人民政府
涂长平	市环保局	全省排污申报核定工作先进个人	2004	江苏省环保厅
马风伟	句容市城管局	全省建设系统法制工作先进个人	2004	江苏省建设厅
崔建刚	句容市建设局	优秀纪检监察干部	2004	中共镇江市委　镇江市人民政府
崔建刚	句容市建设局	老干部先进个人	2004	中共镇江市委
刘义生	句容市建设局	全市农村扶贫结对帮扶先进个人	2005	中共镇江市委　镇江市人民政府

2013年句容市(县)住建规划环保城管系统受镇江市政府以上表彰的先进个人一览

续表8-3-3

姓名	工作单位	荣誉称号	授予年份	授予单位
丁海云	句容市建设局	镇江市墙材革新先进个人	2005	镇江市人民政府
林兴芳	市设计院	镇江市第九届优秀科技论文和专著评审中荣获三等奖	2005	镇江市人民政府
王峰	市质监站	先进个人	2005	江苏省建设厅
魏胜亚	市墙改办	先进个人	2005	江苏省建设厅
王平	市墙改办	先进个人	2005	镇江市人民政府
吴玮	市招投标办	省交易中心先进个人	2005	江苏省建设厅
韦寿强	市环保局	第三批国家生态示范区建设先进工作者	2005	江苏省环保厅
崔建刚	句容市建设局	"健身家庭"	2005	江苏省体育局　江苏省妇女联合会
张桥	市质监站	先进工程质量检测工作者	2006	江苏省建设厅
周开贵	北京办事处	党建工作优秀党务工作者	2006	中共北京市外地在京施工企业委员会
熊满胜	市白蚁防治所	白蚁防治先进个人	2006	江苏省白蚁防治协会
谢际华	市环保局	"十五"期间环保工作标兵	2006	镇江市人民政府
刘昌为	市句容市建设局	全省建筑业统计工作先进个人	2006	江苏省建筑工程管理局
王顺	市环保局	"十五"期间环保工作标兵	2006	镇江市人民政府
凌华	市环保局	"十五"期间环保工作标兵	2006	镇江市人民政府
赵巧沛	市环保局	"十五"期间环保工作先进个人	2006	镇江市人民政府
孔庆和	市环保局	"十五"期间环保工作先进个人	2006	镇江市人民政府
赵建军	市环保局	"十五"期间环保工作先进个人	2006	镇江市人民政府
徐鹏	市环保局	"十五"期间环保工作先进个人	2006	镇江市人民政府
胡建华	市环保局	"十五"期间环境监测工作先进个人	2006	江苏省环保局
崔建刚	句容市建设局	"健身家庭"荣誉称号	2006	江苏省体育局　江苏省妇女联合会
崔建刚	句容市建设局	优秀纪检监察干部	2006	中共镇江市委　镇江市人民政府
崔建刚	句容市建设局	全省建设系统纪检监察先进工作者	2006	江苏省建设厅
陶红珍	市拆迁安置办公室	学法用法好家庭	2006	江苏省妇女联合会　江苏省司法厅
徐东	市政服务所	省"工会之友"	2006	江苏省总工会
葛亚龙	市建设勘察设计院	省勘察设计先进个人	2006	江苏省建设勘察设计协会
夏大猛	市建设工程质量监督站	省质量监督工作先进个人	2006	江苏省建设厅　江苏省建筑行业协会
韦寿强	市环保局	省环保系统先进个人	2006	江苏省人事厅　江苏省环保厅
许金丽	市房屋白蚁防治所	省白蚁防治工作先进个人	2006	江苏省建设厅

2013年句容市(县)住建规划环保城管系统受镇江市政府以上表彰的先进个人一览

续表8-3-3

姓名	工作单位	荣誉称号	授予年份	授予单位
丁花萍	市招标办	招标投标先进个人	2006	江苏省建设厅
吴俊	市招标办	招标投标先进个人	2006	江苏省建设厅
惠颖	市招标办	招标投标先进个人	2006	江苏省建设厅
丁长俊	市招标办	招标投标先进个人	2006	江苏省建设厅
徐波	市环保局	环保宣传教育先进个人	2006	江苏省环保厅
周晓军	市墙改办	先进个人	2007	镇江市人民政府
郑玉兰	市墙改办	先进个人	2007	镇江市人民政府
丁花萍	市招投标办	工程招投标工作先进个人	2007	江苏省建设厅
丁长俊	市招投标办	工程造价管理工作先进个人	2007	江苏省建设厅
陈炜	句容市自来水总公司	单位档案工作创建省一级标准显著成绩奖	2007	江苏省档案局
祁若信	市规划局	江苏省知识型职工标兵	2007	江苏省总工会
赵扣龙	市环保局	环境保护工作先进个人	2007	镇江市人民政府
赵扣龙	市环保局	排污收费先进个人	2007	江苏省环保局
毛国华	句容市城管局	农村环境综合整治百日整治先进个人	2007	镇江市人民政府
张廷荣	句容市城管局	农村环境综合整治百日整治先进个人	2007	镇江市人民政府
彭良豪	市规划局	镇江市劳动模范	2007	镇江市人民政府
徐东	市政建设服务所	镇江市劳动模范	2007	镇江市人民政府
笪兴柏	市房改办	房改工作先进个人	2007	江苏省建设厅
徐波	市环保局	《中国环境报》优秀通讯员	2007	中国环境报社
李军民	市自来水总公司	《中华人民共和国劳动合同法》知识竞赛一等奖	2007	江苏省总工会
徐波	市环保局	江苏省“绿色学校”创建活动先进工作者	2007	江苏省环保厅　江苏省教育厅
陶红珍	市拆迁办	妇女发展最佳建设三等奖	2007	江苏省妇女联合会
周开贵	北京办事处	奥运工程建设优秀党员	2008	中共北京外地在京施工企业委员
周开贵	北京办事处	平安奥运先进个人	2008	北京市建设委员会　中共北京市外地在京施工委员会
杨志刚	市质监站	2008年度江苏省工程质量监督先进工作者	2008	江苏省建设厅
韩翠	市质监站	江苏省工程质量检测先进工作者	2008	江苏省建设厅
曹启春	市墙改办	先进个人	2008	镇江市人民政府
徐小明	市拆迁安置办公室	优秀服务明星	2008	江苏省建设厅　省工会
徐小明	市拆迁安置办公室	优秀思想政治工作者	2008	中共江苏省委　江苏省委组织部
陈军	市诚信公司	论文征集三等奖	2008	江苏省建设厅
赵扣龙	市环保局	排污收费先进个人	2008	江苏省环保厅

2013 年句容市(县)住建规划环保城管系统受镇江市政府以上表彰的先进个人一览

续表 8－3－3

姓名	工作单位	荣誉称号	授予年份	授予单位
刘昌为	市建设局	全省建筑业统计工作先进工人	2008	江苏省建筑工程管理科
赵柏林	句容市银鹏建筑安装工程公司	全国优秀施工企业家	2009	中国工程建设监督管理协会
刘昌为	市建设局	全省建设统计信息工作先进个人	2009	江苏省建设厅
居明	句容市房屋白蚁防治所	先进个人	2009	江苏省白蚁协会
邹进	句容市房屋白蚁防治所	先进个人	2009	江苏省白蚁协会
刘昌为	建设局	全省建筑业统计工作先进个人	2009	江苏省建筑工程管理局
陈瑶	句容市住房保障服务中心	省住房保障工作先进个人	2009	江苏省建设厅
刘聪	市规划局	建筑节能工作先进个人	2009	江苏省建设厅
徐波	市环保局	中国环境报优秀通讯员	2009	中国环境报社
苏士清	市环保局	全省环保执法工作先进个人	2009	江苏省环保局
马久清	市规划局	2006—2008 年度创建档案先进工作者	2009	江苏省建设厅
丁长俊	市招投标办	工程造价管理工作先进个人	2010	市江苏省住房和城乡建设厅
陈杰	市招投标办	建设工程招投标办工作先进个人	2010	江苏省住房和城乡建设厅
王明才	句容市房屋白蚁防治所	先进个人	2010	江苏省白蚁协会
丁晓祥	句容市房屋白蚁防治所	先进个人	2010	江苏省白蚁协会
笪兴柏	句容市房屋白蚁防治所	先进个人	2010	中国物业管理协会
周海	句容市住房保障服务中心	省住房保障工作“先进工作者”	2010	江苏省住房和城乡建设厅
邵国一	市环保局	全省环保执法工作先进个人	2010	江苏省环保厅
苏士清	市环保局	排污收费先进个人	2010	江苏省环保厅
徐波	市环保局	中国环境报优秀通讯员	2010	中国环境报社
丁钢	市环保局	核与辐射安全管理先进个人	2010	江苏省环保厅
宋振华	市自来水公司	镇江市“五一技术标兵”	2010	镇江市人民政府
赵鹏飞	市建设工程管理处	2009 年度省建筑管理先进工作者	2010	江苏省建筑工程管理局
黄晓鸿	市规划局	省住建系统监察先进工作者	2010	江苏省住房和城乡建设厅
施金玉	市建设工程管理处	2009 年度省建筑业安全管理先进个人	2010	江苏省建筑工程管理局
陈逸波	市建设工程质量监督站	2008—2009 年度省工程质量检测先进个人	2010	江苏省住房和城乡建设厅
郑玉兰	市抗震办公室	施工图设计审查先进工作者	2010	江苏省住房和城乡建设厅
徐向平	市抗震办公室	施工图设计审查先进工作者	2010	江苏省住房和城乡建设厅
陈杰	市招投标办	建设工程招投标办工作先进个人	2011	江苏省住房和城乡建设厅
徐怀兔	句容市自来水公司	镇江市劳动模范	2011	镇江市人民政府
王明才	句容市房屋白蚁防治所	先进个人	2011	江苏省白蚁协会
范爱萍	句容市房屋白蚁防治所	先进个人	2011	江苏省白蚁协会

2013年句容市(县)住建规划环保城管系统受镇江市政府以上表彰的先进个人一览

续表8-3-3

姓名	工作单位	荣誉称号	授予年份	授予单位
笪兴柏	句容市房屋白蚁防治所	先进个人	2011	中国物业管理协会
刘德喜	句容市住房保障服务中心	省住房保障工作先进工作者	2011	江苏省住房和城乡建设厅
陈瑶	句容市住房保障服务中心	住房改革与发展工作先进个人	2011	江苏省住房和城乡建设厅
吉田根	句容市住房保障服务中心	省住房保障工作“先进工作者”	2011	江苏省住房和城乡建设厅
曹青松	句容市城管局	全省城市管理系统文化建设年活动优秀奖	2011	江苏省住建厅
李龙	句容市城管局	全省城市管理系统文化建设年活动优秀奖	2011	江苏省住建厅
郑玉兰	市建设工程造价管理处	2006—2010年度墙改革新工作先进个人	2011	江苏省经济和信息化委员会
郑玉兰	市墙改办	墙材革新工作先进个人	2012	江苏省经济和信息化委员会
丁长俊	市招投标办	工程造价管理工作先进个人	2012	江苏省住房和城乡建设厅
陈文	句容市自来水总公司	单位档案工作创建三星级标准显著成绩奖	2012	江苏省档案局
居明	句容市房屋白蚁防治所	先进个人	2012	江苏省白蚁协会
范爱平	句容市房屋白蚁防治所	先进个人	2012	江苏省白蚁协会
笪兴柏	句容市房屋白蚁防治所	先进个人	2012	中国物业管理协会
姚辉	市抗震办	建筑节能先进个人	2012	江苏省住房和城乡建设厅
董明祥	句容市城管局	“五五”普法依法治理先进个人	2012	江苏省住房和城乡建设厅
王海红	市园林管理处	第三届省级优秀青年标兵	2012	江苏省住房和城乡建设厅
王正华	市建设工程质量监督站	先进工程质量监督工作者	2012	江苏省住房和城乡建设厅
程勇	市规划局	“全省住建系统行政执法队伍规范化建设工作”先进个人	2012	江苏省住房和城乡建设厅
彭长江	市规划局	2009—2011年省建设系统精神文明建设先进工作者	2012	江苏省住房和城乡建设厅
林杏芳	市城市建设投资有限公司	先进个人	2012	九三学社江苏省委
居明	句容市房屋白蚁防治所	先进个人	2013	江苏省白蚁协会
范爱平	句容市房屋白蚁防治所	先进个人	2013	江苏省白蚁协会
葛亚龙	句容市房屋白蚁防治所	先进个人	2013	中国物业管理协会
郭巧美	句容市环卫处	江苏省五一劳动奖章	2013	江苏省总工会
马久清	市规划局	2010—2012年度建设档案工作先进个人	2013	江苏省住房和城乡建设厅
徐怀兔	句容市自来水总公司	江苏省城市供水工作先进个人	2013	江苏省住房和城乡建设厅

至2013年句容市(县)业务归口单位受镇江市政府以上表彰的先进工作者情况一览

表8-3-4

姓名	工作单位	荣誉称号	授予年份	授予单位
雷玉才	句容市城市建设工程有限公司	2003年江苏省建筑技术进步先进个人	2004	江苏省建筑工程管理局
雷玉才	句容市城市建设工程有限公司	2003年江苏省建筑安全生产先进个人	2004	江苏省建设厅　江苏省建筑工程管理局
姚锁平	江苏山水园林建设有限公司	科技进步二等奖	2003	中国石油和化学工业协会
樊厚江	句容市城市建设工程有限公司	2004年度江苏省建筑施工安全生产先进个人	2005	江苏省建设厅　江苏省建筑工程管理局
丁小军	江苏省山水园林建设有限公司	镇江市第八届优秀科技论文二等奖	2004	镇江市人民政府
沈春雷	江苏正大集团有限公司	全国建筑业技能大赛二等奖	2006	建设部、全国总工会
吴才平	江苏后白建设有限公司	2005年度镇江市墙材革新与建筑节能先进个人	2006	镇江市人民政府
吴才平	江苏后白建设有限公司	2005年度镇江市墙材革新与建筑节能先进个人	2007	镇江市人民政府办公室
汪友成	江苏茅山建设有限公司	2006年江苏省境外建设工程优秀项目经理	2007	江苏省建设工程承包协商会
夏正宝	江苏茅山建设有限公司	2007年江苏省境外建设工程优秀项目经理	2008	江苏省建设工程承包协商会
姚锁坤	江苏山水园林建设有限公司	科学技术进步工作三等奖	2008	镇江市人民政府
汪友成	江苏茅山建设有限公司	2008年度江苏省建筑业质量管理先进个人	2009	江苏省建筑工程管理局
王广辉	江苏广兴集团有限公司	2009年度江苏省建筑业质量管理先进个人	2010	江苏省建筑工程管理局
姚锁平	江苏山水园林建设有限公司	中华农业科技奖二等奖	2009	中华人民共和国农业部　中国农学会奖励委员会
王广辉	苏广兴集团有限公司	2009年度江苏省“优秀企业家”	2009	江苏省建筑行业协会
王广辉	苏广兴集团有限公司	2010年度江苏省建筑业“优秀企业经理”	2010	江苏省建筑行业协会
黄永荣	江苏山水园林建设有限公司	2011年度优秀项目经理	2011	中国风景园林学会
钱建国	江苏山水园林建设有限公司	2011年度优秀项目经理	2011	中国风景园林学会
姚锁平	江苏山水园林建设有限公司	2012年度优秀项目经理	2012	中国风景园林学会
陈军	江苏山水园林建设有限公司	2013年度优秀项目经理	2013	中国风景园林学会

附录

一、重要文献选辑

句容市深化住房制度改革实施方案

我市城镇住房制度改革自1993年4月正式实施以来,已取得初步成效,为认真贯彻落实《国务院关于深化城镇住房制度改革的决定》(国发[1994]43号)和江苏省人民政府《关于深化城镇住房制度改革的实施方案》(苏政发[1995]29号),进一步推动和深化我市住房改革,特制定本实施方案。

一、指导思想

本着从句容实际出发,坚持统一政策、配套改革、分阶段推行的原则,以逐步建立住房投资建设、分配供应、交易管理、维修服务新体制和加快建立新的城镇住房制度为目标。着重从全面推行住房公积金制度,积极推进租金改革,稳步出售公有住房,加快经济适用住房建设等方面逐步加大改革力度,到本世纪末,实现市区内人均居住面积10平方米,住房成套率70%以上的住房小康水平,最终实现住房的商品化、社会化。

二、基本内容

(一)全面推行住房公积金制度

1. 实施原则与范围。住房公积金是一项具有义务性、保障性的住房储金,凡在本市范围内的所有行政和企事业单位(包括乡镇、私营和外商投资企业),具有本市城镇常住户口的在职固定职工、劳动合同制职工和经劳动人事部门批准的计划内用工以及“三资”企业中方员工,均应按照“个人存储、单位资助、统一管理、专项使用”的原则缴存住房公积金,建立住房公积金制度。已离退休人员、计划外临时工、以及外商投资企业中的外籍职工,不实行住房公积金制度。

2. 缴存标准与利率。住房公积金由在职职工个人及其所在单位逐月缴纳,归个人所有。1995年单位和个人住房公积金的缴交率分别为5%,缴交基数,按职工本人上年度月平均工资核定,工资额按国家统计局规定计算,月工资额超过1300元的按1300元计算,外商投资企业及其中方职工、私营企业及其职工的住房公积金缴交率可分别高于5%。

住房公积金实行由省人民银行与省住房改革办公室共同确定的政策性利率。

职工缴存与单位资助的住房公积金及其利息均归职工个人所有。

3. 资金来源。住房公积金个人承担的部分由职工所在单位按月在职工资中代扣。单位资助的部分,从单位住房基金中解决,不足部分,企业和自收自支的事业单位经同级财税部门核定,在成本、费用中列支;全额预算的行政事业单位由财政预算拨付;差额预算的事业单位,按差额比例分别比照全额预算和企业开支渠道列支。

4. 支取使用。住房公积金必须专款专用,严禁挪作他用。市住房基金管理中心(以下简称“中心”)对住房公积金实行专户管理,“中心”每年按以下范围与顺序编制计划,经同级财政部门核准,并报市住房基金管理委员会(以下简称“管委会”)批准后执行。

(1)职工构建、大修自住房或离退休、出国定居时支取住房公积金本息;

(2)职工购、建自住房抵押贷款;

(3)城市经济适用住房建设贷款;

(4)单位购、建职工住房政策性贷款;

(5)满足以支付需要和贷款后,余额可用购买国债、发放增值性贷款等。

5. 税收减免。受托银行经营住房公积金经营免征所得税,其免征部分纳入城市住房基金,用于我市的住房建设和住房制度改革。

征收职工个人收入所得税时,收入基数可扣除缴存的公积金金额;职工存储和继承遗赠的公积金本息,免征个人所得税。

6．管理制度。按照责权利一致的原则，建立"中心负责、银行办理、税务支持、财政监督、管委会决策"的住房公积金管理体制。

"中心"是代表政府对住房基金管理的专门机构，负责住房公积金的归集、支付、核算和编制、执行使用计划等项工作，对住房公积金实行专户管理，对城市和单位住房基金实施动态管理，存贷业务由"中心"分别委托参与房改金融配套业务的住房信贷部办理。"中心"的财务管理由市财政部门监督实施。

（二）积极推进租金改革

1．提租规划标准。我市采用租金支出占家庭收入一定比例的办法，在职工合理住房支出范围内逐步加大改革力度，实现向成本租金和市场租金的过渡。1995 年按住房租金平均占双职工家庭平均工资收入的 5%，以后每年递增两个百分点，至 2000 年原则上达到 15%。

1995 年，城镇公有住房每月基本租金调整到每平方米使用面积 0.80 元。实际租金按房屋结构、设备以及住房所处地段、楼层等因素适当调节计价。

2．新房新制度。凡于本方案实施后交付使用的新购、建和腾空分配的公有住房（以下简称"新房"），在达到成本租金以前，均实行新房新制度：

在职工家庭成员单位和职工个人合理负担的前提下，实行新房先售后租。各单位可根据实际情况，对新分配房适当提高租金，具体标准是：新租、新建普通住房和腾空的旧住房分别按相同结构等级住房金的 1.30 倍和 1.15 倍计收租金，不发住房补贴。

3．减免规定。租金调整后，对下列对象按其常住户口所在地的标准内一处住房新增支出部分分别给予减免：

（1）1937 年 7 月 6 日及以前参加革命工作的人员及其配偶和民政部门确定的社会救济对象，由住房产权单位予以全额免缴；

（2）对 1937 年 7 月 7 日以后参加革命工作、享受离休待遇的人员及其配偶和非在职优抚对象，由住房产权单位给予减免 50%；

（3）配偶双方符合国家规定退休或配偶一方无工作并由退休职工供养者，由住房产权单位给予减免 20%。

4．困难职工补助。住房在规定标准之内的职工家庭，用规定的个人合理负担部分，不足支付房租的，差额可由其所在单位适当给予补助。1995 年补助对象为人均月收入低于 120 元的职工家庭，由工资或离退休费发放单位按该户家庭月新增租金额每月发给每个职工（含离退休职工）不超过 6 元的定额补助金；住房补助金来源，按住房公积金同渠道列支；

5．租金管理。各单位公有住房的租金收入，必须全部纳入单位住房基金，专项用于住房建设、维修、管理和住房制度改革。

房管部门直管公有住房的租金收入，必须全部纳入城市住房基金，在维修费和管理费两项因素范围内，按缴纳租金数全额返还；在达到两项因素后，增加收入的部分由同级财政核定上缴比例，专项用于机关和全（差）额预算单位住房补贴等项房改支出；房管部门留成部分由市房管处编制使用计划，经同级财政部门核准，专项用于直管公有住房的维修更新，不得挪作他用。

（三）稳步出售公有住房

1．售房原则。凡具有本市城镇常住户口，以自住为目的的职工，均可向住房产权单位申请购买住房。出售公有住房应坚持买卖自愿和先评估后出售的原则。新房实行先售后租，并优先出售给住房困难户。旧住房出售前，产权单位应进行必要的安全检查，以保障职工购房后的居住安全。

2．售房范围。凡本市房管部门的直管公有住房和单位自管公有住房，除已列入近期改造规划地段、地处临街改造为营业用房、平房、别墅、庭院式住房、代管房、产权尚有争议和具有历史意义的住房。以及政府认为不宜出售的住房外，均可向符合购房条件的职工或承租人出售。

3. 售房价格。向高收入家庭售房实行市场价,向中低收入家庭售房实行成本价。

住房成本价包括:住房的征地和拆迁补偿费、勘察设计和前期工程费、建安工程费、住宅小区基础设施建设费(不包括小区内非营业性配套公建费)、管理费、贷款利息和税金等七项因素。

1995 年城镇单元成套公有住房出售成本价为每平方米建筑面积 600 元。住房的实际售价应根据房屋的结构等级、装修设备和房屋所处地区、朝向、楼层等因素区别计价。

4. 售房折扣。以成本价购房享有以下折扣:

(1) 成新折扣。购买旧住房,按售房当年公布的同类住房成本价成新折扣计算,住房折扣率为每年 2%,使用年限超过 30 年的,以 30 年计算。经过大修或设备更新的旧房,按有关规定评估确定。

(2) 现住房折扣。购买现已租住的公有住房,可适当给予折扣,1995 年折扣率为成本价基价的 5%,以后每年减少一个百分点,2000 年全部取消。

(3) 工龄折扣。按购房人夫妻双方到 1994 年我市建立住房公积金制度为止的工龄之和计算,每人每年给予成本价基价的 0.60% 的工龄折扣,1994 年以前离退休的职工购房计算工龄折扣的时间,按国家规定的离退休年龄计算。

5. 付款方式。

(1) 购房者原则上应一次付清购房款,售房单位按政策性贷款利率与银行储蓄存款利率的差额给予一定的折扣。折扣率由市房改办会同有关部门测定公布;1995 年的折扣率为应付房价的 19%。

(2) 经售房单位同意,实行分期付款的首次付款不得低于应付房价的 50%,分期付款期限一般不超过 5 年,分期付款的利率比照政策性抵押贷款利率计算,单位不得贴息。

(3) 采取政策性抵押贷款支付购房款的,不享受一次性付款折扣。

6. 购房标准。按成本价及其有关折扣购买公有住房,原则上每个职工及家庭只能在规定面积标准内享受一次,购买一套(处)自住房。在超过标准 10 平米以下(含 10 平方米)的部分不享受现住房和工龄折扣,超过 10 平方米以上的部分,执行市场价。

7. 税费减免。产权单位按成本价向个人出售公有住房,免征固定资产投资方向调节税。对已征收的税金,凭售房凭证和纳税凭证,向当地税务机关申请办理退税。售房回收的资金,免征预算调节基金和能源交通重点建设基金。

对以成本价购房者,免收一次性契税和减收交易管理费等,其自住期间暂免征房产税和土地使用税。

8. 住房产权。职工购买公有住房,须到市房地产管理部门办理房产权转移和土地使用权变更登记手续,领取统一制定的产权证书。

以市场价购买的住房,产权归个人所有,可以依法进入市场,按规定交纳有关税费后,收入归个人所有。

以成本价购买的住房,产权归个人所有,一般住用 5 年后方可依法进入市场,在补交土地使用权出让金或所含土地收益和按规定交纳有关税费后,收入归个人所有。在同等条件下,原售房单位或政府房产管理部门有优先购买、租用权。

9. 售房款管理。产权单位出售公有住房回收的资金,由市住房基金管理中心代表政府按《国有住房出售收入上交财政暂行办法》([1994]财综字第 127 号)规定统一征收,实行专户存储、权属不变、统一管理,全部用于住房建设和住房制度改革。

10. 售后服务。改革现行城镇住房维修、经营和管理体制,建立多种所有制形式的物业管理企业,发展社会化的房屋维修管理市场,做好公有住房的售后服务工作。

公房出售后,应建立公共维修基金,采用售房款中提取一部分和按产权比例提取或分摊的办法筹集,用于住房共用部位、共用设备的维修;住房自用部位和自用设备的维修,由购房人自行负责。

(四) 加快经济适用住房建设,鼓励单位合作建房、集资建房

1. 组织机构。市住房制度改革办公室及其领导下的经济适用住房发展中心,是全市经济适用住房建设

和单位合作建房、集资建房的组织实施机构，负责制定发展规划和相关政策，落实和完成政府确立的安居工程总目标和年度分解计划，协调各系统完成政府下达的建设与分配任务。

2．政策扶持。经济适用房建设和合作集资建房，在贯彻“统一规划，合理布局、综合开发，配套建设”方针的前提下，政府各有关部门要给予大力扶持。

（1）建设用地：经批准原则上采取行政划拨方式供应；

（2）项目计划：要确保优先安排，不被挤占；

（3）规划设计：优先安排选点，提供有利于降低成本的地块，在布局上尽量提高建房容积率；

（4）建设资金：金融单位在资金使用及信贷方面给予支持；

（5）税费减免：免收或减收城市公用设施建设费及各项代收费、城市道路建设费、水电增容费、通讯路线建设费、新型墙体建设基金、白蚁防治费、绿化保证金、污水截流费等；减收办理建房过程中涉及的各种管理费、登记手续费和押金；对建设单位按零税率计征固定资产投资方向调节税，免收土地增值税；对购房者免收一次性契税和交易管理费，其自住期间免征房产税、城镇土地使用税。

3．价格构成。经济适用房和合作集资建房的售价，由计算成本价的七项因素和必要的小区内非营业性配套费、基础设施费等构成。有条件的单位可在购房者个人付款不低于按成本价购买公有住房的前提下，给予适当补贴。

4．供应对象。经济适用住房和合作集资房应向广大中低收入家庭供应。对离退休职工、中小学教师和住房困难户予以优先安排。

（五）建立住房基金制度

立足现有住房基金的转化，理顺和开辟住房基金渠道，建立健全城镇、单位和个人三级住房基金。具体办法按（句政发［1994］125号）文件执行。

三、附则

1．全市各级政府和单位都应重视住房制度改革工作，要加强领导、明确分工、统筹安排，确保房改顺利推进。

2．在句容市范围内的单位，除国务院确定实行行业房改以外，不论隶属关系，均应按本方案的规定同步参加本市住房制度改革。

3．本方案涉及的有关政策将随着经济发展和人民生活水平的提高而作相应的调整。具体调整时，由市房改办会同有关部门商定后，报市房改领导小组批准，统一公布实施。

4．各单位要严肃房改纪律，严格执行本方案规定的统一政策。监察部门要加强纪律监督和检查，对违反规定、以权谋私、弄虚作假行为要严肃查处，坚决纠正。

5．本方案自公布之日起实行。原有的房改政策和规定，凡与本方案精神有抵触的，一律以本方案为准。

6．本方案由句容市住房制度改革办公室负责解释。

注：内容源自《关于印发〈句容市深化住房制度改革实施方案〉的通知》句容市人民政府1995年9月17日

句容市老城区改造房屋拆迁管理实施办法

第一章　总　则

第一条　为适应城市建设和社会经济发展的需要,加强老城区改造房屋拆迁的管理,依法保护拆迁当事人的合法权益,根据《镇江市城市房屋拆迁管理规定》和《句容县城市房屋拆迁管理暂行规定》,结合老城区的实际情况,制定本实施办法。

第二条　本实施办法仅适用于老城区改造的房屋拆迁。不适用于城市市政建设房屋拆迁。

老城区的具体范围:东至东门桥,南至句容河,西至西大街与葛仙路交界处,北至北大街与宁杭路交界处。

第三条　市建设委员会是老城区改造房屋拆迁管理的行政主管部门,具体拆迁业务由句容市拆迁安置办公室负责。

第四条　对依法批准的城市规划红线确定范围内建设用地的房屋拆迁,拆迁人必须按照本实施办法给予被拆迁人合理补偿和妥善安置。

被拆迁人必须服从老城区改造和建设的需要,在规定的搬迁期限内完成搬迁。

被拆迁人的所在单位和主管部门,应当协助拆迁人做好被拆迁人的工作。

第二章　拆迁程序

第五条　拆迁人必须持有改造建设项目批准文件和建设用地规划许可证及其它有关文件,方可向市建设委员会拆迁安置办公室提出房屋拆迁申请,经审核批准,发给《城市房屋拆迁许可证》,并按规定交纳拆迁安置费总额5%的拆迁管理费后,方可拆迁。

第六条　拆迁人按市规划部门批准确定的拆迁红线范围后,由市拆迁安置办公室通知公安、工商、城建、华阳镇政府等单位,停止办理拆迁范围内的户口迁移、分户、立户、房屋租赁、买卖、交换等手续及停发工商营业执照和房屋新建(包括扩建、翻新、改建)的建设执照等。但停办手续的期限最长不得超过两年。

第七条　《城市房屋拆迁许可证》发放后,市拆迁安置办公室应将拆迁人、拆迁范围、安置办法、搬迁时间等予以公告,并向被拆迁人和使用人发送房屋拆除通知书。有关部门和单位应及时帮助向被拆迁人和使用人做好宣传解释工作。

被拆迁人接到房屋拆除通知书后,应及时到指定办公地点依法签订书面拆迁协议,就补偿形式、补偿金额、安置面积、地点、搬迁过渡方式、期限和违约责任等内容进行协议,并由被拆迁人所在单位鉴证。

拆除房管部门直管公房区内由私人自建的住房,一律不计算安置面积,给予适当的经济补偿(有准建证、产权证)。

第十二条　拆除单位自管房屋,一律按建筑面积“拆一还一”,按质论价,互找差价。

第十三条　拆除单位非住宅房屋,造成停产停业的,拆迁过渡期间由拆迁人根据被拆迁人在拆迁公告时的在册职工工资总额(包括政府规定或调整的各项补贴及离、退休人员的基本养老保险费用)的70%给予经济补偿。

拆除个体工商户的非住宅房屋,根据注册的从业人员人数(本市常住人口)按每人每月150元一次性补贴六个月。

第十四条　拆迁有产权纠纷的房屋,在房屋拆迁主管部门公布的规定期限内由拆迁人提出补偿安置方案,报房屋拆迁主管部门批准后实施拆迁。拆迁前,房屋拆迁主管部门应当组织拆迁人对拆迁房屋作勘察、纪录,并向有权机关办理证据保全。

第十五条　拆迁没有抵押权的房屋实行产权调换的,由抵押权人的抵押人重新签订抵押协议。抵押权人与抵押人在房屋拆迁主管部门公布的规定期限内达不成协议的,由拆迁人按第十四条规定实施拆迁。

第十六条 被拆迁人不得超过本《办法》所规定的范围提出额外要求或附加条件，拆迁人也不得擅自提高或压低补偿标准。

第三章 拆迁安置

第十七条 拆迁人对被拆迁人的房屋使用人应依法给予合理安置，房屋安置以统建为主，自建为辅。被拆迁人用房的安置，一律以房屋产权证范围内的实有房屋建筑面积为依据，原则上“拆一还一”，就近靠档，选择户型。

披房檐高（最低处）不足2米的，按拆除披房使用面积的60%计算安置面积。

拆除违法建筑和临时建筑一律不予安置。

第十八条 住房安置标准

一、原使用面积人均10平方米以下的，可按人均10平方米安置；

二、原使用面积人均10至20平方米的，按原面积安置；

三、原使用面积人均20平方米以上的，原则上按人均20平方米安置（压缩面积部分按每平方米150元奖励给产权人）；

四、被拆迁人在本市建成区范围内另有住房，且人均使用面积超过20平方米的，不予安置。

由市区到近郊住宅区安置的可根据上述各项标准扩大使用面积20%至40%。

第十九条 拆除私人住宅安置房计价标准

一、拆除原住房面积大于或等于安置面积，安置房价按建筑面积每平方米250元计价；

二、拆除原住房面积小于人均10平方米的，不足部分按建筑面积以成本价计价；

三、安置面积大于原拆除面积的，按商品房价计价。

第二十条 阁楼面积在4平方米、最高点净空高度在1.60米、檐口高度在0.50米、阁楼以下房屋净空高度在2.50米以上的，方可按下列方法计算安置面积：

一、阁楼檐口净高度0.50米以上（含0.50米）1米以下的，按四分之一计算面积；

二、1米以上（含1米）1.50米以下的，按二分之一计算面积；

三、1.50米以上（含1.50米）2米以下的，按四分之三计算面积；

四、2米以上（含2米）的，按实计算面积。

阁楼面积以阁楼整体计算，不得分段计算；阁楼两檐高不等时，按两檐平均高度计算；阁楼以下房屋净空高度不足2.50米，阁楼檐高按扣除上述规定不足部分高度计算。

阁楼面积按规定计入后，被拆迁人住房人均使用面积超过20平方米的部分不计安置面积。被拆迁人住房人均使用面积已在20平方米以上的，其阁楼一律不计安置面积。

各类阁板一律不计算面积。

第二十一条 敞开式阳台拆除和安置时，一律不计算面积，封闭式阳台在拆除和安置时按使用面积二分之一计算。

第二十二条 因城市改造拆除各类非住宅用房，原则上自行过渡，易地安置，符合城市网点规划的，根据房源的可能，也可就近安置。

个体工商户营业用房的安置，必须符合以下条件：

一、持有合法的非住宅公房租赁手续和本人个体营业执照以及本市正式户口，以个体营业为生的（安置承租非住宅公房）；

二、以自有私房营业店面、持有营业执照别处无营业用房，并以房屋产权调换的。

第二十三条 被拆迁人安置住房的人口计算，以在拆迁范围内具有合法住房使用权，并有正式户口的长期居住人口为标准。有下列情况之一的，安置时可予以适当考虑：

一、家在本地,在外地工作的配偶;

二、在部队服役的军人(不包括配偶在外地工作的军人);

三、按规定户口报在大专院校的在校学生;

四、户口报在本市工作单位,实际居住在被拆迁房屋中的家庭成员;

五、正在劳教或服刑的人员。

第二十四条 无人居住的空关的租赁公房原则上不予安置。

第二十五条 拆除住宅用房原则上应先备好安置房。安置房不足,确需临时过渡安置被拆除房屋的使用人,由拆迁人给予过渡性补贴费,使用人可自行或由单位帮助解决过渡房。过渡性补贴费每人每月 20 元,付给提供房源的个人或单位。住过渡房屋期限一般不得超过一年,若超过一年,过渡费从超过一月起每人每月加付 5 元。

第二十六条 被拆迁人在拆迁期限内搬迁的,拆迁人一次性按正式居住户口中实际人口每人 20 元发给搬家补贴费。

被拆迁人在拆迁期限内提前搬家,由拆迁人给予奖励(最高奖励不超过 300 元)。

第二十七条 被拆迁人误工补贴按拆除房屋的建筑面积(禽畜房、简易棚房不补贴),由拆迁人按每平方 2 元的标准给予一次性补贴。

第二十八条 被拆迁人在拆迁期限内搬迁的,由市拆迁安置办公室出具 7 至 10 天的公假证明,被拆迁人所在单位应给予支持按公假处理,不影响评奖和调资。

第四章 法律责任

第二十九条 拆迁人与被拆迁人就房屋拆迁的安置、补偿等问题达不成协议的,由市房屋拆迁主管部门进行调解。调解无效的,由市房屋拆迁主管部门作出裁定。

第三十条 被拆迁人不执行协议、拒绝或拖延搬迁、拒绝腾退过渡房的,经市房屋拆迁主管部门和其所在单位批准教育无效者,由市房屋拆迁主管部门依法进行处罚。

第三十一条 被处罚的当事人对行政处罚决定不服的,可在接到处罚通知书之日起十五日内,向市人民政府申请复议或直接向人民法院起诉当事人。逾期不申请复议,也不向法院起诉,又不履行处罚决定的,由房屋拆迁主管部门申请人民法院强制执行。

第三十二条 在拆迁工作中,对胁迫、侮辱、殴打拆迁工作人员,阻碍拆迁工作人员依法执行公务的,由公安机关依照《中华人民共和国治安管理处罚条例》进行处理,构成犯罪的依法追究刑事责任。

第三十三条 拆迁工作人员滥用职权、弄虚作假、徇私舞弊的,视情节轻重由所在单位或上级主管部门给予行政处分;构成犯罪的,依法追究刑事责任。

第五章 附 则

第三十五条 本实施办法由市建设委员会负责解释。

第三十六条 本实施办法自公布之日起执行。《句容市老城区改造房屋拆迁管理实施办法》(句政发[1996]149 号)同时废止。

附件:

1.《句容市老城区改造房屋拆迁补偿标准》

2.《树木、花果补偿标准》(略)

3.《各种结构房屋的成新折旧率》、《楼层系数表》

1996 年句容市老城区改造房屋拆迁补偿标准

表　附录-1-1

类别	名称		补偿标准
房屋拆迁补偿	平顶楼房		170 元～220 元/平方米
	瓦顶楼房		160 元～210 元/平方米
	平顶平房		120 元～150 元/平方米
	瓦顶平房		110 元～140 元/平方米
	附房		40 元～70 元/平方米
	简易披房		10 元～30 元/平方米
附属物补偿	砖围墙		10 元～12 元/平方米粉刷的围墙加 3 元/平方米
	砖水井		30 元/眼(大)20 元/眼(小)
	水泥场地		10 元/平方米
	简易鸡舍		5 元～10 元/座
	柴灶		单眼 30 元 双眼 60 元 瓷砖加 10 元/眼
	阴沟		2 元～5 元/米
	自来水管		3 元/米
	小水池		20 元/只
	水塔		50 元/立方米
	粪坑	砖粪坑	20 元(小)～40(大)元/只
		粪缸	10 元(小)～30(大)元/只

各种结构房屋的成新折旧率

表　附录-1-2　　单位：%

房屋建成年数	1－10 年			11－20 年			21－30 年			31－40 年			40 年以上		
房屋现在状况	好	一般	差	好	一般	差	好	一般	差	好	一般	差	好	一般	差
钢筋混凝土结构	100	95	90	95	90	85	98	85	80	85	80	75	80	70	60
砖混结构	100	92.50	85	90	85	80	85	80	75	80	75	70	75	65	55
砖木结构	100	90	80	85	88	75	80	75	70	75	67.50	60	70	60	50
简易结构	100	87.50	75	80	75	70	75	67.50	60	70	60	50	60	50	40

说明：1. 需进行大修损坏严重的房屋按 40% 作价。
2. 需拆除翻建的危险房屋按 30% 以下作价。
3. 危险房屋在拆除后，无其它利用价值的，按其残值作价。
4. 房屋状况为一般的，可根据其好坏程度，在上表所列数值左右适当增减

楼层系数

表　附录-1-3　　单位：%

居次 楼层	三层	四层	五层	六层
一层	收围墙款	收围墙款	收围墙款	收围墙款
二层	+2	+2	+2	+2
三层	-2	+3	+4	+4

楼层系数

续表 附录-1-3 单位：%

居次 楼层	三层	四层	五层	六层
四层	—	-5	—	+4
五层	—	—	-6	—
六层	—	—	—	-8

注：内容源自《关于印发〈句容市老城区改造房屋折迁管理实施办法〉的通知》句政发〔1996〕149号 句容市人民政府1996年7月11日

关于推进环境保护工作的若干政策措施

为全面落实科学发展观，贯彻环保优先指导方针，切实推进句容环境保护工作，加快建设环境友好型社会，根据镇江市政府《关于推进环境保护工作的若干政策措施》，结合句容市实际，提出如下政策措施：

一、积极推进产业结构调整

1．严格执行环境影响评价制度。各镇、开发区和各部门在组织编制区域规划，土地利用规划，工业、能源、水利、交通、城市建设等专项规划时，必须依法组织开展环境影响评价。所有开发建设项目，必须依法严格履行环境影响评价手续。对未进行环评或环评未经批准的规划和建设项目，不得批准实施。

2．提高建设项目环保准入门槛。依据国家、省产业结构调整指导目录，市有关部门从规划选址、资源消耗、环境保护等方面，明确工业项目的准入条件，严格控制化工、电镀、造纸、冶金、印染等行业的污染项目建设。对不符合环保法律法规和技术标准的建设项目，不得审批或核准，不得批准用地，不得给予贷款或以其他任何形式进行授信。禁止新建单个项目一次性固定投资额在3000万元（不含土地费用）以下有污染的化工项目。年综合能源消耗总量3000吨标准煤以上的投资项目，须由专家或专业机构对其合理用能作出评价，达不到行业节能标准和单位产品能耗定额要求的，有关部门不予核准。禁止新建国家规定的“十五小”和“新五小”项目。禁止建设排放致癌、致畸、致突变物质和恶臭气体的项目。从2007年起对化工园区以外的小型化工企业，不再批准任何形式的改扩建项目。

3．加快发展循环经济。制定支持循环经济发展的投资、价格、财政、税收、收费和绿色采购等政策，加快推进循环经济建设。设立市级发展循环经济专项资金，纳入财政年度预算，重点支持循环经济示范工程建设、清洁生产审核、ISO14000认证和“三废”利用等工作。积极开展循环经济试点工作，并逐步扩大试点面。对发展循环经济的试点单位和重点项目，金融机构要加大信贷支持力度。

4．全面开展清洁生产审核。对符合国家产业政策的清洁生产项目的立项、资金、信贷等方面要给予支持。对污染物排放超过国家、地方标准或污染物排放总量超过地方政府核定限额的企业，实施强制性清洁生产审核。

二、全面加强工业污染防治

5．建立完善污染物排放总量控制制度。确定全市“十一五”期间的化学需氧量、二氧化硫等主要污染物减排计划，并以签订责任状等形式分解落实到各镇、开发区、有关部门和重点排污单位。市政府每年向社会公布主要污染物减排情况，接受社会监督。对没有完成减排任务的地区和单位，予以通报批评，责令期限整改。新建、改建、扩建项目的污染物排放总量指标从本地区、本行业调剂获取，没有获得总量指标的项目不予审批。对超过总量控制指标的地区及超过水环境功能要求的区域，暂停审批新增污染物排放总量的建设项目。各镇要加快城镇污水集中处理和垃圾集中处理的基础设施建设，建设和完善配套排水管网，不断增强城镇污水和垃圾集中处理能力，削减污染物排放总量。

6．坚决关闭淘汰污染严重的企业和项目。对污染物排放严重超标、长期不能稳定达标，偷排以及与区域功能定位严重超标、长期不能稳定达标，偷排以及与区域功能定位严重不符、污染物排放严重影响周边群众正常生活，且不能在规定期限内完成治理任务的单位，由市人民政府依法责令停业整顿或者关闭。今明两年，在全市组织化工行业专项整治，将分散的化工企业集中到通过区域环评且环境基础设施完善的化工园区，并加大企业技改力度，确保达标排放。2008 年年底前小型化工企业必须按照省、市有关文件规定搬迁进入化工园区，逾期未进入化工园区的，由市人民政府依法责令关停；淘汰所有年产 5 万吨以下废纸造纸、年加工 80 万张（折牛皮）以下的制革、年产 1 万吨以下的酒精和淀粉生产线；淘汰水泥湿法窑和干法中空窑生产线；淘汰城镇居民集中居住区附近产生刺激性废弃的生产工艺或生产线；淘汰医药中间体、农药中间体、染料中间体等污染严重、不能稳定达标的生产项目。

7．全面推行排污许可证制度。制定出台《句容市污染物排放许可证管理办法》和《句容市排污口设置管理办法》，严格按照水域纳污能力，控制污染物排放总量，界定各排污单位的污染物排放标准和总量控制指标，对所有排污单位实行持证排污。对污染物排放总量超过水域纳污能力或水功能区水质不达标的地区和水域，禁止新发排污许可证。从 2007 年起，我市水污染物排放全面执行国家《污水综合排放标准》一级标准。全市化工企业全面执行《江苏省化学工业主要水污染物排放标准》（DB32/939－2006）。2007 年年底前，全市印染企业要全部达到《江苏省纺织染整工业水污染物排放标准》（DB32/670－2004）。

三、鼓励社会资本投资经营环保基础设施

8．全面开放环境基础设施建设经营市场。降低市场准入条件，让更多的社会资本进入环境基础设施建设经营领域。对社会资本投资环境基础设施建设的，市财政可以按照投资额的一定比例给予资金支持或贷款贴息，引导、鼓励社会资本参与环境基础设施的建设、经营。金融机构要加大对环境基础设施建设的信贷支持力度，并给予贷款利率方面的优惠。

9．建立“污染者付费、治污者受益”机制。对污水处理、垃圾处理等治污投资，按照略高于社会平均投资回报率核定价格和收费标准。采用“以奖代补”、财政贴息等形式加大支持力度，引导社会资本采用 BOT、BT、TOT 等形式参与经营性环境基础设施建设。鼓励用污水（中水）、垃圾处理收费许可质押贷款、筹集城市污水管网和垃圾收运设施的建设、改造资金。

10．对环境基础设施建设运营实行优惠扶持。对环境基础设施建设项目，减半征收有关行政事业性收费，优先保障用地。城市污水处理厂用电，按工业用电价格执行。

四、加大财政资金对环保的投入

11．市财政要将环保投入列为公共财政支出的重点，并逐年增加。认真落实“211 环境保护”支出科目，确保财政对环保支出的增幅高于经济增长速度。到“十一五”期末，全市一般预算支出中环保类支出比 2005 年增长 1.50 倍以上。

12．增加财政环保专项资金投入。“十一五”期间，市财政每年安排市级污染防治专项资金 600 万元，作为重点环保项目建设引导资金，推动环保投入多元化；每年安排奖励资金 20 万元，用于对在环境保护工作中做出显著成绩的单位和个人的奖励，纳入全市年度综合考核（两项资金的管理使用办法由市环保部门会同市财政部门另行制定）。并在土地出让收益、城市建设配套费等资金中，安排一定的数额，重点支持污水收

集管网等环境基础设施建设。

13．加大排污费征收力度，确保依法、足额、全面、及时征收。排污费纳入财政预算，作为环境保护专项资金管理，用于重点污染源治理、区域性污染防治、污染防治新技术和新工艺推广应用、重点生态工程建设和生态保护、区域性环境污染监控和事故预警系统项目建设。

14．在深化环境价格改革中增加投入。依据省政府制定的二氧化硫、化学需氧量等主要污染物排放指标初始价格，在严格控制污染物排放总量的前提下，实行排污权有偿取得。"十一五"期末，全面实行二氧化硫排污指标初始分配有偿取得。排污权有偿使用资金，作为政府非税收入管理，专项用于环境保护和生态建设。从2007年起，开征城市施工工地扬尘排污费，适当提高化学需氧量、二氧化硫等主要污染物排污费征收标准，并执行省市危险废物和医疗危险废物处置收费标准，调整完善垃圾处理收费制度。2008年年底前，逐步调整污水处理收费标准，增加的筹集资金，集中用于管网建设和污泥处置。加强自备水源用户污水处理费征收管理，确保足额征收、专款专用。

15．逐步建立生态补偿机制。加强矿产资源、水资源、林木资源等各种资源费的征收管理。规范征收行为，将各类资源有偿使用收入及时足额上缴财政国库或财政专户。对各类资源费减免须按规定审批，并予以公告。征收的各种资源费须按规定用于资源的节约、保护、管理和生态建设等方面。饮用水源区、风景名胜区、生态公益林的建设与管护经费、生态补偿经费，纳入财政预算。对购买秸秆还田农业机械的农户，实行农机购置补贴。

16．保证环保行政和事业经费支出。将环保行政管理、监察、监测、信息、宣教、科研等的人员经费、办公经费、监督执法经费、仪器设备购置运行经费、基础设施建设经费等纳入同级财政预算，切实予以保障。环保行政处罚的罚没款，严格按照"收支两条线"管理规定使用，主要用于补贴环保执法成本。

五、提高环境监管能力

17．建立健全环境安全应急防控体系。从法制建设、应急专业队伍建设、装备配置、技术标准、科技进步、应急信息平台、综合指挥协调系统建设等各个方面，加强应急能力建设。筹备建立市环境安全应急和事故调查处理指挥中心。市环保部门要设置饮用水源环境监管机构。

18．加强环境监管基础设施建设。抓紧建设全市突发性环境污染事故应急处置系统、完善全市环境自动监测监控系统工程，筹建市环境检测实验楼和辐射安全、固体废物管理中心办公场所，增强环境应急监测和预测预报能力。开展全市集中式饮用水源地有毒有害有机污染物、土壤环境有机污染监测调查及污染防治。加强环境监管基础设施建设，配备必要的监测设备，提高环境监管能力。

19．充实加强环境监管队伍。加强环保队伍建设，积极推进环境保护行政管理体制改革。各镇政府、开发区要有专职环境保护工作人员，切实把工作绩效列入年度考核内容。根据工作需要，适当增加市环境监测站人员编制。建立健全全市辐射安全和危险废物监管网络。

注：内容源自句政发〔2007〕7号《（关于推进环境保护工作的若干政策措施）的通知》，2007年1月25日。

句容市集体土地房屋拆迁实施办法

句政发〔2007〕111号

第一章　总　则

第一条　为了规范集体土地房屋拆迁管理,维护拆迁当事人的合法权益,保障城乡建设的顺利进行,根据《中华人民共和国土地管理法》、《中华人民共和国土地管理法实施条例》、《江苏省土地管理条例》、《江苏省城市房屋拆迁管理条例》和《镇江市市区集体土地房屋拆迁管理暂行办法》等法律、法规的规定,结合本市实际情况,制定本实施办法。

第二条　在本市行政区域范围内,因城市建设和发展需要征收或征用集体土地拆迁房屋及其附着物,并需要对房屋所有权人(以下统称被拆迁人)进行补偿安置的,适用本实施办法。

撤组剩余国有土地上原建于集体土地房屋以及撤组后原宅基地上依法新建、翻新或改造的房屋,也适用本实施办法。

国家和省、市确定的基础设施项目征地拆迁补偿安置另有规定的,从其规定。

第三条　市建设行政主管部门(以下简称市拆迁管理部门)是本市集体土地上房屋拆迁和安置房建设的管理部门,委托市拆迁安置办公室具体负责本市行政区域内集体土地上房屋拆迁实施监督管理工作。

市国土资源行政主管部门负责集体土地上房屋拆迁相关的土地管理工作。

集体土地房屋拆迁所在地的开发区管委会、各镇人民政府以及市政府有关职能部门,应当根据各自职责,协同做好房屋拆迁补偿安置的相关工作。

第二章　拆迁管理

第四条　市规划部门确定拆迁范围后,由市拆迁管理部门书面通知相关部门暂停办理下列事项:

(一)新批准宅基地和其他建设用地;

(二)审批新建、改建、扩建房屋及其附属物;

(三)审批改变房屋、土地用途;

(四)办理户口的迁入、分户;

(五)核发工商营业执照;

(六)法律、法规规定的其他事项。

暂停期限内擅自办理上述事项的,房屋拆迁时不予认定。

第五条　国家为了公共利益和实施城乡规划及新农村建设的需要,根据有关规定可实施拆迁。

第六条　市拆迁管理部门应当会同被拆迁房屋所在地的开发区管委会和各镇人民政府对拆迁人提交的房屋拆迁补偿安置实施方案进行审查并予以公告,由市拆迁管理部门向拆迁人发出房屋拆迁安置通知书。房屋拆迁补偿安置实施方案应当包括以下内容:

(一)拆迁范围;

(二)拆迁范围内房屋的用途、面积、权属等现状;

(三)拆迁的实施步骤和安全防护、环保措施;

(四)拆迁资金、安置房、临时过渡措施的落实情况;

(五)拆迁的方式、时限等。

第七条 拆迁人如委托拆迁的，应当委托有拆迁资质的单位实施拆迁，并与其签订拆迁委托合同。拆迁委托合同自签订之日起15日内报市拆迁管理部门备案。

被委托的拆迁实施单位不得转让拆迁业务。

第八条 从事房屋拆迁评估业务的评估机构必须是市房管部门会同其他相关部门公布的有相应房地产评估资质的机构。

对被拆迁人房屋精心评估时，评估机构应通知被拆迁人，被拆迁人接到通知后不予配合的，评估机构可以进行评估，其评估行为有效。

第九条 拆迁人应当按照房屋拆迁补偿安置实施方案，负责做好房屋拆迁补偿安置的有关实施工作；拆迁人应当按照本办法的规定，对被拆迁人给予补偿安置；被拆迁人应当服从城市建设和发展需要，在规定的期限内完成搬迁。

第十条 在房屋拆迁补偿安置通知书规定的拆迁期限内，拆迁人与被拆迁人应当依据房屋拆迁补偿方案签订房屋拆迁补偿安置协议。房屋拆迁补偿安置协议应当具体载明补偿形式、补偿标准、安置方式、搬迁期限、临时安置过渡期限、违约责任等内容。

市拆迁管理部门应当提供房屋拆迁补偿安置协议的示范文本。

第十一条 房屋拆迁补偿安置协议订立后，拆迁当事人对补偿安置协议产生纠纷的，可以依法向仲裁委员会申请仲裁，也可以依法向人民法院起诉。

第十二条 违反土地管理法律、法规规定，阻挠国家建设征用土地的，由市土地行政主管部门责令交出土地；拒不交出土地的，申请人民法院强制执行。

第三章 拆迁补偿安置

第十三条 被拆迁房屋的合法依据，以拆迁人在领取建设用地规划许可证（含地块图）前所持有的房屋权属证书、土地权属证书或取得的合法建房手续为准。

第十四条 被拆迁房屋的用途，以房屋权属证书、土地权属证书上载明的用途为准；房屋权属证书、土地权属证书上未载明用途或者载明的用途不一致的，以合法建房手续载明的用途为准。

第十五条 被拆迁房屋建筑面积，以房屋权属证书范围内实有房屋的建筑面积或者合法建房手续载明的建筑面积为准，拆迁当事人对被拆除房屋建筑面积有异议的，可以委托具有资质的房产测绘机构进行实际测量。

第十六条 被拆迁人已取得合法建房手续但新房尚未建造完毕的，被拆迁人应当立即停止建房，已建新房部分，由拆迁人依据评估结果给予补偿。

第十七条 对拆迁违法建筑、逾期的临时建筑或者临时建筑在建设规划许可证中载明城市建设需要时无条件拆除的，已建新房应拆除而未拆除的旧房，拆迁人在领取建设用地规划许可证（含地块图）后被拆迁人进行房屋及其附着物新建、改建、扩建或者突击装修装饰部分，拆迁租赁（借）住宅用房的承租人，均不予补偿安置。

拆迁未超过批准期限的临时建筑不予安置，按公式（重置价×建筑面积+装饰装修及附属物补偿款）×（剩余年限÷批准年限）给予补贴。如果剩余年限÷批准年限低于20%的，按20%计算。

第十八条 市区城市规划区范围内的住宅房屋拆迁补偿安置一般实行房屋产权调换方式。

市区城市规划区范围外的住宅房屋拆迁补偿安置可采用房屋产权调换和自拆自建方式。

第十九条 住宅房屋的被拆迁人提出自行解决住房并作出书面承诺的，由被拆迁人向拆迁人提出申请，经市拆迁管理部门认定后，可以按下列计算提取补偿安置款，所在开发区、镇、村不再给予安排宅基地。

补偿安置款为安置房成本价减去安置房重置价格与被拆迁房屋重置结合成新评估价的差价，乘以按本实施办法第二十一条的规定确定的产权调换面积。

被拆迁住宅房屋合法建筑面积大于产权调换面积的部分，安置本实施办法第二十一条第二项的规定给予补偿。

第二十条 住宅房屋的被拆迁人实行产权调换的,由拆迁人提供拆迁安置房给予产权调换。

第二十一条 住宅房屋的被拆迁人以1处宅基地或者合法建房手续为1户,被拆迁人在同一拆迁范围内有多处住房的,应当合并为1户计算其原住宅房屋合法建筑面积;被拆迁住宅房屋合法建筑面积经公示后,被拆迁人凭房屋拆迁补偿安置协议书,按下列规定进行补偿安置:

(一)被拆迁住宅房屋合法建筑面积小于200平方米(含200平方米)的,按其合法建筑面积确定产权调换面积。安置面积与产权调换面积相等的部分,按其重置结合成新评估价与产权调换房屋的重置价格结算差价;安置面积小于产权调换面积的部分,按安置房成本价减去安置房重置价格与被拆迁房屋重置结合成新评估价的差价结算。

(二)被拆迁住宅房屋合法建筑面积大于200平方米的,超出部分的建筑面积按50%折算增加产权调换面积,但每户产权调换面积不得超过250平方米;合法建筑面积大于产权调换面积的部分,在其重置结合成新评估价不低于120%不超过200%内给予补偿;被拆迁人的安置房屋建筑面积等于或者小于产权调换面积的部分,按前项规定的结算方式结算。

安置房建筑面积大于产权调换面积在10平方米(含10平方米)以内的部分,按安置房的成本价结算;大于10平方米的部分,按普通商品房销售价结算。

(三)被拆迁住宅房屋合法建筑面积小于人均30平方米以下的,可照顾安置,具体照顾安置条件及标准由开发区管委会和各镇制定并在公告时予以公布。

第二十二条 拆迁住宅房屋,拆迁人应当向被拆迁人支付临时安置补助费、搬迁补助费和固定设施移装费。对确实不可移位的,应按现行价格支付给初装费。

第二十三条 被拆迁人在规定的搬迁期限内按期全部履行房屋拆迁补偿安置协议的,拆迁人可发给被拆迁人搬迁奖励。奖励发放办法和标准随拆迁公告同时公布。

第二十四条 拆迁非住宅房屋不作拆迁调换,对被拆迁人实行货币补偿。被拆迁人的房屋权属证书上载明工矿企业用房及其他非商业经营用房的,由拆迁人按安置房成本价1至1.20倍对被拆迁人予以补偿;被拆迁人的房屋权属证书上载明商业经营用房的,由拆迁人按安置房成本价1.20至1.50倍,对被拆迁人予以补偿。

第二十五条 拆迁非住宅房屋,拆迁人应当向被拆迁人支付搬迁补助费和固定设备移装费用。

第二十六条 因拆迁造成企业停业、停产等损失的拆迁人应当向被拆迁人支付一次性补助费。

第二十七条 在本实施办法施行之前被拆迁的住宅房屋已领取工商营业执照并持续经营1年以上的(需提供拆迁前一年的持续营业税单),以实际用于经营的建筑面积,安置重置结合成新评估价给予一次性补助

具体为:1年以上2年以下的,增加重置结合成新评估价的20%;2年以上3年以下的,增加40%;3年以上4年以下的,增加60%;4年以上5年以下的,增加80%;5年以上的增加100%。

凡本实施办法施行后,被拆迁人领取工商营业执照但未能依法办理房屋及土地用途变更等手续的,拆迁时一律按房屋及土地权属证书上载明的用途作出相应的补偿,不给予补助。

第二十八条 被拆迁人过渡用房一律自行解决。拆迁人应支付给被拆迁人临时安置补助费和搬迁补助费。

拆迁过渡期自被拆迁人腾空房屋之日起,一般不超过18个月。因拆迁人的责任延长过渡期的,从逾期之月起,拆迁人应当给予被拆迁人两倍的临时安置补助费,至安置房交付之月止。

第二十九条 安置房重置价、成本价和普通商品房销售价由拆迁人报市物价部门审核后,随拆迁公告同时公布。

第三十条 拆迁当事人签订房屋拆迁安置补偿协议后,被拆迁人应按协议约定的期限将被拆迁房屋交

付给拆迁人拆除。

第三十一条 因城市建设工程特殊情况或者符合村镇规划的地区,可报市拆迁管理部门批准实行自拆自建补偿安置,拆迁人按被拆迁人合法建筑面积的重置价格结合成新评估价补偿,并承担公用设施配套建设。

实行自拆自建安置的,应严格控制新宅基地面积,具体控制标准由各镇人民政府制定,统一规划,统一安排。

第三十二条 拆迁中涉及拆迁军事设施、教堂、寺庙、文物古迹等设施以及用于公益事业的非生产经营性房屋及附属设施的,拆迁人应当按照有关法律、法规的规定办理。

第三十三条 实行产权调换的被拆迁房屋由拆迁人委托有资质的拆房施工企业统一组织拆除,房屋残值归拆迁人所有。违建房屋,由被拆迁人在拆迁公告规定的期限内自行无偿拆除。

第三十四条 房屋拆迁补偿安置费用应当接受市拆迁管理部门的监督。

第四章 安置房建设管理

第三十五条 市建设行政主管部门统一负责拆迁安置房的建设管理工作。市发改委、规划、国土资源、物价、财政等部门和开发区管委会、各镇人民政府根据各自职责,协助做好拆迁安置房的建设和管理工作。

第三十六条 拆迁人具体负责拆迁安置房建设资金筹措、项目招标和被拆迁人安置等工作。

第三十七条 拆迁人统一向安置房建设单位收购拆迁安置房,用于安置拆迁人。拆迁安置房交付使用时,应向被拆迁人提供《住宅使用说明书》和《住宅质量保证书》。

第三十八条 建立安置房建设资金专用账户。拆迁人应当按照所需安置用房的建设成本落实资金,并预先存入专用账户,接受市建设行政主管部门和市财政部门的监督。

第三十九条 安置房地点内的基础设施配套,包括道路、给排水、绿化、路灯等设施,由拆迁人负责建设,市建设行政主管部门负责牵头组织相关部门以及安置房所在地的开发区管委会和各镇人民政府共同验收后,方可交付使用。

第五章 附 则

第四十条 被拆迁房屋重置结合成新价、装修装饰和附着物的补偿评估、搬迁补助费、临时安置补助费等,由房屋拆迁管埋部门会同物价、国土等有关部门制定并定期调整,报市人民政府批准后实施。

第四十一条 本实施办法由市建设行政主管部门负责应用解释。

第四十二条 本实施办法自2007年7月18日起施行。在本实施办法实施前已实施的拆迁项目,仍按原规定执行。

句容市人民政府

2007年7月16日

关于鼓励建设高层建筑的暂行规定

句政发〔2008〕152号

为了合理提高城市土地集约利用水平,增加城市现代化气息,结合我市实际,经句容市第十四届人民政府第四次常务会议研究,制定以下鼓励建设中高层和高层建筑的规定:

一、本规定适用范围为城市规划区内建设高度大于24M的中高层和高层建筑(以下统称高层)。

二、城市规划区内(限高区除外)各类建筑在满足日照、采光、通风、净空、安全及其它有关规范要求的前提下,鼓励向空中发展,建设高层建筑,以提高城市土地利用率。

三、高层建筑性质包括办公、金融、商务、教育、科研、医疗卫生、住宅等。

四、对于通过招标、拍卖、挂牌出让方式新上市的土地,规划指标为多层建筑的指标的,若开发中、高层建筑,容积率则按相关规定的最高标准执行。

五、高层建筑11层(含11层)以下部分,由市各有关部门收取的行政事业性收费减半征收,由市政府收取的基础设施配套费、墙改基金、绿化配套费减半征收;11层以上部分,市政府收取的基础设施配套费、人防易地建设费、墙改基金、绿化配套费和市各有关部门收取的行政事业性收费全部免收。

六、高层建筑按人防标准建造人防工程的,人防工程部分除全免所有行政事业收费外,机关事业单位按人防等级标准另外享受600元~1000元/平方米的政府补助;企业享受长期使用权。

七、对通过招标、拍卖、挂牌方式已取得土地、规划技术条件已经确定或详细规划已经批准的地块内,建设单位申请改建高层建筑的,经市政府批准调整规划后,按规定程序完善容积率调整手续的项目,同样享受本规定的优惠政策。同时,市政府对建设单位因建高层建筑而增加的建设费用给予适当补助。补助标准不超过因建高层调整容积率需补交的土地出让金。

八、各镇规划范围内的高层建筑,参照本办法执行。

九、本规定的自发布之日施行,由市规划局负责。

句容市人民政府

2008年7月29日

句容市经济适用住房管理办法

句政发〔2009〕78号

第一章 总 则

第一条 为规范我市经济适用住房的建设、供应、使用及监督管理,根据《国务院关于解决城市低收入家庭住房困难的若干意见》(国发[2007]24号)、《经济适用住房管理办法》(建住房[2007]258号)、《江苏省经济适用住房管理办法》(省政府令第51号)等相关规定,制定本办法。

第二条 本办法所称经济适用住房,是指政府提供优惠政策,限定套型面积、供应对象和销售价格,向城市低收入住房困难家庭供应的具有保障性质的政策性住房。

第三条 本市规划区域范围内经济适用住房建设、供应、适用及监督管理,应当遵守本办法。

第四条 发展经济适用住房应当坚持以下原则:

(一)政府组织协调的原则。经济适用住房由市政府负责统一实施

(二)建设项目市场运作、控制成本的原则。政府组织的经济适用住房应实行招投标选定项目法人,预先控制成本。

(三)坚持"统一规划、合理布局、因地制宜、综合开发、配套建设"和"保本微利、限价销售、社会效益优先"的原则。

(四)经济适用住房建设、交易、管理的审批应坚持公开、公正、公平原则。

第五条 市建设局是本市住房保障行政主管部门(以下简称"市住房保障主管部门")负责全市经济适用住房管理工作,市房改办为我市住房保障实施机构,具体承担经济适用住房实施工作。

市发展改革、国土资源、规划、物价、财政、审计、税务、人防、开发区、华阳镇、社区办等有关部门及金融机构根据分工,各司其职,协同做好经济适用住房有关工作。

第二章 规划和计划管理

第六条 市住房主管保障部门应当会同相关部门,根据土地利用总体规划、城市总体规划和住房保障计划、年度计划,做好经济适用住房项目储备,编制经济适用住房年度建设规划,纳入市国民经济与社会发展规划和住房建设规划。

第七条 市房改办应当依据经济适用住房发展规划和项目储备情况,编制经济适用住房年度建设计划,经市发展改革部门会同建设、规划、国土资源等部门审核并报市政府批准后实施。落实的经济适用住房面积根据实际购买需求确定每年的建设总量。

第八条 市发改部门会同市建设、规划、国土、物价等部门,依据经济适用住房中长期发展规划和项目储备情况,编制经济适用住房年度投资计划,审核项目用地规模,按照"优先安排,专项使用"的原则,编制经济适用住房用地计划。负责经济适用住房年度建设计划的审核、报批和下达,以及建设项目的审批。

第三章 优惠和支持政策

第九条 经济适用住房建设用地,实行行政划拨方式供应,并纳入年度土地供应计划,在申报年度用地指标时单独列出,确保优先供应。严禁以经济适用住房名义取得划拨土地后,改变土地用途,变相进行商品房开发。

第十条 经济适用住房建设项目免收城市基础设施配套等各种行政事业性收费和政府性基金。免收的行政事业性收费和政府性基金包括:防空地下室易地建设费、白蚁防治费、建筑生产安全监督管理费、土地登记费、征(拨、使)用土地管理费、国有土地有偿使用费,城市建筑垃圾处置费、城市基础设施配套费、散装水泥专项资金、城市教育附加费、地方教育附加、城镇公用事业附加等项目。经济适用住房项目小区外基础设施建设费用,由政府承担。

建设和销售经济适用住房有关税收优惠政策按国家和省的现行规定执行。

第十一条 职工可以提取本人及共同居住的房屋共有权直系亲属的住房公积金购买经济适用房;可以用本人及共同居住的房屋共有权直系亲属缴存的住房公积金还个人住房贷款。

第四章 建设管理

第十二条 经济适用住房要统筹计划、合理布局、配套建设,充分考虑城市低收入住房困难家庭对交通等基础设施条件的要求,合理安排区位布局。

第十三条 在商品住房小区配套建设经济适用房的,应当在项目出让条件中,明确配套建设的经济适用住房的建设总面积、单套建筑面积、套数、套型比例、建设标准以及建成后移交或者加购等事项,并以合同方式约定。

第十四条 经济适用住房套型建筑面积按照国家规定的标准执行。控制在60平方米左右,家庭人口4人(含4人)以上家庭的,控制在90平方米以内。

第十五条 经济适用住房的规划设计和建设应当执行国家有关住房建设的强制性标准,按照发展节能省地环保型住宅的要求,采取竞标方式优选规划设计方案,做到在较小的套型内实现基本的使用功能。积极推广应用先进、成熟、适用、安全的新技术、新工艺、新材料、新设备。

第十六条 经济适用住房建设单位,对其建设的经济适用住房质量负最终责任。向购买人出具《住宅质量保证书》和《使用说明书》,并承担保修责任,确保工程质量和使用安全。有关住房质量和性能等方面的要求,应在监理合同中予以明确。

经济适用住房的施工和监理,应当采取招标方式,选择具有资源和良好社会责任的建筑企业和监理企业承担。

第五章 价格管理

第十七条 经济适用住房价格以保本微利为原则确定。其销售基准价格及浮动幅度,由市物价局会同市住房保障主管部门,依据经济适用住房价格管理的有关规定,在综合考虑建设管理成本和利润的基础上确定,并向社会公布。

第十八条 经济适用住房的销售价格由基准成本、税金和利润三部分构成。

(一) 基准成本

1. 按照法律、法规规定用于征用土地和拆迁补偿等所支付的征地和拆迁安置补偿费;

2. 项目前期工作所发生的工程勘察、规划及建筑设计、施工通水、通电、通气、通路、及平整场地等勘察设计和前期工程费;

3. 列入施工图预(决)算项目的主体房屋建筑安装工程费,包括房屋主体部分的土建(含桩基)工程费、水暖电气安装工程费及附属工程费;

4. 在小区用地规划红线以内,与住房同步配套建设的住宅小区基础设施建设费,以及按政府批准的小区规划要求建设的不能有偿转让的非营业性公共配套设施建设费;

5. 建设管理费按照不超过本条(一)第1至4项费用之和的2%计算;

6. 供应管理费安置不超过本条(一)第1至4项费用之和的0.50%计算;

7. 贷款利息按照房地产开发经营企业为住房建设筹措资金所发生的银行贷款利息计算;

8. 工程监理费等其它应计入基准成本的费用。

(二) 税金

依照国家规定的税目和税率计算。

(三) 利润

房地产开发企业实施的经济适用住房项目利润率按不高于3%核定,市住房保障实施机构直接组织建设的经济适用住房只按成本价销售,不计提利润。

第十九条 经济适用住房销售应当实行明码标价,实际销售价格不得超过市物价部门核批的销售基准价格和浮动幅度。

第二十条 价格主管部门要加强成本监审,全面掌握经济适用住房成本及利润变动情况,确保经济适用住房做到质价相符。

第六章 销售管理

第二十一条 经济适用住房的销售对象是指具有本市城镇常住户口连续五年(含符合本市安置条件的军队人员)的无房或住房未达标的城区低收入家庭。

第二十二条 同时符合下列条件的家庭可以申购一套经济适用住房:

(1) 申请家庭中夫妻双方至少1人具有句容市区城镇户籍;

(2) 申请家庭的收入符合市政府公布的低收入家庭收入标准;

(3) 申请家庭的原住房面积低于市政府公布的住房困难标准;

本办法所称城市低收入住房困难家庭是指在市区范围内(含华阳镇、开发区)具有本市城镇常住户口连续五年以上,家庭人均月收入770元以下(按2008年度城区居民人均可支配收入的50%测算),人均居住面积不足18平方米的城区非农家庭。

家庭人口的计算:凡申请人及配偶同一户籍、同居一室的具有法定赡养、抚养关系直系亲属家庭成员可合并计算。

同居一室,同一户籍,已婚家庭、已满30周岁的单身青年可单立计算。

家庭人均收入计算:凡计算家庭人口的总收入除以家庭人口数。

第二十三条 经济适用住房供应对象确定的标准可根据经济发展情况和低收入家庭收入状况进行适

时调整，由市住房保障主管部门会同市有关部门提出方案报市政府批准并公布。

第二十四条 下列家庭成员可以作为分摊家庭收入和分摊家庭住房使用面积的人口：

（一）申购家庭夫妇及共同居住的直系亲属；

（二）正在服义务兵役的子女；

（三）在外地读书的未婚子女；

（四）正在服刑或劳动教养的未婚子女；

第二十五条 凡购买或享受过房改房、安居工程住房、经济适用住房、教工住房、解困解危住房和集资合作建房，已达到《省政府批转省住房制度改革领导小组关于进一步深化城镇住房制度改革的实施方案的通知》（苏政发[1998]89 号）规定面积标准的居民家庭，不得申请购买经济适用住房。

第二十六条 符合条件的低收入住房困难家庭只能按本办法的规定购买 1 套经济适用住房。已购买经济适用住房的，不再参加企业职工集资建房或购买、租住其他政策性住房，不再享受廉租住房保障。

第二十七条 经济适用住房供应实行申请、审核、公示和轮候制度，并建立严格的准入和退出机制。申购经济适用住房，按下列程序办理有关手续：

（一）申请人持本人及家庭成员的身份证、户口簿、现住房屋所有权证或租赁协议、实际居住证明、民政部门或所在单位、社区办出具的家庭成员收入证明，向市房改办提出申请，填写《购买句容市经济适用住房申请审批表》。

（二）市房改办会同开发区、华阳镇、社区办对申报材料进行初审。对初审符合条件的申购家庭，市房改办将其实际居住的家庭人口、收入、住房状况等内容在其户口所在地（户口所在地与实际居住地不一致的，在其居住地）公示 15 日。经公示无异议或异议不成立的，由市房改办将申购材料报市建设局审核。

（三）市建设局会同民政局、总工会等部门对申报材料进行联合审查。经审查符合申购条件的，市建设局将其实际居住的家庭人口、收入、住房状况等内容在本市主要媒体上公示 15 日。公示无异议或异议不成立的，由市房改办发放购买句容市经济适用住房核准通知（以下简称核准通知），并注明购买的经济适用住房面积。

对有异议的申购家庭由市建设及有关部门进行复审确认。

（四）已取得核准通知的家庭，市房改办根据当年经济适用住房可竣工交付的总量，通过选号的方式确定当年购房资格。

（五）获得当年购房资格的家庭，持核准通知到建设单位购买经济适用住房，与建设单位签订购房合同，选购一套与核准套型相对应的经济适用房。申请人购买经济适用住房后，按照规定办理房屋所有权证和国有土地使用证。

经选号没有取得当期购房资格的申请家庭可直接参加下一期选号，确定购房资格。

第二十八条 经核准购买经济适用住房的家庭，自核准通知发放之日起 2 年内未能购房的应当重新核准。

第七章 物业管理

第二十九条 经济适用住房建设在规划、建设阶段必须为物业管理创造必要条件，小区要按照国家和省《物业管理条例》的规定，实行物业管理。

第三十条 购买经济适用住房的居民，应按时交纳物业管理费用。购买经济适用住房的居民要按规定交纳专项维修资金。专项维修资金属业主所有，专项用于物业保修期满后的共用部位、共用设施的维修和更新、改造，不得挪作他用。

第三十一条 经济适用住房项目可采取招标方式选择物业服务企业实施前期物业服务。也可以在社区居委会等机构的指导下，由居民自我管理，提供符合居住区居民基本生活需要的物业服务。

第八章　产权登记和上市交易

第三十二条　居民购买经济适用住房后，按规定办理权属登记。房屋、土地登记部门在办理权属登记时，土地使用证上注明“划拨土地”，房屋所有权证加盖“经济适用住房”印章，并注明以经济适用住房价格和参照商品房价格购买的面积。

第三十三条　经济适用住房在取得房屋所有权证、土地使用证5年后，方可上市出售；出售时，应至市房改办办理上市审批手续，同时按届时同地段商品房与经济适用住房差价的50%向政府交纳增值收益，纳入城市住房保障发展资金管理，专项用于城市住房保障。同地段商品房价格由市物价部门核准并公布。

第三十四条　经济适用住房购房人拥有有限产权。经济适用住房在取得房屋所有权证、土地使用权证不满5年，不得直接上市交易。因特殊原因确需转让经济适用住房，由市政府按照原价格并考虑折旧和物价水平等因素进行回购，也可以按规定向政府交纳土地收益等相应价款取得完全产权，具体办法由市住房保障机构会同相关部门另行制定。

第三十五条　因继承、离婚析产而发生房屋所有权转移的，房产性质仍为经济适用住房，限制上市交易期从原房屋所有权证取得之日起计算。

第三十六条　个人在未向政府补缴土地收益等价款前，不得私下转让所购经济适用住房，不得将购买的经济适用住房用于出租经营。购买人以市场价出售经济适用住房后，不得再购买经济适用住房。

第九章　监督管理

第三十七条　对下列行为有关部门依法查处：

（一）擅自改变经济适用住房用地性质的，由市国土资源主管部门依法查处。

（二）擅自提高经济适用房销售价格的，由价格行政主管部门依法进行处罚；

（三）弄虚作假、隐瞒家庭收入和住房条件，骗购经济适用房的，由市房改办按照原价格，并考虑折旧等因素作价收回所购住房，并依法追究责任；对出具假证明的单位，提请有关部门追究单位主要负责人和直接责任人的责任。

第三十八条　住房保障部门以及其他行政机构的工作人员，在经济适用住房建设、管理过程中滥用职权、徇私舞弊、玩忽职守的，由其行政主管部门依法给予行政处分；情节涉嫌犯罪的，移送司法机关处理。

句容市人民政府

2009年11月30日

句容市廉租房保障办法

句政发〔2009〕79号

第一章　总　则

第一条　为促进廉租住房制度建设，逐步解决城市低收入家庭的住房困难，根据《江苏省廉租住房保障办法》（省政府令第50号）等有关规定，结合本市实际，制定本办法。

第二条　本市范围城区低收入住房困难家庭的廉租住房保障及其监督管理，适用本办法。

第三条　市建设局是全市住房保障行政主管部门，负责本行政区域内廉租住房保障工作。市住房改革小组办公室（以下简称房改办）是我市住房保障实施机构，具体承担廉租房保障工作。

市发展和改革、民政、财政、国土资源、规划、税务、价格、华阳镇人民政府、开发区管委会、社区工作办公室等部门,在各自职责范围内,做好涉及廉租住房保障的相关工作。

第二章　保障范围和保障标准

第四条　廉租住房的保障对象是城市低收入住房困难家庭,优先保障民政部门认定的享受城市居民最低生活保障待遇的住房困难家庭。

本办法所称城市低收入住房困难家庭,是指在城区范围内(含华阳镇、开发区)具有本市城镇常住户口五年以上,家庭人均月收入770元以下(按2008年度居民人均支配收入的50%测算),人均居住面积不足18平方米的城区非农家庭。

第五条　廉租住房保障面积标准,按照满足基本居住需求的原则,根据市区家庭平均住房水平、财政承受能力、廉租住房房源供应情况以及城市低收入住房困难家庭人口数量、结构等因素,以户为单位确定。

第六条　城市低收入住房困难家庭的收入标准、住房困难标准以及住房保障标准,实行动态管理,定期向社会公布。

第三章　保障方式与租金标准

第七条　廉租住房保障主要通过货币补贴、实物配租、租金核减等方式实施。

货币补贴是指向符合条件的廉租住房保障对象发放租赁住房补贴,由其自行承租住房。城市低收入住房困难家庭无住房的,按人均建筑面积18平方米,住房保障面积每平方米每月补贴6元的标准全额发放租赁住房补贴;人均住房建筑面积未达到标准的,按其住房建筑面积与规定的住房保障面积标准的差额计算发放。

实物配租是指向符合条件的廉租住房保障对象提供住房,并按照规定标准收取租金。

租金核减是指产权单位按照规定,对现已承租公有住房的廉租住房保障对象给予租金减免。以市政府公布的住房保障面积标准和当年房租标准,减免60%的租金。

符合保障条件的低收入住房困难家庭只能选择保障方式的一种。

第八条　实物配租主要面向城市最低生活保障家庭和孤、老、病、残等特殊困难家庭以及其他急需救助的住房困难家庭。

第九条　廉租住房保障采取实物配租方式的,享受廉租租金的面积为城市低收入住房困难家庭现住房面积与保障面积标准的差额;超出保障面积标准的部分,在综合考虑保障对象支付能力的基础上,可以按照略低于当地市场租金标准收取租金。

实物配租标准按照1元/平方米·月收取。当具备相应条件后,对享受城市最低生活保障待遇的家庭可以免收配租保障面积标准内的租金。

第十条　廉租住房租金收入应当按照国家财政预算管理和财务制度的有关规定,实行收支两条线管理,专项用于廉租住房的维护和管理。

第四章　保障资金与房屋来源

第十一条　廉租住房保障资金的来源,实行财政预算安排为主,多渠道筹措的原则,以保证稳定的廉租住房保障资金。廉租住房保障资金筹措渠道包括:

(一)提取贷款风险准备金和管理费用后的住房公积金增值收益余额;

(二)按照土地出让净收益的10%提取的廉租住房补充资金;

(三)市财政预算安排的廉租住房保障资金;

(四)上级补助的廉租住房保障资金;

(五)社会捐赠和其他方式筹集的资金。

提取贷款风险准备金和管理费用后的住房公积金增值收益余额,应当全部用于廉租住房建设。

土地出让净收益用于廉租住房保障资金的比例,不得低于10%。土地出让净收益按宗地进行核算提取,由市财政局列入预算,直接拨入住房保障资金专户。不能保证及时计提的,比照从土地出让金中计提农业土地开发资金的办法执行。

第十二条 城市廉租住房保障资金由市财政局负责筹集,统一纳入城市住房保障资金专户管理。市房改办牵头负责城市廉租住房保障资金预算草案的编制,住房租赁补贴资金的发放及廉租住房的购建等工作。城市廉租住房保障资金实行专款专用,专项用于廉租住房保障支出,不得用于其他开支。

城市廉租住房保障资金主要用途:

(一) 用于廉租住房货币补贴支出;

(二) 用于廉租住房租金核减支出;

(三) 用于廉租住房建设、购置、维修和物业管理等支出;

(四) 用于廉租住房制度建设、住房保障窗口建设等管理性支出;

(五) 用于其他廉租住房保障相关支出。

市财政、审计等部门对廉租住房保障资金管理和使用情况进行检查监督。

第十三条 用于实物配租的廉租住房房源,主要包括:

(一) 政府新建、改建、收购的住房;

(二) 腾退的公有住房;

(三) 社会捐赠的住房;

(四) 单位投资并按照政府规定租金出租的住房;

(五) 其他渠道筹集的住房。

用于实物配租的廉租住房,应当为非毛坯房,符合国家质量安全标准,具备居住功能。

第十四条 新建廉租住房,应当主要在经济适用住房、普通商品住房项目中配套建设。也可以相对集中建设部分廉租住房。

新建廉租住房,应当将单套建筑面积控制在50平方米左右,并根据城市低收入住房困难家庭的居住需求,合理确定套型结构。

配套建设廉租住房的经济适用住房或者普通商品住房项目,应当在用地规划、国有土地划拨决定书或者国有土地使用权出让合同中,明确配套建设的廉租住房总建筑面积、套数、布局、套型以及建成后的移交或者回购等事项。

第十五条 廉租住房建设用地,应当在土地供应计划中优先予以安排,并在申报年度用地计划时单独列出,采取划拨方式,保证供应。

廉租住房建设用地的规划布局,应当考虑城市低收入住房困难家庭居住和就业的便利。

第十六条 廉租住房建设一律免收城市基础设施配套费等各项行政事业性收费和政府性基金。

鼓励社会捐赠住房作为廉租住房房源或者捐赠用于廉租住房保障的资金。新建、购买、改建住房作为廉租住房,社会捐赠廉租住房房源、资金的,其税收优惠政策按照国家规定执行。

第五章 廉租住房保障申请和核准登记

第十七条 申请廉租住房保障,应当提供下列材料:

(一) 家庭成员身份证、结婚证和户口簿及其复印件;

(二) 家庭成员从业及收入情况证明材料;

(三) 家庭住房状况证明材料;

(四) 反映家庭财产状况的有关材料;

(五) 需要提交的其他证明材料。

第十八条 申请廉租住房保障,按照下列程序办理:

(一) 申请

申请廉租住房保障的家庭,应由户主(应具有完全民事行为能力)根据户口所在地,向社区办、开发区管委会或者华阳镇人民政府提出书面申请，填写廉租住房保障申请表，按照要求提供申请材料。

（二）初步审核

社区办、开发区管委会或者华阳镇人民政府应当自受理申请之日起20个工作日内，就申请人的家庭收入、家庭人口状况、住房状况、财产状况等进行核查，对是否符合规定条件等提出初审意见，并在辖区内进行公示，公示期限为10个工作日；经公示无异议或者异议不成立的，由社区办、开发区管委会或者华阳镇人民政府将申请材料、初审意见和公示情况一并报送市房改办。

（三）住房状况审核

市房改办应当自收到申请材料之日起15个工作日内，对申请人的家庭住房状况是否符合规定条件提出审核意见，并将符合条件的申请人的申请材料转送民政局。

（四）家庭收入审核

市民政局应当自收到住房保障主管部门转送的申请材料之日起15个工作日内，对申请人的家庭收入是否符合规定条件提出审核意见，并将审核意见反馈市房改办。

（五）登记

经审核，家庭收入、家庭住房状况等符合规定条件的，由市房改办予以公示，公示期限为10个工作日；经公示无异议或者异议不成立的，市房改办作为廉租住房保障对象予以登记，书面通知申请人，并向社会公布登记结果。经审核，不符合规定条件的，市房改办应当书面通知申请人，说明理由。

第十九条 市房改办、市民政局以及社区办、开发区管委会或者华阳镇人民政府等有关部门，可以通过入户调查、邻里访问、信函索证及公示等方式对申请人的家庭收入和住房状况等进行核实。申请人及有关单位和个人应当予以配合，如实提供有关情况。

第二十条 已经核准登记为廉租住房保障对象的城市低收入住房困难家庭，凡实施货币补贴的，市房改办应当根据廉租住房保障资金到位情况，及时按照标准发放租赁住房补贴，做到应保尽保；实施廉租住房实物配租保障的，应当严格执行已经确定的轮候顺序，不得违反规定改变。

第二十一条 市房改办应当按照确定的保障方式，与已经核准登记的廉租住房保障对象签订租赁住房补贴协议或者廉租住房租赁合同，发放租赁住房补贴或者配租廉租住房。

租赁住房补贴协议，应当明确租赁住房补贴额度、停止发放租赁住房补贴的情形等内容。

廉租住房租赁合同，应当明确租赁住房基本情况、租金及其支付方式、房屋使用要求、房屋维修责任、停止实物配租的情形、违约责任及解决办法等内容。

市房改办应当公布发放租赁住房补贴、配租廉租住房或租金核减的结果。

第六章　跟踪监督与管理

第二十二条 市建设局及发展和改革、民政、财政、国土资源、规划、税务、价格等有关部门，应当加强对廉租住房保障工作的指导和监督检查。对检查中发现的问题，应当及时向人民政府及其有关部门通报，并督促改正。

第二十三条 市房改办应当按户建立廉租住房保障档案，并采取定期走访、抽查等方式，及时掌握城市低收入住房困难家庭的人口、收入及住房变动等有关情况。

第二十四条 已经享受廉租住房保障的城市低收入住房困难家庭，应当按年度向户口所在地（华阳镇人民政府、开发区管委会、社区工作办公室）如实申报家庭人口、收入及住房等变动情况。

社区办、开发区管委会或者华阳镇人民政府可以根据申报情况，进行调查核实、张榜公布，并将申报情况及核实结果反馈市房改办。

市房改办应当根据城市低收入住房困难家庭人口、收入、住房等变化情况，调整租赁住房补贴额度或者实物配租等；对不再符合规定条件的，应当停止发放租赁住房补贴，或者由承租人按照合同约定退回廉租住房。

第二十五条 承租廉租住房的城市低收入住房困难家庭有下列行为之一的,应当按照合同约定退回廉租住房,并取消其廉租住房保障资格:

(一)将所承租的廉租住房转借、转租或者改变用途的;

(二)无正当理由连续6个月以上未在所承租的廉租住房居住的;

(三)无正当理由累计6个月以上未交纳廉租住房租金的。

第二十六条 城市低收入住房困难家庭未按照合同约定退回廉租住房的,市建设局责令其期限退回;逾期未退回的,可以按照合同约定,采取提高租金等方式处理。

城市低收入住房困难家庭拒绝接受前款规定处理的,由市建设局依法向人民法院提起诉讼。

第七章 法律责任

第二十七条 隐瞒有关情况或者提供虚假材料申请廉租住房保障的,社区办、开发区管委会、华阳镇人民政府和市建设局不予受理,并给予警告,申请人在2年内不得再次申请廉租住房保障。

第二十八条 不得以欺骗等不正当手段获得廉租住房保障。对已经核准登记但尚未获得廉租住房保障的,取消其登记;对已经获得廉租住房保障的,责令其退还已经领取的租赁住房补贴;2年内不得再次申请廉租住房保障;情节严重的,5年内不得再次申请廉租住房保障。

第二十九条 住房保障部门及其他行政部门的工作人员在廉租住房保障工作中滥用职权、徇私舞弊、玩忽职守的,由行政主管部门或者监察机关依法追究行政、纪律责任;涉嫌犯罪的,移送司法机关处理。

句容市人民政府

2009年11月30日

关于加快推进新市镇建设的意见

句委发〔2010〕55号

各镇党委、政府,各管委会,市各部委办局,市各金融单位,市各直属单位:

为认真贯彻中央和省委1号文件精神,全面落实科学发展观,加快推进城乡一体化发展,根据镇江市委、市政府《关于加快推进新市镇建设的意见》,结合实际,就我市加快推进新市镇建设制定如下意见:

一、指导思想

坚持以科学发展观为指导,按照因地制宜、彰显特色、科学规划、试点推进的原则,以规划为龙头,以推进村庄整理、万顷良田建设和"三集中"为抓手,以产业发展为支撑,以深化体制改革为动力,加大政策扶持,整合资源,集中力量,加快推进新市镇建设,全面提升城乡一体化发展水平。

二、目标任务

2010年全面完成新市镇、新社区建设规划编制工作,先行启动建设宝华镇、茅山管委会2个新市镇示范点,宝华镇宝华花园社区和凤坛花园社区、下蜀镇裕课村、黄梅镇黄梅新村、后白镇福源社区、华阳镇周家岗村等6个新社区示范点;2012年宝华新市镇示范点和6个新社区示范点基本建成,茅山管委会新市镇示范点初具规模;在此基础上,全面铺开,逐步形成以主城区为中心、新市镇为骨干、新社区为支撑的城乡一体化格局,到2020年全市所有新市镇基本建成布局合理、规模适当、经济繁荣、生活富裕、环境优美、设施配套、特色明显，具有较强集聚能力和带动作用的现代化区域小城市。具体目标如下：

一是镇域规模进一步扩大，承载功能明显提升。新市镇建成区面积不低于5平方公里、集聚镇域人口50%以上；新社区原则上建筑面积达到10万平方米，容纳住户1000户以上。建成较为完善的交通路网、供电、供水、供气、污水处理、垃圾处置、绿化亮化等基础配套设施，生产生活生态空间布局合理，承载和辐射功能明显提升。

二是经济实力进一步增强，产业结构不断优化。每个新市镇至少培育1个具有较强竞争力的优势主导产业，打造1个工业集中区或现代农业产业园区，推进产业集聚、集镇集约发展，新市镇地区生产总值、地方财政收入、农民人均纯收入增幅高于全市平均3-5个百分点。

三是社会事业进一步发展，农村社会更加和谐。新市镇的教育、科技、文化、卫生等社会事业得到全面发展，城乡就业和社会保障制度基本健全，公共服务管理体系日趋完善，居民民主管理意识明显增强，农村社会更加繁荣、文明、和谐。

三、工作重点

1. 科学编制新市镇、新社区建设的总体规划。按照“推进同城同建，打造南京副城”的战略构想，高起点、高标准编制全市新市镇、新社区建设总体规划，构建从市中心城区到新市镇、新社区的层次结构清晰、职能分工明确、人口布局合理、基础设施配套、公共服务完善、生活环境良好的新型城乡空间布局。新市镇建设规划要注重与城市总体规划、国民经济发展规划纲要、土地利用总体规划的衔接协调。要根据实际，合理确定新市镇建设的布局、规模和功能定位；要结合各地产业特色、资源条件、区位优势等因素，选准适合各地产业特色、资源条件、区位优势等因素，选准适合自身发展的模式，把新市镇建设成各具特色的产业发展重镇、商贸流通强镇和文化旅游大镇。新社区建设要按照科学发展、集约节约、生产力统筹布局、产业和生态整合、适宜生活居住等需求，合理确定新社区的数量、规模，数量不超过行政村总数，可优先选择镇合并后老集镇中心区，选择因重点项目建设而拆迁集中安置的小区，选择有文化历史底蕴、经济发达、人口较多的中心村，并强化道路交通、供电供水供气、污水处理等基础设施的相互配套，从而建设一批独具特色的新农村。要严格按照规划有序推进新市镇、新社区建设，切实维护规划的权威性和严肃性。

2. 加快推进农村人口向新市镇、新社区集中。按照新市镇、新社区建设的要求，进一步修编完善农民集中居住点规划，要在原有基础上大幅度缩减。对规划不再保留的村庄和农民居民点，通过实施村庄整理和万顷良田建设进行撤并。严格控制农民在规划范围以外建房，加快推进农民集中居住点和拆迁安置小区建设，完善功能配套；积极推行货币安置、多层（小高层、高层）公寓楼或连体住宅安置。同时，积极探索“以承包地换股份和保障、以宅基地换资金和房产”的“双置换”改革，实现农村居民身份转换。对自愿放弃土地承包经营权和宅基地使用权的农村居民，试行与城镇居民享受同等的就业创业和社会保障政策待遇；对农民自愿退出宅基地，并在新市镇、新社区购买商品房的，可由所在镇给予一定的货币补助，鼓励和吸引农户向新市镇、新社区集聚。

3. 加快推进农业向适度规模经营集中。从今年起，我市将以创建省级现代农业产业园区为抓手，积极推进土地流转，大力发展各种类型的农业适度规模经营，不断提高现代农业规模化水平。按照“产业特色鲜明、科技含量较高、物质装备先进、运行机制灵活、综合效益显著”的省级现代农业产业园区创建标准，集聚土地、资金、项目、科技、人才等各种要素，加快建设一批区域布局合理、基础设施完备、经济效益良好、示范带动能力强、经营管理现代化的高效农业示范区、农产品加工集中区、农产品物流园区（批发市场）和休闲观光农业园区（乡村旅游），2010年力争创成省级应时鲜果现代农业产业园区。同时，建成量值并举，大力发展农村合作经济组织。到2012年年底全市农业适度规模经营比重达50%；农村“三大合作”组织总数达480个，入社农户占总农户数的40%以上；建成镇江市级及以上农业龙头企业40家，本市级50家；加快茅山旅游大观园建设，力争建成国家AAA级乡村旅游区。

4．加快推进工业向产业园区集中。按照产业集群、企业集聚、发展集约的要求，高起点规划、高水准建设新市镇工业集中区，大力培植总部经济和科技孵化中心，重点推进宝华新城、郭庄空港新区、下蜀临港工业集中区和省级经济开发区建设，不断提升园区承载功能，为企业集中发展搭建好平台。从今年起，新市镇所有工业项目不得在集中区外布点建设，同时，创造条件、积极鼓励集中区以外的企业逐步搬迁到集中区，进一步提高工业集中区企业的集中度。

5．加快推进公共服务设施向新市镇、新社区延伸。加快新市镇和新社区道路、供电供水供气、污水处理、停车场等市政公用设施建设，推进城乡基础设施共建共享。积极创建"生态市"、"环境优美乡镇""生态示范村"，深入推进农村环境卫生长效管理，切实加大河塘疏浚清淤力度，不断美化农村生产生活环境。开展优质教育资源送教下乡活动，全面提升新市镇教育教学水平。深化医疗体制改革，巩固和完善新型农村合作医疗保险制度，加快新市镇卫生服务机构建设。建立农民失业、就业登记和农村困难家庭就业援助制度，大力推进新型农村养老保险、基本实行农村适龄居民参保全覆盖。完善新市镇文体、广电设施，积极开展群众性精神文化活动。建立低保稳定增长机制，完善新市镇社会救助设施，继续开展脱贫攻坚活动，不断提高社会弱势群体的生活水平和幸福指数。

四、政策措施

1．加大财税扶持。市财政每年仍将安排一定量的资金，用于支持村庄整理、万顷良田建设、重大项目拆迁安置小区建设，并对新市镇符合条件的产业、社会公共事业和基础设施建设项目优先列入市重点工程给予扶持。同时，根据新市镇的功能定位和发展规划，合理确定市与各镇、各管委会财政收入的分成比例，建立与新市镇经济社会发展相适应、稳定增长的财政保障机制，以 2009 年为基数，3 ~ 5 年内新增财力的一定比例留给各镇、各管委会。在新市镇范围内征收的基础设施配套费全部返还所在镇、管委会；城市建设维护税新增部分，主要用于村镇规划编制、农村基础设施建设维护。新市镇、新社区的建设项目按规定减免有关行政事业性收费。

2．加强金融支持。依托市城投公司和所在镇、管委会组建新市镇建设投资开发公司，负责新市镇建设的筹资、投资和资产经营等活动。进一步完善农村金融组织体系，加快发展村镇银行，积极发展农村小额贷款公司，规范发展农民资金互助组织。创新贷款形式，积极组织银团贷款，切实加大政策性、商业性金融机构对新市镇建设的信贷支持力度，不断扩大服务覆盖面。积极创造条件，适时组建有关担保公司，为新市镇建设融资提供担保。

3．创新用地制度。结合土地二次大调查，到 2012 年，完成农村土地所有权、使用权的确权登记工作。建立和完善农村土地流转服务平台，积极探索转包、互换、出租、转让、入股等农村土地使用权市场化实现形式，实现农村土地使用权市场化、货币化、股份化。建立和完善城乡统一的土地流转市场，在确保农民利益不受损失和符合规划的前提下，推动农村集体建设用地进入市场，与国有建设用地享有平等权益。建立城乡建设用地增减挂钩机制，通过村庄整理和万顷良田建设增加的土地面积作为城乡建设用地挂钩指标，由市里统筹调配，在优先满足新市镇、新社区示范点建设用地的基础上，与级差地租较高的镇、管委会的土地出让金中，统筹安排一定比例资金返还给开展村庄整理、万顷良田建设的镇和管委会，用于新市镇和新社区建设。

4．推行户籍改革。积极探索"以证管人、以房管人、以业管人"的流动人口服务管理新机制，放宽新市镇落户条件，实行暂住证向居住证、居民户过渡的户籍管理制度改革。凭合法固定住所、稳定职业、居住一定年限等条件进行户口准入，促进符合条件的农业人口、暂住人口到新市镇落户，并在社会保障、子女就学等方面与当地城镇居民享有同等权益。

五、组织保障

1．强化组织领导。各镇、管委会和各部门要把加快新市镇、新社区建设作为深化农村改革、统筹城乡发展的重要突破口，作为当前乃至今后一段时期“三农”工作的重要抓手，切实加强领导，加大力度，加快推进，确保新市镇、新社区示范点建设顺利实施，早出成效。市成立由农办、组织部、发改、国土、规划、住建、交通运输、公安、人社、财政、人行、农委、水利、环保、教育、卫生、文化广电体育、民政和各镇（管委会）主要领导组成的新市镇建设工作领导小组，下设办公室，抽调专人集中办公，具体负责规划编制、政策制定、组织协调、业务指导、监督检查等职责。各镇、管委会也要成立相应的组织机构，明确专人负责，抓紧研究制定本地新市镇，新社区建设的实施方案，积极稳妥地加以推进。各相关职能部门要尽快制定出台相应的配套政策，加强业务指导，合力推进新市镇、新社区建设。

2．坚持试点先行。坚持试点先行、以点带面。按照市委、市政府工作部署，重点打造宝华镇和茅山管委会2个新市镇和6个新社区示范点，力争下年见成效。其他有条件的镇、管委会也要及早谋划本地新市镇、新社区建设，积极加以推进。试点建设实现市、镇、村三级联动，以镇村为主。要切实加大政策解读、舆论宣传、典型推介的力度，努力营造全社会关心、支持、参与新市镇、新社区建设的良好氛围。要充分尊重基层的首创精神，保护好、调动好各方面改革探索尤其是农民群众参与新市镇、新社区建设的积极性、主动性和创造性，探索一条具有句容特色、体现时代特征的新市镇、新社区建设之路。

3．创新体制机制。根据新市镇、新社区不同的功能定位和发展特色，科学制定考核细则和办法并将新市镇、新社区建设的各项目标任务纳入各镇、管委会及有关部门年度绩效考核。建立例会制度，实施跟踪调研、监督检查和阶段性效果评估，及时了解和研究分析新市镇、新社区试点建设中出现的新情况、新问题。结合乡镇机构改革，优化机构设置，简化审批程序，引导新市镇政府由传统管理型向建设服务型转变。在坚持依法行政的前提下，适当下放管理权限，赋予新市镇更加灵活、快捷的运作机制，进一步强化公共管理和服务职能。建立激励机制，对新市镇、新社区建设中涌现的先进集体和先进个人给予表彰奖励；对贡献突出的镇村班子成员，优先提拔重用。

中共句容市委员会
句容市人民政府
2010年6月21日

二、限外资料

2014年大事记

1月1日　宝华山国家森林公园，将对宝华镇所有居民免费开放。

1月18日　市城管局召开2013年度总结大会，总结年度工作，表彰先进。

图　附录-1　1月18日，市城管局召开2013年度总结大会

1月　有关专家对新建成的葛仙湖健康主体公园进行竣工验收。

2月8日　句容市召开城乡建设暨新型城镇化工作会议。市长许文主持会议，市委书记尹卫东提出五点工作要求。

2月11日　国家林业局正式同意建立江苏省句容赤山湖国家湿地公园（试点），该项目湿地区域包括5个湿地类型，其中湖泊湿地5350.35亩、河流湿地938.10亩、草本沼泽273.30亩、鱼塘6806亩、水稻田1378.65亩。

3月10日　句容市规划委员会2014年度第一次规划审查会议，市委书记、市规划委第一主任尹卫东，市长、市规划委主任许文等参加会议。会议主要审查了宁杭路道路改造方案等7个项目规划审批。

3月　句容市华阳北路被省住建厅命名为“江苏省城市管理示范路”（苏建城〔2014〕147号）；同年12月，句容市梅花社区被省住建厅命名为“江苏省城市管理示范社区”（苏建函城〔2014〕944号）。

4月10日　省发政委以“苏发改投资发〔2014〕365号文件批复，同意建设“句容市生活垃圾焚烧发电项目一期工程”，项目选址华阳镇姚徐村，占地面积120亩，建设规模为焚烧处理垃圾700吨/日，总投资32139万元。年末，完成土建项目，进入设备安装。

4月17日　市规划委召开2014年度第二次会议。会议审查了宝华长三角经济园设计等8个项目。

4月21日　句容市宁杭南路快车道改造工程动工。改造的起点是华阳北路，终点为河滨北路，全长约3公里。主要将宁杭南路全路段改造成沥青路面，变更换原道板和路牙，同时配套建设供电、雨污管道、公交站台及出租车临时停靠点。

4月29日　市住建局市政服务所制定并开始实施城区养护维修网格化管理，分片区、分路段对管养区域进行巡查和养护。

4月　句容市选送的大卓桃园粉色田园景观获评为“中国美丽田园”。

是月，市规划局完成仙林—宝华、龙潭—下蜀、湖熟—郭庄、汤山—（黄梅）开发区地区发展协调规划的编制。

5月8日　全市老房危房安全排查工作启动。重点是对1984年12月31日前建成并投入使用的市城镇规划区内国有土地上既有房屋，以及前期已鉴定为整体危险房屋、有危险点或有局部危险的房屋、装饰装修及拆改主体结构或明显加大荷载的房屋、已入住的以原公房、购改租等方式筹集的保障性住房等进行严格细致的安全排查。

5月30日　原长途汽车站改造工程启动。该项目东起句容河，南至河滨北路，西至宁杭南路，北至东大街及东门桥之间的连接线，占地183.40亩，需征收房屋建筑面积11.70万平方米。

5月　市政府启动中山路至河滨北路片区改造工程，同步对改造范围内的房屋实施征收。该项目北起人民路，南至河滨北路，南大街两侧。该区域占地面积146.71亩，需征收房屋建筑面积14.26万平方米，其中私房7.42万平方米，公房6.84万平方米，涉及590户住户、127户公房（住宅）承租房、517户营业用房承租户以及20家单位的搬迁。

6月5日　市规划委召开2014年度第三次会议，会议主要审查了句容市碧桂园·凤凰城公共配套设施规划等7个项目。

6月9日　市委书记尹卫东等听取市住建局关于南大街、甲城片区拆迁方案后，深入现场实地调研。

6月27日　城管局城北垃圾填埋场场长郑先兵、市自来水总公司闸阀班班长徐怀兔被评为句容市“身边最美共产党员”。

6月　国家环保部经过考核、公示、审定，对首批包括句容市在内的37个（县、区）授予“国家生态文明建设示范区”称号。句容全市9个镇全部创成国家生态镇（全国环境优美乡镇），实现生态镇创建全覆盖，城镇污水集中处理率达85.20%，建成国家、省、市级生态村114个，绿色学校59所，绿色社区13个，绿色宾馆（饭店）5家。

7月1日　赤山湖秦淮源大桥南北两侧桥体顺利合龙。该桥全长340米，包括主桥160米、引桥180米，采用拱线型桥梁结构，最大主跨70米。

7月10日　句容市2012年度农村环境连片整治省级考核汇报会召开，经过省考核组评审，句容市通过考核验收。

7月　句容市公共资源交易中心顺利通过省住建厅考核验收。被评为“一类建筑工程交易中心”。

8月6日　市规划委召开2014年度第四次会议，会议主要审查了立德山庄项目规划方案等6个项目。

8月28日　南京禄口国际机场镇江城市候机楼句容配客运站启用，每天12个班次，市民可在句容新汽车站一楼换乘机场大巴车直达机场。

8月　赤山湖景观林一期绿化工程全部完工。该工程占地1500亩，总投资1500万元，是赤山湖国家湿地公园的首项绿化工程。

9月18日　天王镇斗门行政村金山凹自然村顺利通过“省级森林生态示范村”验收。

9月　位于空港新区内总投资额达5亿元的江苏和正特种装备有限公司开工建设。该项目一期建设厂房6.60万平方米。

10月1日　句容大剧院正式投入运营。

10月14日　镇江市村庄环境长效管理工作推进会在句容召开。

10月19日　江苏唐邦集团下的江苏欢乐购家具建材广场在宝华镇开业。该家居广场投资3亿元，占地15万平方米。

10月　总投资近5亿元的句容市文化艺术中心建成，并在国庆期间开放。该项目总建筑面积6.80万平方米，由剧院、文化图书馆、体育训练馆3幢主体建筑组成。

图　附录-2　11月24日，市城管局举办系统网络舆情知识培训

11月24日　市城管局举办城管系统网络舆情知识培训。

11月　碧桂园华东地区总部楼在句容开发区建设。该项目总投资9000万美元，占地面积148亩，总建筑面积40万平方米。

12月19日　江苏省同创建筑有限责任公司承建的超力会所1至3层室内装饰装修工程获“2013－2014年度全国建筑工程装饰奖”。为句容市建筑装饰行业首获国家级奖励。

12月　国家旅游总局网上公示，茅山景区等9家景区晋升为国家5A及旅游景区。

是年，句容全市从事物业管理服务的企业共78家，共承担市区158个小区、1210万平方米建筑面积的物业管理（不含各乡镇拆迁安置房），物业人员2300人，全年共收物业维修基金5126万元。

是年，句容全市商品房累计成交16068套，同比下降4.04%，销售面积为166.90万平方米，同比下降7.11%；成交金额为113.40亿元，同比下降6.80%，成交均价6788.13元/平方米，同比上升0.33%。

索引

一、文字索引

A

B

二、表格索引

三、插图索引

B

四、彩图索引

编纂始末

《句容市建设志》编纂第一次启动始于2009年6月，市建设局组建了以原副局长刘义生为首的3人(刘义生、曾福生、戴恒亮)编纂班子，拟制了《句容市建设志》篇目，在全局进行了思想动员和修志骨干培训，并展开了资料收集工作。由于多种原因，《句容市建设志》编纂工作于2010年年中暂停。所幸收集的一些建设志的资料得以保存，为第二次建设志编纂启动打下一定的资料基础。

2013年，在市政府领导的关心支持下，《句容市建设志》编纂工作再次启动。形成以住建局为主体，规划局、城管局、环保局共同参与的编修体制。陈刚为市建设志编委会主任，包华根为常务副主任。2014年5月，以原副局长丁海云为牵头(曾福生协助)的市建设志编写班子成员就位，思想发动和骨干培训全面展开。6月，市建设志"大事记"初稿首先打印下发征求意见。到是年12月，70多万字的《句容市建设志》初稿形成并打印征求修改意见。从是年12月中旬开始，至2015年1月下旬，先后召开10多次审稿会议，对市建设志各篇章进行认真审稿，提出许多好的修改意见。各篇编辑根据审稿意见认真修改，于2015年春节前形成80多万字的《句容市建设志》修改稿。春节期间，主编对市建设志修改稿进行审改。2015年3月至5月，市建设志各编辑根据主编的审改意见，进行资料补充、核实，文字修改和入志图照寻找或拍摄工作。到6月中旬，《句容市建设志》送审稿基本完成，经过(印刷厂)初步排版和校改，至2015年7月底，约130多万字的《句容市建设志》稿分送句容市领导、市史志办公室和编纂单位新老领导审稿。是年8月20日，在句容市住建局召开了《句容市建设志》审稿会。

《句容市建设志》稿终审会后，根据审稿会的审稿意见，市建设志编纂班子又认真作了修改，于是年年底由方志出版社出版发行。

《句容市建设志》，是句容城乡建设历史的大调查，是句容人民在中国共产党领导下，开拓创新，艰苦奋斗，改变家乡面貌的真实记录。《句容市建设志》编纂出版是一项系统工程，得到各有关单位领导的关心和支持，百十位采编人员为此付出艰辛的劳动和汗水；《句容市建设志》编纂，得到句容市史志办公室和档案局、各镇(管委会)领导的关心和支持；得到有关出版、印刷单位的帮助和支持，在此表示衷心的谢意。

编　者